KB206307

묘법연화경과 염불성불

법화경을 선물 받으신 분은 경문을

10번 쓰십시오.

108번 읽으십시오.

10명에게 전하십시오.

______________ 불자님께

서기 20 ___ 년 ___ 월 ___ 일

______________ 드림

묘법연화경과 염불성불

한글 한문 독송용(현토懸吐 역주譯註) 법화경과 정토수행(왕생극락 영험담)

구마라집 법사 한역漢譯
무량수여래회 편역編譯

감지금니紺紙金泥 묘법연화경 권5 변상도變相圖

일 러 두 기

1. 인광 대사님의 서문은 『인광대사문초印光大師文鈔』와 『인광대사문초 속편續編』에서 발췌 · 번역한 글이다. 정공 법사님의 해제는 『불설아미타경요해청화록강기佛說阿彌陀經要解菁華錄講記』, 『아미타경요해현의阿彌陀經要解玄義』, 『대세지염불원통장대의大勢至念佛圓通章大意』에서 발췌 · 번역한 글이다. 담허 대사님의 서문은 『영진회억록影塵回憶錄』에서, 내제乃濟의 서문은 『이병남李炳南 노거사 전집 · 설려술학어록雪廬述學語錄』에서 발췌 · 번역한 글이다.

2. 묘법연화경의 대의大義를 강설한 「법화경 강해」는 좌탈염불하며 왕생극락한 동현 송찬우 거사님의 유고遺稿임을 밝힌다.

3. 한글 한문 독송용 묘법연화경 경문은 단양 구인사에서 발행한 『묘법연화경』(전3권) 1999년 판본을 따랐다. 경문의 역주譯註 부분은 『묘법연화경 요해要解』(계환戒環 해解), 『묘법연화경 구해句解』(문달聞達 해), 『묘법연화경 언해본』, 『법화문구法華文句』와 『문구기文句記』 등의 주해註解, 『법화경 통의通義』(감산덕청憨山德清 술述), 『정正 법화경』, 『첨품添品 묘법연화경』, 불교대사전 등을 참고하였다.

왕생극락과 무생법인의 증득, 성불을 기약하다

- 인광印光 대사

법화 일경의 의리는 크고 깊으며 공덕은 광대하다.

권교(방편의 가르침)를 열어 실교(진실한 가르침)를 드러내어(開權顯實) 성문이 성불의 수기를 받고, 산란한 마음으로 염불하고 손을 들거나 머리를 숙이는 선으로도 또한 미래에 성불하는 인을 짓는다.

적문을 열어 본문을 드러내어(開跡顯本) 여래의 수명이 무량무변하고 본지(本地; 근본의 깨달음)의 권속 및 대사가 중생을 이롭게 하는 미묘한 작용으로도 또한 적문과 본문을 철저히 온전히 밝힌다.

두루 일체중생으로 하여금 영겁회귀하는 생사윤회의 환고幻苦와 본래 불성을 갖추고 있는 진심眞心을 같이 알게 한다.

이로부터 위로 모든 성인을 우러러 받들고 자신의 신령스런 물건을 중요하게 여기면서 믿음과 발원으로 염불하여 서방에 태어나길 구하고 오탁을 영원히 여의고 무생법인을 속히 증득하기를 기약함이 「약왕보살본사품」이 밝힌 것이다.

여래 출세의 본회를 펼치고 구계중생을 선도하는 것은 이익을 주는 것임을 부처님께서 모르시지 않는다. 이런 까닭에 무릇 독송·수지·서사·유통은 그 공덕 또한 세간의 범부·이승이 헤아릴 수 있는 것이 아니다.

나는 늘 불법의 실익을 얻으려면 모름지기 공경 속에서 구해야 한다고 말한다. 일분의 공경이 있으면 곧 일분의 죄업이 소멸하고, 일분의 지혜가 증가한다. 무릇 독송·수지·서사하는 사람은 반드시 신·구·의

를 청정히 하고 정성과 공경을 다하여 충신이 현명한 왕의 성지를 받들고 효자가 부모님의 유언장을 읽는 것 같이 공경하고 삼가하며 두려워하여 감히 태만히 하지 않으면 가없는 이익을 스스로 직접 얻을 수 있다.

만약 제멋대로 공경의 뜻이 없고 제멋대로 모독하고 또한 근세 유학자가 유교 서적을 읽는 것처럼 절대로 성현을 지극히 공경히 대함이 없고, 감히 스스로 편안히 해드리고 그리워하지 않는다면 비록 미래에 제도되는 선근을 심을 수 있을지라도 그 거만한 죄가 전혀 얕지 않아 진실로 주의하지 않을 수 없다.

-『인광대사 문초 속편印光大師文鈔續編』, '법화경 사경 서문'

법화를 들으면 왕생하여 등각보살과 나란히 한다

- 인광印光 대사

개인적으로 정토법문이야말로 석가모니 부처님 본회本懷의 법을 구경까지 펼친 것이라 들었다. 일체 선·교·율을 뛰어넘고, 일체 선·교·율을 통섭統攝한다. 간략히 말하면 한마디 말(淨極光通達)[1], 한 구절(信願行),[2] 한 게송(찬불게),[3] 한 권의 책(淨土十要)[4]을 남김없이 포괄할 수 있다. 상세히 말하면 3장12부의 현언玄言, 5종[5] 모든 조사의 묘의妙義일지라도 또한 다 밝히지 못함이 없다. 설령 천하의 모든 중생이 같이 정각을 이루고 광장설을 내어 신통력과 지혜력으로 한 티끌 한 찰나마다 쉬지 않고 치열하게 말할지라도 어찌 다 말할 수 있겠는가? 진실로 정토법문이 본래 불가사의하기 때문이다!

삼장의 왕인 화엄대경을 살펴보면 말후에 한마디 말씀을 붙여서 보현보살 십대원왕은 중송에서 극락으로 인도하여 돌아간다.[6] 법화경은 심오한 경전(奧典)이고 모든 경전의 묘관妙冠으로 이 경전을 들은 즉 왕

---

1) "청정한 마음이 지극하여지면 온 세상이 광명으로 꽉 찬다. 그 광명은 고요하면서 밝게 비치어 온 허공을 다 품고 있다(淨極光通達 寂照含虛空)." 『능엄경』

2) "이 경은 믿음과 발원과 명호 수지함을 수행하는 종지의 요체로 삼는다. 믿음이 아니면 발원을 일으키기에 부족하고, 발원이 아니면 행을 이끌기에 부족하며, 명호를 수지하는 미묘한 행이 아니면 발원하는 바를 원만하게 하거나 믿는 것을 증득하기에 부족하다." 『아미타경요해阿彌陀經要解』, 우익대사

3) 아미타불 청정법신 금빛으로 찬란하고/ 거룩하신 상호광명 짝할이가 전혀없네/ 아름다운 백호광명 수미산을 둘러있고/ 검고푸른 저눈빛은 사해바다 비추시며/ 광명속에 화신불이 한량없이 많으시고 /보살도를 이룬 사람 또한 그지없나이다/ 중생제도 이루고자 사십팔원 세우시고/ 구품으로 중생들을 피안으로 이끄시네.

4) 우익대사가 선정한 정토십요十要. 1. 아미타경요해阿彌陀經要解 2. 왕생정토참원의往生淨土懺願儀·결의행원이문決疑行願二門 3. 관경초심삼매문觀經初心三昧門·미타경행원의彌陀經行願儀 4. 정토십의론淨土十疑論 5. 염불삼매보왕론念佛三昧寶王論 6. 정토혹문淨土或問 7. 보왕삼매염불직지寶王三昧念佛直指 8. 서재정토시 西齋淨土詩 9. 정토생무생론淨土生無生論 10. 서방합론西方合論

5) 위앙潙仰종·운문云門종·임제臨濟종·조동曹洞종·법안法眼종

6) "원컨대 나의 목숨 마치려 할 때 온갖 번뇌 모든 업장 없애고 나서 저 아미타부처님을 만나뵈옵고 지체없이 극락왕생 하려 합니다." "바라건대 보현보살 거룩한 행의 그지없이 훌륭한 복 다 회향하여 삼계고해 빠져있는 모든 중생들 어서 가소, 아미타불 극락세계로." 『화엄경 보현행원품』

생하여(聞即往生)[7] 과위가 등각과 나란히 한다(位齊等覺).[8] 따라서 천경만론千經萬論 곳곳마다 정토로 돌아감을 가리키니[9], 유래가 있다.

문수사리보살께서는 발원하시고,[10] 보현보살께서는 권면하셨다.[11] 여래께서는 대집경에서 "말법 중에 이것이 아니면 생사를 제도할 수 없다" 하셨고, 용수보살께서는 『십주비바사론十住毘婆沙論』에서 "이행도는 생사를 빨리 벗어난다" 하셨다. 따라서 옛 성현께서는 사람마다 정토를 향해 나아가셨으니, 어찌 헛되겠는가?

진실로 이른바 석가모니부처님의 일대시교一代時教는 모두 다 염불법문의 주석이다.[12] 이 뿐만 아니라 대개 육근으로 마주할 수 있는 일체 경계, 이른바 산하대지 명암색공明暗色空을 보고 듣고 깨달아 알며, 소리를 듣고 향기를 맡으며 맛을 보는 등이 어찌 정토의 문자를 천양함이 아니런가. 추위와 더위가 서로 바뀌고, 늙고 병들어 꺾이며, 수해나 가뭄, 전쟁과 질병, 마구니의 무리와 사견邪見이 어느 하나라도 사람이 빨리 왕생을 구하도록 일깨우는 경책警策이 아니런가. 자세히 말하면 어찌 다할 수 있겠는가!

- 『인광대사문초印光大師文鈔』

7) "만약 여래가 열반한 뒤 후5백 년 가운데 어떤 여인이 이 경전을 듣고 말한대로 수행하면 여기서 목숨을 마치고는 곧바로 안락세계에 아미타불이 대보살 성중에게 둘러싸고 머무는 곳에 가서, 연꽃 속에 있는 보배 자리 위에 태어나느니라." 「약왕보살본사품藥王菩薩本事品」

8) "오직 여래를 제외하고는 여러 성문이나 벽지불이나 내지 보살의 지혜와 선정으로는 그대와 같은 이가 없느니라." 「약왕보살본사품藥王菩薩本事品」

9) "이러한 까닭에 옛 성현께서는 사람마다 정토를 향해 나아가셨고, 천경만론은 곳곳에서 정토로 돌아감을 가리키고 있다. 말세수행으로는 이보다 나은 법문은 없다." 『권발보리심문勸發菩提心文』, 성암省庵대사

10) "원컨대 나의 목숨 마치려 할 때 모든 업장 다 없애고 나서 아미타부처님 만나뵈옵고 안락찰토에 왕생하게 하시고, 저 불국토에 태어나서 대원을 원만히 이루고 아미타여래 현전에서 수기받게 하소서." 『사귀집思歸集』, 인광대사

11) "보장불寶藏佛 때 아미타부처님께서 전륜왕이 되시고 보살께서 제8왕자가 되시어 부처님께 대원을 발하여 부처님께서 다시 보현이라 이름하시고, 화엄회상에서 십대원왕으로 극락세계로 인도하여 돌아가시게 하신다." 『비화경悲華經』

12) 천태지자天台智者 대사께서는 석존께서 한평생 설법하신 것은 5시 8교로 교판하셨는데, 이것은 모두 염불법문의 주석이라 볼 수 있다.

정토법문은 법화의 비밀정수이다

- 정공淨空 법사

"『화엄』에 함장된 깊은 뜻, 『법화』의 비밀 정수, 일체 모든 부처님의 심요 및 보살만행의 지남이 모두 여기서 벗어나지 않는다."

華嚴奧藏 法華祕髓 一切諸佛之心要 菩薩萬行之司南 皆不出於此矣.

- 『아미타경요해』, 우익대사

1.

일체경전 중에서 고금의 대덕들께서 공인하시는 『화엄』과 『법화』는 모두 일승원교一乘圓教에 속하고, 일반적으로 말하는 원만한 대경이다. 『화엄경』에 함장된 매우 깊은 뜻, 『법화경』의 비밀정수는 모두 불설아미타경(『무량수경』)이다. 이 두 마디 말은 진정한 과래인(過來人; 그곳에 다녀온 적이 있는 자)이 아니면 결코 말할 수 없는 것이다. 다음 두 마디, 「일체 모든 부처님의 심요 및 보살만행의 지남」은 특히 그러하다. 보살이 수행하는 문은 무량무변하다. 우리들이 늘 말하는 육도만행의 강령을 전개하면 무량한 행문이 있고, 이 무량한 행문 중에서 하나라도 정토로 돌아가지 않는 것은 없다. 이 한마디 말은 정토를 닦는 사람이 스스로 높이고 스스로 자랑하는 것인가? 실제로는 진정으로 대경을 한번 깊이 연구해 들어가면 한 가지 사실을 알게 된다.

보살의 모든 일체 법문, 모든 일체 종문宗門 교하教下, 제불여래께서 설하신 무량한 법문은 최후에 모두 어느 곳으로 돌아가는가? 모두 비로자나불의 성해性海, 즉 화장華藏으로 돌아간다. 그래서 이것은 『화엄』·『법화』의 귀착점(歸宿)이다. 천경만론, 일체법문은 길은 달라도 같은 곳으로 돌아가니, 모두 화장세계로 돌아간다. 화장세계로 돌아간 후

화장세계는 일반인이 갈 수 없고, 원교의 초주보살 이상, 별교의 초지보살 이상이어야 화장세계에 태어날 수 있음을 알아야 한다. 화장세계에 간 후 연분이 매우 깊으면 대개 머지않아 보현보살을 만난다. 가령 연분이 조금 얕으면 화장세계에서 삼현위三賢位를 원만히 닦아야 하고, 등지(登地; 화장세계 등지는 원교의 지상보살)는 반드시 보현보살을 친견하여야 하고, 보현보살은 십대원왕으로 극락으로 인도하여 돌아간다. 그 후 여전히 서방세계에 가서 아미타부처님을 친견하여야 한다.

그래서 『화엄경』에서는 「십지보살은 처음부터 끝까지 염불을 여의지 않는다(十地菩薩始終不離念佛)」고 설한다. 처음은 초지初地이고 끝은 등각으로, 그것을 십일지十一地라 한다. 그들이 닦는 것은 염불, 정토에 태어나길 구하는 법문이다. 이 부분에서 우리들은 비로소 서방정토가 위없이 수승함을 진정으로 본다. 이것이 대경에 깊이 들어가는 것이 아니라면 당신은 모른다. 대경에 깊이 들어가야 이렇게 위대하고 불가사의한 기상氣象을 본다. 서방정토로 향해감이 정말 뭉게뭉게 일어나고, 향해 감(嚮往)의 마음이 저절로 일어난다.

이런 법문은 정말 대단히 믿기 어려운 것으로 오늘날 대승에 깊이 들어가고 『법화』·『화엄』에 깊이 들어가는 사람은 많지 않다. 만약 깊이 들어가지 못하면 이런 사실을 볼 수 없고 염불법문의 위대함을! 염불법문의 수승함을! 염불법문의 불가사의함을 알 수 없다! 이것으로 우익대사님께서 몇 구절로 아미타경을 찬탄하심이 절정에 이르렀다. 『화엄』·『법화』는 대승으로 이 경전은 대승 중의 대승이다. 『화엄』·『법화』는 요의了義로 본경은 요의 중의 요의이다. 『화엄』·『법화』는 원돈圓頓[13]으로 본경은 원돈 중의 지극한 원이자 지극한 돈이다. 이 말은 결정코 수편의隨便宜[14]로 말한 것이다.

- 『불설아미타경요해청화록강기佛說阿彌陀經要解菁華錄講記』

---

13) "원돈圓頓은 원만한 이치를 단박에 모두 갖춘다(圓滿頓足)는 뜻이다. 즉 원만한 이치를 원만하게 갖춰진 마음으로써 단박에 속히 깨달아서 부처를 이루는 것을 말한다." 『한국민족문화대백과사전』

14) 교화 받는 중생의 능력과 소질, 즉 눈높이에 맞추어 설법하는 교화법.

2.

일체 경에서 『화엄』이 불경에서 대경이고, 화엄이 불법에서 근본 법륜임을 모르는 사람은 없다. 마치 한 그루 큰 나무처럼 『화엄』은 뿌리이고 일체경은 모두 『화엄』의 나뭇가지 잎사귀이므로 일체경은 모두 『화엄』의 권속이다. 『화엄』에 함장된 비밀한 뜻은 어디에 있는가? 이 말은 청량대사께서 하신 말씀으로 바로 보현보살 십대원왕은 극락으로 인도하여 돌아감이 『화엄』에 함장된 비밀한 뜻이다.

부처님께서는 『법화경』 「법사품法師品」 제10장에서 "법화경의 한 게송이나 한 구절을 듣고 이에 한 순간의 마음에 따라 기뻐한다면 내가 모두 무상보리를 얻을 것이라고 수기할 것이니라(聞妙法華經 一偈一句 乃至 一念隨喜者 我皆與授記 當得阿耨多羅三藐三菩提)."라고 설하셨다. 또한 『법화경』 「방편품方便品」 제2장에서 "만일 법문을 들으면 한 사람도 성불하지 못하는 이가 없느니라(若有聞法者 無一不成佛)"하고 설하셨다. 만 사람이 닦아 만 사람이 가는 것이 당생에 성취하는 불법이다. 『법화경』의 한 게송 한 구절을 들으면 모두 성불의 수기를 얻지만, 일생에 성불한다고 말하는 것이 아니다. 성불의 수기를 주는 것뿐이고, 당신이 일생에 성불한다고 말하지 않는다. 아미타경은 일생에 성불한다고 말한다. 그러므로 『법화』의 비밀 정수(정화)이다.

「심요心要」란 무엇인가? 불심 안에서 가장 긴요하고 가장 중요한 것이다. 부처님의 마음과 구계九界 유정들의 마음은 다르다. 생각마다 중생을 제도하여 불도를 이루게 하는 것이 불심이다. 어떤 방법이 일체중생을 두루 제도하여 일시에 불도를 원만히 이루겠는가? 오직 홀로 이 경만이 그럴 수 있다. 나는 과거에 물론 우리 일반 젊은 사람이 처음으로 학불할 때 모두 함께 한담을 나누며 언제나 토론하였다. 부처님께서 지극히 무거운 죄업을 지어 아비지옥에 떨어지게 하는 사람을 즉시 성불하게 할 능력이 있을까? 만약 부처님께서 이런 능력이 있다면 경에서 부처님의 「만덕만능萬德萬能」을 찬탄할 것이다. 만약 부처님께서 이런 능력이 없다면 이 같은 찬탄의 말은 진실이 아니고 사실이 아니다. 이 문제는 처음 학불하거나 젊을 때 보편적으로 모두 존재한다. 이후 대승경전을 차츰 조금씩 섭렵해 들어가면서 과연 틀리지 않음을 알게 된다. 어떤 법문인가? 바로 이 법문은 아미타부처님의 18원이다. 지극히 무거운 죄업을 지어 즉시 아비지옥에 떨어져야 하지만 그가 이 법문을 듣고 지극한 마음으로 참회하면 일념 내지 십념에 반드시 왕생할 수 있고 서방세계에 태어서 일생에 성불할 수 있다.

그래서 부처님께서는 확실히 능력이 있고 죄악이 지극히 무거운 중생으로 하여금 즉시 성불하게 할 수 있다. 문제는 어디에 있는가? 중생이 믿지 않고 가르침에 의지해 봉행하지 않으면 방법이 없다. 부처님께서 능력이 없는 것이 아니라 중생에게 믿음이 없으므로 과실은 중생에게 있지 부처님에게는 과실이 없다. 이것이 제불의 심요이다. 그래서 제불께서는 본경에서 육방의 일체제불께서 아미타부처님에 대해 찬탄하지 않음이 없고 서방극락세계에 대해 찬양하지 않음이 없다고 말씀하신다. 이미 찬탄하고 이미 찬양한 이상 우리들은 일체제불이 자신의 국토에서도 모두 석가모니부처님처럼 고구정념 노파심에 이 경전을 말씀하시고 일체대중에게 정토에 나길 구하라고 권면하시고 계심을 잘 안다. 이것이 제불의 심요이다.

- 『아미타경요해현의阿彌陀經要解玄義』

3.

『법화경』은 원교 경전 중의 왕이다. 『법화경』은 제가 한번 강해한 적이 있고 비교적 적게 강해하였지만 심득은 많다.

『법화경』에서 서방극락세계에 태어나길 구하라는 왕생의 법문은 『약왕보살본사품藥王菩薩本事品』 제23장에 있다. 부처님께서는 명백하게 우리들에게 말씀하셨다. "만약 여래가 열반한 뒤 후5백 년 가운데(말법시기를 가리킨다. 우리들 현재 이 시대이다. 5백년은 바로 부처님 멸도하신지 2,500년 이후이다) 어떤 여인이 이 경전을 듣고 말한대로 수행하면 여기서 목숨을 마치고는 곧바로 안락세계(서방극락세계)에 아미타불이 대보살 성중에게 둘러싸고 머무는 곳에 가서, 연꽃 속에 있는 보배자리 위에 태어나 다시는 탐욕으로 뇌란치 않고, 또 다시 성냄과 어리석음으로 뇌란치 않으며, 또 교만·시기·질투의 모든 때로 뇌란치 않고 보살의 신통과 무생법인을 얻느니라."

『법화경』과 관련해 현대에 놀라운 발견이 있었는데, 『법화경』의 범문 원본이 현재 세상에 존재하고 있었다. 이것은 매우 얻기 어려운 것으로 영국인이 범문 『법화경』을 영문으로 번역하였다. 『보문품』에 3구와 7수의 게송이 한문본에는 없는데, 이 3구와 7수의 게송은 서방극락세계를 강송하고 있다. 민국 초년(1913), 여벽성呂碧城 거사는 영문판 『법화경』을 근거로 빠진 부분의 경문을 한문으로 번역하였다. 과거 이병남李炳南 거사께서는 타이중台中에서 『법화경』을 강술하시며 이 단락을 더하셨다. 원문 3구는 "무진의보살은 부처님의 설법을 듣고 마음속으로 믿고 기뻐하며 게송으로 말하여 이르길(無盡意菩薩 問佛所說 心中信悅 而說偈曰)"이다. 뒤에는 7수의 게송이 있다.

제1수首

저 보살께서 이와 같이 자비로우셔서
오는 세상 부처님이 되실 겁니다.
세계 중생을 위해 온갖 고통 없애주시니
저는 마음속으로 기뻐 탄복합니다.
彼如是慈悲 一時當成佛 為世除憂患 我心實悅服

「그」는 관세음보살을 가리킨다. 관세음보살께서는 이러한 대자비로 장래에 반드시 성불할 것이다. 세상의 중생을 위해 우환을 제거하시니, 무진의보살께서 "저는 마음속으로 그에게 매우 탄복합니다."라고 말씀하신다.

제2수

그는 일체제불 중에서 제일이고
공덕은 수장된 보배처럼 풍부하며
무량겁 동안에 부지런히 수행하여
위없는 도를 증득하셨네
諸王彼為尊 功德富於礦 歷劫勤修行 證道最無上

「왕」은 법왕을 비유한 것이다. 그는 일체제불 중에서 제일이다. 이는 관세음보살을 가리키고, 아미타부처님을 가리킨다. 금광처럼 이곳에 수장된 보배는 매우 풍부하다. 그의 공덕은 수장된 보배처럼 풍부하다고 말한다. 이 게송은 아미타부처님을 찬탄한 것이다. 아미타부처님은 서방극락의 교주이시다.

제3수

아미타부처님을 도우시고
그의 좌우에 서서 계시며
지혜의 힘으로 능히 총지하시고
선정으로 무루를 성취하시네
輔翼阿彌陀 侍立其左右 慧力能總持 禪定成無漏

이 게송은 관세음보살이 아미타부처님을 돕는 것을 찬탄합니다. 관세음·대세지보살은 아미타부처님 좌우에 있다. 또한 관세음보살께서 선정·지혜를 고루 닦음(定慧等持)을 찬탄하신다.

제4수

거룩하신 아미타부처님
서방에 극락이란 정토 있나니
중생을 잘 보호하는 아미타부처님
그곳에 늘 거주하고 계시네
至尊阿彌陀 西方有淨土 彌陀護眾生 是彼常居處

이 게송은 무엇은 찬탄하는가? 관세음보살은 어디에 머물러계실까? 서방극락세계에 머물러 계신다. 서방극락세계는 관세음보살께서 항상 머물러 계시는 곳이다.

제5수

저 국토에는 여인이 없고
오직 부처님의 자식들뿐이며,
몸은 연꽃에서 화생하여
모두 청정한 연꽃에 앉아있네.
彼國無女人 惟有諸佛子 從蓮花化生 皆坐淨蓮池

5수는 아미타부처님 48대원의 발원문과 완전히 상응한다.
「저 국토에는 여인이 없다.」 이것은 48원에서 제22원이다.
「오직 부처님의 자식들 뿐이다.」 이것은 48원에서 제20원이다.
무릇 서방극락세계에 왕생하면 경문에서 모두 다 「아유월치보살阿惟越致菩薩」이라고 말한다. 이 원을 중요시해야 한다. 이병남 거사께서는 이를 「7지七地 이상」이라고 해석하셨다. 우리들은 박지범부이지만 일생에 서방극락세계에 가면 7지이상의 보살로 바뀌는데, 이것은 불가사의하고 실로 믿기 어려운 법이다.

「몸은 연꽃에서 화생하여 모두 청정한 연꽃에 앉아있다.」 이는 48원에서 제24원과 완전히 상응한다.

제6수

거룩하신 아미타부처님
연꽃 보배자리 위에서
연꽃 가운데 광명을 놓아
찬란히 비추니 가장 무량해라
至尊阿彌陀 寶座蓮華上 花中放光明 照耀最無量

제7수

찬탄하옵건대 그 공덕장
삼계에 견줄 이 없어라
그를 우주의 스승으로 삼아
저희들 속히 귀의하겠나이다
讚彼功德藏 三界無能比 彼為宇宙師 我輩速歸依

이 7수는 모두 다 정토를 찬양하고 관세음보살의 거처 및 내력을 설명하고 있다. 특히 완전해 보여서 모두 다 연종(정토종)을 위해 유력한 증명이 되니, 『화엄경 보현행원품』에 결코 뒤떨어지지 않는다. 우익대사께서는 정토법문은 "화엄에 함장된 깊은 뜻(華嚴奧藏)이고, 법화의 비밀정수(法華祕髓)"라고 말씀하셨다. 이 8글자는 우리들에게 현재 진정으로 그 뜻을 알아야 정토법문이 견줄 수 없이 수승함을 인식하게 될 것이다!

- 『대세지염불원통장대의大勢至念佛圓通章大意』

아미타경은 법화경을 간략히 설한 경이다

- 담허 대사

여련如蓮 법사는 법명은 등지澄志(속명 장환신張煥臣), 길림吉林 통양현通陽縣 사람이다. 1947년 길림吉林불교회 회장을 맡았다. 그는 몸가짐이 근엄하여 함부로 얻거나 말하지 않으면서도 사람을 대할 때 부드러워 별명이 장선인張善人이었다. 출가한 후 경건하게 정토법문을 닦는 것을 제외하고 몇십 년을 하루 같이 날마다 『법화경』을 한 번 독송하였다. 1948년 음력 2월 16일, 때가 이르렀음을 미리 알고 3일 전, 죽기 전에 모든 것을 제자리에 안치시키고 모든 법려法侶를 향해 외출을 고하였다.[15] 임종시에 대중에게 염불하게 하고, 스스로 염불소리 가운데 미소를 머금고 정토에 왕생하셨다. 이것은 모두 평상시 『법화경』을 염송하는 이익으로 인한 것이다.

왜 『법화경』을 전일하게 독송하면 극락세계에 왕생할 수 있는가? 염불일법은 최상승법이고, 법화경이 여래최후의 극담이고, 또 최상승법임을 알아야 한다. 『아미타경』은 질문을 받지 않고 스스로 설하신 설법으로 서방극락세계의 의정이보依正二報 장엄을 설하고, 반복하여 사람들에게 왕생발원하여 최후에 성불할 것을 권유하신다. 『법화경』은 전부 7권 28품으로 전14품은 개권현실開權顯實 · 회삼귀일會三歸一이고[16], 후14품은 개적현본開跡顯本 · 개권현원開近顯遠이다.[17] 『아미타경』과 같이

15) 고하告假: 불가 제자들은 외출하기 전에 불전에 가서 삼배를 하고 불보살을 향해 자기가 장차 외출하려 함을 고한다는 의미이다.

16) "법화 이전의 교권敎權은 진실한 진리로 인도하는 방편임을 모르고 성문聲聞 · 연각緣覺 · 보살에게 각각 다른 교敎가 있다고 생각하는 집착심을 열어 없애고 방편이 방편이라는 까닭을 밝혀 하나의 진실한 일승의 실교實敎를 나타냄으로써, 방편이 진실이 되고 모든 교가 하나의 일승에 들어가는 도리를 보인 것을 말한다." 『한국민족문화대백과사전』

17) "석존을 근본의 깨달음(本地)으로부터 사바세계에 자취를 드리운 수적垂迹의 부처로 보는 관점이다. 보리수 아래서 처음으로 깨달음을 얻은 가야근성伽耶近成의 부처라 생각하는 집착심을 열어서 없애고, 석존은 영원한 옛적에 이미

모두 질문을 받지 않고 스스로 설하신 설법으로 중생을 위해 부처님의 지견을 개시오입開示悟入하여 필경에 성불하도록 한다.

나는 늘 말한다. "『법화경』은 『아미타경』을 자세히 설한 것이고 『아미타경』은 『법화경』을 간략히 설한 것이다." 이 두 경전은 모두 '전체 사 그대로 이(全事卽理)'임[18]을 설한다. 다른 여러 경전처럼 많은 법상法相[19]과 용어(名詞)를 설하여 사람들로 하여금 이체(理)를 깨달아 수행하는 것과 달리 이들 두 경전에서 설하신 것은 현량심現量心으로 현량경現量境을 관觀한 것이다. 경문 안에서 설한 것을 보면 곧 명료하게 드러난다.

『아미타경』에서 이르시길, "만약 어떤 선남자 선여인이 아미타부처님에 대해 설함을 듣고 그 명호를 수지하여 혹 하루나 혹 이틀, 혹 사흘, 혹 나흘, 혹 닷새, 혹 엿새, 혹 이레 일심불란하면 그 사람이 임종시 아미타부처님과 모든 성중께서 그 앞에 나타나시느니라. 이 사람의 목숨이 끊어질 때에 마음이 뒤바뀌지 아니하여 곧바로 아미타부처님의 극락세계에 왕생하게 되느니라(若有善男子 善女人 聞說阿彌陀佛 執持名號 若一日 若二日 若三日 若四日 若五日 若六日 若七日 一心不亂 其人臨命終時 阿彌陀佛與諸聖衆 現在其前。是人終時 心不顚倒 即得往生阿彌陀佛極樂國土)." 하셨다.

『법화경』「약왕보살본사품」 제23장에서 이르길 "이 경전을 듣고 말한 대로 수행하면 여기서 목숨을 마치고는 곧바로 안락세계에 아미타불이 대보살 성중에게 둘러싸여 머무는 곳에 가서, 연꽃 속에 있는 보배 자리 위에 태어나느니라(聞是經典 如說修行 於此命終 即往安樂世界 阿彌陀佛 大菩薩衆 圍繞住處 生蓮華中 寶座之上)." 하셨다. 이들 두 구절의 뜻은 완전히 같다.

깨달음을 얻은 구원실성久遠實成의 부처라는 것이다." 『한국민족문화대백과사전』

18) "마음(心)과 경계境界가 서로 걸림이 없음을 말한다. 이理는 바로 진여眞如의 마음을 말하고 사事는 극락의 장엄을 말한다. 전체의 마음에서 극락의 장엄이 이루어지고, 전체의 장엄은 바로 진여의 마음 그것이다. 이는 마치 금으로 만든 모든 그릇은 모두 금인 것과 같다." 『아미타경 요해』, 우익대사

19) 법상(Dharmalakshana)은 모든 사물의 본성과 특징을 말함.

기타 아미타경에서 설하신 국토장엄, 부처님의 수명, 부처님의 광명, 그리고 육방 부처님의 제불호념諸佛護念 등은 비록 『법화경』의 문장 및 구절의 배치에 상세하고 간략함의 차이는 있으나 다만 그 문맥(境界)과 의의意義에서 이치가 다르다. 그러므로 한마디 아미타불은 최상승법이며 무량한 법문을 포괄한다. 모두 착실하게 염불하도록 하라. 이 한마디 아미타불을 가볍게 보아서는 절대 안 된다!

- 『영진회억록影塵回憶錄』

여래는 화엄에서 법화까지 정토를 중시하셨다

- 내제乃濟

1968년 봄, 이병남(雪公) 거사께서 『화엄경』을 강술하시기에 앞서 대중에서 『법화경 · 보문품』에서도 아미타부처님 정토를 칭양 찬탄한 게송이 있다고 말씀하셨다. 영국학자 케른(H. Kern) 씨가 법문 경본을 영문역본 『묘법연화경妙法蓮華經』으로 번역하였고, 그 후 또한 중국인 여벽성呂碧城 거사가 다시 영역본에 의지해 화문본華文本으로 번역하였다.

케른 씨가 번역한 『보문품』의 경문 마지막 부분은 7수의 게송이 있는데 이것은 구마라즙 본에는 없는 것이다. 여 거사는 이 7수의 게송을 정토 법문의 중요성을 증명한 유력한 증거로 여겼고 그 지위는 『화엄경·보현행원품』에 결코 뒤떨어지지 않는다. 7수의 게송의 가장 말미의 두 게송에서는 말한다.

거룩하신 아미타부처님
연꽃 보배자리 위에서
연꽃 가운데 광명을 놓아
찬란히 비추니 가장 무량해라

찬탄하옵건대 그 공덕장
삼계에 견줄 이 없어라
그를 우주의 스승으로 삼아
저희들 속히 귀의하겠나이다

이병남 거사께서는 말씀하셨다. “이로써 석가모니부처님께서 한 평생 49년 동안 설법하시면서 3백여 회를 강경하셨는데, 보리수 아래 처음 성도하신 후 『화엄경』을 설하실 때부터 열반에 드시기 전에 『법화경』을 강경하실 때까지 머리부터 꼬리까지 모두 정토법문을 중시하셨음을 알 수 있다. 그리고 『화엄』의 의리는 깊은 해양처럼 사물과 융화할 수 있고, 넓고 거대하여 갖추어지지 않은 것이 없어 만약 수승한 인연이 없다면 실로 청문할 수 없다.”

- 『이병남李炳南 노거사 전집·설려술학어록雪廬述學語錄』

법화경 강해

- 동현 송찬우 거사

무명번뇌에 쌓여도 중생의 실체는 '佛'

『법화경(法華經)』은 지금까지 수많은 저술이 나와 있고 또 많은 분들이 강의를 했기 때문에 '법화경 강의'가 새삼스러운 일이 아닐 것입니다. 그러나 우리나라 불교계의 현실을 들여다보면 『법화경』의 실체를 제대로 알고 수행하는 사람들이 그다지 많지 않은 것 같습니다.

이는 대부분의 불자들은 이 경전을 단순하게 신앙적으로만 받아드리기 때문입니다. 이러한 신앙은 본 경전의 내용을 심도 있게 탐구해서 그 핵심요지를 알고 있는 것이 아니라 "『법화경』은 최고의 경전이기 때문에 그 공덕이 최고다. 그러므로 『법화경』을 제대로 이해하지 못하고 단순히 '나무묘법연화경' 만 불러도 얻어지는 공덕이 한량이 없다."고 하면서 맹목적으로 믿는 경우가 많습니다.

이처럼 『법화경』의 제목만 불러도 공덕이 한량이 없다면 그 내용까지 제대로 이해하고 신앙한다면 실로 그 공덕이 생각할 수 없을 만큼 크지 않겠습니까?

따라서 우리는 이번 강의를 통해 이 경전의 본지를 이해하고 왜 최고이며 무엇 때문에 반드시 배워야 하는가에 대해 알아야 될 것입니다.

먼저 『묘법연화경(妙法蓮華經)』의 제목에 대해 풀이하겠습니다. 경전의 제목은 그 경전 내용의 총론을 담고 있습니다. 따라서 총론이 무엇인지 알게 되면 경전의 내용을 이해하는데 많은 도움이 될 것입니다.

명나라 말기 4대 고승 중의 한 분인 감산 덕청(憨山 德淸) 대사의 『법화경통의(法華經通義)』 중 석제(釋題) 부분을 소개하겠습니다.

우주만법은 중생의 분별심이 나타난 모습

이 경전의 제목을 『묘법연화경(妙法蓮華經)』이라고 명칭을 붙인 이유는 우리의 일심진여와 세계가 여래장심[一眞法界如來藏心]의 이치임을 바로 지적하여 수립하였기 때문입니다.

불교에서 말하는 일심(一心)의 '일'은 하나, 둘이라는 숫자적인 의미가 아니라 절대보편평등의 의미가 담겨 있습니다. 하나의 마음, 즉 일심은 네 마음과 내 마음이 서로 각각 따로 있는 것이 아니며, 일심진여의 이치로 떠오른 우리의 마음을 떠난 밖에 우주도 따로의 차별적인 모습으로 존재하지 않는다는 것입니다.

요컨대 모든 중생들은 물론 중생들이 의지하는 한량없는 우주 법계가 전부 내 마음과 하나의 이치, 즉 일심진여법계로서 동일한 생명체라는 것입니다. 이러한 일심자리야말로 우주생명체의 진실한 근원자리입니다.

'여(如)'는 비유하면 내 옷이 내 몸에 딱 맞듯이 우주와 내 마음이 일심진여의 이치로서 일심진여법계라는 것입니다. 한량없는 우주가 전부 내 마음 속에 떠오른 우주이지 내 마음 밖의 상대적인 우주가 아니라는 것입니다.

쉽게 이야기하면 우주와 나는 하나로 연관된 동일한 생명체라는 것입니다. 우주와 내 마음 하나의 생명체가 바로 일심자리이고 바로 진여자리라는 것입니다. 그러므로 법계는 내 일심진여가 떠오르는 모습으로서 우주법계입니다.

'법(法)'은 사물, 도리라는 뜻입니다. 우주 삼라만상의 모든 사물들과 그 속에 내재해있는 모든 이치가 전부 내 마음 일심 진여의 이치로서 떠오른 사물이며 도리라는 의미입니다.

대체로 모든 사람들은 광대한 우주 속에 내 몸이 있고 내 몸 속에 마음이 따로 들어 있다고 생각합니다. 이는 진여법계의 이치를 미혹한 망상견해입니다.

그러므로 부처님께서는 이러한 생각들은 모두 망상이고 집착이며 실제로는 우주만상이 모두 내 마음 속에 떠오른 그림자일 뿐이라고 말씀하셨습니다. 그것을 일심진여법계라 하고 다시 줄여서 일진법계(一眞法界)라고 합니다. 그 자리를 여래장(如來藏)이라 합니다.

왜 '여래장'이라 할까요? '여래(如來)'란 진여법계의 이치를 완전히 깨닫고 이 세상에 출현했다는 뜻입니다. '장(藏)'은 우리의 마음이 항상 이러한 여래를 간직하고 있다는 뜻입니다. 결론적으로 모든 중생이 본래 부처라는 것입니다. 이에 대해 『대승기신론(大乘起信論)』에서는 다음과 같이 설명하고 있습니다.

우주만법은 중생의 분별심이 나타난 모습이다. 이 마음은 세간과 출세간 모든 법을 총체적으로 포섭한다.[20]

이를 부연하면 눈앞에 보이는 한량없는 우주가 전부 중생의 분별심을 떠나지 않은 상태에서 마음의 모습으로 이 세계에 떠올라 있다는 것입니다. 비유하면 은하수가 아무리 멀리 있다 해도 중생 마음속의 은하수지 중생 마음을 벗어난 은하수가 아니라는 것입니다.

세계는 마음 밖에 따로 있는 것이 아니다

우주만법은 중생의 마음이 발현해서, 중생의 마음이 어느 쪽으로 분별을 일으켰느냐에 따라 세계의 차별이 일어납니다. 중생 마음 밖에 따로의 극락과 불세계가 있고 지옥이 있고 천당이 있는 것이 아닙니다. 중생이 어느 쪽으로 마음을 쓰느냐에 따라 이 세계의 모습이 천차만별로 나타난다는 것입니다.

지옥·아귀·축생을 3악도(三惡道)라 합니다. 또 축생 위에 수라·인간

---

20) 『妙法蓮華經通義』 권1, 「釋題」(『卍續藏』 31책, 525면 上), "所言法者 謂衆生心 是心總攝世出世間一切諸法."; 원문 출처는 『大乘起信論』 권1(『大正藏』 32책, 575면 下)이다.

· 천상이 있는데, 이것은 3선도(三善道)라 합니다. 3선도와 3악도를 합해 6도(六道)라고 하고 세간(世間)이라 칭합니다. 세간이란 생사가 있는 세계를 말하는 것입니다. 생사의 세계를 벗어난 세계를 출세간(出世間)이라 하는데, 출세간은 성문(聲聞) · 연각(緣覺) · 보살(菩薩) · 부처님의 세계입니다.

세간 6도에 출세간 4승(四乘)을 합해 한량없는 우주를 총체적으로 10법계(十法界)로 분류합니다. 이 10법계가 중생의 마음을 따라 일어나는 것입니다. 중생의 마음이 10법계 전체의 이치라는 것입니다. 다시 말해 10법계라는 오염된 6도의 세계와 청정한 4승을 포함하여 전체 우주가 우리의 중생의 마음에서 벗어나지 않는다는 것입니다.

한 생각 부처의 마음을 일으키면 부처의 세계가 건설되고, 보살의 마음을 일으키면 보살로서의 인과가 형성되며, 연각 · 성문의 마음을 일으키면 연각 · 성문의 인과가 일어나고, 3선도의 마음을 일으키면 3선도가 일어나며, 악한 마음을 일으키면 3악도가 바로 현재 이 마음에서 일어난다는 것입니다.

이처럼 마음이 세계 전체의 모습으로 떠올랐으며 그 세계를 의지하고 있는 일체 성인의 정법(淨法)과 모든 범부의 염법(染法)의 인과관계를 모두 포함하고 융합하여, 출세간 성인의 세계에 있다 해도 증가하지 않고 세간 범부에 있어서도 감소하지 않습니다. 따라서 마음의 이치는 오염된 생사의 세계에 있다 해도 더럽혀지지 않고 청정한 출세간에 있다 해도 더 청정해지지 않습니다.

비유하면 물은 탁한 물이든 맑은 물이든 젖는 성질에 있어서는 변함이 없습니다. 어떤 물이든 평등하게 젖는 성질이 있듯이 우리 마음 근본자리는 절대 하나로서 평등이라는 것입니다. 그것을 일심이라 합니다.

우주와 내가 하나의 마음, 하나의 이치라고 한다면 이 우주는 하나의 생명체입니다. 한량없는 부처님도 내 마음 분별의 모습으로서의 부처님이고, 한량없는 중생도 내 마음 분별의 모습으로서의 중생이며, 한량없는 국토도 전부 내 마음 분별의 모습으로서의 한량없는 국토라는 것입니다.

“기이하고 기이하다 중생은 여래의 지혜덕상을 본래 갖추었건만”

이러한 이유 때문에 모든 공덕과 지혜를 원만하게 갖추신 노사나불은 법신의 이치를 끝까지 추구하고 증오(證悟)하였습니다.

부처님 법신은 형체가 없습니다. 우주만유가 전부 내 몸이기 때문에 따로 어떤 형상이 없기 때문에 법신이라 합니다. 이러한 이치를 깨우쳤기 때문에 나타난 모습이 복덕과 지혜가 쌍족한 원만보신입니다.

그 때문에 내 마음과 내 마음에 보이는 상대적인 경계로서 이 세계는 하나의 이치로서 두 모습이 아니며[三界一心] 성인과 범부도 평등하여 모든 중생들은 이러한 부처의 마음과 세계의 이치를 본래 갖추고 있는 것입니다. 따라서 중생이 지금 아무리 무명번뇌에 쌓여있다 할지라도 그 실체는 본래 부처입니다. 그러므로 부처님은 보리수하에서 성불하시고 이와 같이 탄식하셨습니다.

기이하고 기이하구나! 일체중생은 여래 지혜덕상을 본래 갖추었건만 단지 망상으로 전도하고 집착함으로써 자기 본래 마음의 이치를 증득하지 못한다.[21]

이는 『화엄경(華嚴經)』「여래출현품(如來出現品)」에 나오는 말씀입니다. 『화엄경』은 원만보신 노사나불의 가르침입니다. 원만보신불의 설법은 대승의 근기인 보살의 경지에서만 보고 들을 수 있으며, 대승의 근기가 아직 성숙하지 않은 3승인이나 중생들은 단지 천백억화신 석가모니 부처님의 설법만 들을 수 있습니다.

모든 부처님은 평등한 여래지혜덕상의 이치를 깨달아 지혜광명이 우

21) 『妙法蓮華經通義』 권1, 「釋題」(『卍續藏』 31책, 525면 上), “故曰奇哉奇哉 一切眾生具有 如來智慧德相 但以妄想顚倒執著 而不證得.” ; 원문의 내용 출처는 『大方廣佛華嚴經』 권 51, 「如來出現品」(『大正藏』 10책, 688면 上)에서 비롯되었다.

주에 보편한 보광명지(普光明智)가 되었는데, 이를 부처님 마음작용인 불지견(佛知見)이라 합니다. 그러나 중생은 미혹하여 여래의 보광명지가 무명업식(無明業識)이 되고 이것이 생사의 근본이 되었습니다.

중생은 왜 무명(無明)에 가려졌는가?

중생은 왜 본래의 마음자리에서 벗어나 무명에 가려졌는가 하는 문제에 대해 살펴보겠습니다.

우리의 마음은 형체가 없어서 물질의 일어남을 의지하고 동시에 일어나는 것이지, 물질을 떠나 마음만이 홀로 일어나는 경우는 절대로 없습니다.

'내가 보고 듣지도 않고 눈을 감고 있는데도 생각이 일어나더라.' 이런 이야기를 하는 사람이 있을 것입니다. 그러나 하나의 사물이라도 마음속에 형성이 되어야 그것을 대상으로 마음이 일어나는 것입니다.

다시 말해 형체가 끊어진 마음자리는 도구를 이용해서 일어나는데, 그 도구를 안이비설신의(眼耳鼻舌身意)인 6근(六根)이라 합니다. 이 6근을 의지해서 알아야할 대상이 있어야 마음이 일어나는데, 이를 6진경계(六塵境界)라 합니다. 내 마음이 반드시 6근이라는 도구를 의지하여6진경계를 흡수해서 인식을 한다는 것입니다.

6근과 6진은 동시에 내 마음과 하나의 이치로서 떠오른 것이지 마음이 먼저 일어나고 6진이 뒤에 일어나고 하는 일은 없습니다. 6근이 일어나는 순간이 동시에 6진이 떠오르는 순간입니다. 그 순간 우리의 마음은 경계를 마주하면 본래적으로 알게 되어 있습니다. 그것을 '각(覺)'이라 합니다. 각은 지각(知覺)이라고도 할 수 있습니다.

우리는 눈으로 대상을 접하면 바로 '저것이 색깔이구나'하고 바로 알게 되어 있습니다. '이 색깔인지 저 색깔인지 알아봐라' 하고 시킨 뒤에 아는 것이 아닙니다.

그렇다면 물질과 내 마음은 원래 하나도 아니지만 다른 것도 아닙니다. 하나라고 하려니 물질 속에 내 마음이 있는 것도 아니요, 물질을 떠나 따로 있다고 하려니 물질을 떠나서는 따로 내 마음을 검증할 수도 없습니다. 물질과 내 마음이 원래 하나의 이치기 때문에 분별을 일으키지 않아도 본래 그 대상을 있는 그대로 알 수 있는 것입니다.

눈으로 보고 귀로 듣고 코로 냄새 맡고 혀로 맛을 보고 몸으로 감촉을 느끼고 하는 이러한 5진경계(五塵境界)를 우리의 의식으로 그것이 구체적으로 어떤 사물인지 통일적인 법으로써 이해하고, 모든 사물을 분별 없이 본래적으로 알게 되어 있습니다.

중생들은 내 마음과 물질이, 다시 말하면 6근과 6진이 상대적인 모습으로 떠오르는 것처럼 보이니까 '아 내 마음은 안에 있고 6진 경계로서의 세계는 밖에 따로 있구나'하고 착각을 일으켜 망상을 일으킵니다.

그런데 부처님은 6근과 6진이 본래 하나의 이치라는 것을 바로 깨달았기 때문에 망상이 끊어진 자리에서 6근으로 지각이 일어나는데, 그것을 불지견(佛知見)이라 합니다. 다시 말해 현재 보는 마음 밖에 따로 경계가 있는 것이 아니라는 것입니다. 그것이 부처자리입니다. 6근과 6경이 하나의 이치, 내 마음과 세계가 하나의 이치를 미혹하면 중생이고 깨달으면 부처일 뿐, 출발한 자리는 한 자리입니다.

예를 들면 파도가 일어난 자리가 다르고 물자리가 다른 것이 아닙니다. 파도가 일어난 자리가 물자리이고, 파도가 가라앉은 자리도 똑같은 물자리입니다.

그렇다면 바탕은 똑같은데 단지 한 생각 차이에 한 쪽은 부처이고 한 쪽은 중생이라는 것입니다.

연화장세계는 의보(依報)와 정보(正報)로서 천차만별 장엄

이처럼 부처님의 보광명지와 중생의 무명업식이 근원자리에서는 하나의 마음이라는 이치를 보는 순간 바로 그 자리가 각(覺)의 의미인 부처입니다. '묘(妙)'자는 바로 이러한 마음의 오묘한 이치를 의미합니다. 여기까지는 내 마음의 측면에서 '묘심(妙心)'에 대한 설명입니다.

우주만법이 내 마음의 모습이라면, 마음을 자체로 의지해서 삼라만상으로서 모든 법이 일어났기 때문에 참 마음도 오묘하고 법도 오묘하다는 것입니다. 그렇다면 『묘심묘법연화경』이라 해야 하는데, 왜 『묘법연화경』이라고 했을까요? 법을 떠난 마음이 없고 마음을 떠난 법이 없기 때문에, 즉 체(體)와 용(用)이 둘이 아니기 때문에 마음과 법을 합해 『묘법연화경』이라고 한 것입니다.

다음으로는 '묘법(妙法)'의 측면에서 이야기해보겠습니다.

우리의 근본 마음의 이치는 불생불멸하면서 처렴상정(處染常淨)한 모습입니다. 이를 다시 연꽃에 비유하여 연화장(蓮華藏)이라 합니다.

이 세계는 전부 연꽃을 간직한 세계라고 합니다. 연꽃을 간직했다는 것은 우리 근본 마음이 세계와 둘이 아닌 이치라는 뜻입니다. 아무리 오염된 세계라 할지라도 영원히 오염되지 않는 근본 일심의 세계이므로 불세계(佛世界)를 화장(華藏)세계라고 하는 것입니다. 깨달아서 청정한 세계가 나타났다 할지라도 그 역시 내 일심의 모습으로서 세계입니다.

이 세계는 의보(依報)와 정보(正報)를 떠난 밖에 아무것도 없습니다. 부처의 의보정보가 됐든, 사람의 의보정보가 됐든, 짐승의 의보정보가 됐든 이 연화장 세계는 전부 의보와 정보로 천차만별로 장엄하다는 것입니다.

정보라는 것은 우리 생명체, 내 몸을 말합니다. 왜 보(報)라고 할까요? 자기의 마음을 어떻게 쓰느냐에 따라 과보(果報)로서 나타났기 때문에 정보라고 합니다. 의보라는 것은 내가 의지하고 사는 세상을 말합니다. 이 국토 역시 내 몸과 같이 지은 업만큼 그 과보로서 나타났다고 해서 의보라고 합니다.

연화장의 장엄한 세계, 즉 우리가 의지하고 사는 의보(依報)와 의지의 주체인 정보(正報)의 두 모습은 자타(自他)가 중중무진(重重無盡)하며 미묘하고 원만하게 융합하여 무정물인 세계와 축생과 초목과 겨자씨까지도 서로가 털끝만큼도 장애함이 없습니다.

이처럼 오묘한 일심을 의지하여 세계는 성립합니다. 이것이 세계의 실상(實相)입니다. 즉 마음과 세계는 따로의 모습이 없습니다. 이것이 우리의 마음에 떠오른 세계의 오묘함입니다.

우리의 마음과 그 마음에 떠오른 세계는 따로의 두 모습이 아닌 순수한 일진법계의 세계입니다. 그러므로 마음과 세계 이 두 가지 오묘함이 일심진여법계로서의 하나의 의미라는 뜻에서 제목을 '묘법(妙法)'이라 한 것입니다.

그러나 내 마음과 세계가 두 이치가 아닌 오묘한 묘법을 중생들은 미혹하여 마음과 세계가 상대적으로 분별대립하면 이를 진심에 망상을 간직했다는 의미에서 여래장식(如來藏識)이라 하고, 모든 부처님이 내 마음과 세계가 둘이 아닌 이치를 깨달으면 불생불멸한 진실한 이치만을 간직하였다 하여 '여래장(如來藏)'이라 명칭합니다.

이를 요약하면 마음과 세계는 본래 하나의 이치였건만 그 이치를 미혹하는 순간이 중생의 생사이고, 깨닫는 찰나가 불생불멸로서 여래라는 의미입니다. 이러한 진여일심을 의지해서 건립된 세계를 연화장이라 하는데, 연화는 불생불멸의 비유입니다.

다시 정리하면 부처님[如來]이 간직한 마음을 '여래장(如來藏)'이라 하고, 중생의 마음을 식장(識藏)이라 합니다. 여래장의 이치는 시간의 흐름이 단절되고 공간적인 피차가 끊어진 자리에서 발생합니다. 이를 불교에서는 '3계일심(三界一心)'이라 합니다.

그런데 중생은 3계일심 여래장의 이치를 미혹해 만법유식(萬法唯識)을 일으키는 것입니다. 내 마음과 세계는 차별이 없지만 고락(苦樂) · 선악(善惡) · 시비(是非) · 장단(長短) · 고하(高下) · 흑백(黑白) 등이 생긴 것입니다. 차별이 일어난 것은 중생 분별의 차별이지 세계의 차별은 아닙니다.

우리의 진여일심에는 진심과 망상이 동시에 함축

부처님은 49년간 8만4천법문을 설파하셨는데, 불법의 종지를 한 마디로 요약하면 '3계일심 만법유식(三界 一心 萬法惟識)'입니다.

『대승기신론(大乘起信論)』에서는 전자를 진여문(眞如門), 후자를 생멸문(生滅門)이라 합니다. 중생의 본마음 근본은 불생불멸하는 여래장이었는데 무명망상으로 식장으로 유전한 것입니다.

그렇다면 우리가 『법화경』을 배우는 목적은 무엇일까요? 바로 제법실상의 이치, 여래장의 이치를 깨달아 진여세계로 환원하는 것입니다. 『법화경』 뿐만 아니라 부처님의 8만장경이 모두 이 가르침을 전하는 것입니다. 이러한 마음자리, 중생의 식장과 부처님이 깨달으신 여래장이 둘이 아닌 일심 자리를 의지하여 한량없는 차별적인 법계가 건립되었다는 것입니다.

부처님은 일심진여의 이치를 깨달아 불세계를 건설하였고, 중생은 미혹해서 본래 없는 6도세계가 건립되어 10계(十界) 삼라만상의 차별이 생긴 것입니다. 그런데 중요한 것은 마음에서 분별이 일어나느냐, 깨달음이 일어나느냐의 차이입니다. 세계는 일어난 일도 없고 없어진 일도 없습니다. 일어난 것도 없어진 것도 모두 마음일 뿐입니다.

이러한 이유 때문에 우리의 일심에서 부처님의 진실한 마음[眞]과 중생의 망상[妄]이 하나의 이치로 교대로 사무치고, 번뇌의 오염[染]과 지혜의 청정함[淨]이 하나로 융통하며, 중생의 마음[因]과 일심의 이치를 깨달은 부처의 마음[果]이 동시(同時)이고, 시작[始]과 끝남[終]이 일제히 하나로 맞닿아 있다는 것입니다.

다시 말해 차별적인 현상세계가 우리의 여래장에서 미혹을 일으킨 여래장식을 의지해서 건립된다는 것입니다. 요컨대 우리의 진여일심에는 여래와 망상식이 동시에 서로를 함축한다는 것입니다.

연화는 더러움과 깨끗함이 둘이 아니고 시작과 끝이 하나인 이치

그러므로 여래장과 망상식의 이치가 일심을 떠나지 않았다는 것을 비유해서 처렴상정하는 연꽃에서 형상을 취하여 '연화(蓮華)'라 하였고, 도리의 측면에서는 마음자체를 곧바로 지적하여 '묘법(妙法)'이라 하였습니다.

그렇다면 제목에서 묘법은 세계와 일심이 둘이 아닌 일심자체를 지적한 것이고, 그러한 묘법을 다시 연화에 비유한 것입니다. 따라서 경전의 이름을 『묘법연화경(妙法蓮華經)』이라고 호칭하였습니다.

부연하면 중생의 마음과 그 중생의 마음을 의지해서 건립된 한량없는 세계를 비유해서 연화장 세계라 합니다.

연꽃은 치열함의 상징입니다. 뿌리는 더러운 진흙에 있어도 꽃은 더러워지지 않습니다. 그러나 연꽃이 더러운 진흙탕을 떠난 일도 없습니다. 뿌리와 꽃은 하나로 연결되어 있기 때문입니다.

우리의 마음도 이와 같습니다. 부처와 중생이 하나로 연결되어있어 마음을 어떻게 쓰느냐에 따라 청정한 연꽃으로 발현할 수도 있고, 진흙탕 고해의 세계로 나타날 수도 있습니다. 하지만 고해의 세계에 있다 할지라도 연꽃과 같은 마음을 떠난 일이 없습니다. 따라서 묘법을 비유하여 연화라고 한 것입니다.

이러한 묘법일심연화가 깨달은 부처의 분상에 있어서는 보광명지(普光明智)라 하고, 세계 실상의 측면에서는 보광명지가 세계를 일으킨 근본자체라는 의미에서 근본실지(根本實智)라 합니다. 절대평등하고 공적한 마음[一切智]에서 떠오른 차별적인 세계[道種智]가 원래 두 모습이 아니라는 이치를 빠뜨림 없이 비춰본다는 뜻에서 일체종지(一切種智)라고도 하며, 자기 스스로의 마음에서 자기 마음이 부처임을 스스로 깨닫는 성스러운 지혜라는 뜻에서 자각성지(自覺聖智)라고도 합니다.

모든 부처님은 일대사인연 때문에 세간에 출현

『법화경』에서는 이 같은 이치[根本實智]를 깨닫고 일으킨 지견[後得方便智]이라는 의미에서 불지견이라 합니다. 그러나 이를 미혹한 중생들은 도리어 생사의 근본이 되는데, 이는 무명번뇌인 중생지견으로 작용한다는 의미입니다. 왜냐하면 모든 중생이 부처님의 지견을 본래 갖추었건만 단지 무명망상에 뒤덮어 알지 못하기 때문입니다.

그러므로 시방3세 모든 부처님이 생사의 세간에서 벗어난 순간 홑으로 이 마음의 이치를 높이 드러내 보이시고, 일체 중생들이 본래 불지지견이라는 것을 스스로의 마음에서 알고 자기 마음에서 이해하고 수행해서 깨달아 들어가도록 하였습니다. 이것이 『법화경』에서 이야기하는 개시오입(開示悟入)입니다. 본 경전 「방편품(方便品)」에서는 다음과 같이 말하고 있습니다.

시방 3세의 모든 여래는 오직 일대사인연(一大事因緣) 때문에 세간에 출현하셨다.[22]

이는 모든 중생의 근본마음자리는 본래 부처님의 지견임을 드러내고[開] 보임으로써[示] 그들 마음을 청정하게 하였다[悟入] 한 것에 해당됩니다. 부처님께서는 오직 중생을 깨우쳐 그들 마음을 개·시·오·입하는 것만을 가장 큰 일로 여겼을 뿐 다시 다른 일은 없었습니다.

이를 다시 정리하면 부처님이 최초 『화엄경』을 설함으로부터 40여년 3승방편교를 시설하였으나 그 모든 가르침은 궁극적으로 중생의 마음이 본래 부처라는 이치를 열어 청정하게 하였고[開] 그들의 마음을 드러내어 청정하게 하였으며[示] 이러한 마음의 이치를 수행하게 함으로써 청정하게 하였고[悟] 끝내는 그들의 마음으로 깨달아 들어가 청정하게 하였다[入] 이것을 '개시오입 불지지견(開示悟入 佛之知見)'이라 합니다.

22) 『妙法蓮華經通義』 권1, 「釋題」(『卍續藏』 31책, 532면 上) ; 『妙法蓮華經』 권1, 「方便品」(『大正藏』 32책, 7면 上), "諸佛以一大事因緣 故出現於世."

이처럼 여래께서 세간에 출현하신 근본 회포는 매우 심오하다고 할 수 있습니다. 49년 설법가운데 40여 년 동안 방편교를 시설한 것이 끝내는 법화로 회귀하려고 한 방법이었습니다. 이는 중생들이 마음의 이치를 깨닫기 어려운 이유 때문입니다.

일불승 화엄서 시작하여 끝내 법화 일불승으로 회귀

원만보신 노사나불께서는 최초로 정각을 이루시고 보리수아래 금광보좌에서 깨달은 내용을 중생에게 전체로 단박 제시하려고 최초에 『화엄경』을 21일간 설법하셨습니다.

부처님이 깨달음을 이루시고 중생의 마음을 전체로 드러내 보인 것이 『대방광불화엄경(大方廣佛華嚴經)』입니다. 이 경을 연설하셨을 때 오직 대승근기가 성숙한 중생만이 노사나 여래를 눈으로 뵙고 설법하시는 음성을 듣고 이익을 얻었습니다. 열악한 견해를 지닌 하근기의 중생들은 몸소 정각을 성취한 금강보좌 밑에 있었으나 단지 화신불인 석가모니부처님이 설하는 4제(四諦)와 12인연(十二因緣) 법문만 들었을 뿐 노사나불이 화엄경을 장엄하게 설법하는 모습을 보지도 듣지도 못하였습니다.

부처님께서는 동체대비(同體大悲), 즉 우주만유는 일심에 있어서 하나의 생명체라는 의미를 깨닫고 일으키는 대자비심으로 보리수나무 밑을 걸으면서 화엄일승법문을 다시 중생근기에 맞게 3승으로 나누어 설하셨습니다.

천태종(天台宗)에서는 부처님 일대시교 49년을 다섯 시기로 나누어서 해석을 하는데, 이것을 천태 5시교판(五時教判)이라 합니다. 그 내용을 게송으로는 다음과 같이 노래하고 있습니다.

정각최초에는 화엄을 21일
아함(阿含) 12년, 방등(方等) 8년

다시 21년 동안 반야부(般若部)를
끝내 법화경을 8년 설하였다.[23]

이를 다시 설명한다면 최초 화엄설법에서 우주전체의 이치를 있는 그대로 보이셨으나 그 설법은 오직 대승보살만 이해하고 나머지 소승근기는 이해하지 못하였으므로 이와 같이 점차를 밟아서 최후에 다시 일불승인 『법화경』을 설하였다는 의미입니다.

이것을 비유하면 『화엄경』은 동쪽에서 떠오른 태양이 서쪽을 비추는 것과 같고, 『법화경』은 서산에 지는 태양이 동쪽을 비추는 것과 같습니다. 이는 시작과 끝이 동일한 이치임을 의미합니다. 그 중간에 설했던 『아함』·『방등』·『반야』 이 세 부의 경전들은 모두가 3승으로 분류되는 방편교설입니다. 그렇다면 여래 49년 설법은 일불승 화엄에서 시작하여 끝내 법화 일불승으로 회귀했음을 알 수 있습니다.

그러므로 대승보살 근기에만 감응하시는 원만보신 노사나불과 그 분이 설한 일불승으로서의 화엄을 감추고 하열한 범부의 근기에 감응하는 천백억화신 석가모니부처님의 몸을 나타내 화엄과 법화를 두 시기로 나누어 보이셨습니다.

그러나 실제로 이 두 경전에서 설하고 있는 일불승의 이치는 시공을 초월하여 동시에 시작되고 동시에 끝났다고 할 수 있습니다.

따라서 천백억화신 석가모니 부처님은 녹야원(鹿野苑)에서 4제법문을 설하여 모든 성문을 제도하였으나 부처님의 근본회포는 단지 화엄에서 이해하지 못한 일불승의 이치를 최후 법화에 이르러서 부처님의 지견을 개시오입(開示悟入) 하려는데 있었을 뿐입니다. 그 이유는 중생의 근성이 둔하였기 때문에 본래 없는 3승방편교가 일어나게 된 것입니다.

23) 원문은 "初說華嚴三七日 阿含十二方等八 二十一載談般若 終說法華又八年."이다. 다만 반야부를 설한 시기는 22년이 일반적인 견해임을 밝힌다. 참고로 『四教儀備釋』 권 上에서 "阿含十二方等八 二十二年般若談 法華涅槃共八年 華嚴最初三七日 此是別五時更有通."이고 『四教儀註彙輔宏記』 권1에는 "阿含十二方等八 二十二年般若談 法華涅槃共八年 華嚴最初三七日."라 하여 반야를 22년 동안 설한 것으로 보고 있다.

3승이 결국 일승으로, 회삼귀일(會三歸一) 사상이 핵심

처음 4제법문으로 시작하여 40년을 경유하는 동안 부처님께서는 한량없는 갖가지 방편을 설하느라 수고하셨으나 모든 하열한 근기는 부처님의 참뜻이 어디에 있는지 깨닫지 못하였으므로 부처님의 질책을 당하고 나서야 부처님이 출현하신 근본마음을 믿게 되었습니다.

모든 3승 중생들이 법화회상에 이르러서야 그 근기가 순수하여 부처님이 출현하신 일대사인연을 믿는 마음은 진실하였습니다. 이 때 부처님은 비로소 대승 근기가 성숙한 제자들에게 처음으로 근본회포를 드러내어 너희들이 앞으로 미래에 모두가 성불하리라는 수기를 내리게 되었습니다. 이에 대해 『화엄경』에서는 다음과 같이 말하고 있습니다.

일체법이 내 마음 자성과 상즉관계이며, 지혜법신을 성취하는 것도 다른 사람을 따르지 않고 깨닫는다.[24]

이는 법화에서 석가여래가 세간에 출현하신 근본회포를 오늘에야 바야흐로 이루었다함과 그 의미가 하나로 일치합니다.

다시 요약하면 화엄에서 설했던 이치를 법화에서 비로소 이루었으므로 화엄은 일승의 이치를 설한 시작이고 법화는 그 시작된 법문을 끝마치는 의미가 있는데, 화엄과 법화를 설한 부처님의 마음이 원래 두 모습이 아니었습니다.

그 때문에 본 경전에서는 부처님께서 40여 년 동안 3승인과 한결같이 함께 고심했던 괴로운 마음을 차례로 서술하면서 이를 극진하게 토로하여 중생을 이익되게 할 수 있는 일을 모두 끝냈다 할 것입니다.

이 법회가 끝나고 오래지않아 열반에 드셨는데, 이 일을 두고 '석가부처님이 중생에게 감응하여 나타나셨던 자취의 끝이다'라고 말합니다.

---

24) 『妙法蓮華經通義』 권1, 「釋題」(『卍續藏』 31책, 560면 中) ; 『大方廣佛華嚴經』 권17, 「梵行品」(『大正藏』 10책, 89면 上), "知一切法卽心自性 成就慧身不由他悟."

법화설법을 끝내고 마지막으로 열반경을 설한 뒤에 사라쌍수간(沙羅雙樹間)에서 열반에 드셨던 일이 여기에 해당됩니다.

본 경전「비유품」에서 거부장자가 임종하면서 여러 아들들에게 가업을 부촉했는데, 이는 부처님이 중생을 이익되게 할 수 있는 일을 끝내고 열반에 드셨던 것과 같다고 할 것입니다.

이로써 알 수 있는 것은 이 경전은 마지막으로 거부장자가 가업을 자식들에게 부촉하는 유언장과 같다는 점이다.

본 경전은 49년 일대시교의 유통분에 해당됩니다. 왜냐하면 40년간 한결같이 출세본회인 불지지견을 설법하지 않았던 것은 『금강경』에서 말한 "너희 보살들은 발심한 마음을 흩어지지 않도록 잘 호념하라" 한 경우이며, 오늘 법화회상에 이르러서야 설법한 것은 『금강경』에서 말한 "훌륭하게 호념하면서 수행했던 마음을 단절 없이 잘 이어나가면서 부촉하라"한 경우에 해당됩니다.

그러므로 본 경전에서 일대사인연을 설파한 것은 과거 3승교까지 회괄하는데, 이 의미는 언어 밖에 있는 것입니다.

실로 이는 법계를 원만하게 관조하여 부처님마음에 오묘하게 일치하지 않고 좀스러운 문자에서 그 진실한 이치를 추구한다면 그것은 부처님이 출현한 일대사인연의 근본회포와 너무 아득히 멀어서 귀결할 곳이 없을 것입니다. 따라서 이 경전의 제목에 대한 의미를 명료하게 깨닫는다면 전체 경전의 뜻을 이미 절반을 알았다고 할 수 있을 것입니다.

일승의 최상승법문 『법화경』 개시오입(開示悟入) 서술

일불승(一佛乘)의 최상승 법문인 『법화경』은 총28품으로 구성되어 있는데, 그것을 크게 서분(序分) · 정종분(正宗分) · 유통분(流通分) 등 세 분야로 나눌 수 있습니다.

제일 처음 서품은 이 경전을 설법하게 된 동기를 설명하였으므로 서분이라 하며, 정종분은 27품으로 이 경전에서 주장하는 근본이치를 서술한 본론분에 해당되는데, 이를 다시 개(開)·示(시)·오(悟)·입(入) 네 글자로 분류할 수 있습니다.

서품 다음에 나오는 「방편품(方便品)」으로부터 「법사품(法師品)」에 이르기까지 9품은 부처님지견을 열어 들어내는 개불지견(開佛知見)에 해당되고, 「견보탑품(見寶塔品)」은 부처님지견을 제시하는 시불지견(示佛知見)에 해당되며, 「제바달다품(提婆達多品)」에서 「촉루품(囑累品)」까지 11품은 오불지견(悟佛知見)에 해당되고, 「약왕보살본사품(藥王菩薩本事品)」으로부터 「보현권발품(普賢勸發品)」까지 6품은 입불지견入佛知見에 해당됩니다.

개(開)·시(示)·오(悟) 이 세 분야는 『화엄경』의 신해(信解)에 해당되고, 입(入)은 행증(行證)에 해당되어 『화엄경』의 설법순서인 신해행증(信解行證)과 개시오입은 그 의미가 하나로 일치합니다.

「촉루품」 끝의 몇 구절은 이 경전을 끝내는 유통분에 해당됩니다.

법화경통의(法華經通義) 석제(釋題) 원문

題稱妙法蓮華經者, 乃直指一眞法界如來藏心以立名也. 論云所言法者, 謂衆生心, 是心總攝世出世間一切諸法, 而爲法界之全體. 一切聖凡染淨因果, 無不包含融攝, 在聖不增, 在凡不減, 處染不垢, 出塵不淨, 是以舍那如來, 證窮此心, 故心境一如聖凡平等, 衆生本具, 故曰奇哉. 奇哉. 一切衆生具有如來智慧德相, 但以妄想顚倒執著, 而不證得. 良由諸佛悟之, 而爲普光明智, 名佛知見. 衆生迷之, 而爲無明業識, 生死根株, 一見此心, 當下是佛, 此心之妙也. 華藏世界, 依正莊嚴, 重重無盡, 微妙圓融, 塵毛草芥, 依心而立, 實相無相, 此境之妙也. 心境不二, 純是一眞, 故稱妙法. 然此妙法, 衆生迷之名爲藏識, 諸佛悟之名如來藏, 依此一心建立法界, 名蓮華藏, 是以眞妄交徹, 染淨融通, 因果同時, 始終一際, 故約喩, 則取象蓮華, 約法, 則直指心體也. 然而此心, 在佛則爲普光明智, 亦名實智. 又名一切種智, 亦名自覺聖智, 故名佛知見. 在衆生, 則爲根本無明, 以衆生本具佛之知見, 但以無明葑蔀而不知, 故諸佛出世單爲揭示此心, 使其衆生自知自見而悟入之, 故曰諸佛如來唯一大事因緣故出現於世, 所謂開示衆生佛之知見, 使得清淨故. 唯以此事爲大, 更無餘事, 是爲如來出世本懷. 甚矣. 此心之難悟也. 惟我舍那如來, 初成正覺, 於菩提場, 頓示此心, 演大華嚴, 名曰

普照法界脩多羅, 名爲一乘. 獨大根衆生, 見聞得益, 而下根劣解, 身雖在座, 如盲如聾, 故興同體大悲, 觀樹經行, 將一乘法分別說三, 故現應化身, 雙垂兩相, 二始同時, 於鹿野苑說四諦法, 度諸聲聞, 原其本懷, 特爲開示佛知見也. 以衆生根鈍自玆以來, 經四十年, 勞佛種種無量方便, 群機不悟, 久被彈呵, 方有信佛之心. 直至法華會上, 見其根機旣純, 諦信此心, 卽爲一一授記成佛, 所謂知一切法, 卽心自性, 成就慧身不由他悟, 釋迦出世本懷, 今日方遂. 故盡情吐露, 歷敘一往同患之苦心, 以了利生之能事, 於此不久, 卽入涅槃, 所謂應跡之終也. 故如長者將終, 委付家業, 是知此經, 如付家業之囑書, 乃爲一代時教之流通. 以一向不說, 謂之護念, 今日乃說, 是爲付囑, 故事該已往, 義在言外, 苟非圓照法界, 妙契佛心, 而以區區文字求之, 則渺無歸宿, 了此一題, 則於全經之旨思過半矣.

此經二十八品, 大科爲三分, 前序一品, 以彰說法之由致, 判爲序分. 正宗一分二十七品, 以開示悟入四字科之, 從方便品至法師品九品, 爲開佛知見. 見寶塔一品, 爲示佛知見. 從提婆達多品至囑累品十一品, 爲悟佛知見. 從藥王本事品至普賢勸發品六品, 爲入佛知見. 開示悟爲信解, 入爲行證, 品末數句, 爲流通分, 以終焉.

목 차

京佛教文化研究所 北京广化寺监制 佛历二五四七年七月

서품 제1(序品 第一)

如是我聞하사오니 一時에 佛께서 住 王舍城 耆闍崛山中하사 與大比丘衆
여시아문 일시 불 주 왕사성 기사굴산중 여대비구중
萬二千人과 俱하시니라. 皆是阿羅漢이라 諸漏가 已盡하여 無復煩惱하며
만이천인 구 개시아라한 제루 이진 무부번뇌
逮得己利하며 盡諸有結하여 心得自在하니라.
체득기리 진제유결 심득자재

아난 : 1. 이와 같이 나는 들었습니다.

한 때, 부처님께서 왕사성 기사굴산에① 머무르시어
큰 비구 대중 일만 이천 인과 함께 계셨습니다.
이분들은 모두 아라한(阿羅漢)으로서,②
모든 누(漏)가③ 이미 다하여 다시 번뇌가 없으며,
자신을 이롭게 하는 깊은 진리를 얻고,④
온갖 미혹의 결박에서 벗어나
마음의 자재를⑤ 얻으셨습니다.

---

① **기사굴산**(Gṛdhrakūṭa-parvata) : 왕사성 동북쪽에 있는 산. 지금의 비하르주 파트나 동남쪽('라지기르'라고 부름)에 있다. 독수리 모습을 닮았다 하여 영취산(靈鷲山)이라 부른다. 왕사성(Rājagṛha nagara)은 고대 중인도 마갈타국 수도로 석가모니불 당시 빔비사라왕이 살았다. ② **아라한**(阿羅漢, arhat) : 나한(羅漢)이라고도 한다. 미혹의 번뇌를 다 끊었다 하여 살적(殺賊)이라 번역한다. 지혜와 덕을 갖추어 인간과 천상의 공양을 받으며, 무명을 벗어나 더 이상 생사의 과보를 받지 않는다고 한다. ③ **누**(漏, āsrava) : 몸과 마음을 더럽히는 모든 악이 항상 흘러나오는 것이 누(漏)인데, 아라한은 이러한 번뇌가 다시는 생기지 않는다. ④ **자신을 이롭게 하는 깊은 진리를 얻음**(逮得己利) : 출가수행하여 삼계에서 벗어나 자기 해탈에 이름. ⑤ **마음의 자재** : 생사 속에 얽매이는 것을 유결(有結)이라 하는데, 여기에서 벗어나 마음이 공적(空寂)한 상태에 도달한 일. 그러나 아직 남을 이롭게(利他) 하지는 못하였다.

其名曰 阿若憍陳如와 **摩訶迦葉**과 **優樓頻螺迦葉**과 **伽耶迦葉**과
기명왈 아야교진여 마하가섭 우루빈라가섭 가야가섭

那提迦葉과 **舍利弗**과 **大目犍連**과 **摩訶迦旃延**과 **阿㝹樓馱**와 **劫賓那**와
나제가섭 사리불 대목건련 마하가전연 아누루타 겁빈나

憍梵波提와 **離婆多**와 **畢陵伽婆蹉**와 **薄拘羅**와 **摩訶拘絺羅**와
교범바제 이바다 필릉가바차 박구라 마하구치라

이분들의 이름은 아야교진여,[1] 마하가섭,[2] 우루빈라가섭, 가야가섭, 나제가섭,[3] 사리불,[4] 대목건련,[5] 마하가전연,[6] 아누루타,[7] 겁빈나,[8] 교범바제,[9] 이바다,[10] 필릉가바차,[11] 박구라,[12] 마하구치라,[13]

---

① **아야교진여**(Ājñatakauṇḍinya) : 초전법륜(初轉法輪) 때 5비구의 대표. 장차 부처님으로부터 수기받고 보명여래(普明如來)로 성불한다. ② **마하가섭**(Mahākāśyapa) : 항상 십이두타행(十二頭陀行)의 어려운 수행과 고행을 하여 부처님 십대 제자(十大弟子) 중 두타제일(頭陀第一). 장차 광명여래(光明如來)로 성불. ③ **우루빈라가섭, 가야가섭, 나제가섭**(Uruvilvākāśyapa, Gayākāśyapa, Nadīkāśyapa) : 세 가섭(가섭 형제들). 장차 보명여래(普明如來)로 성불. ④ **사리불**(Śāriputra) : 신자(身子)라고 번역한다. 십대 제자 중 지혜제일(智慧第一)로 통하며, 법화경은 지혜제일인 사리불을 중심으로 설해진다. 라후라의 스승이기도 하다. 방편품을 듣고 제일 먼저 일승의 도리를 깨달았다. 장차 화광여래(華光如來)로 성불. ⑤ **대목건련**(Mahāmaudgalyāyana) : 신통제일(神通第一). 우란분(盂蘭盆) 시아귀회(施餓鬼會)의 기원. 장차 다마라발전단향여래(多摩羅跋栴檀香如來)로 성불. ⑥ **마하가전연**(Mahākātyāyana) : 부처님의 덕과 가르침을 찬탄하고 잘 펴서 논의제일(論議第一)이라 한다. 외도와 바라문들 격파. 장차 염부나제금광여래(閻浮那提金光如來)로 성불. ⑦ **아누루타**(아나율, Aniruddha) : 부지런히 정진하다가 실명한 후 천안을 얻었다. 천안제일(天眼第一). 장차 보명여래로 성불. ⑧ **겁빈나**(Kapphiṇa) : 지성수제일(知星宿第一). 법신불과 하룻밤 같이 지냈다. 장차 보명여래로 성불. ⑨ **교범바제**(Gāvaṃpati) : 해율제일(解律第一). 천왕(天王)의 공경을 받았다. ⑩ **이바다**(Revata) : 좌선제일(坐禪第一). 무아(無我)의 도리를 깨쳤다. 보명여래로 성불. ⑪ **필릉가바차**(Pilindavatsa) : 고좌제일(苦坐第一). 괴로움을 무릅쓰고 좌선. ⑫ **박구라**(Bakkula) : 한거제일(閑居第一) 또는 무병제일(無病第一). 항상 조용한 곳에 있기를 즐겼다. 보명여래로 성불. ⑬ **마하구치라**(Mahākauṣṭhila) : 문답제일(問答第一). 언변가. 장조범지(長爪梵志)로 번역.

難陀와 孫陀羅難陀와 富樓那彌多羅尼子와 須菩提와 阿難과 羅睺羅와
난타 손타라난타 부루나미다라니자 수보리 아난 라후라
如是衆 所知識의 大阿羅漢等이니라.
여시중 소지식 대아라한등

난타,① 손타라난타,② 부루나미다라니자와③
수보리와④ 아난,⑤ 라후라이었습니다.⑥
이와 같은 여러분은
대중에게 널리 알려져 있는⑦
큰 아라한들이었습니다.

---

① 난타(Nanda) : 선환희(善歡喜)라고 번역. 목동이었는데, 부처님께 소 먹이는 일을 질문했다가 부처님 말씀을 마음으로 이해하고 기뻐 출가했다는 데서 이름붙여졌다. ② 손타라난타(Sundarananda) : 부처님의 이복 동생. 아내에 대해 애착이 깊었으므로, 천당과 지옥을 보고 나서 세속락을 여의었다. ③ 부루나미다라니자(Pūrṇamaitrāyaṇīputra) : 설법제일(說法第一) 부루나(父)와 미다라(母)의 아들. 인욕행으로 전법에 나선 포교의 모범. 장차 부처님께 수기받고 법명여래(法明如來)로 성불한다. ④ 수보리(Subhūti) : 해공제일(解空第一). 공(空)과 관련되어 태어났으므로 공생(空生)이라 번역한다. 장차 부처님께 수기받아 명상여래(名相如來)로 성불. ⑤ 아난(Ānanda) : 부처님께서 성도하신 날 태어났으므로 기뻐하여 경희(慶喜), 무염(無染)이라 한다. 25년 동안 부처님을 시봉하였다. 십대 제자 중 다문제일(多聞第一)이라 한다. 장차 산해혜자재통왕여래(山海慧自在通王如來)로 성불. ⑥ 라후라(Rāhula) : 석존의 출가 전의 아들로, '나운(羅云)'이라고도 부르고, 부장(覆障)이라 번역한다. 밀행제일(密行第一). 장차 부처님께 수기받고 도칠보화여래(蹈七寶華如來)로 성불한다. ⑦ 대중에게 널리 알려져 있음(衆所知識) : 지혜가 원만하고 식견이 오묘하여 이름이 높고 덕이 깊으므로, 많은 사람들이 널리 훌륭하게 여겨서 선지식(善知識)으로 불린다는 뜻이다.

復有學 無學 二千人과 **摩訶波闍波提比丘尼**도 **與眷屬 六千人**과 **俱**하며
부 유 학 무 학 이 천 인 마 하 파 사 파 제 비 구 니 여 권 속 육 천 인 구
羅睺羅의 **母 耶輸陀羅比丘尼**도 **亦與眷屬**과 **俱**하니라.
라 후 라 모 야 수 다 라 비 구 니 역 여 권 속 구

2. 또, 학(學), 무학(無學)① 이천 인도② 함께 있었으며,
마하파사파제③ 비구니도
권속 육천 인과④ 함께 있었고,
라후라의 어머니 야수다라⑤ 비구니도
권속과 함께 있었습니다.

---

①**학, 무학**(學 無學) : 더 공부하여 끊어야 할 번뇌가 있으므로 학(學)이라 하였고, 미세한 사혹(思惑)번뇌까지 끊어 사물의 진상을 알아 4과를 증득한 분은 공부할 것이 없으므로 무학(無學)이라 한다. 이들은 장차 부처님께 수기받고 보상여래(寶相如來)가 된다. ②**이천 인**(二千人) : '이천'의 의미를 풀이하면, 물질(色)과 마음(心)의 두 가지를 관하는데, 십법계(十法界)에는 각각에 십법계를 가지고 있고, 여기에 십여시(十如是)를 갖추므로 2천을 갖춘다. ③**마하파사파제**(Mahāprajāpatī) : 석가모니불은 아버지 정반왕(淨飯王)과 어머니 마야(摩耶)부인 사이에서 출생하셨는데, 어머니가 석가모니를 낳으신 지 7일 만에 돌아가시고, 그를 실제로 양육한 분은 마야부인의 여동생이자 석가모니의 이모인 마하파사파제였다. 이분은 후에 석가모니께서 부처님이 되자, 출가를 간청하여 불교교단 최초의 비구니가 되었다. 장차 일체중생희견여래(一切衆生喜見如來)로 성불한다. ④**육천 인**(六千人) : 숫자 '육천'의 의미를 풀이하면, 육근(六根)이 청정하여 각기 천 가지 공덕을 갖추고 있음을 관한다는 뜻이다. 육근 공덕은 제19품(법사공덕품)에서, 법화경을 수지하고 읽고 외우고 베껴쓰고 강설하면 눈에 8백의 공덕, 귀에 천이백의 공덕이 갖추어진다고 하므로, 평균 천(千)으로 하면 육근에 육천(六千)이 된다. ⑤**야수다라**(Yaśodharā) : 석가모니 왕자 시절의 부인. 여기에서는 아들인 라후라(Rāhula)를 통하여 어머니를 소개하였다. 이분들도 모두 출가하여 선지식이 되었으며, 부인 야수다라 비구니는 수기받아 장차 구족천만광상여래(具足千萬光相如來)로 성불한다.

菩薩摩訶薩 八萬人이 **皆於阿耨多羅三藐三菩提**에 **不退轉**하여 **皆得**
보살마하살 팔만인 개어아누다라삼먁삼보리 불퇴전 개득
陀羅尼와 **樂說辯才**하여 **轉不退轉法輪**하시며 **供養無量百千諸佛**하여
다라니 요설변재 전불퇴전법륜 공양무량백천제불
於諸佛所에 **植衆德本**하여 **常爲諸佛之所稱歎**하시고
어제불소 식중덕본 상위제불지소칭탄

3. 또, 보살마하살① 팔만 인이 있었는데,
다 아누다라삼먁삼보리에서② 물러섬이 없고,
다라니와③ 요설변재(樂說辯才)를④ 얻어
불퇴전의 법륜을 굴리어 항상 법문을 설하며,
한량 없이 많은 부처님께 공양올려
그 모든 부처님 처소에서
온갖 덕본(德本, 善根)을 심어
항상 모든 부처님께서 칭찬하시는 바가 되고,

---

① **보살마하살**(菩薩摩訶薩, bodhisattva-mahāsattva) : 완전한 음사는 보리살타마하살타(菩提薩埵摩訶薩埵)이지만, 줄여서 '보살마하살'이라 한 것이다. 그 뜻은 보리는 '도(道)'라 하고, 살타는 '심(心)'이라 하며, 마하는 '대(大)'라 하므로, '대도심'이니, 이분들은 널리 대도를 구하며(自利) 또한 중생들을 성숙시키는(利他) 분들이라 한다. ② **아누다라삼먁삼보리**(阿耨多羅三藐三菩提) : 범어 anuttarāsamyak-saṁbodhi의 음사이다. 아누다라는 무상(無上), 즉 더 이상의 것이 없다는 뜻이고, 삼먁은 바른, 완전한(正等, 正遍)의 뜻이며, 삼보리는 바른 깨달음(正覺)의 뜻으로, 가장 수승하고 완전한 바른 깨달음이라는 뜻이니, 곧 부처님이 얻으신 깨달음의 지혜(正智)이다. 부처님의 바른 지혜는 제법(諸法)의 근본 원리를 바로 비추어 보는 지혜이고, 보편적인 지혜(遍智)란 제법의 차별 현상을 모두 사무쳐 보는 지혜이다(一切種智). ③ **다라니**(陀羅尼, dhāraṇī) : 부처님 가르침이 비밀스럽게 들어있어 신비한 힘이 있다는 주문(呪文). 총지(總持)라고 번역하는데, 선(善)은 보호하여 늘어나게 하고, 악(惡)은 막아 생기지 않게 한다고 한다. ④ **요설변재**(樂說辯才) : 중생이 바라는 바에 맞게 법을 자재로 설하는 재주. 사무애(四無礙)의 하나.

以慈修身하고 **善入佛慧**하며 **通達大智**하여 **到於彼岸**하고 **名稱**이 **普聞**
이자수신 선입불혜 통달대지 도어피안 명칭 보문
無量世界하여 **能度無數百千衆生**하시니라. **其名曰** **文殊師利菩薩**과
무량세계 능도무수백천중생 기명왈 문수사리보살
觀世音菩薩과 **得大勢菩薩**과 **常精進菩薩**과 **不休息菩薩**과 **寶掌菩薩**과
관세음보살 득대세보살 상정진보살 불휴식보살 보장보살

자비로 몸을 닦고 부처님 지혜(佛慧)에 잘 들어가며,
대 지혜에 통달해서 피안(彼岸)에 이르고,
그 이름이 한량 없는 세계에 널리 들리어,
능히 수없는 중생을 제도하셨음이니라.
그 보살들의 이름은 문수사리보살,① 관세음보살,②
득대세보살,③ 상정진보살,④ 불휴식보살,⑤ 보장보살,⑥

---

① **문수사리보살**(Mañjuśrī) : 묘덕(妙德), 묘길상(妙吉祥)이라 번역한다. 지혜의 덕을 상징하는 대보살이다. 북방의 환희세계에서 환희장마니보적불(歡喜藏摩尼寶積佛)로 계신다고 하는데, 보살의 모습을 한 것은 석가 세존을 돕기 위한 것뿐이다. 보현보살과 함께 석가 세존의 협시보살이다. ② **관세음보살**(Avalokiteśvara) : 줄여서 관음(觀音)이라 한다. 관음의 본원은 "만약 중생이 괴로움을 받는 경우에 내 이름을 부르거나 나를 염하는 자는 내가 천이(天耳)와 천안(天眼)으로 보고 들어 그 모두가 괴로움을 면하게 된다."고 하여, 대자비로 중생구제를 본원으로 하는 보살이다. ③ **득대세보살**(Mahāsthāmaprāpta) : '대세지(大勢至)'라고도 한다. 관세음보살이 자비를 상징하고, 이 보살은 지혜를 상징하여, 사바세계와 칠보의 국토에 떨치는 큰 덕의 작용을 나타낸다. ④ **상정진보살**(Nityodyukta) : 항상 노력한다는 뜻을 가진 보살로, 불퇴전의 덕을 나타낸다. ⑤ **불휴식보살**(Anikṣiptadhura) : 부처님께 공덕을 닦은 뒤에 미래 성불할 것이라는 수기를 받으니, 쉬지 않고 수행하는 덕을 나타낸다. ⑥ **보장보살**(Ratnapāṇi) : 수행과 공덕이 뛰어나 보배가 손에서 나오므로(寶掌) 손 안에 법보를 가지고 있다는 뜻이며, 이를 다 중생들에게 나누어 준다고 한다.

藥王菩薩과 勇施菩薩과 寶月菩薩과 月光菩薩과 滿月菩薩과 大力菩薩과
약왕보살 용시보살 보월보살 월광보살 만월보살 대력보살
無量力菩薩과 越三界菩薩과 跋陀婆羅菩薩과 彌勒菩薩과 寶積菩薩과
무량력보살 월삼계보살 발타바라보살 미륵보살 보적보살
導師菩薩과 如是等菩薩摩訶薩 八萬人이 俱하시니라.
도사보살 여시등보살마하살 팔만인 구

약왕보살,① 용시보살,② 보월보살,③ 월광보살,④ 만월보살,⑤ 대력보살,⑥ 무량력보살,⑦ 월삼계보살,⑧ 발타바라보살,⑨ 미륵보살,⑩ 보적보살,⑪ 도사보살⑫ 등으로, 이와 같은 보살마하살 팔만 인이⑬ 함께 계셨습니다.

---

① **약왕보살**(Bhaiṣajyarāja) : 나쁜 병이 도는 세상에서 의왕(醫王)이 되어, 좋은 약으로 중생의 온갖 병을 고치고 부처가 되리라고 서원하였다. 후에 누지(樓至)여래가 된다. ② **용시보살**(Pradānaśura) : 용맹심으로 크게 보시하여 널리 중생을 이롭게 한다는 보살. 법보(法寶)를 두루 중생에게 잘 베푼다는 의미이다. ③ **보월보살**(Ratnacandra) : 달이 시원하게 더위를 식혀 주는 것과 같이, 이 보살이 좋은 보배를 가지고 중생을 유익하게 한다는 뜻. 삼제(三諦)로 세 가지 지혜(三智)를 증득하여 원만히 비춘다는 의미가 있다. ④ **월광보살**(Ratnaprabha) : 달이 시원하게 비추는 것처럼, 보살이 큰 지혜를 갖추어 무명의 번뇌(痴闇)를 없애는 것을 나타낸다. ⑤ **만월보살**(Pūrṇacandra) : 마치 보름달과 같이 범행을 오래 닦아 번뇌가 다 없어지고 지혜가 밝아졌다는 보살. 보월과 월광의 두 가지 덕을 겸하여 갖추었다. ⑥ **대력보살**(Mahāvikrāmin) : 큰 공덕과 역량을 갖추어 대상에 따라 지혜가 잘 부합한다는 보살. ⑦ **무량력보살**(Anatavikrāmin) : 한없이 큰 자비와 역량으로 두루 중생의 고를 제거해 주는 보살. ⑧ **월삼계보살**(Trailokyavikrāmin) : 복과 덕이 깊고 두터우며 큰 지혜가 있으므로, 일체의 생사를 뛰어넘었다는 보살. ⑨ **발타바라보살**(Bhadrapāla) : 선수(善守) 또는 현수(賢守)라고 번역하는데, 이 보살은 "만약 중생으로 내 이름을 듣는 자는 반드시 삼보리를 얻게 되리라."고 하였으므로 선수라고 한다. 정견(正見)을 잘 지니어 보호한다는 보살. ⑩ **미륵보살**(Maitreya) : 자씨(慈氏)라고 하는데, 이 보살을 보는 자는 곧 자씨삼매(慈氏三昧)를 얻기 때문이다. 도병재(刀兵災)와 화재의 재난 속에서 중생을 보호하고자 발원했다고 한다. 미래에는 도솔천으로부터 내려와 성불한다. ⑪ **보적보살**(Ratnākara) : 여러 겁을 거쳐 삼매를 닦아 법보를 무수히 쌓았으므로, 중생이 그 이름을 듣게 되면 삼보리를 얻게 된다는 보살. ⑫ **도사보살**(Susārthvāha) : 삿된 도에 떨어진 중생에 대해서 대비심을 일으켜 정도(正道)에 들어가게 하는 보살. ⑬ **팔만 인** : 보살의 개략적인 수효이다. 즉, 부처님이 비밀법장을 설하시는 영취산 법회에 모인 보살. 팔만 수효를 가리킨다.

爾時 釋提桓因도 與其眷屬 二萬天子와 俱하며 復有名 月天子와 普香
이시 석제환인 여기권속 이만천자 구 부유명 월천자 보향

天子와 寶光天子와 四大天王이 與其眷屬 萬天子와 俱하며 自在天子와
천자 보광천자 사대천왕 여기권속 만천자 구 자재천자

大自在天子도 與其眷屬 三萬天子와 俱하며
대자재천자 여기권속 삼만천자 구

4. 그 때, **석제환인도**① 권속
이만 천자(天上界人)와 함께 했고,
또 유명한 월천자,② 보향천자,③ 보광천자와④ 사대천왕도⑤
권속 일만 천자와 함께 있었으며,
자재천자와 대자재천자도⑥
권속 삼만 천자와 함께 했고,

---

① **석제환인**(釋提桓因, Śakra devānām Indra) : 구체적인 이름은 석제환인인다라(釋帝桓因因陀羅)이고, 천제(天帝) 혹은 제석천(帝釋天)이라 부르는데, 욕계 제2의 도리천왕(忉利天王)이다. 도리란 '삼십삼'이라는 뜻이다. 삼십삼천의 의미는, 십선(十善)을 스스로 행하고 남도 권하여 따라 기뻐하면(隨喜) 삼십의 선법(三十善法)이 되고, 이것이 모두 공(空)이고 가(假)이며 중(中)임을 관하여 삼십삼관문(三十三觀門)이 이루어진다. ② **유명한 월천자** : 보길상(寶吉祥)으로 월천자(月天子)라 하고, 대세지보살(大勢至菩薩)의 응현(應現)이라 한다. ③ **보향천자** : 명성천자로, 북극성을 뜻하며 뭇 별들은 모두 한복판에 있는 이 별을 중심으로 돈다는 것이다. 허공장보살(虛空藏菩薩)의 응현이라 한다. ④ **보광천자** : 보의(寶意)라고 하는데, 일천자(日天子)이며, 관세음보살(觀世音菩薩)의 응현이라 한다. 이들은 보통 삼광천자(三光天子)라고 하는데, 제석천을 모시고 보필하는 신하(內臣)와 같은 천자들이다. 삼광이란 일천자(日天子), 월천자(月天子), 성천자(星天子)를 말한다. 삼 천자가 의미하는 것은 삼관이 곧 삼지(一切智, 道種智, 一切種智)임을 의미하여, 삼제(空諦, 假諦, 中諦)에서 삼지(三智)가 일어남을 관하라는 것이다. ⑤ **사대천왕** : 사대천왕은 제석천의 외부를 지키는 신하(外臣)와 같은 천자들이다. 동쪽 천왕은 지국천(持國天)으로, 건달바(乾闥婆)와 부단나(富單那)를 거느리고, 남쪽은 증장천(增長天)으로, 폐례다(薜荔多)와 구반다(鳩槃多)를 거느리고, 서쪽은 광목천(廣目天)으로, 독용과 비사사(毘舍闍)를 거느리고, 북쪽은 다문천(多聞天)으로, 나찰(羅刹)과 야차(夜叉)를 거느린다. 사대천왕은 사성제(四聖諦)를 관하는 지혜를 의미한다. ⑥ **자재천자와 대자재천자** : 자재천은 욕계 제5의 화락천주(化樂天主)이고, 대자재천은 제6의 타화자재천주(他化自在天主)이다. 자재천은 자재하게 오욕락을 만들어 즐길 수 있고, 대자재천은 자기의 힘을 쓰지 않고도 남이 만들어 놓은 것을 자기 것으로 즐길 수 있다. 자재천은 공의 도리를 깨닫는 것(入空)을, 대자재천은 중도관에 들어가는 것(入中)을 의미한다.

娑婆世界主 梵天王과 尸棄大梵 光明大梵等도 與其眷屬 萬二千天子와
사바세계주 범천왕 시기대범 광명대범등 여기권속 만이천천자

俱하니라. 有八龍王하니 難陀龍王과 跋難陀龍王과 娑伽羅龍王과
구 유팔용왕 난타용왕 발난타용왕 사가라용왕

和脩吉龍王과 德叉迦龍王과 阿那婆達多龍王과 摩那斯龍王과 優鉢羅
화수길용왕 덕차가용왕 아나바달다용왕 마나사용왕 우발라

龍王等이 各與若干百千眷屬과 俱하니라
용왕등 각여약간백천권속 구

사바세계의[①] 주인인 범천왕과[②] 시기대범,[③] 광명대범[④] 등도
권속 일만 이천 천자와 함께 있었습니다.
또, 여덟 용왕이 있었는데, 난타용왕,[⑤] 발난타용왕,[⑥]
사가라용왕,[⑦] 화수길용왕,[⑧] 덕차가용왕,[⑨]
아나바달다용왕,[⑩] 마나사용왕,[⑪] 우발라용왕[⑫] 등이
각각 그들 백천 권속과 함께 있었습니다.

---

① **사바(娑婆, sahā)세계** : 인토(忍土), 인계(忍界)라고 한다. 우리가 사는 이 세계는 중생들이 십악(十惡)을 지으면서 벗어나고자 하지 않는다. 안으로는 번뇌를 지니고, 밖으로는 풍우(風雨)와 한서(寒暑)가 따라다녀 고통 속에서 살아가는 운명이다. ② **범천왕(梵天王)** : 범천왕은 색계의 천신들로 시기대범, 광명대범을 들고 있다. 범천이란 욕계의 번뇌를 제거하여 욕망을 여의었으므로, 깨끗하다는 뜻으로 범천(梵天)이라 하는데, 선정을 닦으면 범천의 백성이 되고, 여기에 사무량심(四無量心)을 닦아서 범천왕이 된다. 따라서 경에서는 먼저 범천왕이라고 계위를 들고, 이어서 시기대범과 광명대범의 이름을 든 것으로 볼 수 있다(시기를 범천왕이라 하기도 함). ③ **시기대범** : 화광정(火光定)을 닦아 욕계의 번뇌를 깼기 때문에 붙여진 이름이며, 초선천(初禪天)이라 한다. 초선에는 범중(梵衆), 범보(梵輔), 대범(大梵)이 있고, 이 세 왕을 다 포함한다. ④ **광명대범** : 이선천(二禪天)으로, 여기에는 소광천(少光天), 무량광천(無量光天), 광음천(光音天)이 있다. ⑤ **난타용왕** : 여덟 용왕 중의 하나이다. 난타용왕은 환희(歡喜)의 뜻을 가지고 있다. 마갈제국을 수호하여 비를 내려 기쁘게 한다. ⑥ **발난타용왕** : 선환희(善歡喜)의 뜻. 난타용왕과 형제, 이들을 목건련이 항복받음. ⑦ **사가라용왕** : 짠 바다(鹹海)라는 뜻. 제12품(제바달다품)에서 이 용왕의 딸이 성불. ⑧ **화수길용왕** : 머리가 많음(多頭). 한 가지 법에서 많은 법이 나옴을 비유. ⑨ **덕차가용왕** : 독을 나타낸다(現毒). 독 모양(毒相)을 나타내어 중생을 교화. ⑩ **아나바달다용왕** : 열이 없음(無熱), 즉 뜨거운 번뇌가 없다는 뜻. ⑪ **마나사용왕** : 큰 몸(大身)의 뜻. 큰 선심(善心)으로 신통력을 나타내어 법을 보호. ⑫ **우발라용왕** : 검은색 연못(黛色蓮華池)의 뜻. 용이 그 못에 살아 연꽃으로 덕을 나타낸다.

有四緊那羅王하니 法緊那羅王과 妙法緊那羅王과 大法緊那羅王과 持法
유 사 긴 나 라 왕　법 긴 나 라 왕　묘 법 긴 나 라 왕　대 법 긴 나 라 왕　지 법
緊那羅王이 各與若干百千眷屬과 俱하니라. 有四乾闥婆王하니 樂乾闥婆王과
긴 나 라 왕　각 여 약 간 백 천 권 속　구　유 사 건 달 바 왕　악 건 달 바 왕
樂音乾闥婆王과 美乾闥婆王과 美音乾闥婆王이 各與若干百千眷屬과
악 음 건 달 바 왕　미 건 달 바 왕　미 음 건 달 바 왕　각 여 약 간 백 천 권 속
俱하니라
구

또, 네 긴나라왕이 있었는데, 법긴나라왕,[①]
묘법긴나라왕,[②] 대법긴나라왕,[③] 지법긴나라왕이[④]
각각 그들 백천 권속과 함께 있었습니다.
또, 네 건달바왕이 있었는데,
악건달바왕,[⑤] 악음건달바왕,[⑥] 미건달바왕,[⑦]
미음건달바왕이[⑧] 각각 약간 백천 권속과
함께 있었습니다.

---

①**법긴나라** : 여러 하늘에서 사제법(四諦法)을 연주하여 부처님을 찬탄한다. ②**묘법긴나라** : 미묘한 십이인연법을 연주하여 찬탄한다. ③**대법긴나라** : 대승 육바라밀을 연주하여 찬탄한다. ④**지법긴나라** : 앞의 세 가지 정법의 가르침 모두를 가지고 음악으로 찬탄한다. ⑤**악건달바** : 당(幢)을 가지고 거꾸로 서고 춤추는, 놀이의 신이다. 건달바는 향기를 음식으로 삼는 데서 후향(嗅香)이라 한다. 천제에 속한 하늘의 음악신이다. ⑥**악음건달바** : 현악기와 관악기 따위를 치는 신들. ⑦**미건달바** : 놀이 재주가 뛰어난 신들. ⑧**미음건달바** : 악기 연주가 뛰어난 신들이다.

有四阿修羅王하니 婆稚阿修羅王과 佉羅騫馱阿修羅王과 毘摩質多羅
유사아수라왕 바치아수라왕 거라건타아수라왕 비마질다라

阿修羅王과 羅侯阿修羅王이 各與若干百千眷屬과 俱하니라. 有四迦樓羅王하니
아수라왕 나후아수라왕 각여약간백천권속 구 유사가루라왕

大威德迦樓羅王과 大身迦樓羅王과 大滿迦樓羅王과 如意迦樓羅王이
대위덕가루라왕 대신가루라왕 대만가루라왕 여의가루라왕

各與若干百千眷屬과 俱하니라.
각여약간백천권속 구

또, 네 아수라왕이 있었는데,
바치아수라왕,[①] 거라건타아수라왕,[②]
비마질다라아수라왕,[③] 나후아수라왕이[④]
각각 약간 백천 권속과 함께 있었습니다.
또, 네 가루라왕이 있었는데,
대위덕가루라왕,[⑤] 대신가루라왕,[⑥] 대만가루라왕,[⑦]
여의가루라왕이[⑧] 각각 약간 백천 권속과
함께 있었습니다.

---

① **바치아수라** : 결박을 받는다는 뜻으로 피박(被縛)이라 하지만, 법으로 보면 결박에서 벗어난다는 뜻의 아수라왕이다. 아수라는 싸우기를 좋아하므로, 단정치 못하다는 뜻으로 부단(不端)이라 한다. ② **거라건타아수라** : 넓은 어깨로 법을 짊어진다는 뜻. ③ **비마질다라아수라** : 깨끗한 마음(淨心)이라 하고, 제석천과 자주 싸움을 벌인다. ④ **나후아수라** : 해와 달을 잡고 그 빛을 막을 수 있다는 뜻이다. ⑤ **대위덕가루라** : 위업과 덕망이 위대하다는 뜻이다. 가루라는 금빛 날개를 가진 새이므로 금시조(金翅鳥)라고 하며, 자기의 업(業)에 의하여 용(龍)을 먹고 산다. ⑥ **대신가루라** : 몸의 크기가 크다는 뜻. ⑦ **대만가루라** : 용을 취하여 자기 뜻을 만족한다는 뜻. ⑧ **여의가루라** : 목에 여의주가 있다.

韋提希의 子 阿闍世王도 與若干百千眷屬과 俱하여 各禮佛足하고 退坐
위제희 자 아사세왕 여약간백천권속 구 각예불족 퇴좌

一面하니라. 爾時世尊께서 四衆이 圍繞하사와 供養恭敬하며 尊重讚歎하삽더니
일면 이시세존 사중 위요 공양공경 존중찬탄

5. 위제희의 아들 아사세왕도①
약간 백천 권속과 함께 와,
각기 부처님 발밑에 예배드리고
한쪽에 물러나 앉았습니다.

6. 그 때, 세존께서는 사중(四衆)에게② 둘러싸이시어③
공양과 공경, 존중과 찬탄을④ 받으시면서,

---

① **아사세왕(阿闍世王, Ajātaśatru)** : 사람의 무리로 아사세왕 권속을 들었다. 아사세왕은 부처님 당시 마갈타국 빔비사라(Binbisāra)왕과 위제희(Vaidehi)부인 사이에서 태어났다. 아사세는 초기에 데바닷다의 꾐에 빠져, 아버지를 옥에 가두어 굶어 죽게 하고 어머니마저 옥에 가두는 패륜을 저질렀으나, 후에 불교에 귀의해 참회하고 훌륭한 호불왕이 되었다. ② **사중(四衆)** : 보통, 사중은 출가와 재가에 각각 둘이 있어 비구, 비구니, 우바새, 우바이의 사부 대중으로 보지만, 여기서는 이들 사부 대중에 다시 네 대중이 있으므로 사중이라 한다. 이 사중이란 법화경 설법을 듣는 대중의 부류로서, 발기중(發起衆), 당기중(當機衆), 영향중(影響衆), 결연중(結緣衆)의 네 가지 성향을 가진 대중을 말한다. ③ **둘러싸이시어(圍繞)** : 이를 우요삼잡(右繞三匝)이라 한다. 이것은 대중들이 부처님 주위를 도는데, 오른쪽 어깨를 부처님 쪽으로 하고 세 번 도는 경례법이다. ④ **공양 공경, 존중 찬탄** : 받들어 공양하고 엄숙히 공경하며, 지극한 정성으로 받들고 덕을 찬탄하는 것은 그 뜻이 삼업(三業)에 통한다. 전체적으로 보면, 공경(身業), 존중(意業), 찬탄(口業)이 모두 삼업으로 공양에 속하지만, 개별적으로는 자신이 몸을 낮추어 삼가 경건히 예배함을 공경이라 하고, 지극한 마음으로 오로지 부처님을 생각하는 것을 존중이라 하며, 소리 내어 부처님의 위덕을 말하는 것을 찬탄이라 하고, 부처님께 재물 등을 바치는 것을 공양이라 한다.

爲諸菩薩하사 **說大乘經**하시니 **名**이 **無量義**라 **敎菩薩法**이며 **佛所護念**이라.
위제보살 설대승경 명 무량의 교보살법 불소호념

佛說此經已하시고 **結跏趺坐**하사 **入無量義處三昧**하사 **身心**이 **不動**이러시니라.
불설차경이 결가부좌 입무량의처삼매 신심 부동

7. 모든 보살을 위하여 대승경을 설하시니,
이름이 무량의(無量義)였습니다.①
이는 보살을 가르치는 법이며,②
부처님께서 호념하시는③ 바입니다.
부처님께서 이 경을 설하신 후 결가부좌하시고
무량의처삼매(無量義處三昧)에④ 드시어
몸도 마음도 움직이지 않으신⑤ 채 조용히 계셨습니다.

---

① **무량의(無量義)** : 무량의경(無量義經)을 의미. 이 경은 하나의 법 중에서 한량없는 법이 나온다는 뜻이다. 법화론에서는 법화경의 이명(異名)으로 '무량의(無量義)'라고 하였다. 경에서 '무량의'라는 이름의 경을 설하시고 나서 '무량의처'라는 선정에 드셨으므로 법화경의 서(序)로 통한다. ② **보살을 가르치는 법** : 무량한 도리를 가진 대승의 묘법으로, 보살을 대상으로 가르쳐 보인다는 뜻. 이 법은 진실한 제법실상의 도리이니, 모든 중생이 부처가 되는 가르침이다. ③ **부처님께서 호념하심(佛所護念)** : 이 경이 설하는 무량한 진실의 도리는 부처님 스스로 증득하신 것이고, 항상 이 법에 마음을 두고 계시는 까닭에 이 경을 지키고 계신다는 뜻. ④ **무량의처삼매(無量義處三昧, ananta-nirdeśa-pratiṣṭhāna-samādhi)** : 무량한 가르침을 확고히 하는 삼매라는 뜻. 법화삼매(法華三昧)의 하나이다. 부처님이 법화경을 설하시기 직전에 이 삼매에 드신 것은, 선정이 아니면 지혜가 완성될 수 없고, 지혜의 뒷받침이 없으면 선정이 깊어지지 않기 때문이다. ⑤ **몸도 마음도 움직이지 않음** : 무량의처삼매에서는 인식 대상(제법의 실상)과 결합하여, 몸 자체는 움직이는 성질이 있지만 움직이지 않게 하며, 마음 자체는 분별하는 성질이 있지만 이제 분별하지 않게 한다는 뜻.

是時에 **天雨** **曼陀羅華** **摩訶曼陀羅華** **曼殊沙華** **摩訶曼殊沙華**하되
시시 천우 만다라화 마하만다라화 만수사화 마하만수사화

而散佛上과 **及諸大衆**하며 **普佛世界**가 **六種震動**하니라
이산불상 급제대중 보불세계 육종진동

이 때, 하늘(天神)은
만다라꽃, 마하만다라꽃, 만수사꽃, 마하만수사꽃을①
부처님과 온갖 대중 위에 비 오듯이 흩뿌렸으며,②
널리 부처님의 세계도
여섯 가지로 진동하였습니다.③

---

① **만다라꽃**(māndāra-puṣapa)~**마하만수사꽃**(maha-mañjūṣaka) : '만다라꽃'은 색깔이 아름답고 향기로워 보는 이의 마음을 즐겁게 해준다는 천상계의 꽃으로 흰 연꽃(白華)이라 하고, '마하만다라꽃'은 만다라꽃보다 큰 연꽃(大白華)이라 한다. '만수사꽃'은 여의화(如意華)라고 하는데, 백색꽃(또는 붉은색)이며, 보는 이로 하여금 악업(惡業)을 떠나게 한다는 천상계 꽃이다. '마하만수사꽃'은 큰 여의화(大如意華)이다. ② **온갖 대중 위에 비 오듯이 흩뿌림** : 꽃이 부처님과 대중들 위에 뿌려졌다는 것은 부처님의 설법을 들으려고 기다리는 대중들이 혹시 빠르고 늦은 차이는 있을지라도 모두가 부처가 될 것임을 나타낸다. ③ **여섯 가지로 진동**(六種震動) : 여섯 가지 진동은 그 모습에 따라서, 한쪽으로 움직이는 동(動), 흔들려 일어나는 기(起), 솟아오르는 용(涌), 은은하게 울리는 진(震), 포효하는 소리 후(吼), 큰 소리 각(覺)이라 한다. 또, 진동하는 방향에 따라 동쪽이 솟아오르고 서쪽은 가라앉음(東涌西沒), 서쪽이 솟고 동쪽이 가라앉음(西涌東沒), 남쪽이 솟아오르고 북쪽은 가라앉음(南涌北沒), 북쪽이 솟고 남쪽은 가라앉음(北涌南沒), 변두리가 솟아오르고 중앙은 가라앉음(邊涌中沒), 중앙이 솟고 변두리는 가라앉음(中涌邊沒)이다. 그 의미는, 여섯 차례에 걸쳐 무명을 깨서 무명이 전환되어 명지(明智)가 될 것이기 때문에 여섯 가지로 진동한다고 한다. 또, 그 여섯 가지는 십주(十住), 십행(十行), 십회향(十廻向), 십지(十地), 등각(等覺), 묘각(妙覺)을 나타낸다.

爾時會中에 **比丘 比丘尼**와 **優婆塞 優婆夷**와 **天 龍 夜叉**와 **乾闥婆**
이시회중 비구 비구니 우바새 우바이 천 용 야차 건달바
阿修羅 迦樓羅 緊那羅 摩睺羅伽와 **人非人**과 **及諸小王**과 **轉輪聖王**과
아수라 가루라 긴나라 마후라가 인비인 급제소왕 전륜성왕
是諸大衆이 **得未曾有**하고 **歡喜**하여 **合掌**하고 **一心**으로 **觀佛**하삽더니라.
시제대중 득미증유 환희 합장 일심 관불

그 때, 회중의 비구, 비구니, 우바새, 우바이와
하늘, 용, 야차,① 건달바, 아수라, 가루라, 긴나라,
마후라가, 인비인(人非人)과② 여러 소왕과 전륜성왕③ 등
모든 대중은 일찍이 없던 일을④ 경험한 바,
환희하여 합장하고⑤ 일심으로
부처님을 우러러보았습니다.

---

① **야차**(夜叉, yakṣa) : 용감한 귀신(勇健鬼) 혹은 흉악하게 사람을 해치는 귀신이라고 하는데, 불교에 귀의하여 불법을 수호하는 천룡팔부에 속한다. ② **인비인**(人非人) : 긴나라의 일종으로서 인비인은 별명이다. 사람과 짐승과 신의 모양이 혼합된 형상을 한 호법신이다. ③ **소왕과 전륜성왕**(小王 轉輪聖王) : 소왕이란 왕보다 지위가 낮은 지배자로 제후국 왕이다. 전륜성왕은 전 세계를 통일하여 지배한다는 이상적인 제왕, 무력에 의하지 않고 정법으로 천하를 다스리는 제왕이다. 여기에는 금륜왕(金輪王), 은륜왕(銀輪王), 동륜왕(銅輪王), 철륜왕(鐵輪王)의 네 왕이 있고, 차례로 위신력에 차이가 있다. ④ **일찍이 없던 일**(未曾有) : 하늘에서 꽃이 내리고 땅이 진동하는 등 앞의 상서는 일찍이 보지 못했던 광경인데, 지금 볼 수 있음을 말한다. ⑤ **환희하여 합장** : 모두가 서로 기뻐하여 합장하고 공경한다는 뜻이다. 대중들이 꽃비 내리고 땅이 진동하는 것을 보고 장차 감로법문이 내릴 것임을 알아 마음에 기쁨이 가득하니, 대승의 근기가 뛰어난 교화를 받게 될 것을 상징한다. 기뻐서 오음(五陰)의 마음을 움직인다면 인천(人天)의 도리에 불과하지만, 기뻐해 실상(實相)의 마음을 움직인다면 원교(圓敎)의 도리라고 한다.

爾時 佛께서 放眉間白毫相光하사 照 東方萬八千世界하사 靡不周遍하니
이시 불 방미간백호상광 조 동방만팔천세계 미불주변

下至阿鼻地獄하고 上至阿迦尼吒天하며 於此世界에서 盡見彼土에 六趣
하지아비지옥 상지아가니타천 어차세계 진견피토 육취

衆生하고 又見彼土에 現在諸佛하사오며 及聞諸佛所說經法하사오며
중생 우견피토 현재제불 급문제불소설경법

8. 그 때, 부처님께서는 미간의 백호상에서[①] 광명을 놓아
동방 일만 팔천 세계를[②] 두루 비추시니,
아래로는 아비지옥에 이르고,
위로는 아가니타천까지[③] 미치며,
이 세계에서 저 국토의
육취 중생이 다 보였고,
또 저 국토에 계신 모든 부처님이 보였으며,
그 모든 부처님께서 설하시는 법문을 들을 수 있고,

---

① **백호상(白毫相)** : 부처님의 두 눈썹 사이에 있는 흰 털(白毫)이다. 성불하셨을 때 그 길이가 1장 5척인데, 보통 때는 오른쪽으로 감겨 덩어리를 이룬다. 이 털 속에서 빛이 나오는데, 부처님께서 초발심부터 쌓은 갖가지 수행, 온갖 공덕이 백호 중에 나타난다고 한다. 32상호 중의 하나이다. 백호상이 의미하는 것은, 백호가 두 눈썹 사이에 있으므로 중도(中道)의 항상됨(常)을 나타내고, 그 모습이 부드러운 것은 안락(樂)을 나타내고, 백호상을 자재로 펴고 거두는 것은 아(我)를 나타내고, 빛깔이 백색인 것은 깨끗함(淨)을 나타낸다. 빛을 놓아 어둠을 깨므로 중도의 지혜가 생겨나는 것이요, 그 빛이 이 땅(此土)과 다른 동방세계(他土)를 비추는 것은 스스로 깨치고(自覺) 남도 깨우침(覺他)을 나타내는 것이다. ② **동방 일만 팔천 세계** : 동방은 방위의 처음으로 십주(十住)의 계위에 해당하는데, 보살이 십주에 들어 환희의 진리를 보아 부처님의 지혜를 열어 가게 될 것임을 나타낸다. 또, 부처님께서 시방세계를 다 비추었으면서도 굳이 동방만을 말씀하신 것은 일승(一乘)의 인과가 가장 뛰어나기 때문이라는 것이다. ③ **아비지옥부터 아가니타천** : 아비지옥은 지옥계의 무간지옥(無間地獄)의 참혹한 곳이고, 아가니타천은 유정천(有頂天)이므로 사실상 천계의 정상이니, 육법계(지옥, 아귀, 축생, 아수라, 인간, 천상)를 총칭한 것이다.

幷見彼諸比丘 比丘尼와 優婆塞 優婆夷의 諸修行得道者하며 復見
병 견 피 제 비 구 비 구 니 우 바 새 우 바 이 제 수 행 득 도 자 부 견

諸菩薩摩訶薩의 種種因緣과 種種信解와 種種相貌로 行菩薩道하사오며
제 보 살 마 하 살 종 종 인 연 종 종 신 해 종 종 상 모 행 보 살 도

復見諸佛께서 般涅槃者하사오며 復見諸佛께서 般涅槃後에 以佛舍利로
부 견 제 불 반 열 반 자 부 견 제 불 반 열 반 후 이 불 사 리

起七寶塔하더니라.
기 칠 보 탑

아울러 저 국토의 여러 비구, 비구니,
우바새, 우바이가① 수행하여 득도(得道)하는
모습도 보였으며, 여러 보살마하살의 갖가지 인연과②
갖가지 신해(信解)와 갖가지 모습으로③
보살도(菩薩道) 행함을④ 뵈이시며,
또 제불(諸佛)께서 열반하심을⑤ 뵈이시고,
또 제불(諸佛)께서 열반하신 후에
부처님의 사리를 받들어 칠보탑⑥ 세움을 뵈이셨습니다.

---

① **우바새 우바이**(優婆塞 優婆夷, upāsaka upāsikā) : 재가의 남자 신자와 여자 신자(여기서는 불국토 속의 신자임). ② **갖가지 인연** : 과거에 심은 착한 마음을 원인으로 하고, 지금의 가르침(법화)을 연(緣)으로 한 인연법. 즉, 삼장교 뒤에 각종 반야를 밝힌 것을 인(因)으로 하고, 조도의 계정혜를 연으로 하며, 성문, 연각, 보살에 대해서도 갖가지 인연이 있다. ③ **갖가지 신해와 갖가지 모습** : 신해가 생긴다는 것은, 제법에 대해 믿고 이해하는 마음이 생기는 것이다. 여러 가지 모습이란, 법문이 한량없으니 행하는 모습도 서로 같지 않다는 것이다. ④ **보살도 행함** : 보살도란 육바라밀의 수행인데, 이를 실천하는 것을 행함이라 하였다. ⑤ **제불께서 열반하심**(般涅槃, pārinirvaṇa) : 완전한 열반이라고 하고 또는 무여열반(無餘涅槃)이라고도 한다. 열반을 얻고 신체가 그대로 남아 있는 것을 유여열반(有餘涅槃)이라 하는 데 대하여, 부처님이 중생을 교화할 인연이 다하여 그 신체까지 없어진 상태를 말한다. ⑥ **칠보탑** : 칠보로 장식한 사리탑. 사리(śarīra)는 부처님과 성자들의 유골을 말한다. 법화경에서는 부처님께서 입멸 후에 부처님의 공덕을 받들어 장엄한 사리탑을 세우는 것이 정례로 되어 있는데, 칠보탑은 여기에 금, 은, 유리, 자거, 마노, 진주, 매괴(붉은 옥)로 조성한 탑묘.

爾時 彌勒菩薩께서 作是念하사대 今者世尊께서 現神變相하시니 以何因緣으로
이 시 미 륵 보 살 작 시 념 금 자 세 존 현 신 변 상 이 하 인 연

而有此瑞신고. 今佛世尊께서 入于三昧하시니 是不可思議의 現希有事이시니
이 유 차 서 금 불 세 존 입 우 삼 매 시 불 가 사 의 현 희 유 사

當以問誰이며 誰能答者인가 復作此念하사대 是文殊師利法王之子는 已曾
당 이 문 수 수 능 답 자 부 작 차 념 시 문 수 사 리 법 왕 지 자 이 증

親近供養 過去無量諸佛하실새 必應見此希有之相이시리니 我今當問하리라하시니라.
친 근 공 양 과 거 무 량 제 불 필 응 견 차 희 유 지 상 아 금 당 문

9. 그 때, **미륵보살(彌勒菩薩)**이 생각하기를,

'지금 세존께서 신통 변화의① 모습을 나타내시니,
무슨 인연으로 이러한 상서가 계실까?
지금 세존께서는 삼매에 드셨으니, 이 불가사의하고
희유한 일을 나타내심을 누구에게 물어 볼 것인가?
또 그 누가 능히 대답할 수 있을 것인가?'
다시 생각하기를,
'저 **문수사리법왕자(文殊師利法王子)**는② 이미 과거에
한량 없는 부처님을 친근하고 공양해 왔으니,
반드시 이렇게 희유한 모습을 보았을 것이다.
나는 지금 마땅히 물어 보리라.' 하였습니다.

---

① **신통 변화(現神變相)** : 신(神)이란 내부의 마음 능력을 가리키니 천연의 마음 안의 지혜이고, 변(變)이란 외부작용 변동을 말하니 곧 여섯 가지 상서가 밖으로 나타난 것이다. 신통한 지혜로 정토의 세계를 변화한 것이다. ② **문수사리법왕자(文殊師利法王子)** : 부처님을 법왕(法王)이라 하는데, 보살은 부처님을 스승으로 삼고 있기 때문에 '법왕의 아들(法王之子)'이라 한다. 문수보살은 대중 가운데서 가장 상수의 큰 보살이므로 이와 같이 부른 것이다.

爾時 比丘 比丘尼 優婆塞 優婆夷 及諸天龍 鬼神等도 咸作此念하대
이시 비구 비구니 우바새 우바이 급제천용 귀신등 함작차념

是佛 光明 神通之相을 今當問誰오하니라. 爾時 彌勒菩薩께서 欲自決疑하고
시불 광명 신통지상 금당문수 이시 미륵보살 욕자결의

又觀四衆인 比丘 比丘尼 優婆塞 優婆夷와 及諸天龍 鬼神等의
우관사중 비구 비구니 우바새 우바이 급제천용 귀신등

衆會之心하시고 而問文殊師利言하사대 以何因緣으로 而有此瑞하사 神通之相이
중회지심 이문문수사리언 이하인연 이유차서 신통지상

放大光明하사 照于東方萬八千土하시어 悉見彼佛國界莊嚴이신고.
방대광명 조우동방만팔천토 실견피불국계장엄

그 때, 비구, 비구니, 우바새, 우바이와
여러 하늘, 용, 귀신 등도 모두
'부처님의 광명이 나타낸 신통의 모습을
누구에게 물어 볼까?'
하고 생각하였습니다.

10. 그 때, 미륵보살님이 자기의 의심을 풀려고 하고,
또 사부 대중, 즉 비구, 비구니, 우바새, 우바이와
여러 하늘, 용, 귀신 등 회중에 모인
대중의 마음도 헤아려서
문수사리께 물었습니다.

"무슨 인연으로 이렇게 상서롭고
신통한 모습이 나타납니까?
큰 광명 놓으사 동방의 일만 팔천 국토를 비추시어
저 모든 불국세계의 장엄을 다 보도록 하십니까?"

於是에 彌勒菩薩께서 欲重宣此義하사 以偈로 問曰하사대
어시 미륵보살 욕중선차의 이게 문왈

文殊師利시여 문수사리	導師께서 何故로 도사 하고	眉間白毫에 미간백호	大光을 普照하시며 대광 보조
雨曼陀羅와 우만다라	曼殊沙華하며 만수사화	栴檀香風이 전단향풍	悅可衆心하나이까 열가중심
以是因緣으로 이시인연	地皆嚴淨하고 지개엄정	而此世界가 이차세계	六種震動하니 육종진동
時四部衆이 시사부중	咸皆歡喜하고 함개환희	身意快然하여 신의쾌연	得未曾有하나이다. 득미증유

11. 이에 미륵보살은
이 뜻을 거듭 펴시고자 게송으로 물었습니다.
"문수사리여, 부처님(導師)께서는 어찌하여
미간 백호의 큰 광명을 널리 비추십니까?
만다라꽃, 만수사꽃 비 오듯 내리며,
전단향① 불어 와 중생의 마음 즐겁게 하니,
이로 인해 땅은 다 청정해지고,②
이 세계 여섯 가지로 진동하니, 이를 본 사부 대중은
모두 다 환희하고, 몸과 마음이 흔쾌하여③
일찍이 없던 바를 얻었나이다.

---

①전단향 불어 옴(栴檀香風) : 하늘에서 꽃이 흩날리므로 전단향나무 숲의 향기가 일어났다. 앞에서는 모습으로만 표현하였고, 여기 게송에서는 향기를 말한 것일 뿐이다. 즉, 꽃이 내리는 인(因)으로 향기가 나는 과(果)가 이루어지는 것이다. ②땅은 다 청정해짐(地皆嚴淨) : 신통스런 변화로 인해 땅이 장엄하고 청정하게 된 것을 말한다. 하늘에서 꽃비가 내린 인연으로 땅에 꽃이 모이면 땅이 청정해지니, 인(因)이 과(果)로 나아가는 것이다. ③몸과 마음이 흔쾌함(身意快然) : 상서로 모두 몸과 마음이 앞에서와 같이 상쾌하게 기쁨을 느낀다는 뜻이다.

眉間光明이 미간광명	照于東方 조우동방	萬八千土하셔서 만팔천토	皆如金色하시니 개여금색
從阿鼻獄에서 종아비옥	上至有頂까지 상지유정	諸世界中에 제세계중	六道衆生의 육도중생
生死所趣와 생사소취	善惡業緣으로 선악업연	受報好醜를 수보호추	於此悉見하나이다. 어차실견
又覩諸佛 우도제불	聖主師子께서 성주사자	演說經典이 연설경전	微妙第一하사대 미묘제일

12. 미간의 백호 광명①
동방 일만 팔천 국토를② 비추시니,
모두 다 금빛처럼 찬란하고,
아래로 아비지옥에서부터
위로 유정천에 이르기까지
모든 세계에서 육도 중생의
생사의 업보와 선악(善惡)의 업연(業緣)으로③
좋고 나쁜 과보 받음을
여기서 샅샅이 보나이다.

13. 또, 모든 부처님 성주사자(聖主師子)께서④
경전을 설하심이 미묘하고도⑤ 드높으시되,

---

① **미간의 백호 광명(眉間白毫光明)** : 경에 따라 부처님께서 빛을 놓으시는 곳이 발바닥부터 정계(頂髻)까지 다양하신데, 법화경에서 백호로부터 빛을 놓은 일은 다만 때에 적절한 인연에 따른 것이다. ② **일만 팔천 국토(一萬八千國土)** : 관심(觀心)으로 풀이하면, 18계에서 백법계(百法界 : 십계에 각각 십계가 들어 있음)와 천여시(千如是 : 십계가 서로 갖추어지는 데에 다시 각각에 십여시가 있음)를 논하여 일만 팔천 세계가 이루어진다. 이 경계들은 마땅히 열어야 할 부처님 지혜의 세계이다. ③ **선악의 업연(善惡業緣)** : 중생이 지은 선업과 악업의 인연을 말한다. ④ **성주사자(聖主師子)** : 여래 세존께서는 모든 성인 중에서 임금이신데, 사자도 짐승 중에 임금인 것과 같음을 비유한 것이다. 성주사자께서 경전을 설하심은 그 국토에 노사나불(盧舍那佛)께서 나투신 것을 나타낸다. ⑤ **경전을 설하심이 미묘함** : 맨 처음 화엄경의 가르침을 설한 것을 말한다.

其聲이 清淨하사 기성 청정	出柔軟音하사 출유연음	教諸菩薩 교제보살	無數億萬하시며 무수억만
梵音이 深妙하사 범음 심묘	令人樂聞케하시며 영인락문	各於世界에 각어세계	講說正法하사대 강설정법
種種因緣과 종종인연	以無量喩로 이무량유	照明佛法하사 조명불법	開悟衆生하시나이다. 개오중생
若人이 遭苦하여 약인 조고	厭老病死하면 염로병사	爲說涅槃하여 위설열반	盡諸苦際하시며 진제고제

그 음성이 맑고도 부드러운 소리 내시어
모든 보살을 가르치시니,[①] 무수억만이라
그 맑은 음성은[②] 깊고도 오묘하여
사람들이 즐거이 듣게 하십니다.
각각의 자기 세계에서 정법을 강설하시되,
여러 가지 인연과 한량 없는 비유를 들어
불법을 밝히시어 중생을 열어 깨우치십니다.[③]

14. 만약 어떤 사람이 고해에 빠져서
늙고 병들어 죽는 고통 싫어한다면,
그들을 위해 열반을 설하시어
모든 고제(苦際) 다하게 해 주시고,

---

① **모든 보살을 가르치심** : 화엄의 일곱 곳 아홉 번 법회(七處九會)에서는 성문인(聲聞)이 없음을 말한다. ② **맑은 음성(梵音)** : 범천(梵天)에서 나는 소리와 같이 맑은 음성. 부처님의 음성은 멀리까지 들리며, 이 소리를 듣는 사람들은 도과(道果)를 얻는다고 한다. 부처님 32상호 중에 하나로 맑은 음성(梵音相)이 들어 있다. ③ **불법을 밝히시어 중생을 열어 깨우침** : 지혜로 법을 밝힘이, 마치 빛이 사물을 비추는 것과 같다는 뜻. 저 국토에서 처음으로 부처님을 뵙고 여래의 지혜에 들어간 것과 같다.

若人이 有福하여	曾供養佛하고	志求勝法하면	爲說緣覺하시며
약 인 유 복	증 공 양 불	지 구 승 법	위 설 연 각
若有佛子가	修種種行하여	求無上慧하면	爲說淨道하시나이다.
약 유 불 자	수 종 종 행	구 무 상 혜	위 설 정 도
文殊師利시여	我住於此하여	見聞이 若斯하여	及千億事가
문 수 사 리	아 주 어 차	견 문 약 사	급 천 억 사
如是衆多하니	今當略說하리이다.		
여 시 중 다	금 당 약 설		

어떤 사람 복이 있어 일찍이 부처님께 공양하면서
수승한 불법을 구할 뜻이 있으면
연각(緣覺)을[①] 설해 주시며,
어떤 불자가 갖가지 행을 닦아[②] 위없는 지혜 구하면
청정한 무상도(無上道)를[③] 설하시나이다.

15. 문수사리여, 내가 여기 있으면서
저 세계를 보고 들음이 이와 같아
천억 가지에 이르지만,
이와 같이 많은 것을 이제 간략히 말하오리다.

---

①**연각(緣覺, pratyeka-buddha)** : 벽지불(辟支佛)이라고도 함. 십이인연의 도리를 관하여 깨닫기 때문에 연각이라 하며, 또 스승 없이 혼자 깨닫기 때문에 독각(獨覺)이라고도 한다. ②**갖가지 행을 닦음** : 발심하여 육바라밀의 온갖 행을 닦아 익힌다는 뜻이다. 보살이 대승을 익히므로 불자(佛子)라 한다. ③**청정한 무상도** : 보시로는 간탐(慳貪)을 없애고, 지계로는 파계(破戒)를, 인욕으로는 진에(瞋恚)를, 정진으로는 해태(懈怠)를, 선정으로는 산란(散亂)을, 지혜로는 우치(愚痴)를 없애므로 정도(淨道)라 한다. 또는, 성문은 사성제의 고제(苦諦)를 관문(觀門)으로 하고, 연각은 집제(集諦)를 관문으로 하며, 육바라밀 보살은 도제(道諦)를 관문으로 하기 때문에 정도라고 한다.

我見彼土에 아견피토	恒沙菩薩이 항사보살	種種因緣으로 종종인연	而求佛道하니라. 이구불도
或有行施하되 혹유행시	金銀珊瑚 금은산호	眞珠摩尼 진주마니	硨磲瑪瑙 자거마노
金剛 諸珍과 금강 제진	奴婢 車乘 노비 거승	寶飾輦輿로 보식련여	歡喜布施하여 환희보시
迴向佛道하여 회향불도	願得是乘이 원득시승	三界第一하니 삼계제일	諸佛所歎이니이다. 제불소탄

16. 나는 저 국토에 항하사(恒河沙)처럼 많은 보살이
갖가지 인연으로 불도 구함을 보았습니다.
어떤 이는 보시를[①] 행하되, 금, 은, 산호와
진주, 마니,[②] 자거,[③] 마노,[④] 금강석과 모든 보배와
노비(奴婢)와 수레와 보배로 장식한 연(輦)을[⑤]
기꺼이 주어 불도(佛道)로 회향(迴向)하여[⑥]
이 수레(道)가 삼계 제일(일불승[一佛乘])이니[⑦]
모든 부처님께서 찬탄하시는 바를
얻고자 원하더이다.

---

① **보시**(檀那, dāna) : 육바라밀의 하나. 남에게 베풀어 주는 일체의 일. 보시에는 물건으로 베푸는 것과 정법으로 교화하는 것, 중생의 두려움을 없게 해 주는 것의 세 가지가 있다. ② **마니**(摩尼, maṇi) : 주옥(珠玉)을 말한다. 또, 마니주 혹은 여의주(如意珠)라는 뜻으로도 쓰인다. ③ **자거**(硨磲) : 바닷속에 큰 조개. 칠보의 하나이고 옥에 버금가는 보석이다. ④ **마노**(마뇌, 瑪瑙) : 무늬가 교차한 구슬의 한 종류이고, 칠보의 하나.

⑤ **보배로 장식한 연**(寶飾輦輿) : 보배로 장식한 가마와 수레. 끌고 가는 것을 여(輿)라 하고, 어깨에 메고 가는 것을 연(輦)이라 한다. 연에는 크기에 따라 대련, 소련이 있다. ⑥ **회향**(迴向) : 자기의 수행으로 생긴 공덕을 남(일체)에게 돌리는 일. ⑦ **삼계 제일**(일불승) : 삼계를 뛰어넘는 참된 승(道)을 구하므로 삼계 제일이라 하였다.

或有菩薩은 혹 유 보 살	駟馬寶車를 사 마 보 거	欄楯華蓋와 난 순 화 개	軒飾으로 布施하며 헌 식 보 시
復見 菩薩이 부 견 보 살	身肉手足과 신 육 수 족	及妻子로 施하여 급 처 자 시	求無上道하며 구 무 상 도
又見 菩薩이 우 견 보 살	頭目身體를 두 목 신 체	欣樂施與하여 흔 락 시 여	求佛智慧하니이다. 구 불 지 혜
文殊師利시여 문 수 사 리	我見 諸王이 아 견 제 왕	往詣佛所하여 왕 예 불 소	問無上道하삽고 문 무 상 도
便捨樂土와 변 사 낙 토	宮殿 臣妾하고 궁 전 신 첩	剃除鬚髮하고 체 제 수 발	而被法服하며 이 피 법 복

어떤 보살은 네 마리 말이 끄는 보배 수레를①
난순화개(欄楯華蓋)로② 꾸며 보시하며,
어떤 보살은 육신과 수족과 처자를 보시하여
무상불도(無上佛道)를 구하며,
어떤 보살은 두목신체(頭目身體)를 흔쾌히 보시하여
불지혜(佛智慧)를 구하더이다.

17. 문수사리여, 내가 보오니,
여러 왕이 부처님께 나아가 절하며
무상도(無上道)를 묻자옵고,
선뜻 낙토와 궁전과 신첩(臣妾)을 버리고,
머리와 수염을 깎고 법복을 입더이다.

---

① 보배 수레(駟馬寶車) : 신분이 높고 세력이 있는 사람만이 보시할 수 있는 물건이다. ② 난순화개(欄楯華蓋) : 수레에서 가로로 댄 것을 '난'이라 하고, 세로로 세워진 것을 '순'이라 하여 난간을 말하고, 화개는 수레 위를 꾸민 덮개이므로, 보배로 장식된 덮개이다.

或見 菩薩이 而作比丘하여 獨處閑靜하여 樂誦經典하며
혹견 보살 이작비구 독처한정 낙송경전

又見 菩薩은 勇猛精進하여 入於深山하여 思惟佛道하며
우견 보살 용맹정진 입어심산 사유불도

又見 離欲하여 常處空閑하여 深修禪定하여 得五神通하며
우견 이욕 상처공한 심수선정 득오신통

又見 菩薩이 安禪合掌하여 以千萬偈로 讚諸法王하사오며
우견 보살 안선합장 이천만게 찬제법왕

復見 菩薩이 智深志固하여 能問諸佛하오며 聞悉受持하며
부견 보살 지심지고 능문제불 문실수지

18. 또 보오니, 어떤 보살은 비구가 되어
홀로 한적한 곳에서 경전을 즐겨 독송하고,
또 보오니, 어떤 보살은 용맹 정진으로
깊은 산에 들어가 불도를 사유하더이다.

19. 또 보오니, 어떤 보살은 욕심을 떠나 한적한 곳에서
선정을 깊이 닦아 다섯 가지 신통을① 얻으며,
또 보오니, 어떤 보살은 선정에 들어 합장하여②
천만 가지 게송으로 모든 법왕을 찬탄하더이다.③

20. 또 보오니, 어떤 보살은 지혜가 깊고 뜻이 굳어④
부처님께 법을 묻고는 들은 대로 다 지니며,

---

①**다섯 가지 신통**(五神通) : 수행하여 얻은 신통력. 육신통에서 누진통을 제외한 다섯 가지이다. 보통 사람들이 보이지 않는 것을 보는 천안통(天眼通), 남들에게 들리지 않는 것을 듣는 천이통(天耳通), 남의 마음을 꿰뚫어보는 타심통(他心通), 과거생의 일을 아는 숙명통(宿命通), 어디든 마음먹은 대로 갈 수 있는 신족통(神足通)의 다섯 가지이다. ②**선정에 들어 합장**(安禪合掌) : 선정에 편안히 머물러서 단정한 마음으로 합장하는 일. ③**법왕을 찬탄** : '선의 적정에 머물러(安禪) 법왕을 찬송(讚頌)함'은 침묵으로 말하는 것이고, '법왕을 찬송하면서 선의 적정에 들어 있음'은 말로 침묵하는 것이다. ④**지혜가 깊고 뜻이 굳음**(智深志固) : '지혜가 깊다'는 것은 지혜가 진리의 근본을 다함이며, '뜻이 견고함'은 서원이 광대하다는 뜻.

又見 佛子가 우 견 불 자	定慧具足하여 정 혜 구 족	以無量喩로 이 무 량 유	爲衆講法하며 위 중 강 법
欣樂說法하여 흔 락 설 법	化諸菩薩하며 화 제 보 살	破魔兵衆하고 파 마 병 중	而擊法鼓하며 이 격 법 고
又見 菩薩이 우 견 보 살	寂然宴默하여 적 연 연 묵	天 龍이 恭敬하여도 천 룡 공 경	不以爲喜하며 불 이 위 희
又見 菩薩이 우 견 보 살	處林放光하여 처 림 방 광	濟地獄苦하여 제 지 옥 고	令入佛道케하더이다. 영 입 불 도

또 보오니, 어떤 불자는 정혜(定慧)가 구족하여①
한량 없는 비유로써② 대중 위해 법을 강설하되,
흔쾌히 설법하여 모든 보살을 교화하고,
마군중(魔軍衆)을 격파하려고③
법고(法鼓)를 치더이다.④

21. 또 보오니, 어떤 보살은 고요히 명상하여⑤
하늘과 용이 공경할지라도 기뻐하지 아니하며,
또 보오니, 어떤 보살은 숲 속에 살면서 빛을 놓아⑥
지옥고의 중생을 건져 불도에 들게 하더이다.

---

①**정혜가 구족** : 정(定)으로 산란한 마음을 수습하고 혜(慧)로 번뇌를 깨뜨리는데, 이 둘을 평등하게 갖추는 것을 구족이라 한다. 또, 이승(二乘)은 선정이 많고 보살은 지혜가 많으며 부처님은 균등하시다. ②**한량 없는 비유** : 갖가지 방편을 말한다. 여러 가르침 중에서 무수한 비유를 들어 제일의 진리가 드러나도록 돕는 일이다. ③**마군중을 격파** : 정법을 어기고 일체를 그릇되게 이끄는 것을 마군이라 한다. 이를 법안(法眼)으로 녹여 버리는 것을 마군을 깬다고 한다. ④**법고를 침** : 큰 법의 도리를 설하는 것을 말한다. ⑤**고요히 명상**(寂然宴默) : 선정의 상태에서 침묵을 지키고 편안히 앉아 있음이다. ⑥**빛을 놓음**(處林放光) : 선정에 들어 맑고 깨끗한 광명을 놓아 여러 가지 이익을 얻게 하는 일이다.

又見 佛子가 우견 불자	未嘗睡眠하고 미상수면	經行林中하여 경행림중	勤求佛道하며 근구불도
又見 具戒하여 우견 구계	威儀無缺하여 위의무결	淨如寶珠하여 정여보주	以求佛道하며 이구불도
又見 佛子가 우견 불자	住忍辱力하여 주인욕력	增上慢人이 증상만인	惡罵捶打하여도 악매추타
皆悉能忍하여 개실능인	以求佛道하며 이구불도		

22. 또 보오니, 어떤 불자는 한숨도 자지 않고
숲 속에서 경행(經行, 산책)하며①
부지런히 불도를 구하며,
또 보오니, 계행을 갖추어 위의(威儀)에 결함 없어서②
정결하기가 보배 구슬같이 하여
불도를 구하더이다.

23. 또 보오니, 어떤 불자는 인욕력(忍辱力)이③ 훌륭하여
오만한 자(增上慢人)가④ 욕하고 쳐도
그 모두 참고 불도를 구하더이다.

---

①**경행(經行)** : 좌선의 피로를 풀기 위해 잠시 숲속을 거니는 것이다. ②**위의에 결함 없음(威儀無缺)** : 몸과 입을 삼가고 금하며 마음을 성실히 하는 것을 '위의'라고 한다. 계행에는 소승계(小乘戒)와 대승계(大乘戒)의 두 가지로 나눌 수 있다. 소승계는 소승율장에서 설한 것으로, 오계, 팔계, 구족계(비구 250계, 비구니 348계)가 있는데, 비록 소승율장에서 설하였더라도, 대승인이 모두 수지하는 것이다. 대승계는 보통 보살계라고 하여 범망경(梵網經)에서 설하는 십중대계(十重大戒)와 사십팔경계(四十八輕戒)가 있고 의계경(義戒經)에서 설한 삼취정계(三聚淨戒)가 있다. ③**인욕력(忍辱力)** : 고난을 견디고 참는 힘. 모욕이나 박해를 받고도 참아내어 화내지 않고 마음을 안정시키는 힘. ④**오만한 자(增上慢人)** : 훌륭한 교법과 깨달음을 얻지도 못하였으면서 얻었다고 생각하여 남을 핍박하고 업신여기는 자.

又見 菩薩은 우 견 보 살	離諸戱笑와 이 제 희 소	及癡眷屬하고 급 치 권 속	親近智者하여 친 근 지 자
一心除亂하고 일 심 제 란	攝念山林하여 섭 념 산 림	億千萬歲를 억 천 만 세	以求佛道하며 이 구 불 도
或見 菩薩이 혹 견 보 살	肴饍飮食과 효 선 음 식	百種湯藥으로 백 종 탕 약	施佛及僧하며 시 불 급 승
名衣上服의 명 의 상 복	價值千萬과 가 치 천 만	或無價衣로 혹 무 가 의	施佛及僧하며 시 불 급 승
千萬億種의 천 만 억 종	栴檀寶舍와 전 단 보 사	衆妙臥具로 중 묘 와 구	施佛及僧하며 시 불 급 승

24. 또 보오니, 어떤 보살은 온갖 희롱과
우스갯짓하는[①] 어리석은 무리를[②] 떠나
지혜 있는 이(智者)를 가까이하여
한 마음에 산란심 없애고 산림에서 명상하여[③]
억천만 세 지내면서 불도를 구하더이다.

25. 또 보오니, 어떤 보살은 맛있는 반찬[④] 및 좋은 음식과
갖가지 탕약을 부처님께와 스님에게 보시하며,
훌륭한 옷과[⑤] 값도 모를 좋은 의복을[⑥]
부처님께와 스님에게 보시하며,
천만억 가지 전단향과 보배로 장식한 절과[⑦]
갖가지 좋은 침구를 부처님께와 스님에게 보시하며,

①희롱과 우스갯짓(戱笑) : 희롱하고 웃으면 마음이 흩어지므로, 이를 버려 마음이 고요하게 한다는 뜻이다. ②어리석은 무리 : 인과(因果)의 도리마저 믿지 않는 사람들이다. ③산림에서 명상(攝念山林) : 마음을 거두고 바른 생각으로 산림에 머물며 선정 사유하는 일. ④맛있는 반찬(肴饍) : 반찬을 효(肴)라 하고, 맛있는 음식을 선(饍)이라 한다. ⑤훌륭한 옷(名衣上服) : 유명하고 최고급인 의복. ⑥값 모를 좋은 의복(無價衣) : 값으로 매길 수 없을 만큼 귀한 옷. ⑦전단향과 보배로 장식한 절(栴檀寶舍) : 전단향나무와 보배로 지어 장엄한 정사(精舍).

清淨園林에 청정원림	華果 茂盛하며 화과 무성	流泉浴池로 유천욕지	施佛及僧하더이다. 시불급승
如是等施 여시등시	種種微妙로 종종미묘	歡喜無厭하여 환희무염	求無上道하며 구무상도
或有 菩薩이 혹유 보살	說寂滅法하여 설적멸법	種種教詔 종종교조	無數衆生하며 무수중생
或見 菩薩이 혹견 보살	觀諸法性이 관제법성	無有二相함이 무유이상	猶如虛空하며 유여허공
又見 佛子가 우견 불자	心無所著하여 심무소착	以此妙慧로 이차묘혜	求無上道하더이다. 구무상도

청정한 정원 및 숲과 꽃과 과실이 풍성하며,
시원한 샘물이 흐르고 목욕할 연못이 있는 동산을
부처님께와 스님에게 보시하더이다.
이와 같이 여러 가지 미묘한 것을 보시하되,
환희심으로 싫어함이 없이
무상도(無上道)를 구하더이다.

26. 어떤 보살은 적멸법(寂滅法 : 열반에 이르는 길)을[①] 설하여
갖가지 가르침으로[②] 무수한 중생을 교화하며,
어떤 보살은 모든 법성(法性)의[③] 상(相)이 허공과 같아서
둘이 아니라는 것을 관하며,
또 보오니, 어떤 불자는 마음에 집착하는 바가 없어서
이러한 묘한 지혜로[④] 위없는 도를 구하더이다.

---

① **적멸법** : 적멸은 열반의 의역(義譯)으로, 번뇌의 불이 꺼진 상태. 열반적정을 말한다. ② **갖가지 가르침(種種敎詔)** : 여러 가지 법을 말하면서 가르치고 설명해 주어 인도함을 뜻한다. ③ **법성(法性)** : 모든 존재의 차별상을 초월한 진실하고 절대적인 평등의 본성. 진리 자체. ④ **묘한 지혜(妙慧)** : 집착함이 없는 깨끗한 마음으로, 깊고 미묘한 지혜.

文殊師利시여	又有 菩薩이	佛滅度後에	供養舍利하사오며
문 수 사 리	우 유 보 살	불 멸 도 후	공 양 사 리
又見 佛子가	造諸塔廟	無數恒沙하여	嚴飾國界하니
우 견 불 자	조 제 탑 묘	무 수 항 사	엄 식 국 계
寶塔이 高妙하여	五千由旬이며	縱廣이 正等히	二千由旬이며
보 탑 고 묘	오 천 유 순	종 광 정 등	이 천 유 순
一一塔廟에	各千幢幡이며	珠交露幔하며	寶鈴이 和鳴이어든
일 일 탑 묘	각 천 당 번	주 교 로 만	보 령 화 명
諸天龍神	人及非人이	香華 伎樂으로	常以供養하더이다.
제 천 용 신	인 급 비 인	향 화 기 악	상 이 공 양

27. 문수사리여,

어떤 보살은 부처님께서 멸도하신 후 사리에 공양하고,
또 보오니, 어떤 불자는
갖가지 탑을[①] 수없이 조성하여 국토를 장엄하니,
보탑이 드높고 묘하여 높이가 오천 유순이고,
가로 세로로는 다 같이 이천 유순이며,
각각의 보탑에는 천 개씩의 당기와 번기가[②] 휘날리고,
구슬로 짠 교로(交露) 휘장과[③]
보배 방울이 화기(和氣)롭게 울리니,
모든 하늘과, 용신과 사람과 사람 아닌 것이
향과 꽃과 기악으로 끊임없이 공양하더이다.

---

①**탑** : 탑묘(塔廟). '탑'은 스투파(stūpa)를 음역한 것인데, 부처님의 사리를 모신 곳이다. '묘'는 차이티야(caitya)를 음역한 것이니, 예배나 제사 등의 의식을 행하고 휴식할 공간이 있는 유골을 모신 곳이다. 그러나 이 둘은 혼용하여 사용되었고, 대승불교에 들어와서는 경전 숭배가 중시되어 경전을 모신 탑을 차이티야라고 하고, 사리를 모신 탑을 스투파로 불렀다. 여기서는 부처님 사리를 모신 사리탑이다. ②**당기와 번기(幢幡)** : 긴 깃발. 부처님 도량을 장식하는 기. 당은 당간지주에 매단 기를 말하고, 번은 불당 안에 다는 것인데, 지금은 대개 하나로 만들어서 장엄한다. ③**구슬로 짠 교로 휘장(珠交露幔)** : '교'는 엇갈리게 맺는 것이고, '로'는 드러나게 한 것이다. 즉, 구슬을 휘장에 매달아 만든 장막인데, 이를 탑에 쳤다.

文殊師利시여	諸佛子等이	爲供舍利하여	嚴飾塔廟하니
문 수 사 리	제 불 자 등	위 공 사 리	엄 식 탑 묘
國界가 自然히	殊特妙好하여	如天樹王이	其華 開敷하듯하나이다.
국 계 　 자 연	수 특 묘 호	여 천 수 왕	기 화 　 개 부
佛放一光하시니	我及衆會	見此國界의	種種殊妙하며
불 방 일 광	아 급 중 회	견 차 국 계	종 종 수 묘
諸佛神力과	智慧 希有하사	放一淨光하사	照無量國하시니
제 불 신 력	지 혜 　 희 유	방 일 정 광	조 무 량 국
我等이 見此하고	得未曾有하노이다.	佛子文殊시여	願決衆疑하소서.
아 등 　 견 차	득 미 증 유	불 자 문 수	원 결 중 의

문수사리여,
불자들이 사리에 공양하고자 보탑을 장엄하니,
국토는 자연히 아름답고 매우 수승하고 묘하게 되어
천상의 수왕화(樹王花)가[①] 활짝 핀 듯하더이다.

28. 부처님께서 한 줄기 광명을 놓으시니,
저희 모두는 이 국토의
갖가지 빼어난 묘(妙)한 모습을 보고,
제불의 신력(神力)과 지혜가 희유하여
한 줄기 청정한 빛으로 무량 국토를 비추시니,
저희는 이를 보고 미증유(未曾有)를 얻었습니다.
불자 문수여,
대중의 이 의혹을 풀어 주소서.

---

① **수왕화**(樹王花, pārijāta) : 제석천의 동산에 있는데, 가지와 잎이 오십 유순이나 덮어 준다고 한다.

四衆이 欣仰하여 瞻仁及我하나니 世尊께서 何故로 放斯光明하시니잇고.
사중 흔앙 첨인급아 세존 하고 방사광명

佛子가 時答하사 決疑令喜하소서 何所饒益으로 演斯光明이시니잇고.
불자 시답 결의령희 하소요익 연사광명

佛坐道場하사 所得妙法을 爲欲說此시니잇가. 爲當授記시니잇가.
불좌도량 소득묘법 위욕설차 위당수기

示諸佛土에 衆寶嚴淨하시며 及見諸佛하사옴이 此非小緣이로소이다.
시제불토 중보엄정 급견제불 차비소연

文殊시여 當知하소서 四衆龍神이 瞻察仁者하나니 爲說何等하소서.
문수 당지 사중용신 첨찰인자 위설하등

29. 사부 대중이 흔쾌히 인자(仁者)와[①] 저를 보고 있습니다.
세존께서는 무슨 까닭으로
이와 같은 광명을 놓으십니까?
불자 문수여, 곧 대답하시어
대중이 의혹을 풀어 기뻐하게 하소서.
부처님께서는 무슨 이로움을 주시려고
이 광명을 놓으십니까?
도량에서 앉아 얻으신 묘법을 설하려 하심입니까?
수기(授記)를 주려고 하심입니까?
모든 불국토가 온갖 보배로 장엄됨과
모든 부처님을 뵈온 것은 작은 인연이 아니올습니다.
문수사리여, 꼭 아소서.
사부 대중과 용신이 인자를 우러러보고[②] 있습니다.
그 까닭을 말씀해 주소서."

---

① 인자(仁者) : 상대방을 높여 부르는 말로, 여기서는 문수보살(文殊菩薩)을 가리킨다. ② 우러러봄(瞻察) : 우러러 쳐다보고 살핀다는 뜻.

爾時 文殊師利께서 語彌勒菩薩摩訶薩과 及諸大士하사대 善男子等아
이시 문수사리 어미륵보살마하살 급제대사 선남자등

如我惟忖엔 今佛世尊께서 欲說大法하시며 雨 大法雨하시며 吹 大法螺
여아유촌 금불세존 욕설대법 우 대법우 취 대법라

擊 大法鼓하시며 演 大法義하시리라. 諸善男子야 我於過去諸佛에
격 대법고 연 대법의 제선남자 아어과거제불

曾見此瑞하오이다 放斯光已하시면 即說大法일새 是故로 當知어다
증견차서 방사광이 즉설대법 시고 당지

30. 그 때, 문수사리가 미륵보살마하살과
모든 대사(大士)에게① 말씀하셨습니다.
"선남자들이여,② 내가 헤아려 생각건대,
지금 부처님께서는
큰 법을 설하시고, 큰 법비를③ 내리시며,
큰 법고둥을④ 부시고, 큰 법고를⑤ 두드리시며,
큰 법의 뜻을 펴시려는 것 같습니다.

31. 모든 선남자여, 나는 과거에 일찍이
제불의 이와 같은 상서를 보았으니,
이 광명을 놓으시고는 곧 큰 법을 설하셨습니다.
그러므로 마땅히 알아야 합니다.

---

① 대사(大士, mahā-sattva) : 마하살(摩訶薩)이라 음사하고, 보살을 가리키는 말이다. ② 선남자(善男子, kula-duhitṛ) : 자비롭고 착한 남자라는 뜻으로, 경전에서는 보살과 재가신자를 부를 때 쓴다. ③ 큰 법비(大法雨) : 크게 두 가지의 뜻이 있다. 첫째는, 부처님의 평등대혜(平等大慧)를 나타내니, 비가 온 대지를 고루 적셔 주듯, 부처님께서 큰 법을 설하셔서 평등하게 가르침이 미치는 것을 비유하며, 둘째는, 뒤에 본문에서와 같이 부처님의 수기를 비유한다. 이제까지는 방편에 집착하여 부처가 될 수 없었으나, 이제 근기가 무르익어 비에 적셔지므로 부처가 될 수 있는 시기다. ④ 법고둥(法螺) : 법고둥은 한 음성으로 널리 퍼지니, 부처님의 부드럽고 온화한 법음이 널리 미치어 도의 장애가 제거되고 번뇌가 끊어짐을 나타낸다. ⑤ 법고(法鼓) : 법고를 두드림은 북을 울려 군중을 호령하듯, 불법이 울려 퍼져 중생의 무명 번뇌를 깨뜨리고 불심을 일깨우는 것을 말한다.

今佛現光도 亦復如是하사 欲令衆生으로 咸得聞知 一切世間 難信之法케하려하사
금불현광 역부여시 욕령중생 함득문지 일체세간 난신지법

故로 現斯瑞하시니라. 諸善男子여 如過去無量無邊 不可思議 阿僧祇劫에
고 현사서 제선남자 여과거무량무변 불가사의 아승지겁

爾時 有佛하사대 號 日月燈明如來 應供 正遍知 明行足 善逝 世間解
이시 유불 호 일월등명여래 응공 정변지 명행족 선서 세간해

無上士 調御丈夫 天人師 佛 世尊이라하시니라.
무상사 조어장부 천인사 불 세존

지금 부처님께서 광명을 놓으시는 것도 이와 같으니,
모든 중생으로 하여금 세상에서 믿기 어려운 법을[①]
다 들어 깨닫게[②] 하고자 이 상서를 나타내시는 것입니다.
모든 선남자여,
과거에 한량 없고 가이없는 불가사의한 아승지겁 전에
부처님께서 계셨는데, 그 이름이
일월등명(日月燈明)여래,[③] 응공(應供),[④] 정변지(正遍知),[⑤]
명행족(明行足),[⑥] 선서(善逝),[⑦] 세간해(世間解),[⑧] 무상사(無上士),[⑨]
조어장부(調御丈夫),[⑩] 천인사(天人師),[⑪] 불세존(佛世尊)이셨습니다.[⑫]

① **세상에서 믿기 어려운 법**(難信之法) : 세상의 무량한 도리를 하나로 거두어들이므로, 삼승의 교리를 고치고 무명의 번뇌를 깨어 제불의 도와 똑같이 열어 보이고 깨달아 들어가게 하므로(開示悟入), 세상(欲界, 色界, 無色界)에서 믿기 어렵다고 한다. ② **들어 깨달음** : 문혜(聞慧)와 사혜(思慧). 수행에는 가르침을 듣고 믿어서 그대로 수행하는 신행(信行)과 법을 따라 사유하고 깨달아 실천하는 법행(法行)의 두 가지가 있는데, 신행을 통해서는 들음으로 생기는 지혜(聞慧)가 생기고, 법행으로는 사유로 얻는 지혜(思慧)가 이루어진다. ③ **일월등명여래**(candrasūryapradipa-tathāgata) : 과거 부처님의 이름으로 정(定)과 혜(慧)를 갖추신 부처님. 여래는 부처님의 지혜를 이뤄 가면 언제나 와 계신 분이라는 뜻. 여래에서 불세존까지를 여래의 열 가지 이름(如來十號)이라고 한다. ④ **응공**(arhat) : 아라한의 별명. 하늘, 인간으로부터 공양받을 만한 덕이 있는 성자라는 뜻. ⑤ **정변지**(samyak-saṁbuddha) : 바르고 평등하게 깨달은 분. ⑥ **명행족**(vidyā-caraṇa-sampanna) : 밝게 알고(明知) 수행(行)을 잘 갖춘 분. ⑦ **선서**(sugata) : 미혹한 곳에서 지혜로운 곳으로 '잘 간 분', 해탈을 얻으신 분. ⑧ **세간해**(loka-vid) : 세간을 잘 알아서 중생의 뜻을 바로 이해하는 지혜를 가진 분. ⑨ **무상사**(an-uttara) : 지극한 과(極果)를 증득하셔서 더 이상 위가 없는 분. ⑩ **조어장부**(puruṣa-damya-sārathin) : 중생을 자비와 지혜로 잘 이끄시는 분. ⑪ **천인사**(deva-manuṣānām- śastṛ) : 천신과 인간을 일깨워 주는 스승이라는 뜻이다. ⑫ **불세존**(buddha-bhagavat) : 최고의 깨달음을 얻어 가장 존귀한 분이라는 뜻이다.

演說正法하사대 **初善 中善 後善**하시니 **其義**가 **深遠**하시며 **其語**가 **巧妙**하시며
연설정법　초선 중선 후선　기의 심원　기어 교묘

純一無雜하시며 **具足淸白 梵行之相**하시니라. **爲求聲聞者**에겐 **說應四諦法**하사
순일무잡　구족청백 범행지상　위구성문자　설응사제법

度生老病死하사 **究竟涅槃**케하시고 **爲求辟支佛者**에겐 **說應十二因緣法**하시며
도생로병사　구경열반　위구벽지불자　설응십이인연법

爲諸菩薩에겐 **說應六波羅蜜**하사 **令得阿耨多羅三藐三菩提**하여 **成一切種智**케하셨나니라.
위제보살　설응육바라밀　영득아누다라삼먁삼보리　성일체종지

32. 정법(正法)을 설하셨으므로 처음도 중간도 끝도 다 훌륭하시고,① 그 뜻이 심원(深遠)하고 그 말씀이 절묘하시며, 순일(純一)하여 잡된 것이 섞이지 아니하여 맑고 깨끗한 거룩한 모습을② 갖추셨습니다.

성문(聲聞)을③ 구하는 사람에게는
사성제 법문(四聖諦法門)을 설하시어
생, 노, 병, 사를 건너 마침내 열반에 이르게 하셨고,
벽지불(辟支佛, 緣覺)을 구하는 사람에게는
그에게 맞는 십이인연법(十二因緣法)을 설해 주셨으며,
보살(菩薩)에게는 육바라밀(六波羅蜜)을 설하시어
아누다라삼먁삼보리를 얻어
일체종지(一切種智)를④ 이루게 하셨습니다.

---

① **처음도 중간도 끝도 다 훌륭하시고(初善中善後善)** : 초발심에서 도를 수행하는 것을 초선이라 하고, 이어 중간에서 행을 일으키는 것을 중선, 마지막으로 최상의 도를 얻는 것을 후선이라 해석하기도 한다. 또, 계위로는 십주 이전을 초심(初心), 중심(中心)을 십주, 후심(後心)을 묘각으로 보기도 한다. ② **맑고 깨끗한 거룩한 모습(淸白梵行之相)** : 맑고 깨끗함이 갖추어진 청정한 수행을 하시는 모습. ③ **성문(聲聞, sravaka)** : 소리를 듣는다는 뜻이니, 부처님의 가르침을 듣고 그 가르침에 의하여 세상에 얽매이지 않는 마음을 가지려는 사람이다. 이들은 생로병사의 인생이 무상(無常)하고 영원한 실체가 없는 무아(無我)인 줄을 알고 고(苦)에서 벗어나기 위해 열반에 이르는 법을 구하므로, 부처님은 사제법을 설하셨던 것이다. ④ **일체종지(一切種智)** : 오직 부처님만이 갖춘 지혜. 일체종지는 일체를 자세히 꿰뚫어 아는 지혜로 중도제일의제 지혜(空假不二中智)라고 한다.

次復有佛하사대 亦名日月燈明이시며 次復有佛하사대 亦名日月燈明이라
차부유불 역명일월등명 차부유불 역명일월등명

如是二萬佛께서 皆同一字하사 號를 日月燈明이시며 又同一姓하사 姓이
여시이만불 개동일자 호 일월등명 우동일성 성

頗羅墮라하셨나니라 彌勒이여 當知어다. 初佛後佛께서 皆同一字로 名이
파라타 미륵 당지 초불후불 개동일자 명

日月燈明이시니 十號를 具足하셨으며 所可說法은 初中後善이시니라.
일월등명 십호 구족 소가설법 초중후선

33. 그 다음에 또 부처님 계셨으니,
이름은 역시 일월등명이시고,
또 그 다음에 부처님 계셨으니,
이름은 역시 일월등명이셨습니다.
이와 같이 이만 부처님께서,
다 이름이 똑같은 글자로 일월등명이셨고,
성씨도 같으시어 파라타(頗羅墮)라고① 하셨습니다.
미륵이여, 잘 아시오.
처음의 부처님이나 나중의 부처님께서
다 같이 이름이 일월등명이시고,
십호(十號)를② 구족하셨으며,
설하신 법문도③ 처음과 중간과 끝이 훌륭하셨습니다.

① 파라타(頗羅墮, Bharadvāja) : 성자의 이름에서 온 말이라 하며, 근기가 훌륭함(利根)이라 하고, 사유함이 남보다 빠르다는 뜻으로 첩질(捷疾)이라 한다. ② 십호(十號) : 부처님의 열 가지 이름. 곧 여래, 응공, 정변지, 명행족, 선서, 세간해, 무상사, 조어장부, 천인사, 불세존(보통 무상사, 조어장부를 하나로 묶기도 하고, 불세존을 나누어 보기도 한다). ③ 설하신 법문(所可說法) : 일찍이 쉬운 데서부터 불가사의한 묘법까지 설하신 일.

其最後佛께서 未出家時에 有八王子하더니 一名은 有意요 二名은 善意요
기최후불 미출가시 유팔왕자 일명 유의 이명 선의

三名은 無量意요 四名은 寶意요 五名은 增意요 六名은 除疑意요 七名은
삼명 무량의 사명 보의 오명 증의 육명 제의의 칠명

響意요 八名은 法意였느니라.
향의 팔명 법의

34. 그 맨 마지막 부처님께서

아직 출가하시기 전에 여덟 왕자가 있었으니,

첫째의 이름은 유의(有意),①

둘째의 이름은 선의(善意),②

셋째의 이름은 무량의(無量意),③

넷째의 이름은 보의(寶意),④

다섯째의 이름은 증의(增意),⑤

여섯째의 이름은 제의의(除疑意),⑥

일곱째의 이름은 향의(響意),⑦

여덟째의 이름은 법의(法意)이었습니다.⑧

---

① 유의(有意, Mati) : 큰 도에 뜻을 두었다는 의미. ② 선의(善意, Sumati) : 큰 도의 뜻을 잘 지녔다는 뜻. ③ 무량의(無量意, Anatamati) : 큰 지혜가 있어서 무량한 뜻을 이해할 수 있다는 것. ④ 보의(寶意, Ratnamati) : 보배와 같은 여래의 성품을 잘 이해하여 진실한 도를 갖추었다는 뜻. ⑤ 증의(增意, Viśeṣamati) : 최상의 행을 닦아 큰 도에 뜻을 두었다는 의미. ⑥ 제의의(除疑意, Vimatisamudghātin) : 지혜가 늘어나 의혹이 제거되었다는 뜻. ⑦ 향의(響意, Gnoṣamati) : 빈 골짜기에서 메아리가 울리듯 법성이 비어 있다는 뜻. ⑧ 법의(法意, Dharmamati) : 깊은 법에 대해서도 그 뜻을 잘 이해한다는 의미이다. 이상의 여덟 왕자의 이름에 담긴 뜻은 그 왕자의 마음이며 추구하는 바로서, 모두 청정한 도를 구하는 마음을 나타낸다.

是八王子가 威德이 自在하여 各領四天下하더니 是諸王子가 聞父出家하사
시팔왕자 위덕 자재 각령사천하 시제왕자 문부출가

得阿耨多羅三藐三菩提하시고 悉捨王位하고 亦隨出家하여 發大乘意하여
득아누다라삼먁삼보리 실사왕위 역수출가 발대승의

常修梵行하여 皆爲法師하시니 已於千萬佛所에 植諸善本하였느니라. 是時에 日月
상수범행 개위법사 이어천만불소 식제선본 시시 일월

燈明佛께서 說大乘經하시니 名이 無量義니라. 教菩薩法이며 佛所護念이라
등명불 설대승경 명 무량의 교보살법 불소호념

이 여덟 왕자는 위덕이 자재하며,[①]
각각 천하를[②] 다스렸습니다.
이 왕자들은 부친이 출가하여
아누다라삼먁삼보리를 얻었다는 말을 듣고
모두 왕위를 버리고, 또한 따라 출가하여
대승의 뜻을 일으켜,[③] 항상 맑은 행(梵行)을 닦아
모두 법사가[④] 되어 천만 부처님 처소에서
갖가지 선본(善本, 善根)을[⑤] 심었습니다.

35. 그 때, 일월등명불께서 대승경을 설하시니,
이름이 무량의였습니다.
보살을 가르치는 법이며, 부처님께서 호념하시는 바입니다.

---

① **위덕이 자재함** : 위엄과 덕행이 자유 자재함을 말한다. ② **각각 천하**(四天下) : 왕자들이 각각 직무를 맡아 사천하에 왕이 되었다는 뜻. 전륜성왕은 32상을 갖추고 윤보(輪寶)를 굴려 사천하를 다스리는데, 금륜왕은 사천하 내지 철륜왕은 일천하를 각각 다스린다. 금륜왕(金輪王)이 다스리는 사천하(四洲)는 남섬부주(南贍浮洲), 동승신주(東勝身洲), 서우화주(西牛貨洲), 북구로주(北俱盧洲)의 네 곳이다. ③ **대승의 뜻을 일으킴**(發大乘意) : 대승인 아누다라삼먁삼보리의 도에 대한 생각을 용감하게 일으켰다는 뜻이다. ④ **법사**(法師, dhrma-bhānaka) : 부처님을 대신하여 가르침을 세상에 널리 펴는 일을 한다. 부처님의 교법을 올바르게 연구하고 밝혀서 세상에 펴는 사람이 있는데, 이를 법사라고 하고, 부처님의 사자(使者), 사도(使徒)라고 한다. 여덟 아들이 모두 대승의 법사가 되었음을 말한다. ⑤ **선본**(善本) : 좋은 과보를 가져올 원인이 되는 착한 행위(善根). 선행(善行)을 말한다.

說是經已하시고 卽於大衆中에 結跏趺坐하사 入於無量義處三昧하사 身心이
설시경이 즉어대중중 결가부좌 입어무량의처삼매 신심

不動하시니라. 是時에 天雨 曼陀羅華 摩訶曼陀羅華 曼殊沙華 摩訶
부동 시시 천우 만다라화 마하만다라화 만수사화 마하

曼殊沙華하여 而散佛上과 及諸大衆하고 普佛世界가 六種震動하니라. 爾時
만수사화 이산불상 급제대중 보불세계 육종진동 이시

會中에 比丘 比丘尼 優婆塞 優婆夷와 天 龍 夜叉 乾闥婆 阿脩羅
회중 비구 비구니 우바새 우바이 천 용 야차 건달바 아수라

迦樓羅 緊那羅 摩睺羅伽 人非人과 及諸小王과 轉輪聖王等 是諸大衆이
가루라 긴나라 마후라가 인비인 급제소왕 전륜성왕등 시제대중

得未曾有하여 歡喜合掌하고 一心觀佛하옵더이다. 爾時 如來께서 放 眉間
득미증유 환희합장 일심관불 이시 여래 방 미간

白毫相光하사 照 東方萬八千佛土하사 靡不周遍하시니 如今所見 是諸佛土라.
백호상광 조 동방만팔천불토 미불주변 여금소견 시제불토

이 경을 설하시고는 곧 대중 가운데에서 결가부좌하시고
무량의처삼매에 드시어
몸과 마음이 움직이지 않으셨습니다.
그 때, 하늘은 만다라꽃, 마하만다라꽃과 만수사꽃,
마하만수사꽃을 비 오듯이 내려 부처님과 대중 위에 흩뿌리고,
온 부처님 세계는 여섯 가지로 진동하였습니다.
그 때, 회중에 있던 비구, 비구니, 우바새, 우바이, 하늘, 용,
야차, 건달바, 아수라, 가루라, 긴나라, 마후라가, 인비인과
여러 소왕과 전륜성왕 등 모든 대중이
미증유를 얻어 환희에 넘쳐 합장하고,
일심으로 부처님을 우러러보았습니다.
그 때, 부처님께서 미간 백호상에서 광명을 놓으시어
동방의 일만 팔천 불국토를 비추시니,
두루 미치지 않은 곳이 없어서
지금 보는 이 모든 불국토와 같았습니다.

彌勒이여 當知어다 爾時會中에 有二十億菩薩이 樂欲聽法하더니 是諸菩薩이
미륵 당지 이시회중 유이십억보살 낙욕청법 시제보살

見此光明의 普照佛土하고 得未曾有하여 欲知此光의 所爲因緣하더이다.
견차광명 보조불토 득미증유 욕지차광 소위인연

時有菩薩하니 名曰妙光이니 有八百弟子하더니라 是時에 日月燈明佛께서 從
시유보살 명왈묘광 유팔백제자 시시 일월등명불 종

三昧起하사 因妙光菩薩로 說大乘經하시니 名이 妙法蓮華이니 教菩薩法이며
삼매기 인묘광보살 설대승경 명 묘법연화 교보살법

佛所護念이니라.
불소호념

36. 미륵이여, 마땅히 아시오.
그 때, 회중에 이십억 보살이 있어
즐겨 법문을 듣고자 하더니, 이 모든 보살이
그 광명이 널리 불국토를 비춤을 보고 미증유를 얻어,
이 광명이 비추게 된 까닭을 알고자 하였습니다.

37. 그 때에, 한 보살이 있었으니,
이름이 묘광(妙光)인데,① 팔백 제자를 두었습니다.
그 때, 일월등명불께서 삼매에서 일어나시어
묘광보살로 인(因)하여 대승경을 설하시니,
그 이름이 묘법연화경이올습니다.
이 경은 보살을 가르치는 법이며,
부처님께서 호념하시는 바입니다.

---

① **묘광보살**(妙光菩薩, Varaprabha) : 최상의 빛이라는 뜻의 보살. 문수보살의 전신이며, 일월등명불 여덟 왕자들의 스승이시고, 석가모니불의 9대 조사가 된다. 일월등명불로부터 묘법연화경을 받아 교화하여 전한 결과 지금 석가모니불 회상에서도 이 경을 설하게 된 것이다.

六十小劫을 不起于座하시니 時會聽者도 亦坐一處하여 六十小劫을 身心이
육십소겁 불기우좌 시회청자 역좌일처 육십소겁 신심

不動하여 聽佛所說하오되 謂如食頃하더니 是時衆中에 無有一人도 若身
부동 청불소설 위여식경 시시중중 무유일인 약신

若心에 而生懈倦하더라. 日月燈明佛께서 於六十小劫에 說是經已하시고
약심 이생해권 일월등명불 어육십소겁 설시경이

卽於梵魔 沙門 婆羅門과 及天 人 阿脩羅衆中에게 而宣此言하사대
즉어범마 사문 바라문 급천 인 아수라중중 이선차언

如來께서는 於今日中夜에 當入無餘涅槃하셨나니라.
여래 어금일중야 당입무여열반

육십 소겁[①] 동안 한자리에서 일어나지 않으시니,
당시에 듣던 회중도 한자리에 앉아서
육십 소겁 동안 몸과 마음이 움직이지 않고
부처님께서 설하시는 법을 듣되,
밥 먹는 동안과[②] 같이 여겼습니다.
그 대중 가운데 몸으로나 마음으로
지루한 생각을[③] 내는 사람이 한 사람도 없었습니다.
일월등명불께서 육십 소겁에 걸쳐 이 경을 설해 마치시고,
범천(梵天), 마왕(魔王), 사문(沙門),[④] 바라문,[⑤] 하늘,
사람, 아수라 등에게 이렇게 말씀하셨습니다.
'여래는 오늘 밤중에 무여열반(無餘涅槃)에 들리라.'고

---

① **육십 소겁**(六十小劫) : 일 소겁의 길이는 사람의 수명이 8만 4천 세부터 백 년마다 한 살씩 줄어 10세에 이르고, 똑같이 늘어나 10세에서 8만 4천 세에 이르는 데 걸리는 시간이다. 보통, 세계가 한 번 이루어졌다가 없어지는 것을 성겁(成劫), 주겁(住劫), 괴겁(壞劫), 공겁(空劫)이라 하고, 각각은 이십 소겁(小劫)으로 이루어졌다고 한다. ② **밥 먹는 동안**(食頃) : 한 끼 밥을 먹는 시간이니, 잠깐 동안의 짧은 기간을 비유한 말이다. ③ **지루한 생각**(懈倦) : 몸과 마음이 한결같아서(若身若心) 일찍이 지루한 마음이 생기지 않았다는 뜻이다. ④ **사문**(沙門, śramaṇa) : 부처님의 가르침에 귀의하여 수행하는 사람, 승려들을 말한다. 원래는 전통 바라문에 반대하는 혁신적인 출가 수행자의 총칭이었다. ⑤ **바라문**(婆羅門, brāhmaṇa) : 인도 전통적인 종교인. 하늘에 제사 지내는 사제 계급으로, 카스트제도에서는 최상의 계급.

時有菩薩하대 名曰德藏이러니 日月燈明佛께서 即授其記하사 告諸比丘하사대
시유보살 명왈덕장 일월등명불 즉수기기 고제비구

是德藏菩薩이 次當作佛하여 號曰淨身 多陀阿伽度 阿羅訶 三藐三佛陀이리라.
시덕장보살 차당작불 호왈정신 다타아가도 아라하 삼먁삼불타

佛께서 授記已하시고 便於中夜에 入 無餘涅槃하시니라. 佛滅度後에 妙光菩薩이
불 수기이 변어중야 입 무여열반 불멸도후 묘광보살

持妙法蓮華經하여 滿八十小劫토록 爲人演說하더니 日月燈明佛의 八子가
지묘법연화경 만팔십소겁 위인연설 일월등명불 팔자

皆師妙光하거늘 妙光이 敎化하여 令其堅固 阿耨多羅三藐三菩提케하니라.
개사묘광 묘광 교화 영기견고 아누다라삼먁삼보리

그 때에, 한 보살이 있었으니, 이름이 덕장(德藏)이었습니다.
일월등명불께서 그에게 수기(授記)하시고①
모든 비구에게 이르시되,
'이 덕장보살이 다음에 성불하여,
이름을 정신(淨身) 다타아가타, 아라하, 삼먁삼불타라
하리라.' 하셨습니다.

38. 부처님께서 수기를 주신 후,
한밤중에② 무여열반에 드셨습니다.
부처님께서 멸도하신 후에 묘광보살은
묘법연화경을 수지하여 팔십 소겁이 다하도록
사람들을 위하여 설법하였습니다.
일월등명불의 여덟 왕자는 다 묘광보살을 스승으로 섬기니,
묘광보살은 그들을 교화하여
아누다라삼먁삼보리 구하는 뜻을 견고하게 하였습니다.

① 수기(授記, vyākaraṇa) : 부처님께서 미래에는 반드시 불도(佛道)를 이룰 것이라고 예언해 주는 일. 스승의 심인(心印)을 제자에게 주어 부처가 될 수 있다는 가능성을 인정해 주는 일이다.

② 한밤중(中夜) : 인도에서는 밤을 초야(初夜), 중야(中夜), 후야(後夜)로 나누는데, 한밤중은 자정을 가리킨다.

是諸王子가 供養無量百千萬億佛已하고 皆成佛道하시니 其最後成佛者가
시 제 왕 자 공 양 무 량 백 천 만 억 불 이 개 성 불 도 기 최 후 성 불 자

名曰燃燈이시니라. 八百弟子中에 有一人하되 號曰求名이러니 貪著利養하여
명 왈 연 등 팔 백 제 자 중 유 일 인 호 왈 구 명 탐 착 리 양

雖復讀誦衆經하여도 而不通利하여 多所忘失할새 故號求名이러니 是人도
수 부 독 송 중 경 이 불 통 리 다 소 망 실 고 호 구 명 시 인

亦以種諸善根因緣故로 得值無量 百千萬億諸佛하사와 供養恭敬하며
역 이 종 제 선 근 인 연 고 득 치 무 량 백 천 만 억 제 불 공 양 공 경

尊重讚歎하사오니라.
존 중 찬 탄

이 모든 왕자는 한량 없는 백천만억 부처님께
공양하고 다 불도를 이루었습니다.
그 최후로 성불하신 분의 이름이 연등(燃燈)이십니다.①
그리고 팔백 제자 중에 한 사람이 있었는데,
이름이 구명(求名)이었습니다.②
그는 이양(利養)에③ 탐착하여
비록 모든 경전을 읽고 욀지라도 뜻을 통하지 못하고④
잊어버리는 곳이 많은 까닭으로
이름을 구명이라 하였습니다.
이 사람도 온갖 선근을 심은 인연으로,
한량 없는 백천만억의 부처님을 만나 뵈어
공양하고 공경하며, 존중하고 찬탄하였습니다.

---

① 연등(燃燈, Dīpaṃkara) : 등불을 밝힌다는 뜻이며, 정광(錠光)으로 번역한다. 이 부처님은 일월등명불의 여덟 왕자 가운데 마지막으로 성불하신 분이고, 석가모니불의 본사(本師)이시다. ② 구명(求名, Yaśaskāma) : 묘광보살의 제자이고 미륵보살의 전신. 이익에 탐착하여 명성을 구하는 자라는 뜻이다. ③ 이양(利養) : 재물로 자신을 충족시키는 것. 이로움을 추구하고 명문(名聞)을 위하기 때문에 공덕의 근본을 파괴한다고 한다. ④ 뜻을 통하지 못함(不通利) : 마음에 탐욕과 애착이 있어서 이익을 위해 물건을 취하였으므로, 정밀하게 수행이 이루어지지 못하여 도리에 통달하지 못하고 자주 망각하여 깨닫지 못함을 이른다.

彌勒이여 當知어다. 爾時妙光菩薩이 豈異人乎아 我身이 是也요 求名
미륵 당지 이시묘광보살 기이인호 아신 시야 구명

菩薩은 汝身이 是也니라. 今見此瑞하오니 與本無異할새 是故로 惟忖하노니
보살 여신 시야 금견차서 여본무이 시고 유촌

今日에 如來께서 當說大乘經하실지니 名이 妙法蓮華라 教菩薩法이며
금일 여래 당설대승경 명 묘법연화 교보살법

佛所護念이니라.
불소호념

39. 미륵이여, 마땅히 아시오.
그 때의 묘광보살이 어찌 다른 사람이리요.
이 몸이 바로 그 사람이었고,
구명보살은 바로 그대입니다.

40. 지금 이 상서를 보니, 그 때와 다름이 없습니다.①
그래서 헤아려 보건대,
오늘 부처님께서는 대승경을 설법하실 것이니,
이름은 묘법연화요,
보살을 가르치는 법이며,
부처님께서 호념하시는② 바입니다."

---

①**그 때와 다름이 없음** : 오늘의 이 상서가 본래 일월등명불께서 보여 준 상서로운 광경과 다름이 없다는 뜻이다. ②**호념하심** : 부처님, 보살, 천신이 수행자를 마음에 두어 지켜 주시는 일. 여기서는 부처님께서 법화경을 지키시는 일.

爾時 文殊師利께서 於大衆中에 欲重宣此義하사 而說偈言하사대
이 시 문 수 사 리 어 대 중 중 욕 중 선 차 의 이 설 게 언

我念過去世 無量無數劫에 有佛人中尊하시니 號를 日月燈明이라하시더니
아 념 과 거 세 무 량 무 수 겁 유 불 인 중 존 호 일 월 등 명

世尊께서 演說法하사 度無量衆生과 無數億菩薩하사 令入佛智慧케하셨느니라.
세 존 연 설 법 도 무 량 중 생 무 수 억 보 살 영 입 불 지 혜

佛께서 未出家時에 所生八王子가 見大聖하고 出家하여 亦隨修梵行하셨네.
불 미 출 가 시 소 생 팔 왕 자 견 대 성 출 가 역 수 수 범 행

41. 그 때, 문수사리가 대중에게 이 뜻을 거듭 펴시고자
게송으로 말씀하시되,
"내가 생각건대, 과거세 무량겁 전에
가장 존귀한 부처님① 계셨으니
일월등명이라는 부처님 계셨사온대,
세존께서 불법을 설하시어
한량 없는 중생과 수없는 보살에게
설법하시어 불지혜(佛智慧)에 들게 하셨네.

42. 그 부처님 출가 전에 낳으신 여덟 왕자도
대성(大聖)② 따라 출가해 범행(梵行) 닦았네.

---

① 가장 존귀한 부처님(人中尊) : 사람 중에 가장 존귀하신 분인 부처님을 찬탄한 말이다. 여기서는 일월등명 부처님이시다. ② 대성(大聖) : 위대한 성인. 일월등명 부처님을 말한다.

時佛께서 說大乘하시니	經名 無量義니	於諸大衆中에	而爲廣分別하시니라.
시불 설대승	경명 무량의	어제대중중	이위광분별
佛說此經已하시고	卽於法座上에서	跏趺坐三昧하시니	名이 無量義處라.
불설차경이	즉어법좌상	가부좌삼매	명 무량의처
天雨 曼陀華하고	天鼓가 自然鳴하며	諸天龍鬼神이	供養人中尊하오며
천우 만다화	천고 자연명	제천용귀신	공양인중존
一切諸佛土가	卽時大震動이어늘	佛放眉間光하사	現諸希有事하셨네.
일체제불토	즉시대진동	불방미간광	현제희유사

그 때에, 부처님 대승경 설하시니, 이름이 무량의라,
대중 위해 자세히 분별해 밝혀 주셨네.
이 경을 설해 마치신 부처님
법좌 위에서 결가부좌해 삼매에 드시니,[①]
이름이 무량의처삼매이네.
하늘에선 만다라꽃 비 내리고,
하늘북 저절로 울려 퍼지네.
하늘, 용, 귀신이 부처님께 공양을 하고,
모든 국토 육종으로 진동하는 가운데,
부처님께서 미간 백호광 놓으사
희유한 일 나타내셨네.

---

① **결가부좌해 삼매(結跏趺坐三昧)에 듦** : 결가부좌하시어 무량의처삼매에 드신 일이다. 결가부좌란 선정에 드는 자세로, 여래께서 이 자세를 취하신다. 먼저 오른발로 왼발의 위에 얹으며, 다음에 왼발로 오른발의 위에 얹는다.

此光이 照東方 萬八千佛土하사 示一切衆生의 生死業報處하시니
차광 조동방 만팔천불토 시일체중생 생사업보처

有見諸佛土가 以衆寶로 莊嚴하여琉璃頗梨色하니 斯由佛光照니라.
유견제불토 이중보 장엄 유리파리색 사유불광조

及見諸天人과 龍神夜叉衆과 乾闥 緊那羅가 各供養其佛하사오며
급견제천인 용신야차중 건달 긴나라 각공양기불

又見諸如來께서 自然成佛道하사 身色이 如金山하사 端嚴甚微妙하신대
우견제여래 자연성불도 신색 여금산 단엄심미묘

如淨琉璃中에 內現眞金像하신 世尊께서 在大衆하사 敷演深法義하시도다.
여정유리중 내현진금상 세존 재대중 부연심법의

43. 동방으로 일만 팔천 불국토 비추시어,
중생의 생사 업보처(業報處) 보이셨도다.
보여진 불국토 갖가지 보배로 장엄되어
유리색, 파리색으로① 보이니,
이는 부처님의 광명에 비친 까닭이네.
하늘과 사람과 용, 신, 야차, 건달바, 긴나라 등이
그 부처님께 공양을 올리네.
또 보노니, 제불 여래 절로 성불하시어
황금산(黃金山)같이 단엄하고 미묘하신 몸
유리 속에 진금상(眞金像)② 나투신 듯 하사,
대중 속에서 깊은 불법의 뜻③ 베푸시도다.

---

① 파리(sphaṭika) : 수정이라고도 하여, 칠보 중의 하나이다. ② 진금상(眞金像) : 황금의 형상. 대중 속에 앉아 설법하시는 부처님에 대한 비유. ③ 불법의 뜻(法義) : 깊은 법과 오묘한 뜻을 풀이하여 연설하셨다는 뜻이다.

一一諸佛土의 聲聞衆 無數를 因佛光所照하여 悉見彼大衆케하시며
일일제불토 성문중 무수 인불광소조 실견피대중

或有諸比丘가 在於山林中하여 精進持淨戒하되 猶如護明珠하며
혹유제비구 재어산림중 정진지정계 유여호명주

又見諸菩薩이 行施忍辱等이 其數 如恒沙하니 斯由佛光照이니라.
우견제보살 행시인욕등 기수 여항사 사유불광조

又見諸菩薩이 深入諸禪定하여 身心이 寂不動하여 以求無上道하며
우견제보살 심입제선정 신심 적부동 이구무상도

又見諸菩薩이 知法寂滅相하여 各於其國土에 說法求佛道하더니라.
우견제보살 지법적멸상 각어기국토 설법구불도

44. 불국토마다 무수한 성문(聲聞) 대중
부처님께서 광명 비추심 따라 모두 보게 되네.
어떤 비구는 산림 속에서 정진하여
청정 계행 보주처럼 지니고,
또 보시, 인욕 수행하는 보살들
항하사같이 많음을 봄도 부처님의 광명 덕이네.
많은 보살 선정(禪定)에 깊이 들어
몸과 마음 고요하여 위없는 불도[①] 구함을 보며,
보살들은 모든 법 적멸한 모습(寂滅相) 알아서
각각 그 국토에서 설법하고 불도 구함을 보았네.

---

① 위없는 불도(無上道) : 더 이상 높은 도(道)가 없는 최상의 가르침이라는 뜻. 부처님께서 얻으신 지혜의 법은 최고의 깨달음이고, 설하신 법은 최고의 가르침이기 때문이다.

爾時四部衆이 見日月燈佛께서 現大神通力하사오니 其心이 皆歡喜하여
이 시 사 부 중 견 일 월 등 불 현 대 신 통 력 기 심 개 환 희

各各自相問하대 是事 何因緣이신고하더니 天人所奉尊께서 適從三昧起하사
각 각 자 상 문 시 사 하 인 연 천 인 소 봉 존 적 종 삼 매 기

讚妙光菩薩하사대 汝爲世間眼하여 一切所歸信이라 能奉持法藏하고
찬 묘 광 보 살 여 위 세 간 안 일 체 소 귀 신 능 봉 지 법 장

如我所說法을 唯汝라사 能證知하리라. 世尊께서 旣讚歎하사 令妙光歡喜케하시고
여 아 소 설 법 유 여 능 증 지 세 존 기 찬 탄 영 묘 광 환 희

說是法華經하사대 滿六十小劫히 不起於此座어시늘 所說上妙法을
설 시 법 화 경 만 육 십 소 겁 불 기 어 차 좌 소 설 상 묘 법

是妙光法師가 悉皆能受持하셨느니라.
시 묘 광 법 사 실 개 능 수 지

45. 그 때, 사부 대중은 일월등명불께서
큰 신통력 나투심을 보고 모두 기뻐해
서로, '이 일은 무슨 인연 때문인가?' 묻더이다.

46. 하늘과 사람이 존경하는 부처님께서
삼매에서① 깨어나시어 묘광보살을 칭찬하시되,
'그대는 세간의 눈이② 될지니, 모두 귀의하여 믿는 바라,
능히 법장(法藏)을③ 받들어 간직하고,
내가 설한 법문 오직, 그대가 증득하여 알리라.'고
찬탄하시어 묘광을 환희케 하시고, 법화경 설하셨네.
육십 소겁을 한자리에서 일어나지 않으시니,
설하신 묘법을 묘광법사 모두 받아 지녔네.

---

① **삼매**(samādhi) : 마음이 고요하게 통일되어 안정에 들어가 있어서 대상에 집중되어 있는 편안한 상태. 선정의 상태를 말한다. ② **세간의 눈**(世間眼) : 불보살님은 중생들로 하여금 밝은 세계로 나아갈 길을 가르쳐 주시는 까닭에 부르는 존칭이다. 묘광보살이 묘법을 지니어 법을 펴기 때문에 붙여진 것이다. ③ **법장**(法藏, dharma-kośa) : 정법을 담고 있는 법의 창고. 부처님의 가르침을 담은 경전.

佛說是法華하사 令衆歡喜已하시고 尋卽於是日에 告於天人衆하사대
불 설 시 법 화 영 중 환 희 이 심 즉 어 시 일 고 어 천 인 중

諸法實相義를 已爲汝等說하고는 我今於中夜에 當入於涅槃하리라
제 법 실 상 의 이 위 여 등 설 아 금 어 중 야 당 입 어 열 반

汝一心精進하여 當離於放逸하라 諸佛은 甚難値니라 億劫時一遇라하거늘
여 일 심 정 진 당 리 어 방 일 제 불 심 난 치 억 겁 시 일 우

世尊諸子等이 聞佛入涅槃하삽고 各各懷悲惱하여 佛滅이 一何速이신고하더니
세 존 제 자 등 문 불 입 열 반 각 각 회 비 뇌 불 멸 일 하 속

聖主法之王께서 安慰無量衆하사대 我若滅度時에 汝等은 勿憂怖하라.
성 주 법 지 왕 안 위 무 량 중 아 약 멸 도 시 여 등 물 우 포

부처님께서 법화경 설하시어 대중 환희케 하신 후,
이어 이 날 하늘과 인간 대중에게 이르시되,
'제법실상(諸法實相)의 뜻 이미 너희에게 다 설하였노라.
나는 오늘 밤중 열반에 들리라.
일심으로 정진해 방일(放逸)하지 말지니라.
부처님 만나기 매우 어려워
억 겁에 한 번쯤 만나느니라.' 하셨네.
제자들은 부처님께서 열반 드신다 말씀 듣고서,
저마다 슬픔에 잠겨①
'어찌 이리도 빨리 가시는고?' 하였네.
거룩하신 법왕(聖主法王)께서② 대중을 위로하시어
'내가 간다 해도 너희는 근심하거나 두려워하지 마라.

---

①슬픔에 잠김(悲惱) : 부처님께서 입멸하시므로 슬퍼함이고, 빨리 입멸하셔서 더 많은 중생을 교화하지 못하시는 것을 근심한다는 뜻이다.

②거룩하신 법왕(聖主法之王) : 성주이신 법왕이라는 뜻이니, 부처님께서는 성인 중의 주인공이시므로 성주라고 하고, 모든 법의 실상을 두루 아시므로 법의 왕이라 한다.

是德藏菩薩이 於無漏實相에 心已得通達하니 其次에 當作佛하여
시 덕 장 보 살 어 무 루 실 상 심 이 득 통 달 기 차 당 작 불

號曰爲淨身하여 亦度無量衆하리라. 佛께서 此夜에 滅度하사 如薪盡火滅커시어늘
호 왈 위 정 신 역 도 무 량 중 불 차 야 멸 도 여 신 진 화 멸

分布諸舍利하사와 而起無量塔하삽고 比丘 比丘尼가 其數가 如恒沙하더니
분 포 제 사 리 이 기 무 량 탑 비 구 비 구 니 기 수 여 항 사

倍復加精進하여 以求無上道하니라 是妙光法師가 奉持佛法藏하여
배 부 가 정 진 이 구 무 상 도 시 묘 광 법 사 봉 지 불 법 장

八十小劫中에 廣宣法華經하셨느니라.
팔 십 소 겁 중 광 선 법 화 경

47. 이 덕장보살이 무루법의 실상(無漏實相)에①
이미 통달했거니 이 다음에 성불(成佛)하여
정신(淨身)이라 이름하여 무량 중생 제도하리라.'
하셨네.

48. 부처님께서 그 날 밤 멸도하사,
덤불이 다 타고 불이 꺼지듯 하셨네.
사리를 나누어 한량 없는 탑을 세우고,
항하사같이 많은 비구와 비구니는
정진에 정진을 더해 무상도(無上道)를 구하였네.
묘광법사는 부처님 법장을 받들어 지녀,
팔십 소겁 동안 법화경을 널리 폈네.

---

① 무루실상(無漏實相) : 더러운 번뇌가 다한 진실된 모습. 청정한 제법실상.

是諸八王子가 시 제 팔 왕 자	妙光所開化라 묘 광 소 개 화	堅固無上道하여 견 고 무 상 도	當見無數佛하사와 당 견 무 수 불
供養諸佛已하삽고 공 양 제 불 이	隨順行大道하여 수 순 행 대 도	相繼得成佛하사 상 계 득 성 불	轉次而授記하시니 전 차 이 수 기
最後天中天께서 최 후 천 중 천	號日然燈佛이시니 호 왈 연 등 불	諸仙之導師이사 제 선 지 도 사	度脫無量衆하시니라. 도 탈 무 량 중

49. 그 여덟 왕자는
묘광보살에게 교화받아
무상도 구하는 뜻 견고하여
많은 부처님 친견하고,
모든 부처님께 공양올리고
대도수순(大道隨順)① 행하여
잇따라 성불할 것을 차례로 수기하니,
최후에 하늘 중 하늘이신② 부처님이,
연등불이시네.
모든 신선(성자)의 도사시며
무량 중생 도탈하셨네.

① 대도수순(大道隨順) : 제불께서 행하신 대승의 무상도(無上道)를 그대로 원만히 따라 수행했다는 뜻. ② 하늘 중 하늘(天中天) : 부처님은 모든 하늘과 사람 중에 가장 훌륭하시므로 부르는 존칭이다. 모든 하늘(諸釋)의 하늘(왕)이라는 뜻이다.

是 妙光法師　時에 有一弟子하더니　心常懷懈怠하여　貪著於名利하더니
시 묘광법사　시 유일제자　심상회해태　탐착어명리

求名利無厭하여　多遊族姓家하여　棄捨所習誦하고　廢忘不通利할새
구명리무염　다유족성가　기사소습송　폐망불통리

以是因緣故로　號之爲求名이라하니라. 亦行衆善業하야　得見無數佛하사와
이시인연고　호지위구명　역행중선업　득견무수불

供養於諸佛하시고　隨順行大道하시어　具六波羅蜜하여　今見釋師子하사오니
공양어제불　수순행대도　구육바라밀　금견석사자

其後에 當作佛하여　號名曰彌勒이리니　廣度諸衆生하여　其數가 無有量하리라.
기후 당작불　호명왈미륵　광도제중생　기수 무유량

50. 그 때, 묘광보살에게 한 제자가 있었으니,
항상 게으르고 끝없이 명리(名利)를 탐내어
명리 구하기를 싫어하지 않고
늘 귀족집을 드나들며
독송하고 익히는 일 등한히 해
뜻을 통달하지 못할새,①
이름을 구명(求名)이라 불렀네.
그러나 많은 선업 닦으며 무량제불 친견하고,
제불께 공양올리고 대도수순(大道隨順) 행하여
육바라밀 갖추어 이제 석가모니 부처님을② 뵈었네.
다음 세상 성불하여 미륵(彌勒)이라 부르리니,
널리 중생을 제도함이 한량 없으리라 하셨네.

---

① 통달하지 못함(廢忘不通利) : 경을 외우고 익히는 일을 버려 두었기 때문에 모두 잊어버리고 통달하지 못했다는 뜻이다. ② 석가모니 부처님(釋師子) : 석가족의 사자란 뜻. 사자는 부처님을 뜻하는 말로 석가모니불을 가리킨다.

彼佛滅度後에 懈怠者는 汝가 是요 妙光法師者는 今則我身이 是라.
피불멸도후 해태자 여 시 묘광법사자 금즉아신 시

我見燈明佛하야 本光瑞가 如此하사올새 以是로 知今佛께서 欲說法華經하사옵노라.
아견등명불 본광서 여차 이시 지금불 욕설법화경

일월등명불 멸도[①] 후에
게으른 이 바로 그대요,
묘광법사는
지금의 이 몸이라네.

51. 내가 그 때 등명불의 서광[②] 봄이,
이와 같았으니,
지금의 부처님께서도
법화경을 설하시고자 하심을 아네.

---

① **멸도**(滅度, nirvāna) : 열반에 드신 일. 생사가 멸하신 것을 말한다. 앞에서 수기하시고 법을 전한 다음, 섶이 다 타면 불이 꺼지듯 무여열반에 드셨다고 하였다. ② **등명불의 서광** : 일월등명불(日月燈明佛)의 광명과 상서로운 조짐. 등명불 회상의 여섯 상서(此土六瑞) 중의 등명불의 광명 속에 나타난 여섯 상서이다. 이것은 현재 석가모니불 회상의 차토(此土)와 타토(他土) 여섯 상서와 동일하다. 먼저 차토상서로는, 부처님께서 설법하신 상서(說法瑞), 무량의처삼매에 드신 상서(入定瑞), 꽃비 내린 상서(雨華瑞), 땅이 진동한 상서(地動瑞), 대중이 환희한 상서(衆喜瑞), 광명을 내신 상서(放光瑞)의 여섯 가지이다. 광명 속의 상서로는 육취중생이 보임, 제불을 뵈옴, 제불의 설법을 들음, 중생 득도함을 보임, 보살행을 보임, 부처님 열반 보이심의 여섯 가지이다.

今相이 如本瑞하시니 是諸佛方便이시니라. 今佛께서 放光明하사 助發實相義하시니라.
금상 여본서 시제불방편 금불 방광명 조발실상의

諸人이 今當知하여 合掌一心待하사오라. 佛當雨法雨하사 充足求道者하시리니
제인 금당지 합장일심대 불당우법우 충족구도자

諸求三乘人이 若有疑悔者면 佛當爲除斷하사 令盡無有餘하시리라.
제구삼승인 약유의회자 불당위제단 영진무유여

지금 이 현상이 그 때의 상서와 같으니,
모든 부처님의 방편이시네.
이제 부처님께서 광명을 놓으시어
실상(實相)의 도리 밝히려 하시니,
여러분은 이제 마땅히 아시오.
합장하고 일심으로 기다리시오.
부처님께서 큰 법우(法雨)① 내리시어
도를 구하는 이를 충족하게 하시리라.
삼승(三乘)을 구하는 사람들이여,
의심②이 있다면, 부처님께서 다 끊어 주시어
남김없게 하시리라."

---

① 법우(法雨) : 법을 비에 비유한 말. 법은 중생의 마음을 적셔서 이롭게 하기 때문이다. 석가모니불께서 곧 법을 설하여 중생을 이롭게 할 것임을 나타낸 말. ② 의심(疑悔) : 의심과 후회.

방편품 제2(方便品 第二)

爾時 世尊께서 **從三昧**하사 **安詳而起**하사 **告舍利弗**하사대 **諸佛智慧**는
이시 세존 종삼매 안상이기 고사리불 제불지혜

甚深無量하여 **其智慧門 難解難入**이라 **一切聲聞 辟支佛 所不能知**니라.
심심무량 기지혜문 난해난입 일체성문 벽지불 소불능지

所以者何오 **佛**께서 **曾 親近 百千萬億無數諸佛**하여 **盡行諸佛 無量道法**하며
소이자하 불 증 친근 백천만억무수제불 진행제불 무량도법

勇猛精進하여 **名稱普聞**하니라.
용맹정진 명칭보문

1. 그 때, 세존께서는 조용히 삼매에서 일어나시어①
사리불에게 이르셨습니다.
"모든 부처님의 지혜는 심히 깊고② 한량 없느니라.
그 지혜의 문은 알기 어렵고 들어가기 어려우니,③
성문(聲聞)이나 벽지불(辟支佛)은 알지 못할 바니라.
왜냐 하면, 부처님은 일찍이
백천만억의 수없는 부처님을 가까이하시어,④
여러 부처님의 한없는 도법을⑤ 모두 행하시고,
용맹 정진하시어 이름이 널리 알려져 있느니라.

---

① 조용히 삼매에서 일어남(安詳而起) : 무량의처삼매에 바로 들어 안온하고 환하게 경계를 살피고서 묘한 선정에서 일어남을 말한다. **② 심히 깊음(甚深)** : 부처님께서는 제법의 근원을 깨달아 통달하셔서 깊고 넓다는 뜻. **③ 지혜의 문은 알기 어렵고 들어가기 어려움** : 진실지(智)가 매우 깊고 한량이 없으므로, 혜(慧)의 문은 지(智)가 아니면 들어갈 수 없음을 말한다. **④ 부처님을 가까이함(親近)** : 석가모니불께서 일찍이 과거세의 여러 부처님으로부터 직접 가르침을 받은 사실이 있음을 말함이니, 수행이 매우 깊음을 나타낸다(修行甚深). **⑤ 도법(道法)** : 깨달음의 길. 불도를 닦는 법.

成就甚深 未曾有法하여 隨宜所說이 意趣가 難解하니라. 舍利弗아 吾從
성취심심 미증유법 수의소설 의취 난해 사리불 오종
成佛已來로 種種因緣과 種種譬喩로 廣演言教하며 無數方便으로 引導
성불이래 종종인연 종종비유 광연언교 무수방편 인도
衆生하여 令離諸著케하니라.
중생 영리제착

매우 깊고도 깊은 미증유(未曾有)의 법을① 성취하시어
근기를 따라 설하신 바이므로,②
뜻을 알기 어려우니라.③

2. 사리불아, 내가 성불한 이래로
갖가지 인연과 갖가지 비유를 들어
가르침을 널리 펴고,④
수없는 방편으로 중생을 인도하여⑤
모든 집착을 여의게 했느니라.

---

①**미증유의 법** : 일찍이 없던 법. 즉, 가장 뛰어난 법이란 뜻. ②**근기를 따라 설하신 바(隨宜所說)** : 듣는 자의 능력과 소질에 맞추어 법을 설하셨다. ③**뜻을 알기 어려움(意趣難解)** : 뜻(意思)과 취지(趣旨)는 오직 부처님만이 아실 뿐, 그 외 다른 이는 그 본뜻을 깨달아 이해하기 어렵다는 말이다. 부처님의 설법은 내용이 깊고 진리에 들어감이 깊다는 뜻이다. ④**인연과 비유를 들어 가르침을 널리 폄(因緣譬喩廣演言教)** : 근기가 둔한 자를 위해 과거, 현재, 미래의 여러 가지 선악의 원인과 인연의 종자를 설해 주고(因緣), 다음 근기를 위해 여러 가지 사물을 인용하여 예를 들어 비유(譬喩)하며, 다음에는 널리 연설하여 말로 가르치셨다(言教). ⑤**수없는 방편으로 중생을 인도함** : 입으로 하는 설법뿐만 아니라, 온갖 교화 방법을 펴신 것을 말한다. 즉, 인승(人乘), 천승(天乘), 성문승(聲聞乘), 연각승(緣覺乘), 삼장보살(三藏菩薩), 통교보살(通教菩薩), 별교보살(別教菩薩)의 일곱 가지 방편을 세워 인도하신 것을 말한다. 천친(天親)은 이 경을 17가지 이름으로 들면서 제13을 일체제불대교방편경(一切諸佛大巧方便經)이라 하였는데, 부처님께서 이 법문에 의하여 대보리를 성취하시고, 중생을 위해서 인, 천, 성문, 벽지불 등과 제보살법을 설하셨다고 하였다.

所以者何오 如來께서 方便知見波羅蜜이 皆已具足하시니라. 舍利弗아
소이자하 여래 방편지견바라밀 개이구족 사리불

如來知見이 廣大深遠하여 無量과 無礙와 力과 無所畏와 禪定과 解脫과
여래지견 광대심원 무량 무애 역 무소외 선정 해탈

三昧에 深入無際하여 成就一切未曾有法하니라.
삼매 심입무제 성취일체미증유법

왜냐 하면, 여래는 방편 바라밀과 지견 바라밀을[①]
다 갖추셨기 때문이니라.
사리불아, 여래의 지견은 광대하고 심원하여,
자(慈), 비(悲), 희(喜), 사(捨)의 사무량심(四無量心)과[②]
사무애(四無礙)와[③] 십력(十力)과[④] 사무소외(四無所畏)와[⑤]
선정(禪定), 해탈(解脫), 삼매(三昧)에 있어
가없는 데 깊이 들어 온갖 미증유의 법을 성취하셨느니라.

---

① **지견 바라밀(知見波羅蜜)** : 지견 수행의 완성. 지견은 바른 견해를 아는 지혜이다. ② **사무량심(四無量心)** : 중생에게 베푸는 네 가지 광대한 마음. 곧 자애로운 마음(慈無量心), 불쌍히 여기는 마음(悲無量心), 기쁘게 해 주는 마음(喜無量心), 차별상을 버리는 마음(捨無量心)이다. ③ **사무애(四無礙)** : 보살의 걸림없는 지혜. ㉮ 교법이 걸림이 없음(法無礙), ㉯ 교법의 뜻과 이치에 걸림이 없음(義無礙), ㉰ 언사가 통달 자재함(辭無礙), ㉱ 자재로 설함(樂說無礙). ④ **십력(十力)** : 부처님의 열 가지 위대한 지혜의 힘. ㉮ 도리에 맞는 일과 도리에 맞지 않는 일을 판별하는 힘(處非處智力), ㉯ 하나하나의 업의 원인(業因)과 그 과보와의 관계를 여실히 아는 힘(業異熟智力), ㉰ 사선정, 팔해탈, 삼삼매(三三昧), 팔등지(八等至) 등의 선정을 아는 힘(靜慮解脫等持智力), ㉱ 중생의 근기의 우열을 아는 힘(根上下智力), ㉲ 중생의 갖가지 소망을 이해하는 힘(種種勝解智力), ㉳ 중생과 제법의 본성을 아는 힘(種種界智力), ㉴ 중생이 가는 곳을 아는 힘(遍趣行智力), ㉵ 자신과 남의 과거세 일을 생각해 아는 힘(宿住隨念智力), ㉶ 중생이 죽고 나면 그 태어나는 곳을 아는 힘(死生智力), ㉷ 번뇌가 끊어진 경지와 여기에 이르는 방법을 여실히 아는 힘(漏盡智力). ⑤ **사무소외(四無所畏)** : 설법에서 두려움을 느끼지 않는 네 가지 지혜의 힘. ㉮ 바르게 깨달아 두려움이 없음(正等覺無畏), ㉯ 온갖 번뇌를 끊어 두려움이 없음(漏永盡無畏), ㉰ 보리와 악법에 대하여 설해 두려움이 없음(說障法無畏), ㉱ 고를 벗어나는 도를 설해 두려움이 없음(說出道無畏).

舍利弗아 如來께서 能種種分別하여 巧說諸法하셨나니 言辭가 柔軟하여
사리불 여래 능종종분별 교설제법 언사 유연

悅可衆心하니라. 舍利弗아 取要言之컨대 無量無邊 未曾有法을 佛悉
열가중심 사리불 취요언지 무량무변 미증유법 불실

成就하니라. 止하라 舍利弗아 不須復說이니 所以者何오. 佛所成就 第一希有
성취 지 사리불 불수부설 소이자하 불소성취 제일희유

難解之法은 唯佛與佛이라사 乃能究盡 諸法實相하나니라.
난해지법 유불여불 내능구진 제법실상

사리불아, 여래께서 갖가지로 분별하여①
절묘하게 여러 법을 잘 설하시나니,②
말씨가 부드러워③ 중생의 마음을 기쁘게 하시느니라.④
사리불아, 요약해 말하면,⑤
한량 없고 가없는 미증유의 법을
부처님은 다 성취하셨느니라.

3. 그만두자, 사리불아.
구태여 다시 말할 바 아니노라.
왜냐 하면, 부처님께서 성취하신
희유하고 난해한 법은
오직 부처님과 부처님이라야
제법실상(諸法實相)을 다 깨달아 궁구할 수 있기 때문이니라.

---

① **갖가지로 분별함** : 사성제, 십이인연, 육바라밀 등 여러 가지 지혜로 널리 분별하여 설하셨다는 뜻이다. ② **절묘하게 여러 법을 잘 설함(巧說諸法)** : 말씀하신 것이 근기에 맞게 설하신 것을 절묘하다고 하고, 그 법이 한 가지가 아니므로 여러 법이라고 하셨다. ③ **말씨가 부드러움(言辭柔軟)** : 부처님께서 말씀으로 표현한 것이 부드럽고 온화함이니, 제1품(서품)에서는 '맑고도 부드러운 음성'이라 하셨고, 제3품(비유품)에서는 "부드러운 음성으로 깊고도 미묘한 법을 설하신다."고 하셨다. ④ **기쁘게 함(悅可衆心)** : 중생들의 마음에 알맞도록 기쁘게 했다는 뜻. ⑤ **요약하여 말함(取要言之)** : 중요하고 교묘한 취지만을 간추려 말한다는 뜻이다.

所謂諸法의 如是相과 如是性과 如是體와 如是力과 如是作과 如是因과
소위제법 여시상 여시성 여시체 여시력 여시작 여시인
如是緣과 如是果와 如是報와 如是本末究竟等이라. 爾時 世尊께서
여시연 여시과 여시보 여시본말구경등 이시 세존
欲重宣此義하사 而說偈言하사대
욕중선차의 이설게언

世雄은 不可量이라. 諸天及世人과 一切衆生類는 無能知佛者하니라.
세웅 불가량 제천급세인 일체중생류 무능지불자

이른바 모든 법의 이와 같은 상(相),① 이와 같은 성(性),②
이와 같은 체(體),③ 이와 같은 역(力),④ 이와 같은 작(作),⑤
이와 같은 인(因),⑥ 이와 같은 연(緣),⑦ 이와 같은 과(果),⑧
이와 같은 보(報),⑨
이와 같은 본말구경 등(本末究竟等)⑩이니라."

4. 그 때, 세존께서 이 뜻을 거듭 펴시고자
게송을 읊으셨습니다.
"세웅(世雄, 佛)이라 함은⑪ 헤아릴 길이 없는 것이니,
모든 하늘(天神)과 세상 사람과 일체 중생으로는
부처님의 경계 아무도 알 이 없느니라.

---

①이와 같은 상 : 형상. 모습. ②이와 같은 성 : 본래 가지고 있는 성질. ③이와 같은 체 : 본체로 성과 상의 본질. ④이와 같은 역 : 잠재적인 능력. ⑤이와 같은 작 : 작용, 움직이는 행위. ⑥이와 같은 인 : 일어나고 변화하는 직접적인 원인. ⑦이와 같은 연 : 원인을 도와 일어나게 하는 간접적인 원인. ⑧이와 같은 과 : 인연에 의해 생긴 결과. ⑨이와 같은 보 : 결과가 나타낸 상태. ⑩이와 같은 본말구경 등 : 본체와 현상이 궁극에 있어서 평등한 것. 이상을 십여시(十如是)라고 한다. 십여시는 절대적인 진실의 경지인 제법실상을 언어를 통해 표현했으므로 방편지이지만, 본말구경 등은 앞의 9여시를 철저히 통달하면 평등한 진실지로 이끌어서 원융한 실상을 이루게 한다. 그런데 이 제법의 십여시는 법계(十法界) 속에 서로 갖추어져 있어서, 이를 전개하면 삼천세계가 이루어지고, 이 세계는 한 생각 속에 모두 원융하게 구비되어 있다고 보아 '일념삼천설(一念三千說)'이 성립된다. ⑪세웅(世雄) : 부처님은 세상에서 가장 용맹하신 지혜로 모든 번뇌를 끊으셨으므로, 찬양하여 부르는 이름.

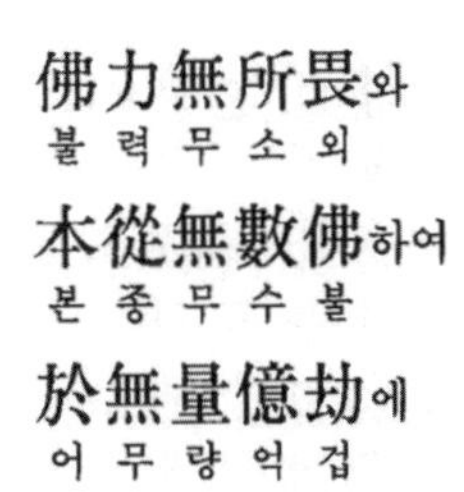

佛力無所畏와 解脫諸三昧와 及佛諸餘法을 無能測量者하니라.
불력무소외 해탈제삼매 급불제여법 무능측량자

本從無數佛하여 具足行諸道하여 甚深微妙法이 難見難可了니라
본종무수불 구족행제도 심심미묘법 난견난가료

於無量億劫에 行此諸道已하여 道場得成果하니 我已悉知見하노라.
어무량억겁 행차제도이 도량득성과 아이실지견

부처님의 십력과 사무소외와 팔해탈과
모든 삼매와 부처님의 나머지 여러 법을[①]
능히 헤아릴 자 없느니라.

5. 본래부터 수없는 부처님 좇아
여러 도법 고루 갖추어 행하니,
뜻이 매우 깊고도 미묘한 법이
보기도 요달(了達)하기도 어렵거늘,
무량 억 겁에 걸쳐 모든 도를 수행해 마치고,
도량에서 마침내 정각(正覺, 道果) 이루어[②]
나는 이미 모두를 다 알고 보았노라.

---

① **나머지 여러 법** : 중생을 교화하기 위한 방편을 가리킨다. ② **도량에서 마침내 정각 이룸**(道場得成果) : 비로자나불께서 보리도량에서 깨달음을 얻어 무량한 지혜 얻으신 것이 오랜 겁 동안 수행한 결과라는 뜻. 도량이란 부처님께서 불도를 이루신 곳(成果). 석가모니불은 붓다가야(佛陀伽倻)의 보리수 나무 아래 금강좌에서 정각을 이루셨다. 정각(正覺)은 가장 올바른 깨달음을 말한다.

如是大果報와	種種性相義를	我及十方佛이라사	乃能知是事하나니라.
여 시 대 과 보	종 종 성 상 의	아 급 시 방 불	내 능 지 시 사
是法은 不可示며	言辭相이 寂滅하니	諸餘衆生類가	無有能得解하니라.
시 법 불 가 시	언 사 상 적 멸	제 여 중 생 류	무 유 능 득 해
除諸菩薩衆의	信力堅固者하고	諸佛弟子衆이	曾供養諸佛하여
제 제 보 살 중	신 력 견 고 자	제 불 제 자 중	증 공 양 제 불
一切漏가 已盡하며	住是最後身한	如是諸人等이	其力所不堪이니라.
일 체 루 이 진	주 시 최 후 신	여 시 제 인 등	기 력 소 불 감

6. 이와 같이 더없이 큰 과보와
갖가지 본성과 형상의 뜻을
나와 시방의 부처님만이 능히 아시느니라.
이 법은 보여 줄 수 없고,
언어로 표현할 길 없으니,
신심 굳은 보살을[①] 제외하고
그 밖에 온갖 중생들로는 능히 알지 못하느니라.
여러 부처님의 제자들로서
일찍이 제불께 공양 마치고,
모든 누가 다하여
마지막 생사의 몸을[②] 얻은 사람일지라도
이것만은 감당치 못하느니라.

---

① **신심 굳은 보살(信力堅固者)** : 법문이 깊고 오묘하여 불법에 대한 믿음이 없으면 들어갈 수 없으므로, 보살 중에서도 믿음의 힘이 굳건하여 진실된 자만이 이해할 수 있다고 하였다. ② **마지막 생사의 몸(最後身)** : 번뇌가 다 끊어져서 생사윤회에서 벗어난 성자는 다시는 생사를 받지 않는데, 이제 마지막 생존의 상태에 있음을 말한다. "번뇌가 이미 다하였다."고 하였으므로, 이승(二乘)의 유여열반(有餘涅槃)에 들었음을 말한다.

假使滿世間이 皆如舍利弗하여 盡思共度量하여도 不能測佛智하리며
가 사 만 세 간 개 여 사 리 불 진 사 공 도 량 불 능 측 불 지

正使滿十方이 皆如舍利弗하여 及餘諸弟子가 亦滿十方刹하여
정 사 만 시 방 개 여 사 리 불 급 여 제 제 자 역 만 시 방 찰

盡思共度量하여도 亦復不能知하리라. 辟支佛利智한 無漏最後身이
진 사 공 도 량 역 부 불 능 지 벽 지 불 리 지 무 루 최 후 신

亦滿十方界하여 其數如竹林한 斯等이 共一心으로 於億無量劫에
역 만 시 방 계 기 수 여 죽 림 사 등 공 일 심 어 억 무 량 겁

欲思佛實智하여도 莫能知少分하리라.
욕 사 불 실 지 막 능 지 소 분

온 세상 사람 사리불 같은 지혜로 함께 생각할지라도[①]
부처님 지혜 헤아릴 수 없느니라.

7. 또, 시방세계 사람들 슬기롭기가 사리불 같고,
그 밖의 제자 또한 시방세계에 가득 차서
그들과 함께 헤아려 볼지라도
부처님 지혜 알지 못하느니라.

8. 벽지불처럼 총명한 지혜[②] 갖춰
번뇌 다한 마지막 몸을[③] 받은 사람이
시방세계에 대숲같이 빽빽하게 차서
모두 한 마음으로 한량 없는 억만 겁 동안
부처님 참지혜 헤아릴지라도
조금도 알아 낼 수 없느니라.

---

① **함께 생각함**(盡思共度量) : 정신과 생각을 다해 헤아려 본다는 뜻이다. ② **총명한 지혜**(利智) : 근기가 뛰어나 지혜가 날카로운 자. 연각들은 날카로운 지혜로 연기법을 깨달았기 때문이다. ③ **번뇌 다한 마지막 몸**(無漏最後身) : 이미 번뇌가 없어진 최후의 깨달음을 얻은 자.

新發意菩薩이 供養無數佛하여 了達諸義趣하며 又能善說法이
신발의보살 공양무수불 요달제의취 우능선설법

如稻麻竹葦하여 充滿十方刹하여 一心以妙智로 於恒河沙劫에
여도마죽위 충만시방찰 일심이묘지 어항하사겁

咸皆共思量하여도 不能知佛智하리라. 不退諸菩薩이 其數如恒沙하여
함개공사량 불능지불지 불퇴제보살 기수여항사

一心共思求하여도 亦復不能知하리라.
일심공사구 역부불능지

9. 새로이 발심한 보살이①
수없는 부처님께 공양하여
모든 도리 환히 깨닫고
법도 잘 설하는 이가
논에 벼와 삼과 갈대, 대숲처럼
시방세계에 가득 차서
다 함께 묘한 지혜(妙智)로
항하사겁 동안 생각할지라도
부처님의 지혜 알 수 없느니라.

10. 항하사같이 많은 불퇴전의 보살이②
일심으로 함께 헤아릴지라도
역시 알 수 없느니라.

---

① 새로 발심한 보살(新發意菩薩) : 새로이 보리심에 뜻을 둔 보살들을 말한다. ② 불퇴전의 보살(不退諸菩薩) : 다시는 물러남이 없는 보살. 일단 얻은 경지로부터 다시는 퇴전할 염려가 없는 보살.

又告舍利弗하노니 우 고 사 리 불	無漏不思議에 무 루 부 사 의	甚深微妙法을 심 심 미 묘 법	我今已具得하였으니 아 금 이 구 득
唯我知是相하고 유 아 지 시 상	十方佛亦然하시니라. 시 방 불 역 연	舍利弗아 當知하라 사 리 불 당 지	諸佛의 語는 無異하니 제 불 어 무 이
於佛所說法에 어 불 소 설 법	當生大信力이니 당 생 대 신 력	世尊께서 法久後에 세 존 법 구 후	要當說眞實하시나니라. 요 당 설 진 실

11. 사리불에게 또 이르노니,
누(漏)가 없고 불가사의(不可思議)한,
매우 심오하고 미묘한 법을[①]
나는 갖추어 얻었으므로,
오직 나만 실상을 알고,
시방의 부처님도 그러하시니라.

12. 사리불아, 알지어다.
제불(諸佛)의 말씀에는 다름이 없으니,
부처님 설하신 법에
큰 믿음의 힘(大信力)을 낼지어다.
세존께서 설법하신 지
오래되어 성숙한 후에야
마땅히 진실한 실상 설하시느니라.[②]

---

①**매우 심오하고 미묘한 법(甚深微妙法)** : 법성은 맑고 깨끗하여 어떤 번뇌에도 물들지 않으므로, 매우 깊고 미묘하며 비밀스러운 법이라 한다. ②**진실한 실상 설하심** : 세존께서 40여 년 동안 설법하신 것은 방편의 가르침이었고, 그 동안 중생들의 근기가 성숙하여 마침내 진실한 법을 설하신다는 뜻.

告諸聲聞衆과 及求緣覺乘에 我가 令脫苦縛하여 逮得涅槃者하노니
고제성문중 급구연각승 아 영탈고박 체득열반자

佛以方便力으로 示以三乘教는 衆生이 處處著할새 引之令得出이러니라.
불이방편력 시이삼승교 중생 처처착 인지영득출

爾時 大衆中에 有諸聲聞 漏盡阿羅漢 阿若憍陳如等 千二百人과
이시 대중중 유제성문 누진아라한 아야교진여등 천이백인

及發聲聞 辟支佛心한 比丘 比丘尼 優婆塞 優婆夷가 各作是念하되
급발성문 벽지불심 비구 비구니 우바새 우바이 각작시념

13. 모든 성문중과 연각승을 구하는 사람들이여,
내가 고(苦)의 결박을 벗겨 내어①
열반을 얻게 한 이들에게 이르노니,
지금까지 방편력에 의해
삼승(三乘)의 법으로 가르쳐 보인② 것은,
중생이 곳곳에 집착하므로③
이를 이끌어 해탈시키고자④ 함이니라."

14. 그 때, 대중에는 모든 성문으로서
누(漏)가 다한 아라한, 아야교진여 등 천이백 인과
성문의 마음과 벽지불의 마음을 일으킨
비구, 비구니, 우바새, 우바이는
각각 이렇게 생각하되,

---

①**고의 결박을 벗겨 냄**(令脫苦縛) : 부처님께서 이전에 교화시켜 생사 고통의 속박에서 벗어날 수 있게 했다는 뜻. ②**삼승의 법으로 가르쳐 보임** : 성문, 연각, 보살에게 삼승교의 가르침을 보여 준 것을 말한다. 제1품(서품)에서는 이들에게 각각 사제법, 십이인연, 육바라밀을 설하셨다고 하였다. ③**곳곳에 집착함**(處處著) : 중생은 미혹하여 어느 곳에나 집착하지 않음이 없다는 뜻. ④**이끌어 해탈시킴**(引之令得出) : 부처님께서 방편으로 인도해 벗어날 수 있도록 한다는 뜻.

今者世尊께서 **何故**로 **慇懃稱歎方便**하사 **而作是言**하사대 **佛所得法**이
금자세존 하고 은근칭탄방편 이작시언 불소득법

甚深難解며 **有所言說**이 **意趣難知**라 **一切聲聞辟支佛**의 **所不能及**이라하심이요
심심난해 유소언설 의취난지 일체성문벽지불 소불능급

佛說一解脫義를 **我等**도 **亦得此法**하여 **到於涅槃**하니 **而今**에 **不知是義**
불설일해탈의 아등 역득차법 도어열반 이금 부지시의

所趣이로다하니라.
소취

'지금 세존께서 왜 은근히[①] 방편을 찬탄하시면서
이런 말씀하시는가?
부처님께서 얻으신 법은
매우 깊어 이해하기 어렵고,
설하신 바의 뜻도 알기 어려워,
모든 성문과 벽지불이
능히 미칠 바가 아니라고 하시는가?
부처님께서 설하신 한 가지 해탈(一解脫) 도리[②]
우리도 이 법 얻어 열반에 이르렀는데,
지금 하시는 이 말씀의 뜻을[③] 알 수 없구나.' 하였습니다.

---

①은근(慇懃) : 은(慇)은 진실함이요, 근(懃)은 엄중한 것이다. ②한 가지 해탈 도리(一解脫義) : 부처님께서 말씀하신 한 종류의 소승적 해탈과 적멸의 뜻. 부처님께서 예전에 삼승의 해탈이 동일한 것으로 설하신 것을 말한다. ③이 말씀의 뜻(是義所趣) : 대승의 뜻에서 지향하는 취지. 삼승의 도는 고에서 벗어나는 가르침으로 이 도리를 닦아 열반에 이르렀다. 그런데 부처님께서 돌연 다 방편이라고 하시니, 이 말씀의 취지를 알 수 없다는 것이다.

爾時 舍利弗이 知四衆心疑하고 自亦未了하여 而白佛言하사오대 世尊이시여
이시 사리불 지사중심의 자역미료 이백불언 세존

何因何緣으로 慇懃稱歎 諸佛第一方便과 甚深微妙難解之法하시나니잇고
하인하연 은근칭탄 제불제일방편 심심미묘난해지법

我自昔來에 未曾從佛하사와 聞如是說하나이다 今者四衆이 咸皆有疑하나니
아자석래 미증종불 문여시설 금자사중 함개유의

惟願世尊이시여 敷演斯事하소서 世尊께서는 何故로 慇懃稱歎 甚深微妙
유원세존 부연사사 세존 하고 은근칭탄 심심미묘

難解之法하시나이까.
난해지법

15. 그 때, 사리불은 사부 대중의 의심을 알고,
또한 자기도 알지 못하므로 부처님께 사뢰었습니다.
"세존이시여, 무슨 인연으로
모든 부처님의 제일의 방편과①
깊고 미묘하여 이해하기 어려운 법을②
거듭 찬탄하시나이까?
제가 옛적부터 일찍이 부처님을 따랐으나,
이와 같이 말씀하시는 것을 듣지 못하였나이다.
지금 사부 대중이 다 의심하오니,
바라옵건대 세존께서는
이 일을 자세히 설해 주시옵소서.③
세존이시여, 무슨 까닭으로 깊고 미묘하여
이해하기 어려운 법을 간곡히 찬탄하시나이까?"

---

①**모든 부처님의 제일의 방편** : 보통의 방편으로 삼승(三乘)을 접하여 이끌었으나, 부처님의 제일 깊은 방편은 어떤 법인지 알 수 없다는 뜻. ②**이해하기 어려운 법** : 삼승으로서는 알지 못하는 것이므로 이해하기 어렵다고 하였다. ③**자세히 설해 주시옵소서(敷演)** : 의심이 가는 이 일에 대해 자세히 연설해 달라는 뜻이다.

爾時 舍利弗이 **欲重宣此義**하여 **而說偈言**하사대
이시 사리불 욕중선차의 이설게언

慧日大聖尊께서 **久乃說是法**하시나니 **自說**하사 **得如是 力**과 **無畏**와 **三昧**와
혜일대성존 구내설시법 자설 득여시 역 무외 삼매

禪定과 **解脫等**이 **不可思議法**이라하시며 **道場所得法**을 **無能發問者**하며
선정 해탈등 불가사의법 도량소득법 무능발문자

我意難可測이라하여도 **亦無能問者**이어늘 **無問而自說**하시어 **稱歎所行道**하시고
아의난가측 역무능문자 무문이자설 칭탄소행도

智慧甚微妙하여 **諸佛之所得**이라하시네.
지혜심미묘 제불지소득

16. 그 때, 사리불은 그 뜻을 거듭 펴고자
게송으로 사뢰었습니다.
"지혜의 태양이신 대성존(慧日大聖尊)께서①
이제 이 법 설하시며,② 스스로 이르시되,
'이 같은 역(力), 무외(無畏), 삼매(三昧),③ 선정(禪定),④
해탈(解脫)⑤ 등 불가사의한 법 얻었노라.' 하시고,
도량에서 얻으신 법에 대해 묻는 자 없고,
'내 뜻은 헤아리기 어려우니라.' 하셔도
또한 능히 묻는 자 없건만,
스스로 설하시어 행하신 도에 대해 찬탄하시되,
'지혜가 매우 미묘하여
부처님만 얻으실 바라.' 하시네.

---

①**지혜의 태양이신 대성존** : 부처님의 지혜는 태양처럼 널리 비추며, 대각을 이루신 성인 중의 주인(聖主)으로서 온갖 덕을 갖추신 존귀한 분(世尊)이라는 뜻. ②**이제 이 법 설하심(久乃說是法)** : 성도하신 뒤 오래도록 이러한 말씀이 없으시다가 오늘에야 처음으로 그 법을 말씀하셨다는 뜻이다. ③**삼매** : 얻으신 삼매는 최고의 삼매로 왕삼매(王三昧), 곧 법화삼매이다. ④**선정(禪定)** : 얻으신 선정은 최고의 선정으로 수능엄정(首楞嚴定)이다. 선정(禪定)을 선(禪)과 정(定)으로 나누어보기도 한다. ⑤**해탈(解脫)** : 팔해탈(八解脫)을 말한다. 여덟 가지 선정의 힘으로 탐착심을 버린다.

無漏諸羅漢과 及求涅槃者가 今皆墮疑網하여 佛께서 何故로 說是신고하며
무루제라한 급구열반자 금개타의망 불 하고 설시
其求緣覺者와 比丘比丘尼와 諸天龍鬼神과 及乾闥婆等이
기구연각자 비구비구니 제천용귀신 급건달바등
相視懷猶豫하여 瞻仰兩足尊하옵나니 是事가 爲云何이닛고 願佛께서 爲解說하소서
상시회유예 첨앙양족존 시사 위운하 원불 위해설

누(漏)가 없는 여러 아라한과 열반 구하는 사람들
지금 모두 의심의 그물에① 떨어져서
'왜 세존께서 이같이 설하시나' 하고 의아해합니다.
연각을 구하는 이와 비구, 비구니와
모든 하늘(天神), 용, 귀신과 건달바 등이
서로 바라보면서 의혹을 품어②
부처님(兩足尊) 우러러보고③ 있사오니,
이 일이 무슨 까닭인지,
원하옵건대, 부처님께서 저희 위해 설하시옵소서.

---

①의심의 그물(疑網) : 의혹을 그물에 비유한 말. 작은 과(果)를 증득하거나 구하는 자들이 모두 의혹에 빠져 있음을 말한다. ②의혹을 품음(猶豫) : 결정을 못 내리고 머뭇거리는 모양이니, 의심이 풀리지 않았다는 뜻. ③부처님 우러러 봄(瞻仰) : 복(福)과 지혜(慧) 두 가지를 갖추어(具足), 온갖 덕(萬德)이 원만하신 세존만을 우러러보고 있음을 말한다.

於諸聲聞衆에 佛說我第一하셨건만은 我今自於智에 疑惑하여 不能了하여이다
어제성문중 불설아제일 아금자어지 의혹 불능료

爲是究竟法이닛가 爲是所行道이닛가 佛口所生子가 合掌瞻仰待하사옵나니
위시구경법 위시소행도 불구소생자 합장첨앙대

願出微妙音하사 時爲如實說하소서 諸天龍神等이 其數가 如恒沙하며
원출미묘음 시위여실설 제천용신등 기수 여항사

求佛諸菩薩이 大數가 有八萬하며 又諸萬億國에 轉輪聖王이 至하여
구불제보살 대수 유팔만 우제만억국 전륜성왕 지

合掌以敬心으로 欲聞具足道하옵나이다.
합장이경심 욕문구족도

17. 여러 성문 중에서 저를 으뜸이라[①] 부처님께서 이르셨지만,
그러한 저의 지혜로도 의혹에 걸려 알 수 없나이다.
이것이 구경의 법(究竟法)이 되나이까?
이것이 수행하는 도가 되나이까?

18. 부처님의 가르침받은 모든 불자들[②]
합장하고 우러러보며 기다리오니,[③]
원하옵건대, 미묘한 음성 내시어
저희 위해 설하시옵소서.
모든 하늘, 용, 귀신의 수효 항하사 같고,
성불하기 바라는 보살 또한 팔만이나 되오며,
만억의 모든 나라 전륜성왕이
여기에 와 합장하고 공경심으로
구족한 도법[④] 듣고자 원하나이다."

① **성문 중에 으뜸** : 부처님께서 일찍이 성문승(聲聞乘)의 제자 중에 사리불의 지혜가 제일이라고 하셨다. ② **부처님의 가르침받은 모든 불자**(佛口所生子) : 부처님으로부터 사제(四諦)의 가르침을 듣고 성도(聖道)에 들어갈 수 있었으므로, 부처님 말씀으로부터 생겨난 불자라고 하였다. ③ **합장하고 우러러 기다림**(合掌瞻仰待) : 손을 모아 합장하고 부처님을 우러러 바라보며 설명해 주시기를 기다림을 가리킨다. ④ **구족한 도법**(具足道) : 수행을 완성시키는 오묘한 도.

爾時 佛께서 **告舍利弗**하사대 **止止**하라 **不須復說**이니라. **若說是事**하면 **一切世間**
이 시 불 고 사 리 불 지 지 불 수 부 설 약 설 시 사 일 체 세 간

諸天及人이 **皆當驚疑**하리라. **舍利弗**이 **重白佛言**하사오대 **世尊**이시여 **唯願說之**
제 천 급 인 개 당 경 의 사 리 불 중 백 불 언 세 존 유 원 설 지

唯願說之하소서 **所以者何**오 **是會**에 **無數百千萬億阿僧祇衆生**이 **曾見諸佛**하사와
유 원 설 지 소 이 자 하 시 회 무 수 백 천 만 억 아 승 지 중 생 증 견 제 불

諸根이 **猛利**하며 **智慧**가 **明了**할새 **聞佛所說**하오면 **則能敬信**하겠나이다.
제 근 맹 리 지 혜 명 료 문 불 소 설 즉 능 경 신

19. 그 때, 부처님께서 사리불에게 이르셨습니다.
"아서라, 그만두라. 더 말하지 마라.
만약 이 일을 설한다면,
일체 세간의① 모든 하늘과 사람이 다 놀라고 의심하리라."

20. 사리불은 거듭 부처님께 사뢰었습니다.
"세존이시여,
원하옵건대 설하시옵소서.
설해 주시옵소서.
왜냐 하면,
이 회에 모인 수없는 백천만억 아승지의 중생은
일찍이 여러 부처님을 뵈어서
모든 근기가 매우 총명하고② 지혜가 밝아,
부처님께서 설하여 주심을 들으면
능히 공경해 믿을 것이옵나이다."

---

①일체 세간(一切世間) : 세 가지 세간(三種世間)을 말한다. 첫째는, 우리가 살고 있는 국토로 기세간(器世間)이 있고, 둘째는, 부처님 세계를 제외한 중생세간(衆生世間)이며, 셋째는, 색(色), 수(受), 상(想), 행(行), 식(識)의 오온(五蘊)으로 이루어진 오온세간(五蘊世間, 혹은 智正覺世界)이 있다. ②모든 근기가 매우 총명함(諸根猛利) : 육근(六根)이 맑고 깨끗해져 용맹스럽고 총명하다는 뜻.

爾時에 **舍利弗**이 **欲重宣此義**하여 **而說偈言**하대
이시 사리불 욕중선차의 이설게언

法王無上尊께서 **唯說願勿慮**하소서 **是會無量衆**은 **有能敬信者**하겠나이다
법왕무상존 유설원물려 시회무량중 유능경신자

佛께서 **復止**하라 **舍利弗**아 **若說是事**하면 **一切世間 天 人 阿脩羅**가
불 부지 사리불 약설시사 일체세간 천 인 아수라

皆當驚疑하리며 **增上慢 比丘**가 **將墜於大坑**하리라.
개당경의 증상만 비구 장추어대갱

21. 그 때, 사리불이 이 뜻을 거듭 펴고자
게송으로 사뢰었습니다.
"법왕 무상존(法王無上尊)이시여,[①]
원하옵건대, 오직 설하시고 염려하지 마시옵소서.
여기에 모인 한량 없는 대중은
능히 공경하고 믿을 자만 있사옵니다."

22. 부처님께서는 거듭 말리시며 말씀하셨습니다.
"사리불아, 만약 이 일을 설한다면,
일체 세간의 하늘, 사람, 아수라는
다 놀라고 의심할 것이며,
거만한 비구는 장차 지옥(大坑)에 떨어지리라."[②]

---

① **법왕 무상존(法王無上尊)** : 부처님께서는 삼계의 왕이며, 세간에서 가장 높으신 분이라는 뜻이다. ② **지옥(大坑)에 떨어짐** : 오만스럽고 무지한 이들은 깊은 구덩이(무간지옥)에 떨어진다는 뜻.

爾時에 世尊께서 重說偈言하사대
이시 세존 중설게언

止止하라 不須說이니라 我法은 妙難思라 諸增上慢者가 聞하면 必不敬信하리라.
지지 불수설 아법 묘난사 제증상만자 문 필불경신

爾時 舍利弗이 重白佛言하대 世尊이시여 唯願說之 唯願說之하소서 今此
이시 사리불 중백불언 세존 유원설지 유원설지 금차

會中에 如我等比가 百千萬億이 世世에 已曾從佛受化하오니 如此人等이
회중 여아등비 백천만억 세세 이증종불수화 여차인등

必能敬信하와 長夜에 安隱하였사옵기에 多所饒益하겠나이다.
필능경신 장야 안온 다소요익

23. 그 때, 세존께서 게송으로 거듭 말씀하셨습니다.
"아서라, 그만두라.① 모름지기 설할 것 아니니라.②
나의 법은 미묘하여 헤아리기 어렵나니,
거만한 자들 이를 들으면
반드시 공경하지 않고 믿지 않으리라."

24. 그 때, 사리불이 거듭 부처님께 사뢰었습니다.
"세존이시여, 원하옵건대 설하시옵소서.
오직 원하옵건대, 설해 주시옵소서.
지금 이 회중의 저와 같은 백천만억 인은
세세(世世)에 이미 부처님의 교화를 받자온지라,
이 사람들은 반드시 공경하고 믿어서
기나긴 어두운 세월에③ 편안함 얻었사옵기에
이익되는 바가 많을 것이옵나이다."

---

①아서라, 그만두라(止止) : 부처님께서 세 번이나 법화경 설법을 거절하셨다. 이를 삼지(三止)라 한다. ②모름지기 설할 것 아님(不須說) : 다시 말할 필요가 없다는 뜻(재차 그만두라고 하신 것). ③기나긴 어두운 세월(長夜) : 무명(無明)으로 캄캄함을 긴 밤(長夜)과 같다고 하였다.

爾時에 舍利弗이 欲重宣此義하여 而說偈言하대
이시 사리불 욕중선차의 이설게언

無上兩足尊이시여 무상양족존	願說第一法하소서 원설제일법	我爲佛長子이오니 아위불장자	唯垂分別說하소서 유수분별설
是會無量衆이 시회무량중	能敬信此法하겠나이다 능경신차법	佛께서 已曾世世에 불 이증세세	敎化如是等하실새 교화여시등
皆一心合掌하여 개일심합장	欲聽受佛語하옵나니 욕청수불어	我等千二百과 아등천이백	及餘求佛者를 급여구불자
願爲此衆故로 원위차중고	唯垂分別說하소서 유수분별설	是等聞此法하오면 시등문차법	則生大歡喜하겠나이다. 즉생대환희

25. 그 때, 사리불이 이 뜻을 거듭 펴고자 게송으로 사뢰되,

"최상의 지혜와 복덕을 구족하신 어른이시여,
원하옵건대, 가장 높은 법을 설하시옵소서.
저는 부처님의 장자이오니,① 분별해 설하시옵소서.
이 법회의 무수한 대중은
이 법을 공경해 믿을 것이옵나이다.
부처님께서는 이미 과거 세세에
이 무리를 교화하신 바 있사옵나이다.
다 일심으로 합장하여 부처님 말씀 듣잡고자 하오니,
저희 천이백 나한과 그 밖에 불도를 구하는 이들,
원하옵건대, 이들을 위해 분별하여 설하시옵소서.
그들이 이 법 듣자오면,
크게 환희심 낼 것이옵나이다." 하였습니다.

---

① 저는 부처님의 장자(我爲佛長子) : 사리불이 자신은 세존의 법을 얻은 자임을 밝혔다.

爾時에 世尊께서 告舍利弗하사대 汝已慇懃三請커니 豈得不說이리오 汝今諦聽하여
이시 세존 고사리불 여이은근삼청 기득불설 여금제청

善思念之하라 吾當爲汝하여 分別解說하리라. 說此語時에 會中에 有比丘
선사념지 오당위여 분별해설 설차어시 회중 유비구

比丘尼 優婆塞 優婆夷 五千人等이 卽從座起하여 禮佛而退하니라
비구니 우바새 우바이 오천인등 즉종좌기 예불이퇴

所以者何오 此輩는 罪根이 深重하며 及增上慢하여 未得謂得하며 未證謂證하여
소이자하 차배 죄근 심중 급증상만 미득위득 미증위증

有如此失할새 是以不住러라.
유여차실 시이부주

26. 그 때, 세존께서 사리불에게 이르셨습니다.
"네가 이미 성심으로 세 번이나 청하니,①
어찌 설하지 않을 수 있겠느냐?
너희는 이제 자세히 듣고 이를 잘 생각하라.
내 너희를 위하여 분별해 설하리라."
이 말씀을 하실 때,
회중에 있던 비구, 비구니, 우바새, 우바이 오천 인이
곧 자리에서 일어나 부처님께 예배하고 물러갔습니다.
왜냐 하면, 이 무리는 죄근(罪根)이 깊고 무거우며②
또 거만한지라,③
아직 얻지 못했으면서 이미 얻었다 생각하고,
아직 증득치 못했으면서 이미 증득하였다고
생각했기 때문입니다.
이러한 허물이④ 있어서 머무를 수 없었습니다.

---

①세 번이나 청함(三請) : 법화경 적문(迹門)에는 사리불이 세 번 청함에 따라 설법하시고, 법화경의 본문(本門)에는 미륵의 삼청에 따라 설법하셨다고 한다. **②죄근이 깊고 무거움(罪根深重)** : 무명의 망령된 생각으로 여러 죄의 허물을 생기게 하는 것이 '죄의 뿌리(罪根)'인데, 죄근으로 악업이 깊고 장애가 무거운(五濁) 것을 '죄가 무겁다'고 하며, 소승에 집착하여 대승을 가리는 것을 '죄의 뿌리가 깊다'고 한다. **③또 거만함** : 거만한 마음으로 삼과(三果), 무학(無學)을 얻지 못한 사람들이다. **④이러한 허물** : 장애, 집착, 증상만의 세 가지이다.

世尊께서 默然하사 而不制止하시니라. 爾時에 佛告舍利弗하사대 我今此衆은
세존 묵연 이불제지 이시 불고사리불 아금차중

無復枝葉하고 純有貞實하니라 舍利弗아 如是增上慢人은 退亦佳矣니라 汝今
무부지엽 순유정실 사리불 여시증상만인 퇴역가의 여금

善聽하라 當爲汝說하리라 舍利弗이 言하대 唯然世尊이시여 願樂欲聞하겠나이다.
선청 당위여설 사리불 언 유연세존 원요욕문

27. 세존께서는 묵묵히 굳이 말리지 않으셨습니다.

그 때, 부처님께서 사리불에게 이르셨습니다.

"나의 지금 이 무리에는

지엽(枝葉)이 없고 순수한 정실(貞實)만[①] 있느니라.

사리불아,

이같이 거만한 무리는 물러가도 좋으니라.

너는 이제 잘 들어야 한다. 너희를 위하여 설하리라."

사리불이 사뢰었습니다.

"그러겠습니다.[②] 세존이시여,

원하옵건대 즐거이 듣잡고자 하나이다."

---

① 순수한 정실(純有貞實) : 순전히 나무의 몸체와 곧고 굳은 열매이니, 법회를 떠나간 사람(지엽)을 제외한 덕을 갖춘 참된 사람을 말한다.

② 그러겠습니다(唯然) : 예, 그렇게 하겠습니다. 삼가 받아들이겠다는 뜻.

佛告舍利弗하사대 如是妙法을 諸佛如來께서 時乃說之하시니 如優曇鉢華가
불고사리불 여시묘법 제불여래 시내설지 여우담발화

時一現耳니라. 舍利弗아 汝等은 當信佛之所說하라 言不虛妄하니라 舍利弗아
시일현이 사리불 여등 당신불지소설 언불허망 사리불

諸佛隨宜說法은 意趣가 難解니라 所以者何오 我以無數方便과 種種因緣과
제불수의설법 의취 난해 소이자하 아이무수방편 종종인연

譬喩와 言辭로 演說諸法하노니 是法은 非思量分別之所能解라 唯有諸佛이라사
비유 언사 연설제법 시법 비사량분별지소능해 유유제불

乃能知之하시니라.
내능지지

28. 부처님께서 사리불에게 이르셨습니다.
"이 같은 묘법(妙法)은
모든 부처님께서 때가 되어야 설하시나니,[①]
우담발화가 때가 되어야 한 번 피는 것과 같으니라.
사리불아, 너희는 마땅히 믿을지니,
부처님 말씀에는 허망함이 없느니라.

29. 사리불아,
모든 부처님께서 근기를 따라 법을 설하시나,
그 뜻은 알기 어려우니라.
왜냐 하면,
내가 수없는 방편과 갖가지 인연과 비유와 말로써
모든 법을 설했지만,
이 법이 사고와 분별로 이해할 바가 아니니라,[②]
오직 모든 부처님만이 아실 수 있기 때문이니라.

---

① **때가 되어야 설하심** : 미묘한 법은 생각하기가 어려우므로, 모름지기 교화할 중생의 근기가 성숙되어야만 바야흐로 설할 수 있다는 뜻이다.

② **사고와 분별로 이해할 바가 아님** : 법이 미묘하여 마음으로 헤아리고 입으로 분별하여 미칠 수 없다는 뜻이다.

所以者何오 諸佛世尊께서 唯以一大事因緣故로 出現於世하시니라. 舍利弗아
소이자하 제불세존 유이일대사인연고 출현어세 사리불
云何名諸佛世尊께서 唯以一大事因緣故로 出現於世신고. 諸佛世尊께서
운하명제불세존 유이일대사인연고 출현어세 제불세존
欲令衆生으로 開佛知見하여 使得淸淨故로 出現於世하시며 欲示衆生
욕령중생 개불지견 사득청정고 출현어세 욕시중생
佛之知見故로 出現於世하시며 欲令衆生으로 悟佛知見故로 出現於世하시며
불지지견고 출현어세 욕령중생 오불지견고 출현어세
欲令衆生으로 入佛知見道故로 出現於世하시니라.
욕령중생 입불지견도고 출현어세

30. 왜냐 하면,

모든 부처님께서는 오직 일대사인연(一大事因緣)으로 하여
세상에 출현하시기 때문이니라.
사리불아, 어찌하여 모든 부처님께서 오직
일대사인연으로 하여 세상에 출현하신다 하는고?
모든 부처님은 중생으로 하여금
부처님의 지견을 열어(開) 청정히 하고자
세상에 출현하시고,
중생에게 부처님 지견을[1] 보여(示) 주고자
세상에 출현하시고,
중생이 부처님의 지견을 깨닫게(悟) 하고자
세상에 출현하시고,
중생이 부처님의 지견도(知見道)에 들어가게(入)[2] 하고자
세상에 출현하시느니라.

---

① 지견(知見) : 참된 지혜에 의해 보고, 지혜에 입각한 참된 견해. ② 개시오입(開示悟入) : 개(開)는 미정(迷情)을 깨뜨리고 제법의 실상을 연다. 시(示)는 현시(現示)이니, 번뇌가 사라지고 제법실상을 보여 줌이다. 오(悟)는 각오(覺悟)이니, 제법실상을 깨달음이다. 입(入)은 증입(證入)이니, 제법실상을 증득해 들어간다.

舍利弗아 是爲諸佛께서 以一大事因緣故로 出現於世하시니라. 佛告舍利弗하사대
사리불 시위제불 이일대사인연고 출현어세 불고사리불

諸佛如來께서 但教化菩薩이니라 諸有所作이 常爲一事이니 唯以佛之知見으로
제불여래 단교화보살 제유소작 상위일사 유이불지지견

示悟衆生하시니라. 舍利弗아 如來께서 但以一佛乘故로 爲衆生說法하시고
시오중생 사리불 여래 단이일불승고 위중생설법

無有餘乘이어늘 若二若三이리오. 舍利弗아 一切十方諸佛의 法도 亦如是하니라.
무유여승 약이약삼 사리불 일체시방제불 법 역여시

사리불아, 이것이 모든 부처님께서
일대사인연으로 하여 세상에 출현하신다 하느니라."

31. 부처님께서 사리불에게 이르셨습니다.
"모든 부처님께서는 다만 보살을 교화하시느니라.
여러 가지 하시는 바는① 항상 한 가지 일을
위하심이니, 오직 부처님의 지견을
중생에게 보여 깨닫게 하려 하심이니라.
사리불아, 여래께서는 다만 일불승(一佛乘)으로②
중생을 위해 설법하시고 다른 승(餘乘)은 없거늘,
어찌 이승이 있고 삼승이 있겠느냐?③
사리불아, 일체 시방에 계시는 모든 부처님의 법도
이와 같으니라.

---

①여러 가지 하시는 바(諸有所作) : 온갖 행하신 교화행. 처음 성불하시고 지금 법화경 설함에 이르기까지 행하신 것이 모두 방편이라는 뜻. ②일불승(一佛乘) : 부처가 될 것을 가르치는 오직 하나의 실천법. 누구나 부처가 될 수 있는 원인으로 불종자(佛種子)를 가지고 있는데, 이를 믿고 실천하는 도법을 말한다. ③이승이 있고 삼승이 있겠느냐(若二若三) : 이승은 성문승, 연각승, 삼승은 이승에 보살승을 합한 것. 이승, 삼승은 중생을 고해에서 벗어나게 하려는 부처님의 방편일 뿐, 원래 부처님의 의도는 불도를 이루는 데 있으니, 삼승은 일승의 그림자에 불과하다는 뜻이다.

舍利弗아 過去諸佛께서 以無量無數方便과 種種因緣과 譬喩言辭로
사리불 과거제불 이무량무수방편 종종인연 비유언사

而爲衆生하사 演說諸法하셨나니 是法이 皆爲一佛乘故로 是諸衆生이
이위중생 연설제법 시법 개위일불승고 시제중생

從諸佛聞法하고 究竟皆得一切種智하니라.
종제불문법 구경개득일체종지

32. 사리불아,

과거의 모든 부처님께서 한량 없고
수없는 방편과[①]
갖가지의 인연과 비유와 말씀으로
중생을 위하여 여러 가지 법을 부연해 설하셨나니,
이 법도 다 일불승을 위함이었으므로,[②]
이 모든 중생이 모든 부처님을 좇아 법을 듣자와
마침내 다 일체종지(一切種智)를 얻게 되느니라.[③]

---

①**수없는 방편** : 중생 제도를 위한 교묘한 수단과 방법. 선교방편(善巧方便). ②**일불승을 위함** : 비록 삼승을 말하였으나, 사실은 일불승에 들어가기 위한 것이라는 것은 과거의 일체 부처님의 심법(心法)이 다 같다는 뜻이다. ③**다 일체종지를 얻게 됨(皆得一切種智)** : 법을 들은 일체 중생이 마침내 증득하게 되는 것이 다 같음을 말한다. 일체종지는 부처님 지혜.

舍利弗아 未來諸佛께서도 當出於世하여 亦以無量無數方便과 種種因緣과
사리불 미래제불 당출어세 역이무량무수방편 종종인연
譬喩言辭로 而爲衆生하여 演說諸法하시리니 是法이 皆爲一佛乘故로 是諸
비유언사 이위중생 연설제법 시법 개위일불승고 시제
衆生이 從佛聞法하고 究竟皆得一切種智하리라. 舍利弗아 現在十方無量
중생 종불문법 구경개득일체종지 사리불 현재시방무량
百千萬億佛土中의 諸佛世尊께서 多所饒益하여 安樂衆生하시니라.
백천만억불토중 제불세존 다소요익 안락중생

33. 사리불아,
미래의 모든 부처님께서 세상에 출현하시어
또한 한량 없고 수없는 방편과
갖가지 인연과 비유와 말씀으로
중생을 위하여 여러 가지 법을 부연해 설하시리니,
이 법도 다 일불승을 위함이므로,
이 모든 중생이 모든 부처님을 좇아 법을 듣자와
마침내 다 일체종지를 얻게 되리라.

34. 사리불아,
현재의 시방 한량 없는 백천만억 불국토(佛國土) 중의
모든 부처님께서 요익되게 하시는 바가 많아[①]
중생을 안락하게 하시느니라.

---

① 요익되게 하시는 바가 많음(多所饒益) : 부처님께서 여러 가지 방편으로 중생에게 윤택하고 이익되게 하시는 일이 많다는 뜻이다.

是諸佛도 亦以無量無數方便과 種種因緣과 譬喩言辭로 而爲衆生하여
시제불 역이무량무수방편 종종인연 비유언사 이위중생

演說諸法하시나니 是法이 皆爲一佛乘故로 是諸衆生이 從佛聞法하여 究竟
연설제법 시법 개위일불승고 시제중생 종불문법 구경

皆得一切種智하니라. 舍利弗아 是諸佛께서는 但敎化菩薩하시니라. 欲以
개득일체종지 사리불 시제불 단교화보살 욕이

佛之知見으로 示衆生故이며 欲以佛之知見으로 悟衆生故이며 欲令衆生으로
불지지견 시중생고 욕이불지지견 오중생고 욕령중생

入佛之知見故니라.
입불지지견고

이 모든 부처님께서도 한량 없고 수없는 방편과
갖가지 인연과 비유와 말씀으로
중생을 위하여 여러 가지 법을 설하시나니,
이 법도 다 일불승을 위함이므로,
이 모든 중생이 부처님을 좇아 법을 듣자와
마침내 다 일체종지를 얻느니라.

35. 사리불아,

이 모든 부처님은 다만 보살을 교화하시느니라.①
부처님 지견(佛知見)을 중생에게 보이고자 하심이며,
부처님 지견으로 중생이 깨닫게 하고자 하심이며,
중생이 부처님 지견에 들게 하고자 하심이니라.

---

①**다만 보살을 교화하심(但敎化菩薩)** : 모든 부처님께서는 무량한 방편과 갖가지 비유의 말씀으로 마침내 일체종지를 얻게 하셨으니, 이것은 곧 보살을 교화하여 부처님 지혜를 깨닫도록 인도하기 위함이다. 따라서 방편을 열어 진실을 드러내는(開權顯實) 도리에서 보면, 부처님의 모든 가르침은 오직 일불승이셨고, 그 가르침의 대상도 성문, 연각도 있을 수 없는 까닭에 다만 보살도를 가는 보살만이 성립하는 것이다.

舍利弗아 我今에 亦復如是하여 知諸衆生의 有種種欲과 深心所著하여
사리불 아금 역부여시 지제중생 유종종욕 심심소착
隨其本性하여 以種種因緣과 譬喩言辭와 方便力으로 而爲說法하니라
수기본성 이종종인연 비유언사 방편력 이위설법
舍利弗아 如此 皆爲得一佛乘 一切種智故니라.
사리불 여차 개위득일불승 일체종지고

36. 사리불아,
나도 지금 이와 같아서,
모든 중생이 갖가지 욕망과
마음 깊숙이 집착이① 있음을 알므로,
그 본성(本性)에 따라② 그들 위해
갖가지 인연과 비유와 말씀과 방편력으로
법을 설하느니라.
사리불아,
이같이 함은 다 일불승,
일체종지를 얻게 하고자 함이니라.

---

① 마음 깊숙이 집착(深心所著) : 중생들이 대상에 대하여 지극한 애착과 즐거운 마음을 갖는 일.

② 본성에 따라(隨其本性) : 미혹한 자들이 과거로부터 익혀 온 근본 습성에 따랐다는 뜻.

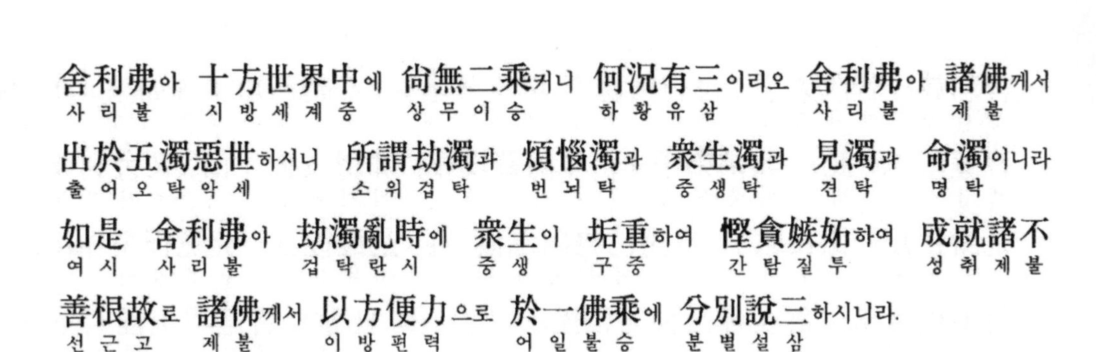
舍利弗아 十方世界中에 尙無二乘커니 何況有三이리오 舍利弗아 諸佛께서
사리불 시방세계중 상무이승 하황유삼 사리불 제불
出於五濁惡世하시니 所謂劫濁과 煩惱濁과 衆生濁과 見濁과 命濁이니라
출어오탁악세 소위겁탁 번뇌탁 중생탁 견탁 명탁
如是 舍利弗아 劫濁亂時에 衆生이 垢重하여 慳貪嫉妬하여 成就諸不
여시 사리불 겁탁란시 중생 구중 간탐질투 성취제불
善根故로 諸佛께서 以方便力으로 於一佛乘에 分別說三하시니라.
선근고 제불 이방편력 어일불승 분별설삼

37. 사리불아, 시방세계에는 이승(二乘)도 없거늘,
하물며 삼승(三乘)이 있겠느냐?
사리불아, 모든 부처님께서는
오탁악세(五濁惡世)에① 출현하시나니,
이른바 겁탁(劫濁),② 번뇌탁(煩惱濁),③ 중생탁(衆生濁),④
견탁(見濁),⑤ 명탁(命濁)이⑥ 그것이니라.
이와 같이 사리불아, 겁탁의 어지러운 때에는
중생이 업장이 무거워⑦ 아끼고 탐하고 질투하여
여러 선하지 못한 뿌리(不善根) 키워 성취하므로,
모든 부처님께서 방편력으로
일불승(一佛乘)을 삼승으로 분별하여 설하시느니라.

---

① **오탁악세(五濁惡世)** : 다섯 가지 혼탁함으로 생기는 악한 세상. 겁탁~명탁까지가 오탁이다. ② **겁탁(劫濁)** : 색음(色陰)에 집착하여 인수겁(人壽劫) 2만 세 이하의 시대에서부터 탁세가 들어 소삼재(小三災)로 향하는 시대. 시대가 혼탁하다. ③ **번뇌탁(煩惱濁)** : 수음(受陰)에 집착하여 탐(貪), 진(瞋), 치(癡), 만(慢) 등의 번뇌로 마음이 항상 탁한 일. ④ **중생탁(衆生濁)** : 상음(想陰)에 집착하여 번뇌가 일어나고 혼란에 빠져 중생의 자질이 타락한 일. ⑤ **견탁(見濁)** : 행음(行陰)에 집착하여 마음 바탕이 흘러다녀 악한 사상이 유행하는 일. 신견(身見), 변견(邊見), 사견(邪見), 견취견(見取見), 계금취견(戒禁取見)으로 갖가지 견해에 묶여 헤어나지 못한다. ⑥ **명탁(命濁)** : 식음(識陰)에 집착하여 일생의 주어진 생명이 보장되지 못하고 감소하는 일. 오탁악세는 번뇌탁, 견탁, 이 두 가지가 근본이 되어 중생탁 등이 생긴다. ⑦ **업장이 무거움** : 악세의 중생들은 번뇌의 때가 묻은 것이 두텁고 깊다는 뜻이다.

舍利弗아 若我弟子가 自謂阿羅漢 辟支佛者라면 不聞不知諸佛如來의 但敎化
사리불 약아제자 자위아라한 벽지불자 불문부지제불여래 단교화
菩薩事하면 此는 非佛弟子이며 非阿羅漢이며 非辟支佛이니라. 又舍利弗아
보살사 차 비불제자 비아라한 비벽지불 우사리불
是諸比丘 比丘尼가 自謂已得阿羅漢하여 是最後身 究竟涅槃이라하고
시제비구 비구니 자위이득아라한 시최후신 구경열반
便不復志求阿耨多羅三藐三菩提하면 當知어다 此輩는 皆是增上慢人이니라.
변불부지구아누다라삼먁삼보리 당지 차배 개시증상만인
所以者何오 若有比丘가 實得阿羅漢이라도 若不信此法하고는 無有是處하니라.
소이자하 약유비구 실득아라한 약불신차법 무유시처

38. 사리불아, 만일 나의 제자가
스스로 아라한이나 벽지불로 여기면서
모든 부처님께서 다만 보살을 교화하시는 일을①
듣지도 알지도 못했다면, 이는 불제자가 아니며,
아라한도 벽지불도 아니니라.
또 사리불아,
이 모든 비구와 비구니가 스스로 말하되,
이미 아라한 경지를 얻었으므로
이것이 최후신이며 구경열반이라 하고
다시 아누다라삼먁삼보리를 구할 뜻이 없다면,②
알지어다. 이 같은 무리는 다 교만한 자이니라.
왜냐 하면, 만일 비구가 참된 아라한을 얻더라도,
이 법을 믿지 않고는 그 경지에 도달할 수 없기 때문이니라.

---

①다만 보살을 교화하시는 일 : 여래께서는 다만 보살을 위하실 뿐 삼승을 고집하는 일이 없다는 뜻이다. ②아누다라삼먁삼보리를 구할 뜻이 없음 : 작은 이익(소승 열반) 중에서 스스로 만족하게 여기고, 큰 이익의 삼보리를 이룰 것은 구하지 않는다는 뜻.

除佛滅度後에 現前無佛이니라 所以者何오 佛滅度後에 如是等經을 受持
제불멸도후 현전무불 소이자하 불멸도후 여시등경 수지
讀誦解義者는 是人難得이니라 若遇餘佛하면 於此法中에 便得決了하리라
독송해의자 시인난득 약우여불 어차법중 변득결료
舍利弗아 汝等이 當一心信解하여 受持佛語하라 諸佛如來께서 言無虛妄하니
사리불 여등 당일심신해 수지불어 제불여래 언무허망
無有餘乘하고 唯一佛乘이니라.
무유여승 유일불승

39. 부처님께서 멸도(滅度)하신 후,
현전에① 부처님이 계시지 않을 때에는 예외이니라.
왜냐 하면, 부처님이 멸도하신 후에
이 경을 받들어 지녀 독송하고
뜻을 아는 사람은 만나 보기 어렵기 때문이니라.
만일 다른 부처님을 만나 뵙는다면,
이 법 중에서 분명하게 요달함을 얻으리라.②
사리불아, 너희는 마땅히 일심으로 믿고 이해하여
부처님의 말씀을 받아 지닐지니라.
모든 부처님의 말씀에는 허망함이 없나니,
다른 승(乘)은 없고 오직 일불승만 있느니라."③

① 현전(現前) : 현재 눈앞에 나타나 있다. ② 분명히 요달함을 얻으리라(決了) : 틀림없이 이해하고 안다. ③ 다른 승은 없고 오직 일불승만 있음 : 오직 다만 일불승의 진실한 도만 있다.

爾時에 世尊께서 欲重宣此義하사 而說偈言하사대
이시 세존 욕중선차의 이설게언

比丘比丘尼와 有懷增上慢과 優婆塞我慢과 優婆夷不信과
비구비구니 유회증상만 우바새아만 우바이불신

如是四衆等이 其數가 有五千하더니 不自見其過하여 於戒에 有缺漏하며
여시사중등 기수 유오천 부자견기과 어계 유결루

護惜其瑕疵하더니 是小智 已出하니 衆中之糟糠이러니 佛威德故로 去하니라
호석기하자 시소지 이출 중중지조강 불위덕고 거

斯人은 尠福德하여 不堪受是法하리라. 此衆은 無枝葉하고 唯有諸貞實하니라.
사인 선복덕 불감수시법 차중 무지엽 유유제정실

40. 그 때, 세존께서 이 뜻을 거듭 펴시고자
게송으로 설해 말씀하셨습니다.
"교만심(增上慢) 품은 비구, 비구니와
아만에 찬 우바새와 신심 없는 우바이,
이 같은 사부 대중이 오천 명일새,
스스로 제 허물 보지 못하고 계행에도 결함 있어
그 허물을 감추려던 잔꾀재기는[①] 가고
그들은 대중 가운데에서 지게미와 겨[②] 같아
부처님의 위덕으로 물러갔느니라.
이들은 복덕이 적어 이 법을 받아 감당치 못하리라.
여기 남은 대중 가운데에는 지엽(枝葉)이 없고,
오직 정실(貞實)만 있느니라.

---

① 잔꾀재기(小智) : 세속의 작은 지혜로써 유루를 무루의 지혜로 여기는 일. ② 지게미와 겨(糟糠) : 깊은 선정심이 없으므로 지게미(糟)와 같고, 진리를 깨닫는 지혜가 없기에 겨(糠)와 같다는 뜻이다. 큰 근기를 갖추지 못함을 비유한 말이다.

舍利弗아 善聽하라. 諸佛所得法을 無量方便力으로 而爲衆生說하시되
사리불 선청 제불소득법 무량방편력 이위중생설

衆生心所念과 種種所行道와 若干諸欲性과 先世善惡業을
중생심소념 종종소행도 약간제욕성 선세선악업

佛悉知是已하여 以諸緣譬喩와 言辭方便力으로 令一切歡喜하게하여
불실지시이 이제연비유 언사방편력 영일체환희

或說修多羅와 伽陀及本事와 本生未曾有하며 亦說於因緣과
혹설수다라 가타급본사 본생미증유 역설어인연

譬喩幷祇夜와 優婆提舍經하느니라.
비유병기야 우바제사경

사리불아, 잘 듣거라.

41. 모든 부처님은 얻으신 법을
한량 없는 방편력으로 중생 위해 설하시느니라.
중생이 생각하는 바와 갖가지 행하는 도와
갖가지 욕망과 성품,① 전생의 선악업(善惡業)을
부처님은 다 아시고 여러 가지 연(緣)과 비유와
말씀과 방편력으로 모두를 환희케 하시느니라.
혹은, 수다라(修多羅)와② 가타(伽陀),③ 본사(本事),④
본생(本生)과⑤ 미증유(未曾有)를⑥ 설하시며,
인연(因緣)과⑦ 비유(譬喩)와⑧ 기야(祇夜)와⑨
우바제사경(優婆提舍經)을⑩ 설하시느니라.

---

①욕망과 성품(欲性) : 현재 바라는 것을 욕망이라 하고, 과거에 익힌 것을 성품이라 함. ②수다라(修多羅, sūtra) : 계경(契經)이라 번역. 9부경(九部經) 중의 산문으로 설하신 부분. ③가타(伽陀, gāthā) : 풍송(諷誦), 고기송(孤起頌). 장항에 따르지 않고 독립적으로 설한 게송. ④본사(本事, itivirttaka) : 제자들의 과거생 인연을 설하신 내용. ⑤본생(本生, jātaka) : 부처님의 전생담(前生談). ⑥미증유(未曾有, adbhutadharma) : 불가사의하고 희유한 일을 기록한 부분. ⑦인연(因緣, nidāna) : 갖가지 인연을 설하신 부분. ⑧비유(譬喩, avadāna) : 비유를 설하신 부분. ⑨기야(祇夜, geya) : 응송(應頌), 중송(重頌). 산문으로 설해진 내용을 다시 게송했다. ⑩우바제사경(upadeśa) : 교리를 문답, 논의한 부분.

鈍根은 **樂小法**하여 **貪著於生死**하고 **於諸無量佛**의 **不行深妙道**하여
둔근 락소법 탐착어생사 어제무량불 불행심묘도

衆苦所惱亂일새 **爲是說涅槃**하나니라 **我設是方便**하여 **令得入佛慧**하고
중고소뇌란 위시설열반 아설시방편 영득입불혜

未曾說汝等이 **當得成佛道**하노라 **所以未曾說**은 **說時未至故**러니
미증설여등 당득성불도 소이미증설 설시미지고

今正是其時일새 **決定說大乘**하노라 **我此九部法**은 **隨順衆生說**하여
금정시기시 결정설대승 아차구부법 수순중생설

入大乘爲本일새 **以故**로 **說是經**하노라.
입대승위본 이고 설시경

42. 둔한 근기는 소법(소승)을[①] 좋아해 생사에 탐착하고,
무량제불의 깊고 묘한 도법 행하지 않고
온갖 고통에 시달리므로,
이들 위해 열반을 설했느니라.

43. 나는 이러한 방편 베풀어 불혜(佛慧)에 들게 하되,
아직 너희에게 '성불의 도 이루리라.'
설하지 아니하였노라.
이를 설하지 않은 까닭은
설할 때가 되지 않았기 때문이니,
지금이 바로 그 때이므로 대승(大乘)을 설하노라.
나의 이 구부법(九部法)은[②] 중생의 근기 따라 설하여
대승에 들게 하는 근본이므로, 이 경을 설하노라.

---

① **소법**(小法) : 작은 가르침. 둔하고 졸렬한 근기는 소승법을 즐겨 집착한다는 뜻이다. ② **구부법**(九部法) : 구부경을 말한다. 곧 수다라, 가타, 본사, 본생, 미증유, 인연, 비유, 기야, 우바제사경의 아홉이다.

有佛子 心淨하며 柔軟亦利根이라 無量諸佛所에 而行深妙道하면
유불자 심정 유연역리근 무량제불소 이행심묘도
爲此諸佛子하여 說是大乘經하노니 我記如是人은 來世에 成佛道하리니
위차제불자 설시대승경 아기여시인 내세 성불도
以深心으로 念佛하며 修持淨戒故니라 此等이 聞得佛하고 大喜充遍身하리니
이심심 염불 수지정계고 차등 문득불 대희충변신
佛知彼心行할새 故爲說大乘하노라.
불지피심행 고위설대승

44. 불자가 마음이 맑고 부드러우며,
또 근기가 총명하여①
한량 없는 제불 처소에서 깊고 묘한 도를 행하면
이러한 불자를 위해 대승경을 설하노라.
이와 같은 사람은 내세에 불도를 이룩하리라고
내가 수기(授記)하리니,②
마음 깊이 부처님 생각하고,
청정한 계행(淨戒) 닦아 지니기 때문이니라.
이들이 성불(成佛)하리라는 말씀 들으면
큰 기쁨 몸에 충만하리니,
부처님은 이러한 그들의 마음과 행동을 알므로
그들을 위하여 대승을③ 설하노라.

---

①부드러우며 또 근기가 총명함(柔軟亦利根) : 조화롭고 부드러우며 영리한 근기를 갖춘 보살의 상근기를 말한다. ②수기(授記) : 금생에 많은 공덕과 수행을 닦았으므로 다음 생(來生)에는 반드시 성불할 것이라고 예언해 주는 것을 말한다. ③대승(大乘) : 여기서는 삼승(菩薩乘, 緣覺乘, 聲聞乘)이 아닌 법화경의 일불승(一佛乘) 사상을 설한다는 뜻.

聲聞 若菩薩이 聞我所說法하되 乃至於一偈라도 皆成佛無疑하리라.
성문 약보살 문아소설법 내지어일게 개성불무의

十方佛土中에 唯有一乘法하니 無二亦無三이요 除佛方便說이니라.
시방불토중 유유일승법 무이역무삼 제불방편설

但以假名字로 引導於衆生하니 說佛智慧故니라.
단이가명자 인도어중생 설불지혜고

성문이건 보살이건 간에
내가 오늘 설하는 법의 게송 하나만 들을지라도
다 의심 없이 성불(成佛)하리라.
시방 불토에는 오직 일승(一乘)법만① 있고,
이승(二乘)이나② 삼승(三乘)은③ 없느니,
부처님께서 방편을 설하셔
이름 빌어 중생을 인도함은 예외이니,
불지(佛智)를 설하시기 위함이니라.④

---

①**일승법**(一乘法) : 법화경의 일불승(一佛乘) 사상을 지칭. 모든 부처님께서 교화하신 가르침은 원교의 가르침으로, 오직 일승의 오묘한 법만이 있다는 것이다. ②**이승**(二乘) : 연각(緣覺)과 성문승(聲聞乘)을 뜻한다. 통교 중에 상대(半滿相對)되는 둘이 없다는 뜻이니, 통교(通敎)에서는 소승과 대승을 나란히 설해 소승을 배격하고 대승을 찬양하는 일, 소승과 대승을 대립시키는 일이 없다는 것이다. ③**삼승**(三乘) : 보살승(菩薩乘), 연각승(緣覺乘), 성문승(聲聞乘)을 지칭. 여기서는 위의 이승(二乘)이나 삼승(三乘)은 없고, 오직 법화경의 일불승(一佛乘)만 있다는 뜻이다. 삼장교(三藏敎) 중의 셋이 없는 일이다. 삼장교에서는 성문에게 사성제를 설하고, 연각에게는 십이연기를 설하시고, 보살에게는 육바라밀을 설하시어 각기 삼승에 따라 가르침을 다르게 했는데, 원래 가르침의 이러한 구분은 방편이었고, 실제로는 바른 지혜의 법을 말한 것이다. ④**불지를 설하시기 위함** : 중생들의 근기에 따라 이승, 삼승의 문을 설하신 것은, 불타의 지혜에 이끌어들여 불혜(佛慧)를 얻어 성불시키기 위함이라는 것. 모든 중생이 본래 불성을 가진 불자(佛子)이므로, 지극한 마음으로 수행하여 근기가 익으면 불종자가 연을 만나 부처가 될 수 있는 것이다. 그러므로 누구나 부처가 될 수 있다는 절대적인 믿음을 지니고 수행하도록 하신 것이다.

諸佛께서 出於世하심이 唯此一事實하고 餘二는 則非眞이니 終不以小乘으로
제불 출어세 유차일사실 여이 즉비진 종불이소승

濟度於衆生하시니라 佛께서 自住大乘하여 如其所得法하고 定慧力으로 莊嚴하여
제도어중생 불 자주대승 여기소득법 정혜력 장엄

以此로 度衆生하니라 自證無上道하고 大乘平等法하고 若以小乘으로 化하되
이차 도중생 자증무상도 대승평등법 약이소승 화

乃至於一人이라면 我則墮慳貪이라 此事는 爲不可하리라.
내지어일인 아즉타간탐 차사 위불가

45. 제불께서 세상에 출현하시는 것

오직 이 일승만 진실이요, 다른 둘은 거짓이므로,

끝내 소승(小乘)으로는

중생을 제도하지 아니하시느니라.

부처님은 스스로 대승에 머무르시어

그 얻은 법같이 하시고,

정(定), 혜(慧), 역(力)으로 장엄(莊嚴)하여[1]

이것으로 중생을 제도하시느니라.

스스로는 무상도(無上道) 대승평등법을[2] 깨닫고도

소승법으로 한 사람이라도 교화한다면,

나는 간탐(慳貪)에 떨어짐이 되니,

이와 같은 일은 옳지 않느니라.

---

① 정, 혜, 역으로 장엄(定慧力莊嚴) : 부처님은 선정, 지혜, 십력(十力)을 구족하셨다는 뜻. ② 대승평등법(大乘平等法) : 중생과 부처가 둘이 아닌 평등한 법이라는 뜻이다.

若人이 信歸佛하면 약인 신귀불	如來는 不欺誑하며 여래 불기광	亦無貪嫉意하니 역무탐질의	斷諸法中惡할새 단제법중악
故佛께서 於十方에 고불 어시방	而獨無所畏하니라 이독무소외	我以相嚴身으로 아이상엄신	光明이 照世間하여 광명 조세간
無量衆所尊이라 무량중소존	爲說實相印하노라. 위설실상인	舍利弗아 當知어다 사리불 당지	我本立誓願은 아본립서원
欲令一切衆으로 욕령일체중	如我等無異라 여아등무이	如我昔所願하여 여아석소원	今者에 已滿足하여 금자 이만족
化一切衆生하여 화일체중생	皆令入佛道하노라. 개령입불도		

46. 어떤 사람이 부처님을 믿고 귀의(歸依)하면,
여래는 속이거나 버리지 않으시며,
또 탐내거나 질투하는 마음이 없어서
모든 법 가운데에서 악업을 끊었으므로,
부처님은 시방세계에서 홀로 두려울 바가 없느니라.
나는 상호(相好)로 몸을 장엄하고①
광명이 세상을 비추어 무량 중생의 존경받으며
실상인(實相印)을② 설하느니라.
사리불아, 마땅히 알지어다.
내가 본래 세운 서원은 일체 중생이 나와 같이
평등하여 다름없게 하려 함이었느니라.
옛적의 소원대로 이제 만족히 이루었으니,
모든 중생 교화하여 다 불도에 들게 하겠노라.

---

①**상호로 몸을 장엄함** : 삼십이상(三十二相)으로 장엄하게 꾸미는 일. ②**실상인(實相印)** : 제법실상(諸法實相)의 도리. 부처님께서 깨달음을 얻고 상호를 장엄하시어 중생을 위해 실상의 올바른 법인(法印)을 설하였다는 것이다. 실상인이란, 곧 법화삼매(法華三昧)를 통해 알 수 있다. 법인은 불설(佛說)임을 증명하는 인증(印)이다.

若我가 遇衆生하여 盡敎以佛道할진댄 無智者가 錯亂하여 迷惑不受敎하리니
약아 우중생 진교이불도 무지자 착란 미혹불수교

我知此衆生이 未曾修善本하고 堅著於五欲하여 癡愛故로 生惱하며
아지차중생 미증수선본 견착어오욕 치애고 생뇌

以諸欲因緣으로 墜墮三惡道하며 輪迴六趣中하여 備受諸苦毒하며
이제욕인연 추타삼악도 윤회육취중 비수제고독

受胎之微形하여 世世에 常增長하여 薄德少福人이 衆苦所逼迫이며
수태지미형 세세 상증장 박덕소복인 중고소핍박

47. 내가 중생을 만나 다 불도로써 가르치는데,
지혜 없는 자는 착란하고 미혹하여
가르침을 받지 아니하니,
나는 이 중생이 일찍이 선본(善本, 善根)을 닦지 않고,
깊이 오욕에 탐착해 치애(癡愛)로[1] 인해
번뇌를 일으키며, 갖가지 욕심으로 인해
삼악도에 떨어지거나, 육도를 윤회하여
갖은 고초 다 받음을 아느니라.
모태에서 작은 형상 들어[2] 세세에 항상 자라,
덕이 엷고 복이 적은 사람으로 태어나
온갖 고통에 쫓기며,

---

① 치애(癡愛) : 어리석음과 애착. 오욕으로 애착이 생기고, 이로 인해 번뇌가 생긴다는 것이다.

② 모태에서 작은 형상 듦(受胎之微形) : 최초로 포태될 때, 작고 보잘것없는 형체를 받음이다.

入邪見稠林하여 若有若無等하고 依止此諸見하여 具足六十二하여
입사견조림 약유약무등 의지차제견 구족육십이

深著虛妄法하여 堅受不可捨하고 我慢自矜高하며 諂曲心不實하고
심착허망법 견수불가사 아만자긍고 첨곡심불실

於千萬億劫에 不聞佛名字하며 亦不聞正法하니 如是人이 難度니라.
어천만억겁 불문불명자 역불문정법 여시인 난도

숲처럼 빽빽한 사견(邪見)에 들어가①
혹은 있다 혹은 없다 하는 데 빠지느니라.
이러한 견해에 의지하여 육십이견② 고루 갖춰,
허망한 법에 깊이 탐착해
견고히 지켜 버리지 아니하고,
아만하여 스스로를 높여 자랑하며,
마음이 올바르지 아니하여 진실되지 못하고,
천만억 겁에도 부처님의 이름조차 듣지 못하며,
역시 정법(正法)도 듣지 못하나니,
이 같은 사람 제도하기 어려우니라.

---

①**숲처럼 빽빽한 사견에 들어가**(入邪見稠林) : 생사의 빽빽한 사견의 숲으로 빠져든다는 뜻. ②**육십이견**(六十二見) : 외도들의 삿된 견해. 유를 취하면 상견(常見)에 떨어지고, 무를 취하면 단견(斷見)에 떨어지는데, 이를 근본사견(根本邪見)이라 한다. 다음으로 색과 자아에 대해, "색이 곧 자아이다, 색을 떠나 자아가 있다, 자아가 색에 머물러 있다, 색이 자아에 머물러 있다."는 외도들의 4구에 오온(五蘊)의 각각을 배대하면 20견이 생긴다. 여기에 삼세에 걸치므로 근본사견을 합하여 모두 62견이 된다. 부처님 당시 인도에서 유행한 불교 외의 사상을 총칭.

是故로 舍利弗아 我爲設方便하여 說諸盡苦道하여 示之以涅槃하니
시고 사리불 아위설방편 설제진고도 시지이열반

我雖說涅槃하여도 是亦非眞滅이어니와 諸法이 從本來하여 常自寂滅相이니
아수설열반 시역비진멸 제법 종본래 상자적멸상

佛子가 行道已하면 來世에 得作佛하리라. 我有方便力으로 開示三乘法하니
불자 행도이 내세 득작불 아유방편력 개시삼승법

一切諸世尊께서 皆說一乘道하시니라 今此諸大衆은 皆應除疑惑이니
일체제세존 개설일승도 금차제대중 개응제의혹

諸佛語는 無異하여 唯一이오 無二乘하니라.
제불어 무이 유일 무이승

48. 이러하므로 사리불아, 내가 방편을 베풀어
모든 고(苦)를 없애는 도(道)를 설하여
이를 열반으로써 보임이니,①
내가 비록 열반을 설한다고 해도
이는 또한 참된 멸(滅)이 아니니라.②
모든 법은 본래부터 항상 스스로 적멸상(寂滅相)이니,③
불자가 이 도(一乘妙法) 행함을 마치면
내세에 성불하리라.

49. 나에게 방편력이 있어 삼승법을 열어 보였으나,
제불(諸佛)은 일승도(一乘道)를 설하시느니라.
이제 모든 대중은 마땅히 의혹을 버릴지니,
제불의 말씀 다름이 없어,
오직 일승(一乘)뿐이고 이승(二乘)은 없느니라.

---

① **열반으로써 보임** : 도제를 설하여 고를 없애고 마침내 열반을 보니, 곧 멸제로서 소승 열반이다. ② **참된 멸이 아님** : 멸은 열반. 소승에서 고가 다한 것을 열반이라 하나, 이는 진정한 열반이 아니라는 뜻. ③ **본래부터~적멸상** : 열반의 모습. 삼계의 허망한 모습(色)을 멸해 열반에 들어감(空)은 진정한 열반이 아니며, 여기에서 나아가 제법이 허망하고 무명이라는 자체가 본래 없는 것이어서 항상 열반의 모습(寂滅相) 자체라고 깊이 통달해 깨닫는다면, 이것이 진정한 묘법이다. 진실된 법은 수행으로 체득하니, 도를 행해 마치면(行道已) 부처가 된다(作佛)고 하였다.

過去無數劫에 無量滅度佛께서 百千萬億種이라 其數 不可量이니라
과거무수겁 무량멸도불 백천만억종 기수 불가량

如是諸世尊께서 種種緣 譬喩와 無數方便力으로 演說諸法相하시니
여시제세존 종종연 비유 무수방편력 연설제법상

是諸世尊等이 皆說一乘法하사 化無量衆生하사 令入於佛道하시니라.
시제세존등 개설일승법 화무량중생 영입어불도

又諸大聖主께서 知一切世間에 天人群生類의 深心之所欲하사
우제대성주 지일체세간 천인군생류 심심지소욕

更以異方便으로 助顯第一義하셨나니라.
갱이이방편 조현제일의

과거 수없는 겁에 한량 없이 멸도하신 부처님
백천만억이나 되어 그 수 헤아리지 못하느니라.
이러한 제불께서 갖가지 인연(因緣)과 비유와
수없는 방편력으로 모든 법의 상(相)을 설하시되,
이 제불께서도 결국은 다 일승법을 설하시어,
한량 없는 중생 교화하시어
불도에 들게 하셨느니라.
또, 모든 대성주(大聖主)께서 일체 세간의
하늘과 사람과 많은 중생의 깊은 욕망을 아시고,
다시 다른 방편으로[1] 제일의(第一義)를 도와[2]
나타내셨느니라.

---

① 다른 방편(異方便) : 중생의 근기에 맞추어 설하시는 가르침이 부처님 본뜻과 다르므로, 다른 방편이라 하였다. 곧, 방편으로 삼승을 설하셨음을 뜻한다. ② 제일의를 도움(助顯第一義) : 제일의는 최고의 도리. 중생의 근기 따라 교화하시는 목적이, 결국 최고의 가르침으로 이끌기 위함이므로 도와 주는 것이다.

若有衆生類가 약유중생류	値諸過去佛하여 치제과거불	若聞法하고 布施하며 약문법 보시	或持戒와 忍辱과 혹지계 인욕
精進 禪 智 等으로 정진 선 지 등	種種修福慧하니 종종수복혜	如是諸人等이 여시제인등	皆已成佛道하니라. 개이성불도
諸佛께서 滅度後에 제불 멸도후	若人이 善軟心하면 약인 선연심	如是諸衆生은 여시제중생	皆已成佛道하니라. 개이성불도

50. 만약 어떤 중생이 과거의 여러 부처님 만나,
법문 듣고 보시하거나 계행을 지키고,
인욕(忍辱), 정진(精進), 선정(禪定), 지혜(智慧) 등
갖가지로 복혜(福慧)를[1] 닦았다면,
이 같은 사람들은 다 이미 불도를 이룩했느니라.

51. 모든 부처님께서 멸도하신 후,
사람이 착하고 부드러운 마음을[2] 간직한다면,
이 같은 중생은 다 이미 불도를 이룩했느니라.

---

① 복혜(福慧) : 복덕과 지혜. 이 두 가지는 육바라밀로 장엄된 것이다. 육바라밀에서 보시, 지계, 인욕, 정진, 선정바라밀은 복덕을 이루고, 지혜바라밀은 지혜를 나타내기 때문이다. ② 착하고 부드러운 마음(善軟心) : 마음을 다스리면 유연해지고, 마음을 조복하여 머무름은 현성(賢聖)이므로 성문, 연각의 행으로 보는 것이다.

諸佛께서 滅度已어시늘 제불 멸도이	供養舍利者가 공양사리자	起萬億種塔하되 기만억종탑	金銀及頗梨와 금은급파리
硨磲與碼碯와 자거여마노	玫瑰琉璃珠로 매괴유리주	清淨廣嚴飾하여 청정광엄식	莊校於諸塔하며 장교어제탑
或有起石廟하며 혹유기석묘	栴檀及沈水와 전단급침수	木櫁并餘材와 목밀병여재	甎瓦泥土等하며 전와니토등
若於曠野中에 약어광야중	積土成佛廟하거나 적토성불묘	乃至童子가 戲로 내지동자 희	聚沙爲佛塔하면 취사위불탑
如是諸人等이 여시제인등	皆已成佛道하니라. 개이성불도		

여러 부처님께서 멸도하신 후,
사리를 공양하는 사람이 만억 가지 탑을 세우되,
금, 은, 파리, 자거, 마노, 매괴,[①] 유리, 진주로
깨끗하게 널리 꾸미고 아름답게 장식하거나,
혹은 돌로 탑묘를 일으키고,
전단향과[②] 침수향과[③] 목밀향이나[④] 다른 목재를 쓰며,
벽돌이나 기와, 진흙 등으로 짓거나,
혹은 벌판에 흙으로 쌓아 부처님 탑묘를 이루거나,
혹은 아이가 놀면서라도
모래를 모아 부처님의 탑을 만든다면,
이 같은 사람들은 다 이미 불도를 이룩했느니라.

---

①매괴(玫瑰) : 기이하고 아름다운 적색의 구슬(赤玉). 화주(火珠). ②전단향(栴檀香) : 전단으로 만든 향. 전단(candana)은 인도에서 나는 향목. 향으로 태우거나 가루를 내어 쓰고, 향유(香油)를 만들기도 한다. ③침수향(沈水香) : 침목화과의 상록수. 최고급 향목으로 향기가 강하다. 무거워 물에 잠기므로 침수향(沈水香)이라 이름하였다. ④목밀향(木櫁香) : 백단(白檀)과 비슷한 향나무의 일종. 불상을 조각하기에 적합하다고 한다.

若人이 爲佛故로 建立諸形像하되 刻雕成衆相하면 皆已成佛道하니라.
약 인 위 불 고 건 립 제 형 상 각 조 성 중 상 개 이 성 불 도

或以七寶成하며 鍮鉐赤白銅과 白鑞及鉛錫과 鐵木及與泥하며
혹 이 칠 보 성 유 석 적 백 동 백 랍 급 연 석 철 목 급 여 니

或以膠漆布로 嚴飾做佛像하면 如是諸人等이 皆已成佛道하니라.
혹 이 교 칠 포 엄 식 주 불 상 여 시 제 인 등 개 이 성 불 도

彩畫作佛像하되 百福莊嚴相으로 自作커나 若使人하면 皆已成佛道하니라.
채 화 작 불 상 백 복 장 엄 상 자 작 약 사 인 개 이 성 불 도

52. 혹, 어떤 사람이 부처님을 위해
여러 형상 세우되,
조각(彫刻)으로 갖가지 상을 이룩한다면,
다 이미 불도를 이룩했느니라.
혹은, 칠보로 이룩하고, 놋쇠나 붉은 구리, 흰 구리와
백랍, 납, 주석과 쇠, 나무, 진흙과 아교와
옻으로 칠한 베로 불상을 장엄한다면,
이 같은 사람은 다 이미 불도를 이룩했느니라.
오색으로 불상을 그리어
백복의 거룩한 상을[①] 나타내되,
스스로 그리거나 남을 시켜 그린다면,
다 이미 불도를 이룩했느니라.

① 백복의 거룩한 상(百福莊嚴相) : 온갖 복덕을 갖추어 장엄된 모습.

乃至童子 戲로	若草木及筆이어나	或以指爪甲으로	而畫做佛像하면
내 지 동 자 희	약 초 목 급 필	혹 이 지 조 갑	이 화 주 불 상
如是諸人等이	漸漸積功德하여	具足大悲心하여	皆已成佛道하고
여 시 제 인 등	점 점 적 공 덕	구 족 대 비 심	개 이 성 불 도
但化諸菩薩하여	度脫無量衆하나니라.	若人이 於塔廟와	寶像及畫像에
단 화 제 보 살	도 탈 무 량 중	약 인 어 탑 묘	보 상 급 화 상
以華香幡蓋로	敬心而供養커니	若使人作樂하되	擊鼓吹角貝하며
이 화 향 번 개	경 심 이 공 양	약 사 인 작 악	격 고 취 각 패
簫 笛 琴 箜篌와	琵琶 鐃 銅鈸과	如是衆妙音을	盡持以供養커나
소 적 금 공 후	비 파 요 동 발	여 시 중 묘 음	진 지 이 공 양
或以歡喜心으로	歌唄 頌佛德하되	乃至一小音이라도	皆已成佛道하니라.
혹 이 환 희 심	가 패 송 불 덕	내 지 일 소 음	개 이 성 불 도

아이들이 장난으로 풀이나 나무 또는 붓,
손가락이나 손톱으로 불상을 그린다 해도,
이 같은 사람 차차 공덕 쌓아서
대비심 갖추어 다 불도 이룩하고,
다만 모든 보살 교화하여①
한량 없는 중생 제도해서 해탈케 하리라.

53. 어떤 사람이 탑묘와② 불상이나 탱화(幀畫)에③
꽃이나 향, 번개를④ 공경심으로 공양하거나,
남을 시켜 악기를 연주하되 북 치고 고동 불며,
피리, 퉁소, 거문고, 비파, 징, 꽹과리 등
이 같은 갖가지 묘한 음악으로 공양하거나,
환희심으로 노래 불러 부처님의 큰 덕 칭송하되,
작게 한 마디만 해도 다 불도를 이룩하느니라.

①**다만 모든 보살 교화함(但化諸菩薩)** : 제불께서는 특별히 다른 승(乘)이 없고, 오직 모든 보살을 교화시키는 일승법만이 있다는 것이다. ②**탑묘(塔廟)** : 탑은 스투파(stūpa)의 음사이고, 묘(廟)는 한역. 사리를 모셔둔 탑. ③**탱화** : 채색으로 그린 불화. ④**꽃이나 향, 번개(華香幡蓋)** : 번(幡)은 깃발이고, 개(蓋)는 덮개. 여기에서 꽃은 인연을 의미하고, 향은 훌륭한 덕을 나타내며, 번은 훌륭한 몸을 나타내고, 개는 좋은 결과를 나타낸다.

若人이 散亂心으로 乃至以一華로 供養於畫像하면 漸見無數佛하며
약인 산란심 내지이일화 공양어화상 점견무수불

或有人이 禮拜커나 或復但合掌커나 乃至擧一手커나 或復小低頭커나
혹유인 예배 혹부단합장 내지거일수 혹부소저두

以此로 供養像하면 漸見無量佛하여 自成無上道하여 廣度無數衆하여
이차 공양상 점견무량불 자성무상도 광도무수중

入無餘涅槃하되 如薪盡火滅케하니라 若人이 散亂心으로 入於塔廟中하여
입무여열반 여신진화멸 약인 산란심 입어탑묘중

一稱南無佛하면 皆已成佛道하니라.
일칭나무불 개이성불도

어떤 사람이 산란한 마음으로라도
한 송이 꽃을 부처님 탱화에 공양할지라도
차차 여러 부처님 친견하며,
어떤 사람이 예배하거나[①] 다만 합장만 하거나,
또는 한 손만 들거나 머리만 약간 숙이는 등
이와 같이 불상에 공양해도,
차차 한량 없는 부처님 친견하여,
스스로 무상도 성취하여
수없는 중생 널리 제도하고,
무여열반에 섶이 다 타
불 꺼지듯 들어가리라.[②]
어떤 사람이 산란한 마음으로 탑묘에 들어가
'나무불(南無佛)'[③] 하고 한 번 불러도
다 이미 불도를 이룩했느니라.

---

①예배함 : 오체투지(五體投地). 두 팔, 두 무릎, 머리를 땅에 대고 하는 최고의 예배 방법. ②섶이 다 타 불 꺼지듯 들어감 : 번뇌를 불에 비유하여 번뇌가 다한 것. ③나무불(南無佛) : '부처님께 귀의합니다(歸依佛)'의 뜻.

於諸過去佛께서 在世或滅後에 若有聞是法하면 皆已成佛道하니라.
어 제 과 거 불 재 세 혹 멸 후 약 유 문 시 법 개 이 성 불 도

未來諸世尊께서 其數 無有量하니 是諸如來等도 亦方便說法하리라.
미 래 제 세 존 기 수 무 유 량 시 제 여 래 등 역 방 편 설 법

一切諸如來께서 以無量方便으로 度脫諸衆生하여 入佛無漏智케하나니
일 체 제 여 래 이 무 량 방 편 도 탈 제 중 생 입 불 무 루 지

若有聞法者면 無一不成佛하리라. 諸佛의 本誓願은 我所行佛道를
약 유 문 법 자 무 일 불 성 불 제 불 본 서 원 아 소 행 불 도

普欲令衆生으로 亦同得此道하나니라.
보 욕 령 중 생 역 동 득 차 도

과거의 모든 부처님께서
세상에 계실 때에나 멸도하신 후에
만약 이 법문 들었다면,
다 이미 불도를 성취했느니라.

54. 미래의 세존의 수효 한량 없되,
이 모든 여래께서도 방편으로 설법하시리라.
모든 여래께서는 한량 없는 방편으로
중생 제도하시고 해탈케 하시어
부처님의 무루지(無漏智)에① 들게 하실새,
만약 법문 듣는 이는
한 사람도 성불하지 못하는 이 없으리라.
모든 부처님의 본래 서원은,② 친히 행하신 불도를③
중생도 함께 널리 얻게 하고자 하심이니라.

---

① **무루지(無漏智)** : '누(漏)'란 육근에 의해서 끊임없이 허물을 누출시켜 번뇌가 된다는 것인데, 무루지는 번뇌에 의해 더럽혀짐이 없는 지혜이다. ② **부처님의 본래 서원(佛本誓願)** : 중생이 법을 듣고 퇴보하지 않아 모두 성불하는 것이다. ③ **친히 행하신 불도** : 부처님께서 행한 불법에 들어가는 도를 가리킨다. 부처님께서 무수하게 많은 법문을 설하셨지만, 그것은 모두 일승을 위한 것이며, 모든 중생으로 하여금 이 도를 얻게 하려는 것이다. 그러므로 일승의 수행이니, 행일(行一)이다.

未來世諸佛께서 雖說百千億의 無數諸法門하셨어도 其實은 爲一乘이니라.
미래세제불 수설백천억 무수제법문 기실 위일승

諸佛兩足尊께서 知法의 常無性이언마는 佛種이 從緣起할새 是故로 說一乘하나니
제불양족존 지법 상무성 불종 종연기 시고 설일승

是法이 住法位하며 世間相이 常住하니 於道場에서 知已하고 導師께서는 方便說하셨느니라.
시법 주법위 세간상 상주 어도량 지이 도사 방편설

55. 미래의 모든 부처님께서
비록 백천억의 수없는 법문을 설하실지라도
그 실은 일승법(一乘法)을 위하심이니라.
모든 부처님께서는①
법에 항상 자성이 없음을 아시지만,
부처님 종자(佛種)는 연(緣) 따라 일어나므로,
이에 일승(一乘)을 설하시느니라.
이 법이 법위(法位, 法性, 眞如)에 머무르고,②
세간상(世間相)으로 항상 머물러,③
도량(菩提樹下)에서 이를 아시어
도사(釋尊)께서④ 방편으로 설하시느니라.

---

① 모든 부처님(諸佛兩足尊) : 복덕과 지혜 두 가지가 다 구족하신 가장 존귀하신 부처님. ② 법위에 머무름 : 일체법은 그 본성이 적정하여 변치 않고 움직이지도 않는 것을 말한다. ③ 세간상으로 항상 머물러 : 세상의 망상은 나고 죽는 법이지만, 상주하는 실상은 나고 죽음이 없다는 것이다. ④ 도사(導師) : 부처님께서 삼계의 중생을 인도하시는 스승이므로 대도사(大導師)라 한다.

天人所供養 現在十方佛께서 其數가 如恒沙하여 出現於世間하시니
천인소공양 현재시방불 기수 여항사 출현어세간

安隱衆生故로 亦說如是法하시니라 知第一寂滅이어신마는 以方便力故로
안온중생고 역설여시법 지제일적멸 이방편력고

雖示種種道하시나 其實은 爲佛乘이시니라. 知衆生諸行과 深心之所念과
수시종종도 기실 위불승 지중생제행 심심지소념

過去所習業과 欲性과 精進力과 及諸根利鈍하사 以種種因緣과
과거소습업 욕성 정진력 급제근리둔 이종종인연

譬喩 亦言辭로 隨應方便說하셨느니라.
비유 역언사 수응방편설

56. 하늘과 사람의 공양 받으시는 현재의 시방불께서
그 수효 항하사같이 많이
세상에 출현하시되,
중생을 편안하게 하고자
또한 이 법을 설하시느니라.
제일의 적멸법을[①] 아셨건마는,
방편력으로 갖가지 도 보이심은,
일불승을[②] 위하심이니라.
중생의 모든 행과 마음 깊이 생각하는 바와
과거에 익힌 업과 의욕적인 성품과[③] 정진력과
모든 근기의 총명함과 둔함을 아시고,
갖가지 인연과 비유와 말씀으로
근기 따라 방편으로 설하셨느니라.

---

① **제일의 적멸법(第一寂滅)** : 최고의 열반. 제법의 가장 고요하고 청정하여 항상 적멸인 경지. ② **일불승(一佛乘)** : 부처가 될 것을 가르치는 유일의 실천법. 불종자를 믿고 실천하는 도법. ③ **의욕적인 성품(欲性)** : 바라는 바 욕구와 과거로부터 익혀 온 여러 가지 습성.

今我亦如是하여 금 아 역 여 시	安隱衆生故로 안 온 중 생 고	以種種法門으로 이 종 종 법 문	宣示於佛道하며 선 시 어 불 도
我以智慧力으로 아 이 지 혜 력	知衆生性欲하여 지 중 생 성 욕	方便說諸法하여 방 편 설 제 법	皆令得歡喜케하노라 개 령 득 환 희
舍利弗아 當知어다 사 리 불 당 지	我以佛眼으로 觀하니 아 이 불 안 관	見六道衆生이 견 육 도 중 생	貧窮無福慧하여 빈 궁 무 복 혜
入生死險道하여서 입 생 사 험 도	相續하여 苦가 不斷하며 상 속 고 부 단		

57. 지금 나도 이와 같아 중생을 편안하게 하고자
갖가지 법문으로 불도를 펴 보이느니라.①
또, 나는 지혜의 힘으로
중생의 의욕적인 성품을 알아
방편으로 모든 법을 설해
다 기쁘게 하느니라.②
사리불아, 알지어다.
내가 불안(佛眼)으로 육도(六道) 중생을 관찰하니,
빈궁하고 복덕과 지혜가 없어서
생사의 험한 길에 들어가
서로 이어져 고가 끊기지 않고,

① **중생을~보이느니라** : 열반을 이르니, 부처님은 거기에 머무르시고 또한 중생을 거기에 안치하여 비밀장(秘密藏)에 들게 하시는 것이다. 따라서 '편안하게'는, 진리가 하나, 곧 이일(理一)을 게송한 것이요, '중생'이란, 교화할 것은 중생이므로 인일(人一), '갖가지 법문으로'는, 여러 법문으로 수행하므로 행일(行一), '펴 보이느니라'는, 가르침을 펴 보이므로 교일(敎一)을 게송한 것이다. ② **지혜의~하느니라** : 방편지(權智)이고, '중생의 의욕적인 성품을 알아'는 소승의 근기를 살펴보시는 일이며, '방편으로 모든 법을 설해'는 방편을 베푸심이요, '다 기쁘게 함'은 근기에 맞추어 설하시니 근기에 어울림이다.

深著於五欲하되 如犛牛의 愛尾하여 以貪愛로 自蔽하여 盲瞑無所見하며
심착어오욕 여리우 애미 이탐애 자폐 맹명무소견

不求大勢佛과 及與斷苦法하고 深入諸邪見하여 以苦로 欲捨苦할새
불구대세불 급여단고법 심입제사견 이고 욕사고

爲是衆生故로 而起大悲心하노라.
위시중생고 이기대비심

깊이 오욕에 집착함이
검정물소가 꼬리 사랑하듯[①] 하여,
탐냄과 애착으로 자기를 가려 눈멀고 어두워
보는 바가 없느니라.
대세(大勢)의 부처님과[②]
고(苦) 끊는 법 구하지 않고,
깊이 모든 사견에 들어가
고로써 고제(苦諦)를 버리려[③] 하니,
이 같은 중생 위하여
대비심을 일으키노라.

---

①검정물소가 꼬리 사랑하듯 : 검정물소는 긴 꼬리를 매우 사랑하는데, 사람들은 그것을 기(旗)로 쓰기 위해 죽이니, 결국 꼬리 때문에 죽음을 당하는 꼴이다. 중생도 오욕에 애착하므로 고(苦)를 받으니, 이와 같다는 뜻이다. ②대세의 부처님(大勢佛) : 큰 위력을 지닌 부처님. ③고로써 고제를 버림(以苦欲捨苦) : 허망한 고의 업을 지어 익히면서, 고의 과보를 버리고자 한다는 뜻.

我始坐道場하여 觀樹亦經行하며 於三七日中에 思惟如是事하되
아시좌도량 관수역경행 어삼칠일중 사유여시사

我所得智慧는 微妙하기가 最第一이어든 衆生은 諸根이 鈍하고 著樂癡所盲하니
아소득지혜 미묘 최제일 중생 제근 둔 착락치소맹

如斯之等類를 云何而可度인가하였느니라.
여사지등류 운하이가도

58. 내가 처음 도량에 앉아 보리수를 보고 경행하며①
삼칠일(三七日)을② 골똘히 이런 일을 생각하였노라.
'내가 얻은 지혜는 가장 미묘하고 제일인데,
중생은 모든 근기가 우둔하여
오욕락에 탐착해 어리석고 눈 어두우니,
이 같은 무리를 어떻게 제도할 수 있을까?'
하였느니라.

①**보리수를 보고 경행함**(觀樹經行) : 성불하신 자리에서 일어나 보리수를 바라보며 조용히 거니신 일. 나무(樹)란 십이인연의 큰 나무다. 깊이 연기의 이치를 관하여 스스로 보리를 이루시고 무루법(無漏法)의 나무로 중생을 덮어 주시려 함이니, 보리수를 바라봄(觀樹)이라 하였다. 경행이란, 대승의 삼십칠도품(三十七道品)을 가지고 일체의 땅(一切地 : 제법의 실상)을 밟아 불도를 이룸이니, 부처님께서는 이 법으로 중생을 교화하시려고 하셨다. ②**삼칠일**(三七日) : 부처님께서 처음 성도하신 후 21일을 말한다. 처음의 7일은 법설(法說)을, 다음의 7일은 비유설(譬喩說)을, 다시 7일은 인연설(因緣說)을 펴려 하신 것인데, 여기에 알맞은 근기가 없어서 대승을 그만두고 소승을 펴려 하신 것이다. 혹은, 차례로 원교의 대승, 별교의 대승, 통교의 대승을 펴려 하셨는데, 알맞은 근기가 없어 삼장(三藏)의 소승을 설하시어 방편 교화를 펴신 것이다.

爾時에 諸梵王과 及諸天帝釋과 護世四天王과 及大自在天과
이시 제범왕 급제천제석 호세사천왕 급대자재천

幷餘諸天衆의 眷屬百千萬이 恭敬合掌禮하여 請我轉法輪하더니
병여제천중 권속백천만 공경합장례 청아전법륜

我卽自思惟하되 若但讚佛乘하면 衆生이 沒在苦로 不能信是法하여
아즉자사유 약단찬불승 중생 몰재고 불능신시법

破法不信故로 墜於三惡道하리니 我寧不說法하고 疾入於涅槃하리라.
파법불신고 추어삼악도 아녕불설법 질입어열반

59. 그 때, 모든 범왕(梵王)과 모든 제석천과
세상 지키는 사천왕과 대자재천과,
아울러 나머지 천신들과 백천만 권속이
공경하여 합장하고 예배하며
나에게 '법륜을 굴리소서.' 하고 청하거늘①
나는 곧 스스로 이렇게 생각하였느니라.
'만일 오직 불승만 기린다면,
진실인데도 고에 빠진 중생은
이 법을 능히 믿지 못하여
법을 깨뜨리고 믿지 않음으로써 삼악도에 떨어지리니,②
나는 차라리 설법하지 않고 속히 열반에 들리라.'③

---

① **'법륜을 굴리소서.' 하고 청함** : 여러 범천이 대승을 설하시도록 청하지만, 부처님께서는 이 법에 알맞은 근기가 없음을 아셔서 설하지 않으신 것이다. ② **삼악도에 떨어짐** : 알맞은 근기가 없는데도 억지로 설하면 중생들이 믿지 못하고 법을 헐뜯게 되므로, 도리어 중생들이 손상을 입는다는 것. 삼악도는 지옥, 아귀, 축생계. ③ **열반에 들리라** : 교화를 그만두고 적멸 열반에 들려고 하신 일.

尋念過去佛의 심 념 과 거 불	所行方便力하고 소 행 방 편 력	我今所得道도 아 금 소 득 도	亦應說三乘하리라하고 역 응 설 삼 승
作是思維時에 작 시 사 유 시	十方佛께서 皆現하사 시 방 불 개 현	梵音으로 慰喩我하사대 범 음 위 유 아	善哉라 釋迦文이시여 선 재 석 가 문
第一之導師시여 제 일 지 도 사	得是無上法하시니 득 시 무 상 법	隨諸一切佛하여 수 제 일 체 불	而用方便力하셨도다 이 용 방 편 력
我等도 亦皆得하여 아 등 역 개 득	最妙第一法어언만은 최 묘 제 일 법	爲諸衆生類하여 위 제 중 생 류	分別說三乘하였도다. 분 별 설 삼 승

60. 그러나 저 과거불이 행하신 방편력 생각하고,
'내가 지금 얻은 도(道)도 근기에 맞춰
삼승으로 설하리라.'
이렇게 생각할 때,
시방의 제불께서 다 나타나시어
맑은 음성으로 나를 위로하여 말씀하셨느니라.①
'거룩하시도다, 석가모니불이시여,②
제일의 도사시여.③
이 무상법(無上法)을 얻으셨건만,
모든 부처님 따라④ 방편력을 쓰려 하시도다.
우리도 가장 묘한 제일법을 얻었건만,
중생 위해 분별해서 삼승을 설했네.⑤

---

① **위로하여 말씀하심(慰喩我)** : 위로하고 깨우침. ② **석가모니불(釋迦文)** : Śakya-muni의 음사. 석가는 종족 이름, 모니(文)는 성자라는 뜻. ③ **제일의 도사(第一之導師)** : 부처님을 가리킨다. 방편을 잘 생각해서 중생을 인도함이 제일가는 인도자라는 뜻. ④ **모든 부처님 따라** : 일체 제불께서 진실을 숨기고 방편을 베푸신 방식을 따른다는 뜻. ⑤ **중생 위해 분별해서 삼승을 설함** : 일체 중생들을 위해 일불승에서 삼승을 분별하여 말했다는 뜻. 이것은 일승(一乘)을 위해 삼승을 베풀었으니, 곧 중생들을 불혜에 들게 하시고자 함이다.

小智는 樂小法하여 소지 낙소법	不自信作佛할새 부자신작불	是故以方便으로 시고이방편	分別說諸果하노니 분별설제과
雖復說三乘하나 수부설삼승	但爲教菩薩이니라. 단위교보살	舍利弗아 當知어다 사리불 당지	我聞聖師子의 아문성사자
深淨微妙音의 심정미묘음	稱南無諸佛하고 칭나무제불	復作如是念하되 부작여시념	我出濁惡世하니 아출탁악세
如諸佛所說로 여제불소설	我亦隨順行하리라 아역수순행		

작은 지혜 가진 자 작은 법을 즐겨①
자신의 성불을 믿지 않는지라,②
방편으로 분별하여 모든 과(果)를③ 설하나니,
비록 삼승을 설하였으나,
오직 보살을 가르치기 위함이도다.'④

61. 사리불아, 알지어다.
나는 모든 부처님(聖師子)의 깊고 맑고 묘한 음성을 듣자옵고
'나무제불(南無諸佛)'이라 일컫고
또 이런 생각을 하였느니라.
'나는 탁하고 악한 세상에 나왔으니,
제불께서 설하신 대로 나도 수순(隨順)하여 행하리라.'

---

①작은 지혜 가진 자 작은 법을 즐겨 : 중생이 지혜가 적어 소승법을 즐겨 집착한다는 뜻. 지혜가 적어서 대승 듣는 것을 감당하지 못하니 이 때문에 진실을 숨기신 것이요, 또한 작은 법을 애착하니 이 때문에 먼저 방편을 베푸시는 것이다. ②자신의 성불을 믿지 않음 : 스스로 부처가 될 수 있다는 것을 믿지 않으므로, 일승법을 그대로 교화할 수 없다는 뜻이다. ③모든 과(諸果) : 수행으로 얻어지는 결과. 성문, 연각, 보살들의 깨달음. ④오직 보살을 가르치기 위함 : 삼승을 베풀어 중생들에게 소승을 가르치지만, 그들에게 일불승을 주어 성불로 이끌려는 본뜻에서 벗어난 것은 아니다. 다만, 부처님의 진의가 숨겨진 것일 뿐, 부처님은 언제나 모든 제자를 보살로 대하고 계시며, 보살의 근기에 맞게 교화시켜 불도를 이루게 하려 하신다. 즉, 삼승을 설하신다 해도 결국은 진실의 법을 나타내기 위함이시다.

思惟是事已하고 사 유 시 사 이	卽趣波羅奈하니 즉 취 바 라 나	諸法寂滅相은 제 법 적 멸 상	不可以言宣이어늘 불 가 이 언 선
以方便力故로 이 방 편 력 고	爲五比丘說하니 위 오 비 구 설	是名轉法輪이라 시 명 전 법 륜	便有涅槃音과 변 유 열 반 음
及以阿羅漢과 급 이 아 라 한	法僧差別名하니라. 법 승 차 별 명	從久遠劫來에 종 구 원 겁 래	讚示涅槃法하되 찬 시 열 반 법
生死苦永盡이라하여 생 사 고 영 진	我常如是說하노라. 아 상 여 시 설		

이 생각을 마치고 곧 바라나(波羅奈)로[①] 갔느니라.
제법(諸法)의 적멸상은 말로 펼 일 아니로되,
방편력으로 다섯 비구[②] 위해 설하니,
이를 이름하여 전법륜(轉法輪)이라 하느니라.
그리하여 열반과 아라한, 법, 승(僧)[③] 등
차별명이 생겼느니라.
구원겁 이래로 열반법을 찬양해[④] 보이되,
'생사의 고 영원히 다한다.'고
내 항상 설했느니라.

---

① **바라나(Vārāṇasī)** : 마갈타(摩竭陀)국 북서쪽에 있으며, 부처님께서 맨 처음 다섯 비구를 상대로 법을 펴신(初轉法輪) 장소. 곧, 바라나시의 사르나트를 녹야원(鹿野苑)이라 한다. ② **다섯 비구** : 최초의 승가(僧伽). 아야교진여, 아습비, 마하마남, 바제, 바루. 아야교진여를 제외하고는 다소 차이가 있다. ③ **아라한, 법, 승** : 부처님께서 사성제법을 다섯 비구에게 설하시어 삼보가 갖추어진 일. ④ **구원겁 이래 열반법을 찬양함(從久遠劫來讚示涅槃法)** : 비록 열반법으로 삼승(三乘)을 설했지만, 본뜻은 근본 진리에 있다는 말이다.

舍利弗아 當知어다	我見佛子等이	志求佛道者가	無量千萬億이
사리불 당지	아견불자등	지구불도자	무량천만억
咸以恭敬心으로	皆來至佛所하니	曾從諸佛聞하여	方便所說法할새
함이공경심	개래지불소	증종제불문	방편소설법
我卽作是念하되	如來께서 所以出하심은	爲說佛慧故이니	今이 正是其時로다.
아즉작시념	여래 소이출	위설불혜고	금 정시기시
舍利弗아 當知어다	鈍根小智人인	著相憍慢者는	不能信是法하나니
사리불 당지	둔근소지인	착상교만자	불능신시법
今我 喜無畏하여	於諸菩薩中에	正直捨方便하고	但說無上道하노라.
금아 희무외	어제보살중	정직사방편	단설무상도

62. 사리불아, 알지어다. 내가 불자들을 보니,
불도를 구하는 한량 없는 이가
다 공경하는 마음으로 부처님 처소에 오니,
일찍이 제불 따라 방편으로 설하는 법을 듣던 이라,
나는 곧 이러한 생각을 하였느니라.
'여래의 출현은 불혜(佛慧)를 설하고자 함이니,
지금이 바로 그 때이다.'

63. 사리불아, 알지어다.
근기 둔하고 지혜 작은 사람과
상(相)에 집착해 교만한 자는
이 법 믿지 아니하느니라.①
나는 지금 기쁘고 두려움이 없어
여러 보살 가운데에서
방편을 버리고 곧바로 다만 무상도를 설하노라.②

---

①**교만한 자는 이 법 믿지 않음** : 스스로 교만한 자는 대승의 일승법을 믿을 수 없으므로 설하지 않았다는 뜻. ②**곧바로 다만 무상도를 설함** : 전에는 근기가 열악한 사람을 위해 방편으로 삼승을 설했으나, 지금은 방편을 버리고 바로 진실을 설한다는 뜻.

菩薩이 聞是法하고 疑網을 皆已除하니 千二百羅漢도 悉亦當作佛하리라.
보살 문시법 의망 개이제 천이백나한 실역당작불

如三世諸佛께서 說法之儀式하여 我今亦如是하여 說無分別法하노라.
여삼세제불 설법지의식 아금역여시 설무분별법

諸佛興出世는 懸遠하여 値遇難하며 正使出于世하셔도 說是法이 復難하며
제불흥출세 현원 치우난 정사출우세 설시법 부난

無量無數劫에 聞是法이 亦難하며 能聽是法者도 斯人이 亦復難하니라
무량무수겁 문시법 역난 능청시법자 사인 역부난

보살은 이 법 듣고 의심 그물① 다 버리니,
천이백 아라한들도 다 성불하리라.②

64. 삼세의 모든 부처님께서
설법하시는 의식(儀式)과 같이
나도 지금 이와 같아,
무분별법을③ 설하노라.
제불께서 세상에 나오심이
멀고 멀어 만나 뵙기 어려우니라.
세상에 출현하셨을지라도
이 법 설하기 어렵고,
한량 없고 수없는 겁에 이 법을 듣기도 어려우며,
이 법을 들어 믿는 사람은 더욱 있기 어려우니라.

---

①**의심 그물(疑網)** : 의혹의 그물. 의혹이 해결되지 않았을 때, 그물 속에 있는 것과 같음을 비유한 말. ②**천이백 아라한들도 다 성불함** : 이들 아라한들은 지난날 소승법을 닦았으나, 믿음을 내어 법화의 대승법을 듣고 보살이 되니, 장차 성불할 것이라 하였다. 실제로 뒤의 제8품(오백제자수기품)에서는 천이백 아라한들이 부처님으로부터 성불할 수기를 받는다. ③**무분별법(無分別法)** : 제법실상의 도리. 삼승의 도는 분별하여 말한다고 하는 데 비해, 일불승을 말하는 도리는 분별이 없다고 한다.

譬如優曇華의 비여우담화	一切皆愛樂은 일체개애락	天人所希有하여 천인소희유	時時乃一出듯하니라 시시내일출
聞法歡喜讚하되 문법환희찬	乃至發一言하여도 내지발일언	則爲已供養 즉위이공양	一切三世佛이니라 일체삼세불
是人이 甚希有하여 시인 심희유	過於優曇華하니라. 과어우담화	汝等은 勿有疑하라 여등 물유의	我爲諸法王하여서 아위제법왕
普告諸大衆하노니 보고제대중	但以一乘道로 단이일승도	敎化諸菩薩이오 교화제보살	無聲聞弟子하니라. 무성문제자

비유컨대, 우담발화를 다 사랑하고 즐김은[①]
천상이나 인간계에 희유하여
때라야 한 번 핌과 같으니라.[②]
법문을 듣고 환희하여
단 한 마디의 말로 찬탄할지라도
이미 일체 삼세의 부처님을 공양함이 되느니라.
이러한 사람은 심히 희유하여
우담발화보다 더하느니라.

65. 너희는 의혹하지 마라.
이 몸이 모든 법왕(法王)되어[③] 널리 대중에게 고하노니,
오직 이 일승도(一乘道)로 모든 보살을 가르칠 뿐,
성문 제자는 없느니라.[④]

---

① 우담발화를 다 사랑하고 즐김 : 부처님께서 세상에 출현하실 때 우담발화가 피었으므로 여래를 만나 뵙기 어려움을 비유하는데, 이것은 상서를 나타내니 일체 중생이 모두 좋아한다는 뜻. **② 때라야 한 번 핌과 같다** : 도가 없을 때는 우담발화가 나타나지 않는 것처럼, 중생의 근기가 무르익고 부처님의 교화를 받을 만한 인연이 일어나는 때가 되어야 바야흐로 들을 수 있다는 뜻이다. **③ 법왕(法王)** : 세상의 가장 존귀한 분. 부처님. **④ 성문 제자는 없음** : 처음에는 성문 등 삼승을 열어 방편을 폈으나, 마침내 진실을 열어 보여 주는 시점에서는 하나의 진실(一實)로 돌아왔으므로, 방편을 열어 진실을 보여 줌(開權顯實)의 입장에서는 모두 보살로서 불자(佛子)일 뿐 소승의 성문인 제자는 존재치 않는다.

汝等舍利弗과 聲聞及菩薩은 當知어다 是妙法은 諸佛之祕要니라.
여 등 사 리 불 성 문 급 보 살 당 지 시 묘 법 제 불 지 비 요

以五濁惡世에 但樂著諸欲할세 如是等衆生은 終不求佛道하리며
이 오 탁 악 세 단 락 착 제 욕 여 시 등 중 생 종 불 구 불 도

當來世惡人이 聞佛說一乘하고 迷惑不信受하여 破法하고 墮惡道하리라
당 래 세 악 인 문 불 설 일 승 미 혹 불 신 수 파 법 타 악 도

有慚愧 清淨하여 志求佛道者어든 當爲如是等하여 廣讚一乘道하라.
유 참 괴 청 정 지 구 불 도 자 당 위 여 시 등 광 찬 일 승 도

너희 사리불과 성문, 보살은 알지어다.
이 묘법은
모든 부처님의 비밀스러운 가르침(祕要)이니라.①
오탁악세에서 모든 욕망에 집착해 즐길새,②
이 중생은 끝내 불도를 구하지 아니하리라.
오는 세상에서 악인은
부처님께서 설하시는 일승법을 들을지라도
미혹해서 믿지 않고 받지 않아③
법을 깨고 악도(惡道)에 떨어지리라.④
뉘우치고 청정한 마음으로⑤
불도를 구하는 사람이 있거든,
이들을 위해 널리 일승도를 찬탄할지니라.

---

① **부처님의 비밀스런 가르침(祕要)** : 부처님의 비밀스럽고 미묘한 법요. 좀처럼 설하지 않고 간직해 오신 요긴한 가르침. ② **오탁악세에서 모든 욕망에 집착해 즐김** : 오탁악세에는 중생들의 성품이 흐리고, 쉽게 탐욕과 번뇌에 빠지며, 사견에 미혹해서 오욕만을 즐겨 탐착하고 집착한다는 뜻. ③ **미혹해서 믿지 않고 받지 않음** : 마음이 집착과 사견으로 미혹에 빠져서 정법을 불신하고 받아들일 수 없다는 뜻이다. ④ **법을 깨고 악도에 떨어짐** : 마음이 미혹한 까닭에 일승법을 믿지 못하고, 근기가 미숙한 까닭에 법을 비방하니, 정법을 훼손하므로 스스로 삼악도에 떨어진다는 뜻. ⑤ **뉘우치고 청정한 마음(慚愧清淨)** : 진실한 법을 듣고 지금까지의 소견에 부끄러움을 느껴서 맑고 깨끗한 마음을 낸다는 뜻. 그러므로 오탁악세에서는 참회행이 강조된다. 뉘우침(慚愧)이란, 자신의 잘못된 것을 마음 속에서 뉘우치는 것을 참(慚)이라고 하고, 그 잘못을 사람들 앞에서 고백해서 부끄러워하는 것을 괴(愧)라고 한다.

舍利弗아 當知어다	諸佛의 法이 如是하여	以萬億方便으로	隨宜而說法하나니
사 리 불 당 지	제 불 법 여 시	이 만 억 방 편	수 의 이 설 법
其不習學者는	不能曉了此커니와	汝等은 旣已知	諸佛 世之師의
기 불 습 학 자	불 능 효 료 차	여 등 기 이 지	제 불 세 지 사
隨宜方便事하여	無復諸疑惑하니	心生大歡喜하여	自知當作佛할지니라.
수 의 방 편 사	무 부 제 의 혹	심 생 대 환 희	자 지 당 작 불

66. 사리불아, 알지어다.
모든 부처님의 법도 이와 같아,
만억 가지 방편으로
근기 따라 설법을 하시나니,
이를 배워 익히지 않는 자는
이 법을 능히 깨닫지 못하지만,①
너희는 이미 제불께서 세상의 스승 되시어
근기 따라 방편으로 하신 일을② 알았으니,
다시는 의혹 없어 환희심을 내어③
성불(成佛)할 줄을 스스로 알지니라."

---

①이 법을 능히 깨닫지 못함(不能曉了此) : 방편 열어 진실을 밝히신 도리(開權顯實). ②근기 따라 방편으로 하신 일(隨宜方便事) : 근기에 응해서 알맞게 따라서 설법하신 일. ③다시는 의혹 없어 환희심을 냄 : 방편을 열어 진실에 들어감(開權顯一)을 이미 깨달아 다시는 모든 의혹을 내지 않게 되었으니, 법을 듣고 믿어 이해(信解)하게 되어서 마음이 크게 기뻐지는 것을 가리킨다.

비유품 제 3 (譬喩品 第三)

爾時에 舍利弗이 踊躍歡喜하여 卽起合掌하고 瞻仰尊顏하사와 而白佛言하사오대
이시 사리불 용약환희 즉기합장 첨앙존안 이백불언

今從世尊하여 聞此法音하고 心懷踊躍하여 得未曾有호이다 所以者何오
금종세존 문차법음 심회용약 득미증유 소이자하

我昔從佛하여 聞如是法하고 見諸菩薩은 授記作佛호대 而我等은
아석종불 문여시법 견제보살 수기작불 이아등

不預斯事라하야 甚自感傷호대 失於如來無量知見호라하더이다.
불예사사 심자감상 실어여래무량지견

1\. 그 때, 사리불이 뛸 듯이 기뻐하며 곧 일어나 합장하고,
존안을 우러러보며 부처님께 사뢰었습니다.
"지금 세존을 좇아 이 법음(法音)을 듣자옵고,
마음에 기뻐 일찍이 없던 것(未曾有)을 얻었나이다.
어찌된 까닭이겠나이까?
제가 예전에 부처님 따라 이 같은 법을 듣자옵고,
'모든 보살은 수기를 받아 성불하리라.'
하심을 뵈었나이다.
그러나 저희는 이 일에 끼이지 못하옵기에,
마음 깊이 슬퍼하와[①]
'부처님의 한량 없는 지견을 잃었다.'고[②] 하였나이다.

---

① 마음 깊이 슬퍼함(甚自感傷) : 방등교에서 보살에게 수기를 주었을 때, 사리불은 이승(二乘)이었으므로 이 일에 참여할 수 없었기 때문에 마음 아파한 일. 이승은 작은 낙(涅槃)에 애착하기 때문이다. ② 한량 없는 지견을 잃었다 : 불안(佛眼)으로 보고, 불안으로 아는 것을 잃음이다.

世尊이시여 我常獨處山林樹下하야 若坐若行에 每作是念호대 我等도
세존 아상독처산림수하 약좌약행 매작시념 아등

同入法性이어늘 云何如來께서 以小乘法으로 而見濟度어시뇨 是는 我等咎라
동입법성 운하여래 이소승법 이견제도 시 아등구

非世尊也이나이다. 所以者何오 若我等이 待說所因하야 成就阿耨多羅
비세존야 소이자하 약아등 대설소인 성취아누다라

三藐三菩提者인댄 必以大乘으로 而得度脫이어늘 然이나 我等은 不解
삼먁삼보리자 필이대승 이득도탈 연 아등 불해

方便과 隨宜所說하고 初聞佛法코는 遇便信受하야 思惟取證하였나이다.
방편 수의소설 초문불법 우변신수 사유취증

2. 세존이시여, 저는 항상 숲 속에서 홀로 기거하여
앉거나 거닐면서 매양 이 같은 생각을 하였나이다.
'우리도 한가지로 법성(法性)에 들었거늘,[①]
어찌하여 부처님께서는
소승법(小乘法)으로 제도하시는고?'
그러나 이는 저희의 허물이옵고,
세존의 탓이 아니옵나이다.
왜냐 하면,
만약 저희가 아누다라삼먁삼보리를 성취하는 데
인(因)이 되는 가르침을 설하시는 그 때를 기다렸다면,
반드시 대승으로 제도하사 해탈 얻게 하셨을 텐데,
저희는 방편으로 근기 따라 설하신 줄을 알지 못하와,
처음 부처님 법문 듣자옵고는 곧 믿고 받아들여
스스로 증득하였다고 생각하였나이다.

---

① 한가지로 법성에 듦(同入法性) : 성문인 사리불과 연각, 보살이 똑같이 제법의 본성으로 공(空)을 이해하고 있었다는 뜻. 이는 통교(通敎)의 공반야(空般若)에 해당한다.

世尊이시여 我從昔來에 終日竟夜토록 每自剋責하나니 而今에 從佛하와
세존 아종석래 종일경야 매자극책 이금 종불

聞所未聞 未曾有法하옵고 斷諸疑悔하여 身意泰然하여 快得安隱호니 今日에사
문소미문 미증유법 단제의회 신의태연 쾌득안온 금일

乃知眞是佛子라 從佛口하와 生하며 從法하고 化生하여 得佛法分하나이다.
내지진시불자 종불구 생 종법 화생 득불법분

3. 세존이시여,

제가 예전부터 지금까지 밤낮으로 매양

스스로 책망하옵더니,[①]

이제 부처님으로부터 듣지 못하옵던

미증유의 설법 듣자옵고,

모든 의심과 후회를[②] 끊어,

몸과 마음이 태연하여 쾌히 안온함을 얻었나이다.

오늘에야 제가 참으로 부처님 아들인지라,[③]

부처님 입으로부터 나왔고(설법을 듣고 진리 속에 태어남),

법으로부터 화생(化生)하여

부처님 법의 유산[④] 얻었음을 알겠나이다."

---

① **책망함(剋責)** : 엄하게 책망하는 일. ② **의심과 후회(疑悔)** : 의혹과 뉘우침. 설법을 듣기 전에는 의혹이 일었는데, 이제 다 없어짐. ③ **참으로 부처님 아들(眞是佛子)** : 사리불이 이전까지는 자신을 성문(聲聞)으로 여겼는데, 오늘에야 비로소 부처님의 아들임을 알았다는 뜻. 즉 부처님의 진리를 이해해야 부처님의 아들이며, 불법의 계승자라 할 수 있다. ④ **법의 유산(法分)** : 부처님의 유산인 가르침. 불법에서 얻은 자기 본분.

爾時에 **舍利弗**이 **欲重宣此義**하사 **而說偈言**하사되
이시 사리불 욕중선차의 이설게언

我聞是法音하옵고 아문시법음	**得所未曾有**하와 득소미증유	**心懷大歡喜**하야 심회대환희	**疑網皆已除**호이다. 의망개이제
昔來蒙佛教하사 석래몽불교	**不失於大乘**하니 불실어대승	**佛音甚希有**하사 불음심희유	**能除衆生惱**하시니 능제중생뇌
我已得漏盡이라 아이득루진	**聞亦除憂惱**하나이다. 문역제우뇌		

4. 그 때, 사리불이 이 뜻을 거듭 펴고자
게송으로 사뢰었습니다.

“저는 이 법음(法音)[①] 듣자옵고 미증유를 얻어
큰 환희심 가득하여 의심의 그물 다 풀었나이다.[②]
예전부터 부처님의 가르침 받자와
대승을 잃지 않게 되니,
부처님 음성 매우 희유하시어
능히 중생의 번뇌 제거하시나이다.
저는 이미 누(漏)가 다했는데도[③]
이제 듣고 또한 근심 걱정 덜었나이다.

---

① **법음(法音)** : 설법. 부처님으로부터 법에 대한 설명의 말씀을 들었다는 뜻. ② **의심의 그물 다 풀다(疑網皆已除)** : 번뇌를 다 끊어 의혹이 없어졌다는 말. 법을 듣고 방편법의 실체를 알아서 의심이 다 없어지고 환희가 생긴 일. ③ **누(漏)가 다했는데도** : 이미 과를 얻어 삼계의 번뇌가 없어졌으나, 남은 습기로 의혹이 남아 있던 것이 대승을 듣고 다 없어졌다.

我處於山谷커나 아 처 어 산 곡	或在林樹下하야 혹 재 림 수 하	若坐若經行에 약 좌 약 경 행	常思惟是事하고 상 사 유 시 사
嗚呼深自責호대 오 호 심 자 책	云何而自欺어뇨 운 하 이 자 기	我等亦佛子라 아 등 역 불 자	同入無漏法이언만은 동 입 무 루 법
不能於未來에 불 능 어 미 래	演說無上道하며 연 설 무 상 도	金色三十二와 금 색 삼 십 이	十力諸解脫이 십 력 제 해 탈
同共一法中이어늘 동 공 일 법 중	而不得此事하며 이 부 득 차 사	八十種妙好와 팔 십 종 묘 호	十八不共法과 십 팔 불 공 법
如是等功德을 여 시 등 공 덕	而我皆已失했나이다. 이 아 개 이 실		

5. 제가 산골짜기나 숲 속 나무 아래에서
앉거나 경행(經行)하면서①
항상 이 일 생각하여 탄식하며 깊이 자책하되,
'어찌하여 스스로를 속였던가?
우리도 불자로서 무루법(無漏法)에 같이 들었건만,
미래에 무상도(無上道)를 설하지 못하며,
금색신과② 삼십이상③ 및 십력과 모든 해탈이
같은 한 법 속에 있거늘,④ 이들을 다 얻지 못하며,
팔십종의 묘호(妙好)와⑤ 십팔불공법(十八不共法)⑥ 등
이 같은 공덕들을 나는 이미 다 잃었는가?' 했나이다.

---

①앉거나 경행함(若坐若經行) : 다니거나 앉았을 때에도 늘 부처님 말씀의 진실을 생각한다는 뜻. 앉거나 경행하는 것은 뒤에 제28품(권발품)에도 '걸을 때나 서 있을 때나(若行若立) 경을 독송한다.'고 하고 있어, 법화경의 수행법을 마하지관에서는 반행좌삼매(半行坐三昧)에 편입시키고 있다. **②금색신**(金色) : 인도인들은 부처님 같으신 성자들의 몸은 금빛이라고 여긴 데서 나온 말. **③삼십이상**(三十二相) : 부처님이나 전륜성왕이 갖춘 서른두 가지의 신체적 특징. 예컨대, 발바닥이 평평하며, 미간의 백호광이 나온 모습 등. **④같은 한 법**(同共一法) **속에 있거늘** : 한 법성(法性)을 말한다. **⑤팔십종의 묘호**(八十種妙好) : 부처님의 몸에 갖추어진 여든 가지의 자세한 신체적 특징. 가슴 앞에 길상 표시가 있는 등 훌륭한 모습. **⑥십팔불공법**(十八不共法) : 부처님만이 갖추고 계신 열여덟 가지의 특징. 부처님은 계, 정, 혜를 닦으셔서 몸에 과실이 없을 뿐만 아니라(身無失), 삼세의 일에 걸림이 없음(智慧知現在無礙)을 말한다.

我獨經行時에 見佛在大衆하니 名聞滿十方하사 廣饒益衆生이시어늘
아독경행시 견불재대중 명문만시방 광요익중생

自惟失此利호니 我爲自欺誑이니다. 我常於日夜에 每思惟是事하고
자유실차리 아위자기광 아상어일야 매사유시사

欲以問世尊하사오대 爲失爲不失인가호이다. 我常見世尊께서 稱讚諸菩薩하시고
욕이문세존 위실위불실 아상견세존 칭찬제보살

以是於日夜에 籌量如此事호이다. 今聞佛音聲의 隨宜而說法호니
이시어일야 주량여차사 금문불음성 수의이설법

無漏難思議라 令衆至道場하나이다.
무루난사의 영중지도량

제가 홀로 경행할 때,
부처님께서 대중 가운데에 계시면서
명성이 시방에 가득 차 널리 중생을 요익되게 하심을 보고
스스로 미루어 생각하되,
'이런 이익을 잃음은 내가 나를 속인 탓이로다.'
하였나이다.
저는 항상 밤낮으로 매양 이 일을 생각하고
세존께 도를 '잃었는가, 잃지 않았는가?'를
묻잡고자 하였나이다.
저는 항상 세존께서 모든 보살을 칭찬하심을 보고,
이로써 밤낮으로 이 일을 헤아려 보았나이다.
이제 부처님의 말씀 듣자오니, 근기 따라 법문 설하시어①
무루(無漏)의 경지 불가사의한지라,
중생을 도량에 이르도록 하신 줄을 알겠나이다.

---

①근기 따라 법문 설하시어(隨宜而說法) : 중생의 능력이나 근기에 따라 방편법을 펴신 일.

我本著邪見하여 爲諸梵志師러니 世尊知我心하사 拔邪說涅槃이라하더니
아 본 착 사 견 위 제 범 지 사 세 존 지 아 심 발 사 설 열 반

我悉除邪見하고 於空法得證하여 爾時心自謂호대 得至於滅度러니
아 실 제 사 견 어 공 법 득 증 이 시 심 자 위 득 지 어 멸 도

而今乃自覺하니 非是實滅度호이다. 若得作佛時에 具三十二相하여
이 금 내 자 각 비 시 실 멸 도 약 득 작 불 시 구 삼 십 이 상

天人夜叉衆과 龍神等이 恭敬하여서 是時에사 乃可謂 永盡滅無餘하나이다.
천 인 야 차 중 용 신 등 공 경 시 시 내 가 위 영 진 멸 무 여

6. 저는 본래 사견에 집착해 범지(梵志)의 스승[①] 되었더니,
세존께서 저의 마음 아시고
사견 뽑고 열반을 설해 주셨나이다.
저는 모든 사견을 끊고 공(空)의 도리 증득하여,
그 때 생각하기를 '멸도를 얻었다.'고 하였더니,
이제 와서 스스로 깨닫고 보니,
이는 참된 멸도 아니었나이다.
만일 성불했을 때,
삼십이상 갖추고 하늘(天神)과 인간과 야차와[②]
용신 등이 공경하리니,
이 때에야 번뇌 영원히 다 멸하여
남음이 없다고 하겠나이다.

---

① 범지(brāhmana)의 스승 : 범지는 바라문(婆羅門). 인도 전통 바라문교의 제1계급. 사리불은 본래 산자야(Sañjaya Belaṭṭhiputta, 회의론자) 밑에서 목건련(目犍連)과 함께 250여 명의 제자를 거느리고 있다가 불교에 귀의하였다. ② 야차(yakṣa) : 사람을 잡아먹는 악귀였으나, 불교로 귀의해서 북방 비사문천의 수호신이 되었다.

佛於大衆中에서 說我當作佛하시니 聞如是法音하옵고 疑悔를 悉已除호이다.
불어대중중 설아당작불 문여시법음 의회 실이제

初聞佛所說하고 心中大驚疑호대 將非魔作佛하야 惱亂我心耶하더니
초문불소설 심중대경의 장비마작불 뇌란아심야

佛以種種緣과 譬喩로 巧言說하시니 其心이 安如海하여 我聞疑網斷하나이다.
불이종종연 비유 교언설 기심 안여해 아문의망단

7. 부처님께서 대중 가운데에서 설하시되,
'네가 마땅히 성불하리라.' 하시니,
이 같은 법음 듣고 의심과 후회를 다 끊었나이다.
부처님께서 설하시는 말씀을 처음 듣고
마음 속으로 크게 놀라 의심하기를,
'아마도 마(魔)가[①] 부처님 되어
내 마음을 뇌란케 함이 아닌가?' 했사온대,
부처님께서 갖가지 인연과 비유로
절묘하게 설해[②] 주시니,
마음 편안하기가 바다와 같아
의심의 그물 끊었나이다.

---

①마(魔, māra) : 악마. 사람 목숨을 빼앗고, 정법의 일을 방해하는 악한 귀신. 마왕 파순은 욕계 육천(六天)과 색계천(色界天) 사이의 마궁(魔宮)에서 살면서 아수라와 항상 싸우는데, 불법을 닦지 못하게 방해한다고 한다. ②절묘하게 설함(巧言說) : 사물을 이용해서 비유하며, 교묘하게 말씀하시는 일.

佛說過去世에 無量滅度佛께서 安住方便中하사 亦皆說是法하시며
불설과거세 무량멸도불 안주방편중 역개설시법

現在未來佛께서 其數無有量하사 亦以諸方便으로 演說如是法하시며
현재미래불 기수무유량 역이제방편 연설여시법

如今者世尊께서 從生及出家하사 得道轉法輪하사대 亦以方便說이라하시니
여금자세존 종생급출가 득도전법륜 역이방편설

世尊께서 說實道하심이요 波旬無此事니이다. 以是我定知 非是魔作佛이어늘
세존 설실도 파순무차사 이시아정지 비시마작불

我墮疑網故로 謂是魔所爲하였나이다.
아타의망고 위시마소위

8. 부처님께서 설하시되,

'과거세에 멸도하신 한량 없는 부처님도
방편 중에 편안히 머무르사 또한 이 법을 설하시고,
현재와 미래의 부처님 무량하사
또한 모든 방편으로 이 법을 설하신다.' 하시며,
이제 세존께서 여기에 탄생하시고 출가하시어
득도하사① 법륜② 전하시되, 역시 방편설로써③ 하시니,
세존께서 참된 도 설하시지,
파순은④ 이 일 하지 못하옵기에,
이로써 저는 결정코 알았나이다.
이는 마(魔)가 부처님이 된 것이 아님을
제가 의심의 그물에 떨어진 까닭으로
이를 마의 짓인가 하였나이다.

---

①득도(得道) : 부처님께서 보리수 아래에서 대각(大覺)을 이루신 일. ②법륜(法輪) : 대각의 진리를 설법하신 일. ③방편설(方便說) : 법화경의 일불승을 설하시기 전에 방편으로 삼승법을 설하신 일. ④파순(Pāpiyās) : 마왕의 이름. 항상 악법을 만들어 수행인을 현혹시키고 괴롭힌다.

聞佛柔輭音이 深遠甚微妙하사 演暢清淨法하사옵고 我心大歡喜하여
문불유연음 심원심미묘 연창청정법 아심대환희
疑悔永已盡하여 安住實智中하니 我定當作佛하여 爲天人所敬하며
의회영이진 안주실지중 아정당작불 위천인소경
轉無上法輪하여 教化諸菩薩하리이다.
전무상법륜 교화제보살
爾時에 佛告舍利弗하사대 吾今에 於天 人 沙門 婆羅門等 大衆中에 說하노라.
이시 불고사리불 오금 어천 인 사문 바라문등 대중중 설

9. 부처님께서 유연한 음성으로
심원하고 미묘한 청정법 설하심을① 듣자옵고
저의 마음이 크게 환희하여
의심과 후회를 영원히 끊어
참된 지혜(實相第一智)② 가운데에 편안히 머무르니,
저는 결정코 성불(成佛)하여
하늘과 사람에게 존경받으며
무상법륜(無上法輪)③ 설하여 모든 보살 교화하겠나이다."

10. 그 때, 부처님께서 사리불에게 이르셨습니다.
"내 이제 하늘, 사람, 사문, 바라문 등
대중에게 설하노라.

---

①청정법 설하심(演暢淸淨法) : 가르침을 설해 펴는 일. 청정한 묘법을 명백히 설하는 일. ②참된 지혜(實智) : 실상을 진실되게 꿰뚫어볼 수 있는 지혜. ③무상법륜(無上法輪) : 최고의 가르침을 설하시는 가장 청정한 법륜.

我昔에 曾於二萬億佛所에 爲無上道故로 常教化汝어늘 汝亦長夜에 隨我
아석 증어이만억불소 위무상도고 상교화여 여역장야 수아
受學일새 我以方便으로 引導汝故로 生我法中이니라. 舍利弗아 我昔教汝하니
수학 아이방편 인도여고 생아법중 사리불 아석교여
志願佛道하야늘 汝今悉忘하고 而便自謂 已得滅度호라할새 我今에 還欲令汝로
지원불도 여금실망 이변자위 이득멸도 아금 환욕령여
憶念本願 所行道故로 爲諸聲聞하사 說是大乘經하노니 名妙法蓮華라
억념본원 소행도고 위제성문 설시대승경 명묘법연화
教菩薩法이며 佛所護念이시니라.
교보살법 불소호념

내가 옛적에 일찍이 이만억 부처님 처소에서
무상도(無上道)를 위하므로 항상 너를 교화하였는데,
너 또한 긴 무명의 세월(長夜) 동안[①]
나를 따라 배웠느니라.
내가 방편으로 너를 인도했기에
나의 법 안에 나게 되었느니라.

11. 사리불아,
내가 옛적에 너를 교화하여
불도를 지원(志願)하게 하였거늘,[②] 너는 다 잊고
스스로 '이미 멸도를 얻었다.'고 여기느니라.
내가 이제 너로 하여금 본원(本願) 따라 행하던 도(道)
다시 깊은 기억을 되살려 주려고
모든 성문에게 이 대승경을 설하노니,
이름이 묘법연화(妙法蓮華)이니라.
보살을 가르치는 법이며, 부처님이 호념하시는 바이니라.

---

①긴 무명의 세월(長夜) : 무명을 깨뜨리지 못한 것을 긴 세월이라 했다. ②불도를 지원하게 하였거늘 : 원을 세워 더할 수 없는 불도(佛道)를 구하였으나, 그 때 공부의 힘이 미약하여 지금 잊어버리고 성문이 되었다는 취지.

舍利弗아 汝於未來世에 過無量無邊 不可思議劫하야 供養若干千萬億佛하고
사리불 여어미래세 과무량무변 불가사의겁 공양약간천만억불

奉持正法하여 具足菩薩所行之道하여 當得作佛하리니 號曰華光如來 應供
봉지정법 구족보살소행지도 당득작불 호왈화광여래 응공

正遍知 明行足 善逝 世間解 無上士 調御丈夫 天人師 佛世尊하리라.
정변지 명행족 선서 세간해 무상사 조어장부 천인사 불세존

12. 사리불아,

너는 미래세에 한량 없고 가없는
불가사의겁을 지나면서
천만억[①] 부처님께 공양하고
정법을 받들어 지녀,
보살이 행할 도를 갖추어 반드시 성불(成佛)하리니,
이름을
화광(華光)여래, 응공, 정변지, 명행족, 선서, 세간해,
무상사, 조어장부, 천인사, 불세존이라[②] 하리라.

---

① **천만억(若干千萬億)** : 약간(若干)이란 말은 앞의 한량 없고 가없는 불가사의함(無量無邊不可思議)을 가리킨다. ② **화광여래 응공 정변지~불세존** : '여래'에서부터 '불세존'까지를 여래십호(如來十號)라고 한다. '화광(華光)'은 별호이고, '여래~불세존'은 모든 부처님에 공통하는 이름(通號)이다. 화광여래(華光如來)의 '화(華)'는 인행(因行)을 나타낸다. '광(光)'은 빛을 냄(發明)이니, 지혜의 빛을 말한다. 사리불이 처음으로 깨달아 이 도를 밝게 비추기 때문이다.

國名은 離垢요 其土平正하야 清淨嚴飾하며 安隱豐樂하고 天人이 熾盛하며
국명 이구 기토평정 청정엄식 안온풍요 천인 치성
琉璃爲地에 有八交道어든 黃金爲繩하야 以界其側하며 其傍에 各有
유리위지 유팔교도 황금위승 이계기측 기방 각유
七寶行樹하야 常有華果하며 華光如來도 亦以三乘으로 教化衆生하리라.
칠보행수 상유화과 화광여래 역이삼승 교화중생
舍利弗아 彼佛出時에 雖非惡世나 以本願故로 說三乘法하리라.
사리불 피불출시 수비악세 이본원고 설삼승법

13. 나라 이름은 이구(離垢)요,①
그 국토는 평정(平正)하고 맑고 깨끗하게 장엄되고,
안온하고 풍요해서 천(天), 인(人)이 번성하리라.
유리로 땅이 되고, 여덟 갈래의 길이 있되,
황금 노끈으로 그 곁에 늘여 경계를 꾸미고,
그 옆에는 각각 칠보로 된 가로수가 줄지어 있어
항상 꽃 피고 과일이 열리리라.
화광여래 또한 삼승(三乘)으로② 중생을 교화하리라.
사리불아,
저 부처님이 출현하는 때가
비록 악한 세상은 아닐지라도
본래의 서원 때문에 삼승법을 설하리라.

---

①나라 이름 이구(離垢) : 국토가 청정해져 티끌이 없다는 뜻이다. ②삼승(三乘) : 보살(菩薩), 연각(緣覺), 성문승(聲聞乘)을 말한다. 법화경은 먼저 이 삼승을 설한 뒤 최고의 진리인 일불승(一佛乘)을 보이고자 하는 것이 목적이다.

其劫名은 大寶莊嚴이리니라 何故로 名曰 大寶莊嚴인고 其國中에는 以菩薩로
기겁명 대보장엄 하고 명왈 대보장엄 기국중 이보살

爲大寶故니라 彼諸菩薩이 無量無邊 不可思議라 算數譬喩로 所不能及이니
위대보고 피제보살 무량무변 불가사의 산수비유 소불능급

非佛智力이면 無能知者하니라. 若欲行時면 寶華承足하나니 此諸菩薩은
비불지력 무능지자 약욕행시 보화승족 차제보살

非初發意라 皆久植德本하여 於無量百千萬億 佛所에 淨修梵行하여 恒爲
비초발의 개구식덕본 어무량백천만억 불소 정수범행 항위

諸佛 之所稱歎하며 常修佛慧하여 具大神通하고 善知一切의 諸法之門하며
제불 지소칭탄 상수불혜 구대신통 선지일체 제법지문

質直無僞하야 志念이 堅固한 如是菩薩이 充滿其國하리라.
질직무위 지념 견고 여시보살 충만기국

14. 그 겁(劫)의 이름은 대보장엄(大寶莊嚴)이리니,①
왜 대보장엄이라 하는고?
그 나라는 보살을 큰 보배로 삼기 때문이니라.
그 모든 보살은 한량 없고 그지없고 불가사의하므로,
산수나 비유로는 헤아릴 수 없으니,
부처님의 지혜력이 아니면 능히 알 이가 없느니라.
만일 걸어가고자 하면, 보배의 꽃으로 발(足)을 받드나니,
이 모든 보살은 초발심이 아니고,②
다 오랫동안 덕본을 심어 한량 없는
백천만억 부처님 처소에서 깨끗한 행을 닦아
항상 모든 부처님의 칭탄하시는 바가 되리라.
항상 불혜(佛慧)를 닦아 대신통력을 갖추고,
모든 법문(法門)을 잘 알며, 성실하고 거짓이 없어,
뜻과 생각이 견고한,③ 이와 같은 보살이 그 나라에 충만하리라.

---

① 대보장엄(大寶莊嚴) : 큰 보배로 아름답게 꾸몄다는 뜻. ② 초발심이 아님(非初發意) : 처음으로 불도를 구하고자 하는 마음을 일으킨 것이 아니고, 오랫동안 선(善)과 덕(德)을 쌓았다는 뜻. ③ 뜻과 생각이 견고한(志念堅固) : 불도를 이루겠다는 원을 세운 의지와 생각이 확고하다.

舍利弗아 華光佛壽는 十二小劫이리니 除爲王子하여 未作佛時니라 其國
사리불 화광불수 십이소겁 제위왕자 미작불시 기국
人民의 壽는 八小劫이리라. 華光如來께서 過十二小劫하여 授堅滿菩薩
인민 수 팔소겁 화광여래 과십이소겁 수견만보살
阿耨多羅三藐三菩提記하시고 告諸比丘호대 是堅滿菩薩이 次當作佛하여
아누다라삼먁삼보리기 고제비구 시견만보살 차당작불
號曰華足安行 多陀阿伽度 阿羅訶 三藐三佛陀라하리라. 其佛國土도
호왈화족안행 다타아가도 아라하 삼먁삼불타 기불국토
亦復如是니라. 舍利弗아 是華光佛滅度之後에 正法住世는 三十二小劫이며
역부여시 사리불 시화광불멸도지후 정법주세 삼십이소겁
像法住世도 亦三十二小劫이리라.
상법주세 역삼십이소겁

15. 사리불아, 화광불의 수명은 십이 소겁이리라.
왕자로서 아직 성불하기 전의 세월은 제외한 것이니라.
그 나라 사람의 수명은 팔 소겁이리라.
화광여래는 십이 소겁을 지난 후에
견만보살에게 아누다라삼먁삼보리기를 수여하며
모든 비구에게 이르되,
'이 견만보살이 다음에 성불하여 이름을
화족안행 다타아가타, 아라하, 삼먁삼불타라 하리라.
그 부처님의 국토도 또한 이(화광여래 국토)와 같으리라.'
사리불아, 이 화광불이 멸도한 후에
정법(正法)이[①] 세상에 머무르기는 삼십이 소겁이며,
상법(像法)이[②] 세상에 머무름도 삼십이 소겁이리라."

---

① 정법(正法) : 삼시설(三時說)의 하나. 부처님의 가르침이 올바르게 행해지는 시기. 부처님의 설법으로 가르침(敎)을 바르게 실천(行)하여 깨달음이 열려서(證) 바르게 전승되는 시기. ② 상법(像法) : 정법과 비슷하게 부처님 법이 행해지는 시기. 다만, 깨달음(證)이 결여되었다.

爾時에 世尊께서 欲重宣此義하사 而說偈言하사대
이시 세존 욕중선차의 이설게언

舍利弗이 來世에 사리불 내세	成佛普智尊하여 성불보지존	號名曰華光이라 호명왈화광	當度無量衆하리라. 당도무량중
供養無數佛하고 공양무수불	具足菩薩行과 구족보살행	十力等功德하여 십력등공덕	證於無上道하리라. 증어무상도
過無量劫已하여 과무량겁이	劫名大寶嚴이고 겁명대보엄	世界名離垢니라 세계명리구	清淨無瑕穢하여 청정무하예
以琉璃爲地하고 이유리위지	金繩界其道하며 금승계기도	七寶雜色樹에 칠보잡색수	常有華果實하리라. 상유화과실

16. 그 때, 세존께서 이 뜻을 거듭 펴시고자
게송으로 이르셨습니다.
"사리불이 내세에 지혜 광대한 부처님① 되어
화광이라 일컬어져 무량 중생 제도하리라.
수없는 부처님 공양하고,
보살행과 십력 등 공덕 고루 갖춰
무상도 증득하리라.
무량겁 지나서 겁 이름은 대보장엄이고,
세계의 이름은 이구(離垢)이리라.
맑고 깨끗하여 흠이 없으며,
유리로 땅 이루고 금줄로② 길 경계지으며,
갖가지 색깔의 칠보 가로수에는
언제나 꽃 피고 열매 열리라.

---

① **지혜 광대한 부처님(佛普智尊)** : 불도를 성취하여 넓고 보편적인 지혜를 갖추신 분. '보지(普智)'는 부처님의 정변지(正遍知)이고, '존(尊)'은 세존(世尊). ② **금줄(金繩)** : 금으로 된 새끼줄. 앞의 황금 끈(黃金爲繩)을 게송한 말.

彼國諸菩薩은 志念常堅固하고 神通波羅蜜이 皆已悉具足하며
피국제보살 지념상견고 신통바라밀 개이실구족

於無數佛所에 善學菩薩道하나니 如是等大士는 華光佛所化라.
어무수불소 선학보살도 여시등대사 화광불소화

佛爲王子時에 棄國捨世榮하고 於最末後身에 出家成佛道하리라.
불위왕자시 기국사세영 어최말후신 출가성불도

華光佛住世는 壽十二小劫이요 其國人民衆은 壽命八小劫이리라.
화광불주세 수십이소겁 기국인민중 수명팔소겁

佛滅度之後에 正法住於世는 三十二小劫이리니 廣度諸衆生하고
불멸도지후 정법주어세 삼십이소겁 광도제중생

正法滅盡已에 像法三十二이리라
정법멸진이 상법삼십이

17. 그 나라의 모든 보살은 뜻과 생각이 늘 견고하고,
신통과 바라밀 골고루 갖추며,
수없는 부처님 처소 찾아가
보살도를 잘 배우리니,
이 보살들 화광불이 교화하실 바니라.

18. 그 부처님은 왕자로서 나라와 세상 영화[①] 버리고
최후신(最後身)으로[②] 출가하여 성불하리라.
화광불이 세상에 머무르시는
수명은 십이 소겁이며,
그 나라 사람의 수명은 팔 소겁이리라.
이 부처님 멸도 후
정법이 세상에 머무르기 삼십이 소겁으로,
널리 모든 중생 제도하고,
정법 후에 상법이 삼십이 소겁 머무르리라.

---

① 세상 영화(世榮) : 세속적인 영화. 애욕. 오욕락을 말한다. ② 최후신(最末後身) : 현재 받은 몸으로 다시는 생을 안 받고 이미 청정 범행이 이루어진 몸.

舍利廣流布하여 天人普供養하리라 華光佛所爲가 其事皆如是하여
사리광류포 천인보공양 화광불소위 기사개여시

其兩足聖尊께서 最勝無倫匹이라 彼卽是汝身이니 宜應自欣慶이니라.
기양족성존 최승무륜필 피즉시여신 의응자흔경

爾時에 四部衆인 比丘比丘尼 優婆塞 優婆夷 天龍夜叉 乾闥婆 阿修羅
이시 사부중 비구비구니 우바새 우바이 천˙용야차 건달바 아수라

迦樓羅 緊那羅 摩睺羅迦等 大衆이 見舍利弗이 於佛前에 受阿耨多羅
가루라 긴나라 마후라가등 대중 견사리불 어불전 수아누다라

三藐三菩提記하고 心大歡喜하야 踊躍無量하며 各各脫身所著上衣하여
삼먁삼보리기 심대환희 용약무량 각각탈신소착상의

以供養佛하오며
이공양불

사리가 널리 유포되어
천상에서나 인간계에서 다 함께 공양하리라.
화광불 하시는 일 이와 같아,
그 부처님 높고 거룩하여① 비길 바 없으리라.②
그가 곧 너의 몸이니,
마땅히 스스로 기뻐하고 경하할지니라."

19. 그 때, 사부 대중인 비구, 비구니,
우바새, 우바이와 하늘(天神), 용, 야차, 건달바와
아수라, 가루라와 긴나라, 마후라가③ 등 대중은,
사리불이 부처님께서 아누다라삼먁삼보리기를 받음을 보고,
마음이 크게 환희하여 한없이 기뻐 뛰며,④
각각 윗옷을 벗어 부처님께 공양하고,

---

①**높고 거룩함(兩足聖尊)** : 양족존(兩足尊)에 거룩하다(聖)는 뜻이 더한 말. 복과 지혜가 구족하신 거룩한 세존(聖尊). ②**비길 바(倫匹) 없으리** : 가장 뛰어나, 부처님과 동등하게 비길 수 없다. 윤필(倫匹)이란 짝하는 무리의 뜻. ③**마후라가(mahoraga)** : 기어다니는 물건. 뱀의 신(蛇神). 몸은 사람과 같고 머리는 뱀. ④**기뻐 뛰며(歡喜踊躍)** : 장차 부처가 되리라 하셨으므로, 뛸 듯이 기뻐하는 것이다.

釋提桓因과 梵天王 等은 與無數天子로 亦以天妙衣와 天曼陀羅華와
석제환인 범천왕 등 여무수천자 역이천묘의 천만다라화
摩訶曼陀羅華等으로 供養於佛하오며 所散天衣가 住虛空中하여 而自廻轉하며
마하만다라화등 공양어불 소산천의 주허공중 이자회전
諸天伎樂 百千萬種이 於虛空中에 一時俱作하며 雨衆天華하며 而作是言하사오대
제천기악 백천만종 어허공중 일시구작 우중천화 이작시언
佛께서 昔於波羅奈에 初轉法輪하시고 今乃復轉 無上最大法輪하시나이다.
불 석어바라나 초전법륜 금내부전 무상최대법륜

석제환인, 범천왕 등이
수없는 천자(天子 : 천상인)와 함께
하늘의 묘의(妙衣)와 하늘의 만다라꽃,
마하만다라꽃 등으로 부처님께 공양하니,
그 흩은 하늘옷이 휘날리어
허공중에 머물러 스스로 돌며,
모든 하늘은 백천만 가지 기악을
허공중에서 한꺼번에 울리고,
온갖 하늘꽃이 비 오듯이 내리며
허공에서 들리는 말이,
"부처님께서 옛적에 바라나에서 처음으로
법륜을 굴리시더니,① 이제 여기서 다시 위없는
가장 큰 법륜을 굴리시나이다."②

---

① 처음 법륜을 굴리시더니 : 부처님께서 옛날 바라나(Vārāṇasī) 녹야원에서 아야교진여 등 5비구에게 처음으로 사제(四聖諦)의 청정한 법을 설하신 일. ② 위없는 가장 큰 법륜을 굴리심 : 지금 영취산에서 다시 위없는 가장 오묘하고 지극히 큰 구경의 법을 설하신다는 뜻.

爾時 諸天子가 欲重宣此義하야 而說偈言하사대
이시 제천자 욕중선차의 이설게언

昔於波羅奈에 轉四諦法輪하사 分別說諸法하사 五衆之生滅하시고
석어바라나 전사제법륜 분별설제법 오중지생멸

今復轉最妙의 無上大法輪하시나니 是法甚深奧하여 少有能信者하나니이다.
금부전최묘 무상대법륜 시법심심오 소유능신자

20. 그 때, 모든 천자들은 이 뜻을 거듭 펴고자
게송으로 사뢰었습니다.
"옛적에 바라나에서 사제(四諦) 법문 설하시어,
오중(五衆, 오온)으로[①] 생멸(生滅)하는
모든 법을 분별하여 설하시더니,
지금 다시 가장 묘하고
위없는 큰 법문 설하시매,
이 법 매우 깊고도 오묘해
믿을 사람이 적나이다.

---

① 오중(五衆) : 인간의 몸과 마음을 다섯 요소의 모임으로 보는 일. 즉, 오온(五蘊)을 말한다. 오온은 ㉮ 색온(色蘊) : 육신(四大). 오관(안이비설신). ㉯ 수온(受蘊) : 오관의 신경. 감수 작용. ㉰ 상온(想蘊) : 정신계의 표상 작용. ㉱ 행온(行蘊) : 마음 속의 잠재 의식의 진행 작용. ㉲ 식온(識蘊) : 중생심의 근본식의 작용.

我等從昔來로 數聞世尊說하사오나 未曾聞如是 深妙之上法이니다.
아등종석래 삭문세존설 미증문여시 심묘지상법

世尊께서 說是法하시니 我等이 皆隨喜하나이다 大智舍利弗이 今得受尊記하사올새
세존 설시법 아등 개수희 대지사리불 금득수존기

我等은 亦如是하여 必當得作佛하여 於一切世間에 最尊無有上이니다
아등 역여시 필당득작불 어일체세간 최존무유상

佛道叵思議라 方便隨宜說이시니 我所有福業과 今世若過世에
불도파사의 방편수의설 아소유복업 금세약과세

及見佛功德을 盡廻向佛道하나이다.
급견불공덕 진회향불도

21. 저희는 예전부터 세존의 법문 자주 들었사오나,
이같이 깊고 묘한 법문은 듣지 못하였나이다.
세존께서 이 법을 설하시니,
저희가 다 따라 기뻐하나이다.
대지(大智) 사리불이[①] 이제 존귀한 수기 받자오니,
저희도 이와 같이 반드시 성불(成佛)하여,
일체 세간에서 가장 높고 존귀하겠나이다.
불도(佛道)는 불가사의한지라,
방편으로 근기 따라 설하시니,
저희가 지은 복업(福業)과
현세 또는 과거세에서 부처님 뵈온 공덕을
다 불도에 회향(廻向)하나이다."

① 대지 사리불(大智舍利弗) : 지혜가 가장 큰, 상수의 제자라는 뜻의 칭호.

爾時에 舍利弗이 白佛言하사대 世尊이시여 我今에 無復疑悔하여 親於佛前에
이시 사리불 백불언 세존 아금 무부의회 친어불전

得受阿耨多羅三藐三菩提記니다. 是諸千二百心自在者가 昔住學地어늘
득수아누다라삼먁삼보리기 시제천이백심자재자 석주학지

佛常敎化하사 言하사대 我法이 能離生老病死하고 究竟涅槃이라하시어늘
불상교화 언 아법 능리생로병사 구경열반

22. 그 때, 사리불이 부처님께 사뢰었습니다.

"세존이시여,
저는 이제 다시는 의심과 후회가 없어
친히 부처님 앞에서
아누다라삼먁삼보리기를 받았나이다.
그러나 이 천이백의 마음 자재한 이들이①
그 예전에 학지(學地)에② 머물러 있을 때,
부처님께서 항상 교화해 말씀하시되,
'나의 법이 능히 생, 노, 병, 사를 여의고,
마침내 열반에 이르리라.' 하셨는데,

---

① 마음 자재한 이(心自在) : 지혜와 선정에 대한 장애인 번뇌장(煩惱障), 해탈장(解脫障)을 제거하여 누진정(漏盡定)을 얻은 이. ② 학지(學地) : 사제(四諦)를 깨닫고 아직 계정혜를 닦을 것이 있는 경지. 무학 이전의 무루도.

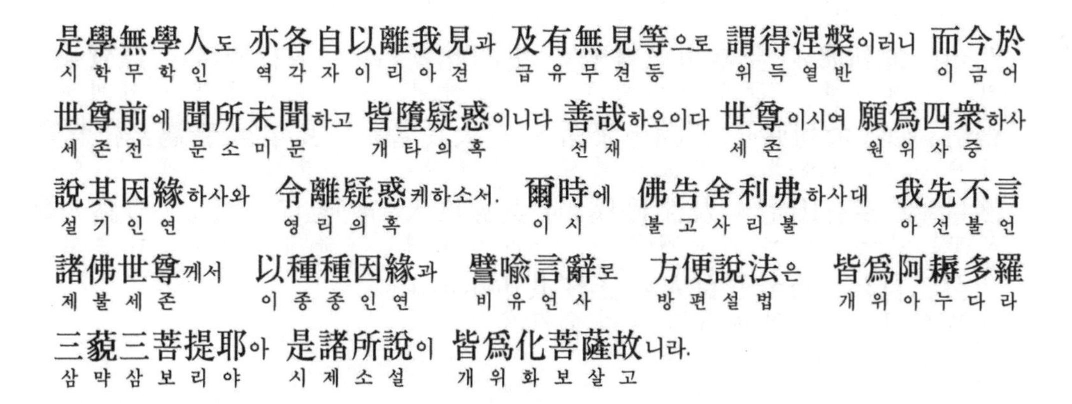
是學無學人도 亦各自以離我見과 及有無見等으로 謂得涅槃이러니 而今於
시학무학인 역각자이리아견 급유무견등 위득열반 이금어
世尊前에 聞所未聞하고 皆墮疑惑이니다 善哉하오이다 世尊이시여 願爲四衆하사
세존전 문소미문 개타의혹 선재 세존 원위사중
說其因緣하사와 令離疑惑케하소서. 爾時에 佛告舍利弗하사대 我先不言
설기인연 영리의혹 이시 불고사리불 아선불언
諸佛世尊께서 以種種因緣과 譬喩言辭로 方便說法은 皆爲阿耨多羅
제불세존 이종종인연 비유언사 방편설법 개위아누다라
三藐三菩提耶아 是諸所說이 皆爲化菩薩故니라.
삼먁삼보리야 시제소설 개위화보살고

이 학인(배우는 사람), 무학인(성문, 연각)도
각각 아견(我見)과 유견(有見), 무견(無見)을[①] 떠난 것을
스스로 열반을 얻었다고 자처하였으므로,
지금 세존 앞에서 아직까지 듣지 못한 법문 듣자옵고
모두 의혹에 떨어지겠나이다.
거룩하신 세존이시여, 원하옵건대,
사부 대중을 위해 그 인연을 설하시어
의혹을 여의게 하시옵소서."

23. 그 때, 부처님께서 사리불에게 이르셨습니다.
"내가 전에, 제불께서 갖가지 인연과 비유와
말씀으로 방편을 만들어 법을 설하심은
아누다라삼먁삼보리를 위함이라고 말하지 않았더냐?
이 모든 설법이 다 보살을 교화하고자 하는 까닭이니라.

---

① 유견, 무견(有無見) : 세계와 나는 영원하다(有), 또는 영원하지 않다(無)는 극단적으로 파악하는 일, 즉 상견(常見)과 단견(斷見).

然이나 舍利弗아 今當復以譬喩로 更明此義호리니 諸有智者는 以譬喩로
연 사리불 금당부이비유 갱명차의 제유지자 이비유

得解하리라. 舍利弗아 若國邑聚落에 有大長者하니 其年은 衰邁호대 財富
득해 사리불 약국읍취락 유대장자 기년 쇠매 재부

無量하고 多有田宅과 及諸僮僕하며 其家廣大호대 唯有一門하고 多諸人衆호대
무량 다유전택 급제동복 기가광대 유유일문 다제인중

一百二百으로 乃至五百人이 止住其中하더니라.
일백이백 내지오백인 지주기중

24. 그러나 사리불아,

이제 비유로 다시 이 뜻을 밝히리니,

지혜 있는 사람들은 이 비유 듣고 알 수 있으리라.

사리불아,

어떤 나라 성읍의 마을에

큰 장자(長者)가① 있다고 하자.

그는 나이가 많아 늙었는데, 재물은 한량 없어서

토지와 주택과 하인들이 많았으며,

그 집은 넓고 크되 문은 오직 하나뿐이고,

사람은 일백, 이백 또는 오백 명이 살았느니라.

---

①큰 장자(大長者) : 장자는 출신이 귀하고, 지위가 높으며, 부유하고, 위엄이 높으며, 지혜가 깊고, 나이가 많고, 행실이 청정하고, 예의가 있는 이를 가리킨다.

* 화택비유 : 삼계(三界)가 불타는 집과 같다. 중생의 마음이 욕계, 색계, 무색계에 펼쳐져 있으므로 불타는 집과 같다고 하며, 부처님께서는 중생들을 그 집에서 나오게 하여 일불승대력백우거(一佛乘大力白牛車)를 타고 대승(최상승) 보살도를 실천해서 부처님의 아누다라삼먁삼보리를 얻어 성불하라는 비유이다.

堂閣이 朽故하고 牆壁이 隤落하며 柱根이 腐敗하고 梁棟이 傾危어늘
당 각 후 고 장 벽 퇴 락 주 근 부 패 양 동 경 위

周匝俱時에 欻然火起하야 焚燒舍宅이라 長者의 諸子도 若十二十으로
주 잡 구 시 훌 연 화 기 분 소 사 택 장 자 제 자 약 십 이 십

或至三十이 在此宅中하니라. 長者가 見是大火 從四面起하고 卽大驚怖하야
혹 지 삼 십 재 차 택 중 장 자 견 시 대 화 종 사 면 기 즉 대 경 포

而作是念호대 我雖能於 此所燒之門에 安隱得出하나 而諸子等은 於火宅內에서
이 작 시 념 아 수 능 어 차 소 소 지 문 안 온 득 출 이 제 자 등 어 화 택 내

樂著嬉戲하여 不覺不知하고 不驚不怖하며 火來逼身하여 苦痛切已라도
낙 착 희 희 불 각 부 지 불 경 불 포 화 래 핍 신 고 통 절 이

心不厭患하고 無求出意로다.
심 불 염 환 무 구 출 의

집과 누각은[①] 낡고, 담과 벽은 무너져 떨어지고,
기둥 뿌리는 썩고, 들보는 기울어 위태한데,
주위에서 한꺼번에 별안간 불이 나 집을 태우느니라.[②]
때에, 장자의 아들들이 열 또는 스물, 혹은 서른 명이
이 집 안에 살았느니라.

25. 장자는 큰불이 사면에서 일어나 번짐을 보고,
크게 놀라고 두려워하며 생각하되,
'나는 비록 이 불타는 집에서 무사히 나왔으나,
아들들은 불타는 집 안에서 놀이에 정신이 팔려
이를 깨닫지도 알지도 못하고,
놀라지도 두려워하지도 아니하며,
불길이 몸에 닿아서 고통이 극심해질 텐데도 싫어하거나
걱정도 하지 않고 나올 뜻도 없구나.' 하였느니라.

---

① **집과 누각(堂閣)** : 당은 흙을 돋우어 지은, 단층으로 된 별당이나 사랑채, 각은 층층으로 된 건물이다. ② **불이 나 집을 태움(焚燒舍宅)** : 순식간에 안팎에서 독이 발생함을 비유한 말. 식신(識身)이 몸에 의지함을 사택(舍宅)이라고 하는데, 모든 경계에서 악한 생각이 일어날 때에는 불이 속에서 발생하여 먼저 몸을 태우게 된다.

舍利弗아 是長者가 作是思惟호대 我는 身手有力호니 當以衣裓이나
사리불 시장자 작시사유 아 신수유력 당이의극
若以几案으로 從舍出之호리라 復更思惟호대 是舍에는 唯有一門하고 而復
약이궤안 종사출지 부갱사유 시사 유유일문 이부
狹小어늘 諸子幼稚하야 未有所識하고 戀著戲處할새 或當墮落하여 爲火所燒하리니
협소 제자유치 미유소식 연착희처 혹당타락 위화소소
我當爲說 怖畏之事호대 此舍已燒하나니 宜時疾出하여 無令爲火 之所燒害하리라
아당위설 포외지사 차사이소 의시질출 무령위화 지소소해
作是念已하고 如所思惟하여 具告諸子호대 汝等은 速出호라하니라.
작시념이 여소사유 구고제자 여등 속출

26. 사리불아, 이 장자는 또 이런 생각을[①] 하였으니,
'내 몸과 손에 힘이 있으니, 마땅히 아들들을
큰 그릇이나 책상에 앉혀 집에서 끌어 내리라.'[②]
하다가 다시 생각하되,
'이 집은 문이 하나인데다가 좁고 작은데,[③]
아들들은 어려서 아직 아는 것이 없고,
놀이에만 재미를 붙여서,
혹은 떨어져 불에 타게 되리니,
내가 불이 얼마나 두렵고 겁나는가를 일러 주되,
이 집이 이미 불에 타고 있으니,
속히 나와 불의 피해를 받지 않게 하리라.'
이와 같이 생각하고, 아들들에게 자세히
이르고 난 다음, '너희는 속히 나오라.' 하였느니라.

---

①이 장자는 또 이런 생각 : 부처님께서 삼칠일 동안 사유하신 것을 비유한 말이다. ②큰 그릇이나 책상에 앉혀 집에서 끌어 냄 : '큰 그릇'이란 꽃을 담는 그릇이니 여래의 지견을 비유하고, 궤(几)는 사무소외, 책상(案)은 십력을 비유했다. ③문이 하나인데다가 좁고 작음 : 이승의 근기가 마음이 저열하여 이 법을 감당할 수 없음을 나타내었다.

父雖憐愍하여 善言誘喩하여도 而諸子等은 樂著嬉戲하여 不肯信受하고
부수연민 선언유유 이제자등 낙착희희 불긍신수

不驚不畏하여 了無出心하며 亦復不知 何者是火며 何者爲舍며 云何爲失인고하고
불경불외 요무출심 역부부지 하자시화 하자위사 운하위실

但東西走戲하며 視父而已러니라. 爾時에 長者가 即作是念호대 此舍已爲
단동서주희 시부이이 이시 장자 즉작시념 차사이위

大火所燒하니 我及諸子가 若不時出하면 必爲所焚하리라. 我今當設方便하여
대화소소 아급제자 약불시출 필위소분 아금당설방편

令諸子等으로 得免斯害케호리라.
영제자등 득면사해

27. 아버지는 불쌍히 생각하고
좋은 말로 간곡히 깨우치건마는,
아들들은 놀이에 정신이 팔려 들은 체하지도 않고,
믿지도 아니하고, 놀라지도 두려워하지도 아니하여
끝내 나올 생각이 없으며,
더군다나 무엇이 불이고 무엇이 집이며,①
무엇이 목숨을 잃는 것인지도 알지 못하고, 다만
동서로 뛰어놀며② 아버지를 바라볼 뿐이었느니라.③

28. 그 때, 장자는 또 이런 생각을 하였느니라.
'이 집이 이미 큰불에 타고 있으니,
아들들이 지금 나오지 않는다면,
반드시 불에 타 죽게 되리라.
나는 이제 방편을 써서
아들들이 이 위기를 모면하게 하리라.'

---

①**무엇이 불이고 무엇이 집이며** : '불'은 팔고 오탁이 선근을 태움이며, '집'은 음입계의 법이 온갖 고(苦)를 담는 그릇(心身)임을 알지 못함이다. ②**동서로 뛰어놀며** : 광명을 등지고 생사 속에 속히 오고감을 말한다. ③**아버지를 바라볼 뿐** : 비록 대승을 설해 주지만, 중생들이 따르지 않음이다.

父가 知諸子의 先心에 各有所好한 種種珍玩 奇異之物을 情必樂著이라하야
부 지제자 선심 각유소호 종종진완 기이지물 정필락착

而告之言호대 汝等의 所可玩好는 希有難得이니 汝若不取하면 後必憂悔하리라.
이고지언 여등 소가완호 희유난득 여약불취 후필우회

如此種種 羊車 鹿車 牛車가 今在門外하니 可以遊戲니 汝等은 於此
여차종종 양거 녹거 우거 금재문외 가이유희 여등 어차

火宅에서 宜速出來하라 隨汝所欲하여 皆當與汝호리라.
화택 의속출래 수여소욕 개당여여

아버지는 아들들이 그전부터
제각기 좋아하는 바를 알아, 갖가지의 장난감과
기이한 물건이라야 반드시 재미 붙이리라① 하고
일러 말하되, '너희가 좋아할 이 장난감은
희유해 얻기 어려운 것들이니,
너희가 만약 지금 속히 가지지 아니하면,
후에 반드시 후회하리라.
이러한, 양이 끄는 수레, 사슴이 끄는 수레,
소가 끄는 수레가②
지금 대문 밖에 있으니, 가지고 놀 만하느니라.
너희는 이 불타는 집에서 빨리 뛰어나오너라.
너희가 가지고 싶은 대로 다 주리라.'
라고 하였느니라.

---

① **재미 붙이리라(情必樂著)** : 마음이 반드시 흡족해서 집착할 것이라는 뜻. ② **양이 끄는 수레, 사슴이 끄는 수레, 소가 끄는 수레** : 소의 수레는 태울 수 있는 큰 힘을 가지고 있어 보살대승을 감당하고, 양과 사슴의 수레는 탈 수는 없고 장난감으로 씀이니, 작은 근기의 소승을 감당하는 이승은 도에 이르지 못할 것을 비유한다.

爾時에 諸子가 聞父所說 珍玩之物이 適其願故로 心各勇銳하여 互相
이시 제자 문부소설 진완지물 적기원고 심각용예 호상
推排하며 競共馳走하여 爭出火宅하니라. 是時에 長者가 見諸子等이 安隱
퇴배 경공치주 쟁출화택 시시 장자 견제자등 안온
得出하여 皆於四衢道中에 露地而坐하여 無復障礙하고 其心이 泰然하야
득출 개어사구도중 노지이좌 무부장애 기심 태연
歡喜踊躍이러라. 時에 諸子等이 各白父言호대 父先所許하신 玩好之具인
환희용약 시 제자등 각백부언 부선소허 완호지구
羊車 鹿車 牛車를 願時賜與하소서.
양거 녹거 우거 원시사여

29. 그 때, 아들들이 아버지가 말하는
진기한 장난감이 바로 가지고 싶었던 것이므로,
각기 마음이 급해서 서로 밀치고 앞을 다투어,
재빨리 불타는 집에서 함께 뛰어나왔느니라.
그 때, 장자는 모든 아들이 무사히 나와
다 네거리 길① 가운데 맨땅에 앉아 있어②
다시 장애가 없음을 보고,
마음이 태연해져 기쁨이 넘쳤느니라.③
그 때, 아들들이 각각 아버지에게 말하기를,
'아버지께서 아까 주겠다고 하신
양이 끄는 수레, 사슴이 끄는 수레, 소가 끄는 수레를
지금 주시옵소서.' 하였느니라.

---

① 네거리 길(四衢道) : 사제(四諦)의 관이 다름을 비유한다. ② 맨땅에 앉아 있음 : 견혹(見惑)의 번뇌는 제거되었으나, 사혹(思惑)이 아직 남아 있음이다. ③ 태연해져 기쁨이 넘침 : 견사혹을 끊어 멸도를 얻고 안온해진 상태다.

舍利弗아 爾時에 長者가 各賜諸子를 等一大車하시니 其車가 高廣하고 衆寶로
사리불 이시 장자 각사제자 등일대거 기거 고광 중보

莊校하며 周匝欄楯하며 四面에 懸鈴하고 又於其上에 張設幰蓋하며 亦以
장교 주잡란순 사면 현령 우어기상 장설헌개 역이

珍奇雜寶로 而嚴飾之하며 寶繩으로 交絡하고 垂諸華瓔하며 重敷婉筵하고
진기잡보 이엄식지 보승 교락 수제화영 중부완연

安置丹枕하며 駕以白牛하니
안치단침 가이백우

30. 사리불아, 그 때, 장자는 아들들에게 똑같은
큰 수레(大力白牛車, 摩訶衍)를[①] 하나씩 주니,
그 수레는 높고도 넓으며(佛智慧, 無上無邊),
여러 가지 보배로 꾸미며(보살만행으로 장엄함),
난간(總持)이 둘러 있으며(다라니로 악을 막고),
사면(四辯)에는[②] 방울(下化衆生)을 달고,
그 위에는 일산을 펴고 휘장을[③] 덮었으며(四無量心),[④]
또 진기한 여러 보배(萬善)로 장엄하게 꾸몄으며(大慈大悲),
보배의 줄(四弘誓願)로[⑤] 얽고(慈心堅固), 모든 꽃(四攝法)과[⑥]
영락(神通)을 드리웠으며(喜捨),
고운 대자리(觀, 煉, 熏, 修)를[⑦] 겹겹이 깔아 놓고(諸禪定三昧),
붉은 베개(丹枕, 煉丹, 寶林, 一行三昧, 無分別智, 法華三昧)를
놓았으며, 흰 소(四念處)에 멍에를 메웠으니,

---

① 마하연(摩訶衍) : 마하연나(Mahā-yana)의 준말. 최상승(最上乘), 일불승(一佛乘)의 대승보살도(大乘菩薩道), 곧, 제일 힘이 센 흰 소가 끄는 수레(大力白牛車). ② 사면(四辯) : 사무애변(四無碍辯)을 말한다. 법무애(法無碍), 의무애(義無碍), 사무애(辭無碍), 요설무애(樂說無碍)의 네 가지 무애를 말한다. ③ 휘장 : 헌개(幰蓋)로서, 수레의 천장을 갖가지로 장식한 덮개. ④ 사무량심(四無量心) : 자비희사(慈悲喜捨). 중생을 위하여 네 가지 무량한 마음을 일으키는 수행법으로, 선정에 들어 깊이 닦으면 대범천(大梵天)에 난다고 한다. ⑤ 보배의 줄 : 보승(寶繩)으로서, 보배로 장식된 줄. ⑥ 사섭법(四攝法) : 보시(布施), 애어(愛語), 이행(利行), 동사(同事)의 네 가지로써 중생을 인도하여 제도한다. ⑦ 고운 대자리(婉筵) : 아름답게 장식한 대자리. 수레 안의 깔개.

膚色이 充潔하고 形體姝好하며 有大筋力하며 行步平正하고 其疾이 如風하며
부 색　충 결　형 체 주 호　유 대 근 력　행 보 평 정　기 질　여 풍

又多僕從하여 而侍衛之하니라. 所以者何오 是大長者가 財富無量하야
우 다 복 종　이 시 위 지　소 이 자 하　시 대 장 자　재 부 무 량

種種諸藏이 悉皆充溢이라
종 종 제 장　실 개 충 일

그 피부 빛깔이 매우 깨끗하고(四正勤)①
몸매가 아리따우며(四如意足),
또 끄는 힘이 매우 세고(五根, 五力),
걸음걸이가 평정하고(七覺支),
빠르기가 바람 같으며(八正道, 六根淸淨, 六波羅蜜, 菩薩道),
또 많은 시종(外로는 外魔, 外道, 二乘, 內로는 神通)이
시위(三乘歸一乘, 속히 薩婆若에 이른다)하였느니라.

31. 왜냐 하면,
이 큰 장자는 재물(福慧兩足具足)이 한량 없어서
모든 창고가 갖가지로 가득 차 있었기 때문이니라.

---

①피부 빛깔이 매우 깨끗함(充潔) : 살이 알맞게 찌고 깨끗함. 계(戒)가 맑고 정(定)이 밝아서 안팎으로 조화롭기 때문이다.

* 사념처(四念處), 사정근(四正勤), 사여의신족(四如意神足), 오근(五根), 오력(五力), 칠각지(七覺支), 팔정도(八正道) 등은 지자대사(智者大師)의 육묘법문(六妙法門)의 참고가 요한다. 지자대사는 이것을 대승보살도로 해석하여, 육근(六根)이 청정하고 육바라밀을 행하여 일불승의 대력백우거를 타도록 부처님의 설법을 법화문구(法華文句)에서 해석하였다.

而作是念호대 我財物無極하니 不應以下劣小車로 與諸子等이로다. 今此
이작시념 아재물무극 불응이하열소거 여제자등 금차
幼童이 皆是吾子이니 愛無偏黨하리라. 我有如是 七寶大車하야 其數無量이라
유동 개시오자 애무편당 아유여시 칠보대거 기수무량
應當等心으로 各各與之요 不宜差別이로다. 所以者何오 以我此物로 周級
응당등심 각각여지 불의차별 소이자하 이아차물 주급
一國이라도 猶尚不匱어든 何況諸子리요 是時諸子가 各乘大車하고 得未曾有하야
일국 유상불궤 하황제자 시시제자 각승대거 득미증유
非本所望이러라.
비본소망

그는 다음과 같이 생각했느니라.
'나의 재물은 한량 없으니,
변변찮고 작은 수레를 아들들에게 줄 수 없다.
이 아이들은 다 나의 아들이니,
사랑에 치우침이 없이 하리라.
나에게는 이렇게 칠보로 꾸민 큰 수레(摩訶衍)가
무수히[①] 있으니, 응당 평등한 마음으로 각각 주되,
마땅히 차별하지 아니하리라.
왜냐 하면, 나의 이 물건은
나라 사람들에게 두루 나누어 줄지라도 남겠거늘,
하물며 나의 아들들에게랴.'
그 때, 아들들이 각각 큰 수레를 타고 미증유를 얻었는데,
이는 본래 바라던 바가 아닌 뜻밖의 희유함이니라.

---

① 무수히 : 중생이 무량하므로 그들을 성불시킬 부처님의 일불승(一佛乘) 대력백우거(大力白牛車)도 한량 없이 많다는 뜻. 곧, 부처님의 지혜도 무량무변하다는 뜻.

舍利弗아 於汝意云何오 是長者가 等與諸子의 珍寶大車호미 寧有虛妄가
사리불 어여의운하 시장자 등여제자 진보대거 영유허망

不아 舍利弗이 言하오대 不也니다. 世尊이시여 是長者가 但令諸子로 得免
부 사리불 언 불야 세존 시장자 단령제자 득면

火難하여 全其軀命이라도 非爲虛妄이니다. 何以故오 若全身命이라도 便爲已
화난 전기구명 비위허망 하이고 약전신명 변위이

得玩好之具어든 況復方便으로 於彼火宅에 而拔濟之이오리까.
득완호지구 황부방편 어피화택 이발제지

32. 사리불아, 너의 뜻에는 어떠하뇨?
이 장자가 모든 아들에게
진기한 보배로 꾸민 큰 수레를 똑같이 준 것이
오히려 거짓말한 것이 되느냐, 안 되느냐?"
사리불이 사뢰었습니다.
"아니옵니다, 세존이시여. 이 장자가
모든 아들로 하여금 불의 재난을 면하게 하여,
목숨을 보전하게 한 것만으로도
속인 것이 안 되나이다.
왜냐 하면, 목숨을 보전한 것만으로도[1]
이미 좋은 장난감을[2] 얻은 것이 되옵거늘,
하물며 방편으로 저 불타는 집에서 구제됨이겠나이까?[3]

---

① **목숨을 보전함**(全其軀命) : 신명을 보전함이니, 오욕(五欲)에 떨어지지 않아 법신을 보전함이다. ② **좋은 장난감**(玩好之具) : 놀이 기구. 불로부터 신명을 구했으니 그 자체가 즐거움이라는 뜻. ③ **구제됨**(拔濟) : 재난에서 구해짐, 즉 고(苦)로부터 구제됨이다.

世尊이시여 若是長者가 乃至不與 最小一車하여도 猶不虛妄이니 何以故오
세존 약시장자 내지불여 최소일거 유불허망 하이고

是長者가 先作是意호대 我以方便으로 令子得出호리라함일새 以是因緣으로
시장자 선작시의 아이방편 영자득출 이시인연

無虛妄也하니 何況長者가 自知財富無量하고 欲饒益諸子하여 等與大車이나이까.
무허망야 하황장자 자지재부무량 욕요익제자 등여대거

세존이시여,
만약 이 장자가 가장 작은 수레도 주지 않았을지라도①
거짓말했다 할 수 없나이다.
왜냐 하면, 이 장자가 앞서 생각하기를,
'내가 방편을 써서 아들들이 집에서 나오게 하리라.'②
했으니, 이러한 까닭으로 거짓말함 없나이다.
하물며 장자가 자기 재물이 한량 없음을③
스스로 알아 아들들에게 흡족하게 하려고
큰 수레를 똑같이 줌이겠나이까?"

---

① **작은 수레도 주지 않았을지라도** : 부처님께서 중생의 근기에 맞추어 방편설을 베풀었으니, 낮은 근기에서 절대의 경지인 일불승을 이해하지 못하여 대승을 비방하는 죄에 떨어짐을 면하게 하셨고, 그들이 근기가 성숙하면 일불승으로 이끌 수 있으므로 설사 작은 수레를 주지 않았더라도 부처님 본뜻에 어긋나지 않아서 결코 허망한 것이 아니라는 것이다. ② **방편의 신통력을 써서 집에서 나오게 함** : 단덕(斷德)의 신통력을 비유했다. ③ **재물이 한량 없음(財富無量)** : 부처님 지혜의 덕으로부터 나오는 가르침을 설하시는 능력이 무량함을 비유한 말.

佛告舍利弗하사대 善哉善哉라 如汝所言하니라. 舍利弗아 如來도 亦復
불고사리불 선재선재 여여소언 사리불 여래 역부

如是하여 則爲一切 世間之父하여 於諸怖畏와 衰惱憂患과 無明暗蔽에
여시 즉위일체 세간지부 어제포외 쇠뇌우환 무명암폐

永盡無餘하여 而悉成就 無量知見과 力과 無所畏하고 有大神力과
영진무여 이실성취 무량지견 력 무소외 유대신력

及智慧力하며 具足方便 智慧波羅蜜하고 大慈大悲로 常無懈倦하고
급지혜력 구족방편 지혜바라밀 대자대비 상무해권

恒求善事하여 利益一切하나니라.
항구선사 이익일체

33. 부처님께서 사리불에게 이르셨습니다.

"좋고 좋다, 네가 말한 바와 같으니라.

사리불아,

여래도 이와 같아서 일체 세간의 아버지① 되어,

모든 두려움과 쇠함과 고뇌와 근심과 환난과

무명으로 어둡고 가려진 것을

영원히 없애 남음이 없어

한량 없는 지견과 힘(十力)과 무소외를 모두 성취하고,

대신력(大神力)과 지혜력을 지니며,

방편과 지혜의 바라밀을② 갖추고,

대자대비하여 항상 부지런히 좋은 일을 찾아 줌으로써

모든 중생을 이익되게 하느니라.

---

① **세간의 아버지(世間之父)** : 장자가 집안의 어버이듯이, 부처님은 욕계(欲界), 색계(色界), 무색계(無色界)의 세 세상에서 자비로운 아버지. 곧, 일체 중생의 어버이기에 '일체 중생은 모두 나의 아들'이라 하셨고, 평등하게 아들들에게 큰 보배 수레를 하나씩 내려주시었다. ② **방편과 지혜의 바라밀** : 방편의 완성과 지혜의 완성. 여래께서는 일체의 선교방편과 지혜로 중생을 피안에 이르게 하신다.

而生三界에 朽故火宅하여 爲度衆生의 生老病死와 憂悲苦惱와 愚癡暗蔽인
이 생 삼 계　후 고 화 택　위 도 중 생　생 로 병 사　우 비 고 뇌　우 치 암 폐

三毒之火하여 教化하여 令得阿耨多羅三藐三菩提케하시니라. 見諸衆生이
삼 독 지 화　교 화　영 득 아 누 다 라 삼 먁 삼 보 리　견 제 중 생

爲生老病死 憂悲苦惱 之所燒煮하고 亦以五欲財利故로 受種種苦하며
위 생 로 병 사　우 비 고 뇌　지 소 소 자　역 이 오 욕 재 리 고　수 종 종 고

又以貪著追求故로 現受衆苦하다가 後受地獄 畜生 餓鬼之苦하며
우 이 탐 착 추 구 고　현 수 중 고　후 수 지 옥　축 생　아 귀 지 고

불타는 옛집(火宅)과[①] 같은 삼계(三界)에 몸을 출현하시어
중생의 생(生), 노(老), 병(病), 사(死)와
우(憂), 비(悲), 고(苦), 뇌(惱)와 어리석고 어둠에 가려지고[②]
삼독(三毒)의 불에서 제도하기 위해,
그들을 교화해서 아누다라삼먁삼보리를 얻게 하려 함이니라.

34. 모든 중생을 보니,
생, 노, 병, 사와 우, 비, 고, 뇌의 불에 태워지고,
또 오욕으로[③] 재물과 이양을 구하므로
갖가지의 고를 받으며, 또 탐내고 애착하여 구하므로,
현세에서 여러 가지 고통을 받다가 후세에는
지옥, 축생, 아귀의 고를 받으며,

①불타는 옛집(朽故火宅) : 썩고 낡은 집. 삼계 중생을 위해 이런 집에 태어나셨다는 뜻. ②어리석고 어둠에 가려짐(愚癡暗蔽) : 어리석음의 어둠에 의해 가려짐. 우치는 곧 무명. ③오욕(五欲) : 색(色), 성(聲), 향(香), 미(味), 촉(觸)의 다섯 가지 경계가 사람의 욕심을 일으키기 때문에 오욕(五欲)이라 한다. 이 오욕에 애착하고 즐기는 것을 불타는 집 안에서 놀이에 빠진 아이들로 비유하였다. 또, 식욕(食欲), 수면욕(睡眠欲), 이성욕(異性欲), 재물욕(財物欲), 명예욕(名譽欲)을 말한다.

若生天上커나 及在人間하여도 貧窮困苦와 愛別離苦와 怨憎會苦와 如是等
약생천상 급재인간 빈궁곤고 애별리고 원증회고 여시등

種種諸苦니라. 衆生이 沒在其中하여 歡喜遊戲하며 不覺不知하며 不驚不怖하며
종종제고 중생 몰재기중 환희유희 불각부지 불경불포

亦不生厭하고 不求解脫하며 於此三界火宅에 東西馳走하여 雖遭大苦하여도
역불생염 불구해탈 어차삼계화택 동서치주 수조대고

不以爲患하니라.
불이위환

혹은 천상에 나거나 인간계에 날지라도
빈궁하고 곤고하며,[①] 사랑하는 자와의 이별과[②]
미워하는 자와의 만나는 괴로움[③] 등
이와 같은 갖가지의 고통이 있느니라.
중생은 이 가운데 빠져 기뻐해 노닐며,
그 고통들을 깨닫지도 알지도 못하며,
놀라지도 두려워하지도 아니하며,
또 싫증도 내지 아니하고,
해탈(解脫)을 구하지도 아니하며,
불타는 집 같은 이 삼계에서
동쪽으로 서쪽으로 마구 달려,
큰 고통 당할지라도 이를 근심하지 않느니라.

---

①빈궁하고 곤고함(貧窮困苦) : 가난하고 궁색하고 곤란한 고통. ②사랑하는 자와의 이별(愛別離苦) : 인간이 겪는 여덟 가지 괴로움 중의 한 가지. ③미워하는 자와의 만나는 괴로움(怨憎會苦) : 여덟 가지 괴로움 중의 하나.

舍利弗아 佛은 見此已하시고 便作是念호대 我爲衆生之父일진댄 應拔其
사리불 불 견차이 변작시념 아위중생지부 응발기

苦難하여 與無量無邊 佛智慧樂하여 令其遊戱케호리라. 舍利弗아 如來가
고난 여무량무변 불지혜락 영기유희 사리불 여래

復作是念호대 若我가 但以神力과 及智慧力으로 捨於方便하고 爲諸衆生하여
부작시념 약아 단이신력 급지혜력 사어방편 위제중생

讚如來知見과 力無所畏者면 衆生이 不能以是로 得度하리라.
찬여래지견 역무소외자 중생 불능이시 득도

35. 사리불아, 부처님은 이를 보고 생각하였느니라.
'나는 중생의 아버지가 되었으니,
응당 그 괴로움과 환난을 없애
한량 없고 가없는 불지혜(佛智慧)의 낙을 주어서,
그들을 거기서 놀게 하리라.'
사리불아, 여래는 다시 이런 생각을 하였느니라.
'만약 내가 신통력과① 지혜력만으로,
방편을 버리고
중생을 위해 여래의 지견과 힘과
무소외 등을 찬탄한다면,
중생은 이것만으로는 제도되지 못하리라.②

---

① **신통력(神力)** : 불보살들의 불가사의한 힘. 초인적인 능력. ② **중생은 이것만으로는 제도되지 못함** : 중생들의 근기가 작기 때문에 부처님의 신통력, 지혜를 이해하지 못한다는 뜻. 그러므로 방편이 필요하다는 취지이다.

所以者何오 是諸衆生이 未免生老病死와 憂悲苦惱하여 而爲三界火宅의
소이자하 시제중생 미면생로병사 우비고뇌 이위삼계화택
所燒어니 何由能解 佛之智慧리요 舍利弗아 如彼長者가 雖復身手有力이나
소소 하유능해 불지지혜 사리불 여피장자 수부신수유력
而不用之하고 但以慇懃方便으로 勉濟諸子火宅之難然後에 各與珍寶
이불용지 단이은근방편 면제제자화택지난연후 각여진보
大車인듯하여
대거

왜냐 하면, 이 모든 중생은 아직 생, 노, 병, 사와
우, 비, 고, 뇌를[①] 면치 못하여
삼계 화택에서 타는 바이니, 무엇에 말미암아
능히 부처님의 지혜를 알 수 있겠느냐?'

36. 사리불아,
저 장자가 몸과 손에 힘이 있어도
이를 쓰지 않고,[②]
다만 은근히 방편을 써서
모든 아들을 화택의 난에서 건져 낸 후에
진기한 보배로 꾸민 큰 수레를
각자에게 줌과 같이,

---

① **우비고뇌(憂悲苦惱)**: 즐겁지 못한 모든 일. 우비(憂悲)는 근심과 슬픔, 고뇌(苦惱)는 몸과 마음의 괴로움. ② **몸과 손에 힘이 있어도 이를 쓰지 않음**: 대승의 교화(일승의 교화)를 중지한 일을 가리킨다.

如來도 亦復如是하여 雖有力無所畏나 而不用之하고 但以智慧方便으로
여래 역부여시 수유력무소외 이불용지 단이지혜방편

於三界火宅에 拔濟衆生하여 爲說三乘인 聲聞辟支佛佛乘호리라하고 而作
어삼계화택 발제중생 위설삼승 성문벽지불불승 이작

是言호대 汝等은 莫得樂住三界火宅하라 勿貪麤弊인 色聲香味觸也라
시언 여등 막득락주삼계화택 물탐추폐 색성향미촉야

若貪著生愛면 則爲所燒리라 汝는 速出三界하면 當得三乘인 聲聞 辟支佛
약탐착생애 즉위소소 여 속출삼계 당득삼승 성문 벽지불

佛乘하리라.
불승

여래 또한 이와 같아,

비록 힘과 무소외가 있어도 이를 쓰지 아니하고,

다만 지혜와 방편으로

삼계 화택에서① 중생을 빼내어 제도하기 위하여,

그들 위해 삼승,

즉 성문승, 벽지불승, 불승(佛乘)을 설하면서

이와 같이 말씀하였느니라.

'너희는 삼계 화택에 머무르기를 즐기지 말아라.

쓰레기 같은 색(色), 성(聲), 향(香), 미(味), 촉(觸)을 탐내지 마라.

만약 탐내고 사랑하는 마음을 내어 집착하면,②

그 불에 타는 바가 되리라.

너희가 속히 삼계에서 나오면,③

마땅히 삼승, 즉 성문승, 벽지불승, 불승을 얻으리라.

---

① **삼계화택** : 사성제를 펴는 데 있어 고제(苦諦)를 보임이다. ② **마음을 내어 집착함** : 집제(集諦)를 보인 것이다. ③ **삼계에서 나옴** : 멸제(滅諦), 도제(道諦)를 말하여 삼계로부터 해탈을 삼승의 과(果)로 하였다.

我今爲汝하여 保任此事하노라. 終不虛也니 汝等은 但當勤修精進하라 如來는
아 념 위 여 보 임 차 사 종 불 허 야 여 등 단 당 근 수 정 진 여 래

以是方便으로 誘進衆生하고 復作是言하사대 汝等은 當知어다 此三乘法은
이 시 방 편 유 진 중 생 부 작 시 언 여 등 당 지 차 삼 승 법

皆是聖所稱歎이라 自在無繫하며 無所依求하니라 乘是三乘하면 以無漏
개 시 성 소 칭 탄 자 재 무 계 무 소 의 구 승 시 삼 승 이 무 루

根力覺道禪定解脫三昧等을 而自娛樂하여 便得無量安隱快樂하리라하니라.
근 력 각 도 선 정 해 탈 삼 매 등 이 자 오 락 변 득 무 량 안 온 쾌 락

내가 이제 너희를 위하여
이 일을 책임지고 보증하노라.①
결코 헛되지 아니하리니,
너희는 다만 부지런히 닦아 정진하라.'
하셨습니다.

37. 여래께서는 이 방편으로써
중생을 권유해 나아가게 하고,② 또 말씀하셨습니다.
'너희는 마땅히 알지어다. 이 삼승법은 모든 성인이
다 칭탄하는 바로서, 자재(自在)하여 매임이 없고,
따로 의지하여 구할 것도 없느니라. 이 세 수레(三乘)에 타면,
무루(無漏)의 근(五根), 역(五力), 각(七覺支), 도(八正道),
선정(五門禪), 해탈(八解脫), 삼매(百千三昧) 등을
스스로 즐겨 한량 없는 편안한 쾌락을③ 얻으리라.'

---

①보증함(保任) : 보호하고 맡아서 책임짐. ②권유해 나아가게 함(誘進) : 삼승 중생을 유인하여 나오도록 하는 일. ③편안한 쾌락(安隱快樂) : 편안한 즐거움. 열반의 즐거움.

舍利弗아 若有衆生이 內有智性하여 從佛世尊하여 聞法信受하고 慇懃
사리불 약유중생 내유지성 종불세존 문법신수 은근
精進하여 欲速出三界하야 自求涅槃하면 是名聲聞乘이니라. 如彼諸子가
정진 욕속출삼계 자구열반 시명성문승 여피제자
爲求羊車하여 出於火宅한듯하니라.
위구양거 출어화택

38. 사리불아,

만일 어떤 중생이 안으로 지혜의 성품을① 지녀,

부처님의 법을 듣고 믿어 받들어,

정성껏 꾸준히 정진하여

삼계에서 빨리 벗어나고자

스스로 열반의 경지를 구한다면,

그 이름이 성문승(聲聞乘)이니라.

저 장자의 아들들이

양이 끄는 수레(羊車)를 가지려고

화택에서 뛰쳐나옴과 같으니라.

---

① 지혜의 성품(智性) : 지혜의 성격, 성품. 지혜의 성품을 가지고 있기 때문에 천제(闡提, 斷善根 종자)가 아니고, 바른 믿음을 내고 수행하여 불도를 구할 수 있다.

若有衆生이 從佛世尊하여 聞法信受하고 慇懃精進하여 求自然慧하여
약유중생 종불세존 문법신수 은근정진 구자연혜

樂獨善寂하여 深知諸法因緣하면 是名辟支佛乘이니라. 如彼諸子가 爲求
낙독선적 심지제법인연 시명벽지불승 여피제자 위구

鹿車하야 出於火宅한듯하니라.
록거 출어화택

39. 만일 어떤 중생이

부처님으로부터 법을 듣고 믿어 받들어,

정성껏 꾸준히 정진하여 자연혜(自然慧)를① 구해

혼자서 선적(善寂, 열반)을② 즐기며

모든 법의 인연을 깨달으면,

그 이름이 벽지불승(辟支佛乘)이니라.

저 아들들이 사슴이 끄는 수레(鹿車)를 가지려고

화택에서 뛰쳐나옴과 같느니라.

---

① 자연혜(自然慧) : 제법이 생멸하는 이치를 아는 자연의 지혜. 십이인연(十二因緣)은 누가 만든 것이 아니라, 원래 저절로 존재하는 법칙이므로 스스로 깨달을 수 있다. 이를 깨닫는 것을 자연혜라고 한다. ② 선적(善寂) : 열반의 의역. 항상 홀로 있기를 즐기고, 적정 닦는 것을 말한다. 고요한 선정의 상태. 사정근(四正勤)을 닦고, 마음이 흩어져 움직일 때 이 선정에 들어 심성(心性)을 관해 나아간다.

若有衆生이 從佛世尊하야 聞法信受하고 勤修精進하여 求一切智와 佛智와
약유중생 종불세존 문법신수 근수정진 구일체지 불지
自然智와 無師智와 如來知見과 力無所畏하고 愍念安樂 無量衆生하고
자연지 무사지 여래지견 역무소외 민념안락 무량중생
利益天人하고 度脫一切하면 是名大乘菩薩이니 求此乘故로 名爲摩訶薩이니라
이익천인 도탈일체 시명대승보살 구차승고 명위마하살
如彼諸子가 爲求牛車하여 出於火宅인듯하니라.
여피제자 위구우거 출어화택

40. 만일 어떤 중생이 부처님에게서 법을 듣고 믿어 받들어,
정성껏 꾸준히 정진하여 일체지(一切種智),① 불지(佛智),
자연지(自然智),② 무사지(無師智),③ 여래의 지견(知見),④
역(十力), 무소외(四無所畏)를⑤ 구하고,
한량 없는 중생을 불쌍히 여겨 안락하게 하고,
천상계와 인간계에 이익을 주고,
일체 중생을 제도하여 해탈케 한다면,
그 이름이 대승보살이니,
그는 이 법(一佛乘)을 구하므로
이름을 마하살이라⑥ 하느니라.
이는 저 아들들이 소가 끄는 수레(牛車)를 가지려고
화택에서 뛰쳐나옴과 같으니라.

---

① 일체지(一切智) : 이하는 보살승(菩薩乘)이다. 일체지는 모든 지혜 중에서 가장 근기가 큰 분들이므로, 이승의 지혜와는 달리 이를 불지(佛智)라고 한다. 보살은 불지를 얻기 위해 행을 닦고, 자기뿐만 아니라 남까지 구하므로 대승(大乘)이라고 한다. 이러한 작용 때문에 그 근기가 가장 뛰어나니, 소의 수레(牛車)에 비유하였다. ② 자연지(自然智) : 인위적으로 증득하여 취한 것이 아닌, 저절로 존재하는 부처님의 깨달음의 지혜. ③ 무사지(無師智) : 남에게 배우지 않고 깨닫게 된 지혜. ④ 여래의 지견(如來知見) : 여래의 지혜. 일체 중생 속에 들어 있어서 일불승의 근거가 되는 불성 여래장. ⑤ 무소외(無所畏) : 불보살의 덕의 하나로서, 어떤 일이든 두려워함이 없는 일. ⑥ 마하살(摩訶薩, mahāsattva) : 보살의 존칭. 대원(大願)과 대행(大行)의 뜻을 지닌 위대한 사람.

舍利弗아 如彼長者 見諸子等이 安隱得出火宅하여 到無畏處하고 自惟
사리불 여피장자 견제자등 안온득출화택 도무외처 자유

財富無量하고 等以大車로 而賜諸子인듯하니 如來도 亦復如是하여 爲一切
재부무량 등이대거 이사제자 여래 역부여시 위일체

衆生之父하여 若見無量 億千衆生이 以佛教門으로 出三界苦의 怖畏險道하여
중생지부 약견무량 억천중생 이불교문 출삼계고 포외험도

得涅槃樂하면 如來는 爾時 便作是念호대 我有無量無邊智慧와 力과
득열반락 여래 이시 변작시념 아유무량무변지혜 역

無畏等諸佛法藏호니 是諸衆生은 皆是我子라 等與大乘하리라.
무외등제불법장 시제중생 개시아자 등여대승

41. 사리불아, 저 장자가 아들들이
불붙은 집에서 무사히 나와
두려움 없는 곳에 이르렀음을 보고,
자기의 재물이 한량 없음을 생각하고
똑같이 큰 수레를 모든 아들에게 줌과 같이,
여래도 이와 같아서 일체 중생의 아버지 되어,
한량 없는 억천 중생이 부처님께서 가르치신 문을[①] 통하여
삼계의 고통과 두렵고 험한 길을 무사히 벗어나
열반락 얻음을 본다면,
여래는 그 때 이런 생각을 하되,
'나에게는 한량 없고 가없는 지혜와 힘과 무소외 등
제불의 법장(法藏)이[②] 있으니, 이 중생은 다 나의
아들인 바에야 똑같이 대승법을 주리라.

---

① 부처님께서 가르치신 문(佛教門) : 부처님께서 가르치실 때 방편문을 쓰신 일. ② 제불의 법장(諸佛法藏) : 삼세 시방 일체의 모든 부처님 법보의 장(法寶藏).

不令有人이라도 獨得滅度케하고 皆以如來滅度로 而滅度之호리라. 是諸衆生으로
불령유인 독득멸도 개이여래멸도 이멸도지 시제중생

脫三界者에게는 悉與諸佛께서 禪定解脫等의 娛樂之具하시나니 皆是一相一種이라
탈삼계자 실여제불 선정해탈등 오락지구 개시일상일종

聖所稱歎이며 能生淨妙의 第一之樂하느니라. 舍利弗아 如彼長者가 初以三車로
성소칭탄 능생정묘 제일지락 사리불 여피장자 초이삼거

誘引諸子然後에 但與大車의 寶物로 莊嚴이 安隱第一하나 然이나 彼長者에게
유인제자연후 단여대거 보물 장엄 안온제일 연 피장자

無虛妄之咎듯하니 如來께서도 亦復如是하야 無有虛妄이니라
무허망지구 여래 역부여시 무유허망

어떤 사람이라도 홀로 멸도를 얻게 하지 않고,
다 여래의 멸도로써 멸도하게 하리라.'
이 모든 중생으로서 삼계를 해탈한 자에게는
다 모든 부처님의 선정과 해탈 등 모든 낙을 주나니,
이것은 한 모습 한 종류(一相一種)로서
성인의 칭탄하는 바이며,
능히 깨끗하고 묘한① 제일의 낙이② 생기느니라.

42. 사리불아, 저 장자가 처음에
세 가지 수레로 아들들을 이끌어 낸 후,
보물로 꾸민 큰 수레만 주어 가장 안온하게 했는데도
저 장자에게 거짓말한 허물이 없는③ 것과 같이,
여래도 이와 같아서 거짓말함 없느니라.

---

①능히 깨끗하고 묘함(能生淨妙) : 청정하고 오묘한 법을 생기게 한다는 뜻. ②제일의 낙(第一之樂) : 제불께서 증득한 적멸의 이치가 가장 큰 즐거움이라는 뜻. ③거짓말한 허물이 없음(無虛妄之咎) : 허망스런 잘못이 없음. 거짓이 없는 것.

初說三乘하여 引導衆生然後에 但以大乘으로 而度脫之하시니 何以故오
초설삼승 인도중생연후 단이대승 이도탈지 하이고

如來께서 有無量智慧와 力과 無所畏와 諸法之藏하여 能與一切衆生
여래 유무량지혜 역 무소외 제법지장 능여일체중생

大乘之法이언만은 但不盡能受하니라 舍利弗아 以是因緣으로 當知어다 諸佛은
대승지법 단부진능수 사리불 이시인연 당지 제불

方便力故로 於一佛乘에 分別說三이니라.
방편력고 어일불승 분별설삼

처음에는 삼승(三乘)을① 설하여 중생을 인도한 후,
오로지 대승으로써 제도하여 해탈하게 하느니라.
왜냐 하면,
여래에게는 한량 없는 지혜와 힘과 무소외와
모든 법장(法藏)이 있어서
중생에게 대승법을 똑같이 주건마는,
능히 다 이를 수용하지 못하기 때문이니라.
사리불아,
이러한 인연으로 마땅히 알지니,
모든 부처님께서는 방편력을 쓰는 까닭으로
일불승(一佛乘)에서 분별하여 삼승을 설하시느니라."②

---

①삼승(三乘) : 성문승(聲聞乘), 연각승(緣覺乘), 보살승(菩薩乘). ②일불승에서 분별하여 삼승을 설함 : 일불승에서 능히 받아 이해한다면 곧 대승을 주고 삼승으로 열어서 설할 필요가 없겠으나, 이해하지 못하는 자를 위해서 일불승을 분별해서 삼승을 설하시었다. 삼승으로 나누어 설한 것은 중생 탓일 뿐, 부처님의 본 의도가 아니라는 뜻이다.

佛께서 欲重宣此義하사 而說偈言하사대
불 욕중선차의 이설게언

譬如長者가 有一大宅호대 其宅이 久故하고 而復頓弊하여
비여장자 유일대택 기택 구고 이부돈폐

堂舍高危하고 柱根이 摧朽하며 梁棟이 傾斜하고 基陛隤毁하고
당사고위 주근 최후 양동 경사 기폐퇴훼

牆壁圮坼하고 泥塗陁落하고 覆苫亂墜하고 椽梠差脫하며
장벽비탁 이도타락 부점란추 연려차탈

周障屈曲에 雜穢充徧커늘 有五百人이 止住其中하더니라.
주장굴곡 잡예충변 유오백인 지주기중

43. 부처님께서 이 뜻을 거듭 펴시고자
게송으로 말씀하셨습니다.
"비유하건대,
어떤 장자(부처님)에게 큰 집(三界)이 있되,
그 집이 오래 되어 낡고 퇴락하여,①
집은 높으나 위태롭고 기둥 뿌리는 썩었으며,
들보는 기울고 축대는 무너졌고,
담벼락은 갈라지고 발랐던 흙은 떨어져 내리고,
이엉은 어지러이 날리고
서까래와 평고대는 빠졌으며,
구불구불 둘린 담 안에 오물이 가득 차 있는데,
오백 인이 거기 살고 있었느니라.

① 오래 되어 낡고 퇴락함 : 오온(五蘊)의 집이 오래 되었다는 뜻.

鵄梟鵰鷲와 치 효 조 취	烏鵲鳩鴿과 오 작 구 합	蚖蛇蝮蠍과 원 사 복 갈	蜈蚣蚰蜒과 오 공 유 연
守宮百足과 수 궁 백 족	鼬狸鼷鼠와 유 리 혜 서	諸惡蟲輩가 제 악 충 배	交橫馳走하며 교 횡 치 주
屎尿臭處에 시 뇨 취 처	不淨流溢하고 부 정 류 일	蜣蜋諸蟲이 강 랑 제 충	而集其上하며 이 집 기 상
狐狼野干이 호 랑 야 간	咀嚼踐踏하고 저 작 천 답	嚌齧死屍하여 제 설 사 시	骨肉狼藉커늘 골 육 랑 자
由是羣狗가 유 시 군 구	競來搏撮하고 경 래 박 촬	飢羸慞惶하여 기 리 장 황	處處求食하며 처 처 구 식
鬪諍摣掣하고 투 쟁 사 철	啀喍嘷吠하더니 애 재 호 폐	其舍恐怖하여 기 사 공 포	變狀如是하니라. 변 상 여 시

44. 솔개, 올빼미, 수리, 독수리, 까마귀, 까치, 산비둘기,
집비둘기와 까치독사, 살모사, 전갈, 지네, 그리마와[①]
도마뱀,[②] 노래기, 족제비, 삵괭이, 새앙쥐, 쥐와
갖가지 나쁜 벌레들이 뒤섞여 달리고,
똥오줌 냄새나는 곳에 더러운 것 흘러 넘치며,
말똥구리와 모든 벌레들이 그 위에 우글거리고,
여우, 이리, 승냥이(野干)가 짓밟고 씹으며,[③]
시체 물어뜯어서[④] 뼈와 살이 낭자하니, 이로 말미암아
뭇 개가 몰려와서 잡아뜯고,[⑤] 주림으로 당황하여[⑥]
곳곳으로 먹을 것을 찾아 서로 다투고[⑦]
으르렁거리고 시끄럽게 짖어 대니,
그 집이 두렵고 무서워, 변괴가 이러하니라.

---

① 그리마(蚰蜒) : 그리마과 마디발 동물. 마루 틈이나 방구석에 살고, 밤에 다니면서 벌레를 잡아 먹는다. 목이 붉은 것은 지네이고, 붉지 않은 것은 그리마라고 한다. ② 도마뱀(守宮) : 수궁충이라 한다. 원래 궁궐의 여인들을 지킨다는 뜻에서 온 말. ③ 짓밟고 씹음(咀嚼踐踏) : 저작은 씹어 먹는다는 뜻이고, 천답은 짓밟는다는 뜻. ④ 물어뜯음(嚌齧) : 물어뜯고 맛봄. ⑤ 잡아뜯음(搏撮) : 치고 박으며 끌고 당기는 짓. ⑥ 당황함(慞惶) : 두려워하고 초조해함. 공포에 쌓인 것. ⑦ 서로 다툼(摣掣) : 서로 다투면서 잡아 끄는 짓.

處處에 皆有 처처 개유	魑魅魍魎하며 이매망량	夜叉惡鬼가 야차악귀	食噉人肉하며 식담인육
毒蟲之屬과 독충지속	諸惡禽獸 제악금수	孚乳産生하여 부유산생	各自藏護커든 각자장호
夜叉가 競來하여 야차 경래	爭取食之하고 쟁취식지	食之旣飽에 식지기포	惡心이 轉熾하야 악심 전치
鬪諍之聲이 투쟁지성	甚可怖畏하고 심가포외	鳩槃茶鬼 구반다귀	蹲踞土埵라가 준거토타
或時離地를 혹시리지	一尺二尺하고 일척이척	往返遊行하며 왕반유행	縱逸嬉戲하며 종일희희
捉狗兩足하여 착구량족	撲令失聲하고 박령실성	以脚加頸하여 이각가경	怖狗自樂하느니라. 포구자락

45. 곳곳에서 도깨비, 허깨비,① 야차(夜叉), 악귀들이
사람 고기를 씹어 먹고, 독벌레와 온갖 모진 짐승은
알을 까고 새끼 쳐서 제각기 감추어 기르건만,
야차가 달려와 다투어 잡아 먹고,
먹고 나 배부르면 모진 마음 더욱 더하여
서로 싸우는 소리가 소름끼치고,
구반다귀(鳩槃茶鬼)② 흙더미에 걸터앉았다가
때로는 땅에서 한두 자씩 솟구쳐 뛰고,
오며가며 제멋대로 놀고 장난치며,
개의 두 다리 잡아 태질쳐 외마디 소리 내게 하고,
발로 목을 눌러 겁먹은 개를 즐기느니라.

---

① 도깨비, 허깨비(魑魅魍魎) : '이매'란 산신(山神), '망량'을 수신(水神)이라 한다. 또는 산과 늪의 요괴를 '이'라 하고, 집의 요괴를 '매'라 하며, 돌의 요괴를 '망량'이라 한다. ② 구반다귀(鳩槃茶鬼, kumbhāṇḍa) : 증장천(增長天)의 권속으로 사람의 정기(精氣)를 먹고 사는 귀신.

復有諸鬼하니 부 유 제 귀	其身이 長大하야 기 신 장 대	裸形黑瘦가 나 형 흑 수	常住其中호대 상 주 기 중
發大惡聲하여 발 대 악 성	叫呼求食하고 규 호 구 식	復有諸鬼하니 부 유 제 귀	其咽如鍼하며 기 인 여 침
復有諸鬼하니 부 유 제 귀	首如牛頭한듯이 수 여 우 두	或食人肉하며 혹 식 인 육	或復噉狗하더니 혹 부 담 구
頭髮이 髼亂하고 두 발 봉 란	殘害兇險하며 잔 해 흉 험	飢渴所逼하며 기 갈 소 핍	叫喚馳走하며 규 환 치 주
夜叉餓鬼와 야 차 아 귀	諸惡鳥獸가 제 악 조 수	飢急四向하여 기 급 사 향	窺看窗牖하니 규 간 창 유
如是諸難이 여 시 제 난	恐畏無量하느니라. 공 외 무 량		

46. 귀신들 또 있어 그 몸이 길고 큰데,
벌거숭이에다가 검고 여윈 것들이 늘 그 속에 살아
큰 소리로 악을 쓰면서 먹이 찾고,
어떤 귀신은 목구멍이 바늘 같으며,
또 어떤 귀신은 머리가 쇠머리(牛頭) 같은 것이
사람 고기, 개고기 먹으니,
머리카락은 봉두난발이고[①] 잔인 흉악하며,
주리고 목말라 악쓰고 치달으며,[②] 야차, 아귀와
사나운 새와 짐승들 배 채우기에 급하여
사방으로 흩어져 문틈으로 엿보나니,[③]
이 같은 여러 고난이 두렵기 한량 없느니라.

---

① 봉두난발(頭髮髼亂) : 머리카락이 흩어져 덥수룩한 모습. ② 악쓰고 치달음(叫喚馳走) : 다투며 고집하여 외침을 악쓴다(叫喚)라 하고, 안정을 찾지 못하고 돌아다님을 치달린다(馳走)라고 하였다. ③ 문틈으로 엿봄(窺看窗牖) : 창문 틈으로 엿보는 것은, 다투어 밖으로 나가는 문과 길을 찾음의 비유.

是朽故宅이　屬于一人터니　其人近出하야　未久之間에
시후고택　속우일인　기인근출　미구지간

於後의 宅舍에서　忽然火起하야　四面一時에　其燄俱熾호대
어후 택사　홀연화기　사면일시　기염구치

棟梁椽柱에　爆聲震裂하여　摧折墮落하고　牆壁崩倒커늘
동량연주　폭성진열　최절타락　장벽붕도

諸鬼神等이　揚聲大叫하며　鵰鷲諸鳥와　鳩槃荼等이
제귀신등　양성대규　조취제조　구반다등

周慞惶怖하야　不能自出하니라.
주장황포　불능자출

47. 이렇게 썩고 낡아빠진 집이
한 사람에게 속해 있더니,
그 사람 외출한 지 얼마 안 되어
집의 뒤쪽에서 홀연히 불이 일어나
사방이 한꺼번에 타올라
걷잡을 수 없는 지경인데,
들보와 서까래와 기둥 튀는 소리 벼락치듯 하고,
떨어져 부러지고, 담과 벽이 무너지는지라,
귀신들이 큰 소리로 울부짖고,
수리 등 새들과 구반다귀신 등은[①]
당황하고 겁먹어 나오지를 못하느니라.

---

① 새들과 구반다귀신 등(諸鳥 鳩槃荼等) : 새와 벌레와 구반다 등 여러 아귀와 귀신 등으로, 오둔사(五鈍使)와 오리사(五利使)의 번뇌를 말한다.

惡獸毒蟲이 악수독충	藏竄孔穴하며 장찬공혈	毗舍闍鬼가 비사사귀	亦住其中하더니 역주기중
薄福德故로 박복덕고	爲火所逼하여 위화소핍	共相殘害하여 공상잔해	飮血噉肉하며 음혈담육
野干之屬이 야간지속	幷已前死이어늘 병이전사	諸大惡獸가 제대악수	競來食噉하며 경래식담
臭烟蓬㶿이 취연봉발	四面充塞하며 사면충색	蜈蚣蚰蜒과 오공유연	毒蛇之類가 독사지류
爲火所燒하야 위화소소	爭走出穴커늘 쟁주출혈	鳩槃茶鬼가 구반다귀	隨取而食하며 수취이식
又諸餓鬼는 우제아귀	頭上火然하여 두상화연	飢渴熱惱로 기갈열뇌	周慞悶走하니 주장민주

48. 모진 짐승과 독벌레는 구멍을 찾아 숨으며
비사사귀(毘舍闍鬼)들도[①] 그 속에 살더니,
복덕이 엷은 탓에 불길에 쫓기면서
서로 잔인하게 해쳐 피 마시고 고기 씹으며,
승냥이(野干)무리들 이미 불타 죽으니,
크고 모진 짐승들 몰려와 뜯어 먹고,
썩고 타는 냄새가 사면에 자욱하며,[②]
지네와 그리마와 독사 등이
불에 타며 구멍에서 기어나오면
구반다귀는 닥치는 대로 잡아 먹으며,
아귀들은 머리에 불이 붙어
주리고 목이 타는 데다가 뜨거워 겁결에 도망치니,

---

① 비사사귀(毘舍闍鬼, Piśāca) : 시체의 고기를 먹는 귀신. 지국천(持國天)에 속한 귀신. ② 썩고 타는 냄새가 사면에 자욱함(臭烟蓬㶿) : '취연'은 시체 등이 타는 냄새가 나는 연기. 봉발은 어지럽고 잡다하게 일어남. 색계에서 남은 번뇌(四倒 八苦)들이 일어남을 비유한 말.

其宅이 如是히 甚可怖畏라 毒害火災로 衆難非一이러라
기택 여시 심가포외 독해화재 중난비일

是時宅主가 在門外立이러니 聞有人言호니 汝의 諸子等이
시시택주 재문외립 문유인언 여 제자등

先因遊戲하여 來入此宅이나 稚小無知하여 歡娛樂著이라하야늘
선인유희 내입차택 치소무지 환오락착

長者가 聞已하고 驚入火宅하야 方宜救濟하여 令無燒害케호려하여
장자 문이 경입화택 방의구제 영무소해

告喩諸子하여 說衆患難하니라
고유제자 설중환난

그 집이 이와 같이 심히 두렵고 두려우니라.
독해(毒害), 화재,
여러 재난이 다양하더니라.

49. 그 때, 집 주인이 문 밖에 서 있으니,①
어떤 사람이 말하기를,
'당신의 아들들이 앞서 놀려고
이 집에 들어갔는데,
어리고 철없어 놀이에 정신이 팔렸다.'고 하니,
장자가 듣고 놀라 불타는 집에 들어가
마땅히 구제하여 해를 입지 않게 하려고
다음과 같이 아들들을 달래어
온갖 환난을② 설명해 타일렀느니라.

---

①문 밖에 서 있음 : 부처님께서 삼계 화택에서 벗어나 법신(法身)의 자리에 계시되, 항상 자비를 가지고 중생을 구하려 하시기에 제일의공(第一義空) 적정열반에 들어가 있지 않으신 것을 비유했다. ②환난(患難) : 근심과 재난.

惡鬼와 毒蟲과 災火 蔓延하여 衆苦次第로 相續不絶하며
악귀 독충 재화 만연 중고차제 상속부절

毒蛇蚖蝮과 及諸夜叉와 鳩槃茶鬼와 野干狐狗와
독사원복 급제야차 구반다귀 야간호구

鵰鷲鴟梟와 百足之屬이 飢渴惱急으로 甚可怖畏어든
조취치효 백족지속 기갈뇌급 심가포외

此苦難處에 況復大火리요 諸子無知하여 雖聞父誨하여도
차고난처 황부대화 제자무지 수문부회

猶故樂著하여 嬉戲不已하니라.
유고락착 희희불이

'악귀와 독벌레에다가 큰 불이 번져
여러 가지 고난이 잇달아 끊이지 아니하고,
독사와[①] 야차들과 구반다귀, 승냥이, 여우, 늑대,
수리, 독수리, 솔개, 올빼미, 지네 등이
기갈에 허덕여 무섭거늘,
이러한 고난 속에 또 큰불까지 일어남이랴.'
아들들은 철이 없어
아버지의 타이름을 듣고도,
여전히 오욕락에 재미 붙여 즐기며 노느니라.

---

① 독사(毒蛇蚖蝮) : 독사와 까치독사.

是時長者가 而作是念호대 諸子如此하여 益我愁惱로다.
시시장자 이작시념 제자여차 익아수뇌

今此舍宅이 無一可樂이어늘 而諸子等이 耽湎嬉戱하여
금차사택 무일가락 이제자등 탐면희희

不受我教하니 將爲火害하리로다 即便思惟하여 設諸方便하여
불수아교 장위화해 즉변사유 설제방편

告諸子等호대 我有種種 珍玩之具에 妙寶好車호대
고제자등 아유종종 진완지구 묘보호거

羊車鹿車와 大牛之車가 今在門外하니 汝等出來하라
양거록거 대우지거 금재문외 여등출래

50. 그 때, 장자는 이렇게 생각하였느니라.
'아들들이 이러하여 내 근심을 더하는구나.①
이제 이 집에는 즐길 것이 하나도 없건마는,
아들들이 노는 데에 정신이 팔려②
내가 이르는 말을 듣지 아니하니,
곧 불에 타 죽으리라.'
다시 생각하여 여러 방편(方便)을 만들어
아들들에게 일렀느니라.
'나에게 갖가지 진기한 장난감과
보배로 꾸민 수레가 있나니,
양이 끄는 수레, 사슴이 끄는 수레,
큰 소가 끄는 수레가 지금 문 밖에 있으니,
너희는 어서 나오너라.

---

①근심을 더함(益我愁惱) : 마음의 걱정을 더욱 가중시킴. ②노는 데에 정신이 팔림(耽湎嬉戱) : 즐기고 노는 데만 집중함.

吾爲汝等하여 오 위 여 등	造作此車호니 조 작 차 거	隨意所樂하여 수 의 소 락	可以遊戱니라. 가 이 유 희
諸子聞說 제 자 문 설	如此諸車하고 여 차 제 거	卽時奔競하여 즉 시 분 경	馳走而出일새 치 주 이 출
到於空地하여 도 어 공 지	離諸苦難하야늘 이 제 고 난	長者가 見子의 장 자 견 자	得出火宅하여 득 출 화 택
住於四衢하고 주 어 사 구	坐師子座하여 좌 사 자 좌	而自慶言호대 이 자 경 언	我今快樂이로다. 아 금 쾌 락

내가 너희를 위해 이 수레를 만들었으니,
마음대로 가져 즐기고 놀아라.'①

51. 아들들은 이 같은 수레가 있다는 말을 듣고,
즉시 그 집에서 다투어 달려 나와
빈 터에 이르러 모든 고난을 벗어났느니라.
장자는 아들들이 불난 집에서 뛰쳐나와
네거리에② 있음을 보고 사자좌에③ 앉아
스스로 경하의 말을 하였느니라.
'나는 이제 즐겁도다.

---

① 마음대로 가져 즐기고 놂(隨意所樂) : 방편의 가르침은 상대의 근기(능력)에 따르는 것이므로 마음대로 고르라고 했다. ② 네거리(四衢) : 네 갈래의 길. 고(苦), 집(集), 멸(滅), 도(道) 사제의 비유다. ③ 사자좌(師子座) : 부처님의 자리. 사자가 짐승의 왕이듯, 부처님은 가장 뛰어난 분이므로 그 자리를 사자좌라고 한다.

此諸子等이 生育甚難커늘 愚小無知하여 而入險宅하니
차제자등 생육심난 우소무지 이입험택

多諸毒蟲하고 魑魅可畏며 大火猛燄이 四面俱起어늘
다제독충 이매가외 대화맹염 사면구기

而此諸子가 貪樂嬉戲하더니 我已救之하여 令得脫難호니라
이차제자 탐락희희 아이구지 영득탈난

是故諸人이여 我今快樂하도다 爾時諸子가 知父安坐하고
시고제인 아금쾌락 이시제자 지부안좌

皆詣父所하여 而白父言호대 願賜我等에게 三種寶車하소서
개예부소 이백부언 원사아등 삼종보거

如前所許호대 諸子出來하면 當以三車로 隨汝所欲호려하시더니
여전소허 제자출래 당이삼거 수여소욕

今正是時라 惟垂給與하소서.
금정시시 유수급여

이 여러 아들을 낳아 기르기 매우 어렵거늘,
어리석고 소견 없어 위험한 집에 들어가니,
독벌레와 무서운 도깨비들이 있는 데다가
큰불이 사면에서 타오르건마는,
아들들은 놀이에만 정신 팔려
내 이를 구하여 환난에서 벗어나게 했노라.
사람들이여! 그러므로 나는 지금 즐겁도다.'①

52. 그 때, 아들들은 아버지가 편안히 앉아 있음을 보고,
다 아버지 앞에 나아가 말하기를,
'원하옵건대, 저희에게 세 가지 보배 수레를 주옵소서.
앞서 허락하시기를, 저희가 나오면
세 가지 수레를 소망에 따라 준다고 하셨으니,
지금이 바로 그 때이오니 어서 내려 주옵소서.'

---

① **나는 지금 즐겁도다** : 아들들이 환난을 면한 것을 보고 환희한 말이다.

長者大富하여 장 자 대 부	庫藏衆多하여 고 장 중 다	金銀琉璃와 금 은 유 리	硨磲瑪瑙 자 거 마 노
以衆寶物로 이 중 보 물	造諸大車하여 조 제 대 거	莊校嚴飾하고 장 교 엄 식	周匝欄楯에 주 잡 란 순
四面 懸鈴하고 사 면 현 령	金繩交絡하고 금 승 교 락	眞珠羅網으로 진 주 라 망	張施其上하고 장 시 기 상
金華諸瓔이 금 화 제 영	處處垂下하고 처 처 수 하	衆綵雜飾이 중 채 잡 식	周匝圍繞하고 주 잡 위 요

53. 장자는 큰 부자라,
창고마다 금, 은, 유리와 자거, 마노가 많아,
큰 수레(一佛乘, 大力白牛車)를 만들고
이 여러 보물로 치장하고(보살만행으로 장엄하고),①
둘레에는 난간을 만들고(다라니로 악을 막고),
사면(四無碍辯)에 방울을 달고(敎化衆生하고),
금노끈을 늘여 매고(四弘誓願으로 얽어 매고),②
진주 그물을(四無量心) 그 위에 씌우고(大慈大悲心으로 덮고),
금으로 된 꽃과(四攝法)
영락(神通, 三明六通)을 군데군데 늘어뜨리고,
갖가지 비단(慈悲)으로③ 둘러치고,④

---

① 치장함(莊校嚴飾) : 아름답게 꾸미는 일. 장엄함. ② 늘여 맴(交絡) : 끈을 꼬아 얽어 매는 일. ③ 갖가지 비단(衆綵雜飾) : 여러 가지 비단을 가지고 갖가지 모양으로 꾸민 것. ④ 둘러치고(周匝圍繞) : 수레 둘레를 두르는 일.

柔輭繒纊으로 以爲茵褥하고 上妙細氈이 價値千億이라
유연증광 이위인욕 상묘세전 가치천억

鮮白淨潔로 以覆其上한 有大白牛호대 肥壯多力하며
선백청결 이부기상 유대백우 비장다력

形體姝好에 以駕寶車하며 多諸儐從하야 而侍衛之니라
형체주호 이가보거 다제빈종 이시위지

以是妙車로 等賜諸子하야늘 諸子是時에 歡喜踊躍하여
이시묘거 등사제자 제자시시 환희용약

乘是寶車하고 遊於四方하여 嬉戱快樂하니 自在無礙하더라.
승시보거 유어사방 희희쾌락 자재무애

부드러운 깁과 솜으로① 자리 만들고(觀, 煉, 熏, 修),
극히 섬세하고 묘한 모직으로
방석(法華三昧 및 百千三昧)을 해 놓으니, 값이 천억이라,
희고(四念處)도 정결(四正勤)한 것으로 그 위를 덮고,
살찌고(五根) 힘세며(五力)
몸매 좋은(四如意足) 큰 흰소로(六妙法門)
보배 수레의 멍에를 메우고,
많은 하인이(魔軍衆, 外道, 二乘, 神通)
이를 시위했느니라(會三歸一).
이 같은 수레를 똑같이 아들들에게 주니,
그 때 아들들은 환희하여 뛸 듯이 기뻐해
제각기 보배 수레를 타고 사방으로 유람하여
노니는 것이 매우 즐거우니(摩訶衍의 大乘菩薩道)②
걸림없이 자재(自在)하였느니라.

---

① 깁과 솜(繒纊) : 비단과 솜. ② 노니는 것이 매우 즐거움 : 백천 삼매문에 두루 돌아다니면서 보살도를 실천하여 법의 희열과 선정의 즐거움에 쌓여 즐겁다.

告舍利弗하사대 고사리불	我亦如是하여 아역여시	衆聖中尊이며 중성중존	世間之父라. 세간지부
一切衆生이 일체중생	皆是吾子어늘 개시오자	深著世樂하여 심착세락	無有慧心하며 무유혜심
三界無安흠이 삼계무안	猶如火宅하여 유여화택	衆苦充滿하여 중고충만	甚可怖畏라 심가포외
常有生老와 상유생로	病死憂患하여 병사우환	如是等火가 여시등화	熾然不息커늘 치연불식
如來께서는 已離 여래 이리	三界火宅하고 삼계화택	寂然閑居하여 적연한거	安處林野하니라 안처림야

54. 사리불에게 이르노니,
나 또한 이와 같아,
성인(聖人) 중의 성존(聖尊)이며[①]
세간의 아버지이니라.[②]
일체 중생은 다 나의 아들이건만,
세속 낙에 탐착하여 지혜의 마음 없도다.
삼계가 편안치 않음이 마치 불타는 집과 같아
갖가지 괴로움이 충만하여 두렵고 겁날 뿐이니라.
항상 생, 노, 병, 사와 근심과 환난이 있어서
이 같은 불길이 쉬지 않고 맹렬히 타고 있느니라.

55. 여래는 이미 삼계 화택(三界火宅)을 여의고
고요하고 한가로이[③] 임야에서 편안히 사느니라.

---

①성인 중의 성존(衆聖中尊) : 일곱 방편(인, 천, 성문, 연각, 장교보살, 통교보살, 별교보살) 중에서 가장 존귀하신 현성(賢聖)임을 말한다. ②세간의 아버지(世間之父) : 아홉 세간(육도와 삼승)의 아버지라는 뜻. 삼계에서 다같이 부처님을 스승으로 삼아 법신(法身)을 기르므로 '아버지'라고 부른 것이다. ③고요하고 한가로이(寂然閑居) : 번뇌, 생사를 떠난 것을 비유한 말.

今此三界가 금 차 삼 계	皆是我有며 개 시 아 유	其中衆生이 기 중 중 생	悉是吾子어늘 실 시 오 자
而今此處에 이 금 차 처	多諸患難하니 다 제 환 난	唯我一人이사 유 아 일 인	能爲救護니라 능 위 구 호
雖復教詔하나 수 부 교 조	而不信受하나니 이 불 신 수	於諸欲染에 어 제 욕 염	貪著深故니라. 탐 착 심 고
以是方便으로 이 시 방 편	爲說三乘하여 위 설 삼 승	令諸衆生으로 영 제 중 생	知三界苦케하고 지 삼 계 고
開示演說 개 시 연 설	出世間道하니라. 출 세 간 도		

지금 이 삼계가 다 나에게 있으니,
삼계의 중생 모두 나의 아들이거늘,
이제 여기 갖가지 환난 많으니,
오직 나만이 능히 구호할 수 있느니라.
거듭 가르치고 타이르나,
믿지도 받아들이지도 않으니,
모든 욕망에 물들어①
탐착함이 깊기 때문이니라.

56. 그리하여 방편으로 삼승(三乘)을 설하여,
중생이 삼계의 괴로움을 알게 하고,
출세간의 길을 열어 보이려고 연설하느니라.
열어 보이고 연설하여 세간의 길을 탈출케 하노라.

---

① 욕망에 물듦(欲染) : 오욕에 마음이 흐려졌다는 뜻.

是諸子等이 시 제 자 등	若心決定하면 약 심 결 정	具足三明과 구 족 삼 명	及六神通하여 급 육 신 통
有得緣覺과 유 득 연 각	不退菩薩하리라 불 퇴 보 살	汝舍利弗아 여 사 리 불	我爲衆生하여 아 위 중 생
以此譬喩로 이 차 비 유	說一佛乘하노니 설 일 불 승	汝等이 若能 여 등 약 능	信受是語하면 신 수 시 어
一切皆當 일 체 개 당	得成佛道하리라. 득 성 불 도	是乘은 微妙하고 시 승 미 묘	淸淨第一이니 청 정 제 일
於諸世間에 어 제 세 간	爲無有上일새 위 무 유 상	佛所悅可며 불 소 열 가	一切衆生이 일 체 중 생
所應稱讚하고 소 응 칭 찬	供養禮拜할지니라. 공 양 예 배		

모든 아들이 마음을 결정한다면,
삼명(三明)과 육신통(六神通)을[1] 갖추어,
연각(緣覺) 되고, 불퇴전의 보살이[2] 되느니라.

57. 사리불아, 나는 중생을 위하여 이러한 비유로써
일불승(一佛乘)을 설하나니, 너희가 이 말을 믿고
받아 지니면, 모두 다 불도(佛道)를 이루리라.

58. 이 일불승은 미묘하고 청정하기가 제일이니,
모든 세간에서 가장 위가 되나니라.
부처님께서 기뻐하시는 바이니,
일체 중생이 찬탄하고 공양, 예배할 바이니라.

---

① **삼명(三明)과 육신통(六神通)** : 삼명이란 세 가지 초인적인 능력. 숙명명(宿命明)은 과거세의 인연을 아는 것인데, 자타의 과오를 알아 상견(常見)을 깨뜨린다. 천안명(天眼明)은 미래의 과보를 아는 능력인데, 단견(斷見)을 깬다. 누진명(漏盡明)은 현재의 번뇌를 깨는 능력인데, 사견(邪見)을 고친다. 삼제(三際)의 어리석음을 제하므로 밝음이라 했다. 육신통에서 따로 셋(천이통, 타심통, 신족통)을 제외한 것이다.

② **불퇴전의 보살(不退菩薩)** : 일단 얻은 경지로부터 다시는 물러섬이 없는 보살. 여기서는 대승의 불퇴전으로 보살승을 말한다.

無量億千의 무 량 억 천	諸力解脫과 제 력 해 탈	禪定智慧와 선 정 지 혜	及佛餘法이 급 불 여 법
得如是乘이라사 득 여 시 승	令諸子等으로 영 제 자 등	日夜劫數에 일 야 겁 수	常得遊戲하며 상 득 유 희
與諸菩薩과 여 제 보 살	及聲聞衆이 급 성 문 중	乘此寶乘하면 승 차 보 승	直至道場하나니라. 직 지 도 량
以是因緣으로 이 시 인 연	十方에 諦求하야도 시 방 제 구	更無餘乘이니 갱 무 여 승	除佛方便이니라. 제 불 방 편

59. 한량 없는 억천의 힘과 해탈과 선정과 지혜와
그 밖에 부처님의 모든 법이① 있느니라.
이와 같은 일불승을 얻어야만, 모든 아들이
오래도록 밤낮 없이 즐거이 노닐어,
여러 보살과 성문과 이 보배 수레 타고 함께
곧 도량에 이르리라.②
이와 같은 까닭으로
시방 세계를 두루 찾아 구할지라도
부처님의 방편 제외하고 다른 수레(乘, 敎) 없느니라.

---

①그 밖에 부처님의 모든 법(佛餘法) : 부처님의 그 밖에 다른 법. 해탈, 선정, 지혜를 제외한 부처님께서 닦으신 기타의 공덕들. ②곧 도량에 이름(直至道場) : 곧바로 최고인 불도의 적멸 도량에 이름. 깨달음을 성취하여 불도를 이룸.

告舍利弗하노니 고 사 리 불	汝諸人等이 여 제 인 등	皆是吾子요 개 시 오 자	我則是父니라 아 즉 시 부
汝等이 累劫에 여 등 누 겁	衆苦所燒어늘 중 고 소 소	我皆濟拔하여 아 개 제 발	令出三界케하니라 영 출 삼 계
我雖先說 아 수 선 설	汝等滅度나 여 등 멸 도	但盡生死언정 단 진 생 사	而實不滅이니 이 실 불 멸
今所應作은 금 소 응 작	唯佛智慧니라 유 불 지 혜		

60. 사리불에게 이르노니,
너희는 모두 다 나의 아들이요,
나는 곧 아버지이니라.
너희는 여러 겁을① 두고
갖가지 고(苦)의 불에 타거늘,
내가 다 제도하여 삼계에서 나오게 했느니라.
내가 비록 앞서 너희에게 멸도하였다고 설했으나,
다만 생사를 다했을 뿐이요
실은 멸도가 아니니라.②
이제 너희가 할 바는
오직 부처님 지혜(佛智)③ 구하는 일이니라.

---

① 여러 겁(累劫) : 많은 겁이 겹침. 오랜 시일 동안. ② 실은 멸도가 아님 : 열반을 충분히 얻었다고 했으나, 다만 삼계에서 나고 죽는 것만을 끊었을 뿐 구경의 열반은 얻지 못했다는 뜻. ③ 부처님 지혜(佛智) : 아누다라삼먁삼보리.

若有菩薩이 於是衆中에 能一心聽하야 諸佛實法하면
약유보살 어시중중 능일심청 제불실법

諸佛世尊은 雖以方便이나 所化衆生은 皆是菩薩이니라.
제불세존 수이방편 소화중생 개시보살

若人이 小智하여 深著愛欲이어든 爲此等故로 說於苦諦하니라.
약인 소지 심착애욕 위차등고 설어고제

衆生이 心喜하여 得未曾有하니 佛說苦諦는 眞實無異하니라.
중생 심희 득미증유 불설고제 진실무이

이 모임에 있는 보살이
일심으로 제불(諸佛)의 진실한 법을 들으면
제불은 여러 가지 방편을 쓰시나,
교화, 제도되는 중생은 다 보살이니라.

61. 어떤 사람이 지혜가 작아 깊이 애욕에 탐착하면,
이들을 위해서는 고제(苦諦)①를 설하느니라.
중생은 환희하며 미증유를 얻나니,
부처님이 설하신 고제(苦諦)는 진실이고
틀림이 없느니라.

---

① 고제(苦諦) : 이 세상의 모든 것은 다 괴로움(苦)이라는 뜻. 고제를 통하여 중생들에게 애욕의 집착을 버리고 깨달음으로 들어가게 하였다.

若有衆生이　不知苦本하고　深著苦因하야　不能暫捨어든
약유중생　부지고본　심착고인　불능잠사

爲是等故로　方便說道하나라　諸苦所因은　貪欲이 爲本이니
위시등고　방편설도　제고소인　탐욕 위본

若滅貪欲하면　無所依止하니라.　滅盡諸苦라사　名이 第三諦라
약멸탐욕　무소의지　멸진제고　명 제삼제

爲滅諦故로　修行於道하니라　離諸苦縛하면　名得解脫이니라.
위멸제고　수행어도　이제고박　명득해탈

62. 어떤 중생이 고의 근본을① 알지 못하고,
고의 인(因)에 집착해서 잠깐이라도 버리지 못하면,
이들을 위해서는
방편으로 도제(道諦)를② 설하느니라.
모든 고의 인(因)은 탐욕이 근본이니,
탐욕을 멸(滅)하면 의지할 바가 없느니라.

63. 모든 고 다 멸함을 일러 제삼제(第三諦)라③ 하느니라.
멸제(滅諦)를 위해서는
도제를 닦아 지녀야 하느니라.
모든 고의 결박에서 벗어나는 것을
해탈(解脫)을 얻었다 하느니라.

---

①**고의 근본**(苦本) : 고통의 결과가 어떤 원인을 근본으로 하고 있는지 모르는 것. 고의 근본 원인으로 집제(集諦)의 내용. 집제란 모든 괴로움의 원인이 욕망과 집착이라는 진실. ②**도제**(道諦) : 열반에 이르는 바른 실천 수행. 보통 팔정도(八正道). ③**제삼제**(第三諦) : 사성제의 셋째 번인 멸제(滅諦)를 말한다. 멸제란 괴로움의 원인인 집착을 끊어 도달한 깨달음의 경지. 삼계의 유루법이 모두 멸한 열반(nirvāna)을 말한다.

是人於何에 而得解脫이리오 但離虛妄을 名爲解脫이언정
시인어하 이득해탈 단리허망 명위해탈

其實은 未得 一切解脫이니 佛說是人은 未實滅度라하니
기실 미득 일체해탈 불설시인 미실멸도

斯人未得이 無上道故니라 我意不欲 令至滅度호라
사인미득 무상도고 아의불욕 영지멸도

我爲法王하여 於法에 自在하니 安隱衆生호려하여 故現於世니라.
아위법왕 어법 자재 안온중생 고현어세

64. 이 사람이 어디에서 해탈을 얻으랴?
다만 허망을 벗어남을 해탈이라 이르나,
그 실은 일체 해탈을 얻지 못한 것이니,
부처님은 이 사람을
진실한 멸도(滅度)를[1] 얻은 것이 아니라고 하나니,
이 사람은 아직 무상도를[2] 얻지 못한 때문이니라.
나의 뜻에도(방편으로 구제하였을 뿐)
멸도에 이르게 하려고는 하지 않았느니라.
나는 법왕(法王)이라[3] 법에 자재(自在)하니,
중생을 안온하게 하고자 세상에 출현하였노라.

---

①멸도(滅度) : 열반을 가리킨다. 생과 사를 초월하여 번뇌의 바다를 건넜다는 뜻. ②무상도(無上道) : 더 이상 없는 최고의 깨달음. ③법왕(法王) : 법의 왕, 즉 부처님을 가리킨다.

汝舍利弗아 여 사 리 불	我此法印은 아 차 법 인	爲欲利益 위 욕 리 익	世間故로 說하니 세 간 고 설
在所遊方에 재 소 유 방	勿妄宣傳이니 물 망 선 전	若有聞者가 약 유 문 자	隨喜頂受하면 수 희 정 수
當知是人은 당 지 시 인	阿鞞跋致니라 아 비 발 치	若有信受 약 유 신 수	此經法者면 차 경 법 자
是人은 已曾 시 인 이 증	見過去佛하고 견 과 거 불	恭敬供養하고 공 경 공 양	亦聞是法이니라 역 문 시 법
若人이 有能 약 인 유 능	信汝所說이면 신 여 소 설	則爲見我며 즉 위 견 아	亦見於汝와 역 견 어 여
及比丘僧과 급 비 구 승	幷諸菩薩이니라. 병 제 보 살		

65. 사리불아, 나의 이 법인(法印)은[①]
세상을 이롭게 하고자 설함이니,
아무데서나 망령되이 설하지는 말지니라.[②]
만약 듣고서 따라 기뻐해[③] 받들어 지니면,[④]
알지어다. 이 사람은 불퇴전(不退轉)의 보살이니라.[⑤]
만약 이 경의 법을 믿고 받들어 지니면,
이 사람은 일찍이 과거불(過去佛)을 친견하고,
공경, 공양하며 이 법을 들었느니라.
어떤 사람이 능히 네가 설하는 바를 믿는다면,
이는 곧 나를 본 것이 되며,
그리고 너와 비구승과
모든 보살을 본 것이 되느니라.

---

①**법인**(法印) : 진리의 표시. 지금까지 부처님께서 설한 묘법의 실상(實相)의 인정(印定). ②**아무데서나 망령되이 설하지 마라**(在所遊方 勿妄宣傳) : 가는 곳 어디에서나 함부로 설하지 말라는 뜻. ③**기뻐함**(隨喜) : 법화경의 오묘하고 진실한 경지에 감화되어 저절로 따라 희열해 기뻐한다는 뜻. ④**받들어 지님**(頂受) : 마음을 다해 들음. 마음이 우러나 성심으로 받아들임. ⑤**불퇴전의 보살**(阿毘跋致菩薩) : 불퇴전보살. 바른 도(正道)에서 물러남이 없는 보살.

斯法華經은 사 법 화 경	爲深智說이라 위 심 지 설	淺識이 聞之하면 천 식 문 지	迷惑不解하리니 미 혹 불 해
一切聲聞과 일 체 성 문	及辟支佛은 급 벽 지 불	於此經中에 어 차 경 중	力所不及이니라 역 소 불 급
汝舍利弗도 여 사 리 불	尙於此經에 상 어 차 경	以信得入함이온 이 신 득 입	況餘聲聞이리요 황 여 성 문
其餘聲聞도 기 여 성 문	信佛語故로 신 불 어 고	隨順此經이나 수 순 차 경	非己智分이니라. 비 기 지 분

66. 이 법화경은
    깊은 지혜① 있는 이를 위해 설한 것이니,
    천박한 지식을② 가진 사람은 들어도
    미혹해서 알지 못하느니라.
    모든 성문과 벽지불은
    이 경에 힘이 미치지 못하느니라.
    사리불 너조차도
    이 경에서는 믿음으로써 들어와 얻었거니,
    하물며 다른 성문이랴.
    다른 성문들도 부처님 말씀을 믿음으로써
    이 경에 수순함이요,③
    자기의 지혜로는, 알아지는 분수가 아니니라.

---

①**깊은 지혜(深智)**: 근기가 성숙하여 법화경에 대한 믿음과 지혜가 깊은 이. ②**천박한 지식(淺識)**: 견식이 천박함. 근기가 낮아 묘법을 들어도 믿고 이해하지 못할, 작은 지혜(小智)를 가진 자. ③**수순(隨順)**: 경의 가르침에 따라 믿고 따라 행함. 가르침을 기쁜 마음에서 받들어 지니고, 부처님께 공양 공경하며 믿고 따라 수행하는 일, 곧 대도수순(大道隨順)을 말한다.

又舍利弗아 우 사 리 불	憍慢懈怠커나 교 만 해 태	計我見者에는 계 아 견 자	莫說此經하며 막 설 차 경
凡夫淺識하야 범 부 천 식	深著五欲할새 심 착 오 욕	聞不能解하나니 문 불 능 해	亦勿爲說이니라. 역 물 위 설
若人不信하야 약 인 불 신	毁謗此經하면 훼 방 차 경	則斷一切 즉 단 일 체	世間佛種이니라 세 간 불 종
或復嚬蹙하며 혹 부 빈 축	而懷疑惑하면 이 회 의 혹	汝當聽說 여 당 청 설	此人罪報하리라 차 인 죄 보

67. 또 사리불아,
교만하고 게으르거나
아견(我見)을① 세우는 자에게는
이 경을 설하지 마라.
범부(凡夫)의 얕은 식견으로 오욕에 탐착하여
들어도 알지 못하리니,
또한 설하지 말지니라.

68. 만약 사람이 믿지 아니하고
이 경을 헐어 비방하면,
일체 세간의 부처님 종자를 끊는 것이 되느니라.
혹은 상을 찡그리고② 의혹을 품는다면,
너는 들을지어다.
이 사람의 죄의 과보를 설하리라.

---

①아견(我見) : 자아(自我)에 실체가 있다고 여기는 그릇된 견해. ②상을 찡그림(嚬蹙) : 눈썹(또는 이맛살)을 찡그리는 짓. 설법을 들으면 찡그리며 의혹을 품고 결정을 못하는 일.

若佛在世어나 약 불 재 세	若滅度後에 약 멸 도 후	其有誹謗 기 유 비 방	如斯經典커나 여 사 경 전
見有讀誦 견 유 독 송	書持經者하고 서 지 경 자	輕賤憎嫉하야 경 천 증 질	而懷結恨하면 이 회 결 한
此人罪報를 차 인 죄 보	汝今復聽하라. 여 금 부 청	其人이 命終하여 기 인 명 종	入阿鼻獄하여 입 아 비 옥
具足一劫하고 구 족 일 겁	劫盡更生하여 겁 진 갱 생	如是展轉을 여 시 전 전	至無數劫하니라 지 무 수 겁
從地獄出하면 종 지 옥 출	當墮畜生호대 당 타 축 생	若狗野干하여 약 구 야 간	其形頷瘦하며 기 형 굴 수

부처님께서 세상에 계실 때에나 멸도하신 후에
이 경을 비방하고,
이 경을 독송하고 써서 지니는 사람을[①] 보고
가벼이 여기고 천대하며,
미워하고 질투하거나 원한을 품는다면,
이 사람이 받을 죄의 과보를 설하리니,
너는 들거라.

69. 그 사람은 명을 마치고는 아비지옥에 떨어져
일 겁 동안 죄의 과보 받고도 다시 거기 나되,
이같이 되풀이하기를
수없는 겁에 이르느니라.
그 지옥에서 나오면 축생에 떨어지되,
개나 승냥이가 되어 그 모양이 야위고,[②]

---

① 써서 지니는 사람(書持者) : 서사(書寫 : 베껴 씀) 수지(受持). 경을 베껴서 가지고 있는 이. ② 야위고(頷瘦) : 광대뼈가 나오도록 비쩍 야윈다는 뜻.

黧黮疥癩하여	人所觸嬈며	又復爲人	之所惡賤하고
이 담 개 라	인 소 촉 뇨	우 부 위 인	지 소 오 천
常困飢渴하야	骨肉枯竭하며	生受楚毒하고	死被瓦石하리니
상 곤 기 갈	골 육 고 갈	생 수 초 독	사 피 와 석
斷佛種故로	受斯罪報니라.	若作駱駝하거나	或生驢中하면
단 불 종 고	수 사 죄 보	약 작 낙 타	혹 생 려 중
身常負重하고	加諸杖捶하며	但念水草하고	餘無所知하리니
신 상 부 중	가 제 장 추	단 념 수 초	여 무 소 지
謗斯經故로	獲罪如是하니라.		
방 사 경 고	획 죄 여 시		

검고 비루먹어① 사람에게 차이며,②
또 사람에게 미움받고 천대받고,③
항상 기갈에 시달려 뼈와 살이 맞붙으며,
살아서는 매를 많이 맞고,④
죽어서는 돌무더기에 묻히리니,
부처님의 종자를 끊은 까닭에
이런 죄보를 받느니라.

70. 혹은 낙타가 되거나 혹은 나귀로 태어나,
항상 무거운 짐을 지고 채찍에 맞으며,
오직 물과 풀만 바라 다른 것은 아는 바 없으리니,
이 경을 비방한 까닭에 이런 과보 받느니라.

---

①검고 비루먹음(黧黮疥癩) : 색깔이 검고 살결이 옴이나 나병 환자 같은 것. ②사람에게 차임(觸嬈) : 사람들이 희롱하고 귀찮게 하는 짓. ③미움받고 천대받음(惡賤) : 사람들이 미워하고 천대함. ④살아서는 매를 많이 맞고(生受楚毒) : 생전에는 쓰라린 고통을 받는다는 뜻.

有作野干하여 유 작 야 간	來入聚落하면 내 입 취 락	身體疥癩하고 신 체 개 라	又無一目하여 우 무 일 목
爲諸童子 위 제 동 자	之所打擲하여 지 소 타 척	受諸苦痛에 수 제 고 통	或時致死하며 혹 시 치 사
於此死已하여 어 차 사 이	更受蟒身호대 갱 수 망 신	其形이 長大하여 기 형 장 대	五百由旬이며 오 백 유 순
聾騃無足하며 농 애 무 족	蜿轉腹行타가 원 전 복 행	爲諸小蟲 위 제 소 충	之所唼食하여 지 소 삽 식
晝夜受苦하여 주 야 수 고	無有休息하리니 무 유 휴 식	謗斯經故로 방 사 경 고	獲罪如是니라. 획 죄 여 시

71. 혹은, 승냥이가 되어 마을에 들어오면,
그 몸이 비루먹고 한 눈이 없어
동네 아이들에게 매를 맞아[①]
갖은 고통 받다가 죽기도 하며,
죽은 후에는 다시 구렁이의 몸을 받되,
그 모양이 길고 커서 오백 유순이나 되며,
귀먹고 미련하며 발이 없어서
꿈틀꿈틀 배로 다니다가[②]
온갖 작은 벌레에 할퀴고 빨아 먹혀
밤낮으로 고통받아 그칠 때가 없으리니,
이 경을 비방한 까닭으로 이런 죄보받느니라.

---

① 매를 맞음(打擲) : 아이들에게 혹은 몽둥이로 얻어 맞거나(打), 돌로 얻어 맞음(擲). ② 꿈틀꿈틀 배로 다님(蜿轉腹行) : 구불구불 배로 다님. 뱀이 다니는 모양.

若得爲人하면 약 득 위 인	諸根이 暗鈍하며 제 근 암 둔	矬陋癵躄하며 좌 루 연 벽	盲聾背傴하고 맹 롱 배 구
有所言說이라도 유 소 언 설	人不信受하며 인 불 신 수	口氣常臭하고 구 기 상 취	鬼魅所著하며 귀 매 소 착
貧窮下賤하여 빈 궁 하 천	爲人所使하며 위 인 소 사	多病痟瘦하고 다 병 소 수	無所依怙하며 무 소 의 호
雖親附人이라도 수 친 부 인	人不在意하며 인 부 재 의	若有所得하여도 약 유 소 득	尋復忘失하고 심 부 망 실
若修醫道하여 약 수 의 도	順方治病하여도 순 방 치 병	更增他疾하고 갱 증 타 질	或復致死하며 혹 부 치 사

72. 만일 사람의 몸 받는다면,
모든 감관(六根)이[1] 둔하고 어두우며,
난쟁이, 곱배팔이, 절름발이, 소경, 귀머거리, 곱추 되고,
무슨 말을 할지라도 사람이 믿어 주지 않으며,
입에서는 항상 나쁜 냄새가 나고, 귀신이 붙어 다니며,
빈궁하고 비천하여 남에게 부림을 받으며,
병이 많고 몸이 야위어도 의지할 곳 없으며,
다른 이와 친하려 해도 그 사람은 모른 체하며,
혹시 재물을 얻을지라도 곧 잃어버리게 되고,
혹은 의원이 되어 방문대로 병을 다스릴지라도[2]
다른 병 늘리거나 실수로 죽게 되며,

---

① 모든 감관(六根) : 눈(眼), 귀(耳), 코(鼻), 혀(舌), 몸(身), 생각(意) 이것을 육근이라 한다.
② 의원이 되어 방문대로 병을 다스릴지라도 : 의사(醫師)가 되어 처방(방문)대로 치료하더라도 오히려 병을 더 악화시키거나 죽게 만든다는 뜻.

若自有病하면 無人이 救療하고 設服良藥하여도 而復增劇하며
약자유병 무인 구료 설복양약 이부증극

若他反逆과 抄劫竊盜하난 如是等罪에 橫罹其殃하나니
약타반역 초겁절도 여시등죄 횡리기앙

如斯罪人은 永不見佛하니라 衆聖之王께서 說法敎化라도
여사죄인 영불견불 중성지왕 설법교화

如斯罪人은 常生難處하여 狂聾心亂하여 永不聞法하며
여사죄인 상생난처 광롱심란 영불문법

혹은 병이 나도 치료하고 간호할 사람이 없으며,
설사 좋은 약을 먹을지라도 병이 악화되고,
또는 반역이나 겁탈, 절도 등의 죄에
횡액으로 걸려드느니라.
이와 같은 죄인은 길이 부처님 만나지 못하느니라.
모든 성인의 왕이신 부처님께서[①]
법을 설해 교화하실지라도 이와 같은
죄보받는 사람은 항상 환난이 있는 곳에 태어나,[②]
미치거나 귀먹거나 마음이 산란하여
길이 불법을 듣지 못하느니라.

---

① **성인의 왕이신 부처님**(衆聖之王) : 사성(四聖 : 성문, 연각, 보살, 부처님) 중에 묘법의 왕. ② **환난이 있는 곳에 태어나**(難處) : 불도를 수행하기 매우 어려운 곳. 이것을 수행하기 어려운 여덟 곳(八難處)라고 한다. 즉, 지옥, 아귀, 축생의 세 곳은 삼악도로서 고통이 심하여 수행하기 어렵고, 넷째 곳인 장수천(長壽天)은 장수를 즐기는 곳으로 구도심이 잘 일어나지 않고, 다섯째, 변지(邊地)는 향락이 많은 곳이기 때문에 구도심이 일어나지 않고, 여섯째, 맹롱음아(盲聾瘖瘂 : 보고 들음에 장애 있음)는 감각 기관이 결함이 있어 수행하기 어렵고, 일곱째, 세지변총(世智辯聰 : 세간 지혜에 밝음)은 세간의 지혜가 뛰어나 세속적 이익에 밝으므로 불법을 잘 따르지 않고, 여덟째, 불전불후(佛前佛後 : 부처님 나오시기 전, 후)는 부처님 이전이나 이후에 태어났으므로 구도심을 잘 일으키지 않고, 설사 일으켜도 수행이 잘 되지 않는다.

於無數劫 어무수겁	如恒河沙에 여항하사	生輒聾瘂하며 생첩롱아	諸根이 不具하고 제근 불구
常處地獄호대 상처지옥	如遊園觀하며 여유원관	在餘惡道호대 재여악도	如己舍宅하며 여기사택
駝驢猪狗가 타려저구	是其行處니라 시기행처	謗斯經故로 방사경고	獲罪如是니라. 획죄여시
若得爲人이라도 약득위인	聾盲瘖瘂하고 농맹음아	貧窮諸衰로 빈궁제쇠	以自莊嚴하며 이자장엄
水腫乾痟와 수종건소	疥癩癰疽인 개라옹저	如是等病으로 여시등병	以爲衣服하며 이위의복

항하사와 같은 수없는 겁이 지나도록 날 적마다
귀먹고 벙어리가 되며, 육근이 불구가 되고,
지옥에 살기를 꽃 피는 동산에서 노니는 듯하며,
악도에 드나들기를 집처럼 하며,
낙타, 나귀, 돼지, 개 등의 축생도에 가리라.
이 경을 비방한 까닭으로
이와 같은 죄보받느니라.

73. 혹은 사람으로 태어날지라도
귀머거리, 소경, 벙어리가 되며,
빈궁하고 나쁜 것으로 덮이며,
수중다리나① 입이 말라 오그라지거나
문둥병, 등창, 종기 등
갖가지 병으로 옷을 삼으며,

① 수중다리(水腫) : 수종(水腫)으로 퉁퉁 부은 다리.

身常臭處하여	垢穢不淨하며	深著我見하야	增益瞋恚하며
신상취처	구예부정	심착아견	증익진에
婬欲熾盛하여	不擇禽獸하리니	謗斯經故로	獲罪如是니라.
음욕치성	불택금수	방사경고	획죄여시
告舍利弗하노니	謗斯經者를	若說其罪인댄	窮劫不盡하니라
고사리불	방사경자	약설기죄	궁겁부진
以是因緣으로	我故語汝하노니	無智人中에	莫說此經하라하노라.
이시인연	아고어여	무지인중	막설차경

악취나는 곳에 살아
몸은 항상 더러워 정결치 못하며,
아견(我見)에[1] 집착(執着)해 성내기를 잘하고,
음욕이 치성해서 금수와 다름없으리니,
이 경을 비방한 까닭으로 이런 죄보받느니라.

74. 사리불에게 이르노니,
이 경을 비방한 자의 죄보는
겁을 두고 설할지라도 마치지 못하느니라.
그러므로 내가 너에게 말하노니,
지혜 없는 사람에게는 이 경을 설하지 마라 하노라.[2]

---

①**아견(我見)**: 자아(自我)에 집착하는 견해. 사람에게는 영구불변한 자아 또는 영혼이 있다고 생각하는 그릇된 견해. ②**지혜 없는 사람에게는 이 경을 설하지 마라**: 감당할 근기가 아니면 경을 설하지 마라는 것이다. 근기가 아닌 자는 지혜가 용렬하여 경을 비방하니, 오히려 큰 죄가 되기 때문이다.

若有利根이 智慧明了하며 多聞强識하여 求佛道者면
약 유 리 근 지 혜 명 료 다 문 강 식 구 불 도 자
如是之人에사 乃可爲說이며 若人曾見 億百千佛하고
여 시 지 인 내 가 위 설 약 인 증 견 억 백 천 불
植諸善本하여 深心堅固어든 如是之人에사 乃可爲說이며
식 제 선 본 심 심 견 고 여 시 지 인 내 가 위 설
若人이 精進하여 常修慈心호대 不惜身命이라사 乃可爲說이며
약 인 정 진 상 수 자 심 불 석 신 명 내 가 위 설
若人이 恭敬하여 無有異心하여 離諸凡愚하고 獨處山澤하면
약 인 공 경 무 유 이 심 이 제 범 우 독 처 산 택
如是之人에사 乃可爲說이니라.
여 시 지 인 내 가 위 설

75. 만약 근기(根氣)가 총명하고[①] 지혜가 밝으며,
많이 듣고 널리 알아서[②] 불도를 구하는 이 있거든,
이 같은 사람에게 이 경을 설할지니라.
어떤 사람이 일찍이 억백천의 부처님을 친견하고,
모든 선근(善根)을 심어서 마음이 깊고 견고하거든,[③]
이 같은 사람에게 이 경을 설할지니라.
어떤 사람이 부지런히 자비심을 닦아
신명을 아끼지 않거든, 이 경을 설할지니라.
어떤 사람이 공경하여 다른 생각 품지 않아
범속하고 어리석은 무리를 멀리하고
홀로 산이나 연못[④] 같은 데 산다면,
이 같은 사람에게 이 경을 설할지니라.

---

① 근기가 총명함(利根) : 근기가 뛰어난 사람. 또는, 지혜가 뛰어난 사람. ② 많이 듣고 널리 앎(多聞强識) : 널리 배우고 많이 들어, 기억하고 아는 것이 많음. ③ 마음이 깊고 견고함(深心堅固) : 깊은 구도심. 마음을 일으킨 것이 깊고 원을 세운 것이 견고함. ④ 산이나 연못(山澤) : 산중과 소택지. 택지는 늪이 있는 곳.

又舍利弗아 우사리불	若見有人이 약견유인	捨惡知識하고 사악지식	親近善友어든 친근선우
如是之人에사 여시지인	乃可爲說이니라 내가위설	若見佛子가 약견불자	持戒淸潔호대 지계청결
如淨明珠하여 여정명주	求大乘經커든 구대승경	如是之人에사 여시지인	乃可爲說이니라 내가위설
若人無瞋하고 약인무진	質直柔軟하여 질직유연	常愍一切하고 상민일체	恭敬諸佛커든 공경제불
如是之人에사 여시지인	乃可爲說이니라. 내가위설		

76. 사리불아,

어떤 사람이 나쁜 무리를[1] 떠나
선지식을[2] 가까이함을 보거든,
이 같은 사람에게 이 경을 설할지니라.
어떤 불자가 계행이 맑고 깨끗하기가
맑고 밝은 구슬과 같이 하여
대승경을 구하거든,
이 같은 사람에게 이 경을 설할지니라.
어떤 사람이 성내는 일이 없고 올바르며 부드러워
항상 일체 중생을 불쌍히 여기고
모든 부처님을 공경하거든,
이 같은 사람에게 이 경을 설할지니라.

---

①나쁜 무리(惡知識) : 악한 일을 가까이하여 습관이 된 사람. 악한 일을 설해서 남을 그르치게 하는 자. ②선지식(善友) : 불도를 바르게 전하는 사람. 바른 수행을 인도해 주는 이.

復有佛子가 부 유 불 자	於大衆中에 어 대 중 중	以清淨心으로 이 청 정 심	種種因緣과 종 종 인 연
譬喩言辭로 비 유 언 사	說法無礙커든 설 법 무 애	如是之人에사 여 시 지 인	乃可爲說이니라. 내 가 위 설
若有比丘가 약 유 비 구	爲一切智하여 위 일 체 지	四方에 求法하야 사 방 구 법	合掌頂受하며 합 장 정 수
但樂受持 단 락 수 지	大乘經典하고 대 승 경 전	乃至不受 내 지 불 수	餘經一偈어든 여 경 일 게
如是之人에사 여 시 지 인	乃可爲說이니라. 내 가 위 설		

다시 어떤 불자가 있어,
대중 속에서 청정한 마음으로
갖가지 인연과 비유와 말씀으로
법을 설해 자재하거든,
이 같은 사람에게 이 경을 설할지니라.

77. 어떤 비구가 있어,
일체지(一切智)를 위해
사방으로 법을 구하여 합장하고 받들어 지니며,
오직 대승 경전을[1] 받들어 지니기를 좋아하고,
다른 경전의 한 게송도 받아 지니지 아니하거든,
이 같은 사람에게 이 경을 설할지니라.

---

① 대승 경전(大乘經典) : 대승의 법을 설한 경전, 즉 법화경, 화엄경 등 대승법을 설한 경전.

如人이 至心으로 求佛舍利하며 如是求經하야 得已頂受하고
여인 지심 구불사리 여시구경 득이정수

其人이 不復 志求餘經하고 亦未曾念 外道典籍커든
기인 불부 지구여경 역미증념 외도전적

如是之人에사 乃可爲說이니라. 告舍利弗하노니 我說是相
여시지인 내가위설 고사리불 아설시상

求佛道者인댄 窮劫하여도 不盡하리라 如是等人이사 則能信解하리니
구불도자 궁겁 부진 여시등인 즉능신해

汝當爲說 妙法華經이니라.
여당위설 묘법화경

어떤 사람이 지성으로① 부처님 사리 구하듯이
대승경을 구하여 얻으면 받들어 지니고,
그 사람 다른 경전을 구할 뜻이 없고,
또한 외도(外道)의 서적을② 생각지 않거든,
이 같은 사람에게 이 경을 설할지니라.

78. 사리불에게 다시 이르노니,
내가 이와 같은 모양으로
불도 구하는 이를 말하자면,
겁이 다하도록 해도 다하지 못하리라.
이 같은 사람들은 능히 믿고 이해할 것이니,
너는 응당 그들에게 묘법연화경을 설할지니라."

---

① 지성으로(至心) : 지극한 마음. ② 외도의 서적(外道典籍) : 살생, 전투, 혼인 등의 글이나 사견(邪見) 및 삿된 계율을 말하는, 불교 이외의 모든 책.

신해품 제 4 (信解品 第四)

爾時에 **慧命須菩提**와 **摩訶迦栴延**과 **摩訶迦葉**과 **摩訶目犍連**이 **從佛所**하여
이시 혜명수보리 마하가전연 마하가섭 마하목건련 종불소

聞未曾有法과 **世尊**께서 **授舍利弗 阿耨多羅三藐三菩提記**하사옵고 **發希有心**하여
문미증유법 세존 수사리불 아누다라삼먁삼보리기 발희유심

歡喜踊躍하며
환희용약

1. 그 때, 혜명수보리,① 마하가전연, 마하가섭,
마하목건련이② 부처님으로부터
미증유의 법을③ 듣고,
세존께서 사리불에게
아누다라삼먁삼보리의 수기 주심을④ 듣자옵고,
희유한 마음을 일으켜 뛸 듯이 기뻐하며,

---

① 혜명수보리(慧命須菩提) : 혜명을 이어받은 수보리라는 뜻. 혜명이란 비구에 대한 존칭으로, 법신의 지혜를 비유한 말이다. 수보리는 공(空)을 가장 잘 이해한 상수제자로, 공의 지혜를 목숨으로 삼고 있으므로 '혜명'이며, 반야경에서 부처님으로부터 명을 받아 가르침을 설했으므로 가장 지혜가 많은 분으로부터 명을 받았다는 뜻으로 '혜명'이라 한다. **② 마하가전연, 마하가섭, 마하목건련** : 이들에게 '마하(摩訶)'가 붙은 것은 수보리보다는 가르침을 설하라는 명을 받음이 적었으며, 아울러 공의 지혜로써 수행의 근본을 삼지 않았기 때문이다. '마하'는 크다(大)는 뜻이니, 이들이 부처님의 대제자임을 나타낸다. **③ 미증유의 법(未曾有法)** : 부처님께서 불도를 이루신 후 40여 년 동안 좀처럼 드러내지 않으셨던 법. **④ 수기 주심** : 제3품(비유품)에서 부처님께서 사리불에게 화광불(華光佛)의 수기를 주신 일.

即從座起하여 整衣服하고 偏袒右肩하고 右膝著地하여 一心合掌하고 曲躬
즉종좌기　정의복　편단우견　우슬착지　일심합장　곡궁

恭敬하며 瞻仰尊顏하고 而白佛言하오대 我等이 居僧之首하야 年幷朽邁하여
공경　첨앙존안　이백불언　아등　거승지수　연병후매

自謂已得涅槃이라하여 無所堪任하여 不復進求 阿耨多羅三藐三菩提하였나이다.
자위이득열반　무소감임　불부진구　아누다라삼먁삼보리

곧 자리에서 일어나 옷 매무시를 단정히 하고,
오른쪽 어깨를 드러내고① 오른쪽 무릎을 땅에 꿇어②
일심으로 합장하고 몸을 굽혀 공경하와
존안을③ 우러러보며 부처님께 사뢰었습니다.

2. "저희가 승가(僧伽)의 상수(上首) 제자이나,
나이 늙고 노쇠하여④ 스스로 이르기를
'이미 열반을 얻었으므로, 더 할 일이 없다.'고⑤ 하여,
나아가 아누다라삼먁삼보리를 구하려는 뜻이
없었나이다.

①오른쪽 어깨를 드러냄(偏袒右肩) : 가사를 입을 때 오른쪽 어깨를 드러내고 왼쪽만을 덮어 걸치는 일. 인도에서 경의를 표할 때 쓰는 예법이다. ②오른쪽 무릎을 땅에 꿇음(右膝著地) : 오른 무릎을 땅에 대고 왼쪽 무릎을 세우고 절하는 일. 인도의 예법이다. ③존안(尊顏) : 석가 세존의 상호. ④노쇠함(朽邁) : '후(朽)'는 썩는다는 뜻이고, '매(邁)'는 지나간다는 뜻이므로, 나이와 일이 모두 시들었고 늙었다는 뜻이다. ⑤더 할 일이 없다(無所堪任) : 다른 일을 감당해 보려는 의욕이 없다는 뜻.

世尊께서 往昔에 說法旣久어시늘 我時에 在座호대 身體疲懈하여 但念하여 空
세존　왕석　설법기구　아시　재좌　신체피해　단념　공
無相 無作하고 於菩薩法인 遊戲神通과 淨佛國土와 成就衆生에는
무상　무작　어보살법　유희신통　정불국토　성취중생
心不喜樂호이다 所以者何오 世尊께서 令我等으로 出於三界하사 得涅槃證케하시며
심불희락　소이자하　세존　영아등　출어삼계　득열반증
又今에 我等이 年已朽邁할새 於佛敎化菩薩이신 阿耨多羅三藐三菩提에는
우금　아등　연이후매　어불교화보살　아누다라삼먁삼보리
不生一念好樂之心하였나이다.
불생일념호락지심

3. 세존께서 예전부터 설법하심이 오래 되셨는데,
저희는 그 때부터 자리에 있었으면서도,
이미 몸이 늙고 피로하여 다만 공(空),
무상(無相), 무작(無作)만 생각하옵고,
저 보살법에 노닐면서 신통이 자재하여①
불국토를 깨끗이 하고, 중생을 성취시키는 일은
마음에 기뻐하지② 아니하였나이다.
그러한 까닭을 말씀드리자면,
세존께서는 저희들로 하여금 삼계에서 벗어나
열반의 깨달음을 얻게 하셨다고 여겼사오며,
또 이제 저희가 이미 늙고 노쇠한 탓에,
부처님께서 보살을 교화하시는 아누다라삼먁삼보리에는
일념도 좋아하거나 즐거운 생각을③
내지 아니하였나이다.

---

①노닐면서 신통이 자재함(遊戲神通) : 마음이 법의 성품을 알아 신통을 자유자재로 함. ②마음에 기뻐함 : 기뻐하여 바라는 일. ③좋아하거나 즐거운 생각 : 좋아하고 원하는 일.

我等이 今於佛前에 聞授聲聞 阿耨多羅三藐三菩提記하사옵고 心甚
아등 금어불전 문수성문 아누다라삼먁삼보리기 심심
歡喜하여 得未曾有호이다 不謂於今에 忽然得聞希有之法하옵고 深自慶幸하여
환희 득미증유 불위어금 홀연득문희유지법 심자경행
獲大善利하니 無量珍寶를 不求自得하였나이다.
획대선리 무량진보 불구자득

4. 저희가 이제 부처님 앞에서
성문에게 아누다라삼먁삼보리기 주심을① 듣자옵고
마음이 매우 환희하여 미증유를 얻었나이다.
생각지도 아니하다가 이제
홀연히 희유한 법을② 듣자옵고
스스로 깊이 경하하옵니다.
크고 좋은 이익을 얻었사오니,
한량 없는 진기한 보배를 구하지 아니하고도
저절로 얻었나이다.

---

① 아누다라삼먁삼보리기 주심 : 가장 높고 바른 깨달음을 얻은 것이라고 수기(授記 : 예언)해 주는 일. ② 희유한 법 : 법화경에서 설하고 있는 일불승(一佛乘)의 가르침.

世尊이시여 我等이 今者에 樂說譬喩하여 以明斯義호리이다. 譬若有人이
세존 아등 금자 요설비유 이명사의 비약유인

年旣幼稚에 捨父逃逝하여 久住他國호대 或十 二十 至五十歲러니
연기유치 사부도서 구주타국 혹십 이십 지오십세

年旣長大하여 加復窮困하여 馳騁四方하고서 以求衣食하다가 漸漸遊行하여
연기장대 가부궁곤 치빙사방 이구의식 점점유행

遇向本國하였나이다.
우향본국

5. 세존이시여,

저희가 이제 즐거이 비유로써[①]

이 뜻을 밝히겠나이다.

어떤 사람이 어렸을 적에

아버지를 버리고 도망하여

오래 다른 나라에 머무르기를

십 년이나 이십 년에서 오십 년이 되었다 하사이다.

나이는 이미 든데다가[②] 궁하고 가난해서

사방으로 떠돌면서[③] 이리저리 의식(衣食)을 구하다가,

점점 흘러가 우연히 본국으로 향하였나이다.

---

①비유 : 장자(長者) 궁자(窮子) 비유로, 법화칠유 중 둘째 번 비유이다. 장자는 부처님, 궁자는 대승에서 물러나 그릇된 지혜로 오도(五道)를 윤회하는 중생을 의미한다. ②나이는 이미 든데다가(年旣長大) : 나이가 성년에 다다른 일. ③떠돌면서(馳騁) : 말을 달린다는 뜻이니, 떠돌거나 방랑하는 일을 말한다.

其父가 先來에 求子不得하여 中止一城하였더니 其家大富하여 財寶無量하며
기부 선래 구자부득 중지일성 기가대부 재보무량

金 銀 琉璃 珊瑚 琥珀 頗梨 珠等이 其諸倉庫에 悉皆盈溢하고
금 은 유리 산호 호박 파리 주등 기제창고 실개영일

多有僮僕과 臣佐吏民하며 象馬車乘과 牛羊이 無數하며 出入息利가
다유동복 신좌리민 상마거승 우양 무수 출입식리

乃遍他國하고 商估賈客도 亦甚衆多러니 時 貧窮子가 遊諸聚落하고 經歷
내변타국 상고고객 역심중다 시 빈궁자 유제취락 경력

國邑하여 遂到其父의 所止之城이러이다
국읍 수도기부 소지지성

6. 그의 아버지는 일찍부터[①]
아들을 찾아 나섰다가 찾지 못하매,[②]
중도에 한 성에 머물러 살았는데,
그 집이 크고 부유하여 재물과 보배가 한량 없어,
금, 은, 유리, 산호, 호박, 파리,[③] 진주 등이
창고마다 가득했고,
노비와 시종, 각종 관리인이 많았으며,
코끼리와 말, 수레와 소, 양이 수없이 많았고,
들고 나가는 이잣돈이[④] 다른 나라에까지 미치어,
상인과 고객이 매우 많았나이다.

7. 그 때, 빈궁한 아들(窮子)은 여러 마을을 떠돌아다니고
여러 나라의 도시와 성을 거쳐, 마침내
자기 아버지가 머무른 성에까지 이르렀나이다.

---

① **일찍부터**(先來) : 진작부터. ② **찾지 못함**(不得) : 뜻을 이루지 못함. 아들을 찾지 못함을 말한다. ③ **파리**(頗梨) : 파려(玻瓈). 여러 가지 색깔을 가진 수정의 한 종류. ④ **들고 나가는 이잣돈**(出入息利) : '식리(息利)'란 돈을 늘려 이익을 본다는 뜻이다. '출입(出入)'이란 이잣돈을 꾸어 주고(出) 받아들이는(入) 일을 말한다.

父每念子호대 與子離別이 五十餘年이로대 而未曾向人하여 說如此事하고
부 매 념 자 여 자 리 별 오 십 여 년 이 미 증 향 인 설 여 차 사

但自思惟에 心懷悔恨하며 自念老朽하고 多有財物하여 金銀珍寶가 倉庫에
단 자 사 유 심 회 회 한 자 념 로 후 다 유 재 물 금 은 진 보 창 고

盈溢이나 無有子息하니 一旦終沒이면 財物散失이라 無所委付로다하여 是以로
영 일 무 유 자 식 일 단 종 몰 재 물 산 실 무 소 위 부 시 이

慇懃히 每憶其子하며 復作是念호대 我若得子하여 委付財物하면 坦然
은 근 매 억 기 자 부 작 시 념 아 약 득 자 위 부 재 물 탄 연

快樂하야 無復憂慮라하더이다.
쾌 락 무 부 우 려

아버지는 매양 아들을 생각하되,
아들 잃은 지 오십여 년이 되도록
일찍이 남들에게 이 일을 말하지 않고,
다만 혼자서 마음 속으로 뉘우치고 한탄하여
스스로 생각하되,
'나는 늙고 재물이 많이 있어, 금, 은과
진기한 보배가 창고에 가득한데도 자식이 없으니,
하루 아침에 죽고 나면 재물은 흩어질 텐데
맡길 데가 없구나.' 하였나이다.
또, 매양 그 아들을 못 잊어 하면서 다시 생각하되,
'내가 만일 아들을 만나서 재물을 맡기게 되면,
쾌락해져서① 다시는 근심이 없으리라.' 하였나이다.

---

① 쾌락해짐(坦然快樂) : '탄연(坦然)'은 마음이 시원하고 편안한 모양. 마음이 놓여 즐거움.

世尊이시여 爾時에 窮子가 傭賃展轉하며 遇到父舍하여 住立門側하여서 遙見
세존 이시 궁자 용임전전 우도부사 주립문측 요견

其父호니 踞師子牀에 寶几承足하고 諸婆羅門과 刹利居士가 皆恭敬圍繞하며
기부 거사자상 보궤승족 제바라문 찰리거사 개공경위요

以眞珠瓔珞의 價値千萬으로 莊嚴其身하고 吏民僮僕이 手執白拂하고
이진주영락 가치천만 장엄기신 이민동복 수집백불

侍立左右하며 覆以寶帳하고 垂諸華幡하며 香水灑地하고 散衆名華하며 羅列
시립좌우 부이보장 수제화번 향수쇄지 산중명화 나열

寶物하야 出內取與하며 有如是等 種種嚴飾하야 威德이 特尊이었나이다.
보물 출내취여 유여시등 종종엄식 위덕 특존

8. 세존이시여, 그 때, 궁자(窮子)는
품팔이로 떠돌아다니다가
우연히 아버지의 집에 이르러 대문 옆에 서서
멀리 그의 아버지를 바라보니,
사자좌상에[①] 걸터앉아 보배 궤안에 발을 올려놓고
많은 바라문과 왕족과[②] 거사가[③] 공경하여 둘러싸 모셨으며,
천만금이나 나가는 진주 영락으로[④] 그 몸을 치장했고,
관리인과 시종들이 손에 백우선을[⑤] 들고
좌우에 모시고 섰으며,
보배 휘장으로[⑥] 위를 덮고 꽃깃대를[⑦] 드리웠으며,
향수를 땅에 뿌리고, 갖가지의 이름난 꽃을 흩으며,
보물을 늘어놓아 내주고 받아들이는[⑧] 등 갖가지로
장엄하기가 이와 같아서 위덕이[⑨] 한없이 높아 보였나이다.

---

① **사자좌상** : 사자좌(師子座). ② **왕족** : 찰제리(刹帝利, kṣatriya). 사회 계급을 넷으로 나눈 인도의 사성 제도(四姓制度) 중에서 둘째 번 계급. ③ **거사**(居士, vaiśya) : 농·상·공업에 종사하는 평민 계급. ④ **영락**(瓔珞) : 구슬이나 귀금속을 실에 꿰어 가슴에 드리우는 장신구. ⑤ **백우선**(白拂) : 흰 털로 만든 불자. ⑥ **보배 휘장**(寶帳) : 보배로 장식한 장막. ⑦ **꽃깃대**(華幡) : 꽃을 수놓은 기. ⑧ **내주고 받아들임**(出內取與) : 재물을 내고 들이는 일. ⑨ **위덕**(威德) : 위엄과 덕망.

窮子見父 有大力勢하고 卽懷恐怖하여 悔來至此하여 竊作是念호대
궁자견부 유대력세 즉회공포 회래지차 절작시념

此或是王이나 或是王等이리라 非我傭力 得物之處라 不如往至貧里하면
차혹시왕 혹시왕등 비아용력 득물지처 불여왕지빈리

肆力有地하여 衣食易得이라 若久住此하면 或見逼迫하여 强使我作호리로다
사력유지 의식이득 약구주차 혹견핍박 강사아작

作是念已하고 疾走而去하였나이다.
작시념이 질주이거

9. 궁자(窮子)는
그 사람(아버지)이 큰 세력이 있음을 보고
곧 공포심을 품고 이 곳에 온 것을 후회하면서
속으로 생각하기를,①
'이는 혹시 왕이거나 왕과 같은 분이리라.
내가 품을 팔아 삯을 얻을 곳이② 아니구나.
차라리 가난한 동네에 가서
힘들여 일하여③ 옷과 밥을 쉬이 얻으리로다.
이 곳에 오래 머무르다가 혹 눈에 띄면,
핍박당하여 강제로 나를 잡아 부릴 것이다.'
하고는 빨리 달아났나이다.

① 속으로 생각함(竊作是念) : 아무도 모르게 스스로 생각함. ② 삯을 얻을 곳(得物之處) : 소승의 견해로는 과(果)를 사모하여 인(因)을 닦으므로, 마치 품팔이하는 사람이 값을 미리 생각하는 것과 같음을 말한다. ③ 힘들여 일함(肆力有地) : 마음대로 힘껏 일함이니, 노력하면 소승의 어떤 지위에도 나아갈 수 있다는 뜻.

時에 富長者가 於師子座에서 見子便識하고 心大歡喜하야 即作是念호대
시 부장자 어사자좌 견자변식 심대환희 즉작시념

我財物庫藏을 今有所付로다 我常思念此子호대 無由見之러니 而忽自來하니
아재물고장 금유소부 아상사념차자 무유견지 이홀자래

甚適我願이로다 我雖年朽나 猶故貪惜이라하고 即遣傍人하여 急追將還하였나이다.
심적아원 아수년후 유고탐석 즉견방인 급추장환

10. 그 때, 부유한 장자는 사자좌에서
아들을 즉시 알아보고
마음에 크게 환희하며 생각하되,
'나의 재물과 창고를 이제야 맡길 곳이 있구나.
내가 항상 이 아들을 생각하였으나 만날 수가 없더니,
홀연히 스스로 오니 내가 심히 원하던 바이로다.
나는 비록 나이 늙었으나,①
이런 까닭으로 예같이② 탐하고 아끼었노라.'
하고, 곧 옆에 있는 사람을 보내어
급히 쫓아가서 데려오게③ 하였나이다.

---

①나는 비록 나이 늙었으나(我雖年朽) : 부처님의 만년을 비유한 말이다. ②예같이(猶故) : 오히려. 여전히. ③데려옴(將還) : 이끌어 데려옴. 대승으로 돌아오게 한다는 뜻.

爾時에 使者가 疾走往捉한대 窮子가 驚愕하야 稱怨大喚호대 我不相犯이어늘
이 시 사 자 질 주 왕 착 궁 자 경 악 칭 원 대 환 아 불 상 범

何爲見捉이어뇨 使者가 執之逾急하여 强牽將還이어늘 于時窮子가 自念호대
하 위 견 착 사 자 집 지 유 급 강 견 장 환 우 시 궁 자 자 념

無罪 而被囚執하노니 此必定死라하고 轉更惶怖하여 悶絶躄地러라
무 죄 이 피 수 집 차 필 정 사 전 갱 황 포 민 절 벽 지

父遙見之하고 而語使言호대 不須此人이니 勿强將來요 以冷水灑面하여
부 요 견 지 이 어 사 언 불 수 차 인 물 강 장 래 이 랭 수 쇄 면

令得醒悟하고 莫復與語라하였나이다.
영 득 성 오 막 부 여 어

11. 그 때, 명을 받은 사람이 급히 쫓아가서 잡으니,
궁한 아들(窮子)이 놀라서 크게 부르짖어 원망하되,①
'나는 조금도 죄가 없거늘, 왜 잡으려 하느뇨?'
하였나이다.
그 사람이 더욱 급히 잡아서 강제로 끌고 돌아오니,
궁한 아들은 스스로 생각하되,
'죄 없이 잡혔으니, 필연코 죽게 되리라.' 하고,
더욱 겁을 내어 기절해서② 땅에 쓰러졌나이다.
아버지는 멀리서 이를 보고 그 사람에게 일렀습니다.
'그 사람은 필요 없으니, 강제로 데려오지 마라.
얼굴에 냉수를 뿌려 깨어나게 하라.
그리고 다시 말하지 마라.'

---

① 크게 부르짖어 원망함(稱怨大喚) : 원망스럽게 큰 소리로 외치는 일.
② 기절함(悶絶) : 괴로워해 정신을 잃음.

所以者何오 父가 知其子의 志意下劣하고 自知豪貴는 爲子所難이라하여
소이자하 부 지기자 지의하열 자지호귀 위자소난
審知是子코는 而以方便으로 不語他人 云是我子라하고 使者로 語之호대
심지시자 이이방편 불어타인 운시아자 사자 어지
我今放汝하노니 隨意所趣하라 窮子가 歡喜하야 得未曾有하며 從地而起하여
아금방여 수의소취 궁자 환희 득미증유 종지이기
往至貧里하여 以求衣食하였나이다.
왕지빈리 이구의식

왜냐 하면,
아버지는 그 아들의 심지가 얕고 졸렬함을 알고,
자기가 호귀하여
그 아들이 어려워함을① 알았기 때문입니다.
명백히 아들이라는 것을 알았으나, 방편으로
남에게는 나의 아들이라고 말하지 아니하였나이다.
명을 받은 사람이 말하기를,
'내가 지금 너를 놓아 줄 터이니, 뜻대로 가라.'②
하니, 궁자(窮子)는 기뻐서 미증유를 얻고서
땅에서 일어나 가난한 동네에 가서
의식(衣食)을 구하였나이다.

---

①아들이 어려워함(爲子所難) : 아들이 어렵게 여김. 꺼려함. ②뜻대로 가라(隨意所趣) : 마음 내키는 대로 어디든 가라는 뜻.

爾時에 長者가 將欲誘引其子호려하여 而設方便하여 密遣二人하되 形色이
이시 장자 장욕유인기자 이설방편 밀견이인 형색
憔悴한 無威德者였나이다 汝可詣彼하여 徐語窮子호대 此有作處하니
초췌 무위덕자 여가예피 서어궁자 차유작처
倍與汝値이라하여 窮子가 若許어든 將來使作하라하였나이다.
배여여치 궁자 약허 장래사작

12. 그 때, 장자는
장차 그 아들을 달래어 데려오고자
방편을 만들어,
얼굴빛이 초췌하고[①] 위덕이 없게 생긴
두 사람을 비밀히 보내되,
'너희는 그 곳에 가서 서서히
궁자에게 말하라.
저기 일할 곳이 있으니,
너에게 품삯을 배로 주리라 하여,
궁자가 허락하거든 데려다가 일을 시키라.

① 얼굴빛이 초췌함(形色憔悴) : 몰골이 형편 없음. '형색(形色)'은 몸, 즉 육신.

若言欲何所作이어든 便可語之호대 雇汝除糞이요 我等二人도 亦共汝作이라하라
약언욕하소작 변가어지 고여제분 아등이인 역공여작

時에 二使人이 卽求窮子하고 旣已得之코는 具陳上事한대 爾時에 窮子가
시 이사인 즉구궁자 기이득지 구진상사 이시 궁자

先取其價하고 尋與除糞커늘 其父見子하고 愍而怪之하였나이다.
선취기가 심여제분 기부견자 민이괴지

만약 무슨 일을 시키느냐고 묻거든,
너를 데려다가 똥을 치게 할 것이다라고 하고,
우리 두 사람도 너와 같이 일하리라고 하라.' 하였나이다.
두 사람은 곧 궁자를 찾아가서 만나 보고①
시킨 대로 일러 주니,②
궁한 아들은 먼저 품삯부터 받고 와서
같이 똥을 치거늘,
그 아버지는 아들의 꼴을 보고
가엾고 괴이쩍게 생각하였나이다.

---

① 찾아가서 만나 봄(旣已得之) : '기이(旣已)'는 이윽고, 이미. 찾은 끝에 이윽고 만남. ② 시킨 대로 일러 줌(具陳上事) : 자세히 위의 일을 말함.

又以他日로 於窓牖中에서 遙見子身이 羸瘦憔悴하고 糞土塵坌이 汙穢
우이타일 어창유중 요견자신 이수초췌 분토진분 오예
不淨코는 卽脫瓔珞 細輭上服 嚴飾之具하고 更著麤弊 垢膩之衣호대
부정 즉탈영락 세연상복 엄식지구 갱착추폐 구니지의
塵土로 坌身하며 右手에 執持除糞之器하고 狀有所畏하야 語諸作人호대
진토 분신 우수 집지제분지기 장유소외 어제작인
汝等은 勤作하야 勿得懈息이라하고 以方便故로 得近其子하였나이다.
여등 근작 물득해식 이방편고 득근기자

13. 어느 날, 창에서 멀리 아들을 보니,
몸이 말라 초췌하고
흙과 먼지로 더럽혀져 깨끗하지 못하거늘,
그 아버지는 영락으로 꾸민 부드러운 옷과
장신구를[1] 벗고,
해지고 냄새나는 옷으로[2] 갈아입어
몸에 흙과 먼지를 묻히고,
오른손에는 똥치는 그릇을 들어
마치 두려운 듯한 모습으로 일꾼들에게 이르되,
'너희는 부지런히 일할 것이며,
게으름을 피우지 마라.'고 하여,
이런 방편으로 그 아들에게 접근하였나이다.

---

① 장신구(嚴飾之具) : 치장하는 물건. ② 해지고 냄새나는 옷(麤弊) : 허름하고 열등한 옷.

後復告言호대 咄 男子야 汝常此作하고 勿復餘去하라 當加汝價호리니
후부고언 돌 남자 여상차작 물부여거 당가여가

諸有所須에 盆器米麪鹽醋之屬을 莫自疑難하라 亦有老弊使人하니 須者면
제유소수 분기미면염초지속 막자의난 역유로폐사인 수자

相給하리니 好自安意하라 我如汝父하니 勿復憂慮하라 所以者何오 我年은
상급 호자안의 아여여부 물부우려 소이자하 아년

老大하고 而汝少壯하니 汝常作時에 無有欺怠瞋恨怨言하여 都不見汝의
노대 이여소장 여상작시 무유기태진한원언 도불견여

有此諸惡이 如餘作人이니라
유차제악 여여작인

14. 후일에 다시 일러 말하되,
'딱하구나, 이 사람아.[①]
너는 항상 여기서 일하고 다시는 다른 곳에 가지 마라.
품삯도 더 주리라.
소용되는[②] 그릇과 쌀이나 국수, 소금, 초 같은 것도
어떻게 할까 하고 어려워하지 마라.
또, 늙은 일꾼도 쓸 일이 있으면 붙여 줄 터이니,
잘 하여 스스로 마음을 편히 가지라.
나는 너의 아버지와 같으니, 근심 걱정을 마라.
왜냐 하면, 나는 늙고 너는 젊으며,
너는 항상 일할 때 속이거나 성내거나 원망하는 일이 없어,
도무지 네게서는 이러한 나쁜 점을
다른 일꾼에게서처럼 보지 못하기 때문이니라.

---

① 딱하구나, 이 사람(咄男子) : '돌(咄)'은 꾸짖는 소리. 쯧쯧 정도의 말. '이 사람(男子)'은 남자를 부르는 말. ② 소용되는(諸有所須) : 생활에 필요한 온갖 필수품. 수행에 필요한 물건.

自今已後로 如所生子라하고 卽時長者가 更與作字하야 名之爲兒러이다.
자금이후 여소생자 즉시장자 갱여작자 명지위아

爾時에 窮子가 雖欣此遇하나 猶故自謂 客作賤人이로라하니 由是之故로
이시 궁자 수흔차우 유고자위 객작천인 유시지고

於二十年中에 常令除糞하더이다 過是已後에 心相體信하여 入出無難이나
어이십년중 상령제분 과시이후 심상체신 입출무난

然其所止는 猶在本處하였나이다.
연기소지 유재본처

이후부터는 친아들과 같이 하리라.' 하고,
장자는 이름을 다시 지어 주고①
아들이라고 하였나이다.

15. 그 때, 궁한 아들은
비록 이러한 대우를 기뻐하긴 했으나,
아직 스스로를 객인으로 온 천한 사람으로 자처하니,
이런 연유로 이십 년간을
항시 똥을 치게 하였나이다.
이 시일이 지난 후에야
마음을 서로 알고 믿게 되어 친해져서②
출입을 어려워하지 않았으나,
그 거처는③ 여전히 본래 있던 곳이었나이다.

---

①**이름을 다시 지어 줌**(更與作字) : 다시 이름을 지어 준 일. 이승인(二乘人)을 명명하여 성문자(聲聞子)라고 한 것을 가리킨다. ②**서로 알고 믿게 되어 친해짐**(心相體信) : 서로 마음이 통하여 믿게 되었다는 뜻. ③**거처**(所止) : 소승인들이 의지하고 머무르는 곳은 아직도 소승임을 말한다.

世尊이시여 爾時에 長者가 有疾하여 自知將死不久하고 語窮子言호대 我今
세 존 이 시 장 자 유 질 자 지 장 사 불 구 어 궁 자 언 아 금
多有金銀珍寶하여 倉庫에 盈溢하니 其中多少와 所應取與를 汝悉知之하라
다 유 금 은 진 보 창 고 영 일 기 중 다 소 소 응 취 여 여 실 지 지
我心이 如是하니 當體此意하라 所以者何오 今我與汝가 便爲不異니
아 심 여 시 당 체 차 의 소 이 자 하 금 아 여 여 변 위 불 이
宜加用心하여 無令漏失하였나이다.
의 가 용 심 무 령 루 실

16. 세존이시여, 그 때 장자는 병이 생겨
스스로 오래지 않아서 죽을 것을 알고,
궁한 아들에게 일러 당부하였나이다.
'나에게는 지금 많은 금, 은과 진기한 보배가
창고마다 가득하니,
그 속에 있는 재물의 많고 적음과
받을 것과 줄 것을 너는 모두 알아 두라.
나의 마음이 이와 같으니,
마땅히 이 뜻을 받아서 처리하라.
왜냐 하면,
이제 나와 너는 다를 것이 없으니
부디 마음 써서 잃어버림이 없게 하라.'
하였나이다.

爾時에 窮子는 卽受敎勅하고 領知衆物 金銀珍寶와 及諸庫藏이나 而無希取
이시 궁자 즉수교칙 영지중물 금은진보 급제고장 이무희취

一餐之意하고 然其所止는 故在本處하며 下劣之心은 亦未能捨러니라
일찬지의 연기소지 고재본처 하열지심 역미능사

復經少時하여 父知子意가 漸已通泰하여 成就大志하여 自鄙先心하고
부경소시 부지자의 점이통태 성취대지 자비선심

臨欲終時하여 而命其子하여 幷會親族하며 國王과 大臣과 刹利와 居士를
임욕종시 이명기자 병회친족 국왕 대신 찰리 거사

皆悉已集커늘 卽自宣言하였나이다.
개실이집 즉자선언

17. 그 때, 궁한 아들은 분부를 받고
여러 가지의 물건과 금, 은과 진기한 보물과
모든 창고를 다스리게(관리하게) 되었으나,
밥 한 그릇 거리도 가로챌 뜻이 없었고,
그 거처는 여전히 본래 있던 곳이었으며,
열등한 마음을 능히 버리지 못했나이다.
다시 얼마를 지난 후,
아버지는 아들의 뜻이 점차 뚫려
편안해져[①] 큰 뜻을[②] 성취해
스스로 그전 마음이 비열했었다는 것을 알고,
임종할 때를 당하여 그 아들에게 분부해서 친족과
국왕이며 대신과 왕족과 거사를 모이도록 하고,
곧 스스로 선언하였나이다.

①뚫려 편안해짐(通泰) : 마음이 트이고 커져서 거리낌이 없어짐. ②큰 뜻(大志) : 위대한 마음. 대승의 깨달음을 구하는 마음. 큰 신심.

諸君들은 當知어다 此是我子니 我之所生이라 於某城中에서 捨吾逃走하야
제군 당지 차시아자 아지소생 어모성중 사오도주
跉跰辛苦 五十餘年이러니 其本字는 某요 我名은 某甲이로라 昔在本城하여
영병신고 오십여년 기본자 모 아명 모갑 석재본성
懷憂推覓하더니 忽於此間에 遇會得之호니 此實我子오 我實其父라 今我
회우추멱 홀어차간 우회득지 차실아자 아실기부 금아
所有인 一切財物은 皆是子有며 先所出內이 是子所知라고 하였나이다.
소유 일체재물 개시자유 선소출내 시자소지

'여러분은 마땅히 아시오.
이 아이는 나의 아들이며 나의 소생이오.
어떤 성중에서 나를 버리고 달아나
갖은 고생하기가① 오십여 년이었으니,
그 본이름은 아무개요, 나의 이름은 아무개이오.
예전에 본성(本城)에서 근심하며 찾아다니다가
우연히 이 곳에서 만났소.
이 아이는 실로 나의 아들이요,
나는 실로 그의 아버지이니,
지금부터 내가 가진 모든 재물은 다 이 아들의 것이며,
먼저 출납하던② 것도 이 아들이 알아서 할 바입니다'
하였나이다.

---

① 갖은 고생함(跉跰) : 정처없이 떠도는 일. 떠돌아다니며 헛되이 고생함. ② 출납(出內) : 출납(出納)과 같음. '내(內)'는 납(納)과 통용.

世尊이시여 是時에 窮子가 聞父此言하고 即大歡喜하여 得未曾有하고
세존 시시 궁자 문부차언 즉대환희 득미증유
而作是念호대 我本無心有所希求러니 今此寶藏이 自然而至라하나이다.
이작시념 아본무심유소희구 금차보장 자연이지
世尊이시여 大富長者는 則是如來시고 我等은 皆似佛子하사오니 如來常說
세존 대부장자 즉시여래 아등 개사불자 여래상설
我等爲子라하시나니이다.
아등위자

18. 세존이시여,
그 때 궁한 아들(窮子)은
아버지의 이 말을 듣고
크게 환희하여 일찍이 없던 것을 얻고 이르기를,
'나는 본래 마음에 바란 바가 없었건만,
이제 보장(寶藏)이① 저절로 굴러왔다.'②
고 하였나이다.

19. 세존이시여,
부호인 장자는 곧 부처님이시고,
저희는 그 아들과 같사오니,
부처님께서는 항상 저희를
아들이라고 하셨나이다.

---

① **보장(寶藏)** : 보배 창고. 여래의 법이 들어 있는 법장(法藏)을 말한다. ② **저절로 굴러옴** : 마음에 불도를 구하는 생각이 없었는데, 부처님께서 스스로 열어 주시니 저절로 이르렀다고 했다. 이제 부처님께 기(記)를 얻어 성불할 것이라는 말씀을 들으니, 일부러 구하지 않았음에도 저절로 얻었다는 뜻.

世尊이시여 我等이 以三苦故로 於生死中에 受諸熱惱하며 迷惑無知하여
세존 아등 이삼고고 어생사중 수제열뇌 미혹무지

樂著小法이나이다 今日世尊께서 令我等으로 思惟蠲除諸法戲論之糞하실새
낙착소법 금일세존 영아등 사유견제제법희론지분

我等이 於中에 勤加精進하여 得至涅槃一日之價호이다 旣得此已에 心大
아등 어중 근가정진 득지열반일일지가 기득차이 심대

歡喜하여 自以爲足하고 便自謂言호대 於佛法中에 勤精進故로 所得이
환희 자이위족 변자위언 어불법중 근정진고 소득

弘多하였나이다.
홍다

세존이시여,
저희가 삼고(三苦)에[1] 얽혔기 때문에,
생사 고해에서 갖은 열뇌(熱惱)받으며,
미혹하고 아는 것이 없어
소승법에 즐겨 집착하였나이다.
오늘 세존께서는 저희를 모든 희론(戲論)의
똥을[2] 없앨[3] 것을 생각하도록 하셨나이다.
저희는 그런 작은 법 가운데에서 부지런히 정진하여
하루 품삯 같은 열반에 이르렀나이다.
이를 얻고는 마음에 크게 기꺼워하여,
스스로 족하게 여기고 말하되,
'불법 가운데에서 부지런히 정진한 까닭으로
소득이 매우 크다.'고 하였나이다.

---

① **삼고(三苦)** : 생존에 따르는 세 가지 괴로움. 첫째, 고고(苦苦)이니 근과 경계가 무너져 핍박을 주므로, 생로병사의 고통상이 나타나는 것. 둘째, 행고(行苦)이니 세상이 무상하므로 느끼는 괴로움. 셋째, 괴고(壞苦)이니 사랑하는 것이 멸하는 데에서 오는 고통. ② **희론의 똥(戲論之糞)** : 온갖 사물을 대상으로 쓸데없는 논의를 일삼는 것을 똥에 비유했다. ③ **없앰(蠲除)** : 제거함.

然이나 世尊께서 先知我等의 心著弊欲하여 樂於小法하는달하사 便見縱捨하사
연 세존 선지아등 심착폐욕 낙어소법 변견종사
不爲分別汝等이 當有如來의 知見寶藏之分이라하시니다 世尊께서 以方便力으로
불위분별여등 당유여래 지견보장지분 세존 이방편력
說如來智慧어시늘 我等이 從佛하와 得涅槃一日之價하고 以爲大得이라하고
설여래지혜 아등 종불 득열반일일지가 이위대득
於此大乘에 無有志求하나이다 我等이 又因如來智慧하여 爲諸菩薩하여
어차대승 무유지구 아등 우인여래지혜 위제보살
開示演說호대 而自於此에 無有志願하나이다.
개시연설 이자어차 무유지원

20. 그러나 세존께서는
저희의 마음이 부질없는 욕망에 집착(執着)하여
소승법(小乘法)을 좋아함을 미리 아셨으므로
짐짓 그대로 버려 두시고, 분별하여 '너희에게도
여래의 지견보장(知見寶藏)을[①] 가질 분수가 있다.'
라고 말씀해 주시지 않으셨나이다.
세존께서는 방편력으로 여래의 지혜를 설하셨건만,
저희는 부처님을 좇아 하루 품삯 같은
열반을[②] 얻고서는 이를 크게 얻었다 하고
이 대승법을 구할 뜻이 없었나이다.
저희는 또, 여래의 지혜로써
보살들을 위해 열어 보이고 연설하기는 했사오되,
저희 스스로는 이에 지원(志願)하지 않았나이다.

---

① 여래의 지견보장(如來知見寶藏) : 부처님의 지혜와 견해, 즉 최고의 지혜와 공덕이 들어 있는 보배 창고. 묘법. ② 하루 품삯 같은 열반 : 겨우 소승 열반을 얻고 견혹(見惑)과 사혹(邪惑)을 끊는 데 만족하게 여긴다는 뜻.

所以者何오 佛知我等의 心樂小法하사 以方便力으로 隨我等說이시어늘
소이자하 불지아등 심락소법 이방편력 수아등설

而我等이 不知眞是佛子였나이다. 今我等이 方知世尊께서 於佛智慧에
이아등 부지진시불자 금아등 방지세존 어불지혜

無所悋惜하사옵노니 所以者何오 我等이 昔來로 眞是佛子이오나 而但樂
무소린석 소이자하 아등 석래 진시불자 이단락

小法이었나이다 若我等이 有樂大之心할진댄 佛則爲我하사 說大乘法일러이다.
소법 약아등 유락대지심 불즉위아 설대승법

그 까닭은
부처님께서 저희가 소승법을 좋아함을[①] 아시고
방편력으로 저희의 근기를 따라 설하셨건만,
저희는 자기가 본래 부처님 아들인 줄은
모르고 있었기 때문이나이다.

21. 이제야 저희는 세존께서
불지(佛智)를 아끼지 아니하셨음을[②] 아나이다.
왜냐 하면,
저희는 예전부터 부처님의 참된 아들이면서도
오직 소승법만 좋아하였기 때문이었나이다.
만약 저희에게 대승법을 좋아하는 마음이 있었더라면,
부처님께서는 저희를 위하여
대승법을 설하셨을 것이옵니다.

---

① **소승법을 좋아함**(心樂小法) : 마음으로 소승의 가르침을 바람. ② **아끼지 않음**(無所悋惜) : 아까워 하지 않고 베풂(고려장본 悋과 신수장본 恪은 소字).

於此經中에는 **唯說一乘**하시나이다 **而昔於菩薩前**에 **毁訾聲聞**의 **樂小法者**하시오니
어차경중 유설일승 이석어보살전 훼자성문 낙소법자

然이나 **佛**께서 **實以大乘**으로 **敎化**하셨나이다. **是故**로 **我等**이 **說**하오대 **本無心**
연 불 실이대승 교화 시고 아등 설 본무심

有所希求하되 **今**에 **法王大寶**가 **自然而至**로소니 **如佛子**의 **所應得者**를
유소희구 금 법왕대보 자연이지 여불자 소응득자

皆已得之하나이다.
개이득지

22. 지금에야 이 경에서
오직 일승(一乘)만을 설하시나이다.
옛적에 보살들 앞에서
성문들이 소승법을 좋아함을 꾸짖으셨으니,
그러나 부처님께서 실은 대승으로써
교화하심이나이다.
그러므로 저희는 말씀드리나이다.
'본래부터 바라는 마음이 없었건만,
지금 법왕(法王)의[①] 큰 보배가 저절로 굴러왔으니,
부처의 아들로서 마땅히 얻을 바를 다 이미 얻었나이다.' "[②]

---

① **법왕(法王)** : 부처님. 법을 깨달아 아시는 진리의 임금님. ② **얻을 바를 다 이미 얻음** : 오늘 법회에서, 일불승의 가장 큰 보배를 일부러 구하지 않았는데도 부처님의 참된 아들임을 알고 나니, 그 동안의 설법도 대승의 진리로 교화하기 위함이었음을 알았고, 지금까지 일승법을 드러내지 않은 것도 자신들의 근기가 성숙하지 않았기 때문이었음을 알았다는 뜻이다. 이제 알고 나니, 자신들은 본래 부처님의 아들이었으므로 저절로 일불승의 가르침을 깨달았다는 것이다.

爾時에 **摩訶迦葉**이 **欲重宣此義**하여 **而說偈言**하사대
이시 마하가섭 욕중선차의 이설게언

我等이 **今日**에 **聞佛音敎**하옵고 **歡喜踊躍**하여 **得未曾有**하나이다
아등 금일 문불음교 환희용약 득미증유

佛說聲聞이 **當得作佛**이라하시니 **無上寶聚**를 **不求自得**이니다.
불설성문 당득작불 무상보취 불구자득

譬如童子가 **幼稚無識**하여 **捨父逃逝**하여 **遠到他土**하여
비여동자 유치무식 사부도서 원도타토

周流諸國이 **五十餘年**이니이다.
주류제국 오십여년

23. 그 때, 마하가섭이 그 뜻을 거듭 펴고자
게송으로 사뢰었습니다.
"저희가 오늘 부처님의 가르치심을 듣자옵고,
기쁨에 넘쳐 일찍이 없던 감격에 벅차나이다.
부처님께서 성문도 성불(成佛)하리라 하시니,
위없는 보배를[1] 구하지 아니했는데도 얻었나이다.

24. 비유하옵건대,
동자가 어리고 철이 없어
아버지를 떠나 도망쳐서 타관에 멀리 가서
여러 나라를 떠돈[2] 지 오십여 년이라 하사이다.

---

① 위없는 보배(無上寶聚) : 무상도의 비유로서, 유량. 최고의 가르침. ② 떠돌다(周流) : 널리 돌아다님.

其父憂念하여 기 부 우 념	四方推求하다가 사 방 추 구	求之旣疲하여 구 지 기 피	頓止一城하여 돈 지 일 성
造立舍宅하고 조 립 사 택	五欲自娛할새 오 욕 자 오	其家巨富하여 기 가 거 부	多諸金銀과 다 제 금 은
硨磲瑪瑙와 자 거 마 노	眞珠琉璃와 진 주 유 리	象馬牛羊과 상 마 우 양	輦輿車乘과 연 여 거 승
田業僮僕하며 전 업 동 복	人民이 衆多하고 인 민 중 다	出入息利가 출 입 식 리	乃徧他國하며 내 편 타 국
商估賈人이 상 고 매 인	無處不有하며 무 처 불 유	千萬億衆이 천 만 억 중	圍繞恭敬하며 위 요 공 경
常爲王者 상 위 왕 자	之所愛念하고 지 소 애 념	群臣豪族이 군 신 호 족	皆共宗重했나이다. 개 공 종 중

그 아버지는 근심하여 사방으로 찾아다니다가①
지쳐서 어느 성에 정착하여②
큰 집 짓고 오욕락을 즐기었나이다.③
그 집이 크게 부하여 금, 은과 자거, 마노, 진주,
유리와 코끼리, 말, 소, 양과 가마, 수레와
전답과 시종, 일꾼이 많았사오며, 나가고 들어오는
이잣돈이 멀리 다른 나라까지 미치며,
그에 속한 장사꾼과 거간꾼이 없는 곳이 없으며,
천만억 대중이 그를 둘러서서 공경하고,
항상 왕의 사랑받으며,
군신(群臣)과 호족들이 다 존중했나이다.

---

① 찾아다니다가(推求) : 헤아려 찾는 일. ② 정착(頓止) : 객지에 머물러 눌러앉는 일. ③ 오욕락을 즐김(五欲自娛) : 오욕으로 즐김. 오욕은 인간의 오근이 대상에 대하여 추구하는 끝없는 욕망으로, 이 욕망으로 허망한 업을 만들어 생로병사에 시달리고 육도에 윤회하게 된다.

以諸緣故로 이 제 연 고	往來者가 衆하고 왕 래 자 중	豪富如是하야 호 부 여 시	有大力勢나 유 대 력 세
而年이 朽邁하야 이 년 후 매	益憂念子하여 익 우 념 자	夙夜에 惟念호대 숙 야 유 념	死時將至어늘 사 시 장 지
癡子 捨我한지 치 자 사 아	五十餘年이니 오 십 여 년	庫藏諸物을 고 장 제 물	當如之何인가하더이다. 당 여 지 하
爾時에 窮子가 이 시 궁 자	求索衣食하여 구 색 의 식	從邑至邑하며 종 읍 지 읍	從國至國호대 종 국 지 국
或有所得하며 혹 유 소 득	或無所得하여 혹 무 소 득	飢餓羸瘦하고 기 아 리 수	體生瘡癬하여 체 생 창 선
漸次經歷하여 점 차 경 력	到父住城하여 도 부 주 성	傭賃展轉하여 용 임 전 전	遂至父舍이나이다. 수 지 부 사

25. 이런 까닭으로 왕래하는 사람이 많고,
부유하기가 이러하고 큰 세력을 지녔으나,
나이 늙어 가매① 아들 걱정 더욱 간절하여
주야(晝夜)로② 생각하다가 죽을 때가 가까워지니,
'어리석은 자식 나를 두고 집 떠난 지 오십여 년이라,
창고 안의 많은 재물 어찌할 것인고?' 하였나이다.

26. 그 때, 궁한 아들(窮子)은 의식을 구하느라
이 마을 저 마을, 이 나라 저 나라로 떠돌면서
소득이 있기도 하고 없기도 하니,
굶주려 야윈 몸에는 부스럼도 나고 옴도 올랐나이다.
이 곳 저 곳 전전하다가 아버지가 사는 성에 와
품팔이로 다니다가 마침내 아버지 집에 이르렀나이다.

---

①나이 늙어 감(朽邁) : 쇠퇴하고 늙어 감. ②주야(夙夜)로 : 숙(夙)은 이른 아침. 야(夜)는 늦은 밤.

爾時에 長者가 이 시 장 자	於其門內에 어 기 문 내	施大寶帳하고 시 대 보 장	處師子座하여 처 사 자 좌
眷屬圍繞하고 권 속 위 요	諸人이 侍衛하며 제 인 시 위	或有計算 혹 유 계 산	金銀寶物하고 금 은 보 물
出內財産하여 출 내 재 산	注記券疏하더니 주 기 권 소	窮子見父하니 궁 자 견 부	豪貴尊嚴하고 호 귀 존 엄
謂是國王이어나 위 시 국 왕	若是王等이로다하여 약 시 왕 등	驚怖自怪호대 경 포 자 괴	何故至此인가하고 하 고 지 차
覆自念言호대 복 자 념 언	我若久住하면 아 약 구 주	或見逼迫하거나 혹 견 핍 박	强驅使作하리로다 강 구 사 작
思惟是已하고 사 유 시 이	馳走而去하여 치 주 이 거	借問貧里하여 차 문 빈 리	欲往傭作하더니라. 욕 왕 용 작

그 때, 장자는 그의 집 문 안쪽에
보배 휘장[①] 치고 사자좌에 앉았는데,
권속이 에워싸고 여러 사람이 모시고 선 가운데,
혹은 금, 은과 보물을 계산하고,
재산의 출납을 문서에[②] 기록도 하는지라,
궁한 아들은 그 장자가 부유하고 고귀하며,
존엄함을 보고 이렇게 생각하였나이다.
'이는 국왕이거나 왕 비슷한 사람이다.'
놀랍고 두려워 스스로 괴이히 여기며
'내가 여기를 왜 왔을까?' 하다가,
다시 생각하였나이다.
'내가 여기 오래 있다가는
붙들려 강제로 일하게 되리라.'
달아나 빈촌으로 가서 품팔이를 하려고 하였나이다.[③]

---

① **보배 휘장(寶帳)** : 보배로 장식한 장막. ② **출납 문서(券疏)** : 증거가 되는 문서. 계약서. ③ **빈촌으로 가서 품팔이를 함** : 대승을 두려워하고 소승법 구하기를 좋아함을 비유한 말이다.

長者가 是時에 장자 시시	在師子座하여서 재사자좌	遙見其子하고 요견기자	默而識之하여 묵이식지
卽勅使者하여 즉칙사자	追捉將來러니 추착장래	窮子驚喚하야 궁자경환	迷悶躄地하며 미민벽지
是人執我는 시인집아	必當見殺이라 필당견살	何用衣食하려 하용의식	使我至此어뇨. 사아지차

27. 그 때, 장자는 사자좌에 높이 앉아서
멀리서 그를 바라보고 말하지 않고도 아들인 줄 알고는
곧 사람을 시켜① 붙들어 오게 하니,②
궁한 아들은 놀라 부르짖으며
미혹스러워하고 근심하다가③ 땅에 쓰러져,④
'이 사람이 나를 잡아가니 반드시 죽이리라.
어찌 의식을 구하러 내가 여기에 왔던가?'
하였나이다.

---

①**곧 사람을 시켜**(卽勅使者) : 사자에게 분부함. '사자(使者)'는 옆에 있는 사람, 곧 하인들을 가리킨다. ②**붙들어 오게 함**(追捉將來) : 쫓아가 잡아서 데려오도록 함. ③**미혹스러워하고 근심함**(迷悶) : 미혹해서 번민함. ④**땅에 쓰러짐** : 화엄을 베풀 때, 법문의 수준이 높아 이승(二乘)이 그 말을 듣고 마음으로 놀라서 어쩔 줄 몰라 했다.

長者가 知子하고	愚癡狹劣하여	不信我言하며	不信是父하고
장자 지자	우치협렬	불신아언	불신시부
卽以方便으로	更遣餘人이	眇目矬陋하여	無威德者호대
즉이방편	갱견여인	묘목좌루	무위덕자
汝可語之하야	云호대 當相雇니	除諸糞穢하면	倍與汝價호리라하라
여가어지	운 당상고	제제분예	배여여가
窮子가 聞之하고	歡喜隨來하야	爲除糞穢하며	淨諸房舍러라.
궁자 문지	환희수래	위제분예	정제방사

28. 장자는 아들이 어리석고 둔하며 졸렬하여
나의 말을 믿지 않을 것이며,
내가 아버지인 것도 믿지 않을 것을 알고,
방편을 써서 다시 사람을 보내되,
애꾸눈에① 키가 작고 누추하여②
위엄과 덕이 없어 보이는 사람을 보내면서
'네가 가서 말하되,
품팔 데가 있으니 함께 가자고 하고,
똥을 치면 품삯을 배로 주리라 하라.' 하니,
궁한 아들이 이 말을 듣고 기뻐하며 따라와서
똥치는 일을 하며
집과 방을 깨끗이 청소하였나이다.

---

①애꾸눈(眇目) : 한쪽이 먼 눈. ②키가 작고 누추함(矬陋) : 키가 작아 보기 싫은 일.

長者於牖에 장자어유	常見其子하니 상견기자	念子愚劣하여 염자우열	樂爲鄙事하난달하고 낙위비사
於是에 長者가 어시 장자	著弊垢衣하고 착폐구의	執除糞器하고 집제분기	往到子所하여 왕도자소
方便으로 附近하야 방편 부근	語令勤作호대 어령근작	旣益汝價와 기익여가	幷塗足油하며 병도족유
飮食을 充足케하며 음식 충족	薦席을 厚暖케하리라 천석 후난	如是苦言호대 여시고언	汝當勤作하라 여당근작
又以輭語호대 우이연어	若如我子라하더이다. 약여아자		

29. 장자가 창문으로 항상 아들을 내다보니,
아들이 어리석고 용렬하며,
더러운 일을 즐겨 하는지라,①
이에 장자는 해지고 때묻은 옷으로 갈아입고
똥치는 통을 들고 아들이 있는 곳에 가
방편으로 가까이해서② 말하되,
'부지런히 일하라. 너에게 품삯도 더 주고,
발에 바르는 기름과 먹을 것을 넉넉하게 주며,
자리도 따뜻하게 해 주리라.'
또는, 꾸짖는 말로③ '너는 마땅히 부지런히 일하라.'
또는, 정다운 말로 '너는 나의 아들과 같다.'고
하였나이다.

---

① 더러운 일을 즐겨 함(樂爲鄙事) : 천한 일을 원하고 바람. ② 가까이함(附近) : 가까이 다가감. 이승인 아들에게 접근하여 방편을 베푸시려는 뜻이다. ③ 꾸짖는 말(苦言) : 말하기 어려운 것을 말하는 것, 즉 충고의 말.

長者가 有智하여 장자 유지	漸令入出케하여 점령입출	經二十年토록 경이십년	執作家事케하여 집작가사
示其金銀과 시기금은	眞珠頗梨하고 진주파리	諸物出入을 제물출입	皆使令知케호대 개사령지
猶處門外하여 유처문외	止宿草庵하여 지숙초암	自念貧事하야 자념빈사	我無此物이라하였나이다. 아무차물
父가 知子心하고 부 지자심	漸已曠大하고 점이광대	欲與財物하여 욕여재물	卽聚親族과 즉취친족
國王 大臣과 국왕 대신	刹利 居士하여 찰리 거사	於此大衆에 어차대중	說是我子라호대 설시아자

30. 장자는 슬기로워 차차 집에 출입을 시켜,
이십 년이 지난 후에는 집안일을 돌보게 하고,①
금, 은, 진주, 파리 등을 있는 대로 보여 주고,
들어오고 나가는 재물을 다 알아서 하게 하였나이다.
그러나 아들은 아직 대문 밖 움집에서 거처하며
생각하되, '나는 가난하여 이러한 물건이 없다.'고
하였나이다.

31. 아버지는 아들의 마음이 점점 커 감을 알고
재물을 물려주고자
친족, 국왕, 대신과 명문 거족을 불러 모아
그들에게 말하였나이다.
'이 아이는 나의 아들이니,

---

①이십 년이 지난 후에는 집안일을 돌보게 함 : 가사를 관리하는 데 이십 년이 걸렸다. 대승을 설해 보살을 가르쳐 대승의 미혹 중에 견사혹을 끊게 함을 가리킨다.

捨我他行하여 사 아 타 행	經五十歲러니 경 오 십 세	自見子來한지 자 견 자 래	已二十年이라 이 이 십 년
昔於某城에 석 어 모 성	而失是子하고 이 실 시 자	周行求索하다가 주 행 구 색	遂來至此하였나이다. 수 래 지 차
凡我所有한 범 아 소 유	舍宅人民을 사 택 인 민	悉已付之하야 실 이 부 지	恣其所用하였나이다. 자 기 소 용
子念昔貧하여 자 념 석 빈	志意下劣하다가 지 의 하 열	今於父所에 금 어 부 소	大獲珍寶와 대 획 진 보
幷及舍宅과 병 급 사 택	一切財物하고 일 체 재 물	甚大歡喜하야 심 대 환 희	得未曾有하였나이다. 득 미 증 유

나를 떠나 타관에서 오십 년을 지냈고,
아들을 만난 지도 벌써 이십 년이오이다.①
그 옛날 어느 성에서 이 아들을 잃고
두루 찾아다니다가 여기서 살게 되었나이다.
무릇 내가 지닌 집과 사람을
다 이 아이에게 부촉하여 마음대로 쓰게 하겠나이다.'
아들이 생각하되,
'예전에는 가난하여 뜻이 졸렬하였는데,②
이제 아버지 처소에서 진기한 보배와 집과
일체의 재물을 얻었구나.' 하면서
매우 기뻐하며 일찍이 없던 바를 얻었나이다.

---

① **아들을 만난 지도 벌써 이십 년** : 아버지가 아들을 보고 소승법을 가르쳐 견사혹의 번뇌를 끊게 한 다음 가르침을 폈으나, 그대로 소승을 버리지 못하고 있던 것을 말한다. ② **예전에는 가난하여 뜻이 졸렬함** : 소승은 공(空)을 닦던 생각을 하여 뜻하는 소원이 작고, 사과(四果 : 예류과, 사다함과, 아나함과, 아라한과) 얻는 것을 고집하였다는 뜻.

佛亦如是하여 知我의 樂小하사 未曾說言 汝等이 作佛하리라하시고
불역여시 지아 낙소 미증설언 여등 작불

而說我等이 得諸無漏라하사 成就小乘한 聲聞弟子라하시더이다.
이설아등 득제무루 성취소승 성문제자

佛勅我等하사 說最上道하사대 修習此者는 當得成佛이라하야시늘
불칙아등 설최상도 수습차자 당득성불

我承佛敎하고 爲大菩薩하사와 以諸因緣과 種種譬喩와
아승불교 위대보살 이제인연 종종비유

若干言辭로 說無上道하니
약간언사 설무상도

32. 부처님도 이와 같으시어,
저희가 소승법 좋아함을 아시고
일찍이 '너희도 성불하리라.'는 말씀 아니 하시고,
오히려 저희가 무루(無漏)를 얻어[1]
소승을 성취한 성문 제자라고 설하셨나이다.

33. 부처님께서 저희에게 분부(勅) 내리시되,
'가장 높은 이 도(最上道)[2] 닦는 자는
성불(成佛)한다고 설하라.' 하셨나이다.
저희는 부처님의 가르침 받들어 큰 보살을 위해
온갖 인연과 갖가지 비유와
언사(言辭)로 무상도를 설하니

---

① 무루를 얻음(得諸無漏) : 온갖 무루 지혜를 얻음. 무루는 번뇌에 더렵혀짐이 없는 일. ② 가장 높은 이 도(最上道) : 그 이상의 도가 없음. 최고의 가르침. 여기서는 공반야(共般若)를 가리키는데, 공반야는 일체가 공함을 깨닫는 지혜로, 성문, 연각, 보살이 공통으로 닦는 반야이다.

諸佛子等이 從我聞法하고 日夜思惟하며 精勤修習하더이다
제 불 자 등 종 아 문 법 일 야 사 유 정 근 수 습

是時諸佛께서 卽授其記하사대 汝於來世에 當得作佛이라하시니
시 시 제 불 즉 수 기 기 여 어 래 세 당 득 작 불

一切諸佛의 秘藏之法을 但爲菩薩하사 演其實事하시고
일 체 제 불 비 장 지 법 단 위 보 살 연 기 실 사

而不爲我하야 說斯眞要하시니다 如彼窮子가 得近其父하여
이 불 위 아 설 사 진 요 여 피 궁 자 득 근 기 부

雖知諸物이나 心不希取듯하여 我等雖說 佛法寶藏하나
수 지 제 물 심 불 희 취 아 등 수 설 불 법 보 장

自無志願도 亦復如是하였나이다.
자 무 지 원 역 부 여 시

모든 불자는 저희에게서 법문을 듣고
주야로 생각하며 부지런히 닦고 익혔나이다.①
그 때, 제불(諸佛)이 그들에게 수기하시되,
'너희는 내세에 당연히 성불하리라.' 하시면서
일체 제불의 깊고 오묘한 법은②
다만 보살을 위해 그 사실을 설하시고,
저희를 위해서는 그 진실되고 긴요한 내용을
설하지 아니하셨나이다.
저 궁한 아들이 그 아버지를 가까이 모셔,
비록 모든 보물을 알았으나 가질 마음 없었듯이,
저희도 불법의 참되고 오묘함을 입으로는 설하였으나,
스스로는 원하는 뜻 없었음이 이와 같았나이다.

---

①부지런히 닦고 익힘(精勤修習) : 부지런히 수행하는 일. ②깊고 오묘한 법(秘藏之法) : 비밀스런 가르침. 범부로서 이해하기 어려운 가르침.

我等은 內滅한것을 아등 내멸	自謂爲足하여 자위위족	唯了此事하고 유료차사	更無餘事라하였으니 갱무여사
我等이 若聞 아등 약문	淨佛國土와 정불국토	敎化衆生하사오면 교화중생	都無欣樂하였나이다. 도무흔락
所以者何오 소이자하	一切諸法이 일체제법	皆悉空寂하여 개실공적	無生無滅하며 무생무멸
無大無小하며 무대무소	無漏無爲라하여 무루무위	如是思惟하고 여시사유	不生喜樂하였나이다. 불생희락

34. 저희는 번뇌를 끊은 것만 만족하게 여기면서
오직 이 일을 성취하고 다른 일은 생각지 않았으니,
부처님의 국토를 깨끗이 하고
중생 교화하는 일을 어쩌다가 듣고도
저희는 도무지 좋아하지 않았나이다.
왜냐 하면,
일체의 모든 법은 다 공적(空寂)하여,①
나는 것도 없고 멸하는 것도 없으며,②
큰 것도 작은 것도 없으며,
무루(無漏), 무위(無爲)하다고③
이와 같이 생각하고 좋아하지 않았나이다.

---

① **공적(空寂)** : 대승의 입장에서는 일체의 세간이나 출세간, 일체의 법의 모습(法相)이 본래 공하고 적적하다는 말. 모든 사물에 실체가 없다는 뜻. ② **나는 것도 없고 멸하는 것도 없음(無生無滅)** : 일체법의 성품이 본래 공적하므로 어디에서 따라온 것이 없으니, 나는 것이 없다. 생긴 것은 멸하기 마련인데, 생긴 것이 없으니 멸하는 것도 없다는 뜻. ③ **무루(無漏), 무위(無爲)** : 성품이 공하므로 본래 청정하니, 번뇌가 흘러나옴이 없고 움직임이 없다.

我等이 長夜에 於佛智慧에 無貪無著하고 無復志願하여
아등 장야 어불지혜 무탐무착 무부지원

而自於法에 謂是究竟이라하였나이다 我等이 長夜에 修習空法하여
이자어법 위시구경 아등 장야 수습공법

得脫三界 苦惱之患하여 住最後身인 有餘涅槃하여
득탈삼계 고뇌지환 주최후신 유여열반

佛所教化에 得道가 不虛라하여 則爲已得 報佛之恩호라하였나이다.
불소교화 득도 불허 즉위이득 보불지은

35. 저희가 긴긴 세월 동안
불지(佛智)를 탐내지도 집착하지도 않고,
또는 지원(志願)도 없이,
스스로 얻은 법을 구경(究竟)이라고[①]
생각하였나이다.
저희가 긴 세월을 두고 공(空)의 법을[②] 닦아 익혀
삼계의 고뇌의 환난을 벗어나
최후신인 유여열반(有餘涅槃)에[③] 머물러
부처님이 교화하신 바의
도(小乘道) 얻음 허망치 않다 하여
이미 도를 얻었으매
부처님의 은혜 갚았다 여겼나이다.

---

①구경(究竟) : 최고의 것. 극한(極限). ②공의 법(空法) : 공의 이치. 공의 도리. ③유여열반(有餘涅槃) : 견혹(見惑), 사혹(邪惑)은 비록 다 없어져 공적(空寂)한 열반에 이르렀으나, 몸은 아직 남아 있는 상태.

我等이 雖爲 아등 수위	諸佛子等하야 제불자등	說菩薩法하여 설보살법	以求佛道케호대 이구불도
而於是法에 이어시법	永無願樂호이다 영무원락	導師見捨하사 도사견사	觀我心故로 관아심고
初不勸進하사 초불권진	說有實利하시더니 설유실리	如富長者가 여부장자	知子志劣하야 지자지열
以方便力으로 이방편력	柔伏其心하고 유복기심	然後에사 乃付 연후 내부	一切財寶듯하여 일체재보

36. 저희가 비록 여러 불자를 위해
보살법을 설하여 불도를 구하도록 하였으나,
저희는 이 법을 오래도록 원하지도 않고
즐겨 하지도 않았나이다.①
도사(導師)께서 버려 두심은②
저희 마음 관하신 까닭으로,
처음 권하실 때에는 참된 이익③ 있다고
설하지 않으셨나이다.
마치 부자 장자가 아들의 뜻이 용렬함을 알고
방편력으로 그의 마음을 부드럽게 하여 조복한④ 후에야
모든 재물과 보배를 물려줌과 같이

---

① **원하지도 않고 즐겨 하지도 않음** : 원하지도 즐기지도 않았다는 뜻. 대승의 반야법에 대해 영원히 좋아하는 마음이 없었다는 뜻. ② **버려 두심(見捨)** : 부처님께서 일부러 내버려 두신 일. ③ **참된 이익(實利)** : 진실의 이익. 진실의 가르침을 얻는 이익. ④ **부드럽게 하여 조복(柔伏)** : 부드럽게 해 항복시킴. 방편의 지혜로 허망한 마음을 조정하여 조복받았다는 뜻.

佛亦如是하사 불역여시	現希有事하사 현희유사	知樂小者하사 지락소자	以方便力으로 이방편력
調伏其心케하시고 조복기심	乃教大智하시나이다. 내교대지	我等이 今日에 아등 금일	得未曾有하와 득미증유
非先所望을 비선소망	而今에 自得호니 이금 자득	如彼窮子가 여피궁자	得無量寶인듯호이다 득무량보
世尊이시여 我今에 세존 아금	得道得果하며 득도득과	於無漏法에 어무루법	得清淨眼호이다 득청정안
我等이 長夜에 아등 장야	持佛淨戒하다가 지불정계	始於今日에사 시어금일	得其果報호이다. 득기과보

부처님도 그와 같으사 희유한 일 나타내시어,
저희가 소승법을 좋아함을 아시고
방편력으로 그 마음을 조복하신 후에야
큰 지혜① 가르쳐 주셨나이다.

37. 저희는 오늘에야 일찍이 없던 것을 얻었나이다.
본래 바라지도 않다가 지금 얻었사오니,
저 궁한 아들이 한량 없는 보배를 얻음과 같나이다.
세존이시여, 저희는 이제 도(道) 얻고 과(果) 얻었으며,
무루법에 청정안(淸淨眼)을② 얻었나이다.
저희가 오랫동안 부처님의 정계(淨戒)를③ 지닌 끝에
오늘에야 비로소 그 과보를 얻었나이다.

---

①큰 지혜(大智) : 대승의 지혜. 불지(佛智). ② 진리를 보는 눈. ③정계(淨戒) : 청정한 계율.
청정안(淸淨眼) : 번뇌의 더러움을 벗어나는 눈.

法王法中에 久修梵行하다가 今得無漏와 無上大果호이다
법왕법중 구수범행 금득무루 무상대과

我等이 今者에 眞是聲聞이라 以佛道聲으로 令一切聞케하고
아등 금자 진시성문 이불도성 영일체문

我等이 今者에 眞阿羅漢이라 於諸世間과 天人魔梵에
아등 금자 진아라한 어제세간 천인마범

普於其中에 應受供養하겠나이다. 世尊 大恩은 以希有事로
보어기중 응수공양 세존 대은 이희유사

憐愍 敎化하사 利益我等하시니 無量億劫에 誰能報者하오리까.
연민교화 이익아등 무량억겁 수능보자

법왕의 법 가운데에서 오랫동안 맑은 행을 닦은 끝에
이제야 무루(無漏)·무상(無上)의 큰 과보를[①] 얻었나이다.
저희는 지금에야 참된 성문(眞聲聞)이 되었는지라,
불도(佛道)의 소리 모든 중생에게 들려 주고,
저희가 지금에야 참된 아라한이 되었는지라,
온 세간의 천중(天衆)이나[②] 인간, 마군이나 범천 등
그 가운데에서 널리 공양받겠나이다.

38. 세존의 큰 은혜, 희유한 일로써
저희를 불쌍히 여겨 교화하시어[③] 이익 주시니,
한량 없는 억 겁엔들 누가 능히 갚사오리까.

---

①큰 과보(大果) : 대승의 과보. ②천중(天衆) : 천상계의 모든 신들. 제천(諸天). ③불쌍히 여겨 교화함(憐愍敎化) : 중생을 불쌍히 여겨서 교화하는 일.

手足供給하오며 頭頂禮敬하오며 一切供養으로 皆不能報하나이다.
수족공급 두정례경 일체공양 개불능보

若以頂戴하오며 兩肩에 荷負하와 於恒沙劫에 盡心恭敬하오며
약이정대 양견 하부 어항사겁 진심공경

又以美膳과 無量寶衣와 及諸臥具와 種種湯藥과
우이미선 무량보의 급제와구 종종탕약

牛頭栴檀과 及諸珍寶로 以起塔廟하옵고 寶衣를 布地하여
우두전단 급제진보 이기탑묘 보의 포지

如斯等事로 以用供養하기를 於恒沙劫이라도 亦不能報하나이다.
여사등사 이용공양 어항사겁 역불능보

손발로 받들고① 머리 조아려 예배하고 공경하며,②
온갖 공양으로도 능히 다 갚사올 길 없나이다.
머리에 이거나③ 양 어깨에 메고
항하사겁을 두고 정성을 다해 공경하며,
좋은 음식과 한량 없는 보배와 의복과
온갖 침구와 갖가지 탕약 바치고,
우두전단향과④ 온갖 진기한 보배로 탑묘를 세우고,
보배 옷을 땅에 까는 등
이 같은 갖가지로 공양하기를
항하사겁 동안 할지라도
능히 다 갚사옵지 못하겠나이다.

---

①손발로 받들고(手足供給) : 손과 발로 시중들고 심부름하며 받들어 모신다는 것. ②머리 조아려 예배하고 공경하며(頭頂禮敬) : 이마가 땅에 닿도록 예배하고 공경한다는 뜻. ③머리에 이거나(頂戴) : 머리에 부처님을 이고 다님을 말한다. ④우두전단향 : 우두산에서 생산되는 사향 비슷한 향으로, 적전단(赤栴檀)이라고도 한다. 향나무 이름.

諸佛希有하사 제 불 희 유	無量無邊 무 량 무 변	不可思議 불 가 사 의	大神通力과 대 신 통 력
無漏無爲하신 무 루 무 위	諸法之王되시어 제 법 지 왕	能爲下劣하사 능 위 하 열	忍于斯事하사 인 우 사 사
取相凡夫에 취 상 범 부	隨宜爲說하셨나이다 수 의 위 설	諸佛於法에 제 불 어 법	得最自在하사 득 최 자 재
知諸衆生의 지 제 중 생	種種欲樂과 종 종 욕 락	及其志力의 급 기 지 력	隨所堪任하사 수 소 감 임
以無量喩로 이 무 량 유	而爲說法하셨나이다 이 위 설 법	隨諸衆生의 수 제 중 생	宿世善根하시고 숙 세 선 근
又知成熟과 우 지 성 숙	未成熟者하야 미 성 숙 자	種種籌量하사 종 종 주 량	分別知已하시고 분 별 지 이
於一乘道에 어 일 승 도	隨宜說三하셨나이다. 수 의 설 삼		

39. 부처님께서는 희유하사,
한량 없고 가없는 불가사의한 대신통력과
무루 무위(열반)하신 모든 법왕이 되시어,
졸렬한 저희를 위해 이 일을 참으시며,
상(相)에 매인 범부에게① 근기 따라 설하셨나이다.②
제불은 법에 있어 최상 자재(最上自在)를 얻으시어
중생의 갖가지 욕락(欲樂, 욕구)과③ 의지력을 아시고
감당할 정도에 따라 한량 없는 비유로 법을 설하셨나이다.
중생의 숙세(宿世)의 선근에 따르시고
성숙하고 미숙한 자를 낱낱이 살피시고,
갖가지로 헤아리시어 분별해 아시고,
일승도(一乘道)에서 방편으로
근기 따라 삼승(三乘)으로 설하셨나이다."

---

①상에 매인 범부(取相凡夫) : 여러 사물의 모습에 매이는 범부. ②근기 따라 설하심(隨宜爲說) : 형편에 따라 방편으로 그에 맞는 설법을 베푼다는 뜻. ③중생의 갖가지 욕락(種種欲樂) : 중생들의 근기와 행업과 욕구, 바람.

약초유품 제 5 (藥草喩品 第五)

爾時에 **世尊**께서 **告摩訶迦葉**과 **及諸大弟子**하사대 **善哉善哉**라 **迦葉**이여 **善說**
이시 세존 고마하가섭 급제대제자 선재선재 가섭 선설

如來의 **眞實功德**하나니 **誠如所言**하니라 **如來復有無量無邊阿僧祇功德**하니
여래 진실공덕 성여소언 여래부유무량무변아승지공덕

汝等이 **若於無量億劫**에 **說不能盡**하리라. **迦葉**이여 **當知**어다 **如來**는 **是**
여등 약어무량억겁 설불능진 가섭 당지 여래 시

諸法之王이니 **若有所說**은 **皆不虛也**니라.
제법지왕 약유소설 개불허야

1. 그 때, 세존께서
   마하가섭과 대제자들에게 이르셨습니다.
   "훌륭하고 장하다, 가섭이여.
   여래의 참된 공덕을 잘 설하였도다.
   참으로 그 말과 같으니라.
   여래에게는 한량 없고 가없는
   아승지 수(數)의[①] 공덕이 있으니,
   너희가 설사 한량 없는 억 겁을 두고 설할지라도
   능히 다하지 못하리라.

2. 가섭이여, 알지어다.
   여래는 모든 법의 왕이니,
   설하는 바가 다 허망치 않느니라.

---

① 아승지 수(阿僧祇數, asaṁkhya) : 헤아릴 수조차 없는 많은 수. 보살이 발심하여 부처가 될 때까지의 수행 기간을 삼아승지겁(三阿僧祇劫)이라 한다.

於一切法에 以智方便으로 而演說之하나 其所說法이 皆悉到於一切
어일체법 이지방편 이연설지 기소설법 개실도어일체

智地하니라 如來는 觀知 一切諸法之所歸趣하며 亦知一切衆生의 深心所行하야
지지 여래 관지 일체제법지소귀취 역지일체중생 심심소행

通達無礙하며 又於諸法에 究盡明了하야 示諸衆生에게 一切智慧니라. 迦葉이여
통달무애 우어제법 구진명료 시제중생 일체지혜 가섭

譬如三千大千世界에 山川谿谷의 土地에서 所生한 卉木叢林과 及諸藥草
비여삼천대천세계 산천계곡 토지 소생 훼목총림 급제약초

種類若干이 名色이 各異커든
종류약간 명색 각이

모든 법을 지혜의 방편으로 설할지라도
그 설한 법은 다 일체지지(一切智地)에
이르게 하느니라.
여래는 모든 법이 돌아갈 곳을 관하여 알며,
또 일체 중생의 깊은 마음의 행하는 바를 알아서
통달하여 걸림이 없느니라.
또, 모든 법의 궁극을 다 밝게 알아
모든 중생에게 일체 지혜를 보이느니라.

3. 가섭이여, 비유컨대,
삼천 대천세계의[①] 산천과 계곡, 땅에서 난 초목과
숲과 여러 약초 종류 약간이[②] 각각 이름과 색이[③]
다르다 할지라도,

---

①삼천 대천세계(三千大千世界) : 불교의 세계관. 수미산을 중심으로 하여 사대주(四大洲)가 있고, 그 둘레에 아홉 개의 산과 여덟 개의 바다가 있는데, 이 소세계(小世界)가 천(千)이 모여 소천세계(小千世界)가 되고, 소천세계가 천이 모여 중천세계(中千世界)가 되고, 중천세계가 천이 모여 대천세계(大千世界)가 되므로 삼천 대천세계라고 한다. ② 종류 약간(種類若干) : 오승(五乘), 칠선(七善, 칠방편)의 인과의 종자를 말한다. ③이름과 색(名色) : 불리는 것을 '명(名)'이라 하고, 몸체의 형상을 '색(色)'이라 한다. 여러 이름의 초목과 약초를 말한다.

密雲이 彌布하여 偏覆三千大千世界하여 一時에 等澍하여 其澤이 普洽하면
밀운 미포 변부삼천대천세계 일시 등주 기택 보흡

卉木叢林과 及諸藥草의 小根小莖과 小枝小葉과 中根中莖과 中枝中葉과
훼목총림 급제약초 소근소경 소지소엽 중근중경 중지중엽

大根大莖과 大枝大葉과 諸樹大小가 隨上中下하여 各有所受하여
대근대경 대지대엽 제수대소 수상중하 각유소수

一雲所雨에 稱其種性하여 而得生長하여 華果敷實하니라 雖一地所生이며
일운소우 칭기종성 이득생장 화과부실 수일지소생

一雨所潤이나 而諸草木이 各有差別하니라.
일우소윤 이제초목 각유차별

짙은 구름이 가득 퍼져
삼천 대천세계를 두루 덮어 일시에 한가지로
비 퍼부어 그 적심이 두루 흡족하면,
초목과 숲이며 약초들의 작은 뿌리, 작은 줄기와
작은 가지, 작은 잎새와 중간 뿌리, 중간 줄기와
중간 가지, 중간 잎새와 큰 뿌리, 큰 줄기와
큰 가지, 큰 잎새와 크고 작은 나무들이
상, 중, 하에 따라서 제각기 받아들이는 것과 같으니라.
한 구름에서 내리는 비를 맞으나,
그 종자에 맞추어① 생장하여
꽃이 피고 열매를 맺느니라.②
비록 한 땅에서 나고 같은 비에 젖으나,
모든 초목이 각각 차별이 있느니라.

---

① 종자에 맞추어(稱其種性) : 초목의 종자 하나하나의 습성. 사람으로 보면 수행자의 성품이라고 할 수 있다. ② 꽃이 피고 열매를 맺음(華果敷實) : 꽃과 과일이 피고 열매를 맺음.

迦葉이여 當知어다 如來도 亦復如是하여 出現於世는 如大雲起하고 以大音聲으로
가 섭 당 지 여 래 역 부 여 시 출 현 어 세 여 대 운 기 이 대 음 성

普偏世界의 天人阿修羅는 如彼大雲이 偏覆三千大千國土하니라. 於大衆中에
보 변 세 계 천 인 아 수 라 여 피 대 운 변 부 삼 천 대 천 국 토 어 대 중 중

而唱是言호대 我是如來 應供 正遍知 明行足 善逝 世間解 無上士
이 창 시 언 아 시 여 래 응 공 정 변 지 명 행 족 선 서 세 간 해 무 상 사

調御丈夫 天人師 佛 世尊이시니라. 未度者를 令度하고 未解者를 令解하며
조 어 장 부 천 인 사 불 세 존 미 도 자 영 도 미 해 자 영 해

未安者를 令安하고 未涅槃者를 令得涅槃케하느니라.
미 안 자 영 안 미 열 반 자 영 득 열 반

4. 가섭이여, 알지어다. 여래도 이와 같아,
세상에 출현함은 큰 구름이 일어남과 같고,
큰 음성으로 세계의 하늘과 인간,
아수라에게 두루 들리게 함은
저 큰 구름이
삼천 대천세계를 두루 덮음과 같으니라.
그리하여 여래는 대중 가운데에서 이같이 선언하느니라.
'나는 여래, 응공, 정변지, 명행족, 선서, 세간해,
무상사, 조어장부, 천인사, 불세존이니라.
제도 안 된 자를 제도하고,
해득하지 못한 자를 해득하게 하며,
편안치 않은 자를 편안케 하고,
열반을 얻지 못한 자를 열반을 얻게 하느니라.

今世後世를 如實知之하니 我是一切知者며 一切見者며 知道者며 開道者며
금세후세 여실지지 아시일체지자 일체견자 지도자 개도자

說道者니라. 汝等天人阿修羅衆은 皆應到此니 爲聽法故니라. 爾時에 無數
설도자 여등천인아수라중 개응도차 위청법고 이시 무수

千萬億種衆生이 來至佛所하여 而聽法하더니라. 如來께서는 于時에 觀是衆生의
천만억종중생 내지불소 이청법 여래 우시 관시중생

諸根利鈍과 精進懈怠하여 隨其所堪하여 而爲說法하여 種種無量을
제근이둔 정진해태 수기소감 이위설법 종종무량

皆令歡喜하여 快得善利케하니라.
개령환희 쾌득선리

금세와 후세를 여실히 알아
나는 이 일체를 아는 자이며, 일체를 보는 자이며,
도를 아는 자이며, 도를 여는 자이며, 도를 설하는 자이니라.
너희 하늘(天神), 인간, 아수라 등이 모두 이곳에 온 것은
법을 듣기 위해서이니라.'
그 때, 수없는 천만억 중생이
내가 있는 처소에① 이르러 법을 들었느니라.

5. 여래께서는 때에, 중생의 근기가 총명하며 둔하고
부지런하고 게으른 것을 낱낱이 살펴,
그들이 감당할 수 있는 능력에 맞추어② 법을 설함이
갖가지로 한량 없어서 모두 환희해 좋은 이익(善利)을
쾌히 얻도록③ 했느니라.

---

①내가 있는 처소(佛所) : 부처님 계신 곳. ②감당할 수 있는 능력에 맞춤(隨其所堪) : 그들이 감당할 수 있는 능력에 따라 설법한다는 뜻. ③좋은 이익을 쾌히 얻음(快得善利) : 흔쾌히 뛰어난 은혜를 얻음. 좋은 결과를 얻음.

是諸衆生이 聞是法已하고 現世에 安隱하고 後生善處하여 以道受樂하고
시제중생 문시법이 현세 안온 후생선처 이도수락

亦得聞法하니라. 旣聞法已하여 離諸障礙하고 於諸法中에 任力所能하여
역득문법 기문법이 이제장애 어제법중 임력소능

漸得入道하니라. 如彼大雲이 雨於一切하여 卉木叢林과 及諸藥草가
점득입도 여피대운 우어일체 훼목총림 급제약초

如其種性하여 具足蒙潤하여 各得生長하듯하니라. 如來說法은 一相一味니
여기종성 구족몽윤 각득생장 여래설법 일상일미

所謂解脫相과 離相과 滅相이라. 究竟에 至於一切種智니라
소위해탈상 이상 멸상 구경 지어일체종지

모든 중생이 이 법문을 듣고,
현세에서는 편안하고 후생에서는 좋은 곳에 태어나
도(道) 닦아 낙을 받고, 또 법문을 듣게 되느니라.
법을 듣고는 모든 업장과 걸림을 여의고,
모든 법 가운데에서 제각기 능력에 따라① 점차
깨달음을 얻게(入道) 되느니라.
저 큰 구름이 모든 것에 비를 내려
초목과 숲과 모든 약초가 각기 그 종자에 따라 적심을 입어②
각각 생장함과 같으니라.

6. 여래의 설법은 언제나 한 모양 한맛이니,
이른바 해탈상(解脫相), 이상(離相), 멸상(滅相)이라.
마침내 일체종지(一切種智)에 이르게 되느니라.

---

① **제각기 능력에 따라**(任力所能) : 그 역량에 맡기고 감당할 능력에 따라. ② **적심을 입음**(具足蒙潤) : 흡족하게 비를 맞아 적셔짐이니, 중생들이 법의 윤택함을 받아 각각 자기 분수에 맞게 만족한다는 뜻.

其有衆生이 聞如來法하고 若持讀誦하여 如說修行하여도 所得功德은
기유중생 문여래법 약지독송 여설수행 소득공덕

不自覺知니라. 所以者何오 唯有如來께서 知此衆生의 種相體性에 念何事하며
부자각지 소이자하 유유여래 지차중생 종상체성 염하사

思何事하며 修何事하며 云何念하며 云何思하며 云何修하며 以何法으로 念하며
사하사 수하사 운하념 운하사 운하수 이하법 염

以何法으로 思하며 以何法으로 修하며 以何法으로 得何法하니라. 衆生이 住於
이하법 사 이하법 수 이하법 득하법 중생 주어

種種之地를 唯有如來 如實見之하여 明了無礙하나 如彼卉木叢林의
종종지지 유유여래 여실견지 명료무애 여피훼목총림

諸藥草等이 而不自知上中下性인듯하니라.
제약초등 이불자지상중하성

어떤 중생이 여래의 법을 듣고 받들어 지니며
독송하거나 설한 바와 같이 닦아 행한다 할지라도,
그 얻은 공덕은 스스로는 깨닫지도 알지도 못할 것이니라.
왜냐 하면, 오직 여래만이 이 중생의 종류와 상과 체와 성품과①
무엇을 염(念)하며, 무엇을 생각하며, 무엇을 닦으며,
어떻게 염하며, 어떻게 생각하며, 어떻게 닦으며,
무슨 법으로 염하며, 무슨 법으로 생각하며,
무슨 법으로 닦으며, 무슨 법으로 무슨 법을
얻는지를 알기 때문이니라.
중생이 머무르는 갖가지 경지를 오직 여래만이
여실히 보아 밝게 알아서 걸림이 없느니라.
저 초목과 숲과 약초들이
스스로는 상, 중, 하의 성질을 알지 못하지만,
여래는 이를 아는 것과 같으니라.

---

① 중생의 종류(種)와 상(相)과 체(體)와 성품(性) : 종은 깨달음에 이르는 종자. 상은 모습, 체는 본체, 성은 성품이니, 십여시(十如是 : 相, 性, 體, 力, 作, 因, 緣, 果, 報, 本末究竟 等)와 같다.

如來는 知是一相一味之法하시니 所謂解脫相과 離相과 滅相과 究竟涅槃과
여래 지시일상일미지법 소위해탈상 이상 멸상 구경열반

常寂滅相이라 終歸於空하니 佛知是已하나 觀衆生心欲하여 而將護之할새
상적멸상 종귀어공 불지시이 관중생심욕 이장호지

是故로 不卽爲說 一切種智어늘 汝等迦葉이 甚爲希有하여 能知如來
시고 부즉위설 일체종지 여등가섭 심위희유 능지여래

隨宜說法하여 能信能受하나니 所以者何오 諸佛世尊의 隨宜說法은 難解
수의설법 능신능수 소이자하 제불세존 수의설법 난해

難知니라.
난지

7. 이와 같이 한 모습(一相), 이 한맛(一味)의 법,
이른바 해탈상(解脫相), 이상(離相), 멸상(滅相),
궁극의 열반의 항상 고요한 상(常寂滅相)과①
마침내 공으로 돌아감을② 부처님은 이를 다 알지만,
중생의 소망을③ 살펴 그에 응하여 보호하나니,④
이런 까닭으로 일체종지를 바로 설하지 아니하였느니라.
가섭과 너희는 매우 희유하게도
여래가 근기를 따라 설법함을 알아
능히 믿고 능히 받아 지니니라.
왜냐 하면, 제불 세존의 근기를 따라 설법하시는 것은
해득하기 어렵고 알기 어렵기 때문이니라."

---

①항상 고요한 상(常寂滅相) : 온갖 차별상을 떠난 상태. 열반의 형용. ②마침내 공으로 돌아감(終歸於空) : 여기서의 공은 항상 적멸하다는 대열반의 공이니, 공을 끊거나 공에 치우쳐짐이 없는 구경공(究竟空)의 뜻이다. 즉공(卽空)뿐이 아니고, 공(空) 중에 가(假)가 갖추어져 둘이 아닌 원융을 가리킨다. ③중생의 소망(衆生心欲) : 중생의 욕구. 중생이 즐기는 일. ④응하여 보호함(將護) : 도와서 지킴. 근기들의 마음을 따라 잘 보호함.

爾時에 世尊께서 欲重宣此義하사 而說偈言하사대
이시 세존 욕중선차의 이설게언

破有法王이 出現世間하여 隨衆生欲하여 種種說法하나니
파유법왕 출현세간 수중생욕 종종설법

如來 尊重하고 智慧深遠하야 久默斯要하여 不務速說하나니라.
여래 존중 지혜심원 구묵사요 불무속설

有智若聞하면 則能信解하려니와 無智는 疑悔하여 則爲永失이니라.
유지약문 즉능신해 무지 의회 즉위영실

是故로 迦葉아 隨力爲說하여 以種種緣으로 令得正見케하나니라.
시고 가섭 수력위설 아종종연 영득정견

8. 그 때, 세존께서 이 뜻을 거듭 펴고자
게송으로 말씀하셨습니다.
"유(有)의 차별과 미혹을 깨뜨리는[①] 법왕이
세간에 출현하여 중생의 의욕 따라 갖가지로 설법하시나니,
여래께서는 존귀하고 지혜가 심원(深遠)하여
일승법에[②] 대하여 오래도록 침묵으로 기다려
가벼이 설하려고 힘쓰지 아니하였노라.[③]
지혜 있는 이는 들으면 믿고 해득할 것이나,
무지한 자는 의심하여[④]
불도를 길이 잃게 되기 때문이니라.
가섭이여, 그러므로 힘 따라 법을 설하여[⑤]
갖가지 인연으로 정견(正見)을[⑥] 얻게 하느니라.

---

① **유의 차별과 미혹을 깸(破有)** : 유는 미혹의 존재이니, 여기에는 삼유(三有)·이십오유(二十五有)설이 있다. 부처님께서 법을 설하시어 미혹의 존재에서 벗어나도록 하시므로 유를 파한다고 한 것이다. ② **일승법** : 원문은 요도(要道). 가장 비밀스럽고 요긴한 도. 곧, 일승의 도이다. ③ **가벼이 설하려고 힘쓰지 아니함(不務速說)** : 이전에 설하지 않았으므로, 속히 말하지 않는다는 뜻. ④ **의심함(疑悔)** : 의심하고 뉘우침. ⑤ **힘 따라 법을 설함(隨力爲說)** : 중생의 근기 능력에 맞추어 법을 설하시는 일. ⑥ **정견(正見)** : 바른 견해. 대승의 바른 견해. 법화 일불승의 도리에 맞는 견해를 말한다. "일체지지(一切智地)에 이르게 한다."는 말씀을 게송한 것이다.

迦葉이여 當知어다 가섭 당지	譬如大雲이 비여대운	起於世間하여 기어세간	偏覆一切듯하니 변부일체
慧雲이 含潤하고 혜운 함윤	電光이 晃曜하며 전광 황요	雷聲이 遠震하야 뇌성 원진	令衆悅豫하고 영중열예
日光이 掩蔽하여 일광 엄폐	地上이 清涼하며 지상 청량	靉靆垂布하여 애체수포	如可承攬이어든 여가승람
其雨가 普等하여 기우 보등	四方에 俱下하여 사방 구하	流澍無量하여 유주무량	率土充洽하면 솔토충흡
山川險谷에 산천험곡	幽邃所生인 유수소생	卉木藥草와 훼목약초	大小諸樹와 대소제수

9. 가섭이여, 알지어다.
비유컨대, 큰 구름이 일어나 온 세상 뒤덮음과 같으니,
구름이 물기를 머금고 번갯불이 번쩍이며,
우레 소리는 멀리 진동하여 중생을 미리 기쁘게 하고,[①]
햇빛이 가려져서 지상이 서늘해지며,
뭉게구름이 드리워져[②] 손에 잡힐 듯할[③] 때,
비가 한가지로 사방에 함께 내려
한량 없이 흘러[④] 온 땅을[⑤] 적시면,
산천이나 험한 골짜기 깊숙한 곳에서 난
초목과 약초와 큰 나무, 작은 나무와

---

①**기쁘게 함**(悅豫) : 기뻐함. 기쁨이 겉으로 나타난 모습. 크게 기뻐하는 일. ②**뭉게구름이 드리움**(靉靆垂布) : 구름이 일어나 덮어 버림. ③**잡힐 듯 함**(如可承攬) : 머리에 이는 것을 승(承)이라 하고, 손으로 잡는 것을 람(攬)이라고 하는데, 부처님께서 비록 높으시나 자비로우시어 아래로 모든 근기에 응해 주시니, 쉽게 가까이할 수 있다. 곧, 아래로 드리운 구름을 머리에 이고 손에 잡을 수 있는 것과 같다. ④**흐름**(流澍) : 물살을 만들며 흐르는 일. ⑤**온 땅**(率土) : 온 천하. 온 세상을 말함.

百穀苗稼와 甘蔗葡萄가 雨之所潤에 無不豐足하고
백곡묘가 감자포도 우지소윤 무불풍족

乾地普洽하여 藥木幷茂하니 其雲所出 一味之水에
건지보흡 약목병무 기운소출 일미지수

草木叢林이 隨分受潤하여 一切諸樹의 上中下等이
초목총림 수분수윤 일체제수 상중하등

稱其大小하여 各得生長하여 根莖枝葉과 華果光色이
칭기대소 각득생장 근경지엽 화과광색

一雨所及에 皆得鮮澤하여 如其體相의 性分大小하여
일우소급 개득선택 여기체상 성분대소

所潤是一이로되 而各滋茂하나니라.
소윤시일 이각자무

백곡(百穀)의 싹과 이삭, 감자와 포도가
비에 젖어 흡족하지 아니함 없고,
메마른 땅 고루 젖어 약초와 나무가 무성하니,
저 구름에서 나온 한맛의 물에
초목과 숲이 분수 따라 적시워져 윤택하느니라.
상, 중, 하 등 모든 나무가
그 크고 작음을 따라 각각 생장하여
뿌리, 줄기, 가지, 잎새, 꽃과 열매와 그 빛깔이
한번 비 내리어 다 광택 얻어
그 체상(體相)과[①] 성분(性分)의[②] 크고 작음에 따라,
적셔지는 바는 같되 각각 달리 무성하느니라.

---

① 체상(體相) : 본체(本體)와 형상(形相). 십여시(十如是)에 속한다. ② 성분(性分) : 온갖 사물을 구별되게 하는 본래 성품. 십여시(十如是)의 하나.

佛亦如是하여 불 역 여 시	出現於世홈이 출 현 어 세	譬如大雲이 비 여 대 운	普覆一切한듯하니라. 보 부 일 체
旣出于世하여 기 출 우 세	爲諸衆生하여 위 제 중 생	分別演說 분 별 연 설	諸法之實하나니라. 제 법 지 실
大聖世尊께서 대 성 세 존	於諸天人과 어 제 천 인	一切衆中에 일 체 중 중	而宣是言호되 이 선 시 언
我爲如來여 아 위 여 래	兩足之尊이라 양 족 지 존	出于世間은 출 우 세 간	猶如大雲하여 유 여 대 운
充潤一切 충 윤 일 체	枯槁衆生하여 고 고 중 생	皆令離苦하여 개 령 리 고	得安隱樂과 득 안 온 락
世間之樂과 세 간 지 락	及涅槃樂케하노라 급 열 반 락		

10. 부처님도 이와 같아, 세상에 출현함이 비유컨대,
큰 구름이 온 누리를 덮음과 같으니라.
이미 세상에 출현해서는 모든 중생을 위하여
모든 법의 실상을 분별하여 설하느니라.
대성(大聖) 세존은[1] 모든 하늘(天神)과 사람과
일체 중생 가운데에서 이렇게 말씀하노라.
'나는 여래요 양족존(兩足尊)이라,[2]
세간에 출현함이 큰 구름과 같아서
메마른 일체 중생을 충분히 적셔 주어
모든 괴로움을 여의게 하여
안온락(安隱樂)과 세간락과[3] 열반락을[4] 얻게 하노라.

---

① **대성 세존(大聖世尊)** : 원만한 깨달음을 얻었으므로 부처님을 큰 성인이라 한다. ② **양족존** : '양족(兩足)'은 오랫동안 청정한 행을 닦아 복과 지혜가 만족함을 뜻하니, 세상 사람 중 복과 지혜가 가장 뛰어나신 분인 부처님을 뜻한다. ③ **세간락** : 인천(人天)의 두 과보(果報)와 오욕(五欲)의 즐거움을 뜻한다. ④ **열반락(涅槃樂)** : 삼승(三乘), 일승(一乘)의 적멸에서의 즐거움.

諸天人衆은 제 천 인 중	一心善聽하며 일 심 선 청	皆應到此하여 개 응 도 차	覲無上尊하라. 근 무 상 존
我爲世尊이라 아 위 세 존	無能及者로니 무 능 급 자	安隱衆生호려하여 안 온 중 생	故現於世하여 고 현 어 세
爲大衆하여 說 위 대 중 설	甘露淨法하노니 감 로 정 법	其法이 一味요 기 법 일 미	解脫涅槃이니라 해 탈 열 반
以一妙音으로 이 일 묘 음	演暢斯義하여 연 창 사 의	常爲大乘하여 상 위 대 승	而作因緣하노라. 이 작 인 연
我觀一切호대 아 관 일 체	普皆平等하여 보 개 평 등	無有彼此 무 유 피 차	愛憎之心하며 애 증 지 심
我無貪著하고 아 무 탐 착	亦無限礙니라. 역 무 한 애		

모든 하늘과 사람은 일심으로 잘 듣고
모두 여기 와서 무상존(無上尊)을 친견하라.'

11. 나는 세존이니, 능히 미칠 자가 없느니라.
중생을 편안케 하고자 짐짓 세상에 출현하여
대중을 위해 감로 같은 정법(淨法)을 설하노라.
그 법은 한맛으로서 해탈이요 열반이니라.
한결같은 묘음으로① 이 뜻을 선양(宣揚)하여②
항상 대승법을 위해 인연을 짓느니라.

12. 나는 일체를 관하되, 널리 다 평등하여
너라 하는 마음, 나라 하는 마음,
사랑하는 마음, 미워하는 마음 등의 차별이 없으며,
나는 탐내고 집착함이 없고, 제한도 걸림도 없느니라.

---

①한결같은 묘음(一妙音) : 부처님께서 여러 가르침을 설하셨으나 모두가 일승을 설명하기 위한 방편이었으므로, 결국 하나만 말씀하신 것이다.

②선양 : 원문은 연창(演暢). 드러내어 널리 떨친다는 뜻.

恒爲一切하여 平等說法호대 如爲一人하며 衆多에도 亦然하니라.
항위일체 평등설법 여위일인 중다 역연

常演說法하여 曾無他事하며 去來坐立에 終不疲厭하여
상연설법 증무타사 거래좌립 종불피염

充足世間흡이 如雨普潤듯하니라. 貴賤 上下와 持戒 毁戒와
충족세간 여우보윤 귀천 상하 지계 훼계

威儀具足과 及不具足과 正見 邪見과 利根 鈍根에
위의구족 급불구족 정견 사견 이근 둔근

等雨法雨호대 而無懈倦호니라.
등우법우 이무해권

항상 일체를 위해 평등히 법을 설하되,
한 사람을 위해 하듯이 대중에게도 그러하느니라.

13. 항상 법만 설하여 일찍부터 다른 일은 없어서,
가고 오고 앉고 섬에 지칠 줄 몰라
세간을 충족시킴이 비가 두루 적시듯 하느니라.
귀하거나 천하거나 높거나 낮거나,
계(戒)를 지니거나 계를 깨뜨렸거나,①
위의(威儀)를② 갖춘 이나 갖추지 못한 이나,
정견(正見)이거나 사견(邪見)이거나,③
근기가 총명하거나 근기가 둔하거나 간에,
비가 한가지로 적시듯이 법비를 내려④
게으름이 없느니라.

---

①계를 깨뜨렸거나(毁戒) : 계를 깨는 일. 파계(破戒). ②위의(威儀) : 규율에 맞는 행동. 모든 계행을 구족하게 지키는 이를 위의를 갖춘 이(威儀具足)라 한다. ③사견(邪見) : 그릇된 견해. 잘못된 인생관이나 세계관을 말한다. 제2품(방편품)에서 육십이견(六十二見)을 설하신 바가 있다. ④한가지로 적시듯이 법비를 내려(等雨法雨) : 평등하게 한맛의 법비를 내려.

一切衆生이 일 체 중 생	聞我法者는 문 아 법 자	隨力所受하여 수 력 소 수	住於諸地하니라. 주 어 제 지
或處人天의 혹 처 인 천	轉輪聖王과 전 륜 성 왕	釋梵諸王하닌 석 범 제 왕	是小藥草요 시 소 약 초
知無漏法하여 지 무 루 법	能得涅槃하고 능 득 열 반	起六神通하며 기 육 신 통	及得三明하고 급 득 삼 명
獨處山林하여 독 처 산 림	常行禪定하여 상 행 선 정	得緣覺證하닌 득 연 각 증	是中藥草니라. 시 중 약 초
求世尊處하여 구 세 존 처	我當作佛이라하여 아 당 작 불	行精進定하나닌 행 정 진 정	是上藥草니라. 시 상 약 초

14. 중생이 나의 법을 듣는 이는
각자 힘에 따라 이를 받아 여러 경지에 머무르느니라.
혹은, 사람과 하늘과 전륜성왕과[①]
제석천과 범천의 여러 왕(王)이[②] 되면,
이는 작은 약초(小藥草)이니라.
무루법을 알아 열반을 증득하고,
육신통을 일으키며 삼명(三明)을[③] 얻고,
홀로 산림에서 선정을 행하여 연각(緣覺)을 증득하면,
이는 중간의 약초(中藥草)이니라.
세존 자리를[④] 구하여 '내가 성불하리라.' 하여
정진(精進)하고 선정(禪定)을 닦으면,
이는 상등의 약초이니라.

---

①전륜성왕(轉輪聖王) : 천하를 통일하고 정법으로 다스린다고 하는 이상적인 제왕. 윤보(輪寶)를 앞세워 모든 적을 쳐부수고 항복받는다고 하는데, 전륜왕에는 금(金), 은(銀), 동(銅), 철(鐵)의 네 왕이 있어 각각 사천하를 다스린다. ②제석천과 범천의 여러 왕(釋梵諸王) : 제석은 도리천주(忉利天主)이고, 범천왕은 색계천주(色界天主)이다. ③삼명(三明) : 세 가지 신통력. 육신통 중에서 숙명명(宿命明), 천안명(天眼明), 누진명(漏盡明)의 세 가지. ④세존 자리(世尊處) : 부처님께서 아누다라삼먁삼보리를 증득하신 자리.

又諸佛子가 우 제 불 자	專心佛道하여 전 심 불 도	常行慈悲하며 상 행 자 비	自知作佛하여 자 지 작 불
決定無疑하닌 결 정 무 의	是名小樹니라 시 명 소 수	安住神通하여 안 주 신 통	轉不退輪하며 전 불 퇴 륜
度無量億 도 무 량 억	百千衆生하는 백 천 중 생	如是菩薩은 여 시 보 살	名爲大樹니라. 명 위 대 수

15. 또, 불자들이 불도에 전념하여
항상 자비(慈悲)를 행하며
스스로 성불(成佛)할 것을 알아
결정코 의심이 없으면,①
이는 작은 나무(小樹)이니라.
신통(神通)에 안주하여
불퇴전(不退轉)의 법문을 설하며
한량 없는 억백천의 중생을 제도하는,
이와 같은 보살은 큰 나무(大樹)이니라.

---

① **결정코 의심이 없음**(決定無疑) : 확정적으로 의혹이 없음. 추호도 의혹이 없음. 마음 속으로 자신이 결정코 성불할 것을 알고 다시 의심하는 마음을 내지 않는다는 것.

* **삼약이수**(三藥二樹) : 삼약초(三藥草)란, ㉮ 소약초(小藥草) : 인간, 하늘, 전륜성왕과 석범제천의 왕. ㉯ 중약초(中藥草) : 삼명(三明), 육통(六通)과 열반을 증득한 성문, 연각. ㉰ 상약초(上藥草) : 성불할 것을 서원하고 아누다라삼먁삼보리에 이르도록 정진하고 선정을 계속 닦아가는 사람. 이수(二樹)란, ㉮ 소수(小樹) : 항상 자비를 행하는 불퇴전 보살의 자리. ㉯ 대수(大樹) : 대자대비로 불퇴전의 법문을 설하여 중생을 제도하는 보살마하살의 자리.

佛平等說은 불평등설	如一味雨커늘 여일미우	隨衆生性하여 수중생성	所受 不同이니 소수 부동
如彼草木의 여피초목	所稟各異인듯하니라 소품각이	佛以此喩로 불이차유	方便開示하여 방편개시
種種言辭로 종종언사	演說一法하나 연설일법	於佛智慧엔 어불지혜	如海一渧하니라 여해일제
我雨法雨하여 아우법우	充滿世間하거든 충만세간	一味之法에 일미지법	隨力修行홈이 수력수행
如彼叢林과 여피총림	藥草諸樹가 약초제수	隨其大小하여 수기대소	漸增茂好인듯하니라. 점증무호
諸佛之法은 제불지법	常以一味로 상이일미	令諸世間이 영제세간	普得具足하여 보득구족
漸次修行하여 점차수행	皆得道果케하나니라. 개득도과		

16. 부처님의 평등한 설법은 한맛비와 같은데도
중생의 성품에 따라 받는 바가 각각 다르니,
저 초목이 받는 바가① 각각 다름과 같느니라.
내가 이러한 비유로 방편의 문 열어 보이며,
갖가지 말로 한 법(一法)을② 설했으나,
불지(佛智)에 있어서는 바다의 한 방울 물 같으니라.
내가 법비를 내려 세간을 채우니,
한맛의 법을 각각 힘에 따라 닦고 행함이여
저 숲과 약초와 모든 나무가 그 크고 작음에 따라
점점 자라 무성하며 좋아지는 것과 같으니라.
모든 부처님의 법은 항상 한맛으로
온 세상 사람이 널리 갖추어,
차차 수행하여 다 도과(道果)를③ 얻게 하느니라.

---

①받는 바(所稟) : 타고난 성질. 중생의 성품도 모든 초목이 크고 작음에 따라 타고난 성질이 다른 것과 같다. ②한 법(一法) : 유일한 말씀. 일불승(一佛乘). ③도과(道果) : 수행이 인(因)이 되어 깨달음을 얻은 결과. 깨달음.

聲聞 緣覺이	處於山林하여	住最後身하여	聞法得果는
성문 연각	처어산림	주최후신	문법득과
是名藥草가	各得增長이요	若諸菩薩이	智慧堅固하여
시명약초	각득증장	약제보살	지혜견고
了達三界하여	求最上乘은	是名小樹가	而得增長이요
요달삼계	구최상승	시명소수	이득증장
復有住禪하여	得神通力하여	聞諸法空하고	心大歡喜하여
부유주선	득신통력	문제법공	심대환희
放無數光하여	度諸衆生하면은	是名大樹가	而得增長이니라.
방무수광	도제중생	시명대수	이득증장

17. 성문이나 연각이 산림에 거처하면서
최후신(最後身)으로[①] 법을 듣고 과(果)를 얻는다면,
이는 약초가 각각 성장함을 얻음이요,
보살들이 지혜가 견고해서 삼계의 도리를 깨달아(了達)[②]
최상승(最上乘)을[③] 구한다면,
이는 작은 나무가 성장함을 얻음이요,
다시 선정(禪定)에 머물러 신통력(神通力)을 얻고
모든 법이 공(空, 一切法皆空)함을 듣고 크게 기뻐해
한량 없는 광명(光明)을 놓아 모든 중생을 제도(濟度)한다면,
이는 큰 나무가 성장함을 얻음이니라.

---

①최후신(最後身) : 이승 연각들이 나한과를 얻은 것을 최후신이라 하는데, 삼계에서 해탈하여 다시 태어나지 않는다. ②깨달음(了達) : 끝까지 끝장을 내어 사무쳐 회통하는 일. ③최상승(最上乘) : 가장 뛰어난 가르침. 일불승.

如是迦葉이여, 여시가섭	佛所說法은 불소설법	譬如大雲하여 비여대운	以一味雨로 이일미우
潤於人華하여 윤어인화	各得成實케하나니라. 각득성실	迦葉이여 當知하라 가섭 당지	以諸因緣과 이제인연
種種譬喩로 종종비유	開示佛道하나니 개시불도	是我方便이라 시아방편	諸佛께서도 亦然하시니라. 제불 역연
今爲汝等하여 금위여등	說最實事하노니 설최실사	諸聲聞衆은 제성문중	皆非滅度이어니와 개비멸도
汝等所行이사 여등소행	是菩薩道이니 시보살도	漸漸修學하면 점점수학	悉當成佛하리라. 실당성불

18. 가섭이여, 이와 같이 부처님의 설법은,
큰 구름 같아 한맛의 비로 사람의 꽃을[1] 적시어
각각 열매를 이루게 하느니라.
가섭이여, 알지어다.
여러 인연과 갖가지 비유로 불도를 열어 보임은,
이는 나의 방편이요, 제불 또한 그러하시느니라.

19. **내가 이제 너희를 위해 최상의 진실을 말하노니,**
모든 성문은 다 멸도(滅度) 얻은 것이 아니거니와,
너희가 행할 바는 보살도이니,
점차로 닦고 배우면 모두 성불하리라."

---

① **사람의 꽃(人華)** : 사람을 꽃에 비유한 말. 사람은 칠방편인(七方便人)이고, 꽃의 인(因)은 과(果)를 이루는 수행을 의미한다.

수기품 제 6 (授記品 第六)

爾時에 **世尊**께서 **說是偈已**하시고 **告諸大衆**하사 **唱如是言**하사대 **我此弟子**
이시 세존 설시게이 고제대중 창여시언 아차제자
摩訶迦葉이 **於未來世**에 **當得奉覲三百萬億諸佛世尊**하사 **供養恭敬**하며
마하가섭 어미래세 당득봉근삼백만억제불세존 공양공경
尊重讚歎하고 **廣宣諸佛**의 **無量大法**하다가 **於最後身**에 **得成爲佛**하리라.
존중찬탄 광선제불 무량대법 어최후신 득성위불

1. 그 때, 세존께서 이 게송을 다 설하시고
 대중에게 이와 같이 선언하셨습니다.
 "나의 제자 마하가섭은
 미래세에 마땅히 삼백만억의
 여러 부처님을 받들어 친견하여[①]
 공양, 공경하며 존중, 찬탄하고,
 널리 모든 부처님의 한량 없는 대법(大法)을[②] **선양하다가**
 최후신(最後身) 때에[③] **성불하리라.**

---

①받들어 친견하여(奉覲) : 부처님을 뵙는 일. 받들어 뵈옴. ②한량 없는 대법(無量大法) : 한량 없는 대승의 가르침. ③최후신 때(於最後身) : 성불의 인을 닦아 지혜와 복이 구족해져 수행의 인이 원만해진 과보로 받는 몸. 성불하기 전의 보살의 경계가 다하고, 미세한 번뇌도 끊은 상태.

名曰光明如來 應供 正遍知 明行足 善逝 世間解 無上士 調御丈夫
명왈광명여래 응공 정변지 명행족 선서 세간해 무상사 조어장부
天人師 佛世尊이리니 國名은 光德이요 劫名은 大莊嚴이리라 佛壽는
천인사 불세존 국명 광덕 겁명 대장엄 불수
十二小劫이요 正法住世는 二十小劫이며 像法도 亦住二十小劫이리라.
십이소겁 정법주세 이십소겁 상법 역주이십소겁

이름을 광명(光明)여래,① 응공, 정변지, 명행족, 선서,
세간해, 무상사, 조어장부, 천인사, 불세존이라② 할 것이고,
나라 이름은 광덕(光德)이요,③
겁(劫)의 이름은 대장엄(大莊嚴)이리라.
부처님 수명은 십이 소겁이고,
정법(正法)이④ 세상에 머무르기는 이십 소겁이며,
상법(像法)도⑤ 이십 소겁을 머무르리라.

---

①**광명**(光明) : 가섭이 성취할 부처님 이름(별호). 지혜의 빛으로 불법을 비추어 미묘한 과(妙果)를 얻을 것이라는 뜻이다. 가섭은 본래 일월등명불(日月燈明佛)과 연등불(燃燈佛)을 모셨기 때문에 이름이 음광(飮光)이고, 부처님의 형상에 자금색(紫金色)으로 바르고 법화회에 나와 묘한 법을 듣고 성품을 개발하였으므로, 그 과보로 광명(光明)이란 명호를 얻었으며, 나라 이름도 광덕(光德)이며, 겁의 이름도 대장엄(大莊嚴)이 되었다. ②**여래~불세존** : 여래~불세존까지를 여래십호(如來十號 : 여래의 열 가지 별칭)라고 한다. 여래(如來)란 진리에 따라 오신 분이란 뜻이고, 응공(應供)은 인천으로부터 공양을 받을 만한 분, 정변지(正遍知)는 바르고 평등하게 깨달은 분, 명행족(明行足)이란 밝은 지(知)와 수행(行)을 갖춘 분, 선서(善逝)는 피안으로 잘 간 분, 세간해(世間解)는 중생을 잘 이해하는 지혜를 가진 분, 무상사(無上士)는 가장 존귀한 분, 조어장부(調御丈夫)는 중생을 잘 조절하여 깨달음으로 이끄는 분, 천인사(天人師)란 하늘과 인간을 일깨워 주는 스승, 불세존(佛世尊)은 깨달은 어른이란 뜻이다(제1 서품 참조). ③**광덕**(光德) : 광명의 성대한 덕이라는 뜻인데, 이 뜻으로 나라 이름을 삼은 것이다. ④**정법**(正法) : 불교와 수행과 증과(證果)가 다 있는 시기. 즉, 부처님 재세시에서부터 시작하여 불멸 후 500년 내지 천 년까지의 시기. ⑤**상법**(像法) : 불도와 수행은 있어도 증과(證果)는 없는 시기로서, 정법이 지난 천 년의 시기.

* **말법**(末法) : 부처님의 가르침은 있어도 수행과 증과가 없는, 상법 이후의 만 년(萬年)의 시기. 그 이후는 불교를 들을 수도 볼 수도 없는 암흑의 시기가 되는데, 이것이 바로 무명장야(無明長夜)이다.

國界嚴飾하고 無諸穢惡인 瓦礫荊棘과 便利不淨하며 其土平正하여
국계엄식 무제예악 와력형극 변리부정 기토평정

無有高下하고 坑坎堆阜하며 琉璃로 爲地하고 寶樹가 行列하며 黃金으로 爲繩하여
무유고하 갱감퇴부 유리 위지 보수 항렬 황금 위승

以界道側하고 散諸寶華하야 周遍淸淨하리라 其國菩薩이 無量千億이며
이계도측 산제보화 주변청정 기국보살 무량천억

諸聲聞衆도 亦復無數하며 無有魔事하리라 雖有魔及魔民하여도 皆護佛法하리라.
제성문중 역부무수 무유마사 수유마급마민 개호불법

2. 그 나라는 장엄하게 꾸며지고,
모든 더럽고 악한 것과 기와 조각, 자갈, 가시덤불이나
똥오줌 등 오물이 없으며,
국토는① 평평하고 반듯해서
높낮이와 구렁창과 언덕이 없이,
유리로 땅이 되고, 보배 나무가 열지어 섰으며,
황금노로 길의 경계를 표시하고,
온갖 보배꽃을 흩어서 두루 맑고 깨끗하리라.
그 나라 보살의 수효는 한량 없는 천억이며,
모든 성문 대중도 수없고, 마(魔)의 장난② 없으리라.
비록 마와 그 백성이 있다 할지라도
다 불법을 수호하리라."

---

① 국토(國土) : 나라의 영토. 국계(國界)란 곧 국토를 말한다. ② 마의 장난(魔事) : 마(魔)가 불도의 수행을 방해하는 짓. 마(魔)의 장애.

爾時에 世尊께서 欲重宣此義하사 而說偈言하사대
이시 세존 욕중선차의 이설게언

告諸比丘하노니 고제비구	我以佛眼으로 아이불안	見是迦葉하노니 견시가섭	於未來世에 어미래세
過無數劫하여 과무수겁	當得作佛하리라 당득작불	而於來世에 이어래세	供養奉覲 공양봉근
三百萬億의 삼백만억	諸佛世尊하여 제불세존	爲佛智慧하여 위불지혜	淨修梵行하며 정수범행
供養最上 공양최상	二足尊已하고 이족존이	修習一切의 수습일체	無上之慧하여 무상지혜
於最後身에 어최후신	得成爲佛하리라. 득성위불		

3. 그 때, 세존께서 이 뜻을 거듭 펴시고자
게송으로 이르셨습니다.
“모든 비구에게 이르노라.
내가 불안(佛眼)으로[①] 이 가섭을 보니,
미래세에 수없는 겁을 지나 성불하리라.
내세(來世)에 삼백만억의
여러 부처님 공양하고 받들어 뫼어,
불지혜(佛智慧)를 성취하기 위해
깨끗하게 닦고 맑게 행하며,
가장 높으신 양족존(兩足尊) 공양을 마치고,
일체 위없는 지혜를 닦아 익혀
최후신에서 성불함을 얻으리라.

① 불안(佛眼) : 시방삼세 무량무변의 미진수 불국토와 제법실상을 보시는 부처님의 무진(無盡)한 시력(視力)을 갖추신 안목을 말한다.

其土는 淸淨하니 기토 청정	琉璃爲地하고 유리위지	多諸寶樹는 다제보수	行列 道側하고 항렬 도측
金繩으로 界道하니 금승 계도	見者 歡喜하며 견자 환희	常出好香하며 상출호향	散衆名華하고 산중명화
種種奇妙로 종종기묘	以爲莊嚴하며 이위장엄	其地平正하여 기지평정	無有丘坑하리라. 무유구갱
諸菩薩衆이 제보살중	不可稱計리니 불가칭계	其心이 調柔하여 기심 조유	逮大神通하고 체대신통
奉持諸佛의 봉지제불	大乘經典하며 대승경전	諸聲聞衆의 제성문중	無漏後身과 무루후신
法王之子도 법왕지자	亦不可計라 역불가계	乃以天眼으로도 내이천안	不能數知하리라 불능수지

4. 그 국토는 청정하여 유리로 땅이 되고,
갖가지 많은 보배 나무가 길가에 줄지어 있고,
황금 노끈으로① 길의 경계 표시하니 보는 이가 기뻐하며,
항상 좋은 향기가 나며, 온갖 이름 있는 꽃을 흩고,
갖가지 기묘한 것으로 장엄했고,
그 땅은 평정하여 언덕과 구렁창이 없으리라.

5. 헤아릴 수 없이 많은 보살 대중은
그 마음이 고르고 유연하여② 대신통을 얻고,
제불(諸佛)의 대승 경전을 받들어 지니리라.
모든 성문 대중의 무루 최후신을 얻은
법왕자(法王子)도③ 헤아리지 못하고,
천안(天眼)으로도 헤아려 알지 못하리라.

---

① **황금 노끈(金繩)** : 황금끈이란 뜻. 도(道)와 법(法)을 견고하게 하여 정도(正道)로 가게 한다는 의미이다. ② **유연(調柔)** : 마음이 유연해짐. 선정심의 조화롭고 부드러운 상태. ③ **법왕자(法王之子)** : 법왕은 부처님을 가리키니, 법왕의 아들은 곧 보살이다. 미래에 법왕이 될 사람이기 때문이다.

其佛 當壽는 十二小劫이요 正法住世는 二十小劫이며
기불 당수 십이소겁 정법주세 이십소겁

像法亦住도 二十小劫이리니 光明世尊의 其事 如是니라.
상법역주 이십소겁 광명세존 기사 여시

爾時에 大目犍連과 須菩提와 摩訶迦旃延等이 皆悉悚慄하여 一心合掌하고
이시 대목건련 수보리 마하가전연등 개실송률 일심합장

瞻仰尊顔하와 目不暫捨하와 卽共同聲하여 而說偈言하오대
첨앙존안 목불잠사 즉공동성 이설게언

大雄猛世尊이시여 諸釋之法王이시여 哀愍我等故로 而賜佛音聲하소서
대웅맹세존 제석지법왕 애민아등고 이사불음성

若知我深心하사 見爲授記者시면 如以甘露灑하여 除熱得淸涼하리이다.
약지아심심 견위수기자 여이감로쇄 제열득청량

그 부처님의 수명은 십이 소겁이고,
정법이 세상에 머무름은 이십 소겁이며,
상법도 이십 소겁을 머무르리라.
광명세존의 그 일이 이와 같으리라."

6. 그 때, 대목건련, 수보리, 마하가전연 등이
모두 송구스러워 일심으로 합장하고
부처님 존안을① 우러러 잠시도 눈을 떼지 아니하면서
곧 목소리를 함께 하여 게송으로 사뢰었습니다.
"대웅맹(大雄猛)② 세존이시며 석가족 법왕이시여,③
저희를 가엾이 여기시어 부처님의 음성을 내리소서.
저희의 깊은 마음 아시어 수기(授記)해 주신다면,
마치 감로수를④ 뿌려 열을 식혀서
청량함을 얻음과 같겠나이다.

---

① 존안(尊顔) : 부처님 상호(얼굴). ② 대웅맹(大雄猛) : 영웅스럽게 용맹하여 모든 번뇌를 항복받았으므로 크게 웅맹하다고 한다. ③ 석가족 법왕(諸釋之法王) : 석가족 출신의 법왕, 곧 석가 세존. ④ 감로수(甘露水) : 원뜻은 하늘의 음료수. 열반, 깨달음에 대한 비유이다.

如從飢國來하여	忽遇大王饍이나	心猶懷疑懼하여	未敢卽便食하다가
여종기국래	홀우대왕선	심유회의구	미감즉변식
若復得王敎하면	然後에야 乃敢食하듯이	我等亦如是하여	每惟小乘過하고
약부득왕교	연후 내감식	아등역여시	매유소승과
不知當云何하여서	得佛無上慧하더니	雖聞佛音聲이	言我等作佛하사오나
부지당운하	득불무상혜	수문불음성	언아등작불
心尙懷憂懼하여	如未敢便食듯호니	若蒙佛授記하사오면	爾乃快安樂하오이다
심상회우구	여미감변식	약몽불수기	이내쾌안락
大雄猛世尊께서	常欲安世間하시나니	願賜我等記하소서	如飢 須敎食듯호이다.
대웅맹세존	상욕안세간	원사아등기	여기 수교식

7. 기근이 든 나라에서 와 홀연히 대왕의 음식을[1] 만났으나,
오히려 의구심을 품어 감히 곧 먹지 못하다가
왕이 먹으라는 분부 있으면 그제서야 먹듯이,
저희도 이와 같아, 매양 소승의 허물만 생각하고,
어떻게 하면 부처님의 위없는 지혜 얻을지 알지 못하옵기에,
비록 부처님 음성으로
저희도 성불하리라는 말씀을 듣잡고도
마음에는 오히려 근심과 두려움 품은 것이
곧장 그 음식을 먹지 못하는 것과 같사오니,
만약 부처님께서 수기하신다면,
그 때서야 쾌히 안락하겠나이다.
대웅맹 세존께서는 항상 세상을 편안케 하려 하시니,
원하옵건대, 저희에게 수기하시옵소서.
주린 사람 먹으라는 분부받고[2] 먹는 것과 같겠나이다."

---

① **대왕의 음식(大王饍)** : 임금이 먹는 수라상. 곧, 일불승(一佛乘)의 가르침. 제호미(醍醐味). ② **주린 사람 먹으라는 분부(飢須敎食)** : '기(飢)'란 굶주린 사람(飢人)이니, 굶주린 자가 반드시 허락의 언교(敎)가 있어야 먹는 것을 말한다.

爾時에 世尊께서 知諸大弟子의 心之所念하시고 告諸比丘하사대 是須菩提는
이시 세존 지제대제자 심지소념 고제비구 시수보리
於當來世에 奉覲三百萬億那由他佛하여 供養 恭敬하고 尊重 讚歎하여
어당래세 봉근삼백만억나유타불 공양 공경 존중 찬탄
常修梵行하여 具菩薩道하여 於最後身에 得成爲佛하리라 號曰名相如來
상수범행 구보살도 어최후신 득성위불 호왈명상여래
應供 正遍知 明行足 善逝 世間解 無上士 調御丈夫 天人師 佛世尊이라
응공 정변지 명행족 선서 세간해 무상사 조어장부 천인사 불세존
劫名은 有寶요 國名은 寶生이리라.
겁명 유보 국명 보생

8. 그 때, 세존께서 큰제자들의 생각하는 바를 아시고
모든 비구에게 이르셨습니다.
“이 수보리(須菩提)는 마땅히 미래세에서
삼백만억 나유타의① 부처님을 받들어 뵈어
공양, 공경하고 존중, 찬탄하여,
항상 맑은 행을 닦아 보살도를 갖춘 끝에
최후신(最後身) 때에 성불하리라.
이름을 명상(名相)여래,② 응공, 정변지, 명행족, 선서,
세간해, 무상사, 조어장부, 천인사, 불세존이라 하리라.
겁의 이름은 유보(有寶)요,③
나라 이름은 보생(寶生)이리라.④

---

① 나유타(那由他, nayuta) : 지극히 큰 수를 가리킨다. 천만 또는 수억에 상당한다고 한다. ② 명상(名相) : 수보리 존자는 공을 깨달아 일체의 법을 환히 요달해서 이름과 형상을 모두 여의었으나, 이제 진실한 과에 들어가서 명호를 명상불(名相佛)이라 하였다. ③ 유보(有寶) : 수보리 존자가 태어날 때 집의 창고가 텅 비었으므로 그 과보로 얻는 겁의 이름은 보배가 가득하다는 뜻이다. ④ 보생(寶生) : 그 나라는 맑고 깨끗하여 보배가 생긴다는 뜻이다.

其土平正하고 頗梨로 爲地하고 寶樹로 莊嚴되고 無諸丘坑과 沙礫荊棘
기토평정 파리 위지 보수 장엄 무제구갱 사력형극

便利之穢하고 寶華로 覆地하여 周遍이 淸淨하리라 其土人民은 皆處寶臺하되
변리지예 보화 부지 주변 청정 기토인민 개처보대

珍妙樓閣하리라 聲聞弟子는 無量無邊하여 算數譬喩의 所不能知며
진묘루각 성문제자 무량무변 산수비유 소불능지

諸菩薩衆도 無數千萬億 那由他리라 佛壽는 十二小劫이요 正法住世는
제보살중 무수천만억 나유타 불수 십이소겁 정법주세

二十小劫이며 像法도 亦住二十小劫이리라 其佛은 常處虛空하여
이십소겁 상법 역주이십소겁 기불 상처허공

爲衆說法하여 度脫無量菩薩과 及聲聞衆하리라.
위중설법 도탈무량보살 급성문중

9. 그 국토는 평정(平正)하고 파리(頗梨)로 땅이 이뤄져
보배 나무로 장엄되고,
언덕과 구렁창과 모래와 자갈과 가시덤불과
똥오줌 등 더러운 것이 없고,
보배꽃이 땅을 덮어 온통 맑고 깨끗하리라.
그 나라의 사람은 다 보배로 축대를 쌓고
진기하고 묘한 누각에 거처하리라.
성문 제자는 한량 없고 가이없어,
산수(算數)로나 비유로 능히 알지 못하며,
보살 대중도 무수 천만억 나유타이리라.
부처님의 수명은 십이 소겁이고,
정법(正法)이 세상에 머무름은 이십 소겁이며,
상법(像法)도 이십 소겁을 머무르리라.
그 부처님은 항상 허공에 계시면서
대중을 위하여 설법하시어 한량 없는 보살과
성문 대중을 제도하여 해탈케 하시리라."

爾時에 **世尊**께서 **欲重宣此義**하사 **而說偈言**하사대
이시 세존 욕중선차의 이설게언

諸比丘衆이여 **今告汝等**하노니 **皆當一心**으로 **聽我所說**하라
제비구중 금고여등 개당일심 청아소설

我大弟子 **須菩提者**는 **當得作佛**호대 **號曰名相**이리라
아대제자 수보리자 당득작불 호왈명상

當供無數 **萬億諸佛**하고 **隨佛所行**하여 **漸具大道**하여
당공무수 만억제불 수불소행 점구대도

最後身에 **得** **三十二相**하여 **端正姝妙**가 **猶如寶山**하리라.
최후신 득 삼십이상 단정수묘 유여보산

10. 그 때, 세존께서 이 뜻을 거듭 펴시고자
게송으로 이르셨습니다.
"비구들이여, 지금 너희에게 이르노니,
다 일심으로 나의 설하는 바를 들을지어다.
나의 대제자 수보리는 마땅히 성불하여
이름을 명상(名相)이라 하리라.
무수 만억의 제불께 공양하고,
부처님의 행하신 바를 따라
점차 대도(大道)를 갖추어
최후신 때에 성스러운 삼십이상(三十二相)을 얻어
단정하고 아름답기가 보산(寶山)과[1] 같으리라.

---

① 보산(寶山) : 진기한 보배가 누적되어 있는 산.

其佛國土는 기불국토	嚴淨第一이라 엄정제일	衆生見者는 중생견자	無不愛樂이어든 무불애락
佛於其中에 불어기중	度無量衆하리라 도무량중	其佛法中에 기불법중	多諸菩薩호대 다제보살
皆悉利根하여 개실리근	轉不退輪하리라 전불퇴륜	彼國이 常以 피국 상이	菩薩로 莊嚴하고 보살 장엄
諸聲聞衆도 제성문중	不可稱數리니 불가칭수	皆得三明하고 개득삼명	具六神通하며 구육신통
住八解脫하여 주팔해탈	有大威德하리라. 유대위덕		

11. 그 불국토 장엄하고 청정하기가① 으뜸이라,
이를 본 중생은 사랑하고 즐거워하지 않을 이가 없으리니,
부처님은 그 가운데에서 한량 없는 중생을 제도하시리라.
그 부처님 법 가운데의 모든 보살은
근기가 총명하여 불퇴전 법륜을 굴리리라.
그 나라는 항상 보살로 장엄되고,
성문 대중도 수를 헤아릴 수 없이 많되,
다 삼명(三明)을 얻고 육신통(六神通)을② 갖추며,
팔해탈(八解脫)에③ 머물러서 큰 위덕이④ 있으리라.

---

①**장엄하고 청정(嚴淨)**：잘 치장하여 청정해진 일. ②**삼명(三明), 육신통(六神通)**：여섯 신통력 중에 세 가지를 삼명이라 한다. 곧, 숙명명(宿命明), 천안명(天眼明), 누진명(漏盡明)이다. 여기에 신족통(神足通), 천이통(天耳通), 타심통(他心通)을 합하여 육신통이 된다. ③**팔해탈(八解脫)**：악을 물리치고 선을 향하며, 거친 것을 등지고 세밀한 선정으로 들어가는 여덟 가지 수행. 색에 대한 욕망을 부정관(不淨觀)으로 제거하고, 마음을 더욱 집중하여 부정관을 깊이 닦고, 다시 바깥 대상으로부터 마음을 여의며, 몸과 마음이 청정한 경지에 이르고(空無邊處定), 다시 외계의 차별상을 여의며(識無邊處定), 마음의 작용과 몸이 무한의 경계에 이르고(無所有處定), 공간이나 마음의 경계를 초월한 근원에 이르며(非想非非想處定), 그 근원이 항상 현실 위에 나타나게 되는 경지에 이르는 일(滅盡定). ④**위덕(威德)**：부처님의 힘. 안과 밖의 욕망과 마군을 잘 항복받으므로, 상대가 두려워할 만한 위엄과 공경할 만한 덕이 있다.

其佛이 說法호대 現於無量한 神通變化가 不可思議어든
기불 설법 현어무량 신통변화 불가사의

諸天人民의 數如恒沙가 皆共合掌하여 聽受佛語하리라
제천인민 수여항사 개공합장 청수불어

其佛當壽는 十二小劫이요 正法住世는 二十小劫이며
기불당수 십이소겁 정법주세 이십소겁

像法도 亦住 二十小劫이리라.
상법 역주 이십소겁

爾時에 世尊께서 復告諸比丘衆하사대 我今語汝하노라 是大迦旃延은 於當來世에
이시 세존 부고제비구중 아금어여 시대가전연 어당래세

以諸供具로 供養奉事八千億佛하여 恭敬 尊重하리라.
이제공구 공양봉사팔천억불 공경 존중

12. 그 부처님이 설법하되,
한량 없는 신통 변화를 나타내시어 불가사의하리라.
항하사같이 많은 하늘과 사람은
다 같이 합장하여 부처님 말씀을 듣고 받들리라.
그 부처님의 수명은 십이 소겁이고,
정법이 세상에 머무름은 이십 소겁이며,
상법도 이십 소겁을 머무르리라."

13. 그 때, 세존께서 다시 비구 대중에게 이르셨습니다.
"나는 지금 너희에게 말하노라.
이 마하가전연은 응당 내세에
온갖 공양물로① 팔천억 부처님께 공양하고 섬기며②
공경, 존중하리라.

---

① 공양물(供具) : 공양하는 기구. ② 섬기다(奉事) : 부처님을 받들어 모시는 일체의 일.

諸佛滅後에 各起塔廟호대 高 千由旬이며 縱廣이 正等히 五百由旬이리니
제불멸후 각기탑묘 고 천유순 종광 정등 오백유순

以金 銀 琉璃 硨磲 瑪瑙 眞珠 玫瑰 七寶로 合成하고 衆華 瓔珞과
이금 은 유리 자거 마노 진주 매괴 칠보 합성 중화 영락

塗香 末香燒香과 繒蓋幢幡으로 供養塔廟하리라 過是已後에 當復供養二
도향 말향소향 증개당번 공양탑묘 과시이후 당부공양이

萬億佛호대 亦復如是하리라 供養是諸佛已하고 具菩薩道하여 當得作佛하리니
만억불 역부여시 공양시제불이 구보살도 당득작불

號曰閻浮那提金光如來 應供 正遍知 明行足 善逝 世間解 無上士
호왈염부나제금광여래 응공 정변지 명행족 선서 세간해 무상사

調御丈夫 天人師 佛世尊이리라.
조어장부 천인사 불세존

제불(諸佛)이 멸도하신 후에는 각각 탑묘를 세우되,
높이는 천 유순이며, 가로 세로는 똑같이 오백 유순인데,
금, 은, 유리, 자거, 마노, 진주, 매괴의 칠보를 합하여 이뤄지고,
온갖 꽃과 영락, 도향,[1] 말향,[2] 소향과[3] 증개와[4] 당번으로
탑묘에 공양하리라.
이같이 한 후에 다시 이만억 부처님께 공양하기를
또 이같이 하리라.
이 제불께 공양 마치고 보살도를 갖추어 성불하리니,
이름을 염부나제금광(閻浮那提金光)여래,[5] 응공, 정변지,
명행족, 선서, 세간해, 무상사, 조어장부, 천인사,
불세존이라 하리라.

---

① 도향(塗香) : 몸에 바르는 향. ② 말향(末香) : 말향(抹香)이라고도 한다. 침향, 전단향 등을 가루로 만든 향. ③ 소향(燒香) : 태우는 향. ④ 증개(繒蓋) : 불상 위에 씌운 일산. 천개(天蓋), 천증개(天繒蓋)라고도 한다. ⑤ 염부나제금광(閻浮那提金光) : '염부(閻浮)'는 나무 이름, '나제(那提)'는 주(洲)로 번역, 즉 남섬부주(南贍浮洲)를 가리킨다. 강가에 과일나무가 있어서 과실이 익어 물가에 떨어지면 모래를 금빛으로 물들이는데, 그 빛깔이 아름답기 최상인 데서 온 말. 또, 가전연(迦旃延)은 논의제일(論議第一)이니, 성품이 금의 몸(金體)과 같아 변색하거나 무너지지 않으며, 지혜가 금빛(金光)과 같아서 이보다 더 빼어날 수가 없으므로 '염부나제금광'이라 했다.

其土平正하며 頗梨로 爲地하고 寶樹로 莊嚴하고 黃金으로 爲繩하야
기토평정 파리 위지 보수 장엄 황금 위승
以界道側하고 妙華로 覆地하여 周遍淸淨커든 見者歡喜하리라 無四惡道
이계도측 묘화 부지 주변청정 견자환희 무사악도
地獄 餓鬼 畜生 阿脩羅道하고 多有天 人하며 諸聲聞衆과 及諸菩薩이
지옥 아귀 축생 아수라도 다유천 인 제성문중 급제보살
無量萬億이 莊嚴其國하리라 佛壽는 十二小劫이요 正法住世는 二十小劫이며
무량만억 장엄기국 불수 십이소겁 정법주세 이십소겁
像法도 亦住二十小劫이리라.
상법 역주이십소겁

14. 그 국토는 평정(平正)하며,
파리(頗梨)로① 땅이 되고, 보배 나무로 장엄되며,
황금노로 도로 경계를 표시하고,
묘한 꽃이 땅을 덮어 온통 맑고 깨끗하여
보는 이가 기뻐하리라.
네 가지 악도인 지옥, 아귀, 축생, 아수라가 없고,
하늘과 사람이 많으며,
성문 대중과 보살이 무량 만억으로,
그 나라를 장엄하리라.
부처님의 수명은 십이 소겁이고,
정법이 세상에 머무름은 이십 소겁이며,
상법도 이십 소겁을 머무르리라."

---

① 파리(頗梨) : 파리(玻璃), 파려(玻瓈) 등 여러 가지로 표기한다. 파리는 수옥(水玉), 즉 수정(水晶)을 말한다. 자색(紫色), 무색(無色), 홍색(紅色), 벽색(碧色)의 네 가지가 있다.

爾時世尊께서 欲重宣此義하사 而說偈言하사대
이시세존 욕중선차의 이설게언

諸比丘衆이여 皆一心으로 聽하라 如我所說은 眞實無異하니라
제비구중 개일심 청 여아소설 진실무이

是迦旃延은 當以種種의 妙好供具로 供養諸佛하리라
시가전연 당이종종 묘호공구 공양제불

諸佛滅後에 起七寶塔하고 亦以華香으로 供養舍利하며
제불멸후 기칠보탑 역이화향 공양사리

其最後身에 得佛智慧하야 成等正覺하리라.
기최후신 득불지혜 성등정각

15. 그 때, 세존께서 이 뜻을 거듭 펴시고자
게송으로 이르셨습니다.
"비구들이여, 모두 일심으로 들을지어다.
내가 설하는 바는 진실하여 다름이 없느니라.
이 가전연(迦旃延)은 갖가지 묘하고도 좋은 공양구로
모든 부처님을 공양하리라.
여러 부처님이 멸도하신 후에는 칠보탑을 세우고,
또 꽃과 향으로 사리에[①] 공양하고,
그 최후신에 이르러 불지(佛智)를 얻어
깨달음(等正覺)을[②] 이루리라.

---

① 사리(śarira) : 부처님 유골(佛骨, 불사리). ② 깨달음(等正覺) : 부처님의 깨달음. 한결같고 평등한 깨달음. 정등각과 같다. 여기서는 응신불(應身佛)이 이루어진다.

國土는 淸淨하며 度脫無量 萬億衆生하야 皆爲十方
국토 청정 도탈무량 만억중생 개위시방

之所供養하며 佛之光明은 無能勝者하리라 其佛號曰
지소공양 불지광명 무능승자 기불호왈

閻浮金光이라 菩薩聲聞이 斷一切有한 無量無數로
염부금광 보살성문 단일체유 무량무수

莊嚴其國하리라
장엄기국

爾時에 世尊께서 復告大衆하사대 我今語汝하노라 是大目犍連은 當以種種供具로
이시 세존 부고대중 아금어여 시대목건련 당이종종공구

供養八千諸佛하야 恭敬 尊重하리라.
공양팔천제불 공경 존중

16. 그 국토는 맑고 깨끗하며,
한량 없는 만억의 중생을 제도하여 해탈케 하고,
시방세계에서 다 공양하리니,
부처님의 광명은 능히 넘을 이가 없으리라.
그 부처님의 이름을 염부금광(閻浮金光)이라 하리라.
모든 유(有, 온갖 존재)를 끊은 보살과 성문이
한량 없고 무수하여 그 나라를 장엄하리라."

17. 그 때, 세존께서 다시 대중에게 이르셨습니다.
"나는 지금 너희에게 말하노라.
이 대목건련은 갖가지 공양구로
팔천의 모든 부처님께 공양하고 공경, 존중하리라.

諸佛滅後에 各起塔廟호대 高가 千由旬이며 縱廣이 正等히 五百由旬이리니
제불멸후 각기탑묘 고 천유순 종광 정등 오백유순

以金 銀 琉璃 硨磲 瑪瑙 眞珠 玫瑰 七寶로 合成하고 衆華 瓔珞과
이금 은 유리 자거 마노 진주 매괴 칠보 합성 중화 영락

塗香 末香 燒香과 繒蓋 幢幡으로 以用供養하리라 過是已後에 當復供養
도향 말향 소향 증개 당번 이용공양 과시이후 당부공양

二百萬億諸佛호대 亦復如是하여 當得成佛하리라 號曰多摩羅跋栴檀香如來
이백만억제불 역부여시 당득성불 호왈다마라발전단향여래

應供 正遍知 明行足 善逝 世間解 無上士 調御丈夫 天人師 佛世尊이라
응공 정변지 명행족 선서 세간해 무상사 조어장부 천인사 불세존

劫名은 喜滿이요 國名은 意樂이리라.
겁명 희만 국명 의락

여러 부처님이 멸도하신 후에는 각각 탑묘를 세우되,
높이는 천 유순이고, 사방 넓이는 똑같이 오백 유순인데,
금, 은, 유리, 자거, 마노, 진주, 매괴의 칠보를 합하여 이뤄지고,
온갖 꽃과 영락, 도향, 말향, 소향과 증개와 당번으로
공양하리라.
이같이 한 후에 다시 이백만억 부처님께 공양하기를
또 이같이 하고, 마땅히 성불하리라.
이름을 다마라발전단향(多摩羅跋栴檀香)여래,[①] 응공, 정변지,
명행족, 선서, 세간해, 무상사, 조어장부,
천인사, 불세존이라 하리라.
겁의 이름은 희만(喜滿)이고,[②] 나라의 이름은 의락(意樂)이리라.[③]

---

① 다마라발전단향(多摩羅跋栴檀香) : 다마라발(多摩羅跋)은 성품이 때가 없음(性無垢賢)이라 번역한다. 전단(栴檀)은 곧 바다 언덕에 있는 우두전단(牛頭栴檀)이다. 신통스러운 지혜와 공덕의 미묘한 향기가 법계에 꽉 찼으므로 이름한 것이다. 이백만억 부처님의 불탑을 세운 공덕과 수행으로 신통력이 뛰어나 그 과보로 명호가 전단향이다. ② 희만(喜滿) : 시간(時分)이 좋으므로 환희가 충만하다는 뜻이다. ③ 의락(意樂) : 국토가 맑고 깨끗하므로 보는 이의 마음이 즐겁다는 뜻이다.

其土 平正하며 頗梨로 爲地하고 寶樹로 莊嚴하며 散眞珠華하야 周遍淸淨커든
기토 평정 파리 위지 보수 장엄 산진주화 주변청정
見者歡喜하리라 多諸天과 人과 菩薩聲聞이 其數無量하리라 佛壽는
견자환희 다제천 인 보살성문 기수무량 불수
二十四小劫이고 正法住世는 四十小劫이며 像法도 亦住四十小劫이리라.
이십사소겁 정법주세 사십소겁 상법 역주사십소겁
爾時에 世尊께서 欲重宣此義하사 而說偈言하사대
이시 세존 욕중선차의 이설게언

18. 그 국토는 평정(平正)하며,
파리로 땅이 되고, 보배 나무로 장엄되며,
진주와 꽃을 흩어 온통 맑고 깨끗하여
보는 이가 기뻐하리라.
하늘(天神)과 사람이 많으며,
보살과 성문은 그 수가 한량 없으리라.
부처님의 수명은 이십사 소겁이고,
정법이 세상에 머무름은 사십 소겁이며,
상법도 사십 소겁을 머무르리라."

19. 그 때, 세존께서 이 뜻을 거듭 펴고자
게송으로 이르셨습니다.

我此弟子 大目犍連은 捨是身已하고 得見八千
아 차 제 자　대 목 건 련　사 시 신 이　득 견 팔 천

二百萬億 諸佛世尊하야 爲佛道故로 供養恭敬하며
이 백 만 억　제 불 세 존　위 불 도 고　공 양 공 경

於諸佛所에 常修梵行하고 於無量劫에 奉持佛法하리라
어 제 불 소　상 수 범 행　어 무 량 겁　봉 지 불 법

諸佛滅後에 起七寶塔호대 長表 金刹하고 華香伎樂으로
제 불 멸 후　기 칠 보 탑　장 표　금 찰　화 향 기 악

而以供養 諸佛塔廟하며 漸漸具足 菩薩道已하여
이 이 공 양　제 불 탑 묘　점 점 구 족　보 살 도 이

於意樂國에 而得作佛하면 號多摩羅 栴檀之香하리라
어 의 락 국　이 득 작 불　호 다 마 라　전 단 지 향

其佛壽命은 二十四劫이며 常爲天人하야 演說佛道하리라.
기 불 수 명　이 십 사 겁　상 위 천 인　연 설 불 도

"나의 이 제자 대목건련은 이 몸을 버린 후에(이 생을 마치고)
팔천이백만억 제불을 친견하고, 불도를 위해 공양, 공경하며,
제불 처소에서 항상 맑은 행을 닦아,
한량 없는 겁 동안 불법을 받들어 지니리라.
제불이 멸도하신 후에는 칠보탑을 세우되,
금찰(金刹)을① 세우고, 꽃과 향과 기악으로
제불의 탑묘에 공양하며, 점차 보살도를 갖추어
의락국(意樂國)에서② 성불하리라.
이름을 다마라발전단향(多摩羅跋栴檀香)이라 하리라.
그 부처님의 수명은 이십사 소겁이며,
항상 하늘과 사람을 위해 불도를 설하리라.

---

① **금찰**(金刹) : 탑 상륜부를 금으로 장식한 찰주(刹柱). ② **의락국**(意樂國) : 여의신통력(如意通)의 화현으로 이루어지기 때문에 의락국이라 하였다.

聲聞이 無量하여 성문 무량	如恒河沙하고 여항하사	三明 六通하여 삼명 육통	有大威德이리라 유대위덕
菩薩도 無數호대 보살 무수	志固精進하고 지고정진	於佛智慧에 어불지혜	皆不退轉하리라 개불퇴전
佛滅度後에 불멸도후	正法은 當住 정법 당주	四十小劫이요 사십소겁	像法도 亦爾하리라. 상법 역이
我諸弟子가 아제제자	威德이 具足하듯이 위덕 구족	其數가 五百이라 기수 오백	皆當授記호대 개당수기
於未來世에 어미래세	咸得成佛하리라. 함득성불	我及汝等의 아급여등	宿世因緣을 숙세인연
吾今當說호리니 오금당설	汝等善聽하라. 여등선청		

20. 성문 대중의 수효는 한량 없어 항하사와 같고,
삼명을 얻고 육신통을 갖추어 큰 위덕이 있으리라.
무수한 보살은 뜻이 견고하고 부지런히 정진하여
불지(佛智)에서 다 퇴전(退轉)하지 아니하리라.
그 부처님 멸도하신 후, 정법은 사십 소겁을 머무르고,
상법도 이와 같으리라.

21. 나의 제자로서 위덕이 구족한 이가 오백이라,
이들에게 다 마땅히 수기하리니,
미래세에 모두 성불하리라.

22. 나와 너희의 숙세 인연(宿世因緣)을
내가 지금 설하리니, 너희는 잘 들을지어다."

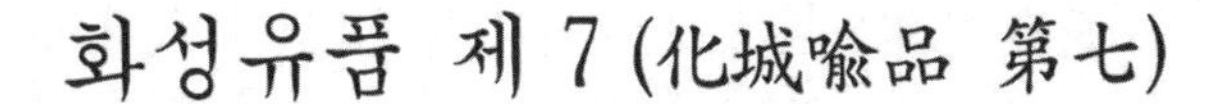

화성유품 제 7 (化城喩品 第七)

佛께서 告諸比丘하사대 乃往過去無量無邊 不可思議阿僧祇劫에 爾時
불 고제비구 내왕과거무량무변 불가사의아승지겁 이시
有佛하사대 名은 大通智勝如來 應供 正遍知 明行足 善逝 世間解
유불 명 대통지승여래 응공 정변지 명행족 선서 세간해
無上士 調御丈夫 天人師 佛 世尊이러시니 其國名은 好城이요 劫名은
무상사 조어장부 천인사 불 세존 기국명 호성 겁명
大相이었느니라.
대상

1. 부처님께서 모든 비구에게 이르셨습니다.

"저 먼 과거 한량 없고 가없는 불가사의 아승지겁에,
그 때 부처님이 계셨으니,
이름이 대통지승(大通智勝)여래,[①] 응공, 정변지, 명행족, 선서,
세간해, 무상사, 조어장부, 천인사, 불세존이었느니라.
그 나라 이름은 호성(好城)이고,[②]
겁의 이름은 대상(大相)이었느니라.[③]

---

① **대통지승여래**(大通智勝如來) : 일승 진실지의 과불(果佛)이다. 지혜가 온 법계를 채우고도 남음이 있으므로 '대(大)'이며, 성인과 범부를 모두 비추어 꿰뚫어보므로 '통(通)'이니, 부처님의 신통이 시방세계 과거, 현재, 미래에 모두 알아 통하지 않음이 없으므로 '대통(大通)'이라 하는 것이다. 모든 번뇌를 끊어서 미혹에 빠지지 않으므로 '지(智)'이고, 그 뛰어남이 따를 자가 없으므로 '승(勝)'이라 하니, 이승의 견사혹(見思惑)을 끊고 보살의 진사혹(塵沙惑 : 미세한 번뇌)을 끊어 삼승을 뛰어넘어 있으므로 '지승(智勝)'이 되는 것이다. 이 부처님은 그 자취를 따라서 보면, 석가여래의 스승이고 중생들 깨달음의 본체이다. 일체종지를 구족했고 법신 부처님 과보 자체이며 중생에게 본래 갖춰진 불성을 뜻한다. ② **호성**(好城, Saṁbhavā) : 탄생, 기원(起源)의 뜻. 대통지승불의 국토 이름이다. ③ **대상**(大相) : 부처님의 수명은 오백사십만억 나유타겁이라 했으나, 정법, 상법이 더 있을 것이므로 겁은 더 길어서 시상(時相 : 어느 때), 사상(事相 : 어떤 수행), 불보살상(佛菩薩相 : 보살도)이 하나하나 넓고 크므로 '위대한 모습'이라 했다.

諸比丘여 彼佛滅度已來 甚大久遠하니 譬如三千大千世界에 所有地種을
제비구 피불멸도이래 심대구원 비여삼천대천세계 소유지종

假使有人이 磨以爲墨하여 過於東方千國土하여서 乃下一點하되 大如微塵하며
가사유인 마이위묵 과어동방천국토 내하일점 대여미진

又過千國土하여 復下一點하니 如是展轉하여 盡地種墨하면 於汝等意에
우과천국토 부하일점 여시전전 진지종묵 어여등의

云何오 是諸國土를 若算師거나 若算師弟子가 能得邊際하여 知其數不아
운하 시제국토 약산사 약산사제자 능득변제 지기수부

不也니이다 世尊이시여
불야 세존

2. 비구들이여,

저 부처님께서 멸도하신 지는 매우 오래고 오래였느니라.

비유컨대, 어떤 사람이 삼천 대천세계의 모든

땅덩이(地種)를[①] 갈아 먹을 만들어

동방 일천 국토를 지나서

작은 티끌만한[②] 한 점을 떨어뜨리고,

또 일천 국토를 지나서 다시 한 점을 떨어뜨리나니,

이와 같이 되풀이하여 전전하면서[③]

그 땅덩이로 된 먹이 다한다면,

너희 생각에는 어떠하냐?

이 모든 국토를 혹 산수(算數)의 스승이나

산수를 배우는 제자가

그 국토의 끝을 짐작하여 그 수를 알 수 있겠느냐?"

"알지 못하겠나이다, 세존이시여."

---

① 땅덩이(地種) : 땅이라는 원소. 지대(地大)를 가리킨다. ② 작은 티끌(微塵) : 극히 작은 것. ③ 전전함(展轉) : 계속해서 똑같이 되풀이한다는 뜻.

諸比丘여 是人의 所經國土를 若點커나 不點커나 盡末爲塵하여 一塵에 一劫이라도
제비구 시인 소경국토 약점 부점 진말위진 일진 일겁
彼佛滅度已來 復過是數홈이 無量無邊百千萬億阿僧祇劫이니라 我以如來
피불멸도이래 부과시수 무량무변백천만억아승지겁 아이여래
知見力故로 觀彼久遠홈이 猶若今日하노라. 爾時에 世尊께서 欲重宣此義하사
지견력고 관피구원 유약금일 이시 세존 욕중선차의
而說偈言하사대
이설게언

我念過去世 無量無邊劫에 有佛兩足尊하시니 名大通智勝이니라
아념과거세 무량무변겁 유불양족존 명대통지승

3. "비구들이여,
이 사람이 지나간 국토를,
점이 떨어진 곳이거나 아니 떨어진 곳이거나 간에
다 부수어 티끌을 만들어①
그 한 티끌로 일 겁을 친다 할지라도
그 부처님께서 멸도하신 지는 이 수보다 더 오래이니
한량 없고 가없는 백천만억 아승지겁이니라.
나는 여래의 지견력(知見力)으로②
그 오래 된 옛일을 오늘의 일처럼 보느니라."

4. 그 때, 세존께서 이 뜻을 거듭 펴시고자
게송으로 이르셨습니다.
"내가 생각해 보니 과거세 한량 없고 가없는 겁 전에
부처님 양족존이 계셨으니, 이름이 대통지승불이니라.

---

① 부수어 티끌을 만듦(盡末爲塵) : 모두 갈아서 작은 티끌이 되게 한다는 뜻이다. ② 여래의 지견력(如來知見力) : 알고 보는 힘. 여래께서 스스로 증득하신 지견.

如人이 以力磨　三千大千土하여　盡此諸地種하여　皆悉以爲墨하여
여인 이력마　삼천대천토　진차제지종　개실이위묵

過於千國土하야사　乃下一塵點하여　如是展轉點하여　盡此諸塵墨하고
과어천국토　내하일진점　여시전전점　진차제진묵

如是諸國土의　點與不點等을　復盡末爲塵하여　一塵으로 爲一劫하여도
여시제국토　점여부점등　부진말위진　일진 위일겁

此諸微塵數에　其劫이 復過是이니　彼佛滅度來　如是無量劫이니라
차제미진수　기겁 부과시　피불멸도래　여시무량겁

如來無礙智로　知彼佛滅度와　及聲聞 菩薩호대　如見今滅度하느니라
여래무애지　지피불멸도　급성문 보살　여견금멸도

諸比丘여 當知어다　佛智淨微妙하여　無漏無所礙일새　通達無量劫이니라.
제비구 당지　불지정미묘　무루무소애　통달무량겁

어떤 사람이 힘으로
삼천 대천세계의 모든 땅덩이를 다 갈아서 먹을 만들어
일천 국토를 지나서야 먹 한 점을 떨어뜨리되,
이같이 되풀이해 그 먹이 다한 후,
이러한 모든 국토에 점이 떨어진 국토거나
아니 떨어진 국토거나 간에 다 부수어 티끌을 만들어
그 한 티끌을 일 겁으로 친다 할지라도
그 모든 티끌 수보다 그 겁의 수는 더 많으니,
그 부처님께서 멸도하신 지는 이같이 한량 없는 겁이니라.
여래의 걸림없는 지혜는 그 부처님 멸도하신 것과
성문과 보살 알기를 오늘 보듯 하느니라.
비구들이여, 알지어다.
불지(佛智)는 맑고 미묘하며, 누(漏)가 없고 거리낌없어서①
한량 없는 겁의 일에 통달하느니라."

---

① 거리낌없음(無所礙) : 막힘없이 온갖 것을 이해하는 지혜.

佛께서 告諸比丘하사대 大通智勝佛 壽는 五百四十萬億那由他劫이시라
불 고제비구 대통지승불 수 오백사십만억나유타겁

其佛께서 本坐道場하사 破魔軍已하시고 垂得阿耨多羅三藐三菩提호대
기불 본좌도량 파마군이 수득아누다라삼먁삼보리

而諸佛法이 不現在前하더니라 如是一小劫으로 乃至十小劫토록 結跏趺坐하사
이제불법 불현재전 여시일소겁 내지십소겁 결가부좌

身心이 不動하사대 而諸佛法이 猶不在前하더니라 爾時에 忉利諸天이 先爲彼佛하사
신심 부동 이제불법 유불재전 이시 도리제천 선위피불

於菩提樹下에 敷師子座호대 高一由旬이더니라 佛於此에 坐하사 當得阿耨
어보리수하 부사자좌 고일유순 불어차 좌 당득아누

多羅三藐三菩提하실새라 適坐此座하시니라.
다라삼먁삼보리 적좌차좌

5. 부처님께서 모든 비구에게 이르셨습니다.

"대통지승불의 수명은 오백사십만억 나유타겁이시니라.

그 부처님께서 처음 도량에 앉으시어 마군(魔軍)을① 파하시고

거의 아누다라삼먁삼보리를 얻게 되셨으나,②

제불(諸佛)의 법은 앞에 나타나지 아니하였느니라.

그리하여 일 소겁에서 십 소겁에 이르도록

결가부좌하시어 몸과 마음에 움직임이 없었으되,

그래도 제불의 법은 앞에 나타나지 아니했느니라.

그 때, 도리제천(忉利諸天)이③ 먼저 그 부처님을 위하여

보리수 아래에 사자좌를 마련하되, 높이가 일 유순이었느니라.

'부처님께서 여기에 앉으시어 아누다라삼먁삼보리를 얻으소서.'

이같이 염원하매, 이 자리에 앉으시었느니라.

---

① 마군(魔軍) : 마왕이 거느리고 있는 많은 권속. 대통지승불께서 도과를 얻으려 할 때, 이들이 나타나므로 격파하여 물러나자 도를 이루셨다. ② 거의~얻게 됨(垂得) : 수(垂)는 '거의'를 뜻함. 또는 임하다(臨), 장차(將)의 뜻. ③ 도리제천(忉利諸天, trāystṃśa) : 삼십삼천(三十三天). 욕계 육천 중의 둘째 번. 중앙에 제석천이 있고, 사방에 각각 여덟 천이 있어 33천이 된다.

時에 諸梵天王이 雨衆天華하니 面百由旬이니라 香風이 時來하여 吹去萎華하여도
시 제범천왕 우중천화 면백유순 향풍 시래 취거위화

更雨新者하여 如是不絶하여 滿十小劫히 供養於佛하사오며 乃至滅度하여도
갱우신자 여시부절 만십소겁 공양어불 내지멸도

常雨此華하니라 四王諸天이 爲供養佛하여 常擊天鼓하며 其餘諸天도
상우차화 사왕제천 위공양불 상격천고 기여제천

作天伎樂하여 滿十小劫하며 至于滅度토록 亦復如是하니라 諸比丘여
작천기악 만십소겁 지우멸도 역부여시 제비구

大通智勝佛께서 過十小劫하야사 諸佛之法이 乃現在前하여 成阿耨多羅
대통지승불 과십소겁 제불지법 내현재전 성아누다라

三藐三菩提하시니라.
삼약삼보리

6. 그 때, 모든 범천왕이 온갖 하늘꽃을 뿌리니,
사면이 백 유순에 이르렀느니라.
향기로운 바람이 때맞춰 불어 와 시든 꽃을 날려 버리면,
다시 새로운 꽃이 비 오듯 내리되,
이같이 끊이지 않게 하여 십 소겁 내내 부처님께 공양하여,
멸도에 이르도록 항상 이같이 꽃을 뿌렸느니라.
사천왕은 부처님께 공양하기 위하여 항상 하늘북을 치고,[①]
다른 하늘(天神)들도 하늘의 기악을 울리되,
십 소겁을 채우고, 멸도에 이르도록 이와 같이 하였느니라.
비구들이여,
대통지승불께서 십 소겁이 찬 후에야
비로소 제불의 법이 앞에 나타나서
아누다라삼먁삼보리를 이루셨느니라.

---

① 하늘북을 침(擊天鼓) : '천고'는 도리천 선법당(善法堂)에 있는 북. 부처님께 공양하기 위해 울렸다는 뜻이다.

其佛께서 未出家時에 有十六子하시더니 其第一者는 名曰智積이라 諸子가
기불 미출가시 유십육자 기제일자 명왈지적 제자

各有種種珍異玩好之具하더니 聞父得成가 阿耨多羅三藐三菩提하삽고
각유종종진이완호지구 문부득성 아누다라삼막삼보리

皆捨所珍하고 往詣佛所커늘 諸母 涕泣하여 而隨送之하니라 其祖轉輪聖王이
개사소진 왕예불소 제모 체읍 이수송지 기조전륜성왕

與一百大臣과 及餘百千萬億人民과로 皆共圍繞하여 隨至道場하여
여일백대신 급여백천만억인민 개공위요 수지도량

咸欲親近大通智勝如來하여 供養恭敬하사오며 尊重讚歎하사와 到已하여
함욕친근대통지승여래 공양공경 존중찬탄 도이

頭面禮足하고 繞佛畢已하고 一心合掌하여 瞻仰世尊하사와 以偈頌曰하사오대
두면예족 요불필이 일심합장 첨앙세존 이게송왈

7. 그 부처님께서 출가하시기 전에 열여섯 왕자를 두었으니,
그 첫째 아들은 이름이 지적(智積)이었느니라.①
아들들에게는 각각 갖가지의 진기한 노리개가② 있었는데,
아버지가 아누다라삼먁삼보리를 이루었다는 말을 듣고는
모두 노리개를 버리고 부처님 처소에 나아가거늘,
어머니들은 눈물을 흘리면서 떠나 보냈느니라.
그들의 조부인 전륜성왕은 일백 대신과
백천만억 사람의 옹위를③ 받으면서 도량에 나아가
대통지승불을 친근해 공양, 공경하며, 존중, 찬탄하고자
머리를 발에 대어 예배하고④ 부처님돌기를⑤ 마치고,
일심으로 합장하여 세존을 우러러보며
게송으로 말씀하였느니라.

---

① **지적(智積)** : 대통지승불께서 출가하시기 전에 낳은 첫째 왕자. 태자는 지혜가 깊고 두터우므로 지적이라 했다. ② **노리개(玩好之具)** : 놀이 기구. 장난감. ③ **옹위(圍繞)** : 주위를 둘러쌈. ④ **발에 대어 예배함** : 머리를 땅에 이르게 하고 얼굴로 부처님의 발에 예배하는 일. 어른에 대해 지극한 경의를 표하는 예법이다. ⑤ **부처님돌기(繞佛)** : 행자가 오른쪽 어깨를 부처님 쪽으로 향하게 하여 부처님 주위를 세 번 도는 일. 이렇게 하면, 자연 부처님 오른쪽으로 돌게 되므로, 우요삼잡(右繞三匝)이라 한다.

大威德世尊께서 대 위 덕 세 존	爲度衆生故로 위 도 중 생 고	於無量億歲에사 어 무 량 억 세	爾乃得成佛하사 이 내 득 성 불
諸願已具足하시니 제 원 이 구 족	善哉吉無上이셨다 선 재 길 무 상	世尊甚希有하사 세 존 심 희 유	一坐十小劫토록 일 좌 십 소 겁
身體及手足이 신 체 급 수 족	靜然安不動하시며 정 연 안 부 동	其心常憺泊하사 기 심 상 담 박	未曾有散亂하시며 미 증 유 산 란
究竟에는 永寂滅하사 구 경 영 적 멸	安住無漏法하시더니 안 주 무 루 법	今者에 見世尊이 금 자 견 세 존	安隱成佛道하사오니 안 온 성 불 도
我等이 得善利하야 아 등 득 선 리	稱慶大歡喜하노이다. 칭 경 대 환 희		

8. '큰 위덕 갖추신 세존께서① 중생을 제도하시려고
한량 없는 억만 세월 지나 성불하시어
모든 원을 이미 구족하시니,
거룩하고 더없는 길상이시네.②
세존께서는 매우 희유하게도
한 번 앉으시어 십 소겁 동안
몸과 손발 안정하시고 움직이지 아니하시고,
그 마음이 항상 담박하시어③
일찍이 산란함 없으시와,
마침내 영원히 적멸하시어
무루법에 편안히 머무르시네.
지금 세존께서 안온히 불도 이루심을 뵈옵고,
저희는 선리(善利)를④ 얻어
경사스러워 크게 환희하옵나이다.

---

①**큰 위덕 갖추신 세존**(大威德世尊) : 큰 위엄과 덕을 지니신 대각(大覺) 세존의 뜻. ②**거룩하고 더없는 길상이심**(善哉吉無上) : "훌륭합니다! 위대함이 최고이십니다."라고 찬양한 말을 가리킨다. 즉, 길상의 도를 찬양한 일. ③**항상 담박함**(常憺泊) : 선정이 원만해져 마음이 안정되므로 의식하는 것이 없음. 고요함. ④**선리**(善利) : 좋은 이익. 법의 이익.

衆生이 常苦惱하여 盲瞑無導師하여 不識苦盡道하고 不知求解脫하며
중생 상고뇌 맹명무도사 불식고진도 부지구해탈

長夜增惡趣하고 減損諸天衆하여 從冥入於冥하여 永不聞佛名하더니
장야증악취 감손제천중 종명입어명 영불문불명

今佛得最上의 安隱無漏道하시니 我等及天人이 爲得最大利라
금불득최상 안온무루도 아등급천인 위득최대리

是故咸稽首하야 歸命無上尊하나이다.
시고함계수 귀명무상존

9. 중생은 항상 고뇌에 빠져,
눈 멀고 인도할 스승(導師)도 없는지라,
고(苦) 없앨 도를 알지 못하고,
해탈을 구할 줄도 모르며,
긴 세월에 악업의 길만 더하고,[①]
모든 하늘의 무리 수효는 줄여
어둠에서 어둠으로 들어가
오래도록 부처님의 이름조차 듣지 못했나이다.
이제 부처님께서 가장 높고 안온한 무루의 도 얻으셨으니,
저희와 하늘과 사람이 가장 큰 이로움을 얻게 되겠나이다.
이런 까닭으로 다 머리 조아려[②]
무상존(無上尊)께 목숨 다 바쳐 귀의하나이다.'[③]

---

① 악업의 길만 더함(增惡趣) : 악취는 악도 중생(지옥, 아귀, 축생)을 가리키니, 고에서 벗어나지 못하고 무명에 잠기므로 악취의 중생만 늘리는 결과가 된다. ② 머리 조아려(稽首) : 절하는 것. 머리를 부처님 발에 대고 절하는 일(頭面禮足). ③ 귀명(歸命) : 목숨 다 바쳐 귀의한다는 뜻.

爾時에 十六王子가 偈讚佛已하고 勸請世尊하야 轉於法輪할새 咸作是言호대
이시 십육왕자 게찬불이 권청세존 전어법륜 함작시언

世尊께서 說法하시면 多所安隱하리니 憐愍饒益諸天人民이라하소서 重說偈言하사오대
세존 설법 다소안온 연민요익제천인민 중설게언

世雄께서 無等倫하사 百福으로 自莊嚴하시고 得無上智慧하시니 願爲世間說하사
세웅 무등륜 백복 자장엄 득무상지혜 원위세간설

그 때, 열여섯 왕자는
게송으로 부처님을 찬탄하고,
세존께서 법륜 굴려 주시기를 간청하며
다 이렇게 사뢰었느니라.
'세존께서 설법하시면,
안온케 하시는 바가 많사오리니,
모든 하늘과 사람을 불쌍히 여기시어
요익되게 하시옵소서.'

10. 그리고 거듭 게송으로 사뢰었느니라.
'부처님과 같은 이는 다시 없겠나이다.①
백복으로 스스로 장엄하시고,②
위없는 지혜 얻으셨나이다.
원하오니, 세간을 위해 설법하시어

---

①**부처님과 같은 이는 다시 없음(世雄無等倫)** : '세웅(世雄)'이란 세상에서 가장 뛰어난 영웅이란 뜻이고, '등륜(等倫)'이란 동등한 무리이니, 부처님은 비길 데 없이 뛰어나신 분이라는 것이다. ②**백복으로 스스로 장엄하심(百福自莊嚴)** : 온갖 복덕으로 스스로 크게 엄식(嚴飾)한다는 뜻.

度脫於我等과 도탈어아등	及諸衆生類하사 급제중생류	爲分別顯示하사 위분별현시	令得是智慧케하소서 영득시지혜
若我等이 得佛이면 약아등 득불	衆生亦復然하겠나이다 중생역부연	世尊知衆生의 세존지중생	深心之所念하시고 심심지소념
亦知所行道하시며 역지소행도	又知智慧力과 우지지혜력	欲樂及修福과 욕락급수복	宿命所行業하사 숙명소행업
世尊悉知已시니 세존실지이	當轉無上輪하소서. 당전무상륜		

저희와 모든 중생 제도하시어 해탈케 하시옵소서.
분별해 나타내시어 이 지혜 얻게 하시옵소서.
만약 저희가 성불하오면,
중생도 그렇게 되겠나이다.

세존께서는 중생이 마음 깊이 생각하는 바를 아시고,
행할 도를 아시며, 또 지혜의 힘을 아시며,
욕락(욕구)과 닦은 복과 전세에 행한 업을
이미 다 아시오니, 무상법륜(無上法輪)을[①] 굴리옵소서.'
하였느니라."

---

① 무상법륜(無上法輪) : 위없는 설법. 여래의 설법.

佛께서 告諸比丘하사대 大通智勝佛께서 得阿耨多羅三藐三菩提時에
불 고제비구 대통지승불 득아누다라삼먁삼보리시

十方에 各五百萬億諸佛世界가 六種震動하고 其國中間에 幽冥之處
시방 각오백만억제불세계 육종진동 기국중간 유명지처

日月威光의 所不能照도 而皆大明하여 其中衆生이 各得相見하고 咸作是言호대
일월위광 소불능조 이개대명 기중중생 각득상견 함작시언

此中에 云何忽生衆生인가하니라 又其國界에 諸天宮殿이 乃至梵宮까지
차중 운하홀생중생 우기국계 제천궁전 내지범궁

六種震動하고 大光이 普照하여 徧滿世界호대 勝諸天光이러라.
육종진동 대광 보조 변만세계 승제천광

11. 부처님께서 비구들에게 이르셨습니다.

"대통지승불께서 아누다라삼먁삼보리를 얻으실 때,
시방의 방위마다 오백만억 불세계(佛世界)가
여섯 가지로 제각기 진동하고,
그 나라 안의 어두운 곳,①
즉 햇빛도 달빛도 비치지 않는 데까지도 다 크게 밝아지거늘,
그 속의 중생이 비로소 각각 서로 보게 되어 다 말하되,
'이 곳에 어찌하여 홀연히 중생이 생기는가?'
라고 하였느니라.
또, 그 세계의 모든 하늘(諸天) 궁전과 범천의 궁전도②
여섯 가지로 진동하고,
큰 광명이 널리 비춰져 세계에 두루 가득 차니,
모든 하늘의 광명보다 더 밝았느니라.③

---

①그 나라 안의 어두운 곳(中間幽冥之處) : 대철위산(大鐵圍山)과 소철위산(小鐵圍山) 사이는 워낙 높은 산에 가려 있으므로 일월의 빛도 미치지 못해서 항상 어둡다는 곳. ②범천의 궁전(梵宮) : 색계(色界)의 초선천(初禪天). 욕계의 음욕을 여의었으므로, 항상 맑고 깨끗하다는 뜻으로 '범천'이라 한다. ③하늘의 광명보다 더 밝음(勝諸天光) : 제천의 광명보다 더 뛰어나게 밝다는 뜻.

爾時에 東方 五百萬億 諸國土中에 梵天宮殿에 光明이 照曜하여 倍於常明커늘
이시 동방 오백만억 제국토중 범천궁전 광명 조요 배어상명

諸梵天王이 各作是念호대 今者에 宮殿光明이 昔所未有로소니 以何因緣으로
제범천왕 각작시념 금자 궁전광명 석소미유 이하인연

而現此相인가하고 是時에 諸梵天王이 卽各相詣하여 共議此事하더니
이현차상 시시 제범천왕 즉각상예 공의차사

時彼衆中에 有一大梵天王호대 名이 救一切러니 爲諸梵衆하여 而說偈言호대
시피중중 유일대범천왕 명 구일체 위제범중 이설게언

12. 그 때, 동방의 오백만억 모든 국토 중에 있는
범천의 궁전들에 광명이 밝게 비춰져
평상시 광명보다 배나 더 밝아지거늘,①
모든 범천왕이 제각기 생각하기를,
'지금 궁전의 광명은 예전에 없던 것이니,
무슨 까닭으로 이런 현상이 나타나는가?'
하면서, 모든 범천왕은 곧 서로 찾아가서
함께 이 일을 의논하였느니라.
그들 중에 한 대범천왕이 있었으니,
이름이 구일체(救一切)였느니라.②
그는 모든 범천 대중을 위하여 게송으로 말하였느니라.

---

①평상시 광명보다 배나 더 밝음(倍於常明) : '상명(常明)'이란 평소의 밝음이니, 부처님의 광명 비춤이 다른 광명보다 배나 낫다는 뜻이다. ② 구일체(救一切) : 대범천왕은 여러 범천왕 중에서 자비가 가장 높으므로 '구일체'라 한 것이다.

我等諸宮殿에 光明이 昔未有로소니 此是何因緣가 宜各共求之로다
아등제궁전 광명 석미유 차시하인연 의각공구지

爲大德이 天生인가 爲佛께서 出世間이신가 而此大光明이 遍照於十方이셨다.
위대덕 천생 위불 출세간 이차대광명 변조어시방

爾時에 五百萬億國土에 諸梵天王이 與宮殿과 俱하여 各以衣裓으로
이시 오백만억국토 제범천왕 여궁전 구 각이의극

盛諸天華하고 共詣西方하여 推尋是相타가 見大通智勝如來께서 處于道場
성제천화 공예서방 추심시상 견대통지승여래 처우도량

菩提樹下하사 坐師子座어시든 諸天 龍王 乾闥婆 緊那羅와 摩睺羅伽
보리수하 좌사자좌 제천 용왕 건달바 긴나라 마후라가

人非人等이 恭敬圍繞하고 及見十六王子 請佛轉法輪하였느니라.
인비인등 공경위요 급견십육왕자 청불전법륜

'우리 모든 궁전의 이 광명은 예전에 없던 것이니,
이것이 무슨 까닭인지 마땅히 함께 찾아보리라.
이는 대덕천(大德天)이[①] 나심인가,
부처님께서 세상에 출현하심인가?
이 큰 광명이 시방세계 두루 비추네.'

13. 그 때, 오백만억 국토의 범천왕들이 궁전을 이끌어 함께,[②]
제각기 꽃상자(또는 옷섶)에[③] 온갖 하늘꽃을 가득 담고서
함께 서쪽으로 나아가 그 상서를 찾다가,
대통지승여래께서 도량의 보리수 아래
사자좌에 앉아 계셨는데,
하늘들과 용왕과 건달바, 긴나라, 마후라가, 인비인 등이
공경하여 둘러서 있고,
열여섯 왕자가 부처님께 법륜 굴리시기를 간청함을 보았느니라.

---

① 대덕천(大德天) : 큰 위덕을 지닌 천인이 탄생할 때에는 큰 광명이 먼저 비치므로, 이러한 의혹을 일으킨 것이다. ② 궁전을 이끌어 함께(與宮殿俱) : 범천왕은 복과 신통력이 뛰어나 어디를 가건 궁전이 따라온다. ③ 꽃상자(衣裓) : 꽃을 담는 그릇이나 바구니.

卽時에 諸梵天王이 頭面禮佛하고 繞百千匝하고 卽以天華로 而散佛上하니
즉시 제범천왕 두면예불 요백천잡 즉이천화 이산불상

其所散華가 如須彌山하고 幷以供養佛菩提樹하니 其菩提樹가
기소산화 여수미산 병이공양불보리수 기보리수

高十由旬이러라 華供養已하고 各以宮殿으로 奉上彼佛하고 而作是言호대
고십유순 화공양이 각이궁전 봉상피불 이작시언

惟見哀愍하사 饒益我等하사 所獻宮殿을 願垂納處하소서.
유견애민 요익아등 소헌궁전 원수납처

즉시 범천왕들은 머리 조아려 부처님께 예배하옵고,
백천 번을 돌며 하늘꽃을 부처님 위에 흩으니,
그 흩어진 꽃이 수미산[1] 같고,
아울러 부처님께서 앉으신 보리수에도 공양하니,
그 보리수의 높이는 십 유순이었느니라.[2]
꽃 공양을 마치고 각각 궁전을 그 부처님께 바치며
이렇게 사뢰었느니라.
'오직 가엾이 보시어 저희를 요익되게 하시기 위해,
바치는 이 궁전을 받아 주시옵소서.'[3]

---

① **수미산(須彌山, sumeru)** : 불교의 우주관에서 세계의 중심이 되는 산. 묘고산(妙高山)이라 번역한다. ② **유순(由旬, yojana)** : 거리의 단위. 대개 30~40리 정도의 거리를 말한다. ③ **받아 주시옵소서(願垂納處)** : 자비심을 드리워 받아 주시기를 원한다는 뜻.

時諸梵天王이 卽於佛前에 一心同聲하여 以偈頌曰
시제범천왕 즉어불전 일심동성 이게송왈

世尊께서는 甚希有하사 難可得値遇시니이다 具無量功德하사 能救護一切하시고
세존 심희유 난가득치우 구무량공덕 능구호일체

天人之大師이사 哀愍於世間하실새 十方諸衆生이 普皆蒙饒益하나니이다
천인지대사 애민어세간 시방제중생 보개몽요익

我等이 所從來는 五百萬億國이니 捨深禪定樂은 爲供養佛故니이다
아등 소종래 오백만억국 사심선정락 위공양불고

我等이 先世福으로 宮殿이 甚嚴飾하니 今以奉世尊하옵나니 唯願哀納受하소서.
아등 선세복 궁전 심엄식 금이봉세존 유원애납수

14. 때에, 범천왕들이 곧 부처님 앞에서
일심으로 소리를 함께 하여 게송으로 사뢰었느니라.
'세존은 매우 희유하시어, 만나 뵈옵기 어렵나이다.
한량 없는 공덕을 갖추시어 능히 일체를 구호하시고,
하늘과 사람의 큰 스승으로서 세간을 가엾이 여기므로,
시방의 모든 중생이 두루 요익을① 입나이다.
저희가 온 곳은 오백만억 머나먼 나라이온바,
깊은 선정의 낙을 버리고 옴은
부처님께 공양하기 위함입니다.
저희가 전세의 복으로 궁전이 매우 장엄하옵니다.
지금 세존께 바치오니,
부디 불쌍히 여기시어 받아 주시옵소서.'

① 요익(饒益) : 넉넉히 다른 이를 이익되게 하는 일.

爾時에 諸梵天王이 偈讚佛已하고 各作是言호대 惟願世尊이시여 轉於法輪하사
이시 제범천왕 게찬불이 각작시언 유원세존 전어법륜

度脫衆生하여 開涅槃道케하소서 時에 諸梵天王이 一心同聲으로 而說偈言하사대
도탈중생 개열반도 시 제범천왕 일심동성 이설게언

世雄兩足尊이시여 惟願演說法하사 以大慈悲力으로 度苦惱衆生하소서
세웅양족존 유원연설법 이대자비력 도고뇌중생

爾時에 大通智勝如來께서 默然許之하셨느니라. 又諸比丘야 東南方五百萬億
이시 대통지승여래 묵연허지 우제비구 동남방오백만억

國土에 諸大梵王이 各自見宮殿에 光明照曜하되 昔所未有하고 歡喜踊躍하여
국토 제대범왕 각자견궁전 광명조요 석소미유 환희용약

生希有心하여 即各相詣하여 共議此事하더니라.
생희유심 즉각상예 공의차사

15. 그 때, 범천왕들이 게송으로 부처님을 찬양한 다음,
각기 이렇게 사뢰었느니라.
'오직 원하옵건대, 세존이시여.
법륜 굴리사 중생을 제도하시어 해탈케 하시며,
열반의 길을 열어 주시옵소서.'
때에, 범천왕들이
일심으로 소리를 함께 하여 게송으로 사뢰었느니라.
'세웅(世雄) 양족존이시여, 오직 원하옵건대 설법하시어
대자비의 힘으로 고뇌 중생을 제도하시옵소서.'
그 때, 대통지승여래께서는 말없이 이를 허락하셨느니라.

16. 또 비구들이여, 동남쪽 오백만억 국토에 사는 여러 대범천왕이
각기 자기 궁전에 광명이 비춰짐이 예전에 없던 것임을 보고
뛸 듯이 기뻐하며 희유한 마음을[1] 내어 곧
서로 찾아가서 함께 이 일을 의논하였느니라.

---

① **희유한 마음**(希有心) : 일찍이 보지 못했던 일에 대해 놀라워하는 마음. 불가사의하다고 여기는 마음.

時彼衆中에 有一大梵天王호대 名曰大悲러니 爲諸梵衆하여 而說偈言호대
시피중중 유일대범천왕 명왈대비 위제범중 이설게언

是事何因緣으로 而現如此相인고 我等諸宮殿에 光明昔未有로소니
시사하인연 이현여차상 아등제궁전 광명석미유

爲大德天生인가 爲佛出世間이신가 未曾見此相이러니 當共一心求하여
위대덕천생 위불출세간 미증견차상 당공일심구

過千萬億土라도 尋光共推之로다 多是佛出世하사 度脫苦衆生이셨다.
과천만억토 심광공추지 다시불출세 도탈고중생

때에, 그들 중에 한 대범천왕이 있었으니,
이름이 대비(大悲)였느니라.①
그는 모든 범천 대중을 위하여 게송으로 말하였느니라.
'이 일은 무슨 까닭으로 이 같은 현상이 나타나는가?
우리 모든 궁전의 광명은 예전에는 없던 것이니,
이는 대덕천이 나심인가,
부처님께서 세상에 출현하심인가?
일찍이 이 같은 상서 보지 못하였네.
마땅히 일심으로 함께 찾을지니,
천만억 국토 지나서라도 함께 이 광명을 찾을지로다.②
아마도 부처님께서 세상에 출현하시어
괴로운 중생을 제도하셔 해탈케 하심이리라.'

---

① 대비(大悲) : 일체 중생을 자비심으로 구제하므로 '대비'라 한 것이다. ② 함께 이 광명을 찾을지로다(尋光共推之) : 빛을 따라 함께 찾아 나섰다는 뜻.

爾時에 五百萬億諸梵天王이 與宮殿으로 俱하여 各以衣裓으로 盛諸天華하고
이시 오백만억제범천왕 여궁전 구 각이의극 성제천화

共詣西北方하여 推尋是相하여 見大通智勝如來께서 處于道場菩提樹下하사
공예서북방 추심시상 견대통지승여래 처우도량보리수하

坐師子座어시든 諸天 龍王 乾闥婆 緊那羅 摩睺羅伽 人非人 等이
좌사자좌 제천 용왕 건달바 긴나라 마후라가 인비인 등

恭敬圍繞하며 及見十六王子 請佛轉法輪하더니라 時諸梵天王이 頭面禮佛하고
공경위요 급견십육왕자 청불전법륜 시제범천왕 두면예불

繞百千匝하고 卽以天華로 而散佛上하니 所散之華가 如須彌山하더니
요백천잡 즉이천화 이산불상 소산지화 여수미산

幷以供養佛의 菩提樹하니라.
병이공양불 보리수

17. 그 때, 오백만억 범천왕들은 궁전과 함께,
각각 꽃상자에 온갖 하늘꽃을 가득 담고
함께 서북쪽으로 가서 이 상서를 찾다가,
대통지승여래께서 도량 보리수 아래
사자좌에 앉아 계셨는데,
하늘들과 용왕, 건달바, 긴나라, 마후라가, 인비인 등이
공경하여 둘러서 있고,
열여섯 왕자가 부처님께 법륜 굴리시길
간청함을 보았느니라.

즉시 범천왕들은 머리 조아려 부처님께 예배하옵고,
백천 번을 돌면서 하늘꽃을 부처님 위에 흩으니,
흩어진 꽃이 수미산 같고,
아울러 부처님께서 앉으신 보리수에도 공양하였느니라.

華供養已하고 各以宮殿으로 奉上彼佛하며 而作是言하사대 惟見哀愍하사
화공양이 각이궁전 봉상피불 이작시언 유견애민

饒益我等하시며 所獻宮殿을 願垂納處하소서. 爾時 諸梵天王이 卽於佛前에
요익아등 소헌궁전 원수납처 이시 제범천왕 즉어불전

一心同聲하여 以偈頌曰하사오대
일심동성 이게송왈

聖主 天中王께서 迦陵頻伽聲으로 哀愍衆生者시니 我等이 今敬禮하옵나이다.
성주 천중왕 가릉빈가성 애민중생자 아등 금경례

꽃 공양을 마치고 각각 궁전을 그 부처님께 바치며
이렇게 사뢰었느니라.
'오직 가엾이 보시어 저희를 요익되게 하시기 위해,
바치는 이 궁전을 받아 주시옵소서.'

18. 때에, 범천왕들이 곧 부처님 앞에서
일심으로 소리를 함께 하여
게송으로 사뢰었느니라.
'성주(聖主)이시고① 하늘 중에 왕이시여,
가릉빈가의 음성으로②
중생을 불쌍히 여기시는 어른이시여,
저희가 이제 공경하고 예배하나이다.

---

①성주(聖主) : 부처님을 가리키는 말. ②가릉빈가의 음성(迦陵頻伽聲, kalaviṅka) : '미묘한 음성'이라고 번역한다. 부처님의 음성은 미묘하여 가릉빈가의 소리와 같음을 비유한 말. 가릉빈가는 설산 중에 있는 목소리가 아름다운 새로, 그 소리를 들으면 누구나 싫증을 낼 줄 모른다고 한다. 또는, 극락정토에 있는 새.

世尊께서 甚希有하사 久遠에사 乃一現하셨나니 一百八十劫을 空過無有佛하사
세 존 심 희 유 구 원 내 일 현 일 백 팔 십 겁 공 과 무 유 불

三惡道가 充滿하고 諸天衆은 減少하더니 今佛께서 出於世하사 爲衆生作眼하시고
삼 악 도 충 만 제 천 중 감 소 금 불 출 어 세 위 중 생 작 안

世間所歸趣이사 救護於一切하시며 爲衆生之父하사 哀愍饒益者하시니
세 간 소 귀 취 구 호 어 일 체 위 중 생 지 부 애 민 요 익 자

我等宿福慶으로 今得値世尊하나이다.
아 등 숙 복 경 금 득 치 세 존

세존께서 매우 희유하시어,
오래고 먼 세월에 한 번 오셨나이다.
일백팔십 겁을 헛되이 지나도록 부처님 안 계시어,
삼악도는 가득 차고 하늘 대중은 줄었나이다.
이제 부처님께서 세상에 출현하시어
중생을 위해 안목(眼目)이 되시고,
세간이 귀의할 바(歸趣)로서[1] 일체를 구하시며,
중생의 아버지 되시어 불쌍히 여기고 요익을 주시니,
저희는 숙세의 복으로[2] 지금 세존을 만나 뵙나이다.'

---

① 귀의할 바(歸趣) : 나아가는 곳. 의지하는 곳. 숙세에서 복을 지은 공덕을 가리킨다.
② 숙세의 복으로(宿福慶) : 전세의 복(福)의 경사.

爾時에 諸梵天王이 偈讚佛已하고 各作是言호대 惟願世尊이시여 哀愍一切하사
이시 제범천왕 게찬불이 각작시언 유원세존 애민일체

轉於法輪하사 度脫衆生하소서 時에 諸梵天王이 一心同聲으로 而說偈言하사대
전어법륜 도탈중생 시 제범천왕 일심동성 이설게언

大聖이시여 轉法輪하사 顯示諸法相하사 度苦惱衆生하사 令得大歡喜케하소서
대성 전법륜 현시제법상 도고뇌중생 영득대환희

衆生이 聞此法하고 得道커나 若生天하면 諸惡道가 減少하고 忍善者가 增益하리이다
중생 문차법 득도 약생천 제악도 감소 인선자 증익

爾時에 大通智勝如來께서 默然許之하셨느니라.
이시 대통지승여래 묵연허지

19. 그 때, 모든 범천왕이 게송으로 부처님을 찬탄한 다음,
각기 이렇게 사뢰었느니라.
'오직 원하옵건대, 세존이시여.
일체 중생을 가엾이 여기시어 법륜 굴리사
중생을 제도하시어 해탈케 하시옵소서.'
때에, 범천왕들이
일심으로 소리를 함께 하여 게송으로 사뢰었느니라.
'대성(大聖)이시여,① 법륜 굴리시어
모든 법의 상(諸法相)을② 나타내 보이시고,
괴로운 중생을 제도하여 큰 기쁨을 얻게 하시옵소서.
중생이 이 법을 듣자오면, 득도하거나 천상에 나
모든 나쁜 갈래(惡道)는③ 줄어들고,
인욕하고 착한 이는④ 늘겠나이다.'
그 때, 대통지승여래께서는 말없이 이를 허락하셨느니라.

---

①대성(大聖) : 부처님을 가리키는 말. ②모든 법의 상(諸法相) : 온갖 존재의 진실한 모습. 제법실상. ③나쁜 갈래(惡道) : 악행을 저지른 자가 태어나는 곳. 지옥도, 아귀도, 축생도를 삼악도(三惡道)라 한다. ④인욕하고 착한 이(忍善者) : 인내하여 선을 행하는 자.

又諸比丘여 南方五百萬億國土에 諸大梵王이 各自見宮殿에 光明照曜
우제비구 남방오백만억국토 제대범왕 각자견궁전 광명조요

昔所未有하고 歡喜踊躍하여 生希有心하여 卽各相詣하여 共議此事호대
석소미유 환희용약 생희유심 즉각상예 공의차사

以何因緣으로 我等宮殿에 有此光曜인가하더니 而彼衆中에 有一大梵天王호대
이하인연 아등궁전 유차광요 이피중중 유일대범천왕

名曰妙法이러니 爲諸梵衆하여 而說偈言호대
명왈묘법 위제범중 이설게언

我等諸宮殿에 光明이 甚威曜하니 此非無因緣이리라 是相을 宜求之로다
아등제궁전 광명 심위요 차비무인연 시상 의구지

過於百千劫토록 未曾見是相이러니 爲大德天이 生인가 爲佛께서 出世間이신가
과어백천겁 미증견시상 위대덕천 생 위불 출세간

20. 또 비구들이여,

남방의 오백만억 국토에 사는 여러 대범천왕이

각기 자기 궁전에 광명이 밝게 비춰짐이

예전에 없던 일임을 보고, 기쁨에 넘쳐 희유한 마음을 내어

곧 각각 서로 찾아가 함께 이 일을 의논하였느니라.

'무슨 까닭으로 우리 궁전에 이런 광명이 비춰지는가?'

그들 중에 한 대범천왕이 있었으니,

이름이 묘법(妙法)이었느니라.①

그는 모든 범천 대중을 위하여 게송으로 말하였느니라.

'우리 모든 궁전에 광명이 거룩하게 빛나고 밝으니,

이는 까닭이 있으리라. 이 상서를 마땅히 찾아보리라.

백천 겁을 지나도록 아직 이 같은 상서 보지 못하였나니,

이는 대덕천이 나심인가,

부처님께서 세상에 출현하심인가?'

---

① **묘법**(妙法, sudharma) : 제천(諸天)을 위해 묘법을 잘 설하므로 묘법이란 이름을 얻었다.

爾時에 五百萬億諸梵天王이 與宮殿과 俱하여 各以衣裓으로 盛諸天華하고
이시 오백만억제범천왕 여궁전 구 각이의극 성제천화

共詣北方하여 推尋是相하여 見大通智勝如來께서 處于道場菩提樹下하사
공예북방 추심시상 견대통지승여래 처우도량보리수하

坐師子座하시니 諸天 龍王과 乾闥婆 緊那羅와 摩睺羅伽 人非人等이
좌사자좌 제천 용왕 건달바 긴나라 마후라가 인비인등

恭敬圍繞하며 及見十六王子가 請佛轉法輪하니라 時諸梵天王이 頭面禮佛하고
공경위요 급견십육왕자 청불전법륜 시제범천왕 두면예불

繞百千匝하고 即以天華로 而散佛上하니 所散之華가 如須彌山하고
요백천잡 즉이천화 이산불상 소산지화 여수미산

并以供養佛菩提樹하더니라 華供養已에 各以宮殿으로 奉上彼佛하고
병이공양불보리수 화공양이 각이궁전 봉상피불

而作是言호대
이작시언

21. 그 때, 오백만억 범천왕들이 궁전을 이끌고 함께,
제각기 꽃상자에 온갖 하늘꽃을 가득 담고
함께 북방으로 가서 이 상서를 찾다가,
대통지승여래께서 도량(道場)의 보리수 아래
사자좌에 앉아 계셨는데,
하늘들과 용왕, 건달바, 긴나라, 마후라가, 인비인 등이
공경하여 둘러서 있고, 열여섯 왕자가
부처님께 법륜 굴리시기를 간청함을 보았느니라.
즉시 범천왕들은 머리 조아려 부처님께 예배하옵고,
백천 번을 돌면서 하늘꽃을 부처님 위에 흩으니,
흩어진 꽃이 수미산 같고,
아울러 부처님께서 앉으신 보리수에도 공양했느니라.
꽃 공양을 마치고, 각각 궁전을 그 부처님께 바치며
이렇게 사뢰었느니라.

惟見哀愍하사와 饒益我等하사 所獻宮殿을 願垂納處하소서. 爾時諸梵天王이
유견애민 요익아등 소헌궁전 원수납처 이시제범천왕
卽於佛前에 一心同聲으로 以偈頌曰하오대
즉어불전 일심동성 이게송왈

世尊께서 甚難見이사 破諸煩惱者시여 過百三十劫하여 今乃得一見하오니
세존 심난견 파제번뇌자 과백삼십겁 금내득일견
諸飢渴衆生에 以法雨로 充滿하시나니 昔所未曾見에 無量智慧者
제기갈중생 이법우 충만 석소미증견 무량지혜자
如優曇鉢華하시니 今日乃値遇하옵나이다 我等諸宮殿이 蒙光故로 嚴飾하니
여우담발화 금일내치우 아등제궁전 몽광고 엄식
世尊이시여 大慈愍하사 惟願垂納受하소서.
세존 대자민 유원수납수

'오직 가엾이 보시어 저희를 요익되게 하시기 위해,
바치는 이 궁전을 받아 주시옵소서.'

22. 때에, 범천왕들이 곧 부처님 앞에서
일심으로 소리를 함께 하여 게송으로 사뢰었느니라.
'세존은 매우 뵈옵기 어려우니,
모든 번뇌를 깨뜨리신 어른이시여,
백삼십 겁을 지나 이제야 한 번 뵈옵나이다.
굶주리고 목마른 중생에게 법비(法雨) 흠뻑 내리시옵소서.
예전에 일찍이 보지 못한 한량 없는 지혜 지니신 어른,
우담발화[①] 같아 오늘에야 만나 뵈옵나이다.
저희의 모든 궁전이 광명받고 장엄히 꾸며졌사온대,
세존이시여, 불쌍히 생각하시어
바치는 이 궁전을 받아 주시옵소서.'

---

① 우담발화(優曇鉢華, uḍumbara) : 우담발라화(優曇鉢羅華)는 영서(靈瑞)라고 번역. 전륜성왕이 나타날 때, 혹은 삼천 년 만에 한 번 피어난다고 하는 매우 희귀한 꽃.

爾時에 諸梵天王이 偈讚佛已하고 各作是言호대 惟願世尊이시여 轉於法輪하사
이시 제범천왕 게찬불이 각작시언 유원세존 전어법륜

令一切世間 諸天 魔梵 沙門 婆羅門으로 皆獲安隱하여 而得度脫케하소서하고
영일체세간 제천 마범 사문 바라문 개획안온 이득도탈

時諸梵天王이 一心同聲하여 以偈頌曰하사오대
시제범천왕 일심동성 이게송왈

唯願天人尊이시여 轉無上法輪하사 擊于大法鼓하시고 而吹大法螺하시고
유원천인존 전무상법륜 격우대법고 이취대법라

普雨大法雨하사 度無量衆生하소서 我等咸歸請하옵나니 當演深遠音하소서.
보우대법우 도무량중생 아등함귀청 당연심원음

23. 그 때, 모든 범천왕이 게송으로 부처님을 찬탄한 다음,
각각 이렇게 사뢰었느니라.
'오직 원하옵건대, 세존이시여. 법륜을 굴리시어
일체 세간의 모든 하늘과 마왕과 범천과[①] 사문,[②] 바라문 등이
다 안온함을 얻고 제도되어 해탈하게 하시옵소서.'
때에, 범천왕들이
일심으로 소리를 함께 하여 게송으로 사뢰었느니라.
'오직 원하옵건대, 천인존(天人尊)이시여.
위없는 법륜 굴리시어
큰 법고 치시고, 큰 법고둥[③] 부시고,
널리 큰 법비 내리시어
한량 없는 중생 제도하시옵소서.
저희가 다 함께 귀의하고 청하오니,
심원한 음성으로[④] 설법하시옵소서.'

---

①범천(梵) : '범(梵)'은 범천을 가리킨다. 범이란 맑고 깨끗하다는 뜻이니, 욕계의 음욕을 여의었기 때문이다. 부처님께서 출세하실 때면, 이들 범천이 제일 먼저 청을 드린다. ②사문(沙門) : 불도 수행자. 스님. ③법고둥(法螺) : 부처님께서 설법하시는 것을 소라(螺) 부는 것에 비유한 말. ④심원한 음성(深遠音) : 멀리까지 들리는 부처님의 음성. 부처님의 미묘한 음성으로 설해지는 가르침.

爾時에 大通智勝如來께서 默然許之하시니라. 西南方과 乃至下方도 亦復如是하니라
이시 대통지승여래 묵연허지 서남방 내지하방 역부여시

爾時에 上方에 五百萬億國土에 諸大梵王이 皆悉自覩所止宮殿에
이시 상방 오백만억국토 제대범왕 개실자도소지궁전

光明威曜호대 昔所未有하고 歡喜踊躍하며 生希有心하여 即各相詣하여
광명위요 석소미유 환희용약 생희유심 즉각상예

共議此事호대 以何因緣으로 我等宮殿에 有斯光明인가하더니 時彼衆中에
공의차사 이하인연 아등궁전 유사광명 시피중중

有一大梵天王호대 名曰尸棄러니 爲諸梵衆하여 而說偈言하대
유일대범천왕 명왈시기 위제범중 이설게언

그 때, 대통지승여래께서 말없이 이를 허락하셨느니라.

24. 서남방과 하방(下方)도 또한 이와 같았느니라.

25. 그 때, 상방(上方)의 오백만억 국토에 사는 여러 대범천왕이
다 자기 궁전에 광명이 크게 비춰져 찬란함을 보고,
예전에 없던 바인지라,
뛸 듯이 기뻐하며 희유한 마음을 내어
곧 각각 서로 찾아가 함께 이 일을 의논하였느니라.
'무슨 까닭으로 우리 궁전에 이런 광명이 있는가?'
그들 중에 한 대범천왕이 있었으니,
이름이 시기(尸棄)였느니라.①
그는 모든 범천 대중을 위하여 게송으로 말하였느니라.

---

① 시기(尸棄, sikihin) : 정계(頂髻), 지계(指髻), 나계(螺髻) 등으로 번역. 이 범천의 정수리에는 육계가 있으므로 이러한 이름이 붙었다. 또는, 대범천왕으로 선정을 닦았기 때문에 음욕심을 변화시켜 지혜의 불(智慧火)을 이루어 시기라고 한다.

今以何因緣으로 我等諸宮殿에 威德光明이 曜하여 嚴飾이 未曾有어뇨
금 이 하 인 연 아 등 제 궁 전 위 덕 광 명 요 엄 식 미 증 유

如是之妙相은 昔所未聞見이로니 爲大德天이 生인가 爲佛께서 出世間이신가
여 시 지 묘 상 석 소 미 문 견 위 대 덕 천 생 위 불 출 세 간

爾時 五百萬億諸梵天王이 與宮殿俱하며 各以衣裓으로 盛諸天華하고
이 시 오 백 만 억 제 범 천 왕 여 궁 전 구 각 이 의 극 성 제 천 화

共詣下方하야 推尋是相타가 見大通智勝如來께서 處于道場菩提樹下하사
공 예 하 방 추 심 시 상 견 대 통 지 승 여 래 처 우 도 량 보 리 수 하

坐師子座하시니 諸天龍王과 乾闥婆緊那羅와 摩睺羅伽人非人等이
좌 사 자 좌 제 천 용 왕 건 달 바 긴 나 라 마 후 라 가 인 비 인 등

恭敬圍繞하며 及見十六王子請佛轉法輪하였느니라.
공 경 위 요 급 견 십 육 왕 자 청 불 전 법 륜

'지금 무슨 까닭인지 우리 모든 궁전에
위덕(威德)의 광명이① 비춰지니,
장엄함이 일찍이 보지 못한 바이도다.
이같이 묘한 상서는 전에 듣지도 보지도 못하였나니,
이는 대덕천이 나심인가,
부처님이 세상에 출현하심인가?'

26. 그 때, 오백만억 범천왕들이 궁전을 이끌고 함께,
제각기 꽃상자에 온갖 하늘꽃을 가득 담고
함께 하방으로 가서 이 상서를 찾다가,
대통지승여래께서 도량의 보리수 아래
사자좌에 앉아 계셨는데,
하늘들과 용왕, 건달바, 긴나라, 마후라가, 인비인 등이
공경하여 둘러서 있고,
열여섯 왕자가 부처님께 법륜 굴리시기를 간청함을 보았느니라.

---

① 위덕의 광명(威德光明) : 위엄과 덕의 광명.

時諸梵天王이 頭面禮佛하야 繞百千匝하며 卽以天華로 而散佛上하니
시제범천왕 두면예불 요백천잡 즉이천화 이산불상

所散之華가 如須彌山이라 幷以供養佛菩提樹하고 華供養已에 各以宮殿으로
소산지화 여수미산 병이공양불보리수 화공양이 각이궁전

奉上彼佛하고 而作是言호대 惟見哀愍하사 饒益我等하시며 所獻宮殿을
봉상피불 이작시언 유견애민 요익아등 소헌궁전

願垂納處하소서. 時諸梵天王이 卽於佛前에 一心同聲하여 以偈頌曰하사오대
원수납처 시제범천왕 즉어불전 일심동성 이게송왈

善哉見諸佛 救世之聖尊이시여 能於三界獄에서 勉出諸衆生하시었다.
선재견제불 구세지성존 능어삼계옥 면출제중생

때에, 범천왕들은 머리 조아려 부처님께 예배하옵고,
백천 번을 돌면서 하늘꽃을 부처님 위에 흩으니,
흩어진 꽃이 수미산과 같고,
아울러 부처님께서 앉으신 보리수에도 공양했느니라.
꽃 공양을 마치고, 각각 궁전을 그 부처님께 바치며
이렇게 사뢰었느니라.
'오직 불쌍히 보시어 저희를 요익되게 하시기 위해,
바치는 이 궁전을 받아 주시옵소서.'

27. 때에, 범천왕들이 곧 부처님 앞에서
일심으로 소리를 함께 하여 게송으로 사뢰었느니라.
'거룩하신 제불(諸佛) 뵈오니,
세상을 구원하시는 성존이시나이다.
삼계의 감옥에서[①] 모든 중생을 구하여 내시나이다.

① 삼계의 감옥(三界獄) : 욕계, 색계, 무색계는 삶과 죽음으로 우리를 구속하므로 감옥으로 비유했다.

普智天人尊께서 보 지 천 인 존	哀愍群萌類하사 애 민 군 맹 류	能開甘露門하사 능 개 감 로 문	廣度於一切하시나니 광 도 어 일 체
於昔無量劫을 어 석 무 량 겁	空過無有佛하사 공 과 무 유 불	世尊未出時에 세 존 미 출 시	十方이 常闇暝하여 시 방 상 암 명
三惡道增長하고 삼 악 도 증 장	阿修羅亦盛하며 아 수 라 역 성	諸天衆轉減하고 제 천 중 전 감	死多墮惡道하더이다 사 다 타 악 도
不從佛聞法하사와 부 종 불 문 법	常行不善事하여 상 행 불 선 사	色力及智慧 색 력 급 지 혜	斯等이 皆減少하였느니라. 사 등 개 감 소

넓은 지혜의 천인존께서① 모든 중생을② 불쌍히 여기시어
감로(甘露)의 문(열반에 이르는 가르침)을③ 열어
널리 일체 중생을 제도하시나이다.
예부터 한량 없는 겁 동안
부처님께서 안 계시어 헛되이 지냈나이다.④
세존께서 출현하시지 아니한 때에는
시방세계가 항상 어두워
삼악도(三惡道)가 늘고 아수라도 치성하며,
모든 하늘 대중은 줄어들고
죽은 후에는 악도에 떨어지는 이가 많았나이다.
부처님께 법을 듣지 못하여
항상 착하지 못한 일을 행하고,
체력과 지혜 등이 줄어들었나이다.

---

①**넓은 지혜의 천인존(普智天人尊)** : 부처님에 대한 존칭. 부처님은 인간 천상의 세계 중에서 가장 존귀한 분. ②**중생(群萌類)** : '맹(萌)'은 초목의 싹. 중생의 선한 싹을 가진 무리를 비유한 말이다. ③**감로의 문(甘露門)** : 감로는 제천의 죽음이 없는 약인데, 부처님께서 법을 열어 베풀어 생사에서 벗어나게 하는 것을 감로의 문이라 한다. 곧, 열반에 이르는 법문을 말한다. ④**부처님께서 안 계시어 헛되이 지냄(空過無有佛)** : 부처님께서 안 계시어 제도받지 못하므로 헛되이 세월만 보냈다는 뜻.

罪業因緣故로 죄업인연고	失樂及樂想하고 실락급락상	住於邪見法하여 주어사견법	不識善儀則하며 불식선의칙
不蒙佛所化하와 불몽불소화	常墮於惡道하더이다 상타어악도	佛爲世間眼하사 불위세간안	久遠時乃出하시나니 구원시내출
哀愍諸衆生하사 애민제중생	故現於世間하사 고현어세간	超出成正覺하실새 초출성정각	我等甚欣慶하오며 아등심흔경
及餘一切衆도 급여일체중	喜歎未曾有하나이다 희탄미증유	我等諸宮殿이 아등제궁전	蒙光故로 嚴飾하니 몽광고 엄식
今以奉世尊하옵나니 금이봉세존	唯垂哀納受하소서. 유수애납수		

죄업의 인연으로 낙을 잃고 낙이라는 생각도 잃고,
사견법(邪見法)에 머물러 선(善)의 도리[①] 알지 못하며,
부처님의 교화를 입지 못하여
항상 악도(惡道)에 떨어졌나이다.
부처님께서 세간의 안목 되시어
오래고 긴 세월 지나 이제 출현하시니,
모든 중생을 불쌍히 여기시므로
짐짓 세간에 출현하시어
세간을 초월하여 정각을 이루셨사옵니다.
저희는 매우 기뻐하고 경하하오며,[②]
다른 일체 중생도 미증유(未曾有)라
기뻐하고 찬탄하옵나이다.
저희의 모든 궁전이 광명을 받고 장엄히 꾸며졌사온대,
지금 세존께 바치오니, 불쌍히 여기시어 받아 주시옵소서.

---

① 도리(儀則) : 법도. 도덕적 규범. ② 매우 기뻐하고 경하함(甚欣慶) : 매우 기뻐하여 경하한다는 뜻.

願以此功德으로 普及於一切하여 我等與衆生이 皆共成佛道하여지이다.
원이차공덕 보급어일체 아등여중생 개공성불도

爾時에 五百萬億諸梵天王이 偈讚佛已하고 各白佛言호대 唯願世尊이시여
이시 오백만억제범천왕 게찬불이 각백불언 유원세존

轉於法輪하사 多所安隱케하고 多所度脫케하소서 時諸梵天王이 而說偈言하사오대
전어법륜 다소안온 다소도탈 시제범천왕 이설게언

世尊께서 轉法輪하소서 擊甘露法鼓하사 度苦惱衆生하시고 開示涅槃道하소서
세존 전법륜 격감로법고 도고뇌중생 개시열반도

唯願受我請하사와 以大微妙音으로 哀愍而敷演 無量劫習法하소서.
유원수아청 이대미묘음 애민이부연 무량겁습법

원하옵건대, 이 공덕 일체 중생에게 미치게 하시고,
저희와 그들 다 함께 불도 이뤄지이다.'

28. 그 때, 오백만억 범천왕이
게송으로 부처님을 찬탄한 다음,
각각 부처님께 이같이 사뢰었느니라.
'오직 원하옵건대, 세존이시여.
법륜을 굴리시면, 안온할 바 많고,
구제받을 바 많겠사옵니다.'
때에, 범천왕들이 게송으로 사뢰었느니라.
'세존이시여, 법륜을 굴리옵소서.
감로의 법고(法鼓)를 울리시어 고뇌 중생 제도하시고,
열반의 길 열어 보이옵소서.
오직 원하옵건대, 저희의 청을 받아 주시어,
크고도 미묘한 음성으로
한량 없는 겁 동안 익히신 법을 널리 펴 주시옵소서.'

爾時에 大通智勝如來께서 受十方諸梵天王과 及十六王子請하시고 即時에
이시 대통지승여래 수시방제범천왕 급십육왕자청 즉시

三轉十二行法輪하시니 若沙門이거나 婆羅門이거나 若天이거나 魔이거나
삼전십이행법륜 약사문 바라문 약천 마

梵이거나 及餘世間의 所不能轉이니 謂是苦이며 是苦集이며 是苦滅이며
범 급여세간 소불능전 위시고 시고집 시고멸

是苦가 滅할 道라하셨나니라.
시고 멸 도

29. 그 때, 대통지승여래께서는
시방의 모든 범천왕과 열여섯 왕자의 청을 받으시고,
즉시 삼전십이행(三轉十二行)의 법륜을[①] 굴리시니,
사문(沙門), 바라문(婆羅門), 혹은 하늘, 마(魔), 범천(梵天),
그리고 세간(世間)의 어느 누구도 굴리지 못할 바였느니라.
이르시되, '이것은 고(苦)이며, 이것은 고(苦)의 원인(集)이며,
이것은 고의 없어짐(滅)이며, 이것은 고를 없애는 도(道)라.'
하셨느니라.

---

① **삼전십이행(三轉十二行)** : 사제법을 세 번 굴리신 것을 말한다. 이것은 성문을 위해서는 사제법을 세 번 굴리시고(三轉), 연각을 위해서는 연기법을 두 번 하시고(再轉), 보살에게는 육바라밀을 한 번 굴리신다(一轉)고 한 데서 온 것이다. 세 번이란 시상전(示相轉), 권수전(勸修轉), 인증전(引證轉)이다. '시상전(示轉)'이란 사제의 연이 인과법임을 밝힌 것이니, 사제의 이치를 깨달아 도에 나아갈 곳을 알기 때문에 견도위(見道位)다. 곧, "이것은 고이고, 이것이 집이고, 이것은 멸이고, 이것은 도다."라고 하여 그 행상을 보여 알게 한 것이다. '권전(勸轉)'이란 사제법은 반드시 배워야 할 것임을 밝힌 것이니, 사제의 이치를 깨닫고 나서 다시 사유하고 관찰하여 사혹을 끊는 수도위(修道位)다. 곧, "고는 알아야 하며, 집은 끊어야 하며, 멸은 성취해야 하며, 도는 닦아야 한다."고 그 수행을 권한 것이다. '증전(證轉)'이란 사제를 닦아 증득하는 것이니, 견혹, 사혹을 끊어 무학위(아라한)에 이르는 것이다. 곧, "고를 스스로 알며, 집을 스스로 끊으며, 멸을 스스로 성취하며, 도를 스스로 닦는 것이다."는 말이다. 이와 같이 사제를 세 번 굴리므로 열둘이 된다. 세 번 굴리시는 것은 중생이 세 가지 근기가 있기 때문이니, 상근은 시전에서 깨닫고, 중근은 권전에서 깨닫고, 하근은 증전에서 깨닫는다고 한다.

及廣說十二因緣法하시니 **無明**은 **緣行**하고 **行緣識**하며 **識**은 **緣名色**하고
급광설십이인연법 무명 연행 행연식 식 연명색

名色緣六入하며 **六入緣觸**하고 **觸緣受**하며 **受緣愛**하고 **愛緣取**하며
명색연육입 육입연촉 촉연수 수연애 애연취

取緣有하고 **有緣生**하며 **生緣老死憂悲苦惱**하나니라.
취연유 유연생 생연로사우비고뇌

30. 또, **십이인연법**(十二因緣法)을 자세히 설하셨느니라.
'무명(無明)으로[①] 인연하여(말미암아) 행(行)이[②] 생기고,
행으로 인연하여 식(識)이[③] 생기고,
식으로 인연하여 명색(名色)이[④] 생기고,
명색으로 인연하여 육입(六入)이[⑤] 생기고,
육입으로 인연하여 촉(觸)이[⑥] 생기고,
촉으로 인연하여 수(受)가[⑦] 생기고,
수로 인연하여 애(愛)가[⑧] 생기고,
애로 인연하여 취(取)가[⑨] 생기고,
취로 인연하여 유(有)가[⑩] 생기고,
유로 인연하여 생(生)이[⑪] 생기고,
생으로 인연하여 노사(老死)와[⑫]
우비(憂悲), 고뇌(苦惱)가[⑬] 생기느니라.

---

①**무명** : 무지. 맹목이어서 진여자성을 깨닫지 못함. ②**행** : 마음이 동요하여 이루어진 잠재적 형성력. ③**식** : 인식 작용. ④**명색** : 명칭과 형태. ⑤**육입** : 육근(六根). 육처. ⑥**촉** : 육근과 육경의 접촉. ⑦**수** : 접촉으로 받아들이는 마음의 작용. ⑧**애** : 애착심. ⑨**취** : 애에 따르는 집착. ⑩**유** : 소유하는 업, 곧 존재. ⑪**생** : 과보와 형색이 생김. ⑫**노사** : 죽음. ⑬**우비, 고뇌** : 근심과 우환.

無明滅 則行滅하고 行滅 則識滅하고 識滅 則名色滅하고 名色滅 則六入滅하고 六入滅 則觸滅하고 觸滅 則受滅하고 受滅 則愛滅하고 愛滅則 取滅하고 取滅則 有滅하고 有滅 則生滅하고 生滅 則老死 憂悲 苦惱滅하느니라.
무명멸 즉행멸 행멸 즉식멸 식멸 즉명색멸 명색멸 즉육입멸 육입멸 즉촉멸 촉멸 즉수멸 수멸 즉애멸 애멸즉 취멸 취멸즉 유멸 유멸 즉생멸 생멸 즉로사 우비 고뇌멸

31. 그러므로 무명(無明)이 멸하면 행(行)이 멸하고,
행이 멸하면 식(識)이 멸하며,
식이 멸하면 명색(名色)이 멸하고,
명색이 멸하면 육입(六入)이 멸하며,
육입이 멸하면 촉(觸)이 멸하고,
촉이 멸하면 수(受)가 멸하며,
수가 멸하면 애(愛)가 멸하고,
애가 멸하면 취(取)가 멸하며,
취가 멸하면 유(有)가 멸하고,
유가 멸하면 생(生)이 멸하며,
생이 멸하면 노사(老死)와 우비(憂悲), 고뇌가 멸하느니라.'①

① **우비, 고뇌가 멸함** : 무명이 없어져 모든 허물이 생기지 않는다면 곧 악행이 멸하고, 악행이 행해지지 않으면 허망한 인식 작용이 멸하고, 이와 같이 연기 작용으로 차례로 멸하면 생을 초래하는 업이 멸하고, 따라서 생, 노, 사가 멸하게 된다는 뜻.

佛께서 於天人大衆之中에 說是法時에 六百萬億那由他人이 以不受一
불 어천인대중지중 설시법시 육백만억나유타인 이불수일
切法故로 而於諸漏에 心得解脫하여 皆得深妙禪定과 三明과 六通하며
체법고 이어제루 심득해탈 개득심묘선정 삼명 육통
具八解脫하느니라 第二第三第四說法時에 千萬億恒河沙那由他等衆生이
구팔해탈 제이제삼제사설법시 천만억항하사나유타등중생
亦以不受一切法故로 而於諸漏에 心得解脫하니 從是已後로 諸聲聞衆도
역이불수일체법고 이어제루 심득해탈 종시이후 제성문중
無量無邊不可稱數였느니라.
무량무변불가칭수

32. 부처님께서 하늘과 사람의 무리에게 이 법을 설하실 때,
육백만억 나유타에 이르는 사람들이
모든 일체법을 받아들이지 않은 까닭에
모든 번뇌(漏)에서 마음이 해탈하여
다 깊고 묘한 선정(禪定)과 삼명(三明)과 육통(六通)을 얻어
팔해탈(八解脫)을① 갖추었느니라.
두 번째, 세 번째, 네 번째의 설법② 때에도
천만억 항하사 나유타③ 중생이
또한 온갖 것에 집착 없이 듣고 믿은 까닭으로
모든 번뇌에서 마음이 해탈했으니,
이로부터 이후로 모든 성문 대중이 한량 없고 끝이 없어서
그 수를 헤아리지 못하였느니라.

① 팔해탈(八解脫) : 여덟 가지 선정의 힘으로 탐착심을 버리는 일(八背捨). ② 두 번째, 세 번째, 네 번째의 설법 : 설법할 때의 모임을 말한다. 차례로 중하의 근기들이 설법 때 법을 얻은 이익을 나타낸다. ③ 나유타(那由他, nayuta) : 지극히 큰 수. 천만(千萬) 혹은 천억(千億). 육백만억 나유타란 근기에 해당하는 숫자이다.

爾時에 十六王子는 皆以童子로 出家하여 而爲沙彌하여 諸根이 通利하며
이시 십육왕자 개이동자 출가 이위사미 제근 통리

智慧明了하니 已曾供養百千萬億諸佛하고 淨修梵行하여 求阿耨多羅
지혜명료 이증공양백천만억제불 정수범행 구아누다라

三藐三菩提하여 俱白佛言호대 世尊이시여 是諸無量千萬億大德聲聞이
삼먁삼보리 구백불언 세존 시제무량천만억대덕성문

皆已成就하니 世尊이시여 亦當爲我等하사 說阿耨多羅三藐三菩提法하소서
개이성취 세존 역당위아등 설아누다라삼먁삼보리법

我等이 聞已하오면 皆共修學하겠나이다 世尊이시여 我等이 志願 如來知見하옵나니
아등 문이 개공수학 세존 아등 지원 여래지견

深心所念을 佛自證知라하였느니라.
심심소념 불자증지

33. 그 때, 열여섯 왕자는 다 동자(童子)로 출가하여
사미(沙彌)가 되었느니라.
그들은 제근(諸根)이 확 통해서 총명하고
지혜가 끝까지 밝으니,[①]
일찍이 백천만억 부처님을 공양하고
맑은 행을 닦아 아누다라삼먁삼보리를 구하려 하여
그들이 함께 부처님께 사뢰되
'세존이시여, 이 한량 없는 천만억 대덕 성문은
다 이미 성취하였나이다.
세존이시여, 또한 저희를 위하시어
아누다라삼먁삼보리법을 설해 주시옵소서.
저희가 듣자옵고 다 같이 닦고 배우려 하나이다.
세존이시여, 저희는 여래의 지견(知見)을 얻고자 하나이다.
마음 속 깊이 염원하옴을 부처님께서는
스스로 증명하시어 아시리이다.'라고 하였느니라.

① 지혜가 밝음(智慧明了) : 큰 지혜가 있어서 부처님의 지견을 열어 보이고 깨달아 들어가게 함(開示悟入).

爾時에 轉輪聖王 所將衆中에 八萬億人이 見十六王子出家하고 亦求出家하야늘
이시 전륜성왕 소장중중 팔만억인 견십육왕자출가 역구출가
王이 卽聽許하시니라. 爾時에 彼佛께서 受沙彌請하사 過二萬劫已코는
왕 즉청허 이시 피불 수사미청 과이만겁이
乃於四衆之中에 說是大乘經하시니 名이 妙法蓮華이니라 教菩薩法이며
내어사중지중 설시대승경 명 묘법연화 교보살법
佛所護念이니라 說是經已하야시늘 十六沙彌가 爲阿耨多羅三藐三菩提故로
불소호념 설시경이 십육사미 위아누다라삼먁삼보리고
皆共受持하여 諷誦通利하니라 說是經時에 十六菩薩沙彌가 皆悉信受하며
개공수지 풍송통리 설시경시 십육보살사미 개실신수
聲聞衆中에도 亦有信解하더니라 其餘衆生 千萬億種은 皆生疑惑하니라.
성문중중 역유신해 기여중생 천만억종 개생의혹

그 때, 전륜성왕이① 거느리고 온 무리 중 팔만억 명이
열여섯 왕자가 출가(出家)함을 보고
자기들도 출가하고자 하거늘, 왕이 곧 허락하였느니라.

34. 그 때, 저 부처님께서 사미들의 청을 받으시고
이만 겁을 지나서야 사부 대중에게 대승경을 설하시니,
이름이 묘법연화경(妙法蓮華經)이니라.
보살을 가르치는 법이며, 부처님께서 호념하시는 바이니라.
이 경을 설해 마치시니,
열여섯 사미는 아누다라삼먁삼보리를 위하는 까닭으로
다 같이 받아 지녀 읊고 외워서 깊이 통달하였느니라.
이 경을 설하실 때, 열여섯 보살 사미는 다 믿고 받아들이고,
성문들 중에도 믿고 해득한 자가 있었느니라.
그 나머지 천만억 종 중생은 다 의혹을 품었느니라.

---

① **전륜성왕(轉輪聖王)** : 정법으로 세상을 통치하는 이상적인 제왕. 여기서는 십육 왕자의 조부(祖父)이자 대통지승불의 아버지다.

佛說是經하사대 於八千劫에 未曾休廢하시니라 說此經已하시고 即入靜室하사
불설시경 어팔천겁 미증휴폐 설차경이 즉입정실

住於禪定하시되 八萬四千劫이어시늘 是時十六菩薩沙彌가 知佛께서 入室하사
주어선정 팔천사천겁 시시십육보살사미 지불 입실

寂然禪定하신달하고 各陞法座하여 亦於八萬四千劫에 爲四部衆하여
적연선정 각승법좌 역어팔만사천겁 위사부중

廣說分別 妙法華經하여 一一皆度六百萬億 那由他 恒河沙等衆生하여
광설분별 묘법화경 일일개도육백만억 나유타 항하사등중생

示教 利喜하여 令發阿耨多羅三藐三菩提心케하였니라.
시교 이희 영발아누다라삼먁삼보리심

35. 부처님께서 이 경을 설하시되,

팔천 겁 동안을 일찍이 쉬지 않으셨느니라.

이 경을 다 설하시고는 조용한 방에 들어가

팔만 사천 겁을 선정에 머무르셨느니라.

이 때, 열여섯 보살 사미는

부처님께서 방에 드시어 고요히 선정에 머무르심을 알고,

각기 법좌(法座)에 올라 또한 팔만 사천 겁을

사부 대중을 위하여

묘법연화경을 자세히 설하여 밝혔느니라.

하나하나 다 육백만억 나유타 항하사 중생을 제도하여

보이고(示) 가르치고(教) 이롭게(利) 하고 기쁘게(喜) 하여

아누다라삼먁삼보리심을 일으키게 하였느니라.

大通智勝佛께서 過八萬四千劫已하사 從三昧起하사 往詣法座하사 安詳而坐하사
대통지승불 과팔만사천겁이 종삼매기 왕예법좌 안상이좌

普告大衆하사대 是十六菩薩沙彌가 甚爲希有하여 諸根이 通利하고 智慧가
보고대중 시십육보살사미 심위희유 제근 통리 지혜

明了하며 已曾供養無量千萬億數諸佛하여 於諸佛所에 常修梵行하여
명료 이증공양무량천만억수제불 어제불소 상수범행

受持佛智하여 開示衆生하여 令入其中케하나니 汝等이 皆當數數親近하여
수지불지 개시중생 영입기중 여등 개당삭삭친근

而供養之니라 所以者何오 若聲聞이거나 辟支佛과 及諸菩薩이 能信是
이공양지 소이자하 약성문 벽지불 급제보살 능신시

十六菩薩의 所說經法하고 受持不毁者는 是人이 皆當得阿耨多羅三藐
십육보살 소설경법 수지불훼자 시인 개당득아누다라삼먁

三菩提의 如來之慧라하셨느니라.
삼보리 여래지혜

36. 대통지승불께서 팔만 사천 겁을 지나 삼매에서 일어나
법좌에 나아가 편안히 앉으시어 널리 대중에게 이르셨느니라.
'이 열여섯 보살 사미는 매우 희유(希有)하느니라.
모든 감관(六根)이 뛰어나① 총명하고, 지혜가 밝으며,
이미 한량 없는 천만억 부처님께 공양하여
그 여러 부처님 처소에서 항상 맑은 행을 닦아,
부처님의 지혜를 받아 지녀 중생에게 열어 보여②
그 안으로 들어오게 하나니,
너희는 자주 친근하여 이들을 공양할지니라.
왜냐 하면, 성문, 벽지불과 보살이 이 열여섯 보살이
설하는 경법(經法)을 믿고 받아 지녀 헐지 않는 사람은
아누다라삼먁삼보리의 여래 지혜를 얻을 것이기 때문이니라.'
라고 하셨느니라."

---

① 모든 감관이 뛰어나(諸根通利) : '제근(諸根)'이란 육근(六根)을 말하며, '통리(通利)'란 통달해 막힘이 없는 것, 곧 능력이 뛰어나다는 뜻이다. ② 열어 보임(開示) : 자기가 증득한 것을 다른 이에게 보여 주어 불도에 들어갈 수 있도록 한다.

佛께서 告諸比丘하사대 是十六菩薩이 常樂說是妙法蓮華經하니라 一一菩薩의
불 고제비구 시십육보살 상락설시묘법연화경 일일보살

所化 六百萬億那由他恒河沙等衆生이니 世世所生에 與菩薩俱하여
소화 육백만억나유타항하사등중생 세세소생 여보살구

從其聞法하여 悉皆信解하나니 以此因緣으로 得値四萬億諸佛世尊호대
종기문법 실개신해 이차인연 득치사만억제불세존

于今不盡하니라. 諸比丘야 我今語汝하노라 彼佛弟子十六沙彌가 今皆得
우금부진 제비구 아금어여 피불제자십육사미 금개득

阿耨多羅三藐三菩提하여 於十方國土에 現在說法호대 有無量百千萬億
아누다라삼먁삼보리 어시방국토 현재설법 유무량백천만억

菩薩 聲聞이 以爲眷屬하였나니라.
보살 성문 이위권속

37. 부처님께서 모든 비구에게 이르셨습니다.

"이 열여섯 보살은

항상 이 묘법연화경을 즐겨 설하였느니라.

하나하나 보살마다 교화한 육백만억 나유타 항하사 중생은

세세생생(世世生生)을 보살과 함께 하여,

그에게서 법을 듣고 다 믿고 해득하였느니라.

이러한 인연으로 사만억 부처님 만나 뵈었나니,

지금도 다하지 아니하였느니라.

38. 비구들이여, 나는 이제 너희에게 말하노라.

저 부처님의 제자인 열여섯 사미는

이제 다 아누다라삼먁삼보리를 얻어

현재 시방 국토에서 법을 설하며,

한량 없는 백천만억 보살과 성문이 그 권속이 되었느니라.

其二沙彌는 東方에 作佛하시니 一名은 阿閦이신데 在歡喜國하시고 二名은
기이사미 동방 작불 일명 아촉 재환희국 이명

須彌頂이시니라 東南方二佛의 一名은 師子音이시고 二名은 師子相이시니라
수미정 동남방이불 일명 사자음 이명 사자상

南方二佛의 一名은 虛空住시고 二名은 常滅이시니라.
남방이불 일명 허공주 이명 상멸

그 중에서 두 사미는 동방에서 성불하셨으니,
한 분의 이름은 아촉(阿閦)이신데① 환희국(歡喜國)에 계시고,
다른 한 분의 이름은 수미정(須彌頂)이시니라.②
동남방의 두 부처님은,
한 분의 이름은 사자음(獅子音)이시고,③
다른 한 분의 이름은 사자상(獅子相)이시니라.
남방의 두 부처님은,
한 분의 이름은 허공주(虛空住)이시고,④
다른 한 분의 이름은 상멸(常滅)이시니라.⑤

---

① 아촉(阿閦) : 부동존(不動尊)이라 번역하는데, 그 체(體)가 동요함이 없기 때문이다. 환희국(歡喜國)은 동쪽의 아름답고 즐거운 세계. ② 수미정(須彌頂) : 부처님의 공덕이 일체를 초월하여 수미산 정상과 같다는 뜻. ③ 사자음(獅子音) : 부처님의 위엄과 용맹이 용과 귀신도 공경하므로, 마치 사자가 소리를 지르면 온갖 짐승들이 다 두려워하는 것과 같다. 사자상(獅子相)이란 나아가거나 멈추어 있는 모습이 사자의 모양과 같다는 뜻이다. ④ 허공주(虛空住) : 적멸한 모습. 모든 유(有)에서 떠나 법성이 공한 세계에 머문다는 뜻. ⑤ 상멸(常滅) : 망령되이 움직이지 않고 항상 적멸의 세계에 머문다는 뜻이다. 다시는 멸함이 없다는 뜻.

西南方에 二佛하시니 一名은 帝相이시고 二名은 梵相이시니라 西方에 二佛하시니
서남방 이불 일명 제상 이명 범상 서방 이불

一名은 阿彌陀이시고 二名은 度一切世間苦惱시니라 西北方에 二佛하시니
일명 아미타 이명 도일체세간고뇌 서북방 이불

一名은 多摩羅跋栴檀香神通이시고 二名은 須彌相이시니라.
일명 다마라발전단향신통 이명 수미상

서남방의 두 부처님은,
한 분의 이름은 제상(帝相)이시고,①
다른 한 분의 이름은 범상(梵相)이시니라.②
서방(西方)의 두 부처님은,
한 분의 이름은 아미타(阿彌陀)이시고,③
다른 한 분의 이름은 도일체세간고뇌(度一切世間苦惱)이시니라.④
서북방의 두 부처님은,
한 분의 이름은 다마라발전단향신통(多摩羅跋栴檀香神通)이시고,⑤
다른 한 분의 이름은 수미상(須彌相)이시니라.⑥

---

①제상(帝相) : 일체를 대하는 것이 위엄과 덕이 존엄하여 천제의 모양이 나타난다는 뜻. ②범상(梵相) : 맑고 깨끗한 행을 갖추어 범천의 모양이 나타난다는 뜻. 사물을 상대하여 덕을 나타내는 것이 깨끗함. ③아미타(阿彌陀) : 무량한 수명(無量壽), 무량한 자비광명(無量光)이라 번역한다. ④도일체세간고뇌(度一切世間苦惱) : 대자비로 세상의 일체 고통과 액난에서 건져 준다는 뜻이다. 생사 고뇌에서 중생을 제도한다는 뜻. ⑤다마라발전단향신통(多摩羅跋栴檀香神通) : 맑고 깨끗한 향기가 그윽이 통하듯, 부처님의 신통스러운 오묘한 공덕이 법계에 충만하여 앞설 자가 없다는 뜻이다. ⑥수미상(須彌相) : 몸집이 웅대하고 상호가 갖추어져 마치 수미산 모습과 같다는 뜻.

北方에 二佛하니 一名은 雲自在이시고 二名은 雲自在王이시니라 東北方佛께서는
북방 이불 일명 운자재 이명 운자재왕 동북방불
名이 壞一切世間怖畏이시니라 第十六은 我 釋迦牟尼佛이니 於娑婆國土에서
명 괴일체세간포외 제십육 아 석가모니불 어사바국토
成阿耨多羅三藐三菩提하였느니라.
성아누다라삼먁삼보리

북방의 두 부처님은,
한 분의 이름은 운자재(雲自在)이시고,①
다른 한 분의 이름은 운자재왕(雲自在王)이시니라.②
동북방의 부처님은,
이름이 괴일체세간포외(壞一切世間怖畏)이시니라.③
제십육은 나 석가모니불이니,④
사바세계에서 아누다라삼먁삼보리를 성취하였느니라.

---

① 운자재(雲自在) : 일체에 골고루 퍼져서 모든 법 중에서 크게 자유자재를 얻음이다. 또는, 자유자재로 중생을 이롭게 한다는 뜻이다. ② 운자재왕(雲自在王) : 자재로운 구름과 같이 걸림 없는 지혜로 정각을 이루어 모든 법 중에 왕이 되었다는 뜻이다. ③ 괴일체세간포외(壞一切世間怖畏) : 중생들은 색신에 집착하여 생사에 대한 두려움이 많으므로 부처님께서 그러한 중생을 위하여 세상의 모든 두려움을 무너뜨리는 것이다. ④ 석가모니불(釋迦牟尼佛) : '석가(釋迦)'란 능인(能仁)이라고 번역하는데, 그것은 중생을 능히 길러 주시고 감화시켜 주시기 때문이니, 곧 응신(應身)이다. '모니(牟尼)'는 적묵(寂默)이라 번역하는데, 여래의 항상 적묵한 법신을 말한다. 진신, 응신, 법신을 합하여 석가모니불이라고 한다.

諸比丘여 我等이 爲沙彌時에 各各教化無量百千萬億恒河沙等衆生호니
제비구 아등 위사미시 각각교화무량백천만억항하사등중생
從我聞法은 爲阿耨多羅三藐三菩提이니라 此諸衆生이 于今에 有住聲聞地者를
종아문법 위아누다라삼먁삼보리 차제중생 우금 유주성문지자
我常教化阿耨多羅三藐三菩提하노니 是諸人等이 應以是法으로 漸入佛道하리라
아상교화아누다라삼먁삼보리 시제인등 응이시법 점입불도
所以者何오 如來의 智慧는 難信難解일지니라 爾時에 所化無量恒河沙等衆生者는
소이자하 여래 지혜 난신난해 이시 소화무량항하사등중생자
汝等諸比丘와 及我滅度後未來世中에 聲聞弟子가 是也니라.
여등제비구 급아멸도후미래세중 성문제자 시야

39. 비구들이여, 우리가 사미로 있을 때,
각각 한량 없는 백천만억 항하사 중생을 교화하였느니라.
나를 따라 그들이 법을 들음은
아누다라삼먁삼보리를 위함이니라.
이 여러 중생 중에
지금도 성문지(聲聞地)에 머무른 자가 있어,
내가 항상 아누다라삼먁삼보리로 교화하나니,
이들은 응당 이 법으로 점차 불도(佛道)에 들게 되리라.
왜냐 하면,
여래의 지혜는 믿기 어렵고 해득하기 어렵기 때문이니라.
그 때에 교화한 한량 없는 항하사 중생이란,
너희 비구와 내가 멸도한 후에
미래세의 성문 제자가[①] 바로 이들이니라.

---

①성문 제자(聲聞弟子) : 부처님의 말씀(聲)을 듣고(聞) 수행하는 불제자. 이들은 다 옛날에 교화시키다가 미처 제도하지 못한 자들인데, 여래가 다시 화신(化身)해서 일불승으로 제도한다는 것이다.

我滅度後에 復有弟子가 不聞是經하여 不知不覺菩薩所行하고 自於所得
아멸도후 부유제자 불문시경 부지불각보살소행 자어소득

功德에 生滅度想하고 當入涅槃하려하리라 我於餘國에 作佛하여 更有異名호리니
공덕 생멸도상 당입열반 아어여국 작불 갱유이명

是人이 雖生滅度之想하여 入於涅槃하나 而於彼土에 求佛智慧하여
시인 수생멸도지상 입어열반 이어피토 구불지혜

得聞是經하리라 唯以佛乘으로 而得滅度리라 更無餘乘하니 除諸如來
득문시경 유이불승 이득멸도 갱무여승 제제여래

方便說法이니라.
방편설법

40. 내가 멸도한 후에 또 제자가 있어, 이 경을 듣지 못하여
보살의 행할 바를① 알지도 못하고 깨닫지도 못하면서,
스스로 얻은 공덕으로 멸도(滅度)하였다는 생각을 내어
의당 열반에 들려고 하리라.
그러나 내가 딴 국토에서② 성불하여
다른 이름을 지님에 미쳐,
이 사람이 비록 멸도하였다는 생각을 내어
열반에 들려고 할지라도
저 국토에 태어나 부처님 지혜를 구하여
이 경을 얻어 듣게 되리라.
오직 불승(佛乘)으로써③ 멸도를 얻을 뿐,
다시 다른 승은 없기 때문이니라.
모든 여래의 방편 설법은 제외하고서이니라.

---

① **보살의 행할 바**(菩薩所行) : 보살로서 행해야 할 일. 의지하고 실천해 나아갈 일. ② **딴 국토**(餘國) : 다른 국토. 부처님께서 응화(應化)의 연이 있는 국토. ③ **불승**(佛乘) : 오직 부처가 될 것을 가르치는 실천도, 곧 일불승.

諸比丘여 若如來가 自知涅槃時到하고 衆又清淨하며 信解堅固하며 了達空法하고
제비구 약여래 자지열반시도 중우청정 신해견고 요달공법
深入禪定한달하면 便集諸菩薩과 及聲聞衆하여 爲說是經하나니라 世間에
심입선정 변집제보살 급성문중 위설시경 세간
無有二乘이 而得滅度하고 唯一佛乘이 得滅度耳니라 比丘여 當知어다
무유이승 이득멸도 유일불승 득멸도이 비구 당지
如來 方便으로 深入衆生之性하여 知其志樂小法하여 深著五欲한달하여
여래 방편 심입중생지성 지기지낙소법 심착오욕
爲是等故로 說於涅槃하거든 是人이 若聞하면 則便信受하니라.
위시등고 설어열반 시인 약문 즉변신수

41. 비구들이여,
만약 여래가 스스로 열반할 때에 이르렀고,
대중이 또한 청정해서 믿고 앎이 견고하며,
공법(空法)에[①] 통달하고 깊이 선정에 든 것을 알면,
곧 모든 보살과 성문 대중을 모아
그들을 위하여 이 경을 설하느니라.
세간에서 이승(二乘)으로는 멸도를 얻을 수 없고,
오직 일불승(一佛乘)으로만 멸도를 얻을 수 있느니라.
비구들이여, 알지어다.
여래는 방편으로 깊이 중생의 성품 속에 들어가,
그들 뜻이 소승법을 좋아하며[②] 오욕에 깊이 탐착함을 알고,
이들을 위하여 열반이라 설하나니,
이들이 만일 듣게 되면, 곧 믿고 받잡느니라.

① 공법(空法) : 일체 사물이 실체가 없다고 보는 관법. 제일의공(第一義空)의 공적한 법을 밝게 통달한 것이다. ② 소승법을 좋아함(志樂小法) : '소법(小法)'이란 소승법을 말하고 '지요(志樂)'는 원하는 것이니, 소승법을 즐기는 것을 가리킨다.

譬如五百由旬險難惡道가 曠絶無人한 怖畏之處에 若有多衆이 欲過此道하여
비여오백유순험난악도 광절무인 포외지처 약유다중 욕과차도

至珍寶處이어든 有一導師호대 聰慧明達하여 善知險道의 通塞之相하고
지진보처 유일도사 총혜명달 선지험도 통색지상

將導衆人하여 欲過此難하더니 所將人衆이 中路에 懈退하여 白導師言호대
장도중인 욕과차난 소장인중 중로 해퇴 백도사언

我等이 疲極하고 而復怖畏하야 不能復進하나이다 前路 猶遠할새 今欲退還하노이다.
아등 피극 이부포외 불능부진 전로 유원 금욕퇴환

42. 비유컨대, 오백 유순이나 되는 험난하고 나쁜 길(惡道)에
광막하고 인적이 끊어져 겁나고 무서운 곳,
많은 사람이 이 길을 지나
진기한 보배가 있는 곳에 이르고자 하였느니라.
때에, 한 인도자(導師)가 슬기롭고 사리에 통달하여
험한 길의 통하고 막힌 데를① 잘 알아서,
여러 사람을 거느리고 이 험난한 곳을 지나고자 했느니라.
인도받는 사람들이 중도에 게으름이 나서②
인도자에게 사뢰었느니라.
'우리는 극히 지치고,
또 무서워 다시 더 갈 수 없나이다.
앞길이 아직도 머오니,③
이제 그만 되돌아갈까 하나이다.'

---

①통하고 막힌 데(通塞之相) : 길이 뚫리고 막힌 모양. ②게으름이 남(懈退) : 게으름으로 그만둠. 싫증내는 것. ③앞길이 아직도 멀다(前路猶遠) : 오도(五道) 생사를 벗어나는 길이 아직도 멀다는 뜻. 견사혹, 진사혹, 무명혹은 갑자기 끊기 어렵다. 그러나 중도에 포기하고 다시 생사윤회 속으로 들어가는 일이 없어야 소승의 가르침으로 교화하여 대승에 나아갈 수 있다.

導師는 多諸方便이라 而作是念호대 此等이 可愍이로다 云何捨大珍寶하고
도사 다제방편 이작시념 차등 가민 운하사대진보

而欲退還인가 作是念已에 以方便力으로 於險道中에 過三百由旬하여
이욕퇴환 작시념이 이방편력 어험도중 과삼백유순

化作一城하고 告衆人言호대 汝等은 勿怖하고 莫得退還하라 今此大城에
화작일성 고중인언 여등 물포 막득퇴환 금차대성

可於中止하여 隨意所作이니 若入是城이면 快得安隱하리라 若能前至寶所하여도
가어중지 수의소작 약입시성 쾌득안온 약능전지보소

亦可得去하였느니라.
역가득거

43. 인도자는 방편이 많은지라, 이렇게 생각하였느니라.

'이들이 가엾구나.

어찌하여 크고도 진기한 보배를 버리고

되돌아가려고 하는가?'

그리고 인도자는 방편력으로

험한 길 중 삼백 유순을 지난 곳에

한 성(城)을 화(化)해 만들고,

'너희는 무서워하지 말고 되돌아가려 하지 마라.

지금 이 큰 성에 머물러[1] 무엇이든 뜻대로 할 수 있으니,[2]

이 성에 들어가면 쾌하고 안온함을 얻으리라.

그리고 앞으로 나아가 보배가 있는 곳에 이르려 한다 해도

갈 수 있으리라.' 하였느니라.

---

① 머물러(可於中止) : 가히 그 가운데 머물러. ② 무엇이든 뜻대로 할 수 있음(隨意所作) : 뜻하는 바를 따름.

是時에 疲極之衆이 心大歡喜하여 歎未曾有하며 我等이 今者에 免斯惡道하고
시시 피극지중 심대환희 탄미증유 아등 금자 면사악도

快得安隱이라하고 於是에 衆人이 前入化城하여 生已度想하고 生安隱想하더니라.
쾌득안온 어시 중인 전입화성 생이도상 생안온상

爾時에 導師가 知此人衆의 旣得止息하여 無復疲倦한달하고 卽滅化城하고
이시 도사 지차인중 기득지식 무부피권 즉멸화성

語衆人言호대 汝等은 去來어다 寶處가 在近하니라 向者大城은 我所化作이라
어중인언 여등 거래 보처 재근 향자대성 아소화작

爲止息耳하였느니라.
위지식이

이 때, 피로에 지친 사람들이 마음에 크게 환희하여
일찍이 없던 일이라고 찬탄하며,
'우리는 이제 이 험한 길① 모면하고
쾌하고 안온함을 얻었도다.'② 하며,
이에 사람들이 앞에 있는 화성(化城)에 들어가
이미 다 왔다는 생각을③ 내고
편안하다는 생각을④ 내었느니라.

44. 그 때, 인도자는 이 사람들이 이미 휴식을 취해⑤
다시 피로하지 않음을⑥ 알고,
곧 화성을 없애고 사람들에게 말하였느니라.
'너희는 어서 가자. 보배가 있는 곳이 가까우니라.
아까 있던 큰 성은 내가 너희를 쉬게 하고자 지은 것이니라.'
하였느니라.

---

①**험한 길**(惡道) : 악한 길. 구체적으로 지옥, 아귀, 축생의 삼악도를 가리킨다. ②**쾌하고 안온함을 얻음**(快得安隱) : 쾌히 안온함을 얻음. 열반을 얻어 안온한 곳에 이른 일. ③**이미 다 왔다는 생각**(已度想) : 이미 구제되었다는 생각. 이미 안전한 곳에 왔다는 생각. ④**편안하다는 생각**(安隱想) : 안전하다는 생각. 열반의 편안한 것을 얻었다는 생각. ⑤**휴식을 취함**(止息) : 멈추어 쉼. 생사의 고에서 벗어나 이승의 열반에 안주함을 가리킨다. ⑥**다시 피로하지 않음**(無復疲倦) : 화성에 이르고 나니, 전에 피곤하고 싫증났던 것이 다시 일어나지 않았다는 뜻이다.

諸比丘여 如來께서도 亦復如是하시니라 今爲汝等하여 作大導師하여서
제비구 여래 역부여시 금위여등 작대도사

知諸生死 煩惱惡道의 險難長遠에 應去應度하느니라 若衆生이 但聞
지제생사 번뇌악도 험난장원 응거응도 약중생 단문

一佛乘者면 則不欲見佛하고 不欲親近하여 便作是念호대 佛道 長遠하여
일불승자 즉불욕견불 불욕친근 변작시념 불도 장원

久受勤苦하여서 乃可得成이라할새 佛知是心의 怯弱下劣하여 以方便力으로
구수근고 내가득성 불지시심 겁약하열 이방편력

而於中道에 爲止息故로 說二涅槃하시니라.
이어중도 위지식고 설이열반

45. 비구들이여, 여래께서도 이와 같으시니라.

지금 너희를 위하여 대도사(大導師)가 되어,

온갖 생사, 번뇌의 악도(惡道)가 험난하고 멀지만,

응당 가고 응당 건너야 할 바를 아느니라.

즉, 중생이 오직 일불승(一佛乘)만 듣는다면,

부처님을 뵈오려 하지도 아니하고, 친근하려고 하지도 않고서

문득 생각하기를

'불도는 멀고 멀어 오래도록 부지런히 고행한 후에야

성취함을 얻으리라.'

할 것이므로,

부처님께서 그들의 마음이 약하고 졸렬함을 알고,

방편력으로 중도에서 쉬게 하기 위하여

두 가지 열반(성문의 열반과 연각의 열반)을 설하느니라.

若衆生이 住於二地어든 如來는 爾時에 卽便爲說호대 汝等이 所作을 未辦하였노라
약 중 생　주 어 이 지　여 래　이 시　즉 변 위 설　여 등　소 작　미 판

汝所住地 近於佛慧하니 當觀察籌量하라 所得涅槃은 非眞實也이니
여 소 주 지　근 어 불 혜　당 관 찰 주 량　소 득 열 반　비 진 실 야

但是如來의 方便之力으로 於一佛乘에 分別說三호라하노니 如彼導師가
단 시 여 래　방 편 지 력　어 일 불 승　분 별 설 삼　여 피 도 사

爲止息故로 化作大城이라가 旣知息已하고 而告之言호대 寶處 在近하니
위 지 식 고　화 작 대 성　기 지 식 이　이 고 지 언　보 처　재 근

此城은 非實이라 我化作耳니라.
차 성　비 실　아 화 작 이

46. 만약 중생이 이 두 경지에 머무르면,

여래께서는 그 때 곧 그들을 위해 설하느니라.

'너희는 할 일(所作)을 아직 다하지 못하였노라.

너희가 머무른 경지는 부처님 지혜에 가까우니,

마땅히 관하여 밝게 보고 헤아리라.

너희가 얻은 열반은 참다운 열반 아니니,

다만 여래가 방편력으로

일불승을 분별하여 삼승을 설한 바이니라.'

마치 저 인도자가 사람들을 쉬어 가게 하기 위하여

신통력으로 큰 성을 화(化)하여 짓고,

충분히 쉬었음을 안 후에는 그들에게

'보배 있는 곳이 가까우니라.

이 성은 진실이 아니고,

내가 화하여 지었을 뿐이니라.'

고 함과 같으니라."

爾時에 世尊께서 欲重宣此義하사 而說偈言하사대
이시 세존 욕중선차의 이설게언

大通智勝佛께서 十劫을 坐道場호대 佛法이 不現前하여 不得成佛道러시니
대통지승불 십겁 좌도량 불법 불현전 부득성불도

諸天神 龍王과 阿修羅衆等이 常雨於天華하여 以供養彼佛하오며
제천신 용왕 아수라중등 상우어천화 이공양피불

諸天은 擊天鼓하며 幷作衆伎樂하며 香風이 吹萎華하야든 更雨新好者하더니라
제천 격천고 병작중기악 향풍 취위화 갱우신호자

過十小劫已하야사 乃得成佛道어시늘 諸天及世人이 心皆懷踊躍하더니라
과십소겁이 내득성불도 제천급세인 심개회용약

47. 그 때, 세존께서 이 뜻을 거듭 펴시고자
게송으로 이르셨습니다.
"대통지승불이 십 겁 동안 도량에 앉으시되,
불법이 앞에 나타나지 않아 불도를 성취하지 못하시거늘,
여러 천신, 용왕, 아수라 무리가
항상 하늘꽃을 뿌려 저 부처님께 공양하고,
하늘들(諸天神)은 하늘북을 치고
아울러 온갖 기악 울리며,
향기로운 바람이 시든 꽃을 쓸어 가면,
다시 새롭고 좋은 꽃을 내렸느니라.
십 소겁이 지나서야 불도를 이루시니,
하늘과 세상 사람의 마음이 다
뛸 듯이 기뻤느니라.

彼佛十六子가 피불십육자	皆與其眷屬에게 개여기권속	千萬億이 圍繞하사 천만억 위요	俱行至佛所하여 구행지불소
頭面禮佛足하고 두면예불족	而請轉法輪하사오대 이청전법륜	聖師子 法雨로 성사자 법우	充我及一切하시나니 충아급일체
世尊甚難値이사 세존심난치	久遠에사 時一現하사 구원 시일현	爲覺悟群生하사 위각오군생	震動於一切하소서. 진동어일체

48. 저 부처님의 열여섯 왕자가 다
천만억 권속에게 에워싸여
함께 부처님 처소에 이르러
부처님 발에 머리 조아려 예배하고①
법륜 굴리시기를 청하였느니라.
'성사자(聖師子)시여,②
법비를 내리시어 저희와 일체를 흠뻑 적셔 주옵소서.③
세존께는 만나 뵙기 매우 어려워
구원겁에 한 번 출현하시니,④
모든 중생 깨우치시려 일체를 진동시키시옵소서.'

---

① **부처님 발에 머리 조아려 예배함**(頭面禮佛足) : 머리를 발에 대어 절하는 두면예족(頭面禮足)을 가리킨다. ② **성사자**(聖師子) : 성스런 사자. 부처님의 비유. 곧 대통지승여래. ③ **흠뻑 적셔 주옵소서**(充我及一切) : 나와 모든 사람을 채워 주십시오. ④ **구원겁에 한 번 출현하심** : 오랜 겁을 지나야 한 번 세상에 그 모습을 나타내신다는 뜻. '구원겁(久遠劫)'이란 한없이 오랜 옛날.

東方諸世界 五百萬億國에 梵宮殿光曜가 昔所未曾有어늘
동방제세계 오백만억국 범궁전광요 석소미증유

諸梵이 見此相하고 尋來至佛所하여 散華以供養하고 幷奉上宮殿하며
제범 견차상 심래지불소 산화이공양 병봉상궁전

請佛轉法輪하사와 以偈而讚歎하삽거늘 佛知時未至하시고 受請默然坐하시니라
청불전법륜 이게이찬탄 불지시미지 수청묵연좌

三方及四維 上下가 亦復爾하여 散華奉宮殿하고 請佛轉法輪하사오대
삼방급사유 상하 역부이 산화봉궁전 청불전법륜

世尊께서 甚難値시니 願以本慈悲로 廣開甘露門하사 轉無上法輪하소서.
세존 심난치 원이본자비 광개감로문 전무상법륜

49. 동방의 여러 세계 오백만억 국토에 있는
범천왕의 궁전에 비춰진 광명이 예전에 일찍이 없던 바라,
범천왕들이 이 상서를 보고 부처님 처소에 찾아와
꽃을 흩어 공양하고 궁전을 바치며
법륜 굴리시기를 청하고 게송으로 찬탄하였으나,
부처님께서는 때가 이르지 아니했음을 아시고,
청을 받으시고도 잠잠히 앉아 계셨느니라.
남·서·북방과 사유(四維)와 상하(上下)의[①] 범천왕도
이와 같이 꽃을 흩고 궁전을 바치며
부처님께 법륜 굴리시기를 청하였느니라.
'세존께는 만나 뵙기 매우 어렵나이다.
원하옵건대, 본래의 그 자비로 감로문을[②] 활짝 여시어
위없는 법륜(無上法輪)을[③] 굴리시옵소서.' 했느니라.

---

① 남·서·북방과 사유와 상하(三方及四維上下) : 시방 중 동방을 제외한 구방(九方)이니, 남방, 서방, 북방의 세 곳과 동남, 동북, 서남, 서북방의 네 곳과 상, 하방의 두 곳이다. ② 감로문(甘露門) : 감로의 법문. 깨달음, 열반을 비유한 말이다. ③ 위없는 법륜(無上法輪) : 최고의 가르침. 대법문.

無量慧世尊께서 무량혜세존	受彼衆人請하사 수피중인청	爲宣種種法의 위선종종법	四諦十二緣하사대 사제십이연
無明으로 至老死까지 무명 지로사	皆從生緣有하니 개종생연유	如是衆過患을 여시중과환	汝等이 應當知니라하사 여등 응당지
宣暢是法時에 선창시법시	六百萬億姟가 육백만억해	得盡諸苦際하고 득진제고제	皆成阿羅漢하더니라 개성아라한
第二說法時에 제이설법시	千萬恒沙衆이 천만항사중	於諸法不受하여 어제법불수	亦得阿羅漢하더니라 역득아라한
從是後得道도 종시후득도	其數無有量이라 기수무유량	萬億劫算數로 만억겁산수	不能得其邊이니라. 불능득기변

50. 지혜가 한량 없는 세존께서는①
저 여러 사람의 청을 받으시고
갖가지 법과 사제(四諦)와 십이인연을 설하시되,
'무명에서 노사에 이르기까지가
다 태어남으로 말미암아 있음이니,②
이 같은 여러 가지 허물을 너희는 알지어다.' 하셨느니라.
이 법을 설하실 때,③ 육백만억 나유타④ 중생이
모든 고제(苦際)를⑤ 여의고 다 아라한이 되었느니라.
두 번째 설법 때에도 천만 항하사 무리가
온갖 것에 영향받지 않아 또한 아라한이 되었느니라.
이후로 도를 얻은 이 그 수가 한량 없으니,
만억겁을 두고 헤아릴지라도 그 끝을 알지 못하느니라.

---

① 지혜가 한량 없는 세존(無量慧世尊) : 무량한 지혜(덕)를 갖추신 부처님. ② 태어남으로 말미암아 있음(生緣有) : 사물을 발생하게 하는 원인. 인연 따라 생겨남. ③ 설하심(宣暢) : 가르침을 설해 법을 밝힘. ④ 육백만억 나유타(六百萬億姟) : 십조(十兆)를 경(京)이라 하고, 십경(十京)을 해(姟)라 한다. 무수히 많은 수를 의미한다. 앞의 경문에서는 '육백만억 나유타인'이라 했다.

時十六王子가 시십육왕자	出家作沙彌하여 출가작사미	皆共請彼佛하사오대 개공청피불	演說大乘法하소서 연설대승법
我等及營從이 아등급영종	皆當成佛道호리니 개당성불도	願得如世尊의 원득여세존	慧眼第一淨하소서하야늘 혜안제일정
佛知童子心의 불지동자심	宿世之所行하사 숙세지소행	以無量因緣과 이무량인연	種種諸譬喩로 종종제비유
說六波羅蜜과 설육바라밀	及諸神通事하사 급제신통사	分別眞實法인 분별진실법	菩薩所行道하시고 보살소행도
說是法華經 설시법화경	如恒河沙偈하시니라. 여항하사게		

51. 때에, 열여섯 왕자가 출가해 사미가 되어
다 같이 저 부처님께 청했느니라.
'대승법을 설해 주시옵소서.
저희와 저희가 데리고 온 이가①
다 불도를 이루려 하오니,
세존과 같이 제일의 맑은 혜안(慧眼)을② 얻어지이다.'
부처님께서 동자들 마음의 과거세 모양 아시고,
한량 없는 인연과 갖가지 비유로
육바라밀과 모든 신통의 일 설하시어
진실법인 보살의 행할 도를 분별하신 다음,
이 법화경의 항하사 같은 게송을③ 설하셨느니라.

① 데리고 온 이(營從) : 시위하는 사람들과 하인.
② 맑은 혜안(慧眼第一淨) : 부처님 혜안(慧眼)의 으뜸가는 청정. '혜안'은 제법의 진리를 밝게 보는 눈.

<table>
<tr><td>彼佛께서 說經已하시고
피불 설경이</td><td>靜室入禪定하사
정실입선정</td><td>一心一處坐하사
일심일처좌</td><td>八萬四千劫이어시늘
팔만사천겁</td></tr>
<tr><td>是諸沙彌等이
시제사미등</td><td>知佛禪未出하사와
지불선미출</td><td>爲無量億衆하여
위무량억중</td><td>說佛無上慧호대
설불무상혜</td></tr>
<tr><td>各各坐法座하여
각각좌법좌</td><td>說是大乘經하고
설시대승경</td><td>於佛宴寂後에
어불연적후</td><td>宣揚助法化하니라
선양조법화</td></tr>
<tr><td>一一沙彌等의
일일사미등</td><td>所度諸衆生이
소도제중생</td><td>有六百萬億
유육백만억</td><td>恒河沙等衆이러니
항하사등중</td></tr>
<tr><td>彼佛滅度後에
피불멸도후</td><td>是諸聞法者가
시제문법자</td><td>在在諸佛土에
재재제불토</td><td>常與師와 俱生하나니라.
상여사 구생</td></tr>
</table>

52. 저 부처님께서 이 경을 다 설하시고,
고요한 방에서 선정에 드시어
일심으로 한 곳에 앉으시기를① 팔만 사천 겁이러라.
이 사미들 부처님께서 선정에서 나오지 않으실 것을 알고,
한량 없는 억만 중생 위해
부처님의 위없는 지혜 설해 주려고
각기 법좌에 앉아 이 대승경을 설하였고,
저 부처님께서 편안히 선정에 드신② 후에
선양(宣揚)하여 법화(法化)③ 도왔느니라.
하나하나 사미마다 제도한 모든 중생은
육백만억 항하사같이 많았느니라.
저 부처님 멸도하신 후에 이 법을 들은 모든 이는
곳곳의 불국토에 항상 스승과 함께 태어났느니라.

---

① **일심으로 한 곳에 앉음(一心一處坐)** : 선정의 상태에서 한마음으로 한 곳에 앉아 계신 일. '일심(一心)'은 경계에 마음이 동요됨이 없이 한 마음으로 집중하여 삼매에 들어간 것. ② **부처님께서 편안히 선정에 드심(佛宴寂)** : '연(宴)'이란 편안하다는 뜻이니, 편안히 입적함이다. 곧, 대통지승여래께서 편안히 선정에 드신 것을 가리킨다. 경문에서는 적연선정(寂然禪定)이라 했다. ③ **법화(法化)** : 불법의 교화.

是十六沙彌가 具足行佛道하고 今現在十方하여 各得成正覺하였나니라
시 십 육 사 미 구 족 행 불 도 금 현 재 시 방 각 득 성 정 각

爾時聞法者가 各在諸佛所하여 其有住聲聞한이를 漸敎以佛道하시나니라
이 시 문 법 자 각 재 제 불 소 기 유 주 성 문 점 교 이 불 도

我在十六數하여 曾亦爲汝說할새 是故以方便으로 引汝趣佛慧하노라
아 재 십 육 수 증 역 위 여 설 시 고 이 방 편 인 여 취 불 혜

以是本因緣으로 今說法華經하여 令汝入佛道하노니 愼勿懷驚懼하라
이 시 본 인 연 금 설 법 화 경 영 여 입 불 도 신 물 회 경 구

53. 이 열여섯 사미는 불도를 구족하게 행하고
지금은 시방에서 각각 정각을[①] 이룩하였느니라.
그 때 법을 듣던 이들도
각각 모든 부처님 처소에 있게 되어,[②]
그들 중에서 성문에 머물러 있는 이는
점차 불도에 들게 교화하시느니라.
나도 열여섯 왕자의 한 사람으로
일찍이 너희를 위해 설하였으니,
이런 까닭으로 방편으로 너희를 이끌어
불혜(佛慧)에 나아가게 하노라.
이 본래의 인연으로[③] 지금 법화경을 설하여
너희를 불도에 들게 하나니,
놀라고 두려워하지[④] 마라.

---

①정각(正覺) : 바른 깨달음. 부처님의 깨달음. ②각각 모든 부처님 처소에 있게 됨(各在諸佛所) : 십육 보살 사미가 성불해 계신 곳. 이분들로부터 법화경을 들은 제자들이 각각 태어나 제자가 되어 있다는 뜻. ③본래의 인연(本因緣) : 본래의 인연. ④놀라고 두려워함(驚懼) : 놀라고 두려워하는 일.

譬如險惡道	逈絶多毒獸하고	又復無水草한	人所怖畏處에
비여험악도	형절다독수	우부무수초	인소포외처
無數千萬衆이	欲過此險道하더니	其路가 甚曠遠하여	經五百由旬이어늘
무수천만중	욕과차험도	기로 심광원	경오백유순
時有一導師	强識하여 有智慧하며	明了心決定하여	在險濟衆難하더니
시유일도사	강식 유지혜	명료심결정	재험제중난
衆人이 皆疲倦하여	而白導師言호대	我等이 今頓乏하여	於此欲退還하노이다.
중인 개피권	이백도사언	아등 금돈핍	어차욕퇴환

54. 비유컨대, 험악한 길 아득히 먼데,①
사나운 짐승은 많고,
물과 풀도 없어서 공포 자아내는 그 곳을
수없는 천만 대중이 지나고자 하느니라.
그 길은 멀어서 오백 유순이나 되느니라.
이 때, 한 인도자가 있되 많은 학식과② 지혜가 있어,
밝게 통달해서 마음이 굳세어③
험난한 곳에 들어가 온갖 환난을 구제할새,④
사람들이 모두 피로하여 도사께 아뢰기를,
저희들이 지쳐⑤ 이제 되돌아가고자 합니다.

---

①아득히 멂(逈絶) : 멀리 떨어져 있어서 인적이 끊긴 데. ②많은 학식(强識) : 강한 학식이니, 기억력이 강하다는 뜻. ③마음이 굳세어(心決定) : 결단력이 있다는 뜻. ④환난을 구제함(在險濟衆難) : 위험한 곳에 있으면서 사람들의 고난을 건져 준다는 뜻. ⑤지침(頓乏) : 괴롭고 지침.

導師作是念호대 도사작시념	此輩가 甚可愍이로다 차배 심가민	如何欲退還하여 여하욕퇴환	而失大珍寶인가 이실대진보
尋時思方便호대 심시사방편	當設神通力이라하여 당설신통력	化作大城郭하고 화작대성곽	莊嚴諸舍宅하고 장엄제사택
周匝히 有園林과 주잡 유원림	渠流와 及浴池하고 거류 급욕지	重門高樓閣에 중문고루각	男女가 皆充滿케하여 남녀 개충만
卽作是化已하고 즉작시화이	慰衆言호대 勿懼하라 위중언 물구	汝等이 入此城하면 여등 입차성	各可隨所樂이라하니 각가수소락
諸人旣入城하여 제인기입성	心皆大歡喜하고 심개대환희	皆生安隱想하여 개생안온상	自謂已得度어늘 자위이득도

55. 인도자가 생각하되, '이 무리가 매우 불쌍하도다.
어찌 되돌아가 진기한 보배를 잃으려 하는가?' 하고,
곧 방편을 생각하되, '마땅히 신통력을 베풀리라.' 하고,
화(化)하여 큰 성곽(城郭)을 지어[①] 집들을 장엄히 꾸미고,
주위에는 원림과 흐르는 시내와[②] 목욕하는 못이 있으며,
안팎 대문이 달린 높은 누각에는[③]
남녀가 가득 차게 하느니라.
이와 같이 화해 만들어 놓고[④] 대중들에게 위로하여[⑤] 말하되,
'두려워하지 마라. 너희가 이 성에 들어가면,
각자의 뜻대로 즐기리라.'[⑥] 하니,
모든 사람이 성에 들어가 다 마음이 크게 환희하고,
다 안온하다는 생각을 내어
스스로 이미 제도되었다고 여기느니라.

① 화하여~지어(化作) : 신통력으로 만들어 내는 일. ② 흐르는 시내(渠流) : 큰 시내. 큰 물길. ③ 안팎 대문이 달린 높은 누각(重門高樓閣) : '중문(重門)'이란 몇 겹으로 된 문이고, '누각(樓閣)'은 여러 층으로 되어 있는 전각. ④ 화해 만들어 놓고(作是化已) : '환술로 만들어 놓고'의 뜻. ⑤ 대중들에게 위로함(慰衆) : 생사의 번뇌로 지친 대중들에게 방편에 의하여 열반의 설법을 마치고 위로함을 뜻한다. ⑥ 각자의 뜻대로 즐기리라(各可隨所樂) : 바라는 바대로 마음대로 할 수 있다는 말. 성에 그대로 취해 머무르거나, 혹은 성을 나서서 보배 있는 곳으로 떠나든지, 일단 화성에 들어가면 마음대로 할 수 있다는 뜻이다.

導師知息已하고 集衆而告言호대 汝等은 當前進하라 此是化城耳니라
도사지식이 집중이고언 여등 당전진 차시화성이

我見汝컨대 疲極하여 中路에 欲退還할새 故以方便力으로 權化作此城하였나니
아견여 피극 중로 욕퇴환 고이방편력 권화작차성

汝今勤精進하여 當共至寶所리라. 我亦復如是하여 爲一切導師하야서
여금근정진 당공지보소 아역부여시 위일체도사

見諸求道者 中路而懈廢하여 不能度生死 煩惱 諸險道할새
견제구도자 중로이해폐 불능도생사 번뇌 제험도

故以方便力으로 爲息說涅槃호대 言汝等이 苦滅하고 所作皆已辦이라하니라.
고이방편력 위식설열반 언여등 고멸 소작개이판

56. 도사는 충분히 쉰 줄을 알고, 사람들을 모아 이르기를,
'너희는 마땅히 앞으로 나아갈지니라.
여기 이것은 조화로 만든 성일 뿐이니라.
너희가 지쳐 중도에 되돌아가려고 하기에,
내가 방편력(方便力)으로 이 성을 화(化)해 지었노라.
너희가 부지런히 나아가면,①
응당 보배가 있는 곳에② 이르게 되리라.' 하였느니라.

57. 나도 또한 이와 같으니, 일체의 도사가 되어
도를 구하는 자가 중도에 게을러져③
생사, 번뇌의 험한 길을 건너지 못함을 보고,
방편력으로 쉬게 하려고 열반을 설하되,
'너희가 고를 멸하고 할 일을 이미 마쳤다.'고④ 했느니라.

---

① 너희가 부지런히 나아감(汝今勤精進) : 너희는 이제 부지런히 정진하라는 뜻. 부지런히 일불승도를 닦음을 가리킨다. ② 보배가 있는 곳(寶所) : 대승의 구경, 여래의 보배가 있는 곳. ③ 게을러져(懈廢) : 게으름 피워 수행을 그만두는 일. 뜻을 버리는 일. ④ 할 일을 이미 마침(所作皆已辦) : 해야 할 일을 이미 다 마침. 도 닦는 일을 다 마침.

既知到涅槃하여 皆得阿羅漢하고사 爾乃集大衆하여 爲說眞實法하노라
기지도열반 개득아라한 이내집대중 위설진실법

諸佛 方便力으로 分別說三乘하시나니 唯有一佛乘이언마는 息處 故說二하시니라
제불 방편력 분별설삼승 유유일불승 식처 고설이

今爲汝說實하노니 汝所得은 非滅이니 爲佛一切智하여 當發大精進하라
금위여설실 여소득 비멸 위불일체지 당발대정진

汝가 證一切智 十力等佛法하여 具三十二相하여서 乃是眞實滅이니라
여 증일체지 십력등불법 구삼십이상 내시진실멸

諸佛之導師 爲息 說涅槃하시고 既知是息已하시고 引入於佛慧하시나니라
제불지도사 위식 설열반 기지시식이 인입어불혜

58. 이미 열반에 이르러 다 아라한과를 얻은 줄 알므로,
이에 대중을 모아 진실한 법을 설하노라.
모든 부처님은 방편력으로 분별하여 삼승을 설하시나,
오직 일불승만 있을 뿐,
쉬게 하려고① 이승(二乘)을 설하시니라.
지금 너희를 위하여 진실을 설하노니,
너희가 얻은 것은 참열반(멸도)이 아니니,
부처님의 일체지(一切智)를 얻기 위해
마땅히 크게 정진을 일으킬지어다.
너희가 일체지와 십력(十力)② 등 부처님의 법을 증득하여
성스러운 삼십이상을③ 갖추어야 진실한 열반(滅)이니라.
도사이신 제불께서는 쉬게 하려고 열반을 설하시나니,
이미 쉬기를 마쳤음을 아시고, 불혜에 끌어들이시느니라."

---

① 쉬게 함(息處) : 쉬면서 한 곳에 머무름. ② 십력(十力) : 여래께서 갖춘 열 가지 지혜의 힘. 부처님 십팔불공법(十八不共法) 중의 열 가지. 첫째, 도리와 도리가 아닌 것을 확실히 아시는 힘(處非處智力)에서부터, 열째 번, 스스로 모든 번뇌가 다하여 후생을 받지 않음과 다른 사람의 번뇌 끊는 것을 아시는 힘(漏盡智力)까지 열 가지. ③ 삼십이상(三十二相) : 부처님의 몸에 나타난 거룩한 용모 서른두 가지. 첫째, 발 밑이 땅에 안주하여 밀착된 것(足下安平立相)부터, 서른둘째 번, 백호상(白毫相)까지. 이 상호는 수많은 거룩한 공덕과 복을 닦아 이루어진 것이라 한다. 여기에 보다 미세한 훌륭한 모습을 팔십종호(八十種好)라고 한다.

오백제자수기품 제8(五百弟子授記品 第八)

爾時에 富樓那彌多羅尼子가 從佛하와 聞是智慧方便으로 隨宜說法하오며
이시 부루나미다라니자 종불 문시지혜방편 수의설법
又聞授諸大弟子 阿耨多羅三藐三菩提記하며 復聞宿世因緣之事하오며
우문수제대제자 아누다라삼먁삼보리기 부문숙세인연지사
復聞諸佛께서 有大自在神通之力하고 得未曾有하여 心淨踊躍하여 卽從座起하여
부문제불 유대자재신통지력 득미증유 심정용약 즉종좌기
到於佛前하여 頭面禮足하고 却住一面하여 瞻仰尊顔하와 目不暫捨하와
도어불전 두면예족 각주일면 첨앙존안 목불잠사
而作是念호대
이작시념

1. 그 때, 부루나미다라니자(富樓那彌多羅尼子)는① 부처님께서
지혜의 방편으로 근기에 따라 설법하심을 듣잡고,
또 대제자들에게 아누다라삼먁삼보리를 수기하심을② 듣잡고,
다시 숙세(宿世) 인연의 일을 듣잡고,
그리고 제불(諸佛)께서 대자재한 신통력이 있음을 듣잡고,
일찍이 없었던 일을 얻음이라 하여 마음이 맑아지고
기쁨이 넘쳐③ 곧 자리에서 일어나 부처님 앞에 이르러,
머리를 조아려 발에 예배하고 물러나 한쪽에 머물러
존안을 우러러 시선을 잠시도 떼지 않고④
이런 생각을 했습니다.

---

① **부루나미다라니자**(富樓那彌多羅尼子, pūrṇamāitrayaṇīputra) : 마이트라야나족의 여인의 아들 부루나라는 뜻. 만원자(滿願子), 만자자(滿慈子), 만원(滿願), 만자(滿慈)라고 의역한다. 제1품(서품)에서 부처님 십대 제자의 한 분인 설법제일(說法第一) 성문(聲聞)으로 등장했는데, 그 동안 법을 듣고 근기가 성숙하여 이 품에 이르러 비로소 미혹이 제거되므로, 법명여래(法明如來)로 성불할 것을 수기하신다. ② **아누다라삼먁삼보리를 수기**(阿耨多羅三藐三菩提記) : 최고의 깨달음(무상정등정각)을 얻으리라는 예언. 성불의 예언. ③ **기쁨이 넘쳐**(踊躍) : 뛸 듯이 기뻐함을 가리킨다. ④ **시선을 잠시도 떼지 않고**(目不暫捨) : 존경하는 마음이 깊어 부처님의 존귀하신 상호를 우러러보아 잠시도 한눈 팔지 않는다는 뜻이다.

世尊께서는 甚奇特하시고 所爲希有하사 隨順世間에 若干種性하사 而方便知見으로
세존 심기특 소위희유 수순세간 약간종성 이방편지견

而爲說法하사 拔出衆生의 處處貪著하시나니 我等이 於佛功德에 言不能宣이로소니
이위설법 발출중생 처처탐착 아등 어불공덕 언불능선

唯 佛世尊이사 能知我等의 深心本願하시나니이다.
유 불세존 능지아등 심심본원

'세존께서는 매우 거룩하시고,
하시는 일이 희유하시며,
세간의 중생 성품을① 따라
방편 지견(知見)으로② 법을 설하시어
중생이 곳곳마다 탐착함을 빼내어 주시니,
저희는 부처님의 공덕에 대하여
말로 다 나타낼 수 없나이다.
오직 부처님 세존만이
저희의 깊은 마음 속 본원(本願)을③ 아시나이다.'

---

①중생 성품(若干種性) : 중생의 여러 가지 소질. 갖가지 근기. ②방편 지견(方便知見) : 방편의 지혜를 가리킨다. ③깊은 마음 속 본원(深心本願) : 나와 대중들이 깊은 마음에서 부처가 되어 중생을 구하겠다고 한 본래의 큰 서원. '본원(本願)'이란 불보살들이 과거세에 일체 중생을 구하겠다고 세우신 서원을 가리킨다.

爾時에 佛告諸比丘하사대 汝等이 見是富樓那彌多羅尼子아 不아 我常稱
이시 불고제비구 여등 견시부루나미다라니자 부 아상칭

其於說法人中에 最爲第一이며 亦常歎其種種功德호대 精勤護持
기어설법인중 최위제일 역상탄기종종공덕 정근호지

助宣我法하여 能於四衆에 示教利喜하여 具足解釋佛之正法하여 而大饒
조선아법 능어사중 시교리희 구족해석불지정법 이대요

益同梵行者하나니라 自捨如來코 無能盡其言論之辯하니라.
익동범행자 자사여래 무능진기언론지변

2. 그 때, 부처님은 비구들에게 이르셨습니다.
"너희는 이 부루나미다라니자를 보느냐?
나는 항상 그를 설법자 중에서 제일이라 말하고,
또 항상 그의 여러 가지 공덕을 찬탄하였느니라.
나의 법에 부지런히 정진하여 지키고 도와 펴서[①]
능히 사부 대중에게 법을 보여
가르쳐 격려하고 기쁘게 하여,[②]
부처님의 정법(正法)을 고루 갖추어 해석함으로써
함께 범행(梵行)을 닦는 동반에게[③] 큰 이익(饒益)을 주느니라.
그의 언론의 변재(辯才)는 여래를 제외하고
당할 자 없느니라.

① **도와 펴서(助宣)** : 부처님의 교화를 도와 설법해 주는 일. ② **보여 가르쳐 격려하고 기쁘게 함(示教利喜)** : '보임(示)'은 중생에게 생사, 열반, 삼승, 육바라밀 등의 법을 보이는 일. '교(教)'는 악을 물리치고 선을 행하도록 가르치는 일. '이(利)'는 가르침의 이익을 설해 줌으로써 중생을 인도하여 고에서 벗어나게 하는 일. '희(喜)'는 수행하는 바를 따라 칭찬해 주어 기쁘게 해 주는 일을 가리킨다. ③ **함께 범행을 닦는 동반(同梵行者)** : 청정한 수행을 같이 닦는 사람들. 도반(道伴).

汝等은 勿謂富樓那 但能護持助宣我法이라하라 亦於過去九十億諸佛所에도
여 등　물 위 부 루 나　단 능 호 지 조 선 아 법　역 어 과 거 구 십 억 제 불 소

護持助宣佛之正法하여 於彼說法人中에 亦最第一이며 又於諸佛所說空法에
호 지 조 선 불 지 정 법　어 피 설 법 인 중　역 최 제 일　우 어 제 불 소 설 공 법

明了通達하고 得四無礙智하여 常能審諦하여 淸淨說法호대 無有疑惑하고
명 료 통 달　득 사 무 애 지　상 능 심 제　청 정 설 법　무 유 의 혹

具足菩薩神通之力하여 隨其壽命하여 常修梵行하거든 彼佛世人이 咸皆謂
구 족 보 살 신 통 지 력　수 기 수 명　상 수 범 행　피 불 세 인　함 개 위

之實是聲聞이라하더니라.
지 실 시 성 문

3. 너희는 부루나가 나의 법만 지키고
도와 편다고 여기지 마라.
그는 과거 구십억의 모든 부처님 처소에서도
부처님의 정법을 지키고 도와 펴서
그 때의 설법자 중에서도 제일이었으며,
또 제불이 설하신 공(空)의 도리도[①] 밝게 통달했고,
사무애지(四無礙智)를[②] 얻어서
항상 잘 살피어 명백하고 청정하게 설법하여 의혹됨이 없고,
보살의 신통력을 갖추어
그 수명이 다하도록 항상 맑은 행을 닦으니,
저 부처님 세상 사람들이 다 일러
'참다운 성문이라.' 하였느니라.

---

①공의 도리(空法) : 제법의 실체는 본래 공하여 생각이나 분별을 떠나 있는 도리. ②사무애지(四無礙智) : 사무애변(四無礙辯)이라고도 한다. 자유자재하고 막힘없이 설하여 이해시키는 능력. 가르침에 대하여 막힘이 없는 법무애(法無礙)와, 가르침이 나타난 도리에 대하여 막힘이 없는 의무애(義無礙)와, 여러 가지 언어에도 막힘없이 설하는 사무애(辭無礙)와, 앞의 세 가지 지혜로 설하여 막힘이 없는 요설무애(樂說無礙)이다.

而富樓那는 以斯方便으로 饒益無量百千衆生하고 又化無量阿僧祇人하여
이부루나 이사방편 요익무량백천중생 우화무량아승지인

令立阿耨多羅三藐三菩提케하더니라 爲淨佛土故로 常作佛事하여 教化衆生하더니라
영립아누다라삼먁삼보리 위정불토고 상작불사 교화중생

諸比丘여 富樓那는 亦於七佛 說法人中에 而得第一이며 今於我所說法人中에
제비구 부루나 역어칠불 설법인중 이득제일 금어아소설법인중

亦爲第一이며 於賢劫中當來諸佛의 說法人中에도 亦復第一이리라 而皆護持
역위제일 어현겁중당래제불 설법인중 역부제일 이개호지

助宣佛法하리라.
조선불법

부루나는 이러한 방편으로
한량 없는 백천 중생을 요익하게 하고,
또 한량 없는 아승지 사람을 교화하여
아누다라삼먁삼보리를 일으키게 하였느니라.
그리고 불국토를 청정히 하기 위하여
항상 불사(佛事)를 지으며 중생을 교화하였느니라.

4. 비구들이여, 부루나는 또 과거 칠불(七佛)① 때에도
설법자 중에서 제일이었고,
지금 나의 처소에서도 설법자 중에서 제일이며,
현겁(賢劫)② 중 당래(當來) 모든 부처님의
설법자 중에서도 제일이어서, 불법을 다 지키고 도와 펴리라.

---

①과거 칠불(七佛) : 과거(過去)의 칠불(七佛)이란, 비바시불(毘婆尸佛), 시기불(尸棄佛), 비사부불(毘舍浮佛), 구류손불(拘留孫佛), 구나함모니불(拘那含牟尼佛), 가섭불(迦葉佛), 석가모니불(釋迦牟尼佛)이다. 이 중에서 앞의 세 분을 과거 장엄겁(莊嚴劫)의 삼불(三佛)이라 하고, 뒤의 네 분을 현재 현겁(賢劫)의 사불(四佛)이라 한다. ②현겁(賢劫) : 인현겁(仁賢劫). 현재의 일대겁(一大劫)을 가리킨다. 현재의 일대겁 중에는 천불 내지 천오백불께서 나타나신다는 설이 있으므로, 찬탄하여 현겁 또는 선겁(善劫)이라 한다. 과거불의 시대를 장엄겁(莊嚴劫), 미래불의 시대를 성수겁(星宿劫)이라 하고, 현재불의 시대를 현겁이라 한다.

亦於未來에도 護持助宣無量無邊諸佛之法하여 教化饒益無量衆生하여
역어미래 호지조선무량무변제불지법 교화요익무량중생

令立阿耨多羅三藐三菩提케하리라. 爲淨佛土故로 常勤精進하며 教化衆生하여
영립아누다라삼먁삼보리 위정불토고 상근정진 교화중생

漸漸具足菩薩之道하여 過無量阿僧祇劫호대 當於此土에서 得阿耨多羅
점점구족보살지도 과무량아승지겁 당어차토 득아누다라

三藐三菩提하여 號曰法明 如來 應供 正遍知 明行足 善逝 世間解
삼먁삼보리 호왈법명 여래 응공 정변지 명행족 선서 세간해

無上士 調御丈夫 天人師 佛 世尊이라하리라.
무상사 조어장부 천인사 불 세존

그리고 미래에도 한량 없고 가없는
모든 부처님의 법을 지키고 도와 펴,
한량 없는 중생을 교화하여 요익하게 하고,
아누다라삼먁삼보리를 일으키게 하리라.

5. 불국토를 청정히 하기 위하여
항상 부지런히 정진하며, 중생을 교화하여
점차 보살도를[1] 갖춘 다음,
한량 없는 아승지겁을 지나
마땅히 이 땅에서 아누다라삼먁삼보리를 얻으리니,
이름은 법명여래(法明如來),[2] 응공, 정변지, 명행족, 선서,
세간해, 무상사, 조어장부, 천인사, 불세존이라 하리라.

---

① 보살도(菩薩道) : 보살의 수행. 자리(自利)와 이타(利他)를 겸하면서 이타에 더 중점을 둔다. ② 법명여래(法明如來) : 부루나 존자가 수행을 쌓을 때(因地), 무수한 겁과 무수한 법문을 환하게 통달하고 불과를 얻게 되었으므로 법명(法明)이라 하였다.

其佛은 以恒河沙等의 三千大千世界로 爲一佛土하리라 七寶로 爲地하고
기불 이항하사등 삼천대천세계 위일불토 칠보 위지

地平如掌하여 無有山陵谿澗溝壑하고 七寶臺觀이 充滿其中하고 諸天宮殿이
지평여장 무유산릉계간구학 칠보대관 충만기중 제천궁전

近處虛空하여 人天이 交接하여 兩得相見하며 無諸惡道하며 亦無女人하고
근처허공 인천 교접 양득상견 무제악도 역무여인

一切衆生이 皆以化生하여 無有婬欲하리라.
일체중생 개이화생 무유음욕

그 부처님께서는 항하사 같은 삼천 대천세계를
한 불국토로 하리라.
칠보로[①] 땅을 이루고, 땅이 평탄하기가 손바닥 같아,
산과 언덕, 시내와 구렁창이 없고,
칠보로 된 누대(樓臺)가[②] 그 가운데에 가득하고,
제천(諸天)의 궁전이 가까운 허공에 있어서
사람과 하늘(天神)이 인접하여[③] 서로 볼 수 있으며,
모든 악도(惡道)가 없고 여인도 없어,
일체 중생이 화생(化生)하여[④] 음욕이[⑤] 없느니라.

---

① **칠보(七寶)** : 금, 은, 유리, 자거, 마노, 진주, 매괴의 일곱 가지 보물. ② **누대(臺觀)** : '대(臺)'는 땅이 높이 돋아 있어 주위를 조망하기 좋은 곳이고, '관(觀)'은 사방을 둘러보는 망루라는 뜻이니, 높은 곳에 세운 누각. 누대(樓臺). ③ **사람과 하늘이 인접함** : 사람과 천인이 서로 오가는 일. 곧, 사람이 선을 닦으면 천상에 태어날 수 있고, 제천도 덕을 다 소비하고 강등되면 인간 세상으로 내려오게 되는 것을 가리킨다. ④ **화생(化生)** : 사생(四生)의 하나. 낳는 자 없이 업력에 의해서 홀연히 태어나는 일. 제천과 지옥의 중생, 중유(中有)의 중생이 이에 속한다. ⑤ **음욕(婬欲)** : 음탕한 욕망.

得大神通하여 身出光明하고 飛行自在하며 志念이 堅固하고 精進智慧하며
득대신통 신출광명 비행자재 지념 견고 정진지혜
普皆金色이라 三十二相으로 而自莊嚴하리라 其國衆生은 常以二食하리니
보개금색 삼십이상 이자장엄 기국중생 상이이식
一者는 法喜食이요 二者는 禪悅食이리라. 有無量阿僧祇千萬億那由他
일자 법희식 이자 선열식 유무량아승지천만억나유타
諸菩薩衆호대 得大神通과 四無礙智하여 善能教化衆生之類하리라.
제보살중 득대신통 사무애지 선능교화중생지류

대신통을 얻어 몸에서 광명이 나고,
날아다니기를 자재로이 하며,
뜻과 생각이 견고해서 지혜에 정진하며,
모두 다 금색이요, 삼십이상으로 스스로 장엄하리라.
그 나라의 중생은 항상 두 가지로 음식을 삼으리니,
첫째는 법희식(法喜食)이요,[①] **둘째**는 선열식(禪悅食)이니라.[②]

6. 한량 없는 아승지 천만억 나유타 보살이 있어,
대신통과 사무애지(四無礙智)를 얻어서
능히 중생을 잘 교화하리라.

① 법희식(法喜食) : 법을 듣고 기뻐하여 마음의 만족을 느끼면, 선근이 자라나 혜명(慧命)을 유지한다. 이를 마치 음식을 먹어 수명을 유지하는 것으로 비유한 말. ② 선열식(禪悅食) : 부처님의 선정에 들면 적정(寂靜)의 낙(樂)이 있어서 안온한 즐거움을 얻으므로, 이를 음식에 비유한 말.

其聲聞衆은 算數校計의 所不能知리니 皆得具足六通 三明 及八解脫하리라.
기성문중 산수교계 소불능지 개득구족육통 삼명 급팔해탈

其佛國土는 有如是等 無量功德으로 莊嚴成就하리라 劫名은 寶明이요 國名은
기불국토 유여시등 무량공덕 장엄성취 겁명 보명 국명

善淨이리라 其佛 壽命은 無量阿僧祇劫이오 法住甚久하리라 佛滅度後에
선정 기불 수명 무량아승지겁 법주심구 불멸도후

起七寶塔하여 徧滿其國하리라.
기칠보탑 변만기국

그의 성문 대중은 산수로 헤아릴지라도 알 수 없으리니,
다 육통과 삼명과① 팔해탈을② 고루 갖추리라.
그 불국토는
이와 같은 한량 없는 공덕으로 장엄되고 성취하리라.
겁의 이름은 보명(寶明)이고,③
나라 이름은 선정(善淨)이라④ 하리라.
그 부처님의 수명은 한량 없는 아승지겁이요,
법의 머무름도 매우 오래 가리라.
그 부처님이 멸도 후에는 칠보탑을 세워
그 나라에 가득 차리라."

---

① **육통과 삼명**(六通三明) : '육통(六通)'은 육신통이다. 마음대로 어디든지 갈 수 있다는 신족통(神足通), 미래까지 볼 수 있는 능력인 천안통(天眼通), 보통 사람이 들을 수 없는 소리까지도 들을 수 있는 능력인 천이통(天耳通), 남의 생각을 알 수 있는 능력인 타심통(他心通), 과거세의 일까지 알 수 있는 능력인 숙명통(宿命通), 번뇌를 제거하는 능력인 누진통(漏盡通)이다. '삼명(三明)'이란 이 중에서 숙명명, 천안명, 누진명을 가리킨다. ② **팔해탈**(八解脫) : 팔배사(八背捨)라고도 한다. 삼계의 고에서 벗어나는 여덟 가지 선정(앞의 주 참조). ③ **보명**(寶明) : 보배가 많고 또 밝게 빛난다는 뜻인데, 그 겁에는 법보(法寶)가 원융하여 밝기 때문에 오탁(五濁)을 찾아볼 수 없으므로 이와 같이 이름 붙여졌다. ④ **선정**(善淨) : 부루나의 청정한 설법으로 그 국토에는 선한 사람이 많고, 또 청정하기 때문이다.

爾時에 世尊께서 欲重宣此義하사 而說偈言하사대
이시 세존 욕중선차의 이설게언

諸比丘는 諦聽하라 佛子所行道는 善學方便故로 不可得思議니
제비구 제청 불자소행도 선학방편고 불가득사의

知衆의 樂小法하시어 而畏於大智할새 是故諸菩薩이 作聲聞 緣覺하여
지중 낙소법 이외어대지 시고제보살 작성문 연각

以無數方便으로 化諸衆生類호대 自說是聲聞이 去佛道 甚遠호라하여
이무수방편 화제중생류 자설시성문 거불도 심원

度脫無量衆하여 皆悉得成就하나니라 雖小欲懈怠하나 漸當令作佛이니라.
도탈무량중 개실득성취 수소욕해태 점당령작불

7. 그 때, 세존께서 이 뜻을 거듭 펴시고자
게송으로 말씀하셨습니다.
"비구들이여, 잘 들을지어다.
불자가 행하는 도는 방편을 잘 배우는 까닭으로,
사의(思議)하기 어려우니라.
사람들이 소승법을① 좋아해
큰 지혜를② 두려워함을 잘 아나니,
그러므로 보살들이 짐짓 성문과 연각이 되어
수없는 방편으로 중생을 교화하되,
스스로 '성문이라, 불도에 나아가기 매우 멀다.'고 말하여,
한량 없는 중생을 제도하여 해탈케 해 불도 성취시키느니라.
비록 작은 것을 희망하고 게으른③ 자일지라도
점차로 닦아 성불하게 하느니라.

---

① 소승법(小法) : 열등한 가르침, 곧 소승(小乘). ② 큰 지혜(大智) : 부처님의 지혜, 곧 대승(大乘)의 지혜. ③ 작은 것을 희망하고 게으름(小欲懈怠) : '소욕(小欲)'은 바라는 것이 적은 것, 곧 소승을 구하는 일이다. '해태(懈怠)'는 게으름 피우는 일, 곧 대승으로부터 퇴전하는 것을 나타낸다.

內秘菩薩行하고 外現是聲聞하여 少欲 厭生死호대 實自淨佛土니라
내비보살행 외현시성문 소욕 염생사 실자정불토

示衆有三毒하고 又現邪見相하니라 我弟子 如是히 方便으로 度衆生하나니라
시중유삼독 우현사견상 아제자 여시 방편 도중생

若我 具足說 種種現化事하면 衆生聞是者 心則懷疑惑하리라.
약아 구족설 종종현화사 중생문시자 심즉회의혹

今此富樓那는 於昔千億佛에 勤修所行道하여 宣護諸佛法하며
금차부루나 어석천억불 근수소행도 선호제불법

안으로 보살행 감추고 겉으로는 성문 모양 나타내어,
작은 것을 희망하고 생사를 싫어하지만,①
실은 스스로 불국토를 청정하게 함이니라.②
그리고 중생에게 삼독(三毒)이 있다고 보이고,
또는 사견상(邪見相)을③ 나타내기도 하느니라.
나의 제자는 이 같은 방편으로 중생을 제도하느니라.
만일 내가 갖가지로 몸 나툼(現化)의 일을④ 다 설한다면,
이를 들은 중생은 마음에 의혹을 품으리라.

8. 지금 이 부루나는 옛적에 천억 부처님 처소에서
행할 도를 부지런히 닦고,
모든 부처님의 법을 펴고 지키며,

---

①**생사를 싫어함**(厭生死) : 생사를 싫어해 버리는 일. 소승은 바라는 바가 적어서 이승의 열반만 구한다는 뜻. ②**불국토를 청정하게 함**(自淨佛土) : 중생들을 교화하여 불국토를 장엄하게 하는 일. ③**사견상**(邪見相) : 그릇된 견해에 빠진 모습. ④**몸 나툼의 일**(現化事) : 불보살이 변화해서 몸을 나타내는 일. 곧, 화신(化身).

爲求無上慧하여 而於諸佛所에 現居弟子上하여 多聞有智慧하여
위구무상혜 이어제불소 현거제자상 다문유지혜

所說이 無所畏하야 能令衆歡喜호대 未曾有疲倦하여 而以助佛事하나니라
소설 무소외 능령중환희 미증유피권 이이조불사

已度大神通하고 具四無礙智하며 知諸根利鈍하여 常說淸淨法하여
이도대신통 구사무애지 지제근리둔 상설청정법

演暢如是義하여 敎諸千億衆하여 令住大乘法하여 而自淨佛土하나니라
연창여시의 교제천억중 영주대승법 이자정불토

위없는 지혜를[1] 구하기 위하여
제불(諸佛)의 처소에서 높은 제자로 있으면서[2]
많이 들어 지혜 나타내고
설법에 두려움이 없어서 듣는 중생을 환희케 하되,
일찍이 지칠 줄 모르면서 부처님의 일을 도왔느니라.
이미 대신통을 얻고 사무애지를 갖추어,
중생의 근기가 총명하고 둔함을[3] 알아서
항상 청정한 법을 설함으로써
이 같은 뜻을 밝게 설하여[4] 천억 중생을 가르쳐
대승법에 머무르게 하여
스스로 불국토를 청정하게 하였느니라.

---

①**위없는 지혜**(無上慧) : 최고의 지혜. 부처님의 지혜. ②**높은 제자로 있음**(現居弟子上) : 부처님 계신 곳에서 설법제일로서 일체 제자의 수제자(首弟子)로 있으면서 교화를 편 일. ③**근기가 총명하고 둔함**(諸根利鈍) : 근기가 뛰어나고 열등함. 이근(利根)과 둔근(鈍根). ④**밝게 설함**(演暢) : 청정한 묘법의 뜻을 밝게 유통시키는 일.

未來에도 亦供養 미 래 역공양	無量無數佛하여 무량무수불	護助宣正法하여 호조선정법	亦自淨佛土하고 역자정불토
常以諸方便으로 상이제방편	說法無所畏하며 설법무소외	度不可計衆하여 도불가계중	成就一切智하리라. 성취일체지
供養諸如來하여 공양제여래	護持法寶藏하다가 호지법보장	其後에 得成佛하면 기후 득성불	號名曰法明이요 호명왈법명
其國名善淨이리니 기국명선정	七寶所合成이며 칠보소합성	劫名爲寶明이리라. 겁명위보명	

미래에도 한량 없고 수없는 부처님을 공양하고,
정법을 지키고 도와 펴서 스스로 불국토를 깨끗이 하고,
항상 모든 방편으로 설법하되 두려울 바가 없으며,
헤아릴 수 없이 많은 중생을[1] 제도해
일체지를 성취시키리라.

9. 여러 여래께 공양하고, 법보장(法寶藏)을[2] 지키다가,
그 후에 성불하면 이름을 법명(法明)이라 하고,
그 나라 이름은 선정(善淨)이리니,
칠보를 합해 이룩되었느니라.
겁의 이름은 보명(寶明)이니라.

---

① 헤아릴 수 없이 많은 중생(不可計衆) : 많은 무리의 중생. 제도한 중생이 무량하다는 뜻. ② 법보장(法寶藏) : 부처님의 가르침이라는 보고(寶庫), 곧 법보(法寶).

菩薩衆이 甚多하여 其數 無量億이고 皆度大神通하여 威德力이 具足하여
보살중 심다 기수 무량억 개도대신통 위덕력 구족

充滿其國土하리라 聲聞도 亦無數호대 三明 八解脫과 得四無礙智한
충만기국토 성문 역무수 삼명 팔해탈 득사무애지

以是等으로 爲僧하리라 其國諸衆生은 婬欲이 皆已斷하여 純一變化生하여
이시등 위승 기국제중생 음욕 개이단 순일변화생

具相莊嚴身하고 法喜禪悅食하고 更無餘食想하리라 無有諸女人하고
구상장엄신 법희선열식 갱무여식상 무유제여인

亦無諸惡道하리라 富樓那比丘는 功德悉成滿하고 當得斯淨土호대
역무제악도 부루나비구 공덕실성만 당득사정토

賢聖衆이 甚多하리라 如是無量事를 我今但略說하노라.
현성중 심다 여시무량사 아금단략설

보살이 매우 많아 그 수는 무량억이고,
다 대신통을 지나서 위덕의 힘을 구족한 이가
그 국토에 가득 차리라.
성문 또한 무수하되,
삼명과 팔해탈과 사무애지를 얻은 이들로 승려(僧寶)가① 되리라.
그 나라 중생은 음욕이 이미 다 끊어져,
순일(純一)한 변화로 화생(化生)하여② 상호를 갖추어 몸을 장엄하고,
법희(法喜)와 선열(禪悅)로 음식을 삼고,
다른 음식 생각은 없으리라.
여인이 없고, 또 악도가 없으리라.
부루나 비구는 공덕을 다 성취해 마치고
이런 정토를 얻되, 현성(賢聖)③ 대중이 매우 많으리라.
이렇게 한량 없는 일을 나는 지금 줄여서 설하였노라."

---

①승려(僧寶) : 불교 교단의 승가(僧伽)를 의미한다. ②변화로 화생함(變化生) : 곧, 화생(化生). 업력으로 홀연히 태어나는 일. 천상, 지옥과 겁초(劫初)의 인생이 화생으로 태어난다고 함.

③현성(賢聖) : 보살(십주 이상 십회향위를 현인, 십지 이상을 성인위)과 성문, 인, 천의 무리를 가리킨다.

爾時에 千二百阿羅漢心自在者가 作是念호대 我等이 歡喜하여 得未曾有호니
이시 천이백아라한심자재자 작시념 아등 환희 득미증유

若世尊께서 各見授記하사대 如餘大弟子者시면 不亦快乎아하더니 佛知此等
약세존 각견수기 여여대제자자 불역쾌호 불지차등

心之所念하사 告摩訶迦葉하사대 是千二百阿羅漢을 我今에 當現前에서
심지소념 고마하가섭 시천이백아라한 아금 당현전

次第與授阿耨多羅三藐三菩提記호리라.
차제여수아누다라삼먁삼보리기

10. 그 때, 마음이 자재한①

천이백 아라한들이 생각했습니다.

'우리는 환희하여 일찍이 없던 것을 얻었으니,

만약 세존께서 각각 우리에게 수기하시되,

다른 대제자의 경우와 같이 하신다면,

또한 쾌하지 아니하랴.'라고.②

부처님께서는 이들이 생각하는 바를 아시고

마하가섭에게 이르셨습니다.

"이 천이백의 아라한에게

내가 지금 현전(現前)에서③

차례로④ 아누다라삼먁삼보리의 수기를 하리라.

---

① 마음이 자재함(心自在) : 모든 장애에서 벗어나 마음이 걸림없이 자유로운 일. ② 쾌하지 아니하라(不亦快乎) : 또한(어찌) 기쁘지 않겠느냐는 뜻이다. ③ 현전(現前) : 앞에서, 면전(面前)에서의 뜻. ④ 차례(次第)로 : 천이백 명 중 먼저 오백 명에게 수기하시고, 뒤에 칠백 명에게 수기하시기 때문이다.

於此衆中에 我大弟子 憍陳如比丘는 當供養六萬二千億佛然後에
어차중중 아대제자 교진여비구 당공양육만이천억불연후

得成爲佛하여 號曰普明如來 應供 正遍知 明行足 善逝 世間解 無上士
득성위불 호왈보명여래 응공 정변지 명행족 선서 세간해 무상사

調御丈夫 天人師 佛 世尊이리라 其五百阿羅漢 優樓頻螺迦葉과
조어장부 천인사 불 세존 기오백아라한 우루빈라가섭

伽耶迦葉과 那提迦葉과 迦留陀夷와 優陀夷와 阿㝹樓馱와 離婆多와
가야가섭 나제가섭 가류타이 우타이 아누루타 이바다

劫賓那와 薄拘羅와 周陀와 莎伽陀等도 皆當得阿耨多羅三藐三菩提호대
겁빈나 박구라 주타 사가타등 개당득아누다라삼먁삼보리

盡同一號하여 名曰普明이리라. 爾時에 世尊께서 欲重宣此義하사 而說偈言하사대
진동일호 명왈보명 이시 세존 욕중선차의 이설게언

이 대중 중에서 나의 대제자 교진여 비구는
육만 이천억 부처님을 공양한 후에 성불하리니,
이름은 보명(普明)여래,[1] 응공, 정변지, 명행족, 선서,
세간해, 무상사, 조어장부, 천인사, 불세존이라 하리라.
그 오백 아라한 우루빈라가섭, 가야가섭, 나제가섭,[2] 가류타이,[3]
우타이,[4] 아누루타, 이바다, 겁빈나, 박구라,[5] 주타,[6]
사가타[7] 등도 다 아누다라삼먁삼보리를 얻을지니,
다 같이 한 가지 이름으로 보명(普明)이라 하리라."

11. 그 때, 세존께서 이 뜻을 거듭 펴시고자
게송으로 말씀하셨습니다.

① 보명(普明) : 수행의 인지(因地)에서 법의 근본을 깨닫고 그 결과 성불했기 때문이니, 부처의 지혜가 열려 다시는 어리석음과 미혹에 빠지지 않는다는 뜻이다. ② 우루빈라가섭, 가야가섭, 나제가섭 : 삼 가섭(제1 서품에서 설명). ③ 가류타이(迦留陀夷) : 흑광(黑光)이라 번역하는데, 그 모습에 따라 이름하였다. ④ 우타이(優陀夷) : 출현(出現)이라 하는데, 해가 뜰 때에 탄생했기 때문에 지어진 이름. 아난(阿難)의 제자로 알려져 있다. ⑤ 아누루타, 이바다, 겁빈나, 박구라 : 제1품(서품) 참조. ⑥ 주타(周陀) : 곧, 주리반타가(周利槃陀伽). 대소로변(大小路邊)이라 번역하는데, 어머니가 남편 따라 놀러갔다가 자기 나라로 돌아오는 길가에서 낳았기 때문에 붙여진 이름이다. ⑦ 사가타(莎伽陀) : 처음 태어날 때 용모가 아름다워, 그의 아버지가 보고서 기뻐해 선래(善來)라고 한 데서 이름한다. 이 존자는 화계신통(火界神通)을 구비했다고 한다.

憍陳如比丘는 當見無量佛하고 過阿僧祇劫하여 乃成等正覺하리라
교진여비구 당견무량불 과아승지겁 내성등정각

常放大光明하며 具足諸神通하여 名聞이 徧十方하여 一切之所敬이며
상방대광명 구족제신통 명문 변시방 일체지소경

常說無上道할새 故號爲普明이리라 其國土 淸淨하고 菩薩이 皆勇猛하리라
상설무상도 고호위보명 기국토 청정 보살 개용맹

咸昇妙樓閣하여 遊諸十方國하여 以無上供具로 奉獻於諸佛하고
함승묘루각 유제시방국 이무상공구 봉헌어제불

作是供養已하고 心懷大歡喜하여 須臾에 還本國하리니 有如是神力하리라.
작시공양이 심회대환희 수유 환본국 유여시신력

"교진여 비구는 한량 없는 부처님을 친견하고,
아승지겁을 지나 깨달음(等正覺)을[①] 이루리라.
항상 큰 광명을 놓으며 모든 신통 고루 갖춰,
이름이 시방에 두루 들리어 모든 이의 공경받으며
항상 무상도(無上道)를 설하리니,
이런 까닭으로 이름을 보명(普明)이라 하리라.
그 국토는 청정하고 보살은 다 용맹하리라.
모두 묘한 누각에 올라 시방 여러 국토에 노닐며,
더없는 공양구(供養具)로[②] 제불께 바치고,
이런 공양 마치고는 환희심 가득 품고
잠깐 사이에 본국토로 돌아오는,
이런 신통력이 있으리라.

---

① **깨달음(等正覺)** : 바르고 평등한 부처님의 깨달음의 지혜. 부처님 최고의 지혜. ② **더없는 공양구(無上供具)** : 공양할 때 쓰이는 기구. 한편 불보살께 바치는 꽃, 향, 음식 등의 공양물을 가리키기도 한다. 보살이 몸을 버려 공양하고 약왕(藥王)은 팔을 태워 공양한 것을 최상의 공양이라 한다.

佛壽는 六萬劫이요 正法住는 倍壽하고 像法도 復倍是라 法滅하여 天人憂어든
불수 육만겁 정법주 배수 상법 부배시 법멸 천인우

其五百比丘가 次第로 當作佛하여 同號曰普明이리니 轉次而授記호대
기오백비구 차제 당작불 동호왈보명 전차이수기

我滅度之後에 某甲이 當作佛하리니 其所化世間이 亦如我今日이라하리라
아멸도지후 모갑 당작불 기소화세간 역여아금일

國土之嚴淨과 及諸神通力과 菩薩 聲聞衆과 正法及像法과
국토지엄정 급제신통력 보살 성문중 정법급상법

壽命劫多少는 皆如上所說하니라 迦葉이여 汝已知 五百自在者하니
수명겁다소 개여상소설 가섭 여이지 오백자재자

餘諸聲聞衆도 亦當復如是하리니 其不在此會하니란 汝當爲宣說하라.
여제성문중 역당부여시 기부재차회 여당위선설

부처님의 수명은 육만 겁이요,
정법의 머무름은 수명의 배이고,
상법은 정법의 배가 되리라.
법이 멸하여 하늘과 사람이 근심하면,
그 오백 비구가 차례차례 성불하여
다 같이 보명이라 이름하고, 차례로 수기하되,
'내가 멸도한 후에는 아무개가 성불하리니,
그 세상을 교화함이 나의 오늘과 같으리라.' 하리라.
국토의 장엄과 여러 가지 신통력과
보살과 성문, 정법과 상법,
수명의 겁이 많고 적음도 다 위에서 설한 바와 같으리라.
가섭이여, 너는 이미 오백의 자재한 이를 알리라.
다른 성문들도 이와 같으리니,
이 회상(會上)에 없는 이에게는 네가 펴 일러 주라."

爾時에 五百阿羅漢이 於佛前에 得授記已하와 歡喜踊躍하여 卽從座起하여
이시 오백아라한 어불전 득수기이 환희용약 즉종좌기

到於佛前하여 頭面禮足하고 悔過自責호대 世尊이시여 我等이 常作是念하여
도어불전 두면예족 회과자책 세존 아등 상작시념

自謂已得究竟滅度라하더니 今乃知之호니 如無智者하더이다 所以者何인가
자위이득구경멸도 금내지지 여무지자 소이하자

我等이 應得如來 智慧어나 而便自以小智로 爲足하였더이다.
아등 응득여래 지혜 이변자이소지 위족

12. 그 때, 오백 아라한이 부처님 앞에서
수기를 받잡고 뛸 듯이 기뻐하며
곧 자리에서 일어나 부처님 앞에 나아가
머리 조아려 부처님 발에 예배, 참회하면서 사뢰었습니다.①
"세존이시여, 저희는 매양 생각하기를
이미 구경멸도(究竟滅度)② 얻었다고 하였더니,
이제 알고 보니 무지(無智)한 자와 같나이다.③
왜냐 하면,
저희가 응당 여래의 지혜를 얻어야 했거늘,
스스로 작은 지혜로 만족하게 여겼기 때문입니다.

---

① 참회하면서 사뢰(悔過自責) : 스스로 지난날 작은 것에 집착했던 잘못을 후회하며 자기의 어리석음을 꾸짖은 것이다. ② 구경멸도(究竟滅度) : 구경열반(究竟涅槃). 이승들이 부처님께 법을 듣고 사과(四果 : 예류과, 일래과, 불환과, 아라한과)를 이루고서 그것을 구경의 도라고 여겼다는 일이다. ③ 무지한 자와 같음(如無智者) : 아라한은 비록 깨닫기는 하였으나 깨닫고서 다시 미혹하여 대승에 통달할 수 없었는데, 이제 부처님의 설법을 듣고 비로소 깨달았으니, 지난날은 무상(無上)의 불도(佛道)를 알지 못한 점에서 마치 지혜가 없는 자와 같았다는 뜻이다.

世尊이시여 譬如有人이 至親友家하여 醉酒而臥어늘 是時에 親友는 官事로
세존 비여유인 지친우가 취주이와 시시 친우 관사

當行하게되어 以無價寶珠로 繫其衣裏하여 與之而去하야늘 其人이 醉臥하여
당행 이무가보주 계기의리 여지이거 기인 취와

都不覺知하고 起已 遊行하여 到於他國하여 爲衣食故로 勤力求索호대
도불각지 기이 유행 도어타국 위의식고 근력구색

甚大艱難하여 若少有所得하면 便以爲足하거늘 於後에 親友가 會遇見之하고
심대간난 약소유소득 변이위족 어후 친우 회우견지

而作是言호대 咄哉丈夫여 何爲衣食하여 乃至如是오.
이작시언 돌재장부 하위의식 내지여시

13. 세존이시여, 비유하옵건대, 어떤 사람이
친한 벗의 집에 갔다가 술에 취하여 자는데,
그 친한 벗은 관(官)의 일로 길을 떠나게 되어,
값을 매길 수 없는 보배 구슬을
그의 옷 속에 매어 주고 떠나갔나이다.
그 사람은 취해 자고 있었으므로 전혀 알지 못한 채,
깨어나자 다시 유랑하여[①] 먼 나라에 이르러,
옷과 밥을 구하려고 부지런히 애쓰되 고생이 막심하여,
조그마한 소득이 있어도 그것으로 족하게 여겼나이다.
후에, 친구가 우연히 그 사람을 만나[②] 그런 모습을 보고
'애달프다, 이 친구야.[③]
어찌 옷과 밥을 위하여 이 지경이 되었느냐?

①유랑(遊行) : 떠돌아다님. 본래 유행의 뜻은 중생 제도와 자기 수행을 위해 여행하는 일. ②우연히 그 사람 만나(會遇見之) : '마침 만나 이를 보니'의 뜻. ③애달프다, 이 친구야(咄哉丈夫) : '아! 여보게.'의 뜻. '돌재(咄哉)'는 경계하여 깨우치는 말. 못난 사람!

我昔欲令汝를 得安樂하려 五欲自恣케코저하고 於某年月日에 以無價寶珠로
아석욕령여 득안락 오욕자자 어모년월일 이무가보주

繫汝衣裏호니 今故現在어늘 而汝 不知하고 勤苦憂惱하여 以求自活하나니
계여의리 금고현재 이여 부지 근고우뇌 이구자활

甚爲癡也로다 汝今에 可以此寶로 貿易所須하면 常可如意하야
심위치야 여금 가이차보 무역소수 상가여의

無所乏短하리라하였나이다.
무소핍단

내가 예전에 너로 하여금
안락을 얻고 오욕락을 누리게 하고자①
모년 모월 모일에 값을 매길 수 없는 보배 구슬을
너의 옷 속에 매어 놓았는데,
아직도 있으리라.
그것을 너는 알지 못하고,
고생하고 근심하며 살길을 구하니, 어리석구나.
너는 이제 이 보배로 필요한 것을 무역할지니,②
항상 뜻과 같이 되어 모자라는 바가 없으리라.'③
하였나이다.

---

①오욕락을 누리게 함(五欲自恣) : 오욕을 뜻대로 함. ②필요한 것을 무역함(貿易所須) : 필요한 것을 사는 일. 불성의 보배로 인하여 인욕(忍辱)의 옷과 선열(禪悅)의 음식을 사오게 되었다. ③모자람(乏短) : 인욕의 옷(또는 法悅食)과 선열식(禪悅食)이 부족함이 없음을 가리킨다.

佛亦如是하사 爲菩薩時에 敎化我等하사 令發一切智心케하셨거늘 而尋廢忘하고
불 역 여 시　위 보 살 시　교 화 아 등　영 발 일 체 지 심　이 심 폐 망

不知不覺하며 旣得阿羅漢道하여 自謂滅度호라하여 資生이 艱難하여
부 지 불 각　기 득 아 라 한 도　자 위 멸 도　자 생　간 난

得少爲足하였나이다 一切智願은 猶在不失할새 今者世尊께서 覺悟我等하사
득 소 위 족　일 체 지 원　유 재 불 실　금 자 세 존　각 오 아 등

作如是言하사대 諸比丘여 汝等의 所得이 非究竟滅이니라 我久令汝等을
작 여 시 언　제 비 구　여 등　소 득　비 구 경 멸　아 구 령 여 등

種佛善根케하여 以方便故로 示涅槃相이어늘 而汝는 謂爲實得滅度라하니라.
종 불 선 근　이 방 편 고　시 열 반 상　이 여　위 위 실 득 멸 도

14. 부처님도 이와 같아,
보살로 계실 때에 저희를 교화하시어
일체지(一切智)의 구하는 뜻을 일으키게 하셨거늘,
이를 잊어버려 알지도 못하고 깨닫지도 못하며,
이미 아라한도 얻은 것으로 멸도한 것으로 여기니,
살기가 어려워① 작은 것을 얻고 만족해함과② 같았사옵니다.
그러나 일체지를 얻고자 하는 서원은 잃지 아니할새,
지금 세존께서 저희를 깨우치시려고
이렇게 말씀하셨나이다.
'비구들이여, 너희가 얻은 바는 구경의 멸도가③ 아니니라.
내가 오랫동안 너희로 하여금 부처님의 선근을 심도록
방편으로 열반의 상을 보였거늘,
너희는 이를 진실한 멸도를 얻었다고 생각하느니라.'

---

①살기가 어려움(資生艱難) : 생로병사의 어려움을 말한다. '자생(資生)'은 생활, 자산. '간난(艱難)'은 어려움. ②작은 것을 얻고 만족해함(得少爲足) : 소승열반을 얻은 것에 만족함을 가리킨다. ③구경의 멸도(究竟滅) : 최고의 열반. 완전한 열반.

世尊이시여 我今에 乃知實是菩薩로 得受阿耨多羅三藐三菩提記라하시오니
세존 아금 내지실시보살 득수아누다라삼먁삼보리기

以是因緣으로 甚大歡喜하여 得未曾有하였나이다. 爾時에 阿若憍陳如等이
이시인연 심대환희 득미증유 이시 아야교진여등

欲重宣此義하여 而說偈言하오대
욕중선차의 이설게언

我等이 聞無上 安隱授記聲하옵고 歡喜未曾有하여 禮無量智佛하옵나이다
아등 문무상 안온수기성 환희미증유 예무량지불

今於世尊前에 自悔諸過咎하옵나니 於無量佛寶에 得少涅槃分하고
금어세존전 자회제과구 어무량불보 득소열반분

如無智愚人하여 便自以爲足하였나이다
여무지우인 변자이위족

세존이시여, 저희가 오늘에사 참으로 보살로서
아누다라삼먁삼보리의 수기를 받잡는 줄 알겠나이다.
이 까닭으로 매우 크게 환희하며
일찍이 없던 것을 얻었나이다."

15. 그 때, 아야교진여 등이 이 뜻을 거듭 펴고자
게송으로 이르셨습니다.
"저희가 무상 안온의 수기(授記)하시는 음성을① 듣잡고,
미증유라 환희하며 무량지(無量智)의 부처님께② 예배하나이다.
이제 세존 앞에서 온갖 허물을 뉘우치오니,③
한량 없는 불보(佛寶, 佛法)에서 작은 열반 나누어 얻고서는
어리석은 사람같이 스스로 만족하게 여겼나이다.

---

①안온의 수기하시는 음성(安隱授記聲) : 안온한 깨달음에 이르리라는 예언의 말씀. ②무량지의 부처님(無量智佛) : 무량한 지혜를 지니신 부처님.

③온갖 허물을 뉘우침(自悔諸過咎) : '과구(過咎)'란 허물. 작은 것에 만족하여 소승 멸도를 구한 것을 가리킨다.

譬如貧窮人이 비여빈궁인	往至親友家하니 왕지친우가	其家 甚大富라 기가 심대부	具設諸肴饍하며 구설제효선
以無價寶珠로 이무가보주	繫著內衣裏하고 계착내의리	默與而捨去커늘 묵여이사거	時臥不覺知하더이다 시와불각지
是人既已起에 시인기이기	遊行詣他國하여 유행예타국	求衣食自濟호되 구의식자제	資生이 甚艱難하여 자생 심간난
得少하고 便爲足하여 득소 변위족	更不願好者하여 갱불원호자	不覺內衣裏에 불각내의리	有無價寶珠하였나이다. 유무가보주

16. 비유하옵건대, 빈궁한 사람이 친구 집에 가니,
그 집은 매우 부유하여 진수성찬으로[①] 대접하고,
값을 매길 수 없는 보배 구슬을
옷 속에 매어 주고 말없이 떠났나이다.
그 때, 그 사람은 잠이 들어 알지 못했나이다.
그 사람은 일어나 유랑하며 타국에 떠돌며
옷과 밥을 구하되,
생활의 어려움이 극심하여
조금만 얻어도 만족해하고는 더 좋은 것 바라지 않고,
옷 속에 값을 매길 수 없는
보배 구슬 있는 줄도 몰랐나이다.

---

① 진수성찬(肴饍) : 많은 음식(잡식)을 '효(肴)'라 하고, 맛있는 음식(美食)을 '선(饍)'이라 한다.
* 의주유(衣珠喩) : 부자 친구가 가난한 친구 옷 속에 무가주보(無價珠寶)를 매어 달아 주어서 잘살게 해 주는 비유로 부처님께서 중생으로 하여금 수도로 인도하시는 법화칠유(法華七喩) 중의 하나이다.

與珠之親友가 後見此貧人하여 苦切責之已하고 示以所繫珠한대
여주지친우 후견차빈인 고절책지이 시이소계주

貧人이 見此珠하고 其心大歡喜하여 富有諸財物하여 五欲而自恣하였나이다.
빈인 견차주 기심대환희 부유제재물 오욕이자자

我等도 亦如是하여 世尊께서 於長夜에 常愍見教化하사 令種無上願케하시거늘
아등 역여시 세존 어장야 상민견교화 영종무상원

我等이 無智故로 不覺亦不知하여 得少涅槃分하고 自足하여 不求餘하였더니
아등 무지고 불각역부지 득소열반분 자족 불구여

보배 구슬을 매어 준 친구가
후에 이 빈궁한 사람을 만나
간곡히 책망하며 매어 둔 구슬을 보이니,
빈궁한 사람은 그 구슬을 보고 크게 환희하고,
부(富)하게 되어 모든 재물로
오욕락을 누렸나이다.①

17. 저희도 이와 같아,
세존께서 오랜 무명 세월(無明歲月, 長夜)에②
항상 불쌍히 보고 교화(教化)하시어
위없는 서원(無上誓願)을③ 심게 하셨으나,
저희가 무지하여
깨닫지도 알지도 못하여,
적은 열반(小涅槃) 나누어 얻고서는 만족히 여겨
더 구하지 아니하였더니,

---

① **오욕락을 누림**(五欲而自恣) : 공덕의 법의 재물과 한량없는 지혜가 모두 다 구족하게 되었으므로 풍족하게 누린다고 하였다. ② **오랜 무명 세월**(長夜) : 긴긴 밤. 미혹했던 지난날을 비유한 말이다. ③ **위없는 서원**(無上願) : 최상의 보리를 얻는 서원, 곧 사홍서원(四弘誓願).

今佛께서 覺悟我하사 言非實滅度라하더니 得佛無上慧하여사 爾乃爲眞滅이라하셨나이다
금불 각오아 언비실멸도 득불무상혜 이내위진멸

我今에 從佛聞 授記莊嚴事와 及轉次受決하고 身心이 偏歡喜하옵나이다.
아금 종불문 수기장엄사 급전차수결 신심 변환희

이제 부처님께서 저희를 깨우치시어
'이것은 참된 멸도가 아니니(非實滅度),
부처님의 위없는 지혜(無上慧)를[1] 얻어야
진실한 멸도라(眞滅).'고 말씀하시나이다.

저희는 이제 부처님께서 수기하시는 장엄한[2] 일과
차례차례 있을 수기에[3] 대하여 듣잡고
몸과 마음이 크게 환희하옵나이다."

---

① 위없는 지혜(無上慧) : 위가 없는 부처님 지혜. ② 수기하시는 장엄(授記莊嚴) : 직접 부처님으로부터 성불하리라는 수기와 중생을 교화하는 국토의 장엄. ③ 차례차례 있을 수기(轉次受決) : 돌아가며 차례차례 수기하시는 것을 가리킨다. '전차(轉次)'란 차례대로, '수결(受決)'은 수기를 가리킨다.

수학무학인기품 제 9 (授學無學人記品 第九)

爾時에 **阿難**과 **羅睺羅**가 **而作是念**호대 **我等**이 **每自思惟**하노니 **設得授記**하면
이시 아난 라후라 이작시념 아등 매자사유 설득수기

不亦快乎아하고 **卽從座起**하여 **到於佛前**하여 **頭面禮足**하고 **俱白佛言**하오대
불역쾌호 즉종좌기 도어불전 두면예족 구백불언

世尊이시여 **我等**도 **於此**에 **亦應有分**하오니 **唯有如來**께서 **我等**도 **所歸**케하옵소서.
세존 아등 어차 역응유분 유유여래 아등 소귀

1. 그 때, 아난과① 라후라는② 이런 생각을 하였습니다.
   '우리가 매양 생각하나니,
   만약 수기를 받는다면,③ 즐겁지 않겠습니까?'
   곧 자리에서 일어나 부처님 앞에 이르러
   머리 조아려 발에 예배하고 함께 부처님께 사뢰었습니다.
   "세존이시여, 저희도 이에 응당 분위(分位)가④ 있사오리니,
   여래께서는 저희가 돌아갈 곳 있게 하시옵소서.

---

① 아난(阿難) : 카필라성 석가족 출신으로, 부처님의 종제(從弟)이다. 석가모니불께서 성도하시고 20여 년이 지난 후, 당시 아난 나이 30세(혹은 20)에 카필라성 밖의 이구율 숲(尼拘律樹林)에서 설법을 듣고 부처님의 시자(侍者)가 되어, 이 때부터 20여 년 간 부처님을 가장 가까이서 모셨다. 부처님 입멸 후 제1차 결집 때에는 우여곡절 끝에 참가, 부처님의 법장을 설하여 경의 결집을 주도하였다. 따라서 이 경도 아난의 말씀으로 시작하므로, 맨 처음에 '이와 같이 나는 들었습니다(如是我聞)'라고 하고 있다(제1 서품 주 참조). 이 품에 이르러 아난이 과거의 인연설을 듣고 믿음을 내어, 마침내 부처님으로부터 수기받아 산해혜자재통왕여래(山海慧自在通王如來)가 되시는 것이다. **② 라후라(羅睺羅)** : 부처님 출가하시기 약 2년 전쯤에 출생한 것으로 보인다. 부처님께서 성도 후 7년 만에 카필라성에 오셨을 때, 부처님을 뵙고 사리불을 스승으로, 목건련(目犍連)을 아사리(阿闍梨)로 출가하니, 이 때 나이 열다섯 살, 교단 내 최초의 사미(沙彌)였다고 한다. 곤란한 일에도 자비심으로 참고 견뎌 금계(禁戒)를 깨트리지 않았으므로, 인욕제일(忍辱第一)로 통한다. 이 품에서 아난과 함께 마침내 부처님으로부터 수기를 받고 도칠보화여래(蹈七寶華如來)가 될 것이다. **③ 만약 수기를 받는다면(設得授記)** : 부처님께서 수기로써 인증해 주시면의 뜻. 설(設)은 만약의 뜻. **④ 분위(分位)** : 변화 발전의 단계. 기회. 응분의 기회.

又 我等이 爲一切世間天人阿修羅의 所見知識이며 阿難은 常爲侍者하와
우 아등 위일체세간천인아수라 소견지식 아난 상위시자
護持法藏하고 羅睺羅는 是佛之子옵나이다 若佛께서 見授阿耨多羅三藐
호지법장 라후라 시불지자 약불 견수아누다라삼먁
三菩提記者시면 我願이 旣滿하며 衆望도 亦足하겠나이다. 爾時 學 無學
삼보리기자 아원 기만 중망 역족 이시 학 무학
聲聞弟子二千人이 皆從座起하여 偏袒右肩하고 到於佛前하여 一心合掌하고
성문제자이천인 개종좌기 편단우견 도어불전 일심합장
瞻仰世尊하와 如阿難羅睺羅의 所願으로 住立一面하였나이다.
첨앙세존 여아난라후라 소원 주립일면

또, 저희는 일체 세간의 하늘(天神)과 사람과 아수라 등이
선지식(善知識)으로 보고 존경받은[1] 바이온데,
아난은 항상 시자가 되어 법장(法藏)을[2] 지켜 지녔고,[3]
라후라는 부처님의 아들이옵나이다.
만약 부처님께서 아누다라삼먁삼보리의 수기를 하신다면,
저희의 원이 이뤄지옵고, 대중의 소망도 채워지겠나이다."

2. 그 때, 학(學), 무학(無學)의 성문 제자[4] 이천 명이
다 자리에서 일어나 오른쪽 어깨를 드러내고[5]
부처님 앞에 이르러 일심으로 합장하고 세존을 우러러뵈며,
아난과 라후라의 원(願)과 같은 마음으로
한쪽에 머물러 서 있었습니다.

---

① **존경받음**(所見知識) : 선지식으로 평가받음. 원뜻은 선지식으로 알려진다는 뜻이다. ② **법장**(法藏) : 법보장(法寶藏). 부처님의 가르침. ③ **지켜 지님**(護持) : 부처님의 가르침을 보존하고 유지함. 아난존자는 부처님께서 말씀하신 법을 가장 잘 지니어서 남들에게 전하여 영원히 존속하도록 했기 때문이다. ④ **성문 제자**(聲聞弟子) : 부처님께서 직접으로 지도하여 가르침을 받은 제자들. ⑤ **오른쪽 어깨를 드러내고**(偏袒右肩) : 가사를 착용할 때 오른쪽 어깨만 내놓고 왼쪽 어깨는 덮는 일. 상대에게 경의를 표하는 예법의 하나.

爾時에 佛告阿難하사대 汝於來世에 當得作佛하리라 號는 山海慧自在通王如來
이시 불고아난 여어래세 당득작불 호 산해혜자재통왕여래

應供 正遍知 明行足 善逝 世間解 無上士 調御丈夫 天人師 佛世尊이리라
응공 정변지 명행족 선서 세간해 무상사 조어장부 천인사 불세존

當供養六十二億諸佛하여 護持法藏然後에사 得阿耨多羅三藐三菩提하리라
당공양육십이억제불 호지법장연후 득아누다라삼먁삼보리

教化二十千萬億恒河沙諸菩薩等하여 令成阿耨多羅三藐三菩提케하리라
교화이십천만억항하사제보살등 영성아누다라삼먁삼보리

國名은 常立勝幡이요 其土 清淨하여 琉璃爲地하리라.
국명 상립승번 기토 청정 유리위지

3. 그 때, 부처님께서 아난에게 말씀하셨습니다.

"너는 내세에 마땅히 성불하리라.

이름을 산해혜자재통왕(山海慧自在通王)여래,[①] 응공, 정변지,

명행족, 선서, 세간해, 무상사, 조어장부, 천인사,

불세존이라 하리라.

응당 육십이억 모든 부처님께 공양하고,

법장을 지켜 지닌 후에 아누다라삼먁삼보리를 얻으리라.

그 부처님은 이십천만억 항하사의 보살을 교화하여

그들이 아누다라삼먁삼보리를 이루도록 하리라.

나라의 이름은 상립승번(常立勝幡)이리니,[②]

그 국토는 청정하여 유리로 땅이 되리라.

---

① **산해혜자재통왕여래**(山海慧自在通王如來) : 아난이 부처님의 설법을 가장 많이 들어, 불교 경전을 받들고 지혜가 깊고 높아 통달한 까닭에, 그 과보로 얻은 명호이다. 아난의 지혜는 산을 감추고 바다를 거두어들일 만큼 신통함이 넓고 크며, 거두고 폄이 자재하여, 장차 성불하게 되면 불법 중에 왕이 되기 때문에 이같이 이름 붙여졌다. ② **상립승번**(常立勝幡) : 나라 이름은, 인도의 풍속에 논의가 높은 분은 훌륭한 번기(勝幡)를 가지고 지혜가 높음을 나타냈는데, 아난은 들은 법이 많아 항상 일체 대중을 앞서 가므로 이름 붙여졌다.

劫名은 妙音遍滿이리라 其佛壽命은 無量千萬億阿僧祇劫이리라 若人이
겁명 묘음변만 기불수명 무량천만억아승지겁 약인
於千萬億無量阿僧祇劫中에 算數校計하여도 不能得知하리니 正法住世는
어천만억무량아승지겁중 산수교계 불능득지 정법주세
倍於壽命하고 像法住世도 復倍正法하리라 阿難아 是山海慧自在通王佛은
배어수명 상법주세 부배정법 아난 시산해혜자재통왕불
爲十方無量千萬億恒河沙等諸佛如來의 所共讚歎하사 稱其功德이리라.
위시방무량천만억항하사등제불여래 소공찬탄 칭기공덕

겁의 이름은 묘음변만(妙音遍滿)이며,[①]
그 부처님의 수명은 한량 없는 천만억 아승지겁이니라.
어떤 사람이 천만억의 한량 없는 아승지겁 동안
산수로 헤아릴지라도 능히 알지 못하리라.
정법이 세상에 머무르기는 수명의 갑절이고,
상법이 세상에 머무르기는 정법의 갑절이 되리라.
아난아, 이 산해혜자재통왕불은
시방의 한량 없는 천만억 항하사 같은 수의 부처님께서
다 같이 찬탄하시어 그 공덕을 일컫는 바 되리라."

---

① **묘음변만(妙音遍滿)** : 겁을 말하는데, 시절이 맑고 화평하여 부처님의 미묘한 음성이 법계에 꽉 찬다는 뜻. 가르침이 널리 퍼지므로 모든 사람들이 다 귀의하고 교화받는다는 뜻이다.

爾時에 世尊께서 欲重宣此義하사 而說偈言하사대
이시 세존 욕중선차의 이설게언

我今에 僧中說하노니 아금 승중설	阿難持法者는 아난지법자	當供養諸佛 당공양제불	然後에 成正도 覺하여 연후 성정 각
號曰 山海慧自在通王佛이며 호왈 산해혜자재통왕불		其國土도 淸淨하고 기국토 청정	名常立勝幡이리니 명상립승번
教化諸菩薩호대 교화제보살	其數 如恒沙하고 기수 여항사	佛有大威德하고 불유대위덕	名聞이 滿十方하며 명문 만시방
壽命이 無有量하리니 수명 무유량	以愍衆生故라 이민중생고	正法은 倍壽命하고 정법 배수명	像法도 復倍是하리라 상법 부배시
如恒河沙等 여항하사등	無數諸衆生이 무수제중생	於此佛法中에 어차불법중	種佛道因緣하리라. 종불도인연

4. 그 때, 세존께서 이 뜻을 거듭 펴고자
게송으로 말씀하셨습니다.
"나는 지금 대중에게 말하노라.
아난 지법자(持法者)는[①] 모든 부처님을 공양한 후에
정각을 성취하리라.
이름은 산해혜자재통왕불이며,
그 국토는 청정하고, 이름은 상립승번이리라.
모든 보살을 교화하니, 그 수는 항하사 같고,
부처님의 큰 위덕은[②] 그 명성이 시방에 가득 차고,
수명은 한량 없으리니, 중생을 불쌍히 여기기 때문이니라.
정법은 수명의 갑절이고, 상법은 정법의 갑절이리라.
항하사 수효와 같은 무수한 중생이
이 부처님의 법 가운데에서 불도의 인연을 심으리라."

---

① 지법자(持法者) : 부처님의 가르침을 잘 보존하고 유지해 나아가는 사람. 경문에서는 아난은 부처님의 법장을 받들어 지키는 이라고 하였다. ② 큰 위덕(大威德) : 뛰어난 덕과 신통한 힘. 위엄과 덕망이 넓고 높아 이름이 멀리 퍼져 시방 세계에 가득하다는 뜻이다.

爾時에 會中에 新發意菩薩八千人이 咸作是念하사대 我等이 尙不聞諸大菩薩도
이시 회중 신발의보살팔천인 함작시념 아등 상불문제대보살

得如是記하사오니 有何因緣으로 而諸聲聞이 得如是決인가하시더니 爾時에 世尊께서
득여시기 유하인연 이제성문 득여시결 이시 세존

知諸菩薩의 心之所念하시고 而告之曰하사대 諸善男子야 我 與阿難等과로
지제보살 심지소념 이고지왈 제선남자 아 여아난등

於空王佛所에 同時發阿耨多羅三藐三菩提心하니라 阿難은 常樂多聞하고
어공왕불소 동시발아누다라삼먁삼보리심 아난 상락다문

我는 常勤精進하였느니라.
아 상근정진

5. 그 때, 회중에 새로 발심한 보살[①] 팔천 명이 다 생각하되,
'대보살들도 이와 같은 수기받음을 듣지 못하였거늘,
무슨 까닭으로 성문들이 이와 같은 수기를[②] 받는가?'
라고 하였습니다.

6. 그 때, 세존께서 보살들의 생각을 아시고 말씀하셨습니다.
"선남자들이여, 내가 아난 등과 함께
공왕불(空王佛)[③] 처소에 있을 때,
동시에 아누다라삼먁삼보리심을 일으켰느니라.
아난은 항상 많이 듣기(多聞)를 좋아하고,
나는 항상 부지런히 정진하였느니라.

---

① **새로 발심한 보살**(新發意菩薩) : 새로 보리심을 일으킨 보살. 보살이 된 지 얼마 안 되는 사람. ② **수기** : 원문은 결(決). 곧, 수기를 말한다. ③ **공왕불**(空王佛) : 과거에 공겁(空劫)에 출현하신 최초의 부처님. 이 부처님으로부터 아난과 석가모니불께서 같이 발심하였다.

是故로 我는 已得成阿耨多羅三藐三菩提어늘 而阿難은 護持我法하며
시고 아 이득성아누다라삼먁삼보리 이아난 호지아법

亦護將來에 諸佛法藏하여 敎化成就諸菩薩衆하리니 其本願이 如是 故로
역호장래 제불법장 교화성취제보살중 기본원 여시 고

獲斯記하니라. 阿難이 面於佛前에 自聞授記와 及國土莊嚴하고 所願이
획사기 아난 면어불전 자문수기 급국토장엄 소원

具足하여 心大歡喜하여 得未曾有하니라 卽時에 憶念過去無量千萬億諸佛
구족 심대환희 득미증유 즉시 억념과거무량천만억제불

法藏하여 通達無礙하여 如今所聞하며 亦識本願하니라.
법장 통달무애 여금소문 역식본원

이런 까닭으로 나는 이미 아누다라삼먁삼보리를 이루었고,
아난은 나의 법을 수호해 지니며,
또한 미래의 모든 부처님의 법장도 수호해 지녀,
보살들을 교화해 성취하도록 하리니,
그 본래 서원이① 이와 같으므로, 이에 수기를 받느니라."

7. 아난은 부처님 앞에서 수기하심과
국토의 장엄함에 대하여 듣고 원이 구족하게 되어
마음이 크게 환희하여 미증유를 얻었습니다.
때에, 과거의 한량 없는 천만억 부처님의
법장을 생각해 내어② 통달하여 막힘이 없어서
이제 막 들은 바와 같았고,
또 본래의 서원도 알게 되었습니다.

---

① 본원(本願) : 보살이 예로부터 세운 서원. 아난은 부처님 법을 항상 많이 듣고 수호해 지니는 것을 미래불까지 하기로 서원했다. ② 생각해 내어(憶念) : 마음에 간직해 잊지 아니해.

爾時에 阿難이 而說偈言하사오대
이시 아난 이설게언

世尊께서 甚希有하사 令我로 念過去 無量諸佛法하사오대 如今日所聞듯하시니
세존 심희유 영아 염과거 무량제불법 여금일소문

我今無復疑하여 安住於佛道호니 方便爲侍者하여 護持諸佛法호리이다.
아금무부의 안주어불도 방편위시자 호지제불법

爾時에 佛告羅睺羅하사대 汝於來世에 當得作佛하리니 號蹈七寶華如來
이시 불고라후라 여어래세 당득작불 호도칠보화여래

應供 正遍知 明行足 善逝 世間解 無上士 調御丈夫 天人師 佛世尊이라하리라.
응공 정변지 명행족 선서 세간해 무상사 조어장부 천인사 불세존

그 때, 아난은 게송으로 사뢰었습니다.
"세존께서는 심히 희유하시나이다.
저로 하여금 과거 한량 없는 불법을[1]
오늘 듣는 듯이 생각하게 하시니,
저는 이제 다시는 의심이 없어서 불도에 안주하옵고,
방편으로 시자가 되어[2] 제불의 법을 수호해 지니겠나이다."

8. 그 때, 부처님께서 라후라에게 말씀하셨습니다.
"너는 내세에 마땅히 성불하리니,
이름을 도칠보화(蹈七寶華)여래, 응공, 정변지,
명행족, 선서, 세간해, 무상사, 조어장부,
천인사, 불세존이라 하리라.

---

① 한량 없는 불법(無量諸佛法) : 무량한 여러 부처님의 법. ② 방편으로 시자가 됨 : 부처님의 법보장(法寶藏)을 지키고 수호하기 위해 방편으로 시자가 되었고, 앞으로도 마찬가지라는 뜻.

當供養 十世界微塵等數 諸佛如來하며 **常爲諸佛**하여 **而作長子**호대 **猶如**
당공양 십세계미진등수 제불여래 상위제불 이작장자 유여
今也니라 **是蹈七寶華佛**의 **國土莊嚴**과 **壽命劫數**와 **所化弟子**와 **正法 像法**이
금야 시도칠보화불 국토장엄 수명겁수 소화제자 정법 상법
亦如山海慧自在通王如來와 **無異**하니 **亦爲此佛**의 **而作長子**하리라 **過是**
역여산해혜자재통왕여래 무이 역위차불 이작장자 과시
已後에 **當得阿耨多羅三藐三菩提**하리라.
이후 당득아누다라삼먁삼보리

십 세계의 미진수와 같은 부처님께 마땅히 공양하고,
항상 모든 부처님의 장자가 됨이 오늘과 같으리라.

이 도칠보화불의① 국토 장엄과 수명의 겁수와
교화하는 제자 수와 정법과 상법의 기간은
산해혜자재통왕여래와 다름없으며,
또한 이 부처님들의 장자가 되리라.
이런 시기를 지난 후에 아누다라삼먁삼보리를 얻으리라."

---

① **도칠보화여래**(蹈七寶華如來) : 인지(因地)에서 칠선(七善)의 공덕을 널리 닦고, 과지(果地)에서 칠보의 연꽃을 높이 밟고 간다는 뜻. 곧, 그가 실행하는 은밀한 행에 감응해서 이러한 이름이 붙여진 것이다. 칠선은 시절선(時節善 : 정법을 연설함에 서와 정종분 유통분 세 때가 모두 선한 것), 의선(義善 : 불법의 뜻에 깊은 이익이 있어서 도의 이익을 얻는 것), 어선(語善 : 지방에 따라 알맞은 말로 설하는 것), 독일선(獨一善 : 순일 무잡한 것), 원만선(圓滿善 : 원만 구족함), 조유선(調柔善 : 청정하고 부드러움), 자비선(慈悲善 : 범행이 무연의 자비를 갖춤)을 실천하는 것을 말한다.

爾時에 世尊께서 欲重宣此義하사 而說偈言하사대
이시 세존 욕중선차의 이설게언

我爲太子時에 羅睺爲長子러니 我今成佛道하얀 受法 爲法子하니
아위태자시 나후위장자 아금성불도 수법 위법자

於未來世中에 見無量億佛하여 皆爲其長子하여 一心求佛道하리라
어미래세중 견무량억불 개위기장자 일심구불도

羅睺羅密行을 唯我이사 能知之하노니 現爲我長子하여 以示諸衆生하난
라후라밀행 유아 능지지 현위아장자 이시제중생

無量億千萬 功德이 不可數니 安住於佛法하야 以求無上道하나니라.
무량억천만 공덕 불가수 안주어불법 이구무상도

9. 그 때, 세존께서 이 뜻을 거듭 펴시고자
게송으로 말씀하셨습니다.
"내가 태자로 있을 때 라후라는 나의 장자이더니,
내가 지금 불도를 이루매 법을 받아 법자(法子)가 되었도다.①
미래세에도 무량억의 부처님을 친견하고,
그 때마다 장자가 되어 일심으로 불도를 구하리라.
라후라의 밀행(密行)은② 오직 나만이 아나니,
현재 나의 장자가 되어 모든 중생에게 보이는
한량 없는 억천만 공덕은 헤아릴 수 없고,
불법에 편안히 머물러 무상도를 구하느니라."

---

①**법왕자가 되었다**(受法爲法子) : '법을 받아 법의 아들이 되었다'는 뜻이니, 여래의 법을 받아 법의 아들(法子)이 되었다는 뜻. ②**밀행**(密行) : 세밀히 계행을 지켜 남을 이롭게 하지만, 겉으로 드러내지 않는다. 라후라는 이런 은밀한 밀행을 항상 끊임없이 베풀었으므로, 부처님만이 그 행을 아신다고 하였다.

爾時에 世尊께서 見學無學二千人이 其意柔軟하고 寂然淸淨하여 一心觀佛하니
이시 세존 견학무학이천인 기의유연 적연청정 일심관불
佛告阿難하사대 汝 見是學無學二千人이 不아 唯然已見하노이다 阿難아
불고아난 여 견시학무학이천인 부 유연이견 아난
是諸人等이 當供養 五十世界微塵數의 諸佛如來하여 恭敬 尊重하여 護持
시제인등 당공양 오십세계미진수 제불여래 공경 존중 호지
法藏하다가 末後에는 同時에 於十方國에 各得成佛하리라 皆同一號하여
법장 말후 동시 어시방국 각득성불 개동일호
名曰寶相如來 應供 正遍知 明行足 善逝 世間解 無上士 調御丈夫
명왈보상여래 응공 정변지 명행족 선서 세간해 무상사 조어장부
天人師 佛世尊이라하리라 壽命은 一劫이요 國土莊嚴과 聲聞 菩薩과 正法
천인사 불세존 수명 일겁 국토장엄 성문 보살 정법
像法이 皆悉同等하리라.
상법 개실동등

10. 그 때, 세존께서 학(學), 무학(無學) 이천 명을 보시니,
그 뜻이 유연하고① 고요하며, 또 청정하여②
일심으로 부처님을 우러러보는지라,
부처님께서 아난에게 이르셨습니다.
"너는 이 학(學), 무학(無學) 이천 명을 보느냐?"
"예, 보나이다." "아난아, 이 사람들은 오십 세계 미진수의
부처님을 공양하고 공경하며 법장을 수호해 지닌 후,
말후신(末後身)③ 때 동시에 시방 국토에서 각각 성불하리라.
이름은 다 같아서 보상(寶相)여래,④ 응공, 정변지, 명행족, 선서,
세간해, 무상사, 조어장부, 천인사, 불세존이라 하리라.
수명은 일 겁이요, 국토의 장엄한 모양과 성문과 보살의
정법과 상법의 기간은 모두 같으리라."

---

①유연(柔軟) : 마음에 장애가 없어 부드럽고 온화한 일. ②고요하고 청정함(寂然淸淨) : 온갖 번뇌를 떠나 고요하고 맑고 명료한 마음. ③말후신(末後身) : 최후의 몸. 더 이상 윤회하지 않는 몸.

④보상여래(寶相如來) : 불법의 보장(寶藏)을 스스로 장엄했다는 뜻이니, 수행의 인(因)에서 법장(法藏)을 받들었으므로 그 과보로 받은 명호이다.

爾時에 世尊께서 欲重宣此義하사 而說偈言하사대
이시 세존 욕중선차의 이설게언

是二千聲聞이 今於我前住하니 悉皆與授記호대 未來에 當成佛하리라
시이천성문 금어아전주 실개여수기 미래 당성불

所供養諸佛은 如上說塵數커든 護持其法藏하다가 後當成正覺하리라
소공양제불 여상설진수 호지기법장 후당성정각

各於十方國에 悉同一名號하리니 俱時坐道場하여 以證無上慧하리라
각어시방국 실동일명호 구시좌도량 이증무상혜

皆名爲寶相하여 國土及弟子와 正法與像法은 悉等無有異하리라
개명위보상 국토급제자 정법여상법 실등무유이

咸以諸神通으로 度十方衆生하여 名聞이 普周徧하여 漸入於涅槃하리라.
함이제신통 도시방중생 명문 보주변 점입어열반

11. 그 때, 세존께서 이 뜻을 거듭 펴시고자
게송으로 말씀하셨습니다.
"이 이천의 성문이 지금 내 앞에 있어,
다 같이 수기하리니 미래세에 마땅히 성불(成佛)하리라.
공양할 모든 부처님은 위에서 말한 미진수와 같고,
그 법장을 수호해 지닌 후에 정각을 이루리라.
각각 시방 국토에서 이름이 다 같고,
동시에 도량에 앉아 무상혜(無上慧)를 증득하리라.
이름을 다 보상(寶相)이라[①] 하고,
국토의 장엄한 모양과 제자의 수효,
정법과 상법의 기간이 다 같아 다름이 없으리라.
다 온갖 신통력으로 시방 중생을 제도하여
명성을 널리 떨치고 점차로 열반에 들리라."

---

① 다 보상(寶相) : 이천의 성문이 똑같이 보상불의 수기를 받았다.

爾時에 **學無學二千人**이 **聞佛授記**하고 **歡喜踊躍**하여 **而說偈言**하대
이시 학무학이천인 문불수기 환희용약 이설게언

世尊의 **慧燈**이 **明**하시니 **我聞授記音**하고 **心歡喜充滿**하여 **如甘露**를 **見灌**하듯하여이다
세존 혜등 명 아문수기음 심환희충만 여감로 견관

12. 그 때, 학, 무학 이천 명이
부처님께서 수기하심을 듣잡고
환희하여 게송으로 사뢰었습니다.
"세존은 지혜의 등불이시라,①
저희는 수기하시는 말씀 듣잡고
환희심이 충만하여
감로수가 부어진 듯하여이다."②

---

① **지혜의 등불(慧燈明)** : 부처님의 지혜는 밝기가 다함이 없어서, 마치 밝은 등불이 일체를 널리 비춰 주는 것과 같다는 뜻이다. ② **감로수가 부어진 듯함(如甘露見灌)** : 마치 감로수를 흠뻑 받은 것 같다는 뜻. 마음이 기쁘고 정보(正報 : 업인에 의한 과보)가 충만함이 감로를 받은 것과 같다는 뜻이다.

법사품 제 10 (法師品 第十)

爾時에 世尊께서 因藥王菩薩하사 告八萬大士하사대 藥王이여 汝見是大衆中에
이시 세존 인약왕보살 고팔만대사 약왕 여견시대중중

無量諸天龍王과 夜叉 乾闥婆 阿脩羅 迦樓羅 緊那羅 摩睺羅伽
무량제천용왕 야차 건달바 아수라 가루라 긴나라 마후라가

人與非人과 及比丘 比丘尼와 優婆塞 優婆夷의 求聲聞者와 求辟支佛者와
인여비인 급비구 비구니 우바새 우바이 구성문자 구벽지불자

求佛道者하느냐
구불도자

1. 그 때, 세존께서 약왕보살로① 인하여
팔만 명의 보살에게 이르셨습니다.
"약왕이여, 너는 이 대중 가운데의 한량 없는
여러 하늘과 용왕, 야차, 건달바, 아수라, 가루라, 긴나라,
마후라가, 인비인② 및 비구, 비구니, 우바새, 우바이로서
성문을 구하는 이와 벽지불을 구하는 이와
불도(佛道)를 구하는 이를 보느냐?

---

① 약왕보살(藥王菩薩) : 이 보살은 현겁(賢劫)의 모든 일천사불(一千四佛)을 공양하고, 고뇌의 중생을 위해 대의왕(大醫王)이 되어 구제하기로 원을 세웠다. 이 보살은 제23품(약왕보살본사품)에서 일체희견보살(一切喜見菩薩)이었을 때, 자기를 잊고 모든 집착을 끊어 몸과 팔을 살라 공양하는 등 법화경을 받드는 모범이 되는 보살로, 미래에 정안여래(淨眼如來)로 성불하신다. 제10품(법사품)에서는 이 약왕보살로 인하여 설법이 이루어지고, 이 보살에 의탁하여 팔만 보살로 하여금 이 경을 유통하게 하려고 한다. ② 인비인(人非人) : 생김새가 사람인 듯 하면서도 사람이 아닌 자.

如是等類가 咸於佛前에 聞妙法華經의 一偈一句하고 乃至一念隨喜者를
여시등류 함어불전 문묘법화경 일게일구 내지일념수희자

我皆與授記호대 當得阿耨多羅三藐三菩提하리라 佛告藥王하사대 又如來
아개여수기 당득아누다라삼먁삼보리 불고약왕 우여래

滅度之後에 若有人이 聞妙法華經호대 乃至一偈一句라도 一念隨喜者를
멸도지후 약유인 문묘법화경 내지일게일구 일념수희자

我亦與授阿耨多羅三藐三菩提記하느니라.
아역여수아누다라삼먁삼보리기

이와 같은 중생류 등이 다 부처님 앞에서
묘법연화경의 한 게송이나 한 구절을 듣고,
한 생각이라도 따라 기뻐하는① 이에게는
내가 다 수기하리니, 아누다라삼먁삼보리를 얻으리라."②
부처님께서 약왕에게 이르셨습니다.
"또, 여래가 멸도한 후, 어떤 사람이
묘법연화경의 한 게송이나 한 구절을③ 듣고,
한 생각이라도 따라 기뻐하는 이에게는
내가 또한 아누다라삼먁삼보리의 수기를 하느니라.

①따라 기뻐함(隨喜) : 천태종의 법화삼매 수도법 중에 5회(五悔)가 있으니, 참회, 권청, 수희, 회향, 발원이 그것이다. 법을 듣고 따라 기뻐함이니, 불지견을 깊이 이해하는 것을 가리키고, 일심에서 널리 일체심을 이해하듯 일체법이 모두 불법(佛法)임을 이해함을 말한다. ②다 수기하리니, 보리를 얻으리라 : 법을 들음이 극히 적으며 시간이 짧더라도 따라 기뻐한(隨喜) 공덕으로, 마침내 불과를 얻을 것임을 밝히신 말씀이다. ③한 게송, 한 구절(一偈一句) : 경 속의 중요한 게송과 구절들을 가리킨다. 예컨대, 제2품(방편품) 개시오입(開示悟入)의 구절이나, 제3품(비유품)의 '이 보배 수레를 타고 사방을 노닐어(乘是寶車 遊於四方)'이든지, 제14품(안락행품)의 사안락행(四安樂行) 구절, 제28품(권발품)의 권발사의(勸發四意 : 여래 멸후 법화경을 얻는 네 가지인데, 부처님께 호념되고, 미덕의 근본을 심고, 정정취에 들고, 중생을 구하려는 뜻을 내는 것이다) 등이다.

若復有人이 受持하며 讀하며 誦하며 解說하며 書寫妙法華經호대 乃至一偈라도
약부유인 수지 독 송 해설 서사묘법화경 내지일게
於此經卷에 敬視如佛하여 種種供養호대 華와 香과 瓔珞과 末香과 塗香과
어차경권 경시여불 종종공양 화 향 영락 말향 도향
燒香과 繒蓋와 幢幡과 衣服과 伎樂과 乃至合掌恭敬하면 藥王이여 當知어다
소향 증개 당번 의복 기악 내지합장공경 약왕 당지
是諸人等이 已曾供養十萬億佛하여 於諸佛所에서 成就大願하리니 愍衆生故로
시제인등 이증공양십만억불 어제불소 성취대원 민중생고
生此人間했느니라.
생차인간

2. 또, 어떤 사람이 묘법연화경의 한 구절이라도
통달해 지녀(受持) 읽고(讀) 외우고(誦) 해설하고 베껴 쓰며,
이 경권(經卷)을 공경하기를 부처님과 같이 하여,
갖가지 꽃과 향과 영락이며,① 말향, 도향, 소향,
증개(繒蓋),② 당번(幢幡), 의복, 기악으로 공양하고,
또는 합장하고 공경한다면, 약왕이여, 알지어다.
이 사람들은 이미 일찍이 십만억 부처님을 공양하고,
그 여러 부처님 처소에서 대원을 성취하고,
중생을 가엾이 여기는 까닭으로 이 인간에 태어났느니라.

---

①영락(瓔珞) : 옥(玉)이나 보배 구슬을 실에 꿰어 목이나 가슴에 드리우는 장신구. ②증개(繒蓋) : 천개(天蓋), 천증개(天繒蓋)라고도 한다. 불상(佛像) 위 혹은 법상(法床) 위에 달아 놓은 일산(日傘).

藥王이여 若有人이 問何等衆生이 於未來世에 當得作佛커든 應示
약왕 약유인 문하등중생 어미래세 당득작불 응시
是諸人等이사 於未來世에 必得作佛하였느니라 何以故오 若善男子 善女人이
시제인등 어미래세 필득작불 하이고 약선남자 선여인
於法華經에 乃至一句나 受持 讀 誦 解說 書寫하여 種種供養經卷호대
어법화경 내지일구 수지 독 송 해설 서사 종종공양경권
華 香 瓔珞 末香 塗香 燒香 繒蓋幢幡 衣服 伎樂하고 合掌恭敬하면
화 향 영락 말향 도향 소향 증개당번 의복 기악 합장공경
是人은 一切世間의 所應瞻奉이니 應以如來 供養으로 而供養之일새니라.
시인 일체세간 소응첨봉 응이여래 공양 이공양지

3. 약왕이여, 만일 사람이 묻되,
'어떤 중생이 미래세에 성불하겠느냐?'
고 하면, 응당 이러한 사람이
미래세에 반드시 성불하리라고 하라.
왜냐 하면, 만약 선남자 선여인이
법화경의 한 구절만이라도 통달해 지니고,
읽고 외우고 해설하고 베껴 쓰며, 갖가지로 경권을 공양하되,
꽃과 향과 영락이며 말향, 도향, 소향과
증개, 당번, 의복, 기악으로 하고, 합장, 공경하면,
이 사람은 일체 세간이 응당 우러러 받드는① 바가 되어,
사람들이 여래께 공양하듯이 공양할② 것이기 때문이니라.

---

① 우러러 받듦(所應瞻奉) : 받들어 공경한다는 뜻.
② 여래께 공양하듯이 공양함 : 부처님께서 안 계실 때 보처(補處 : 전불께서 입멸하시어 이음)로서 부처님을 대신하여 법을 펼 것이므로, 응당 부처님 공양하듯 이 법사를 공양한다는 뜻이다.

當知어다 此人은 是大菩薩이라 成就阿耨多羅三藐三菩提하되 哀愍衆生하여
당지 차인 시대보살 성취아누다라삼먁삼보리 애민중생

願生此間하여 廣演分別妙法華經이니라 何況盡能受持하여 種種供養者따녀
원생차간 광연분별묘법화경 하황진능수지 종종공양자

藥王이여 當知어다 是人은 自捨淸淨業報하고 於我滅度後에 愍衆生故로
약왕 당지 시인 자사청정업보 어아멸도후 민중생고

生於惡世하여 廣演此經이니라.
생어악세 광연차경

4. 알지어다. 이 사람은 대보살이니,①
아누다라삼먁삼보리를 성취했으되,
중생을 가엾이 여기어 이 세상에 나기를 자원하여
묘법연화경을 널리 펴 설해 분별하느니라.②
하물며 이 경을 모두 받아 지녀 갖가지로 공양하는 자이랴.
약왕이여, 알지어다.
이 사람은 스스로 청정한 업보를 버리고,③
내가 멸도한 후에 중생을 가엾이 여긴 나머지,
악한 세상에 태어나 이 경을 널리 펴 설하느니라.

---

①**이 사람은 대보살** : 이미 법화경에 대해 큰 믿음과 이해가 생겼으면, 그 사람은 큰 보살임을 알 수 있다는 뜻이다. ②**널리 펴 설해 분별함** : 법화경을 크게 부연하여 분별해서 해설하였다는 뜻이다. 경의 한 구절을 수지해 설한다 해도 그 한 구는 법화경 전체의 진리를 나타내는 뜻을 가지고 있으므로, 곧 경 전체를 널리 해석하여 설하는 것과 같다는 뜻이다. ③**스스로 청정한 업보를 버리고(自捨淸淨業報)** : 수승한 공덕으로 청정한 불토에 태어날 수 있는데도 불구하고, 그 과보를 버리고 악한 중생계에 태어난다는 뜻이다.

若是善男子 善女人이 我滅度後에 能竊爲一人하여 說法華經호대
약시선남자 선여인 아멸도후 능절위일인 설법화경
乃至一句하면 當知是人은 則如來使라 如來所遣으로 行如來事어든
내지일구 당지시인 즉여래사 여래소견 행여래사
何況於大衆中에 廣爲人說이리요. 藥王이여 若有惡人이 以不善心으로
하황어대중중 광위인설 약왕 약유악인 이불선심
於一劫中에 現於佛前에 常毁罵佛하여도 其罪 尙輕커니와
어일겁중 현어불전 상훼매불 기죄 상경

5. 만약 어떤 선남자 선여인이
내가 멸도한 후에 은밀히 한 사람을 위하여
법화경의 한 구절이라도 설한다면,
알지어다. 이 사람은 곧 여래의 사도(使徒)로서①
여래가 보낸 바이며② 여래의 일을 행함이니,③
하물며 대중 가운데에서 널리 사람을 위하여 설함이랴.

6. 약왕이여, 어떤 악한 사람이 좋지 못한 마음으로
일 겁 동안을 부처님 앞에 나타나
항상 부처님을 헐뜯고 욕할지라도④
그 죄는 오히려 가벼우나,⑤

---

①여래의 사도(如來使) : 이와 같이 법화경을 연설하는 사람은 곧 여래의 심부름을 맡은 법화의 사자(使者)라는 뜻이다. 여래의 사도(使徒). 여래의 사절(使節). ②여래가 보낸 바(如來所遣) : 여래께서 교화하도록 보내셨다는 뜻이다. ③여래의 일을 행함(行如來事) : 여래께서 하시는 교화의 일을 편다는 뜻. ④헐뜯고 욕함(毁罵) : 훼방하고 욕함. ⑤그 죄는 오히려 가벼우나(其罪尙輕) : 부처님을 헐뜯고 욕하는 것은 사실 대단히 무거운 죄이지만, 만일 법화경을 독송하는 법사를 헐뜯는 일에 비교하면 오히려 가볍다는 뜻이다.

若人이 以一惡言으로 毁呰在家出家의 讀誦法華經者하면 其罪 甚重하니라.
약인 이일악언 훼자재가출가 독송법화경자 기죄 심중

藥王이여 其有讀誦法華經者는 當知어다 是人은 以佛莊嚴으로 而自莊嚴하며
약왕 기유독송법화경자 당지 시인 이불장엄 이자장엄

則爲如來 肩所荷擔이며 其所至方에 應隨向禮할지니라.
즉위여래 견소하담 기소지방 응수향례

어떤 사람이 한 마디라도 나쁜 말로
재가(在家)이거나 출가한 사람이거나 간에
법화경을 독송하는 이를 헐뜯으면,①
그 죄는 매우 무거우니라.②

7. 약왕이여, 이 법화경을 독송하는 사람이 있거든,
알지어다.
이 사람은 부처님의 장엄(莊嚴)으로써 자신을 장엄하며,③
여래께서 어깨에 메신 바가④ 된 사람이니,
그가 가는 곳마다 응당 따라가서 예할지니라.⑤

---

① **헐뜯음(毁呰)** : 훼방하는 짓. ② **그 죄는 매우 무거움(其罪甚重)** : 남을 헐뜯었기 때문에 그 도심(道心)이 퇴보하고 교법(敎法)이 행해지지 않으니, 죄가 무겁다는 뜻이다. ③ **부처님 장엄으로써 자신을 장엄(佛莊嚴而自莊嚴)** : 독송이 부처님 장엄과 같음을 밝힌 부분이다. 부처님을 장엄함은 부처님의 온갖 덕을 갖추는 것을 가리킨다. 법사가 독송해 나아가면 부처님의 장엄과 같아져 복을 짓게 된다. 부처님은 선정과 지혜로 장엄하는데, 법사는 독송으로 선정과 지혜를 갖추어 몸을 장엄하여 부처님과 같은 삼십이상의 거룩한 모습을 갖추게 된다는 것이다. 경을 독송하여 통달해 지니면, 경을 외우면서(誦經) 음성의 공함을 깨닫고, 신심이 구름이나 그림자와 같이 알아서 마음이 주하는 곳이 없어야 하므로 선정과 지혜에 들어갈 수 있다(천태대사의 법화삼매참의 참조). ④ **여래께서 어깨에 메신 바(如來肩所荷擔)** : 법화경을 독송하는 사람은 부처님께서도 존중한다는 뜻이다. ⑤ **그가 가는 곳마다 응당 따라가서 예함** : 이러한 법사가 가는 곳은 모두 실상과 합치할 것이므로, 다 공경하여 따라야 할 것임을 밝혔다.

一心合掌하여 恭敬供養하며 尊重 讚歎호대 華 香 瓔珞 末香 塗香
일심합장 공경공양 존중 찬탄 화 향 영락 말향 도향

燒香 繒蓋 幢幡 衣服 肴饌과 作諸伎樂하여 人中上供으로 而供養之하고
소향 증개 당번 의복 효찬 작제기악 인중상공 이공양지

應持天寶하여 而以散之하고 天上寶聚로 應以奉獻이니라 所以者何오
응지천보 이이산지 천상보취 응이봉헌 소이자하

是人이 歡喜說法커든 須臾聞之하면 卽得究竟阿耨多羅三藐三菩提故니라.
시인 환희설법 수유문지 즉득구경아누다라삼먁삼보리고

일심으로 합장하고 공경, 공양하며, 존중, 찬탄하되,
꽃과 향과 영락이며, 말향, 도향, 소향과
증개, 당번, 의복, 음식과 모든 기악을 연주하여
사람 가운데에서 가장 훌륭한 공양을① 하고,
하늘의 보배를 가져다가 흩고,
하늘의 보배더미를② 바칠지니라.
왜냐 하면, 이 사람이 기꺼이 법을 설할 때,
잠깐 듣는 것만이라도③
구경(究竟)의 아누다라삼먁삼보리를 얻기 때문이니라."

---

①사람 가운데 가장 훌륭한 공양(人中上供) : 세상에서 가장 뛰어난 공양물. ②하늘의 보배더미(天上寶聚) : 천상에 쌓여 있는 보배. ③잠깐 듣는 것(須臾聞之) : 짧은 시간 법을 들음. 수유(須臾)란 찰나, 잠시와 같은 짧은 시간의 양.

爾時世尊께서 欲重宣此義하사 而說偈言하사대
이시세존 욕중선차의 이설게언

若欲住佛道하여 成就自然智인댄 常當勤供養 受持法華者니라
약욕주불도 성취자연지 상당근공양 수지법화자

其有欲疾得 一切種智慧인댄 當受持是經하고 并供養持者니라.
기유욕질득 일체종지혜 당수지시경 병공양지자

若有能受持 妙法華經者면 當知어다 佛所使라 愍念諸衆生이니라
약유능수지 묘법화경자 당지 불소사 민념제중생

諸有能受持 妙法華經者는 捨於清淨土하고 愍衆故로 生此하리라.
제유능수지 묘법화경자 사어청정토 민중고 생차

8. 그 때, 세존께서 이 뜻을 거듭 펴고자
게송으로 말씀하셨습니다.
"만일 불도에 머물러 자연지(自然智)를[①] 성취하고 싶거든,
법화경을 받아 지니는 사람을 부지런히 공양할지니라.
빨리 일체종지(一切種智)를[②] 얻고자 하거든,
마땅히 이 경을 받아 지니고,
아울러 받아 지니는 이를 공양할지니라.

9. 만일 묘법연화경을 받아 지니는 이가 있거든,
알지어다. 부처님의 사도(使徒)로서[③]
모든 중생을 가엾이 여기는 이니라.
묘법연화경을 통달해 지니는 모든 사람은
중생을 가엾이 여긴 나머지,
청정한 국토를 버리고[④] 여기에 나느니라.[⑤]

---

① **자연지(自然智)** : 인위적으로 만든 지혜가 아니고 자연히 생긴 부처님 지혜를 말한다. ② **일체종지(一切種智)** : 모든 것을 완전히 통달해 아는 부처님의 지혜. 이 경전을 통달해 지니거나 이러한 사람에게 공경, 공양하면 보다 쉽게 성취할 수 있다. ③ **부처님의 사도(使徒)** : 부처님께서 부리시는 이(佛所使). ④ **청정한 국토를 버리고(捨於清淨土)** : 과보로써 누릴 수 있는 자기의 정토에 태어나지 않은 일. ⑤ **여기에 나느니라(愍衆故生此)** : 중생을 가엾이 여기기 때문에 이 사바세계에 태어난다는 뜻.

當知어다 如是人은 自在所欲生하여 能於此惡世에 廣說無上法이니
당지 여시인 자재소욕생 능어차악세 광설무상법

應以天華香과 及天寶衣服과 天上妙寶聚로 供養說法者니라.
응이천화향 급천보의복 천상묘보취 공양설법자

吾滅後惡世에 能持是經者를 當合掌禮敬호대 如供養世尊하며
오멸후악세 능지시경자 당합장예경 여공양세존

上饌 衆甘美와 及種種衣服으로 供養是佛子하여 冀得須臾聞이니
상찬 중감미 급종종의복 공양시불자 기득수유문

若能於後世에 受持是經者는 我遣在人中하여 行於如來事니라.
약능어후세 수지시경자 아견재인중 행어여래사

알지어다, 이 같은 사람은 자재(自在)하여
나고자 하는 곳에 태어나느니라.①
이 악한 세상에서 널리 위없는 법(無上法)을 설하리니,
하늘꽃과 향과 보배와 의복과 천상의 묘한 보배더미로
설법하는 이에게 공양할지니라.

10. 내가 멸도한 후 악한 세상에서 이 경을 지니는 이에게는
합장하고 예배, 공경하되, 세존께 공양하듯 하라.
좋은 찬과 맛난 음식 및 갖가지 의복으로
이 불자에게 공양해 잠깐이라도 법문 듣기 바랄지니라.
만약 후세에서 이 경을 받아 지니는 이 있다면,
내가 그를 인간에 보내② 여래의 일을 행하게 함이니라.③

---

① 나고자 하는 곳에 태어남(自在所欲生) : 업보에 의해 나는 것이 아니고, 이 세상에 교화할 목적으로 임의로 태어난다는 뜻. ② 내가 그를 인간에 보내(我遣在人中) : 여래께서 보내 인간계 중에 있으면서의 뜻. ③ 여래의 일을 행하게 함(行於如來事) : 부처님 대신 이 경을 널리 펴 중생을 교화하는 일이다.

若於一劫中에 약어일겁중	常懷不善心하여 상회불선심	作色而罵佛하면 작색이매불	獲無量重罪하련만 획무량중죄
其有讀誦持 기유독송지	是法華經者를 시법화경자	須臾라도 加惡言하면 수유 가악언	其罪復過彼하리라 기죄부과피
有人이 求佛道하여 유인 구불도	而於一劫中에 이어일겁중	合掌在我前하여 합장재아전	以無數偈로 讚하면 이무수게 찬
由是讚佛故로 유시찬불고	得無量功德하리라 득무량공덕	歎美持經者는 탄미지경자	其福이 復過彼하리라 기복 부과피

11. 만약 일 겁 동안을 항상 좋지 못한 마음을 품고
성난 얼굴로 부처님을 욕한다면,①
한량 없는 무거운 죄를 지으련만,
그런데 이 법화경을 독송하고 지니는 사람을
잠깐이라도 헐뜯는다면, 그 죄는 그보다 더하느니라.②

어떤 사람이 불도를 구하여 일 겁 동안을
내 앞에서 합장하고 수없는 게송으로 찬탄한다면,
이로 인해 얻는 공덕은 한량 없으리라.
그런데 이 경 지니는 이를 찬미하는 사람은
그 복이 그보다 더하느니라.③

---

① **부처님을 욕한다면(作色而罵佛)** : 작색(作色)이란 감정을 안색에 나타냄이니, 화난 표정으로 욕하는 짓. ② **그 죄가 그보다 더함(其罪復過彼)** : 잠깐일지라도 이 경 지닌 이를 헐뜯는 일은 일 겁 동안 부처님을 욕한 것보다 더 크다는 뜻이다. ③ **그 복이 그보다 더함(其福復過彼)** : 경을 가진 이를 찬양한 공덕은 부처님을 찬양한 것보다 더 크다는 뜻이다.

於八十億劫에 以最妙色 聲과 及與香 味 觸으로 供養持經者하여
어팔십억겁 이최묘색 성 급여향 미 촉 공양지경자

如是供養已하고 若得須臾聞이어든 則應自欣慶호대 我今獲大利라하니라
여시공양이 약득수유문 즉응자흔경 아금획대리

藥王이여 今告汝하노니 我所說諸經이 而於此經中에 法華가 最第一이니라
약왕 금고여 아소설제경 이어차경중 법화 최제일

爾時에 佛께서 復告藥王菩薩摩訶薩하사대 我所說經典이 無量千萬億이니
이시 불 부고약왕보살마하살 아소설경전 무량천만억

已說과 今說과 當說에 而於其中에 此法華經이 最爲難信難解니라
이설 금설 당설 이어기중 차법화경 최위난신난해

팔십억 겁을① 가장 묘한 색과 음성과 향과 맛과 감촉으로
이 경(經) 지닌 사람을 공양하여,②
이같이 공양하고 잠깐 동안이라도 법문 듣게 된다면,
응당 스스로 기뻐하고 경하하되,
'나는 지금 큰 이익을③ 얻었다.'고④ 하라.
약왕이여, 이제 너에게 이르노니,
내가 설한 모든 경 중에서 이 법화경이 제일이니라."

12. 그 때, 부처님께서 다시 약왕보살마하살에게 이르셨습니다.
"내가 설한 경전이 한량 없어 천만억이니,
이미 설한 것과 지금 설하는 것과 앞으로 설할 것들,⑤
그 중에서 이 법화경이 가장 믿기 어렵고 알기 어렵느니라.

---

① **팔십억 겁** : 팔식(八識)을 뜻한다. ② **묘한 색과 음성과 향과 맛과 감촉으로 이 경 지닌 사람을 공양함** : 오경(五境)으로 이 경을 지닌 이를 공양하는 일. 좋은 물건으로 공양하면 색(色)공양이고, 좋은 음악과 찬탄의 말은 음성(聲)공양이며, 좋은 향을 공양하면 향(香)공양이고, 좋은 음식을 공양하면 맛(味)의 공양이며, 훌륭한 의복 등의 공양은 촉(觸)의 공양이다. ③ **큰 이익(大利)** : 큰 이익. 열반이나 깨달음 같은 불도의 이익. ④ **나는 지금 큰 이익을 얻었다** : 이 경을 지닌 이를 오경(五境)으로 공양하면 조그마한 선을 얻지만, 잠깐 동안일지라도 이 경 설하는 것을 들으면 곧바로 보리를 얻으므로 큰 이익을 받게 된다는 뜻이다. ⑤ **이미 설한 것과 지금 설하는 것과 앞으로 설할 것들** : 이미 설한 것은 초전법륜부터 대품반야까지의 점교, 돈교의 가르침이다. 지금 설하는 것이란 현재의 같은 법석에서 설한 가르침이니, 무량의경이다. 앞으로 설할 것이란 열반경을 가리킨다.

藥王이여 此經은 是諸佛祕要之藏이라 不可分布하여 妄授與人이니 諸佛
약왕 차경 시제불비요지장 불가분포 망수여인 제불
世尊之所守護라 從昔已來에 未曾顯說하니라 而此經者는 如來가 現在하여도
세존지소수호 종석이래 미증현설 이차경자 여래 현재
猶多怨嫉이온 況滅度後에라.
유다원질 황멸도후

약왕이여, 이 경은 모든 부처님의 비요지장(祕要之藏)이므로,①
부질없이 분포(分布)해서② 사람에게 함부로 주지 말지니,③
모든 부처님께서 수호하시는 바로서,
예부터 일찍이 드러내어 설해지지 아니하였느니라.④
이 경은 여래가 머무르고 있는 현세에도
오히려 원망과 질시가⑤ 많거늘,
하물며 멸도한 후에랴.

---

①**비요지장(祕要之藏)** : 제불께서 비밀스럽고 오묘하게 여기시는 공덕의 법장. 이제까지 숨기고 설하지 않음을 비(祕)라 하고, 온갖 것을 총괄하여 요(要)라 하며, 진여실상을 간직함을 장(藏)이라 한다. ②**분포(分布)** : 널리 설하는 일. 널리 펴는 일. ③**분포(分布)해서 사람에게 함부로 주지 말라** : 이 법은 오묘하여 믿기 어려운데, 깊은 지혜를 가진 이는 이해할 수 있어 주어도 상관 없으나, 지혜 없는 자에게 설하면 오히려 비방하고 원망하여 죄만 지을 수 있기 때문에 함부로 설하지 말라는 취지이다. ④**드러내어 설해지지 않음(未曾顯說)** : 성도하신 이후로 근기가 낮은 자 때문에 드러내어 설하지 않았고, 다만 방편으로 비밀스럽게 말했다는 뜻. 곧, 삼장교에서는 이승의 작불을 설하지 않으시고, 스승과 제자 관계의 옛 인연도 밝히지 않으셨다. 방등 반야에서는 비록 실상의 법장에 대해 설하기는 하셨으나, 오승(인, 천, 성문, 연각, 보살)의 작불이 설해지지 않았고, 그 본분(本迹)을 털어놓지 않으셨다. 이와 같이 법화 이전의 점교, 돈교에서 아직 법의 융회가 이루어지지 않았음을 말한다. ⑤**원망과 질시(怨嫉)** : 원망하고 미워함. 여래께서 세상에 계실 때, 사람들이 믿지 않고 원망하거나 미워했다는 뜻. 곧, 경에서도 법화를 설하실 때, 거만한 자들이 자리를 물러갔고, 아마도 마귀가 부처의 탈을 쓰고 마음을 어지럽힌다고 했으며, 궁한 아들이 아버지를 두려워하였다는 것이 이를 가리킨다.

藥王이여 當知어다 如來滅後에 其能書 持 讀 誦 供養하며 爲他人說者는
약왕 당지 여래멸후 기능서 지 독 송 공양 위타인설자
如來가 則爲以衣覆之하며 又爲他方現在諸佛之所護念이라 是人이
여래 즉위이의부지 우위타방현재제불지소호념 시인
有大信力과 及志願力과 諸善根力이니 當知어다 是人은 與如來와 共宿이며
유대신력 급지원력 제선근력 당지 시인 여여래 공숙
則爲如來가 手摩其頭함이니라.
즉위여래 수마기두

13. 약왕이여, 알지어다.

여래의 멸도 후에 이 경을 써서 지니고 읽고 외우고 공양하며,
다른 사람을 위하여 설하는 이는
여래께서 곧 그 옷으로 덮어 주실① 뿐만 아니라,
타방에 계신 모든 부처님께서 호념(護念)하시는② 바가 되리라.
이 사람은 대신력(大信力)과③ 지원력(志願力)과④
여러 선근력(善根力)이⑤ 있으니, 알지어다.
이 사람은 여래와 함께 자며,⑥
여래께서 손으로 그의 머리를
어루만져 주시는⑦ 이가 되느니라.

---

①여래께서 그 옷으로 덮어 주심: 마음 자체는 적멸의 인욕(大忍)에 머물러 고통을 참고 부지런히 정진하면, 마치 여래께서 인욕의 옷을 입혀 준 것과 같다는 뜻이다. **②타방에 계신 모든 부처님께서 호념하심**: 깨달음의 성품(覺性)에 순수히 따르므로 제불께서 돌보아 주시는 일. 타방의 부처님께서도 모두 이 경을 공경하므로, 이 경을 통달해 지닌 이는 부처님의 보호를 받는다는 뜻이다. **③대신력(大信力)**: 신심(信心)의 힘이니, 삼보(불보, 법보, 승보)와 계(戒)에 대한 믿음을 말한다. **④지원력(志願力)**: 뜻을 세우고 사홍서원(四弘誓願)의 원을 일으키는 힘이다. **⑤선근력(善根力)**: 과거 오래 전에 심은 선근의 힘. 곧, 큰 지혜(大智)이다. 신심은 진리에 대한 믿음이므로 법신(法身)이고, 원은 행을 확립시키는 해탈이며, 선근은 뿌리가 견고함이니 반야이다. 이 세 가지 힘은 삼덕(三德)의 비밀장(祕密藏)이 된다. **⑥여래와 함께 잠**: 여래께서 일승의 적멸도량에 계시고, 지금 수행하는 사람도 법화공덕의 비밀장에 계시므로, 오묘하게 법신에 계합함을 함께 잔다고 한다. **⑦여래께서 손으로 그의 머리를 어루만져 주심(手摩其頭)**: 부처님을 생각해서 모든 것을 인내하므로, 머리를 만져 주심은 근기에 감응하신 것이다. 세 가지 힘으로 닦아 방편과 진실로써 근기가 부처에 감수하는 것을 '머리(頭)'라고 하고, 여래께서 방편과 진실의 두 가지 지혜로 교화하시어 응하시는 것을 '손(手)'으로 삼으니, 서로 감응이 이루어져 머리를 어루만져 주시게 된다.

藥王이여 在在處處에 若說커나 若讀커나 若誦커나 若書하며 若經卷所住之處에
약왕 재재처처 약설 약독 약송 약서 약경권소주지처

皆應起七寶塔호대 極令高廣嚴飾하면 不須復安舍利니 所以者何오 此中에
개응기칠보탑 극령고광엄식 불수부안사리 소이자하 차중

已有如來의 全身일새니라 此塔에는 應以一切華 香 瓔珞 繒蓋 幢幡 伎樂
이유여래 전신 차탑 응이일체화 향 영락 증개 당번 기악

歌頌으로 供養 恭敬하며 尊重 讚歎하라 若有人이 得見此塔하고 禮拜供養하면
가송 공양 공경 존중 찬탄 약유인 득견차탑 예배공양

當知是等은 皆近阿耨多羅三藐三菩提니라.
당지시등 개근아누다라삼먁삼보리

14. 약왕이여, 곳곳에서[①] 설하거나 독송하거나 쓰며,
혹은 경권이 머물러 있는 곳이면 칠보탑을 일으켜
매우 높고 넓게 하여 장엄하게 꾸밀 것이나,
사리까지 반드시 안치하지 않아도 좋으니라.[②]
왜냐 하면, 이 경 가운데에는
이미 여래의 전신(全身)이[③] 있기 때문이니라.
이 탑에는 응당 온갖 꽃과 향과 영락이며,
증개, 당번, 기악과 노래로 공양, 공경하고, 존중, 찬탄하라.
만약 어떤 사람이 이 탑을 보고 예배하고 공양한다면,
알지어다. 이들은 다 아누다라삼먁삼보리에 가까우니라.[④]

---

①곳곳에서(在在處處): 어딘가 있는 곳. **②사리까지 안치하지 않아도 좋음**: 쇄골(碎骨)은 생신사리이고, 경권은 법신사리인데, 경권이 계시므로 생신사리까지 모실 필요가 없다는 것이다. **③여래의 전신(如來全身)**: 경에서 오묘한 이치를 밝혔는데, 그 이치는 맑고 깨끗한 것이므로 곧 여래의 맑은 법신이다. 이 경이 있는 곳에 탑을 만들면 그 경이 곧 사리인 것이다. 그러므로 어떤 사람이 마음으로 부처님의 사리를 구하면, 그러한 사람에게는 설명해 준다고 했다. **④탑을 보고~가까움**: 법신은 의지함이 없지만, 탑을 의지처로 삼는다. 그러므로 탑에 공경, 공양 예배하면 법신을 친견함이니, 보리에 더욱 가까워진다는 뜻이다. 법화경이 바르게 유통되는 곳에는 탑을 세우니, 이 탑은 여래의 전신사리이고, 여기에는 여래의 청정한 법신이 들어 있으므로, 이 탑에 공양하는 것은 여래와 감응(感應)이 이루어져 보리에 가까워진다는 뜻이다.

藥王이여 多有人이 在家出家에 行菩薩道호대 若不能得見 聞 讀 誦 書
약왕 다유인 재가출가 행보살도 약불능득견 문 독 송 서
持 供養 是法華經者는 當知어다 是人은 未善行菩薩道요 若有得聞是
지 공양 시법화경자 당지 시인 미선행보살도 약유득문시
經典者라사 乃能善行菩薩之道니라 其有衆生이 求佛道者로 若見若聞是
경전자 내능선행보살지도 기유중생 구불도자 약견약문시
法華經하고 聞已信解受持者는 當知是人은 得近阿耨多羅三藐三菩提니라.
법화경 문이신해수지자 당지시인 득근아누다라삼먁삼보리

15. 약왕이여, 사람들이 재가이건 출가이건 간에 보살도를 행하되,
만약 이 법화경을 보고 듣고 읽고 외우고 쓰고 지니거나
공양하지 않는 자는, 알지어다.
이 사람은 보살도를 잘 행하지 못하는 것이고,①
이 경전을 듣는 이는 보살도를 잘 행함이 되느니라.
중생으로 불도(佛道)를 구하는 이가 있어,
이 법화경을 보거나 듣거나 하여, 듣고 나서는
믿고 해석하며 통달해 지니는 이는, 알지어다.
이 사람은 아누다라삼먁삼보리에 다가선 것이니라.②

---

① **보살도를 잘 행하지 못하는 일** : 사부중(四部衆)이 비록 보살도를 받아서 행했다 하더라도, 법화경을 보고 듣거나 공양하지 않았을 때에는 제대로 보살도를 실천한 것이 되지 못하니, 오묘한 근본에 이르지 못했기 때문이다. ② **법화경을 통달해 지니는 것은 보리에 다가선 것** : 부처의 지혜가 담겨 있는 이 경전의 가르침을 듣고 믿어 통달해 지니면, 부처의 지혜가 열려 보리에 가깝게 된 것이다. 경에서는 안락행(安樂行)에서 근처(近處)라 하였으니, 불안, 불지로 지견(知見)하는 곳을 본체로 하여 초심(初心)의 보리인 초주(初住)에 다가섰음을 말한다. 원교(圓敎)의 과위로는 원교의 인행을 닦아서 상사해(相似解 : 진리에 가까운 이해)를 얻는 것을 말한다. 여실지(如實智)를 인행(因行)으로 삼고 이것으로 과위(果位)를 삼으니, 불성을 일으켜 열반의 원만한 과를 얻음이다. 절대의 진리(眞如)에서는 인과의 전후가 없으나, 수행에서는 이와 같이 전후가 있다.

藥王이여 譬如有人이 渴乏須水하야 於彼高原에 穿鑿求之호대 猶見乾土하면
약왕 비여유인 갈핍수수 어피고원 천착구지 유견건토

知水 尙遠이나 施功不已하여 轉見濕土하고 遂漸至泥하얀 其心에 決定히
지수 상원 시공불이 전견습토 수점지니 기심 결정

知水 必近하리라 菩薩도 亦復如是하야 若未聞未解하며 未能修習是法華經하면
지수 필근 보살 역부여시 약미문미해 미능수습시법화경

當知어다 是人은 去阿耨多羅三藐三菩提홈이 尙遠이니라.
당지 시인 거아누다라삼먁삼보리 상원

16. 약왕이여, 비유하건대,
어떤 사람이 목이 말라 물을 구하고자①
높은 언덕에서 우물을 팔 때,②
마른 흙이③ 나오면 물이 아직 먼 줄을 알며,
파기를 쉬지 아니하여④ 젖은 흙을⑤ 보고,
드디어 진흙이 나오면,
그 마음에 반드시 물이⑥ 가까이 있는 줄 알리라.
보살도 이와 같아서,
만일 이 법화경을 듣지도 못하고 이해하지도 못하며,
닦아 익히지도 못했다면, 알지어다.
이 사람은 아누다라삼먁삼보리에서 아직도 머니라.

---

①목이 말라 물을 구함 : 보살도 닦음을 비유한다. **②높은 언덕에서 우물을 파는 것** : 고(苦) 가득한 사바세계를 높은 언덕이라 하고, 불도를 이루고자 깨달음을 구하는 것을 우물을 파는 일이라 한다. **③마른 흙** : 불성을 아직 보지 못함. **④파기를 쉬지 않음**(施功不已) : 파는 일을 그치지 않음이다. 관행(觀行)을 계속 닦아 나아감을 뜻한다. **⑤젖은 흙** : 정법을 부분적으로 봄. **⑥물** : 불성의 참된 근원. 법류수(法流水).

若得聞解하야 思惟修習하면 必知得近阿耨多羅三藐三菩提하리라 所以者何오
약 득 문 해 사 유 수 습 필 지 득 근 아 누 다 라 삼 먁 삼 보 리 소 이 자 하

一切菩薩의 阿耨多羅三藐三菩提는 皆屬此經할새니라 此經은 開方便門하여
일 체 보 살 아 누 다 라 삼 먁 삼 보 리 개 속 차 경 차 경 개 방 편 문

示眞實相이니라 是法華經藏은 深固幽遠하여 無人이 能到일새 今佛께서 教化하야
시 진 실 상 시 법 화 경 장 심 고 유 원 무 인 능 도 금 불 교 화

成就菩薩호려하여 而爲開示니라.
성 취 보 살 이 위 개 시

만약 이를 듣고 이해하여 생각하고 닦아 익힌다면,
반드시 아누다라삼먁삼보리에 가까운 줄을 반드시 알리라.
왜냐 하면, 일체 보살의 아누다라삼먁삼보리는
이 경에 속하기[①] 때문이니라.
이 경은 방편문을 열어(開) 진실의 상(相)을 보이느니라(示).[②]
이 법화경의 법장(法藏)은[③] 깊고도 견고하며,
아득히 멀어서[④] 능히 이르는 사람이 없느니라.
이제 부처님께서 보살을 교화하여 성취시키고자
열어 보이시느니라.

---

①이 경에 속함(皆屬此經) : 일체 보살이 보리를 닦는 것은 다 이 경의 경지에 속하기 때문에, 묘법의 진실을 듣지 못하면 방편문에서 벗어나지 못한다는 뜻. 방편은 진실로부터 베풀어진 것이므로 다 진실의 가르침인 법화경에 의지해 있다는 뜻이다. ②방편문을 열어 진실상을 보임 : 방편문을 연 것은 우물을 판 것이고, 진실상을 보임은 물을 보는 것과 같다. ③법화경의 법장(法華經藏) : 중생의 마음 속에 들어 있는 불성. 곧, 중생의 여래장이다. ④깊고도 견고하며 아득히 멀어서(深固幽遠) : 지극한 이치와 위없는 보리를 밝혔으므로 '깊다'고 하고, 파괴할 수 없는 결정적인 법이므로 '견고하다'고 하며, 은밀하여 보기 어려우므로 '아득하다'고 하고, 보통 사람이 부처님을 바라보면 겹겹이 그 과(果)가 막혀 있으므로 '멀다'라고 하였다.

藥王이여 **若有菩薩**이 **聞是法華經**하고 **驚疑怖畏**하면 **當知是爲新發意菩薩**이요
약왕 약유보살 문시법화경 경의포외 당지시위신발의보살

若聲聞人이 **聞是經**하고 **驚疑怖畏**하면 **當知**어다 **是爲增上慢者**니라. **藥王**이여
약성문인 문시경 경의포외 당지 시위증상만자 약왕

若有善男子善女人이 **如來滅後**에 **欲爲四衆**하여 **說是法華經者**는 **云何**
약유선남자선여인 여래멸후 욕위사중 설시법화경자 운하

應說이어뇨
응설

17. 약왕이여, 만약 어떤 보살이
이 법화경을 듣고 놀라고 의혹하고 두려워한다면,[①]
알지어다. 이는 새로 발심한 보살이니라.[②]
만일 성문이 이 경을 듣고 놀라고 의혹하고 두려워한다면,
알지어다. 이는 증상만자(增上慢者)이니라.[③]

18. 약왕이여, 만일 선남자 선여인이 있어,
여래께서 멸도한 후에 사부 대중을 위하여
이 법화경을 설하고자 할 때,
어떻게 응하여 설해야 하겠느냐?

---

① **놀라고 의혹하고 두려워함(驚疑怖畏)** : 잠시 원만한 가르침을 듣고 그 이치가 깊고 오묘하여 마음에 의혹이 일어나고 놀라고 두려워함이다. ② **새로 발심한 보살(新發意菩薩)** : 새로 대승의 보리심을 일으킨 보살. 앞에서 설한 팔천의 처음 발심한(初發心) 보살과 같다는 뜻이다. ③ **증상만자(增上慢者)** : 깨달음을 얻지 못하고서도 깨달음을 얻은 것으로 자처하는 이. 앞에서 자리를 박차고 나간 오천 명과 같은 자들이다.

是善男子 善女人이 入如來室하며 著如來衣하고 坐如來座라사 爾乃應爲
시선남자 선여인 입여래실 착여래의 좌여래좌 이내응위

四衆하여 廣說斯經이리라 如來室者는 一切衆生中에 大慈悲心이 是요
사중 광설사경 여래실자 일체중생중 대자비심 시

如來衣者는 柔和忍辱心이 是요 如來座者는 一切法空이 是니 安住是中
여래의자 유화인욕심 시 여래좌자 일체법공 시 안주시중

然後에 以不懈怠心으로 爲諸菩薩及四衆하야 廣說是法華經이니라.
연후 이불해태심 위제보살급사중 광설시법화경

이 선남자 선여인은 여래의 방에① 들어,
여래의 옷을② 입고 여래의 자리에③ 앉아서야
사부 대중을 위해 이 경을 널리 설할 수 있으리라.
여래의 방이란, 일체 중생을 감싸는 대자비심이 그것이니라.
여래의 옷이란, 부드럽고 화평한 인욕심이④ 그것이니라.
여래의 자리란,
온갖 것이 공하다(一切法皆空)는⑤ 도리가 그것이니라.
이 가운데에 안주한 후에 게으름을 내지 않는 마음으로
보살들과 사부 대중을 위해 이 법화경을 널리 설할지니라.

---

①여래의 방(如來室) : 자비심을 일으킴이다. 자비를 닦음은, 무연자비(無緣慈悲)에서 중생과 부처가 한 몸(同體)이라고 보면 곧 법신(法身)이고, 중생을 교화시키는 면에서는 해탈(解脫)이며, 중생으로 하여금 동체임을 깨닫게 함은 반야(般若)이다. ②여래의 옷(如來衣) : 욕됨을 참는 행. 인욕이다. 옷으로 가림은 법신이니 인욕행이고, 가려서 장엄하는 면에서는 적멸인(寂滅忍 : 인욕의 궁극인 열반. 반야를 나타냄), 불보살이 본래의 모습을 숨기고 화신의 모습으로 교화하는 면에서는 곧 해탈이다. ③여래의 자리(如來座) : 마음을 편안히 하는 것이 여래의 자리이다. 마음이 공하면 적멸해져 일체법이 공함을 알게 된다. 자리에 앉음(앉는 주체)에서 볼 때에는 지혜로 공을 관함이니 반야이고, 앉는 곳으로는 반야 지혜로 관해지는 것인 법신이며, 자리에 앉음은 몸과 자리가 일치함이니 곧 주체인 반야와 앉는 곳인 법신이 일치하는 해탈이다. ④부드럽고 화평한 인욕심(柔和忍辱心) : 온순하여 성내지 않고 참는 마음. ⑤온갖 것이 공하다(一切法空) : 온갖 일체 현상은 연기한 것이어서 그 실체가 없다는 뜻.

藥王이여 我於餘國에 遣化人하여 爲其集聽法衆하고 亦遣化比丘 比丘尼
약왕 아어여국 견화인 위기집청법중 역견화비구 비구니
優婆塞 優婆夷하여 聽其說法케하리라 是諸化人이 聞法信受하며 隨順不逆하리라
우바새 우바이 청기설법 시제화인 문법신수 수순불역
若說法者가 在空閑處어든 我 時에 廣遣天龍 鬼神 乾闥婆 阿修羅等하여
약설법자 재공한처 아 시 광견천용 귀신 건달바 아수라등
聽其說法케하며
청기설법

19. 약왕이여, 내가 다른 나라에 머물러 있으면서
화인(化人)을[1] 보내어
그를 위하여 법을 듣는 대중을 모으고,
또 화작(化作)한 비구, 비구니, 우바새, 우바이를 보내
그 설법을 듣게 하리라.
이 모든 화인은 법을 듣고 믿어 받들며,
이를 따라 거역하지 아니하리라.

만약 설법자가 아무도 없어 한적한 곳에[2] 있으면,
내가 널리 하늘(천신)과 용, 귀신, 건달바, 아수라 등을 보내
그의 설법을 듣게 하리라.

---

① 화인(化人) : 부처님이나 보살이 중생을 교화하기 위하여 근기에 맞추어 일부러 모양을 변화시켜 사람의 모습을 나타내는 일. ② 한적한 곳(空閑處) : 고요하고 한적한 곳으로, 마음을 가다듬고 정(定)에 있을 때.

我가 雖在異國하여도 時時에 令說法者로 得見我身케하며 若於此經에 忘失
아 수재이국 시시 영설법자 득견아신 약어차경 망실

句逗어든 我 還爲說하여 令得具足케호리라. 爾時에 世尊께서 欲重宣此義하사
구두 아 환위설 영득구족 이시 세존 욕중선차의

而說偈言하사대
이설게언

欲捨諸懈怠인댄 應當聽此經이니라 是經難得聞이며 信受者亦難하니라.
욕사제해태 응당청차경 시경난득문 신수자역난

내가 비록 다른 나라에 있을지라도
때때로 설법자로 하여금 나의 몸을 보게 하리며,
만일 이 경의 자구를① 잊어버린다면,
내가 돌아와 그를 위해 설해 주어 구족함을 얻게 하리라."

20. 그 때, 세존께서 이 뜻을 거듭 펴시고자
게송으로 말씀하셨습니다.
"모든 게으름을 버리려면,②
마땅히 이 경을 들을지니라.
이 경은 얻어 듣기도 어렵고,
믿어 지니기도③ 어려우니라.

---

① 자구(句逗, pada-vyanjana) : 구절과 글자. 구두(句讀)를 가리키는데, 두(讀)를 두(逗)라 한다. ② 게으름을 버리려면(欲捨諸懈怠) : 게으름을 버리면 참된 정진이 이루어지고, 마음이 묘법과 계합한다. 따라서 게으름을 버리기 위해서는 지극한 마음으로 이 경을 들어야 한다는 것이다. ③ 믿어 지님(信受) : 믿어서 얻어 지니는 일.

如人渴須水에 穿鑿於高原호대 猶見乾燥土면 知去水尙遠이나
여인갈수수 천착어고원 유견건조토 지거수상원

漸見濕土泥하면 決定知近水니라 藥王汝當知하라 如是諸人等이
점견습토니 결정지근수 약왕여당지 여시제인등

不聞法華經하면 去佛智甚遠이나 若聞是深經하면 決了聲聞法하나니
불문법화경 거불지심원 약문시심경 결료성문법

是諸經之王이라 聞已諦思惟하면 當知此人等은 近於佛智慧니라.
시제경지왕 문이제사유 당지차인등 근어불지혜

21. 어떤 사람이 목말라 높은 언덕에서 우물을 팔 때,
마른 흙이 나오면 물이 아직 먼 줄 알며,
점차로 파서 축축한 진흙이 나오면,①
물이 가까운 줄 아는 것과 같으니라.②
약왕이여, 너는 알지어다.
이와 같이 사람들이 법화경을 듣지 못하면,
불지(佛智)에서 매우 멀게 되느니라.
만약 이 깊은 경을③ 듣는다면,
성문법을 결정코 마치느니라.④
이 경은 모든 경의 왕이니,⑤
듣고 밝게 사유(思惟)하라.⑥
마땅히 알지어다. 이 사람들은
불지(佛智)에 가깝느니라.

---

①점차 파서 축축한 진흙이 나오면(漸見濕土泥) : 차차 습한 흙과 진흙을 보면. ②물이 가까운 줄 아는 것과 같으니라(決定知近水) : 반드시 물이 가까움을 아는 일. ③깊은 경(深經) : 진리가 매우 심오한 경전. ④성문법을 결정코 마침(決了聲聞法) : 성문의 가르침의 정체를 아는 일. 그 속에 담긴 부처님 뜻을 이해하는 일. 성문법을 알면 개권현실(開權顯實)이 이루어진 것을 알기 때문에, 부처님 지혜에 들어갈 수 있다는 뜻. ⑤모든 경의 왕(是諸經之王) : 일체 모든 경전의 왕. 곧, 법화경. ⑥듣고 밝게 사유(聞已諦思惟) : 법화경을 듣고서 마음 깊이 생각하는 일.

若人이 說此經인대 應入如來室하여 著於如來衣하고 而坐如來座하야사
약인 설차경 응입여래실 착어여래의 이좌여래좌
處衆無所畏하여 廣爲分別說하니라 大慈悲 爲室하고 柔和忍辱이 衣오
처중무소외 광위분별설 대자비 위실 유화인욕 의
諸法空이 爲座니 處此하야사 爲說法이니라.
제법공 위좌 처차 위설법

22. 만약 어떤 사람이 이 경을 설하려면,
마땅히 여래의 방에 들어
여래의 옷을 입고 여래의 자리에 앉아서야
대중 가운데에서 두려움 없이
분별하여 널리 설할 수 있느니라.
대자대비로 방을 삼고, 부드럽고 화평한 인욕의 옷을 입고,
일체법 공(空)한 자리를 법좌(法座)로 삼아
여기 앉았을 때에 설법할[①] 수 있으리라.

---

① 여기 앉았을 때에 설법함 : 대자비심의 방에서 인욕의 옷을 입고 법공의 자리에 앉아 설법해야 바야흐로 법대로 한다고 할 수 있다는 뜻.

若說此經時에 有人이 惡口罵하며 加刀杖瓦石하여도 念佛故로 應忍이니라
약설차경시 유인 악구매 가도장와석 염불고 응인

我 千萬億土에 現淨堅固身하여 於無量億劫에 爲衆生說法하노니
아 천만억토 현정견고신 어무량억겁 위중생설법

若我滅度後에 能說此經者는 我는 遣化四衆 比丘 比丘尼와
약아멸도후 능설차경자 아 견화사중 비구 비구니

及淸信士女하여 供養於法師하고 引導諸衆生하여 集之하여 令聽法케호리라.
급청신사녀 공양어법사 인도제중생 집지 영청법

23. 만약, 이 경을 설할 때에 어떤 사람이 욕하며,
칼이나 몽둥이, 기와나 돌로 칠지라도①
부처님을 염(念)하여 참을지니라.
내가 천만억 국토에서
청정하고 견고한 몸을② 나타내어
한량 없는 억 겁에 중생을 위해 설법하노니,
내가 멸도한 후에 이 경을 설하는 이가 있으면,
내가 화작(化作)한 사부 대중의③ 비구, 비구니와
청신사, 청신녀를④ 보내어 법사에게 공양케 하고,
여러 중생을 인도해 모아 법을 듣게 하리라.⑤

---

①**칼이나 몽둥이, 기와나 돌로 칠지라도** : 가도장와석(加刀杖瓦石)의 해석. ②**청정하고 견고한 몸** : 무엇에도 파괴되지 않는 견고한 불신(佛身). ③**화작한 사부 대중(化四衆)** : 부처님의 신통력으로 만들어 낸 사부 대중. ④**청신사, 청신녀(淸信士女)** : 남녀의 신도. 곧 우바새, 우바이. ⑤**중생을 인도해 법을 듣게 함** : 교화하여 인도할 중생을 모아 놓음.

若人이 欲加惡하여 약인 욕가악	刀杖及瓦石이라도 도장급와석	則遣變化人하여 즉견변화인	爲之作衛護하리라 위지작위호
若說法之人이 약설법지인	獨在空閑處하여 독재공한처	寂寞無人聲에 적막무인성	讀誦此經典이어든 독송차경전
我 爾時에 爲現하여 아 이시 위현	淸淨光明身하며 청정광명신	若忘失章句어든 약망실장구	爲說 令通利케호리라 위설 영통리
若人이 具是德하여 약인 구시덕	或爲四衆說하며 혹위사중설	空處에 讀誦經하면 공처 독송경	皆得見我身케호리라. 개득견아신

만일 어떤 사람이 악한 마음으로
칼이나 몽둥이, 기와나 돌로 치려고 한다면,
곧 화인(化人)을 보내어 법사를 호위하리라.
만약 설법자가 적막하고 외딴 곳에서[①]
이 경을 독송할 때에는,
내가 그 때 그를 위해 청정한 광명신을[②] 나타내며,
만일 경의 구절을 잊으면,
그에게 일러 주어 통달케[③] 하리라.
어떤 사람이 이러한 덕을[④] 갖추고
사중을 위해 설법하거나
고요하고 한적한 곳에서 이 경을 독송하면,
나의 몸을 보게 되리라.[⑤]

---

① **적막하고 외딴 곳(寂寞無人聲)** : 적막하여 사람의 음성을 들을 수 없는 곳. ② **청정한 광명신** : 광명을 내시는 불신(佛身). ③ **통달(通利)** : 도리에 통달해 막힘이 없는 일. ④ **이러한 덕** : 청정한 덕. 여래의 방, 여래의 옷, 여래의 자리로 비유되는 대자비, 인욕, 법공의 덕. 여기에는 각각 법신, 해탈, 반야의 삼덕이 있다. ⑤ **나의 몸을 보게 됨** : 법공의 자리에서 유화 인욕의 덕을 닦아서 마음이 고요하게 된다면, 여래의 몸을 보게 된다. 앞의 청정한 광명신을 본다.

若人이 在空閑이어든 我는 遣天龍王과 夜叉 鬼神等하여 爲作聽法衆호리라
약인 재공한 아 견천용왕 야차 귀신등 위작청법중
是人樂說法하여 分別無罣礙하여 諸佛護念故로 能令大衆喜하리라
시인요설법 분별무괘애 제불호념고 능령대중희
若親近法師하면 速得菩薩道하리며 隨順是師하여 學하면 得見恒沙佛하리라.
약친근법사 속득보살도 수순시사 학 득견항사불

24. 만약 어떤 사람이 고요하고 한적해 외딴 곳에 있다면,
내가 하늘(천신)과 용, 야차, 귀신 등을 보내어
법을 듣는 대중이 되게 하리라.
이 사람이 즐겨 설법하고① 잘 분별하여 걸림이 없으면,②
모든 부처님이 호념하시는 까닭으로
능히 대중을 기쁘게 하리라.
만약 법사를 친근한다면, 보살도를 빨리 얻고,
이 법사를 좇아 배우면,③
항하사 수효의 부처님을④ 친견하리라."

---

①**즐겨 설법(樂說)** : 중생이 하고 싶어하는 것(樂欲)을 따라 법을 설하는 일. 요설변재. ②**분별하여 걸림이 없음(分別無罣礙)** : 연설하는 법사는 잘 분별해 설해 주는데, 또한 막힘이 없다는 뜻. 괘애(罣礙)는 걸림없음. 장애가 없다는 뜻. ③**이 법사를 좇아 배우면(隨順是師學)** : 법사를 따라 배워 통달해 지니면 경 속에서 삼세의 제불을 볼 수 있어 본심(本心)을 떠나지 않는다는 뜻이다. ④**항하사 수효의 부처님(恒沙佛)** : 삼세를 통하여 항하사의 모래알처럼 많은 부처님을 볼 수 있다는 뜻.

견보탑품 제 11 (見寶塔品 第十一)

爾時에 **佛前**에 **有七寶塔**이 **高 五百由旬**이요 **縱廣**은 **二百五十由旬**이 **從地**
이시 불전 유칠보탑 고 오백유순 종광 이백오십유순 종지
踊出하여 **住在空中**하니라 **種種寶物**로 **而莊校之**하고 **五千欄楯**이요 **龕室**이
용출 주재공중 종종보물 이장교지 오천난순 감실
千萬이며 **無數幢幡**으로 **以爲嚴飾**하고 **垂寶瓔珞**하고 **寶鈴萬億**이 **而懸其上**하며
천만 무수당번 이위엄식 수보영락 보령만억 이현기상
四面에 **皆出多摩羅跋栴檀之香**하여 **充遍世界**하며 **其諸幡蓋**는 **以金 銀**
사면 개출다마라발전단지향 충변세계 기제번개 이금 은
琉璃 硨磲 瑪瑙 眞珠 玫瑰七寶로 **合成**하여 **高至四天王宮**하였나이다.
유리 자거 마노 진주 매괴칠보 합성 고지사천왕궁

1. 그 때, 부처님 앞에 칠보탑이[1] 있었습니다.
그 높이는 오백 유순이요, 가로 세로는 이백오십 유순으로서,
땅에서 솟아나 공중에 머물러 있었습니다.
갖가지 보물로 장식되었는데,[2] 오천의 난간과[3]
천만의 감실(龕室)이 있고,[4] 수없는 당번(幢幡)으로 장엄하였고,
보배 영락을 드리우고, 만억의 보배 방울 달았으며,
사면에서 풍기는 다마라발과[5] 전단향의[6] 향기가
세계를 두루 채우고,
모든 번개는 금, 은, 유리, 자거,[7] 마노,[8] 진주, 매괴의[9]
칠보로 이뤄졌는데, 높이가 사천왕의 궁에까지 이르렀습니다.

---

① **칠보탑(七寶塔)** : 보탑은 법신이 의지하는 곳(제10 법사품에서 밝힘)으로, 바로 실상의 경지이다. ② **장식(莊校)** : 장엄(莊嚴)과 같은 뜻으로, 치장함의 뜻. ③ **난간(欄楯)** : 보탑 위에 가로로 댄 것을 난(欄)이라 하고, 세로로 댄 것을 순(楯)이라 한다. ④ **감실(龕室)** : 담벽에 굴을 뚫어 방을 만들고 불상을 안치하는 곳. ⑤ **다마라발(多摩羅跋, tamala-pattra)** : 향의 이름. 성무구(性無垢)라 번역하는데, 더러움이 없는 절묘한 향기가 난다는 뜻. ⑥ **전단향(栴檀香)** : 전단(栴檀)의 향. 향기를 맡으면 편안하고 즐겁게 해 준다고 한다. ⑦ **자거(硨磲)** : 옥(玉)에 버금가는 보석. ⑧ **마노(瑪瑙)** : 무늬가 교차한 구슬의 일종. 붉은 색이 나는 것을 상품으로 친다. ⑨ **매괴(玫瑰)** : 붉은 색이 나는 구슬. 화주(火珠).

三十三天이 雨天曼陀羅華하여 供養寶塔하오며 餘諸天龍 夜叉 乾闥婆
삼십삼천 우천만다라화 공양보탑 여제천용 야차 건달바

阿修羅 迦樓羅 緊那羅 摩睺羅伽 人非人 等 千萬億衆이 以一切華香
아수라 가루라 긴나라 마후라가 인비인 등 천만억중 이일체화향

瓔珞 幡蓋 伎樂으로 供養寶塔하와 恭敬 尊重 讚歎하삽더니라. 爾時에
영락 번개 기악 공양보탑 공경 존중 찬탄 이시

寶塔中에 出大音聲하사 歎言하사대 善哉 善哉라 釋迦牟尼世尊이시어
보탑중 출대음성 탄언 선재 선재 석가모니세존

能以平等大慧로 敎菩薩法이시고
능이평등대혜 교보살법

삼십삼천은① 하늘의 만다라화를 비 내리듯이 보탑에 공양하고,
그 밖의 여러 하늘과 용, 야차, 건달바, 아수라, 가루라,
긴나라, 마후라가, 인비인 등 천만억의 대중도
온갖 꽃과 향과 영락과 번개, 기악으로 보탑에 공양하고
공경하며, 존중하고 찬탄하였습니다.

2. 그 때, 보탑 안에서 큰 음성이 울려 나와 찬탄하였습니다.
"훌륭하시고 거룩하십니다,② 석가모니 세존이시여.
평등한 큰 지혜로③ 보살을 가르치는 법이요④

---

①**삼십삼천**(三十三天) : 욕계 제2천인 도리천(忉利天). 수미산을 중심으로 네 봉우리에 각 여덟 하늘이 있고, 가운데 제석궁을 합하여 삼십삼천이 된다. ②**훌륭하고 거룩하십니다**(善哉善哉) : 석가모니불께서 법계 자체를 헤아려 평등의 지혜로 이 경전을 설법하시는 것은, 진실되어 허망하지 않음을 찬탄한 것이다. ③**평등한 큰 지혜**(平等大慧) : 부처님 본성의 평등하고, 부처님 지견의 광대한 지혜라는 뜻이다. 평등하다는 것은 법이 평등함이니, 중도의 진리가 평등함이며, 중생이 평등함이니, 온갖 중생이 똑같이 부처님의 지혜를 얻는다는 것이다. 그러므로 제3품(비유품)에서, 수레를 끄는 소의 걸음걸이가 고르다(行步平正)고 한 것은 이 뜻이다. ④**보살을 가르치는 법**(敎菩薩法) : 시방여래께서 그 제자인 보살을 가르치는 최상의 오묘한 법.

佛所護念하시는 妙法華經으로 爲大衆說하시되 如是如是하시니 釋迦牟尼世尊의
불소호념 묘법화경 위대중설 여시여시 석가모니세존

如所說者는 皆是眞實이시니라 爾時에 四衆이 見大寶塔 住在空中하며
여소설자 개시진실 이시 사중 견대보탑 주재공중

又聞塔中에 所出音聲하고 皆得法喜하여 怪未曾有하여 從座而起하여
우문탑중 소출음성 개득법희 괴미증유 종좌이기

恭敬合掌하고 却住一面하니라.
공경합장 각주일면

부처님께서 호념하시는① 묘법연화경을 대중에게 설하시니,
이와 같고 이와 같나이다.②
석가모니 세존이시여,
설하시는 것이 모두 진실하시나이다."
그 때, 사부 대중은 큰 보탑이 공중에 머무르고,
또 탑 안에서 나는 음성을 듣잡고 다 법희(法喜)를③ 얻되,
일찍이 없던 일이어서 희한하게 생각하여
자리에서 일어나 공경하며 합장하고
물러나서 한쪽에 있었습니다.

---

① **부처님께서 호념하심(佛所護念)** : 이 큰 지혜는 일체 부처님의 청정한 마음 속에 항상 보호하며 생각하신다는 뜻이다. ② **이와 같고 이와 같다(如是如是)** : 석가 세존께서 자비의 방편으로 이와 같이 대중을 위해 설법하신다는 뜻. 곧, 세존께서 설하신 법상(法相 : 법의 진실한 모습)의 바른 모습이 진실과 일치한다는 것이고, 설하신 경의 내용이 중생들의 근성에 잘 맞는다는 뜻이다. ③ **법희(法喜)** : 여래의 묘법 중에서 큰 환희를 얻음을 뜻한다.

爾時에 有菩薩摩訶薩하니 名大樂說이니라 知 一切世間의 天人 阿修羅 等의
이시 유보살마하살 명대요설 지 일체세간 천인 아수라 등

心之所疑하고 而白佛言하사대 世尊이시여 以何因緣으로 有此寶塔이 從地
심지소의 이백불언 세존 이하인연 유차보탑 종지

踊出하며 又於其中에 發是音聲하시나이까 爾時 佛告大樂說菩薩하사대
용출 우어기중 발시음성 이시 불고대요설보살

此寶塔中에 有如來全身하시니 乃往過去에 東方으로 無量千萬億阿僧祇世界에
차보탑중 유여래전신 내왕과거 동방 무량천만억아승지세계

國名은 寶淨이니라 彼中에 有佛하니 號曰多寶시니라.
국명 보정 피중 유불 호왈다보

그 때, 대요설(大樂說)이라는① 보살마하살이 있었습니다.
그는 일체 세간의 하늘(천신)과 사람과 아수라 등이
마음에 의심하는 바를 알고 부처님께 여쭈었습니다.
"세존이시여, 무슨 까닭으로 이 보탑이 땅에서 솟아나며,
그 안에서 이 같은 음성이 나오나이까?"

3. 그 때, 부처님께서 대요설보살에게 이르셨습니다.
"이 보탑 안에는 여래의 전신(全身)이 계시느니라.
먼 옛날② 동방에 한량 없는 천만억 아승지 세계를 지나
한 나라가 있었으니, 이름이 보정(寶淨)이고,③
그 나라에 부처님께서 계셨으니, 이름이 다보(多寶)시니라.④

---

① **대요설보살(大樂說菩薩, Mahapratibhana)** : 지혜가 깊기 때문에 모든 법을 잘 설명하여 대요설이라 이름했다. 제1품(서품)에서 거명하지는 않았으나, 대중 가운데 상수보살로서 팔만 보살에 포함되어 있는 분이다. ② **먼 옛날(乃往過去)** : 지나간 과거. 내(乃)는 뜻이 없는 조자(助字). 옛날의 뜻. ③ **보정(寶淨)** : 다보여래께서 머무시는 국토로, 여래장이 속박을 여의었다는 뜻이다. ④ **다보(多寶)** : 보정국에 계신 여래의 명호. 여래장이 수많은 공덕을 갖췄으므로 붙여진 이름.

其佛께서 行菩薩道時에 作大誓願하사대 若我成佛하야사 滅度之後에 於
기불 행보살도시 작대서원 약아성불 멸도지후 어
十方國土에 有說法華經處이어든 我之塔廟는 爲聽是經故로 踊現其前하여
시방국토 유설법화경처 아지탑묘 위청시경고 용현기전
爲作證明하여 讚言 善哉라하셨느니라 彼佛께서 成道已하사 臨滅度時에 於天人
위작증명 찬언 선재 피불 성도이 임멸도시 어천인
大衆中에 告諸比丘하사대 我滅度後에 欲供養我全身者이어든 應起一大塔하라.
대중중 고제비구 아멸도후 욕공양아전신자 응기일대탑

그 부처님께서 보살도를 수행하실 때에
큰 서원을 세우시되,
'만약 내가 성불하여 멸도한 후에
시방 국토 어디든 법화경을 설하는 곳이 있으면,
나의 탑묘(塔廟)는 이 경을 듣기 위하여 그 앞에 솟아나,
증명하고 거룩하다고 찬탄하리라.'①
하셨느니라.
그 부처님께서 성도(成道)하신 후 멸도하실 때,
하늘과 사람이 모인 가운데에서 모든 비구에게 이르셨느니라.
'내가 멸도한 후에 나의 전신(全身)에 공양하고자 하는 이는
하나의 큰 탑을 세우라.'②
하셨느니라.

---

① **나의 탑묘는 이 경을 듣기 위하여~증명하고~찬탄하리라** : 다보여래께서 서원을 세우셔서, 법화경의 진실을 증명하기 위해 땅에서 솟아났다는 것이다. 이는 곧, 대요설보살이 무슨 까닭으로 땅에서 탑이 솟아나왔는가라고 한 물음에 답이 된다. ② **내가 멸도한 후에 나의 전신에 공양하고자 하는 이는 하나의 큰 탑을 세우라** : 무슨 까닭으로 탑을 세우게 되었는지에 대한 답이 된다. 다보여래께서 입멸하실 때, 탑을 세우라고 부촉하셔서 세워졌다는 것이다.

其佛께서 以神通願力으로 十方世界에 在在處處마다 若有說法華經者이어든
기 불 이 신 통 원 력 시 방 세 계 재 재 처 처 약 유 설 법 화 경 자

彼之寶塔이 皆踊出其前하여 全身이 在於塔中하사 讚言하사대 善哉善哉라하시나니라
피 지 보 탑 개 용 출 기 전 전 신 재 어 탑 중 찬 언 선 재 선 재

大樂說아 今에 多寶如來塔이 聞說法華經故로 從地踊出하사 讚言하사대
대 요 설 금 다 보 여 래 탑 문 설 법 화 경 고 종 지 용 출 찬 언

善哉善哉라하시니라. 是時에 大樂說菩薩이 以如來神力故로 白佛言하사대 世尊이시여
선 재 선 재 시 시 대 요 설 보 살 이 여 래 신 력 고 백 불 언 세 존

我等이 願欲見此佛身하나이다.
아 등 원 욕 견 차 불 신

그 부처님께서 신통력과 원력(願力)으로,①
시방세계 어느 곳에서나② 법화경을 설하는 이가(佛) 있으면,
저 보탑이 그 앞에 꼭 솟아나,
부처님의 전신이 탑 안에 계시어 찬탄해 말씀하시되,
'훌륭하시고 거룩하십니다.'③ 하시느니라.
대요설아, 지금도 다보여래의 보탑이 법화경 설함을 듣고자
땅에서 솟아나 찬탄하사대
'훌륭하고 거룩하십니다.'라고④ 하시나니라.

4. 이 때, 대요설보살이 여래의 신력을 입어⑤ 부처님께 사뢰었습니다.
"세존이시여, 저희가
이 부처님의 불신(佛身)을 뵈옵기 원하나이다."

---

①**원력(願力)** : 서원의 힘. 인지(因地)에서 법화경설을 증명하기로 세운 서원. ②**어느 곳에서나(在在處處)** : 모든 곳이라는 뜻. 어떤 장소, 곧 재처(在處)를 강조한 말. ③**그 부처님 신통력과 원력으로~훌륭하고 거룩하십니다** : 다보탑에서 음성을 내어 찬탄한 까닭이니, 앞에서 무슨 까닭으로 이 같은 음성이 나온 것인가의 물음에, 법화경 설하시는 것을 증명하기 위한 것이었음을 밝힌 것이다. ④**훌륭하고 거룩하십니다** : 다보여래께서 법화경을 설하는 곳만 있으면 곧 따라 기뻐하셔서(隨喜) 진실을 증명하시는 찬탄의 말씀이다. ⑤**여래의 신력을 입음** : 자신의 힘으로 볼 수 있는 것이 아니므로 부처님의 자비의 힘을 입고자 하는 뜻이다. 원만한 증명을 나타내기 위해서 여래의 전신을 나타내시는데, 이것은 작은 인연이 아니므로 여래의 신통력을 빌려 발기하게 된다.

佛告 大樂說菩薩摩訶薩하사대 **是多寶佛**께서는 **有深重願**하시느니라 **若我寶塔**이
불고 대요설보살마하살 시다보불 유심중원 약아보탑
爲聽法華經故로 **出於諸佛前時**에 **其有欲以我身**으로 **示四衆者**어든 **彼佛**
위청법화경고 출어제불전시 기유욕이아신 시사중자 피불
分身諸佛께서 **在於十方世界**에 **說法**하사 **盡還集一處然後**에사 **我身**이
분신제불 재어시방세계 설법 진환집일처연후 아신
乃出現耳라하셨느니라 **大樂說**아 **我**는 **分身諸佛**이 **在於十方世界說法者**를
내출현이 대요설 아 분신제불 재어시방세계설법자
今應當集호리라.
금응당집

부처님께서 대요설보살마하살에게 이르셨습니다.
"이 다보불께서는 깊고 무거운(深重) 원이[①] 계시느니라.
'만약 나의 보탑이 법화경을 듣기 위하여
모든 부처님 앞에 솟아났을 때,
나의 몸을 사부 대중에게 보이려고 한다면,
저 부처님의 분신(分身)인, 시방세계에 나뉘어 설법하고 계신
모든 부처님을 한 곳에 불러 모은 후에라야[②]
내 몸을 나타내 보이리라.'라고 원하셨느니라.
대요설아, 나는 시방세계에서 설법하고 계신
분신(分身)하신 모든 부처님을
이제 응당 회집(會集)토록 할 것이니라."[③]

---

① **깊고 무거운 원(深重願)** : 마음 깊이 간직한 소원. 다보여래는 숙세에 깊은 원이 있었다는 뜻이다. ② **모든 부처님을 한 곳에 불러 모은 후에라야(盡還集一處)** : 청정법신에서 천백억 화신의 분신을 뿜어 내어 시방에서 교화 중생하시니, 그 분신을 한자리에 다 불러 모은 연후에야 다보불께서 몸을 보이시겠다는 원에 따른 것이다. ③ **모든 부처님을 응당 회집(會集)토록 할 것이니라** : 네가 다보불의 전신을 보고자 하면, 내가 마땅히 분신이 된 모든 부처님을 모이도록 하겠다는 뜻이다.

大樂說이 白佛言하사대 世尊이시여 我等이 亦願欲見世尊의 分身諸佛하고
대요설 백불언 세존 아등 역원욕견세존 분신제불

禮拜供養하나이다. 爾時에 佛께서 放白毫一光하시니 卽見東方五百萬億那由他
예배공양 이시 불 방백호일광 즉견동방오백만억나유타

恒河沙等國土의 諸佛하사오니 彼諸國土가 皆以頗梨爲地하고 寶樹寶衣로
항하사등국토 제불 피제국토 개이파리위지 보수보의

以爲莊嚴하며 無數千萬億菩薩이 充滿其中하고 遍張寶幔하고 寶網羅上이어늘
이위장엄 무수천만억보살 충만기중 변장보만 보망라상

대요설이 부처님께 사뢰었습니다.
"세존이시여, 저희도
세존의 분신이신 모든 부처님을
친견하고 예배, 공양하기를 원하옵나이다."

5. 그 때, 부처님께서 백호(白毫)에서 한 줄기 광명을 놓으시니,
곧 동방 오백만억 나유타 항하사 수효 국토의
모든 부처님을 뵙게 되었습니다.
저 여러 국토는 다 파리(頗梨)로 땅이 되고,①
보배 나무와② 보배옷으로③ 장엄되었으며,
수없는 천만억 보살이 그 가운데 가득하고,
보배 장막을 둘러치고④ 보배 그물을⑤ 위에 쳤습니다.

---

①파리로 땅이 됨 : 파리란 칠보 중의 하나로, 수정(水晶) 또는 유리를 말하는데, 대단히 깨끗한 마음을 가리킨다. **②보배 나무(寶樹)** : 보배로 된 나무. 정토(淨土)의 나무. 보리수(菩提樹)라고도 한다. **③보배옷(寶衣)** : 보배로 장식된 옷. 부드럽고 온화하여 괴로움을 참는다는 뜻. **④보배 장막(寶幔)** : 구슬로 장식된 아름다운 장막. 자비로 덮어 주는 것을 가리킨다. **⑤보배 그물(寶網)** : 구슬로 치장된 그물. 청정하고 결백한 계율을 비유한 말.

彼國諸佛께서 以大妙音으로 而說諸法하시며 及見無量千萬億菩薩이
피국제불 이대묘음 이설제법 급견무량천만억보살

遍滿諸國하사 爲衆說法하시니라 南西北方과 四維 上下에 白毫相
변만제국 위중설법 남서북방 사유 상하 백호상

光所照之處도 亦復如是러라. 爾時에 十方諸佛께서 各告衆菩薩言하사대 善男子여
광소조지처 역부여시 이시 시방제불 각고중보살언 선남자

我 今에 應往娑婆世界 釋迦牟尼佛所하여 幷供養多寶如來寶塔이로다
아 금 응왕사바세계 석가모니불소 병공양다보여래보탑

저 나라의 모든 부처님께서
대묘음(大妙音)으로 모든 법을 설하시고,
한량 없는 천만억 보살이 국토마다 가득하여
중생을 위하여 법문 설함을 볼 수 있었습니다.
그리고 남·서·북방과 네 간방(四維)과① 상·하방에
백호상의 광명이 비치는 곳마다 이와 같았습니다.

6. 그 때, 시방의 모든 부처님께서
각기 보살들에게 이르셨습니다.
"선남자여, 내가 지금 응하여
사바세계의 석가모니불 처소에 가서,
아울러 다보여래의 보탑에 공양하리라."라고 하셨습니다.

---

①네 간방(四維) : 남동, 북동, 남서, 북서를 가리킨다. 빛이 비치는 곳은 원래 열 곳(十方)인데, 백호의 빛이 동방을 비추므로 보이는 것을 먼저 서술했고, 나머지 아홉도 같은 모습이다.

時에 娑婆世界가 卽變淸淨하되 琉璃爲地하고 寶樹莊嚴하며 黃金爲繩하야
시 사바세계 즉변청정 유리위지 보수장엄 황금위승

以界八道하고 無諸聚落 村營城邑 大海 江河 山川 林藪하고 燒大寶香하고
이계팔도 무제취락 촌영성읍 대해 강하 산천 임수 소대보향

曼陀羅華를 遍布其地하고 以寶網幔으로 羅覆其上하며 懸諸寶鈴이러니
만다라화 변포기지 이보망만 나부기상 현제보령

唯留此會衆하시고 移諸天人하사 置於他土하시니라.
유유차회중 이제천인 치어타토

그 때에, 사바세계는 곧 청정하게 변하여,
유리로 땅이 되고① 보배 나무로 장엄되며,
황금노로 여덟 길(八交道)을 경계(境界)하고,②
모든 취락(聚落), 촌영(村營), 성읍(城邑)과 대해(大海),
강하(江河), 산천(山川), 숲과 덤불이 없으며,
큰 보배향을 피우고, 만다라꽃을 두루 땅에 깔고,③
보배 그물과 장막을 그 위에 치고④ 덮으며,
여러 보배 방울을⑤ 달았습니다.
그리고 이 법회의 무리만⑥ 머무르게 하시고,
모든 하늘과 사람은 다른 국토로 옮겨⑦ 두셨습니다.

---

①**유리로 땅이 되고** : 불국토의 깨끗한 모습을 비유한 말이다. ②**여덟 길을 경계하고** : 팔정도(八正道) 닦음을 비유했다. ③**만다라꽃 두루 땅에 깔고** : 선인(善因)을 닦음에 결함이 없음을 뜻한다. ④**보배 그물과 장막을 그 위에 치고** : 보살의 행을 비유한 말이다. 보살은 자비를 으뜸으로 삼기 때문에 장막을 친다고 했고, 불도를 이루기 위해 계행을 지켜야 하므로 보배 그물을 그 위에 쳤다고 했다. ⑤**보배 방울** : 부처님의 걸림없는 설법(사무애변)을 비유한 말이다. ⑥**이 법회의 무리** : 이 영산 법회의 설법을 듣는 대중만 머물게 했다는 뜻이다. ⑦**다른 국토로 옮김** : 부처님의 신통력으로 악도와 인간, 하늘 세계를 변화하여 일체의 하늘과 사람의 무리들은 다른 땅으로 옮겼으니, 동방의 분신 부처님으로 가득 차게 되었다.

是時 諸佛께서 各將一大菩薩하여 以爲侍者하사 至娑婆世界하여 各到
이시 제불 각장일대보살 이위시자 지사바세계 각도

寶樹下하시니라 一一寶樹가 高五百由旬이오 枝葉華果가 次第로 莊嚴하고
보수하 일일보수 고오백유순 지엽화과 차제 장엄

諸寶樹下에 皆有師子之座호대 高五由旬이오 亦以大寶로 而校飾之러니
제보수하 개유사자지좌 고오유순 역이대보 이교식지

爾時諸佛께서 各於此座에 結跏趺坐하사 如是展轉하사 遍滿三千大千世界하사대
이시제불 각어차좌 결가부좌 여시전전 변만삼천대천세계

而於釋迦牟尼佛의 一方所分之身도 猶故未盡이러라.
이어석가모니불 일방소분지신 유고미진

7. 이 때, 여러 부처님께서는
각각 한 명의 대보살을 시자로 삼으사,
사바세계에 이르러 각각 보배 나무 아래에 이르셨습니다.
그 하나하나의 보배 나무는 높이가 오백 유순이요,①
가지와 잎과 꽃과 열매가 차례로 달리어 장엄되었습니다.
모든 보배 나무 아래마다 보배 사자좌가 있는데,
높이가 오 유순이고, 큰 보배로 꾸며져② 있었습니다.
그 때, 모든 부처님은 자리에 결가부좌하셨습니다.
이와 같이 전전(展轉)하시어③
삼천 대천세계에 두루 차셨는데도,
석가모니불의 한쪽 방위의 분신도
아직④ 다 앉으시지 못했습니다.

---

① 유순(由旬) : 인도 거리의 단위. 중국의 사십리 길에 해당한다고 한다. ② 큰 보배로 꾸며짐(大寶而校飾之) : 큰 보배로 장식됨. 자리는 공법을 가리킨다. 보배로 꾸며졌다는 말은 불공여래 법좌를 뜻한다. ③ 전전하심(展轉) : 차례차례 이어짐, 곧 돌아가면서의 뜻. ④ 아직(猶故) : 오히려, 아직의 뜻.

時에 釋迦牟尼佛께서 欲容受所分身諸佛하사 故로 八方에 各更變二百萬億
시 석가모니불 욕용수소분신제불 고 팔방 각갱변이백만억
那由他國하시여 皆令清淨호대 無有地獄 餓鬼 畜生 及阿修羅하고 又移諸天
나유타국 개령청정 무유지옥 아귀 축생 급아수라 우이제천
人하사 置於他土하시니 所化之國이 亦以琉璃로 爲地하고 寶樹로 莊嚴하니
인 치어타토 소화지국 역이유리 위지 보수 장엄
樹高가 五百由旬이고 枝 葉 華 果도 次第嚴飾하니라 樹下에 皆有寶師子座호대
수고 오백유순 지 엽 화 과 차제엄식 수하 개유보사자좌
高五由旬이오 種種諸寶로 以爲莊校하시니라.
고오유순 종종제보 이위장교

8. 그 때에, 석가모니불께서는
분신 부처님을 모두 수용하시고자①
다시 팔방으로 각각 이백만억 나유타 국토를 변화시켜(化作)
다 청정케 하시니,
지옥, 아귀, 축생과 아수라는 없고,
모든 하늘과 사람은 다른 국토로 옮겨② 놓으셨습니다.
화작(化作)한 나라들도 유리로 땅이 되고,
보배 나무로 장엄되었으니,
나무의 높이는 오백 유순이고,
가지와 잎과 꽃과 열매가 차례로 달리어 장엄되었습니다.
보배 나무 아래마다 보배 사자좌가 있는데,
높이가 오 유순이고, 갖가지 보배로 꾸며져 있었습니다.

---

①분신 부처님을 모두 수용하심 : 수많은 분신불을 맞이하여 편안히 앉히려 하신다는 뜻이다. ②다른 국토로 옮김 : 모임의 대중만 머물게 하고 나머지 하늘과 사람은 옮겼다.

亦無大海 江河와 **及目眞隣陀山**과 **摩訶目眞隣陀山**과 **鐵圍山**과 **大鐵圍山**과
역무대해 강하 급목진린타산 마하목진린타산 철위산 대철위산

須彌山 等 諸山王하여 **通爲一佛國土**하며 **寶地**로 **平正**하고 **寶交露幔**이
수미산 등 제산왕 통위일불국토 보지 평정 보교로만

遍覆其上하고 **懸諸幡蓋**하고 **燒大寶香**하고 **諸天寶華**가 **遍布其地**러라.
변부기상 현제번개 소대보향 제천보화 변포기지

釋迦牟尼佛께서 **爲諸佛**이 **當來坐**케하사 **故**로 **復於八方**에 **各更變二百萬億**
석가모니불 위제불 당래좌 고 부어팔방 각갱변이백만억

那由他國하사 **皆令淸淨**케하시니 **無有地獄 餓鬼 畜生**과 **及阿修羅**하고
나유타국 개령청정 무유지옥 아귀 축생 급아수라

又移諸天 人하사 **置於他土**하셨나이다.
우이제천 인 치어타토

또, 바다와 강과 목진린타산,① 마하목진린타산,②
철위산,③ 대철위산, 수미산 등 큰 산이 없어서 탁 트여
한 불국토로 되고, 그 보배땅은 평탄하며,
보배를 엇걸어④ 얽은 장막을 그 위에 두루 덮고,
여러 번개를 걸고, 큰 보향(寶香)을 피우며,
여러 하늘의 보배꽃이 그 땅에 두루 깔렸습니다.⑤

9. 석가모니불께서 모든 분신 부처님을 와 앉게 하시려고
다시 팔방으로 각각 이백만억 나유타 국토를 변화시켜
다 청정케 하시니, 지옥, 아귀, 축생, 아수라는 없고,
모든 하늘과 사람은 다른 국토로 옮겨 놓으셨습니다.

---

① **목진린타산**(目眞隣陀山, Mucilinda) : 목린산(目隣山) 용왕의 이름. 그 산의 용왕을 따서 이름한 것이다. ② **마하목진린타산** : 마하는 크다(大)의 뜻. ③ **철위산**(鐵圍山) : 일명 대석산(大石山). 수미산을 중심으로 아홉 산과 여덟 바다가 있는데, 이 중 가장 바깥쪽에 있는 산. ④ **보배를 엇걸어**(交露) : 교차시켜 마주 걺. ⑤ **두루 깔리다**(遍布其地) : 땅을 두루 덮다.

所化之國이 亦以琉璃爲地하고 寶樹로 莊嚴하니 樹高가 五百由旬이요
소화지국 역이유리위지 보수 장엄 수고 오백유순

枝葉華果도 次第로 莊嚴하고 樹下에 皆有寶師子座호대 高는 五由旬하되
지엽화과 차제 장엄 수하 개유보사자좌 고 오유순

亦以大寶로 而校飾之하고 亦無大海 江河와 及目眞隣陀山과 摩訶
역이대보 이교식지 역무대해 강하 급목진린타산 마하

目眞隣陀山과 鐵圍山과 大鐵圍山과 須彌山等 諸山王하여 通爲一佛國土요
목진린타산 철위산 대철위산 수미산등 제산왕 통위일불국토

寶地 平正하고 寶交露幔이 遍覆其上하며 懸諸幡蓋하고 燒大寶香하고
보지 평정 보교로만 변부기상 현제번개 소대보향

諸天寶華가 遍布其地러라.
제천보화 변포기지

화작(化作)한 나라들도[①] 유리로 땅이 되고,
보배 나무로 장엄되었으니,
나무의 높이는 오백 유순이고,
가지와 잎과 꽃과 열매가 차례로 달리어 장엄되었습니다.
보배 나무 아래마다 보배 사자좌가 있는데,
높이가 오 유순이며, 갖가지 보배로 꾸며져 있었습니다.
또, 바다와 강과 목진린타산, 마하목진린타산,
철위산, 대철위산, 수미산 등 모든 산왕(山王)이 없으며
탁 트여 한 불국토로 되고,[②] 그 보배땅은 평탄하고 똑바르고
보배로 이슬같이 얽은 휘장을[③] 그 위에 두루 덮고,
여러 번(幡)과 천개(天蓋)를 걸고, 큰 보향을 사르며,
여러 하늘의 보배꽃이 그 땅에 두루 깔렸습니다.

---

① 화작한 나라 : 변화로 된 국토. ② 한 불국토로 됨(通爲一佛國土) : 지금까지 변화로 이루어진(화작) 무수히 많은 세계가 한 불국토로 통일되었다는 뜻. ③ 보배로 이슬같이 얽은 휘장(寶交露幔) : 옥으로 만든 휘장. 옥빛은 마치 햇볕에 빛나는 이슬 같으므로 교로(交露)라 하였다.

爾時에 東方釋迦牟尼所分之身의 百千萬億那由他恒河沙等國土中諸佛께서
이시 동방석가모니소분지신 백천만억나유타항하사등국토중제불

各各說法하시고 來集於此하사 如是次第로 十方諸佛이 皆悉來集하사
각각설법 내집어차 여시차제 시방제불 개실래집

坐於八方하시니 爾時에 一一方에 四百萬億那由他國土에 諸佛如來께서 遍滿
좌어팔방 이시 일일방 사백만억나유타국토 제불여래 변만

其中하셨나니라 是時 諸佛께서 各在寶樹下에 坐師子座하사 皆遣侍者하사
기중 시시 제불 각재보수하 좌사자좌 개견시자

問訊 釋迦牟尼佛하사대 各齎寶華滿掬하사 而告之言하사대
문신 석가모니불 각재보화만국 이고지언

10. 그 때, 동방에 계신 석가모니불의 분신불(分身佛)께서
백천만억 나유타 항하사 수효의 국토에 계시면서
각기 설법하시던① 여러 부처님께서②
여기에 모이기 위해 오셨습니다.③
이와 같이 하여 차례로
시방의 모든 부처님께서 다 모이시어 팔방에 앉으시니,
그 때, 방위마다의 사백만억 나유타 국토의
여러 부처님께서도 오시어 그 안에 두루 가득 차셨습니다.④
이 때, 모든 부처님께서
각각 보배 나무 아래 사자좌에 앉으시고
다 시자(侍者)를 보내어 석가모니불께 문안하게⑤ 하시되,
각각 보배꽃을 한 줌씩 가져가게 하시며 말씀하셨습니다.

---

① **각기 설법하시던(各各說法)** : 항하사 같은 불국토에서 각기 설법하신 부처님을 말한다. ② **항하사 국토에 계시면서 각기 설법하시던 부처님들** : 동방 한쪽에 스스로, 이와 같이 항하의 모래처럼 많은 국토의 분신불(分身佛)이 있다는 뜻이다. ③ **모이기 위해 오심(來集於此)** : 동방의 부처님께서 사바세계에 모이신 일. ④ **두루 가득 차심(遍滿其中)** : 분신불께서 팔방에 가득하다는 뜻. ⑤ **문안함** : 문신(問訊)의 번역.

善男子야 汝는 往詣耆闍崛山 釋迦牟尼佛所하여 如我辭曰호대 少病
선남자 여 왕예기사굴산 석가모니불소 여아사왈 소병
少惱하사 氣力이 安樂하시며 及菩薩 聲聞衆도 悉安隱한가 不한가하고 以此
소뇌 기력 안락 급보살 성문중 실안온 부 이차
寶華로 散佛供養하고 而作是言호대 彼某甲佛께서 與欲開此寶塔하시더이다하라
보화 산불공양 이작시언 피모갑불 여욕개차보탑
諸佛遣使도 亦復如是러라.
제불견사 역부여시

"선남자야, 너는 기사굴산 석가모니불 처소에 가서①
나의 말과 같이 사뢰되,
'소병소뇌(少病少惱)하시어② 기력이 좋으시며,③
보살과 성문 대중도 다 안온하나이까?' 하고
이 보배꽃을 부처님께 흩어 공양하고,
또 이렇게 사뢰어라.
'저 아무 부처님께옵서④ 이 보탑을 열어 주셨으면⑤ 하나이다'
라고 할지니라.
모든 부처님께서 시자를 보내어 또한 이와 같이 하셨습니다.

---

①**기사굴산 석가모니불 처소에 가서** : 석가모니불이 법화경 설하시는 영취산 모임에 가게 하였다. ②**소병소뇌(少病少惱)** : 질병과 고뇌가 적다는 뜻이다. ③**기력이 좋으시며(氣力安樂)** : 기력이 충만하시며, 마음이 편안하신가를 묻는 말이다. ④**아무 부처님(彼某甲佛)** : 석가모니불 분신이라 할지라도 각각 명호가 있으시므로, 아무 아무 부처님이라 하였다. ⑤**주셨으면** : 위탁하심, 즉 여욕(與欲)의 번역.

爾時에 釋迦牟尼佛께서는 見所分身佛이 悉已來集하사 各各坐於師子之座하시
이시 석가모니불 견소분신불 실이래집 각각좌어사자지좌

皆聞諸佛의 與欲同開寶塔하시고 即從座起하사 住虛空中커시늘 一切四衆이
개문제불 여욕동개보탑 즉종좌기 주허공중 일체사중

起立 合掌하여 一心으로 觀佛하삽더니라 於是에 釋迦牟尼佛께서 以右指로
기립 합장 일심 관불 어시 석가모니불 이우지

開七寶塔戶하시니 出大音聲호대 如却關鑰하고 開大城門인듯하였느니라.
개칠보탑호 출대음성 여각관약 개대성문

11. 그 때, 석가모니불께서는 분신불(分身佛)께서
다 이미 모여 각각 사자좌에 앉으심을 보시고,
또 모든 부처님께서 다 같이 열어 주십사고
원함을 들으시고, 곧 자리에서 일어나시어
허공중에 머무르시거늘,
모든 사부 대중이 일어서서 합장하고,
일심으로 부처님을 우러러보았습니다.
이에, 석가모니불께서 오른쪽 손가락으로①
칠보탑 문을 여시니, 큰 소리가 나되,
마치 채워진 빗장과 자물쇠를 잡아 제치고②
커다란 성문을 여는 것 같았습니다.

---

① 오른쪽 손가락으로(以右指) : 오른쪽 손가락을 쓴 것은 방편지를 뜻한다. ② 채워진 빗장과 자물쇠를 잡아 제침(却關鑰) : 빗장과 자물쇠(關鑰)를 푸는 일.

卽時에 一切衆會는 皆見多寶如來하사오되 於寶塔中에 坐師子座하야 全身이
즉시 일체중회 개견다보여래 어보탑중 좌사자좌 전신
不散하사 如入禪定하듯하시니라 又聞其言하사오대 善哉善哉라 釋迦牟尼佛이시여
불산 여입선정 우문기언 선재선재 석가모니불
快說是法華經하시나니 我爲聽是經故로 而來至此호라하시니라 爾時에 四衆等이
쾌설시법화경 아위청시경고 이래지차 이시 사중등
見過去無量千萬億劫滅度佛께서 說如是言하사옵고 歎未曾有하여 以天
견과거무량천만억겁멸도불 설여시언 탄미증유 이천
寶華聚로 散多寶佛과 及釋迦牟尼佛上하삽더니라.
보화취 산다보불 급석가모니불상

즉시에 모든 대중은 다
다보여래께서 보탑 안에서 사자좌에 앉으셨으되,
전신이 단엄하시고[①] 선정에 드심 같음을 친견하였습니다.
그 말씀을 들으니
"잘하셨습니다. 훌륭하십니다. 석가모니부처님,
쾌히 이 법화경을 설하시니,
저는 이 경을 듣기 위하여 이 곳에 왔습니다."
라고 하심을 들었습니다.
그 때, 사부 대중이
과거 한량 없는 천만억 겁에 멸도하신 부처님께서
이와 같이 말씀하시는 것을 보고,
일찍이 없던 일이므로 찬탄하며
하늘의 보배꽃 무더기를[②]
다보불(多寶佛)과[③] 석가모니불 위에 흩었습니다.[④]

---

①**전신이 단엄하심(全身不散)** : 전신이 움직이지 않음. 흐트러지지 않음. ②**하늘의 보배꽃 무더기(天寶華聚)** : 제천(諸天)의 보배로운 꽃들. ③**다보불 위에 흩음** : 다보불을 뵈었으므로 꽃을 흩어 바쳐서 경의를 표하였다. ④**석가모니불 위에 흩음** : 석가모니불로 인하여 다보불을 뵈었으므로, 석가모니불께도 꽃을 뿌려 경의를 표하였다.

爾時에 多寶佛께서 於寶塔中에서 分半座하사 與釋迦牟尼佛하시고 而作是言하사
이시 다보불 어보탑중 분반좌 여석가모니불 이작시언
釋迦牟尼佛은 可就此座하소서 卽時에 釋迦牟尼佛께서 入其塔中하사
석가모니불 가취차좌 즉시 석가모니불 입기탑중
坐其半座하사 結跏趺坐하시니다 爾時에 大衆이 見二如來가 在七寶塔中하사
좌기반좌 결가부좌 이시 대중 견이여래 재칠보탑중
師子座上에 結跏趺坐하시고 各作是念호대 佛座가 高遠하시니 惟願如來께옵서
사자좌상 결가부좌 각작시념 불좌 고원 유원여래
以神通力으로 令我等輩를 俱處虛空케하소서하더니 卽時에 釋迦牟尼佛께서
이신통력 영아등배 구처허공 즉시 석가모니불
以神通力으로 接諸大衆하사 皆在虛空케하시고
이신통력 접제대중 개재허공

12. 그 때, 다보불께서 보탑 안에서
자리를 반분해 석가모니불께 주시며
"석가모니불께서는 이 자리에 앉으소서." 하시니,
석가모니불께서는 그 탑 안으로 들어가시어
그 반분된 자리에 결가부좌하셨습니다.①
그 때, 대중은 두 분 여래께서
칠보탑 안 사자좌에 결가부좌하심을 보고
각각 생각하였습니다.
'부처님의 자리가 높고 머오시니,
원하옵건대, 여래께서는 신통력으로
저희를 함께 허공에 있게 하시옵소서.'라고 하니,
즉시 석가모니불께서는 신통력으로
대중을 이끌어 다 허공에 있게 하시고,②

① **반분된 자리(坐其半座)에 결가부좌** : 다보불의 청에 의하여, 보배탑에 들어가 반으로 나눈 자리에 앉으신 일이다. ② **대중을 이끌어 허공에 있게 함** : 부처님의 자비로써 대중들의 소원에 따라 신통력으로 끌어들여 모두 공중에 있게 한 일이다. 이승(二乘)의 무리는 부처님의 신통력으로 이끌지 않으면, 부처님 지혜에 가까이 올 수 없기 때문이다.

以大音聲으로 普告四衆하사대 誰能於此娑婆國土에 廣說妙法華經고 今이 正
이대음성 보고사중 수능어차사바국토 광설묘법화경 금 정

是時니 如來는 不久에 當入涅槃일새 佛欲以此妙法華經을 付囑이 有在니라.
시시 여래 불구 당입열반 불욕이차묘법화경 부촉 유재

爾時에 世尊께서 欲重宣此義하사 而說偈言하사대
이시 세존 욕중선차의 이설게언

聖主世尊께서 雖久滅度하셨으나 在寶塔中하사 尙爲法來커시늘
성주세존 수구멸도 재보탑중 상위법래

諸人은 云何 不勤爲法고
제인 운하 불근위법

큰 음성으로 널리 사부 대중에게 이르셨습니다.

"누가 능히 이 사바세계에서 묘법연화경을 설하겠느냐?

지금이 바로 그 때이니라.①

여래는 오래지 않아 열반에 들리니,

나는 이 묘법연화경을 부촉(付囑)할② 데가 있었으면 하느니라."

13. 그 때, 세존께서 이 뜻을 거듭 펴시고자

게송(偈頌)으로 말씀하셨습니다.

"성주세존(聖主世尊)께서③ 비록 오래 전에 멸도하셨으나,

보탑 안에 계시면서 오히려 법을 위해 오셨나니,

모든 사람은 어찌 법을 위해 부지런하지 않으리요.

---

① **지금이 그 때** : 부처님께서 장차 멸도에 들 것이므로, 대중에게 널리 알려 이 법을 유통시킬 이를 모집하면서 지금이 곧 그 때라고 하신 일이다. ② **부촉함(付囑)** : 다른 이에게 부탁하는 일. 묘법을 설하신 뒤, 이 법의 유통을 촉탁하는 일. 이 부촉하는 일을 말씀하신 곳이 제22품(촉루품)이다. ③ **성주세존(聖主世尊)** : 부처님에 대한 존칭. 성주란 성자 중 가장 뛰어나신 분.

此佛滅度 無央數劫이시로대 處處에 聽法은 以難遇故니라
차불멸도 무앙수겁 처처 청법 이난우고

彼佛本願이 我滅度後에 在在所往에 常爲聽法호려하시느니라
피불본원 아멸도후 재재소왕 상위청법

又我分身 無量諸佛의 如恒沙等이 來欲聽法하며
우아분신 무량제불 여항사등 내욕청법

及見滅度 多寶如來하야 各捨妙土와 及弟子衆과
급견멸도 다보여래 각사묘토 급제자중

天 人 龍神과 諸供養事하고 令法久住케호려하여 故來至此하시니라.
천 인 용신 제공양사 영법구주 고래지차

이 부처님 멸도하신 지 무앙수겁(無央數劫)① 지났으되,
곳곳에서 법 들으려고 나타나심은②
설법 기회 만나기 어렵기 때문이니라.
저 부처님의 본래 원은③
'내가 멸도한 후에 설법하는 곳마다④ 찾아가서
항상 이 법을 들으리라.' 하심이니라.

또 나의 분신인, 항하사와 같은 한량 없는 부처님이
모두 와서 법을 듣고, 또 멸도하신 다보여래 뵙고자,
각각 이 묘토(妙土)와⑤ 제자들과 하늘과 사람과 용신의
온갖 공양 다 버려 두고,⑥
법을 오래도록 머무르게 하려고 여기에 오셨느니라.

---

① **무앙수겁**(無央數劫) : 무수겁의 뜻. '앙'이란 진(盡)의 뜻. 헤아릴 수조차 없는 수효. 아승지겁. ② **법 들으려고 나타나심** : 화신(化身)이 가는 곳마다 법신이 법화경을 듣고자 나타남. 곧, 그 법이 높고 오묘하여 들을 기회를 만나기 어렵기 때문이다. ③ **본래 원**(本願) : 보살이 옛적에 세운 근본적인 서원. ④ **곳마다**(在在所往) : 온갖 곳. 가는 곳마다. ⑤ **묘토**(妙土) : 미묘하게 장엄한 불국토. 정토. ⑥ **온갖 공양 다 버려 두고** : 사부 대중의 공양도 한꺼번에 마다함. 법이 오래 머물게 하려고 여기에 출현하시기 때문이다.

爲坐諸佛하여 위좌제불	以神通力으로 이신통력	移無量衆하여 이무량중	令國淸淨호니 영국청정
諸佛 各各 제불 각각	詣寶樹下하니 예보수하	如淸淨池에 여청정지	蓮華로 莊嚴한듯하며 연화 장엄
其寶樹下 기보수하	諸師子座에 제사자좌	佛坐其上하사 불좌기상	光明嚴飾호미 광명엄식
如夜闇中에 여야암중	然大炬火듯하니라 연대거화	身出妙香하여 신출묘향	徧十方國한대 변시방국
衆生이 蒙薰 중생 몽훈	喜不自勝홈이 희불자승	譬如大風이 비여대풍	吹小樹枝듯하니라 취소수지
以是方便으로 이시방편	令法久住케하나니라. 영법구주		

14. 모든 부처님 앉히려고
 신통력으로 한량 없는 무리 옮겨 국토를 청정케 했느니라.
 모든 부처님께서 각각 보배 나무 아래 좌정함이
 맑은 못에 연꽃이[①] 장엄한 듯하며
 그 보배 나무 아래 모든 사자좌에 부처님께서 앉으시어
 광명으로 장엄됨이 어두운 밤에 큰 횃불 같으시니
 몸에서 풍기는 묘한 향기 시방 국토에 가득하며,
 중생이 향기에 흠뻑 취해[②] 기쁨을 이기지 못하니,[③]
 마치 큰 바람이 작은 나뭇가지를 스치는[④] 것 같으니라.
 이러한 방편으로 법을 오래 머무르게 하시느니라.

① **맑은 못에 연꽃** : 연못은 국토를 비유하고, 연꽃은 부처님을 비유한 말이다. ② **향기에 흠뻑 취함(蒙薰)** : 부처님께서 풍기시는 향기를 맡게 된 일이다. ③ **기쁨을 이기지 못함(喜不自勝)** : 부처님의 향기를 맡고 기뻐하여 어쩔 줄 모르는 일. ④ **큰 바람이 작은 나뭇가지 스침** : 바람은 부처님의 향기를, 가지는 중생의 근기와 소견을 비유한다.

告諸大衆하노니 我滅度後에 誰能護持 讀說斯經고
고 제 대 중 아 멸 도 후 수 능 호 지 독 설 사 경

今於佛前에서 自說誓言하라 其多寶佛께서 雖久滅度하셨으나
금 어 불 전 자 설 서 언 기 다 보 불 수 구 멸 도

而大誓願으로 而師子吼하시니 多寶如來와 及與我身과
이 대 서 원 이 사 자 후 다 보 여 래 급 여 아 신

所集化佛께서 當知此意니라 諸佛子等이여 誰能護法고
소 집 화 불 당 지 차 의 제 불 자 등 수 능 호 법

當發大願하야 令得久住케할지니라.
당 발 대 원 영 득 구 주

15. 대중에게 이르노니,

내가 멸도한 후에 누가 능히 이 경을 수호해 지녀
읽고 설하겠느냐?[①]
지금 부처님 앞에서 스스로 맹세의 말을 하라.
이 다보불께서 멸도하신 지 오래이나,
큰 서원으로[②] 사자후(獅子吼)하시나니,[③]
다보여래와 나와 여기에 모인 화불(化佛)이[④]
이 뜻을 아시느니라.
불자들이여, 누가 이 법을 받들어 수호하겠느냐?
큰 서원 일으켜 오래도록 머무르게 할지니라.

---

① **경을 수호해 지녀, 읽고 설함** : '護持 讀 說 斯 經'의 해석. 호지란 경을 지켜 보호하는 일. ② **큰 서원(大誓願)** : 숙세의 큰 원력. 다보불께서 보살도를 닦으실 때, 법화경 설하는 곳에 탑묘가 솟아나 정법을 증명하고 찬탄하겠다고 한 서원. ③ **사자후(獅子吼)** : 부처님의 두려움 없는 설법. 다보탑에서 석가불을 찬탄하고 설하신 법이 진실함을 설하신 일. ④ **화불(化佛)** : 시방의 분신불을 가리킨다.

其有能護 기 유 능 호	此經法者면 차 경 법 자	則爲供養 즉 위 공 양	我及多寶니라 아 급 다 보
此多寶佛께서 차 다 보 불	處於寶塔하사 처 어 보 탑	常遊十方은 상 유 시 방	爲是經故이시니라 위 시 경 고
亦復供養 역 부 공 양	諸來化佛이며 제 래 화 불	莊嚴光飾 장 엄 광 식	諸世界者니라 제 세 계 자
若說此經하면 약 설 차 경	則爲見我며 즉 위 견 아	多寶如來와 다 보 여 래	及諸化佛이니라. 급 제 화 불
諸善男子야 제 선 남 자	各諦思惟하라 각 체 사 유	此爲難事이니 차 위 난 사	宜發大願이니라. 의 발 대 원

16. 능히 이 경을 두호하는① 이는
곧 나와 다보불께 공양함이② 되느니라.
이 다보불께서 보탑에 계시면서
늘 시방에 출현하심은③ 이 경을 위하시기 때문이며,
또 여기에 오신 모든 화불(化佛)에게 공양함이며,
모든 세계를 장엄하고 빛나게 꾸밈이니라.④
만약 이 경을 설하면
곧 나와 다보여래와 모든 화불을 뵙는 것이 되느니라.

17. 모든 선남자여, 각자가 신중히 생각하라.
이것은 극히 어려운 일이니, 마땅히 큰 원을 일으킬지니라.

---

①**이 경을 두호** : 이 경이란 경법(經法). 법화경의 묘법을 지키는 일. ②**다보불께 공양** : 경 중에서 설하신 부처님과 다보불께서 행하신 일을 따라하는 일. ③**늘 시방에 출현하심**(常遊十方) : 다보여래께서 다보탑 중에 계시면서 항상 시방의 여러 불국토에 나타내시는 것. ④**장엄하고 빛나게 꾸밈**(莊嚴光飾) : 불국토 중에 부처님과 보살로 이 세계를 꾸민 것과 빛나게 꾸며 보는 이의 마음을 기쁘게 한 일. 곧, 화신불로 장엄하게 꾸민 일.

諸餘經典이 제 여 경 전	數如恒沙하니 수 여 항 사	雖說此等하여도 수 설 차 등	未足爲難하며 미 족 위 난
若接須彌하여 약 접 수 미	擲置他方 척 치 타 방	無數佛土하여도 무 수 불 토	亦未爲難하며 역 미 위 난
若以足指로 약 이 족 지	動大千界하여 동 대 천 계	遠擲他國하여도 원 척 타 국	亦未爲難하며 역 미 위 난
若立有頂하여 약 립 유 정	爲衆演說 위 중 연 설	無量餘經하여도 무 량 여 경	亦未爲難커니와 역 미 위 난
若佛滅後에 약 불 멸 후	於惡世中에 어 악 세 중	能說此經이사 능 설 차 경	是則爲難하니라. 시 즉 위 난

이 밖에 여러 경전이① 항하사같이 많은데,
이를 다 설한다 할지라도 어렵다 할 것이 못 되며,②
만약 수미산을 들어③ 수없는 다른 불국토에 던진다 할지라도
어렵다 할 것이 못 되며,④
만약 발가락으로 대천세계를 움직여
멀리 다른 나라에 던진다 할지라도
어렵다 할 것이 못 되며,⑤
만약 유정천(有頂天)에⑥ 올라서서 중생을 위해
헤아릴 수 없는 다른 경을 설명한다 할지라도
그것은 어렵지는 않겠거니와
다만 부처님 멸도 후 악한 세상에서 이 경을 설하는 것은
이를 어렵다 하리로다.

---

①이 밖에 여러 경전(諸餘經典) : 방편교의 삼승 경전. 여(餘)는 다른(他)의 뜻. ②어렵다 할 것이 못 됨(未足爲難) : 방편과 수단으로 설한 가르침을 설명한다 해도 그것은 법화경보다는 어렵지 않다는 뜻이다. ③수미산을 들어(接須彌) : 손으로 수미산을 들어 옮기는 일. ④어렵다 할 것이 못 됨(未爲難) : 온 세상 사람들이 어렵게 여기는 것은 오히려 어렵지 않으며, 오직 악세에서 이 경을 설하는 것이 더 어려운 일이라는 뜻이다. ⑤어렵다 할 것이 못 됨 : 발가락하나로 멀리 던지는 신통스런 일을 보여 주는 것보다도, 오히려 악세에 이 경전을 널리 펴는 일이 더 어렵다는 뜻. ⑥유정천(有頂天) : 무색계(無色界)의 가장 높은 하늘.

假使有人이 手把虛空하고 而以遊行하여도 亦未爲難커니와
가 사 유 인 수 파 허 공 이 이 유 행 역 미 위 난

於我滅後에 若自書持커나 若使人書이사 是則爲難하니라
어 아 멸 후 약 자 서 지 약 사 인 서 시 즉 위 난

若以大地를 置足甲上하고 昇於梵天도 亦未爲難커니와
약 이 대 지 치 족 갑 상 승 어 범 천 역 미 위 난

佛滅度後에 於惡世中에 暫讀此經이사 是則爲難하니라.
불 멸 도 후 어 악 세 중 잠 독 차 경 시 즉 위 난

18. 가령, 어떤 사람이
손으로 허공을 휘어잡고 노닐며 다닌다 할지라도
어렵다 할 것이 못 되리니,①
내가 멸도한 후에 이 경을 써서 지니거나②
사람을 시켜 쓰게 한다면,③ 이를 어렵다 하리로다.
혹은, 대지(大地)를 발톱④ 위에 놓고
범천에 오른다 할지라도
어렵다 할 것이 못 되며,⑤
다만 부처님 멸도 후 악한 세상에서
잠깐이라도 이 경을 읽는다면,
이것은 어려운 일을 하는 것이로다.

---

①**어렵다 할 것이 못 됨** : 허공은 모양이 없어 잡을 수 없는 것인데, 그것을 잡는다 하더라도 부처님 멸도 후 악세에서 경을 써서 지니게 하는(書持) 것은 이보다 더 어렵다는 취지이다. ②**이 경을 써서 지님**(若自書持) : 스스로 경을 베껴 써서 지니는 일. ③**사람을 시켜 쓰게 함**(若使人書) : 다른 사람을 시켜 경을 써서 지니는 일. ④**발톱** : 원문은 족갑(足甲). ⑤**어렵다 할 것이 못 됨** : 범천은 허공에 있는 것인데, 지금 대지를 발톱 위에 올려놓고 범천까지 올라가더라도 악한 세상에서 경을 잠시 읽는 것이 어렵다는 뜻.

假使劫燒에 가 사 겁 소	擔負乾草하고 담 부 건 초	入中不燒도 입 중 불 소	亦未爲難커니와 역 미 위 난
我滅度後에 아 멸 도 후	若持此經하여 약 지 차 경	爲一人說이사 위 일 인 설	是則爲難하니라 시 즉 위 난
若持八萬 약 지 팔 만	四千法藏 사 천 법 장	十二部經하여 십 이 부 경	爲人演說하여 위 인 연 설
令諸聽者로 영 제 청 자	得六神通케하여 득 육 신 통	雖能如是라도 수 능 여 시	亦未爲難커니와 역 미 위 난
於我滅後에 어 아 멸 후	聽受此經하여 청 수 차 경	問其義趣이사 문 기 의 취	是則爲難하니라. 시 즉 위 난

19. 가령, 겁화(劫火)[①] 속에 들어가서 마른 풀 짊어지고
타지 않게 할지라도 그것은 어렵다 할 것이 못 되리니,
내가 멸도한 후 만일 이 경을 지녀
한 사람을 위해 설한다 할지라도,
이를 어렵다 하리로다.
혹은, 어떤 사람이 팔만 사천의 법장(法藏)과[②]
십이부경(十二部經)을[③] 모두 지녀 사람을 위해 설하여
듣는 이 모두를 육신통 얻게 한다 할지라도
어렵다 할 것이 못 되리니,
내가 멸도한 후 이 경을 듣고 받아 지니고
그 뜻이 향하는 바를 묻는다면, 이를 어렵다 하리로다.

---

① **겁화(劫火)** : 세계의 종말 또는 우주가 파괴될 때에 일어나는 불. 이 때 초선천(初禪天) 이하는 다 타 버린다고 한다. ② **팔만 사천 법장(八萬四千法藏)** : 부처님의 모든 가르침을 뜻한다. 팔만 사천이란 숫자는 다수를 뜻한다. 굳이 그 수효를 밝히면, 부처님 설법이 삼백오십 번인데 법회 때마다 육바라밀을 다 갖추었으니, 이천일백이 되며, 여기에 사대(四大) 육진(六塵)의 십배를 하면 이만 일천이 되고, 다시 탐냄, 화냄, 어리석음 등분삼독(等分三毒)에 각각 이만 일천이 있으므로 팔만 사천이 된다. ③ **십이부경(十二部經)** : 부처님의 가르침을 그 형식과 내용에 따라 나눈 일. 수다라(계경 : 산문으로 설한 것), 기야(중송 : 거듭 게송한 것), 화가라나(수기 : 기별 주신 것), 가타(풍송 : 독자적 게송), 우타나(자설 : 자발적으로 밝히심), 니타나(인연), 아바타나(비유), 이제목타가(본사 : 과거세 일), 사다가(본생 : 전생 수행), 비불략(방광 : 문답), 아부타달마(미증유법 : 기적을 설하신 것), 우바제사(논의 : 경의 설명 부분).

若人이 說法하여 약 인 설 법	令千萬億 영 천 만 억	無量無數 무 량 무 수	恒沙衆生으로 항 사 중 생
得阿羅漢하여 득 아 라 한	具六神通케하여 구 육 신 통	雖有是益이라도 수 유 시 익	亦未爲難커니와 역 미 위 난
於我滅後에 어 아 멸 후	若能奉持 약 능 봉 지	如斯經典이사 여 사 경 전	是則爲難하니라. 시 즉 위 난
我爲佛道하여 아 위 불 도	於無量土에 어 무 량 토	從始至今히 종 시 지 금	廣說諸經호대 광 설 제 경
而於其中에 이 어 기 중	此經이 第一이니 차 경 제 일	若有能持하면 약 유 능 지	則持佛身이니라. 즉 지 불 신

20. 어떤 사람이 설법하여
천만억의 한량 없고 무수한 항하사 수효의 중생을
아라한의 도를 얻게① 하고 육신통을 갖추게 하는,
이 같은 이익이 있게 한다 할지라도
어렵다 할 것이 못 되리니,②
내가 멸도한 후 이 경을 받들어 지닌다면,
이를 어렵다 하리로다.

21. 내가 불도(佛道)를 위해 무량한 국토에서
처음부터 지금까지 널리 여러 경전을 설했으나,
그 중에서 이 경이 제일이니라.③
이 경을 능히 지닌다면,
이는 부처님의 몸을 지니는 것이④ 되느니라.

---

①**아라한의 도를 얻음(得阿羅漢)** : 소승 최고의 깨달음을 얻음. ②**어렵다 할 것이 못 됨** : 이 같은 소승의 이익이 있었다 해도 이 경을 받들어 지녀 최상의 도를 얻게 하는 것이 더 어렵다는 취지이다. ③**이 경이 제일** : 여러 한량없는 경전을 설했으나, 법화경이 참되고 가장 제일이라는 뜻. ④**부처님의 몸을 지니는 것** : 법화경의 본체는 곧 법신불(法身佛)이니, 이 경전을 잘 지니는 것은 곧 부처님을 친견하는 것이 된다는 뜻이다.

諸善男子야 제 선 남 자	於我滅後에 어 아 멸 후	誰能受持 수 능 수 지	讀 誦 此經고 독 송 차 경
今於佛前에 금 어 불 전	自說誓言하라. 자 설 서 언	此經은 難持니 차 경 난 지	若暫持者면 약 잠 지 자
我則歡喜하고 아 즉 환 희	諸佛亦然하시니라 제 불 역 연	如是之人은 여 시 지 인	諸佛所歎이니 제 불 소 탄
是則勇猛이며 시 즉 용 맹	是則精進이며 시 즉 정 진	是名持戒며 시 명 지 계	行頭陀者이니 행 두 타 자
則爲疾得 즉 위 질 득	無上佛道하리라. 무 상 불 도		

모든 선남자여,
내가 멸도한 후에 누가 이 경을 받아 지녀
독송하겠느냐?
지금 부처님 앞에서 스스로 맹세의 말을 하라.

22. 이 경은 지니기 어려우니, 만약 잠깐이라도 지닌다면,
내가 곧 환희하고 제불(諸佛) 또한 그러하시니라.
이 같은 사람은 제불께서 칭탄하시는① 바이니라.
이는 곧 용맹(勇猛)이며 정진(精進)이며,②
그 이름이 지계(持戒)이며, 두타(頭陀)를 행하는③ 이이니,
곧 빨리 위없는 불도(無上佛道)를 얻으리라.④

---

①**제불께서 칭탄하심** : 말세에 이와 같이 법화경을 잘 지니면 항상 부처님께서 칭탄하신다는 말. ②**용맹이며 정진** : 어려움을 무릅쓰고 이루는 것을 용맹이라 하고, 게으르지 않음을 정진이라 한다. ③**지계, 두타를 행함** : 여러 가지 계행을 지키는 것은 보살도(菩薩道)이고, 두타행을 행하는 것은 곧 불승(佛乘)에 드는 일이다. 두타행이란 의, 식, 주에 대한 탐착을 버리고 조용한 곳에서 심신을 수련하는 일. ④**위없는 불도(無上佛道)를 얻음** : 최상의 불도를 얻는다는 뜻이다.

能於來世에 능어래세	讀持此經하면 독지차경	是眞佛子라 시진불자	住淳善地며 주순선지
佛滅度後에 불멸도후	能解其義하면 능해기의	是諸天人 시제천인	世間之眼이며 세간지안
於恐畏世에 어공외세	能須臾說이어든 능수유설	一切天人이 일체천인	皆應供養하리라. 개응공양

23. 내세에 이 경을 읽고 지니면,
이는 참된 불자이므로
순후하고 좋은 경지에[1] 머무르게 되고,
부처님 멸도 후 능히 그 뜻을 알면,
이는 모든 하늘(천신)과 사람과 세간의 눈이[2] 되며,
두려운 악세에서 잠깐이나마 설할지라도
모든 하늘과 사람이 다 공양하리라."

①순후하고 좋은 경지(淳善地) : 자비롭고 순박하고 참된 마음의 경지. ②하늘과 사람과 세간의 눈 : 세상과 인간과 하늘의 나아갈 길을 가르쳐 준다는 뜻.

제바달다품 제 12 (提婆達多品 第十二)

爾時에 **佛告諸菩薩**과 **及天人四衆**하사대 **吾於過去無量劫中**에 **求法華經**호대
이시 불고제보살 급천인사중 오어과거무량겁중 구법화경

無有懈倦하니라 **於多劫中**에 **常作國王**하고 **發願**하여 **求於無上菩提**호대
무유해권 어다겁중 상작국왕 발원 구어무상보리

心不退轉하니라 **爲欲滿足六波羅蜜**하야 **勤行布施**하되 **心無悋惜**하며 **象馬**
심불퇴전 위욕만족육바라밀 근행보시 심무인석 상마

七珍과 **國城 妻子**와 **奴婢 僕從**과 **頭目髓腦身肉手足**하되 **不惜軀命**하더니라.
칠진 국성 처자 노비 복종 두목수뇌신육수족 불석구명

1. 그 때, 부처님께서 여러 보살과
   하늘과 사람과 사부 대중에게 이르셨습니다.
   "내가 과거 한량 없는 겁 중에 법화경을 구하는 데에
   게으름이 없었느니라.
   여러 겁 동안 항상 국왕이 되어,
   발원해 위없는 보리(菩提)를 구하되,
   마음이 물러서지 아니하였느니라.①
   육바라밀을② 만족하게 이루고자 보시를 부지런히 행하되,
   마음에 인색함이 없어서
   코끼리, 말, 칠보,③ 국성(國城)과 처자, 노비, 종복(從僕)과
   두목수뇌(頭目髓腦)와④ 신육수족(身肉手足)과⑤ 목숨도
   아끼지 아니하였느니라.

---

① **물러서지 않음**(不退轉) : 발원하여 성불하는 도를 구하고자 하는 마음이 물러난 적이 없다는 뜻이다. ② **육바라밀**(六波羅蜜) : 바라밀(pāramitā)이란 사바세계를 건너 열반의 피안에 도달하는 일. 육바라밀은 보시(베풂), 지계(계를 지킴), 인욕(어려움을 인내함), 정진(부지런히 노력), 선정(산란한 마음을 집중시킴), 반야(지혜)이다.
③ **칠보**(七珍) : 금, 은, 유리, 진주, 마노, 자거, 매괴의 일곱 가지 보물. 이를 다 바친다는 것.
④ **두목수뇌**(頭目髓腦) : 머리와 눈, 골수와 뇌.
⑤ **신육수족**(身肉手足) : 몸, 살, 손, 발. 몸 안의 모든 것을 다 바침.

時世에 人民의 壽命이 無量커늘 爲於法故로 捐捨國位하여 委政太子하고
시세 인민 수명 무량 위어법고 연사국위 위정태자

擊鼓宣令하며 四方求法호대 誰能爲我하여 說大乘者어뇨 吾當終身토록
격고선령 사방구법 수능위아 설대승자 오당종신

供給走使호리라 時에 有仙人하야 來白王言호대 我有大乘호니 名妙法華經이라
공급주사 시 유선인 내백왕언 아유대승 명묘법화경

若不違我라면 當爲宣說호리이다 王이 聞仙言하고 歡喜踊躍하여 卽隨仙人하여
약불위아 당위선설 왕 문선언 환희용약 즉수선인

供給所須호대 採果 汲水하고 拾薪 設食하며
공급소수 채과 급수 습신 설식

2. 그 때, 세상 사람의① 수명은 한량 없었는데,
법을 위하는 까닭에 왕위를 버리어
정사(政事)를 태자에게 맡기고,
북을 쳐 선포하여 사방으로 법을 구하였느니라.②
'누가 나를 위하여 대승(大乘)을 설하겠느냐?
내가 몸이 다하도록 공급하고 시중들리라.'③
때에, 한 선인(仙人)이④ 와서 왕에게 말씀하였느니라.
'나에게 대승이 있으니, 이름이 묘법연화경이오.
만일 나의 뜻을 어기지 아니한다면, 마땅히 설해 주리라.'
왕은 선인의 말을 듣고 뛸 듯이 기뻐하며
곧 선인을 따라가서 구하는 것을 공급하되,
과실을 따고 물을 긷고 나무를 하고 음식을 장만하며,

---

①**세상 사람** : 원문은 세상(世) 인민(人民). ②**북을 쳐~법을 구함** : 큰 북을 쳐서 명령을 선포하여 사방으로 대승 묘법을 구한 일이다. ③**공급하고 시중듦** : 시종(走使)은 종이 되겠다는 것이니, 겸손하고 자기를 낮추지 않으면 법문을 들을 수 없기 때문이다. 몸이 다하도록 공급함은, 인내하지 않는다면 괴로움을 참아 낼 수 없음을 가리킨다. 이것은 세상 사람들을 위하여 성현의 모습을 나타내어 구도자의 모범으로 삼게 한 일이다. ④**선인(仙人)** : 외도중 깨달음을 얻어 신통자재한 이로서, 산림에 묻혀 수행하는 이.

乃至以身으로 而爲牀座하여 身心이 無倦하여 于時에 奉事를 經於千歲호니
내지이신 이위상좌 신심 무권 우시 봉사 경어천세

爲於法故로 精勤給侍하여 令無所乏케하였느니라.
위어법고 정근급시 영무소핍

爾時에 世尊께서 欲重宣此義하사 而說偈言하사대
이시 세존 욕중선차의 이설게언

我念過去劫에 爲求大法故로 雖作世國王하나 不貪五欲樂하고
아념과거겁 위구대법고 수작세국왕 불탐오욕락

椎鐘告四方호대 誰有大法者어뇨 若爲我解說하면 身當爲奴僕하리라.
추종고사방 수유대법자 약위아해설 신당위노복

또는 몸으로 앉는 자리가 되어도①
몸과 마음에 권태로움이 없었느니라.
때에, 이렇게 받들어 섬기기를 천 년을 지냈는데도
법을 위하는 까닭에 부지런히 일해 지성으로 시봉하여,
조금도 부족함이 없게 하였느니라."

3. 그 때, 세존께서 이 뜻을 거듭 펴시고자
게송으로 말씀하셨습니다.
"내가 과거의 겁(劫)을② 생각하니, 큰 법을③ 구하기 위하여,
비록 세상의 국왕이었으나 오욕락에④ 탐착하지 않고,
종을 쳐서⑤ 사방에 고하기를
'누가 대법(大法)을 지녔는가? 만약 나를 위해 해설한다면,
이 몸은 종이 되어 섬기리라.'

---

①앉는 자리가 됨(而爲牀座) : 몸을 버려 법을 구함이다. 어렵고 괴로운 일을 두루 행하여 피곤하고 수고로움을 견디면서도 법을 구하려는 까닭에 심신이 게으르지 않은 일이다. ②과거의 겁 : 몇 겁 전의 과거. ③큰 법(大法) : 대승법. 대승의 가르침. ④오욕락(五欲樂) : 우리가 대하는 다섯 경계(색, 성, 향, 미, 촉)에 대하여 집착해서 일으키는 욕탐. 색욕(色欲), 성욕(聲欲), 향욕(香欲), 미욕(味欲), 촉욕(觸欲) 등 세속적인 욕망의 총칭이다. ⑤종을 침(椎鐘) : 추(椎)는 친다는 뜻. 앞에서는 북을 쳐 명령을 선포했다(擊鼓宣令)고 하고, 여기서 종을 쳤다고 하는 것은 법이 심오하기 때문에 종과 북을 모두 친 것이다.

時有阿私仙이 來白於大王호대 我有微妙法하니 世間所希有니라
시유아사선 내백어대왕 아유미묘법 세간소희유

若能修行者면 吾當爲汝說호리라 時王이 聞仙言코 心生大喜悅하여
약능수행자 오당위여설 시왕 문선언 심생대희열

卽便隨仙人하여 供給於所須호대 採薪及果蓏하여 隨時恭敬與호대
즉변수선인 공급어소수 채신급과라 수시공경여

情存妙法故로 身心無懈倦하니라. 普爲諸衆生하여 勤求於大法하였으며
정존묘법고 신심무해권 보위제중생 근구어대법

亦不爲己身과 及以五欲樂할새 故爲大國王이어도 勤求獲此法하고
역불위기신 급이오욕락 고위대국왕 근구획차법

遂致得成佛호니 今故爲汝說하노라.
수치득성불 금고위여설

4. 그 때, 아사(阿私)라는[1] 선인이 와서 왕에게 말씀하였느니라.
'내가 가진 미묘한 법은 세간에 희유한 바이니라.
만약 닦고 행한다면, 내가 그대를 위해 설하리라.'
때에, 왕은 선인의 말을 듣고 마음이 크게 환희하여
곧 선인을 따라가 구하는 것을 공급하되,
나무도 하고 과실도[2] 따서 수시로 공경해 바쳤느니라.
뜻이 묘법에 있었으므로[3] 몸과 마음에 게으름이 없었느니라.

5. 널리 모든 중생을 위해 부지런히 대법을 구하였으며,
나의 몸과 오욕락을 위하지 아니하였느니라.
그리하여 큰 나라의 왕이 되고도 부지런히 정진해 대법을 얻어,
마침내 성불하여[4] 지금 너희를 위해 설하느니라."

---

① **아사(阿私)** : 아사타(阿私陀), 아시타(Asita). 장수선인(長壽仙人)을 가리킨다. 과거세에 석가불께 법화경을 설해 주신 분. 석가모니가 태어날 때 예언을 한 아시타선인과는 다른 분이다(범어 원본에는 이름이 없음). ② **과실(果蓏)** : 나무 열매와 채소. 라(蓏)는 채소의 일종, 또는 덩굴에서 나는 과일. ③ **뜻이 묘법에 있음(情存妙法)** : 미묘법을 구하는 데 뜻(情 : 마음)을 두었다는 말. ④ **마침내 성불(隧致得成佛)** : 법을 수행하므로 인하여 지금 마침내 성불한 것을 말한다.

佛告諸比丘하사대 **爾時**에 **王者**는 **則我身**이 **是**요 **是仙人者**는 **今提婆達多**가 **是**니
불고제비구 이시 왕자 즉아신 시 시선인자 금제바달다 시

由提婆達多의 **善知識故**로 **令我具足六波羅蜜**과 **慈悲喜捨**와 **三十二相**과
유제바달다 선지식고 영아구족육바라밀 자비희사 삼십이상

八十種好와 **紫磨金色**과 **十力**과 **四無所畏**와 **四攝法**과 **十八不共**과 **神通**
팔십종호 자마금색 십력 사무소외 사섭법 십팔불공 신통

道力하여 **成等正覺**하여 **廣度衆生**케하니 **皆因提婆達多**의 **善知識故**니라.
도력 성등정각 광도중생 개인제바달다 선지식고

6. 부처님께서 모든 비구에게 이르셨습니다.

"그 때의 왕은 바로 이 몸이고,
그 선인은 지금의 제바달다이니라.[①]
제바달다 선지식(善知識)이[②] **있었으므로**
나는 육바라밀(六波羅蜜)과 자비희사(慈悲喜捨)와[③]
성스러운 삼십이상(三十二相)과[④] **빼어난 팔십종호(八十種好)와**[⑤]
자마금색(紫磨金色)과[⑥] **십력(十力)과**[⑦] **사무소외(四無所畏)와**[⑧]
사섭법(四攝法)과[⑨] **십팔불공법(十八不共法),**[⑩] **신통과 도력을 갖춰**
등정각(等正覺)을[⑪] **이루어 널리 중생을 제도케 하니,**
이는 다 제바달다 선지식 때문이니라.

---

① **제바달다**(提婆達多, Devadatta) : 조달(調達). 곡반왕(斛飯王)의 아들로, 아난의 형이고 석가모니의 종제(從弟). 삼역죄(혹은 오역죄)를 짓고, 산 채로 지옥에 떨어졌다고 전한다. 이러한 제바달다도 전생에 석가여래의 스승 아사선인으로서, 이분의 도움으로 정각을 이룰 수 있었다는 것이다. 제바달다도 미래에 천왕여래(天王如來)로 성불하신다고 수기해 주셨다. ② **선지식**(善知識) : 바른 도리를 가르쳐 인도하는 이. 제바달다로 인하여 묘법을 잘 알고, 막히고 뚫린 곳을 잘 알았다. ③ **자비희사**(慈悲喜捨) : 곧, 사무량심. 자무량심은 자애로운 마음, 비무량심은 중생을 가엾게 여기는 마음, 희무량심은 함께 기뻐해 주는 마음, 사무량심은 중생에게 평등한 마음이다. ④ **삼십이상**(三十二相) : 응화신을 이루는 여러 가지 상호. 훌륭한 서른두 가지 상호를 이루는 것은 각각 뛰어난 공덕을 닦아서 이루어진 것이다. ⑤ **팔십종호** : 부처님께 갖추어진 여든 가지 뛰어난 모습. ⑥ **자마금색**(紫磨金色) : 자색을 띤 금빛. 부처님의 몸 빛깔을 가리킨다. ⑦ **십력**(十力) : 여래만이 갖추신 열 가지 지혜의 힘. ⑧ **사무소외**(四無所畏) : 설법에서 두려움 없이 자신 있게 설할 수 있는 것. ⑨ **사섭법** : 보살이 중생을 섭수하여 불도로 이끄는 네 가지 행위. 보시섭(布施攝), 애어섭(愛語攝), 이행섭(利行攝), 동사섭(同事攝). ⑩ **십팔불공법**(十八不共法) : 부처님께만 있는 열여덟 가지 능력. 십력, 사무소외, 삼념주(三念住), 부처님 대비(大悲). ⑪ **등정각**(等正覺) : 일체가 평등하고 바른 깨달음. 부처님의 깨달음.

告諸四衆하노니 提婆達多는 却後에 過無量劫하여 當得成佛하여 號曰天王
고제사중 제바달다 각후 과무량겁 당득성불 호왈천왕

如來 應供 正遍知 明行足 善逝 世間解 無上士 調御丈夫 天人師
여래 응공 정변지 명행족 선서 세간해 무상사 조어장부 천인사

佛世尊이리라 世界名은 天道리라 時에 天王佛의 住世는 二十中劫이리니
불세존 세계명 천도 시 천왕불 주세 이십중겁

廣爲衆生하여 說於妙法하리니 恒河沙衆生은 得阿羅漢果하고 無量衆生이
광위중생 설어묘법 항하사중생 득아라한과 무량중생

發緣覺心하며 恒河沙衆生이 發無上道心하고 得無生忍하여 至不退轉하리라.
발연각심 항하사중생 발무상도심 득무생인 지불퇴전

7. 모든 사부 대중에게 이르노라.

제바달다는 이후 한량 없는 겁을 지나서 마땅히 성불하리니,
이름을 천왕(天王)여래,① 응공, 정변지, 명행족, 선서,
세간해, 무상사, 조어장부, 천인사, 불세존이라 하리라.
그 세계의 이름은 천도(天道)이리라.②
그 천왕불께서 세상에 이십 중겁을③ 머무르면서
널리 중생을 위하여 묘법을 설하리니,
항하사 수효의 중생이 아라한과를④ 얻고,
한량 없는 중생이 연각심(緣覺心)을⑤ 발하며,
항하사 수효의 중생이 위없는 도심(無上道心)을⑥ 발해
무생인(無生忍)을⑦ 얻어 불퇴전에 이르리라.

---

①천왕여래(天王如來) : 부처님의 덕이 지극히 커서 하늘 중에 으뜸이므로 천왕이라 한 것이다. ②천도(天道) : 세계가 청정하여 하늘의 도를 닦기 때문에 천도라 한 것이다. ③중겁(中劫) : 이십 소겁(小劫)이 일 중겁. 일 소겁은 사람의 수명이 팔만 사천 세로부터 백 년마다 한 살씩 감소하여 십 세에 이르고, 다시 똑같이 늘어나 팔만 사천 세가 되는 기간. ④아라한과(阿羅漢果) : 아라한의 깨달음. 성문의 중생을 제도한 것이다. ⑤연각심(緣覺心) : 연각의 깨달음을 얻고자 하는 마음. 벽지불의 대중을 제도한 것이다. ⑥위없는 도심(無上道心) : 최고의 깨달음을 구하는 마음. ⑦무생인(無生忍) : 모든 것이 불생불멸(不生不滅)임을 깨닫는 일. 무생법인.

時에 天王佛께서 般涅槃後에 正法住世는 二十中劫이리니 全身舍利로
시 천왕불 반열반후 정법주세 이십중겁 전신사리
起七寶塔호대 高 六十由旬이요 縱廣이 四十由旬이어든 諸天人民이 悉以
기칠보탑 고 육십유순 종광 사십유순 제천인민 실이
雜華와 末香과 燒香과 塗香과 衣服과 瓔珞과 幢幡과 寶蓋와 伎樂歌頌으로
잡화 말향 소향 도향 의복 영락 당번 보개 기악가송
禮拜 供養 七寶妙塔하고 無量衆生이 得阿羅漢果하며 無量衆生이
예배 공양 칠보묘탑 무량중생 득아라한과 무량중생
悟辟支佛하며 不可思議衆生이 發菩提心하여 至不退轉하리라.
오벽지불 불가사의중생 발보리심 지불퇴전

8. 그 천왕불께서 열반에[①] 드신 후,
정법이[②] 세상에 머무름은 이십 중겁이며,
전신(全身) 사리로[③] 칠보탑을 일으키니,
높이는 육십 유순이요,[④] 가로 세로는 사십 유순이리라.
모든 하늘과 사람이 다 온갖 꽃과 말향,[⑤] 소향,[⑥] 도향과[⑦]
의복, 영락, 당번,[⑧] 보개,[⑨] 기악, 노래로
칠보 묘탑에 예배, 공양하리라.
한량 없는 중생이 아라한과를 얻고,
수없는 중생이 벽지불(辟支佛)을 깨치며,
헤아릴 수 없는 중생이 보리심을[⑩] 일으켜 불퇴전에 이르리라."

---

① **열반(般涅槃)** : 열반을 얻고 신체까지 여읜 상태. 여기서는 적멸. 곧, 천왕불의 입적(入寂). ② **정법(正法)** : 부처님의 가르침이 바르게 행해지는 시기. ③ **전신 사리(全身舍利)** : 부처님의 온몸을 그대로 탑에 모시는 일. ④ **유순(由旬, yojana)** : 거리의 단위. 흔히 30~40리를 일 유순이라고도 한다. ⑤ **말향(末香)** : 말향(抹香)이라고도 함. 가루로 된 향. ⑥ **소향(燒香)** : 태우는 향. ⑦ **도향(塗香)** : 손이나 몸에 바르는 분말로 된 향. ⑧ **당번(幢幡)** : 불당에 꾸미는 긴 기. 당간에 매단 기. ⑨ **보개(寶蓋)** : 보배 구슬 등으로 장식된 천개. 불보살상 위를 덮는 일산을 가리킨다. ⑩ **보리심** : 최고의 깨달음을 구하여 일체 중생을 제도하려는 마음.

佛께서 告諸比丘하사대 未來世中에 若有善男子 善女人이 聞妙法華經
불 고제비구 미래세중 약유선남자 선여인 문묘법화경

提婆達多品하고 淨心으로 信敬하야 不生疑惑者는 不墮地獄 餓鬼 畜生하고
제바달다품 정심 신경 불생의혹자 불타지옥 아귀 축생

生十方佛前하여 所生之處에서 常聞此經하리라 若生人天中하면 受勝妙樂하고
생시방불전 소생지처 상문차경 약생인천중 수승묘락

若在佛前하면 蓮華化生하리라. 於時에 下方多寶世尊의 所從菩薩이 名曰智積이니
약재불전 연화화생 어시 하방다보세존 소종보살 명왈지적

白多寶佛하사대 當還 本土하시거늘 釋迦牟尼佛께서 告智積曰하사대
백다보불 당환 본토 석가모니불 고지적왈

9. 부처님께서 모든 비구에게 이르셨습니다.
"미래세에 어떤 선남자 선여인이
묘법연화경의 제바달다품을 듣고
청정한 마음으로 믿고 공경하여 의혹하지 않는 이는
지옥, 아귀, 축생에 떨어지지 않고,
시방제불(十方諸佛) 앞에 태어나며,
나는 곳마다 항상 이 경을 들으리라.
만약 인천(人天)으로 태어난다면, 수승하고 묘한 낙① 받고,
부처님 앞에 있을 때면, 연꽃에서 화생(化生)하리라."②

10. 이 때, 하방(下方)에서③ 다보불(多寶佛)을 따라온
지적(智積)보살이④ 다보불께 말씀드리고
본국토로 돌아가려 하거늘,⑤
석가모니불께서 지적보살에게 이르셨습니다.

---

① **수승하고 묘한 낙**(受勝妙樂) : 천상이나 인간에서 누리는 뛰어난 오욕락. ② **화생**(化生) : 낳는 자 없이 홀연히 태어나는 일. 지옥이나 극락에 태어나는 것을 화생이라 한다. ③ **하방**(下方) : 다보불께서 계신 곳은 동방 보정국(寶淨國)이지만, 지금은 탑이 땅에서 솟아나왔으므로 하방이라 하였다. ④ **지적보살**(智積菩薩) : 다보불을 따라 이 사바세계에 온 상족(上足 : 수제자)보살. ⑤ **본국토로 돌아가려 함**(當還本土) : 다보불께서 경을 증명하러 오셨는데, 이제 유통을 부촉하였으므로 돌아가실 것을 청한 것이다.

善男子야 且待須臾하라 此有菩薩호대 名이 文殊師利니 可與相見하여
선남자 차대수유 차유보살 명 문수사리 가여상견

論說妙法하고서 可還本土니라. 爾時에 文殊師利가 坐千葉蓮華의 大如車輪하시며
논설묘법 가환본토 이시 문수사리 좌천엽연화 대여거륜

俱來菩薩도 亦坐寶蓮華하사 從於大海娑竭羅龍宮에서 自然踊出하여 住
구래보살 역좌보련화 종어대해사갈라용궁 자연용출 주

虛空中하고 詣靈鷲山하사 從蓮華下하여 至於佛所하고서 頭面敬禮二世尊足하사
허공중 예영취산 종연화하 지어불소 두면경례이세존족

修敬已畢하시고 往智積所하여 共相慰問하시고 却坐一面하시니라.
수경이필 왕지적소 공상위문 각좌일면

"선남자야, 잠깐 기다리라.①
여기에 한 보살이 있으니, 이름이 문수사리(文殊師利)니라.
서로 만나 묘법을 논의한 후에 본토로 돌아감이 좋으리라."

11. 그 때, 문수사리보살은②
수레바퀴만한 천엽(千葉) 연꽃에③ 앉고,
함께 온 보살도 보배 연꽃에 앉아
대해(大海)의 사갈라용궁에서④ 자연히 솟아나
허공중에 머물러⑤
영취산으로 나아가 연꽃에서 내려 부처님 앞에 이르러⑥
머리 조아려 두 분 세존의⑦ 발에 경례했습니다.
경례를 마치고 지적보살의 처소로 가서
서로 위문하고 물러서 한쪽에 앉으셨습니다.

---

①**잠깐 기다리라**(且待須臾) : 적문의 일은 끝났어도 본문(本門)의 일은 드러내지 못했으므로, 문수보살에 의지해 다보불을 만류한 것이다. ②**문수사리보살** : 부처님의 지혜를 상징하는 보살로 제1품(서품)에서 법회를 주관했고, 여기서는 오묘한 지혜를 나타내어 미혹을 없애 주려고 다시 등장한다. ③**천엽 연꽃**(千葉蓮華) : 천 개의 꽃잎으로 된 연화대. ④**사갈라용궁**(娑竭羅龍宮, Sāgara) : 팔대 용왕의 하나. 사갈라는 큰 바다라는 뜻. 불법을 수호하는 바다의 용왕. 제1품(서품)에 등장함. ⑤**허공중에 머물러**(住虛空中) : 각자의 신통력으로 공중에 머문 것이다. 범어는 '날다'는 뜻. ⑥**부처님 앞에 이르러**(至於佛所) : 부처님께서 계신 곳. ⑦**두 분 세존** : 석가불과 다보불.

智積菩薩이 問文殊師利하사대 仁이 往龍宮하사 所化衆生의 其數가 幾何닛고
지적보살 문문수사리 인 왕용궁 소화중생 기수 기하

文殊師利言하사대 其數가 無量하여 不可稱計라 非口所宣이며 非心所測이니
문수사리언 기수 무량 불가칭계 비구소선 비심소측

且待須臾하면 自當證知하리라 所言未竟시에 無數菩薩이 坐寶蓮華하고
차대수유 자당증지 소언미경 무수보살 좌보련화

從海踊出하여 詣靈鷲山하사 住在虛空하니 此諸菩薩이 皆是文殊師利
종해용출 예영취산 주재허공 차제보살 개시문수사리

之所化度러시니 具菩薩行하사 皆共論說六波羅蜜하시며 本聲聞人은 在
지소화도 구보살행 개공논설육바라밀 본성문인 재

虛空中하여서 說聲聞行하다가 今皆修行大乘空義하였더이다.
허공중 설성문행 금개수행대승공의

12. 지적보살이 문수사리에게 물었습니다.

"인자(仁者)께서① 용궁에 가 교화한 중생은 얼마나 됩니까?"

문수사리보살이 말씀하였습니다.

"그 수가 한량 없어 헤아릴 수 없으니,

입으로 이를 바 아니며, 마음으로 측량할 바 아니니,

잠시 기다리면 스스로 증명하여 알게 되리다."②

말을 채 마치기도 전에

수없는 보살이 보배 연꽃에 앉은 자세로 바다에서 솟아나

영취산에 나아가 허공에 머물렀습니다.

이 모든 보살은 다 문수사리가 교화하여 제도한 바로서,

보살행을 갖추어 다 함께 육바라밀을 논의하고,③

본래 성문이던 사람은 허공중에 있으면서 성문행을④ 설하다가,

지금은 모두 대승의 공(空)의 이치를 수행하고⑤ 있었습니다.

---

①인자(仁) : 상대를 높여 부르는 말. 곧, 문수보살을 가리킴. ②증명하여 알게 됨(證知) : 직접 증명하여 알게 된다는 뜻. ③논의(論說) : 의논하고 설함. 범본은 '찬탄하다'의 뜻. ④성문행(聲聞行) : 성문의 수행. ⑤대승의 공 수행 : 위의 사람들은 치우친 공(偏空)의 이치에서 점교를 열고 원교로 들어가니, 지금은 모두 부사의공(不思議空)을 닦는다는 뜻. 곧, 제법실상의 도리.

文殊師利 謂智積曰하사대 於海에서 教化其事는 如是하니이다.
문수사리 위지적왈 어해 교화기사 여시

爾時에 智積菩薩이 以偈讚曰하사대
이시 지적보살 이게찬왈

大智德이 勇健하사 化度無量衆하시니 今此諸大會와 及我皆已見이니다
대지덕 용건 화도무량중 금차제대회 급아개이견

演暢實相義하시며 開闡一乘法하사 廣導諸衆生하사 令速成菩提케하셨나이다
연창실상의 개천일승법 광도제중생 영속성보리

文殊師利言하사대 我於海中에서 唯常宣說妙法華經하였소이다.
문수사리언 아어해중 유상선설묘법화경

문수사리가 지적에게 일러 말씀하였습니다.
"바다에서 교화한 일이 이와 같소이다."

13. 그 때, 지적보살이 게송으로 찬탄하였습니다.
"대지덕(大智德)이① 용건(勇健)하시어②
한량 없는 중생을 교화하고 제도하시니,
지금 이 모든 회중(會衆)과 나는 이미 다 보았습니다.
실상의 뜻을 펴시고(演暢)③ 일승의 법 열어 밝히시어④
널리 모든 중생을 인도해 빨리 보리를 이루게 하셨습니다."
문수사리가 말씀하였습니다.
"나는 바다 가운데에서
오직 묘법연화경을 늘 설하였소이다."

---

① 대지덕(大智德) : 지혜를 가지고 있는 그대로 깨닫는 일. 문수보살이 큰 지혜로 모든 위덕을 갖춘 일. ② 용건(勇健) : 용맹하고 굳건함. ③ 펴심(演暢) : 시원스레 설해 밝힘. ④ 밝힘(開闡) : 열어서 설함. 자세히 설해서 밝힘.

智積이 問文殊師利言하사대 此經이 甚深微妙하여 諸經中에 寶라 世所希有니
지적 문문수사리언 차경 심심미묘 제경중 보 세소희유

頗有衆生이 勤加精進하여 修行此經하면 速得佛이닛가 不이닛가 文殊師利言하사대
파유중생 근가정진 수행차경 속득불 부 문수사리언

有娑竭羅龍王女하니 年이 始八歲라
유사갈라용왕녀 년 시팔세

14. 지적보살이 문수사리에게 물으셨습니다.

"이 경은 매우 깊고 미묘해서
모든 경 중의 보배이며, 세상에서 희유한 바이니,
중생이[1] 부지런히 정진하여[2]
이 경을 닦고 행하여 빠르게 성불한 예가 있습니까?"

문수사리가 말씀하였습니다.
"있소이다.
사갈라용왕에게[3] 딸이 있는데,
나이 겨우 여덟 살이오이다.

---

① 중생이(頗有衆生) : 자못 중생이. 파(頗)는 자못, 약간, 얼마쯤. ② 부지런히 정진하여(勤加精進) : 부지런히 정진을 더해. ③ 사갈라용왕 : 사갈라는 함해(鹹海)를 이른다. 수많은 보살들이 이 함해용궁으로부터 솟아올랐다.

智慧가 利根하여 善知 衆生의 諸根行業하며 得陀羅尼하여 諸佛所說의 甚深祕藏을
지혜 이근 선지 중생 제근행업 득다라니 제불소설 심심비장

悉能受持하며 深入禪定하여 了達諸法하고 於刹那頃에 發菩提心하여
실능수지 심입선정 요달제법 어찰나경 발보리심

得不退轉하였으며 辯才無礙하여 慈念衆生호대 猶如赤子하며 功德이 具足하여
득불퇴전 변재무애 자념중생 유여적자 공덕 구족

心念하고 口演호미 微妙廣大하며 慈悲仁讓하여 志意和雅하며 能至菩提하나이다.
심념 구연 미묘광대 자비인양 지의화아 능지보리

그러나 지혜롭고 근기가 총명하여,①
중생의 신(身), 구(口), 의(意)의 행업(行業)을② 잘 알고,
다라니를③ 얻어서
여러 부처님께서 설하신 깊은 비장(祕藏)을④
다 능히 받아 지니고, 깊이 선정에 들어 모든 법에 통달하여,⑤
찰나 사이에 보리심을⑥ 일으켜 불퇴전을 얻었나이다.
변재가 걸림없고 중생을 가엾이 생각하기를
마치 갓난애같이 하며,
공덕을 갖추어서 마음으로 생각하고 입으로 연설함이
미묘하고 광대(廣大)하며, 자비롭고 어질고 겸양하며,⑦
뜻이 화락하고 우아하여⑧ 보리(菩提, 覺)에 이르렀나이다."

---

①근기가 총명함(利根) : 나이가 팔 세인데도 불구하고, 지혜롭고 근성이 총명함. ②신, 구, 의의 행업(諸根行業) : 일체 중생의 여러 가지 근성과 행업을 잘 안다는 뜻. 행업이란 신, 구, 의 삼업. ③다라니(陀羅尼) : 부처님 가르침의 비밀로서 신비한 힘이 있다고 믿어져 온 주문. 법을 기억해 잊지 않게 하고, 선법을 보존한다. ④비장(祕藏) : 비밀의 법장. 비밀의 가르침. ⑤모든 법에 통달(了達諸法) : 온갖 존재의 실상에 대해 깨닫고 있는 일. ⑥보리심(菩提心) : 깨달음을 구하려는 마음. ⑦자비롭고 어질고 겸양(慈悲仁讓) : 자애롭고 불쌍히 여기며 겸양하며 뜻의 바라는 것이 온화하고 단아하다는 뜻이다. ⑧뜻이 화락하고 우아하여(志意和雅) : 마음씨가 상냥함. '화아'는 부드럽고 바른 뜻.

智積菩薩이 言하사대 我가 見釋迦如來하오니 於無量劫에 難行苦行하시고
지적보살 언 아 견석가여래 어무량겁 난행고행
積功累德하사 求菩提道하사대 未曾止息하셨으니 觀三千大千世界컨대 乃至
적공누덕 구보리도 미증지식 관삼천대천세계 내지
無有如芥子許라도 非是菩薩捨身命處시니 爲衆生故니이다 然後에사 乃得成
무유여개자허 비시보살사신명처 위중생고 연후 내득성
菩提道하셨거늘 不信此女 於須臾頃에 便成正覺이로소이다.
보리도 불신차녀 어수유경 변성정각

15. 지적보살이 말씀하였습니다.

"제가 석가여래를 뵈옵건대,
한량 없는 겁에 걸쳐 난행(難行)과 고행으로①
공과 덕을 쌓아 보리도를 구하시되, 쉼이 없으셨으니,
삼천 대천세계를 볼 때, 심지어 겨자씨만한 곳일지라도②
이 보살이 신명을 바치지 아니한 곳이 없으니,
이는 중생을 위하기 때문이었습니다.
그런 후에야 보리도를 성취하셨거늘,
이 용녀(龍女)가 잠깐 사이에 정각을 이룬 일은③
믿어지지 않습니다."

---

① **난행과 고행**(難行苦行) : 행하기 어려운 고행. ② **심지어 겨자씨만한 곳일지라도**(芥子許) : 심지어 겨자씨만한 땅도 빼 놓지 않는다는 뜻. ③ **잠깐 사이에 정각을 이룬 일**(須臾頃便成正覺) : 바다의 축생일지라도 훌륭한 덕을 갖추었으니, 잠깐 사이에 정각을 이룬다는 뜻. 생사와 혼탁한 번뇌 자체가 성불의 지혜 작용임을 밝혔다.

言論이 未訖이어늘 時에 龍王女가 忽現於前하여 頭面禮敬하고 却住一面하여
언론 미흘 시 용왕녀 홀현어전 두면예경 각주일면

以偈讚曰호대
이게찬왈

深達罪福相하사 徧照於十方하시니 微妙淨法身이 具相三十二하시며
심달죄복상 변조어시방 미묘정법신 구상삼십이

以八十種好로 用莊嚴法身하시니 天人所戴仰이시며 龍神이 咸恭敬하사와
이팔십종호 용장엄법신 천인소대앙 용신 함공경

一切衆生類가 無不宗奉者이나이다 又聞成菩提함은 唯佛當證知하시리니
일체중생류 무불종봉자 우문성보리 유불당증지

我闡大乘敎하여 度脫苦衆生하겠나이다.
아천대승교 도탈고중생

16. 말이 다하기도 전에 그 때에 용왕의 딸이
홀연히 앞에 나타나 머리 조아려 예배, 공경하고 물러나
한쪽에 머물러 게송으로 찬탄하였습니다.
"깊이 죄와 복의 상(相)에[①] 통달하시어 시방을 두루 비추시니,
미묘하고 깨끗한 법신(法身) 성스러운 삼십이상 갖추시고,
빼어난 팔십종호로 법신을 장엄하시나이다.
하늘과 사람이[②] 우러러 받들고,[③] 용신이 다 공경하와,
일체 중생이 높여 받들지 않는 이가 없나이다.
또, 법을 듣고 보리를 성취함은[④]
오직 부처님만 아시고 증명하시리니,
제가 대승의 교법을 열어[⑤]
괴로운 중생을 제도하여 해탈케 하겠나이다."

---

① 죄와 복의 상(罪福相) : 죄악과 복덕의 모습. 진상. ② 하늘과 사람(天人) : 천계의 중생과 인간계의 중생. ③ 우러러 받듦(戴仰) : 존중해 받드는 일. ④ 법을 듣고 보리를 성취함(聞成菩提) : 문수보살이 바닷속에서 설한 법화경의 가르침을 듣고 깨달음을 얻은 일. ⑤ 대승의 교법을 열어(闡大乘敎) : 대승의 진실한 가르침을 밝혀 드러내는 일.

時舍利弗이 語龍女言호대 汝는 謂不久하여 得無上道호려하나니 是事는
시사리불 어용녀언 여 위불구 득무상도 시사

難信이로다 所以者何오 女身은 垢穢하여 非是法器니 云何能得無上菩提리요
난신 소이자하 여신 구예 비시법기 운하능득무상보리

佛道는 懸曠하여 經無量劫토록 勤苦積行하여 具修諸度 然後에사 乃成하니라.
불도 현광 경무량겁 근고적행 구수제도 연후 내성

17. 때에, 사리불(舍利弗)이 용녀에게 말씀하였습니다.

"네가 오래지도 않은 사이에 무상도를 얻었다 하나,
이 일은 믿기 어렵도다.①
왜냐 하면,
여자의 몸은 때묻고 더러워서 법기(法器)가② 아니니,
어떻게 무상보리(無上菩提)를 얻으리요.
불도(佛道)는 까마득하게 멀어③
한량 없는 겁을 지나도록 애써 수행을 쌓아④
모든 바라밀을 갖추어 닦은 후에야 이뤄질 바이니라.

---

① 믿기 어렵도다(是事難信) : 문수보살이 지적보살에게 '용녀가 겨우 여덟 살인데 자비롭고 화락하고 우아하여 능히 보리에 이르렀다.'고 한 말에 대하여 사리불이 의심을 낸 것이다. ② 법기(法器) : 불법을 감당할 만한 능력이 있는 사람. ③ 까마득하게 멀어(懸曠) : 매우 멀어. 부처님도가 아득히 멀다는 뜻. ④ 애써 수행을 쌓음(勤苦積行) : 부지런히 고행하고 공덕을 쌓아 모든 바라밀(諸度)을 수행한다는 뜻.

又女人身은 猶有五障하니 一者는 不得作梵天王이요 二者는 帝釋이요
우여인신 유유오장 일자 부득작범천왕 이자 제석

三者는 魔王이요 四者는 轉輪聖王이요 五者는 佛身이니 云何女身으로 速得
삼자 마왕 사자 전륜성왕 오자 불신 운하여신 속득

成佛하리요. 爾時에 龍女는 有一寶珠호대 價値三千大千世界라 持以上佛하온대
성불 이시 용녀 유일보주 가치삼천대천세계 지이상불

佛卽受之하시거늘 龍女가 謂智積菩薩과 尊者舍利弗言호대
불즉수지 용녀 위지적보살 존자사리불언

또, 여자의 몸에는 다섯 가지의 장애가① 있으니,
첫째, 범천왕이② 되지 못하고, 둘째, 제석천이③ 되지 못하며,
셋째, 마왕이④ 되지 못하고, 넷째, 전륜성왕이⑤ 되지 못하며,
다섯째, 부처의 몸(佛身)이 되지 못하느니라.
그런데 어찌 여자의 몸으로 빨리 성불한다 하느냐?"

18. 그 때, 용녀에게 한 보주(寶珠)가 있으니,
값이 삼천 대천세계에⑥ 상당하였습니다.
그것을 부처님께 올리니, 부처님께서 곧 이를 받으셨습니다.
용녀가 지적보살과 존자⑦ 사리불에게 말했습니다.

---

①여자의 몸에 다섯 가지 장애(五障) : 방편의 가르침에서는, 여자에게 다섯 가지 장애(五障)가 있어서 성불할 수 없다고 한다. 사리불은 이 오장에 집착하여 성불이 어려운 단서로 삼은 것이다. ②범천왕(梵天王) : 색계 초선천(初禪天)의 왕. ③제석천(帝釋天) : 도리천(忉利天)의 왕. 수미산 꼭대기 희견성(喜見城)에 산다. ④마왕(魔王) : 악마의 왕. 욕계 제육천인 타화자재천을 가리킨다. ⑤전륜성왕(轉輪聖王) : 인도 신화에서 전 세계를 통일하고 지배한다는 이상적인 왕. 무력을 쓰지 않고 윤보(輪寶)를 앞세워 온 천하를 정복한다고 하여 전륜왕이라 한다. ⑥삼천대천세계 : 수미산을 중심으로 한 사대주(四大洲) 구산팔해(九山八海)와 위로는 제천(諸天)을 포함한 우주의 천(一千)을 소천세계(小千世界)라 하고, 소천세계가 다시 천이 모인 것을 중천, 중천세계가 천이 모인 것을 대천세계라 한다. 천을 세 번 모았으므로 삼천 대천세계라 하고 이를 일 불국토(佛國土)라 한다. ⑦존자(尊者) : 뛰어난 수행을 갖춘 분에 대한 존칭.

我獻寶珠를 世尊께서 納受하시니 是事가 疾가 不아 答言하사대 甚疾하리이다
아헌보주 세존 납수 시사 질 부 답언 심질

女言호대 以汝神力으로 觀我成佛하리이니 復速於此하리이다 當時衆會가 皆見한데서
여언 이여신력 관아성불 부속어차 당시중회 개견

龍女는 忽然之間에 變成男子하여 具菩薩行하사 卽往南方無垢世界하고
용녀 홀연지간 변성남자 구보살행 즉왕남방무구세계

坐寶蓮華하여 成等正覺하사 三十二相 八十種好로서 普爲十方一切
좌보련화 성등정각 삼십이상 팔십종호 보위시방일체

衆生하사 演說妙法하셨느니라.
중생 연설묘법

"내가 보주를 바치니, 세존께서 이를 받으시는데,
이 일이 빠릅니까, 빠르지 아니합니까?" 하였나이다.
대답하되, "심히 빠르도다." 하였나이다.
용녀가 말하되,
"그대들 신통력으로① 내가 성불하는 것을 보리니,
이보다 더 빠르리라."
당시에 모인 대중이② 다 용녀를 보니,
홀연히 잠깐 사이에 남자로 변하여 보살행을 갖추고,
곧 남방 무구세계(無垢世界)로③ 가서
보배 연꽃에 앉아 등정각을④ 이루니,
삼십이상과 팔십종호를 갖추어
널리 시방의 일체 중생을 위하여 묘법을⑤ 설하셨습니다.

---

①**신통력**: 불보살의 불가사의한 능력. 위신력. ②**당시에 모인 대중(當時衆會)**: 당시의 모임에 참석하여 법문을 듣던 사람들. ③**무구세계(無垢世界)**: 남쪽에 변화하여 나타내 보인 나라 이름이 무구(無垢)이다. ④**등정각**: 깨달음을 이룸. 곧, 보신불(報身佛)이 된 것이다. ⑤**묘법(妙法)**: 일불승(一佛乘)의 진리. 미묘한 법.

爾時에 娑婆世界에 菩薩 聲聞 天龍八部와 人與非人이 皆遙見 彼龍女
이시 사바세계 보살 성문 천룡팔부 인여비인 개요견 피용녀

成佛하사 普爲時會人天하사 說法하사옵고 心大歡喜하여 悉遙敬禮하더니
성불 보위시회인천 설법 심대환희 실요경례

無量衆生이 聞法하고 解悟하여 得不退轉하며 無量衆生이 得授道記하오며
무량중생 문법 해오 득불퇴전 무량중생 득수도기

無垢世界가 六反震動하며 娑婆世界에 三千衆生은 住不退地하며 三千衆生은
무구세계 육반진동 사바세계 삼천중생 주불퇴지 삼천중생

發菩提心하여 而得授記하였나이다 智積菩薩과 及舍利弗과 一切衆會는 默然
발보리심 이득수기 지적보살 급사리불 일체중회 묵연

信受하였나이다.
신수

19. 그 때, 사바세계의 보살과 성문과
하늘(천신)과 용 등 팔부(八部)와[1] 인비인(人非人)이[2]
다 멀리서 용녀가 성불하여
그 때 그 곳에 모인 사람과 하늘을 위하여 설법함을 보고,
크게 환희하여 멀리 바라보며 공경하고 예배하였습니다.
한량 없는 중생이 법을 듣고 깨달아 불퇴전을 얻고,
한량 없는 중생이 도(道)의 수기(授記)를[3] 받으며,
무구세계는 여섯 번 되풀이 진동하고[4]
사바세계의 삼천 중생은 불퇴지(不退地)에 머무르고,
삼천 중생은 보리심을 발하여 수기를 받았습니다.
지적보살과 사리불과 그 곳에 모인 대중은
잠잠히 믿고 받아 지녔습니다(受持).[5]

---

① **하늘과 용 등 팔부(天龍八部)** : 하늘, 용 등 여덟 가지 영적인 존재. 호법신들. 천, 용, 야차, 건달바, 아수라, 가루라, 긴나라, 마후라가의 여덟 부류. ② **인비인(人非人)** : 사람과 귀신의 종류. ③ **도의 수기(道記)** : 근기가 완전히 익은 보살 등이 성불의 수기를 받는 일. ④ **여섯 번 되풀이 진동(六反震動)** : 보통 동(動), 기(起), 용(踊), 진(震), 후(吼), 각(覺)의 여섯 가지로 진동하는 일. 또, 진동하는 방향에 따라 나누기도 한다. 그 의미는 여섯 차례(십주, 십행, 십회향, 십지, 등각, 묘각)에 걸쳐 무명을 깰 것을 나타낸다. ⑤ **잠잠히 믿고 받아 지님(默然信受)** : 묵묵히 믿고 받아들임. 전에는 믿지 않았기 때문에 말로 물었지만, 지금은 그 일을 직접 보았기 때문에 묵묵히 있다.

권지품 제 13 (勸持品 第十三)

爾時에 藥王菩薩摩訶薩과 及大樂說菩薩摩訶薩이 與二萬菩薩眷屬과 俱하사
이시 약왕보살마하살 급대요설보살마하살 여이만보살권속 구
皆於佛前에 作是誓言하사대 惟願世尊께옵서 不以爲慮하소서 我等이 於佛滅後에
개어불전 작시서언 유원세존 불이위려 아등 어불멸후
當奉持讀誦하여 說此經典하겠나이다.
당봉지독송 설차경전

1. 그 때, 약왕보살마하살과① 대요설보살마하살이②
이만 보살 권속과 함께
부처님 앞에서 이러한 맹세의 말을 하였습니다.
"오직 원하옵건대, 세존이시여. 심려하지 마시옵소서.
저희가 부처님께서 멸도하신 후에
마땅히 받들어 지녀③ 독송하여
이 경전을 설하겠나이다.

---

① **약왕보살마하살**(藥王菩薩摩訶薩) : 이 보살은 고뇌의 중생을 위해 대의왕(大醫王)이 되어 구제하기로 원을 세웠다. 앞의 제10품(법사품)에서는 이 보살로 인하여 설법이 이루어지고, 팔만 보살로 하여금 이 경을 유통하게 하였는데, 이 품에서는 이만 권속과 함께 경의 유통을 책임지겠다고 서원을 세웠다. 또, 제23품(약왕보살본사품)에서 미래에 정안여래(淨眼如來)로 성불하신다. ② **대요설보살마하살**(大樂說菩薩摩訶薩) : 석가불 회상의 상수보살로, 지혜가 깊기 때문에 모든 법을 잘 설명하여 대요설이라 이름했다. 제11품(견보탑품)에서 대중을 대표하여 부처님께 질문하여 경을 이끌었고, 다시 이 품에서 경의 유통을 맹세하였다. ③ **받들어 지님**(奉持) : 경건(敬虔)한 마음으로 받아 지니는 일.

後惡世衆生이 善根이 轉少하고 多增上慢하니 貪利供養하여 增不善根하여
후악세중생 선근 전소 다증상만 탐리공양 증불선근

遠離解脫하여 雖難可敎化이나 我等이 當起大忍力하여 讀誦此經하여 持說
원리해탈 수난가교화 아등 당기대인력 독송차경 지설

書寫하며 種種供養하되 不惜身命하리니이다. 爾時에 衆中에 五百阿羅漢의
서사 종종공양 불석신명 이시 중중 오백아라한

得受記者가 白佛言하오대
득수기자 백불언

후의 악한 세상의 중생은 선근이 적고 증상만이① 많으며,
이공양(利供養)을② 탐해 착하지 못한 뿌리(不善根)가 점점 늘어
해탈을 멀리하므로③ 교화하기가 어려울지라도,
저희가 큰 인욕의 힘을④ 일으켜
이 경을 독송하고 지녀 설하며 옮겨 쓰고
갖가지로 공양하되,
신명(身命)을 아끼지 아니하겠나이다."
그 때, 대중 가운데에 오백 아라한으로서⑤ 수기받은 이들이
부처님께 사뢰었습니다.

---

① 증상만(增上慢) : 득도하지 못하고서도 득도했다고 여겨 남을 업신여기기 잘하는 사람. ② 이공양(利供養) : 물건에 욕심을 부려 공양물로 자신을 이롭게 하는 일. ③ 해탈을 멀리함(遠離解脫) : 청정한 해탈의 법에서 멀리 떠난다는 뜻. ④ 큰 인욕의 힘(大忍力) : 교화하기 어려운 사람일지라도 노력하여 인욕의 힘을 크게 낸다는 뜻이다. ⑤ 오백 아라한 : 제6품(수기품)에 이어 제8품(오백제자수기품)에서 모두 성불의 수기를 받아 보명여래(普明如來)로 성불하신다.

世尊이시여 我等도 亦自誓願호대 於異國土에서 廣說此經하겠나이다 復有學
세존 아등 역자서원 어이국토 광설차경 부유학
無學八千人의 得受記者도 從座而起하여 合掌向佛하와 作是誓言호대
무학팔천인 득수기자 종좌이기 합장향불 작시서언
世尊이시여 我等도 亦當於他國土에서 廣說此經하겠나이다 所以者何오 是
세존 아등 역당어타국토 광설차경 소이자하 시
娑婆國中에는 人多弊惡하여 懷增上慢하여 功德이 淺薄하며 瞋濁諂曲하여
사바국중 인다폐악 회증상만 공덕 천박 진탁첨곡
心不實故이나이다.
심불실고

"세존이시여, 저희도 스스로 맹세하고 발원하오니,
다른 국토에서 이 경을 널리 설하겠나이다."
다시, 학(學), 무학(無學)① 팔천 인의 수기받은 이들이
자리에서 일어나 합장하고,
부처님께 이러한 맹세의 말씀을 하였습니다.
"세존이시여, 저희도 마땅히
다른 국토에서 이 경을 널리 설하겠나이다.
왜냐 하면,
이 사바세계 사람 중에는
폐악한 자가② 많고 증상만을 품어서
공덕이 엷고 박하며, 화를 잘 내고③ 탁하고 아첨을 잘 해④
마음이 진실하지 않은 자가 많기 때문입니다."

---

①학, 무학 : 학(學)이란 아직도 수행할 것이 남아 있는 아라한 이전의 경지. 무학(無學)은 번뇌가 다한 아라한의 경지. 이들은 제9품(수학무학인기품)에서 수기받아 장차 보상여래(寶相如來)로 성불하신다. ②폐악(弊惡)한 자 : 병폐가 많고 악습이 많은 자. ③화를 잘 냄(瞋濁) : 쉽게 성내고 마음이 번뇌로 흐린 일. ④아첨을 잘 해(諂曲) : 아첨하고 바르지 못한 일.

爾時에 佛姨母 摩訶波闍波提比丘尼가 與學無學比丘尼六千人과 俱하여
이시 불이모 마하파사파제비구니 여학무학비구니육천인 구

從座而起하고 一心合掌하여 瞻仰尊顔하와 目不暫捨하사옵더니 於時世尊께서
종좌이기 일심합장 첨앙존안 목불잠사 어시세존

告憍曇彌하사대 何故로 憂色하여 而視如來하는고 汝心에 將無謂我
고교담미 하고 우색 이시여래 여심 장무위아

不說汝名하여 授阿耨多羅三藐三菩提記耶아
불설여명 수아누다라삼먁삼보리기야

2. 그 때, 부처님의 이모 마하파사파제[①] 비구니는
학, 무학의 비구니 육천 인과[②] 함께 자리에서 일어나
일심으로 합장하여
세존의 얼굴을 우러러 잠깐도 눈을 떼지 아니하거늘,[③]
세존께서는 교담미(憍曇彌, 마하파사파제)에게 말씀하셨습니다.
"무슨 까닭으로 근심 띤 빛으로 여래를 보는가?
너의 마음에,
내가 너의 이름을 불러
아누다라삼먁삼보리의 수기를[④] 하지 않을까
하고 여기는 것 아니냐?

---

①**마하파사파제**(Mahaprajapati) : 부처님의 어머니 마야부인이 출산 후 돌아가셨으므로, 이모인 이분이 대신 양육했다. 교담미(Gautami)라고도 한다. ②**학, 무학의 비구니 육천인** : 마하파사파제의 권속. 제1품(서품)에서 '권속 육천 인과 함께 와 있었다.'라고 했다. ③**눈도 떼지 않음**(目不暫捨) : 잠시도 눈을 깜박이지 않음. ④**아누다라삼먁삼보리의 수기** : 최고의 깨달음(無上正等正覺)을 얻으리라는 예언.

憍曇彌야 我 先에 總說 一切聲聞하여 皆已授記하였으니 今汝가 欲知記者어든
교담미 아 선 총설 일체성문 개이수기 금여 욕지기자

將來之世에 當於六萬八千億諸佛法中에 爲大法師하리라 及六千學無學
장래지세 당어육만팔천억제불법중 위대법사 급육천학무학

比丘尼와 俱爲法師하리라 汝 如是漸漸具菩薩道하여 當得作佛하여 號가
비구니 구위법사 여 여시점점구보살도 당득작불 호

一切衆生喜見如來 應供 正遍知 明行足 善逝 世間解 無上士
일체중생희견여래 응공 정변지 명행족 선서 세간해 무상사

調御丈夫 天人師 佛世尊이리라 憍曇彌야 是一切衆生喜見佛과 及六千
조어장부 천인사 불세존 교담미 시일체중생희견불 급육천

菩薩과에 轉次授記하여 得阿耨多羅三藐三菩提하리라.
보살 전차수기 득아누다라삼먁삼보리

교담미야, 내가 이미 모든 성문에게 다 수기한다고 설하였으니,
그래도 지금 너의 수기를 알고자 한다면,
장차 오는 세상에서
육만팔천억의 제불(諸佛)의 법[①] 중에서 대법사가 되리니,
육천의 학, 무학의 비구니도 함께 법사가 되리라.
너는 이와 같이 점차로 보살도를 갖추어 반드시 성불하리라.
이름을 일체중생희견(一切衆生喜見)여래,[②] 응공, 정변지,
명행족, 선서, 세간해, 무상사, 조어장부,
천인사, 불세존이라 하리라.
교담미야, 이 일체중생희견불과 육천의 보살은
차례차례로 수기하여[③] 아누다라삼먁삼보리를 얻게 되리라."

---

① **육만팔천억의 제불의 법** : 육만은 육근(六根)을 뜻하고, 팔천은 팔식(八識)을 뜻하는데, 육근과 팔식이 일시에 청정해지는 것을 제불을 뵙는 것이라고 한다. ② **일체중생희견여래(一切衆生喜見如來)** : 수행의 인(因) 중에서 자비와 인욕의 행을 닦아서 중생을 변하지 않게 하였으므로, 과(果)에서 일체 중생이 모두 기쁜 마음으로 본다는 부처님. ③ **차례차례로 수기(轉次授記)** : 차례로 기별을 받게 된다는 뜻.

爾時에 羅睺羅母 耶輸陀羅比丘尼가 作是念호대 世尊께서 於授記中에 獨不
이시 라후라모 야수다라비구니 작시념 세존 어수기중 독불
說我名하시니잇고 佛告耶輸陀羅하사대 汝於來世에 百千萬億諸佛法中에
설아명 불고야수다라 여어래세 백천만억제불법중
修菩薩行하여 爲大法師하여 漸具佛道하여 於善國中에 當得作佛하리라 號는
수보살행 위대법사 점구불도 어선국중 당득작불 호
具足千萬光相如來 應供 正遍知 明行足 善逝 世間解 無上士
구족천만광상여래 응공 정변지 명행족 선서 세간해 무상사
調御丈夫 天人師 佛世尊이리니 佛壽는 無量阿僧祇劫이리라.
조어장부 천인사 불세존 불수 무량아승지겁

3. 그 때, 라후라의[①] 어머니 야수다라[②] 비구니는
이와 같이 생각했습니다.
'세존께서 수기하시는 중에
유독 내 이름만 왜 말씀하지 아니하실까?'
부처님께서 야수다라에게 이르셨습니다.
"너는 내세에 백천만억 제불(諸佛)의[③] 법 중에서
보살행을 닦아 대법사가 되어, 점차로 불도를 갖추어
훌륭한 나라(善國)에서[④] 마땅히 성불하리라.
이름을 구족천만광상(具足千萬光相)여래,[⑤] 응공, 정변지, 명행족,
선서, 세간해, 무상사, 조어장부, 천인사, 불세존이라 하리라.
그 부처님의 수명은 한량 없는 아승지겁이니라."

---

① **라후라(羅睺羅)** : 석가모니불 출가 전의 아들. 출가하여 밀행제일(密行第一)의 수행자가 되었다. 제9품(수학무학인기품)에서 도칠보화여래(蹈七寶華如來)로 수기받은 바 있다. ② **야수다라(耶輸陀羅)** : 석가모니불 출가 전의 부인. 태자비로 라후라를 낳았고, 부처님 성도 후 5년 만에 출가하여 비구니가 되었다. ③ **백천만억 제불** : 백천 제불의 법은 일념의 마음을 벗어나지 않으니, 마음의 법을 선하고 청정하게 함을 미세한 마음이라 한다. ④ **훌륭한 나라(善國)** : 좋은 국토. ⑤ **구족천만광상(具足千萬光相)** : 수행 과정에서 부처님의 아내로 태어나 어리석은 애욕에 집착하지 않고 세존께서 만덕(萬德)을 성취하도록 도왔고, 그의 설법으로 중생의 마음을 활짝 열어 주었으므로 이름한 것이다. 또, 수행 중에 지혜와 자비를 함께 갖추어 만억을 구족하고, 천 가지 모습을 장엄한 까닭이다.

爾時에 摩訶波闍波提比丘尼와 及耶輸陀羅比丘尼와 幷其眷屬이 皆大歡喜하여
이시 마하파사파제비구니 급야수다라비구니 병기권속 개대환희

得未曾有하고 卽於佛前에 而說偈言하오대
득미증유 즉어불전 이설게언

世尊導師께서는 安隱天人하시나니 我等이 聞記코 心安具足하나이다
세존도사 안온천인 아등 문기 심안구족

諸比丘尼가 說是偈已하고 白佛言하사오대 世尊이시여 我等도 亦能於他方國土에서
제비구니 설시게이 백불언 세존 아등 역능어타방국토

廣宣此經하겠나이다.
광선차경

4. 그 때, 마하파사파제 비구니와 야수다라 비구니와
그 권속이 다 크게 기뻐하고 일찍이 없던 것을 얻은지라,
곧 부처님 앞에서 게송으로 사뢰었습니다.
"세존이신 도사께서[①] 하늘(천신)과 사람을 안온하게[②] 하시니,
저희가 수기를 듣잡고 마음이 편하고
소원을 갖추었나이다."[③]
비구니들은 이 게송을 설해 마치고 부처님께 사뢰었습니다.
"세존이시여, 저희도 타방 국토에서[④]
이 경을 널리 설해 펴겠나이다."

① 도사(導師) : 중생을 바른 길로 인도하시는 분. 곧, 부처님을 가리킨다. ② 하늘과 사람을 안온하게(安隱天人) : 부처님께서 두루 모든 하늘과 인간을 인도하시어 안온하게 함. ③ 소원을 갖추었나이다(心安具足) : 마음이 안정되어 소망을 이룰 수 있었다는 뜻. ④ 타방 국토(他方國土) : 능력이 미약하기 때문에 혼탁하고 악한 곳을 두려워하여, 다른 곳에서 이 경을 널리 설하기를 원했다.

爾時에 世尊께서 視八十萬億那由他 諸菩薩摩訶薩하야시늘 是諸菩薩이 皆是
이시 세존 시팔십만억나유타 제보살마하살 시제보살 개시
阿毘跋致라 轉不退法輪하시며 得諸陀羅尼하시더니 卽從座起하사 至於佛前하사
아비발치 전불퇴법륜 득제다라니 즉종좌기 지어불전
一心合掌하사 而作是念하사대 若世尊께서 告勅我等하사 持說此經者라하시면
일심합장 이작시념 약세존 고칙아등 지설차경자
當如佛敎하사와 廣宣斯法하겠나이다 復作是念하사대 佛께서 今에 默然하사
당여불교 광선사법 부작시념 불 금 묵연
不見告勅하시나니 我當云何하리오.
불견고칙 아당운하

5. 그 때, 세존께서 팔십만억 나유타의①
모든 보살마하살을 보시니,
이 모든 보살은 다 아비발치(불퇴전의 보살)로서,②
불퇴전의 법륜을③ 굴리며 모든 다라니를 얻은 이들인데,
곧 자리에서 일어나 부처님 앞에 이르러
일심으로 합장하고 이렇게 생각하였습니다.
'만일 세존께서
우리에게 이 경을 지니고 설하라고 분부(告勅)하신다면,
마땅히 부처님의 가르침과 같이 이 법을 널리 펴리라.'
다시 생각하되,
'부처님께서는 지금 잠잠히 계시어④ 분부가 없으시니,⑤
우리는 장차 어찌해야 하오리까?'

---

①**나유타(那由他)** : 숫자의 단위. 지극히 큰 수. 천만 또는 천억이라고도 한다. ②**아비발치(阿毘跋致)** : 아유월치(阿惟越致)라고도 한다. 불도를 구하는 마음이 견고하여 더 이상 퇴전하지 않는 위치. 불퇴전. ③**불퇴전의 법륜** : 보살이 스스로 불퇴전의 지위에 올라 퇴보하지 않는 위없는 법륜을 굴림. ④**잠잠히 계심** : 원문은 묵연(默然). 침묵하고 있는 일. ⑤**분부가 없으심(不見告勅)** : 침묵하시고 분부가 없었다는 뜻. 고칙(告勅)은 분부.

時諸菩薩이 敬順佛意하시며 并欲自滿本願코자하사 便於佛前에 作師子吼하사
시제보살 경순불의 병욕자만본원 변어불전 작사자후

而發誓言하사대 世尊이시여 我等도 於如來滅後에 周旋往返十方世界하여
이발서언 세존 아등 어여래멸후 주선왕반시방세계

能令衆生으로 書寫此經하며 受持 讀誦하며 解說其義하여 如法修行하여
능령중생 서사차경 수지 독송 해설기의 여법수행

正憶念케호리니 皆是佛之威力이시니 唯願世尊께서 在於他方에서도 遙見守護하소서.
정억념 개시불지위력 유원세존 재어타방 요견수호

6. 때에, 모든 보살이 부처님의 뜻을 존경하고 수순하며,①
아울러 스스로 본원(本願)을② 만족시키려고
곧 부처님 앞에서 사자후로③ 맹세의 말씀을 하였습니다.
"세존이시여, 저희도 여래께서 멸도하신 후에
시방세계를 휘돌아다니면서④ 중생으로 하여금
이 경을 옮겨 쓰고 받아 지니고 독송하며,
그 뜻을 해설하여, 여법하게 수행하고⑤
바르게 기억하고 생각게 하겠나이다.
이는 다 부처님의 위력이옵나이다.
원하옵건대, 세존이시여. 타방에 계실지라도
멀리서 보시고 저희를 두호해 주시옵소서."

---

①존경하고 수순함(敬順) : 존경하여 순종하는 일. 제11품(견보탑품)에서 부촉한 여래의 뜻을 공경하고 따름이다. ②본원(本願) : 보살들의 본원. 본래 서원. ③사자후(師子吼) : 부처님의 설법을 사자의 부르짖음에 비유한 일. 여기서는 보살들이 사자와 같은 소리로 깊은 서원을 세운 일. ④휘돌아다님(周旋) : 모든 부처님 세계를 두루 다닌다는 뜻. ⑤여법하게 수행하고(如法修行) : 경전에서 말한 수행법과 같이, 바른 마음으로 생각하고 부지런히 수행하는 일.

卽時諸菩薩이 俱同發聲하사 而說偈言하사대
즉시제보살 구동발성 이설게언

唯願不爲慮하소서 於佛滅度後 恐怖惡世中에 我等이 當廣說하겠나이다
유원불위려 어불멸도후 공포악세중 아등 당광설

有諸無智人이 惡口罵詈等과 及加刀杖者라도 我等이 皆當忍하겠나이다.
유제무지인 악구매리등 급가도장자 아등 개당인

惡世中比丘는 邪智 心諂曲하여 未得을 謂爲得하여 我慢心이 充滿하며
악세중비구 사지 심첨곡 미득 위위득 아만심 충만

7. 즉시 모든 보살이 함께 소리 내어
게송으로 사뢰었습니다.
"오직 원하옵건대, 심려하지 마시옵소서.
부처님께서 멸도하신 후에
두렵고 두려운 악한 세상에서
저희가 널리 설하겠나이다.①
무지한 자들이 악한 말과② 욕을 하거나③
칼질과 매질을④ 한다 할지라도 저희는 참겠나이다.

8. 악한 세상의 비구들이
삿된 지혜로⑤ 마음이 잘못되어⑥ 의심을 내고,
아직 얻지 못한 것을 얻었다 하며⑦
아만심이 가득하고,

---

① 널리 설함(廣說) : 원래의 뜻은 '자세히 설하다'. ② 악한 말(惡口) : 거친 말. 남을 괴롭히는 말. ③ 욕을 하거나(罵詈) : 욕하는 말. ④ 칼질과 매질(刀杖) : 칼과 몽둥이질. ⑤ 삿된 지혜(邪智) : 바르지 못한 견해. 그릇된 지식. ⑥ 마음이 잘못되어(心諂曲) : 삐뚫어진 마음. 마음이 곧지 못하여 아첨하고 부정한 일. ⑦ 아직 얻지 못한 것을 얻었다 함(未得謂爲得) : 도를 못 얻고도 얻은 체하는 일. 제사선의 무문비구(無聞比丘)는 본래 범부임에도 불구하고, 함부로 성인의 도를 증득했다고 말한다.

或有阿練若에 衲衣로 在空閑하여서 自謂行眞道로라하여 輕賤人間者
혹유아련야 납의 재공한 자위행진도 경천인간자
貪著利養故로 與白衣로 說法하여 爲世所恭敬호대 如六通羅漢하며
탐착이양고 여백의 설법 위세소공경 여육통나한
是人이 懷惡心하여 常念世俗事호대 假名阿練若하여 好出我等過하여
시인 회악심 상념세속사 가명아련야 호출아등과

혹은 사원에[①] 살거나
누더기 옷[②] 입고 외딴 곳에 있으면서
스스로 참된 도 닦노라 하여
사람을 가벼이하여 업신여기며,
이공양(利供養)에[③] 탐착해 속인[④] 위해 설법하여
세상에서 공경받음을 육신통 얻은 나한처럼 하오리니,
이런 자 악심 품고 항상 세속일을 생각하면서
아란야(승가)의 이름으로[⑤] 저희의 허물 들춰 내기 좋아하고,

---

①**사원**(阿蘭若, 阿練若, aranya) : 고요하고 텅 빈 곳으로, 승려가 수행하는 숲 또는 승원. ②**누더기 옷**(衲衣) : 누더기 조각을 이어서 만든 스님의 옷. 분소의(糞掃衣). ③**이공양**(利供養) : 원문은 이양(利養 : 자기 몸을 봉양할 것을 탐함). 이익에 탐착함. ④**속인**(白衣) : 인도에서는 승려가 염색한 옷을 입는데 대해, 백의는 흰옷을 입은 속인을 뜻하는 말이다. ⑤**아란야의 이름으로**(假名阿蘭若) : 아란야의 이름을 빌려, 세속의 속된 일을 행하면서 올바른 이들이 경을 펴는 허물을 말하는 일. 아란야는 도를 닦을 수 있는 마을에서 조금 떨어진 한적한 곳을 말함.

而作如是言호대 이 작 여 시 언	此諸比丘等이 차 제 비 구 등	爲貪利養故로 위 탐 리 양 고	說外道論議하여 설 외 도 논 의
自作此經典하여 자 작 차 경 전	誑惑世間人하나니 광 혹 세 간 인	爲求名聞故로 위 구 명 문 고	分別於是經이라하여 분 별 어 시 경
常在大衆中하여 상 재 대 중 중	欲毁我等故로 욕 훼 아 등 고	向國王 大臣과 향 왕 국 대 신	婆羅門 居士와 바 라 문 거 사
及餘比丘衆하여 급 여 비 구 중	誹謗說我惡호대 비 방 설 아 악	謂是邪見人이 위 시 사 견 인	說外道論議라하여도 설 외 도 논 의
我等이 敬佛故로 아 등 경 불 고	悉忍是諸惡호리이다. 실 인 시 제 악		

게다가 이러한 말을 하되,
'이 비구들은 이공양을 탐하여
외도(外道)의 논의를 설하며,①
스스로 이 경전을 조작하여 세간 사람을 현혹시키며,
명예와 이름을 구하기 위하여
이 경을 분별하여 설한다.'고 할 것이옵니다.
항상 대중 가운데에서 저희를 헐뜯고자 하므로,
국왕, 대신, 바라문, 거사와
다른 비구들에게 저희를 나쁘다고 비방하여 말하되,
'이는 사견(邪見)을 가진 사람으로서②
외도의 논의를 설한다.'고 할 것이옵니다.
그러나 저희는 부처님을 공경하므로,
이 같은 모욕을 참겠나이다.

---

①**논의를 설함** : 도리를 논하는 일. ②**사견을 가진 사람(邪見人)** : 그릇된 견해를 지닌 사람.

爲斯所輕言호대 汝等이 皆是佛이라하여도 如此輕慢言을 皆當忍受之호리이다
위사소경언 여등 개시불 여차경만언 개당인수지

濁劫惡世中에 多有諸恐怖하여 惡鬼入其身하여 罵詈毁辱我하여도
탁겁악세중 다유제공포 악귀입기신 매리훼욕아

我等이 敬信佛하야사 當著忍辱鎧하고 爲說是經故로 忍此諸難事하며
아등 경신불 당착인욕개 위설시경고 인차제난사

我不愛身命하고 但惜無上道할새 我等이 於來世에 護持佛所囑호리이다.
아불애신명 단석무상도 아등 어래세 호지불소촉

9. 또, 그들이 함부로 말하되,
'너희가 다 부처다.'라고 할지라도,
이같이 가벼이 여기고 빈정거리며[①] 말할지라도
다 참고 받겠나이다.
탁겁(濁劫)의[②] 악한 세상에는 겁나고 두려운 일이 많아,
악귀가 그 몸에 씌어 저희를 꾸짖고 헐어 욕할지라도,[③]
저희는 부처님을 공경하고 믿어 인욕의 갑옷을[④] 입고,
이 경을 설하기 위해 이 모든 어려운 일을 참아,
신명(身命)을 돌보지 아니하며,
다만 무상도(無上道)를 아끼겠나이다.
저희가 내세에
부처님의 부촉하시는[⑤] 바를 수호해 지니겠나이다.

---

①**가벼이 여기고 빈정거림**(如此輕慢言) : 경멸하는 말로 비방해도, 불도를 위하므로 다 참는다는 뜻. ②**탁겁**(濁劫) : 혼탁하고 악한 세상. 타락한 시대. ③**헐어 욕함**(毁辱) : 헐뜯어 욕되게 함. 귀신들이 몸에 붙어 항상 자신을 욕보임. ④**인욕의 갑옷**(忍辱鎧) : 항상 부처님과 법을 생각하여 참음을 갑옷으로 삼는 일. 여래를 공경하고 믿으므로, 자비의 인욕(慈忍)과 대비의 행을 닦고, 인욕의 갑옷을 입고 교화하기 어려운 사람들을 교화하겠다는 뜻이다. ⑤**부촉**(付囑) : 경을 널리 펴는 일을 사명으로 위촉하시는 일.

世尊께서 自當知하시옵건만 濁世惡比丘는 不知佛方便으로 隨宜所說法하와
세존 자당지 탁세악비구 부지불방편 수의소설법

惡口而顰蹙하여 數數見擯出하여 遠離於塔寺하여도 如是等衆惡을
악구이빈축 삭삭견빈출 원리어탑사 여시등중악

念佛告勅故로 皆當忍是事하겠나이다.
염불고칙고 개당인시사

10. 세존께서는 아시겠사옵니다만,
탁한 세상의 악한 비구들
부처님께서 방편으로 근기 따라 설법하심을① 모르고,
욕하고 빈축하며② 저희를 자주 쫓아③ 내어④
탑과 절에서 멀리 떠나게 할지라도,
이 같은 여러 가지 악을
부처님의 분부(告勅)를 생각하여⑤
마땅히 다 참겠나이다.

---

①**근기 따라 설법하심**(隨宜說法) : 상대방의 소질에 맞추어 적절히 설법하시는 일. ②**욕하고 빈축함**(惡口而顰蹙) : 악한 말을 하고 눈썹과 이마를 찡그리는 짓. 박복하여 이 경을 듣고도 빈축하고 욕하는 일이다. ③**자주 쫓아 냄**(數數見擯出) : 삭삭(數數)은 자주자주의 뜻. ④**쫓아 냄**(見擯出) : 추방하는 일. 파계한 자를 교단에서 쫓아 낸다는 뜻. ⑤**분부를 생각함** : 이 경을 받들어 지니고 설하라는 부처님의 분부를 생각하기 때문에, 사리에 어긋나고 괴로운 일도 모두 참는다는 취지.

諸聚落 城邑에 其有求法者어든 我皆到其所하여 說佛所囑法호리니
제취락 성읍 기유구법자 아개도기소 설불소촉법
我是世尊使라 處衆無所畏하여 我當善說法호리니 願佛은 安隱住하소서
아시세존사 처중무소외 아당선설법 원불 안온주
我於世尊前과 諸來十方佛께 發如是誓言하옵노니 佛自知我心하시옵나이다.
아어세존전 제래시방불 발여시서언 불자지아심

11. 여러 촌락이나 성읍(城邑)에 법을 구하는 이가 있으면,
저희는 언제나 그 곳에 가서
부처님께서 부촉하신 법을 설하겠나이다.
저희는 세존의 사자이므로,①
대중에 처할 때 두려울 바 없어,②
저희는 마땅히 잘 설법하겠나이다.
원하옵건대, 부처님께서는 편안히 머무르시옵소서.
저희가 세존과 시방에서 오신 모든 부처님 앞에서
이 같은 맹세를 하나이다.
부처님께서는 스스로 저희의 마음을 아시옵나이다."③

① 세존의 사자(世尊使) : 부처님의 법을 설하는 사자(使者). ② 대중에 처할 때 두려울 바 없음(處衆無所畏) : 혼탁하고 악한 세상의 대중 속에 있으면서 두려움 없음. ③ 부처님께서는 스스로 저희의 마음을 아심 : 부처님께서는 신통력이 있기 때문에, 우리들의 광대하고 견고한 서원의 힘을 아신다는 뜻이다.

안락행품 제 14 (安樂行品 第十四)

爾時에 文殊師利法王子 菩薩摩訶薩이 白佛言하사대 世尊이시여 是諸菩薩이
이시 문수사리법왕자 보살마하살 백불언 세존 시제보살
甚爲難有하니 敬順佛故로 發大誓願호대 於後惡世에 護持讀說是法華經호려하나이
심위난유 경순불고 발대서원 어후악세 호지독설시법화경
世尊이시여 菩薩摩訶薩이 於後惡世에 云何能說是經이나이까.
세존 보살마하살 어후악세 운하능설시경

1. 그 때, 문수사리법왕자[①] 보살마하살이[②]
부처님께 사뢰었습니다.
“세존이시여,
이 여러 보살은 매우 있기 어려운 바이옵니다.
부처님을 공경하고 따르는[③] 까닭에 큰 서원을 일으켜,
훗날 악한 세상에서 이 법화경을 수호해 지녀
독송하고 해설하려 하나이다.
세존이시여,
보살마하살이 훗날 악한 세상에서
어떻게 이 경을 설해야 되겠나이까?”

---

① **문수사리법왕자**(文殊師利法王子) : 부처님께서는 법왕이시고, 보살은 도를 전하므로 법왕자(法王子)라 한 것이다. ② **보살마하살**(菩薩摩訶薩, boddhisattva-mahāsattva) : 보살의 원이 크고, 행이 크고, 중생을 제도함이 커서 마하살이라 한다. 문수보살이 이와 같이 큰 도심(大道心)으로 중생을 성취시킬 수 있기 때문이다. ③ **부처님을 공경하고 따름**(敬順佛) : 부처님을 존중하고 순종함.

佛告文殊師利하사대 若菩薩摩訶薩이 於後惡世에 欲說是經인댄 當安住
불고문수사리 약보살마하살 어후악세 욕설시경 당안주

四法이니라. 一者는 安住菩薩行處와 及親近處라사 能爲衆生하야 演說
사법 일자 안주보살행처 급친근처 능위중생 연설

是經이니라.
시경

2. 부처님께서 문수사리에게 이르셨습니다.
"만약 보살마하살이 훗날 악한 세상에서
이 경을 설하려 한다면,
마땅히 네 가지 법에① 편안히 머물러야 하느니라.

3. 첫째는, 보살이 행할 바와②
친근할 바에③ 편안히 머물러서
중생을 위하여 이 경을 설할지니라.

---

①**네 가지 법**(四法) : 사안락행(四安樂行)을 말한다. 곧, 정신행(正身行), 정어행(正語行), 정의행(正意行), 대비행(大悲行)이다. 또, 사안락행은 교법이 행해지는 곳과 친근할 곳이니 신안락행(身安樂行)이라 하고, 입을 경계하여 법을 잘 설하도록 하는 것이니 구안락행(口安樂行)이라 하며, 마음을 깨끗이 하여 탐, 진, 치를 떠나는 것을 의안락행(意安樂行)이라 하고, 자비심을 일으켜 일체 중생을 제도하길 서원하는 것을 서원안락행(誓願安樂行)이라 한다. ②**보살이 행할 바**(行處, 행위 범위, ācāra) : 진리를 깨달아 실천하는 일. ③**친근할 바**(親近處, 접근 범위, gocara) : 교제의 범위. 나쁜 사람을 멀리하고 착한 이를 가까이함.

文殊師利여 云何名菩薩摩訶薩行處어뇨 若菩薩摩訶薩이 住忍辱地하야
문수사리 운하명보살마하살행처 약보살마하살 주인욕지

柔和善順호대 而不卒暴하고 心亦不驚하며 又復於法에 無所行하야
유화선순 이불졸폭 심역불경 우부어법 무소행

而觀諸法如實相하며 亦不行不分別이 是名菩薩摩訶薩의 行處니라.
이관제법여실상 역불행불분별 시명보살마하살 행처

4. 문수사리야,

무엇을 보살마하살의 행할 바(行處)라 하느냐? 하면

① 만약 보살마하살이 인욕(忍辱)의 경지에[①] 머물러
부드럽고 온화하며,[②] 착하고 순하며,[③]
갑자기 성질 내서 휘둘러치지 아니하고,[④]

② 마음이 놀라지 않으며,[⑤]

③ 대상에 집착하지 아니하며,[⑥]

④ 온갖 사물의 여실상(如實相)을 관(觀)하되,[⑦]
그것에도 집착하지 않고 분별하지 않을지니,[⑧]
이것을 보살마하살의 행할 바라 하느니라.

---

① **인욕의 경지**(忍辱地) : 편안한 마음으로 인욕의 경지에 머무르는 것. ② **부드럽고 온화함**(柔和) : 부드러움(柔)은 강하지 않음이고, 온화함(和)은 다툼이 없는 것이다. ③ **착하고 순함**(善順) : 착하여 악을 멀리하고, 순함은 곧 마땅한 것을 따르는 일이다. ④ **휘둘러치지 아니함**(不卒暴) : 그까짓 것 하고 난폭한 언행을 하지 않음이다. ⑤ **마음이 놀라지 않음**(不驚) : 미묘한 법을 듣더라도 놀라거나 의심하지 말라는 뜻. ⑥ **대상에 집착하지 않음**(於法無所行) : 미묘한 법 가운데서 부처님의 뜻을 공경히 순종하고 겸손으로 자신을 길러 법에 행하는 바가 있다고 여겨서는 안 된다는 뜻. 곧, 온갖 사물에 대하여 분별, 집착을 일으키지 않고 마음이 작용하는 일. 대상에 끌리지 않음이다. ⑦ **여실상(如實相)을 관함** : 일체 제법을 관찰하여 본래 공적하고 여실한 모습을 보는 일. ⑧ **집착하지 않고 분별하지 않음**(不行不分別) : 법성이 본래 공적하다는 설법을 듣고 곧 허공과 같이 분별할 것이 없다고 여길까 봐 염려하여, 분별할 것이 없다는 견해로 마음이 움직이지 않도록 한 것이다. 곧, 절대의 진리는 온갖 마음의 분별을 초월한 경지로, 작용이 없으면서도 절대적 경지에 입각하여 작용한다는 뜻.

云何名菩薩摩訶薩의 親近處뇨 菩薩摩訶薩이 不親近 國王 王子 大臣
운하명보살마하살 친근처 보살마하살 불친근 국왕 왕자 대신

官長할것이며 不親近諸外道梵志와 尼犍子等과 及造世俗文筆하며 讚詠外書와
관장 불친근제외도범지 니건자등 급조세속문필 찬영외서

及路伽耶陀와 逆路伽耶陀者할것이며 亦不親近諸有兇戲에 相扠하며 相撲하며
급로가야타 역로가야타자 역불친근제유흉희 상차 상박

及那羅等의 種種變現之戲할것이니라.
급나라등 종종변현지희

5. 무엇을 보살마하살의 친근할 바(親近處)라 하느냐?

① 보살마하살은 국왕, 왕자, 대신, 관장을[1] 친근하지 말 것이며,

② 모든 외도(外道), 즉 범지(梵志),[2] 이건자(尼犍子)[3] 등과

③ 세속의 글을 쓰고 짓고 외서(外書)를 읊는 이와
노가야타(유물론자)와[4]
역로가야타(逆路伽耶陀)를[5] 친근하지 말 것이며,

④ 모든 흉희(兇戲),[6] 즉 서로 치고[7] 씨름하는 이와,[8]
힘겨루는 배우[9] 등의
갖가지 재주 부리고 놀이하는 이에게 친근하지 말 것이니라.

---

① **관장(官長)** : 높은 관리. 관직에 있는 우두머리. ② **범지(梵志**, brāhmaṇa) : 바라문. 바라문교 제일의 사제 계급. ③ **이건자(Nigranṭha)** : 속박을 벗어난다는 뜻. 자이나(Jaina)교를 받드는 사람들. ④ **노가야타(Lokāyata)** : 순세파(順世派)라고 한다. 육사외도의 하나인 아지타(Ajita)가 주장하였는데, 실재하는 것은 오직 지, 수, 화, 풍, 네 요소뿐이라는 유물론(唯物論)을 폈다. ⑤ **역로가야타(Vāmalokāyatika)** : 세상의 도리에 역행하는 주장을 하는 일파. 극단적인 쾌락주의자. ⑥ **흉희(兇戲)** : 흉악한 놀이. ⑦ **서로 침(相扠, mauṣṭika)** : 주먹으로 치는 놀이. 권법. ⑧ **씨름하는 것** : 원문은 상박(相撲). ⑨ **힘겨루는 배우(那羅, nata)** : 힘겨루는 장난. 나라는 재주 부리는 사람. 광대.

又不親近旃陀羅와 及畜猪羊鷄狗하며 畋獵하며 漁捕하난 諸惡律儀할지니
우 불 친 근 전 다 라 급 축 저 양 계 구 전 렵 어 포 제 악 율 의

如是人等이 或時來者어든 則爲說法하고 無所希望하며 又不親近求聲聞하난
여 시 인 등 혹 시 래 자 즉 위 설 법 무 소 희 망 우 불 친 근 구 성 문

比丘 比丘尼 優婆塞 優婆夷하며 亦不問訊할것이며 若於房中이거나 若經行處거나
비 구 비 구 니 우 바 새 우 바 이 역 불 문 신 약 어 방 중 약 경 행 처

若在講堂中에서나 不共住止니 或時來者어든 隨宜說法하되 無所希求할지니라.
약 재 강 당 중 불 공 주 지 혹 시 래 자 수 의 설 법 무 소 희 구

⑤ 전다라(백정)와[①] 돼지, 양, 닭, 개를 기르는 이(양축업자)와
사냥하고 물고기 잡는,[②]
나쁜 율의(律儀)의[③] 무리(낚시꾼과 사냥꾼)와
친근하지 말지니라.
이와 같은 사람들이 혹 찾아오거든,
그들을 위하여 법을 설하되 무엇을 바라지 마라.

⑥ 또, 성문(聲聞)을 구하는 비구, 비구니, 우바새, 우바이를
친근하지 말고, 또 방문하지도[④] 말 것이며,
방에서나 경행(經行)하는[⑤] 곳에서나
강당에 있을 때에 함께 머무르지 말지니,
혹 찾아오거든 근기 따라 법을 설하되
무엇을 바라지 말 것이니라.[⑥]

---

① **전다라(旃陀羅, caṇḍala)** : 수렵, 도살, 사형 집행 따위의 일에 종사하는 천민. ② **사냥하고 물고기 잡음(畋獵漁捕)** : 사냥과 물고기를 잡는 자는 악한 무리이니, 이러한 사람들과 가까이하면 도심(道心)이 손상되기 때문이다. ③ **나쁜 율의(諸惡律儀)** : 수렵, 도살 등 생계를 위해 생명을 살해하는 선하지 않은 행위. ④ **방문(問訊)** : 도가 이미 같지 않으므로 방문할 필요가 없다는 뜻. ⑤ **경행(經行)** : 좌선에 들었다가 잠시 피로를 풀기 위해 일어나 뜰을 거니는 일. ⑥ **무엇을 바라지 마라(無所希求)** : 근기를 따라 법을 설하되, 대가를 바라지 마라는 뜻.

文殊師利여 又菩薩摩訶薩이 不應於女人身에 取能生欲想相하여 而爲
문수사리 우보살마하살 불응어여인신 취능생욕상상 이위
說法이며 亦不樂見할것이며 若入他家하여도 不與小女 處女 寡女 等과로
설법 역불락견 약입타가 불여소녀 처녀 과녀 등
共語할것이며 亦復不近五種不男之人하여 以爲親厚할것이며 不獨入他家할지니
공어 역부불근오종불남지인 이위친후 부독입타가
若有因緣하여 須獨入時어든 但一心으로 念佛할것이니라.
약유인연 수독입시 단일심 염불

6. 문수사리야,

⑦ 보살마하살은 여인의 몸에 애욕을 일으키는 생각을[①] 내어 설법하지 말고, 또 보기를 즐기지 말 것이며,[②]

⑧ 남의 집에 들어가더라도 소녀나 처녀나 과부와 더불어 말하지 말지니라.

7. ⑨ 또, 다섯 가지 완전치 않은 사내(五種不男之人)와[③] 가까이하여 깊이 친하지 말고,

⑩ 혼자서 남의 집에 들어가지 말지니, 만약 까닭이 있어 혼자 들어갈 때에는 일심으로 부처님을 생각할 것이니라.

---

① **애욕을 일으키는 생각(欲想)** : 여인의 몸에 애욕을 일으키는 상을 취해 설법하지 않는다는 뜻. ② **보기를 즐기지 말며(亦不樂見)** : 여인의 몸을 보기를 좋아해서도 안 된다는 뜻. ③ **다섯 가지 완전치 않은 사내(五種不男之人)** : 남성이 불구인 다섯 부류 사람. 선천적인 성불구자(生不能男), 반월만이 성행위가 가능한 자(半月不能男), 남의 성행위를 보아야 가능한 자(妬不能男), 성기가 상대에 따라 변하는 사람(精不能男), 병으로 성기능이 상실된 사람(病不能男). 이런 사람은 불순하여 도심에 해가 되기 때문에 친근하지 않는다.

若爲女人하여 說法시엔 不露齒笑할것이며 不現胸臆이니 乃至爲法하여도 猶不親厚은
약위여인 설법 불로치소 불현흉억 내지위법 유불친후

況復餘事따녀 不樂畜年少弟子와 沙彌小兒하고 亦不樂與同師할것이며 常好
황부여사 불락축년소제자 사미소아 역불락여동사 상호

坐禪호대 在於閑處하야 修攝其心할지니라 文殊師利야 是名初親近處니라.
좌선 재어한처 수섭기심 문수사리 시명초친근처

⑪ 만약 여인을 위하여 설법하게 되면,
이를 드러내어① 웃지 말고 가슴을 헤쳐 놓지 마라.②

⑫ 법을 위할 때라도 깊이 친하지 않아야 하겠거늘,
하물며 다른 일에 있어서이랴.

8. ⑬ 연소한 제자와 사미와③ 어린아이④ 기르기를 즐기지 말고,
⑭ 저들과 함께 한 스승 섬기기를 즐기지 말 것이며,
⑮ 항상 좌선을 좋아하여 한적한 곳에서⑤
마음을 닦을지니라.⑥
문수사리야, 이것을 제일의 친근처(親近處)라 하느니라.

---

① **이를 드러냄(露齒)** : 웃어서 이를 드러내 보이는 일. 근엄함을 해침. ② **가슴을 헤쳐 놓지 마라(不現胸臆)** : 가슴을 여미는 것은 몸가짐을 단정히 하기 위한 것이다. ③ **사미(沙彌, sāmaṇera)** : 비구가 되기 이전의 도제승. 7세에서 20세 미만의 남자 출가자로, 십계(十戒)를 받고 비구가 되기 위해 수행 중에 있는 사람. ④ **사미와 어린아이** : 사미는 나이가 어려 아직 구족계를 받지 못하였고, 어린아이는 방자하고 나약하여 아직 도를 받을 그릇이 되지 못하는 자들이다. ⑤ **한적한 곳(閑處)** : 고요한 곳. 공한처. ⑥ **마음을 닦음(修攝其心)** : 마음을 통일함. 마음이 오래 미혹한 상태에 있으면 병통이 되므로, 도에 들어가고자 한다면 마음을 다스려 본연의 맑은 상태를 회복하고 항상 바른 생각을 지녀야 한다는 뜻.

復次 菩薩摩訶薩이 觀一切法이 空如實相하되 不顚倒하며 不動하며 不退하며
부차 보살마하살 관일체법 공여실상 부전도 부동 불퇴

不轉할것이며 如虛空한 無所有性이 一切語言道斷하며 不生하며 不出하고
부전 여허공 무소유성 일체어언도단 불생 불출

不起하며 無名이고 無相하여 實無所有하여 無量 無邊하며 無礙 無障컨마는
불기 무명 무상 실무소유 무량 무변 무애 무장

9. 또, 보살마하살이 일체법(사물)이 공(空)함을 관하되,

①실상(實相)과 같고,① 뒤바뀌게 하지 말며,②

②동요하지 말며, 물러서지 말며, 누리지도(運) 말 것이며,

③허공과 같아서 존재성이 없으며,③

④일체의 말길이 끊어지고(言語道斷),④

생기지 않고, 나오지 않고, 일어나지 않으며,

⑤이름이 없고(無名), 상이 없으며(無相),⑤

참으로 있는 바 없고(無所有),⑥

무량무변(無量無邊)하고, 걸림이 없고(無礙),

막힘이 없거늘(無障),⑦

---

①실상과 같음(如實相) : 일체법의 본성이 공함을 깨달아 알고, 비록 공(空)하기는 하나 그 작용을 나타내는 데 걸림이 없으니 가의(假義)이고, 공과 가가 둘이 아닌 것이 중도(中道)이며, 다르지도 같지도 않음을 여실한 모습이라 한다. **②뒤바뀌게 하지 말며(不顚倒)** : 깨달음을 등지고 번뇌에 합한 모습이라 한다. 여덟 가지 전도(顚倒)가 있다. 곧, 신수심법(身受心法)에 부정(不淨), 고(苦), 무상(無相), 무아(無我)임에도 불구하고 정(淨), 낙(樂), 상(常), 아(我)로 생각하는 것이 범부의 전도라고 한다. **③존재성이 없음(無所有性)** : 갖가지 허망한 성품은 본래 존재하는 것이 아닌데, 허망한 생각이 본래 공함을 알면 마음으로 생각하는 것이 없어진다. **④말길이 끊어짐(言語道斷)** : 절대의 진리(실상)는 말로 설명되거나 표현할 수 없으니, 언어를 초월해 있다는 뜻. **⑤상이 없음(無相)** : 사물에는 고정적 실체가 없다는 뜻. **⑥참으로 있는 바 없고(實無所有)** : 법신이 청정하여 비추는 본체만 있을 뿐, 눈앞의 대상은 진실된 모습이 아니다. **⑦걸림이 없고, 막힘이 없음** : 체성(體性)이 공적하므로 아무 걸림이 없고, 체성이 물들지 않아서 일체의 막힘에서 벗어났다는 뜻이다.

但以因緣有하여 從顚倒生일새 故로 說하느니라 常樂觀如是法相할지니 是名이
단이인연유 종전도생 고 설 상락관여시법상 시명

菩薩摩訶薩의 第二親近處니라.
보살마하살 제이친근처

爾時世尊께서 欲重宣此義하사 而說偈言하사대
이시세존 욕중선차의 이설게언

若有菩薩이 於後惡世에 無怖畏心으로 欲說是經인댄
약유보살 어후악세 무포외심 욕설시경

應入行處와 及親近處니라.
응입행처 급친근처

⑥ 다만 인연으로 해서 있으며,①
뒤바뀐 생각에 따라 생기므로, 이렇게 설하느니라.
항상 이와 같이 법상(法相)을② 즐겨 관(樂觀)할지니
보살마하살의 제이의 친근처라 하느니라."

10. 그 때, 세존께서 이 뜻을 거듭 펴시고자
게송으로 말씀하셨습니다.
"만약 어떤 보살이 훗날 악한 세상에서③
두려움이 없는 마음으로 이 경을 설하고자 한다면,
행할 바(行處)와 친근할 바(親近處)에 맞게 할지니라.

---

① 다만 인연으로 해서 있음(但以因緣有) : 본체가 공적하지만, 인연이 생기는 것을 장애하지 않는다. 무명으로 인연을 삼으면 범부의 세계가 일어나고, 탐진치를 지니면 삼악도가 생기고, 없어지면 십선도(十善道)가 일어난다. 교행(敎行)을 인연으로 삼아, 사제법(四諦法)을 인연으로 닦으면 성문의 세계가 일어나고, 십이인연(十二因緣)을 닦으면 연각의 세계가 일어나고, 육바라밀행을 닦으면 보살의 세계가 일어나고, 무연자비(無緣慈悲)의 불가사의한 신통스런 작용을 갖추면 부처의 세계가 일어난다.
② 법상(法相) : 일체법의 진실한 모습. 본연의 여실한 모습.
③ 훗날 악한 세상(後惡世) : 부처님께서 멸도하신 뒤 혼탁하고 악한 세상 속.

常離國王과 상리국왕	及國王子와 급국왕자	大臣官長과 대신관장	兇險戱者와 흉험희자
及旃陀羅와 급전다라	外道梵志하며 외도범지	亦不親近 역불친근	增上慢人과 증상만인
貪著小乘하는 탐착소승	三藏學者하며 삼장학자	破戒比丘과 파계비구	名字羅漢과 명자나한
及比丘尼의 급비구니	好戱笑者와 호희소자	深著五欲과 심착오욕	求現滅度하난 구현멸도
諸優婆夷를 제우바이	皆勿親近할지니라. 개물친근		

11. 항상 국왕과 왕자와 대신, 관장(官長)과
흉한 놀이하는 자와[①]
전다라와 외도(外道), 즉 범지 등을 멀리하며,
또는 증상만(增上慢)의 무리와
소승의 삼장에[②] 탐착하여 배우는 자를 친근하지 말며,
파계한 비구와 이름뿐인 나한과[③]
비구니로서 희롱하며 웃기를 좋아하는 자와
오욕에 깊이 탐착하면서 멸도 나타나길 구하려는[④]
우바이를[⑤] 다 친근하지 말지니라.

---

① **흉한 놀이하는 자**(兇險戱者) : 흉한 놀이를 하는 자. ② **소승의 삼장**(小乘 三藏) : 소승(小乘)의 경장(經藏), 율장(律藏), 논장(論藏). ③ **이름뿐인 나한**(名字羅漢) : 아라한의 경지에 이르지 못했으면서도 아라한으로 자처하는 사람. ④ **멸도 나타나길 구함**(求現滅度) : 오욕에 탐착하면서 열반(滅度)이 이루어지길 바람. 이상한 현상이 나타나기를 구하여 망령되이 열반이라 하는 것. ⑤ **우바이**(優婆夷) : 여자 불교 신자.

若是人等이 以好心으로 來하야 到菩薩所하여 爲聞佛道커든
약시인등 이호심 내 도보살소 위문불도

菩薩則以 無所畏心으로 不懷希望코 而爲說法할지니라
보살즉이 무소외심 불회희망 이위설법

寡女 處女와 及諸不男을 皆勿親近하여 以爲親厚할지니라
과녀 처녀 급제불남 개물친근 이위친후

亦莫親近 屠兒 魁膾와 畋獵 漁捕하여 爲利殺害할것이며
역막친근 도아 괴회 전렵 어포 위리살해

販肉自活과 衒賣女色하난 如是之人을 皆勿親近할지니라.
판육자활 현매여색 여시지인 개물친근

만약 이들이 좋은 마음으로
보살 처소에 와서 불도를 들으려 하거든,
보살은 두려움 없는 마음으로
바라는 마음 없이① 그를 위해 설법할지니라.

12. 과부나 처녀, 성불구자② 무리를
가까이하여 깊이 친하지 말지니라.
또, 백정과③ 고기 파는 이와(생선회 집)④
사냥꾼과 어부,
이익을 보기 위해 살해하는 자를⑤
친근하지 말 것이며,
고기 팔아 생활하거나⑥ 여색(女色)을 파는⑦
이 같은 사람을 도무지 다 친근하지 말지니라.

---

①바라는 마음 없이(不懷希望) : 바라는 마음을 품지 않는 일. ②성불구자(諸不男) : 앞의 오종불남(五種不男)을 가리킨다. ③백정(屠兒) : 도살업자. ④고기 파는 이(魁膾) : 생선을 잘게 썰어 파는 이. ⑤이익을 보기 위해 살해하는 자 : 재물을 얻기 위해 살해하는 자이다. ⑥고기 팔아 생활함(販肉自活) : 생선이나 고기를 팔아 생계를 꾸려 가는 일. ⑦여색을 파는(衒賣女色) : 스스로 여색을 파는 자.

兇險相撲과 흉 험 상 박	種種嬉戲와 종 종 희 희	諸婬女等을 제 음 녀 등	盡勿親近할지니라 진 물 친 근
莫獨屛處에 막 독 병 처	爲女說法할지니 위 녀 설 법	若說法時어든 약 설 법 시	無得戲笑할지니라 무 득 희 소
入里乞食할제 입 리 걸 식	將一比丘할지니 장 일 비 구	若無比丘어든 약 무 비 구	一心念佛하라 일 심 염 불
是則名爲 시 즉 명 위	行處와 近處라하느니라 행 처 근 처	以此二處라사 이 차 이 처	能히 安樂說하리라. 능 안 락 설

13. 흉험하게 서로 치고받는 경기와 갖가지 놀이와
음탕한 여인들을 조금이라도 친근하지 말지니라.
홀로 외진 곳에서[①] 여인을 위해 설법하지 말지니,
만약 설법할 때에는 희롱해 웃지 말지니라.
마을에 들어가 탁발할[②] 때에는
다른 비구와 동행할지니,
만약 비구가 없을 때에는
일심으로 부처님을 생각하라.
이것을 곧 이름하여 행할 바(行處)와 친근할 바(親近處)라
하느니라.
이 두 가지 할 바(二處)를 지켜야만이
능히 편히 설법하리라.

---

①홀로 외진 곳(獨屛處) : 남의 눈에 띄지 않는 으슥한 곳. ②마을에 들어가 탁발함 : 원문은 입리걸식(入里乞食).

又復不行 우부불행	上中下法과 상중하법	有爲와 無爲의 유위 무위	實不實法이니라 실부실법
亦不分別하되 역불분별	是男 是女하며 시남 시녀	不得諸法하고 부득제법	不知 不見일새니라 부지 불견
是則名爲 시즉명위	菩薩行處라하느니라 보살행처	一切諸法이 일체제법	空無所有하여 공무소유
無有常住하며 무유상주	亦無起滅하나니 역무기멸	是名智者의 시명지자	所親近處라하느니라. 소친근처

14. 또, 상(上), 중(中), 하(下)의 법과①
유위(有爲), 무위(無爲)와②
실다운 법(實法)과 실답지 못한 법(不實法)을③
역시 분별하여 행하지 말지니라
이것은 남자다, 저것은 여자다라고 하면서
분별(分別)하지 말 것이며,④
함부로 법을 얻었다고 하지 말고(제법〔諸法〕은 없으므로〔空〕),⑤
안다거나 보았다 하지 말지니라.
이것을 일러 보살의 행할 바(行處)라 하느니라.
일체법은 공하여 있는 바가 없으며,
항상 머물러 있음도 없고, 일어나고 멸함도 없느니라.
이것을 지혜 있는 이의 친근할 바(親近處)라 하느니라.

---

①상, 중, 하의 법 : 보살의 육바라밀을 상법이라 하고, 연각이 닦는 것을 중법이라 하고, 성문이 닦는 것을 하법이라 한다. 곧 보살승, 연각승, 성문승의 삼승(三乘)의 가르침. ②유위, 무위 : 유위는 세간의 인과와 생사 인천(人天)의 법이고, 무위는 공적하고 열반이며 이승 반편의 법이다. ③실다운 법(實法), 실답지 못한 법(不實法) : 일체의 법이 실재한다고 보는 것을 유종(有宗)이라 하고, 실재하지 않는다는 것은 공종(空宗)이다. 공과 유의 두 견해는 불승(佛乘)이 아니다. ④남자다, 여자다 분별하지 않음 : 불법(佛法)은 평등하여 일체에 두루 미치니, 또한 남녀를 구별할 필요가 없다는 뜻. ⑤제법은 없음(不得諸法) : 온갖 현상은 공하여 찾아도 파악할 수 없다는 뜻.

顚倒로 分別하여 전도 분별	諸法의 有無와 제법 유무	是實 非實과 시실 비실	是生 非生하느니라 시생 비생
在於閑處하여 재어한처	修攝其心하되 수섭기심	安住不動이 안주부동	如須彌山하여 여수미산
觀一切法이 관일체법	皆無所有하니 개무소유	猶如虛空하여 유여허공	無有堅固하여 무유견고
不生不出하며 불생불출	不動不退하여 부동불퇴	常住一相할새 상주일상	是名近處라하느니라. 시명근처

15. 뒤바뀌어 모든 법을 있다 없다① 분별하며,
이것은 참되다 참되지 않다 하며,
이것은 생한다 생하지 않는다고② 분별하느니라.
한적한 곳에서 그 마음을 닦고 거두어(修攝)③
편안히 머물러 부동하기를 수미산같이 하라.
일체법은 다 있는 바가 없으니,
마치 허공과 같아서 견고(堅固)함이 없으며,
불생(不生), 불출(不出)하고, 부동(不動), 불퇴(不退)하여
항상 이러한 한 모습(一相, 절대 평등)에④ 머무른다고 관하라.
이를 일러 친근할 바(親近處)라 하느니라.

---

①모든 법을 있다 없다(諸法有無) : 법의 성품은 원래 공적하여 일체의 모습을 떠나 있지만, 중생이 망령되이 분별을 일으켜 '있다, 없다'고 허망한 생각을 일으킨다는 뜻. ②생한다 생하지 않는다(是生非生) : 소승에서는 색(色)이 인연 따라 생기는 것을 생법(生法)이라 하고, 성(性)은 본래 있는 것이지 인연 따라 생기지 않는다는 것을 비생법(非生法)이라 한다. 대승에서는 전체의 성품에서 보아 색이 일어난 것도 일어나지 않은 것도 아님을 알면 원융하게 이해한 것이 된다. ③마음을 닦고 거둠(修攝其心) : 마음을 다스려 고요해짐. ④한 모습(一相) : 평등한 모습. 차별을 초월한 절대적 평등.

若有比丘가 약 유 비 구	於我滅後에 어 아 멸 후	入是行處와 입 시 행 처	及親近處하면 급 친 근 처
說斯經時에 설 사 경 시	無有怯弱하리니 무 유 겁 약	菩薩이 有時에 보 살 유 시	入於靜室하여 입 어 정 실
以正憶念으로 이 정 억 념	隨義觀法할새 수 의 관 법	從禪定起하여 종 선 정 기	爲諸國王과 위 제 국 왕
王子臣民과 왕 자 신 민	婆羅門等하여 바 라 문 등	開化演暢하여 개 화 연 창	說斯經典하면 설 사 경 전
其心이 安隱하여 기 심 안 온	無有怯弱하리라 무 유 겁 약	文殊師利여 문 수 사 리	是名菩薩이 시 명 보 살
安住初法하여 안 주 초 법	能於後世에 능 어 후 세	說法華經이라하느니라. 설 법 화 경	

16. 만약 어떤 비구가 내가 멸도한 후에
이 행할 바와 친근할 바에 들면,
이 경을 설할 때에 두려운 일① 없으리라.
보살이 때로 고요한 방에 들어
바른 억념(憶念, 기억)으로② 도리 따라 법을 관하고,③
선정에서 일어나 모든 국왕과
왕자, 신민(臣民), 바라문 등을 위해
열어서 교화하고 연창(演暢)하여④ 이 경전을 설한다면,
그 마음이 안온하고 두려운 일이 없으리라.
문수사리야,
이를 일러 보살이 초법(初法, 初親近處)에⑤ 편안히 머물러
능히 후세에서 법화경을 설할 바라 하느니라."

---

①두려운 일(怯弱) : 겁나고 나약한 마음. ②바른 억념(正憶念) : 바른 정심(定心)과 기억의 생각. ③법을 관함 : 고요한 마음으로 진리를 관하고 생각함(觀想). ④연창함(演暢) : 설하여 세상에 분명히 알림. ⑤초법(初法) : 신안락행(身安樂行)을 가리킨다.

又文殊師利여 如來滅後於末法中에 欲說是經인댄 應住安樂行하야
우문수사리 여래멸후어말법중 욕설시경 응주안락행

若口宣說이나 若讀經時에 不樂說人 及經典過하며 亦不輕慢諸餘法師하며
약구선설 약독경시 불요설인 급경전과 역불경만제여법사

不說他人의 好惡 長短하며 於聲聞人에 亦不稱名 說其過惡하며
불설타인 호오 장단 어성문인 역불칭명 설기과오

亦不稱名 讚歎其美하며 又亦不生怨嫌之心하여 善修如是安樂心할새
역불칭명 찬탄기미 우역불생원혐지심 선수여시안락심

故로 諸有聽者의 不逆其意하며
고 제유청자 불역기의

17. "또, 문수사리야, 여래가 멸도한 후에 말법 시대에[①]
이 경을 설하고자 한다면,
마땅히 안락행에 머물러야 하느니라.
① 입으로 설하거나 경을 읽을 때,
남의 허물과 경전의 허물을 즐겨 말하지 마라.[②]
② 또, 다른 법사를[③] 가볍게 여겨 업신여기지[④] 말며,
③ 다른 사람의 좋고 나쁘고 잘하고 잘못함을 말하지 마라.
④ 또, 성문승 사람들의 이름을 들어 그 허물을 말하지 말며,
⑤ 또, 그 이름을 들어 좋은 점을 찬탄도 하지 말며,
⑥ 원망하고 싫어하는 마음도[⑤] 내지 말지니라.
⑦ 이와 같이 안락심(安樂心)을 잘 닦음으로써[⑥]
듣는 이들의 뜻을 거스르지 않으며,

---

① 말법 시대(末法) : 부처님께서 멸하신 지 이미 오래되어 그 가르침만이 남아 있을 뿐 수행이나 깨달음이 없는 시대. ② 즐겨 말하지 마라(不樂說) : 불요(不樂)는 말하기를 좋아하지 않는다는 뜻. ③ 다른 법사(諸餘法師) : 모든 다른 법사. 법화경 이외의 가르침을 설하는 법사. ④ 가볍게 여겨 업신여김(輕慢) : 남을 경멸하는 짓. ⑤ 원망하고 싫어하는 마음(怨嫌之心) : 나의 도를 방해한다고 여기면 원망의 마음이 일어나고, 법이 열등하다고 여기면 싫어하는 마음이 일어난다. ⑥ 안락심을 잘 닦음으로써 : 이와 같이 구업(口業)을 잘 다스리면, 그 마음을 안락하게 할 수 있기 때문이다.

有所難問이어든 不以小乘法으로 答하고 但以大乘으로 而爲解說하여 令得
유 소 난 문 불 이 소 승 법 답 단 이 대 승 이 위 해 설 영 득

一切種智케할지니라. 爾時에 世尊께서 欲重宣此義하사 而說偈言하사대
일 체 종 지 이 시 세 존 욕 중 선 차 의 이 설 게 언

菩薩이 常樂 安隱說法호대 於淸淨地에서 而施床座하며
보 살 상 락 안 온 설 법 어 청 정 지 이 시 상 좌

以油로 塗身하며 澡浴塵穢코 著新淨衣하야 內外俱淨코사
이 유 도 신 조 욕 진 예 착 신 정 의 내 외 구 정

安處法座하여 隨問爲說이니 若有比丘와 及比丘尼와
안 처 법 좌 수 문 위 설 약 유 비 구 급 비 구 니

諸優婆塞와 及優婆夷와 國王 王子와 群臣士民이어든
제 우 바 새 급 우 바 이 국 왕 왕 자 군 신 사 민

以微妙義로 和顔爲說할지니라.
이 미 묘 의 화 안 위 설

⑧ 어려운 물음이 있으면 소승법으로 답하지 말고,
대승법으로 해설해서 일체종지를 얻게 할지니라."

18. 그 때, 세존께서 이 뜻을 거듭 펴시고자
게송으로 말씀하셨습니다.
"보살은 항상 즐겨 안온하게 설법하되,
청정한 땅에서 법상(法床)의 자리 펴고,①
기름을 몸에 발라 먼지와 때를 씻고,
깨끗한 옷을 입어 안팎을 함께 깨끗이 하고서
법좌에 고요히 앉아② 묻는 데 따라 설할지니라.
만약 비구, 비구니와 우바새, 우바이와
국왕, 왕자, 군신(群臣), 사민(士民)이③ 찾아오거든,
미묘한 도리를 화평한 얼굴로④ 설할지니라.

---

① **법상의 자리 펴고(而施床座)** : 마땅히 청정하여 탁한 오염이 없는 곳을 가려서 설법할 높은 법상을 설치한다는 뜻이다. ② **법좌에 고요히 앉아(安處法座)** : 법좌란 부처님 법을 설하는 자리인데, 여기에 편안히 앉아 있는 것을 안처(安處)라고 한다. ③ **사민(士民)** : 서민. 백성. ④ **화평한 얼굴(和顔)** : 온화하고 기쁜 얼굴빛.

若有難問이어든 약유난문	隨義而答호대 수의이답	因緣 譬喩로 인연 비유	敷演分別하여 부연분별
以是方便으로 이시방편	皆使發心케하여 개사발심	漸漸增益하여 점점증익	入於佛道케하라 입어불도
除懶惰意와 제나타의	及懈怠想하며 급해태상	離諸憂惱코 이제우뇌	慈心說法호대 자심설법
晝夜에 常說 주야 상설	無上道를 教호대 무상도 교	以諸因緣과 이제인연	無量譬喩로 무량비유
開示衆生하여 개시중생	咸令歡喜케할지니라. 함령환희		

19. 만약 어려운 질문이 있으면, 뜻에 따라 대답하되,
인연과 비유로 자세히 분별해 설할지니라.①
이 같은 방편으로 다 발심(發心)케 하여
점차로 자라② 불도에 들어가게 할지니라.
게으른 마음과③ 게으름 피울 생각을④ 버리고,
온갖 근심 걱정에서 떠나
자비로운 마음으로 설법하라.

20. 주야로 무상도(無上道)의 가르치심을⑤ 설할지니,
모든 인연과 한량 없는 비유로
중생에게 열어 보여⑥ 다 환희케 할지니라.

---

① **자세히 분별해 설함**(敷演分別) : 두루 펴서 설명하고 명백하게 설명하는 일. ② **점차로 자라**(漸漸增益) : 점차로 늘어남. 성장. ③ **게으른 마음**(懶惰意) : 게으르고 산만한 마음. ④ **게으름 피울 생각**(懈怠想) : 권태롭게 여기는 생각. ⑤ **무상도의 가르치심**(無上道敎) : 무상도의 가르침. 곧, 일승의 가르침이다. ⑥ **중생에게 열어 보임**(開示衆生) : 중생을 이해시키기 위해 밝게 보여 주는 일이다.

衣服과 臥具와 의복 와구	飮食과 醫藥을 음식 의약	而於其中에 이어기중	無所希望하고 무소희망
但一心으로 念호대 단일심 염	說法因緣으로 설법인연	願成佛道하며 원성불도	令衆도 亦爾케할지니라 영중 역이
是則大利의 시즉대리	安樂供養이니라. 안락공양	我滅度後에 아멸도후	若有比丘가 약유비구
能演說斯 능연설사	妙法華經한다면 묘법화경	心無嫉恚하고 심무질에	諸惱障礙하며 제뇌장애
亦無憂愁와 역무우수	及罵詈者하리라 급매리자	又無怖畏와 우무포외	加刀杖等하며 가도장등
亦無擯出하리니 역무빈출	安住忍故니라. 안주인고		

의복, 와구(臥具), 음식, 의약① 등
그 중에서 아무것도 바라지 말고,
다만 일심으로 설법의 인연을 생각하여,
불도를 이루고 중생 또한 그렇게 되기를 원할지니라.
이것이 크게 이로운 안락 공양이니라.②

21. 내가 멸도한 후에 만약 어떤 비구가
이 묘법연화경을 연설한다면,
질투와③ 성냄과 모든 번거로운 장애가 없어지고,
또 근심과 욕하는 자④ 없으리라.
또, 공포와 칼과 몽둥이로 박해하는 자도⑤ 없고,
쫓겨나는 일도⑥ 없으리니,
인욕(忍辱)에 편안히 머무르기 때문이니라.

---

① **의복, 와구, 음식, 의약** : 곧, 사사(四事)이다. 수행 승려가 갖추어야 할 네 가지 물건. ② **안락 공양** : 안락한 경지로 이끄는 수행. 안락하고 청정한 공양. ③ **질투(嫉恚)** : 시샘하고 성내는 짓. ④ **욕하는 자(罵詈者)** : 나쁜 말로 욕하고 꾸짖는 사람. ⑤ **칼과 몽둥이로 박해하는 자(加刀杖)** : 무기로 해를 가하는 사람. ⑥ **쫓겨나는 일(擯出)** : 다른 사람들에 의해 대중 밖으로 내쫓기는 일. 교단에서 추방되는 일.

智者는 如是하여 善修其心하고 能住安樂호대 如我上說하면
지자 여시 선수기심 능주안락 여아상설

其人功德은 千萬億劫에 算數 譬喩로 說不能盡하리라.
기인공덕 천만억겁 산수 비유 설불능진

又 文殊師利여 菩薩摩訶薩이 於後末世에 法欲滅時에 受持 讀誦
우 문수사리 보살마하살 어후말세 법욕멸시 수지 독송

斯經典者는 無懷嫉妬諂誑之心하며 亦勿輕罵學佛道者의 求其長短할지니라
사경전자 무회질투첨광지심 역물경매학불도자 구기장단

22. 지혜 있는 사람이 이같이 그 마음을 잘 닦으면,
능히 안락에 머무름이① 내가 설한 바와 같으리니,
그 사람의 공덕은② 천만억 겁을 두고
산수로도 비유로도 다 말할 수 없느니라."

23. "또 문수사리야,
보살마하살로서 훗날 말세에 법이 멸하려고 할 때,
이 경전을 받아 지녀 독송하는 이는
① 질투와 아첨과 속이려는 생각을③ 품지 말고,
② 불도 배우는 이를 가벼이 여겨 욕하거나④
③ 그의 잘잘못을 찾지⑤ 마라.

---

① 안락에 머무름(住安樂) : 능히 구안락행(口安樂行)을 닦음이다. ② 그 사람의 공덕 : 경전을 널리 편 사람이 얻는 공덕. ③ 아첨과 속이려는 생각(諂誑) : 아첨하고 거짓된 마음. ④ 가벼이 여겨 욕함(輕罵) : 경멸하고 욕하는 짓. ⑤ 잘잘못을 찾음(求其長短) : 다른 사람의 장단점을 일부러 엿보는 짓.

若比丘 比丘尼 優婆塞 優婆夷 求聲聞者와 求辟支佛者와 求菩薩道者를
약비구 비구니 우바새 우바이 구성문자 구벽지불자 구보살도자

無得惱之하여 令其疑悔케하여 語其人言호대 汝等이 去道 甚遠하여
무득뇌지 영기의회 어기인언 여등 거도 심원

終不能得一切種智하리니 所以者何오 汝是放逸之人이라 於道에 懈怠故라하라
종불능득일체종지 소이자하 여시방일지인 어도 해태고

又亦不應戱論諸法하야 有所諍競할지니라.
우역불응희론제법 유소쟁경

④ 비구, 비구니, 우바새, 우바이로서 성문을 구하는 이와
벽지불을 구하는 이와 보살도를 구하는 이를 뇌란케 하여,
그로 하여금 의혹케 하고 후회하게 하면서
그 사람에게 말하되,
'너희는 도에서 거리가 매우 멀어
끝내 일체종지를 얻지 못하리라.
왜냐 하면, 너희는 방일(放逸)한 사람인지라,[1]
도(道) 닦는 데 게으르기 때문이다.'라고 하지 말지니라.

⑤ 또, 모든 법을 희론(戱論)하여[2]
말다툼하는 일이 없게 할지니라.[3]

---

① 방일한 사람 : 성품이 방탕하고 안일한 사람. ② 희론(戱論) : 온갖 견해로 희롱하는 말. ③ 말다툼하는(諍競) 일이 없게 함 : 일체법에 억지로 희론하여 법문을 문란시켜 어느 한쪽은 폐기하고 다른 한쪽은 인정해 주는 논쟁을 일으켜서는 안 된다는 뜻.

當於一切衆生에 起大悲想하며 於諸如來에 起慈父想하며 於諸菩薩에
당어일체중생 기대비상 어제여래 기자부상 어제보살
起大師想하며 於十方諸大菩薩에 常應深心으로 恭敬禮拜하며 於一切衆生에
기대사상 어시방제대보살 상응심심 공경예배 어일체중생
平等說法호대 以順法故로 不多不少하며 乃至深愛法者라도 亦不爲多說이니라.
평등설법 이순법고 부다불소 내지심애법자 역불위다설

24. ⑥ 마땅히 일체 중생에게는 대비상(大悲想)을[①] 일으키고,
⑦ 모든 여래께는 자부(慈父)라는 생각을[②] 일으키며,
⑧ 모든 보살에게는 큰 스승이라는 생각을[③] 일으키고,
⑨ 시방의 모든 대보살에게는 항상
깊은 마음으로 공경하고 예경할지니라.
일체 중생에게 평등하게 설법하되,[④]
법에 순응하기에[⑤] 따라
많이도 하지 말고 적게도 하지 말며,[⑥]
깊이 법을 사랑하는 사람에게도
더 많이 설하는 일 없을지니라.[⑦]

---

① **대비상(大悲想)** : 일체 세간의 중생들을 불쌍히 여겨 고통에서 구해 주기 위해 큰 자비심을 일으키는 일이다. ② **자부라는 생각(慈父想)** : 모든 여래는 자애로운 아버지를 대하듯 사랑하고 공경하는 마음을 일으킴이다. ③ **큰 스승이라는 생각(大師想)** : 모든 보살들에게 법을 받은 큰 스승이라는 생각을 일으키라는 뜻이다. ④ **평등하게 설법함(平等說法)** : 모든 중생에게 평등한 마음으로 설법해 주는 일. ⑤ **법에 순응함(順法)** : 도리를 따르는 일. ⑥ **많이도 하지 말고 적게도 하지 말며(不多不小)** : 법을 너무 많이 설하면 싫증을 내고, 적게 설하면 충분히 도리를 이해시키지 못하기 때문이다. ⑦ **더 많이 설하는 일 없음(不爲多說)** : 매우 법을 사랑하는 자가 있다고 해서 더 많이 설한다면, 평등 설법의 취지에 어긋나기 때문이다.

文殊師利여 是菩薩摩訶薩이 於後末世에 法欲滅時에 有成就是第三
문수사리 시보살마하살 어후말세 법욕멸시 유성취시제삼
安樂行者는 說是法時에 無能惱亂하며 得好同學하여 共讀誦是經하며
안락행자 설시법시 무능뇌란 득호동학 공독송시경
亦得大衆이 而來聽受하리니 聽已하고 能持하며 持已하고 能誦하며 誦已하고
역득대중 이래청수 청이 능지 지이 능송 송이
能說하며 說已하고 能書하며 若使人書하여 供養經卷하여 恭敬 尊重 讚歎할지니라.
능설 설이 능서 약사인서 공양경권 공경 존중 찬탄

25. 문수사리야,

이런 보살마하살로서 훗날 말세에 법이 멸하려고 할 때,
이 제삼의 안락행을[①] 성취하는 이는,
이 법을 설할 때에 뇌란(惱亂)됨이 없으리라.

①좋은 동학(同學)을 얻어 함께 이 경을 독송하며,[②]
또 대중이 와서 법을 듣고 받으리라.
②듣고서는 능히 지니고,[③]
③지닌 후에는 능히 외우며,[④]
④외우고는 능히 설하며,[⑤]
⑤설하고는 능히 쓰거나[⑥]
⑥사람을 시켜 쓰게 하여,
⑦경전을 공양하고 공경, 존중하며 찬탄할지니라."

---

①제삼의 안락행 : 제삼의 안락법문(意安樂行)의 청정한 수행을 성취한 사람. **②동학을 얻어~독송함 :** 착하고 좋은 법우를 만나 함께 배워 이 경을 지니고 독송함이다. **③듣고서는 능히 지님(聽已能持) :** 귀로 들은 다음에는 마음에 기억하여 지님. **④지닌 후에는 능히 외움(持已能誦) :** 기억하여 지닌 다음에는 외운다는 뜻. **⑤외우고는 능히 설함(誦已能說) :** 외운 다음에는 다른 사람에게 설법한다는 뜻. **⑥설하고 능히 씀(說已能書) :** 다른 사람을 위해 설법한 다음, 다시 베껴 쓴다는 뜻이다.

爾時에 世尊께서 欲重宣此義하사 而說偈言하사대
이시 세존 욕중선차의 이설게언

若欲說是經인댄 當捨嫉恚慢과 諂誑邪僞心하고 常修質直行하여
약욕설시경 당사질에만 첨광사위심 상수질직행

不輕蔑於人하고 亦不戲論法하며 不令他를 疑悔케하여 云汝不得佛이라하라
불경멸어인 역불희론법 불령타 의회 운여부득불

是佛子 說法호대 常柔和能忍하여 慈悲於一切하여 不生懈怠心할지니라.
시불자 설법 상유화능인 자비어일체 불생해태심

26. 그 때, 세존께서 이 뜻을 거듭 펴고자
게송으로 말씀하셨습니다.

①"만약 이 경을 설하려거든, 질투와 성냄과 아만과[①]
아첨과 속임과[②] 간사함과 거짓의 마음을[③] 버리고,
항상 질직(質直)한 행을[④] 닦을지니라.

②사람을 업신여기지 말고,

③법을 희론하지 마라.

④다른 사람을 의혹케 하여
'너는 성불하지 못한다.'고 하지 마라.

⑤불자가 설법하려거든, 항상 유화하고 인욕하여[⑤]
일체에 자비스러워 게으름을 피우지 말지니라.

---

①질투와 성냄과 아만(嫉恚慢) : 질투하고 성내고 교만하여 착하지 않은 마음. ②아첨과 속임(諂誑) : 아첨, 기만. 아첨해서 남을 속이는 일. ③간사함과 거짓의 마음 : 원문은 사위심(邪僞心). ④질직한 행 : 진실하고 정직한 법다운 수행. 곧은 행실. ⑤유화하고 인욕함(柔和能忍) : 항상 부드럽고 온화한 마음으로 잘 참는다는 뜻이다.

十方大菩薩이 愍衆故로 行道하나니 應生恭敬心하여 是則我大師라하며
시방대보살 민중고 행도 응생공경심 시즉아대사

於諸佛世尊에 生無上父想하며 破於憍慢心하고 說法에 無障礙케하라
어제불세존 생무상부상 파어교만심 설법 무장애

第三法이 如是하니 智者는 應守護하여 一心으로 安樂行하면 無量衆所敬이리라.
제삼법 여시 지자 응수호 일심 안락행 무량중소경

27. ⑥ 시방의 대보살이 중생을 가엾이 생각하는 까닭에
도를 행하나니,①
응당 공경하는 마음을 내어,
이는 나의 큰 스승이라고② 할지니라.
⑦ 모든 부처님께는 위없는 아버지라는 생각을③ 내어
교만한 마음을 깨뜨려 설법함에 있어서
장애가 없게 하라.
제삼의 법이④ 이와 같으니,
지혜 있는 이는 마땅히 지켜
일심으로 안락히 행하면 한량 없는 중생이 공경하리라."

---

① 도를 행함(行道) : 시방의 모든 보살들이 중생을 불쌍히 여겨 자비의 도를 행하는 일. ② 나의 큰 스승(我大師) : 공경하는 마음을 내게 해주므로 이분은 내게 법을 전수한 스승이라는 것이다. ③ 위없는 아버지라는 생각(無上父想) : 모든 여래는 위없이 높은 아버지라는 생각. ④ 제삼의 법(第三法) : 사안락행의 셋째인 의안락행(意安樂行).

又文殊師利여 菩薩摩訶薩이 於後末世에 法欲滅時에 有受持是法華經者는
우문수사리 보살마하살 어후말세 법욕멸시 유수지시법화경자
於在家나 出家人中에게는 生大慈心하고 於非菩薩人中에게도 生大悲心하여
어재가 출가인중 생대자심 어비보살인중 생대비심
應作是念호대 如是之人은 則爲大失이니 如來方便으로 隨宜說法하여도 不聞
응작시념 여시지인 즉위대실 여래방편 수의설법 불문
不知不覺하며 不問不信不解하나니 其人이 雖不問不信不解是經하나
부지불각 불문불신불해 기인 수불문불신불해시경
我 得阿耨多羅三藐三菩提時에 隨在何地라도 以神通力과 智慧力으로
아 득아누다라삼먁삼보리시 수재하지 이신통력 지혜력
引之하여 令得住是法中케호리라하라.
인지 영득주시법중

28. “또 문수사리야,

보살마하살로서 훗날 말세에 법이 멸하려고 할 때,

법화경을 통달해 지닌(受持) 이는,

재가인(在家人)이나 출가인에게는 대자심(大慈心)을 나타내고,

보살승이 아닌 사람(성문, 연각)에게도 대비심(大悲心)을 내어

마땅히 이렇게 생각하라(第四親近法).

‘이런 사람은 크게 실격한 것이니,①

여래께서 방편으로 근기 따라 설법하심을 듣지도 못하고,

알지도 깨닫지도 묻지도 믿지도 이해하지도 못하나니,

이 사람이 비록 이 경을 묻지도 믿지도 이해하지도 못할지나,

내가 아누다라삼먁삼보리를 얻게 될 때,

어디에 있을지라도② 신통력과 지혜력으로③ 이끌어

이 법 가운데에④ 머무르게 하리라.’ 하라.

---

① 이런 사람은 크게 실격한 것이니 : 법화경을 듣지 못했으므로, 원칙적으로 큰 복혜(福慧)를 얻지 못한 것이 된다. 그러므로 실격한 것이 된다는 뜻. ② 어디에 있을지라도(隨在何地) : 수의(隨意). 뜻대로 마음대로의 뜻. ③ 신통력과 지혜력으로 : 신통력으로 인도하고 지혜력으로 열어 인도(開導)함을 나타낸다. ④ 이 법 가운데 : 제사의 중생을 제도하는 안락행. 선(善)으로 인도하여 법에 머무르게 하는 일이다.

文殊師利여 是菩薩摩訶薩이 於如來滅後에 有成就此第四法者는 說是
문수사리 시보살마하살 어여래멸후 유성취차제사법자 설시
法時에 無有過失케하라 常爲比丘 比丘尼 優婆塞 優婆夷와 國王과 王子와
법시 무유과실 상위비구 비구니 우바새 우바이 국왕 왕자
大臣과 人民과 婆羅門과 居士等이 供養 恭敬 尊重 讚歎하며 虛空諸天은
대신 인민 바라문 거사등 공양 공경 존중 찬탄 허공제천
爲聽法故로 亦常隨侍하리라 若在聚落이거나 城邑이거나 空閑林中에서
위청법고 역상수시 약재취락 성읍 공한임중
有人이 來하여 欲難問者일지라도 諸天이 晝夜에 常爲法故로 而衛護之하여
유인 내 욕난문자 제천 주야 상위법고 이위호지
能令聽者로 皆得歡喜케하리라.
능령청자 개득환희

29. 문수사리야, 이 보살마하살로서 여래가 멸도한 후에
이 제사의 법을 성취하는 이는
이 법을 설할 때에 과실을 범함이 없게 할지니라.
항상 비구, 비구니, 우바새, 우바이와
국왕, 왕자, 대신, 인민, 바라문, 거사 등이
공양하고 공경하며, 존중하고 찬탄하리라.①
또, 허공에 사는 모든 하늘(천신)이② 법을 듣기 위하여
항상 따라 모시리라.
만약 마을이나 성읍, 한적한 곳이나 숲 속에 있을 때,
어떤 사람이 찾아와 어려운 질문을 할지라도
모든 하늘이 주야로 항상 법을 위하므로 이를 호위하여③
듣는 이에게 다 환희를 얻게 하리라.

---

①**존중하고 찬탄하리라** : 법대로 행하여 원력이 깊고 무거우며, 지혜 또한 깊다. 그러므로 모든 사람들의 존경을 받는다. ②**허공에 사는 모든 하늘(虛空諸天)** : 욕계 육천 중 사천왕과 도리천은 수미산에 거처하므로 지상에 있으나, 야마천 이상의 사천은 수미산을 떠나 허공중에 산다. ③**항상 법을 위하므로 이를 호위함** : 모든 천신들이 부처님을 뵙고 정법을 보호하기로 서원을 세웠으므로, 천신들이 보호한다는 뜻이다.

所以者何오 此經은 是一切 過去未來現在諸佛께서 神力所護故일새니라.
소이자하 차경 시일체 과거미래현재제불 신력소호고

文殊師利여 是法華經은 於無量國中에 乃至名字도 不可得聞커니
문수사리 시법화경 어무량국중 내지명자 불가득문

何況得見하여 受持讀誦이야따녀 文殊師利여 譬如强力轉輪聖王이 欲以威勢로
하황득견 수지독송 문수사리 비여강력전륜성왕 욕이위세

降伏諸國호대 而諸小王이 不順其命이면 時에 轉輪王이 起種種兵하야
항복제국 이제소왕 불순기명 시 전륜왕 기종종병

而往討伐호대 王이 見兵衆의 戰有功者하고
이왕토벌 왕 견병중 전유공자

왜냐 하면,
이 경은 일체의 과거, 미래, 현재의 모든 부처님께서
신통력으로 두호하기① 때문이니라.

30. 문수사리야, 이 법화경은 한량 없는 나라에서
이름만이라도 얻어 듣기가 어렵거늘,
하물며 얻어 보고 통달해 지니며 독송함이랴.

31. 문수사리야, 비유컨대, 강력한 전륜성왕이②
위엄과 세력으로 모든 나라를 항복시키고자③ 할 때,
모든 소왕(小王)이 그 명에 순종치 아니하자,④
전륜왕은 갖가지 군사를 일으켜 토벌함과 같으니라.
왕이 군사 중에서 싸움에 공이 있는 이를 보고

---

① **신통력으로 두호** : 이 경은 깊고 미묘해 시방삼세 일체의 부처님께서 불가사의한 신통력으로 보호한다는 뜻이다. ② **전륜성왕** : 사천하의 왕인데, 윤보(輪寶)의 큰 위신력으로 모든 적을 항복받는다. ③ **위엄과 세력으로 모든 나라를 항복시킴** : 부처님께서 신통력으로 마군들을 항복시키려 함이다. ④ **명에 순종치 아니함** : 소왕(小王)은 번뇌를 비유하니, 무루(無漏)의 조복을 이루지 못함을 말한다.

卽大歡喜하여 隨功賞賜호대 或與田宅과 聚落과 城邑하며 或與衣服
즉대환희 수공상사 혹여전택 취락 성읍 혹여의복

嚴身之具하며 或與種種珍寶 金銀 琉璃 硨磲 瑪瑙 珊瑚 琥珀과
엄신지구 혹여종종진보 금은 유리 자거 마노 산호 호박

象馬車乘과 奴婢人民호대 唯髻中明珠는 不以與之니 所以者何오 獨王
상마거승 노비인민 유계중명주 불이여지 소이자하 독왕

頂上에는 有此一珠하니 若以與之면 王의 諸眷屬이 必大驚怪할새니라.
정상 유차일주 약이여지 왕 제권속 필대경괴

크게 기뻐하여 공에 따라 상을 주되,①
전택(田宅), 취락, 성읍을 주기도 하고,
의복과 장신구를② 주기도 하며,
갖가지의 진보, 즉 금, 은, 유리,
자거, 마노, 산호, 호박과
코끼리, 말, 수레, 노비, 인민을 주기도 하는데,
오직 상투 속의 명주(明珠)만은 주지 않느니라.
왜냐 하면,
오직 왕의 정수리에만 이 구슬이③ 하나 있을 뿐인지라,
만약 이것을 주면, 왕의 모든 권속이
반드시 크게 놀라고 괴이쩍게 여길 것이기④ 때문이니라.

---

①**공에 따라 상을 줌** : 부처님께서 제자들이 부지런히 바른 수행을 닦는 것을 보고 그 노력에 따라 방편의 과(果)를 주는 일. ②**장신구** : 몸을 치장하는 기구. ③**왕의 정수리에만 이 구슬** : 오직 왕만이 가졌다는 것은 지극히 귀중한 것을 말한다. 곧, 일승법(一乘法)은 오직 부처님만이 아시는 것을 비유한 말이다. ④**놀라고 괴이쩍게 여길 것** : 삼승(三乘)들은 스스로 자격이 없다고 여기는데, 이들에게 우연히 이 구슬을 주면 도리어 놀라고 괴상하게 생각한다는 뜻.

文殊師利여 如來도 亦復如是하여 以禪定智慧力으로 得法國土하여
문수사리 여래 역부여시 이선정지혜력 득법국토

王於三界호대 而諸魔王이 不肯順伏커늘 如來의 賢聖諸將이 與之共戰하나니
왕어삼계 이제마왕 불긍순복 여래 현성제장 여지공전

其有功者를 心亦歡喜하여 於四衆中에 爲說諸經하여 令其心悅케하여
기유공자 심역환희 어사중중 위설제경 영기심열

賜以禪定 解脫과 無漏根力과 諸法之財하며 又復賜與涅槃之城하여
사이선정 해탈 무루근력 제법지재 우부사여열반지성

言得滅度라하여 引導其心하여 令皆歡喜케호대 以不爲說是法華經하나니라.
언득멸도 인도기심 영개환희 이불위설시법화경

32. 문수사리야, 여래께서도 이와 같아,
선정과 지혜력으로 진리의 국토를① 얻었으니,
삼계의 왕이니라.②
그런데 여러 마왕이③ 항복하지 아니하거늘,
여래 현성(賢聖)의 모든 장수가④ 이들과 어울려 싸우니,
공이 있는 이를 보고 기뻐하여
사부 대중 가운데에서 여러 경을 설하여 환희케 하고,
선정, 해탈, 무루의 근력(根力)⑤ 등 온갖 법의 재보를⑥ 주며,
또 열반의 성을⑦ 주어 멸도하였다 일러 주어,
그 마음을 인도하여 그들을 환희케 하되,
이 법화경은 설하지 아니하였느니라.

---

① **진리의 국토**(法國土) : 부처님께서 얻으신 진리를 국토에 비유한 말. 출세간법의 무생국토(無生國土). ② **삼계의 왕** : 욕계, 색계, 무색계를 뛰어넘으신 분. 삼천 대천세계를 통솔하는 왕. ③ **여러 마왕** : 마왕은 안으로 심마(心魔), 오음마(五陰魔), 번뇌마(煩惱魔), 사마(死魔)가 있고, 밖으로 천마(天魔)가 욕계의 정상에 있다. 도업(道業)이 이루어지려 하면 마왕의 궁전이 진동하여, 이들이 복종하려 하지 않는다. ④ **현성의 모든 장수**(賢聖諸將) : 부처님의 제자, 현인, 성인을 장수에 비유한 말. ⑤ **무루의 근력** : 무루지혜. 오근(五根), 오력(五力). 오근은 깨달음을 이루게 하는 다섯 가지 미덕. 신근(信根, 신앙), 정진근(精進根, 노력), 염근(念根, 억념), 정근(定根, 선정), 혜근(慧根, 지혜). 오력은 깨달음에 도움이 되는 다섯 가지 작용으로, 신력, 정진력, 염력, 정력, 혜력이다. ⑥ **법의 재보**(法財) : 부처님의 가르침. 여기서는 삼십칠조도법(三十七助道法). ⑦ **열반의 성** : 큰 성이 적을 막을 수 있듯이, 열반을 얻은 이는 생사를 벗어날 수 있음을 나타낸다.

文殊師利여 如轉輪王이 見諸兵衆의 有大功者하고 心甚歡喜하나 以此
문수사리 여전륜왕 견제병중 유대공자 심심환희 이차

難信之珠는 久在髻中하여 不妄與人타가 而今에사 與之인듯하니 如來께서도 亦復
난신지주 구재계중 불망여인 이금 여지 여래 역부

如是하니라 於三界中에 爲大法王하여 以法으로 教化一切衆生호대 見賢聖軍이
여시 어삼계중 위대법왕 이법 교화일체중생 견현성군

與五陰魔와 煩惱魔와 死魔와 共戰하여 有大功勳하여 滅三毒하고 出三界하여
여오음마 번뇌마 사마 공전 유대공훈 멸삼독 출삼계

破魔網한달하고 爾時에 如來께서도 亦大歡喜하셨나니라.
파마망 이시 여래 역대환희

33. 문수사리야,

전륜왕이 모든 군병 중에서 큰 공이 있는 자를 보고
마음이 몹시 기뻐, 믿기 어려운 구슬을①
오랫동안 상투 속에 두고 함부로 사람에게 주지 않다가
이제서야 선뜻 내줌과 같으니, 여래께서도 이와 같으니라.
삼계 중에서 대법왕이② 되어 법으로 일체 중생을 교화할 때,
현성(賢聖)의 군사가 오음마(五陰魔),③ 번뇌마(煩惱魔),④
사마(死魔)와⑤ 싸워서 큰 공훈을 세우되,
삼독(三毒)을 멸하고,
삼계에서 벗어나 마군(魔軍)의 그물을 파함을⑥ 보고,
여래 또한 크게 기뻐하였나니라.

---

①믿기 어려운 구슬(難信之珠) : 상투 속의 밝은 구슬의 비유(髻珠喩). 법화칠유 중 여섯째. 법화경은 제불의 비밀장(祕密藏)으로 가장 수준 높은 묘법을 설하므로, 가장 믿기 어려운 경전이라는 취지이다. ②대법왕(大法王) : 부처님께서는 대승 교법 중의 왕이라는 뜻이다. ③오음마(五陰魔) : 오음(五陰 : 색온, 수온, 상온, 행온, 식온)의 심신이 괴로움을 받아 갖가지 고를 낳기 때문에 마(魔)라 한다. ④번뇌마(煩惱魔) : 중생의 심신을 괴롭히는 탐, 진, 치의 번뇌들. ⑤사마(死魔) : 중생들이 죽음을 면치 못하므로 이를 마(魔)라 한다. ⑥마군의 그물을 파함(破魔網) : 아라한이 삼독을 모두 없애고 삼계를 벗어나, 삼계의 속박을 받지 않는 것을 가리킨다.

此法華經이 能令衆生으로 至一切智로대 一切世間에서 多怨難信이라 先所
차 법 화 경 능 령 중 생 지 일 체 지 일 체 세 간 다 원 난 신 선 소

未說을 而今說之하나니라 文殊師利여 此法華經은 是諸如來의 第一之說이라
미 설 이 금 설 지 문 수 사 리 차 법 화 경 시 제 여 래 제 일 지 설

於諸說中에 最爲甚深하여 末後에사 賜與호미 如彼强力之王이 久護明珠하였다가
어 제 설 중 최 위 심 심 말 후 사 여 여 피 강 력 지 왕 구 호 명 주

今乃與之인듯하나니라 文殊師利여 此法華經은 諸佛如來의 祕密之藏이라
금 내 여 지 문 수 사 리 차 법 화 경 제 불 여 래 비 밀 지 장

於諸經中에 最在其上하니 長夜에 守護하여 不妄宣說하다가 始於今日에사
어 제 경 중 최 재 기 상 장 야 수 호 불 망 선 설 시 어 금 일

乃與汝等과로 而敷演之하노라.
내 여 여 등 이 부 연 지

이 법화경이 능히 중생을 일체지(一切智)에 이르게 하되,
일체 세간에서는 원적(怨敵)이 많아 믿기 어려운① 까닭에,
일찍이 설하지 아니한 바를 이제야 설하느니라.
문수사리야, 이 법화경은 모든 여래의 제일의 설법이니라.②
모든 설법 중에서 가장 깊어서③ 맨 끝에 설해④ 주나니,
저 강력한 전륜왕이 오래 간직했던 명주를
이제서야 주는 것과 같으니라. 문수사리야,
이 법화경은 모든 부처님의 비밀한 법장(法藏)으로서,⑤
모든 경 중에서 가장 위에⑥ 있나니,
오랜 무명의 세월 동안 수호하여 함부로 설하지 않다가
오늘에야 너희에게 이를 널리 펴 설하노라."

---

①**원적이 많아 믿기 어려움(多怨難信)** : 세상 사람들로부터 원망만 듣고 믿음을 받기 어렵다는 뜻. ②**여래의 제일의 설법** : 이 경은 미묘하여 모든 부처님의 으뜸가는 법문이라는 뜻이다. ③**모든 설법 중에서 가장 깊어(最爲甚深)** : 모든 경전들 중에서 이 경이 가장 깊다는 뜻. ④**맨 끝에 설해(末後賜與)** : 불성으로 들어가도록 하기 위해 마침내 이 경을 설해 준다는 뜻. ⑤**비밀한 법장(祕密之藏)** : 오랫동안 때를 기다리고 부처님 가르침을 속히 설법하지 않았으므로, 비밀스런 법장이라 한다. ⑥**경 중에서 가장 위** : 법화경은 모든 경전 중에서도 가장 으뜸으로, 최후로 대승을 위해 설법한 경전이다.

爾時에 世尊께서 欲重宣此義하사 而說偈言하사대
이시 세존 욕중선차의 이설게언

常行忍辱하여 상행인욕	哀愍一切하야사 애민일체	乃能演說 내능연설	佛所讚經할지니라 불소찬경
後末世時에 후말세시	持此經者는 지차경자	於家出家와 어가출가	及非菩薩에 급비보살
應生慈悲니라 응생자비	斯等은 不聞하며 사등 불문	不信是經하나니 불신시경	則爲大失이로다 즉위대실
我得佛道하여 아득불도	以諸方便으로 이제방편	爲說此法하야 위설차법	令住其中케하리라. 영주기중

34. 그 때, 세존께서 이 뜻을 거듭 펴시고자
게송으로 말씀하셨습니다.
"항상 인욕을 행하고[①] 일체 중생 연민하여
능히 부처님께서 찬탄하시는 이 경을 연설할지니라.
훗날 말세시(末世時)에 이 경을 지니는 이는
재가인이건 출가인이건[②] 혹은 보살이 아니건 간에
모두에게 자비심을 일으켜,
'이들은 이 경을 듣지도 믿지도 못하니,
이는 곧 큰 과실인지라,[③]
내가 불도를 얻어 온갖 방편으로 이 법을 설하여
그들로 하여금 그 가운데에 머무르게 하리라.'
할지니라.

---

①**인욕을 행함**: 치욕을 인내하여 편안히 하는 수행. ②**재가인이건 출가인이건**(於家出家): 재가인이나 출가인. ③**큰 과실**(大失): 이 미묘한 경에 대해 스승을 따라 듣고 묻고 믿어 이해하지 못하면 이는 큰 과실이라는 뜻.

譬如强力 비 여 강 력	轉輪之王이 전 륜 지 왕	兵戰有功커늘 병 전 유 공	賞賜諸物호대 상 사 제 물
象馬車乘 상 마 거 승	嚴身之具와 엄 신 지 구	及諸田宅과 급 제 전 택	聚落 城邑하며 취 락 성 읍
或與衣服과 혹 여 의 복	種種珍寶하며 종 종 진 보	奴婢 財物을 노 비 재 물	歡喜賜與하다가 환 희 사 여
如有勇健하여 여 유 용 건	能爲難事에사 능 위 난 사	王解髻中 왕 해 계 중	明珠를 賜之인듯하여 명 주 사 지
如來께서도 亦爾하여 여 래 역 이	爲諸法王이시며 위 제 법 왕	忍辱 大力이며 인 욕 대 력	智慧寶藏하여 지 혜 보 장
以大慈悲로 이 대 자 비	如法化世하시느니라. 여 법 화 세		

35. 비유컨대, 강력한 전륜왕이
싸움에 공이 있는 군병에게 상으로 갖가지 물건을 주되,
코끼리, 말, 수레와 장신구와
전택과 취락과 성읍과
혹은 의복과 갖가지 진기한 보배와
노비와 재물을 주어 기쁘게 하다가
용맹하여 능히 어려운 일 해내는 이 있으면,
왕이 상투 속의 명주(明珠)를 꺼내 줌과[①] 같으니라.

36. 여래 또한 이와 같아,
모든 법의 왕으로서
인욕의 큰 힘과 지혜의 보장(寶藏)[②] 있어,
대자비로 여법하게 세상을 교화하시느니라.[③]

---

①상투 속의 명주를 꺼내 줌 : 부처님께서 원융한 지혜의 보장(寶藏)을 열어서 주는 것과 같다. ②지혜의 보장(智慧寶藏) : 지혜공덕의 보배 창고. 곧, 법장(法藏). ③여법하게 세상을 교화(如法化) : 부처님의 설법대로 따라 행하여 일체 중생을 교화한다.

見一切人이 견일체인	受諸苦惱하여 수제고뇌	欲求解脫하여 욕구해탈	與諸魔戰하난달하고 여제마전
爲是衆生하여 위시중생	說種種法하여 설종종법	以大方便으로 이대방편	說此諸經하시다가 설차제경
旣知衆生의 기지중생	得其力已코사 득기력이	末後에사 乃爲 말후 내위	說是法華하시나니 설시법화
如王이 解髻 여왕 해계	明珠與之인달하니라 명주여지	此經은 爲尊하여 차경 위존	衆經中에 上이니 중경중 상
我常守護하여 아상수호	不妄開示하다가 불망개시	今이 正是時일새 금 정시사	爲汝等하야 說하노라. 위여등 설

모든 사람이 온갖 괴로움받으면서
해탈하려고 온갖 마와 싸움을 보고,
이 중생을 위해 갖가지 법을 설하되,
큰 방편으로 여러 경을 설하다가
이미 중생이 그 힘을 얻었음을① 알고,
맨 나중에 이 법화경을 설하나니,
왕이 상투 속의 명주를 꺼내 줌과 같으니라.
이 경은 존귀하여 여러 경 중에서 으뜸인지라,
내가 항상 수호해서 함부로 열어 보이지 아니하였으나,
지금이 바로 그 때라, 너희를 위해 설하노라.

---

①그 힘을 얻었음(得其力已) : 부처님의 방편법을 통해 수행력을 얻음. 법화경을 이해할 만한 능력을 얻은 일.

我滅度後에 아멸도후	求佛道者가 구불도자	欲得安隱하여 욕득안온	演說斯經일진댄 연설사경
應當親近 응당친근	如是四法이니라 여시사법	讀是經者는 독시경자	常無憂惱하며 상무우뇌
又無病痛하여 우무병통	顔色이 鮮白하며 안색 선백	不生貧窮과 불생빈궁	卑賤醜陋하며 비천추루
衆生이 樂見호대 중생 낙견	如慕賢聖하며 여모현성	天諸童子로 천제동자	以爲給使하리라 이위급사
刀杖이 不加하며 도장 불가	毒不能害하며 독불능해	若人이 惡罵하야도 약인 악매	口則閉塞하여 구즉폐색
遊行에 無畏호미 유행 무외	如師子王하며 여사자왕	智慧光明이 지혜광명	如日之照하리라. 여일지조

37. 내가 멸도한 후에 불도를 구하는 이가
편안히 이 경을 설하려고 한다면,
마땅히 이 같은 네 가지 법(四法)에[①] 친근(親近)할지니라.
이 경을 읽는 이는 언제나 근심과 번뇌가 없고,
또 병이 없어 얼굴빛이 맑고 희리라.[②]
빈궁하고 비천하며, 누추한 데 태어나지 아니하고,[③]
중생이 보기 원하기를 현성(賢聖)을 사모하듯 하며,
하늘의 동자들이[④] 시봉하리라.[⑤]
칼과 몽둥이도 범하지 못하고, 독도 해치지 못하며,
만약 사람이 욕설하려고 하면, 입이 곧 막히리라.
나다닐 때에[⑥] 두려움 없기가 사자왕 같고,[⑦]
지혜의 빛이 해 비춤과[⑧] 같으리라.

---

① **네 가지 법** : 4안락행. 신(身)안락행, 구(口)안락행, 의(意)안락행, 서원(誓願)안락행. ② **맑고 희리라** : 경의 힘을 통하여 현세(現世)의 과보를 닦았기 때문이다. ③ **누추한 데 태어나지 않음** : 미래에 좋은 곳에 태어남은, 이 경의 힘으로 미래(未來)의 과보를 닦았기 때문이다. ④ **하늘의 동자(天諸童子)** : 나이 어린 천신들(天神). ⑤ **시봉하리라** : 이 경의 힘으로 탐욕과 애욕의 업장이 바뀌어서 부귀의 충족으로 이루어지리라. ⑥ **나다닐 때(遊行)** : 수행승이 중생 교화와 자기 수행을 위해 여행하는 일. ⑦ **사자왕 같음** : 이 경의 힘으로 성나는(瞋) 업장이 바뀌어 안락을 이루게 된다. ⑧ **해 비춤** : 이 경의 힘으로 어리석음(愚痴)의 업장이 바뀌어 지혜를 이루게 된다.

若於夢中엔 약 어 몽 중	但見妙事호대 단 견 묘 사	見諸如來의 견 제 여 래	坐師子座어든 좌 사 자 좌
諸比丘衆이 제 비 구 중	圍繞說法하며 위 요 설 법	又見龍神과 우 견 용 신	阿修羅等이 아 수 라 등
數如恒沙로 수 여 항 사	恭敬合掌이어든 공 경 합 장	自見其身하되 자 견 기 신	而爲說法하니라 이 위 설 법
又見諸佛께서 우 견 제 불	身相金色이 신 상 금 색	放無量光하사 방 무 량 광	照於一切하시며 조 어 일 체
以梵音聲으로 이 범 음 성	演說諸法하시며 연 설 제 법	佛爲四衆하사 불 위 사 중	說無上法이시어든 설 무 상 법

38. ① 꿈꾸는 중에서도 묘한 일만[①] 보되,
여러 여래께서 사자좌에[②] 앉으시어,
비구들에게 에워싸여 설법하시는 것을 보며,
또 항하사같이[③] 많은 용신,[④]
아수라 등이 공경, 합장하는데,
자신이 그들을 위해 설법하는 모양을 스스로 보리라.

39. ② 또, 모든 부처님의 신상(身相)이[⑤] 금빛으로서[⑥]
한량 없는 광명을 놓으시어[⑦] 일체를 비추시며,
범음(梵音)으로[⑧] 여러 법 설하심을 보며,
부처님께서 사부 대중을 위해 위없는 법을 설하실 때,

---

① **묘한 일** : 꿈 속에서 불법의 훌륭하고 묘한 일. 이는 번뇌가 바뀌어 보리를 이루는 모습이다. ② **사자좌** : 부처님께서 앉으시는 법좌. ③ **항하사** : 갠지스 강의 모래알 같은 수효. 지극히 많은 수효. ④ **용신**(龍神, nāga) : 용에 신력이 있으므로 용신이라 한다. 또는 용왕. ⑤ **부처님의 신상** : 신체의 특징. 부처님의 삼십이상(三十二相)을 가리킨다. ⑥ **금빛**(金色) : 부처님의 피부 빛깔이 자마금색(紫磨金色)이라고 믿은 데서 나온 말. ⑦ **광명을 놓으심** : 광명은 지혜를 나타낸다. 부처님께서 설법하실 때, 중생의 근기를 생각하여 선정에서 나온다. ⑧ **범음** : 범음성(梵音聲). 맑고 깨끗한 부처님의 음성.

見身이 處中하여 合掌讚佛하며 聞法歡喜하여 而爲供養하며
견신 처중 합장찬불 문법환희 이위공양

得陀羅尼하여 證不退智어든 佛知其心이 深入佛道하사
득다라니 증불퇴지 불지기심 심입불도

卽爲授記하사 成最正覺하사대 汝善男子는 當於來世에
즉위수기 성최정각 여선남자 당어래세

得無量智의 佛之大道하리니 國土嚴淨하되 廣大無比하며
득무량지 불지대도 국토엄정 광대무비

亦有四衆이 合掌聽法하리라.
역유사중 합장청법

자신도 그 속에 끼여 합장하고 찬탄하며,
법을 듣고 환희해서 공양하고,
다라니를[1] 얻어 불퇴지(不退智)를[2] 증득하니,
부처님께서 그 마음이 불도에 깊이 든 것을 아시고,
최정각(最正覺)을[3] 이루리라고 수기하시면서
'선남자야, 너는 마땅히 내세에
부처님의 무량지대도(無量智大道)를[4] 얻으리니,
그 국토는 매우 깨끗하고[5] 비할 데 없이 광대하며,
또 사부 대중이 합장하고 법문 들으리라.'라고 하셨느니라.

---

① **다라니**(陀羅尼) : 부처님 가르침의 비밀 요지가 들어 있어 신통한 힘이 있다는 주(呪). ② **불퇴지**(不退智) : 수행에서 물러남이 없는 뛰어난 지혜. 다시는 미혹에 떨어지지 않는 지혜. ③ **최정각**(最正覺) : 최고의 바른 깨달음. 부처님의 깨달음. ④ **무량지대도**(無量智大道) : 무량지는 한량 없는 부처님 지혜이고, 대도란 부처님의 위없는 도이다. ⑤ **국토는 매우 깨끗함**(國土嚴淨) : 국토는 의보(依報 : 업의 과보로 正報가 이루어지고, 정보가 의지하는 환경)를 나타내고, 엄정함은 아름답고 깨끗함이다.

又見自身이 在山林中하여 修習善法하여 證諸實相하며
우견자신 재산림중 수습선법 증제실상

深入禪定하여 見十方佛하리라
심입선정 견시방불

諸佛身金色이 百福相으로 莊嚴하시고 聞法爲人說하시난등 常有是好夢하리라.
제불신금색 백복상 장엄 문법위인설 상유시호몽

40. ③ 또, 자신이 산림(山林) 중에 거처하여
좋은 법을 닦고[①] 익혀 제법(諸法)의 실상을 증득하며,
깊이 선정에 들어 시방불(十方佛)을[②] 친견함을 보리라.
모든 부처님의 몸은 금빛으로서 백복상이 장엄되고,[③]
법을 듣고는 사람을 위해 설하는,
이같이 좋은 꿈이 항상 있으리라.

---

① **좋은 법(善法)을 닦음** : 바른 행(正行)에 힘쓰는 일. 법은 본래 가지고 있는 것이지만, 닦지 않으면 증득할 수 없다. ② **시방불(十方佛)** : 시방 불국토에 계신 부처님. 동방 선덕불(善德佛), 남동방 무우덕불(無憂德佛), 남방 전단덕불(栴檀德佛), 남서방 보시불(寶施佛), 서방 무량명불(無量明佛), 북서방 화덕불(華德佛), 북방 상덕불(相德佛), 북동방 삼승행불(三乘行佛), 상방 광중덕불(廣衆德佛), 하방 명덕불(明德佛). ③ **백복상이 장엄** : 부처님의 몸은 온갖 복덕을 갖추어 이루어진 장엄한 모습이라는 뜻. 삼십이상(三十二相) 팔십종호(八十種好)라고 한다.

又夢에 作國王하여 捨宮殿眷屬과 及上妙五欲하고 行詣於道場하여
우몽 작국왕 사궁전권속 급상묘오욕 행예어도량

在菩提樹下하여 而處師子座하여 求道過七日하여 得諸佛之智하여
재보리수하 이처사사좌 구도과칠일 득제불지지

成無上道已하여 起而轉法輪하여 爲四衆說法호대 經千萬億劫토록
성무상도이 기이전법륜 위사중설법 경천만억겁

說無漏妙法하여 度無量衆生하다가 後當入涅槃호대 如煙盡燈滅하리라
설무루묘법 도무량중생 후당입열반 여연진등멸

若後惡世中에 說是第一法한다면 是人得大利는 如上諸功德이라하셨느니라.
약후악세중 설시제일법 시인득대리 여상제공덕

41. ④ 또, 꿈에 국왕이 되어
궁전과 권속과 최상의 오욕락을[1] 버리고
도량에[2] 나아가 보리수 아래 사자좌에 앉아
도 구하기 칠 일이 지나서 모든 불지(佛智)를 얻어
무상도를 성취한 후에 일어나 법륜을 굴려,
사부 대중을 위해 설법하는 일이 천만억 겁 지나도록
무루(無漏)의 묘법을 설해 한량 없는 중생을 제도하다가,
열반에 들되 연기 사라지고 등불 꺼지듯[3] 하리라.
만약 훗날 악한 세상에서 이 제일의 법을[4] 설한다면,
이 사람이 큰 이익을 얻는 것이 위의 여러 공덕과 같으리라."
하셨느니라.

---

① **오욕락(五欲)** : 중생의 오근(五根)이 주위의 대상에 집착하여 일으키는 욕망. 색욕(물질적 탐욕), 성욕(좋은 소리에 대한 욕망), 향욕(좋은 향기에 대한 욕망), 미욕(좋은 맛에 대한 욕망), 촉욕(좋은 촉감에 대한 욕망). 세속적 욕망의 총칭. ② **도량(道場)** : 수행하는 장소. 여기서는 부처님께서 성도하신 곳. ③ **연기 사라지고 등불 꺼지듯(如煙盡燈滅)** : 묘법으로 중생을 제도하고 열반에 드시는 것이, 연기가 다하고 불이 꺼지는 것과 같다는 뜻. ④ **이 제일의 법(是第一法)** : 이와 같이 으뜸이 되는 가르침. 곧, 법화경의 묘법.

종지용출품 제 15 (從地踊出品 第十五)

爾時에 他方國土에서 諸來하신 菩薩摩訶薩이 過八恒河沙數러시니 於大衆中에서
이시 타방국토 제래 보살마하살 과팔항하사수 어대중중

起하사 合掌作禮하시고 而白佛言하사대 世尊이시여 若聽我等이 於佛滅後에
기 합장작례 이백불언 세존 약청아등 어불멸후

在此娑婆世界에서 勤加精進하여 護持 讀誦 書寫 供養 是經典者시면
재차사바세계 근가정진 호지 독송 서사 공양 시경전자

當於此土에 而廣說之하겠나이다.
당어차토 이광설지

1. 그 때, 다른 국토에서 온 보살마하살이
팔 항하사 수효보다① 더 많았는데,
대중 가운데에서 일어나 합장, 예배하고
부처님께 사뢰었습니다.
"세존이시여, 만약 저희에게 부처님께서 멸도하신 후
이 사바세계에서 부지런히 정진하고②
이 경전을 두호해 지녀③
독송하고 옮겨 쓰고 공양할 것을 허락하신다면,
마땅히 이 국토에서 이를 널리 설하겠나이다."

---

①항하사 수효(恒河沙數) : 갠지스 강의 모래와 같이 많은 수효. ②부지런히 정진함(勤加精進) : 힘을 다해 공부를 더하고 마음을 가다듬어 수행해 나가는 일. ③두호해 지녀(護持) : 법화경을 두량하고 수호해 지니는 일. 지켜서 보존함.

爾時에 佛告諸菩薩摩訶薩衆하사대 止하라 善男子야 不須汝等이 護持
이시 불고제보살마하살중 지 선남자 불수여등 호지

此經이라 所以者何오 我娑婆世界에 自有六萬恒河沙等 菩薩摩訶薩호대
차경 소이자하 아사바세계 자유육만항하사등 보살마하살

一一菩薩이 各有六萬恒河沙眷屬하니 是諸人等이 能於我滅後에 護持
일일보살 각유육만항하사권속 시제인등 능어아멸후 호지

讀誦하여 廣說此經이니라.
독송 광설차경

2. 그 때, 부처님께서 여러 보살마하살에게 이르셨습니다.

"그만두라, 선남자야.

굳이 너희가 이 경을 수호해 지니지 않아도 되느니라.[①]

왜냐 하면,

나의 사바세계에는 육만 항하사 수효의 보살마하살이 있고,

그 하나하나의 보살마다

각각 육만 항하사의 권속이[②] 있나니,

이 모든 사람이 내가 멸도한[③] 후에

이 경을 수호해 지니며 독송하고

널리 설할 것이기 때문이니라."

---

① 수호해 지니지 않아도 됨 : 타방 세계 보살들을 만류한 것이다. 그 이유는 사바세계에도 법화경을 수호해 지닐 무수한 보살들이 있기 때문이다. ② 권속(眷屬) : 따르는 무리. 예속된 사람. ③ 멸도(滅度) : 반열반(般涅槃). 입멸(入滅)을 뜻한다.

佛說是時에 娑婆世界三千大千國土가 地皆震裂커늘 而於其中에 有無量
불설시시 사바세계삼천대천국토 지개진열 이어기중 유무량
千萬億菩薩摩訶薩이 同時踊出하시니라 是諸菩薩이 身皆金色이시고 三十
천만억보살마하살 동시용출 시제보살 신개금색 삼십
二相이시고 無量光明이러시니 先盡在此娑婆世界之下하사 此界虛空中에
이상 무량광명 선진재차사바세계지하 차계허공중
住러시니 是諸菩薩이 聞釋迦牟尼佛 所說音聲하시고 從下發來하시니 一一
주 시제보살 문석가모니불 소설음성 종하발래 일일
菩薩이 皆是大衆의 唱導之首러시니 各將六萬恒河沙眷屬하심이라.
보살 개시대중 창도지수 각장육만항하사권속

3. 부처님께서 이 말씀을 하실 때,
사바세계 삼천 대천세계의[1] 땅이 다 진동하면서 갈라지는데,[2]
그 속에서 한량 없는 천만억의
보살마하살이 동시에 솟아나 올라왔습니다.[3]
이 모든 보살은 몸이 다 금색이고 삼십이상을 갖췄으며,
한량 없는 광명이 빛났습니다.
모두 그전부터 사바세계 아래 허공중에 머물러 있던 중,
석가모니불께서 설하시는 음성을 듣잡고
아래로부터 올라온 것입니다.
하나하나의 보살은 다 대중을 창도(唱導)하는 지도자로서,[4]
각각 육만[5] 항하사 권속을 거느리고 있었습니다.

---

①**삼천 대천세계** : 수미산을 중심으로 한 우주를 작은 세계(小世界)라 하고, 이 소세계 일천이 모여 소천세계, 다시 중천세계, 삼천세계를 이룬다. 우주 온 세계를 뜻한다. ②**진동하면서 갈라짐(震裂)** : 부처님의 위신력으로 다른 지역까지 땅이 진동하여 갈라짐. ③**솟아나 올라오다** : 솟아 나옴. 이와 같이 땅으로부터 보살들이 솟아 올라오므로 품 이름을 제15 종지용출품이라 한다. 이들은 석가여래께서 오랜 옛날(久遠劫)에 교화한 무량한 대보살들로서, 곧 본문 법화의 서분을 나타낸다. ④**창도하는 지도자(唱導之首)** : 법을 설해 인도하는 상수(上首)의 대보살이라는 뜻. ⑤**육만(六萬)** : 육만의 의미는 육바라밀을 나타낸 말. 각각의 바라밀에 이와 같이 많은 권속의 수행이 있다.

況將 五萬 四萬 三萬 二萬 一萬 恒河沙等眷屬者리요 況復 乃至
황장 오만 사만 삼만 이만 일만 항하사등권속자 황부 내지
一恒河沙 半恒河沙 四分之一이며 乃至 千萬億那由他分之一이리요
일항하사 반항하사 사분지일 내지 천만억나유타분지일
況復 千萬億那由他眷屬이리요 況復 億萬眷屬이리요 況復 千萬 百萬이며
황부 천만억나유타권속 황부 억만권속 황부 천만 백만
乃至一萬이리요 況復 一千 一百이며 乃至一十이리요 況復 將五四三二一
내지일만 황부 일천 일백 내지일십 황부 장오사삼이일
弟子者리요 況復單己로 樂遠離行이리요 如是等比 無量無邊하여 算數譬喩의
제자자 황부단기 요원리행 여시등비 무량무변 산수비유
所不能知러시니이다.
소불능지

4\. 하물며 오만, 사만, 삼만, 이만, 일만 항하사 권속을 거느린 보살이리요.
하물며 또, 일 항하사, 반 항하사, 사분의 일에서
천만억 나유타분의[①] 일이리요.
하물며 또, 천만억 나유타 권속 또는 억만 권속이리요.
하물며 또, 천만, 백만에서 일만이리요.
하물며 또, 일천, 일백에서 일십이리요.
하물며 또, 오, 사, 삼, 이, 일의 제자(弟子)를 거느린 보살이리요.
하물며 또, 번거로움을 멀리 떠나 홀로 행(行)을 닦으며[②]
멀리 떠남을 즐기는(樂遠離行)[③] 이들이리요.
이와 같은 이들[④] 그 수효가 한량 없고 가이없어서
산수(算數)와[⑤] 비유로도 알지 못할 정도였습니다.

---

①나유타(那由他) : 수효의 단위. 무수히 큰 수효를 의미. ②홀로 행을 닦음(單己) : 혼자 수행하는 이. ③멀리 떠남을 즐김(樂遠離行) : 고요한 곳에 머물기를 좋아함. ④이와 같은 이들 : 보살들이 솟아 올라오는데, 혹은 많은 보살 권속들이 오기도 하고, 혹은 적은 수의 권속이 오기도 하고, 혹은 혼자 수행하는 이들이 오는 등 다양한 부류의 권속이 왔다는 뜻. ⑤산수(算數) : 숫자로 하는 계산.

是諸菩薩이 從地出已하사 各詣虛空七寶妙塔의 多寶如來와 釋迦牟尼佛所에
시제보살 종지출이 각예허공칠보묘탑 다보여래 석가모니불소

到已하여 向二世尊하사와 頭面禮足하시고 及至 諸寶樹下師子座上佛所하사
도이 향이세존 두면예족 급지 제보수하사자좌상불소

亦皆作禮하시고 右繞三匝하시고 合掌恭敬하사 以諸菩薩의 種種讚法으로
역개작례 우요삼잡 합장공경 이제보살 종종찬법

而以讚歎하시고 住在一面하사 欣樂瞻仰於二世尊하시더이다.
이이찬탄 주재일면 흔락첨앙어이세존

5. 이 여러 보살이 땅에서 다 나오자마자
각각 허공에 치솟은 칠보 묘탑에① 계시는
다보여래와 석가모니불께 나아가
두 분 세존을 향하여 머리 조아려 발에 예경하고,②
또 모든 보배 나무 아래 사자좌에 계시는
부처님 처소에 이르러 또한 예배한 후,
오른쪽으로 세 번 돌고는③ 합장하고 공경하여
모든 보살의 갖가지 찬탄하는 법식대로 찬탄하고,
한쪽에 머물러 두 분 세존을
기꺼운 마음으로 우러러뵈었습니다.④

---

① **칠보 묘탑** : 칠보로 장엄된 미묘한 탑. 제11품(견보탑품)에서 솟아오른 다보불탑. 이제 허공에 머물러 있는데, 땅에서 솟은 보살들이 다보여래를 뵈러 이 곳에 왔다. ② **머리 조아려 발에 예경(頭面禮足)** : 지극한 경의를 표하는 예법. 꿇어앉아 두 손으로 상대의 발을 머리에 대는 일. ③ **오른쪽으로 세 번 돌고(右繞三匝)** : 오른쪽 어깨를 부처님 쪽으로 하고 세 번 도는 일. 경의를 표하는 예법. ④ **기꺼운 마음으로 우러러봄(欣樂瞻仰)** : 흐뭇하고 기쁜 마음으로 우러러봄.

是諸菩薩摩訶薩이 從初踊出하사 以諸菩薩의 種種讚法으로 而讚於佛하심이
시제보살마하살 종초용출 이제보살 종종찬법 이찬어불

如是時間이 經五十小劫이러니 是時에 釋迦牟尼佛께서 默然而坐하시며
여시시간 경오십소겁 시시 석가모니불 묵연이좌

及諸四衆도 亦皆默然이러니 五十小劫을 佛神力故로 令諸大衆으로 謂如
급제사중 역개묵연 오십소겁 불신력고 영제대중 위여

半日케하시니라.
반일

이 여러 보살마하살이 처음에 땅에서 솟아올라
모든 보살의 갖가지 찬탄하는 법식 따라
부처님을 찬탄하였으니,
이렇게 하는 동안이 오십 소겁을[1] 지냈습니다.
이 때, 석가모니불께서 잠잠히 앉아 계시고,[2]
아울러 모든 사부 대중도 다 잠잠히 있었는데,
그 동안이 오십 소겁이로되
부처님의 신력(神力)으로[3]
모든 대중이 반일(半日)과 같이 여기게[4] 하셨습니다.

① **소겁**(小劫) : 우주가 생겼다 무로 돌아가는 기간에서 유래한 대단히 오랜 기간. ② **잠잠히 앉아 계심**(默然而坐) : 침묵한 채 단정히 앉아 있음. ③ **부처님의 신력**(佛神力) : 부처님께서 증득한 부사의한 신통력. 사무소외, 육신통, 십력 등. ④ **대중이 반일과 같이 여김**(如半日) : 오십 소겁을 반나절처럼 보게 되었다는 뜻이다.

爾時에 四衆이 亦以佛神力故로 見諸菩薩이 遍滿無量百千萬億國土虛空이러니
이시 사중 역이불신력고 견제보살 변만무량백천만억국토허공
是菩薩衆中에 有四導師하시니 一名은 上行이시고 二名은 無邊行이시고
시보살중중 유사도사 일명 상행 이명 무변행
三名은 淨行이시고 四名은 安立行이시니라.
삼명 정행 사명 안립행

6. 이 때, 사부 대중이 부처님의 신력으로
여러 보살이 한량 없는 백천만억 국토의 허공중에
가득 찼음을 보았습니다.
이 보살 대중 가운데 네 도사(導師)가① 있었으니,
첫째는, 이름이 상행(上行)이요,②
둘째는, 이름이 무변행(無邊行)이요,③
셋째는, 이름이 정행(淨行)이요,④
넷째는, 이름이 안립행(安立行)이시었습니다.⑤

---

①도사(導師) : 중생을 정법으로 인도하시는 분의 경칭. 여기서는 상수(上首) 법사의 뜻. ②상행(上行) : 공들여 수행함이 훌륭하여 가장 으뜸이기 때문에 이름 붙여졌다. ③무변행(無邊行) : 끝없는 청정묘행을 구족하였다는 뜻. ④정행(淨行) : 맑고 깨끗하게 익힌 수행을 구족하였다는 뜻. ⑤안립행(安立行) : 적멸에 안주하여 청정한 행을 성취하였다는 뜻.

是四菩薩이 於其衆中에 最爲上首唱導之師러시니 在大衆前하사 各共合掌하사
시사보살 어기중중 최위상수창도지사 재대중전 각공합장

觀釋迦牟尼佛하오시며 而問訊言하사대 世尊께서 少病하시며 少惱하사 安樂
관석가모니불 이문신언 세존 소병 소뇌 안락

行하시나니잇가 不잇가 所應度者는 受教를 易잇가 不잇가 不令世尊을 生疲勞耶잇가
행 부 소응도자 수교 이 부 불령세존 생피로야

爾時에 四大菩薩이 而說偈言하사대
이시 사대보살 이설게언

世尊께서 安樂하사 少病 少惱하시며 教化衆生하사대 得無疲倦하시며
세존 안락 소병 소뇌 교화중생 득무피권

又諸衆生은 受化易잇가 不잇가 不令世尊을 生疲勞耶잇가.
우제중생 수화이 부 불령세존 생피로야

이 네 보살은 그 대중 가운데에서 상수(上首)로서
대중을 창도(唱導)하는[①] 스승인지라,
대중 앞에서 다 같이 합장하고
석가모니불께 우러러뵈오며 문안을[②] 여쭈었습니다.
"세존이시여, 병환도 없으시고 괴로움도 없으시어[③]
안락히 지내시나이까?
제도받을 자들은 가르치심을 쉽게 받잡나이까?
세존을 피로하게[④] 하지는 않나이까?"
그 때, 사대 보살이 게송으로 여쭈었습니다.
"세존께서 안락하시어 병환도 괴로움도 없으시며,
중생을 교화하심에 피로하지는 않으시나이까?
또, 모든 중생이 가르침을 쉽게 받잡나이까?
세존을 피로하게 하지는 않나이까?"

---

① **창도(唱導)** : 대중들 앞에서 제창하고 인도하는 일. ② **문안(問訊)** : 안부를 여쭙는 일. ③ **병환도 없으시어** : 문안 인사 내용. 원문은 소병(少病) 소뇌(少惱). ④ **피로하게(疲勞)** : 피로하고 권태로움. 중생의 근기가 교화를 쉽게 받아들이면 스승이 피로하지 않다.

爾時에 世尊께서 於菩薩大衆中에 而作是言하사오대 如是如是니라 諸善男子야
이시 세존 어보살대중중 이작시언 여시여시 제선남자

如來는 安樂하여 少病少惱하며 諸衆生等도 易可化度라 無有疲勞하니라
여래 안락 소병소뇌 제중생등 이가화도 무유피로

所以者何오 是諸衆生이 世世已來에 常受我의 化며 亦於過去諸佛을
소이자하 시제중생 세세이래 상수아 화 역어과거제불

恭敬尊重하여 種諸善根할새 此諸衆生이 始見我身하여 聞我所說하고
공경존중 종제선근 차제중생 시견아신 문아소설

即皆信受하여 入如來慧하였나니 除先修習한 學小乘者하느니라.
즉개신수 입여래혜 제선수습 학소승자

7. 그 때, 세존께서 보살 대중 가운데에서
이같이 말씀하셨습니다.
“그러하고 그러하니라. 모든 선남자야,
여래는 안락하여 조그마한 병도 조그마한 괴로움도 없으며,
모든 중생도 제도하기 쉬운지라, 피로함이 없느니라.
왜냐 하면,
이 모든 중생은 세세(世世)① 이래로
항상 나의 교화를 받았고,
또 과거 모든 부처님을 공경, 존중하여
모든 선근을② 심었기 때문이니라.
이 모든 중생이 처음 나의 몸을 보고③ 나의 설법을 듣고는
곧바로 다 믿고 받아서 여래 지혜에 들어갔나니,
먼저 수행하여 소승(小乘)을 배운 이는 제외되느니라.④

---

①세세(世世) : 생마다. 오랜 세월 동안. ②선근(善根) : 좋은 과보를 낳을 선행. ③처음 나의 몸을 보고 : 많은 선근을 쌓은 사람들이 처음 적멸도량에서 여래의 화엄법좌(華嚴法座)를 본 일. ④소승을 배운 이는 제외 : 소승을 익힌 둔근기는 화엄을 이해하지 못한다는 뜻.

如是之人도 我今에 亦令得聞是經하여 入於佛慧케하노라. 爾時에 諸大菩薩이
여시지인 아금 역령득문시경 입어불혜 이시 제대보살

而說偈言하사대
이설게언

善哉善哉하옵나이다 大雄世尊이시여 諸衆生等을 易可化度이어시늘
선재선재 대웅세존 제중생등 이가화도

能問諸佛의 甚深智慧하오며 聞已信行할새 我等도 隨喜하노이다
능문제불 심심지혜 문이신행 아등 수희

於時에 世尊께서 讚歎上首諸大菩薩하사대 善哉善哉라 善男子여 汝等이
어시 세존 찬탄상수제대보살 선재선재 선남자 여등

能於如來에 發隨喜心하놋다.
능어여래 발수희심

이런 사람들도 내가 지금 이 경을 듣게 하여
불혜(佛慧)에 들도록 하느니라."①

8. 그 때, 여러 대보살이 게송으로 사뢰었습니다.
"훌륭하시고 거룩하시나이다, 대웅 세존이시여.
모든 중생을 쉬이 제도하시고,②
제불(諸佛)의 매우 깊은 지혜 능히 묻고,③
듣자마자 믿고 행한다 하오시니,
저희는 덩달아 기뻐하나이다."④
때에, 세존께서 상수(上首)의 여러 대보살을 찬탄하셨습니다.
"훌륭하고 장하다, 선남자야.
너희가 여래를 따라 환희심을 일으키는구나."

---

① **불혜에 들도록 함** : 둔근기를 위해 방편을 열어, 근기가 총명해지기를 기다려 일승을 설해 부처님 지혜에 들게 한다는 뜻이다. 이는 곧 법화경의 취지이다. ② **중생을 쉬이 제도함(易可化度)** : 상근기는 쉽게 교화되어 방편을 기다릴 필요가 없지만, 중·하근기는 방편을 통해 제도하여 원만한 일불승에 들게 하므로 쉽게 제도한다고 했다. ③ **제불의 매우 깊은 지혜 물음** : 화엄회상의 여러 보살들과 법화회상의 사리불(舍利弗)과 같은 분. ④ **덩달아 기뻐함(隨喜)** : 따라 기뻐함. 여래의 설법을 듣고서 믿어 이해하고 따라 수행하였으므로, 모두 따라 기뻐한다.

爾時에 彌勒菩薩과 及八千恒河沙諸菩薩衆이 皆作是念호대 我等이 從昔
이시 미륵보살 급팔천항하사제보살중 개작시념 아등 종석

已來에 不見不聞한 如是大菩薩摩訶薩衆이 從地踊出하여 住世尊前하시고
이래 불견불문 여시대보살마하살중 종지용출 주세존전

合掌供養하사와 問訊如來하였나이다 時에 彌勒菩薩摩訶薩이 知八千恒河沙諸
합장공양 문신여래 시 미륵보살마하살 지팔천항하사제

菩薩等의 心之所念하시고 幷欲自決所疑코저 合掌向佛하사 以偈問曰하사대
보살등 심지소념 병욕자결소의 합장향불 이게문왈

9. 그 때, 미륵보살과[①] 팔천 항하사 수효의 보살이
다 이런 생각을 하였습니다.
'우리가 예부터 지금까지 이와 같이 대보살마하살 대중이
땅에서 솟아나와 세존 앞에 머물러 합장하고 공경하여
여래께 문안하는 것은 보지도 듣지도 못하였나이다.'
때에, 미륵보살마하살이
팔천 항하사 수효의 보살이 생각하는 바를 알고,
아울러 자신도 의심하는 바를 풀고자,
합장하여 부처님을 향해 게송으로 여쭙되,

---

① **미륵보살(彌勒菩薩)** : 자씨보살(慈氏菩薩). 이름은 아일다(阿逸多, Ajita). 미래에 성불하여 석가 세존께서 교화하지 못한 중생들을 제도한다. 석존의 교화를 돕는 보처(補處)보살. 적문(迹門)의 제1품(서품)에서 대중의 의심을 대표로 문수보살께 물었는데, 본문의 서(序)인 이 품에서도 역시 대중의 의심을 대표로 부처님께 여쭈었다.

無量千萬億 무 량 천 만 억	大衆諸菩薩은 대 중 제 보 살	昔所未曾見이로소니 석 소 미 증 견	願 兩足尊께서 說하소서 원 양 족 존 설
是從何所來하며 시 종 하 소 래	以何因緣集이닛고 이 하 인 연 집	巨身 大神通이며 거 신 대 신 통	智慧叵思議며 지 혜 파 사 의
其志念이 堅固하며 기 지 념 견 고	有大忍辱力하여 유 대 인 욕 력	衆生의 所樂見이로소니 중 생 소 요 견	爲從何所來이나잇고. 위 종 하 소 래

"한량 없는 천만억 대중의 모든 보살은
예전에 일찍이 보지 못한 바이오니,
원하옵건대, 양족존(兩足尊)께서는① 설해 주시옵소서.
이들은 어느 곳에서 왔고, 무슨 까닭으로 모였나이까?
큰 몸에다 큰 신통이② 있고,
지혜는 사의(思議)할 수 없으며,③
그 뜻과 생각이 견고하고 큰 인욕력이 있어,
중생이 보고 싶어하니,④ 이들은 어느 곳에서 왔나이까?

---

①**양족존** : 부처님의 존칭. 가장 존귀하신 분. 지혜와 복덕, 방편과 진실, 계와 정 등을 구족하셨기 때문이다. ②**큰 몸에다 큰 신통** : 거대한 몸에 큰 신통력을 지니고 땅에서 솟아났다는 뜻. ③**지혜는 사의할 수 없음** : 지혜가 깊어서 불가사의하다는 뜻(叵思議). ④**보고 싶어함**(所樂見) : 일체 중생들이 보고 싶어함.

一一諸菩薩의 일 일 제 보 살	所將諸眷屬이 소 장 제 권 속	其數 無有量호대 기 수 무 유 량	如恒河沙等하니 여 항 하 사 등
或有大菩薩이 혹 유 대 보 살	將六萬恒沙하여 장 육 만 항 사	如是諸大衆이 여 시 제 대 중	一心으로 求佛道하여 일 심 구 불 도
是諸大師等 시 제 대 사 등	六萬恒河沙가 육 만 항 하 사	俱來供養佛하사오며 구 래 공 양 불	及護持是經하며 급 호 지 시 경
將五萬恒沙호대 장 오 만 항 사	其數過於是하며 기 수 과 어 시	四萬及三萬이며 사 만 급 삼 만	二萬至一萬이며 이 만 지 일 만
一千 一百等이며 일 천 일 백 등	乃至一恒沙며 내 지 일 항 사	半及三四分이며 반 급 삼 사 분	億萬分之一이며 억 만 분 지 일
千萬那由他 천 만 나 유 타	萬億諸弟子며 만 억 제 제 자	乃至於半億이 내 지 어 반 억	其數 復過上하며 기 수 부 과 상

10. 하나하나의 보살마다 거느린[①] 권속들은
그 수효 한량 없어 항하사와 같나이다.
어떤 대보살은 육만 항하사의 권속을 거느리되,
이 같은 모든 대중이 일심으로 불도 구하며,
이 같은 대사(大師)[②] 등 육만 항하사 수효가
함께 와 부처님께 공양하며 이 경을 수호해 지니나이다.[③]
오만 항하사 거느린 보살은 그 수효가 이보다 많으며,
사만 항하사나 삼만, 이만, 일만이나,
일천, 일백 등에서 일 항하사나,
그 절반에서 삼분, 사분, 억만분의 일이거나,
천만 나유타, 만억의 제자에서 반억의 제자 거느린 이는
그 수효가 이보다 많으며,

---

① 거느린(所將) : 각기 데리고 있는 권속의 무리.
② 대사(大師) : 위대한 스승.
③ 수호해 지님 : 원문은 호지(護持).

百萬至一萬이며 백 만 지 일 만	一千及一百과 일 천 급 일 백	五十與一十이며 오 십 여 일 십	乃至三 二 一이며 내 지 삼 이 일
單己無眷屬하여 단 기 무 권 속	樂於獨處者도 낙 어 독 처 자	俱來至佛所하니 구 래 지 불 소	其數 轉過上하니 기 수 전 과 상
如是諸大衆을 여 시 제 대 중	若人이 行籌數호대 약 인 행 주 수	過於恒沙劫하여도 과 어 항 사 겁	猶不能盡知로소이다. 유 불 능 진 지
是諸大威德의 시 제 대 위 덕	精進菩薩衆은 정 진 보 살 중	誰爲其說法하사 수 위 기 설 법	教化而成就하시며 교 화 이 성 취
從誰하여 初發心하며 종 수 초 발 심	稱揚何佛法하며 칭 양 하 불 법	受持行誰經하며 수 지 행 수 경	修習何佛道하니잇고 수 습 하 불 도

백만에서 일만,
일천과 일백, 오십, 일십에서 삼, 이, 일을 거느리거나,
단신으로 권속 없이 혼자 수행하는 이[①]
다 함께 부처님 처소에 이르니, 그 수효는 더욱 많사옵니다.
이 같은 대중을 어떤 사람이 산수로 헤아리고자[②] 한다면,
항하사겁을 지난다 할지라도 다하지 못하겠나이다.

11. 이 모든 대위덕의 정진 보살[③] 대중은
누가 그들 위해 설법해 교화, 성취시켰으며,
누구에게서 처음으로 발심하고, 어느 불법을 찬양했으며,
무슨 경을 받아 지녔고,
어떤 불도를 닦아 익혔나이까?[④]

---

① 혼자 수행하는 이(獨處者) : 홀로 한적한 곳에 있기를 좋아하는 사람. ② 산수로 헤아림(行籌數) : 셈으로 수효를 헤아림. ③ 대위덕의 정진 보살 : 위덕과 정진력을 갖춘 보살 대중. 큰 위덕을 지니고 부지런히 수행하여 정진하는 보살. ④ 어떤 불도를 닦아 익혔나이까 : 닦고 있는 것이 어느 부처님의 도행(道行)이냐고 물었다.

如是諸菩薩이 神通大智力으로 四方地震裂커늘 皆從中踊出하니
여시제보살 신통대지력 사방지진열 개종중용출

世尊이시여 我昔來에 未曾見是事호니 願說其所從의 國土之名號하소서
세존 아석래 미증견시사 원설기소종 국토지명호

我常遊諸國호대 未曾見是衆하였으며 我於此衆中에 乃不識一人하였나이다.
아상유제국 미증견시중 아어차중중 내불식일인

忽然從地出하니 願說其因緣하소서.
홀연종지출 원설기인연

12. 이 같은 대보살들이 신통과 대지혜의 힘으로
사방의 땅이 진동하며 갈라져
그 속에서 솟아나왔나이다.
세존이시여,
저는 예전에 일찍이 이런 일 본 적 없나이다.
원하옵건대, 그들이 있던 국토 이름을 설해 주시옵소서.
제가 항상 여러 국토 다녔으되,①
이런 대중 아직 못 보았으며,
저는 이 대중 가운데에서 한 사람도 알지 못하였나이다.
홀연히 땅에서 솟아나니,
원하옵건대, 그 까닭을② 설하시옵소서.

---

①여러 국토 다녔으되 : 등각(等覺)에 머물러 항상 시방세계를 다녀보았다는 뜻. ②그 까닭 : 홀연히 땅 속에서 솟아 올라왔으니 그들이 온 것은 무슨 인연 때문인지 밝혀 달라는 뜻.

今此之大會에 無量百千億 是諸菩薩等이 皆欲知此事하나니
금차지대회 무량백천억 시제보살등 개욕지차사

是諸菩薩衆의 本末之因緣을 無量德世尊께서 唯願決衆疑하소서
시제보살중 본말지인연 무량덕세존 유원결중의

爾時에 釋迦牟尼分身諸佛께서 從無量千萬億 他方國土來者하사 在於八方
이시 석가모니분신제불 종무량천만억 타방국토래자 재어팔방

諸寶樹下하사 師子座上에 結跏趺坐어시늘 其佛侍者도 各各 見是菩薩
제보수하 사자좌상 결가부좌 기불시자 각각 견시보살

大衆이 於三千大千世界 四方에 從地踊出하사 住於虛空하시고 各白其佛
대중 어삼천대천세계 사방 종지용출 주어허공 각백기불

言하셨나이다.
언

13. 지금 이 대회의 한량 없는 백천억의 보살들이
다 이 일을 알고자 하옵니다.
이 여러 보살 대중의 본말(本末)의 인연을[1]
무량덕 갖추신 세존께서 설하시어
원하옵건대, 대중의 의혹을[2] 풀어 주시옵소서."

14. 그 때, 석가모니불의 분신인[3] 제불(諸佛)께서
한량 없는 천만억의 타방 국토에서 오셔서
팔방의[4] 여러 보배 나무 아래의 사자좌에[5]
결가부좌하시고 계시는데,
그 제불의 시자(侍者)들도[6] 각각
이 보살 대중이 삼천 대천세계 사방의 땅에서 솟아나
허공에 머무름을 보고 각자 그들 부처님께[7] 여쭈었습니다.

---

① 대중의 본말의 인연 : 이 보살의 자초지종. 본지(本地)와 수적(垂迹)의 인연. ② 대중의 의혹(衆疑) : 여러 사람의 의혹. ③ 석가모니불의 분신 : 중생을 제도하기 위해 신통력으로 만들어진 부처님의 몸. 화신(化身). ④ 팔방(八方) : 사방과 사유(四維). 곧, 동 서 남 북과 북동 남동 북서 남서. ⑤ 사자좌 : 부처님의 법좌. ⑥ 제불의 시자 : 분신불께서 거느린 시자들이다. ⑦ 그들 부처님 : 분신불의 시자들이 자기가 모시는 부처님께 물었다.

世尊이시여 此諸無量無邊 阿僧祇菩薩大衆이 從何所來이닛고 爾時에 諸佛께서
세존 차제무량무변 아승지보살대중 종하소래 이시 제불

各告侍者하사대 諸善男子야 且待須臾하라 有菩薩摩訶薩하니 名曰彌勒이니라
각고시자 제선남자 차대수유 유보살마하살 명왈미륵

釋迦牟尼佛之所授記라 次後에 作佛하시리라 已問斯事하사올새 佛今答之하시리니
석가모니불지소수기 차후 작불 이문사사 불금답지

汝等도 自當因是하여 得聞하리라.
여등 자당인시 득문

"세존이시여, 이 모든 한량 없고 가이없는
아승지 보살 대중은 어느 곳에서 왔나이까."
그 때, 제불(分身佛, 化佛)께서는 각각 시자에게 이르셨습니다.
"모든 선남자야, 잠시 기다리라.
여기 보살마하살이 있는데, 이름이 미륵이니라.
석가모니불의 수기를 받아, 바로 차후에 성불하리라.
그가 이미 이 일을 물었으므로
부처님께서 이제 대답하시리니,
너희도 마땅히 이로 인하여 듣게 되리라."①

---

① **이로 인하여 듣게 됨** : 부처님께서 미륵에게 하는 대답을 통해, 지니고 있는 의문도 자연히 풀리리라는 뜻이다.

爾時에 釋迦牟尼佛께서 告彌勒菩薩하사대 善哉善哉라 阿逸多여 乃能問佛
이시 석가모니불 고미륵보살 선재선재 아일다 내능문불

如是大事하나니 汝等은 當共一心으로 被精進鎧하며 發堅固意하라 如來는
여시대사 여등 당공일심 피정진개 발견고의 여래

今欲顯發宣示諸佛智慧와 諸佛自在神通之力과 諸佛師子奮迅之力과
금욕현발선시제불지혜 제불자재신통지력 제불사자분신지력

諸佛威猛大勢之力호려하노라.
제불위맹대세지력

15. 그 때, 석가모니불께서 미륵보살에게 이르셨습니다.

"훌륭하고 장하다, 아일다여(미륵보살 이름).①

네가 나에게 이와 같은 큰 일을 묻는구나.

너희는 마땅히 함께 일심으로② 정진의 갑옷을③ 입고

견고한 뜻을 일으키라.④

여래는 지금 모든 부처님의 지혜와

모든 부처님의 자재 신통력과

모든 부처님의 사자(師子) 분신(奮迅)의 힘과⑤

모든 부처님의 위맹(威猛) 대세(大勢)의 힘을⑥ 나타내어

일으켜 펴 보이고자⑦ 하노라."

---

①**아일다** : Ajita의 음사. 미륵보살의 이름. ②**일심** : 마음의 통일. 곧, 선정의 상태에 이른 마음을 가리킨다. ③**정진의 갑옷(被精進鎧)** : 정진을 갑옷에 비유한 말이다. 도를 닦아 마군을 물리침에는 정진이 중요하기 때문이다. ④**견고한 뜻을 일으킴(發堅固意)** : 뜻이 견고해야 일을 이룰 수 있기 때문이다. 퇴전하지 말라는 뜻. ⑤**사자 분신의 힘** : 사자와 같은 힘찬 모습. 위세가 대단한 모양을 비유한 말. ⑥**위맹 대세의 힘** : 위엄이 대단히 큰 세력. 부처님의 큰 위엄과 큰 위세의 힘. ⑦**펴 보이고자** : 나투어 드러냄.

爾時에 世尊께서 欲重宣此義하사 而說偈言하사대
이시 세존 욕중선차의 이설게언

當精進一心하라 我欲說此事하리니 勿得有疑悔하라 佛智는 叵思議니라
당정진일심 아욕설차사 물득유의회 불지 파사의

汝今出信力하여 住於忍善中하면 昔所未聞法을 今皆當得聞하리라
여금출신력 주어인선중 석소미문법 금개당득문

我今安慰汝하리니 勿得懷疑懼하라 佛은 無不實語하며 智慧不可量이니라
아금안위여 물득회의구 불 무부실어 지혜불가량

所得第一法이 甚深叵分別이니 如是今當說호리니 汝等은 一心聽할지니라.
소득제일법 심심파분별 여시금당설 여등 일심청

그 때, 세존께서 이 뜻을 거듭 펴시고자
게송으로 말씀하셨습니다.
"정진(精進)하여 일심이 되어라.
내가 이 일을 설하려 하니,
의혹을[①] 두지 마라.
불지(佛智)는 불가사의(不可思議)하느니라.[②]
너희는 지금 믿음의 힘을 내어
인욕하여 선법(善法)[③] 중에 머무르면,
옛적에 듣지 못했던 법을 이제 다 듣게 되리라.
내가 지금 너희를 안위하리니, 의심과 두려움을[④] 품지 마라.
부처님께는 실답지 않은 말씀이 없고,
지혜는 헤아릴 수 없느니라.
얻은 바 제일의 법은 매우 깊어서 분별하지 못하느니라.
이러한 것을 지금 설하리니, 너희는 일심으로 들을지어다."

---

① 의혹(疑悔) : 의심하고 후회함. 의혹과 후회는 도에 들어갈 수 없기 때문이다. ② 불가사의 : 파(叵)는 불가(不可)의 뜻. ③ 인욕하여 선법(忍善) : 잘 참아서 도리에 맞는 행위를 하는 일. ④ 의심과 두려움 : 원문은 의구(疑懼). 미묘법을 듣고 의심하고 두려워하지 마라는 뜻이다.

爾時에 世尊께서 說此偈已하시고 告彌勒菩薩하사대 我今於此大衆에 宣告汝等하노라
이시 세존 설차게이 고미륵보살 아금어차대중 선고여등

阿逸多여 是諸大菩薩摩訶薩의 無量無數阿僧祇가 從地踊出한것은 汝等이
아일다 시제대보살마하살 무량무수아승지 종지용출 여등

昔所未見者니라 我 於是娑婆世界에 得阿耨多羅三藐三菩提已하여 教化
석소미견자 아 어시사바세계 득아누다라삼먁삼보리이 교화

示導是諸菩薩하여 調伏其心하여 令發道意케하니라 此諸菩薩이 皆於是
시도시제보살 조복기심 영발도의 차제보살 개어시

娑婆世界之下에 此界虛空中에 住하였더니 於諸經典에 讀誦通利하여
사바세계지하 차계허공중 주 어제경전 독송통리

思惟分別正憶念하였나니라.
사유분별정억념

16. 그 때, 세존께서 이 게송을 설하시고
미륵보살에게 이르셨습니다.
"나는 이제 이 대중 가운데에서 너희에게 이르노라.
아일다여, 이 한량 없고 수없는 아승지의
모든 대보살마하살이 땅에서 솟아나는 것은
너희는 옛적에 보지 못한 것이니라.
내가 이 사바세계에서 아누다라삼먁삼보리를 얻고 나서
이 모든 보살을 교화하여 보이고 이끌어서,
그 마음을 조복(調伏)받아 도의 뜻을 일으키게[①] 하였노라.
이 모든 보살은 다 이 사바세계 아래의 그 곳
허공중에 머물러 모든 경전을 독송하고 통달하여[②]
사유하고 분별해서[③] 바르게 기억하였느니라.[④]

---

① 도의 뜻을 일으킴(發道意) : 계, 정, 혜로 마음을 안정되도록 조복시켜 무상도 구할 뜻을 내게 하였다는 뜻. ② 독송하고 통달함(讀誦通利) : 모든 경전을 읽고 통달했다는 뜻. ③ 사유하고 분별함 : 정관(正觀)에서 모든 법상(法相)을 잘 분별해서 제일의(第一義)에 움직임이 없는 일. ④ 바르게 기억함(憶念) : 기억해 잊지 않는 일. 바른 선정으로 제법이 공한 줄을 알고 항상 정토를 닦아 능히 마음을 바르게 하여 생각이 어긋나지 않게 함.

阿逸多여 是諸善男子等이 不樂在衆의 多有所說하고 常樂靜處하야
아일다 시제선남자등 불락재중 다유소설 상락정처
勤行精進하여 未曾休息하며 亦不依止人天而住하고 常樂深智하야 無有障礙하며
근행정진 미증휴식 역불의지인천이주 상락심지 무유장애
亦常樂於諸佛之法하여 一心精進하여 求無上慧하였나니라.
역상락어제불지법 일심정진 구무상혜
爾時에 世尊께서 欲重宣此義하사 而說偈言하사대
이시 세존 욕중선차의 이설게언
阿逸이여 汝當知하라 是諸大菩薩이 從無數劫來에 修習佛智慧하였나니라.
아일 여당지 시제대보살 종무수겁래 수습불지혜

아일다여, 이 모든 선남자는
대중 속에 있으면서 말 많은 것을 좋아하지 않고,
항상 조용한 곳을 좋아하며 부지런히 정진하되,
일찍이 휴식하지 아니하며,

또 인(人), 천(天)에 의지하여 머무르지 않고,
항상 깊은 지혜 좋아하여 걸림이 없고,①
또 항상 모든 부처님의 법을② 좋아하여
일심으로 정진하여 위없는 지혜를③ 구하였느니라."

17. 그 때, 세존께서 이 뜻을 거듭 펴시고자
게송으로 말씀하셨습니다.
"아일다여, 알지어다.
이 모든 대보살은 수없는 겁 이래로
부처님 지혜를 닦아 익혔느니라.

---

① **걸림이 없음** : 깊은 지혜를 닦으므로 법의 공적함을 보아, 장애가 없다. ② **모든 부처님의 법** : 삼승법을 제외한, 오직 부처님께서 얻은 법인 일승법(一乘法). ③ **위없는 지혜** : 최고의 지혜. 부처님의 지혜(無上正遍正等覺).

悉是我所化하여 令發大道心이니라 此等은 是我子라 依止是世界하고
실시아소화 영발대도심 차등 시아자 의지시세계

常行頭陀事하며 志樂於靜處하여 捨大衆憒鬧하고 不樂多所說하였나니
상행두타사 지락어정처 사대중궤뇨 불락다소설

如是諸子等이 學習我道法하고 晝夜常精進하며 爲求佛道故로
여시제자등 학습아도법 주야상정진 위구불도고

在娑婆世界의 下方空中에 住하였느니라 志念力이 堅固하고 常勤求智慧하여
재사바세계 하방공중 주 지념력 견고 상근구지혜

說種種妙法호대 其心이 無所畏하였느니라.
설종종묘법 기심 무소외

이는 다 내가 교화하여 큰 도심을① 일으키게 하였느니라.
이들은 나의 아들인지라,
이 세계에 의지하여 항상 두타행(頭陀行)을② 하고,
고요한 곳을 좋아하여 시끄러운 대중 처소③ 버리고
말 많은 것을 좋아하지 아니하였나니,
이 같은 모든 아들은 나의 도법을 배워 익혀,
주야로 정진하여 불도를 구하기 위하여
사바세계 아래 허공중에 머물러 있었느니라.
뜻과 생각, 원력이 견고하여④ 항상 부지런히 지혜를 구하며,
갖가지 묘법을 설하되, 그 마음에 두려운 바가 없느니라.⑤

---

① **도심(道心)** : 무상보리를 구하는 마음. 보리심. ② **두타행(頭陀行)** : 의식주에 얽힌 탐심을 제거하기 위해 걸식하며 청정하게 불도를 수행하는 일. ③ **시끄러운 대중 처소(大衆憒鬧)** : 여러 사람들이 모여 있어서 시끄러운 곳. ④ **뜻과 생각, 원력이 견고함** : 뜻을 세우고 생각을 가다듬어 원력이 견고하므로, 항상 부지런히 부처님 지혜를 수행하고자 한다. ⑤ **두려운 바가 없음** : 갖가지 미묘한 법을 잘 연설하여 그 마음이 안온하므로 두려운 것이 없어짐.

我於伽耶城 菩提樹下坐하야 得成最正覺하고 轉無上法輪코는
아어가야성 보리수하좌 득성최정각 전무상법륜

爾乃敎化之하야 令初發道心일새 今皆住不退하여서 悉當得成佛이니라
이내교화지 영초발도심 금개주불퇴 실당득성불

我今說實語하노니 汝等은 一心信하라 我從久遠來로 敎化是等衆하였느니라.
아금설실어 여등 일심신 아종구원래 교화시등중

爾時에 彌勒菩薩摩訶薩과 及無數諸菩薩等이 心生疑惑하여 怪未曾有하여
이시 미륵보살마하살 급무수제보살등 심생의혹 괴미증유

而作是念호대
이작시념

18. 내가 가야성[①] 보리수 아래에 앉아
최정각을[②] 이루고 무상 법륜[③] 굴리어 이들을 교화해서
처음으로 도심을 일으키게 하였느니라.
지금은 다 불퇴지(不退地)에 머물렀으므로 모두 성불하리라.
나는 지금 진실을 말하니, 너희는 일심으로 믿을지어다.
내가 오랜 옛적부터[④] 이 대중을 교화하였느니라."

19. 그 때, 미륵보살마하살과 수없는 모든 보살이
마음에 의혹이 생겨[⑤] 괴이하게 여겨
이런 생각을 하였으되,

---

① **가야성**(伽耶城, Gaya) : 마갈다국의 도성. 지금의 바트나 남쪽 60마일 정도에 위치. 부처님께서 성도하신 곳(붓다가야)은 가야성에서 떨어져 있다. ② **최정각**(最正覺) : 바른 깨달음. 부처님께서 스스로 증득한 깨달음. ③ **무상 법륜**(無上法輪) : 삼승의 법륜으로 나누어 교화하시어 일승으로 돌아가는데, 일승의 법륜은 무상 법륜이라 한다. ④ **오랜 옛적부터**(久遠來) : 아득한 옛날부터. 광대한 겁 이래로 이들 대보살들을 교화하였다는 것을 밝히는 취지이다. ⑤ **마음에 의혹이 생김** : 미륵과 무수한 보살 대중들이 미혹한 일. 석가불께서 성도하신 지가 오래지 않다고 의심하였고, 보살의 지혜와 신통력을 의심하였다.

云何世尊께서 於少時間에 教化如是 無量無邊阿僧祇 諸大菩薩하여 令住
운하세존 어소시간 교화여시 무량무변아승지 제대보살 영주

阿耨多羅三藐三菩提케하셨느뇨하고 卽白佛言하사대 世尊이시여 如來爲太子時에
아누다라삼먁삼보리 즉백불언 세존 여래위태자시

出於釋宮하사 去伽耶城不遠에 坐於道場하사 得成阿耨多羅三藐三菩提하시니
출어석궁 거가야성불원 좌어도량 득성아누다라삼먁삼보리

從是已來로 始過四十餘年하니 世尊께서 云何於此少時에 大作佛事하셨나이까.
종시이래 시과사십여년 세존 운하어차소시 대작불사

'어떻게 세존께서 이 짧은 시간에 이와 같은
한량 없고 가이없는 아승지 수효의[①] 대보살을 교화하시어
아누다라삼먁삼보리에[②] 머무르게 하셨을까?' 하였습니다.
곧 부처님께 여쭈었습니다.
"세존이시여, 여래께서 태자로 계실 때
석씨(釋氏) 궁성을[③] 나오시어
가야성에서 멀지 않은 도량에 앉으시어
아누다라삼먁삼보리를 이루셨나이다.
이로부터 지금까지 겨우 사십여 년[④] 지났사온대,
세존께서 어찌 이 짧은 시간에 큰 불사(佛事)를[⑤] 하셨나이까?

---

①**아승지 수효** : 무수겁(無數劫)의 뜻. 셀 수 없이 많은 수효. ②**아누다라삼먁삼보리** : 무상정등정각(위없이 바르고 평등한 바른 깨달음). 도량에 앉아 불과(佛果)를 얻었다는 뜻이다. ③**석씨 궁성(釋宮)** : 석가족의 궁전. 역사적으로 가필라바수투(가필라성). ④**사십여 년** : 19세에 가필라 성을 떠나 6년간을 고행하시고 5년 동안 유행하다가 30세에 도를 성취하셨는데, 법화경을 설한 때는 72세였으므로, 겨우 40여 년밖에 되지 않는다는 뜻이다. ⑤**불사(佛事)** : 부처님께서 하셔야 할 일. 곧, 중생을 교화하는 일.

以佛勢力과 以佛功德으로 敎化如是無量大菩薩衆하사 當成阿耨多羅
이불세력 이불공덕 교화여시무량대보살중 당성아누다라
三藐三菩提시닛고 世尊이시여 此大菩薩衆을 假使有人이 於千萬億劫에
삼먁삼보리 세존 차대보살중 가사유인 어천만억겁
數不能盡하여 不得其邊하리며 斯等이 久遠已來에 於無量無邊諸佛所에
수불능진 부득기변 사등 구원이래 어무량무변제불소
植諸善根하여 成就菩薩道하고 常修梵行하였나이다. 世尊이시여 如此之事는
식제선근 성취보살도 상수범행 세존 여차지사
世所難信이옵나이다.
세소난신

부처님의 세력과 부처님의 공덕으로
이와 같이 한량 없는 대보살을 교화하시어
장차 아누다라삼먁삼보리를 이루게 하시겠나이까?
세존이시여, 이 대보살들을 설사 어떤 사람이
천만억 겁을 두고 헤아린다 할지라도 능히 다하지 못하여
그 끝을 알 수 없겠나이다.
이들은 오랜 옛적부터 한량 없고 가이없는
모든 부처님 처소에서 온갖 선근을① 심어 보살도를② 이루고
항상 맑은 행(梵行)을③ 닦았겠나이다.
세존이시여, 이런 일은 세상에서 믿기 어렵사옵나이다.

---

①선근(善根) : 깨달음의 과를 가져오는 선행. 덕본(德本). ②보살도(菩薩道) : 보살의 수행. 보리를 구하고 그 공덕으로 중생을 교화한다. ③맑은 행(梵行) : 청정한 수행.

譬如有人이 色美하고 髮黑하고 年이 二十五로서 指百歲人하여 言是我子이라커든
비여유인 색미 발흑 연 이십오 지백세인 언시아자

其百歲人도 亦指年少하여 言호대 是我父니 生育我等이라하면 是事 難信이로소이다
기백세인 역지년소 언 시아부 생육아등 시사 난신

佛亦如是하사 得道已來 其實은 未久하시고
불역여시 득도이래 기실 미구

20. 비유하옵건대, 얼굴빛이 아름답고 머리는 검으며,①
나이 스물다섯 된 사람이② 백 살 된 사람을 가리켜
'이는 나의 아들이다.'③ 하고,
백 세 노인도④ 젊은이를 가리켜
'이는 나의 아버지로서 우리를 낳아 길렀다.' 한다면,
이 일은 믿기 어렵사옵나이다.
부처님도 이와 같으시어,
도를 얻으신 지 오래되지 않으시고,

---

① 얼굴빛이 아름답고 머리는 검음 : 원문은 색미발흑(色美髮黑). ② 나이 스물다섯 된 사람 : 젊은이를 들어서 부처님께서 성도하신 지가 얼마 되지 않았음을 비유한 말. ③ 나의 아들 : 부처님께서 대중을 가리켜 나의 제자라고 하는 것을 비유했다. ④ 백 세 노인 : 대보살들도 세존을 가리켜 우리를 교화한 스승이라 하는 것을 비유했다.

而此大衆諸菩薩等은 **已於** **無量千萬億劫**에 **爲佛道故**로 **勤行精進**하여
이차대중제보살등 이어 무량천만억겁 위불도고 근행정진

善入出住無量百千萬億三昧하사 **得大神通**하며 **久修梵行**하여 **善能次第**로
선입출주무량백천만억삼매 득대신통 구수범행 선능차제

習諸善法하여 **巧於問答**하여 **人中之寶**라 **一切世間**에 **甚爲希有**커늘 **今日**
습제선법 교어문답 인중지보 일체세간 심위희유 금일

世尊께서 **方云**하사대 **得佛道時**에 **初令發心**케하시어 **教化示導**하시어 **令向阿耨**
세존 방운 득불도시 초령발심 교화시도 영향아누

多羅三藐三菩提케호라하시니 **世尊**께서 **得佛未久**에 **乃能作此大功德事**시니잇가.
다라삼먁삼보리 세존 득불미구 내능작차대공덕사

이 대중 보살들은 이미 한량 없는 백천만억 겁을 두고
불도를 위해 온 까닭에, 부지런히 정진하여
한량 없는 백천만억 삼매(三昧)에 잘 들고 나고 머물러서[1]
대신통을[2] 얻고, 오래 맑은 행을 닦아
능히 차례로 모든 선법(善法)을 잘 익혀 문답에 공교하여,
사람 중에 보배이므로
온 세상에서 매우 희유하온대,
오늘 세존께서 방금 말씀하시되,
'내가 불도를 얻고 처음으로 그들을 발심시켜 교화, 인도하여
아누다라삼먁삼보리로 향하도록 하였노라.' 하시오니,
세존께서 성불하신 지가 오래지 않사온대,
어떻게 이 큰 공덕을 지으셨나이까?

---

① **백천만억 삼매에 잘 들고 나고 머무름** : 마음과 생각을 단정히 하고 고요한 선정에 들어가 마음이 대상에 일치하는 것을 삼매(三昧)라고 한다. 구차제정(九次第定)은 잘 들고, 사자분신삼매(師子奮迅三昧)는 잘 나감이며, …… 필법성삼매(畢法性三昧)를 잘 들어간다고 하고, 수능엄삼매(首楞嚴三昧)를 잘 나간다고 하며, 왕삼매(王三昧)를 잘 머문다고 한다. 그러므로 백천 삼매에 잘 들고 머문다고 한다. 곧, 한 문으로 관련훈수(觀煉熏修)를 잘 익혀 통달하면, 백천삼매에 자재한 힘이 된다. ② **대신통** : 신통의 힘은 선정에서 생기니, 고요한 선정에 들어 본성을 환하게 비추어서 마음이 통하여 걸림이 없어지는 것을 말한다.

我等은 雖復信佛하되 隨宜所說하사와 佛所出言이 未曾虛妄하시며 佛所知者를
아등 수부신불 수의소설 불소출언 미증허망 불소지자
皆悉通達하사오나 然諸新發意菩薩이 於佛滅後에 若聞是語하오면 或不
개실통달 연제신발의보살 어불멸후 약문시어 혹불
信受하여 而起破法罪業因緣하리니이다 唯然하오니 世尊이시여 願爲解說하사
신수 이기파법죄업인연 유연 세존 원위해설
除我等疑하시며 及未來世에 諸善男子가 聞此事已코 亦不生疑케하소서.
제아등의 급미래세 제선남자 문차사이 역불생의

저희는 부처님께서 근기를 따라 설하시고,①
그 말씀에 거짓이 없으시며,
그 아실 바를② 다 통달하셨음을 믿고 있사오나,
새로 발심한 보살들이③ 부처님 멸도하신 후에
이 말씀을 듣잡고 혹 믿지 아니한다면,
법을 파하는 죄업의 인연을④ 짓게 되옵나이다.
그러하오니⑤ 세존이시여, 원하옵건대, 풀어 설하시어
저희의 의혹을 제거하심과 아울러
미래세의 여러 선남자도 이 일을 듣고
또한 의심 내지 않게 하시옵소서."⑥

---

①**근기를 따라 설하심(隨宜所說)** : 듣는 상대의 소질에 맞게 적절히 설하시는 일. ②**아실 바(所知)** : 알아야 할 일. 알아야 할 대상. ③**새로 발심한 보살(新發意菩薩)** : 새로 보리심을 일으킨 수행이 얕은 보살. ④**죄업의 인연** : 믿지 못하면 헐뜯게 되고, 헐뜯으면 과오를 초래하여 죄업(罪業)이 됨을 말한다. ⑤**그러하오니(唯然)** : 예, 그러하옵니다의 뜻. ⑥**의심 내지 않게 함** : 의혹하기 때문에 법을 믿지 않으니, 미륵보살이 부처님께 질문한 취지는 오직 후인들이 믿지 않을까 봐 염려했기 때문이다.

爾時에 **彌勒菩薩**이 **欲重宣此義**하사 **而說偈言**하사대
이시 미륵보살 욕중선차의 이설게언

佛昔從釋種하사 **出家近伽耶**에 **坐於菩提樹**하사 **爾來尙未久**어시든
불석종석종 출가근가야 좌어보리수 이래상미구

此諸佛子等은 **其數不可量**이며 **久已行佛道**하여 **住於神通力**하며
차제불자등 기수불가량 구이행불도 주어신통력

善學菩薩道하여 **不染世間法**호미 **如蓮華在水**인듯하니 **從地而踊出**하여
선학보살도 불염세간법 여연화재수 종지이용출

皆起恭敬心하여 **住於世尊前**하사오이다
개기공경심 주어세존전

21. 그 때, 미륵보살이 이 뜻을 거듭 펴고자
게송으로 사뢰었습니다.
"부처님께서 옛적에 석가족에서 출가하시어
가야성에 가까이 있는 보리수① 아래 앉으시니,
이로부터 이제까지 오래지 않으시거늘,②
이 제자들 그 수효 헤아릴 수 없는 데다가
오래도록 불도를 행하여 신통력 지녔고,③
보살도를 잘 닦아 세간법에 물들지 않음이
연꽃이 물에 있음과 같나이다.
땅에서 솟구쳐 나와④ 모두 공경심 일으켜
세존 앞에 섰나이다.

---

①**가야성에 가까이 있는 보리수** : 옛날 부처님께서 석가족으로 태어나 세속을 버리고 출가하셨던 가야성 근방 5, 6리쯤 떨어진 곳. ②**오래지 않으시거늘(爾來尙未久)** : 보리수 아래에 앉았을 때부터 지금(법화를 설할 때까지)까지 40여 년밖에 되지 않았다는 뜻. ③**신통력 지님** : 이미 오랫동안 수행하여 걸림없는 대신통력에 머문다는 뜻. ④**땅에서 솟구쳐 나옴** : 연꽃이 물 속에 있는 것과 같이 땅 속에서 홀연히 보살들이 솟아났다.

是事難思議니 云何而可信이리잇고 佛得道는 甚近하고 所成就는 甚多하시니
시사난사의 운하이가신 불득도 심근 소성취 심다
願爲除衆疑하사 如實分別說하소서 譬如少壯人이 年始二十五로서
원위제중의 여실분별설 비여소장인 연시이십오
示人百歲子의 髮白而面皺호대 是等이 我所生이라커시든 子亦說호대 是父라하여
시인백세자 발백이면추 시등 아소생 자역설 시부
父少而나 子老하여 擧世所不信하겠나이다.
부소이 자노 거세소불신

이 일은 불가사의하오니, 어찌 믿겠나이까?
부처님 득도하심은 최근이온대,
성취하신 바는 심히 많으시니,[1]
원하옵건대, 대중의 의심[2] 덜어 주시고
여실히 분별해 설해 주시옵소서.

22. 비유하옵건대, 나이 스물다섯의 젊고 씩씩한 사람이[3]
흰 머리에 주름진 얼굴의[4] 백 세 노인 가리키며
'이는 나의 소생이다.' 하고,
아들 또한 '이는 아버지이다.'고 한다면,
아버지는 젊고 아들은 늙어서,
세인이 믿지 않겠나이다.

---

①**성취하신 바는 심히 많음** : 도를 얻으신 시일은 오래지 않았으나, 교화한 중생은 매우 많다는 뜻. ②**대중의 의심(衆疑)** : 여러 사람들의 의혹. ③**젊고 씩씩한 사람** : 원문은 소장인(少壯人). 젊은 사람. ④**흰 머리에 주름진 얼굴** : 원문은 발백이면추(髮白而面皺).

世尊께서도 亦如是하사 得道來 甚近하고 是諸菩薩等은 志固無怯弱하여
세존 역여시 득도래 심근 시제보살등 지고무겁약

從無量劫來에 而行菩薩道하여 巧於難問答호대 其心無所畏하며
종무량겁래 이행보살도 교어난문답 기심무소외

忍辱心決定하며 端正有威德하여 十方佛所讚이라 善能分別說하며
인욕심결정 단정유위덕 시방불소찬 선능분별설

不樂在人衆하고 常好在禪定하여 爲求佛道故로 於下空中住하였나이다.
불요재인중 상호재선정 위구불도고 어하공중주

23. 세존도 이와 같으시어, 도를 얻으신 지 최근이고,
이 보살들은 뜻이 견고하고 겁냄도 약함도 없으며,
한량 없는 겁 동안 보살도를 행하여
어려운 문답에 공교하고, 그 마음에 두려움 없으며,①
인욕심이 이뤄져 확고하고,② 단정하며 위덕이 있어③
시방 제불이 찬탄하시는 바이나이다.
능히 잘 분별해서 설하며,
많은 사람과 함께 있기를 좋아하지 아니하고,④
항상 선정에 들기를 좋아하며,
불도 구하기 위하여 저 아래 허공중에 머물었나이다.

---

① 문답에 공교하고 마음에 두려움 없음 : 어려운 문답에 잘 응함으로써 마음이 원활해져 두려움이 없다. ② 인욕심이 이뤄져 확고함(忍辱心決定) : 인욕을 잘 하여 마음에 간사한 의심이 없으니, 믿음이 확고해진다. ③ 단정하며 위덕이 있음(端正有威德) : 모습이 단정하여 위덕이 갖추어짐. ④ 많은 사람과 함께 있기를 좋아하지 아니함(不樂在人衆) : 여러 사람 속에 섞여 있기를 바라지 않음.

我等從佛聞하고 於此事無疑커니와 願佛께서 爲未來하사 演說令開解케하소서
아 등 종 불 문 어 차 사 무 의 원 불 위 미 래 연 설 령 개 해

若有於此經에 生疑不信者면 卽當墮惡道하리니 願今에 爲解說하소서
약 유 어 차 경 생 의 불 신 자 즉 당 타 악 도 원 금 위 해 설

是無量菩薩을 云何於少時에 敎化令發心하여 而住不退地케하셨나이까.
시 무 량 보 살 운 하 어 소 시 교 화 령 발 심 이 주 불 퇴 지

저희야 부처님께 들어서 이 일에 의심 없지만,
원하옵건대, 부처님께서는 미래 중생 위하시어
풀어 설하시어 이해하게 하시옵소서.①
만약 이 경에 의심 내어 믿지 않는다면,
곧 악도에② 떨어지오리니,
원하옵건대, 지금 해설하시옵소서.
이 한량 없는 보살을 어떻게 짧은 시간에 교화하시어
발심하게③ 하고 불퇴지(不退地)에 머무르게④ 하셨나이까."

---

①**이해하게 함**(開解) : 이해가 열리게 하는 일. 진리에 대한 이해. ②**악도** : 악행을 저지른 자가 태어나는 곳. 축생, 아귀, 지옥의 세 곳을 삼악도라 한다. ③**발심** : 불도를 구하려는 마음을 내는 일. ④**불퇴지에 머무름**(而住不退地) : 보살의 수행에 있어서 물러섬이 없는 경지에 머무름.

여래수량품 제 16 (如來壽量品 第十六)

爾時에 **佛告諸菩薩**과 **及一切大衆**하사대 **諸善男子**야 **汝等**이 **當信解如來**
이시 불고제보살 급일체대중 제선남자 여등 당신해여래
誠諦之語하라 **復告大衆**하사대 **汝等**이 **當信解如來 誠諦之語**하라 **又復告諸**
성제지어 부고대중 여등 당신해여래 성제지어 우부고제
大衆하사대 **汝等**이 **當信解如來 誠諦之語**할지니라.
대중 여등 당신해여래 성제지어

1. 그 때, 부처님께서 여러 보살과 일체 대중에게 이르셨습니다.
"모든 선남자야,
너희는 여래의 참된(誠諦) 말씀을① 믿고 이해할지니라."②
다시 대중에게 이르셨습니다.
"너희는 여래의 참된 말씀을 믿고 이해할지니라."③
또다시 대중에게 이르셨습니다.
"너희는 여래의 참된 말씀을 믿고 이해할지니라."④

---

①**참된 말씀(誠諦之語)** : 남을 속이지 않는 성실한 말. 성제(誠諦)란 부처님의 말씀이 진리에 이르게 하는 말씀임을 강조한 말이다. 앞에서 부처님께서는, 땅에서 솟아 나온 보살 대중이 사실은 새로 발심한 보살(新發意菩薩)들이 아니고 이미 오래 전에 석가불께서 교화한 보살들이라고 밝히시자, 많은 대중들은 도대체 부처님께서 가야성에서 성도하신 지 사십여 년밖에 지나지 않았건만, 이렇게 많은 대중을 어떻게 다 교화할 수 있었겠느냐고 의심하게 되었다. 이제 부처님께서, 여래의 말씀은 거짓됨이 없으므로, 비방하는 일이 없도록 당부하신 말씀이다. ②**믿고 이해함(信解)** : 여래의 진실한 말씀을 믿고 방편에 집착하지 마라는 뜻이다. 곧, 석가불께서 사실은 이미 오래 전에 성불하셨고, 가야성에서 보이신 것은 방편임을 믿으라는 뜻이다. ③**이해할지니라** : 재차 말씀하신 것은 대중들의 믿음을 견고하게 하기 위함이다. ④**이해할지니라** : 재삼 말씀하신 것은 법이 깊고 미묘하여 중생들이 이해하기 어려우므로, 믿음이 깊어지게 하였다.

是時菩薩大衆에 彌勒이 爲首하사 合掌하사 白佛言하사대 世尊이시여
시시보살대중 미륵 위수 합장 백불언 세존
惟願說之하소서 我等이 當信受佛語하겠나이다. 如是三白已하시고 復言하사대
유원설지 아등 당신수불어 여시삼백이 부언
惟願說之하소서 我等이 當信受佛語하겠나이다. 爾時에 世尊께서 知諸菩薩의
유원설지 아등 당신수불어 이시 세존 지제보살
三請不止하사 而告之言하사대 汝等은 諦聽하라 如來의 祕密神通之力을
삼청부지 이고지언 여등 제청 여래 비밀신통지력

2. 이 때, 보살 대중은 미륵보살이 상수(上首)가 되어
합장하고 부처님께 사뢰었습니다.
"세존이시여, 오직 원하옵건대, 이를 설하시옵소서.①
저희는 마땅히 부처님 말씀을 믿고 받자옵겠나이다."
이와 같이 세 번 사뢰고② 다시 말씀하였습니다.
"오직 원하옵건대, 이를 설하시옵소서.
저희는 마땅히 부처님 말씀을 믿고 받자옵겠나이다."

3. 그 때, 세존께서 여러 보살이 세 번이나 간청하고도
마지아니함을③ 아시고 일러 말씀하셨습니다.
"너희는 여래의 비밀과 신통력에④ 대하여 잘 들을지어다.⑤

---

①원하옵건대, 이를 설하시옵소서(惟願說之) : 마땅히 부처님의 말씀을 믿고 받아들여 감히 의심치 않겠다는 뜻이다. **②세 번 사뢰고(三白已)** : 세 번 부처님께 여쭈어도 부처님께서 잠자코 계실 뿐 허락하지 않으셨다. **③세 번이나 간청하고도 마지아니함** : 원문은 삼청부지(三請不止). 앞에서는 부처님께서 세 번 경계하셨고 여기서는 보살들이 세 번 청하니 삼계삼청(三戒三請)이라 한다. 삼계는 법문을 지극한 마음으로 들으라고 주위를 환기시킴이고, 삼청은 부처님의 법문을 지극한 마음으로 간청하기를 세 번 하는 일. 이와 같이 삼계삼청이 있고 나서야 부처님의 법문이 시작된다. 앞의 적문(迹門)에서는 사리불이 세 번 청하고 부처님께서 한 번 경계(三請一戒)하셨다. **④여래의 비밀과 신통력** : 여래는 자비로 중생을 제도하고자 하므로, 미묘하고 심오한 신통력으로 진실을 감추고 방편도를 행하여 낮은 수준으로 설함으로써 도를 이루게 하신다. **⑤잘 들을지어다(諦聽)** : 부처님께서 진실한 말씀을 설하시려 하므로, 대중들에게 마음을 모아 잘 들으라고 당부하시었다.

一切世間에 天人과 及阿修羅는 皆謂호대 今釋迦牟尼佛께서 出釋氏宮하사
일체세간 천인 급아수라 개위 금석가모니불 출석씨궁

去伽耶城不遠에 坐於道場하사 得阿耨多羅三藐三菩提라하느니라. 然이나
거가야성불원 좌어도량 득아누다라삼먁삼보리 연

善男子야 我實成佛已來는 無量無邊 百千萬億 那由他劫이니라. 譬如 五百
선남자 아실성불이래 무량무변 백천만억 나유타겁 비여 오백

千萬億 那由他 阿僧祇 三千大千世界를 假使有人이 末爲微塵하여 過於
천만억 나유타 아승지 삼천대천세계 가사유인 말위미진 과어

東方 五百千萬億 那由他 阿僧祇國하여 乃下一塵하여 如是東行하여
동방 오백천만억 나유타 아승지국 내하일진 여시동행

盡是微塵하면 諸善男子야 於意云何오.
진시미진 제선남자 어의운하

일체 세간의 하늘과 사람과 아수라는 모두 이르되,
'지금의 석가모니불은 석가족의 궁전을 나오시어,
가야성에서 멀지 않은 도량에① 앉으시어
아누다라삼먁삼보리를 얻었다.'고 하느니라.②
그러나 선남자야, 내가 실로 성불한 지는
한량 없고 가이없는 백천만억 나유타겁이니라.③

4. 비유컨대, 오백천만억 나유타 아승지의 삼천 대천세계를
어떤 사람이④ 부수어 작은 먼지로⑤ 만들어
동방 오백천만억 나유타 아승지의 세계를 지나서
그 먼지 하나를 떨어뜨리되,
이같이 하며 동쪽으로 계속 가 이 먼지를 다 떨어뜨렸다면,
모든 선남자야, 어떻게 생각하느냐?

---

①가야성에서 멀지 않은 도량 : 부처님께서 성도하신 도량(붓다가야)은 부처님께서 출가 수행한 곳인 가야성(인도 마갈타국 바트나 남쪽 60마일)에서 5, 6리 정도 떨어진 곳. **②~고 하느니라** : 하늘, 사람, 아수라는 자취만 볼 뿐, 그 근본을 보지 못하였다. **③백천만억 나유타겁** : 헤아리기 어려울 만큼의 아주 오랜 세월. 나유타(Nayuta)란 아주 많은 수를 표시하여 천억, 만억이라고도 한다. **④어떤 사람이(假使有人)** : 가령 어떤 사람이. **⑤부수어 작은 먼지(末爲微塵)** : 가루를 내어 티끌로 만듦. 미진은 아주 작은 크기. 극미(極微).

是諸世界를 可得思惟校計하여 知其數아不아 彌勒菩薩等이 俱白佛言하사대
시제세계 가득사유교계 지기수 부 미륵보살등 구백불언

世尊이시여 是諸世界는 無量無邊하여 非算數의 所知며 亦非心力의 所及이라
세존 시제세계 무량무변 비산수 소지 역비심력 소급

一切聲聞 辟支佛이 以無漏智로도 不能思惟하여 知其限數하리며 我等이
일체성문 벽지불 이무루지 불능사유 지기한수 아등

住阿惟越致地호대 於是事中에 亦所不達이니 世尊이시여 如是諸世界는
주아유월치지 어시사중 역소부달 세존 여시제세계

無量無邊하나이다.
무량무변

이 모든 세계를 생각하고 헤아려서① 그 수를 알 수 있겠느냐?"
미륵보살 등이 함께 부처님께 사뢰었습니다.
"세존이시여, 이 모든 세계는 한량 없고 가이없어
산수로 알 바가 아니며,
또 마음의 힘으로도 미칠 바가 아니옵니다.
모든 성문,② 벽지불이③ 무루(無漏)의 지혜로④ 생각해도
그 한계를⑤ 알지 못하겠나이다.
저희가 불퇴전의 자리에⑥ 머물렀다 할지라도
이 일에 대해서는 아직 달(達)하지 못할 바이옵니다.⑦
세존이시여, 이 같은 모든 세계는 한량 없고 가이없나이다."

---

① **헤아림(校計)** : 헤아려 그 수를 계산할 수 있는 일. ② **성문(聲聞)** : 부처님의 가르침을 듣고 자기만의 깨달음에 치중하는 성자. ③ **벽지불(辟支佛)** : 산림 속에서 홀로 수행하여 깨닫는 성자. ④ **무루의 지혜** : 번뇌에 의해 더럽혀짐이 없는 지혜. ⑤ **한계(限數)** : 마지막의 수. 그 수량의 한계. ⑥ **불퇴전(不退轉)의 자리** : 원문은 아유월치지(阿惟越致地). 깊은 진리에 나아가는 데 물러남이 없는 자리. 아비발치지(阿毘跋致地)라고도 한다. ⑦ **달하지 못할 바** : 통달할 수 없음. 아무리 이승(二乘 : 성문, 벽지불), 무루지, 불퇴전지에 있는 이라 할지라도 티끌(微塵)의 예에서 밝힌 이와 같은 수의 한계를 알 수는 없다는 뜻.

爾時에 **佛告大菩薩衆**하사대 **諸善男子**야 **今當分明**히 **宣語汝等**호리라 **是諸**
이시 불고대보살중 제선남자 금당분명 선어여등 시제
世界 若著微塵커나 **及不著者**를 **盡以爲塵**하여 **一塵**을 **一劫**으로할지라도 **我成佛**
세계 약착미진 급불착자 진이위진 일진 일겁 아성불
已來 復過於此함이 **百千萬億 那由他 阿僧祇劫**이니라. **自從是來**에 **我常在**
이래 부과어차 백천만억 나유타 아승지겁 자종시래 아상재
此娑婆世界하여 **說法敎化**하며 **亦於餘處 百千萬億 那由他 阿僧祇國**에서
차사바세계 설법교화 역어여처 백천만억 나유타 아승지국
導利衆生하였나니라.
도리중생

5. 그 때, 부처님께서는 대보살 대중에게 이르셨습니다.
"모든 선남자야, 지금 분명히 너희에게 말하리라.①
이 모든 세계에 작은 먼지가 떨어진 곳과 아니 떨어진 곳을
다 먼지로 만들어 먼지 하나를 일 겁으로 친다 할지라도,
내가 성불한 지는② 이보다 더하여 지남이
백천만억 나유타 아승지겁이니라.

6. 이로부터③ 나는 항상 이 사바세계에 있으면서
설법, 교화했고,
또 다른 곳④ 백천만억 나유타 아승지 국토에서도
중생을 인도하여 이익되게 하였느니라.

---

①**말하리라(宣語)** : 선언함. 예전에는 비밀로 털어놓지 않았는데, 이제 드러내 분명히 말하겠다는 뜻이다. ②**내가 성불한 지(我成佛已來)** : 석가불께서 성불하신 지가 계산할 수조차 없었던 티끌의 예보다 다시 헤아릴 수 없는 수효(백천만억 나유타 아승지겁)만큼이나 더 오래 되었다는 뜻. ③**이로부터(自從是來)** : 그 때부터 지금까지. 자(自)와 종(從)은 '…로부터'의 뜻. ④**또 다른 곳(餘處)** : 사바세계뿐만 아니라, 다른 국토에서도 설법, 교화했다는 뜻. 부처님의 광대한 자비로 일체 중생을 이롭게 한 것을 밝히셨다.

諸善男子야 於是中間에 我 說燃燈佛等하며 又復言其入於涅槃호니 如是
제선남자 어시중간 아 설연등불등 우부언기입어열반 여시

皆以方便으로 分別이니라 諸善男子야 若有衆生이 來至我所어든 我以佛眼으로
개이방편 분별 제선남자 약유중생 내지아소 아이불안

觀其信等 諸根利鈍하여 隨所應度하여 處處自說하여 名字不同과 年紀
관기신등 제근이둔 수소응도 처처자설 명자부동 연기

大小하며 亦復現言하되 當入涅槃하며 又以種種方便으로 說微妙法하여 能令
대소 역부현언 당입열반 우이종종방편 설미묘법 능령

衆生으로 發歡喜心케하니라.
중생 발환희심

모든 선남자야, 이 중간에 내가 연등불 등의 일을① 설하였고,
또 그를 열반에 들었다고 말하였는데,
이와 같은 것은 다 방편으로 분별했던 것이니라.
모든 선남자야, 어떤 중생이 나의 처소에 찾아오면,
나는 불안(佛眼)으로② 그의 신근(信根) 등
오근(五根)의③ 총명하고 둔함을④ 보아
응당 제도할 바를 따라 곳곳에서 스스로 설하되,
이름도 같지 아니하며⑤ 수명도 크고 작게⑥ 설했고,
또 열반에 든다고 드러내어 말했으며,
또 갖가지 방편으로 미묘한 법을 설해서
중생으로 하여금 환희심을 일으키게 하였느니라.

---

①연등불 등의 일 : 방편의 대승에서는 삼 아승지겁을 수행해야 성불한다고 한다. 그러므로 선혜보살(善慧菩薩)이 연등불을 만나, "오는 세상에 석가모니불이 될 것입니다."라는 수기를 받았다고 한 일. 제1품(서품)에서도 일월등명불의 팔 왕자 중 마지막으로 성불한 분이 연등불이셨다. **②불안(佛眼)** : 부처님의 자비롭고 청정한 눈. 천안(天眼)이라고 한다. **③신근 등 오근(信等諸根)** : 오근이란 올바른 깨달음에 나가게 하는 다섯 가지 선근. 신근(信根)은 삼보(三寶)와 사제법(四諦法)을 믿음, 정진근(精進根)은 용맹하게 선법을 닦음, 염근(念根)은 정법을 기억하는 일. 정근(定根)은 마음을 한 경지에 모아 흩어지지 않음, 혜근(慧根)은 진리를 생각하는 일. **④총명하고 둔함(利鈍)** : 성품이 총명하고 둔함. **⑤이름도 같지 않음** : 교화하기 위해 응하시어 나투신 부처님의 이름이 다름. 과거의 연등불 등. **⑥수명도 크고 작음(年紀大小)** : 연기는 연령. 응신(應身)의 사시는 나이에 크고 작은 차이가 있다는 일. 가섭불 때 2만 년, 미륵불 때 8만 년 등.

諸善男子야 如來 見諸衆生이 樂於小法하야 德薄垢重者하면 爲是人說호대
제선남자 여래 견제중생 낙어소법 덕박구중자 위시인설

我 少出家하여 得阿耨多羅三藐三菩提라하였느니라 然이나 我實成佛已來
아 소출가 득아누다라삼먁삼보리 연 아실성불이래

久遠이 若斯컨마는 但以方便으로 教化衆生하여 令入佛道케하여 作如是說하였노라
구원 약사 단이방편 교화중생 영입불도 작여시설

모든 선남자야, 여래께서는,
중생이 작은 법을 좋아하여①
덕이 엷고 번뇌가 무거운② 것을 볼 때에는,
이 사람을 위하여 설하되,
'내가 젊어서 출가하여 아누다라삼먁삼보리를 얻었다.'
고 하였느니라.
그러나 내가 실로 성불한 지는 이와 같이 오래건마는,
방편으로 중생을 교화해 불도에 들게 하기 위하여
이와 같이 설하였느니라.

---

① **작은 법을 좋아함(樂於小法)** : 근기가 적어 부처님께서 이미 오래 전 성불하셨음을 모르고 방편법을 좋아하는 자. ② **덕이 엷고 번뇌가 무거움(德薄垢重)** : 근기가 둔하기 때문에 소승의 법만을 좋아하니, 복덕이 천박하고 업장이 무겁다는 뜻이다.

諸善男子야 如來所演經典이 皆爲度脫衆生하니 或說己身하며 或說他身하며
제선남자 여래소연경전 개위도탈중생 혹설기신 혹설타신

或示己身하며 或示他身하며 或示己事하며 或示他事하나 諸所言說이
혹시기신 혹시타신 혹시기사 혹시타사 제소언설

皆實不虛하나니라 所以者何오 如來는 如實知見三界之相하여 無有生死와
개실불허 소이자하 여래 여실지견삼계지상 무유생사

若退若出하고
약퇴약출

7. 모든 선남자야, 여래께서 설한 경전은
다 중생을 제도해 해탈케 하기 위함이니,
혹은 자신의 몸(佛身)에 대해 설하시고,①
혹은 다른 이의 몸에 대해 설하시며,②
혹은 자신의 몸을 보이시고,
혹은 다른 이의 몸을 보이시며,③
혹은 자신의 일을 보이시고,
혹은 다른 이의 일을 보이시지만,④
모든 언설(言說)이 다 참되어 거짓이 없느니라.
왜냐 하면,
여래께서 여실(如實)히 삼계의 상을⑤ 알고 보나니,⑥
태어나고 죽는 것이나 물러가고 나오는 것이 없고,

---

①자신의 몸에 대해 설함 : 부처님의 과거 수행시 일(因地)을 설하시는 것. **②다른 이의 몸에 대해 설함** : 다른 부처님의 과거 수행시의 일을 설하시는 것이다. **③자신의 몸을~다른 이의 몸을 보이심** : 부처님 자신과 다른 부처님의 과거 전생에 받은 과보를 나타내 보인다는 뜻이다. **④자신의 일을~다른 이의 일을 보이심** : 부처님 자신과 다른 부처님께서 과거에 행했던 여러 가지 일을 보이는 일이다. **⑤삼계의 상(三界之相)** : 삼계의 모습. 삼계의 실상. **⑥여실히~알고 봄(如實知見)** : 진실 그대로 보고 아는 일. 삼계의 참모습을 아는 일.

亦無在世와 及滅度者하며 非實非虛하며 非如非異하여 不如三界의 見於
역무재세 급멸도자 비실비허 비여비이 불여삼계 견어

三界하여 如斯之事를 如來 明見하여 無有錯謬건마는 以諸衆生이 有種種性과
삼계 여사지사 여래 명견 무유착류 이제중생 유종종성

種種欲과 種種行과 種種憶想分別故로 欲令生諸善根하여 以若干因緣과
종종욕 종종행 종종억상분별고 욕령생제선근 이약간인연

譬喩 言辭로 種種說法하여 所作佛事를 未曾暫廢하였나니라.
비유 언사 종종설법 소작불사 미증잠폐

또 세상에 사는 것(在世, 輪廻)도① 멸도하는 것도 없어서,
실(實)하지도 아니하고 허(虛)하지도 아니하며,
같지도 않고 다르지도 않나니,
이는 중생이 삼계를 보는 것과 다르기② 때문이니라.
이와 같은 일을 여래는 밝게 보아서 착오가 없건마는,
모든 중생이 갖가지 성품과③ 갖가지 욕망과④
갖가지 행(行)과⑤ 갖가지 생각과 분별이⑥ 있으므로,
온갖 선근(善根)을 나게 하려고 인연과 비유와 말로써
갖가지로 설법하여 불사(佛事)를⑦ 하되,
일찍이 잠시도 쉰 적이 없느니라.

---

① **세상에 사는 것(在世)** : 세상에 살아서 윤회하는 일. ② **중생이 삼계를 보는 것과 다름** : 여래께서 여실하게 삼계의 모습을 보시는 것과 삼계의 중생들이 삼계를 보는 것과는 다르다는 뜻. 중생은 바른 지견을 얻지 못하여 삼계의 진실된 모습을 모르지만, 여래께서는 삼계를 떠나 절대적 경지에서 보시므로 진실되게 아신다는 뜻이다. ③ **갖가지 성품(種種性)** : 과거로부터 익혀 온 습성. 품성. ④ **갖가지 욕망(種種欲)** : 욕구(좋아하고 바라는 것)가 같지 않음. ⑤ **갖가지 행(種種行)** : 실천이 같지 않다는 뜻이다. ⑥ **갖가지 생각과 분별(種種憶想分別)** : 갖가지 생각과 갖가지 사상과 갖가지 분별이 같지 않다는 뜻이다. ⑦ **불사(佛事)** : 부처님께서 하시는 일. 모든 중생이 불도를 이루게 하는 일.

如是히 我 成佛已來는 甚大久遠하여 壽命이 無量阿僧祇劫이라 常住
여시 아 성불이래 심대구원 수명 무량아승지겁 상주

不滅하노라 諸善男子야 我 本行菩薩道하여 所成壽命이 今猶未盡홈이
불멸 제선남자 아 본행보살도 소성수명 금유미진

復倍上數컨마는 然이나 今에 非實滅度로대 而便唱言호대 當取滅度라하느니라.
부배상수 연 금 비실멸도 이편창언 당취멸도

8. 이와 같이 내가 성불한 지는 매우 오래 되어
수명이 한량 없는 아승지겁이므로,
항상 머물러 있고 멸하지 않느니라(常住不滅).①
모든 선남자야,
내가 본래 보살도를 행하여 이룬 수명이
지금도 오히려 다하지 아니하여
다시 위에서 말한 수명의 갑절이나 되느니라.
그러나 이제, 참으로 멸도함이 아니면서도②
방편으로 말하기를 '마땅히 멸도를 취(取)하리라.'
하느니라.

①항상 머물러 있고 멸하지 않음(常住不滅) : 영원하여 멸하지 않는다는 뜻. ②참으로 멸도함이 아님 : 영산에서 설법하신 다음 멸도하신 것이 실제로 멸도하신 것이 아니라는 뜻이다. 중생의 교화를 위해 멸도를 보이신 것이라는 말씀이다.

如來는 以是方便으로 敎化衆生하나니라 所以者何오 若佛께서 久住於世하면
여래 이시방편 교화중생 소이자하 약불 구주어세

薄德之人이 不種善根하여 貧窮下賤하며 貪著五欲하여 入於憶想妄見網中하리며
박덕지인 부종선근 빈궁하천 탐착오욕 입어억상망견망중

若見如來께서 常在不滅하면 便起憍恣하며 而懷厭怠하여 不能生難遭之想과
약견여래 상재불멸 변기교자 이회염태 불능생난조지상

恭敬之心하릴새라.
공경지심

여래께서는 이러한 방편으로[①] 중생을 교화하느니라.

왜냐 하면,

만약 부처님이 세상에 오래도록 머무른다면,

박덕한 사람들은 선근을 심지 않아 빈궁하고 하천(下賤)하며,

오욕을 탐착하여 부질없는 억측과[②]

그릇된 소견의[③] 그물에 걸릴 것이고,

만약 여래께서 항상 머물러 있어 멸하지 않음을 보게 되면,

교만한 생각을 일으키고,[④]

싫증 내고 권태로운 생각을 품어서[⑤]

부처님 만나기 어렵다는 생각과

공경심을 내지 않을 것이기 때문이니라.

---

①이러한 방편으로(以是方便) : 이 방편을 가지고. 여기서의 의미는 부처님께서 입멸에 들겠다고 선언하시고 입멸을 보이시는 일. ②부질없는 억측(憶想) : 갖가지 부질없는 생각들. ③그릇된 소견(妄見) : 망령된 견해. ④교만한 생각(便起憍恣) : 교만하고 방자한 생각을 일으킴. ⑤싫증 내고 권태로운 생각을 품음(而懷厭怠) : 싫증을 내고 게으름 피우는 짓.

是故로 如來는 以方便으로 說호대 比丘여 當知어다 諸佛出世는 難可値遇니
시고 여래 이방편 설 비구 당지 제불출세 난가치우

所以者何오 諸薄德人이 過無量百千萬億劫하야사 或有見佛하며 或不見者하나니
소이자하 제박덕인 과무량백천만억겁 혹유견불 혹불견자

以此事故로 我 作是言호대 諸比丘여 如來는 難可得見이라하거든 斯衆生等이
이차사고 아 작시언 제비구 여래 난가득견 사중생등

聞如是語하면 必當生於難遭之想하여 心懷戀慕하여 渴仰於佛하여 便種
문여시어 필당생어난조지상 심회연모 갈앙어불 변종

善根하릴새
선근

9. 그러므로 여래께서 방편(方便)으로 설하시되,

'비구들이여, 알지어다.

제불께서 세상에 나오심은 만나기 어려우니라.'고 하느니라.

왜냐 하면,

박덕한 사람들은 한량 없는 백천만억 겁을 지나

부처님을 친견한 이도 있고,

친견하지 못한 이도 있기 때문이니라.

이런 일이 있는 까닭으로, 나는 이와 같이 말하노라.

'비구들이여,

여래를 만나 뵙기가 어려우니라.' 하느니라.

중생이 이 같은 말을 들으면,

반드시 만나기 어렵다는 생각을 내어

마음에 연모하는 생각을 품고 부처님을 목마르게 사모하여

곧 선근을 심으리니,①

---

①곧 선근을 심으리니 : 부처님을 만나 뵙고자 하여 많은 선근을 심게 된다는 뜻이다.

是故로 如來는 雖不實滅하나 而言滅度하나니라 又善男子야 諸佛如來 法皆
시고 여래 수불실멸 이언멸도 우선남자 제불여래 법개

如是하시니 爲度衆生이라 皆實不虛하니라. 譬如良醫가 智慧聰達하여 明練方藥하
여시 위도중생 개실불허 비여양의 지혜총달 명련방약

善治衆病하더니 其人이 多諸子息하여 若十二十이며 乃至百數러니 以有事緣으
선치중병 기인 다제자식 약십이십 내지백수 이유사연

遠至餘國커늘 諸子 於後에 飮他毒藥하고 藥發悶亂하여 宛轉于地하더니라.
원지여국 제자 어후 음타독약 약발민란 완전우지

그러므로 여래는
실로 멸도하지 않건마는, 멸도한다고 이르느니라.①
또 선남자야, 모든 부처님의 법은 다 이와 같아,
중생을 제도하기 위함이니,
다 진실하여 허망하지 아니하느니라.

10. 비유하건대,② 한 양의(良醫)가③ 있었는데,
지혜가 뛰어나고 의약(醫藥)에 정통해서
처방과 약을 밝게 다루어④ 온갖 병을 잘 다스렸느니라.
그에게 자식이 많아서 십, 이십에서 백 명이었다고 하자.
어떤 사연이 있어서 먼 타국에 가 있는 동안에⑤
아들들이 착오로 독약을 마시고⑥
약기운이 일어나 정신이 어지러워 땅에 뒹굴고⑦ 있었느니라.

---

① **멸도한다고 이르노라(而言滅度)** : 여래는 생멸이 없으시지만, 중생을 위해 생멸이 없는 가운데 생멸을 보이신다는 뜻이다. ② **비유하건대** : 이 비유는 법화경 일곱 가지 비유(法華七喩) 중 마지막으로 '의사와 아들의 비유(醫子喩)'다. ③ **양의(良醫)** : 훌륭한 의사. 좋은 의사. ④ **의약에 정통해서~밝게 다룸(明練方藥)** : 처방과 약의 성질에 대해 밝게 알고 숙련되어 중생들을 잘 치료함이다. ⑤ **타국에 가 있는 동안** : 부처님께서 이 곳의 대중을 교화하여 대승의 인연을 심어 놓으신 다음, 다른 국토의 대중을 교화하기 위해 가신 일. ⑥ **아들들이 착오로 독약을 마심** : 여래께서 멸도하신 후 제자들이 삿된 가르침에 빠진 것을 가리킨다. ⑦ **땅에 뒹굴고(宛轉)** : 구르는 모양.

是時에 其父가 還來歸家하니 諸子飮毒하여 或失本心하며 或不失者니라
시시 기부 환래귀가 제자음독 혹실본심 혹불실자
遙見其父하고 皆大歡喜하여 拜跪 問訊호대 善安隱歸니이다 我等이 愚癡하여
요견기부 개대환희 배궤 문신 선안온귀 아등 우치
誤服毒藥호니 願見救療하사 更賜壽命하소서하였느니라.
오복독약 원견구료 갱사수명

이 때에 마침 그 아버지가 집에 돌아오니,[①]
아들들이 독약을 마시어, 혹은 본심을 잃고,
혹은 본심을 잃지 않았느니라.[②]
멀리서 그 아버지를 보고 모두 크게 기뻐
무릎 꿇어 배례하고 문안하되,
'편안히 잘 돌아오셨나이다.
저희가 어리석어 잘못하여 독약을 먹었사오니,[③]
원하옵건대,
보시고 고쳐 주시어[④] 다시 살게 해 주시옵소서.'[⑤]
라고 하였느니라.

---

①그 아버지가 집에 돌아옴 : 이 곳에 인연이 익어 부처님께서 다시 출현하신 것이다. **②혹은 본심을 잃지 않음** : 중생들이 어떤 이는 사악한 독에 걸려 그 본심을 잃어서 윤회에 떨어져 있고, 또 어떤 이는 아직 본심을 지니고 있는 것을 보는 취지이다. **③잘못하여 독약을 먹었사오니(誤服毒藥)** : 사악한 길로 잘못 들어선 것을 뉘우침. **④원하옵건대, 보시고 고쳐 주시어(願見救療)** : 치료해 주시기를 바람. **⑤다시 살게 해 주시옵소서(更賜壽命)** : 부처님께서 불쌍히 여겨 방편으로 교화하시어 다시 지혜의 수명을 내려 달라는 뜻.

父見子等의 苦惱如是하고 依諸經方하여 求好藥草 色香美味가 皆悉具足하여
부견자등 고뇌여시 의제경방 구호약초 색향미미 개실구족
擣篩和合하여 與子令服케하고 而作是言호대 此大良藥이 色香美味가 皆悉
도사화합 여자령복 이작시언 차대양약 색향미미 개실
具足하니 汝等이 可服하면 速除苦惱하여 無復衆患하리라하느니라.
구족 여등 가복 속제고뇌 무부중환

11. 아버지는 아들들의 괴로움이 이 같음을 보고,
온갖 방문에 의거하여,①
좋은 약초의 빛깔과 향기와 좋은 맛을
다 갖춘 것을 구해다가
찧고 체로 쳐서② 화합하여
아들들에게 주어 먹게 하고, 이렇게 말하였느니라.
'이것은 매우 좋은 약이므로,
빛깔과 향기와 좋은 맛을 다 갖추었으니,
너희가 먹으면 속히 고통이 덜어지고
모든 우환이 없으리라.'

---

① **방문에 의거함** : 경방(經方)은 약방문. 병을 치료하는 처방. 곧, 방편에 따르는 것을 의미.
② **찧고 체로 침(擣篩)** : 도(擣)는 방아로 찧는 일, 사(篩)는 체로 치는 일. 난폭한 자를 꺾어 굴복하는 것을 방아 찧는 것에, 악을 물리치고 선으로 나아가게 함을 체로 거르는 것에 비유했다.

其諸子中에 不失心者는 見此良藥의 色香俱好하고 即便服之하니 病盡除愈하고
기제자중 불실심자 견차양약 색향구호 즉변복지 병진제유

餘失心者는 見其父來하고 雖亦歡喜問訊하여 求索治病하나 然이나 與其藥하여도
여실심자 견기부래 수역환희문신 구색치병 연 여기약

而不肯服하니 所以者何오 毒氣深入하여 失本心故로 於此好色香藥에
이불긍복 소이자하 독기심입 실본심고 어차호색향약

而謂不美하니라.
이위불미

그 아들들 중에 본심을 잃지 않은 자는
이 좋은 약이 빛깔과 향기를 갖추어 있음을 보고
곧 이를 먹으니, 병이 다 없어지고 나았느니라.①
그러나 본심을 잃은 다른 아들들은②
그 아버지가 옴을 보고
비록 기뻐하며 문안하고③ 병 고쳐 주기를 바랐으나,
그 약을 주었건만 먹으려고 하지 않았느니라.④
왜냐 하면,
독기운이 깊이 들어가 본심을 잃은⑤ 까닭으로
이같이 좋은 빛깔과 향기로운 약을
좋지 않게 여겼기 때문이니라.

---

①**나았느니라** : 법답게 수행하여 생사를 벗어남이다. ②**본심을 잃은 다른 아들들** : 바른 믿음과 선법을 좋아하는 마음이 없는 이들을 가리킨다. ③**문안(問訊)** : 안부를 물음. ④**약을 먹으려 하지 않음** : 법을 가르쳐 주어도 닦으려 하지 않음이다. ⑤**독기운이 깊이 들어가 본심을 잃음** : 삿된 법이 그 마음 속 깊이 들어가 선근을 무너뜨림을 가리킨다.

父作是念호대 此子可愍이로다 爲毒所中하여 心皆顚倒하여 雖見我喜하고
부 작 시 념 차 자 가 민 위 독 소 중 심 개 전 도 수 견 아 희

求索救療하나 如是好藥을 而不肯服하나니 我今에 當設方便하여
구 색 구 료 여 시 호 약 이 불 긍 복 아 금 당 설 방 편

令服此藥케하리라 卽作是言호대 汝等은 當知하라 我今에 衰老하여 死時已至하니
영 복 차 약 즉 작 시 언 여 등 당 지 아 금 쇠 노 사 시 이 지

是好良藥을 今留在此하노니 汝可取服이면 勿憂不差하라 作是敎已하고
시 호 양 약 금 류 재 차 여 가 취 복 물 우 불 차 작 시 교 이

復至他國하여 遣使還告호대 汝父 已死하고하였느니라.
부 지 타 국 견 사 환 고 여 부 이 사

12. 아버지는 이렇게 생각하였느니라.

'이 아들들이 가련하구나.

중독이 되어서① 마음이 온통 뒤집혀

비록 나를 보고 기뻐하며 치료해 달라고 하나,

이같이 좋은 약을 먹으려고 하지 아니하니,②

내가 방편을 베풀어 이 약을 먹게 하리라.'③

곧 말하되, '너희는 알지어다.

나는 이제 늙고 쇠약해서 죽을 때가 이르러,

이 좋은 약을④ 여기 놓아 두니,⑤

너희는 가져다 먹되 낫지 않을까 근심하지 마라.'

이렇게 타이르고 다시 타국에 가서⑥

사람을 보내어⑦ 통지하되,

'너희 아버지는 이미 죽었다.'고 하였느니라.

---

①**중독이 되어서**(爲毒所中) : 마음에 바른 생각이 없고 모두 전도된 일. ②**좋은 약을 먹으려고 하지 않음** : 바른 법을 받들어 행하려 하지 않는다는 뜻. ③**방편을 베풀어~먹게 하리라** : 열반에 든다고 방편으로 말함으로써 정법을 생각하게 한다는 뜻. ④**좋은 약**(好良藥) : 부처님의 법장. 곧, 대장경을 가리킨다. ⑤**여기 놓아 둠** : 세간에 유포한다는 뜻이다. ⑥**타국에 가다** : 다른 불국토에 가서 교화함을 말한다. ⑦**사람을 보냄**(遣使) : 사람(使者)은 곧 보살이니, 부처님의 부탁을 받고 경을 유통시킬 책임을 맡은 것을 의미한다.

是時諸子가 聞父의 背喪하고 心大憂惱하여 而作是念호대 若父 在者런들
시 시 제 자 문 부 배 상 심 대 우 뇌 이 작 시 념 약 부 재 자

慈愍我等하여 能見救護하시련마는 今者에 捨我하고 遠喪他國하시니 自惟孤露하여
자 민 아 등 능 견 구 호 금 자 사 아 원 상 타 국 자 유 고 로

無復恃怙로다하여 常懷悲感하더니 心遂醒悟하여서 乃知此藥이 色味香美인달하여
무 부 시 호 상 회 비 감 심 수 성 오 내 지 차 약 색 미 향 미

卽取服之하니 毒病이 皆愈커늘 其父 聞子가 悉已得差하고 尋便來歸하여
즉 취 복 지 독 병 개 유 기 부 문 자 실 이 득 차 심 변 래 귀

咸使見之케하니라.
함 사 견 지

13. 이 때, 아들들은 아버지의 세상 떠나심을[①] 듣고
마음에 크게 근심하고 괴로워하면서 생각하되,
'만약 아버지가 계신다면, 우리를 불쌍히 생각하시어[②]
능히 구해서 지켜 주시련만,[③]
지금은 우리를 놓아 둔 채
머나먼 타국에서 세상을 떠나셨구나.' 하고
스스로 생각하니 외로워서
다시는 의지할 데가 없음을 알고,
항상 슬픈 회포를 품다가 마침내 정신이 들어[④]
이 약의 빛깔과 향기와 맛이 좋은 것을 알게 되어
곧 가져다 먹으니, 독한 병이[⑤] 다 나았느니라.
그 아버지는 아들들이 다 쾌차하다는 소식을 듣고
다시 찾아 돌아와서 다 그를 보게 하느니라."[⑥]

---

①세상 떠나심(背喪) : 부처님의 입멸을 비유한 다. ②불쌍히 생각하심(慈愍) : 사랑하고 가엾이 여김. ③구해서 지켜 주심(能見救護) : 방편을 써서 구호하는 일. ④정신이 들다(心隧醒悟) : 본심을 찾아 다시 깨달은 일. ⑤독한 병(毒病) : 번뇌의 업을 비유한 말. ⑥돌아와서 다 그를 보게 함(咸使見之) : 돌아와 아들들을 만남. 곧, 응화(應化)하여 다시 세간에 나타내시어 인연이 있는 자로 하여금 보게 하셨다.

諸善男子야 於意云何오 頗有人이 能說此良醫의 虛妄罪아 不아 不也니이다
제선남자 어의운하 파유인 능설차양의 허망죄 부 불야
世尊이시여 佛言하사대 我亦如是하여 成佛已來로는 無量無邊 百千萬億 那由他
세존 불언 아역여시 성불이래 무량무변 백천만억 나유타
阿僧祇劫이언만은 爲衆生故로 以方便力으로 言當滅度라하노니 亦無有能如法히
아승지겁 위중생고 이방편력 언당멸도 역무유능여법
說我의 虛妄過者하리라.
설아 허망과자

14. "선남자들아, 어떻게 생각하느냐?
어떤 사람이 이 의원이 거짓말했다고
허물을 말할 수① 있겠느냐?"
"아니옵나이다, 세존이시여."
부처님께서 말씀하셨습니다.
"나 또한 이와 같으니라.
성불한 지는
한량 없고 가이없는 백천만억 나유타 아승지겁이나,②
중생을 위하는 까닭으로 방편력으로써
'마땅히 멸도하리라.' 말하나니,
마찬가지로 법대로 말한 내가 허망한 말을 했다고
말할 자는 없으리라."③

---

① **거짓말했다고 허물을 말함** : 양의(良醫)가 방편으로, "늙고 쇠약해 죽을 때가 되었다."라고 한 것이나, "너희 아버지는 이미 죽었다."라고 거짓 알린 일. ② **성불한 지는~백천만억 나유타 아승지겁** : 나유타란 지극히 많은 수를 의미하고, 아승지겁은 헤아릴 수 없는 무수겁을 말하니, 성불하신 지가 한량 없는 세월(久遠劫)이 지났다는 뜻. ③ **허망한 말을 했다고 말할 자는 없음(無~虛妄過者)** : 중생의 이익을 위해 방편을 펴 교화했으므로 허망한 것이 아니라는 뜻.

爾時에 **世尊**께서 **欲重宣此義**하사 **而說偈言**하사대
이시 세존 욕중선차의 이설게언

自我得佛來로 **所經諸劫數**는 **無量百千萬** **億載阿僧祇**나
자아득불래 소경제겁수 무량백천만 억재아승지

常說法敎化가 **無數億衆生**하여 **令入於佛道**하노니 **爾來無量劫**이니라.
상설법교화 무수억중생 영입어불도 이래무량겁

爲度衆生故로 **方便**으로 **現涅槃**이언정 **而實**은 **不滅度**하여 **常住此**하여 **說法**하노라
위도중생고 방편 현열반 이실 불멸도 상주차 설법

我常住於此하여 **以諸神通力**으로 **令顚倒衆生**이 **雖近而不見**케하노라.
아상주어차 이제신통력 영전도중생 수근이불견

15. 그 때, 세존께서 이 뜻을 거듭 펴시고자
게송으로 말씀하셨습니다.
"내가 성불한 때부터 지내 온 모든 겁의 수는
한량 없는 백천만억재① 아승지이니라.
항상 설법하여 수없는 억만 중생 교화하여
불도에 들게 하였나니,
이와 같이 하여 옴이 한량 없는 겁 되었도다.
중생을 제도하기 위하여 방편으로 열반을 나타내지만,
실은 멸도하지 아니하고②
항상 여기(靈鷲山) 머물러 설법하느니라.
나는 항상 여기 머물러 있되,③ 모든 신통력으로,
전도(顚倒)된 중생에게는
비록 가까이 있어도 보이지 않게 하느니라.

---

① **백천만억재(億載)** : 숫자의 단위. 보통 백천만억이라 하는데, 여기에 재를 추가하였다. 재(載)는 억(億), 조(兆), 경(京), 자(姊), 해(垓), 양(壤), 구(溝), 간(澗), 정(正), 재(載)에 해당한다. ② **멸도하지 아니하고** : 여래의 법신과 보신(報身)에 의해 본다면, 사실 멸도한 때가 없고 항상 세간에 머물러 항상 법을 설하고 계시다는 뜻. ③ **항상 여기 머물러 있되** : 항상 세간에 머물러 계시는데, 마음이 전도된 중생은 뵙지 못한다는 뜻이다.

衆見我滅度하고 廣供養舍利하여 咸皆懷戀慕하여 而生渴仰心하느니라
중 견 아 멸 도 광 공 양 사 리 함 개 회 연 모 이 생 갈 앙 심

衆生은 旣信伏하여 質直意柔軟하고 一心으로 欲見佛하고자 不自惜身命이니라
중 생 기 신 복 질 직 의 유 연 일 심 욕 견 불 부 자 석 신 명

時我 及衆僧이 俱出靈鷲山하여 我時에 語衆生호대 常在此不滅컨마는
시 아 급 중 승 구 출 영 취 산 아 시 어 중 생 상 재 차 불 멸

以方便力故로 現有滅不滅이라하노라.
이 방 편 력 고 현 유 멸 불 멸

16. 중생이 나의 멸도함을 보고 널리 사리에 공양하며
다 연모하여① 갈앙(渴仰)하는 마음② 내느니라.
중생은 이미 신복(信伏)하여③ 질직(質直)해 뜻이 부드러워
일심으로 부처님 뵙고자
스스로 신명을 아끼지 말지니라.
이 때, 나와 승가(僧伽)가④ 함께 영취산에 나타나
내가 중생에게 말하기를,
'항상 여기 있어 멸하지 아니하건만,
방편력을 쓰므로 멸(滅)과 불멸(不滅)이⑤ 있음을 나타내노라.'
하느니라.

---

①**연모**(戀慕) : 사모하는 마음. ②**갈앙하는 마음**(渴仰心) : 갈망하는 마음. ③**신복**(信伏) : 마음으로부터 깊이 믿음. ④**승가**(僧伽, saṃgha) : 화합중(和合衆)의 뜻. 곧, 화합하는 무리를 승가라 한다. 불교의 교단. ⑤**멸과 불멸** : 방편 지혜의 힘으로 중생을 위하여 멸도하기도 하고 멸도하지 않으시는 것을 보이기도 한다는 뜻.

餘國에도 有衆生이 恭敬信樂者면 我復於彼中에 爲說無上法하노니
여국 유중생 공경신락자 아부어피중 위설무상법

汝等이 不聞此할새 但謂我滅度하나니라. 我見諸衆生이 沒在於苦惱할새
여등 불문차 단위아멸도 아견제중생 몰재어고뇌

故不爲現身하고 令其生渴仰하여 因其心戀慕하야사 乃出爲說法하노라
고불위현신 영기생갈앙 인기심연모 내출위설법

神通力이 如是하여 於阿僧祇劫에 常在靈鷲山과 及餘諸住處하노라.
신통력 여시 어아승지겁 상재영취산 급여제주처

다른 세계 중생이 공경하고 믿고 즐기는 이가 있으면,
나는 또 그 곳에 무상법(無上法)을 설하건만,①
너희는 이를 듣지 못하므로,
내가 멸도한 줄만 여기느니라.

17. 내가 보니, 모든 중생이 고해(苦海)에 빠져 있는지라,
짐짓 몸을 나타내지 않고
그들로 하여금 갈앙하는 마음 나게 하여,
그 마음이 인(因)이 되어② 연모(戀慕)할 때에
나타나서 법을 설하느니라.
신통력이 이와 같아서 아승지겁에
항상 영취산과 다른 모든 곳에③ (분신이)머무느니라.

---

①그 곳에 무상법을 설하건만 : 교화할 인연이 생기면 나타내 설하시니, 정해진 곳이 없다는 뜻. ②그 마음이 인이 되어 : 마음 속으로부터 갈망하여 사모의 정이 일어남에 따라 부처님께서 출현해 설법하신다는 뜻이다. ③다른 모든 곳에(及餘諸住處) : 다른 온갖 머무르는 곳.

衆生이 見劫盡하여 大火所燒時에도 我此土는 安隱하여 天人이 常充滿하며
중생 견겁진 대화소소시 아차토 안온 천인 상충만

園林諸堂閣을 種種寶로 莊嚴하며 寶樹에 多華果하여 衆生所遊樂이며
원림제당각 종종보 장엄 보수 다화과 중생소유락

諸天이 擊天鼓하여 常作衆伎樂하며 雨曼陀羅華하여 散佛及大衆하리라.
제천 격천고 상작중기악 우만다라화 산불급대중

我淨土는 不毁어늘 而衆은 見燒盡하여 憂怖諸苦惱가 如是悉充滿하듯하리라.
아정토 불훼 이중 견소진 우포제고뇌 여시실충만

18. 중생 눈에는 겁(劫)이 다하여[1]
큰 불이 세계를 태울[2] 때에도
나의 이 국토는 안온하고
천(天), 인(人)이 항상 가득하느니라.
원림(園林)과[3] 모든 당각(堂閣)은[4]
갖가지 보배로 장엄되고,
보배 나무에는 꽃과 과실이 많아
중생이 즐거이 놀 곳이니라.
모든 하늘(천신)이 하늘북을 치고, 온갖 기악을 연주하며,
만다라꽃[5] 내려 부처님과 대중 위에 흩으리라.
나의 정토(淨土)는 헐리지 않건마는,[6]
중생 눈에는 불에 타서
근심과 공포와 괴로움이 가득 찬 듯이 보이느니라.

---

①**겁이 다함**(劫盡) : 한 세계가 이루어지고 파괴되는 기간을 성겁(成劫 : 성립기), 주겁(住劫 : 존속기), 괴겁(壞劫 : 파괴기), 공겁(空劫 : 남음이 없는 기)으로 나누는데, 세계가 파괴되는 기간을 가리킨다. ②**큰 불이 세계를 태움**(大火所燒時) : 겁이 멸할 때(壞劫)에 일어나는 큰 불. 이 때 초선천까지 탄다고 한다. ③**원림**(園林) : 숲. 사원의 부지. 칠보(七寶)의 숲. ④**당각**(堂閣) : 누각. 도품(道品)을 가리킨다. ⑤**만다라꽃** : 네 가지 하늘꽃(天華) 중 하나. 적색과 비슷한데, 이 꽃은 보는 이의 마음을 즐겁게 해 준다고 한다. 온갖 선한 일을 보배 꽃비로 비유했다. ⑥**헐리지 않음**(不毁) : 파괴되지 않음.

是諸罪衆生은 以惡業因緣으로 過阿僧祇劫하여도 不聞三寶名컨만
시 제 죄 중 생 이 악 업 인 연 과 아 승 지 겁 불 문 삼 보 명

諸有修功德하여 柔和質直者는 則皆見我身이 在此而說法하나니
제 유 수 공 덕 유 화 질 직 자 즉 개 견 아 신 재 차 이 설 법

或時爲此衆하여 說佛壽無量하고 久乃見佛者란 爲說佛難値하노라.
혹 시 위 차 중 설 불 수 무 량 구 내 견 불 자 위 설 불 난 치

19. 이 죄 많은 중생은 악업의 인연으로①
아승지겁이 지나도록
삼보의 이름조차 듣지 못하지만,
모든 공덕을 닦아②
부드럽고 온화하며 질직한 사람들은
다 나의 몸이 곧 여기에 있어
설법함을 보게 되느니라.
어느 때에는 이 중생을 위하여
부처님 수명 한량 없다 설하고,
오랜만에 부처님 친견하는 이에게는③
부처님 만나기 어렵다고 설하느니라.④

---

① **악업의 인연으로**(以惡業因緣) : 악행의 인연으로. 악행을 일삼음. ② **모든 공덕을 닦음**(諸有修功德) : 온갖 선행을 닦아 익힌 일. 제유(諸有)는 '모두'의 뜻. ③ **오랜만에 부처님 친견하는 이**(久乃見佛者) : 오탁의 번뇌가 무거운 중생. ④ **부처님 만나기 어렵다고 설함** : 오랜 겁 만에 부처님 뵌 사람에게 만나 뵙기 어렵다라고 하는 것은 지극히 소중한 생각이 들도록 하기 위함이다.

我智力이 如是하야 慧光이 照無量하며 壽命이 無數劫은 久修業所得이니라
아지력 여시 혜광 조무량 수명 무수겁 구수업소득

汝等有智者는 勿於此에 生疑하여 當斷令永盡이니 佛語는 實로 不虛하니라.
여등유지자 물어차 생의 당단령영진 불어 실 불허

如醫 善方便하여 爲治狂子故로 實在而言死하나 無能說虛妄인듯하여
여의 선방편 위치광자고 실재이언사 무능설허망

我亦爲世父로써 救諸苦患者로니 爲凡夫顚倒하야 實在나 而言滅하나니라.
아역위세부 구제고환자 위범부전도 실재 이언멸

20. 나의 지혜력(智慧力)이 이와 같아,①
지혜의 광명 한량 없이 비추고,
수명이 무수겁은,
오랫동안 닦은 업(業)으로 얻은 바이니라.②
너희 지혜 있는 사람은 여기에 의혹을 품지 마라.
마땅히 의혹을 끊어 영원히 없앨지니,③
부처님 말씀은 진실이고 거짓이 없느니라.

21. 마치 의원이 좋은 방편으로 실성한 아들④ 고치려고
살아 있건마는 죽었다고 말한 것을⑤ 거짓이라 할 수 없듯이,
나 또한 중생의 아버지로서⑥ 모든 고통을⑦ 구하는 이인지라,
전도된 범부(凡夫) 위해⑧ 실은 있지마는 멸한다고 이르느니라.

---

①**지혜력이 이와 같음** : 여래의 지혜의 힘은 부처님 만나기 쉽다고도 하고 어렵다고도 하며, 수명을 짧게도 말하고 길게도 말하는 등 방편이 자재하다는 뜻. ②**오랫동안 닦은 업으로 얻은 바(久修業所得)** : 여래의 지혜와 복덕은 모두 인지(因地)에서 오랫동안 청정하게 업을 닦아 이루어진 바라는 뜻. ③**의혹을 끊어 영원히 없앰(當斷令永盡)** : 마땅히 의심의 그물을 끊어 생겨나지 않게 함. ④**실성한 아들** : 원문은 광자(狂子). 삿된 견해에 빠져 본심을 잃은 중생을 가리킨다. ⑤**살아 있건마는 죽었다고 말한 것(實在而言死)** : 실제로는 살아 있으면서 죽었다고 말한 것. ⑥**중생의 아버지(世父)** : 세간의 아버지. ⑦**모든 고통(諸苦患)** : 괴로움과 재앙. ⑧**전도된 범부 위해(爲凡夫顚倒)** : 망상 때문에 전도된 범부를 위해.

以常見我故로 而生憍恣心하여 放逸著五欲하여 墮於惡道中하리니
이상견아고 이생교자심 방일착오욕 타어악도중

我 常知衆生의 行道不行道하여 隨所應可度하여 爲說種種法하노니
아 상지중생 행도불행도 수소응가도 위설종종법

每自作是念호대 以何令衆生으로 得入無上慧하여 速成就佛身케하느니라.
매자작시렴 이하영중생 득입무상혜 속성취불신

항상 나를 보기 때문에 교만하고 방자한 생각 내며,
방일(放逸)하고 오욕에 집착해① 악도에 떨어지므로,
나는 항상 중생이 도를 행하고 행치 아니함을 알아서
마땅히 제도될 바를 따라② 갖가지 법을 설하느니라.
매양 스스로 이 같은 생각을 하되,
'무엇으로 중생이 무상혜(無上慧)에 들어
속히 불신(佛身)을 이루게 할 수 있을까?'
하느니라."

---

① 방일하고 오욕에 집착(放逸著五欲) : 방탕하고 안일하게 세속의 오욕락에 탐착함. ② 마땅히 제도될 바를 따라(隨所應可度) : 제도할 근기에 따라.

분별공덕품 제 17 (分別功德品 第十七)

爾時에 **大會** **聞佛說壽命**이 **劫數長遠**하사 **如是無量無邊**하시고 **阿僧祇衆生**은
이시 대회 문불설수명 겁수장원 여시무량무변 아승지중생
得大饒益되더이다 **於時世尊**께서 **告彌勒菩薩摩訶薩**하사대 **阿逸多**야 **我**
득대요익 어시세존 고미륵보살마하살 아일다 아
說是如來壽命長遠時에 **六百八十萬億那由他恒河沙衆生**이 **得無生**
설시여래수명장원시 육백팔십만억나유타항하사중생 득무생
法忍하니라.
법인

1. 그 때, 대회에 모인 대중은
부처님의 수명 겁 수가 장원(長遠)함에① 대하여 설하심이
이처럼 한량 없고 가이없음을 듣잡고,
아승지 중생은 큰 이익을 얻었습니다.
때에, 세존께서 미륵보살마하살에게 이르셨습니다.
"아일다야, 내가 이 여래의 수명이 장원함을 설할 때,
육백팔십만억 나유타 항하사의 중생이
① 무생법인(無生法忍 : 제법이 不生不滅임)을② 얻었느니라.

---

① **장원(長遠)** : 길고 오래 됨. 장구하다는 뜻. ② **무생법인(無生法忍)** : 제법이 불생불멸임을 깨닫는 일. 인(忍)은 인가, 인지한다는 뜻.

復有千倍菩薩摩訶薩이 得聞持陀羅尼門하고 復有一世界微塵數菩薩
부 유 천 배 보 살 마 하 살 득 문 지 다 라 니 문 부 유 일 세 계 미 진 수 보 살

摩訶薩이 得樂說無礙辯才하며 復有一世界微塵數菩薩摩訶薩이 得百千
마 하 살 득 요 설 무 애 변 재 부 유 일 세 계 미 진 수 보 살 마 하 살 득 백 천

萬億無量旋陀羅尼하니라. 復有三千大千世界微塵數菩薩摩訶薩이 能轉不
만 억 무 량 선 다 라 니 부 유 삼 천 대 천 세 계 미 진 수 보 살 마 하 살 능 전 불

退法輪하며 復有二千中國土微塵數菩薩摩訶薩이 能轉清淨法輪하며
퇴 법 륜 부 유 이 천 중 국 토 미 진 수 보 살 마 하 살 능 전 청 정 법 륜

② 또, 그 천 배의 보살마하살이
문지다라니문(聞持陀羅尼門)을[1] 얻었고,
③ 또 일 세계[2] 미진수(微塵數)의 보살마하살이
요설무애변재(樂說無礙辯才)를[3] 얻었으며,
④ 또 일 세계 미진수의 보살마하살이
백천만억의 한량 없는 선(旋)다라니를[4] 얻었느니라.

2. ⑤ 또, 삼천 대천세계 미진수의[5] 보살마하살은
능히 불퇴전의 법륜(法輪)을[6] 굴리며,
⑥ 또 이천 중국토(中國土)[7] 미진수의 보살마하살은
능히 청정한 법륜을[8] 굴리고,

---

① **문지다라니문(聞持陀羅尼門)** : 다라니란 여래의 비밀스런 요지가 들어 있는 주(呪)인데, 문지다라니는 법을 듣고 기억하여 잊지 않는 다라니이다. 따라서, 일체의 모든 법이 여기에서 나오기 때문에 문(門)이라 하였다. ② **일 세계(一世界)** : 수미산을 중심으로 사주(四洲), 사천왕, 야마천, 도솔천, 화락천, 타화자재천, 색계초선, 범세천, 일월 등을 포함하는 세계. ③ **요설무애변재** : 중생이 바라는 바를 잘 알아, 법을 즐거이 걸림없이 설하는 말재주. ④ **선다라니(旋陀羅尼)** : 자유자재로 돌려 가면서 차례로 모든 다라니문을 환히 알아, 일법(一法) 가운데서 한량없고 끝이 없는 글의 뜻을 알아 내는 다라니. 유(有)에 대한 집착에서 벗어나 공의 도리에 들어가는 다라니라고도 한다. ⑤ **삼천 대천세계 미진수** : 삼천 대천세계를 부수어 티끌로 만든 수. 무량한 수라는 의미. 삼천 대천세계란 일세계(一世界)가 천(千)이 모여 소천하(小天下)가 되고, 소천하가 천이 모여 중천하(中天下)를 이루고, 중천하가 천이 모여 대천하, 이것의 삼천 배가 삼천 대천세계이다. ⑥ **불퇴전 법륜** : 진리를 향해 나아가는 데 퇴보하지 않는 지위. 제이지(二地)이다. ⑦ **이천 중국토(二千中國土)** : 소천하가 이천이 모인 국토. ⑧ **청정한 법륜(清淨法輪)** : 청정한 지위에 올라 중생에게 청정한 법을 설할 수 있는 지위. 제삼지이다.

復有小千國土微塵數菩薩摩訶薩이 八生에 當得阿耨多羅三藐三菩提하며
부유소천국토미진수보살마하살 팔생 당득아누다라삼먁삼보리

復有四四天下微塵數菩薩摩訶薩이 四生에 當得阿耨多羅三藐三菩提하며
부유사사천하미진수보살마하살 사생 당득아누다라삼먁삼보리

復有三四天下微塵數菩薩摩訶薩이 三生에 當得阿耨多羅三藐三菩提하며
부유삼사천하미진수보살마하살 삼생 당득아누다라삼먁삼보리

復有二四天下微塵數菩薩摩訶薩이 二生에 當得阿耨多羅三藐三菩提하며
부유이사천하미진수보살마하살 이생 당득아누다라삼먁삼보리

復有一四天下微塵數菩薩摩訶薩이 一生에 當得阿耨多羅三藐三菩提하며
부유일사천하미진수보살마하살 일생 당득아누다라삼먁삼보리

復有八世界微塵數衆生이 皆發阿耨多羅三藐三菩提心하니라.
부유팔세계미진수중생 개발아누다라삼먁삼보리심

⑦ 또 소천 국토(小千國土)[①] 미진수의 보살마하살은
팔 생(生)[②] 만에 아누다라삼먁삼보리를 얻었으며,

⑧ 또 사 사천하(四四天下)의[③] 미진수 보살마하살은
사 생(四生)[④] 만에 아누다라삼먁삼보리를 얻었으며,

⑨ 또 삼 사천하의 미진수 보살마하살은
삼 생(三生)[⑤] 만에 아누다라삼먁삼보리를 얻었으며,

⑩ 또 이 사천하의 미진수 보살마하살은
이 생(二生)[⑥] 만에 아누다라삼먁삼보리를 얻었으며,

⑪ 또 일 사천하의 미진수 보살마하살은
일 생(一生)[⑦] 만에 아누다라삼먁삼보리를 얻었으며,

⑫ 또 팔 세계의 미진수 중생은
다 아누다라삼먁삼보리심을 일으켰느니라."

---

①**소천 국토**(小千國土) : 사천하가 일천이 모인 것. ②**팔 생**(八生) : 보리를 얻기까지 여덟 번 태어나는 일. 제사지이다. ③**사 사천하**(四四天下) : 네 개의 사천하. 사천하는 수미산을 중심으로 사방에 있는 사주(四洲)를 말한다. ④**사 생**(四生) : 네 생에 성불하므로 제팔지이다. ⑤**삼 생**(三生) : 세 생에 성불하므로 제구지이다. ⑥**이 생**(二生) : 두 생에 성불하므로 제십지이다. ⑦**일 생**(一生) : 한 생이면 성불하니, 등각지(等覺地)이다.

佛說是諸菩薩摩訶薩의 得大法利時에 於虛空中에서 雨曼陀羅華 摩訶
불설시제보살마하살 득대법리시 어허공중 우만다라화 마하

曼陀羅華하여 以散無量百千萬億衆寶樹下師子座上 諸佛하사옵고 幷散
만다라화 이산무량백천만억중보수하사자좌상 제불 병산

七寶塔中 師子座上 釋迦牟尼佛과 及久滅度多寶如來하사오며 亦散
칠보탑중 사자좌상 석가모니불 급구멸도다보여래 역산

一切諸大菩薩과 及四部衆하며 又雨細末栴檀 沈水香等하며 於虛空中에서
일체제대보살 급사부중 우우세말전단 침수향등 어허공중

天鼓自鳴하니 妙聲이 深遠하며
천고자명 묘성 심원

3. 부처님께서 보살마하살들이
큰 법리(法利)① 얻었음을 설하실 때,
허공중에서 만다라꽃과 마하만다라꽃이 비 오듯 내려
한량 없는 백천만억 보배 나무 아래 사자좌에 계신
모든 부처님께 뿌려졌고,
아울러 칠보탑 안 사자좌에 계신 석가모니불과
오래 전에 멸도하신 다보여래께도 뿌려졌으며,
또 모든 대보살과 사부 대중에게도② 뿌려졌으며,
또 가루 전단향과 침수향③ 등이 비 오듯 뿌려졌으며,
허공중에서 하늘북이④ 저절로 울리니,
허공을 울려 들려오는 묘한 소리가
깊고도 그윽하며,

---

①큰 법리(大法利) : 불법의 큰 이익. 불법의 공덕. ②사부 대중(四部衆) : 불교 교단을 구성하는 네 부류. 비구, 비구니, 우바새, 우바이. ③침수향(沈水香) : 향목을 물에 담가 두어 물에서 나는 향. ④하늘북(天鼓) : 도리천 선법당(善法堂)에 있는 북으로, 치지 않아도 저절로 울림. 곧, 범음(梵音)이 아름답고 미묘하여 그 뜻이 깊음을 나타낸 말.

又雨千種天衣하며 垂諸瓔珞 眞珠瓔珞과 摩尼珠瓔珞과 如意珠瓔珞하여
우우천종천의 수제영락 진주영락 마니주영락 여의주영락

遍於九方하며 衆寶香爐에 燒無價香하니 自然周至하여 供養大會하며
변어구방 중보향로 소무가향 자연주지 공양대회

一一佛上에 有諸菩薩이 執持幡蓋하고 次第而上하사 至于梵天하며 是諸
일일불상 유제보살 집지번개 차제이상 지우범천 시제

菩薩이 以妙音聲으로 歌無量頌하사 讚歎諸佛하시더이다.
보살 이묘음성 가무량송 찬탄제불

또 천 가지의 하늘옷이① 비 오듯 내리며,
여러 영락, 즉 진주영락, 마니주영락, 여의주영락이
하늘에서 드리워져 구방(九方)에② 가득하며,
여러 보배 향로에는 값을 매길 수 없는 향을③ 피우니,
저절로 두루 퍼져④ 대회의 대중에게 공양하였습니다.
한 분 한 분의 부처님 위에 보살들이 있어,
번기와 일산을⑤ 드니,
차례로 이어져 올라가 범천까지 이르며,
이 보살들은 묘한 음성으로
한량 없는 게송을 읊어 제불을 찬탄하였습니다.

---

①**하늘옷**(天衣) : 무생(無生)의 이치와 인욕(忍辱)의 의미가 있다. ②**구방**(九方) : 영락이 하늘에서 드리워져 있기 때문에, 시방에서 상방(上方)이 제외되었다. 분신불(分身佛)께서는 팔방의 보배 나무 아래 보좌에 앉아 계시고, 석가여래와 다보여래께서는 허공의 다보탑 안에 계시므로 구방이 된다. ③**값을 매길 수 없는 향**(無價香) : 매우 값비싼 좋은 향. ④**저절로 두루 퍼져**(自然周至) : 향의 향기가 널리 번짐. ⑤**번기와 일산**(幡蓋) : 번(幡)은 번기이고, 개(蓋)는 일산으로, 부처님 위나 법좌 위에 장식하는 물건. 보살이 수행할 때, 법의 장엄에 쓰이는 것을 번기와 일산이라 한다.

爾時에 彌勒菩薩이 從座而起하사 偏袒右肩하고 合掌向佛하사 而說偈言하사대
이시 미륵보살 종좌이기 편단우견 합장향불 이설게언

佛說希有法은 昔所未曾聞이로소니 世尊께서 有大力하사 壽命이 不可量이시니
불설희유법 석소미증문 세존 유대력 수명 불가량

無數諸佛子 聞世尊分別 說得法利者하고 歡喜充遍身하더이다.
무수제불자 문세존분별 설득법리자 환희충변신

4. 그 때, 미륵보살이 자리에서 일어나
오른쪽 어깨를 드러내어[1]
합장하고 부처님을 향해 게송으로 사뢰었습니다.
"부처님께서 설하신 희유한 법은
예전에 일찍이 듣지 못한 바이오니,
세존께서는 큰 위력 있으시고
수명은 헤아릴 수 없나이다.[2]
수없는 불자들은 세존께서 법리(法利)[3] 얻은 사람들을
분별하여 설하심을 듣고,
기쁨이 온몸에 가득 찼나이다.

① 오른쪽 어깨를 드러냄(偏袒右肩) : 가사를 입을 때 오른쪽 어깨를 드러내 입는 방법. 공경의 뜻을 나타낸다. ② 큰 위력 있으시고 수명은 헤아릴 수 없음 : 세존께서 큰 지혜의 신통력을 지녀 수명이 매우 길어 헤아릴 수 없음. ③ 법리(法利) : 법의 이익. 법의 공덕.

或住不退地하고 或得陀羅尼와 或無礙樂說과 萬億旋摠持하며
혹주불퇴지 혹득다라니 혹무애요설 만억선총지

或有大千界 微塵數菩薩이 各各皆能轉 不退之法輪하며
혹유대천계 미진수보살 각각개능전 불퇴지법륜

復有中千界 微塵數菩薩이 各各皆能轉 清淨之法輪하며
부유중천계 미진수보살 각각개능전 청정지법륜

復有小千界 微塵數菩薩이 餘各八生이 在하여 當得成佛道하며
부유소천계 미진수보살 여각팔생 재 당득성불도

復有四三二 如此四天下의 微塵諸菩薩이 隨數生하여 成佛하며
부유사삼이 여차사천하 미진제보살 수수생 성불

或一四天下 微塵數菩薩이 餘有一生이 在하여 當成一切智하리이다.
혹일사천하 미진수보살 여유일생 재 당득일체지

5. 혹은 불퇴지에 머무르고, 혹은 다라니와[①]
혹은 무애요설과 만억의 선총지(旋摠持)를[②] 얻고,
혹은 대천계(大千界) 미진수 보살은
각각 다 불퇴전의 법륜을 굴리며,
또 중천계(中天界) 미진수 보살은
각각 다 청정 법륜을 굴리고,
또 소천계(小天界) 미진수 보살은
남은 팔 생(八生)에서 불도를 이루어 얻으며,
또 사, 삼, 이의 이 같은 사천하[③] 미진수 보살은
그 세계의 수에 따라 태어나 성불하고,
또 일 사천하 미진수 보살은
남은 한 생(生)에서[④] 일체지를[⑤] 이루겠나이다.

---

①**다라니** : 여기서 얻는 다라니는 문지다라니(聞持陀羅尼)로서, 법을 들으면 잊어버리지 않는다고 한다. ②**선총지(旋摠持)** : 총지는 다라니이니, 곧 선다라니(旋陀羅尼). 차례로 총지(다라니)문을 알아 한 법에서 무량한 법문을 아는 총지. ③**사, 삼, 이의 이 같은 사천하** : 사 사천하, 삼 사천하, 이 사천하, 미진수 보살. ④**남은 한 생(餘有一生)** : 남은 일생에 있어서. ⑤**일체지(一切智)** : 여기서는 일체종지. 아누다라삼먁삼보리를 가리키기도 한다. 일체를 아는 지혜. 곧, 불지(佛智).

如是等衆生이 聞佛壽長遠하고 得無量無漏의 清淨之果報하리며
여 시 등 중 생 문 불 수 장 원 득 무 량 무 루 청 정 지 과 보

復有八世界 微塵數衆生이 聞佛說壽命하고 皆發無上心하였나이다
부 유 팔 세 계 미 진 수 중 생 문 불 설 수 명 개 발 무 상 심

世尊께서 說無量 不可思議法하사 多有所饒益하심이 如虛空無邊하였나이다.
세 존 설 무 량 불 가 사 의 법 다 유 소 요 익 여 허 공 무 변

雨天曼陀羅와 摩訶曼陀羅하며 釋 梵 如恒沙 無數佛土에서 來하여
우 천 만 다 라 마 하 만 다 라 석 범 여 항 사 무 수 불 토 래

雨栴檀 沈水하여 繽紛而亂墜하니 如鳥飛空下하듯하여 供散於諸佛하사오며
우 전 단 침 수 빈 분 이 난 추 여 조 비 공 하 공 산 어 제 불

이 같은 중생이 부처님 수명 장원함을[①] 듣자옵고,
한량 없는 무루(無漏)의 청정 과보 얻으리며,
또 팔 세계 미진수 중생은
부처님 수명 설하심을 듣잡고,
다 무상심(無上心)을 일으켰나이다.
세존께서 한량 없고 불가사의한 법을 설하시어
이익[②] 주심이 많아 허공과 같이 가이없나이다.

6. 하늘은 만다라꽃과 마하만다라꽃을[③] 비 오듯 내리며,
항하사 수효의 제석과 범천이[④] 수없는 불토에서 와서
전단향과 침수향을 비 내리듯 뿌려 분분히 떨어지되,
새가 공중에서 날아 내리는 듯[⑤]
모든 부처님께 흩어 공양하나이다.

---

① **장원**(長遠) : 오래 되다. 장구하다. ② **이익** : 원문은 요익(饒益). 남을 이익되게 한다는 뜻. ③ **만다라꽃과 마하만다라꽃** : 향기가 좋아 맡는 이의 마음을 즐겁게 해준다는 천상계 꽃. 만다라는 백화(白華)라 하고, 마하만다라꽃은 대백화라 한다. ④ **제석과 범천** : 원문은 석범(釋梵). ⑤ **새가 공중에서 날아 내리는 듯**(如鳥飛空下) : 많은 보배들이 흩날리어 부처님께 공양하는 것이 새가 공중에서 내려오는 것과 같다고 비유한 말.

天鼓 虛空中에 自然出妙聲하며 天衣千萬種이 旋轉而來下하며
천고 허공중 자연출묘성 천의천만종 선전이래하

衆寶妙香爐엔 燒無價之香하여 自然悉周遍하여 供養諸世尊하사오며
중보묘향로 소무가지향 자연실주변 공양제세존

其大菩薩衆이 執七寶幡蓋 高妙萬億種하여 次第至梵天하여
기대보살중 집칠보번개 고묘만억종 차제지범천

一一諸佛前에 寶幢懸勝幡하고 亦以千萬偈로 歌詠諸如來하사옵나니
일일제불전 보당현승번 역이천만게 가영제여래

如是種種事는 昔所未曾有이옵나이다.
여시종종사 석소미증유

하늘북은 허공중에서 저절로 묘한 소리 내고,
하늘옷 천만 가지가 선회하면서 내려오고,[①]
여러 보배 향로에 값 모르는 향을 피워
저절로 두루 퍼져 모든 세존께 공양하며,
그 대보살들은 칠보의 미묘한 번개 만억 가지를 들고
차례로 이어 범천에 오르며,
한 분 한 분 부처님 앞에
보배 당간에[②] 승번(勝幡)을[③] 걸고,
또 천만 게송으로 모든 부처님을 노래해 찬탄하나이다.
이런 갖가지 일은 예전에 일찍이 없었던 일이옵나이다.

---

①선회하면서 내려옴(旋轉而來下) : 미묘한 하늘옷이 빙빙 돌면서 내려옴. ②보배 당간(寶幢) : 보배로 장식된 당간(幢竿). 불당 앞에 번기를 달기 위해 세운 장엄구. ③승번(勝幡) : 훌륭한 깃발.

聞佛壽無量하고 一切皆歡喜하였나이다 佛名聞十方하사 廣饒益衆生하시니
문불수무량 일체개환희 불명문시방 광요익중생

一切具善根하여야 以助無上心이니다.
일체구선근 이조무상심

爾時에 佛告彌勒菩薩摩訶薩하사대 阿逸多여 其有衆生이 聞佛壽命長遠이
이시 불고미륵보살마하살 아일다 기유중생 문불수명장원

如是하고 乃至能生一念信解하면 所得功德이 無有限量하리라.
여시 내지능생일념신해 소득공덕 무유한량

7. 부처님의 수명이 한량 없음 듣고
모두 다 기뻐하나이다.
부처님 이름 시방에 들리시어
널리 중생 요익케 하시니,
모두 선근을 갖추어 위없는 깨달음 구하는 마음
도우셨나이다."[①]

8. 그 때, 부처님께서 미륵보살마하살에게 이르셨습니다.
"아일다야,[②] 어떤 중생이 부처님 수명의 장원함이
이와 같음을 듣고 일념의 신해(信解)라도[③] 낸다면,
얻는 공덕은 한량 없으리라.

---

①깨달음 구하는 마음 도움 : 일체 중생으로 하여금 선근을 갖추게 하여 모두 위없는 도심(道心)을 돕도록 한다는 뜻. ②아일다(阿逸多) : Ajita의 음역. 무능승(無能勝)이라 번역하는데, 가장 뛰어나다는 뜻. 곧, 미륵보살. ③일념의 신해 : 최소한 한 생각이라도 부처님 수명이 장원함을 믿고 이해하는 일.

若有善男子 善女人이 **爲阿耨多羅三藐三菩提故**로 **於八十萬億那由他劫**에
약유선남자 선여인 위아누다라삼먁삼보리고 어팔십만억나유타겁

行五波羅蜜호대 **檀波羅蜜**과 **尸羅波羅蜜**과 **羼提波羅蜜**과 **毗梨耶波羅蜜**과
행오바라밀 단바라밀 시라바라밀 찬제바라밀 비리야바라밀

禪波羅蜜하여도 **除般若波羅蜜**하니 **以是功德**으로 **比前功德**컨댄 **百分 千分**
선바라밀 제반야바라밀 이시공덕 비전공덕 백분 천분

百千萬億分에 **不及其一**하며 **乃至算數譬喩**의 **所不能知**니라 **若善男子**
백천만억분 불급기일 내지산수비유 소불능지 약선남자

善女人이 **有如是功德**하면 **於阿耨多羅三藐三菩提**에 **退者**는 **無有是處**하니라.
선여인 유여시공덕 어아누다라삼먁삼보리 퇴자 무유시처

만약 어떤 선남자 선여인이 아누다라삼먁삼보리를 위하여
팔십만억 나유타겁에 오바라밀(五波羅蜜),
즉 단(布施)바라밀,① 시라(持戒)바라밀,② 찬제(忍辱)바라밀,③
비리야(精進)바라밀,④ 선(禪定)바라밀을⑤ 행한다면,
(—반야〔智慧〕바라밀은⑥ 제외—)
이 공덕은 앞의 공덕에⑦ 비하면
백분, 천분, 백천만억분의 하나에도 미치지 못하며,
산수의 비유로도 능히 알 수 없느니라.
만약 선남자 선여인이 이와 같은 공덕을⑧ 지니고도
아누다라삼먁삼보리에서 퇴전하는 일이 있다면,
그런 일은 있을 수 없느니라."⑨

---

① **단바라밀(檀波羅蜜)** : dāna-pāramitā의 음역. 보시의 완성. 보시바라밀(布施波羅蜜). ② **시라(尸羅)바라밀** : śila-pāramitā의 음역. 계율의 완성. 지계(持戒)바라밀. ③ **찬제(羼提)바라밀** : kṣanti-pāramitā의 음역. 인욕의 완성. 인욕(忍辱)바라밀. ④ **비리야(毗梨耶)바라밀** : virya-pāramitā의 음역. 정진의 완성. 정진(精進)바라밀. ⑤ **선(禪那)바라밀** : dyāna-pāramitā의 음역. 선정의 완성. 선정바라밀. ⑥ **반야(般若)바라밀** : prajñā-pāramitā의 음역. 지혜의 완성. 반야바라밀. ⑦ **앞의 공덕** : 단 일념만이라도 믿고 이해하는 공덕. ⑧ **이와 같은 공덕** : 부처님 수명이 장원함을 믿고 이해하는 공덕. ⑨ **그런 일은 있을 수 없음(無有是處)** : 신심(信心)이 없으면 쉽게 물러나지만, 이러한 신심이 있는 한 결코 물러나는 일은 없다는 뜻.

爾時에 世尊께서 欲重宣此義하사 而說偈言하사대
이시 세존 욕중선차의 이설게언

若人이 求佛慧하여 於八十萬億 那由他劫數에 行五波羅蜜하니
약인 구불혜 어팔십만억 나유타겁수 행오바라밀

於是諸劫中에 布施供養佛 及緣覺弟子와 幷諸菩薩衆호대
어시제겁중 보시공양불 급연각제자 병제보살중

珍異之飮食과 上服與臥具와 栴檀으로 立精舍와 以園林으로 莊嚴하여
진이지음식 상복여와구 전단 입정사 이원림 장엄

如是等布施를 種種皆微妙로 盡此諸劫數토록 以廻向佛道하였느니라.
여시등보시 종종개미묘 진차제겁수 이회향불도

9. 그 때, 세존께서 이 뜻을 거듭 펴시고자
게송으로 말씀하셨습니다.
"만약 어떤 사람이 불지(佛智) 구하려고
팔십만억 나유타겁 동안 오바라밀을 행하니,
이 여러 겁을 두고
부처님과 연각 제자와[①] 보살들에게 보시(布施)해 공양하되,
진기한 음식과 좋은 의복과 와구(臥具)와
전단향으로 정사(精舍)짓고,[②] 원림(園林)으로 장엄하는 등
이 같은 보시, 즉 갖가지 미묘한 그것으로
여러 겁 수(劫數) 다하도록 불도에 회향하였느니라.[③]

---

① 제자(弟子) : 부처님의 제자들, 즉 성문(聲聞).
② 정사(精舍) : 사찰. 도량. 수행에 정진할 수 있는 집.
③ 회향(廻向) : 수행으로 생긴 공덕을 다른 이를 위해 돌리는 일.

若復持禁戒호대 清淨無缺漏하여 求於無上道하여 諸佛之所歎이며
약 부 지 금 계 청 정 무 결 루 구 어 무 상 도 제 불 지 소 탄

若復行忍辱하여 住於調柔地하여 設衆惡이 來加하여도 其心이 不傾動하며
약 부 행 인 욕 주 어 조 유 지 설 중 악 내 가 기 심 불 경 동

諸有得法者가 懷於增上慢한이 爲此所輕惱하여도 如是를 亦能忍하며
제 유 득 법 자 회 어 증 상 만 위 차 소 경 뇌 여 시 역 능 인

若復勤精進하여 志念이 常堅固하여 於無量億劫에 一心不懈息하였느니라.
약 부 근 정 진 지 념 상 견 고 어 무 량 억 겁 일 심 불 해 식

10. 또, 계행을① 지니되,
청정하고 결함이 없이 무상도를 구하여
제불(諸佛)의 찬탄하시는 바 되었고,
인욕을 행하여 고르고 부드러운 마음자리(調柔地)에② 머물러
설사 온갖 악을 가해 와도③
그 마음 기울거나 흔들리지 아니하며,④
여러 법 얻은 이가 증상만(增上慢)을 품은 이들에게
멸시와 괴롭힘⑤ 당해도 참으며,
또 부지런히 정진(精進)해서 뜻과 생각이 항상 견고하여
무량 억 겁에 일심으로
게으르거나 쉬지 아니하였느니라.

---

① **계행(禁戒)** : 부처님이 금지한 계율. 계율은 승려가 지켜야 할 율법. ② **부드러운 마음자리(調柔地)** : 마음이 유연해 적응력이 있는 상태. ③ **설사 온갖 악을 가해 와도(設衆惡來加)** : 그 몸에 온갖 악이 가해지더라도. ④ **흔들리지 아니하며(不傾動)** : 인욕의 힘으로 편안히 참아 마음이 움직이지 않는다는 뜻. ⑤ **멸시와 괴롭힘(輕惱)** : 업신여김. 경멸하고 괴롭히는 일.

又於無數劫에 住於空閑處하여 若坐 若經行에 除睡 常攝心하여
우어무수겁 주어공한처 약좌 약경행 제수 상섭심

以是因緣故로 能生諸禪定하여 八十億萬劫을 安住心不亂하니
이시인연고 능생제선정 팔십억만겁 안주심불란

持此一心福하고 願求無上道하며 我得一切智하여 盡諸禪定際호려하여
지차일심복 원구무상도 아득일체지 진제선정제

是人이 於百千 萬億劫數中에 行此諸功德을 如上之所說하여도
시인 어백천 만억겁수중 행차제공덕 여상지소설

有善男女等이 聞我說壽命하고 乃至一念信하면 其福이 過於彼하리니
유선남녀등 문아설수명 내지일념신 기복 과어피

若人悉無有 一切諸疑悔하고 深心須臾信하여도 其福이 爲如此하리라.
약인실무유 일체제의회 심심수유신 기복 위여차

11. 또, 수없는 겁 동안 한적한 곳에① 머물러
앉거나 경행(經行)할② 때,
졸지 않고 항상 마음을 거두어,
이러한 까닭으로 모든 선정(禪定)이 생겨
팔십억만 겁을 안주하여 마음 산란함 없었나니,
이 일심의 복③ 지녀 무상도(無上道)를 구하여
'내가 일체지(一切智)를 얻어 선정의 궁극을④ 다하리라.' 하여
이 사람이 백천만억 겁 동안
여러 공덕 닦음이 위의 말과 같다 해도
선남자 선여인이 부처님 수명 설함을 듣고
한 생각만이라도 믿는다면, 그 복이 저보다 더 나으리라.
어떤 사람이 온갖 의혹 없이
마음 속 깊이 잠깐 믿을지라도 그 복이 이와 같으리라.

① **한적한 곳(空閑處)** : 마을에서 떨어져 있고 고요하여 수행승이 공부하기 알맞은 장소. 아란야(阿蘭若, āranya). ② **경행(經行)** : 좌선 후 몸을 풀고 휴식하기 위해 걷는 일. 여기서는 걸어다님을 가리킨다. ③ **일심의 복(一心福)** : 일심으로 선정을 닦은 복덕. 일심(一心)은 선정. ④ **선정의 궁극(禪定際)** : 선정의 끝.

其有諸菩薩이 無量劫을 行道라야 聞我說壽命하고 是則能信受하리니
기유제보살 무량겁 행도 문아설수명 시즉능신수

如是諸人等은 頂受此經典하여 願我於未來에 長壽度衆生호대
여시제인등 정수차경전 원아어미래 장수도중생

如今日世尊처럼 諸釋中之王하사 道場師子吼로 說法無所畏하며
여금일세존 제석중지왕 도량사자후 설법무소외

我等이 未來世에 一切所尊敬하고 坐於道場時에 說壽亦如是호려할지니라
아등 미래세 일체소존경 좌어도량시 설수역여시

若有深心者는 清淨而質直하며 多聞能摠持하며 隨義解佛語하면
약유심심자 청정이질직 다문능총지 수의해불어

如是諸人等이사 於此에 無有疑하리라.
여시제인등 어차 무유의

12. 모든 보살이 한량 없는 겁 동안 도를 닦아야[1]
나의 수명 설함 듣고 이를 곧 믿고 받으리니,
이 같은 사람들은 이 경전을 받자와 머리에 이고서[2]
'원하옵건대, 나도 미래에 장수(長壽)해 중생을 제도하되,
모든 석가족의 왕이신[3] 오늘의 세존과 같이
도량에서 사자후로 설법하여 두려움 없게 하고,
우리가 미래세에 모든 사람 존경받아
도량에 앉아서 수명 설함도 이와 같게 하소서.' 할지니라.
만일 깊은 마음[4] 지닌 이가 청정하고 질직하며,[5]
많이 듣고 모두 지니며,[6]
뜻에 따라 부처님 말씀 해득한다면,
이 같은 사람들은 이에서 의혹이 없으리라."

---

① **도를 닦아**(行道) : 도를 행하는 일. ② **경전을 받자와 머리에 이고**(頂受此經典) : 깊은 마음으로 경전을 받아들임. ③ **석가족의 왕**(釋中之王) : 석가족 중의 법왕. 석가족의 가장 뛰어나신 분. ④ **깊은 마음** : 깊은 구도심. 깊은 신심. ⑤ **질직함**(質直) : 마음이 질박하고 정직함. ⑥ **모두 지님**(摠持) : 총지는 곧 다라니인데, 법을 마음에 지녀 잊지 아니함을 말한다.

又阿逸多여 若有聞佛壽命長遠하고 解其言趣하면 是人의 所得功德이
우아일다 약유문불수명장원 해기언취 시인 소득공덕

無有限量하여 能起如來 無上之慧하리라. 何況廣聞是經하고 若敎人聞하며
무유한량 능기여래 무상지혜 하황광문시경 약교인문

若自持하고 若敎人持하며 若自書하고 若敎人書하며 若以華 香 瓔珞 幢幡
약자지 약교인지 약자서 약교인서 약이화 향 영락 당번

繒蓋 香油 蘇燈으로 供養經卷이리요 是人功德은 無量無邊하여 能生一切
증개 향유 소등 공양경권 시인공덕 무량무변 능생일체

種智하리라.
종지

13. "또 아일다야,

만약 어떤 이가 부처님 수명이 장원함을 듣고

그 말뜻을 안다면,[①] 이 사람이 얻는 공덕은 한량 없어서

능히 여래의 무상혜(無上慧)를 일으키리라.

하물며 널리 이 경을 듣거나 남에게 가르쳐 듣게 하거나,[②]

스스로 지니거나 남에게 가르쳐 지니게 하거나,[③]

스스로 쓰거나 남에게 가르쳐 쓰게 하거나,

또는 꽃과 향과 영락, 당번과 증개, 향유와 소등(蘇燈)으로[④]

경전에 공양함이리요.

이 사람의 공덕은 한량 없고 가이없어

능히 일체종지(一切種智)가 생겨나리라.

---

①그 말뜻을 안다면(解其言趣) : 말의 취지를 이해함이다. ②남에게 가르쳐 듣게 함(若敎人聞) : 가르치고 타일러 그들로 하여금 듣도록 하는 일. ③남에게 가르쳐 지니게 하거나(若敎人持) : 교화하여 다른 사람들로 하여금 받아 지니게 하거나. ④소등(蘇燈) : 유락(乳酪)의 등불. 유락에 향유를 섞어서 태우는 등.

阿逸多여 若善男子 善女人이 聞我說壽命長遠하고 深心信解하면 則爲
아일다 약선남자 선여인 문아설수명장원 심심신해 즉위
見佛하되 常在耆闍崛山하여 共大菩薩과 諸聲聞衆에 圍繞하사 說法하니라
견불 상재기사굴산 공대보살 제성문중 위요 설법
又見此娑婆世界 其地琉璃오 坦然平正하고 閻浮檀金으로 以界八道하고
우견차사바세계 기지유리 탄연평정 염부단금 이계팔도
寶樹 行列하고 諸臺樓觀이 皆悉寶成인대 其菩薩衆이 咸處其中하리니
보수 행렬 제대루관 개실보성 기보살중 함처기중
若有能如是觀者면 當知是爲深信解相이니라.
약유능여시관자 당지시위심신해상

14. 아일다야, 만약 선남자 선여인이
'나의 수명이 장원하다.'라는 설함을 듣고
깊은 마음으로 믿고 이해한다면,
곧 내가 항상 기사굴산(耆闍崛山)에[①] 있으면서
대보살과 성문 대중에게 에워싸여 설법함을 보게 되리라.
또, 이 사바세계의 땅이 유리로 되고 지면이 평탄하며,
염부단금으로[②] 여덟 갈래 교차로를 경계지으며,[③]
보배 나무가 늘어서고,[④]
모든 대(臺)와 누각이 다 보배로 이뤄졌는데,
보살 대중이 모두 그 안에 거처함을 보게 되리라.
만약 능히 이와 같이 본다면, 알지어다.
이것이 곧 깊이 믿고 이해한 상이니라.

---

① **기사굴산(耆闍崛山)** : 영취산이라 번역. 마갈타국 왕사성 북동쪽에 있다. 이 경의 법회가 열린 곳. ② **염부단금(閻浮檀金)** : 염부단의 강에서 생산되는 금. 가장 고귀한 금으로 알려져 있다. 여기서는 견고한 정법(正法)을 뜻한다. ③ **여덟 갈래 교차로를 경계지으며** : 금으로 줄(繩)을 삼아서 팔정도로 나눈 것은 그 한계(制限)를 알게 한 것이다. 팔정도를 보았을 때에는 법체를 보았다 할 수 있다. ④ **보배 나무가 늘어섬(寶樹行列)** : 보배 나무는 보리원(菩提願)의 왕이고, 이것이 차례로 분포되었음을 가리켜 줄지어 섰다고 한다.

又復如來滅後에 若聞是經하여 而不毁呰하고 起隨喜心하면 當知하라 已爲
우부여래멸후 약문시경 이불훼자 기수희심 당지 이위
深信解相이니 何況讀誦 受持之者리요 斯人은 則爲頂戴如來니라 阿逸多여
심신해상 하황독송 수지지자 사인 즉위정대여래 아일다
是善男子 善女人은 不須爲我하여 復起塔寺하며 及作僧坊하고 以四事로
시선남자 선여인 불수위아 부기탑사 급작승방 이사사
供養衆僧이니라.
공양중승

15. 또, 여래께서 멸도하신 후에 만일 이 경을 듣고서
헐고 비방하지[①] 아니하고,
따라 기뻐하는 마음을[②] 일으킨다면,
알지어다. 이미 깊이 믿고 이해한 상이라 하느니라.
하물며 이를 독송하고 받아 지니는 사람이랴.
이 사람은 여래를 정수리에 이고 받드는 것이[③] 되느니라.
아일다야, 이 선남자 선여인은 나를 위하여
새로 탑과 절을 세우거나 승방을[④] 짓거나,
사사(四事 : 음식, 의복, 침구, 탕약)로써[⑤]
승가(僧伽)에 공양하지 아니해도 무방하느니라.

---

①헐고 비방함(毁呰) : 헐뜯고 비방하는 짓. ②따라 기뻐하는 마음(隨喜) : 경을 듣고서 기뻐하는 마음을 일으키는 일. ③여래를 정수리에 이고 받듦(頂戴) : 경은 부처님의 지혜와 여래의 법체를 나타내므로 머리로 이 법을 받아들일 때에 이를 여래를 받든다고 일컫는다. ④승방(僧坊, 僧房, vihāra) : 스님이 사는 집. ⑤사사(四事) : 승려에게 필요한 네 가지 필수품. 곧, 음식, 의복, 침구, 탕약.

所以者何오 是善男子 善女人이 受持讀誦是經典者는 爲已起塔하고
소이자하 시선남자 선여인 수지독송시경전자 위이기탑

造立僧坊하며 供養衆僧이며 則爲以佛舍利로 起七寶塔호대 高廣이 漸小하여
조립승방 공양중승 즉위이불사리 기칠보탑 고광 점소

至于梵天이어든 懸諸幡蓋及衆寶鈴하고 華 香 瓔珞과 末香 塗香 燒香과
지우범천 현제번개급중보령 화 향 영락 말향 도향 소향

衆鼓 伎樂과 簫笛 箜篌와 種種舞戲와 以妙音聲으로 歌唄讚頌이며
중고 기악 소적 공후 종종무희 이묘음성 가패찬송

則爲於無量千萬億劫에 作是供養已니라.
즉위어무량천만억겁 작시공양이

왜냐 하면,
이 선남자 선여인이
이 경전을 받아 지니고 독송한 일이
이미 탑을 일으키고 승방을 짓고,
승가에 공양함이 되기 때문이니라.
이는 곧 불사리(佛舍利)로 칠보탑을 세우되,
높고 넓게 치솟아 점점 작아져서 범천에 이르러,①
온갖 번개와 보배 방울을② 달고
꽃과 향과 영락과 말향,③ 도향,④ 소향과⑤
여러 가지 북과 기악과 소적(簫笛),⑥ 공후(箜篌)와⑦
갖가지 춤을 추고 묘한 음성으로 노래 불러 찬탄하는 등
한량 없는 천만억 겁에 이와 같은 공양을 함과 같으니라.

---

① **점점 작아져서 범천에 이르고** : 세로로 삼제(三際)를 다하는 것을 '높고'라고 하고, 가로로 시방에 두루 미치는 것을 '넓게'라 하며, 높아지면서 점점 정밀하고 미묘한 것을 '점점 작아진다'라고 하고, 청정한 묘리를 궁극에 얻는 것을 '범천에 이른다'라고 한다. ② **보배 방울** : 보배로 된 방울. ③ **말향** : 가루로 된 향. ④ **도향** : 바르는 향. ⑤ **소향** : 태우는 향. ⑥ **소적(簫笛)** : 퉁소와 피리. ⑦ **공후** : 세워놓고 두 손으로 연주하는 현악기.

阿逸多여 若我滅後에 聞是經典하고 有能受持하여 若自書하며 若敎人書하면
아일다 약아멸후 문시경전 유능수지 약자서 약교인서

則爲起立僧坊호대 以赤栴檀으로 作諸殿堂三十有二호대 高 八多羅樹라
즉위기립승방 이적전단 작제전당삼십유이 고 팔다라수

高廣이 嚴好커든 百千比丘가 於其中止하며 園林 浴池와 經行 禪窟과
고광 엄호 백천비구 어기중지 원림 욕지 경행 선굴

衣服 飮食과 牀褥 湯藥과 一切樂具가 充滿其中하니
의복 음식 상욕 탕약 일체낙구 충만기중

16. 아일다야, 만일 내가 멸도한 후에
이 경전을 듣고 받아 지녀,
스스로 쓰거나 남을 가르쳐 쓰게 한다면,
이는 승방을 세우기 위하여 붉은 전단향나무로
서른두 채의 전당을 짓되,
높이는 팔 다라수라,[①]
높고 넓어 장엄하고 아름다운데,
백천 비구가 그 안에 머무르고,
원림과 목욕하는 곳과[②]
경행(經行)하는 길과 선굴(禪窟)과[③]
의복, 음식과[④] 침구, 탕약과[⑤]
일체의 생활 도구가 그 안에 충만하나니,

---

①**팔 다라수**(多羅樹, tāla) : 날개 모양의 큰 잎이 있으므로 패다라, 패엽이라 하는데, 여기에 경문을 새기면 패엽경이라 불린다. 이 나무의 높이가 약 25미터까지 자라므로 이 높이의 단위로 인용하였다. ②**원림과 목욕하는 곳** : 원림은 동산을 말하는데, 곧 칠각지(七覺支)의 숲이다. 연못은 계(戒)를 뜻하며, 모든 성인들이 목욕하는 곳이다. ③**선굴**(禪窟) : 좌선하는 석굴. ④**의복, 음식** : 유화(柔和)와 인욕을 의복이라 하고, 선열(禪悅)과 법희(法喜)를 음식이라 한다. ⑤**침구, 탕약** : 법공(法空)의 자리를 침상과 이부자리라 하고, 마음의 병을 고치는 것을 탕약이라 한다.

如是僧坊 堂閣 若干百千萬億이 其數無量한대 以此로 現前에 供養
여시승방 당각 약간백천만억 기수무량 이차 현전 공양

於我及比丘僧이니라. 是故로 我說호대 如來滅後에 若有受持讀誦하여
어아급비구승 시고 아설 여래멸후 약유수지독송

爲他人說하며 若自書하며 若教人書하며 供養經卷하면 不須復起塔寺하며
위타인설 약자서 약교인서 공양경권 불수부기탑사

及造僧坊하여 供養衆僧이라하노라.
급조승방 공양중승

이와 같은 승방, 전각이① 약간 백천만억으로
그 수가 한량 없는데,
이것으로 현재의② 나와 비구들을 공양함과③ 같으니라.

17. 그러므로 내가 설하노니,
'여래가 멸도한 후에
어떤 이가 이 경을 지녀 독송하여
남을 위해 설하거나,
스스로 쓰거나 남을 가르쳐 쓰게 하며,
경전에④ 공양한다면,⑤
다시 탑과 절을 세우고 승방을 지어
승가에⑥ 공양하지 아니해도 무방하다.'고⑦ 하느니라.

---

①**승방, 전각** : 삼십칠조 도품이 겹겹으로 쌓인 것을 승방(절)과 전각(누각)이라 하고, 한 생각과 한 수행이 한 곳인 것을 약간(백천만억)이라 한다. ②**현재(現前)** : 면전. 눈 앞에서의 일. ③**나와 비구들을 공양함** : 경에서 설한 대로 따라 수행하고 부처님의 말씀을 따르는 것을 부처님께 공양한다고 하고, 신(身), 구(口), 의(意), 삼업이 법에 맞아 착한 생각에 머무르는 것을 비구에게 공양한다고 한다. ④**경전(經卷)** : 경의 책. ⑤**경전에 공양** : 경전에 꽃과 향, 번기, 일산 등으로 공양하는 것은 법을 공경하기 때문인데, 이러면 부처님을 볼 수 있다. ⑥**승가(衆僧)** : 중승은 화합 대중의 의미인 중(衆)과 승(僧)의 합성어. ⑦**경전에 공양한다면~승가에 공양하지 아니해도 무방** : 경전을 통달해 지니고, 남을 가르쳐 쓰게 하는 것은 탑과 절을 세우고 승가에 공양하는 것보다 크다는 뜻. 일심으로 도를 생각하고 몸으로 직접 실천하는 것은 바로 법공양이므로, 현상적인 일에 매달리지 않아도 된다는 뜻이다.

況復有人이 能持是經하고 兼行布施와 持戒와 忍辱과 精進과 一心과
황부유인 능지시경 겸행보시 지계 인욕 정진 일심

智慧이리요 其德이 最勝하여 無量無邊하여 譬如虛空이 東西南北과 四維
지혜 기덕 최승 무량무변 비여허공 동서남북 사유

上下에 無量無邊인듯 是人功德도 亦復如是하여 無量無邊하여 疾至一切
상하 무량무변 시인공덕 역부여시 무량무변 질지일체

種智하리라. 若人이 讀誦受持是經하여 爲他人說하며 若自書하며 若教人書하며
종지 약인 독송수지시경 위타인설 약자서 약교인서

하물며 어떤 사람이 이 경을 받아 지니고
겸하여 보시, 지계, 인욕, 정진, 선정, 지혜를 행함이랴.
그 덕은 가장 뛰어나 한량 없고 가이없으리라.
비유하건대,
허공이 동서남북과 사유(四維)와[①] 상하(上下)가
한량 없고 가이없음과 같이,
이 사람의 공덕도 이와 같이
한량 없고 가이없어 속히 일체종지에 이르리라.

18. 만약 어떤 사람이 이 경을 독송하고 받아 지녀
다른 사람을 위해 설하거나,
스스로 쓰거나 남을 가르쳐 쓰게 하며,

---

① 사유(四維) : 북동, 남동, 남서, 북서의 네 방향. 여기에 동, 서, 남, 북과 상, 하를 합하여 시방(十方)이라 한다.

復能起塔하고 及造僧坊하여 供養讚歎聲聞衆僧하며 亦以百千萬億
부능기탑 급조승방 공양찬탄성문중승 역이백천만억

讚歎之法으로 讚歎菩薩功德하고 又爲他人하여 種種因緣으로 隨義解說
찬탄지법 찬탄보살공덕 우위타인 종종인연 수의해설

此法華經하며 復能淸淨持戒하고 與柔和者와 而共同止하며 忍辱無瞋하고
차법화경 부능청정지계 여유화자 이공동지 인욕무진

志念이 堅固하며 常貴坐禪하여 得諸深定하고 精進勇猛하여 攝諸善法하며
지념 견고 상귀좌선 득제심정 정진용맹 섭제선법

利根智慧하여 善答問難하니라.
이근지혜 선답문난

또 탑을 일으키고 승방을 지어
성문 대중에게 공양하고 찬탄하며,
또 백천만억의 찬탄하는 법으로①
보살의 공덕을 찬탄하고,
또 남을 위하여 갖가지 인연으로
뜻을 따라 이 법화경(法華經)을 해설하며,
또 청정하게 계를 지켜 마음이 유화한 이와 함께 살며,
인욕(忍辱)해서 성냄이 없고, 뜻과 생각이 견고하며,
항상 좌선을 귀히 여겨 모든 깊은 선정(禪定)을② 얻고,
정진을 용맹히③ 하여 여러 선법(善法)을④ 거두며,
날카로운 근기의 지혜 있어
어려운 질문에⑤ 잘 대답한다고 하자.

---

①찬탄하는 법으로 : 보살은 대승으로서 모든 찬탄은 반드시 법에 합당해야 한다. 찬탄해야 될 대상을 찬탄하면 공덕이 되지만, 그러한 보살이 아닌데도 찬탄하면 오히려 죄가 된다. 그런데 하물며 복을 얻을 수 있겠는가? ②깊은 선정 : 깊은 마음의 통일. 삼매. ③정진을 용맹히 : 용맹 정진. 노력을 열심히. ④선법(善法) : 착한 법. 오계(五戒), 십선(十善), 삼학(三學), 육도(六道) 등. ⑤어려운 질문(問難) : 대답하기 어려운 질문.

阿逸多여 若我滅後에 諸善男子 善女人이 受持讀誦是經典者가 復有如是
아일다 약아멸후 제선남자 선여인 수지독송시경전자 부유여시
諸善功德하면 當知하라 是人은 已趣道場하여 近阿耨多羅三藐三菩提하여
제선공덕 당지 시인 이취도량 근아누다라삼먁삼보리
坐道樹下니 阿逸多여 是善男子 善女人이 若坐커나 若立커나 若行處에
좌도수하 아일다 시선남자 선여인 약좌 약립 약행처
此中에 便應起塔하면 一切天人이 皆應供養호대 如佛之塔이니라.
차중 변응기탑 일체천인 개응공양 여불지탑

19. 아일다야, 만약 내가 멸도한 후에
모든 선남자 선여인으로서
이 경전을 받아 지녀 독송하는 이가
다시 이와 같은 여러 가지 선공덕을① 갖춘다면,
알지어다.
이 사람은 이미 도량에② 나아가
아누다라삼먁삼보리에 다가가
도수(道樹)③ 아래에 앉음이니라.
아일다야, 이 선남자 선여인이
앉거나 서거나 거니는 곳④ 거기에
응당 탑을 세운다면
일체의 하늘과 사람이
다 부처님의 탑과 같이 공양하리니라."

---

①이와 같은 여러 가지 선공덕(諸善功德) : 경을 널리 펴는 일 외에, 다시 육바라밀을 행하여 여러 가지 좋은 공덕을 닦는 것을 말한다. ②도량 : 부처님께서 깨달음을 얻으신 적멸 도량. ③도수(道樹) : 보리수. ④앉거나 서거나 거니는 곳(若坐 若立 若行) : '약(若)'을 '…이거나 …이거나'로 풀이한다.

爾時에 世尊께서 欲重宣此義하사 而說偈言하사대
이시 세존 욕중선차의 이설게언

若我滅度後에 能奉持此經하면 斯人은 福無量하여 如上之所說하리니
약아멸도후 능봉지차경 사인 복무량 여상지소설

是則爲具足 一切諸供養이니라 以舍利로 起塔호대 七寶而莊嚴하며
시즉위구족 일체제공양 이사리 기탑 칠보이장엄

表刹이 甚高廣하여 漸小至梵天이어든 寶鈴千萬億이 風動出妙音하며
표찰 심고광 점소지범천 보령천만억 풍동출묘음

又於無量劫에 而供養此塔호대 華 香 諸瓔珞과 天衣 衆伎樂과
우어무량겁 이공양차탑 화 향 제영락 천의 중기악

然香油 蘇燈하여 周匝常照明이니
연향유 소등 주잡상조명

20. 그 때, 세존께서 이 뜻을 거듭 펴시고자
게송으로 말씀하셨습니다.
"만일 내가 멸도한① 후에 이 경을 받들어 지닌다면,
이 사람의 복이 한량 없음은 위에 설한 바와 같나니,
이는 곧 온갖 공양을 갖춤이 되느니라.
사리를② 모셔 탑을 일으켜 칠보로 장엄하고,
표찰(表刹)은③ 높고 넓어 점차로 첨예해져서 범천에 이르러,
보배 방울④ 천만억이 바람에 움직여 묘한 소리 내고,
또 무량겁 동안 이 탑에 꽃과 향과 모든 영락과
하늘옷과 온갖 기악으로 공양하며,
향유를 섞은 소등(蘇燈)을⑤ 켜서 주위를 항상 밝히나니,

---

① **멸도**(滅度) : 반열반에 드심. 입멸하심. ② **사리**(舍利) : 부처님 유골. 부처님이나 성자의 유골. ③ **표찰**(表刹) : 탑 위에 세운 상륜부. ④ **보배 방울**(寶鈴) : 보배로 된 방울. 방울 소리는 미묘 법문을 연설하는 데에 비유. ⑤ **향유를 섞은 소등**(香油蘇燈) : 유락(乳酪)에 향유를 섞어 만든 등불.

惡世法末時에 악 세 법 말 시	能持是經者는 능 지 시 경 자	則爲已如上 즉 위 이 여 상	具足諸供養이니라. 구 족 제 공 양
若能持此經하면 약 능 지 차 경	則如佛現在에 즉 여 불 현 재	以牛頭栴檀으로 이 우 두 전 단	起僧坊供養호대 기 승 방 공 양
堂有三十二하야 당 유 삼 십 이	高八多羅樹요 고 팔 다 라 수	上饌 妙衣服과 상 찬 묘 의 복	牀臥 皆具足하며 상 와 개 구 족
百千衆住處와 백 천 중 주 처	園林諸浴池와 원 림 제 욕 지	經行及禪窟을 경 행 급 선 굴	種種皆嚴好니라. 종 종 개 엄 호

말법(末法) 시대 악한 세상에서 이 경을 지니는 이는
이미 위와 같은 공양을 두루 갖춤이 되느니라.

21. 만약 능히 이 경을 지닌다면,
부처님께서 계실 때에①
우두전단으로② 승방을 지어 공양하되,
당각 서른두 채가③ 있어 높이는 팔 다라수이고,④
좋은 음식과 아름다운 의복과 침구 모두 갖추며,
백천 대중이 머무를 곳과 동산과 목욕하는 못과
경행길과 선굴(禪窟)을⑤ 갖가지로 다 장엄함과 같으니라.

---

①**계실 때**(現在) : 지금 계시는 이 때. ②**우두전단** : 우두산(牛頭山)에만 나는 향나무. 적전단(赤栴檀)이라고도 한다. 전단향으로 정을 세워 스님에게 공양하는 것은, 몸으로 불법을 떠맡아 바른 생각을 지니는 것을 비유. ③**당각 서른두 채** : 현신하신 부처님의 대인 상호인 삼십이상(三十二相). ④**팔 다라수** : 팔 다라수나무 높이만큼. ⑤**선굴**(禪窟) : 좌선을 수행하는 석굴.

若有信解心으로 受持讀誦書하고 若復教人書하며 及供養經卷호대
약 유 신 해 심 수 지 독 송 서 약 부 교 인 서 급 공 양 경 권

散華香末香하며 以須曼과 瞻蔔과 阿提目多伽의 薰油를 常然之하는
산 화 향 말 향 이 수 만 첨 복 아 제 목 다 가 훈 유 상 연 지

如是供養者는 得無量功德하리니 如虛空無邊하듯이 其福이 亦如是하리라.
여 시 공 양 자 득 무 량 공 덕 여 허 공 무 변 기 복 역 여 시

22. 만약 믿고 이해(信解)하는 마음으로
받아 지니고 독송하고 쓰거나,
남에게 가르쳐 쓰게 하며,
경전에 꽃과 향과 말향을 뿌리고,
수만나꽃,① 첨복화,② 아제목다가로③ 기름을 짜
항상 불을 켜는 등으로 공양하는 이는
한량 없는 공덕을 얻되,
허공이 가이없음과 같이 그 복도 이와 같으리라.

---

① **수만나꽃**(須曼, sumanas) : 수마나화라고도 하는데, 꽃은 황백색이고 향기가 강하다. ② **첨복화**(瞻蔔, campaka) : 황화수 금색화라 번역. 노란 꽃이 피며, 향기가 강하다. ③ **아제목다가**(阿提目多伽, atimuktaka) : 모양은 삼과 같고, 꽃은 붉고, 잎은 푸르다. 씨로는 기름을 짜고 향의 원료로도 쓰인다.

況復持此經하고 兼布施 持戒하며 忍辱 樂禪定하며 不瞋不惡口하며
황부지차경 겸보시 지계 인욕 요선정 부진불악구

恭敬於塔廟하고 謙下諸比丘하여 遠離自高心하고 常思惟智慧하여
공경어탑묘 겸하제비구 원리자고심 상사유지혜

有問難이어도 不瞋하고 隨順爲解說하리요 若能行是行하면 功德이 不可量이리라.
유문난 부진 수순위해설 약능행시행 공덕 불가량

若見此法師의 成就如是德하여든 應以天華로 散하며 天衣覆其身하고
약견차법사 성취여시덕 응이천화 산 천의부기신

頭面으로 接足禮하여 生心如佛想하리라.
두면 접족례 생심여불상

23. 하물며 이 경전 받아 지니고 겸하여 보시하고 계행 지키며,
인욕하고 즐겨 선정하며, 성내지 않고 악한 말 하지 않으며,
탑묘를 공경하고, 모든 비구에게 겸손하여①
교만한 마음 멀리하고,② 항상 지혜를 생각하여
힐난하는 질문에도③ 성내지 아니하고
수순(隨順)하여 해설함이라.④
이와 같은 행을 행한다면,
그 공덕 가히 헤아리지 못하리라.

24. 만약 이 법사가⑤ 이 같은 공덕 성취함을 보거든,
응당 하늘꽃을 흩고 하늘옷을 그 몸에 덮은 다음,
머리 조아려 발에 예하되,⑥
부처님 생각함같이 마음을 가질 것이니라.

---

① 겸손(謙下) : 겸허하고 공손하게 자신을 낮추는 예의. ② 교만한 마음 멀리함(遠離自高心) : 오만한 마음을 멀리함. ③ 힐난하는 질문(問難) : 힐문하여 이의를 제기하는 질문. 따져 물음. ④ 수순하여 해설 : 뜻에 따라 적절히 해설함. ⑤ 법사(法師) : 경의 가르침을 설하는 사람. ⑥ 머리 조아려 발에 예함(頭面接足禮) : 머리를 상대의 발에 대고 경의를 표하는 예법.
※ 번역문 23과 24번은 스님이 행할 바이다.

又應作是念호대 不久詣道樹하여 得無漏 無爲하여 廣利諸人天이라하여
우응작시념 불구예도수 득무루 무위 광리제인천

其所住止處와 經行若坐臥에 乃至說一偈어든 是中에 應起塔하여
기소주지처 경행약좌와 내지설일게 시중 응기탑

莊嚴令妙好하고 種種以供養할지니 佛子가 住此地하면 則是佛께서 受用하시어
장엄령묘호 종종이공양 불자 주차지 즉시불 수용

常在於其中하여 經行及坐臥하리라.
상재어기중 경행급좌와

또 응당 이런 생각을 하되,
'오래지 않아 도수(道樹)에① 나아가
무루(無漏) 무위(無爲)를 얻어②
널리 모든 사람과 하늘을 이롭게 하리라.' 하여,
그가 머무르는 곳이나 경행하거나 앉거나 눕는 곳에서
한 게송이라도 설하거든 거기에 탑을 일으켜③
아름답게 장엄하여 갖가지로 공양할지니라.
불자(佛子)가 이 같은 경지에 머무르면,
이에 부처님께서 수용(受用)하시어④
항상 그 가운데에서 경행하고 앉고 누우리라."
하셨느니라.

---

① 도수(道樹) : 보리수. ② 무루 무위를 얻음 : 무루(無漏)의 지혜와 무위(無爲)의 열반을 얻음. 곧, 깨달음을 얻음. ③ 탑을 일으킴 : 법을 펴는 법사가 다니고 머무르고 눕고, 혹은 경전의 게송을 설한 곳에 탑을 세워 장엄한다는 뜻. ④ 수용(受用) : 받아들임.

수희공덕품 제 18 (隨喜功德品 第十八)

爾時에 彌勒菩薩摩訶薩이 白佛言하사대 世尊이시여 若有善男子 善女人이
이시 미륵보살마하살 백불언 세존 약유선남자 선여인
聞是法華經하고 隨喜者는 得幾所福하겠나이다 而說偈言하사대
문시법화경 수희자 득기소복 이설게언
世尊滅度後에 其有聞是經하고 若能隨喜者는 爲得幾所福하겠나이까.
세존멸도후 기유문시경 약능수희자 위득기소복

1. 그 때, 미륵보살마하살이 부처님께 사뢰었습니다.
"세존이시여, 만약 선남자 선여인이
이 법화경(法華經)을 듣고 따라서 기뻐한다면,①
얼마만한 복을 얻겠나이까?"②
다시 게송으로 말씀하였습니다.
"세존께서 멸도하신 후에 이 경을 듣고
만약 따라서 기뻐한다면, 얼마만한 복을 얻겠나이까?"

---

① **따라서 기뻐함(隨喜, anuodana)** : 마음 속으로 기쁘고 공감하여 귀의한다는 의미. ② **얼마만한 복을 얻겠나이까** : 앞 품에서 이 경을 독송 내지 베껴 쓰는 공덕이 탑을 조성하고 승려에게 공양하는 것보다 수승하고, 여기에다 육바라밀 및 바른 수행을 했을 때에 그 공덕은 더욱 수승하다고 하였다. 이제 인연 있는 중생이 이 경을 듣고 법에 믿음을 내어 따라서 기뻐했을 경우, 그 공덕에 대하여 물었다.

爾時에 佛告彌勒菩薩摩訶薩하사대 阿逸多여 如來滅後에 若比丘 比丘尼
이시 불고미륵보살마하살 아일다 여래멸후 약비구 비구니
優婆塞 優婆夷와 及餘智者와 若長이거나 若幼이거나 聞是經하고 隨喜已하며
우바새 우바이 급여지자 약장 약유 문시경 수희이
從法會出하고 至於餘處하여 若在僧坊커나 若空閑地거나 若城邑 巷陌
종법회출 지어여처 약재승방 약공한지 약성읍 항맥
聚落 田里에서 如其所聞하되 爲父母 宗親 善友 知識하여 隨力演說하되
취락 전리 여기소문 위부모 종친 선우 지식 수력연설
是諸人等이 聞已하고 隨喜하여 復行轉教하여서
시제인등 문이 수희 부행전교

2. 그 때, 부처님께서 미륵보살마하살에게 이르셨습니다.
“아일다야, 여래가 멸도한 후에
만약 비구, 비구니나 우바새, 우바이나
그 밖에 지혜 있는 이로서① 어른이나 어린이가
이 경을 듣고 따라 기뻐하고 법회에서 나와 다른 곳에 이르러,
승방이나 한적한 곳이나,
성읍이나 항간이나② 취락이나 동리에서,③
그 들은 바와 같이 부모, 친척과④ 좋은 벗과⑤
지인이나 지식자를⑥ 위하여 능력 따라 설해 주어,⑦
이 사람들이 듣고 나서 따라 기뻐하여
또 다른 사람에게 전교(轉教)하되,⑧

---

①**그 밖에 지혜 있는 이(餘智者)** : 출가해서 계를 받지 않았지만, 뛰어난 판단력을 가진 이. ②**항간** : (길)거리. ③**취락이나 동리(聚落田里)** : 사람들이 모여 있는 촌락이나 농촌. ④**친척(宗親)** : 육촌 구족의 친족을 말한다. ⑤**좋은 벗(善友)** : 선지식(善知識)의 뜻. 스승. ⑥**지식자(知識)** : 지식 있는 이. 지인(知人)의 뜻도 있다. ⑦**능력에 따라 설해 줌(隨力演說)** : 자신의 능력에 따라 최선을 다해 연설해 줌. ⑧**전교(轉教)** : 전하여 가르침. 설법을 들은 이가 다시 능력껏 차례로 다른 이에게 가르쳐 나가는 일.

餘人이 **聞已**하고 **亦隨喜轉教**하여 **如是展轉**하여 **至第五十**하면 **阿逸多**여
여인 문이 역수희전교 여시전전 지제오십 아일다

其第五十善男子 **善女人**의 **隨喜功德**을 **我今說之**호리니 **汝當善聽**하라.
기제오십선남자 선여인 수희공덕 아금설지 여당선청

若四百萬億阿僧祇世界의 **六趣四生** **衆生**인 **卵生**과 **胎生**과 **濕生**과
약사백만억아승지세계 육취사생 중생 난생 태생 습생

化生과 **若有形**과 **無形**과 **有想**과 **無想**과 **非有想**과 **非無想**과
화생 약유형 무형 유상 무상 비유상 비무상

그 다른 사람이 듣고 또한 따라 기뻐하여 전교하는,
이와 같이 전교하고 또 전교하여 오십 명째에 이르면,
아일다야,
그 오십 명째의 선남자 선여인이 따라 기뻐하는 공덕을
내가 지금 설하리니, 너는 잘 들을지어다.[①]

3. 만약 사백만억 아승지 세계의
육취(六趣)[②] 사생(四生)의[③] 중생인
난생(卵生), 태생(胎生), 습생(濕生), 화생(化生)과
유형(有形),[④] 무형(無形),[⑤] 유상(有想),[⑥] 무상(無想)과[⑦]
비유상(非有想),[⑧] 비무상(非無想)과[⑨]

---

①**잘 들을지어다** : 원문은 선청(善聽). ②**육취** : 미혹으로 윤회하는 여섯 세계. 천(天), 인(人), 수라(修羅), 아귀(餓鬼), 축생(畜生), 지옥(地獄). 이 중에서 지옥, 아귀, 축생을 삼악도(三惡道)라 한다. ③**사생** : 태생, 난생, 습생, 화생의 네 가지 출생. 지은 업에 의해 태로 태어남을 태생(胎生), 알로 태어남을 난생(卵生), 습기에 의해 태어남을 습생(濕生), 아무것에도 의탁함이 없이 홀연히 태어남을 화생(化生)이라 한다. 지옥과 극락(극락에 태어남은 태생과 화생의 두 가지에 의함)에 태어나는 것은 화생에 의한다. ④**유형** : 육체를 지닌 존재. 욕계, 색계의 중생. ⑤**무형** : 육체(색온)가 없고 수온, 상온, 행온, 식온만이 있는 단계. ⑥**유상** : 표상작용이 있는 자. 의식이 있는 상태. ⑦**무상** : 마음의 생각이 끊어진 경지. 멸진정에 든 상태. ⑧**비유상** : 거친 번뇌는 다 끊은 상태. ⑨**비무상** : 미세한 번뇌는 남아 있는 경지.

無足과 二足과 四足과 多足과 如是等在衆生數者에 有人이 求福하여
무족 이족 사족 다족 여시등재중생수자 유인 구복

隨其所欲하여 娛樂之具를 皆給與之호대 一一衆生에 與滿閻浮提한 金
수기소욕 오락지구 개급여지 일일중생 여만염부제 금

銀 琉璃 硨磲 瑪瑙 珊瑚 琥珀 諸妙珍寶와 及象 馬 車乘과 七寶
은 유리 자거 마노 산호 호박 제묘진보 급상 마 거승 칠보

所成宮殿樓閣等호대 是大施主 如是布施하여 滿八十年已하고 而作是念호대
소성궁전누각등 시대시주 여시보시 만팔십년이 이작시념

我 已施衆生에게 娛樂之具호대 隨意所欲하나
아 이시중생 오락지구 수의소욕

무족(無足),[①] 이족(二足),[②] 사족(四足),[③] 다족(多足)[④] 등
이러한 중생의 범주(衆生數)에[⑤] 속한 자에게
어떤 사람이 복을 구하려고 그들의 욕구대로
즐길 물건을 다 나누어 주되,
하나하나의 중생마다 염부제에[⑥] 가득 찰 만한 금, 은, 유리와
자거, 마노와 산호, 호박 등 온갖 묘하고 진기한 보배와
코끼리나 말이 끄는 수레와
칠보로 이뤄진 궁전, 누각 등을 준다면,
그리고 이 큰 시주가 이와 같이 보시하기를 팔십 년간 하고
이런 생각을 하되,
'내가 이미 중생에게 즐길 물건(樂具, 필수품)을[⑦] 주어
하고자 하는 대로 따랐으나,

---

① 무족(無足) : 발이 없는 생물. 뱀, 지렁이 등. ② 이족(二足) : 정(情)을 가진 부류로서 사람이 여기에 속한다. ③ 사족(四足) : 네 발 달린 짐승. 소, 말, 돼지 등. ④ 다족(多足) : 지네처럼 발이 많은 생물. ⑤ 이러한 중생의 범주(衆生數) : 중생계. 중생의 다양한 생계 형태. ⑥ 염부제(閻浮提) : 수미산을 중심으로 네 주(洲)로 구분하여 남쪽을 말하는데, 여기에는 인간들이 살고 있기 때문에 염부제는 인간 세계 전체를 대표하는 말이 되었다. ⑦ 중생에게 즐길 물건(娛樂之具) : 중생들이 원하는 생활 도구들.

然이나 此衆生이 皆已衰老하여 年過八十하여 髮白하고 面皺하여 將死不久하리니
연 차중생 개이쇠로 연과팔십 발백 면추 장사불구
我當以佛法으로 而訓導之하리라하고 卽集此衆生하여 宣布法化하여 示敎
아당이불법 이훈도지 즉집차중생 선포법화 시교
利喜하여 一時에 皆得須陀洹道 斯陀含道 阿那含道 阿羅漢道하여 盡諸
리희 일시 개득수다원도 사다함도 아나함도 아라한도 진제
有漏하여 於深禪定에 皆得自在하여 具八解脫케하면 於汝意云何오 是大施主의
유루 어심선정 개득자재 구팔해탈 어여의운하 시대시주
所得功德이 寧爲多아 不아
소득공덕 영위다 부

이 중생이 다 이미 늙어 나이 팔십이 지나
머리는 희고 얼굴은 주름잡혀 머잖아 죽으리니,
내가 마땅히 불법으로 가르쳐 인도하리라.' 하고,
곧 그들을 모아 일러 펴 법으로 교화하여
보이고 가르치고 이롭게 하고 기쁘게 하여① 일시에 다
수다원도,② 사다함도,③ 아나함도,④ 아라한도를⑤ 얻어
모든 번뇌(有漏)를 없애어
깊은 선정에 다 자재를 얻어 팔해탈을⑥ 갖추게 했다면,
너의 생각에는 어떠하냐?
이 큰 시주가 얻을 공덕이 많지 않겠느냐?"

---

①**보이고 가르치고 이롭게 하고 기쁘게 함**(示敎利喜) : 연설을 펴서 법을 보이고, 법으로 교화해 가르치고, 이로움을 주고, 기쁘게 한다는 뜻. ②**수다원도**(srota-āpanana) : 세제일법(世第一法)의 십오심(十五心)에서 사제(四諦)를 깨달아 견혹(見惑)을 끊은 지위. 비로소 도과(道果)에 처음 올랐으므로 예류과(預流果)라 한다. ③**사다함도**(sakṛd-āgamiṇ) : 욕계의 일품에서 오품까지 사혹을 끊은 지위. 욕계에 한 번만 왕래하므로 일래과(一來果)라 한다. ④**아나함도**(anā-gamiṇ) : 욕계의 육품 이상 번뇌를 모두 끊고 색계 등으로 나가므로 불환과(不還果)라 한다. ⑤**아라한도**(arhat) : 색계, 무색계의 번뇌를 모두 끊어 인간과 천상에게서 공경을 받을 만하므로 응공(應供)이라 한다. ⑥**팔해탈**(八解脫) : 거친 선정에서 깊은 선정으로 들어가는 여덟 종류의 선정 해탈.

彌勒이 白佛言하사대 世尊이시여 是人功德이 甚多하여 無量無邊하나이다
미륵 백불언 세존 시인공덕 심다 무량무변

若是施主가 但施衆生에게 一切樂具하여도 功德이 無量커늘 何況令得
약시시주 단시중생 일체낙구 공덕 무량 하황령득

阿羅漢果이니잇가. 佛告彌勒하사대 我 今에 分明語汝호리라 是人이 以一切
아라한과 불고미륵 아 금 분명어여 시인 이일체

樂具로 施於四百萬億阿僧祇世界의 六趣衆生하고
낙구 시어사백만억아승지세계 육취중생

4. 미륵이 부처님께 사뢰었습니다.
“세존이시여, 이 사람의 공덕은 매우 많아서
한량 없고 가이없겠나이다.
만약 이 시주가① 다만 중생에게
온갖 즐길 물건(필수품)만② 보시했을지라도
공덕이 한량 없겠거늘,
하물며 아라한과(阿羅漢果)를③ 얻도록 한 것이겠나이까?”

5. 부처님께서 미륵에게 이르셨습니다.
“내가 지금 너에게 분명히 말하리라.
이 사람이 온갖 즐길 물건으로
사백만억 아승지 세계의 육취 중생에게 보시하고,

---

① **시주**(施主) : 보시하는 사람. ② **온갖 즐길 물건**(樂具) : 일상 생활에 필요한 물건. ③ **아라한과** : 색계, 무색계의 71품을 끊은 것이 아라한향(阿羅漢向)이고, 무색계의 비상비비상처(非想非非想處)의 제9품 중에서 마지막 한 품의 사혹(思惑)을 끊으면 아라한과(阿羅漢果)를 얻게 된다. 일곱 수행 단계(七加行位)와 삼도 사과(三道四果)의 수행은 아라한과를 얻는 데 있다.

又令得阿羅漢果한 所得功德이 不如是第五十人의 聞法華經一偈하고
우령득아라한과 소득공덕 불여시제오십인 문법화경일게

隨喜功德함에 百分 千分 百千萬億分에 不及其一하리며 乃至算數譬喩의
수희공덕 백분 천분 백천만억분 불급기일 내지산수비유

所不能知리라 阿逸多여 如是第五十人이 展轉하여 聞法華經한 隨喜功德도
소불능지 아일다 여시제오십인 전전 문법화경 수희공덕

尙無量無邊阿僧祇온 何況最初의 於會中에 聞而隨喜者리요 其福이
상무량무변아승지 하황최초 어회중 문이수희자 기복

復勝하여 無量無邊阿僧祇로 不可得比니라.
부승 무량무변아승지 불가득비

또 아라한과를 얻게 한다 해도 그 얻은 공덕이
이 오십 명째 사람이
법화경의 한 게송을 듣고 따라 기뻐하는 공덕만 못함이,
그 백분, 천분, 백천만억분의 일에도 미치지 못하나니,
산수와 비유로도 능히 알 바 아니니라.①
아일다야,
이와 같이 오십 명째의 사람이 차차 전해져서② 법화경을 듣고
따라 기뻐한 공덕도 한량 없고 가이없어 아승지거늘,
하물며 최초의 법회 중에서 듣고 따라 기뻐한 사람이랴.
그 복이 더욱 뛰어나, 한량 없고 가이없는 아승지로도
견주지 못하리라.③

---

①능히 알 바 아니다(不能知) : 수희 공덕이 훨씬 수승하여 셈으로 알 수 없다는 뜻. 곧, 아라한과를 얻은 공덕도 오십 명째 법화경을 전해 들은 사람이 한 게송을 듣고 따라 기뻐하는 공덕에 미칠 수 없다는 뜻이다. ②차차 전해져서(展轉) : 법이 차례차례로 전해져서. ③견주지 못하리라(不可得比) : 비교할 수 없을 정도. 오십 명째 전해 듣고 기뻐한 사람의 공덕이 무량하니, 맨 처음 법화경 한 구절을 듣고 따라 기뻐한 공덕은 아예 비교할 수조차 없이 훌륭하다는 뜻이다.

又阿逸多여 若人이 爲是經故로 往詣僧坊하여 若坐커나 若立하여 須臾라도
우아일다 약인 위시경고 왕예승방 약좌 약립 수유

聽受하면 緣是功德하여 轉身所生에 得好上妙象 馬 車乘과 珍寶輦輿하며
청수 연시공덕 전신소생 득호상묘상 마 거승 진보연여

及乘天宮하리라 若復有人이 於講法處에서 坐하여 更有人이 來커든 勸令坐聽하여
급승천궁 약부유인 어강법처 좌 갱유인 내 권령좌청

若分座하여 令坐케하면 是人功德이 轉身에 得帝釋坐處어나 若梵王坐處어나
약분좌 영좌 시인공덕 전신 득제석좌처 약범왕좌처

若轉輪聖王所坐之處하리라.
약전륜성왕소좌지처

6. 또 아일다야, 만약 어떤 사람이 이 경을 위하여
승방에 찾아가 앉거나 서서[①] 잠깐이라도 듣고 지닌다면,
이 공덕으로 말미암아,
다시 태어날 때에는[②] 좋고 묘한 코끼리나 말이 끄는 수레와
진기한 보배 연(輦)을[③] 얻고,
또 그것을 타고 천궁에[④] 오르리라.
또, 어떤 사람이 법을 강하는 곳에 앉았다가
사람이 왔을 때에 권하여 앉아 듣게 하면서
자리를 나누어 앉게 한다면,
이 사람의 공덕은 다시 태어날 때에
제석천의 앉은 자리나[⑤] 범천왕의 앉은 자리,[⑥]
또는 전륜성왕의 앉은 자리를[⑦] 얻게 되리라.

---

①앉거나 서서(若坐若立) : 앉아 있을 때에나 서 있을 때에나 이 경을 듣거나 읽으며 통달해 지니고 수행하므로, 법화삼매(法華三昧)를 반행반좌삼매(半行半坐三昧)라 한다(천태대사). ②다시 태어날 때에(轉身所生) : 다음 생에 몸을 바꾸어 태어날 때에. ③보배 연(珍寶輦輿) : 보배로 장식된 가마. 천자(天子)들이 타고 다닌다는 훌륭한 가마. ④천궁(天宮) : 천계 천인의 궁전. ⑤제석천의 자리 : 천상에 태어날 때에 도리천주(忉利天主)의 자리. ⑥범천왕의 자리 : 색계 초선천에 태어날 때 범천왕(梵天王)의 자리. ⑦전륜성왕의 자리 : 윤보로 천하를 통일하여 금, 은, 동, 철의 네 전륜성왕이 네 천하의 왕이 되어 앉는 자리.

阿逸多여 若復有人이 語餘人言호대 有經호대 名이 法華니 可共往聽이니라하여
아일다 약부유인 어여인언 유경 명 법화 가공왕청

卽受其教하여 乃至須臾間이라도 聞하면 是人功德은 轉身에 得與陀羅尼
즉수기교 내지수유간 문 시인공덕 전신 득여다라니

菩薩과 共生一處하리니 利根智慧하며 百千萬世에 終不瘖瘂하고 口氣不臭하며
보살 공생일처 이근지혜 백천만세 종불음아 구기불취

舌常無病하고 口亦無病하며 齒不垢黑하고 不黃하고 不疎하며 亦不缺落하며
설상무병 구역무병 치불구흑 불황 불소 역불결락

不差하며 不曲하며
불차 불곡

7. 아일다야, 또 어떤 사람이 다른 사람에게 말하되,
'법화(法華)라는 경(經)이 있으니, 같이 가서 듣자.' 하여
그 말을 따라 잠깐이라도 듣게 된다면,
이 사람의 공덕은 다시 태어날 때에
다라니보살과① 한 곳에서 함께 나게 되리니,
근기가 총명하고② 지혜 있으며,
백천만 번 태어나도 벙어리가③ 되지 않고,
입에서 악취가 나지 않으며, 혀는 항상 병이 없고,
입도 병이 없으며, 이는 때묻거나 검지 아니하고,
누렇지도 않고 성글지도 않으며,
빠지거나 어긋나지도④ 굽지도 않으며,

---

① **다라니보살** : 다라니(摠持)를 얻은 보살. ② **근기가 총명함**(利根) : 자질이 뛰어남. ③ **벙어리** : 음아(瘖瘂)는 음(瘖)과 아(瘂)가 모두 말을 하지 못하는 장애자(벙어리)라는 뜻의 글자로 이뤄진 합성어. ④ **어긋나지도**(不差) : 들쭉날쭉하지 않음. 덧니 따위가 없는 상태.

脣不下垂하며 亦不褰縮하며 不麤澁 不瘡胗하고 亦不缺壞하며 亦不喎斜하고
순불하수 역불건축 불추삽 불창진 역불결괴 역불와사

不厚하며 不大하고 亦不黧黑하여 無諸可惡하며 鼻不匾㔸하고 亦不曲戾하며
불후 불대 역불리흑 무제가오 비불변제 역불곡려

面色이 不黑하고 亦不狹長하며 亦不窊曲하여 無有一切不可喜相하고
면색 불흑 역불협장 역불와곡 무유일체불가희상

脣舌牙齒가 悉皆嚴好하며 鼻修 高直하며 面貌 圓滿하며 眉高而長하며
순설아치 실개엄호 비수 고직 면모 원만 미고이장

額廣 平 正하여 人相이 具足하여 世世所生에 見佛聞法하여 信受敎誨하리라.
액광평정 인상 구족 세세소생 견불문법 신수교회

입술은 아래로 처지지도 위로 말려지지도 않으며,①
거칠지도 부스럼나지도② 않고, 언청이도 아니 되며,
비뚤어지지도 아니하고,③ 두텁지도 크지도 아니하며,
거무테테하지도④ 아니하여 미운 데가 전혀 없으며,
코는 납작하거나⑤ 굽어 비뚤지도 아니하며,
얼굴은 검지도 않고, 좁고 길지도 아니하며,
오목하거나 비뚤어지지도⑥ 아니하여
나쁜 상이라고는 일체 없으리라.
입술과 혀와 치아가 다 보기 좋으며,
코는 길고 높고 곧고, 얼굴 모양은 원만하며,
눈썹은 높고 길며, 이마는 넓고 번듯하여
인상(人相)이 다 갖춰져,⑦ 세세생생(世世生生) 나는 곳마다
부처님을 친견하여 법을 듣고, 가르침을 믿어 지니리라.

---

①위로 말려지지도 않음(不褰縮) : 위쪽으로 걷어 올려지지 않음. 건(褰)과 축(縮) 모두 오그라든다는 의미. **②부스럼(瘡胗)** : 종기나 부스럼이 남. **③비뚤어지지 않음(不喎斜)** : 입술이 비뚤어져 있지 않음. 와(喎)와 사(斜)는 비뚤어져 있다는 뜻. **④거무테테함(黧黑)** : 황색이 섞인 흑색. **⑤납작함** : 코가 납작하고 얇음. **⑥오목하거나 비뚤어짐(窊曲)** : 옴팍 들어가고 굽음. **⑦인상이 다 갖추어짐(人相具足)** : 사람의 모습이 이루어짐.

阿逸多여 汝 且觀是하라 勸於一人하여 令往聽法케한 功德도 如此함이온
아일다 여 차관시 권어일인 영왕청법 공덕 여차

何況一心으로 聽說 讀誦하고 而於大衆에 爲人分別하며 如說修行이리요.
하황일심 청설 독송 이어대중 위인분별 여설수행

爾時世尊께서 欲重宣此義하사 而說偈言하사대
이시세존 욕중선차의 이설게언

若人이 於法會에 得聞是經典호대 乃至於一偈라도 隨喜하고 爲他說호대
약인 어법회 득문시경전 내지어일게 수희 위타설

如是展轉教하여 至于第五十하면 最後人의 獲福을 今當分別之하리라.
여시전전교 지우제오십 최후인 획복 금당분별지

아일다야, 너는 잠깐 이를 관(觀)해 보아라.
한 사람을 권하여 가서 법을 듣게 해도 공덕이 이와 같거늘,
하물며 일심으로 듣고 설하고 독송하고,
대중 가운데에서 남을 위하여 분별해 설하며,[①]
설(說)한 대로 수행하는 사람이랴."

8. 그 때, 세존께서 이 뜻을 거듭 펴시고자
게송으로 말씀하셨습니다.
"어떤 사람이 법회(法會)에서 이 경전을 듣고
한 게송이라도 따라 기뻐하고 남에게 설해 주어,
이같이 하여 점차로 가르쳐서 오십 명째 사람에 이르러,
그 최후인이 얻는 복을 지금 마땅히 분별해 설하리라.

---

① **분별(分別)해 설함** : 남에게 이해시키기 위해 분별해 설함. 대중에게 분별해 설해 주는 것은 이타(利他)에 해당한다.

如有大施主가 供給無量衆호대 具滿八十歲토록 隨意之所欲하니
여 유 대 시 주 공 급 무 량 중 구 만 팔 십 세 수 의 지 소 욕

見彼衰老相이 髮白而面皺하며 齒疎形枯竭하고 念其死不久하여
견 피 쇠 노 상 발 백 이 면 추 치 소 형 고 갈 염 기 사 불 구

我今應當教하여 令得於道果케하려하고 即爲方便으로 說 涅槃眞實法호대
아 금 응 당 교 영 득 어 도 과 즉 위 방 편 설 열 반 진 실 법

世皆不牢固하여 如水沫泡 焰하니 汝等이 咸應當 疾生厭離心이라하야든
세 개 불 뢰 고 여 수 말 포 염 여 등 함 응 당 질 생 염 리 심

9. 어떤 큰 시주가 한량 없는 무리에게 보시하되,
팔십 년 동안을 그들의 욕구대로 채워 줌과[①] 같도다.
그들이 늙어서 백발 되고 주름지며,
이는 빠지고 몸이 마른 모양을 보고는
오래지 않아 죽으리라 생각되어
'내가 지금 마땅히 가르쳐 도과(道果)를[②] 얻게 하리라.' 하고
곧 방편으로 열반의 진실법을 설하되,
'이 세상 견고하지 못하여 물거품 같고 연기 같으니,[③]
너희는 집착을 끊어 속히 싫어하는 생각[④] 낼지니라.' 하니,

---

① **욕구대로 채워 줌**(隨意之所欲) : 하고 싶은 대로 따라 해 줌. ② **도과**(道果) : 수행으로 얻어진 결과. 곧, 깨달음. ③ **물거품 같고 연기 같음**(如水沫泡焰) : 세상은 무상하여 견고하지 못하므로, 물거품이나 연기와 같은 존재로 비유했다. ④ **집착을 끊어 속히 싫어하는 생각**(厭離心) : 세속적인 것에 대한 미련을 끊어 빨리 싫어하고 버림.

諸人이 聞是法하고 皆得阿羅漢하여 具足六神通과 三明 八解脫하여도
제인 문시법 개득아라한 구족육신통 삼명 팔해탈

最後第五十에 聞一偈 隨喜한 是人福이 勝彼하여 不可爲譬喩니라
최후제오십 문일게 수희 시인복 승피 불가위비유

如是展轉聞한 其福도 尙無量이온 何況於法會에서 初聞 隨喜者이리요.
여시전전문 기복 상무량 하황어법회 초문 수희자

若有勸一人하여 將引聽法華케하려하여 言此經이 深妙하여 千萬劫에 難遇라하야든
약유권일인 장인청법화 언차경 심묘 천만겁 난우

卽受敎往聽하여 乃至須臾나 聞하면 斯人之福報를 今當分別說하리라.
즉수교왕청 내지수유 문 사인지복보 금당분별설

모든 사람이 이 법문 듣고 다 아라한과를 얻어
육신통과 삼명(三明)과① 팔해탈을 구족하여도,
최후 오십 명째 사람이 한 게송 듣고 따라 기뻐한,
이 사람의 복덕이 저보다 수승(殊勝)해서
그 공덕 나음이 비유할 수 없느니라.
이같이 전하고 전해 들은 그 복도 한량 없거늘,
하물며 법회에서 처음 듣고 기뻐하는 사람이랴.

10. 만약 한 사람이라도 권하여 이끌어 법화경을 듣게 하되,
'이 경은 깊고 묘하여
천만 겁에도 만나기 어렵다.'② 할 때,
곧 그 말 듣고 따라가 잠깐이라도 듣는다면,
이 사람이 받을 복을③ 지금 분별하여 설하리라.

---

① **삼명(三明)** : 육신통 중 세 가지 신통력. 숙명명(宿命明)은 과거세의 인연을 알고, 천안명(天眼明)은 미래의 과보를 알며, 누진명(漏盡明)은 현재의 번뇌를 깨는 능력. ② **천만 겁에도 만나기 어렵다(千萬劫難遇)** : 이 경을 소중히 여겨 듣도록 권하는 말. 이 경은 오묘하여 만나기가 어렵기 때문에 하는 말. ③ **받을 복(福報)** : 복스러운 과보. 착한 행위에 의해 얻는 복의 과보.

世世에 無口患하고	齒不疎 黃 黑하며	脣不厚 褰 缺하여	無有可惡相하며
세세 무구환	치불소 황 흑	순불후 건 결	무유가오상
舌不乾 黑 短하고	鼻高 修 且直하며	額廣而平正하고	面目이 悉端嚴하여
설불건 흑 단	비고 수 차직	액광이평정	면목 실단엄
爲人所喜見이며	口氣無臭穢하고	優鉢華之香이	常從其口出하리라.
위인소희견	구기무취예	우발화지향	상종기구출

11\. 세세생생① 입병 없고,
치아 성기거나 누렇거나 검지 아니하며,
입술은 두텁거나 말리거나 찢어지지 않아 밉상이 없으며,②
혀는 마르거나 검거나 짧지 않고,
코는 우뚝하고 길고 곧으며,
이마는 넓고 반듯하고,
면목(面目)이 다 단엄(端嚴)해서③
사람이 보기 좋아하며,
입에서는 악취가④ 나지 않고,
우담발화⑤ 향기가 항상 그 입에서 나리라.

---

①**세세생생** : 태어날 때마다. 생애마다. ②**밉상이 없음(無有可惡相)** : 흉한 모습이 없음. ③**면목이 다 단엄** : 얼굴 모습이 원만함. ④**악취(臭穢)** : 추한 냄새. 입이 선하면 이런 악취가 없어지고 우담발화 향기가 난다고 한다. ⑤**우담발화(utpala)** : 3,000년에 한 번씩 꽃이 핀다는 식물.

若故詣僧坊하여 欲聽法華經하여 須臾나 聞하고 歡喜하면 今當說其福하리라
약고예승방 욕청법화경 수유 문 환희 금당설기복

後生天人中하여 得妙象 馬 車와 珍寶之輦輿하며 及乘天宮殿하리라.
후생천인중 득묘상 마 거 진보지연여 급승천궁전

若於講法處에 勸人坐聽經케하면 是福因緣으로 得 釋 梵 轉輪座하리니
약어강법처 권인좌청경 시복인연 득 석 범 전륜좌

何況一心으로 聽하여 解說其義趣하며 如說而修行이리요 其福은 不可限이니라.
하황일심 청 해설기의취 여설이수행 기복 불가한

12. 만약 승방에 나아가 법화경을 듣고자 하여
잠시나마 듣고 환희하는, 그 복에 대하여 설하리라.
후생에는 하늘이나 사람 중에 태어나
좋은 코끼리와 말의 수레와
진기한 보배 연을 얻으며,
또 그것을 타고 하늘 궁전에 오르리라.①

13. 만약 법을 강(講)하는 처소에② 사람을 권하여
앉아 경을 듣게 하면,
이 복의 인연으로 제석천, 범천, 전륜왕의 자리를 얻으리니,
하물며 일심으로 듣고③ 그 뜻을 해설하며,
설함과 같이 수행함이랴.
그 복이 그지없으리라."

---

① 하늘 궁전에 오르리라 : 후세에 사람으로 태어나면 코끼리와 말의 수레를 얻고, 하늘에 태어나면 하늘 궁전에 오를 수 있다는 말. ② 법을 강하는 처소(講法處) : 법이 설해지는 곳. 설법이 있는 곳. ③ 일심으로 듣고 : 한마음으로 전심해 듣고.

법사공덕품 제 19 (法師功德品 第十九)

爾時에 佛告常精進菩薩摩訶薩하사대 若善男子 善女人이 受持是法華經하고
이시 불고상정진보살마하살 약선남자 선여인 수지시법화경

若讀하며 若誦하며 若解說하며 若書寫하면 是人은 當得 八百眼功德과
약독 약송 약해설 약서사 시인 당득 팔백안공덕

千二百耳功德과 八百鼻功德과 千二百舌功德과 八百身功德과 千二百意
천이백이공덕 팔백비공덕 천이백설공덕 팔백신공덕 천이백의

功德하리라 以是功德으로 莊嚴六根하여 皆令清淨하리라.
공덕 이시공덕 장엄육근 개령청정

1. 그 때, 부처님께서 상정진보살마하살에게 이르셨습니다.

"만일 선남자 선여인이 이 법화경을 지녀(受持, 통달해)①
읽거나(讀) 외우거나(誦) 해설하거나(解說) 베껴 쓰면(書寫),
이 사람은 팔백 가지 눈(眼)의 공덕과
천이백 가지 귀(耳)의 공덕과
팔백 가지 코(鼻)의 공덕과 천이백 가지 혀(舌)의 공덕과
팔백 가지 몸(身)의 공덕과
천이백 가지 의식(意)의 공덕을 얻으리라.
이 공덕으로 육근(六根)을② 장엄하여③ 다 청정하게 되리라.

---

① **지녀**(受持, 통달해) : '지녀'는 두 가지 의미가 있다. 첫째, 법화경을 지녀 모신다는 뜻. 둘째, 영산회상에서처럼 법화경을 듣고 기억하거나, 책을 암송하여 기억력으로 세세생생 기억하여 모신다는 뜻. ② **육근**(六根) : 위에서 열거한 눈, 귀, 코, 혀, 몸, 의식, 이 여섯 가지를 육근이라고 한다. ③ **장엄하여** : 장엄에 내외(內外)가 있으니, 눈, 코, 혀, 몸의 육체가 청정해지는 것을 십법계(十法界)에서 보현삼매에 들어 장엄하는 것을 외장엄이라고 한다. 의식 및 의근이 청정한 것을 내장엄이라고 한다.

* **법화 오법사**(法華五法師) : 천태종에서 법화경을 소의 경전으로 하여 수행하고 홍포(弘布)하는 다섯 가지 법사를 말한다. 수지법사(受持法師), 독경법사(讀經法師), 송경법사(誦經法師), 해설법사(解說法師), 서사법사(書寫法師)가 그것이다.

是善男子善女人이 父母所生한 清淨肉眼으로 見於三千大千世界 內外에
시선남자선여인 부모소생 청정육안 견어삼천대천세계 내외

所有한 山林河海하되 下至阿鼻地獄에서부터 上至有頂까지 亦見其中에
소유 산림하해 하지아비지옥 상지유정 역견기중

一切衆生과 及業의 因緣과 果報의 生處를 悉見悉知하리라.
일체중생 급업 인연 과보 생처 실견실지

爾時에 世尊께서 欲重宣此義하사 而說偈言하사대
이시 세존 욕중선차의 이설게언

2. 이 선남자 선여인은
부모님에게서 받은 청정한 육안으로
삼천 대천세계① 안팎에 있는
산림, 하천, 바다를 보게 되고,
아래로는 아비지옥(阿鼻地獄)에서②
위로는 유정천(有頂天)에③ 이르기까지 다 보게 되리라.
또, 그 중의 일체 중생을 보며,
그들의 업(業)의 인연과④ 과보로
나는 곳을⑤ 다 보고, 다 알리라."

3. 그 때, 세존께서 이 뜻을 거듭 펴시고자
게송으로 말씀하셨습니다.

---

①**삼천 대천세계**(三千大千世界) : 수미산을 중심으로 하여 위로 타화자재천(他化自在天)까지의 세계를 한 세계로 하여 이 세계가 천 개 모인 것이 일 소천세계(一小千世界)라 하고, 소천세계가 천 개 모인 것을 중천세계(中千世界)라 하고, 중천세계가 천 개 모인 것을 대천세계(大千世界)라 한다. 이런 대천세계가 천 개 모인 것을 삼천 대천세계라고 한다. ②**아비지옥**(阿鼻地獄) : 아비(avici)란 끊임없다(無間)는 뜻이니, 지옥의 고통이 한 순간도 그치지 않고 계속된다는 여덟 지옥(八熱地獄) 중 가장 고통이 심한 지옥이다. ③**유정천**(有頂天) : 비상비비상천이라 하는데, 무색계의 가장 높은 하늘로, 유루 세간(有漏世間 : 번뇌가 있는 열반 이전) 중에 가장 높은 곳. ④**업의 인연**(業因緣) : 번뇌의 인연으로 업(행위)이 생기는 일. 업의 원인과 조건. ⑤**과보로 나는 곳**(果報生處) : 업의 인연 결과, 곧 과보를 받아 태어나는 곳.

* 안신통(眼神通) 중에 구족십력(具足十力)과 십팔불공법(十八不共法)과 삼명(三明), 팔해탈(八解脫)하나니, 일체신통(一切神通)이 실재안통(實在眼通)하고 일시에 구족하나니, 중생묘안(衆生妙眼)이 즉시불안(卽是佛眼)이니라. 이것이 모두 부모소생(父母所生) 청정상안(淸淨常眼)에서 이루어진다(天台第三祖 南嶽慧思 止觀大禪師 著, 法華經安樂行義에서 발췌).

若於大衆中에 약어대중중	以無所畏心으로 이무소외심	說是法華經하면 설시법화경	汝는 聽其功德하리라 여 청기공덕
是人은 得八百 시인 득팔백	功德으로 殊勝眼하리니 공덕 수승안	以是莊嚴故로 이시장엄고	其目이 甚淸淨하리라 기목 심청정
父母所生眼으로 부모소생안	悉見三千界에 실견삼천계	內外彌樓山과 내외미루산	須彌 及鐵圍와 수미 급철위
幷諸餘山林과 병제여산림	大海江河水하며 대해강하수	下至阿鼻獄에서 하지아비옥	上至有頂處까지 상지유정처
其中諸衆生을 기중제중생	一切皆悉見하리라 일체개실견	雖未得天眼이나 수미득천안	肉眼力如是니라. 육안력여시

"만약 대중 가운데에서 두려움 없는 마음으로
이 법화경을 설한다면, 너는 그 공덕을 받으리라.
이 사람은 팔백 가지 공덕의 수승(殊勝)한 눈을 얻으리니,
이렇게 장엄하여 그 눈이 매우 청정하리라.
부모에게서 받은 눈으로 모든 삼천 대천세계 안팎의
미루산과① 수미산과② 철위산과③
그 밖의 나무숲과 큰 바다와 강물, 하천을 보며,
아래로는 아비지옥에서 위로는 유정천에 이르기까지
그 가운데의 중생을 다 보게 되리라.
비록 천안(天眼)을④ 얻지 못하였으나,
육안(肉眼)의 힘이 이러하리라."

---

① **미루산**(彌樓山) : 광명(光明)이라 하는데, 염부제의 중심이 되는 산. 황금과 보석으로 이루어져 있고 유성(遊星)이 그 주위를 돈다는 산. 칠금산(七金山)의 하나인 니민달라산(尼民達羅山)에 해당한다. ② **수미산**(須彌山) : 묘고(妙高)라고 번역한다. 불교에서는 우주의 중심에 있는 산이라고 본다. 산 주위에 아홉 산 여덟 바다가 있는데(九山八海), 그 높이가 팔백 유순이나 되고 육도(六道) 제천(諸天)이 모두 이 산에 들어 있다. ③ **철위산**(鐵圍山) : 수미산을 중심으로 구산팔해가 있는데, 그 맨 바깥쪽에 있는 쇠로 된 산. ④ **천안**(天眼) : 오안(五眼)의 하나. 오안은 육안(肉眼 : 육신에 있는 눈. 보통 사람의 눈), 천안(天眼 : 하늘 사람이 소유하고 있는 눈), 혜안(慧眼 : 성문과 연각의 안목), 법안(法眼 : 보살마하살의 안목), 불안(佛眼 : 부처님만이 가지고 계신 최상 지혜의 눈)이며, 부처님께서는 이 오안과 무진안(無盡眼)까지 다 갖추고 계신다.

復次 常精進이여 若善男子善女人이 受持此經하여 若讀하며 若誦하며 若解說하며
부 차 상 정 진　약 선 남 자 선 여 인　수 지 차 경　약 독　약 송　약 해 설
若書寫하면 得千二百耳功德하리라 以是淸淨耳로 聞三千大千世界에 下至
약 서 사　득 천 이 백 이 공 덕　이 시 청 정 이　문 삼 천 대 천 세 계　하 지
阿鼻地獄에서 上至有頂까지 其中內外에 種種語言音聲하리니 象聲 馬聲 牛聲
아 비 지 옥　상 지 유 정　기 중 내 외　종 종 어 언 음 성　상 성 마 성 우 성
車聲, 啼哭聲 愁歎聲, 螺聲 鼓聲 鐘聲 鈴聲, 笑聲 語聲 男聲 女聲,
거 성　제 곡 성　수 탄 성　나 성　고 성　종 성　영 성　소 성　어 성　남 성　여 성
童子聲 童女聲, 法聲 非法聲, 苦聲 樂聲, 凡夫聲 聖人聲, 喜聲 不喜聲,
동 자 성　동 여 성　법 성　비 법 성　고 성　낙 성　범 부 성　성 인 성　희 성　불 희 성

4. "또 상정진(常精進)아,
만일 선남자 선여인이 이 경을
지니고 읽거나 외우거나 해설하거나 옮겨 쓰면,
천이백 가지 귀의 공덕을 얻으리라.
이 청정한 귀로 삼천 대천세계의,
아래로는 아비지옥에서
위로는 유정천에 이르기까지
그 중에서 안팎의 갖가지 말과 소리를 들으리니,
코끼리 소리, 말의 소리, 소의 소리, 수레 소리,
곡하는 소리, 탄식하는 소리,
소라고둥 소리, 북 소리, 종 소리, 방울 소리,
웃음소리, 말소리, 남자의 소리, 여자의 소리,
동자의 소리, 동녀의 소리, 법의 소리, 법이 아닌 소리,[①]
괴로운 소리, 즐거운 소리, 범부의 소리, 성인의 소리,
기쁜 소리, 기쁘지 아니한 소리,

---

① 법의 소리, 법이 아닌 소리(法聲非法聲) : 도리를 따라 진리에 맞는 것을 '법(法)'이라 하고, 도리가 없어 뜻이 없음을 '비법(非法)'이라 한다.

天聲 龍聲 夜叉聲 乾闥婆聲 阿修羅聲 迦樓羅聲 緊那羅聲 摩睺羅伽聲,
천성 용성 야차성 건달바성 아수라성 가루라성 긴나라성 마후라가성

火聲 水聲 風聲, 地獄聲 畜生聲 餓鬼聲, 比丘聲 比丘尼聲, 聲聞聲
화성 수성 풍성 지옥성 축생성 아귀성 비구성 비구니성 성문성

辟支佛聲 菩薩聲 佛聲하리라. 以要로 言之컨대 三千大千世界中 一切
벽지불성 보살성 불성 이요 언지 삼천대천세계중 일체

內外에 所有諸聲을 雖未得天耳하나 以父母所生한 淸淨常耳로 皆悉聞知하리라
내외 소유제성 수미득천이 이부모소생 청정상이 개실문지

如是分別種種音聲호대 而不壞耳根하리라.
여시분별종종음성 이불괴이근

하늘의 소리,[①] 용의 소리, 야차의 소리, 건달바의 소리,
아수라의 소리, 가루라의 소리, 긴나라의 소리, 마후라가의 소리,
불타는 소리, 물 소리, 바람 소리,
지옥의 소리, 축생의 소리, 아귀의 소리,
비구의 소리, 비구니의 소리, 성문의 소리, 벽지불의 소리,
보살의 소리, 부처님의 소리를 들으리라.
요약해 말하면,
삼천 대천세계 중 안팎의 모든 소리를,
비록 천이(天耳)를[②] 얻지 못하였으나,
부모님으로부터 받은 청정한 평상시의 귀로써[③]
다 이를 들어 알리라.
이와 같은 갖가지 소리를 분별해 알지라도
이근(耳根, 聽覺)이 파괴되지(다치지) 아니하리라."

---

①하늘의 소리(天聲) : 욕계(欲界) 6천(天)과 색계(色界) 18천에서 나는 소리. ②천이(天耳) : 천이는 하늘 사람의 귀. ③청정한 평상시의 귀(常耳) : 부모가 낳아 준 깨끗한 귀(天耳)를 말한다. 귀에는 4가지가 있다. ㉮육이(肉耳) : 육도 중생의 소리를 듣는다. ㉯혜이(慧耳) : 성문, 연각, 이승(二乘)의 소리를 듣는다. ㉰법이(法耳) : 보살마하살의 소리를 듣는다. ㉱불이(佛耳) : 부처님의 소리를 듣는다. 이 모든 신통이 부모님께서 낳아 준 청정한 상이(常耳)에서 이루어진다.

* 팔부신중(八部神衆) : 천룡팔부(天龍八部)라고도 한다. 이것은 불법(佛法)을 수호하는 신중으로, 모든 하늘, 모든 용, 야차, 아수라, 건달바, 가루라, 긴나라, 마후라가를 말하며, 인비인(人非人)을 넣을 때도 있다.

爾時에 世尊께서 欲重宣此義하사 而說偈言하사대
이시 세존 욕중선차의 이설게언

父母所生耳는	清淨無濁穢하여	以此常耳로 聞	三千世界聲호대
부모소생이	청정무탁예	이차상이 문	삼천세계성
象 馬 車 牛聲과	鐘 鈴 螺 鼓聲과	琴瑟箜篌聲과	簫笛之音聲과
상 마 거 우 성	종 령 나 고 성	금슬공후성	소적지음성
清淨好歌聲을	聽之而不著하며	無數種人聲을	聞悉能解了하며
청정호가성	청지이불착	무수종인성	문실능해료
又聞諸天聲과	微妙之歌音과	及聞男女聲과	童子童女聲과
우문제천성	미묘지가음	급문남녀성	동자동녀성
山川險谷中에	迦陵頻伽聲과	命命等諸鳥를	悉聞其音聲하리라.
산천험곡중	가릉빈가성	명명등제조	실문기음성

5. 그 때, 세존께서 이 뜻을 거듭 펴시고자
게송으로 말씀하셨습니다.
"부모님에게서 받은 귀가 청정하여 탁하고 더럽지 않아,
이 평상시의 귀로 삼천 대천세계의 소리를 들으리라.
코끼리와 말의 소리, 수레 소리, 소의 소리,
종, 방울, 소라고둥, 북 치는 소리,
거문고, 비파와 공후 소리, 퉁소와 피리 소리,
청정한 좋은 노래 소리를 듣되 집착하지 아니하고,
수없는 인종의 소리를 듣고 다 이해하며,
또 모든 하늘의 말소리와 미묘한 노래 소리 들으며,
남녀의 소리와 동자 동녀의 소리를 들으며,
산천(山川) 험곡의 가릉빈가 소리와[①]
명명(命命, 一身兩頭鳥)[②] 등 온갖 새 소리를 다 들으리라.

① 가릉빈가 소리(迦陵頻伽聲, kalaviṅka) : 호성(好聲)이라 번역. 아름답고 새 소리가 맑은, 불불(bul bul)을 말하기도 하며, 극락조(極樂鳥)를 뜻하기도 한다. 이 새 소리를 들으면 누구나 싫증을 내지 않는다고 한다. 또는, 노래를 제일 잘 하는 신으로, 정토만다라에서는 사람의 머리에 새의 몸을 하고 악기를 두 손으로 든 모습을 하고 있다. ② 명명(命命, Jivajivaka) : 이 새는 공명(共命)이라고도 하는데, 머리는 둘이지만 몸이 하나이므로 생사를 같이하기 때문이다.

地獄衆苦痛으로 지옥중고통	種種楚毒聲과 종종초독성	餓鬼飢渴逼하여 아귀기갈핍	求索飮食聲과 구색음식성
諸阿修羅等이 제아수라등	居在大海邊하여 거재대해변	自共言語時에 자공언어시	出于大音聲을 출우대음성
如是說法者는 여시설법자	安住於此間하야 안주어차간	遙聞是衆聲호대 요문시중성	而不壞耳根하리라. 이불괴이근
十方世界中에 시방세계중	禽獸鳴相呼커든 금수명상호	其說法之人이 기설법지인	於此에서 悉聞之하며 어차 실문지
其諸梵天上에 기제범천상	光音及遍淨과 광음급변정	乃至有頂天까지 내지유정천	言語之音聲을 언어지음성
法師 住於此하여서 법사 주어차	悉皆得聞之하리라. 실개득문지		

지옥 중생의 고통스러운 갖가지 독한 형벌받는 소리,①
아귀가 기갈이 나서 음식 찾는 소리,
아수라들이 큰 해변에 모여
서로 큰 음성으로 말하면서 질러 대는 소리도
이와 같은 설법자(法師)는 이 사이에 편안히 머물러
이 온갖 소리 다 듣지만, 이근(耳根)이 다치지 아니하리라.
시방세계 중의 금수가 울며 서로 부르는 소리를
설법하는 사람은 여기에 있으면서 다 듣고 알며,
여러 범천② 상의 광음천,③ 변정천,④ 유정천까지의 말소리를
법사는 여기에 있으면서 다 듣고 알리라.

---

① **독한 형벌받는 소리(楚毒聲)** : 괴로워하는 소리. 악독한 고초를 받는 소리. ② **범천(梵天)** : 색계 초선천. 범중천(梵衆天), 범보천(梵輔天), 대범천(大梵天)이 있어서 그 총칭으로 부르고, 보통 대범천을 가리키기도 한다. ③ **광음천(光音天)** : 색계 제 이선천(二禪天). 이 천인이 말할 때에는 입에서 빛이 나와 말이 된다고 한다. ④ **변정천(遍淨天)** : 색계 제 삼선천(三禪天). 이 하늘은 깨끗하고 이름다우며, 즐거움이 가득 찼다고 한다.

一切比丘衆과 일 체 비 구 중	及諸比丘尼가 급 제 비 구 니	若讀誦經典하고 약 독 송 경 전	若爲他人說커든 약 위 타 인 설
法師 住於此하여서 법 사 주 어 차	悉皆得聞之하리라 실 개 득 문 지	復有諸菩薩이 부 유 제 보 살	讀誦於經法하고 독 송 어 경 법
若爲他人說하며 약 위 타 인 설	撰集 解其義하거든 찬 집 해 기 의	如是諸音聲을 여 시 제 음 성	悉皆得聞之하며 실 개 득 문 지
諸佛大聖尊께서 제 불 대 성 존	教化衆生者 교 화 중 생 자	於諸大會中에 어 제 대 회 중	演說微妙法커시든 연 설 미 묘 법
持此法華者는 지 차 법 화 자	悉皆得聞之하리라. 실 개 득 문 지		

또 모든 비구, 비구니 대중이
경전을 독송하고 남을 위해 설할 때,
법사는 여기에 있으면서 다 듣고 알리라.
또, 보살들이 경법을 독송하고
남을 위해 설하며,
그 뜻을 모아서① 풀이하는② 등
이 같은 모든 음성을 다 듣고 알며,
제불 대성존께서 중생을 교화하실 때,
대중 가운데에서 미묘한 법 연설하심을
이 법화경 통달해 지니는 이는 모두 다 들으리라.

---

① 모아서(撰集) : 합송(合誦). 시가(詩歌), 문장(文章) 등을 모아서 편수함. ②그 뜻을 풀이하는(解其義) : 뜻을 풀어 줌. 오종 법사 중 해설(解說) 법사.

三千大千界의 삼천대천계	內外諸音聲을 내외제음성	下至阿鼻獄부터 하지아비옥	上至有頂天까지 상지유정천
皆聞其音聲호대 개문기음성	而不壞耳根이니 이불괴이근	其耳聽利故로 기이총리고	悉能分別知하리라 실능분별지
持是法華者 지시법화자	雖未得天耳하나 수미득천이	但用所生耳하여 단용소생이	功德이 已如是하리라. 공덕 이여시

삼천 대천세계 안팎의 모든 소리를,
아래로는 아비지옥에 이르고
위로는 유정천에 이르기까지
그 모든 소리를 듣되,
이근(耳根)에는 별 탈이 없으리라.
그 귀가 매우 밝으므로①
모든 것을 분별해 알리라.
이 법화경 통달해 지니는(受持) 이는
비록 천이(天耳)는② 얻지 못했으나,
타고난 그 귀로도 공덕이 이미 이와 같으니라."

---

① **귀가 매우 밝으므로(聽利)** : 귀가 총명하여 이상과 같이 잘 분별하여 알 수 있다는 뜻이다. ② **천이(天耳)** : 육신통(六神通)의 하나. 천이에 상응하는 지혜로서, 일체의 소리를 알아 통달하되 걸림이 없다.

復次常精進아 若善男子 善女人이 受持是經하여 若讀若誦하며 若解說
부 차 상 정 진　약 선 남 자　선 여 인　수 지 시 경　약 독 약 송　약 해 설

若書寫하면 成就八百鼻功德하리라 以是清淨鼻根으로 聞於三千大千世界
약 서 사　성 취 팔 백 비 공 덕　이 시 청 정 비 근　문 어 삼 천 대 천 세 계

上下內外에 種種諸香하리니 須曼那華香 闍提華香 末利華香 瞻蔔華香
상 하 내 외　종 종 제 향　수 만 나 화 향　사 제 화 향　말 리 화 향　첨 복 화 향

波羅羅華香 赤蓮華香 青蓮華香 白蓮華香 華樹香 菓樹香과
바 라 라 화 향　적 련 화 향　청 련 화 향　백 련 화 향　화 수 향　과 수 향

6. "또, 상정진아,

만일 선남자 선여인이 이 경을 지니고

읽거나 외우거나 해설하거나 베껴 쓰면,

팔백 가지 코의 공덕을 성취하리라.

이 청정한 비근(鼻根, 후각)으로 삼천 대천세계

상하내외(上下內外)의 갖가지의 향기(냄새)를 맡으리니,

수만나꽃 향기,[①] 사제꽃 향기,[②]

말리꽃 향기,[③] 첨복꽃[④] 향기,

바라라꽃[⑤] 향기, 붉은 연꽃향,

푸른 연꽃향, 흰 연꽃 향기,

꽃나무의 향기, 과실나무의 향기와

---

①**수만나꽃 향기**(須曼那華香, sumanas) : 칭의(稱意)라고 하는데, 황백색 꽃으로 향기가 지극하고 아름답다. 그 의미는 뜻을 잘 거두어들임을 나타낸다. ②**사제꽃 향기**(闍提華香) : 금전화(金錢華)라고 한다. 금색 꽃이고 말리꽃 향기와 비슷하다. ③**말리꽃 향기**(末利華香, 抹利) : 금색의 꽃. 중국 남쪽에도 있다고 한다. ④**첨복꽃**(瞻〔薝〕蔔華, campaka) : 황화(黃華). 금빛 나는 작은 꽃. ⑤**바라라꽃**(波羅羅華, pātala) : 중생화(重生華)라고 한다. 향기나는 꽃이라는 뜻.

栴檀香 沈水香 多摩羅跋香 多伽羅香 及千萬種和香의 若抹若丸
전단향 침수향 다마라발향 다가라향 급천만종화향 약말약환

若塗香을 持是經者는 於此間에 住하야 悉能分別하리라 又復別知 衆生之香하리
약도향 지시경자 어차간 주 실능분별 우부별지 중생지향

象香 馬香 牛羊 等香과 男香 女香 童子香 童女香과 及草木叢林香의
상향 마향 우양 등향 남향 여향 동자향 동녀향 급초목총림향

若近 若遠의 所有諸香을 悉皆得聞하여 分別不錯하리라.
약근 약원 소유제향 실개득문 분별불착

전단향, 침수향, 다마라발향,① 다가라향과②
천만 가지의 화향(和香, 다종 혼합향)의③
가루향이나 환(丸)으로 된 향이나④ 바르는 향을,
이 경을 지니는 이는 이 사이에 있으면서
다 능히 분별해 알리라.

또, 중생의 냄새를 분별해 알 것이니,
코끼리 냄새, 말의 냄새, 소와 양의 냄새,
남자의 냄새, 여자의 냄새,
동자의 냄새, 동녀의 냄새,
초목과 숲의 냄새 등
가깝거나 멀리 있는 바의 모든 냄새를 다 맡아
분별함에 착오가 없으리라.

---

① 다마라발향(多摩羅跋香, tamala-pattra) : 성무구(性無垢)라고 하는데, 오염되지 않은 향 또는 곽향(藿香)이라고도 한다. ② 다가라향(多伽羅香, tagara) : 근향(根香) 또는 목향(木香)이라고도 한다. ③ 화향(和香) : 갖가지 향의 분말을 섞어 만든 향. ④ 환(丸)으로 된 향 : 둥글게 뭉쳐 만든 향.

持是經者　雖住於此나　**亦聞天上　諸天之香**하리니　**波利質多羅**와
지 시 경 자　수 주 어 차　역 문 천 상　제 천 지 향　바 리 질 다 라

拘鞞陀羅樹香과　**及曼陀羅華香**과　**摩訶曼陀羅華香**과　**曼殊沙華香**과
구 비 다 라 수 향　급 만 다 라 화 향　마 하 만 다 라 화 향　만 수 사 화 향

摩訶曼殊沙華香과　**栴檀**과　**沈水**와　**種種末香**과　**諸雜華香**의　**如是等天香**
마 하 만 수 사 화 향　전 단　침 수　종 종 말 향　제 잡 화 향　여 시 등 천 향

和合所出之香을　**無不聞知**하리라　**又聞諸天身香**하리니　**釋提桓因**이　**在勝殿上**하여서
화 합 소 출 지 향　무 불 문 지　우 문 제 천 신 향　석 제 환 인　재 승 전 상

五欲娛樂하는　**嬉戲時香**과　**若在妙法堂上**하여서　**爲忉利諸天說法時**에　**香**과
오 욕 오 락　희 희 시 향　약 재 묘 법 당 상　위 도 리 제 천 설 법 시　향

이 경을 지니는 이는 비록 여기 있을지라도
천상(天上)에 제천(諸天)의 온갖 향기를 맡으리니,
바리질다라와① 구비다라수의 향기와②
만다라꽃 향기와 마하만다라꽃 향기,
만수사꽃 향기와 마하만수사꽃 향기,
전단향, 침수향과 갖가지의 가루향, 온갖 꽃의 향기,
그리고 이와 같은 하늘 향기가 뒤섞여 나는 향기를 맡아서
변별하지 못하는 것이 없으리라.
또, 모든 하늘(天神)의 몸 향기를 맡으리니,
석제환인이 수승궁전에서③ 오욕락을 즐기면서 노닐 때의 향기,
묘법당에서④ 도리제천을 위하여 설법할 때의 향기와

---

① **바리질다라**(波利質多羅, pārijātaka) : 제석천(帝釋天) 성견성 동쪽 정원에 있는 나무. 하늘의 나무왕(天樹王)이라고도 하며, 그 향기가 오십 유순이나 퍼진다. ② **구비다라수의 향기**(拘鞞陀羅樹香, kovidāra) : 대유희(大遊戲)라고 하는 나무의 향기. 시간이 흐름에 따라 조금도 시들거나 상하는 일이 없고, 다른 것과 잡되게 섞이지도 않는다는 뜻. ③ **수승궁전**(勝殿) : 승전은 수승전(殊勝殿)의 준말. 제석천의 궁전 이름. ④ **묘법당**(妙法堂) : 도리천(忉利天)에 있는 선법당(善法堂), 이 곳에서 인간의 선악(善惡)을 논한다.

若於諸園에 遊戲時에 香과 及餘天等의 男女身香을 皆悉遙聞하리라
약어제원 유희시 향 급여천등 남녀신향 개실요문

如是展轉하여 乃至梵世에서 上至有頂까지 諸天身香을 亦皆聞之하며
여시전전 내지범세 상지유정 제천신향 역개문지

幷聞諸天 所燒之香하리라 及聲聞香 辟支佛香 菩薩香 諸佛身香을
병문제천 소소지향 급성문향 벽지불향 보살향 제불신향

亦皆遙聞하여 知其所在하리라 雖聞此香하나 然於鼻根에는 不壞不錯하리니
역개요문 지기소재 수문차향 연어비근 불괴불착

若欲分別하여 爲他人說하면 憶念이 不謬하리라.
약욕분별 위타인설 억념 불류

여러 동산에서 노닐 때의 향기와
다른 하늘들의 남녀의 몸에서 나는 향기를
멀리서 다 맡으리라.
이와 같이 차차 옮아가 범천에 이르고,
위로는 유정천에 이르기까지
모든 하늘 사람의 몸에서 나는 향기를 다 맡으며,
아울러 모든 하늘이 피우는 향기를 맡으리라.
또, 성문의 향기,① 벽지불의 향기,② 보살의 향기,③
여러 부처님 몸의 향기를④
또한 멀리서 맡아 그 소재지를 알리라.
비록 이들 향기를 맡을지라도
비근(鼻根)은 탈이 안 나고 착오도 없으리라.
이를 분별하여 남을 위해 설하면
기억이 분명하여 오류가 없으리라."

---

①성문의 향기: 사성제(四聖諦)를 닦은 향기. **②벽지불의 향기**: 십이인연(十二因緣)을 닦은 향기. **③보살의 향기**: 육도만행(六道萬行)의 공덕의 향기. **④부처님 몸의 향기**: 아누다라삼먁삼보리도를 성취한 향기.

爾時에 世尊께서 欲重宣此義하사 而說偈言하사대
이시 세존 욕중선차의 이설게언

是人鼻淸淨하여 於此世界中에 若香 若臭物을 種種悉聞知하리라
시인비청정 어차세계중 약향 약취물 종종실문지

須曼那 闍提와 多摩羅 栴檀과 沈水 及桂香과 種種華果香과
수만나 사제 다마라 전단 침수 급계향 종종화과향

及知衆生香과 男子女人香하리니 說法者 遠住하여도 聞香하고 知所在하리라.
급지중생향 남자여인향 설법자 원주 문향 지소재

7. 그 때, 세존께서 이 뜻을 거듭 펴시고자
게송으로 말씀하셨습니다.
"이 사람은 코가 청정해서
이 세계 가운데에 있는
향기거나 나쁜 냄새거나 간에
갖가지를 다 맡아서 알리라.
수만나향, 사제향, 다마라향과
전단향, 침수향, 계수향과
갖가지 꽃 향기, 과일 향기와
중생의 냄새, 남자와 여인의 냄새가 나는데,
설법자는 멀리 있어도 냄새 맡고
그 있는 곳을 알리라.

大勢轉輪王과 小轉輪及子와 群臣과 諸宮人을 聞香하고 知所在하며
대세전륜왕 소전륜급자 군신 제궁인 문향 지소재

身所著珍寶와 及地中寶藏과 轉輪王寶女를 聞香하고 知所在하리라
신소착진보 급지중보장 전륜왕보녀 문향 지소재

諸人嚴身具에 衣服及瓔珞과 種種所塗香을 聞香知其身하며
제인엄신구 의복급영락 종종소도향 문향지기신

諸天若行坐와 遊戲及神變을 持是法華者는 聞香悉能知하리라.
제천약행좌 유희급신변 지시법화자 문향실능지

세력이 큰 전륜왕(轉輪王)과
소전륜왕과 그 아들과
여러 군신과 신하와
궁인들의 냄새를 맡고
그 있는 곳을 알며,
몸에 지닌 보배와
땅 속에 묻힌 보배와
전륜왕의 보녀(寶女)를① 냄새 맡고
그 있는 곳을 알리라.
사람들의 장신구와 의복과 영락과
갖가지로 바르는 향을②
냄새 맡고 그 몸을 알며,
천인(天神)들이 다니고 앉고
노닐고 신통 변화하는 일을,
이 법화경 통달해 지닌 이는
냄새 맡고 다 알리라.

---

①보녀(寶女) : 전륜성왕 칠보 중의 하나. 이 여인은 용모가 매우 아름다운데, 전신의 털구멍에서는 전단향이 풍긴다고 한다. ②바르는 향(塗香) : 몸에 바르거나 부처님께 공양하는 향으로, 전단향이나 여러 가지 향을 갈아서 만든다.

諸樹華果實과 及蘇油香氣를 持經者 住此하여서 悉知其所在하며
제수화과실 급소유향기 지경자 주차 실지기소재

諸山深嶮處에 栴檀樹 華敷어든 衆生在中者를 聞香하고 悉能知하며
제산심험처 전단수 화부 중생재중자 문향 실능지

鐵圍山과 大海와 地中 諸衆生을 持經者는 聞香하고 悉知其所在하리라.
철위산 대해 지중 제중생 지경자 문향 실지기소재

阿修羅男女와 及其諸眷屬의 鬪諍 遊戲時를 聞香皆能知하며
아수라남녀 급기제권속 투쟁 유희시 문향개능지

曠野嶮隘處에 師子象虎狼과 野牛水牛等을 聞香하고 知所在하며
광야험애처 사자상호랑 야우수우등 문향 지소재

온갖 나무의 꽃과 열매와 소유(蘇油)[①] 향기를
경을 지닌 이는 여기 있으면서
그 있는 곳을 다 알며,
여러 깊은 산 험준한 곳에 전단향나무 꽃이 피면,
중생이 거기에 있음을
냄새 맡고 다 알리라.
철위산[②] 큰 바다와 땅 속의 모든 중생을,
경을 지닌 이는
향기 맡고 그 소재 다 알리라.
아수라의 남녀와 그 모든 권속이 싸우고 희롱할 적에
냄새 맡고 다 알고,
넓은 들 험한 곳의 사자, 코끼리, 범, 이리와
들소, 물소 등을
냄새 맡고 그 있는 곳을 알리라.

---

① 소유(蘇油) : 우유에서 만든 기름. 음료로도 쓰이고, 몸에 바르기도 한다. 또는, 소마유(蘇摩油)라고도 하는데, 소마나(蘇摩那)의 꽃을 즙 내어 만든 향유(香油). 또는 들깨 기름, 차조기 기름이라고도 한다. ② 철위산(鐵圍山) : 수미산을 중심으로 구산팔해(九山八海)가 둘러 있는데, 아홉 산 중 가장 바깥쪽에 있는 쇠로 된 산.

若有懷妊者를 未辨其男女와 無根及非人인줄을 聞香하고 悉能知하며
약유회임자 미변기남녀 무근급비인 문향 실능지

以聞香力故로 知其初懷妊하여 成就不成就와 安樂産福子하며
이문향력고 지기초회임 성취불성취 안락산복자

以聞香力故로 知男女所念하난 染欲 癡恚心하며 亦知修善者하리라.
이문향력고 지남녀소념 염욕 치에심 역지수선자

地中衆伏藏인 金銀諸珍寶와 銅器之所盛을 聞香하고 悉能知하며
지중중복장 금은제진보 동기지소성 문향 실능지

種種諸瓔珞이 無能識其價어든 聞香知貴賤과 出處와 及所在하리라.
종종제영락 무능식기가 문향지귀천 출처 급소재

만약 임신한 사람이 있을 때, 남자인지 여자인지
중성인지,① 비인(非人 : 사람 형상의 이물)인지②
냄새 맡고 다 분별해 알며,
냄새 맡고 첫 회임에
성취하고 성취하지 못함과
복된 아들 순산할지를 알며,
냄새 맡음으로써 남녀가 생각하는 바
탐(貪), 진(瞋), 치(癡)의 마음을 알고,③
또한 착한 행실 닦은 이를 알리라.
땅 속에 묻힌 금, 은과 온갖 보배와
구리 그릇에 담긴 것을 냄새 맡고 다 알며,
갖가지 영락 그 값을 알 수 없는 것을
냄새 맡고 귀하고 천함과
출처(出處)와 있는 곳을 알리라.

① 중성(無根) : 생식기가 남녀 정상이 아닌 자. ② 비인(非人) : 사람이 아닌 자. 여기서는 귀신이 사람의 몸에 잉태한 경우를 뜻한다. ③ 탐, 진, 치의 마음을 알고(染欲 癡恚) : '욕심에 물듦(染欲)'은 곧 탐냄(貪)이고, '어리석고 화냄(癡恚)'은 곧 어리석음(癡)과 성냄(瞋)이다.

天上諸華等 曼陀와 曼殊沙와 波利質多樹를 聞香하고 悉能知하며
천상제화등 만다 만수사 바리질다수 문향 실능지

天上諸宮殿 上中下差別과 衆寶華莊嚴을 聞香하고 悉能知하며
천상제궁전 상중하차별 중보화장엄 문향 실능지

天園林 勝殿과 諸觀 妙法堂에 在中而娛樂을 聞香하고 悉能知하며
천원림 승전 제관 묘법당 재중이오락 문향 실능지

諸天이 若聽法하며 或受五欲時에 來往行坐臥를 聞香하고 悉能知하며
제천 약청법 혹수오욕시 내왕행좌와 문향 실능지

천상의 꽃들인 만다라꽃과 만수사꽃과 바리질다수를
향기 맡고 다 분별해 알며,
천상의 궁전들 상, 중, 하의 차별과
온갖 보배와 꽃으로 장엄한 것을
냄새 맡고 다 분별해 알리라.
하늘의 원림과 좋은 궁전과
누관(樓觀)과[①] 묘법당에
그 안에서 즐김을
냄새 맡고 다 분별해 알며,
하늘(諸天)들이 법을 듣거나
오욕을 누릴 때,
오고 가고 다니고 앉고 누운 것을
냄새 맡고 다 분별해 알리라.

---

① 누관(樓觀) : 누각 또는 전각. 관(觀)이란 다락을 가리킨다.

天女所著衣에	好華香莊嚴으로	周旋遊戲時를	聞香하고	悉能知하며
천 녀 소 착 의	호 화 향 장 엄	주 선 유 희 시	문 향	실 능 지
如是展轉上하여	乃至於梵天에	入禪出禪者를	聞香하고	悉能知하며
여 시 전 전 상	내 지 어 범 천	입 선 출 선 자	문 향	실 능 지
光音遍淨天에서	乃至于有頂까지	初生及退沒을	聞香하고	悉能知하며
광 음 변 정 천	내 지 우 유 정	초 생 급 퇴 몰	문 향	실 능 지

천녀(天女)들이 입은 옷에
좋은 꽃과 향(華香)으로 꾸미어,
돌아다니며 즐거이 놀① 때
냄새 맡고 다 알며,
이같이 점차로 올라가 내지 범천에 이르기까지
선정에 들고 나는 이를
냄새 맡고 다 알며,
광음천, 변정천에서 유정천에 이르기까지
처음 태어나고 퇴몰(退沒, 전락)함을②
냄새 맡고 다 알리라.

---

① 돌아다니며 즐거이 놂(周旋遊戲) : 두루 돌며 유희하는 짓. ② 퇴몰(退沒) : 좋은 세계에서 그렇지 못한 세계로 태어나는 일.

諸比丘衆等이 於法에 常精進하여 若坐若經行하며 及讀誦經典을
제비구중등 어법 상정진 약좌약경행 급독송경전

或在林樹下하여 專精而坐禪커든 持經者 聞香하고 悉知其所在하리라
혹재림수하 전정이좌선 지경자 문향 실지기소재

菩薩이 志堅固하여 坐禪若讀誦하며 或爲人說法거든 聞香하고 悉能知하리라
보살 지견고 좌선약독송 혹위인설법 문향 실능지

在在方世尊께서 一切所恭敬하고 愍衆而說法커시든 聞香하고 悉能知하며
재재방세존 일체소공경 민중이설법 문향 실능지

衆生이 在佛前하여 聞經皆歡喜하여 如法而修行이어든 聞香하고 悉能知하리라
중생 재불전 문경개환희 여법이수행 문향 실능지

雖未得菩薩 無漏法生鼻하나 而是持經者 先得此鼻相하리라.
수미득보살 무루법생비 이시지경자 선득차비상

모든 비구 대중이 법에 항상 정진하되,
앉거나 경행하거나 경전을 독송하거나,
혹은 나무 아래에서 오로지 한마음으로[1] 좌선할 때,
이 경을 지닌 이는 냄새 맡고 그 있는 곳을 다 알며,
보살이 뜻을 견고히 하여 좌선하거나 독송하거나
남을 위해 설법하는 것을 냄새 맡고 다 알리라.
곳곳에서 세존께서 모든 이의 공경받으시면서
중생을 불쌍히 여겨 설법하심을 냄새 맡고 다 알며,
중생이 부처님 앞에서 경을 듣고 환희하여
여법(如法)하게 수행함을 냄새 맡고 다 알리라.
비록 보살의 코에서 생긴 무루법(無漏法)은[2] 얻지는 못했으나,
이 경을 지닌 이는 먼저 이러한 코(鼻相)를 얻으리라."

---

① **오로지 한마음(專精)** : 마음을 오로지하여 정진하는 일. ② **코에서 생긴 무루법(無漏法生鼻)** : 코의 감각이 모두 열려서 누진통이 이루어져 청정한 비근을 얻어, 다시는 세간의 번뇌가 흐르지 않는 불보살만이 가지는 신통력.

復次 常精進아 若善男子 善女人이 受持是經하여 若讀하며 若誦하며
부차 상정진 약선남자 선여인 수지시경 약독 약송
若解說하며 若書寫하면 得千二百舌功德하리라 若好커나 若醜커나 若美
약해설 약서사 득천이백설공덕 약호 약추 약미
不美커나 及諸苦澁物이 在其舌根하면 皆變成上味하고 如天甘露하여
불미 급제고삽물 재기설근 개변성상미 여천감로
無不美者하리라. 若以舌根으로 於大衆中에 有所演說하면 出深妙聲하고
무불미자 약이설근 어대중중 유소연설 출심묘성
能入其心하여 皆令歡喜快樂케하리라.
능입기심 개령환희쾌락

8. "또 상정진아,

만약 선남자 선여인이 이 경을 지녀
읽거나 외우거나 해설하거나 베껴 쓰면,
천이백 가지 혀의 공덕을 얻으리라.
좋거나 나쁘거나,[①] 맛있거나 맛없거나,[②]
쓰고 떫은 것도 그 혀(舌根, 미각)에 닿으면,
더없이 좋은 맛으로 변하여
하늘의 감로수와 같아 맛없는 것이 없으리라.
만약 이 혀로 대중 가운데에서 설법하면,
깊고 묘한 음성이 나와서
능히 그 마음 속에 들어가[③]
다 환희하고 쾌락하게 하리라.

---

①좋거나 나쁘거나(若好若醜) : 신선하여 좋은 것과 더러운 것. ②맛있거나 맛없는 것 : '若美不美'의 해석. ③마음 속에 들어가 : 심금(心琴)을 울리는 일.

又諸天子와 天女와 釋梵諸天은 聞是深妙音聲하고 有所演說의 言論次第를
우제천자 천녀 석범제천 문시심묘음성 유소연설 언론차제
皆悉來聽하며 及諸龍 龍女와 夜叉 夜叉女와 乾闥婆 乾闥婆女와
개실래청 급제용 용녀 야차 야차녀 건달바 건달바녀
阿修羅 阿修羅女와 迦樓羅 迦樓羅女와 緊那羅 緊那羅女와 摩睺羅伽
아수라 아수라녀 가루라 가루라녀 긴나라 긴나라녀 마후라가
摩睺羅伽女는 爲聽法故로 皆來親近하고 恭敬供養하며 及比丘 比丘尼와
마후라가녀 위청법고 개래친근 공경공양 급비구 비구니
優婆塞 優婆夷와 國王 王子와 群臣 眷屬과 小轉輪王 大轉輪王과
우바새 우바이 국왕 왕자 군신 권속 소전륜왕 대전륜왕
七寶千子 內外眷屬이 乘其宮殿하여 俱來聽法하리라.
칠보천자 내외권속 승기궁전 구래청법

또, 모든 천자(天子 : 천상계에 사는 이)와 천녀(天女)와
제석천과 범천, 하늘들은 이 깊고 묘한 음성 듣고
연설하는 언론(言論)의 순서를[1] 다 와서 들으며
모든 용과 용녀, 야차와 야차녀, 건달바와 건달바녀,
아수라와 아수라녀, 가루라와 가루라녀, 긴나라와 긴나라녀,
마후라가와 마후라가녀 등이 법을 듣기 위해 다 와서
친근하고 공경, 공양하며,
비구, 비구니와 우바새, 우바이와 국왕, 왕자, 군신, 권속과
소전륜왕과 대전륜왕과 칠보천자(七寶千子)와[2] 내외 권속이[3]
그 궁전을 타고[4] 함께 와서 법을 들으리라.

---

① 언론의 순서(言論次第) : 연설하는 말이 순서가 있고 조리가 있다는 뜻. ② 칠보천자(七寶千子) : 전륜왕이 태어나면 칠보가 저절로 나타나 그를 도움. '칠보'란 금륜보(金輪寶), 전재보(典財寶), 신주보(神珠寶), 옥녀보(玉女寶), 주병보(主兵寶), 백상보(白象寶), 감마보(紺馬寶)이다. '천자(千子)'는 전륜왕의 천 명의 아들. ③ 내외 권속(內外眷屬) : 내권속으로는 부모, 형제, 후비(后妃), 채녀(采女)가 있고, 외권속은 종족(宗族), 군신(群臣), 백성을 가리킨다. ④ 궁전을 타고(乘其宮殿) : 범천왕이나 전륜왕은 신통과 공덕이 뛰어나므로, 움직일 때마다 궁전이 따라다닌다.

以是菩薩이 善說法故로 婆羅門과 居士와 國內人民이 盡其形壽토록 隨侍
이시보살 선설법고 바라문 거사 국내인민 진기형수 수시
供養하리라 又諸聲聞 辟支佛과 菩薩 諸佛께서 常樂見之하시리라 是人所在
공양 우제성문 벽지불 보살 제불 상락견지 시인소재
方面에 諸佛께서 皆向其處하사 說法하시리니 悉能受持一切佛法하며 又能出
방면 제불 개향기처 설법 실능수지일체불법 우능출
於深妙法音하리라.
어심묘법음

이 보살이 설법을 잘 하므로
바라문, 거사, 국내 사람이 그 수명이 다하도록①
따라와서 시봉하고 공양하리라.②
또, 모든 성문, 벽지불과 보살과 모든 부처님께서
항상 즐겨 이 사람을 보시리라.
이 사람이 있는 방면에 제불(諸佛)께서
그 곳을 향해 법을 설하시니,
일체의 불법을 다 받아 지니며,
능히 깊고 묘한 법음(法音)을③ 내리라."

---

① 수명이 다하도록(形壽) : 육신의 수명. ② 따라와서 시봉하고 공양함(隨侍供養) : 따라와 모시고 공양함. ③ 법음(法音) : 설법 소리. 법의 음성.

爾時에 世尊께서 欲重宣此義하사 而說偈言하사대
이시 세존 욕중선차의 이설게언

是人舌根이 淨하여 終不受惡味하리니 其有所食噉은 悉皆成甘露하리라
시인설근 정 종불수오미 기유소식담 실개성감로

以深淨妙聲으로 於大衆에 說法호대 以諸因緣喩로 引導衆生心커든
이심정묘성 어대중 설법 이제인연유 인도중생심

聞者皆歡喜하야 設諸上供養하리라 諸天 龍 夜叉와 及阿修羅等이
문자개환희 설제상공양 제천 용 야차 급아수라등

皆以恭敬心으로 而共來聽法하리라 是說法之人이 若欲以妙音으로
개이공경심 이공래청법 시설법지인 약욕이묘음

遍滿三千界커든 隨意卽能至하리라.
변만삼천계 수의즉능지

9. 그 때, 세존께서 이 뜻을 거듭 펴시고자
게송으로 말씀하셨습니다.
"이 사람의 혀(미각)는 맑고 깨끗해서
마침내 나쁜 맛을 받지 아니하리니,
그 먹고 씹는 것은 다 감로(甘露)의 맛이 되리라.
깊고 맑은 묘한 음성으로 대중에게 설법하되,
온갖 인연과 비유로 중생의 마음을 인도해서,
듣는 이는 다 환희하여
온갖 좋은 공양[①] 베풀리라.
하늘들과 용, 야차, 아수라 등이
모두 공경하는 마음으로 함께 와서 법을 들으리라.
이 설법자가 만약 묘한 음성으로
삼천 세계 두루 채우고자 하면,
뜻대로 곧 이르리라.[②]

① 좋은 공양(諸上供養) : 여러 가지 최고의 공양.
② 뜻대로 곧 이르다(隨意卽能至) : 마음에 있는 것은 뜻에 따라 두루 이른다.

大小轉輪王과 대소전륜왕	及千子眷屬이 급천자권속	合掌恭敬心으로 합장공경심	常來聽受法하리라 상래청수법
諸天 龍 夜叉와 제천 용 야차	羅刹 毗舍闍도 나찰 비사사	亦以歡喜心으로 역이환희심	常樂來供養하며 상락래공양
梵天王과 魔王과 범천왕 마왕	自在와 大自在의 자재 대자재	如是諸天衆이 여시제천중	常來至其所하리라 상래지기소
諸佛及弟子가 제불급제자	聞其說法音하고 문기설법음	常念而守護하시다가 상념이수호	或時爲現身하시느니라. 혹시위현신

대소 전륜왕과 일천자(千子) 권속이
합장하고 공경하는 마음으로
항상 와서 법 듣고 받으리라.
하늘들과 용, 야차, 나찰,① 비사사도②
기쁜 마음으로 항상 와서 즐겨 공양하며,
범천왕, 마왕, 자재천,③ 대자재천④ 등
이 같은 하늘의 대중도 항상 그 곳에 오리라.
제불과 제자도 그 설법하는 음성 들으시고
항상 생각하고 수호하시다가
때로는 몸을 나타내시느니라."

---

①나찰(羅刹, rākṣasa) : 사람의 혈육을 먹는 포악귀(暴惡鬼). 공중을 날아다닌다. ②비사사(毗舍闍, piśāca) : 정기(精氣)를 빨아먹는 귀신, 또는 시체의 고기를 먹는 귀신. ③자재천(自在天) : 자기 욕망에 안 되는 것 없이 다 이루어지는, 신통이 자재한 하늘. ④대자재천(大自在天) : 마혜수바라(Maheśvara). 자재천의 왕들이 모여 사는 하늘. 이 하늘의 천왕은 세 개의 눈과 여덟 개의 팔과, 천관을 쓰고 흰 소를 타고 불자(拂子)를 들고 위덕(威德)이 당당한 모습으로 있다.

復次常精進아 若善男子 善女人이 受持是經하여 若讀若誦하며 若解說하며
부차상정진 약선남자 선여인 수지시경 약독약송 약해설

若書寫하면 得八百身功德하리라 得淸淨身이 如淨琉璃하여 衆生이 喜見하며
약서사 득팔백신공덕 득청정신 여정유리 중생 희견

其身이 淨故로 三千大千世界에 衆生의 生時 死時와 上下好醜와 生善處
기신 정고 삼천대천세계 중생 생시 사시 상하호추 생선처

惡處를 悉於中現하며 及鐵圍山 大鐵圍山 彌樓山 摩訶彌樓山 等
악처 실어중현 급철위산 대철위산 미루산 마하미루산 등

諸山과 及其中衆生이 悉於中現하리라.
제산 급기중중생 실어중현

10. "또 상정진아, 만약 선남자 선여인이 이 경을 지니고
읽거나 외우거나 해설하거나 베껴 쓰면,
팔백 가지 몸의 공덕을 얻으리라.
청정한 몸 얻음이 맑은 유리와 같아서
중생이 보기 좋아하고,
그 몸이 청정하므로 삼천 대천세계에
중생이 날 때와 죽을 때와 상품과 하품의①
훌륭하고 추한② 구분과
좋은 곳에 태어나고 나쁜 곳에③ 나는 것이
다 그 몸 가운데에 나타나며,
철위산, 대철위산과 미루산, 마하미루산 등 모든 산과
그 속의 중생이 모두 그 몸 가운데에 나타나리라.

---

① 상품과 하품(上下) : 상근기와 하근기를 말한다. ② 훌륭하고 추함(好醜) : 사람의 성품이 좋고 나쁨을 가리킨다. ③ 좋은 곳과 나쁜 곳(善處惡處) : 악한 곳과 선한 곳. 악한 곳은 삼악도, 선한 곳은 천계 이상.

下至阿鼻地獄에서 上至有頂까지 所有及衆生이 悉於中現하며 若聲聞
하지아비지옥 상지유정 소유급중생 실어중현 약성문
辟支佛 菩薩 諸佛의 說法이 皆於身中에 現其色像하리라.
벽지불 보살 제불 설법 개어신중 현기색상
爾時에 世尊께서 欲重宣此義하사 而說偈言하사대
이시 세존 욕중선차의 이설게언
若持法華者는 其身이 甚淸淨하야 如彼淨琉璃하여 衆生皆喜見하리라
약지법화자 기신 심청정 여피정유리 중생개희견
又如淨明鏡에 悉見諸色像인듯하여 菩薩이 於淨身에 皆見世所有하리니
우여정명경 실견제색상 보살 어정신 개견세소유
唯獨自明了하고 餘人은 所不見이니라.
유독자명료 여인 소불견

또, 아래로는 아비지옥에 이르고
위로는 유정천에 이르기까지
있는 모든 것과 중생이 다 그 몸 가운데에 나타나며,
또 성문, 벽지불, 보살과 모든 부처님께서 설법하시면,
다 그 몸 가운데에 색상(色像, 色身, 肉身)이[1] 나타나리라."

11. 그 때, 세존께서 이 뜻을 거듭 펴시고자
게송으로 말씀하셨습니다.
"만약 법화경을 통달해 지니면,
그 몸이 매우 청정하여
맑은 유리와 같아서 중생이 모두 보기 좋아하리라.
또, 맑고 밝은 거울에 온갖 색상 다 보이듯이,
보살의 맑은 몸으로 세상의 모든 것을 다 보듯하리니,
오직 홀로 밝게 알고, 다른 사람에게는 보이지 않느니라.[2]

---

① 색상(色像) : 모습. 형상. ② 다른 사람에게는 보이지 않음(餘人所不見) : 오직 안근을 청정히 한 자만이 그 몸이 청정함을 분명히 볼 수 있고, 그 밖에 익히지 않은 사람은 볼 수가 없다는 뜻이다.

三千世界中에 一切諸群萌과 天人阿修羅와 地獄 鬼 畜生과
삼천세계중 일체제군맹 천인아수라 지옥 귀 축생
如是諸色像이 皆於身中에 現하리라 諸天等宮殿이 乃至於有頂까지
여시제색상 개어신중 현 제천등궁전 내지어유정
鐵圍及彌樓와 摩訶彌樓山과 諸大海水等이 皆於身中現하며
철위급미루 마하미루산 제대해수등 개어신중현
諸佛及聲聞과 佛子 菩薩等이 若獨 若在衆하사 說法이 悉皆現하며
제불급성문 불자 보살등 약독 약재중 설법 실개현
雖未得無漏의 法性之妙身하나 以淸淨常體하야 一切於中現이니라.
수미득무루 법성지묘신 이청정상체 일체어중현

삼천 세계 중 모든 생물(중생)과[①]
하늘과 사람과 아수라와 지옥과 아귀와 축생 등
이러한 모든 색상이
다 그 몸 가운데에 나타나리라.
모든 하늘 등의 궁전과 내지 유정천과
철위산과 미루산, 마하미루산과
모든 큰바다의 물 등이
다 그 몸 가운데에 나타나고,
모든 부처님과 성문, 불자, 보살 등이
홀로 있거나 대중 속에서
설법하는 것이 다 나타나리니,
비록 무루법성(無漏法性)의 묘신(妙身)은[②] 얻지 못했으나,
항상 청정한 몸이어서[③] 일체가 그 가운데에 나타나리라."

---

① **모든 생물**(群萌) : 중생들. 삼계의 중생. 선악의 생각이 일어나는 것을 맹아(萌芽)라고 한다. ② **무루법성의 묘신** : 법신의 뜻. 번뇌를 끊고 진여 법성을 깨달은 보살이 얻는 법신. ③ **항상 청정한 몸**(以淸淨常體) : 평상의 몸, 곧 부모로부터 받은 유루의 육신.

復次常精進아 若善男子 善女人이 如來滅後에 受持是經하여 若讀하며
부 차 상 정 진 약 선 남 자 선 여 인 여 래 멸 후 수 지 시 경 약 독
若誦하며 若解說하며 若書寫하면 得千二百意功德하리라 以是淸淨意根으로
약 송 약 해 설 약 서 사 득 천 이 백 의 공 덕 이 시 청 정 의 근
乃至聞一偈一句하여도 通達無量無邊之義하리니 解是義已하여 能演說
내 지 문 일 게 일 구 통 달 무 량 무 변 지 의 해 시 의 이 능 연 설
一句一偈호대 至於一月四月하며 乃至一歲하리니 諸所說法이 隨其義趣하여
일 구 일 게 지 어 일 월 사 월 내 지 일 세 제 소 설 법 수 기 의 취
皆與實相과 不相違背하며 若說俗間經書나 治世語言과 資生業等하여도
개 여 실 상 불 상 위 배 약 설 속 간 경 서 치 세 어 언 자 생 업 등
皆順正法하리라.
개 순 정 법

12. "또 상정진아, 만일 선남자 선여인이
여래께서 멸도하신 후에 이 경을 지니고
읽거나 외우거나 해설하거나 베껴 쓰면,
천이백 가지 의식(意)의 공덕을 얻으리라.
이 청정한 의근(意根)으로 한 게송이나 한 구절만 들어도
한량 없고 가이없는 뜻을 통달하리니,
이 뜻을 알고 나서 능히 한 구절이나 한 게송을 설하되,
한 달에서 넉 달 내지 일 년이 되어도
설하는 모든 법이 그 뜻을 따라서
실상과 서로 어긋남이 없으며,
만약 세간의 경서나① 세상을 다스리는 언설이나②
자생업(資生業)③ 등을 설할지라도,
다 정법에 순응(順)하리라.

① 세간의 경서(俗間經書) : 속세의 경서. 외도들의 경전. ② 세상을 다스리는 언설(治世語言) : 정치에 관한 논의. ③ 자생업(資生業) : 실생활을 위한 사업. 살아가기 위한 경제 활동.

三千大千世界에 六趣衆生의 心之所行과 心所動作과 心所戲論을
삼천대천세계 육취중생 심지소행 심소동작 심소희론

皆悉知之하리니 雖未得無漏智慧하나 而其意根이 淸淨이 如此일새 是人의
개실지지 수미득무루지혜 이기의근 청정 여차 시인

有所思惟와 籌量言說이 皆是佛法이라 無不眞實이며 亦是先佛經中所說이니라.
유소사유 주량언설 개시불법 무불진실 역시선불경중소설

삼천 대천세계 육취 중생의 마음에 행하는 바(마음 상태)와[①]
마음의 움직이는 바와
마음에 희론(戲論)하는 바(망상, 분별)를[②] 다 알리니,
비록 무루지혜는[③] 얻지 못했으나,
그 의근(意根)이 청정하기가 이와 같아서,
이 사람이 생각하고 주량(籌量)해서[④] 말하는 바는
다 불법(佛法)이므로 진실하지 않음이 없으며,
또한 이것은 과거세 부처님께서
경 가운데에서 설하신 바이니라."

---

①중생의 마음에 행하는 바(心之所行) : 육도 중생의 생각으로 행하는 선악. 마음 상태. ②마음에 희론하는 바(心所戲論) : 마음으로 허망하게 모든 법을 즐겨 논하는 바. ③무루지혜(無漏智慧) : 번뇌를 여읜 청정한 지혜. 번뇌에 의해 더럽혀짐이 없는 지혜. ④주량함(籌量) : 헤아려 생각함.

爾時에 世尊께서 欲重宣此義하사 而說偈言하사대
이시 세존 욕중선차의 이설게언

是人이 意淸淨하여 明利無濁穢하여서 以此妙意根으로 知上中下法하고
시인 의청정 명리무탁예 이차묘의근 지상중하법

乃至聞一偈라도 通達無量義하여 次第如法說호대 月四月至歲하리라.
내지문일게 통달무량의 차제여법설 월사월지세

是世界內外에 一切諸衆生의 若天龍及人과 夜叉 鬼神等이
시세계내외 일체제중생 약천용급인 야차 귀신등

其在六趣中하여서 所念若干種을 持法華之報로 一時에 皆悉知하리라.
기재육취중 소념약간종 지법화지보 일시 개실지

13. 그 때, 세존께서 이 뜻을 거듭 펴시고자
게송으로 말씀하셨습니다.
"이 사람이 뜻이 청정하고 총명(明利)하여
흐리고 더러움이 없어서,
이 묘한 의근으로 상, 중, 하의 법을 식별하고,①
한 게송만 들을지라도 한량 없는 뜻 통달하여
차례로 법과 같이 설하되,
한 달에서 넉 달 내지 일 년에 이르리라.

이 세계 안팎의 모든 중생과
하늘, 용, 사람과 야차, 귀신 등이
그 육취(六趣)에 있으면서 생각하는 갖가지를
법화경 지닌 공덕으로 일시에 모든 것 다 알리라.②

①상, 중, 하의 법을 식별하고 : 의근이 미묘하기 때문에, 불법의 이치를 통달하여 일불승이 진실이고 삼승의 가르침이 방편임을 안다는 뜻이다. **②법화경 지닌~다 알리라 :** 경을 지닌 사람은 경이 마음에 아로새겨지므로, 법화경 실상의 경지가 중생의 마음의 법에 자리하게 된다. 이와 같이 되면, 마음의 법이 일시에 밝아져 모든 것을 다 알게 된다.

十方無數佛께서 시방무수불	百福莊嚴相으로 백복장엄상	爲衆生說法을 위중생설법	悉聞 能受持하며 실문 능수지
思惟無量義하며 사유무량의	說法亦無量호대 설법역무량	終始不忘錯하리니 종시불망착	以持法華故니라. 이지법화고
悉知諸法相하고 실지제법상	隨義識次第하며 수의식차제	達名字 語言하여 달명자 어언	如所知히 演說하리라 여소지 연설
此人有所說이 차인유소설	皆是先佛法이리니 개시선불법	以演此法故로 이연차법고	於衆에 無所畏하리라. 어중 무소외

시방의 수없는 부처님께서
백복(百福)으로 장엄하신 모습으로[①]
중생 위해 설법하시는 것을 듣고
능히 통달해 지니며,
한량 없는 뜻 생각하며
설법 또한 한량 없이 하되,
처음에서 끝까지 망각하거나 착오 없으리니,
법화경을 받아 지닌 때문이니라.

모든 법의 상(相)을 다 알고,
뜻에 따라 차례(관계)를 알며,
명자어언(名字語言)에 통달해서
아는 바와 같이 연설하리라.
이 사람이 설하는 바는 다 과거불의 법이리니,
이런 법 설하므로 대중 가운데에서 두려울 바 없으리라.

---

① **백복으로 장엄하신 모습**(百福莊嚴相) : 온갖 복(福)으로 꾸며진 모습. 곧, 부처님의 삼십이 상호를 가리킨다. 삼십이상(三十二相), 팔십종호(八十種好)를 구족하심은, 부처님께서 과거세에 온갖 선행을 닦으시고 그 과보로 얻어진 복덕이다.

持法華經者는 지법화경자	意根淨이 若斯하여 의근정 약사	雖未得無漏하나 수미득무루	先有如是相하리라 선유여시상
是人이 持此經하고 시인 지차경	安住希有地하면 안주희유지	爲一切衆生의 위일체중생	歡喜而愛敬하여 환희이애경
能以千萬種의 능이천만종	善巧之語言으로 선교지어언	分別而說法하리니 분별이설법	持法華經故니라. 지법화경고

법화경 통달해 지니는(受持) 이는
의근이 맑기가 이 같으니,
비록 무루(無漏)는 얻지 못했으나,
우선 이 같은 상(相) 있으리라.
이 사람이 이 경 지니고
희유한 경지에 머물러[①] 있어서
일체 중생이 환희하고 사랑하며 공경하는 바 되고,
능히 천만 가지 훌륭하고 교묘한 말로[②]
분별해서 설법하리니,
법화경을 지닌 때문이니라."

---

①**희유한 경지에 머물러** : 이 사람은 청정한 마음으로 경을 지니고 있기 때문에, 법성(法性)의 희유한 경지에 편안하게 머무른다는 뜻. ②**훌륭하고 교묘한 말(善巧之語言)** : 선교(善巧)란 불보살이 중생을 교화하는 교묘한 방법과 수단. 착하고 교묘한 말로 중생의 능력에 맞게 여래 법장(法藏)의 공덕을 분별하여 해설하는 일.

상불경보살품 제 20 (常不輕菩薩品 第二十)

爾時에 佛告得大勢菩薩摩訶薩하사대 汝今當知어다 若比丘 比丘尼 優婆塞
이시 불고득대세보살마하살 여금당지 약비구 비구니 우바새
優婆夷의 持法華經者를 若有惡口로 罵詈誹謗하면 獲大罪報함이 如前所說하고
우바이 지법화경자 약유악구 매리비방 획대죄보 여전소설
其所得功德도 如向所說하여 眼耳鼻舌身意가 清淨하리라. 得大勢야 乃往古昔에
기소득공덕 여향소설 안이비설신의 청정 득대세 내왕고석
過無量無邊不可思議阿僧祇劫하여 有佛하사대
과무량무변불가사의아승지겁 유불

1. 그 때, 부처님께서 득대세보살마하살에게① 이르셨습니다.
"너는 이제 알지어다.
만약 비구, 비구니와 우바새, 우바이로서
법화경을 지닌 이를 악한 말로 꾸짖고② 비방하면,
큰 죄보받음이 앞(법사품 제10)에서 설한 바와③ 같고,
그 얻는 공덕도 앞에서 설한 바와④ 같이,
안, 이, 비, 설, 신, 의근(意根)이 청정하리라.

2. 득대세야, 지나간 옛적에⑤ 한량 없고 가이없는
불가사의 아승지겁 전에 부처님이 계셨으니,

---

① **득대세보살마하살**(得大勢菩薩摩訶薩, Mahāthāma-prāpta) : 대세지(大勢至)라고도 한다. 위대한 힘을 얻다라는 뜻. 관세음보살과 함께 아미타여래의 협시 보살로, 지혜를 나타내는 보살. 혼탁한 세상에서 큰 어려움을 참고 경을 홍포하는 데는 큰 힘을 가진 이가 아니고는 이룰 수가 없다. 그러므로 부처님께서 이 보살을 말씀하셨다. ② **악한 말로 꾸짖음**(罵詈) : 매(罵)와 리(詈) 모두 악한 말 또는 욕설로 상대방을 심하게 비난한다는 뜻. ③ **앞에서 설한 바** : 제10품(법사품)에서, "어떤 사람이 한 마디라도 나쁜 말로, 재가이거나 출가한 사람이거나 간에 법화경을 독송하는 이를 헐뜯으면, 그 죄가 매우 무거우니라."고 하신 말씀. 제3품(비유품)에서도, "이 경을 독송하고 써서 지니는 사람을 보고 가벼이 여기고 천대하며 미워하고 질투하면~그 죄의 과보를 설하리니~"라고 하신 말씀. ④ **그 얻는 공덕도 앞에서 설한 바** : 제19품(법사공덕품)에서 육근 청정을 설하신 것과 같다는 뜻. ⑤ **지나간 옛적** : 내왕(乃往)은 '그 옛날'의 뜻인데, 고석(古昔)과 연용하여 썼다.

名이 威音王如來 應供 正遍知 明行足 善逝 世間解 無上士 調御丈夫
명 위음왕여래 응공 정변지 명행족 선서 세간해 무상사 조어장부
天人師 佛世尊이니라 劫名은 離衰요 國名은 大成이러니 其威音王佛께서
천인사 불세존 겁명 이쇠 국명 대성 기위음왕불
於彼世中에 爲天 人 阿修羅하사 說法하사대 爲求聲聞者에겐 說應四諦法하시어
어피세중 위천 인 아수라 설법 위구성문자 설응사제법
度生老病死하사 究竟涅槃케하시고 爲求辟支佛者에겐 說應十二因緣法하시고
도생노병사 구경열반 위구벽지불자 설응십이인연법
爲諸菩薩에겐 因阿耨多羅三藐三菩提로 說應六波羅蜜法하사 究竟
위제보살 인아누다라삼먁삼보리 설응육바라밀법 구경
佛慧케하시니라.
불혜

이름이 위음왕(威音王)여래,① 응공, 정변지, 명행족,
선서, 세간해, 무상사, 조어장부, 천인사, 불세존이셨느니라.
겁의 이름은 이쇠(離衰)요,② 나라 이름은 대성(大成)이었느니라.③
그 위음왕불께서 저 세상에서
하늘, 사람, 아수라 등을 위하여 설법하시되,
성문 구하는 이를 위해서는 사제법(四諦法)을 설하시어④
생, 노, 병, 사에서 벗어나 구경열반에 이르게 하시고,
벽지불 구하는 이를 위해서는 십이인연법을 설하시며,⑤
모든 보살을 위해서는 아누다라삼먁삼보리로 말미암아
육바라밀법을 설하시어
부처님 지혜에 구경(究竟 : 성취, 도달)하게 하셨느니라.

---

① **위음왕여래**(Blūṣmagarjitasvararāja) : 법왕(法王)이 되시어 이름이 멀리 퍼지고, 위엄이 시방세계를 진동시킨 여래의 뜻. ② **이쇠**(Vinirbhoga) : 쾌락을 여읜다는 뜻. 좋은 시대를 맞이하여 쇠퇴와 번뇌를 벗어난다는 의미. ③ **대성**(Mahāsaṃbhāva) : 예절, 음악, 형벌, 정치(禮樂刑政)가 잘 갖추어진 나라라는 뜻. ④ **사제법을 설하심** : 성문은 생사의 괴로움을 싫어하므로, 사제법을 설해 주어 생, 노, 병, 사를 여의게 함. ⑤ **십이인연법을 설하심** : 연각의 근기는 연(緣)을 보고서 도에 들어가므로, 십이연기의 생멸법을 설해 주어 도를 깨닫게 한다.

得大勢야 是威音王佛의 壽는 四十萬億那由他恒河沙劫이러시니 正法住世
득대세 시위음왕불 수 사십만억나유타항하사겁 정법주세

劫數는 如一閻浮提微塵하고 像法住世劫數는 如四天下微塵하더니 其佛께서
겁수 여일염부제미진 상법주세겁수 여사천하미진 기불

饒益衆生已하신 然後에 滅度하시고 正法 像法이 滅盡之後에 於此國土에
요익중생이 연후 멸도 정법 상법 멸진지후 어차국토

復有佛께서 出하시니 亦號 威音王如來 應供 正遍知 明行足 善逝 世間解
부유불 출 역호 위음왕여래 응공 정변지 명행족 선서 세간해

無上士 調御丈夫 天人師 佛世尊이러시니라 如是次第로 有二萬億佛께서
무상사 조어장부 천인사 불세존 여시차제 유이만억불

皆同一號이셨느니라.
개동일호

3. 득대세야,

이 위음왕불의 수명은 사십만억 나유타 항하사겁이니,
정법이[①] 세상에 머무른 겁 수는 일 염부제 미진수[②] 같고,
상법이[③] 세상에 머무른 겁 수는 사천하 미진과[④] 같았느니라.
그 부처님께서 중생을 요익케 하신[⑤] 후에 멸도하시고,
정법과 상법이 다한 후에
이 국토에 다시 부처님이 출현하시니,
또한 이름이 위음왕여래, 응공, 정변지, 명행족,
선서, 세간해, 무상사, 조어장부, 천인사, 불세존이셨느니라.
이와 같이 차례로 이만억 부처님이 출현하셨는데,
다 같은 한 이름이었느니라.

---

① **정법(正法)** : 부처님의 가르침이 바르게 전해지고 행해져 깨달음을 얻는 시기. ② **염부제 미진수** : 염부제는 수미산 주위 사대주 중 남쪽의 대해 위에 있는 대륙으로, 남섬부주(南贍浮洲)라고도 한다. 인간 세상이 여기에 속한다. 이 염부제를 부수어 티끌로 만든 수효를 염부제 미진수라고 한다. ③ **상법(像法)** : 정법과 비슷한 불법이 행해지는 시기. 가르침과 수행이 있으나, 증득하는 자가 없는 시기. ④ **사천하 미진** : 사천하를 갈아서 티끌로 만든 수효. ⑤ **중생을 요익케 하심** : 이 세계의 중생에게 설법하시어 제도하셨다는 뜻.

最初威音王如來 既已滅度하사 正法滅後에 於像法中에 增上慢比丘가 有大
최초위음왕여래 기이멸도 정법멸후 어상법중 증상만비구 유대

勢力하더니 爾時에 有一菩薩比丘호대 名常不輕이니라 得大勢야 以何因緣으로
세력 이시 유일보살비구 명상불경 득대세 이하인연

名이 常不輕인고 是比丘 凡有所見에 若比丘 比丘尼 優婆塞 優婆夷를
명 상불경 시비구 범유소견 약비구 비구니 우바새 우바이

皆悉禮拜讚歎하여 而作是言호대 我 深敬汝等하여 不敢輕慢하노니 所以者何오
개실예배찬탄 이작시언 아 심경여등 불감경만 소이자하

汝等은 皆行菩薩道할새 當得作佛하리라.
여등 개행보살도 당득작불

4. 최초의 위음왕여래가 이미 멸도하시어 정법이 멸한 후,
상법 중에 증상만 비구들이① 큰 세력을 이루었느니라.
그 때, 한 보살 비구가 있었으니,
이름이 상불경(常不輕)이었느니라.②
득대세야, 무슨 까닭으로 이름이 상불경이었는고?
이 비구는 비구, 비구니이거나 우바새, 우바이를 보는 대로
그들을 다 예배하고 찬탄하면서 이렇게 말하였느니라.
'나는 여러분을 깊이 존경하여
감히 가볍게 여기거나 업신여기지③ 아니하겠습니다.
왜냐 하면,
여러분은 다 보살도를 행하여 성불할 것이기 때문입니다.'

---

① **증상만 비구** : 상법의 시대에 법을 지키고 실천하는 이가 적으므로, 수행을 하기는 하지만 깨달음을 얻지 못했는데도 남에게 얻었다고 스스로 내세우는 비구. ② **상불경(Sadāparibhūta)보살** : 항상 가벼이 여기지 않는다는 뜻의 보살. ③ **가볍게 여기거나 업신여김(輕慢)** : 상대방을 심하게 깔보거나 멸시함.

而是比丘 不專讀誦經典하고 但行禮拜하되 乃至遠見四衆하여도 亦復故往하여
이시비구 부전독송경전 단행예배 내지원견사중 역부고왕

禮拜讚歎하고 而作是言호대 我 不敢輕於汝等하노니 汝等은 皆當作佛하리라.
예배찬탄 이작시언 아 불감경어여등 여등 개당작불

四衆之中에서는 有生瞋恚하여 心不淨者가 惡口로 罵詈言호대 是無智比丘
사중지중 유생진에 심부정자 악구 매리언 시무지비구

從何所來오 自言호대 我 不輕汝라하고 而與我等授記하여 當得作佛이라컨마는
종하소래 자언 아 불경여 이여아등수기 당득작불

我等이 不用如是虛妄授記하니라.
아등 불용여시허망수기

이 비구는 경전 독송에는 전념하지 않고
다만 예배만 행했는데,
멀리 사부 대중이 보여도 가서 예배하고 찬탄하여
이런 말을 하였느니라.
'나는 감히 여러분을 가벼이 여기지 아니하노니,
여러분은 다 성불할 것이기 때문입니다.'

5. 사부 대중 가운데 성(瞋恚)을 잘 내어
마음이 맑지 못한 자가 있었는데,
그가 악한 입으로 꾸짖어 말하였느니라.
'이 무지한 비구는 어디서 왔느냐? 스스로 말하기를,
나는 여러분을 가벼이 여기지 않노라 하면서,
우리에게 수기(授記)해 마땅히 성불하리라 하는데,
우리는 이같이 허망한 수기는 소용 없노라.'①
하였느니라.

---

①허망한 수기는 소용 없다 : 수기는 부처님께서 주시는 것인데, 무지한 비구(상불경보살)가 준다고 하므로 믿지 않았다.

如此經歷多年하여 常被罵詈호대 不生瞋恚하고 常作是言호대 汝 當作佛하리라하니
여차경력다년 상피매리 불생진에 상작시언 여 당작불

說是語時에 衆人이 或以杖木瓦石으로 而打擲之커든 避走遠住하여 猶高聲
설시어시 중인 혹이장목와석 이타척지 피주원주 유고성

唱言호대 我 不敢輕於汝等하노니 汝等은 皆當作佛하리라하였느니라 以其常作是語故
창언 아불감경어여등 여등 개당작불 이기상작시어고

增上慢比丘 比丘尼 優婆塞 優婆夷는 號之爲常不輕이라하였느니라.
증상만비구 비구니 우바새 우바이 호지위상불경

이와 같이 여러 해를 두고,
항상 비웃음과 욕을 먹으면서도 성을 내지 않고
'너희는 마땅히 성불하리라.'고 하였느니라.
이 말을 할 때마다 사람들이
몽둥이나 기와나 돌로 때리면,①
피해 달아나 멀리 가서②
오히려 크게 외쳤느니라.
'나는 감히 여러분을 가벼이 여기지 않노니,
여러분은 다 성불할 것이기 때문입니다.'
그가 항상 이런 말을 하므로,
증상만(增上慢)의 비구, 비구니와 우바새, 우바이는
상불경(常不輕)이라는 별호를③ 붙였느니라.

---

① **때림**(而打擲之) : (몽둥이로)치고 (기와나 돌멩이를)던지며 때림. ② **피해 달아나 멀리 감**(避走遠住) : 멀리 피함. 원주(遠住)는 먼 곳에 머무름.

③ **별호**(號) : 불린 이름. 상불경(Sadāpari bhūta)은 "항상 가벼이 여기지 않는다."와 "항상 경멸을 받는다."는 두 가지 뜻으로 해석된다.

是比丘가 臨欲終時에 於虛空中에 具聞威音王佛께서 先所說하신 法華經
시비구 임욕종시 어허공중 구문위음왕불 선소설 법화경
二十千萬億偈하사와 悉能受持하여 卽得如上眼根이 淸淨하고 耳鼻舌身意根이
이십천만억게 실능수지 즉득여상안근 청정 이비설신의근
淸淨하니 得是六根淸淨已하고 更增壽命하여 二百萬億那由他歲를 廣爲人하여
청정 득시육근청정이 갱증수명 이백만억나유타세 광위인
說是法華經하였느니라.
설시법화경

6. 이 비구가 임종하려 할 때, 허공중에서
위음왕불(威音王佛)께서 앞서 설하신
법화경 이십천만억의 게송이 들려 와,
모두 듣고 다 능히 받아 지녀
곧 위에서 설한 바와 같은
안근(眼根)의 청정과 이(耳), 비(鼻), 설(舌), 신(身), 의근(意根)의
청정을 얻었느니라.[①]
이 육근의 청정을 얻고 다시 수명이 늘어나[②]
이백만억 나유타 해 동안
널리 사람들을 위하여 이 법화경을 설했느니라.

---

① 청정을 얻음 : 인욕의 힘으로 욕됨을 참고 경을 잘 지녔으므로 육근 청정을 차례로 얻음. ② 육근의 청정을 얻고 다시 수명이 늘어나 : 육근이 청정해지면 마침내 불생불사한다.

於是에 增上慢四衆 比丘 比丘尼 優婆塞 優婆夷가 輕賤是人하여 爲作
어시 증상만사중 비구 비구니 우바새 우바이 경천시인 위작

不輕名者가 見其得大神通力과 樂說辯力과 大善寂力하고 聞其所說하고 皆
불경명자 견기득대신통력 요설변력 대선적력 문기소설 개

信伏隨從하니라 是菩薩이 復化千萬億衆하여 令住阿耨多羅三藐三菩提케하였느
신복수종 시보살 부화천만억중 영주아누다라삼먁삼보리

命終之後에 得値二千億佛하사오니 皆號 日月燈明이러시니 於其法中에
명종지후 득치이천억불 개호 일월등명 어기법중

說是法華經하고 以是因緣으로 復値二千億佛하사오니 同號로 雲自在燈王이러시니
설시법화경 이시인연 부치이천억불 동호 운자재등왕

때에, 증상만의 사중인 비구, 비구니와 우바새, 우바이 등이
이 사람을 경멸하고 천시하여①
상불경이라는 별명을 지은 자들이 그 대신통력과
요설변력(樂說辯力)과② 대선적력(大善寂力)③ 얻음을 보고,
그 설하는 바를 듣고는 다 신복(信伏)하고④ 따라 좇았느니라.
이 보살이 다시 천만억 중생을 교화하여
아누다라삼먁삼보리에 머무르게 하였느니라.

7. 명을 마친 후에 이천억 부처님을 친견할 수 있었으니,
이름이 다 일월등명(日月燈明)이시니라.⑤
그 법 가운데에서 이 법화경을 설했고,
이 인연으로 다시 이천억 부처님을 친견하였으니,
한가지로 이름이 다 운자재등왕(雲自在燈王)이시니라.⑥

---

①경멸하고 천시함(輕賤是人) : 상불경을 가벼이 여기고 천시한 증상만들. ②요설변력 : 보살이 거리낌없이 법을 설하여 중생을 즐겁게 해 주는 능력. 사무애변(四無礙辯)의 하나. ③대선적력 : 선정을 통해 얻은 큰 지혜의 힘. ④신복(信伏) : 마음 깊이 믿고 따름. 훌륭한 일을 보았으므로 듣고 믿음이 생기며, 마음 속으로 공경하기 때문에 교화에 따르게 된다. ⑤일월등명불(日月燈明佛) : 해와 달을 등명(燈明)으로 하는 부처님이라는 뜻. 과거 자기 몸을 버리고 응보로 태어나 이천억 불타를 친견. 제1품(서품)에서는 이만 일월등명불이 등장했다. ⑥운자재등왕(Dundubhisvararāja) : 큰 북 소리 같은 음성의 왕이라 하여 고음왕(鼓音王)이라고도 한다.

於此諸佛法中에 受持讀誦하고 爲諸四衆하여 說此經典故로 得是常眼이
어 차 제 불 법 중 수 지 독 송 위 제 사 중 설 차 경 전 고 득 시 상 안
清淨하고 耳鼻舌身意諸根이 清淨하여 於四衆中에서 說法호대 心無所畏하였느니라
청 정 이 비 설 신 의 제 근 청 정 어 사 중 중 설 법 심 무 소 외
得大勢야 是常不輕菩薩摩訶薩이 供養如是若干諸佛하와 恭敬 尊重
득 대 세 시 상 불 경 보 살 마 하 살 공 양 여 시 약 간 제 불 공 경 존 중
讚歎하와 種諸善根하와 於後에 復值千萬億佛하와 亦於諸佛法中에
찬 탄 종 제 선 근 어 후 부 치 천 만 억 불 역 어 제 불 법 중
說是經典하여 功德을 成就하여 當得作佛이러니라.
설 시 경 전 공 덕 성 취 당 득 작 불

여러 부처님 법 가운데에서 받아 지녀 독송하여
사부 대중을 위해 이 경전을 설한 까닭으로
육안이 청정해지고,
이(耳), 비(鼻), 설(舌), 신(身), 의(意)의 제근(諸根)이 청정해져
사부 대중 속에서 설법하되,
마음에 두려운 바 없었느니라.①
득대세야, 이 상불경보살마하살은 이와 같이
여러 부처님을 공양하고 공경, 존중, 찬탄하여
온갖 선근을 심어, 후에 다시 천만억 부처님을 친견하고,
또 여러 부처님 법 중에서 이 경전을 설하여
공덕을 성취하여 성불할 수 있었느니라.②

---

① 두려운 바 없다(心無所畏) : 본 것이 분명하지 못하면 마음에 두려움이 많으나, 육근이 청정해지면 깊고 미묘한 법을 통달하게 되어, 인연을 만나면 즉시 설법할 수 있어서 두려움이 없다. ② 공덕을 성취하여 성불할 수 있었음 : 육근 청정의 공덕을 장엄하게 성취하였으므로 성불할 수 있었음.

得大勢야 於意云何오 爾時에 常不輕菩薩은 豈異人乎리요 則我身이 是니라
득 대 세 　 어 의 운 하 　 이 시 　 상 불 경 보 살 　 기 이 인 호 　 즉 아 신 　 시

若我 於宿世에 不受持讀誦此經하여 爲他人說者라면 不能疾得阿耨多羅
약 아 　 어 숙 세 　 불 수 지 독 송 차 경 　 위 타 인 설 자 　 불 능 질 득 아 누 다 라

三藐三菩提러리라 我 於先佛所에서 受持讀誦此經하여 爲人說故로 疾得
삼 먁 삼 보 리 　 아 　 어 선 불 소 　 수 지 독 송 차 경 　 위 인 설 고 　 질 득

阿耨多羅三藐三菩提하였느니라.
아 누 다 라 삼 먁 삼 보 리

8. 득대세야, 너의 생각에는 어떠하냐?

그 때의 상불경보살이 어찌 다른 사람이리요.

바로 이내 몸이었느니라.①

만약 내가 과거세에 이 경을 받아 지녀 독송하여

사람들을 위하여 설하지 아니하였더라면,

이렇게 빨리 아누다라삼먁삼보리를 얻지 못하였으리라.

내가 전세의 부처님 처소에서 이 경을 받아 지녀 독송하여

사람들을 위하여 설한 까닭으로,

빨리 아누다라삼먁삼보리를 얻었느니라.②

---

①이내 몸 : 위음왕불 때의 상불경보살은 곧 지금의 나, 즉 석가불(釋迦佛)이라는 뜻. ②빨리 얻음(疾得) : 법화경을 수지, 독송, 해설했기 때문에 정각을 속히 얻음.

得大勢야 彼時에 四衆인 比丘 比丘尼 優婆塞 優婆夷 以瞋恚意로
득대세 피시 사중 비구 비구니 우바새 우바이 이진에의

輕賤我故로 二百億劫에 常不値佛하고 不聞法하고 不見僧하며 千劫을
경천아고 이백억겁 상불치불 불문법 불견승 천겁

於阿鼻地獄에서 受大苦惱하다가 畢是罪已하고 復遇常不輕菩薩의 教化
어아비지옥 수대고뇌 필시죄이 부우상불경보살 교화

阿耨多羅三藐三菩提하였느니라.
아누다라삼먁삼보리

9. 득대세야, 그 때의 비구, 비구니, 우바새, 우바이는
성내어 나를 경멸하고 천시한 까닭으로
이백억 겁 동안이나 부처님을 친견하지 못하고,
법을 듣지 못하고, 승(僧)을 만나 보지 못하였으며,[①]
천 겁 동안 아비지옥에서[②] 큰 고통을 받았느니라.
이 죄보(罪報)를 마치고 다시 상불경보살의
아누다라삼먁삼보리로 교화함을 만났느니라.

---

①승(僧)을 만나 보지 못함 : 승은 승가(僧伽)이니, 곧 불교 교단을 말함. 상불경보살을 가볍게 여겼으므로 부처님을 만나지 못하였고, 불법을 듣지 못하였고, 교단을 만나지 못함. 즉, 그 업의 인연으로 이백억 겁 동안 삼보(三寶)를 만나지 못했다. ②아비지옥 : 무간지옥(無間地獄). 고통이 잠시도 그치지 않는 지옥.

得大勢야 於汝意云何오 爾時에 四衆의 常輕是菩薩者는 豈異人乎리요 今此
득 대 세 어 여 의 운 하 이 시 사 중 상 경 시 보 살 자 기 이 인 호 금 차

會中에 跋陀婆羅等五百菩薩과 師子月等五百比丘와 尼와 思佛等五百
회 중 발 타 바 라 등 오 백 보 살 사 자 월 등 오 백 비 구 니 사 불 등 오 백

優婆塞로 皆於阿耨多羅三藐三菩提에 不退轉者가 是니라 得大勢야 當知어다
우 바 새 개 어 아 누 다 라 삼 먁 삼 보 리 불 퇴 전 자 시 득 대 세 당 지

是法華經은 大饒益諸菩薩摩訶薩하여 能令至於阿耨多羅三藐三菩提니
시 법 화 경 대 요 익 제 보 살 마 하 살 능 령 지 어 아 누 다 라 삼 먁 삼 보 리

是故로 諸菩薩摩訶薩이 於如來滅後에 常應受持 讀誦 解說 書寫是經이니라.
시 고 제 보 살 마 하 살 어 여 래 멸 후 상 응 수 지 독 송 해 설 서 사 시 경

득대세야, 너의 생각에는 어떠하냐?
그 때의 사부 대중으로서 항상 이 보살을 경멸한 자들이
어찌 다른 사람이리요.
지금 이 회중에 있는 발타바라① 등 오백 보살과
사자월 등 오백 비구, 비구니②와 사불(思佛)③ 등 오백 우바새로서,
다 아누다라삼먁삼보리에서 퇴전하지 않은 자가 그들이니라.
득대세야, 알지어다.
이 법화경은 모든 보살마하살에게 크게 요익케 해서
능히 아누다라삼먁삼보리에 이르게 하느니라.
그러므로 모든 보살마하살은 여래 멸도 후에 항상
이 경을 받아 지녀 독송하고 해설하며 베껴 쓸지니라.”

---

① 발타바라(Bhadrapāla)보살 : 훌륭한 수호자라는 뜻을 지닌 이름의 보살. 현호(賢護), 선수(善守)라고 의역. 후에 현겁천불(賢劫千佛) 중의 한 부처님이 되신다. ② 오백 비구, 비구니 : 현전 범본에는 오백 비구니(Pañca-Bhikṣuṇī-śātā)로 되어 있으나, 正法華經에는 五百比丘, 比丘尼로 되어 있고, 경문의 의미상 출가이중(出家二衆)을 뜻하므로 '오백 비구, 비구니'라 한 것이다.

③ 사불(思佛) : 현전 범본에는 사불(Sugatacetanā)로 되어 있는데, 법화문구보정기(法華文句輔正記)에서 니사불은 바로 우바새(尼思佛是優婆塞)라 하여, 천불인연경(千佛因緣經) 설의 사불(思佛)은 니(尼)의 생략어로 보는 등 석경문가(釋經文家)들의 언급이 있으나, 원 자료가 불분명하다. 안진호(安震湖) 역 등 다른 본에는 니사불(尼思佛)로 되어 있는 곳도 있다.

爾時에 世尊께서 欲重宣此義하사 而說偈言하사대
이 시 세 존 욕 중 선 차 의 이 설 게 언

過去에 有佛하사대 號 威音王이러시니 神智無量하사 將導一切하시니
과 거 유 불 호 위 음 왕 신 지 무 량 장 도 일 체

天 人 龍神의 所共供養이러시니라 是佛滅後 法欲盡時에
천 인 용 신 소 공 공 양 시 불 멸 후 법 욕 진 시

有一菩薩호대 名이 常不輕이러니 時諸四衆이 計著於法커늘
유 일 보 살 명 상 불 경 시 제 사 중 계 착 어 법

不輕菩薩이 往到其所하여 而語之言호대 我不輕汝하노니
불 경 보 살 왕 도 기 소 이 어 지 언 아 불 경 여

汝等이 行道할새 皆當作佛이라하였느니라.
여 등 행 도 개 당 작 불

10. 그 때, 세존께서 이 뜻을 거듭 펴시고자
게송으로 말씀하셨습니다.
"과거에 부처님이 계셨으니, 이름이 위음왕이시니라.
신통과 지혜 한량 없으시어 일체 중생 거느려 인도하시니,[①]
하늘과 사람과 용신이 함께 공양하였느니라.[②]

11. 이 부처님 멸도하신 후 법이 다하려 할 때,[③]
한 보살이 있었으니, 이름이 상불경이었느니라.
그 때의 사부 대중이 법에 계착(計著)하거늘,[④]
상불경보살이 그들 있는 곳에 가서 말했느니라.
'나는 여러분을 가벼이 여기지 않나니,
여러분은 도를 닦아 다 마땅히 성불하리라.'
하였느니라.

---

①거느려 인도함 : 장도(將導)의 풀이. ②함께 공양 : 천룡팔부(天龍八部) 대중과 사람이 다 같이 공경하고 추앙했다는 뜻. ③법이 다하려 할 때(法欲盡時) : 위음왕불께서 입멸하신 후에 정법이 끝나고 상법의 때. ④계착(計著) : 분별해 집착함.

諸人이 聞已하고 제 인 문 이	輕毁罵詈하되 경 훼 매 리	不輕菩薩이 불 경 보 살	能忍受之하더니 능 인 수 지
其罪畢已하고 기 죄 필 이	臨命終時에 임 명 종 시	得聞此經하고 득 문 차 경	六根이 淸淨하여 육 근 청 정
神通力故로 신 통 력 고	增益壽命하여 증 익 수 명	復爲諸人하여 부 위 제 인	廣說是經하니 광 설 시 경
諸著法衆이 제 착 법 중	皆蒙菩薩의 개 몽 보 살	敎化成就하여 교 화 성 취	令住佛道하니라 영 주 불 도
不輕이 命終하여 불 경 명 종	値無數佛하사와 치 무 수 불	說是經故로 설 시 경 고	得無量福하고 득 무 량 복
漸具功德하여 점 구 공 덕	疾成佛道하니라. 질 성 불 도		

12. 그 사람들 이 말 듣고 경멸하고 헐뜯고 욕해 꾸짖어도
상불경보살은 능히 참아 내어 받았느니라.
그 숙세(宿世)의 죄보① 마치고 명을 마치려 할 때,
이 경을 얻어 듣고 육근이 청정해져,
신통력으로 수명이 늘어나
다시 모든 사람 위하여 널리 이 경을 설하니,
법에 집착했던 대중은 보살의 교화를 입어
불도에 머무르게 되었느니라.
상불경보살이 명을 마치고 수없는 부처님 친견하고,
이 경을 설한 까닭으로 한량 없는 복을 얻고,
점차로 공덕 갖추어② 빨리 불도를 이뤘느니라.

---

① **숙세의 죄보** : 전생에 지은 죄의 과보. 상불경보살이 착한 마음으로 중생을 교화했으나, 사람에게서 경멸당한 것은 전생의 죄보가 남아 있었기 때문이라는 뜻. ② **점차로 공덕 갖추어** : 점점 최상의 불도를 빨리 성취하기 위하여 보살의 공덕을 갖춘다는 뜻.

彼時不輕은 卽我身이 是요 時四部衆의 著法之者는
피시불경 즉아신 시 시사부중 착법지자

聞不輕이 言호대 汝當作佛이라할새 以是因緣으로 値無數佛하니
문불경 언 여당작불 이시인연 치무수불

此會菩薩 五百之衆과 幷及四部 淸信士女로
차회보살 오백지중 병급사부 청신사녀

今於我前에 聽法者가 是니라 我 於前世에 勸是諸人하여
금어아전 청법자 시 아 어전세 권시제인

聽受斯經 第一之法하여 開示敎人하여 令住涅槃할새
청수사경 제일지법 개시교인 영주열반

世世에 受持 如是經典하니라.
세세 수지 여시경전

13. 그 때의 상불경보살은 바로 이내 몸이고,
그 때의 사부 대중으로서 법에 집착한 이들은①
상불경보살의 '여러분은 마땅히 성불하리라.'는 말을
들은 이러한 인연으로 수없는 부처님 친견하였으니,
이 회중의 오백 보살 대중과
사부 대중의 청신사② 청신녀로서③
지금 내 앞에서 법을 듣는 이들이 그들이니라.
내가 전세에 이들에게 권하여
이 경의 제일의 법을 듣고 지니게 하여,
열어 보여 사람에게 가르쳐 열반에 들게 했으므로
세세생생 이 같은 경전을 받아 지니게 되었느니라.

---

①**법에 집착한 이들** : 나의 법이 낫다는 마음 때문에, 상불경보살의 설법을 믿지 않은 사람들. 이 때 법에 집착한 사부 대중은 현재 영산법회 중의 발타바라 등 오백 비구와 사자월 등 오백 비구니와 사불 등 오백 우바새이다. ②**청신사** : 남자 신도. 곧, 사불(思佛) 등 오백 우바새. ③**청신녀** : 여자 신도.

億億萬劫으로	至不可議에사	時乃得聞	是法華經하며
억 억 만 겁	지 불 가 의	시 내 득 문	시 법 화 경
億億萬劫으로	至不可議에사	諸佛世尊께서	時說是經하시나니
억 억 만 겁	지 불 가 의	제 불 세 존	시 설 시 경
是故로 行者는	於佛滅後에	聞如是經하고	勿生疑惑하여
시 고 행 자	어 불 멸 후	문 여 시 경	물 생 의 혹
應當一心으로	廣說此經하라	世世에 値佛하여	疾成佛道하리라.
응 당 일 심	광 설 차 경	세 세 치 불	질 성 불 도

14. 억억만 겁에서 불가사의겁에 이르도록
때가 되어야 법화경을 얻어 들을 수 있으며,
억억만 겁에서 불가사의겁에 이르도록
때가 되어야 제불(諸佛)께서 이 경을 설하시니라.
그러므로 수행하는 이는 부처님 멸도 후에
이 경을 들으면 의혹 내지 말고서,[①]
응당 일심으로 널리 이 경을 설하라.
세세생생 부처님 친견하여 빨리 불도를 이루리라."[②]

---

① **의혹 내지 말고서**(勿生疑惑) : 법에 대해 의심을 내지 마라는 뜻. 상불경보살의 예를 보였으므로 이 경의 법을 믿어 지니라는 말씀. ② **빨리 불도를 이룸**(疾成佛道) : 믿음이 있으면 육근이 청정해지고, 마침내 부처님을 뵙게 되어 빨리 불도를 이룬다는 뜻.

여래신력품 제21 (如來神力品 第二十一)

爾時에 千世界微塵等菩薩摩訶薩이 從地踊出者로 皆於佛前에 一心合掌하고
이시　천세계미진등보살마하살　종지용출자　개어불전　일심합장

瞻仰尊顔하사 而白佛言하사대 世尊이시여 我等이 於佛滅後에 世尊
첨앙존안　이백불언　세존　아등　어불멸후　세존

分身所在國土인 滅度之處에서 當廣說此經하겠나이다 所以者何오 我等도 亦自
분신소재국토　멸도지처　당광설차경　소이자하　아등　역자

欲得是眞淨大法하여 受持 讀誦 解說 書寫하여 而供養之하노이다.
욕득시진정대법　수지　독송　해설　서사　이공양지

1. 그 때, 천 세계의 미진수와① 같은 수의
보살마하살이 땅에서 솟아나오신 분으로서
모든 부처님 앞에서 일심으로 합장하여
존안을 우러러보며② 부처님께 사뢰었습니다.
"세존이시여, 저희가 부처님께서 멸도하신 후에
세존의 여러 분신(分身)이 계신 국토,
즉 멸도하신 그 곳에서
마땅히 이 경을 널리 설하겠나이다.
왜냐 하오면, 저희 또한 스스로
이 참되고 청정한(眞淨) 대법을③ 얻어 받아 지녀 독송하고
해설하고 베껴 써서 이를 공양하고자 하기 때문이나이다."

---

① **천 세계의 미진수(千世界微塵數)** : 일천 세계를 티끌로 부수어 나온 수효의 의미. 일천 세계는 수미산 중심의 소세계(小世界) 천이 모여 이루어진 세계이다. ② **존안을 우러러봄(瞻仰尊顔)** : 부처님의 상호를 우러러봄. ③ **참되고 청정한 대법(眞淨大法)** : 진실되고 청정하며, 위대한 가르침이라는 뜻. 법화경은 바로 이러한 법을 밝힌다는 것이다.

爾時에 世尊께서 於文殊師利等 無量百千萬億의 舊住娑婆世界한 菩薩
이시 세존 어문수사리등 무량백천만억 구주사바세계 보살

摩訶薩及諸比丘 比丘尼 優婆塞 優婆夷 天龍 夜叉 乾闥婆 阿修羅
마하살급제비구 비구니 우바새 우바이 천용 야차 건달바 아수라

迦樓羅 緊那羅 摩睺羅伽 人非人等一切衆前에서 現大神力하사 出廣長舌하사
가루라 긴나라 마후라가 인비인등 일체중전 현대신력 출광장설

上至梵世하시고 一切毛孔에서 放於無量無數色光하사 皆悉遍照十方世界하야시늘
상지범세 일체모공 방어무량무수색광 개실변조시방세계

衆寶樹下 師子座上諸佛께서도 亦復如是하사 出廣長舌하시며 放無量光하시니다.
중보수하 사자좌상제불 역부여시 출광장설 방무량광

2. 그 때, 세존께서 문수사리 등 한량 없는 백천만억의,
옛적부터 사바세계에 머물렀던 보살마하살과①
모든 비구, 비구니, 우바새, 우바이와 하늘, 용, 야차,
건달바, 아수라, 가루라, 긴나라, 마후라가, 인비인 등
온갖 대중 앞에서
**큰 신통력을 나타내시어② 광장설(廣長舌)을③ 내시어
위로 범천에④ 이르시고, 모든 털구멍에서 한량 없고 수없는
빛과 광명을 놓으시어⑤ 시방세계를 다 두루 비추시니,
여러 보배 나무 아래 사자좌에 계신 제불(諸佛)께서도
이같이 광장설을 내시어, 한량 없는 광명을 놓으셨습니다.**

---

① **옛적부터~보살마하살(舊住娑婆世界)** : 이 보살들은 이 곳 사바세계에 있는 석가모니불의 제자로서, 모두 옛적에 교화하여 머물렀던 분들이다. ② **큰 신통력을 나타내심** : 이 품에서는 여래의 신통력을 열 가지로 설하신다. 즉, 광장설을 내심(廣長舌), 몸의 털구멍에서 빛을 내심(通身放光), 큰기침하심(謦欬), 손가락을 튀기심(彈指), 땅이 여섯 가지로 진동함(地動), 큰 법회의 모습을 보이심(普見大會), 허공에서 소리 높여 말씀하심(空中唱聲), 부처님께 귀의함(咸皆歸命), 보배가 흩날림(遙散諸物), 시방세계가 확 트임(十方通同). ③ **광장설(廣長舌)** : 부처님 32상호 중의 하나. 대설상(大舌相)이라고도 한다. 여래 신통력의 첫째로, 혀를 펴 보이시어 대중이 볼 수 있도록 하심으로써, 부처님의 가르침이 진실되므로 신심을 내도록 하심이다. ④ **범천(梵天)** : 색계 초선천(初禪天). ⑤ **광명을 놓으심** : 여래 신통력의 둘째 번으로, 여래의 몸에서 빛을 내시는 일. 털구멍에서 빛을 내심은, 부처님께서 원만하게 증득하신 법(法)과 지혜(智)의 혜안을 나타낸다.

釋迦牟尼佛及寶樹下諸佛께서 現神力時를 滿百千歲 然後에사 還攝舌相하사
석가모니불급보수하제불 현신력시 만백천세 연후 환섭설상

一時에 謦欬하시고 俱共彈指하시니 是二音聲이 遍至十方諸佛世界하여
일시 경해 구공탄지 시이음성 변지시방제불세계

地皆六種震動하더니 其中에 衆生 天龍 夜叉 乾闥婆 阿修羅 迦樓羅
지개육종진동 기중 중생 천용 야차 건달바 아수라 가루라

緊那羅 摩睺羅伽 人非人 等이 以佛神力故로 皆見此娑婆世界의 無量
긴나라 마후라가 인비인 등 이불신력고 개견차사바세계 무량

無邊 百千萬億衆寶樹下 師子座上諸佛하며
무변 백천만억중보수하 사자좌상제불

3. 석가모니불과 보배 나무 아래의 제불께서
신통력 나타내시기를 백천 년을 채우신 연후에
도로 혀(舌相)를 거두시며①
일시에 큰기침하시며② 함께 손가락을 튀기시니,③
이 두 가지 소리가 두루 시방 제불의 세계에 이르러
땅이 여섯 가지로 진동하였습니다.④
그 안에 사는 중생, 즉 하늘, 용, 야차와 건달바,
아수라와 가루라, 긴나라와 마후라가와 인비인 등이
부처님의 신통력에 의해
다 이 사바세계의 한량 없고 가이없는
백천만억의 보배 나무 아래
사자좌의 모든 부처님을 뵈오며,

---

① **혀를 거두시며(還攝舌相)** : 혀를 거두어 처음과 같이 하시고서. ② **큰기침하심** : 경해(謦欬)는 장차 말씀을 하시려는 모습. 여래 신통력의 셋째 번이다. 40여 년 간 뜻을 숨겨 오시다가 이제 뜻을 펴 남김이 없으시니, 출세의 대사를 이루셨다. 앞으로 중생 교화에 대해 말씀하시려고 기침을 하셨다. ③ **손가락을 튀기심** : 여래 신통력의 넷째 번으로, 손가락을 튀겨 소리 내심을 말한다. 사람들이 원만한 도에 들게 되고 진실되고 청정한 대법을 얻게 된 것을 따라 기뻐하심이다. ④ **여섯 가지로 진동** : 여래 신통력의 다섯째 번으로, 땅이 진동하는 것을 말한다. 이것은 모든 중생들의 육근을 흔들어 청정하게 하는 의미이다.

及見釋迦牟尼佛께서 共多寶如來와 在寶塔中하사 坐師子座하오며 又見
급 견 석 가 모 니 불 공 다 보 여 래 재 보 탑 중 좌 사 자 좌 우 견

無量無邊百千萬億菩薩摩訶薩과 及諸四衆이 恭敬圍繞 釋迦牟尼佛하사와
무 량 무 변 백 천 만 억 보 살 마 하 살 급 제 사 중 공 경 위 요 석 가 모 니 불

旣見是已하고 皆大歡喜하여 得未曾有러니 卽時에 諸天이 於虛空中에서
기 견 시 이 개 대 환 희 득 미 증 유 즉 시 제 천 어 허 공 중

高聲으로 唱言호대 過此無量無邊百千萬億阿僧祇世界하여 有國호대 名娑婆니
고 성 창 언 과 차 무 량 무 변 백 천 만 억 아 승 지 세 계 유 국 명 사 바

是中에 有佛하사대 名이 釋迦牟尼시니라.
시 중 유 불 명 석 가 모 니

또 석가모니불께서 다보여래와 함께 보탑 안에 계시어①
사자좌에 앉으심을 뵈오며,
또 한량 없고 가이없는 백천만억 보살마하살과 사부 대중이
석가모니불을 공경하고 에워싸 있음을② 뵙자와,
이를 보고 나서
모두 크게 환희하여 일찍이 없던 바를 얻었습니다.

4. 바로 이 때, 모든 하늘이 허공중에서 소리 높여 말하였습니다.③
"이 한량 없고 가이없는 백천만억 아승지 세계를 지나
나라가 있으니, 이름이 사바(娑婆)요,④
여기에 부처님이 계시니, 이름이 석가모니불이시라.

---

① **석가모니불께서 다보여래와 함께 보탑 안에 계심** : 먼저, 팔방에 분신불들이 앉아 계시고, 이어 다보탑 안의 보좌에 석가모니불과 다보여래께서 계시어 대중으로부터 공양받는 모습을 뵈었다. 제11품(견보탑품)에서 석가모니불께서 다보탑 안 사자좌로 들어가신 후, 법화경의 법회가 영취산에서 허공에 있는 다보탑으로 옮겨 설해지고, 제22품(촉루품)에 가서야 원래의 법좌로 돌아온다. ② **석가모니불을 공경하고 에워싸고 있음** : 여래 신력의 여섯째 번의, 큰 법회의 모습을 널리 보이셨다. 제불의 법회 모습을 보이어 제불의 도가 같음을 보였으니, 삼세의 부처님도 마찬가지임을 나타낸다. ③ **허공중에서 소리 높여 말함** : 하늘들이 허공 제천에서 말한 것이다. 여래 신력의 일곱째 번이다. ④ **사바(娑婆)** : 참고 견뎌야 한다는 뜻. 그러므로 사바세계를 인토(忍土)라 한다.

今爲諸菩薩摩訶薩하사 說大乘經하시나니 名이 妙法蓮華니 教菩薩法이며
금 위 제 보 살 마 하 살 설 대 승 경 명 묘 법 연 화 교 보 살 법

佛所護念이시니 汝等이 當深心隨喜하고 亦當禮拜供養 釋迦牟尼佛이니라하야늘
불 소 호 념 여 등 당 심 심 수 희 역 당 예 배 공 양 석 가 모 니 불

彼諸衆生이 聞虛空中聲已하고 合掌하여 向娑婆世界하여 作如是言호대
피 제 중 생 문 허 공 중 성 이 합 장 향 사 바 세 계 작 여 시 언

南無釋迦牟尼佛 南無釋迦牟尼佛하고 以種種華 香 瓔珞 幡蓋와
나 무 석 가 모 니 불 나 무 석 가 모 니 불 이 종 종 화 향 영 락 번 개

及諸嚴身之具와 珍寶妙物로 皆共遙散娑婆世界하니 所散諸物이 從十方來하되
급 제 엄 신 지 구 진 보 묘 물 개 공 요 산 사 바 세 계 소 산 제 물 종 시 방 래

지금 여러 보살마하살을 위하시어
대승경을 설하시니, 이름이 묘법연화(妙法蓮華)니라.
보살을 가르치는 법이며, 부처님께서 호념(護念)하시는 바이니,
너희는 마땅히 마음 깊이 따라 기뻐하고,①
또 마땅히 석가모니불께 예배, 공양할지니라."
저 모든 중생이 허공중에서 나는 소리를 듣고
합장해 사바세계를 향하여 이렇게 말하였습니다.
"나무석가모니불, 나무석가모니불!"②
갖가지의 꽃과 향과 영락, 번개와 온갖 장신구와③
진기한 보배와 묘한 물건을 다 함께 멀리 사바세계에 흩으니,
그 물건들이 시방(十方)에서 오는데,

---

① **마음 깊이 따라 기뻐함** : 하늘이 대중에게 깊은 마음을 내어 묘법을 따라서 기뻐하라고 권한 부분이다. ② **나무석가모니불** : 나무(namas)는 귀명하다, 경례하다의 뜻. 석가모니불께 귀의하여 믿음을 표하는 말이다. 여래 신력 여덟째 번이다. ③ **온갖 장신구** : 몸을 장식하는 보배들.

譬如雲集하여 變成寶帳하여 遍覆此間諸佛之上하고 于時十方世界에 通達
비여운집 변성보장 변부차간제불지상 우시시방세계 통달
無礙하여 如一佛土하니라 爾時에 佛께서 告上行等菩薩大衆하사대 諸佛神力이
무애 여일불토 이시 불 고상행등보살대중 제불신력
如是無量無邊 不可思議니 若我以是神力으로 於無量無邊百千萬億
여시무량무변 불가사의 약아이시신력 어무량무변백천만억
阿僧祇劫에 爲囑累故로 說此經功德하여도 猶不能盡하리라.
아승지겁 위촉루고 설차경공덕 유불능진

마치 구름 모이듯 하여,① 변해서 보배 휘장이 되어
이 곳에 계신 모든 부처님 위를 덮었고,
때에 시방세계는 툭 트이어 걸림없어
한 불국토 같았습니다.②

5. 그 때, 부처님께서 상행(上行) 등
보살 대중에게 이르셨습니다.
"모든 부처님의 신력은 이와 같이
한량 없고 가이없어 불가사의하느니라.
만약 내가 이 신력으로 한량 없고 가이없는
백천만억 아승지겁을 두고, 다른 사람에게 위촉하기③ 위하여
이 경의 공덕을 설할지라도 오히려 능히 다하지 못하리라.④

---

①**마치 구름 모이듯 하여**: 멀리서 흩은 보배들이 모여들었으니, 여래 신력의 아홉째 번. 미래에도 행일(行一, 일불승행)이 있음을 가리킨다. ②**한 불국토 같음**(如一佛土): 십법계의 마음은 모두 같은 진실된 성품으로 이치를 통달하였으므로 걸림없다고 한다. 여래 신통력 열째 번이다. ③**위촉**(囑累): 위임, 위촉의 의미. 교법을 잘 보호해 지니고 널리 펼 것을 부탁하는 일. ④**능히 다하지 못함**(猶不能盡): 공덕이 매우 깊어서 말로 다 표현할 수 없음.

以要言之컨대 如來一切所有之法과 如來一切自在神力과 如來一切秘要
이요언지 여래일체소유지법 여래일체자재신력 여래일체비요

之藏과 如來一切甚深之事를 皆於此經에 宣示顯說하니라 是故로 汝等이
지장 여래일체심심지사 개어차경 선시현설 시고 여등

於如來滅後에 應一心으로 受持 讀誦 解說 書寫하여 如說修行하라.
어여래멸후 응일심 수지 독송 해설 서사 여설수행

6. 요약해 말하건대,

여래의 온갖 지닌 바의 법(法, 가르침)과①

여래의 온갖 자재한 신력(神力)과②

여래의 온갖 비요(秘要)의 장(藏)과③

여래의 온갖 심심(甚深)한 일을④

다 이 경에서 펴(宣) 보이고(示) 드러내어(顯) 설했느니라.

그러므로 너희는 여래가 멸도한 후에

응당 일심으로 받아 지녀 읽고 외우고 해설하고 베껴 써서

설한 그대로 수행할지니라.

---

①**온갖 지닌 바의 법**(一切所有之法) : 일체의 불법(佛法). 또는, 점수, 돈오, 삼승, 일승까지 모두 불법이라는 뜻. ②**자재한 신력** : 통달 무애하여 8자재(八自在)를 갖추심이다. ③**비요의 장** : 비밀한 법장. 법화경은 여래께서 비밀스럽고 오묘하게 여기신 법장이므로, 40년이 지난 후에야 말씀하셨다. ④**온갖 심심한 일** : 일체의 매우 의미 깊은 일. 실상의 도리를 수행하는 것이 인(因)이고, 실상에 도달함이 과(果)이기 때문이다. 또는, 여래의 수명이 오래고, 가까우며, 본문과 적문 등의 진리.

所在國土에 若有受持 讀 誦 解說 書寫하고 如說修行커나 若經卷所住之處에
소재국토 약유수지 독 송 해설 서사 여설수행 약경권소주지처

若於園中이거나 若於林中이거나 若於樹下거나 若於僧坊커나 若白衣舍거나
약어원중 약어림중 약어수하 약어승방 약백의사

若在殿堂커나 若山谷曠野커나 是中에 皆應起塔供養이니 所以者何오
약재전당 약산곡광야 시중 개응기탑공양 소이자하

當知어다 是處는 卽是道場이라 諸佛께서는 於此에서 得阿耨多羅三藐三菩提하사
당지 시처 즉시도량 제불 어차 득아누다라삼먁삼보리

諸佛께서 於此에 轉于法輪하시며 諸佛께서 於此에 而般涅槃하시니라.
제불 어차 전우법륜 제불 어차 이반열반

7. 자기가 있는 국토의 어디건

이 경을 통달해 지녀 읽고 외우고

해설하고 베껴 써서 설한 대로 수행하는 이 있거나

경전이 머무른 곳이거든,①

거기가 동산이든 숲 속이든 나무 아래이든,

승방(僧房)이든 신자의 집이든 전당이든,②

산곡이든 광야이든 간에,

거기에 바로 다 탑을 일으켜 공양할지니라.

왜냐 하면,③ 알지어다. 그 곳이 바로 도량이니,④

모든 부처님이 여기서 아누다라삼먁삼보리를 얻으시고,

모든 부처님이 여기서 법륜을 굴리시며,

모든 부처님이 여기서 반열반에⑤ 드시기 때문이니라."

---

① **경전이 머무른 곳** : 법화경이 모셔진 곳. ② **전당** : 승방의 전각(殿閣). ③ **왜냐 하면** : 왜 법화경을 모신 곳에 탑을 조성하여 공양하라고 하는가 하면. ④ **그 곳이 바로 도량** : 세상에서 법화경이 모셔진 곳은 곧 부처님께서 계신 곳이다. ⑤ **반열반** : 무여열반(無餘涅槃). 곧, 입멸하심.

爾時에 世尊께서 欲重宣此義하사 而說偈言하사대
이시 세존 욕중선차의 이설게언

諸佛救世者시여 住於大神通하사 爲悅衆生故로 現無量神力하시네
제불구세자 주어대신통 위열중생고 현무량신력

舌相이 至梵天하시며 身放無數光하시니 爲求佛道者하여 現此希有事하사대
설상 지범천 신방무수광 위구불도자 현차희유사

諸佛謦欬聲과 及彈指之聲이 周聞十方國하니 地皆六種動하니라
제불경해성 급탄지지성 주문시방국 지개육종동

以佛滅度後에 能持是經故로 諸佛께서 皆歡喜하사 現無量神力하시리라.
이불멸도후 능지시경고 제불 개환희 현무량신력

8. 그 때, 세존께서 이 뜻을 거듭 펴시고자

게송으로 말씀하셨습니다.

"모든 부처님은 세상을 구원하시는 분이신지라,①

대신통에 머무르시고 중생을 즐겁게 하기 위해

한량 없는 신력을 나타내시느니라.

혀(舌相)는 범천에 이르고,

몸에서는 수없는 광명을 놓으시니,

불도 구하는 이를 위해 이런 희유한 일을 나타내시느니라.

여러 부처님의 기침 소리와 손가락 튀기는 소리가

시방국토에 두루 울려 땅이 모두 육종으로 진동하느니라.

부처님께서 멸도하신 후에

이 경(經)을 받아 지닌 까닭으로②

부처님 기뻐하사 한량 없는 신력 나타내시리라.

---

① **세상을 구원하시는 분(諸佛救世者)** : 제불은 세상을 구제하시는 분. 구세자란 바로 부처님을 가리킨다. ② **받아 지닌 까닭** : 모든 보살이 부처님께서 멸도하신 후에 경을 홍포하기로 서원을 세운 일.

囑累是經故로 讚美受持者하사대 於無量劫中에 猶故不能盡이니
촉루시경고 찬미수지자 어무량겁중 유고불능진

是人之功德은 無邊無有窮이라 如十方虛空하여 不可得邊際니라.
시인지공덕 무변무유궁 여시방허공 불가득변제

能持是經者는 則爲已見我며 亦見多寶佛과 及諸分身者며
능지시경자 즉위이견아 역견다보불 급제분신자

又見我今日에 敎化諸菩薩이니라 能持是經者는 令我及分身과
우견아금일 교화제보살 능지시경자 영아급분신

滅度多寶佛과 一切가 皆歡喜하며 十方現在佛과 幷過去未來께
멸도다보불 일체 개환희 시방현재불 병과거미래

亦見 亦供養이며 亦令得歡喜니라.
역견 역공양 역령득환희

9. 이 경 유촉하고자 받아 지니는 이를 찬미하시되,
한량 없는 겁 동안 설할지라도 다하지 못하리라.
이 사람의 공덕은 가이없고 끝이 없어서
시방의 허공 같아 끝간 데를① 모르리라.

10. 이 경을 지니는 이는 이미 나를 보는 것이며,
또한 다보불과 모든 분신불(分身佛)을 친견하는 것이며,②
내가 오늘 교화한 모든 보살도 볼 것이니라.
이 경을 지니는 이는 나와 나의 분신불과
멸도하신 다보불과 모두를 기쁘게 하는 것이며,
시방의 현재불과 아울러 과거불과 미래불께도
또한 친견하고 공양하여 기쁘게 함이 되느니라.③

---

①**끝간 데(邊際)** : 허공은 끝이 없는데, 경을 지닌 이의 공덕도 이와 같다는 뜻. ②**다보불과 모든 분신불을 친견하는 것** : 본성을 보았을 때에는 다보불을 본 것이며, 차별 성품을 보았을 때에는 분신불을 본 것이다. ③**기쁘게 함** : 석가모니불께서 세상에 출현하신 것도 이 경을 연설하기 위함이고, 다보불께서 나타내신 것도 이 경을 연설하기 위함이며, 여러 분신불도 이 경 때문에 시방세계에서 구름처럼 모이셨으니, 이 경을 지님은 곧 불신(佛身)을 모시는 것이 되므로 모두 기뻐한다는 뜻.

諸佛께서 坐道場하사 所得秘要法을 能持是經者는 不久亦當得하며
제불 좌도량 소득비요법 능지시경자 불구역당득

能持是經者는 於諸法之義와 名字와 及言辭에 樂說無窮盡하여
능지시경자 어제법지의 명자 급언사 요설무궁진

如風이 於空中에 一切無障礙듯하여 於如來滅後에 知佛所說經과
여풍 어공중 일체무장애 어여래멸후 지불소설경

因緣及次第하여 隨義如實說호대 如日月光明이 能除諸幽冥인듯하여
인연급차제 수의여실설 여일월광명 능제제유명

斯人이 行世間하여 能滅衆生闇하고 教無量菩薩하여 畢竟에 住一乘케하리라.
사인 행세간 능멸중생암 교무량보살 필경 주일승

11. 모든 부처님께서 도량에[①] 앉으시어
얻으신 비요법(秘要法)을[②]
이 경을 지니는 이는 머잖아 또한 얻으리라.
이 경을 지니는 이는 모든 법의 뜻(도리)과
명자(名字)와[③] 언사(言辭)에[④] 있어
즐겨 설하여 궁함이 없어서
바람이 공중에서 일체 걸림이 없음과 같으리라.
여래 멸도 후에 부처님께서 설하신 경의
인연과[⑤] 차례를[⑥] 알아서 뜻에 따라 여실(如實)히 설하되,
일월(日月)의 광명이 어둠을 몰아 내듯이
이 사람 세간에 다니면서 중생의 어둠 없애어,
한량 없는 보살을 가르쳐
마침내 일승(一乘)에 머무르게 하리라.

---

①**도량** : 부처님께서 성도하신 장소. ②**비요법(秘要法)** : 여래의 온갖 비밀의 가르침. ③**명자** : 이름과 지위와 별호 등을 말한다. ④**언사** : 언어의 설명. 말씀. ⑤**인연(因緣)** : 경이 설해지게 된 인연. 곧, 일대사인연. ⑥**차례(次第)** : 경이 전개되어 가는 순서. 곧, 이 경은 삼주설법(三周說法)으로 표현하여, 점차 닦아 깨달음을 얻도록 한다.

是故有智者는 聞此功德利하고 於我滅度後에 應受持斯經이니
시고유지자 문차공덕리 어아멸도후 응수지사경
是人은 於佛道에 決定無有疑하리라.
시인 어불도 결정무유의

그러므로 지혜 있는 이는 이런 공덕과 이익 듣고
내가 멸도한 후에 이 경 받아 지닐지니,
이 사람은 불도에 결정코 의혹이 없으리라."[①]

---

① 결정코 의혹이 없으리라 : 이렇게 지혜로운 사람은 일불승 불도에 대해 의아해하는 마음이 없다는 뜻이다.

촉루품 제 22 (囑累品 第二十二)

爾時에 **釋迦牟尼佛**께서 **從法座起**하사 **現大神力**하사 **以右手**로 **摩無量菩薩**
이시 석가모니불 종법좌기 현대신력 이우수 마무량보살

摩訶薩頂하시고 **而作是言**하사대 **我 於無量百千萬億阿僧祇劫**에 **修習是難得**
마하살정 이작시언 아 어무량백천만억아승지겁 수습시난득

阿耨多羅三藐三菩提法하였노라 **今以付囑汝等**하니 **汝等**이 **應當一心**으로
아누다라삼먁삼보리법 금이부촉여등 여등 응당일심

流布此法하여 **廣令增益**케하라.
유포차법 광령증익

1. 그 때, 석가모니불께서 법좌에서① 일어나시어
대신력을② 나타내시어 오른손으로 한량 없는
보살마하살의 정수리를 쓰다듬으시고③ 말씀하셨습니다.
"내가 한량 없는 백천만억 아승지겁에
이 얻기 어려운 아누다라삼먁삼보리의 법을 닦고 익혔노라.
이를 이제 너희에게 부촉하노니,
너희는 응당 일심으로 이 법을 펴서④
널리 번져⑤ 더하도록 하라."

---

① **법좌(法座)** : 다보탑 안의 법좌. ② **대신력(大神力)** : 여래의 신력. 여기서는 허공에 있는 다보탑 안의 석가모니불께서 한량 없는 보살의 머리를 쓰다듬어 주신 신력. ③ **정수리를 쓰다듬으심(摩無量菩薩摩訶薩頂)** : 마정(摩頂)이란, 부처님께서 대법을 촉루하기 위해 제자들의 정수리를 어루만지시는 일. 혹은, 수기하시면서 만져 주시기도 한다. ④ **일심으로 이 법을 폄(一心流布)** : 이 법은 얻기 어려운 법이므로, 마음이 한결같지 않으면 이룰 수 없다. 그러므로 '일심'으로 유포하라고 하셨다. ⑤ **널리 번짐(廣令增益)** : 늘림. 이익을 증가시킴.

如是三摩諸菩薩摩訶薩頂하시고 而作是言하사대 我 於無量百千萬億
여시삼마제보살마하살정 이작시언 아 어무량백천만억

阿僧祇劫에 修習是難得阿耨多羅三藐三菩提法하여 今以付囑汝等하노니
아승지겁 수습시난득아누다라삼먁삼보리법 금이부촉여등

汝等이 當受持 讀誦하여 廣宣此法하여 令一切衆生으로 普得聞知케하라
여등 당수지 독송 광선차법 영일체중생 보득문지

所以者何오 如來는 有大慈悲하여 無諸慳悋하고 亦無所畏하여 能與衆生으로
소이자하 여래 유대자비 무제간린 역무소외 능여중생

佛之智慧와 如來智慧와 自然智慧하나니 如來는 是一切衆生之大施主니
불지지혜 여래지혜 자연지혜 여래 시일체중생지대시주

汝等이 亦應隨學如來之法하여 勿生慳悋이어다.
여등 역응수학여래지법 물생간린

2. 이와 같이 세 번 모든 보살마하살의 정수리를 쓰다듬으시고①
이러한 말씀을 하셨습니다.
"내가 한량 없는 백천만억 아승지겁에
이 얻기 어려운 아누다라삼먁삼보리의 법을 닦고 익혔노라.
이제 너희에게 부촉하노니,
너희는 받아 지녀 독송하여 널리 이 법을 펴서
일체 중생이 두루 들어 알도록 할지니라.
왜냐 하면,
여래께서는 대자비가 있어 모든 것에 아낌이② 없고,
또 두려움도 없어서 능히 중생에게 부처님의 지혜와
여래의 지혜와 자연의 지혜를③ 주나니,
여래께서는 이 일체 중생의 대시주(大施主)이니라.④
너희도 여래의 법을 따라 배워 인색한 마음을 내지 말지니라.

---

①세 번~쓰다듬음 : 세 번 어루만지심이니, 부촉을 견고하게 하시고자 함이다. **②아낌(慳悋)** : 아끼고 인색한 마음. **③자연의 지혜** : 수행으로 후천적으로 생긴 것이 아니고, 본래 있는 진실하고 평등한 큰 지혜. **④일체 중생의 대시주** : 일체 중생에게 베푸시는 분. 곧, 부처님. 여여(如如)한 지혜로 여여한 대상을 비추어 보면, 대상과 지혜가 둘이 아니고 저절로 그 가운데에 머무르는데, 역시 그 법으로 일체를 교화시키므로 큰 시주라 한다.

於未來世에 若有善男子 善女人이 信如來智慧者어든 當爲演說此法華經하여
어미래세　약유선남자　선여인　신여래지혜자　당위연설차법화경

使得聞知케할지니 爲令其人으로 得佛慧故니라 若有衆生이 不信受者어든 當於
사득문지　위령기인　득불혜고　약유중생　불신수자　당어

如來 餘深妙法中에 示教利喜니라 汝等이 若能如是하면 則爲已報諸佛
여래　여심묘법중　시교리희　여등　약능여시　즉위이보제불

之恩이리라.
지은

3. 미래세에 만약 선남자 선여인으로서
여래의 지혜를 믿는 이가 있으면,
마땅히 이 법화경을 설하여 듣고 알게 할지니,
그 사람으로 하여금
불혜(佛慧)를 얻도록 하기 위함이니라.
만약 중생으로서 믿지 않는 이가 있으면,
마땅히 여래의 다른 심묘한 법[①] 중에서 보이고 가르쳐서
이롭게 하고 기쁘게 할지니라.[②]
너희가 능히 이와 같이 하면,
이는 곧 제불(諸佛)의 은혜를 갚는[③] 것이 되느니라.”

---

①**여래의 다른 심묘한 법(餘深妙法)** : 여래의 다른 방편으로 가르치는 깊은 법 중에서 이끌어서 가르침. 법화경 이전의 방편의 가르침. ②**보이고 가르쳐서 이롭게 하고 기쁘게 함(示敎利喜)** : 보이고(示)는 중생에게 생사, 열반 등의 법을 보여주는 일이고, 가르치고(敎)는 악을 버리고 선을 행하도록 하는 일이며, 이롭게 함(利)은 가르침의 이익을 설해 주는 일이고, 기쁘게 함(喜)은 수행하는 바에 따라 칭찬해 주어 기쁘게 하는 일. ③**제불의 은혜를 갚음** : 부처님의 본래 서원은 중생을 제도하여 부처님 뜻을 따르게 하는 것이므로, 만약 상대의 근기에 따라 교화한다면, 이것이 바로 부처님의 은혜를 갚음이 된다.

時에 諸菩薩摩訶薩이 聞佛作是說已하시고 皆大歡喜가 遍滿其身하여 益加
시 제보살마하살 문불작시설이 개대환희 변만기신 익가
恭敬하여 曲躬 低頭하여 合掌向佛하고 俱發聲言하사대 如世尊勅하사와 當具
공경 곡궁 저두 합장향불 구발성언 여세존칙 당구
奉行하겠나이다 唯然 世尊이시여 願不有慮하소서 諸菩薩摩訶薩衆이 如是
봉행 유연 세존 원불유려 제보살마하살중 여시
三反俱發聲言호대 如世尊勅하사와 當具奉行하겠나이다 唯然 世尊이시여
삼반구발성언 여세존칙 당구봉행 유연 세존
願不有慮하소서.
원불유려

4. 때에, 모든 보살마하살이
부처님께서 이같이 말씀하심을 듣고,
모두 큰 기쁨이 그 몸에 두루 넘쳐 더욱더 공경하고,
몸을 굽히고 머리를 숙여① 합장하여 부처님을 향해
함께 소리를 내어 사뢰었습니다.
"세존께서 칙명하심과② 같이
응당 갖추어 받들어 행하겠나이다.
하오니 세존이시여, 원하옵건대 염려하지 마시옵소서."
모든 보살마하살이 이같이 세 번 반복하여③
함께 소리 내어 말씀을 사뢰었습니다.
"세존께서 칙명하심과 같이
응당 갖추어 받들어 행하겠나이다.
하오니 세존이시여, 원하옵건대 염려하지 마시옵소서."④

---

① **몸을 굽히고 머리를 숙여(曲躬低頭)** : 허리를 굽히고 머리를 숙여 공경과 사모함을 깊이 나타내는 예의. ② **칙명하심(勅)** : 분부하심. 곧, 경을 부촉하신 일. ③ **세 번 반복(三反)** : 세 번 염려하지 마시라고 청한 일. ④ **염려하지 마시옵소서** : 심려하지 마시옵소서.

爾時에 **釋迦牟尼佛**께서 **令十方來**하신 **諸分身佛**을 **各還本土**케하려하사 **而作**
이 시 석 가 모 니 불 영 시 방 래 제 분 신 불 각 환 본 토 이 작

是言하사대 **諸佛**께서는 **各隨所安**하시고 **多寶佛塔**께서도 **還可如故**하소서 **說是**
시 언 제 불 각 수 소 안 다 보 불 탑 환 가 여 고 설 시

語時에 **十方無量分身諸佛**과 **坐寶樹下師子座上者**와 **及多寶佛**과 **幷上行等**
어 시 시 방 무 량 분 신 제 불 좌 보 수 하 사 자 좌 상 자 급 다 보 불 병 상 행 등

無邊阿僧祇菩薩大衆과 **舍利弗等聲聞四衆**과 **及一切世間 天 人 阿修羅**
무 변 아 승 지 보 살 대 중 사 리 불 등 성 문 사 중 급 일 체 세 간 천 인 아 수 라

等이 **聞佛所說**하고 **皆大歡喜**하사오니라.
등 문 불 소 설 개 대 환 희

5. 그 때, 석가모니불께서 시방에서 오게 하신 모든 분신불을
각기 그 본국토로 돌아가게 하시려고①
이렇게 말씀하셨습니다.
"여러 부처님께서는 각각 편안함을 좇아 가시고,
다보불탑께서도 돌아가 예전같이 되소서."②
이 말씀을 하실 때, 시방의 한량 없는 분신불과
보배 나무 아래 사자좌에 앉으신 제불과 다보불과,
아울러 상행 등③ 가이없는 아승지의 보살 대중과
사리불 등 성문 사부 대중과
일체 세간의 하늘, 사람, 아수라 등이
부처님의 설하신 바를 듣잡고 다 크게 환희하였습니다.

---

①**본국토로 돌아가게 하심** : 보살들이 다보불을 보고 싶어하므로 분신불을 모았었다. 바야흐로 경을 증명하는 일이 끝났으므로, 각각 본국으로 돌아가시게 하고자 한다. 지금까지 허공의 다보좌에서 행하시던 설법이 이제 영취산 법회로 돌아가게 된다. ②**예전같이 되소서** : 여러 분신불께서 모두 본토로 돌아가시고, 다보불탑께서도 이제 본뜻이 풀렸으므로 하방으로 돌아가시라는 말씀이다. ③**상행 등** : 상행보살 등이니, 이들은 제15품(종지용출품)에서 땅에서 솟아나온 보살중이다. 이 대중은 상행보살(上行菩薩), 무변행보살(無邊行菩薩), 정행보살(淨行菩薩), 안립행보살(安立行菩薩)의 네 보살을 상수 보살로 하고 있다.

약왕보살본사품 제 23 (藥王菩薩本事品 第二十三)

爾時에 宿王華菩薩은 白佛言하사대 世尊이시여 藥王菩薩이 云何遊於娑婆
이시 수왕화보살 백불언 세존 약왕보살 운하유어사바
世界하나이까 世尊이시여 是藥王菩薩은 有若干百千萬億那由他의 難行苦行이니잇
세계 세존 시약왕보살 유약간백천만억나유타 난행고행
善哉 世尊이시여 願少解說하소서 諸天 龍神 夜叉 乾闥婆 阿修羅 迦樓羅
선재 세존 원소해설 제천 용신 야차 건달바 아수라 가루라
緊那羅 摩睺羅伽 人非人等과 又他國土 諸來菩薩과 及此聲聞衆이 聞皆
긴나라 마후라가 인비인등 우타국토 제래보살 급차성문중 문개
歡喜하겠나이다.
환희

1. 그 때, 수왕화(宿王華)보살이① 부처님께 사뢰었습니다.
"세존이시여, 약왕보살은② 왜 사바세계에서 노니나이까?
세존이시여, 이 약왕보살은 얼마만한 백천만억 나유타 수의
난행(難行)과 고행(苦行)을③ 겪었나이까?
거룩하신 세존이시여, 원하오니 간략히 설해 주시옵소서.
모든 하늘과 용신, 야차와 건달바, 아수라와
가루라, 긴나라와 마후라가, 인비인 등과
또 다른 국토에서 온 모든 보살과
여기 있는 성문 대중이
듣자오면 모두 환희하겠나이다."

---

① **수왕화보살**(Nakṣatrarājasaṃkusumitābhijña) : 별자리의 왕으로, 신통력이 있는 이라는 뜻을 지닌 보살 이름. ② **약왕보살**(Bhaiṣajyarāja) : 약의 왕이라는 뜻. 제1품(서품), 제10품(법사품)에도 등장하는데, 여기서 그 본사(本事)가 밝혀진다. ③ **난행과 고행** : 지극히 고된 수행과 고통을 견뎌 내는 일.

爾時에 佛告宿王華菩薩하사대 乃往過去無量恒河沙劫에 有佛하사대 號
이시 불고수왕화보살 내왕과거무량항하사겁 유불 호

日月淨明德如來 應供 正遍知 明行足 善逝 世間解 無上士 調御丈夫
일월정명덕여래 응공 정변지 명행족 선서 세간해 무상사 조어장부

天人師 佛世尊이시니라 其佛께서 有八十億大菩薩摩訶薩과 七十二恒河沙
천인사 불세존 기불 유팔십억대보살마하살 칠십이항하사

大聲聞衆호대 佛壽는 四萬二千劫이시고 菩薩壽命도 亦等하더니 彼國에는
대성문중 불수 사만이천겁 보살수명 역등 피국

無有女人 地獄 餓鬼 畜生 阿修羅等과 及以諸難하니라.
무유여인 지옥 아귀 축생 아수라등 급이제난

2. 그 때, 부처님께서 수왕화보살에게 이르셨습니다.

"지난 과거 한량 없는 항하사겁에 부처님이 계셨으니,
이름이 일월정명덕(日月淨明德)여래,[1] 응공, 정변지,
명행족, 선서, 세간해, 무상사, 조어장부,
천인사, 불세존이시니라.
그 부처님께는 팔십억의 대보살마하살과
칠십이 항하사의 큰 성문 대중이 있었느니라.
부처님의 수명은 사만 이천 겁이고,
보살들의 수명도 또한 같았느니라.
그 나라에는 여인, 지옥, 아귀, 축생, 아수라 등과
모든 환난이 없었느니라.

---

① 일월정명덕여래(Candrasūryavimalaprabhāsaśri) : 지혜가 해와 달처럼 밝고 덕이 깨끗하여 때가 없다는 의미를 지닌 부처님의 이름.

地平如掌하고 琉璃所成하며 寶樹로 莊嚴하고 寶帳이 覆上하며 垂寶華幡하고
지평여장 유리소성 보수 장엄 보장 부상 수보화번

寶瓶香爐로 周遍國界하고 七寶로 爲臺하여 一樹에 一臺였느니라 其樹 去臺홈이
보병향로 주변국계 칠보 위대 일수 일대 기수 거대

盡一箭道하고 此諸寶樹에 皆有菩薩과 聲聞이 而坐其下하며 諸寶臺上에
진일전도 차제보수 개유보살 성문 이좌기하 제보대상

各有百億諸天하야 作天伎樂하고 歌歎於佛하사와 以爲供養하삽더니라.
각유백억제천 작천기악 가탄어불 이위공양

땅은 손바닥같이 평평하고, 유리로 이뤄졌으며,
보배 나무로 장엄하고, 보배 장막을① 위에 덮었으며,
보배꽃의 기를 드리우고,
보배의 병과 향로로 온 나라에 경계삼고,
칠보로 대(臺)를 만들어 한 나무 아래에 한 대였느니라.②
각 보배 나무의 간격은 한 화살의 사정 거리이고,③
이 모든 보배 나무마다 보살과 성문이 그 아래에 앉았고,
모든 보대(寶臺) 위에는 각각 백억의 하늘이 있어
하늘 기악 울리고,④
부처님께 찬탄의 노래 불러 공양했느니라.

---

① 보배 장막(寶帳) : 보배로 치장한 장막. 부처님의 지혜와 복덕이 두루함을 비유한 말. ② 한 나무 아래에 한 대(一樹一臺) : 나무 하나마다에 누대(樓臺)가 하나씩 있다는 뜻. ③ 한 화살의 사정 거리(一箭道) : 한 화살이 미칠 수 있는 거리. 보통 120걸음(步)이라 한다. ④ 하늘 기악 울림(作天伎樂) : 하늘 음악이 연주됨.

爾時에 彼佛께서 爲一切衆生喜見菩薩과 及衆菩薩과 諸聲聞衆하사 說法華經하야시늘
이시 피불 위일체중생희견보살 급중보살 제성문중 설법화경

是一切衆生喜見菩薩이 樂習苦行하여 於日月淨明德佛法中에서 精進經行하여
시일체중생희견보살 낙습고행 어일월정명덕불법중 정진경행

一心求佛하여 滿萬二千歲已하여 得現一切色身三昧하니 得此三昧已하고
일심구불 만만이천세이 득현일체색신삼매 득차삼매이

心大歡喜하여 卽作念言호대 我 得現一切色身三昧홈이 皆是得聞法華經力이니
심대환희 즉작념언 아 득현일체색신삼매 개시득문법화경력

我今에 當供養日月淨明德佛과 及法華經하리라하였느니라.
아금 당공양일월정명덕불 급법화경

3. 그 때, 그 부처님께서 일체중생희견보살과
여러 보살 및 성문들을 위해 법화경을 설하셨느니라.
이 일체중생희견보살이① 즐겨 고행을 닦아,
일월정명덕불의 법 가운데에서 정진, 경행(經行, 수행)해서②
일심으로 성불하기를 구했는데,
일만 이천 년을 채운 후에
현일체색신삼매(現一切色身三昧)를③ 얻었느니라.
이 삼매를 얻고서 마음이 크게 환희하여
곧 이런 생각을 하였느니라.
'내가 현일체색신삼매를 얻음은 다
이 법화경을 들은 힘 때문이니,④
나는 이제 마땅히 일월정명덕불과 법화경에 공양하리라.' 하였느니라.

---

① **일체중생희견보살(一切衆生喜見菩薩)** : 과거 세상 약왕보살의 전신. 자비롭기 때문에, 일체 중생이 만나 보기를 좋아한다는 의미를 지닌 보살. ② **경행(經行)** : 수행. 보통 좌선의 피로를 풀기 위해 가볍게 산책하는 것을 경행이라 하는데, 여기서는 한결같이 정진하면서 밤낮으로 도를 구하는 일. ③ **현일체색신삼매(sarvarūpasamda-rśana-samādhi)** : 여러 가지 모습의 몸을 나타낼 수 있는 삼매. ④ **법화경을 들은 힘 때문** : 법화경을 들은 힘으로 삼매를 얻었다는 뜻. 경은 마음의 작용을 움직이게 하여(運心) 일체에 널리 화현하니, 낱낱의 중생 앞에 내 몸이 있게 된다. 이를 일체색신삼매라 하는데, 경을 통해 육근이 청정해지고 선정이 깊어졌기 때문이다.

即時 入是三昧하니 於虛空中에 雨曼陀羅華 摩訶曼陀羅華와 細末堅黑
즉시 입시삼매 어허공중 우만다라화 마하만다라화 세말견흑
栴檀하여 滿虛空中하여 如雲而下하며 又雨海此岸栴檀之香하니 此香六銖
전단 만허공중 여운이하 우우해차안전단지향 차향육수
價值娑婆世界로 以供養佛하니라 作是供養已하고 從三昧起하여 而自念言호대
가치사바세계 이공양불 작시공양이 종삼매기 이자념언
我 雖以神力으로 供養於佛하사와도 不如以身으로 供養이로다하고
아 수이신력 공양어불 불여이신 공양

4. 즉시 이 삼매에 드니,①
허공중에서 만다라꽃, 마하만다라꽃과
고운 가루로 된 견흑전단향(堅黑栴檀香)이② 비 오듯 하여
허공중에 가득 차서 구름같이 내리며,
또 해차안(海此岸)전단향을③ 비 오듯 내렸는데,
이 향의 육수(六銖)는④ 그 값이 사바세계와 맞먹나니,⑤
이로써 부처님께 공양하였느니라.
이 공양을 마치고 삼매에서 일어나
스스로 생각하여 말하기를,
'내가 비록 신통력으로 부처님께 공양하였으나,
몸으로써 공양함만 같지 못하다.' 하고,

---

①**즉시 이 삼매에 드니** : 일체중생희견보살이 일체색신삼매에 들어가 갖가지 꽃, 향 등으로 부처님께 공양한 일. 신통력으로 행한 공양이다. ②**견흑전단향** : 향의 질이 단단하고 검은 전단향. 가루로 사용. ③**해차안전단향** : 염부제의 남단에서 나는 좋은 향. ④**육수** : 수(銖)는 무게의 단위. 일수는 한 냥(兩)의 이십사분의 일에 해당되니, 육수라고 해도 아주 적은 양이다. ⑤**사바세계와 맞먹음** : 해차안전단향의 육수는 얼마 안 되는 양이지만, 값이 사바세계와 같다는 뜻. 지극히 귀함을 강조한 말.

卽服諸香 梅檀과 薰陸과 兜樓婆와 畢力迦와 沈水와 膠香하고 又飮瞻蔔
즉복제향 전단 훈륙 도루바 필력가 침수 교향 우음첨복

諸華香油하여 滿千二百歲已하여 香油로 塗身하고 於日月淨明德佛前에서
제화향유 만천이백세이 향유 도신 어일월정명덕불전

以天寶衣로 而自纏身하고 灌諸香油하여 以神通力願으로 而自然身하니
이천보의 이자전신 관제향유 이신통력원 이자연신

光明이 遍照八十億恒河沙世界하더니라.
광명 변조팔십억항하사세계

곧 온갖 향, 전단, 훈륙,[①] 도루바,[②] 필력가,[③] 침수,[④]

교향을[⑤] 먹고,

또 첨복[⑥] 등 여러 꽃의 향유를 마시기를

천이백 년을 채운 다음,

향유를 몸에 바르고 일월정명덕불 앞에서

하늘의 보배옷으로 몸을 감고 여러 향유를 부어,

신통력의 서원으로써 스스로 몸을 태우니,

그 광명이 팔십억 항하사 수의 세계를 두루 비추었느니라.

---

① **훈륙**(Kunduruka) : 나무의 진액으로, 송진과 비슷하고 태우면 향기가 난다. ② **도루바**(truṣka) : 백묘향(白茆香). 향초(香草)의 하나. ③ **필력가**(pṛkka) : 목숙향(目蓿香), 촉향(觸香), 정향(丁香)이라 한다. ④ **침수**(沈水) : 침수향. 비중이 무거워 물에 가라앉으므로 침수향이라 한다. ⑤ **교향**(膠香) : 백교향(白膠香). 곧, 사라수(娑羅樹)나무에서 추출한 향액. ⑥ **첨복**(瞻蔔) : 향목의 하나. 향기가 진하고 노란 꽃이 피는 나무. 향수의 원료.

其中諸佛께서 同時讚言하사대 善哉 善哉라 善男子야 是는 眞精進이며 是名
기중제불 동시찬언 선재 선재 선남자 시 진정진 시명

眞法供養如來라하니라 若以華 香 瓔珞과 燒香 末香 塗香과 天繒 幡蓋와
진법공양여래 약이화 향 영락 소향 말향 도향 천증 번개

及海此岸栴檀之香과 如是等種種諸物로 供養하여도 所不能及이며 假使國城
급해차안전단지향 여시등종종제물 공양 소불능급 가사국성

妻子로 布施하여도 亦所不及이니 善男子야 是名第一之施니 於諸施中에
처자 보시 역소불급 선남자 시명제일지시 어제시중

最尊最上하니 以法供養諸如來故라 作是語已하시고 而各默然하시니라.
최존최상 이법공양제여래고 작시어이 이각묵연

5. 그 중에 제불께서 동시에 찬탄하여 말씀하시되,
'훌륭하고 장하다, 선남자야. 이는 참정진이며,
이는 참된 방법으로 여래께 공양하는① 것이라 하니라.
만약 꽃과 향과 영락과 소향,② ·말향,③ 도향과④
천상의 비단,⑤ 번개, 해차안전단향 등
갖가지의 물품으로 공양한다 할지라도 미치지 못하며,
국성(國城)과 처자를 보시한다 할지라도 미치지 못하느니라.
선남자야, 이를 제일의 보시라 하리라.
모든 보시 중에서 가장 존귀하고 최상이니,
법으로써 모든 여래를 공양하기 때문이니라.'
이 말씀을 하시고는 각각 잠잠히 계셨느니라.

---

①참된 방법으로 여래께 공양함(眞法供養) : 신통력의 서원으로 몸을 태워 여래께 공양한 것이 여래께 드리는 진정한 법공양이 된다는 말. 이는 지혜의 관으로 번뇌를 태우고 실상을 증득하기 때문이다. ②소향 : 태워서 쓰는 향. ③말향 : 가루로 된 향. ④도향 : 몸에 바르는 향. ⑤천상의 비단 : 천증(天繒)의 풀이.

其身이 火然홈이 千二百歲러니 過是已後에 其身이 乃盡하니라 一切衆生
기신 화연 천이백세 과시이후 기신 내진 일체중생

喜見菩薩이 作如是法供養已하고 命終之後에 復生日月淨明德佛國中하여
희견보살 작여시법공양이 명종지후 부생일월정명덕불국중

於淨德王家에 結跏趺坐하여 忽然化生하고 卽爲其父하여 而說偈言호대
어정덕왕가 결가부좌 홀연화생 즉위기부 이설게언

大王이시여 今當知하소서 我 經行彼處하여 卽時에 得一切 現諸身三昧하여
대왕 금당지 아 경행피처 즉시 득일체 현제신삼매

勤行大精進하여 捨所愛之身하여 供養於世尊하여 爲求無上慧였나이다.
근행대정진 사소애지신 공양어세존 위구무상혜

6. 그의 몸이 천이백 년간 불타고,
그 후에 그 몸이 다하였느니라.
일체중생희견보살이 이와 같이 법공양하기를[①] 마치고
명이 다한 후, 다시 일월정명덕불 국토에 태어나,
정덕왕(淨德王)가에[②] 결가부좌한 채 홀연히 화생(化生)하여[③]
곧 그 아버지에게 게송으로 말하였느니라.
'대왕이시여, 지금 마땅히 아소서.
저는 저 곳에서 경행(수행)하여
즉시 일체현제신삼매(一切現諸身三昧)를[④] 얻어,
다시 부지런히 크게 정진하여
사랑하는 몸을 버려[⑤] 세존께 공양하니,
무상혜(無上慧)를[⑥] 구하기 위함이었나이다.'

---

① **법공양** : 부처님께서 설하신 법문을 따라서 믿고 행하여 법신을 공양하고, 대법을 수호하는 일. ② **정덕왕**(Vimaladatta) : 왕의 이름. 교화하기 위해 국왕의 집에 의탁하였다. ③ **화생** : 낳는 자 없이 자신의 업력으로 홀연히 태어남. 천상, 지옥, 중유가 이와 같이 태어난다. ④ **일체현제신삼매** : 여러 가지 몸을 나타낼 수 있는 삼매. ⑤ **사랑하는 몸을 버려**(捨所愛之身) : 아끼는 몸마저 버렸다는 뜻. ⑥ **무상혜** : 위없는 지혜. 부처님의 지혜.

說是偈已하시고 而白父言호대 日月淨明德佛께서 今故現在하시니 我 先에
설시게이 이백부언 일월정명덕불 금고현재 아 선

供養佛已하여 得解一切衆生語言陀羅尼하고 復聞是法華經 八百千萬億
공양불이 득해일체중생어언다라니 부문시법화경 팔백천만억

那由他 甄迦羅 頻婆羅 阿閦婆等偈하사오니 大王이시여 我 今에 當還供養
나유타 견가라 빈바라 아촉바등게 대왕 아 금 당환공양

此佛하오리이다 白已하고 卽坐七寶之臺하여 上昇虛空 高七多羅樹하여
차불 백이 즉좌칠보지대 상승허공 고칠다라수

往到佛所하여 頭面禮足하고 合十指爪하여 以偈讚佛하사오대
왕도불소 두면예족 합십지조 이게찬불

7. 이 게송을 설하고, 아버지에게 말하였느니라.

'일월정명덕불께서는 지금도 살아 계시나이다.
제가 앞서 이 부처님께 공양하여
해일체중생어언다라니(解一切衆生語言陀羅尼)를① 얻었고,
또 이 법화경의 팔백천만억 나유타,② 견가라,③ 빈바라와④
아촉바⑤ 등의 게송을 들을 수 있었나이다.
대왕이시여, 저는 지금 돌아가서
이 부처님께 공양하려 하나이다.'
말을 마치고, 곧 칠보대(七寶臺)에 앉아
허공으로 솟아오르되 높이가 칠 다라수⑥ 되는 곳에 올라,
부처님 처소에 이르러 머리를 조아려 발에 예배하고,
열 손톱 모아 게송으로 부처님을 찬탄하사오대,

---

① 해일체중생어언다라니(sarbarutakauśalya) : 일체 중생의 갖가지 말을 다 이해하는 다라니. ② 나유타(nayuta) : 인도의 숫자 단위로, 보통 일천억(一千億). ③ 견가라(kañkara) : 인도의 숫자 단위 중 열여섯 자리의 수. ④ 빈바라(bimbara) : 숫자 단위 중 열여덟 자리의 수. ⑤ 아촉바(aksobha) : 숫자 단위 중 스무 자리 수. ⑥ 칠 다라수(多羅樹, Tala) : 다라수는 높이의 기준으로, 다라수의 일곱 배 높이. 1다라수를 7척(尺)으로 보아, 7다라수를 5장(丈)이라 한다.

容顏甚奇妙하시고 光明照十方하시니 我適曾供養하고 今復還親覲하옵나이다.
용안심기묘 광명조시방 아적증공양 금부환친근

爾時에 一切衆生喜見菩薩이 說是偈已하고 而白佛言하사오대 世尊이시여
이시 일체중생희견보살 설시게이 이백불언 세존

世尊께서는 猶故在世잇가 爾時에 日月淨明德佛께서 告一切衆生喜見菩薩하사대
세존 유고재세 이시 일월정명덕불 고일체중생희견보살

善男子야 我 涅槃時가 到하며 滅盡時가 至하니 汝可安施牀座하라
선남자 아 열반시 도 멸진시 지 여가안시상좌

我於今夜에 當般涅槃호리라.
아어금야 당반열반

'존안 매우 기묘하시고, 광명이 시방을 비추시나이다.
옛적에 공양했삽던 제가 지금 다시 돌아와 뵙나이다.'

8. 그 때, 일체중생희견보살은 이 게송을 읊고,
부처님께 사뢰었느니라.
'세존이시여,
세존께서는 아직 세상에 계시옵나이까?'
그 때, 일월정명덕불께서
일체중생희견보살에게 이르셨느니라.
'선남자야, 내가 열반할 때에 이르렀고,
멸진할 때가① 이르렀으니,
너는 편안하게 자리(牀座)를 펴라.
나는 오늘밤에 마땅히 열반하리라.'

---

① **멸진(滅盡)할 때** : 멸도. 입멸. 여기서는 중생을 제도하기 위한 응화의 인연이 다하여 본래의 참세계로 돌아감을 말한다.

又勅一切衆生喜見菩薩하사대 善男子야 我以佛法으로 囑累於汝하며 及諸
우칙일체중생희견보살 선남자 아이불법 촉루어여 급제
菩薩 大弟子와 幷阿耨多羅三藐三菩提法과 亦以三千大千七寶世界에
보살 대제자 병아누다라삼먁삼보리법 역이삼천대천칠보세계
諸寶樹 寶臺와 及給侍하난 諸天을 悉付於汝하노라 我滅度後에 所有舍利를
제보수 보대 급급시 제천 실부어여 아멸도후 소유사리
亦付囑汝하노니 當令流布하여 廣設供養하고 應起若干千塔이니라 如是
역부촉여 당령유포 광설공양 응기약간천탑 여시
日月淨明德佛께서 勅一切衆生喜見菩薩已하시고 於夜後分에 入於涅槃하시니라.
일월정명덕불 칙일체중생희견보살이 어야후분 입어열반

또, 일체중생희견보살에게 칙명하셨느니라.①
'선남자야, 내가 불법(佛法)을 너에게 부촉(囑累)하며,②
모든 보살과 대제자들과 아울러 아누다라삼먁삼보리의 법과
또 삼천 대천 칠보세계의 모든 보수(寶樹), 보대(寶臺)와③
시봉하는 모든 하늘을 다 너에게 맡기노라.
내가 멸도한 후에 있을 사리도④ 너에게 부촉하노니,
마땅히 유포(流布)시켜 널리 공양하도록 하고,
수천의 탑을 일으킬지니라.'
일월정명덕불께서 일체중생희견보살에게
이와 같이 칙명하신 후,
밤중 후분에 열반에 드셨느니라.

---

①칙명하심(勅) : 여래의 말씀. 분부의 말씀. ②부촉(囑累) : 부촉하여 맡김. 위촉함. ③보대 : 값진 보배로 만든 대각(臺閣). ④있을 사리(所有舍利) : (나올)사리. 사리는 부처님 골신. 계(戒), 정(定), 혜(慧)를 닦은 결과로 이루어지는 것이기 때문에 얻기가 매우 힘든 것으로, 최고의 복전(福田)이다. 그러므로 부처님께서 희견보살에게 부탁하셨다.

爾時에 一切衆生喜見菩薩이 見佛滅度하삽고 悲感懊惱하며 戀慕於佛하사와
이시 일체중생희견보살 견불멸도 비감오뇌 연모어불

即以海此岸栴檀으로 爲積하여 供養佛身하사와 而以燒之하니라 火滅已後에
즉이해차안전단 위적 공양불신 이이소지 화멸이후

收取舍利하여 作八萬四千寶瓶하여 以起八萬四千塔호대 高가 三世界요
수취사리 작팔만사천보병 이기팔만사천탑 고 삼세계

表刹을 莊嚴하고 垂諸幡蓋하여 懸衆寶鈴하니라.
표찰 장엄 수제번개 현중보령

9. 그 때, 일체중생희견보살이
부처님께서 멸도하심을 뵙고,
슬퍼하고 오뇌(懊惱)하며① 부처님을 연모하여,②
곧 해차안전단향을③ 낟가리처럼 쌓아④
부처님 몸에 공양하고 다비(荼毘, 燒)했느니라.
불이 다 꺼진 후에 사리를 거두어
팔만 사천의 보배병을 만들어
팔만 사천의 탑을 일으키니,
높이가 삼 세계이고,⑤
표찰(表刹, 탑 상륜부)을⑥ 장엄히 하되,
온갖 번개를 드리우고, 뭇 보배 방울을 달았느니라.

---

①슬퍼하고 오뇌(懊惱)하며 : 슬픔을 느끼며 부처님의 덕을 생각하면서 괴로워함. ②부처님을 연모(戀慕)하여 : 사모하는 마음. ③해차안전단향(海此岸栴檀香) : 염부제 남단에서 나는 향목. 우두전단이라고도 한다. ④낟가리처럼 쌓음 : 전단향목을 쌓아올림. ⑤높이가 삼 세계(高三世界) : 초선(初禪), 이선(二禪), 삼선(三禪)에 이름. ⑥표찰 : 탑 위 상륜부에 세우는 장대. 불찰을 표시하기 위해서 세우는 것도 찰간(刹竿) 또는 표찰이라 한다.

爾時에 **一切衆生喜見菩薩**이 **復自念言**호대 **我 雖作是供養**하여도 **心猶未足**하니
이시 일체중생희견보살 부자염언 아 수작시공양 심유미족

我今에 **當更供養舍利**하오리라하고 **便語諸菩薩大弟子**와 **及天龍 夜叉**
아금 당갱공양사리 변어제보살대제자 급천용 야차

等 一切大衆하사대 **汝等**이 **當一心**으로 **念**하라 **我今**에 **供養日月淨明德佛**
등 일체대중 여등 당일심 염 아금 공양일월정명덕불

舍利하오리라.
사리

그 때, 일체중생희견보살이
다시 스스로 생각하였느니라.
'내가 비록 이같이 공양했으나,
마음에 흡족하지 아니하니,①
내 이제 다시 사리에 공양하리라.'
곧 모든 보살과 대제자들과 하늘, 용, 야차 등
일체 대중에게 말하였느니라.
'여러분은 마땅히 일심으로 염(念)하시오.
나는 지금 일월정명덕불의 사리에 공양하겠습니다.'

---

① 마음에 흡족하지 않음(心猶未足) : 소원에 차지 않음.

作是語已하고 即於八萬四千塔前에서 然百福莊嚴臂하여 七萬二千歲를 而以
작시어이 즉어팔만사천탑전 연백복장엄비 칠만이천세 이이

供養하사와 令無數求聲聞衆과 無量阿僧祇人으로 發阿耨多羅三藐三菩提
공양 영무수구성문중 무량아승지인 발아누다라삼먁삼보리

心케하여 皆使得住現一切色身三昧케하니라 爾時에 諸菩薩과 天 人 阿修羅 等이
심 개사득주현일체색신삼매 이시 제보살 천 인 아수라 등

見其無臂하고 憂惱悲哀하야 而作是言호대 此一切衆生喜見菩薩은 是我等師로
견기무비 우뇌비애 이작시언 차일체중생희견보살 시아등사

敎化我者시니 而今에 燒臂하사 身不具足이시다하니라.
교화아자 이금 소비 신불구족

10. 이 말을 하고 나서 곧 팔만 사천 탑 앞에서
백복(百福)으로 장엄된① 자기 팔을 태워
칠만 이천 년간 공양함으로써②
성문을 구하는 수없는 대중과 한량 없는 아승지의 사람을
아누다라삼약삼보리의 마음이 일어나게 하여③
모두 현일체색신삼매에④ 머무르도록 하였느니라.
그 때, 모든 보살과 하늘과 사람과 아수라 등이
그의 팔이 없음을 보고 근심하고 슬퍼하며
'이 일체중생희견보살은 우리의 스승으로서
우리를 교화하실 분인데,
지금 팔을 태우시어 몸이 구족하지 않으시도다.'
하였느니라.

---

①**백복으로 장엄된(百福莊嚴)** : 온갖 복덕을 닦아서 장엄된. 보살의 팔은 온갖 복덕을 닦아서 장엄된 것이기 때문에, 이를 부처님께 공양한다는 뜻이다. ②**팔을 태워~공양함** : 앞에서 이미 몸을 태워 부처님께 공양했으나, 깨달음을 얻지 못하여 만족할 수 없었다. 그리하여 다시 팔을 태워 공양함으로써 비로소 마음을 다해 옛적부터 지니고 있던 모든 집착을 태워 버리게 되었다. 그 결과, 육근과 육경이 청정해져서 소승법을 버리고 단숨에 위없는 정각에 들어갔다. ③**성문을 구하는~마음이 일어나게 함** : 성문의 소승을 구하는 대중들을 대승에 들게 하고자 하는 마음이 일어나게 함. ④**현일체색신삼매(現一切色身三昧)** : 중생을 구제하기 위해 여러 가지 모습을 나타내는 삼매.

于時 一切衆生喜見菩薩이 於大衆中에서 立此誓言호대 我 捨兩臂할새
우시 일체중생희견보살 어대중중 입차서언 아 사양비
必當得佛金色之身하리니 若實不虛인댄 令我兩臂로 還復如故하리라 作是
필당득불금색지신 약실불허 영아양비 환부여고 작시
誓已하야시늘 自然還復하니 由斯菩薩의 福德智慧淳厚所致니라 當爾之時에
서이 자연환부 유사보살 복덕지혜순후소치 당이지시
三千大千世界가 六種震動하고 天雨寶華하더니 一切天人이 得未曾有하니라.
삼천대천세계 육종진동 천우보화 일체천인 득미증유

11. 때에, 일체중생희견보살이
대중 가운데에서 이렇게 서원을 세웠느니라.
'내가 두 팔을 버렸으니,
반드시 부처님의 금빛 몸을 얻으리라.①
만약 이 일이 진실이라면,
나의 두 팔은 다시 예전같이 되리라.'
이 서원을 마치니, 저절로 예전과 같이 되었느니라.②
이 보살의 복덕과 지혜가 순후한③④ 까닭이니라.
그 때를 당하여 삼천 대천세계는 여섯 가지로 진동하고,
하늘에서는 보배꽃을 비 오듯이 내리니,
모든 하늘과 사람이 일찍이 없던 일을 얻었느니라."

---

①**금빛 몸을 얻으리라**: 성불하리라는 뜻. 금빛 몸이란, 부처님의 신색이 금색이라고 한 데에 연유한다. ②**예전과 같이 되었다(還復如故)**: 두 팔이 예전과 같이 회복되었다. 부처의 경지를 증득하면 구족되지 않음이 없으므로 예전과 같이 몸도 온전해졌다. 상서로운 감응이 이루어진 것이다. ③**순후함(淳厚)**: 순박하고 청정하며, 깊고 두터움. ④**보살의 복덕과 지혜가 순후함**: 보살의 복덕을 닦은 일이 진실하고, 지혜로 공함을 이해하는 데 있어 순후함. 이로 말미암아 태운 팔이 예전과 같아졌다.

佛告宿王華菩薩하사대 **於汝意云何**오 **一切衆生喜見菩薩**은 **豈異人乎**아
불고수왕화보살 어여의운하 일체중생희견보살 기이인호

今藥王菩薩이 **是也**라 **其所捨身布施**는 **如是無量百千萬億那由他數**니라.
금약왕보살 시야 기소사신보시 여시무량백천만억나유타수

宿王華야 **若有發心**하여 **欲得阿耨多羅三藐三菩提者**가 **能然手指**어나
수왕화 약유발심 욕득아누다라삼먁삼보리자 능연수지

乃至足一指하여 **供養佛塔**하면 **勝以國城妻子**와 **及三千大千國土山林河池**에
내지족일지 공양불탑 승이국성처자 급삼천대천국토산림하지

諸珍寶物로 **而供養者**하리라.
제진보물 이공양자

12. 부처님께서 수왕화보살에게 이르셨습니다.
"너의 생각에는 어떠하냐?
일체중생희견보살이 어찌 다른 사람이랴.
지금의 이 약왕보살이니라.
그 몸을 버려 보시한[①] 바는 이와 같이
한량 없는 백천만억 나유타 수(數)였느니라.[②]

13. 수왕화야,
만약 발심하여 아누다라삼먁삼보리를 얻고자 하는 이가
손가락이나 발가락 하나를 태워 불탑에 공양한다면,
국성(國城)이나 처자, 삼천 대천 국토의 산이나 숲,
강이나 연못, 온갖 진기한 보물로 공양함보다 나으리라.

---

① **몸을 버려 보시함(捨身布施)** : 몸을 태워 공양한 일을 가리킴. 곧, 약왕보살의 전신인 일체중생희견보살이 자기 몸을 태워 공양함으로써 부처님의 부촉을 받게 되었다. 그리고 팔을 태워 부처님의 혜명(慧命)을 계승함은 두 가지 집착(법집, 아집)을 타파해야 진실하고 오묘한 법공양이 이루어져 부처의 지혜에 들어가게 됨을 뜻한다. ② **한량 없는 백천만억 나유타 수** : 일체중생희견보살이 몸을 다해 공양한 것이 한두 번이 아니라, 헤아릴 수 없을 정도로 많았다는 뜻.

若復有人이 以七寶로 滿三千大千世界하여 供養於佛과 及大菩薩과 辟支佛
약부유인 이칠보 만삼천대천세계 공양어불 급대보살 벽지불
阿羅漢하여도 是人所得功德이 不如受持此法華經의 乃至一四句偈하니
아라한 시인소득공덕 불여수지차법화경 내지일사구게
其福이 最多하니라. 宿王華야 譬如一切川流江河諸水之中에 海爲第一이듯하여
기복 최다 수왕화 비여일체천류강하제수지중 해위제일
此法華經도 亦復如是하여 於諸如來所說經中에 最爲深大하니라.
차법화경 역부여시 어제여래소설경중 최위심대

14. 만약 또, 어떤 사람이 칠보를 삼천 대천세계에 가득 채워
부처님과 대보살과 벽지불과① 아라한에게② 공양할지라도,
이 사람이 얻는 공덕은
이 법화경의 한 사구게(四句偈)를③ 받아 지님만 못하니,
법화경 받아 지니는 이의 복이 가장 많으니라.

15. 수왕화야, 비유하건대 냇물이나 강물 등
모든 물 중에서 바다가 제일이듯이,
이 법화경도 이와 같아,
모든 여래가 설하신 경 중에서 가장 깊고 크니라.④

---

①**벽지불** : 독각, 연각. 혼자 고요히 수행하여 깨달음을 구하는 이. 벽지불을 포함하여 아라한, 부처님, 대보살의 넷을 사성(四聖)이라 한다. ②**아라한** : 미혹의 번뇌를 다 끊어 무학위(無學位)에 든 이. 소승(小乘)의 최고 경지. ③**사구게** : 사구(四句)로 된 작은 게송. ④**가장 깊고 큼**(最爲深大) : 부처님의 지혜를 모두 설하셨으므로 '깊다(深)'고 하고, 어느 근기도 혜택을 입지 않음이 없으므로 '크다(大)'라고 표현하였다.

又如土山 黑山 小鐵圍山 大鐵圍山 及十寶山의 衆山之中에 須彌山이
우여토산 흑산 소철위산 대철위산 급십보산 중산지중 수미산
爲第一이듯 此法華經도 亦復如是하여 於諸經中에 最爲其上이니라
위제일 차법화경 역부여시 어제경중 최위기상
又如衆星之中에 月天子가 最爲第一이듯 此法華經도 亦復如是하여
우여중성지중 월천자 최위제일 차법화경 역부여시
於千萬億種諸經法中에 最爲照明이니라 又如日天子가 能除諸闇이듯
어천만억종제경법중 최위조명 우여일천자 능제제암
此經도 亦復如是하여 能破一切不善之闇하나니라.
차경 역부여시 능파일체불선지암

또, 토산, 흑산,① 소철위산, 대철위산과② 십보산③ 등
여러 산 중에서 수미산이④ 제일이듯이,
이 법화경도 이와 같아,
모든 경 중에서 최상이니라.

또, 뭇 별 중에서 달(月天子)이⑤ 제일이듯이,
이 법화경도 이와 같아, 천만억 가지
모든 경과 법 중에서 가장 밝게 비추느니라.
또, 해(日天子)가⑥ 모든 어둠을 몰아 내듯이,
이 경도 이와 같아,
온갖 좋지 못한 악의 어둠을 깨느니라.

---

①**흑산** : 소철위산과 대철위산 사이의 어두운 곳을 말함. ②**소철위산, 대철위산** : 수미산을 중심으로 가장 바깥쪽의 쇠로 된 산으로, 사천하를 둘러싸고 있다. 그것이 소철위산, 대철위산으로 나누어진다. ③**십보산**(十寶山) : 수미산과 9산에서 나는 보배. 설산의 온갖 약초, 향산의 온갖 향, 가리라산(軻梨羅山)의 온갖 꽃, 선성산(仙聖山)의 오신통 얻은 선인, 유간다라산(由乾陀羅山)의 야차, 마이산(馬耳山)의 과실, 니진다라산(尼盡陀羅山)의 용, 작가라산(斫迦羅山)의 자재자, 숙혜산(宿慧山)의 아수라, 수미산의 천인. ④**수미산** : 사대주의 중앙 금륜 위에 솟았는데, 물 속에 잠긴 것이 8만 4천 유순이고 드러난 것도 이와 같다고 한다. ⑤**달**(月天子) : 브라만교에서 달을 신격화해서 부르던 말. 불교의 십이천(十二天)의 하나. ⑥**해**(日天子) : 태양을 신격화하여 부른 말. 사천왕(四天王)에 속하고 제석천(帝釋天)의 내신(內臣)이라고 하였다.

又如諸小王中에 轉輪聖王이 最爲第一이듯하여 此經도 亦復如是하여
우 여 제 소 왕 중 전 륜 성 왕 최 위 제 일 차 경 역 부 여 시
於衆經中에 最爲其尊이니라 又如帝釋이 於三十三天中王이듯 此經도
어 중 경 중 최 위 기 존 우 여 제 석 어 삼 십 삼 천 중 왕 차 경
亦復如是하여 諸經中王이라 又如大梵天王이 一切衆生之父이듯 此經도
역 부 여 시 제 경 중 왕 우 여 대 범 천 왕 일 체 중 생 지 부 차 경
亦復如是하여 一切賢聖 學無學과 及發菩薩心者之父니라.
역 부 여 시 일 체 현 성 학 무 학 급 발 보 살 심 자 지 부

16. 또, 여러 소왕(小王) 중에서
전륜성왕이 제일이듯이,①
이 경도 이와 같아,
모든 경 중에서 가장 존귀하느니라.
또, 제석천왕이 삼십삼천 중에서 왕이듯이,②
이 경도 이와 같아,
모든 경 중에서 왕이니라.
또, 대범천왕이 일체 중생의 아버지③ 노릇 하듯이,
이 경도 이와 같아, 모든 현성(賢聖)과④
학(學), 무학(無學)과⑤ 보살심 발한 이의
아버지 노릇⑥ 하느니라.

---

①**소왕 중에서 전륜성왕이 제일** : 금, 은, 동, 철의 소왕은 각각 한 나라를 다스리지만, 전륜성왕은 온 천하를 다스리듯이 법화경도 이와 같다는 뜻이다. ②**제석천왕이 삼십삼천 중에서 왕** : 도리천(忉利天)의 천주(天主) 제석천(帝釋天)을 중심으로 주위에 8천이 있어서 제석천의 힘이 모두에게 미치는 것을 법화경을 비유하였다. ③**대범천왕이 일체 중생의 아버지** : 대범천왕은 색계의 초선천으로서 사바세계(삼계)를 주관하므로, 일체 중생의 아버지라고 했다. ④**현성(賢聖)** : 보살승, 성문승, 연각승의 삼승을 말한다. ⑤**학(學), 무학(無學)** : 불환위(不還位)까지 얻은 이를 유학(有學)이라 하고, 아라한위(阿羅漢位)를 얻어 더 이상 닦을 번뇌가 없는 이를 무학(無學)이라 한다. ⑥**보살심 발한 이의 아버지 노릇** : 모든 현성인 학, 무학, 보살은 칠방편(七方便 : 인승, 천승, 성문승, 연각승, 장교보살승, 통교보살승, 별교보살승)에 속하고, 오직 여래만이 여기서 벗어나 있듯이, 법화경도 이와 같음을 비유하였다.

又如一切凡夫人中에 須陀洹 斯陀含 阿那含 阿羅漢 辟支佛이 爲第一이듯
우 여 일 체 범 부 인 중 수 다 원 사 다 함 아 나 함 아 라 한 벽 지 불 위 제 일

此經도 亦復如是하여 一切如來所說과 若菩薩所說과 若聲聞所說과
차 경 역 부 여 시 일 체 여 래 소 설 약 보 살 소 설 약 성 문 소 설

諸經法中에 最爲第一이니 有能受持是經典者도 亦復如是하여 於一切
제 경 법 중 최 위 제 일 유 능 수 지 시 경 전 자 역 부 여 시 어 일 체

衆生中에 亦爲第一이니라 一切聲聞辟支佛中에 菩薩이 爲第一이듯 此經도
중 생 중 역 위 제 일 일 체 성 문 벽 지 불 중 보 살 위 제 일 차 경

亦復如是하여 於一切諸經法中에 最爲第一이니라 如佛이 爲諸法王이듯
역 부 여 시 어 일 체 제 경 법 중 최 위 제 일 여 불 위 제 법 왕

此經도 亦復如是하여 諸經中에 王이니라.
차 경 역 부 여 시 제 경 중 왕

17. 또, 범부들 중에서 수다원,[①] 사다함,[②] 아나함,[③] 아라한,
벽지불이 제일이듯이,
이 경도 이와 같아,
모든 여래가 설하신 바와 보살이 설한 바와
성문이 설한 바의 모든 경법(經法) 중에서 제일이니라.[④]
이 경을 받아 지니는 이도 이와 같아,
일체 중생 중에서 제일이니라.[⑤]
모든 성문과 벽지불 중에서 보살이 제일이듯이,
이 경도 이와 같아, 경법 중에서 제일이니라.
부처님이 모든 법의 왕이시듯이,
이 경도 이와 같아, 모든 경 중에서 왕이니라.

---

①수다원(須陀洹) : 무루지를 얻어 처음 성인의 도에 진입하므로 예류(預流)라 한다. ②사다함(斯陀含) : 욕계에 한 번만 왕래할 정도로 번뇌를 끊었으므로 일래(一來)라 한다. ③아나함(阿那含) : 욕계의 번뇌를 모두 끊어 천상(색계)에 나아가므로 다시는 오지 않는다는 뜻을 지닌다. ④모든 경법 중에서 제일 : 법화경은 원교의 상승(上乘)으로서 방편교의 하승(下乘)을 관리하므로 제일이라 한다. ⑤일체 중생 중에서 제일 : 다른 경을 지닌 이는 삼승의 지위에 있지만, 이 경을 지닌 이는 불도를 성취하게 되므로 여러 사람 중에서 제일이라 한다.

宿王華야 此經은 能救一切衆生者며 此經은 能令一切衆生으로 離諸
수왕화 차경 능구일체중생자 차경 능령일체중생 이제
苦惱케하며 此經은 能大饒益一切衆生하여 充滿其願케하며 如淸涼池의
고뇌 차경 능대요익일체중생 충만기원 여청량지
能滿一切諸渴乏者하며 如寒者가 得火하며 如裸者 得衣하며 如商人이
능만일체제갈핍자 여한자 득화 여나자 득의 여상인
得主며 如子가 得母며 如渡得船하며 如病에 得醫며 如暗에 得燈하며 如貧이
득주 여자 득모 여도득선 여병 득의 여암 득등 여빈
得寶하며 如民이 得王하며 如賈客이 得海하며 如炬의 除暗하여
득보 여민 득왕 여고객 득해 여거 제암

18. 수왕화야, 이 경은 일체 중생을 구하며,
이 경은 일체 중생의 모든 고뇌를 여의게 하며,
이 경은 일체 중생을 크게 요익하게 하여,
그 원을 충만하게 하느니라.
청량한 못이 모든 목마른 이를 해갈시키듯이,
추운 이가 불을 얻은 듯이,
벗은 이가 옷을 얻은 듯이,
장사하는 이가 물주를 만난 듯이,
아들이 어머니를 만난 듯이,
나루에서 배를 얻은 듯이,
병든 이가 의원을 만난 듯이,
어두운 밤에 등불을 얻은 듯이,
가난한 이가 보배를 얻은 듯이,
백성이 임금을 만난 듯이,
장사하는 길손이 바다를 만난 듯이,
횃불이 어둠을 몰아 내듯이,

此法華經도 亦復如是하여 能令衆生으로 離一切苦와 一切病痛케하며
차법화경 역부여시 능령중생 이일체고 일체병통

能解一切生死之縛하나니라. 若人이 得聞此法華經하여 若自書어나 若使人書하면
능해일체생사지박 약인 득문차법화경 약자서 약사인서

所得功德은 以佛智慧로 籌量多少하야도 不得其邊이니라 若書是經卷하여
소득공덕 이불지혜 주량다소 부득기변 약서시경권

華 香 瓔珞 燒香 末香 塗香 幡蓋 衣服과 種種之燈인 蘇燈 油燈 諸香
화 향 영락 소향 말향 도향 번개 의복 종종지등 소등 유등 제향

油燈 瞻蔔油燈 須曼那油燈 波羅羅油燈 婆利師迦油燈 那婆摩利
유등 첨복유등 수만나유등 바라라유등 바리사가유등 나바마리

油燈으로 供養하면 所得功德이 亦復無量하리라.
유등 공양 소득공덕 역부무량

이 법화경도 이와 같아,
중생의 온갖 괴로움과 일체 병통을 여의게[①] 하고,
일체 생사의 속박을 푸느니라.[②]

19. 만약 어떤 사람이 이 법화경을 듣게 되어
스스로 쓰거나 남에게 쓰게 하면,
그 얻을 공덕을 불지(佛智)로 많고 적음을 헤아릴지라도
그 끝을 모르리라.
만약 이 경을 쓰고 꽃과 향과 영락과 소향, 말향, 도향과
번개, 의복과 갖가지의 등(燈) ─ 소등,[③] 유등, 여러 향유등과
첨복유등,[④] 수만나유등,[⑤] 바라라유등,[⑥] 바리사가유등과[⑦]
나바마리유등을[⑧] 공양한다면, 얻을 공덕이 한량 없으리라.

---

① **병통을 여읨** : 병고는 업보에서 생기므로, 이렇게 몸을 닦으면 병고와 번뇌가 없어진다. ② **생사의 속박을 풂** : 제법의 이치를 보지 못한 이는 생사의 속박을 당하지만, 이 이치를 깨달은 이는 곧 자재를 얻게 된다. ③ **소등(ghrta-pradipa)** : 유락(乳酪)에 향유를 섞어 불을 켠 등. ④ **첨복(campaka)유등** : 첨복화는 노란색 꽃이 피며 향기가 진하다. ⑤ **수만나(sumanas)유등** : 수만나화는 칭의화(稱意華)라고도 한다. 황백색으로 향기가 강하다. ⑥ **바라라(pāatala)유등** : 바라라화는 중생화(重生華)라고도 하고, 꽃과 열매에서 향기가 난다. ⑦ **바리사가(vārṣika)유등** : 바리사가화는 여름 우기에 꽃이 피므로 하생화(夏生化)라고도 한다. ⑧ **나바마리(navamālikā)유등** : 나바마리화는 말리화(末利化), 잡만화(雜鬘化)로 번역하는데, 황금색 꽃이 핀다.

宿王華야 若有人이 聞是藥王菩薩本事品者면 亦得無量無邊功德하리니
수왕화 약유인 문시약왕보살본사품자 역득무량무변공덕

若有女人이 聞是藥王菩薩本事品하고 能受持者는 盡是女身하고 後不復
약유여인 문시약왕보살본사품 능수지자 진시여신 후불부

受하리라. 若如來滅後 後五百歲中에 若有女人이 聞是經典하고 如說修行하면
수 약여래멸후 후오백세중 약유여인 문시경전 여설수행

於此命終하여 卽往安樂世界 阿彌陀佛의 大菩薩衆이 圍繞住處하여 生蓮華中
어차명종 즉왕안락세계 아미타불 대보살중 위요주처 생연화중

寶座之上하리라.
보좌지상

20. 수왕화야,

만약 어떤 사람이 이 약왕보살본사품을① 듣는다면,

또한 한량 없고 가이없는 공덕을 얻으리라.

만약 여인이 이 약왕보살본사품을 듣고 받아 지니면,

여자 몸을 마친 후에 다시는 여자 몸을 받지 아니하리라.

21. 만약 여래가 멸도한 후 후오백세② 중에

어떤 여인이 이 경전을 듣고 설한 대로 수행한다면,

여기서 명을 마치고는 곧 안락세계(安樂世界),③ 즉

아미타불이 대보살들에게 둘러싸여 계시는 곳에 가서

연꽃 속 보좌 위에 태어나리라.

---

① **약왕보살본사(藥王菩薩本事)** : 약왕보살의 전생의 일. 곧, 일체중생희견보살이었을 때, 몸을 태워 공양하고 일월정명덕불의 부촉을 받았으며, 다시 두 팔을 태워 공양하여 삼매를 얻었다. 이와 같은 난행, 고행을 행한 것을 본사(本事)라 한다. ② **후오백세** : 부처님 입멸 후의 오백세. 석가모니불께서 입멸하신 후에 불교의 성쇠를 5백 년 단위로 나눌 때, 다섯째번의 5백 년. 이 시대를 말법시대라 한다. ③ **안락세계** : 극락세계. 아미타불의 정토.

不復爲貪欲의 所惱하고 亦復不爲瞋恚愚癡의 所惱하며 亦復不爲憍慢
불부위탐욕 소뇌 역부불위진에우치 소뇌 역부불위교만
嫉妬諸垢의 所惱하여 得菩薩神通 無生法忍하리니 得是忍已하여 眼根이
질투제구 소뇌 득보살신통 무생법인 득시인이 안근
清淨하며 以是清淨眼根으로 見七百萬二千億 那由他恒河沙等 諸佛
청정 이시청정안근 견칠백만이천억 나유타항하사등 제불
如來하리라. 是時諸佛께서 遙共讚言호대 善哉 善哉라 善男子야 汝能於
여래 시시제불 요공찬언 선재 선재 선남자 여능어
釋迦牟尼佛法中에서 受持讀誦思惟是經하여 爲他人說하나니
석가모니불법중 수지독송사유시경 위타인설

다시는 탐욕의 고뇌가 없고,
다시는 성냄과 어리석음의 고뇌가 없으며,
다시는 교만과 질투와 여러 죄의 고뇌가 없어,①
보살의 신통과 무생법인(無生法忍)을② 얻으리라.
이 무생법인을 얻어 안근이 청정해져,③
이 청정한 안근으로 칠백만이천억 나유타 항하사 수효의
여러 부처님을 친견하리라.④

22. 바로 이 때,
여러 부처님께서 멀리서 함께 찬탄해 이르시리라.
'훌륭하고 장하다, 선남자야.
네가 능히 석가모니불의 법 중에서⑤ 이 경을 받아 지녀
독송하고 사유하여 남을 위하여 설하도다.

---

①**여러 죄의 고뇌가 없음** : 지금 경을 들은 것으로 인하여 탐욕 또는 질투의 마음을 돌려 선으로 향하면, 모든 병폐가 저절로 제거되어 번뇌를 받지 않게 된다. ②**무생법인** : 모든 것이 본래 생함이 없음을 아는 지혜. 그러므로 멸함도 없음을 깨닫게 된다. ③**안근이 청정해짐** : 색이 눈을 가리면 애탐의 노예가 되는데, 눈이 색에 집착하지 않으므로 안근이 청정해짐. ④**부처님을 친견** : 보살 신통과 무생법인은 보살 십지에 올랐을 때에 증득하는데, 법화의 수행으로 평등진여를 증득하여 허망한 소견을 파하므로 안근이 청정해진다. 즉, 육근, 육경이 청정해지므로 무수한 부처님을 친견하게 된다. ⑤**석가모니불의 법 중에서** : 제23품(약왕보살품)의 일체중생희견보살의 일이 석가모니불의 법 안에서 설해진다는 뜻.

所得福德이 無量無邊하여 火不能燒하고 水不能漂하리니 汝之功德을
소득복덕 무량무변 화불능소 수불능표 여지공덕
千佛께서 共說하여도 不能令盡하리라 汝는 今에 已能破諸魔賊하고 壞生死軍하며
천불 공설 불능영진 여 금 이능파제마적 괴생사군
諸餘怨敵이 皆悉摧滅하리니라 善男子야 百千諸佛이 以神通力으로 共守護
제여원적 개실최멸 선남자 백천제불 이신통력 공수호
汝하시나니라 於一切世間天人之中에 無如汝者니라.
여 어일체세간천인지중 무여여자

그 얻는 복덕이 한량 없고 끝이 없어,
불로도 태우지 못하고,①
물로도 쓸어 내지 못하리니,②
너의 공덕을 일천 부처님이 함께 설하실지라도
다하지 못하리라.
너는 이제 이미 모든 마적(魔賊)을 파했고,
생사의 군사를 파괴했으며,
다른 모든 원적(怨賊)을 다 멸했도다.
선남자야, 백천의 부처님께서 신통력으로 함께
너를 지켜 주시니,③
일체 세간, 하늘과 사람 중에서
너 같은 이는 없느니라.④

---

①**불로도 태우지 못함** : 인욕의 힘이 강하기 때문에, 일체의 성냄의 불로도 태울 수 없다는 뜻. ②**물로도 쓸어 내지 못함** : 애착을 끊었기 때문에, 일체의 탐욕의 물로도 떠내려가게 할 수 없다는 뜻. ③**너를 지켜 주심** : 망령된 생각이 모두 선으로 바뀌면 이 선한 생각은 항상 마음을 보호하므로, 부처님께서 신통력으로 보호해 주신다는 뜻. ④**너 같은 이는 없으리라** : 무생법인을 얻은 보살은 자재한 신통력이 있는데, 어찌 하늘과 사람으로서 비할 수 있겠느냐. 지혜를 얻었으므로 삼승(성문, 연각, 보살)들의 선정과는 견줄 수가 없다는 뜻.

唯除如來코 其諸聲聞辟支佛과 乃至菩薩의 智慧禪定이라도 無有與汝等者니라
유 제 여 래 기 제 성 문 벽 지 불 내 지 보 살 지 혜 선 정 무 유 여 여 등 자

宿王華야 此菩薩이 成就如是功德智慧之力이니라. 若有人이 聞是藥王
수 왕 화 차 보 살 성 취 여 시 공 덕 지 혜 지 력 약 유 인 문 시 약 왕

菩薩本事品하고 能隨喜讚善者는 是人은 現世에 口中에서 常出靑蓮華香하고
보 살 본 사 품 능 수 희 찬 선 자 시 인 현 세 구 중 상 출 청 련 화 향

身毛孔中에서 常出牛頭栴檀之香하고 所得功德은 如上所說하리라.
신 모 공 중 상 출 우 두 전 단 지 향 소 득 공 덕 여 상 소 설

오직 여래를 제외하고,
모든 성문과 벽지불과 보살의 지혜, 선정으로도
너 같은 이는 없느니라.'
수왕화야, 이 보살은 이와 같은
공덕과 지혜의 힘을 성취하였느니라.

23. 만약 어떤 사람이 이 약왕보살본사품을 듣고
따라 기뻐하고 거룩하다고 찬탄한다면,
이 사람은 현세에서
항상 입에서 청련화의 향기가 나고,①
몸 털구멍에서 항상 우두전단의② 향기가 나며,
얻는 공덕은 위에 설한 바와 같으리라.

① 입에서 청련화의 향기가 나고 : 좋은 일을 말하므로 향기가 입에서 나온다는 뜻. ② 우두전단 : 적단(赤檀)이라고도 한다. 향기가 사향 비슷한 향나무.

是故로 宿王華야 以此藥王菩薩本事品으로 囑累於汝하노니 我滅度後
시고 수왕화 이차약왕보살본사품 촉루어여 아멸도후

後五百歲中에 廣宣流布하여 於閻浮提에 無令斷絕하고 惡魔 魔民과
후오백세중 광선유포 어염부제 무령단절 악마 마민

諸天龍 夜叉 鳩槃茶 等이 得其便也케하라 宿王華야 汝는 當以神通之力으로
제천용 야차 구반다 등 득기편야 수왕화 여 당이신통지력

守護是經하라 所以者何오 此經은 則爲閻浮提人의 病之良藥이니 若人이
수호시경 소이자하 차경 즉위염부제인 병지양약 약인

有病하여서 得聞是經하면 病卽消滅하여 不老不死하리라.
유병 득문시경 병즉소멸 불노불사

24. 그러므로 수왕화야,

이 약왕보살본사품을 너에게 부촉하노니,

내가 멸도한 후 후오백세 중에 널리 유포시키되,

염부제(사바세계)에서① 단절되는 일이 없도록 하고,

악마 및 그 권속과 모든 하늘과 용, 야차, 구반다② 등이

그 편의를 얻는 일이③ 없도록 하라.

수왕화야, 너는 마땅히 신통력으로 이 경을 지키라.

왜냐 하면,

이 경은 사바세계 사람들 병에

좋은 약이 되기 때문이니라.

만약 사람이 병이 들었을 때에 이 경을 들으면,

병이 곧 사라져 늙지도 않고 죽지도 않으리라.④

---

①**염부제** : 수미산 남방의 대륙. 여기에 인간계가 있으므로, 보통 인간 세계를 가리킨다. ②**구반다(kumbhanda)** : 사람의 정기를 먹는다는 귀신. 증장천의 권속. ③**편의를 얻음(得其便)** : 침범할 기회, 빌미. ④**늙지도 않고 죽지도 않으리라** : 늙지 않음은 낙(樂)이요, 죽지 않음은 상(常)이다. 이 경을 들어서 상락을 얻는다면, 마음이 편안하고 두려움이 없다는 뜻. 실제로는 상불경보살이 경을 통달해 지니어 수명이 늘어났음을 보이고 있다. 최종에는 불생불멸(不生不滅)의 청정법신으로 성불한다는 뜻.

宿王華야 汝 若見有受持是經者어든 應以青蓮華에 盛滿末香하여 供散
수왕화 여 약견유수지시경자 응이청련화 성만말향 공산
其上하라 散已하고 作是念言호대 此人이 不久하여 必當取草하여 坐於道場하여
기상 산이 작시념언 차인 불구 필당취초 좌어도량
破諸魔軍하고 當吹法螺하며 擊大法鼓하여 度脫一切衆生老病死海라하라
파제마군 당취법라 격대법고 도탈일체중생노병사해
是故로 求佛道者는 見有受持是經典人하야든 應當如是히 生恭敬心이니라.
시고 구불도자 견유수지시경전인 응당여시 생공경심

25. 수왕화야,

네가 만약 이 경을 받아 지닌 이를 보게 되면,
청련화와 말향을① 가득 담아 그 위에 흩어 공양하라.
흩은 다음 이와 같이 생각하라.
'이 사람은 머잖아 반드시 풀을 취해② 도량에 깔고 앉아서
모든 마군을 파하고, 법고둥을 불며③ 대법고를 쳐서④
일체 중생을 늙고 병들고 죽는 고해에서
제도하여 해탈케 하리라.'
그러므로 불도를 구하는 이가
이 경전을 받아 지닌 사람을 보거든,
마땅히 이와 같이 공경하는 마음을 낼지니라."

---

①**청련화와 말향**：청색은 동방의 색으로 인자(仁慈)함을 나타내고, 말향은 세밀한 수행을 나타낸다. 인자한 마음으로 수행하므로 뿌려준다고 했다. ②**반드시 풀을 취해(必當取草)**：부처님께서 보리수 아래에서 수행하실 때, 실상초를 깔고 앉으시어 선정에 드시어 성불하신 일을 가리킨다. 삼세의 모든 응신불께서 이와 같이 성도하신다. ③**법고둥을 불며**：부처님의 설법을 의미. 설법으로 중생의 마음을 바꾸어 제도한다는 뜻이다. ④**대법고를 침**：북을 울려 대중을 모으듯이, 법음으로 연설하시어 대중을 제도하심을 뜻한다.

說是藥王菩薩本事品時에 八萬四千菩薩이 得解一切衆生語言陀羅尼하니라
설시약왕보살본사품시 팔만사천보살 득해일체중생어언다라니

多寶如來께 於寶塔中에서 讚宿王華菩薩言하사대 善哉 善哉라 宿王華야 汝는
다보여래 어보탑중 찬수왕화보살언 선재 선재 수왕화 여

成就不可思議功德하여 乃能問釋迦牟尼佛께 如此之事하사와 利益無量
성취불가사의공덕 내능문석가모니불 여차지사 이익무량

一切衆生케하느니라하셨느니라.
일체중생

26. 이 약왕보살본사품을 설하실 때, 팔만 사천 보살이
일체 중생의 언어를 이해할 수 있는 다라니를① 얻었습니다.
다보여래께서 보탑 안에서
수왕화보살을 칭찬해 말씀하셨습니다.②
"훌륭하고 장하다,③ 수왕화야.
너는 불가사의한 공덕을 성취하여
지금 석가모니불께 이 같은 일을 물어,
한량 없는 일체 중생을 이익케 하느니라" 하셨느니라.④

---

① **일체 중생의 언어를 이해할 수 있는 다라니** : 해일체중생어언다라니(解一切衆生語言陀羅尼)이다. ② **다보여래께서~칭찬해 말씀하심** : 다보여래는 원래 이 경을 증명하기 위해 출현하셨는데, 약왕보살을 찬탄함으로써 법의 혜명을 잇게 하셨다. 이후 묘음보살을 부르고, 다시 나타나지 않으신다. ③ **훌륭하고 장함(善哉善哉)** : 수왕화보살이 난행, 고행의 일을 잘 물었기 때문에 본사 시절의 도심을 잘 권하게 되었으며, 법신의 일에 잘 계합하고 중생을 이롭게 했으므로 칭찬하셨다. ④ **일체 중생을 이익케 함** : 약왕보살의 본사(本事)를 들은 중생이 자신들도 이 보살과 같아야겠다고 생각하게 되었으므로 한량없는 이익이 되었다.

묘음보살품 제 24 (妙音菩薩品 第二十四)

爾時에 釋迦牟尼佛께서 放大人相 肉髻光明하시며 及放眉間白毫相光하사
이시 석가모니불 방대인상 육계광명 급방미간백호상광

遍照東方 百八萬億 那由他 恒河沙等 諸佛世界하시니 過是數已하여
변조동방 백팔만억 나유타 항하사등 제불세계 과시수이

有世界호대 名이 淨光莊嚴이요 其國에 有佛하사대 號 淨華宿王智如來 應供
유세계 명 정광장엄 기국 유불 호 정화수왕지여래 응공

正遍知 明行足 善逝 世間解 無上士 調御丈夫 天人師 佛世尊이시니라.
정변지 명행족 선서 세간해 무상사 조어장부 천인사 불세존

1. 그 때, 석가모니불께서 대인상(大人相)의① 하나인
육계(肉髻)에서② 광명을 놓으시고,
미간 백호상(白毫相)에서도③ 광명을 놓으시어
동방 백팔만억 나유타 항하사 수효와 같은
제불(諸佛)의 세계를 두루 비추셨습니다.
이 수많은 세계를 지나 세계가 있는데,
이름이 정광장엄이요,④
그 나라에 부처님이 계시니,
이름이 정화수왕지(淨華宿王智)여래,⑤ 응공, 정변지,
명행족, 선서, 세간해, 무상사, 조어장부,
천인사, 불세존이셨습니다.

---

① **대인상** : 부처님의 32상호를 가리킨다. 부처님이나 전륜성왕에만 나타나는 신체적 특징이다. ② **육계** : 부처님의 두상에 상투모양으로 솟아오른 것. 32상호 중의 하나. ③ **백호상** : 부처님 미간에 있는 흰 털덩어리. 32상호 중의 하나.

④ **정광장엄**(vairocanara-śmipratimaṇditā) : 태양이 비추는 광명으로 장엄되었다는 뜻. ⑤ **정화수왕지여래** : 연꽃처럼 더러움에 물들지 않고, 성수의 왕인 월천자와 같이 밝은 지혜를 성취한 분이라는 뜻이다.

爲無量無邊菩薩大衆에게 恭敬圍繞하사 而爲說法하시더니 釋迦牟尼佛의 白毫
위무량무변보살대중 공경위요 이위설법 석가모니불 백호
光明이 遍照其國하였더이다. 爾時에 一切淨光莊嚴國中에 有一菩薩하니 名曰
광명 변조기국 이시 일체정광장엄국중 유일보살 명왈
妙音이라 久已植衆德本하사 供養親近無量百千萬億諸佛하야 而悉成就
묘음 구이식중덕본 공양친근무량백천만억제불 이실성취
甚深智慧하고
심심지혜

한량 없고 가이없는 보살 대중에게
공경받고 에워싸여
그들을 위해 법을 설하시니,
석가모니불의 백호 광명이
그 나라를 두루 비추었습니다.

2. **그 때, 정광장엄(淨光莊嚴) 국토에 한 보살이 있었는데,**
이름이 묘음(妙音)이었습니다.[①]
오랫동안 온갖 덕본(德本)을[②] 심어서
한량 없는 백천만억의
제불을 공양, 친근하여 깊은 지혜를 다 성취하고,

---

① **묘음**(Gadgadasvara gadgada) : 의미는 우레가 치는 소리를 흉내 낸 의성어. 숙세에 음악으로 운뢰음(雲雷音)을 공양하였기 때문에 이같이 부른다고 하였다. ② **덕본** : 깨달음을 가져올 착한 덕. 선근.

得妙幢相三昧와 法華三昧와 淨德三昧와 宿王戲三昧와 無緣三昧와
득 묘 당 상 삼 매 법 화 삼 매 정 덕 삼 매 수 왕 희 삼 매 무 연 삼 매
智印三昧와 解一切衆生語言三昧와 集一切功德三昧와 清淨三昧와
지 인 삼 매 해 일 체 중 생 어 언 삼 매 집 일 체 공 덕 삼 매 청 정 삼 매
神通遊戲三昧와 慧炬三昧와 莊嚴王三昧와 淨光明三昧와 淨藏三昧와
신 통 유 희 삼 매 혜 거 삼 매 장 엄 왕 삼 매 정 광 명 삼 매 정 장 삼 매
不共三昧와 日旋三昧하사 得如是等 百千萬億 恒河沙等 諸大三昧러라.
불 공 삼 매 일 선 삼 매 득 여 시 등 백 천 만 억 항 하 사 등 제 대 삼 매

묘당상삼매,① 법화삼매,② 정덕삼매,③ 수왕희삼매,④ 무연삼매,⑤ 지인삼매,⑥ 해일체중생어언삼매,⑦ 집일체공덕삼매,⑧ 청정삼매,⑨ 신통유희삼매,⑩ 혜거삼매,⑪ 장엄왕삼매,⑫ 정광명삼매,⑬ 정장삼매,⑭ 불공삼매,⑮ 일선삼매를⑯ 얻었습니다.
이러한 백천만억 항하사 수의 온갖 큰 삼매를 얻었습니다.

---

① **묘당상삼매**(dhvajāgra-keyūra-samādhi, 妙幢相三昧) : 가장 훌륭한 삼매. 가장 깊고 오묘한 선정을 얻은 삼매(이하 일선삼매까지를 묘음보살품의 16 삼매라고 한다). ② **법화삼매**(ṣaddharma-puṇḍarīka-samādhi, 法華三昧) : 제법실상에 통하는 삼매. 15삼매를 포괄하는 삼매라고 할 수 있다. ③ **정덕삼매**(vimala-datta-samādhi, 淨德三昧) : 청정한 덕을 갖추어 물들지 않는 삼매. ④ **수왕희삼매**(nakṣatra-rāja-vikrīḍita-samādhi, 宿王戲三昧) : 지혜가 자재하여 집착함이 없이 노니는 삼매. ⑤ **무연삼매**(anilambha-samādhi, 無緣三昧) : 인연이 없는 사람까지도 구원하는 삼매. ⑥ **지인삼매**(jñāna-mudrā-samādhi, 智印三昧) : 깊이 지혜를 갖추어 주위 사람의 마음을 감화시키는 삼매. ⑦ **해일체중생어언삼매**(candra-pradīpa-samādhi, 解一切衆生語言三昧) : 모든 중생들의 말을 잘 이해하고 가르침을 설하는 삼매. 여러 중생의 어언(語言)을 이해하는 삼매. 해일체중생어언다라니(解一切衆生語言陀羅尼)와 같은 뜻. ⑧ **집일체공덕삼매**(sarvapuṇya-samuccya-samādhi, 集一切功德三昧) : 모든 복덕 또는 공덕을 갖춘 삼매. ⑨ **청정삼매**(prasādavati-samādhi, 清淨三昧) : 번뇌를 버리고 청정하게 해주는 삼매. ⑩ **신통유희삼매**(ṛiddhi-vikriḍita-samādhi, 神通遊戲三昧) : 신통력을 자유자재로 구사해서 유희하는 삼매. ⑪ **혜거삼매**(jñānolkā-samādhi, 慧炬三昧) : 자신의 지혜의 빛에 의하여 주변 사람들을 밝게 비춰주는 삼매. ⑫ **장엄왕삼매**(vyūha-rāja-samādhi, 莊嚴王三昧) : 훌륭한 덕을 몸에 갖추어 저절로 사람들을 교화하는 삼매. ⑬ **정광명삼매**(vimala-prabhāsa-samādhi, 淨光明三昧) : 자신의 몸으로 청정한 광명을 내어 세상을 정화해 가는 삼매. ⑭ **정장삼매**(vimala-garbha-samādhi, 淨藏三昧) : 물들지 않은 청정한 마음을 가지고 있는 삼매. ⑮ **불공삼매**(不共三昧) : 불승의 경계에 이르려고 집중하는 삼매. ⑯ **일선삼매**(sūryāvarta-samādhi, 日旋三昧) : 태양이 돌면서 비춘다는 뜻의 삼매.

釋迦牟尼佛께서 光照其身커시늘 卽白淨華宿王智佛言하사대 世尊이시여 我는
석가모니불 광조기신 즉백정화수왕지불언 세존 아
當往詣娑婆世界하여 禮拜 親近 供養 釋迦牟尼佛하고 及見文殊師利
당왕예사바세계 예배 친근 공양 석가모니불 급견문수사리
法王子菩薩 藥王菩薩과 勇施菩薩 宿王華菩薩 上行意菩薩 莊嚴王
법왕자보살 약왕보살 용시보살 수왕화보살 상행의보살 장엄왕
菩薩 藥上菩薩케하여지이다.
보살 약상보살

3. 석가모니불께서 광명이 그 몸을 비추시니,
곧 정화수왕지불께① 말씀하셨습니다.
"세존이시여, 내가 마땅히 사바세계에 나아가
석가모니불께 예배하고 친근, 공양하고,
또 문수사리법왕자보살과② 약왕보살,③ 용시보살,④
수왕화보살,⑤ 상행의보살,⑥ 장엄왕보살,⑦
약상보살을⑧ 만나 보려 하나이다."

---

① **정화수왕지불** : 제24품(묘음보살품)이 펼쳐지는 정광장엄 불국토의 교주. ② **문수사리법왕자보살** : 문수사리라는 부처님의 아들. 문수보살은 법왕의 아들 중 가장 상수이므로 높여 부르는 호칭. ③ **약왕보살**(藥王菩薩) : 약의 왕이라는 뜻. 제1품(서품)과 제23품(약왕보살본사품)에 등장. ④ **용시보살**(Pradānaśūra, 勇施菩薩) : 용맹스럽게 보시행을 잘하여 중생을 이롭게 한다는 보살. 제1품(서품)과 제26품(다라니품)에 등장한다. ⑤ **수왕화보살**(宿王華菩薩) : 별자리의 왕으로 신통력이 있는 자라는 뜻의 보살. ⑥ **상행의보살**(上行意菩薩) : 제15품(종지용출품)의 땅에서 솟아나온 보살. 큰 도심에 마음을 내어 무상행(無上行)을 닦는 보살. ⑦ **장엄왕보살**(Vyūharajā, 莊嚴王菩薩) : 부처님의 공덕과 여러 왕의 삼매로 스스로 장엄한 보살. 제27품(묘장엄왕본사품)에서 등장한다. ⑧ **약상보살**(藥上菩薩) : 가장 묘한 약으로 일체의 사람들에게 베풀어 여래께서도 약상보살이라고 인정해 주셨다. 제27품(묘장엄왕본사품)에도 등장.

爾時에 淨華宿王智佛께서 告妙音菩薩하사대 汝는 莫輕彼國에 生下劣想하라
이시 정화수왕지불 고묘음보살 여 막경피국 생하열상

善男子야 彼娑婆世界는 高下不平하여 土石諸山에 穢惡이 充滿하고 佛身이
선남자 피사바세계 고하불평 토석제산 예악 충만 불신

卑小하시고 諸菩薩衆도 其形亦小하니라 而汝身은 四萬二千由旬이요 我身은
비소 제보살중 기형역소 이여신 사만이천유순 아신

六百八十萬由旬이니라 汝身은 第一端正하여 百千萬福의 光明이 殊妙하니라
육백팔십만유순 여신 제일단정 백천만복 광명 수묘

是故로 汝 往하여 莫輕彼國하여 若佛菩薩에게나 及國土에 生下劣想할새니라.
시고 여 왕 막경피국 약불보살 급국토 생하열상

4. 또 그 때, 정화수왕지불께서 묘음보살에게 이르셨습니다.
"너는 저 나라를 가벼이 여겨
하열하다는 생각을[1] 내지 마라.
선남자야, 저 사바세계는 높은 곳과 낮은 곳이 있어서
평탄하지 못하고, 흙과 돌과 여러 산이 있고,
더러운 것과 나쁜 것이 가득하며,
부처님 몸은 작으시고, 보살들도 그 형상이 작으니라.
너의 몸은 사만 이천 유순이고,
나의 몸은 육백팔십만 유순이니라.
너의 몸은 제일 단정하여[2]
백천만의 복의 광명이 뛰어나게 묘하니라.[3]
그러므로 네가 가거든, 행여 저 나라를 가벼이 여겨
부처님이나 보살이나
국토를 하열하다는 생각을 내지 마라."

---

① **하열하다는 생각(下劣想)** : 열등하다는 생각. 사바세계는 결코 열등하지만은 않다는 뜻. ② **제일 단정** : 단정한 것은 계(戒)와 정(定)을 닦은 복덕이다. ③ **광명이 뛰어나게 묘함** : 지혜(慧)를 닦은 복덕이다.

妙音菩薩이 白其佛言하사대 世尊이시여 我今에 詣娑婆世界함이 皆是
묘음보살 백기불언 세존 아금 예사바세계 개시

如來之力이시며 如來神通遊戲시며 如來功德智慧莊嚴이시나이다. 於是에
여래지력 여래신통유희 여래공덕지혜장엄 어시

妙音菩薩이 不起于座하사 身不動搖하고 而入三昧하사 以三昧力으로 於
묘음보살 불기우좌 신부동요 이입삼매 이삼매력 어

耆闍崛山에 去法座不遠하여 化作八萬四千衆寶蓮華하사대 閻浮檀金으로
기사굴산 거법좌불원 화작팔만사천중보연화 염부단금

爲莖하시고 白銀으로 爲葉하시고 金剛으로 爲鬚하시고 甄叔迦寶로 以爲其臺하시니라.
위경 백은 위엽 금강 위수 견숙가보 이위기대

묘음보살이 그 부처님께 사뢰었습니다.

"세존이시여, 제가 지금 사바세계에 가는 것은

다 이 여래의 힘이며,① **여래의 신통력의 유희(不拘碍)이며,②**

여래의 공덕과 지혜와 장엄이옵나이다."③

5. 이에 묘음보살은 자리에서 일어나지도 않고

몸을 동요하지도 않고 삼매에 들어,

삼매의 힘으로 기사굴산 부처님 법좌에서 멀지 않은 곳에

팔만 사천의 온갖 보배 연꽃을 화해 만들어 피어나게 했으니,④

염부단금으로⑤ 줄기가 되고,⑥ 백은으로 꽃잎이 되고,⑦

금강으로 꽃술이 되고,⑧ 견숙가보로⑨ 그 좌대가 되었습니다.⑩

---

① **여래의 힘** : 여래의 자비하신 선근의 힘이라는 뜻. ② **여래 신통력의 유희(神通遊戲)** : 여래의 신통스런 유희 교화라는 뜻. 구경에 이른 이가 아무 장애 없이 노니는 일. 곧, 불보살들의 활동은 자재무애한 경지로서, 자리이타 교화행을 이룬다. ③ **여래의 공덕 지혜 장엄** : 복덕 장엄과 지혜 장엄. 여래의 다섯 바라밀의 공덕으로 장엄하고, 여래의 깊은 반야바라밀로 장엄하였음을 나타낸다. ④ **보배 연꽃을 화해 만들어 피어나게 함** : 미혹한 마음을 변화시켜 지혜가 되게 하여 보리도를 이룸. ⑤ **염부단금** : 염부수(閻浮樹) 숲 속을 흐르는 강에서 나는 금. 최상의 황금. ⑥ **염부단금으로 줄기가 됨** : 줄기가 염부단금이니 중도의 지혜를 나타낸다. ⑦ **백은으로 꽃잎이 됨** : 잎이 백은이니 청정범행을 나타낸다. ⑧ **금강으로 꽃술이 됨** : 꽃의 수술이 금강이니 세밀한 지혜를 나타낸다. ⑨ **견숙가보(甄叔迦寶, kiṃśuka)** : '견숙가'란 적색화(赤色華). 또는 보석 이름. 붉은 색의 보배. ⑩ **견숙가보로 좌대가 됨** : 연꽃 받침대의 붉기가 견숙가보와 같다는 뜻.

爾時에 文殊師利法王子가 見是蓮華하시고 而白佛言하사대 世尊이시여 是何
이시 문수사리법왕자 견시연화 이백불언 세존 시하

因緣으로 先現此瑞하나이까 有若干千萬蓮華에 閻浮檀金으로 爲莖하고 白銀으로
인연 선현차서 유약간천만연화 염부단금 위경 백은

爲葉하며 金剛으로 爲鬚하고 甄叔迦寶로 以爲其臺하니이다 爾時에 釋迦牟尼佛께서
위엽 금강 위수 견숙가보 이위기대 이시 석가모니불

告文殊師利하사대 是는 妙音菩薩摩訶薩이 欲從淨華宿王智佛國하여
고문수사리 시 묘음보살마하살 욕종정화수왕지불국

與八萬四千菩薩에 圍繞하여 而來 至此娑婆世界하야 供養 親近 禮拜
여팔만사천보살 위요 이래 지차사바세계 공양 친근 예배

於我하며 亦欲供養 聽法華經하나니라.
어아 역욕공양 청법화경

그 때, 문수사리법왕자는

이 연꽃을 보고 부처님께 사뢰었습니다.

"세존이시여,

이는 무슨 인연으로 이런 상서가 나타나나이까?

수천만의 연꽃이 있되, 염부단금으로 줄기가 되고,

백은으로 꽃잎이 되고, 금강으로 꽃술이 되고,

견숙가보로 좌대가 되었나이다."

그 때, 석가모니불께서 문수사리에게 이르셨습니다.

"이 묘음보살마하살이 정화수왕지불의 나라에서

팔만 사천의 보살에게 에워싸여 이 사바세계에 와서

나를 공양, 친근하고 예배하고자 하며,

또 법화경에 공양하고 이를 듣고자 함이니라."

文殊師利白佛言하사대 世尊이시여 是菩薩이 種何善本하며 修何功德이관대
문수사리백불언 세존 시보살 종하선본 수하공덕

而能有是大神通力하며 行何三昧닛고 願爲我等하사 說是三昧名字하소서
이능유시대신통력 행하삼매 원위아등 설시삼매명자

我等도 亦欲勤修行之하겠나이다 行此三昧로 乃能見是菩薩 色相大小와
아등 역욕근수행지 행차삼매 내능견시보살 색상대소

威儀進止하나이다 惟願世尊께서 以神通力으로 彼菩薩來하야 令我得見케하소서
위의진지 유원세존 이신통력 피보살래 영아득견

爾時에 釋迦牟尼佛께서 告文殊師利하사대 此久滅度多寶如來께서 當爲汝等하사
이시 석가모니불 고문수사리 차구멸도다보여래 당위여등

而現其相케하시리이라.
이현기상

6. 문수사리가 부처님께 사뢰었습니다.

"세존이시여, 이 보살은 무슨 선본(善本, 善根)을 심고,
무슨 공덕을 닦았기에 이런 대신통력이 있으며,
또 무슨 삼매를 행했나이까?
원하옵건대, 저희에게 이 삼매의 이름을 말씀해 주시옵소서.
저희도 이를 부지런히 수행하고자 하나이다.
이 삼매를 행함으로써
이 보살의 모습(色相)의 대소(大小)와①
위의(威儀)의 나아감과 머무름을② 보고자 하나이다.
오직 원하옵건대, 세존께서는 신통력으로
저 보살을 오게 하시어 저희가 볼 수 있게 하시옵소서."
그 때, 석가모니불께서 문수사리에게 이르셨습니다.
"여기 오래 전에 멸도하신 다보여래께서
너희를 위하여 그 모습을 나타나게 하시리라."

---

① 이 보살의 모습의 대소(色相大小) : 신체의 모습이 얼마나 크고 작은지의 뜻. ② 위의의 나아감과 머무름(威儀進止) : 일상적인 행동 거지. 진지(進止)는 나아가고 머무르는 모습.

時에 多寶佛께서 告彼菩薩하사대 善男子야 來하라 文殊師利法王子가 欲見
시 다보불 고피보살 선남자 내 문수사리법왕자 욕견

汝身하나니라 于時에 妙音菩薩이 於彼國에서 沒하사 與八萬四千菩薩과
여신 우시 묘음보살 어피국 몰 여팔만사천보살

俱共發來하시니 所經諸國이 六種震動하고 皆悉雨於七寶蓮華하고 百千
구공발래 소경제국 육종진동 개실우어칠보련화 백천

天樂이 不鼓自鳴하니라.
천악 불고자명

7. 때에, 다보불께서 저 보살에게 이르셨습니다.

"선남자야, 오너라.

문수사리법왕자가 너의 몸을 보고자 하노라."

때에, 묘음보살이 저 나라에서 사라져①

팔만 사천 보살과 함께 오니,

거쳐 오는 국토마다 여섯 가지로 진동하고,②

다 칠보로 된 연꽃이③ 비 오듯 내리며,

백천 가지 천상의 풍악이 치지 않아도

스스로 울렸습니다.④

---

①**저 나라에서 사라짐** : 앞에서는 처소를 옮기지 않고 보배 연꽃을 화작하는 등 여러 가지 신통력을 보였으나, 이제 몸을 움직여 사바세계로 출현하는 일. ②**여섯 가지로 진동**(六種震動) : 세간에 상서(祥瑞)가 있을 때에 대지가 진동하는 여섯 가지의 모양. ㉮동(動) : 흔들려서 불안한 것. ㉯기(起) : 아래로부터 위로 올라가는 것. ㉰용(踊) : 솟아오르고 꺼져 내려가고 하여 6방(方)으로 출몰하는 것. ㉱진(震) : 은은히 소리가 들리는 것. ㉲후(吼) : 꽝 하고 소리를 내는 것. ㉳각(覺) : 물(物)을 깨닫게 하는 것. ③**칠보로 된 연꽃** : 칠보의 연꽃이 흩날리는 것은 일곱 가지 선업(善業)을 나타낸다. 칠선업은 시절이 좋고, 뜻이 선하며, 말이 선하고, 한 가지 법이라서 좋고, 원만하고, 부드럽고, 자비를 갖추어서 좋다. ④**천상의 풍악이 치지 않아도 스스로 울림**(不鼓自鳴) : 연주하지 않아도 저절로 울림. 천상의 풍악은 무심(無心)으로 설법하시는 것을 나타내니, 그러므로 자연히 울려 퍼졌다.

是菩薩은 目如廣大青蓮華葉하시여 正使和合百千萬月하여도 其面貌端正이
시보살 목여광대청련화엽 정사화합백천만월 기면모단정

復過於此하며 身이 眞金色이시고 無量百千功德으로 莊嚴하사 威德이
부과어차 신 진금색 무량백천공덕 장엄 위덕

熾盛하시며 光明이 照曜하시며 諸相이 具足하사 如那羅延의 堅固之身하더니다.
치성 광명 조요 제상 구족 여나라연 견고지신

이 보살은 눈이 광대하기가 큰 청련화의 잎과 같아,①
정히 백천만의 달을 모아 놓는다 할지라도
그 면모 단정하고 똑바른 자세는 이보다 더할 수 없고,
몸은 진금색이며,
한량 없는 백천의 공덕으로 꾸미어 치장되고
위엄과 덕이 불이 활활 붙는 것처럼 성하며
밝은 빛이 밝게 비치어 빛나며
모든 길한 상을 갖추어②
나라연의 굳세고 단단한 몸과③ 같았습니다.

---

①눈이 광대하기가 큰 청련화 잎과 같음 : 자비로운 눈이 넓고 큰 것은 감청색의 연꽃잎과 같다는 뜻. 연꽃잎이 크고 넓으므로 부처님의 눈을 비유했다. ②길한 상을 갖추어(諸相具足) : 32상을 모두 갖추었다는 뜻. ③나라연의 굳세고 단단한 몸 : 나라연이란 금강역사(金剛力士)인데, 보살의 몸이 이와 같이 견고함을 비유한 말이다.

入七寶臺하사 上昇虛空하사 去地七多羅樹하더이다 諸菩薩衆이 恭敬圍繞하사
입칠보대 상승허공 거지칠다라수 제보살중 공경위요

而來詣此 娑婆世界 耆闍崛山하사 到已下七寶臺하사 以價值百千의
이래예차 사바세계 기사굴산 도이하칠보대 이가치백천

瓔珞持 至釋迦牟尼佛所하사 頭面禮足하시고 奉上瓔珞하시고 而白佛言하사대
영락지 지석가모니불소 두면예족 봉상영락 이백불언

世尊이시여 淨華宿王智佛께서 問訊世尊하사오대 少病少惱하시며 起居輕利하시며
세존 정화수왕지불 문신세존 소병소뇌 기거경리

安樂行하시나잇가 不잇가 四大調和하시나잇가 不잇가.
안락행 부 사대조화 부

8. 그가 칠보대(七寶臺)에 들어가 허공에 오르시니,
땅에서의 거리가 칠 다라수였습니다.①
보살들의 공경 속에 에워싸여
이 사바세계 기사굴산에 왔는데,
이에 이르러서는 칠보대에서 내려,
값이 백천이나 되는 영락을
석가모니불 처소에 와 머리를 발에 조아려 예하고
영락을 바친 후, 부처님께 사뢰었습니다.
"세존이시여, 정화수왕지불께서 세존께 문안하셨나이다.②
'병도 괴로움도 없이③ 기거가 경쾌하시며,④
안락하게 지내시나이까? 그렇지 못하시나이까?
사대(四大)는 잘 조화되시나이까?⑤ 그렇지 못하시나이까?

---

①칠 다라수 : 다라수나무 일곱의 높이. 다라수나무는 높이가 약 25미터 정도라고 한다. ②문안(問訊) : 정화수왕지불께서 묘음보살을 통해 석가모니불께 안부를 물었다. ③병도 괴로움도 없이(少病少惱) : 영취산 석가불(응신불)께서 병과 고뇌가 있으셨는지 물은 인사말. ④기거가 경쾌하시며(起居輕利) : 움직임에 불편함이 없는지 물었다. ⑤사대는 잘 조화되시나이까 : 건강하십니까의 인사. 사대가 조화롭지 못할 때 건강을 해치기 때문이다.

世事可忍이시니잇가 不잇가 衆生易度시니잇가 不잇가 無多貪欲 瞋恚 愚癡
세사가인 부 중생이도 부 무다탐욕 진에 우치

嫉妬 慳 慢하니잇가 不잇가 無不孝父母하며 不敬沙門하며 邪見하니잇가 不잇가
질투 간 만 부 무불효부모 불경사문 사견 부

善心이니잇가 不잇가 攝五情하나니잇가 不잇가 世尊이시여 衆生이 能降伏諸
선심 부 섭오정 부 세존 중생 능항복제

魔怨하나니잇가 不잇가 久滅度多寶如來께서 在七寶塔中하사 來聽法하셨나잇가 不잇가.
마원 부 구멸도다보여래 재칠보탑중 내청법 부

세상일은 참을 만하나이까? 아니시나이까?
중생은 쉬이 제도되나이까? 아니 되나이까?
탐욕과 성냄과 어리석음과 질투와
인색함과 교만함이 많이 없나이까? 있나이까?
부모에게 불효하고, 사문에 불경하며,
사견이 없나이까? 있나이까?
선심을 가지나이까? 불선(不善)하나이까?
오정(五情)에[①] 끌리나이까? 아니 끌리나이까?
세존이시여,
중생이 모든 마군과 원적을[②] 항복하나이까? 못하나이까?
오래 전에 멸도하신 다보여래께서
칠보탑에 계시면서 오시어 법을 들으셨나이까?
아니 들으셨나이까?'

---

① 오정(五情) : 오근의 정욕(情欲)을 물은 일. 곧, '안, 이, 비, 설, 신'의 오정이다. 마음의 의정(意情)까지를 합해 육정이라 한다. ② 마군과 원적(魔怨) : 마군과 원한의 마음을 말한다. 마군은 오음의 마, 번뇌의 마, 죽음의 마, 하늘의 마 등을 가리킨다.

又問訊多寶如來하사오대 安隱 少惱하사 堪忍久住하시니잇가 不잇가 世尊이시여
우 문 신 다 보 여 래　안 온　소 뇌　감 인 구 주　부　세 존

我今에 欲見多寶佛身하옵나니 惟願 世尊께서는 示我令見케하소서 爾時에
아 금　욕 견 다 보 불 신　유 원　세 존　시 아 영 견　이 시

釋迦牟尼佛께서 語多寶佛하사대 是妙音菩薩이 欲得相見하나이다 時에 多寶佛께서
석 가 모 니 불　어 다 보 불　시 묘 음 보 살　욕 득 상 견　시　다 보 불

告妙音言하사대 善哉善哉라 汝는 能爲供養釋迦牟尼佛하며 及聽法華經하며
고 묘 음 언　선 재 선 재　여　능 위 공 양 석 가 모 니 불　급 청 법 화 경

幷見文殊師利等하여 故來至此하였도다.
병 견 문 수 사 리 등　고 래 지 차

9. 또, 다보여래께 문안하사되,
'안온하시고 고뇌 적어, 참고 견디어
오래 머무르실 만하시나이까?① 그렇지 못하시나이까?'
세존이시여,
저는 지금 다보불의 불신을 친견하고자 하오니,
원하옵건대, 세존께서는 보이시어
제가 친견하도록 하시옵소서."
그 때, 석가모니불께서 다보불께 말씀하셨습니다.
"이 묘음보살이 만나 뵙고자 하나이다."
때에, 다보불께서 묘음보살에게 말씀하셨습니다.
"훌륭하고 장하다.
네가 석가모니불께 공양하고, 또 법화경을 듣고,
아울러 문수사리 등을 만나 보기 위하여 이 곳에 왔구나!"②

---

①참고 견디어 오래 머무르실 만하시나이까(堪忍久住) : 다보불께서 세상의 사정을 참고 견디면서 오래 머무르실 수 있었느냐는 뜻이다. ②이 곳에 왔구나 : 다보여래께서는, 묘음보살이 사바세계에 온 데는 세 가지 뜻이 있다는 것이다. 곧, 부처님께 공양하기 위함이고, 법화경 설법을 듣기 위함이며, 제 보살들을 보기 위해 멀고 먼 타방 국토에서 이 곳에 출현했다.

爾時에 華德菩薩이 白佛言하사대 世尊이시여 是妙音菩薩이 種何善根하였으며
이시 화덕보살 백불언 세존 시묘음보살 종하선근

修何功德하였관대 有是神力하시니잇고 佛告華德菩薩하사대 過去에 有佛하시니
수하공덕 유시신력 불고화덕보살 과거 유불

名이 雲雷音王 多陀阿伽度 阿羅訶 三藐三佛陀라 國名은 現一切世間이요
명 운뢰음왕 다타아가도 아라하 삼먁삼불타 국명 현일체세간

劫名은 喜見이었느니라 妙音菩薩이 於萬二千歲에 以十萬種伎樂으로 供養
겁명 희견 묘음보살 어만이천세 이십만종기악 공양

雲雷音王佛하였으며 幷奉上八萬四千七寶鉢하였느니라.
운뢰음왕불 병봉상팔만사천칠보발

10. 그 때, 화덕(華德)보살이① 부처님께 사뢰었습니다.
“세존이시여, 이 묘음보살이 무슨 선근을 심고
무슨 공덕을 닦았기에 이 같은 신력이 있나이까?”
부처님께서 화덕보살에게 이르셨습니다.
“과거 부처님께서 계셨으니,
이름이 운뢰음왕(雲雷音王),② 다타아가타,③ 아라하,④
삼먁삼불타셨느니라.⑤
나라 이름은 현일체세간(現一切世間)이고,⑥
겁의 이름은 희견(喜見)이었느니라.⑦
묘음보살이 일만 이천 년 간 십만 가지의 기악으로
운뢰음왕불께 공양하고,
아울러 팔만 사천의 칠보로 된 바리때를⑧ 바쳤느니라.

---

① **화덕보살(Padmaśrī)** : 꽃처럼 아름답고 밝은 덕이 향기로우므로 화덕이라 이름 했다고 한다. ② **운뢰음왕** : 응신(應身)은 구름 같아서 삼천대천세계를 덮고, 자비로운 음성은 우레와 같아서 일체를 진동시키니, 법 중의 왕이시다. ③ **다타아가타** : tathāgata의 음사. 번역하면 여래(如來)이다. ④ **아라하** : arhat의 음사. 번역하면 응공(應供)이다. ⑤ **삼먁삼불타** : samayaksaṃbuddha의 음사이다. 번역하면 정변지(正遍知)이다. ⑥ **현일체세간(現一切世間)** : 일체 세간에 있는 일이 모두 그 속에 나타난다는 뜻. ⑦ **희견(喜見)** : 시대가 태평스러워 사람들이 보기를 기뻐한다는 뜻이다. ⑧ **팔만 사천 칠보로 된 바리때** : 팔만 사천은 법문을 나타내고, 칠보로 바리때를 만든 것은 보배는 칠선(七善)을 나타내고, 바리는 담을 수 있는 그릇이므로 원하는 많은 선을 비유하였다.

以是因緣果報로 今生淨華宿王智佛國하여 有是神力하니라 華德아 於汝意
이시인연과보 금생정화수왕지불국 유시신력 화덕 어여의

云何오 爾時에 雲雷音王佛所에서 妙音菩薩이 伎樂으로 供養하오며 奉上
운하 이시 운뢰음왕불소 묘음보살 기악 공양 봉상

寶器者는 豈異人乎리오 今此妙音菩薩摩訶薩이 是라 華德아 是妙音菩薩이
보기자 기이인호 금차묘음보살마하살 시 화덕 시묘음보살

已曾供養親近 無量諸佛하와 久植德本하였으며 又値恒河沙等 百千萬億
이증공양친근 무량제불 구식덕본 우치항하사등 백천만억

那由他佛하였느니라.
나유타불

이 인연의 과보로 지금 정화수왕지불 국토에 태어나,

이 같은 신력이 있게 되었느니라.

화덕아, 너의 생각에는 어떠하냐?

그 때, 운뢰음왕불 처소에서

묘음보살로서 기악으로 공양하고

보배 바리때를 바친[1] 이가 어찌 다른 사람이랴.

지금의 이 묘음보살마하살이니라.

화덕이여,

이 묘음보살이 일찍이 한량 없는 제불(諸佛)을

공양하고 친근해 오랫동안 덕본을 심었고,

또 항하사 같은 백천만억 나유타의 부처님을 뵈었느니라.

---

① 보배 바리때를 바침(奉上寶器) : 칠보의 바리때(七寶鉢)를 운뢰음왕불께 공양했다.

華德이여 汝 但見妙音菩薩의 其身이 在此언마는 而是菩薩이 現種種身하여
화덕 여 단견묘음보살 기신 재차 이시보살 현종종신

處處에 爲諸衆生하여 說是經典하였나니 或現梵王身하며 或現帝釋身하며
처처 위제중생 설시경전 혹현범왕신 혹현제석신

或現自在天身하며 或現大自在天身하며 或現天大將軍身하며 或現毘沙門
혹현자재천신 혹현대자재천신 혹현천대장군신 혹현비사문

天王身하며 或現轉輪聖王身하며 或現諸小王身하며 或現長者身하며
천왕신 혹현전륜성왕신 혹현제소왕신 혹현장자신

11. 화덕이여, 너는 묘음보살의 몸이 여기에만 있다고 보지마는,
이 보살은 갖가지의 몸을 나타내어① 곳곳에서
모든 중생을 위하여 이 경전을 설하느니라.

① 혹은 범왕(梵王)의② 몸을 나타내고,

② 혹은 제석(帝釋)의③ 몸을 나타내며,

③ 혹은 자재천(自在天)의④ 몸을 나타내고,

④ 혹은 대자재천(大自在天)의⑤ 몸을 나타내며,

⑤ 혹은 천대장군(天大將軍)의⑥ 몸을 나타내고,

⑥ 혹은 비사문천왕(毘沙門天王)의⑦ 몸을 나타내며,

⑦ 혹은 전륜성왕(轉輪聖王)의 몸을 나타내고,

⑧ 혹은 온갖 소왕(小王)의 몸을 나타내며,

⑨ 혹은 장자(長者)의 몸을 나타내고,

---

① **갖가지 몸을 나타내어** : 제도할 곳에 따라 그에 알맞은 모습으로 나타내어 설법한다는 뜻. ② **범왕** : 대범천(大梵天)의 왕. 색계 초선천(初禪天)의 왕. 욕계를 벗어나고자 하는 자를 위해 범천의 몸을 나타내었다(이하의 내용도 마찬가지). ③ **제석** : 도리천(忉利天)의 임금. 십선(十善)을 닦은 자를 위하여 욕계천의 모습을 나타내었다. ④ **자재천** : 타화자재천을 가리킨다. 욕계 육천 중 최고의 천상. 남이 만든 욕의 경계를 취하여 자기 것으로 만들므로 타화자재라 한다. ⑤ **대자재천** : 색계정상인 색구경천(色究竟天)에 사는 천신. ⑥ **천대장군** : 제천왕의 용맹스런 대장으로서 산지천(散脂天)과 비뉴천(毘紐天) 등을 가리킴. ⑦ **비사문천왕** : 사천왕 중 북방을 지키는 신.

或現居士身하며 或現宰官身하며 或現婆羅門身하며 或現比丘 比丘尼
혹현거사신 혹현재관신 혹현바라문신 혹현비구 비구니
優婆塞 優婆夷身하며 或現長者 居士婦女身하며 或現宰官婦女身하며
우바새 우바이신 혹현장자 거사부녀신 혹현재관부녀신
或現婆羅門婦女身하며 或現童男童女身하며 或現天龍 夜叉 乾闥婆
혹현바라문부녀신 혹현동남동녀신 혹현천용 야차 건달바
阿修羅 迦樓羅 緊那羅 摩睺羅伽 人非人等身하여 而說是經하였으며 諸有
아수라 가루라 긴나라 마후라가 인비인등신 이설시경 제유
地獄 餓鬼 畜生과 及衆難處에 皆能救濟하였으며 乃至於王後宮에 變爲女身하여
지옥 아귀 축생 급중난처 개능구제 내지어왕후궁 변위여신
而說是經하였나니라.
이설시경

⑩ 혹은 거사(居士)의 몸을 나타내며,

⑪ 혹은 재관(宰官)의 몸을 나타내고,

⑫ 혹은 바라문(婆羅門)의 몸을 나타내며,

⑬ 혹은 비구, 비구니, 우바새, 우바이의 몸을 나타내고,

⑭ 혹은 장자와 거사의 부녀(부인) 몸을 나타내며,

⑮ 혹은 재관의 부녀(부인) 몸을 나타내고,

⑯ 혹은 바라문의 부녀(부인) 몸을 나타내며,

⑰ 혹은 동남(童男), 동녀(童女)의 몸을 나타내고,

⑱ 혹은 하늘, 용, 야차, 건달바, 아수라, 가루라, 긴나라, 마후라가, 인비인① 등의 몸을 나타내어 이 경을 설하였느니라. 모든 지옥, 아귀, 축생과 갖가지 환난이 있는 곳에② 있는 모든 것(諸有)을 다 능히 구제하며,

⑲ 왕의 후궁에서는 여자의 몸으로 변하여 이 경을 설하였느니라.

---

① **인비인** : 사람과 사람 아닌 자. 팔부 중에 사람이 아니면서도 부처님 앞에 나타날 때 사람의 모습을 하는 자. ② **갖가지 환난이 있는 곳** : 불도를 수행하기 어려운 곳. 여덟 곳으로, 지옥, 아귀, 축생, 장수천(장수만을 즐기므로 구도심이 없다), 변지(邊地), 소경과 귀머거리와 벙어리 등 감각 기관에 결함이 있는 자, 세속적 지혜가 뛰어난 자, 부처님 출현 이전과 이후에 태어난 자.

華德이여 是妙音菩薩이 能救護娑婆世界에 諸衆生者니 是妙音菩薩이
화덕 시묘음보살 능구호사바세계 제중생자 시묘음보살
如是種種變化現身하여사 在此娑婆國土하고 爲諸衆生하여 說是經典호대
여시종종변화현신 재차사바국토 위제중생 설시경전
於神通 變化 智慧가 無所損減하나니라 是菩薩이 以若干智慧로 明照娑婆
어신통 변화 지혜 무소손감 시보살 이약간지혜 명조사바
世界하여 令一切衆生으로 各得所知케하며 於十方恒河沙世界中에도 亦復
세계 영일체중생 각득소지 어시방항하사세계중 역부
如是하나니라.
여시

12. 화덕이여, 이 묘음보살은

사바세계의 모든 중생을 구원하고 지키는 보살이니라.

이 묘음보살이 이와 같이 갖가지로 변화의 몸을 나타내어

이 사바국토에서 모든 중생을 위하여 이 경전을 설하되,

대신통, 변화, 지혜가 조금도 감소하지 않느니라.①

이 보살이 얼마간의 지혜로 사바세계를 밝게 비추어

일체 중생이 각각 알 바를 얻게 하며,②

시방 항하사 세계에서도 이와 같이 하느니라.

---

① **대신통, 변화, 지혜에 있어서는 조금도 감소하지 않음(神通變化智慧無所損減)** : 신통 변화는 곧 정력(定力)이고, 지혜는 곧 반야의 힘, 지혜로 변화해 나타내는 것은 마치 촛불로 촛불을 옮아가는 것과 같아, 아무리 촛불을 옮아가더라도 원래의 촛불은 감손이 없듯이 변화해 나타냄도 감손이 없다는 뜻이다. ② **중생이 각각 알 바를 얻게 함** : 중생으로 하여금 각각 그에 맞는 근성에 따라 이해하게 해준다는 뜻.

若應以聲聞形으로 得度者면 現聲聞形하야 而爲說法하며 應以辟支佛形으로
약응이성문형 득도자 현성문형 이위설법 응이벽지불형
得度者면 現辟支佛形하야 而爲說法하며 應以菩薩形으로 得度者면 現
득도자 현벽지불형 이위설법 응이보살형 득도자 현
菩薩形하야 而爲說法하며 應以佛形으로 得度者면 卽現佛形하야 而爲
보살형 이위설법 응이불형 득도자 즉현불형 이위
說法하나니라 如是種種으로 隨所應度하여 而爲現形으로 乃至應以滅度로
설법 여시종종 수소응도 이위현형 내지응이멸도
而得度者면 示現滅度하나니라 華德이여 妙音菩薩摩訶薩이 成就大神通
이득도자 시현멸도 화덕 묘음보살마하살 성취대신통
智慧之力하여 其事 如是하니라.
지혜지력 기사 여시

⑳ 만약 성문의 몸으로 제도할 이에게는
성문의 모습을 나타내어 설법하고,
㉑ 벽지불의 몸으로 제도할 이에게는
벽지불의 모습을 나타내어 설법하며,
㉒ 보살의 몸으로 제도할 이에게는
보살의 모습을 나타내어 설법하고,
㉓ 부처님의 몸으로 제도할 이에게는
부처님의 모습을 나타내어 설법하느니라.
이와 같이 갖가지로 제도할 바를 따라 형상을 나타내어,
㉔ 멸도로 제도할 이에게는 멸도를 나타내 보이느니라.[1]
화덕이여, 묘음보살마하살은 큰 신통과 지혜의 힘을 성취함이
이와 같으니라."

---

① 멸도로 제도할 이에게 멸도를 나타내 보임 : 멸도에 든다고 말함으로써 공경하고 사모하는 마음이 생겨 더욱 수행하게 한다는 뜻.

爾時에 華德菩薩이 白佛言하사대 世尊이시여 是妙音菩薩은 深種善根하였나이다
이시 화덕보살 백불언 세존 시묘음보살 심종선근

世尊이시여 是菩薩이 住何三昧하시관대 而能如是在所에 變現하사 度脫
세존 시보살 주하삼매 이능여시재소 변현 도탈

衆生케하시나니이까 佛告華德菩薩하사대 善男子야 其三昧名이 現一切色身이니
중생 불고화덕보살 선남자 기삼매명 현일체색신

妙音菩薩이 住是三昧中할새 能如是饒益無量衆生하나니라 說是妙音
묘음보살 주시삼매중 능여시요익무량중생 설시묘음

菩薩品時에 與妙音菩薩과 俱來者八萬四千人이 皆得現一切色身三昧하시며
보살품시 여묘음보살 구래자팔만사천인 개득현일체색신삼매

此娑婆世界에 無量菩薩도 亦得是三昧와 及陀羅尼하시니라.
차사바세계 무량보살 역득시삼매 급다라니

13. 그 때, 화덕보살이 부처님께 사뢰었습니다.
"세존이시여, 이 묘음보살은 선근을 깊이 심었나이다.
세존이시여, 이 보살은 무슨 삼매에 머물렀기에
이와 같이 온갖 곳에서 변화의 몸을 나타내어①
중생을 제도하여 해탈케 하나이까?"
부처님께서 화덕보살에게 이르셨습니다.
"선남자야, 그 삼매의 이름은 현일체색신이니라.②
묘음보살이 이 삼매에 머물러
이와 같이 한량 없는 중생을 요익하게③ 하느니라."
이 묘음보살품을 설하실 때, 묘음보살과 함께 왔던
팔만 사천 인이 다 현일체색신삼매를 얻었고,
이 사바세계의 한량 없는 보살도
이 삼매와 다라니를 얻었습니다.

---

① **변화의 몸을 나타내어(變現)** : 제도할 이에게 적절한 모습으로 자기 모습을 변화시켜 나타내는 일. ② **현일체색신삼매(現一切色身三昧)** : 일체의 색신을 다 드러낼 수 있는 삼매. ③ **중생을 요익하게 함** : 묘음보살이 머무르는 곳마다 모습을 나타내어 법화경을 연설해서 깨달을 수 있게 했으므로 유익하게 했다고 했다.

爾時에 **妙音菩薩摩訶薩**이 **供養釋迦牟尼佛**과 **及多寶佛塔已**하시고 **還歸**
이시 묘음보살마하살 공양석가모니불 급다보불탑이 환귀

本土하시니 **所經諸國**이 **六種震動**하고 **雨寶蓮華**하고 **作百千萬億種種**
본토 소경제국 육종진동 우보연화 작백천만억종종

伎樂하더니 **旣到本國**하사 **與八萬四千菩薩**에 **圍繞**하사 **至淨華宿王智佛所**하여
기악 기도본국 여팔만사천보살 위요 지정화수왕지불소

白佛言하사대
백불언

14. 그 때, 묘음보살마하살이
석가모니불과 다보불탑에 공양하기를 마치고
본국토로 돌아가니,
거쳐가는 국토마다 여섯 가지로 진동하고,
보배 연꽃이 비 오듯 내리고,①
백천만억의 갖가지 기악이 울렸습니다.②
어느덧 본국에 이르자,
팔만 사천 보살에게 에워싸여
정화수왕지불 처소에 나아가 부처님께 사뢰었습니다.

---

① 보배 연꽃이 비 오듯 내리며 : 선(善)을 행한 인(因)을 나타낸다. ② 기악이 울림 : 한량 없는 선정 희열(禪悅法喜)을 나타낸다.

世尊이시여 我가 到娑婆世界하여 饒益衆生하고 見釋迦牟尼佛하였사오며
세존 아 도사바세계 요익중생 견석가모니불

及見多寶佛塔하여 禮拜 供養하고 又見文殊師利法王子菩薩하며 及見
급견다보불탑 예배 공양 우견문수사리법왕자보살 급견

藥王菩薩과 得勤精進力菩薩과 勇施菩薩等하며 亦令是八萬四千菩薩을
약왕보살 득근정진력보살 용시보살등 역령시팔만사천보살

得現一切色身三昧케하였나이다 說是妙音菩薩來往品時에 四萬二千天子는
득현일체색신삼매 설시묘음보살내왕품시 사만이천천자

得無生法忍하고 華德菩薩은 得法華三昧하셨나니라.
득무생법인 화덕보살 득법화삼매

"세존이시여,
제가 사바세계에 가서 중생을 요익케 하고,
석가모니불과 다보불탑을 친견하고 예배, 공양하였사오며,
또 문수사리법왕자보살을 보았고,
약왕보살, 득근정진력보살,① 용시보살 등을 보았사오며,
또 이들 팔만 사천 보살이
현일체색신삼매를 얻게 하였나이다."
이 묘음보살내왕품(妙音菩薩來往品)을 설하실 때,②
사만 이천의 천자(天子)가③ 무생법인(無生法忍)을④ 얻고,
화덕보살이 법화삼매를⑤ 얻었습니다.

---

① **득근정진력보살**(vīryabalavegaprāptaḥ) : 정진의 힘과 정신을 얻었다는 뜻을 가진 보살. ② **묘음보살내왕품을 설할 때** : 석가불께서 묘음보살이 타방에서 시방세계로 오가면서 중생을 이익되게 한 일을 말씀하신 때. ③ **천자**(天子) : 지위가 얕은 천자(天神). ④ **무생법인** : 제법이 불생불멸함을 깨닫는 일. ⑤ **법화삼매** : 법화경의 취지에 맞는 삼매. 법화경에 의거한 실상중도(實相中道)의 진리를 관하는 일.

관세음보살보문품 제 25 (觀世音菩薩普門品 第二十五)

爾時에 **無盡意菩薩**이 **卽從座起**하사 **偏袒右肩**하시고 **合掌向佛**하야 **而作是言**하사대
이시 무진의보살 즉종좌기 편단우견 합장향불 이작시언

世尊이시여 **觀世音菩薩**은 **以何因緣**으로 **名觀世音**이닛고 **佛告無盡意菩薩**하사대
세존 관세음보살 이하인연 명관세음 불고무진의보살

善男子야 **若有無量百千萬億衆生**이 **受諸苦惱**호대 **聞是觀世音菩薩**하고
선남자 약유무량백천만억중생 수제고뇌 문시관세음보살

一心稱名하면 **觀世音菩薩**이 **卽時**에 **觀其音聲**하야 **皆得解脫**케하나니라.
일심칭명 관세음보살 즉시 관기음성 개득해탈

1. 그 때, 무진의(無盡意)보살이① 곧 자리에서 일어나
오른쪽 어깨를 드러내고,②
부처님을 향해 합장하고 이렇게 사뢰었습니다.
"세존이시여, 관세음보살은③ 무슨 인연으로
이름을 관세음(觀世音)이라 하나이까?"
부처님께서 무진의보살에게 이르셨습니다.
"선남자야, 만약 한량 없는 백천만억 중생이
갖은 고뇌를 받을 때,
관세음보살이 있음을 듣고 일심으로 그 이름을 일컫는다면,
관세음보살이 즉시 그 음성을 관(觀 : 본질을 봄)하고④
다 고뇌에서 풀려나 해탈을 얻게 하느니라.

---

① **무진의**(Akṣayamati) : 생각(意思)이 다함이 없다는 뜻. 이 보살은 부처님의 지견에 잘 들어 다함이 없는 깊고 오묘한 뜻을 통달하였다. 이 품에서는 보문시현(普門示現)하는 관세음보살의 대자대비의 불가사의한 힘을 드러내도록 부처님께 질문하였다. ② **오른쪽 어깨를 드러냄**(偏袒右肩) : 가사를 착용하는 데 있어 어깨를 드러내는 것은 존자(상대방)에 대한 공경을 나타내는 것과 스승을 섬기는 데 편리를 도모하기 위함이라는 두 가지 이유가 있다. ③ **관세음보살**(Avalkitesvara) : 관찰하기가 자재로운 자라는 뜻. 원래 정법명왕불(正法明王佛)인데, 중생을 제도하기 위해 방편으로 보살상을 나타냈다. ④ **관**(觀)**하고** : 관은 소리로 듣는 것을 말한다. 보살은 마음으로 소리를 들어 그 사람의 실상을 투철하게 이해하여 고뇌를 없애 준다.

若有持是觀世音菩薩名者하면 設入大火라도 火不能燒하리니 由是菩薩의
약유지시관세음보살명자 설입대화 화불능소 유시보살
威神力故니라 若爲大水의 所漂에도 稱其名號하면 卽得淺處하리며 若有
위신력고 약위대수 소표 칭기명호 즉득천처 약유
百千萬億衆生이 爲求金 銀 琉璃 硨磲 瑪瑙 珊瑚 琥珀 眞珠 等 寶하여
백천만억중생 위구금 은 유리 자거 마노 산호 호박 진주 등 보
入於大海어든 假使黑風이 吹其船舫하여 漂墮羅刹鬼國하여도 其中에 若有
입어대해 가사흑풍 취기선방 표타나찰귀국 기중 약유
乃至一人이라도 稱觀世音菩薩名者면 是諸人等이 皆得解脫羅刹之難하리니라.
내지일인 칭관세음보살명자 시제인등 개득해탈나찰지난

2. 만약 이 관세음보살의 명호를 마음 속 깊이 지니면,①
그는 설령 큰불 속에 들어갈지라도 불이 태우지 못하리니,
이 보살의 위신력(威神力 : 불가사의한 위력)② 때문이니라.
만약 큰물에 표류할 때에도 그 명호를 부르면,
곧 얕은 곳에 닿게 되리라.
만약, 백천만억의 중생이 금, 은, 유리, 자거,③ 마노,④ 산호,
호박, 진주 등의 보배를 구하기 위하여
큰바다에 들어갔을 때,
설령 폭풍이⑤ 불어서 그 배가 표류하여
멀리 나찰귀(羅刹鬼)의 나라에⑥ 닿게 되었을지라도
그 중에 한 사람이라도 관세음보살의 명호를 부른다면,⑦
모든 사람이 다 나찰의 환난에서 벗어나게 되리라.

---

①**명호를 마음 속 깊이 지니면** : 관세음보살의 명호를 잊지 않고 지니는 경우를 말한다. ②**위신력** : 불가사의한 위력. 초인적인 능력. ③**자거** : 바다의 소라. ④**마노** : 돌 속에서 나는 것인데 색깔이 붉은 보석. ⑤**폭풍(黑風)** : 검은 구름이 모여서 생기는 큰 바람. ⑥**나찰귀의 나라(羅刹鬼國)** : 나찰귀는 악귀로, 사람을 잡아 먹는다고 한다. 나찰귀국은 수미산 아래쪽에 있어서 그 곳으로 가면 곧 해를 입는다고 한다. 나찰귀도 후에 불교의 수호신이 되었다. ⑦**명호를 부르면** : 관세음보살의 명호를 부르면 오래지 않아 곧 어려움이 소멸된다.

以是因緣으로 名觀世音이니라. 若復有人이 臨當被害하여 稱觀世音菩薩
이시인연 명관세음 약부유인 임당피해 칭관세음보살

名者면 彼所執刀杖이 尋段段壞하여 而得解脫하며 若三千大千國土에
명자 피소집도장 심단단괴 이득해탈 약삼천대천국토

滿中한 夜叉 羅刹이 欲來惱人하여도 聞其稱觀世音菩薩名者면 是諸惡鬼도
만중 야차 나찰 욕래뇌인 문기칭관세음보살명자 시제악귀

尙不能以惡眼으로 視之어늘 況復加害리요.
상불능이악안 시지 황부가해

이러한 까닭으로 이름을 관세음보살이라 하느니라.①

3. 만약 사람이 해를 입게 될 때에
관세음보살의 명호를 부르면,
그들이 가진 칼과 몽둥이가 곧 조각조각 부서져서②
벗어나게 되리라.
혹은, 삼천 대천 국토에 가득한 야차와 나찰이 와서
사람을 괴롭히려고 할 때,③
관세음보살의 명호 부르는 소리를 들으면,
이 모든 악귀가 악의를 품은 눈초리로 보지도 못하리니,④
하물며 해를 입히겠느냐?

---

①**이러한 까닭으로 이름을 관세음보살이라 함** : 소리를 듣고 그 때를 관찰하여 고난을 구원하므로 '관세음'이라 한다고 하였다. ②**조각조각 부서짐(尋段段壞)** : 갑자기 토막토막 부서짐. ③**야차와 나찰이 와서 괴롭히려 할 때** : 악한 귀신인 야차, 나찰이 악한 마음을 내어 괴롭히고자 하는 경우이다. 법으로 보면, '삼천 대천 국토'는 곧 망념의 마음을 비유하고, '야차와 나찰'은 악독(惡毒)을 가리키니, 악독한 마음이 일어나 스스로를 괴롭히는 짝이다. ④**악의 품은 눈초리로 보지 못함** : 아무리 악독하다 해도 보살의 명호를 들으면 악한 눈이 즉시 감겨져서 감히 성낼 수조차 없는데, 더구나 해를 가하겠느냐는 뜻이다. 마찬가지로, 악한 견해가 아무리 치성하다 해도 관음보살을 생각하면 악한 견해가 즉시 사라지는데, 더구나 해치려는 마음을 내리요.

設復有人이 若有罪커나 若無罪커나 杻械 枷鎖로 檢繫其身이라도 稱觀世音
설부유인 약유죄 약무죄 추계 가쇄 검계기신 칭관세음
菩薩名者면 皆悉斷壞하여 卽得解脫하나니라 若三千大千國土에 滿中한
보살명자 개실단괴 즉득해탈 약삼천대천국토 만중
怨賊에 有一商主가 將諸商人하여 齎持重寶하고 經過險路할새 其中一人이라도
원적 유일상주 장제상인 재지중보 경과험로 기중일인
作是唱言호대 諸善男子야 勿得恐怖하라.
작시창언 제선남자 물득공포

가령 또, 어떤 사람이 죄가 있거나 죄가 없거나,
수갑과 족쇄를[1] 채우고
칼을 씌워[2] 쇠줄로 그 몸을 결박했을지라도
관세음보살의 명호를 부른다면,
다 끊어지고 부서져서 곧 이에서 벗어나리라.
혹은, 삼천 대천 국토에 원적(怨賊)이[3] 가득한데,
한 사람의 우두머리가[4] 상인들을 거느리고
값진 보배를 가지고 험한 길을 지나갈 때,[5]
그 중의 한 사람이 이렇게 외쳐 말하되,
'모든 착한 남자여! 겁내고 두려워하지 마시오.

---

① **수갑과 족쇄**(杻械) : 추(杻)는 손을 묶는 형구, 곧 수갑. 계(械)는 발을 묶는 형구, 차꼬. ② **칼을 씌움**(枷鎖) : 가(枷)는 목에 끼우는 형구 곧 칼이고, 쇄(鎖)는 몸을 묶는 쇠사슬이다. ③ **원적**(怨賊) : 사람의 목숨을 해치고 재물을 빼앗는 도적. ④ **우두머리**(有一商主) : 대상(隊商)의 우두머리. ⑤ **우두머리가 상인들을 거느리고 값진 보배를 가지고 험한 길을 지나갈 때** : '우두머리(商主)'란 마음의 왕(心王)을 비유한 것이고, '상인을 거느리고(將諸商人)'란 마음의 작용(心所), '값진 보배를 가짐(齎持重寶)'은 불성을 지닌 것을 비유하고, '험한 길을 지남(經過險路)'은 생사를 넘나드는 것을 비유한다.

汝等이 應當一心으로 稱觀世音菩薩名號하라 是菩薩이 能以無畏로 施於
여등 응당일심 칭관세음보살명호 시보살 능이무외 시어
衆生하시나니 汝等이 若稱名者면 於此怨賊에서 當得解脫하리라 衆商人이 聞하고
중생 여등 약칭명자 어차원적 당득해탈 중상인 문
俱發聲言호대 南無觀世音菩薩하면 稱其名故로 卽得解脫하리니 無盡意야
구발성언 나무관세음보살 칭기명고 즉득해탈 무진의
觀世音菩薩摩訶薩의 威神之力이 巍巍如是니라.
관세음보살마하살 위신지력 외외여시

여러분은 마땅히 일심으로
관세음보살의 명호를 부르시요.
이 보살은 중생의 두려움을 없애 주나니,
여러분이 그 명호를 부른다면,
이 원적에게서① 마땅히 벗어날 것이니라.' 하여,
상인들이 듣고 함께 소리를 내어
'나무관세음보살' 하면,
그 명호를 부른 까닭으로 곧 벗어나게 되리라.
무진의야,
관세음보살마하살의 위신력이
높고 큼이② 이와 같으니라.

---

①**원적(怨賊)** : 사람을 해치고 재물을 빼앗는 도적. 여기서는 마음 속 삼독의 도적과 마음 밖의 도적을 포괄한다. ②**높고 큼(巍巍)** : 훌륭하게 드러난 모양.

若有衆生이 多於婬欲하여도 常念恭敬觀世音菩薩하면 便得離欲하며
약유중생 다어음욕 상념공경관세음보살 변득이욕

若多瞋恚하여도 常念恭敬 觀世音菩薩하면 便得離瞋하며 若多愚癡하여도
약다진에 상념공경 관세음보살 변득이진 약다우치

常念恭敬 觀世音菩薩하면 便得離癡하리니 無盡意야 觀世音菩薩이
상념공경 관세음보살 변득이치 무진의 관세음보살

有如是等大威神力하여 多所饒益하나니 是故로 衆生이 常應心念이니라.
유여시등대위신력 다소요익 시고 중생 상응심념

4. 만약 어떤 중생이 음욕이 많을지라도
항상 관세음보살을 생각하고 공경하면,
곧 음욕을 여의게 되며,①
혹은 성내는 마음이 많을지라도
항상 관세음보살을 염(念)하고 공경하면,
곧 성내는 마음을 여의게 되며,②
혹은 어리석음이 많을지라도
항상 관세음보살을 염하고 공경하면,
곧 어리석은 마음을 여의게 되느니라.③
무진의야, 관세음보살은 이와 같은 큰 위신력이 있어서
요익되게 하는④ 바가 많으므로,⑤
중생은 항상 마땅히 마음에 염할지니라.

---

①**음욕을 여의게 됨** : 음욕이 많이 일어날 때 관세음보살을 생각하고 공경하여 깨끗한 관념을 닦으면, 그 사람은 음욕에서 벗어날 수 있다는 뜻이다. ②**성내는 마음을 여의게 됨** : 성내는 마음이 일어날 때는 관세음보살의 대자비의 명호를 생각하고 공경하여 자비관을 닦아 독해(毒害)를 멈추게 하면 성냄을 여윌 수 있다는 뜻이다. ③**어리석은 마음을 여의게 됨** : 좋고 나쁨을 알지 못하여 어리석음이 많을 때는 항상 관세음보살을 생각하여 인연관(因緣觀)을 닦아 통하고 막힘을 잘 알게 되면 어리석음을 벗어날 수 있다. ④**위신력이 있어 요익되게 함** : 삼독(三毒)을 없애고 청정한 지혜를 얻은 것을 보살의 큰 위신력이라 한다. 이 위신력으로 이와 같이 일체를 이롭게 한다. ⑤**요익되게 하는 바가 많음(多所饒益)** : 요익(饒益)이란 중생에게 크게 이익되게 하는 일.

若有女人이 設欲求男하여 禮拜供養觀世音菩薩하면 便生福德智慧之男하리며
약유여인 설욕구남 예배공양관세음보살 변생복덕지혜지남
設欲求女라도 便生端正有相之女하여 宿植德本일새 衆人이 愛敬하리라
설욕구녀 변생단정유상지녀 숙식덕본 중인 애경
無盡意야 觀世音菩薩이 有如是力하니라 若有衆生이 恭敬禮拜觀世音菩薩하면
무진의 관세음보살 유여시력 약유중생 공경예배관세음보살
福不唐捐하리라 是故衆生이 皆應受持 觀世音菩薩名號니라. 無盡意야 若有人이
복불당연 시고중생 개응수지 관세음보살명호 무진의 약유인
受持六十二億 恒河沙菩薩名字하고 復盡形토록 供養飮食衣服과 臥具醫藥하면
수지육십이억 항하사보살명자 부진형 공양음식의복 와구의약

여인이 아들을 얻으려고 관세음보살에게 예배, 공양하면,
곧 복덕과 지혜를 갖춘 아들을 낳고,
혹은 딸을 얻고자 하면, 곧 단정하고 어여쁜[①] 딸을 낳되,
이 아이가 숙세(宿世)에 덕본(德本)을 심은 인연으로[②]
뭇 사람에게 사랑과 공경을 받으리라.
무진의야, 관세음보살은 이와 같은 힘이 있느니라.
만약 중생이 관세음보살을 공경하고 예배하면,
복이 되어 헛됨이[③] 없으리라.[④]
그러므로 중생은 다 관세음보살의 명호를 받아 지닐지니라."

5. "무진의야,
만약 사람이 육십이억 항하사의 보살 이름을 받아 지니고,
또 목숨이 다하도록[⑤] 음식과 의복과 침구와 의약을 공양한다면,[⑥]

---

① **단정하고 어여쁨(端正有相)** : 용모가 아름답고(端正), 상을 골고루 갖춤(有相). ② **숙세에 덕본을 심은 인연(宿植德本)** : 숙세에 일찍이 심은 복업의 감응을 가리킨다. ③ **헛됨(唐捐)** : 허망함. 소용이 없음. ④ **공경 예배하면 복이 헛되지 않음** : 관세음보살께 공경, 예배하면 반드시 그 복을 얻어 헛되이 버려지는 일이 없다는 뜻. ⑤ **목숨이 다하도록(盡形)** : 몸으로 정성을 다하는 것. 몸이 다하도록. ⑥ **음식 의복 침구 의약** : 승려에게 필요한 네 가지 필수품(四事)을 가리킨다.

於汝意云何오 是善男子善女人의 功德이 多아 不아 無盡意言하사대 甚多하니다
어여의운하 시선남자선여인 공덕 다 부 무진의언 심다
世尊이시여 佛言하사대 若復有人이 受持觀世音菩薩名號호대 乃至一時라도
세존 불언 약부유인 수지관세음보살명호 내지일시
禮拜 供養하면 是二人의 福이 正等無異하여 於百千萬億劫에 不可窮盡하리라
예배 공양 시이인 복 정등무이 어백천만억겁 불가궁진
無盡意야 受持觀世音菩薩名號하면 得如是無量無邊福德之利하리라.
무진의 수지관세음보살명호 득여시무량무변복덕지리

너의 뜻에는 어떠하냐?
이 선남자 선여인의 공덕이 많지 않겠느냐?"
무진의보살이 사뢰었습니다.
"매우 많겠나이다, 세존이시여."
부처님께서 말씀하셨습니다.
"만약 또, 어떤 사람이 관세음보살의 명호를 받아 지니어
잠시라도 예배, 공양한다면, 이 두 사람의 복이 똑같아
차이가 없어서,① 백천만억 겁에도 다하지 않으리라.
무진의야, 관세음보살의 명호를 받아 지니면,
이와 같이 한량 없고 가이없는 복덕의 이익을 얻느니라."

---

①똑같아 차이가 없음(正等無異) : 62억 항하사 보살의 명호를 몸이 다하도록 지니고 공양, 공경한 것과 관세음보살 단 한 분만의 명호를 받아 지니고 잠시 공양했을 때, 이 둘의 공덕은 똑같다는 것이다. 결국 관세음보살 한 분의 명호를 지니고 공양, 공경하는 것이 62억 항하사의 무량한 다른 보살의 명호를 지녀 공양, 공경하는 것과 같음이니, 관세음보살의 명호를 받아 지니고 공양, 공경하는 공덕이 참으로 수승함을 알 수 있다.

無盡意菩薩이 白佛言하사대 世尊이시여 觀世音菩薩이 云何遊此娑婆世界하시며
무진의보살 백불언 세존 관세음보살 운하유차사바세계

云何而爲衆生하사 說法하시며 方便之力은 其事 云何닛고 佛告無盡意菩薩하사대
운하이위중생 설법 방편지력 기사 운하 불고무진의보살

善男子야 若有國土衆生이 應以佛身으로 得度者에겐 觀世音菩薩이 卽現佛身하야
선남자 약유국토중생 응이불신 득도자 관세음보살 즉현불신

而爲說法하며 應以辟支佛身으로 得度者에겐 卽現辟支佛身하여 而爲說法하며
이위설법 응이벽지불신 득도자 즉현벽지불신 이위설법

應以聲聞身으로 得度者에겐 卽現聲聞身하여 而爲說法하니라.
응이성문신 득도자 즉현성문신 이위설법

6. 무진의보살이 부처님께 사뢰었습니다.

"세존이시여, 관세음보살은 이 사바세계에 어떻게 노닐며,①
중생을 위해 어떻게 설법하며,
방편력으로 하는 그 일은 어떠하나이까?"②
부처님께서 무진의보살에게 말씀하셨습니다.

"선남자야, 만일 어떤 국토에 중생이 있는데,

① 부처님 몸으로 제도할 이에게는
관세음보살이 곧 부처님 몸을 나타내어 법을 설하며,③

② 벽지불(辟支佛)의 몸으로 제도할 이에게는
곧 벽지불의 몸을 나타내어 법을 설하며,④

③ 성문(聲聞)의 몸으로 제도할 이에게는
곧 성문의 몸을 나타내어 법을 설하느니라.⑤

---

①어떻게 노닐며(云何遊) : 어떠한 인연으로 사바세계에 노니느냐는 질문이다. '노니다(遊)'란 불보살들의 행동작용이니 곧 교화행이다. **②방편력으로~어떠하나이까** : 중생들이 원하는 바에 따라 제1 부처님의 몸(佛身)부터 제33 집금강신 몸(執金剛身)까지 총 33가지 몸을 중생의 근기에 맞게 나타내어 설법, 교화한다. 이를 33신 19응신설법(應身說法)이라 한다. **③부처의 몸을 나타내어 법을 설함** : 부처님의 모습으로 교화할 중생은 여래의 모습을 나타내어 제도함. 여기부터는 관세음보살이 중생 제도를 위해 몸을 나투신 33신(身)이니, 이를 관음보살의 보문시현(普門示現)이라 한다. **④벽지불의 몸을 나타내어 법을 설함** : 만약 연각의 수행을 좋아한다면, 상대방의 근기에 따라 순응한다. **⑤성문의 몸을 나타내어 법을 설함** : 사제(四諦)의 도를 수행하기를 좋아하면, 아라한의 모습을 나타내어 그 근기에 맞게 한다.

應以梵王身으로 得度者에겐 即現梵王身하여 而爲說法하며 應以帝釋身으로
응이범왕신 득도자 즉현범왕신 이위설법 응이제석신
得度者에겐 即現帝釋身하여 而爲說法하며 應以自在天身으로 得度者에겐
득도자 즉현제석신 이위설법 응이자재천신 득도자
即現自在天身하여 而爲說法하며 應以大自在天身으로 得度者에겐 即現
즉현자재천신 이위설법 응이대자재천신 득도자 즉현
大自在天身하여 而爲說法하며 應以天大將軍身으로 得度者에겐 即現天
대자재천신 이위설법 응이천대장군신 득도자 즉현천
大將軍身하여 而爲說法하며 應以毗沙門身으로 得度者에겐 即現毗沙門身하여
대장군신 이위설법 응이비사문신 득도자 즉현비사문신
而爲說法하며
이위설법

7. 또, ④ **범왕**(梵王)의[①] 몸으로 제도할 이에게는
곧 범왕의 몸을 나타내어 법을 설하며,[②]
⑤ **제석**(帝釋)의[③] 몸으로 제도할 이에게는
곧 제석의 몸을 나타내어 법을 설하며,
⑥ **자재천**(自在天)의[④] 몸으로 제도할 이에게는
곧 자재천의 몸을 나타내어 법을 설하며,
⑦ **대자재천**(大自在天)의[⑤] 몸으로 제도할 이에게는
곧 대자재천의 몸을 나타내어 법을 설하며,
⑧ **천대장군**(天大將軍)의[⑥] 몸으로 제도할 이에게는
곧 천대장군의 몸을 나타내어 법을 설하며,
⑨ **비사문**(毗沙門)의[⑦] 몸으로 제도할 이에게는
곧 비사문의 몸을 나타내어 법을 설하며,

---

①**범왕** : 대범천(大梵天)의 왕. 곧, 색계 초선천의 왕. ②**범왕의 몸을 나타내어 법을 설하며** : 욕계를 벗어나서 청정한 세계를 좋아한다면, 범천왕의 모습을 나타내어 욕계에서 벗어나는 법을 설한다는 것이다. ③**제석** : 도리천(忉利天). 욕계 육천의 제2천으로 33천이 있다. ④**자재천** : 욕계 정상의 타화자재천(他化自在天). ⑤**대자재천** : 색계의 정상에 있는 색구경천(色究竟天). ⑥**천대장군** : 천상의 대장군. 여러 천왕의 대장들. ⑦**비사문천왕** : 사천왕 중 북방을 지키는 신.

應以小王身으로 得度者에겐 即現小王身하여 而爲說法하며 應以長者身으로
응이소왕신 득도자 즉현소왕신 이위설법 응이장자신
得度者에겐 即現長者身하여 而爲說法하며 應以居士身으로 得度者에겐 即現
득도자 즉현장자신 이위설법 응이거사신 득도자 즉현
居士身하여 而爲說法하며 應以宰官身으로 得度者에겐 即現宰官身하야
거사신 이위설법 응이재관신 득도자 즉현재관신
而爲說法하며 應以婆羅門身으로 得度者에겐 即現婆羅門身하여 而爲說法하며
이위설법 응이바라문신 득도자 즉현바라문신 이위설법

⑩ 소왕(小王)의 몸으로 제도할 이에게는
곧 소왕의 몸을 나타내어 법을 설하며,
⑪ 장자(長者)의 몸으로 제도할 이에게는
곧 장자의 몸을 나타내어 법을 설하며,
⑫ 거사(居士)의 몸으로 제도할 이에게는
곧 거사의 몸을 나타내어 법을 설하며,
⑬ 재관(宰官)의[①] 몸으로 제도할 이에게는
곧 재관의 몸을 나타내어 법을 설하며,
⑭ 바라문(婆羅門)의[②] 몸으로 제도할 이에게는
곧 바라문의 몸을 나타내어 법을 설하느니라.

---

① 재관(宰官) : 관청의 관리. ② 바라문 : 인도 사성 계급 중의 최고인 성직자 계급.

應以比丘 比丘尼 優婆塞 優婆夷 身으로 得度者에겐 卽現比丘 比丘尼
응이비구 비구니 우바새 우바이 신 득도자 즉현비구 비구니

優婆塞 優婆夷 身하여 而爲說法하며 應以長者 居士 宰官 婆羅門
우바새 우바이 신 이위설법 응이장자 거사 재관 바라문

婦女身으로 得度者에겐 卽現婦女身하여 而爲說法하며 應以童男 童女身으로
부녀신 득도자 즉현부녀신 이위설법 응이동남 동녀신

得度者에겐 卽現童男 童女身하여 而爲說法하며 應以天 龍 夜叉 乾闥婆
득도자 즉현동남 동녀신 이위설법 응이천 용 야차 건달바

阿修羅 迦樓羅 緊那羅 摩睺羅伽 人非人 等身으로 得度者에겐 卽皆現之하여
아수라 가루라 긴나라 마후라가 인비인 등신 득도자 즉개현지

而爲說法하며
이위설법

8. 그리고 ⑮ 비구, ⑯ 비구니,

⑰ 우바새, 우바이의 몸으로 제도할 이에게는
곧 비구, 비구니, 우바새, ⑱ 우바이의 몸을 나타내어
법을 설하며,

⑲ 장자와 거사의 부녀와 ⑳ 재관의 부녀와
㉑ 바라문의 부녀 몸으로 제도할 이에게는
곧 부녀 몸을 나타내어 법을 설하며,

㉒ 동남(童男) ㉓ 동녀(童女)의[①] 몸으로 제도할 이에게는
동남 동녀의 몸을 나타내어 법을 설하며,

㉔ 하늘, ㉕ 용, ㉖ 야차, ㉗ 건달바,
㉘ 아수라, ㉙ 가루라, ㉚ 긴나라, ㉛ 마후라가,
㉜ 인비인(人非人)[②] 등의 몸으로 제도할 이에게는
곧 다 이를 나타내어 법을 설하며,

---

①동남 동녀 : 동자승(童子僧). 승려가 되기 위해 절에 와서 공부하고 있는 어린이. ②인비인 : 천룡팔부 중에 사람이 아니면서도 부처님 앞에 나타날 때 사람의 모습을 하는 자.

應以執金剛神으로 得度者에겐 卽現執金剛神하여 而爲說法하나니 無盡意야
응이집금강신 득도자 즉현집금강신 이위설법 무진의

是觀世音菩薩이 成就如是功德하여 以種種形으로 遊諸國土하여 度脫衆生하나니라
시관세음보살 성취여시공덕 이종종형 유제국토 도탈중생

是故로 汝等이 應當一心으로 供養觀世音菩薩이니라 是觀世音菩薩摩訶薩이
시고 여등 응당일심 공양관세음보살 시관세음보살마하살

於怖畏急難之中에 能施無畏할새 是故로 此娑婆世界에서 皆號之爲施無畏
어포외급난지중 능시무외 시고 차사바세계 개호지위시무외

者라하나니라.
자

㉝ 집금강신(執金剛神)으로[1] 제도할 이에게는
곧 집금강신의 몸을 나타내어 법을 설하느니라.
무진의야, 이 관세음보살은 이와 같은 공덕을 성취하여,
갖가지 형상으로[2] 모든 국토에 노닐면서
중생을 제도하여 해탈케 하나니,
그러므로 너희는 마땅히 일심으로
이 관세음보살에게 공양할지니라.
이 관세음보살마하살은 겁나고 두렵고 위급한 환난 중에서[3]
능히 두려움을 없애 주느니라.
그러므로 이 사바세계에서 다 그를 일러
무외(無畏)를 베푸는 이라[4] 하느니라."

---

① **집금강신** : 금강역사(金剛力士)라고도 한다. 부처님을 보호하고 비법(非法)의 무리가 있으면 금강저(金剛杵)로 쳐서 항복시킨다. ② **갖가지 형상(種種形)** : 갖가지의 몸. 곧 33가지 응신(應身). ③ **겁나고 두렵고 위급한 환난 중(怖畏急難之中)** : 중생들이 겪는 갖가지 다급한 재난들. ④ **무외를 베푸는 이(施無畏者)** : 공포에 떠는 이를 상대로 그 두려움을 제거해 주는 이. 중생을 안심시켜 용기를 주는 관세음보살.

無盡意菩薩이 白佛言하사대 世尊이시여 我今에 當供養觀世音菩薩하겠나이다하고
무진의보살 백불언 세존 아금 당공양관세음보살

卽解頸에 衆寶珠瓔珞이 價値百千兩金함을 而以與之하고 作是言하사대
즉해경 중보주영락 가치백천양금 이이여지 작시언

仁者시여 受此法施珍寶瓔珞하소서 時에 觀世音菩薩이 不肯受之어시늘 無盡意
인자 수차법시진보영락 시 관세음보살 불긍수지 무진의

復白觀世音菩薩言하사대 仁者시여 愍我等故로 受此瓔珞하소서.
부백관세음보살언 인자 민아등고 수차영락

9. 무진의보살이 부처님께 사뢰었습니다.
"세존이시여,
저는 지금 관세음보살에게 공양하겠나이다."
곧 값이 백천 냥금되는,①
여러 가지 보주와 영락이 달린 목걸이를②
풀어 들고 말씀하되,
"인자(仁者)시여,③
이 법시(法施)의 진보 영락을④ 받아 주옵소서." 하니,
때에 관세음보살이 즐겨 이를 받지 아니하거늘,⑤
무진의가 다시 관세음보살에게 말씀하였습니다.
"인자시여,
저희를 불쌍히 여기시어 이 영락을 받으소서."

---

①**값이 백천 냥금(價値百千兩金)** : 아주 값비싼. ②**보주와 영락이 달린 목걸이(頸衆寶珠瓔珞)** : 무진의보살(無盡意菩薩)이 목에 걸었던 보물로 된 목걸이. ③**인자(仁者)** : 상대방을 높여서 부르는 말. 여기서는 관세음보살. ④**법시의 진보 영락** : 법보시란 법을 설해 주는 것을 말하는데, 영락의 목걸이가 법보시가 되는 것은 단순한 물건이 아니라, 진리의 표시로 공양했기 때문이다. ⑤**즐겨 이를 받지 않음(不肯受之)** : 법계의 성품 가운데에서는 본래 주거나 받음이 없는 것을 말한다.

爾時에 佛告觀世音菩薩하사대 當愍此無盡意菩薩과 及四衆 天 龍 夜叉
이시 불고관세음보살 당민차무진의보살 급사중 천 용 야차

乾闥婆 阿修羅 迦樓羅 緊那羅 摩睺羅伽 人非人 等故로 受是瓔珞이어다
건달바 아수라 가루라 긴나라 마후라가 인비인 등고 수시영락

卽時에 觀世音菩薩이 愍諸四衆과 及於天 龍 人非人 等하사 受其瓔珞하사
즉시 관세음보살 민제사중 급어천 용 인비인 등 수기영락

分作二分하사 一分은 奉釋迦牟尼佛하시고 一分은 奉多寶佛塔하시니라
분작이분 일분 봉석가모니불 일분 봉다보불탑

無盡意야 觀世音菩薩이 有如是自在神力하여 遊於娑婆世界하나니라.
무진의 관세음보살 유여시자재신력 유어사바세계

10. 그 때, 부처님께서 관세음보살에게 이르셨습니다.

"마땅히 이 무진의보살과 사부 대중과[①] 하늘, 용, 야차,
건달바, 아수라, 가루라, 긴나라, 마후라가, 인비인 등을
불쌍히 여겨 이 영락을 받을지니라."
즉시 관세음보살은 모든 사부 대중과
하늘, 용, 인비인 등을 불쌍히 여겨
그 영락을 받아 둘로 나누어,
하나는 석가모니불께 바치고,
하나는 다보불탑에 바쳤습니다.[②]
"무진의야,
관세음보살은 이같이 자재한 신력이 있어서
사바세계에 노니느니라."

---

① **사부 대중** : 비구, 비구니, 우바새, 우바이. ② **하나는 석가불께 바치고, 하나는 다보불탑에 바침** : 두 몫으로 나눈 것은 평등하게 바치어 치우침이 없다는 뜻이다. 또는, 한 법도 버리지 않음(不捨一法)을 뜻하기도 한다. 부처님께 바친 것은 최상의 보시가 인(因)에서 과(果)로 향하여 불도를 이룸을 나타낸다.

爾時에 無盡意菩薩이 以偈로 問曰하사대
이시 무진의보살 이게 문왈

世尊妙相具하시어 我今重問彼하옵노니 佛子 何因緣으로 名爲觀世音이시니잇고
세존묘상구 아금중문피 불자 하인연 명위관세음

具足妙相尊이 偈答無盡意하사대 汝 聽觀音行의 善應諸方所하라
구족묘상존 게답무진의 여 청관음행 선응제방소

弘誓深如海하고 歷劫不思議하여 侍多千億佛하사와 發大淸淨願하시니
홍서심여해 역겁부사의 시다천억불 발대청정원

我爲汝略說하리라.
아위여약설

11. 그 때, 무진의보살이 게송으로 여쭈었습니다.

"묘한 형상을 갖추신 세존이시여,①
저는 지금 거듭 그의 일을 묻자옵니다.
불자는 무슨 까닭으로② 이름을 관세음이라 하시나이까?"
묘상을 갖추신 세존께서
게송으로 무진의에게 대답하셨습니다.
"너는 온갖 곳에 응현(應現)하는③
관세음의 행(行)을 들을지어다.
큰 서원은 깊기가 바다와 같아,
헤아릴 수 없는 겁(劫)을 지나 오면서④
많은 천억 부처님 모시고 청정한 대원을 일으켰느니라.
내가 너를 위하여 간략히 설하리라.

---

① **묘한 형상 갖추신 세존** : 미묘한 모습. 곧, 부처님의 32상호. ② **무슨 까닭으로(何因緣)** : 관세음이라는 이름은 어떻게 얻어진 것이냐는 질문. ③ **응현** : 중생의 근기에 맞추어 갖가지 몸을 나투신 일. ④ **겁을 지나옴(歷劫)** : 여러 겁을 거침.

聞名커나 及見身하여 문 명　급 견 신	心念하여 不空過하면 심 념　불 공 과	能滅諸有苦하리라 능 멸 제 유 고
假使興害意하여 가 사 흥 해 의	推落大火坑하여도 추 락 대 화 갱	念彼觀音力으로 염 피 관 음 력
火坑變成池하니라 화 갱 변 성 지	或漂流巨海하여 혹 표 류 거 해	龍魚諸鬼難에도 용 어 제 귀 난
念彼觀音力으로 염 피 관 음 력	波浪이 不能沒하리라. 파 랑　불 능 몰	或在須彌峯하여 혹 재 수 미 봉
爲人所推墮하여도 위 인 소 추 타	念彼觀音力으로 염 피 관 음 력	如日虛空住하리라 여 일 허 공 주
或被惡人에 逐하여 혹 피 악 인　축	墮落金剛山하여도 타 락 금 강 산	念彼觀音力으로 염 피 관 음 력
不能損一毛하리라. 불 능 손 일 모		

12. 명호(名號) 듣고 몸을 친견하여①
마음에 늘 염하여 헛되이 지내지 아니할새,②
능히 모든 고뇌가 소멸하리라.
가령, 해치려는 자가③ 큰 불구덩이에 밀어뜨렸을 때에
저 관음력을 염(念)하면,④ 불구덩이가 변하여 연못이 되리라.
혹은, 큰 바다에 표류하여
용이나 고기나 온갖 귀신의 환난을 당했을 때에
저 관음력을 염하면, 파도에 빠지지 않으리라.

13. 혹은, 수미산 봉우리에서 누구에게 밀려 떨어졌을 때에
저 관음력을 염하면, 해처럼 허공에 머무르리라.
혹은, 악인에게 쫓겨 금강산에⑤ 떨어졌을 때에
저 관음력을 염하면, 털끝 하나 다치지 아니하리라.⑥

①**명호 듣고 몸을 친견하여**(聞名及見身) : 천억불의 이름 듣고 모시고, 천억불의 몸을 뵈온 일. ②**헛되이 지내지 않음**(不空過) : 한결같은 마음으로 생각해서 헛되지 않음. ③**가령, 해치려는 자**(假使興害意) : 설사 해치려는 생각을 일으켜서. ④**관음의 힘을 생각하면**(念彼觀音力) : 항상 관음의 위신력을 믿고 생각함. ⑤**금강산** : 철위산(鐵圍山)을 말한다. 이 산은 구산 팔해 가장 바깥쪽에 있다. ⑥**털끝 하나 다치지 않음**(不能損一毛) : 관음을 생각하는 힘 때문에 조금도 다치지 않음.

或値怨賊이 繞하여 혹 치 원 적 요	各執刀加害라도 각 집 도 가 해	念彼觀音力으로 염 피 관 음 력	咸卽起慈心하니라 함 즉 기 자 심
或遭王難苦하여 혹 조 왕 난 고	臨刑欲壽終에도 임 형 욕 수 종	念彼觀音力으로 염 피 관 음 력	刀尋段段壞하니라 도 심 단 단 괴
或囚禁枷鎖하며 혹 수 금 가 쇄	手足被杻械라도 수 족 피 추 계	念彼觀音力으로 염 피 관 음 력	釋然得解脫하니라 석 연 득 해 탈
呪詛 諸毒藥하여 주 저 제 독 약	所欲害身者라도 소 욕 해 신 자	念彼觀音力으로 염 피 관 음 력	還著於本人하니라. 환 착 어 본 인

혹은, 원적이 에워싸고 각각 칼을 들고 해치려 할 때에
저 관음력을 염하면, 모두 다 자비심을 일으키리라.

14. 혹은, 왕의 환난을 받아
형장에서 목숨을 마치려 할 때에
저 관음력을 염하면,
칼이 곧 조각조각 부서지리라.①
혹은, 갇혀 큰칼 쓰고②
손발에 쇠고랑과 차꼬 찼을 때에③
저 관음력을 염하면,
풀리어 벗어나게 되리라.
저주나 온갖 독약으로 몸을 해치려는 자가 있을 때에
저 관음력을 염하면,
도리어 본인에게로 돌아가리라.④

---

①칼이 조각조각 부서짐(刀尋段段壞) : 심(尋)은 갑자기의 뜻. 단단(段段)은 나무가 토막나는 모양. ②갇혀 큰칼 쓰고(囚禁枷鎖) : 옥에 갇힌 것을 수인(囚禁)이라 하고, 목에 칼을 채우고 쇠사슬로 묶는 것을 가쇄라 한다. ③쇠고랑과 차꼬 : 추(杻)는 수갑. 계(械)는 발을 묶는 족쇄. ④도리어 본인에게 돌아감(還著於本人) : 도리어 본인에게 붙으니, 해치려는 자가 해를 입는다는 뜻.

或遇惡羅刹과 毒龍 諸鬼等하여도 念彼觀音力으로 時悉不敢害하니라
혹 우 악 나 찰 독 용 제 귀 등 염 피 관 음 력 시 실 불 감 해

若惡獸圍繞하여 利牙爪可怖라도 念彼觀音力으로 疾走無邊方하리라
약 악 수 위 요 이 아 조 가 포 염 피 관 음 력 질 주 무 변 방

蚖蛇及蝮蠍이 氣毒하여 煙火然하여도 念彼觀音力으로 尋聲自廻去하니라
원 사 급 복 갈 기 독 연 화 연 염 피 관 음 력 심 성 자 회 거

雲雷鼓掣電하고 降雹澍大雨라도 念彼觀音力하면 應時得消散하니라.
운 뢰 고 철 전 강 박 주 대 우 염 피 관 음 력 응 시 득 소 산

15. 혹은, 악한 나찰과 독룡과 온갖 귀신을 만났을 때에
저 관음력을 염하면, 바로 감히 해치지 못하리라.①
혹은, 악한 짐승에 둘러싸여
날카로운 이빨과 발톱에② 당하려 할 때에
저 관음력을 염하면, 곧 먼 곳으로 달아나리라.
독사와 전갈이③ 독기를 불꽃처럼 내뿜을 때에④
저 관음력을 염하면, 소리와 같이 스스로 물러가리라.
구름에서 우레 소리 일고 번개치며,
우박이 쏟아지고 큰비가 올 때에
저 관음력을 염하면, 즉시 흩어져 사라지리라.

---

① **감히 해치지 못함**(時悉不敢害) : 그 때 어느 것도 모두 해치치 못함. ② **날카로운 이빨과 발톱**(利牙爪) : 흉악한 맹수의 위험. ③ **독사와 전갈** : 원사(蚖蛇)는 독사. 복갈(蝮蠍)은 전갈. ④ **독기를 불꽃처럼 내뿜음**(氣毒煙火然) : 독충의 기운이 불꽃 같다는 뜻.

衆生이 被困厄하여 중생 피곤액	無量苦 逼身하여도 무량고 핍신	觀音妙智力이 관음묘지력	能救世間苦하나니라 능구세간고
具足神通力하며 구족신통력	廣修智方便하여 광수지방편	十方諸國土에 시방제국토	無刹不現身하나니라. 무찰불현신
種種諸惡趣 종종제악취	地獄 鬼 畜生의 지옥 귀 축생	生老病死苦를 생노병사고	以漸悉令滅하나니라. 이점실영멸
眞觀과 淸淨觀과 진관 청정관	廣大智慧觀과 광대지혜관	悲觀과 及慈觀을 비관 급자관	常願常瞻仰이니라. 상원상첨앙

16. 중생이 고액으로[①] 한량 없는 고통에 몸이 핍박당할 때에[②]
관음의 묘한 지혜력이[③] 세간의 고를 구원하느니라.
신통력이 구족하고 지혜의 방편을 널리 닦아
시방 모든 국토에 몸을 나타내지 않는 곳 없고,
갖가지의 모든 악취, 지옥, 아귀, 축생의
생, 노, 병, 사의 고통을 점차로 다 없애 주느니라.

17. 진실로 관하고[④] 청정으로 관하며,[⑤]
넓고 큰 지혜로 관하고,[⑥]
대비로 관하며[⑦] 대자로 관함을[⑧]
항상 원하고 우러러볼지니라.[⑨]

---

① 고액(困厄) : 재앙과 고난. ② 핍박당할 때(逼身) : 갖가지 액난을 만나, 그 고통이 몸에 닥치는 일. ③ 관음의 묘한 지혜력(觀音妙智力) : 세상의 재난과 곤란은 지혜로운 이가 아니면 헤어날 수 없다. 곧, 관음의 지혜로운 힘이 고난을 구제할 수 있다는 뜻. ④ 진실로 관하고(眞觀) : 진실한 지혜로 진실한 이치를 비추어 보고. 곧, 진제(眞諦)를 관하는 공관(空觀). ⑤ 청정으로 관하며(淸淨觀) : 법의 공적(空寂)함을 비추어 보는 일. 진사혹(塵沙惑)을 제거하는 가관(假觀). ⑥ 넓고 큰 지혜로 관하고(大智慧觀) : 큰지혜로 널리 비추어 보는 일. 공, 가를 쌍으로 비추어 보는 중도관(中道觀). ⑦ 대비로 관하며(悲觀) : 중생의 고통을 관찰하여 없애 주는 일. 공, 가, 중도의 삼관으로 중생을 제도하는 일. ⑧ 대자로 관함(慈觀) : 중생을 관하여 즐거움을 줌이 때에 적절한 상태. 삼관을 써서 중생에게 즐거움을 줌. ⑨ 우러러봄(瞻仰) : 우러러봄은 부지런히 수행했기 때문이다.

無垢清淨光에 慧日이 破諸闇하나니 能伏災風火하며 普明照世間하나니라
무구청정광 혜일 파제암 능복재풍화 보명조세간

悲體戒는 雷震이오 慈意妙는 大雲이라 澍甘露 法雨하여 滅除煩惱燄하나니라
비체계 뇌진 자의묘 대운 주감로 법우 멸제번뇌염

諍訟經官處와 怖畏軍陣中에도 念彼觀音力으로 衆怨이 悉退散하리라.
쟁송경관처 포외군진중 염피관음력 중원 실퇴산

때묻지 않은 청정한 광명으로
지혜는 해같이 모든 어둠을 몰아 내고,
능히 재앙의 바람과 불을 조복하고,
널리 밝게 세간을 비추느니라.
비체(悲體)의 계행은 우레 같고,①
자의(慈意)의 미묘함은 구름 같아,②
감로의 법비를 내려 번뇌의 불꽃을 꺼 없애느니라.
쟁송(諍訟)을 당하는 관청에서나
무섭고 두려운 전장터에서도
저 관음력을 염하면,
모든 원적과 두려움이 물러가리라.

---

① 비체(悲體)의 계행은 우레 같음(悲體戒雷震) : 중생에 대한 대비가 겉으로 모습이 되어 나타난 것이 관세음보살의 계(戒)여서, 그 계가 우레와 같이 울려 중생들을 삼가게 한다는 뜻. ② (慈意)의 미묘함은 구름 같음(慈意妙大雲) : 대자비의 마음은 중생에게 즐거움을 주는 것이니, 지혜로 중생을 제도함이, 마치 큰 구름이 일체를 모두 덮는 것과 같다는 뜻이다.

妙音 觀世音과 묘음 관세음	梵音 海潮音이 범음 해조음	勝彼世間音하나니 승피세간음	是故須常念하여 시고수상념
念念에 勿生疑어다 염념 물생의	觀世音淨聖이 관세음정성	於苦惱死厄에 어고뇌사액	能爲作依怙하여 능위작의호
具一切功德하여 구일체공덕	慈眼으로 視衆生하여 자안 시중생	福聚 海無量하니 복취 해무량	是故應頂禮니라. 시고응정례

18. 묘하게 중생을 가르치는 복덕의 음성이며,①
세상을 굽어보는 음성이며,②
맑고 청정한 음성이며,③
바다의 조수같이 무시로 이익 주는,④
언제나 새로운 진리의 음성이며,
저 세간의 미혹을 초월한 수승(殊勝)한 음성이니,⑤
그러므로 모름지기 항상 염하여
순간순간에도 의심 내지 말지니라.
관세음 정성(淨聖)은 고뇌와 죽음의 액운을 당했을 때에
능히 의지할 바가 되리라.
모든 공덕을 갖추어 자비의 눈으로 중생을 보며,
복의 쌓임이 바다와 같이 한량 없나니,
그러므로 마땅히 머리 숙여 예배할지니라."⑥

---

① 묘하게 중생을 가르치는 복덕의 음성(妙音) : 미묘한 음, 일체를 깨닫게 하는 미묘한 소리. ② 세상을 굽어보는 음성(觀世音) : 세간을 관하는 음, 세간을 관찰하는 감각의 소리. ③ 맑고 청정한 음성(梵音) : 청정한 음, 맑고 아름다운 하늘의 음악. ④ 바다의 조수같이 무시로 이익 주는(海潮音) : 바다 조수의 음, 바다 조수가 진동하는 소리. ⑤ 저 세간의 미혹을 초월한 수승한 음성(勝彼世間音) : 세간보다 뛰어난 음, 일체 세간의 소리를 멀리 뛰어넘는 음성. ⑥ 머리 숙여 예배함(頂禮) : 보살의 몸은 지혜와 복덕이 쌓여서 깊고 큰 바다와 같으므로, 공경하고 머리 숙여 예배해야 한다.

爾時에 持地菩薩이 卽從座起하사 前白佛言하사대 世尊이시여 若有衆生이
이시 지지보살 즉종좌기 전백불언 세존 약유중생
聞是觀世音菩薩品自在之業과 普門으로 示現하시는 神通力者는 當知是人은
문시관세음보살품자재지업 보문 시현 신통력자 당지시인
功德이 不少로소이다 佛說是普門品時에 衆中에 八萬四千衆生이 皆發無等等
공덕 불소 불설시보문품시 중중 팔만사천중생 개발무등등
阿耨多羅三藐三菩提心하였느니라.
아누다라삼먁삼보리심

19. 그 때, 지지보살(持地菩薩)이[①] 곧 자리에서 일어나
앞으로 나와 부처님께 사뢰었습니다.
"세존이시여, 만약 중생 중에
이 관세음보살품의 자재한 행동과
넓은 문(普門)으로 나타내는(示現) 신통력을[②] 듣는 이는
그 공덕이 적지 아니함을 마땅히 알겠나이다."
부처님께서 이 보문품을 설하실 때,
대중 속의 팔만 사천 중생이
다 비길 바 없는[③]
아누다라삼먁삼보리의 마음을 일으켰습니다.

---

① **지지보살(Dharaṇiṃdhara)** : 대지를 지탱한다는 뜻의 보살. 비사불(毘舍佛) 때 비구가 되어 수행할 때 평지에서 부처님을 맞아 부처님으로부터 인증을 받았으므로, 번뇌가 모두 소진하고 지혜가 원만해져 무상 정각에 올랐기 때문에 지어진 이름. ② **넓은 문으로 나타내는(普門示現) 신통력** : 방편의 문을 열어 일체가 좋아하는 현신과 신통한 묘용을 널리 나타냄을 말한다. 관세음보살이 여러 가지 몸을 나타내 중생을 고난에서 건지는 일. ③ **비길 바 없는(無等等)** : 같은 것이 없는. '최상의'라는 뜻.

다라니품 제 26 (陀羅尼品 第二十六)

爾時에 藥王菩薩이 卽從座起하사 偏袒右肩하시고 合掌向佛하사 而白佛言하사대
이시 약왕보살 즉종좌기 편단우견 합장향불 이백불언

世尊이시여 若善男子 善女人이 有能受持法華經者하여 若讀誦通利커나
세존 약선남자 선여인 유능수지법화경자 약독송통리

若書寫經卷하면 得幾所福하리잇고 佛告藥王하사대 若有善男子 善女人이
약서사경권 득기소복 불고약왕 약유선남자 선여인

供養八百萬億那由他恒河沙等諸佛하면 於汝意云何오 其所得福이 寧爲多아
공양팔백만억나유타항하사등제불 어여의운하 기소득복 영위다

不아 甚多리이다 世尊이시여
부 심다 세존

1. 그 때, 약왕보살이 곧 자리에서 일어나
오른쪽 어깨를 드러내고
부처님을 향하여 합장하고 부처님께 사뢰었습니다.
"세존이시여, 만약 선남자 선여인이
법화경을 받아 지녀 독송하여 통달하거나①
경을 베껴 쓴다면, 얼마만한② 복을 받겠나이까?"

2. 부처님께서 약왕에게 이르셨습니다.
"만약 선남자 선여인이 팔백만억 나유타③ 항하사 수의
부처님께 공양한다면, 너의 뜻에는 어떠하냐?
그 얻는 복이 어찌 많지 않겠느냐?"
"매우 많겠나이다, 세존이시여."

---

① **통달(通利)** : 경에 통달해 막힘이 없음. ② **얼마만한(得幾)** : 경을 수지 내지 서사하는 법화 5법사의 공덕이 얼마나 되는지를 물었다. ③ **나유타** : 인도의 숫자 단위. 지극히 큰 수로, 천만 또는 천억.

佛言하사대 若善男子 善女人이 能於是經에 乃至受持一四句偈하여 讀誦解義하고 如說修行하면 功德이 甚多하니라 爾時에 藥王菩薩이 白佛言하사대 世尊이시여 我今에 當與說法者에 陀羅尼呪하야 以守護之호리이다하시고 卽說呪曰

불언 약선남자 선여인 능어시경 내지수지일사구게 독송 해의 여설수행 공덕 심다 이시 약왕보살 백불언 세존 아금 당여설법자 다라니주 이수호지 즉설 주왈

부처님께서 말씀하셨습니다.
"만약 선남자 선여인이
이 경의 한 사구게만이라도[①] 받아 지녀 독송하고
뜻을 이해하고 설한 대로 수행한다면,[②]
공덕이 더 많으리라."[③]

3. 그 때, 약왕보살이 부처님께 사뢰었습니다.
"세존이시여, 저는 지금 이 경을 설법하는 이에게
다라니주를[④] 주어 그를 수호하겠나이다."
곧 주문을[⑤] 설했습니다.

---

①**한 사구게** : 하나의 사구게. 사구게는 사구로 된 짧은 게송. ②**설한 대로 수행**(如說修行) : 사구게의 게송 속에서 설한 대로 실천, 수행하는 일. ③**공덕이 더 많으리라** : 수많은 부처님께 공양한 공덕보다 경의 사구게 하나라도 받아 지녀 수행하는 공덕이 더 많다. ④**다라니주**(陀羅尼呪, dhāraṇi) : 다라니는 음역이고, 주(呪)는 번역인데, '다라니주'는 음역과 번역을 같이 쓴 말이다. 번역해서 총지(摠持) 또는 지(持)라고 하니, '보존해 유지하다', '기억해 잊지 않다'의 뜻이다. 다라니는 대승불교에 들어와서 경전을 기억하는 능력 또는 방법을 의미하게 되었고, 나아가 수행자를 수호하는 능력이 있는 장구(章句) 주문을 가리키게 되었다. ⑤**주문** : 이 주문은 '약왕보살 법화 5법사 수호 다라니주'이다. 약왕보살이 법화경을 통달해 지니고(受持), 읽고(讀), 외우고(誦), 해설하고(解說), 베껴쓰는(書寫), 5종 법사의 공덕이 매우 큼을 부처님께 듣고, 이 경을 설법하는 법화 5종 법사를 수호하는 다라니를 설하여, 그 오묘한 주문으로 이 경을 설법하는 이를 보호하겠다고 하였다.

安爾 曼爾 摩禰 摩摩禰 旨隷 遮梨帝 賖咩 賖履多瑋 羶帝 目帝
안니 만니 마네 마마네 지례 자리데 샤마 샤리다위 선데 목데

目多履 娑履 阿瑋娑履 桑履娑履 叉裔 阿叉裔 阿耆膩 羶帝 賖履
목다리 사리 아위사리 상리사리 사예 아사예 아기니 선데 사리

陀羅尼 阿盧伽婆娑簸蔗毘叉膩 禰毘剃 阿便哆邏禰履剃 阿亶哆
다라니 아로가바사파자비사니 네비데 아변다라네리데 아단다

波隷輸地 漚究隷 牟究隷 阿羅隷 波羅隷 首迦差 阿三磨三履 佛陀
바례수디 구구례 모구례 아라례 바라례 수가차 아삼마삼리 붓다

毘吉利袠帝 達磨波利差帝 僧伽涅瞿沙禰 婆舍婆舍輸地 曼哆邏
비기리질대 달마바리차데 싱가열구사네 바사바사수지 만다라

曼哆邏叉夜多 郵樓哆 郵樓哆憍舍略 惡叉邏 惡叉冶多冶 阿婆盧
만다라사야다 우루다 우루다교사략 악사라 악사야다야 아바로

阿摩若那多夜.
아마야나다야

"안예, 만예, 마네, 마마네, 찟뗴, 짜리뗴,

싸메, 싸미따, 비샨떼, 묵떼, 묵따따메,

싸메, 아비싸메, 싸마싸메, 자예, 끄샤예 악싸예,

악씨네, 샨떼, 싸미떼, 다라니,

아로까바쎄 쁘라뜨야벡싸니, 니디루,

아브얀따라 니비쓰떼, 아브얀따라 빠리슛디,

무뜨꿀레, 무뜨꿀레, 아라데, 빠라데, 쑤깡끄씨,

아싸마싸메, 붓따 빌로끼떼, 다르마 빠릭씨떼,

상가 니르고싸니, 니르고니 바야바야 비쇼다니,

만뜨레, 만뜨락싸야떼, 루떼, 루따 까우샬례,

악싸예, 악싸야 바나따예, 박꿀레 발로다,

아만야나따예, 스바하."

---

* 이 주문(呪文)은 '약왕보살 묘법연화경 수지자(受持者) 수호 다라니'이다.

世尊이시여 是陀羅尼神呪는 六十二億恒河沙等諸佛所說이시니 若有侵毁此
세존 시다라니신주 육십이억항하사등제불소설 약유침훼차

法師者라면 則爲侵毁是諸佛已리이다 時에 釋迦牟尼佛께서 讚藥王菩薩言하사대
법사자 즉위침훼시제불이 시 석가모니불 찬약왕보살언

善哉 善哉라 藥王이여 汝愍念擁護此法師故로 說是陀羅尼하여 於諸衆生에
선재 선재 약왕 여민념옹호차법사고 설시다라니 어제중생

多所饒益하나니라.
다소요익

4. “세존이시여, 이 다라니신주는① 육십이억 항하사 수의
제불(諸佛)께서 설하신 바이오니,
만약 이 법사를 침해하거나 헐뜯는 자가② 있다면,
이는 곧 제불을 침해하거나 헐뜯는 것이 되겠나이다.”
그 때, 석가모니불께서
약왕보살을 칭찬해 말씀하셨습니다.
“훌륭하고 장하다, 약왕아.
네가 법사들을 걱정하고③ 옹호하려는④ 까닭으로
이 다라니를 설하니,
모든 중생에게 요익하는 바가⑤ 많으리라.”

---

① 다라니신주(陀羅尼神呪) : 신비하고 불가사의한 주문. 다라니주와 같은 뜻. ② 침해하거나 헐뜯는 자(侵毁) : 법화경을 수지하는 법사에게 해를 입히거나 헐뜯고 훼방하는 자. ③ 걱정함(愍念) : 불쌍히 생각함. ④ 옹호(擁護) : 보호하고 지킴. 수호함. ⑤ 요익하는 바 : 신주(神呪) 때문에 법사가 안락(安樂)하여 모든 법을 잘 설명하여 일체를 이익되도록 인도하고, 말세 중생의 이익이 많게 하는 바.

爾時에 勇施菩薩이 白佛言하사대 世尊이시여 我亦爲擁護讀誦受持法華經者하여
이시 용시보살 백불언 세존 아역위옹호독송수지법화경자

說陀羅尼하겠사오니 若此法師가 得是陀羅尼하면 若夜叉며 若羅刹이며 若
설다라니 약차법사 득시다라니 약야차 약나찰 약

富單那며 若吉蔗며 若鳩槃茶며 若餓鬼 等이 伺求其短하여도 無能得
부단나 약길자 약구반다 약아귀 등 사구기단 무능득

便하리이다하시고 卽於佛前에서 而說呪曰하사대
편 즉어불전 이설주왈

5. 그 때, 용시보살이① 부처님께 사뢰었습니다.

"세존이시여, 저도 법화경을 독송하고
받아 지니는 이를 옹호하기 위하여
다라니를 설하겠나이다.
만약 이 법사가 이 다라니를 얻는다면,
야차거나② 나찰이거나③ 부단나거나④ 길자거나⑤
구반다거나⑥ 아귀⑦ 등이 그의 약점을 찾을지라도
편의(기회)를 얻지 못할 것이나이다." 하고
곧 부처님 앞에서 주문을 설했습니다.

---

①**용시보살** : 보시를 베푸는 데 용감하다는 뜻의 이름을 지닌 보살. 제1품(서품)과 제23품(약왕보살본사품)에도 등장한다. ②**야차** : 사람을 잡아 먹는 악귀. 불교에 귀의하여 비사문천(毘沙門天) 권속으로 북방을 수호한다. ③**나찰** : 신통력이 있어서 사람을 꾀어 잡아먹기도 한다는 악귀. 후에 불교에 귀의해 수호신이 되었다. ④**부단나**(putana) : 귀신의 하나. 건달바와 함께 증장천(增長天)의 권속. ⑤**길자**(krtya) : 시체에 붙는 귀신. 마술의 신. ⑥**구반다** : 증장천의 권속으로, 사람의 정기를 먹는다는 귀신. ⑦**아귀** : 악업의 과보로 배가 고프지만, 먹을 수 없는 괴로움에 시달리는 귀신. 아귀도는 육도 중에서 삼악도에 속한다.

痤隸 摩訶痤隸 郁枳 目枳 阿隸 阿羅婆第 涅隸第 涅隸多婆第 伊緻柅
자 례 마 하 자 례 우 지 목 지 아 례 아 라 바 제 열 례 제 열 례 다 바 제 이 지 니
韋緻柅 旨緻柅 涅隸墀柅 涅犁墀婆底.
위 지 니 지 지 니 열 례 지 니 열 리 지 바 지
世尊이시여 是陀羅尼神呪는 恒河沙等諸佛所說이시며 亦皆隨喜시니 若有
세 존 시 다 라 니 신 주 항 하 사 등 제 불 소 설 역 개 수 희 약 유
侵毁此法師者면 則爲侵毁是諸佛已리이다.
침 훼 차 법 사 자 즉 위 침 훼 시 제 불 이

"즈발레, 마하 즈발레, 욱께, 뚝께, 묵께,
아데, 아다바띠, 느리뜨예, 느리뜨야바띠,
잇띠니, 빗띠니, 찟띠니,
느리뜨야니, 느리뜨야바띠, 스바하."

"세존이시여, 이 다라니신주는 항하사 수 같은
제불께서 설하신 바이며,
또 모두 따라 기뻐하신(隨喜) 바이옵니다.
만약 이 법사를 침해하고 헐뜯는 자가 있다면,
이는 곧 제불을 침해하고 헐뜯는 것이 되겠나이다."

---

* 이 주문(呪文)은 '용시보살 묘법연화경 수지자(受持者) 수호 다라니'이다.

爾時에 毘沙門天王護世者가 白佛言하사오대 世尊이시여 我亦爲愍念衆生하여
이시 비사문천왕호세자 백불언 세존 아역위민념중생

擁護此法師故로 說是陀羅尼하나이다하고 即說呪曰호대
옹호차법사고 설시다라니 즉설주왈

阿梨 那梨 㝹那梨 阿那盧 那履 拘那履.
아리 나리 노나리 아나로 나리 구나리

世尊이시여 以是神呪로 擁護法師하며 我亦自當擁護持是經者하여 令百
세존 이시신주 옹호법사 아역자당옹호지시경자 영백

由旬內에 無諸衰患케하겠나이다.
유순내 무제쇠환

6. 그 때, 세상을 수호하는① 비사문천왕이②
부처님께 사뢰었습니다.
"세존이시여, 저도 중생을 불쌍히 여기고
이 법사를 옹호하기 위하여
이 다라니를 설하겠나이다." 하고
곧 주문을③ 설했습니다.

"앗떼 땃떼, 낫떼, 바낫떼, 아나데, 나디,
꾸나디, 스바하."

"세존이시여, 이 신주로써 법사를 옹호하고,
저 또한 스스로 이 경을 지니는 이를 옹호함으로써
백 유순에 걸쳐 온갖 쇠함과 환난이④ 없게 하겠나이다."

---

① 세상을 수호하는(護世) : 비사문천왕은 염부제 북방을 수호하는 신이므로, 세상을 지키는 자라고 하였다. ② 비사문천왕(Vaiśravaṇa) : 사천왕의 하나. 수미산 제4층에서 야차와 나찰을 이끌고 북방을 수호하는 신. 다문천왕(多聞天王). ③ 주문 : 이 주문은 '비사문천왕 묘법연화경 수지자 수호 다라니'이다. 비사문천왕이 중생들의 이익을 염려하여 법화경 법사를 옹호하는 다라니를 설했다. ④ 쇠함과 환난(衰患) : 온갖 재앙.

爾時에 持國天王이 在此會中하야 與千萬億那由他乾闥婆衆의 恭敬圍繞와로
이시 지국천왕 재차회중 여천만억나유타건달바중 공경위요
前詣佛所하여 合掌白佛言하사오대 世尊이시여 我亦以陀羅尼神呪로 擁護持
전예불소 합장백불언 세존 아역이다라니신주 옹호지
法華經者하겠나이다하고 卽說呪曰
법화경자 즉설주왈
阿伽禰 伽禰 瞿利 乾陀利 栴陀利 摩蹬耆 常求利 浮樓莎柅頞底.
아가네 가네 구리 건다리 전다리 마등기 상구리 부루사니알디
世尊이시여 是陀羅尼神呪는 四十二億諸佛所說이시니 若有侵毁此法師者라면
세존 시다라니신주 사십이억제불소설 약유침훼차법사자
則爲侵毁是諸佛已리이다.
즉위침훼시제불이

7. 그 때, 지국천왕이[①] 이 회중에 있었는데,
천만억 나유타 수의 건달바의[②] 공경과 에워쌈을 받으면서
부처님 처소로 나아가 합장하고 부처님께 사뢰었습니다.
"세존이시여, 저도 다라니신주로
법화경을 지니는 이를 옹호하겠나이다." 하고
곧 주문을[③] 설했습니다.

"아가네, 가네, 가우리, 간다리, 짠달리,
마땅기, 뿍까시, 쌍꿀레, 브루쌀리 씨씨, 스바하."

"세존이시여, 이 다라니신주는
사십이억의 제불께서 설하신 바이오니,
만약 이 법사를 침해하고 헐뜯는 자가 있다면,
이는 곧 제불을 침해하고 헐뜯는 것이 되겠나이다."

---

① 지국천왕 : 사천왕의 하나로, 수미산의 동방을 수호하며 건달바와 비사차(毗舍遮)를 지배한다. ② 건달바(乾闥婆) : 제석천을 섬겨 하늘 음악을 연주하는 신. 지국천의 부하라고도 한다. ③ 주문 : 이 주문은 '지국천왕 묘법연화경 수지자 수호 다라니'이다. 동방의 호세 지국천왕이 이 법회에 있으면서 부처님께 사뢰어, 함께 하는 무리와 신주로써 법사를 옹호하기를 원하였다.

爾時에 有羅刹女等하니 一名은 藍婆요 二名은 毗藍婆요 三名은 曲齒요
이시 유나찰녀등 일명 남바 이명 비남바 삼명 곡치

四名은 華齒요 五名은 黑齒요 六名은 多髮이요 七名은 無厭足이요 八名은
사명 화치 오명 흑치 육명 다발 칠명 무염족 팔명

持瓔珞이요 九名은 皐帝요 十名은 奪一切衆生精氣니라 是十羅刹女가
지영락 구명 고제 십명 탈일체중생정기 시십나찰녀

與鬼子母와 幷其子及眷屬으로 俱詣佛所하여 同聲으로 白佛言하사오대
여귀자모 병기자급권속 구예불소 동성 백불언

8. 그 때, 나찰녀들이① 있었습니다.

첫째 이름은 남바요,② 둘째 이름은 비남바요,③

셋째 이름은 곡치요,④ 넷째 이름은 화치요,⑤

다섯째 이름은 흑치요,⑥ 여섯째 이름은 다발이요,⑦

일곱째 이름은 무염족이요,⑧ 여덟째 이름은 지영락이요,⑨

아홉째 이름은 고제요,⑩

열째 이름은 탈일체중생정기였습니다.⑪

이 열 명의 나찰녀는 귀자모⑫ 및 그 아들과 권속을 데리고

부처님 처소로 나아가 소리를 함께 하여

부처님께 사뢰었습니다.

---

① **나찰녀** : 나찰은 사람을 잡아 먹는 악귀인데, 후에 불교에 귀의하여 불법의 수호신이 되었다. 여기서는 십 나찰녀들이 다라니주를 설하였다. ② **남바**(Lambā) : 유결박이라 한다. 번뇌에 매어 있다는 뜻. ③ **비남바**(Vilambā) : 이박(離縛)이라 번역. 번뇌의 구속에서 떠나 있다는 뜻. ④ **곡치** : 이가 곧지 못하고 휘어 있다는 뜻. ⑤ **화치** : 좋은 이. ⑥ **흑치** : 검은 이. 관(冠), 보관(寶冠)을 의미한다. ⑦ **다발** : 머리카락이 많음. ⑧ **무염족** : 만족할 줄 모름. ⑨ **지영락** : 영락을 지니고 있음. ⑩ **고제**(Kuti) : 하소(何所)로 번역. 십 나찰녀의 상수. ⑪ **탈일체중생정기** : 인간의 정기로 호흡한다는 뜻의 형용사. ⑫ **귀자모**(Hariti) : 남의 어린아이를 잡아 먹는 야차였다가, 부처님의 교화를 입어 불법을 수호하고 어린이 양육을 돕는 신이 되었다.

世尊이시여 我等이 亦欲擁護讀誦受持法華經者하여 除其衰患하고 若有伺求
세존 아등 역욕옹호독송수지법화경자 제기쇠환 약유사구

法師短者면 令不得便케호리다하고 卽於佛前에서 而說呪曰
법사단자 영부득편 즉어불전 이설주왈

伊提履 伊提泯 伊提履 阿提履 伊提履 泥履 泥履 泥履 泥履 泥履
이제리 이제미 이제리 아제리 이제리 니리 니리 니리 니리 니리

樓醯 樓醯 樓醯 樓醯 多醯 多醯 多醯 兜醯 㝹醯
루혜 루혜 루혜 루혜 다혜 다혜 다혜 도혜 루혜

"세존이시여, 저희도 법화경을 독송하고
받아 지니는 이를 옹호하여
그의 쇠함과 환난을 제거하고,
만약 법사의 약점을 찾는 자가 있다면,
그로 하여금 편의(기회)를 얻지 못하게 하겠나이다."①
곧 부처님 앞에서 주문을② 설했습니다.

"이띠메, 이띠메, 이띠메, 이띠메, 이띠메,
니메, 니메, 니메, 니메, 니메,
루헤, 루헤, 루헤, 루헤, 루헤,
스뚜헤, 스뚜헤, 스뚜헤, 스뚜헤, 스뚜헤,
스바하."

---

①편의를 얻지 못하게 함(令不得便) : 법사의 허물을 찾아내어 해치려는 자의 뜻대로 될 수 없도록 함. ②주문 : 이 주문은 '십 나찰녀 묘법연화경 수지자 수호 다라니'이다. 십 나찰녀가 지국천왕에 이어 법화경을 수행하는 법사를 옹호하고자 주문을 설했다.

寧上我頭上이언정 莫惱於法師이며 若夜叉며 若羅刹이며 若餓鬼며 若
영 상 아 두 상 막 뇌 어 법 사 약 야 차 약 나 찰 약 아 귀 약

富單那며 若吉蔗며 若毗陀羅며 若犍馱며 若烏摩勒伽며 若阿跋摩羅며
부 단 나 약 길 자 약 비 다 라 약 건 타 약 오 마 륵 가 약 아 발 마 라

若夜叉吉遮며 若人吉遮며 若熱病이 若一日이며 若二日이며 若三日이며
약 야 차 길 자 약 인 길 자 약 열 병 약 일 일 약 이 일 약 삼 일

若四日이며 若至七日이며 若常熱病이며 若男形이며 若女形이며 若童男形이며
약 사 일 약 지 칠 일 약 상 열 병 약 남 형 약 여 형 약 동 남 형

若童女形이 乃至夢中이라도 亦復莫惱케하리이다하고
약 동 녀 형 내 지 몽 중 역 부 막 뇌

9. "차라리 나의 머리 위에 오를지언정
법사를 괴롭히지 말며,
야차거나 나찰이거나 아귀거나 부단나거나
길자거나 비다라거나① 건타거나② 오마륵가거나③
아발마라거나④ 야차길자거나⑤ 인길자거나⑥ 열병—
하루, 이틀, 사흘, 나흘, 이레에 이르는 것이건,
고질이 된 열병이건 혹은 남형(男形) 또는 여형(女形)이거나,
동남형 또는 동녀형이 꿈 속에서라도 괴롭히지 마라."
라고 하였으며

---

① 비다라(Vetāla) : 적색귀(赤色鬼). 송장을 일으키는 귀신. ② 건타 : 황색귀(黃色鬼). ③ 오마륵가 : 흑색귀(黑色鬼). 사람의 정기를 빨아먹는 귀신. ④ 아발마라 : 사람의 기억력을 상실시키는 귀신. ⑤ 야차길자 : 야차의 마술사. 마술을 부리는 야차. ⑥ 인길자 : 마술을 부리는 사람. 사람으로서 마술사.

卽於佛前에서 而說偈言호대
즉어불전 이설게언

若不順我呪하고 惱亂說法者면 頭破作七分하되 如阿梨樹枝하며
약불순아주 뇌란설법자 두파작칠분 여아리수지

如殺父母罪하고 亦如壓油殃과 斗秤欺誑人과 調達破僧罪호리니
여살부모죄 역여압유앙 두칭기광인 조달파승죄

犯此法師者는 當獲如是殃하리오이다.
범차법사자 당획여시앙

곧 부처님 앞에서 게송으로 사뢰었습니다.
"만약 나의 주문에 순종하지 않고
설법하는 이를 괴롭히면,
머리를 일곱 조각 내어 아리수(阿梨樹)① 가지같이 하며,
부모를 죽인 죄,
기름 짤 때 속인 죄,
말이나 저울을 가지고 사람을 속인 죄,
조달(調達)이② 승가 파한 죄와 같게 하리.
이 법사를 범한 자는
응당 이 같은 재앙을③ 받으리."

---

①아리수(arjaka) : 이 나무의 꽃은 일곱 개의 꽃잎으로 되어 있다. 이 꽃과 같이 일곱 갈래로 갈라지는 것을 비유했다. ②조달 : 제바달다. 석가모니불의 사촌 동생으로, 교단을 파괴하려고 했으나, 제12품(제바달다품)에 이르러, 옛적에는 석가모니불의 선지식이었고, 미래세에는 마침내 천왕여래(天王如來)로 성불할 것이 밝혀졌다. ③이 같은 재앙 : 부모를 시해한 죄, 기름짤 때 속인 죄(벌레를 배양하여 섞어 짜기 때문에 큰 죄가 됨), 말과 저울 속인 죄, 화합을 깨뜨린 자가 받는 죄와 똑같은 재앙.

諸羅刹女가 **說此偈已**코 **白佛言**하사오대 **世尊**이시여 **我等**도 **亦當身自擁護**
제나찰녀 설차게이 백불언 세존 아등 역당신자옹호
受持讀誦修行是經者하여 **令得安隱**케하고 **離諸衰患**하며 **消衆毒藥**케호리이다
수지독송수행시경자 영득안온 이제쇠환 소중독약
佛告諸羅刹女하사대 **善哉善哉**라 **汝等**이 **但能擁護受持法華名者**하여도
불고제나찰녀 선재선재 여등 단능옹호수지법화명자
福不可量이어늘
복불가량

10. 나찰녀들이 이 게송을 설하고 나서
부처님께 사뢰었습니다.
"세존이시여, 저희도 스스로 이 경을 받아 지녀 독송하고
수행하는 이를 옹호하여
안온을 얻게 해 모든 환난을 여의게 하며,
온갖 독약이 소멸되게 하겠나이다."
부처님께서 나찰녀들에게 이르셨습니다.
"훌륭하고 장하다.
너희가 다만 법화경의 이름만 받아 지니는 사람을
옹호한다 할지라도
그 복을 다 헤아리지 못하겠거늘,

何況擁護具足受持하여 供養經卷호대 華 香 瓔珞과 末香 塗香 燒香과
하 황 옹 호 구 족 수 지 공 양 경 권 화 향 영 락 말 향 도 향 소 향

幡蓋 伎樂과 燃種種燈호대 酥燈油燈과 諸香油燈과 蘇摩那華油燈과
번 개 기 악 연 종 종 등 소 등 유 등 제 향 유 등 소 마 나 화 유 등

瞻蔔華油燈과 婆師迦華油燈과 優鉢羅華油燈의 如是等百千種으로
첨 복 화 유 등 바 사 가 화 유 등 우 발 라 화 유 등 여 시 등 백 천 종

供養者따녀 皐帝야 汝等及眷屬이 應當擁護如是法師니라 說是陀羅尼品時에
공 양 자 고 제 여 등 급 권 속 응 당 옹 호 여 시 법 사 설 시 다 라 니 품 시

六萬八千人이 得無生法忍하였나이다.
육 만 팔 천 인 득 무 생 법 인

하물며 갖추어 받아 지니고 경전에 공양하되,
꽃과 향과 영락과 말향,① 도향,② 소향과③ 번개,④ 기악과,
갖가지 등(燈) — 소등,⑤ 유등, 온갖 향유등과
소마나꽃의 기름등(燈),⑥ 첨복꽃의 기름등과⑦
바사가꽃의 기름등,⑧ 우발라꽃의 기름등을⑨ 태워,
이와 같은 백천 가지로 공양하는 이를 옹호함에 있어서랴.
고제(皐帝)야,⑩ 너희와 권속은 이런 법사를 옹호할지니라."
이 다라니품을 설하실 때, 육만 팔천 인이
무생법인(無生法忍)을⑪ 얻었습니다.

---

① **말향** : 가루로 된 향. ② **도향** : 몸에 바르는 향. ③ **소향** : 향을 태워 쐬는 향. 공양할 때에는 태운다. ④ **번개** : 번(幡)은 불보살을 장엄하는 데 쓰는 깃발이고, 개(蓋)는 불상이나 법상 위에 걸려 있는 천개이다. ⑤ **소등** : 유락(乳酪)에 향유를 섞어 만든 등. ⑥ **소마나화유등** : 수만(須曼)에서 짠 기름으로 켜는 등. ⑦ **첨복화유등** : 일명 황화수(黃華樹)화유등. 향기가 강한 노란 꽃으로 기름을 짜 등을 켠다. ⑧ **바사가화유등** : 바사가(Vārṣika)는 비올 때 피는 꽃(雨時華), 여름꽃(夏生華)이라고 번역. 여름에 흰꽃이 피는데, 향기가 강하다. ⑨ **우발라화유등** : 우팔라(Upala)는 청련화(淸蓮華) 또는 홍련화, 수련(睡蓮)이라고도 한다. ⑩ **고제**(皐帝) : 십 나찰녀 중 아홉째로 나찰녀의 우두머리. ⑪ **무생법인** : 불생불멸임을 깨달음.

묘장엄왕본사품 제 27 (妙莊嚴王本事品 第二十七)

爾時에 **佛告諸大衆**하사대 **乃往古世**에 **過無量無邊不可思議阿僧祇劫**하여
이시 불고제대중 내왕고세 과무량무변불가사의아승지겁

有佛하시니 **名 雲雷音宿王華智 多陀阿伽度 阿羅訶 三藐三佛陀**이시니라
유불 명 운뢰음수왕화지 다타아가도 아라하 삼먁삼불타

國名은 **光明莊嚴**이요 **劫名**은 **喜見**이니라.
국명 광명장엄 겁명 희견

1. 그 때, 부처님께서 모든 대중에게 이르셨습니다.
"지나간 옛적에① 한량 없고 가이없는
불가사의 아승지겁을 지나 부처님이 계셨으니,
이름이 운뢰음수왕화지,② 다타아가타,③
아라하,④ 삼먁삼불타이시니라.⑤
나라 이름은 광명장엄이고,⑥
겁의 이름은⑦ 희견이었느니라.⑧

---

① **지나간 옛적에**(乃往古世) : 내왕(乃往)은 오랜 옛날(昔昔)의 뜻. ② **운뢰음수왕화지**(雲雷音宿王華智) : '구름 속에서 울려퍼지는 우레소리(雷鳴)와 같은 음성을 내시고, 별들의 왕인 월천자(月天子)에 의해 신통력을 발휘한 부처님'이라는 의미를 지닌 명호이다. ③ **다타아가타** : tathāgata의 음역으로, 여래(如來)라고 번역한다. 여래 십호의 하나이다. ④ **아라하** : arhat의 음역. 공양을 받을 만하다는 뜻의 응공(應供)으로 번역한다. ⑤ **삼먁삼불타** : samayaksaṃbuddha의 음역. 정등정각(正等正覺)으로 번역한다. ⑥ **광명장엄** : 태양의 광명에 의해 장엄된 땅이라는 의미. ⑦ **겁의 이름** : 시대의 이름. ⑧ **희견**(喜見) : 태평스러워, 사람들이 보면 즐거워하는 시대라는 의미이다.

彼佛法中에 有王호대 名이 妙莊嚴이요 其王夫人은 名曰淨德이니라 有二子호대
피불법중 유왕 명 묘장엄 기왕부인 명왈정덕 유이자

一名은 淨藏이요 二名은 淨眼이라. 是二子는 有大神力과 福德智慧하여
일명 정장 이명 정안 시이자 유대신력 복덕지혜

久修菩薩所行之道하더니 所謂檀波羅蜜이며 尸羅波羅蜜이며 羼提波羅蜜이며
구수보살소행지도 소위단바라밀 시라바라밀 찬제바라밀

毗梨耶波羅蜜 禪波羅蜜 般若波羅蜜 方便波羅蜜과
비리야바라밀 선바라밀 반야바라밀 방편바라밀

그 부처님의 법 중에 왕이 있었으니,

이름이 묘장엄이고,①

그 왕비는 이름이 정덕(淨德)이니라.②

두 아들을 두었으니,

첫째 이름은 정장(淨藏)이고,③

둘째 이름은 정안(淨眼)이니라.④

2. 이 두 아들은 대신통력과 복덕과 지혜를 지녀,

오래도록 보살이 행할 도를 닦았느니라.

이른바 보시(布施, 檀)바라밀,⑤ 지계(持戒, 尸羅)바라밀,⑥

인욕(忍辱, 羼提)바라밀,⑦ 정진(精進, 毗梨耶)바라밀,⑧

선(禪)바라밀,⑨ 반야(般若)바라밀,⑩ 방편(方便)바라밀과⑪

---

① **묘장엄**(妙莊嚴, Subhalagarbha) : 온갖 미묘하고 선한 것으로 장엄하였다는 의미의 이름. ② **정덕**(Vimaladata) : 청정한 덕을 지녔다는 의미의 이름. ③ **정장**(Vimalagarbha) : 청정한 태(胎)를 가졌다는 의미의 이름. ④ **정안**(Vimalanetra) : 청정한 눈을 가졌다는 의미의 이름. ⑤ **보시바라밀**(布施波羅蜜) : dāna-pāramitā의 음역. 보시의 완성. 곧, 단나바라밀(檀那波羅蜜). ⑥ **지계바라밀**(尸羅) : 계율의 완성. ⑦ **인욕바라밀**(羼提) : 인욕의 완성. ⑧ **정진바라밀**(毗梨耶) : 정진의 완성. ⑨ **선바라밀**(檀那) : 선정의 완성. ⑩ **반야바라밀**(般若) : 지혜의 완성. ⑪ **방편바라밀**(方便) : 방편의 완성. 교묘한 수단과 방법으로 깨달음에 이르게 하는 일. 십바라밀의 일곱째.

慈悲喜捨와 乃至三十七品助道法이 皆悉明了通達하니라 又得菩薩의 淨
자비희사 내지삼십칠품조도법 개실명료통달 우득보살 정

三昧와 日星宿三昧와 淨光三昧와 淨色三昧와 淨照明三昧와 長莊嚴
삼매 일성수삼매 정광삼매 정색삼매 정조명삼매 장장엄

三昧와 大威德藏三昧어니 於此三昧에 亦悉通達하더니라.
삼매 대위덕장삼매 어차삼매 역실통달

자비희사(慈悲喜捨)와①
삼십칠품(三十七品)의 조도법(助道法)을②
다 명료히 통달하였느니라.
또, 보살의 정삼매(淨三昧),③ 일성수(日星宿)삼매,④
정광(淨光)삼매,⑤ 정색(淨色)삼매,⑥
정조명(淨照明)삼매,⑦ 장장엄(長莊嚴)삼매,⑧
대위덕장(大威德藏)삼매를⑨ 얻었는데,
이 모든 삼매에 또한 다 통달하였느니라.

---

① **자비희사(慈悲喜捨)** : 사무량심. 중생에 무량한 즐거움을 주고(자무량심), 고통을 없애 주며(비무량심), 기쁨이 번지게 하고(희무량심), 평등한 마음을 얻게 함(사무량심). ② **삼십칠조도법** : 깨달음의 지혜를 얻기 위한 실천 수행 방법. 사념처, 사정근, 사신족, 오근, 오력, 칠각지, 팔정도의 삼십칠법을 닦는다. ③ **정삼매(淨三昧, vimalasya-samādhi)** : 물들지 않았다는 뜻의 삼매. ④ **일성수삼매(日星宿三昧, nakṣtra-rājāditsya-s)** : 태양이나 별과 같이 밝은 지혜를 갖추는 삼매. ⑤ **정광삼매(淨光三昧, vimala-bhasa-s)** : 더러움이 없는 빛을 지닌 삼매라는 뜻. ⑥ **정색삼매(淨色三昧)** : 몸의 표정, 행동 등에 맑고 깨끗한 덕을 갖추는 삼매. ⑦ **정조명삼매(淨照明三昧, imala-bhāsasya-s)** : 자신의 덕을 가지고 주위를 정화해 가는 삼매. ⑧ **장장엄삼매(長莊嚴三昧, alaṃkāra-śubhasya-s)** : 청정한 장엄이 있는 삼매. ⑨ **대위덕장삼매(大威德藏三昧, mahā-tejo-garbhasya-s)** : 위대한 위신력이 있는 삼매.

爾時에 彼佛께서 欲引導妙莊嚴王하시고 及愍念衆生故로 說是法華經하시더니
이시 피불 욕인도묘장엄왕 급민념중생고 설시법화경

時에 淨藏淨眼二子가 到其母所하여 合十指爪掌하고 白言호대 願하옵건대 母는
시 정장정안이자 도기모소 합십지조장 백언 원 모

往詣雲雷音宿王華智佛所하소서 我等도 亦當侍從親近하와 供養禮拜하려하노이다
왕예운뢰음수왕화지불소 아등 역당시종친근 공양예배

所以者何오 此佛께서 於一切天人衆中에 說法華經하시나니 宜應聽受니이다.
소이자하 차불 어일체천인중중 설법화경 의응청수

3. 그 때, 그 부처님께서 묘장엄왕을 인도하려 하시고,①
또 중생을 불쌍히 여기시어 이 법화경을 설하셨느니라.
때에, 정장과 정안 두 아들이 그의 어머니 처소에 이르러,
열 손가락을 모아 합장하고② 말씀하였느니라.
'원하옵건대,
어머니께서는 운뢰음수왕화지불 처소에 가시옵소서.
저희가 모시고 가서 친견하고 공양, 예배하려 하옵니다.
왜냐 하오면,
이 부처님께서는 모든 하늘과 사람에게
법화경을 설하시므로,
의당히 듣고 받아 지녀야③ 하기 때문입니다.'

---

① 묘장엄왕을 인도하려 하심 : 묘장엄왕이 외도에 빠져 있으므로, 바른 도로 인도하기 위해 경을 설하심을 뜻한다. 뒤에 아들에 의해 인도되어 나온다. ② 열 손가락을 모아 합장(合十指爪掌) : 원래의 뜻은 열 손가락의 손톱과 손바닥을 모음. ③ 의당히 듣고 받아 지님(宜應聽受) : 이 경은 마땅히 들어야 할 위대한 법문이므로 어머니께 권한다는 뜻이다.

母告子言호대 汝父信受外道하여 深著婆羅門法하였나니 汝等이 應往白父하여
모고자언 여부신수외도 심착바라문법 여등 응왕백부
與共俱去니라 淨藏 淨眼이 合十指爪掌하고 白母호대 我等은 是法王子로서
여공구거 정장 정안 합십지조장 백모 아등 시법왕자
而生此邪見家하였나이다 母告子言호대 汝等이 當憂念汝父하여 爲現神變하라
이생차사견가 모고자언 여등 당우념여부 위현신변
若得見者면 心必淸淨하여 或聽我等의 往至佛所하리라.
약득견자 심필청정 혹청아등 왕지불소

4. 어머니가 아들에게 일러 말하였느니라.
'너희 아버지는 외도(外道)를 믿어
바라문법에 깊이 집착하시니,①
너희는 응당 가서 아버지께 말씀드려 함께 갈지니라.'
정장과 정안이 열 손가락을 모아 합장하고 어머니에게
'저희는 법왕의 아들로서,②
이 사견가(邪見家)에③ 태어났습니다.' 했느니라.
어머니는 아들에게 일러 말하였느니라.
'너희는 마땅히 아버지를 염려하고 생각해서
신통 변화를④ 나타낼지니라.
만약 이를 보시게 되면, 마음이 청정해져서⑤
혹 우리가 부처님 처소에 감을 허락하실지도 모르리라.'

---

① **바라문법에 깊이 집착함** : 바라문교의 법에 대해 깊이 신봉함. 바라문교는 베다의 가르침을 중심으로 범천(梵天)에 태어나기 위해 고행 수도한, 고대 인도의 종교이다. ② **법왕의 아들(法王子)** : 부처님법을 바르게 전승하는 사람. 여기서는 운뢰음수왕화지불의 법왕자이다. ③ **사견가** : 외도를 신봉하는 집안. 묘장엄왕이 바라문교를 믿으므로 이렇게 지칭하였다. ④ **신통 변화(神變)** : 불보살께서 중생 제도를 위해 신통력으로 여러 가지 모습을 보이는 일. ⑤ **보시게 되면 마음이 청정해짐** : 선법(善法)으로는 듣지 않을 것이지만, 신통력을 보면 받아들이게 될 듯함.

於是에 二子가 念其父故로 踊在虛空高七多羅樹하여 現種種神變호대
어시 이자 염기부고 용재허공고칠다라수 현종종신변

於虛空中에 行住坐臥하며 身上에 出水하고 身下에 出火하며 身下에 出水하고
어허공중 행주좌와 신상 출수 신하 출화 신하 출수

身上에 出火하며 或現大身하여 滿虛空中하였다가 而復現小하고 小復現大하며
신상 출화 혹현대신 만허공중 이부현소 소부현대

於空中에서 滅하여 忽然在地하며 入地如水하고 履水如地하니라 現如是等
어공중 멸 홀연재지 입지여수 이수여지 현여시등

種種神變하여 令其父王으로 心淨信解케하니라.
종종신변 영기부왕 심정신해

5. 이에 두 아들이 그 아버지를 생각하여 공중으로 솟아오르니,
칠 다라수 높이에서[①] 갖가지의 신통 변화를 나타냈느니라.
허공중에서 가고 머무르고 앉고 누우며,
상반신에서 물을 뿜고 하반신에서 불을 뿜으며,
하반신에서 물을 뿜고 상반신에서 불을 뿜으며,[②]
혹은 큰 몸을 나타내어
허공중에 가득 차게 하였다가 도로 작아지며,
작았다가 다시 큰 몸을 나타내며,
공중에서 사라졌다가 홀연히 땅에 모습을 나타내며,
땅 속으로 들어가기를 물같이 하고,
물 위에 가기를 땅에서와 같이 했느니라.
이와 같은 갖가지의 신통 변화를[③] 나타내어
그들 부왕이 마음을 깨끗이 하여
믿고 이해하게 했느니라.

---

①칠 다라수 높이 : 한 다라수(나무)의 높이가 7척(尺) 정도이므로, 몸을 솟구친 높이가 5장(丈)이 된다는 뜻. **②상반신에서 물(불)을 뿜고 하반신에서 불(물)을 뿜음** : 몸에서 물을 뿜는 것은 수광삼매(水光三昧), 불을 뿜는 것은 화광삼매(火光三昧)로 보기도 한다. **③갖가지 신통 변화** : 모두 18가지 신통 변화라고 하여 십팔변(十八變)이라고도 한다.

時에 父는 見子하고 神力이 如是하니 心大歡喜하여 得未曾有하여 合掌向子言
시 부 견자 신력 여시 심대환희 득미증유 합장향자언

汝等의 師는 爲是誰며 誰之弟子오 二子 白言호대 大王이시여 彼雲雷音宿王華
여등 사 위시수 수지제자 이자 백언 대왕 피운뢰음수왕화

智佛께서 今在七寶菩提樹下하사 法座上坐하사 於一切世間天人衆中에 廣
지불 금재칠보보리수하 법좌상좌 어일체세간천인중중 광

法華經하시나니 是我等師시며 我是弟子로이다 父語子言호대 我今에 亦欲見
법화경 시아등사 아시제자 부어자언 아금 역욕견

汝等師하노니 可共俱往이로다.
여등사 가공구왕

6. 그 때, 아버지는 아들들의 신통력이 이와 같음을 보고
마음에 크게 기뻐서 미증유를[①] 얻은지라,
합장하고 아들에게 이르되,
'너희 스승은 누구이며, 누구의 제자이냐?'
두 아들이 말씀하되,
'대왕이시여, 저 운뢰음수왕화지불께서
지금 칠보 보리수 아래 법좌에 앉으시어,
모든 세간의 하늘과 사람들에게
널리 법화경을 설하시오니,
이분이 저희의 스승이시며,
저희는 이분의 제자이옵니다.'
아버지가 아들에게 일러 말하되,
'나도 지금 너희의 스승을 뵙고자 하니, 함께 갈지니라.'[②]

---

① 미증유(未曾有) : 일찍이 본 적이 없는 희유한 일. ② 함께 감(共俱往) : 묘장엄왕이 아들들의 신통력을 보고 부처님의 덕이 존엄함을 알았으므로, 함께 가 보고자 함.

於是에 二子가 從空中下하여 到其母所하여 合掌白母호대 父王이 今已信解하사
어시 이자 종공중하 도기모소 합장백모 부왕 금이신해
堪任發阿耨多羅三藐三菩提心이시나이다 我等이 爲父하여 已作佛事호니
감임발아누다라삼먁삼보리심 아등 위부 이작불사
願하옵건대 母께서 見聽於彼佛所에 出家修道케하소서 爾時에 二子 欲重宣其意하여
원 모 견청어피불소 출가수도 이시 이자 욕중선기의
以偈白母호대
이게백모

7. 이에 두 아들이 공중에서 내려와
그 어머니 처소에 이르러 합장하고
어머니에게 말씀하였느니라.
'부왕(父王)께서 이제 믿고 이해하시어
아누다라삼먁삼보리심을 일으키셨나이다.①
저희가 아버지를 위하여 이미 불사(佛事)를② 지었사오니,
원하옵건대,
어머니께서는 저 부처님 처소에 가서
출가하여 수도(修道)할 것을 허락하시옵소서.'
그 때, 두 아들은 그 뜻을 거듭 펴고자
게송으로 어머니에게 고했느니라.

---

① 일으키셨나이다(堪任發) : 감당할 만하다. 보리심을 일으킬 만하다는 뜻. ② 불사(佛事) : 중생을 제도하는 일. 곧, 신통 변화를 보인 것이 불사의 하나이다.

願하옵건대 母께서 放我等하사 　出家作沙門케하소서
원 모 방아등 　출가작사문

諸佛께옵서는 甚難値오니 　我等은 隨佛學하겠나이다
제불 심난치 　아등 수불학

如優曇鉢華하사와 　値佛이 復難是하며
여우담발화 　치불 부난시

脫諸難이 亦難하니 　願하옵건대 聽我出家하소서.
탈제난 역난 　원 청아출가

母卽告言호대 聽汝出家하노니 所以者何오 佛難値故니라.
모즉고언 청여출가 소이자하 불난치고

'원하옵건대, 어머니께서는 저희를 놓아 주시어
출가하여 사문(沙門)이① 되게 하시옵소서.
제불은 만나기 매우 어렵사오니,
저희는 부처님 따라 배우려 하나이다.
우담발화② 만나기 어렵다 하나,
부처님 만나기는 이보다 더 어렵고,
모든 고난 벗어나기 또한 어렵나이다.
원하옵건대, 저희의 출가를 허락하시옵소서.'

8. 어머니는 곧 일러 말했느니라.
'너희의 출가를 허락하노라.③
왜냐 하면, 부처님 만나기는 어렵기 때문이니라.'

---

① **사문(沙門, samaṇa)** : 불도 수행자. 스님. 원래는 인도에서 출가 고행자를 뜻하였다. ② **우담발화** : 우담바라(udumbara). 서응(瑞應)이라 번역. 3,000년에 한 번씩 꽃이 피는 나무. 이것이 꽃이 필 때, 부처님께서 세상에 나오신다고 하여, 흔하지 않은 일을 비유할 때에 든다. ③ **출가를 허락함(聽汝出家)** : 너희의 뜻을 따라 허락한다는 뜻.

於是에 二子白父母言호대 善哉父母시여 願하옵건대 時往詣雲雷音宿王華智
어시 이자백부모언 선재부모 원 시왕예운뢰음수왕화지
佛所하사 親近供養하소서 所以者何오 佛難得値는 如優曇鉢羅華하시며 又如
불소 친근공양 소이자하 불난득치 여우담발라화 우여
一眼之龜가 値浮木孔하니 而我等이 宿福이 深厚하여 生値佛法하였사오니
일안지구 치부목공 이아등 숙복 심후 생치불법
是故로 父母當聽我等하사 令得出家케하소서 所以者何오 諸佛은 難値시며
시고 부모당청아등 영득출가 소이자하 제불 난치
時亦難遇일새니이다.
시역난우

이에 두 아들이 부모에게 고했느니라.
'거룩하시옵니다, 부모님이시여.
원하옵건대, 때맞춰 운뢰음수왕화지불 처소에 가셔서
친견하고 공양하시옵소서.
왜냐 하오면, 부처님 만나기 어렵기는 우담발화 같으시며,
또는 외눈박이 거북이가
바다에 떠다니는 나무 토막 구멍 만나는 것과 같나이다.①
그러나 저희는 숙세에 복이 깊고 두터워서
이승에 태어나 부처님과 법을 만났나이다.②
그러므로 부모님께서는 저희를 출가하도록 허락하시옵소서.
왜냐 하오면, 제불(諸佛) 만나기 어렵고,
이런 시기도 만나기 어렵기 때문이나이다.'

---

① **외눈박이 거북이 바다에 떠다니는 나무 토막 구멍 만나는 것과 같음**(一眼之龜 値浮木孔) : 외눈박이 거북이가 큰 바다를 떠다니다가 나무 토막에 난 구멍을 만나 몸을 편안히 하기가 대단히 어려운 것처럼, 사람들이 편견으로 생사의 바다에 빠지면, 응신(應身)을 만나 법을 얻어 해탈하고 싶어도 매우 어렵다는 뜻이다. 아함경에는 바다에 구멍 뚫린 나무가 떠다닐 때, 눈먼 거북이 백년 만에 한 번 물 위에 떠올라 그 구멍으로 거북의 머리가 나오는 일이 매우 어려움을 들고 있다. ② **부처님과 법을 만남**(生値佛法) : 숙세의 복이 두터워 운뢰음수왕화지불과 법화경의 묘법을 만났다는 뜻.

彼時에 妙莊嚴王後宮八萬四千人이 皆悉堪任受持是法華經하며 淨眼
피시 묘장엄왕후궁팔만사천인 개실감임수지시법화경 정안
菩薩은 於法華三昧에 久已通達하였으며 淨藏菩薩은 已於無量百千萬億劫에
보살 어법화삼매 구이통달 정장보살 이어무량백천만억겁
通達離諸惡趣三昧러니 欲令一切衆生으로 離諸惡趣故니라 其王夫人은
통달리제악취삼매 욕령일체중생 이제악취고 기왕부인
得諸佛集三昧하여 能知諸佛秘密之藏하더니라.
득제불집삼매 능지제불비밀지장

9. 그 당시, 묘장엄왕의 후궁 팔만 사천 인이
모두 이 법화경을 받아 지녔느니라.①
정안보살은 법화삼매에② 오래 전부터 이미 통달했고,
정장보살은 이미 한량 없는 백천만억 겁 동안
이제악취삼매(離諸惡趣三昧)에③ 통달하여,
일체 중생이 모든 악취를④ 여의도록 하려고 했느니라.
그 왕의 부인은 제불집삼매(諸佛集三昧)를⑤ 얻어
제불의 비밀한 도리를⑥ 알았느니라.

---

① **후궁~받아 지녔느니라** : 왕이 욕망에 집착하여 팔만 사천의 미혹된 사람이 후궁으로 있었다. 착한 마음이 일단 생기면 어떠한 악도 바뀌지 않음이 없으므로, 궁녀가 모두 법화경을 지니게 되었다. ② **법화삼매(法華三昧)** : 일체법을 거두어서 하나의 실상(實相)으로 돌아오게 하는 삼매. 세간법을 듣고 여기에 물들지 않는 것은 연꽃이 물에 있는 것과 같고, 많이 듣고 기억해 지니며(摠持) 부처님의 말씀을 잘 이해하는 것은 곧 법화의 선정(法華正定)이다. ③ **이제악취삼매** : 일체 중생의 죄악을 제거한다는 의미의 삼매이다. 중생의 윤회나 악취(惡趣)의 경계를 떠나는 삼매이다. ④ **모든 악취** : 악한 삶. 삼악도뿐만 아니라, 삼계, 육도, 윤회가 모두 악취이다. 이 모든 악취를 여의는 것이 불도를 구하는 목적의 하나이다. ⑤ **제불집삼매** : 부처님의 가르침과 비밀의 뜻을 이해했다는 뜻의 삼매. ⑥ **제불의 비밀한 도리(諸佛秘密之藏)** : 부처님 비밀의 가르침. 진리.

二子는 如是한 以方便力으로 善化其父하여 令心信解하여 好樂佛法케하야늘
이자 여시 이방편력 선화기부 영심신해 호요불법

於是에 妙莊嚴王이 與羣臣眷屬으로 俱하며 淨德夫人은 與後宮采女眷屬과
어시 묘장엄왕 여군신권속 구 정덕부인 여후궁채녀권속

俱하며 其王二子는 與四萬二千人과 俱하여 一時에 共詣佛所하여 到已하여
구 기왕이자 여사만이천인 구 일시 공예불소 도이

頭面禮足하삽고 繞佛三匝하고 却住一面하니라 爾時에 彼佛께서 爲王說法하사
두면예족 요불삼잡 각주일면 이시 피불 위왕설법

示教利喜하신대 王이 大歡悅하니라.
시교리희 왕 대환열

10. 두 아들이 이와 같이 방편력으로
그 아버지를 잘 교화해서 마음으로 믿고 이해하여
불법을 좋아하게 하였느니라.
이에 묘장엄왕은 여러 신하 및 권속과 함께,
정덕부인은 후궁과 채녀(采女, 궁녀)[①] 및 권속과 함께,
그 왕의 두 아들은 사만 이천 인과 함께,
일시에 다 같이 부처님 처소에 나아가
머리 조아려 발에 예배하고,[②]
부처님 주위를 세 번 돌고[③] 물러나 한쪽에 머물렀느니라.
그 때, 그 부처님께서 왕을 위해 설법하시어 법을 보이고
가르쳐 이롭고 즐겁게 하시니,[④]
왕이 크게 기뻐했느니라.

---

①채녀 : 궁녀. 채(采)는 채(採)에서 온 말이니, 뽑은 여자라는 뜻이다. ②머리 조아려 발에 예배함(頭面禮足) : 머리를 상대방 발에 대고 예를 표하는 법. ③부처님 주위 세 번 돎(繞佛三匝) : 오른쪽 어깨를 부처님 쪽으로 하여 주위를 세 번 도는 경례법. ④법을 보이시고 가르쳐 이롭고 즐겁게 함 : 불보살이 설법하시는 네 가지 방법(四事). 여래는 시교이희(示教利喜)로 법을 설하여 무상 보리심을 내게 하신다.

爾時에 妙莊嚴王과 及其夫人이 解頸眞珠瓔珞하니 價値百千이라 以散
이시 묘장엄왕 급기부인 해경진주영락 가치백천 이산
佛上하사오니 於虛空中에 化成四柱寶臺하고 臺中에 有大寶牀호대 敷百千萬
불상 어허공중 화성사주보대 대중 유대보상 부백천만
天衣하였거늘 其上有에 佛께서 結跏趺坐하사 放大光明하시니라. 爾時에 妙莊嚴王
천의 기상유 불 결가부좌 방대광명 이시 묘장엄왕
作是念호대 佛身이 希有하여 端嚴殊特하사 成就第一微妙之色이샷다 時에
작시념 불신 희유 단엄수특 성취제일미묘지색 시
雲雷音宿王華智佛께서 告四衆言하사대
운뢰음수왕화지불 고사중언

그 때, 묘장엄왕과 왕비는 값이 백천 냥금 나가는
진주 영락 목걸이를 풀어서 부처님 위에 흩으니,
허공중에서 화하여 네 기둥의 보대(寶臺)가[1] 되고,
보대 가운데에는 큰 보상이[2] 있어,
백천만의 하늘옷을 깔고 그 위에
부처님이 결가부좌하시어 큰 광명을 놓으시니라.

11. 그 때, 묘장엄왕은 이런 생각을 하였느니라.
'부처님의 몸은 희유해서 단엄하고 수승(殊勝)하여[3]
가장 미묘한 색상(色相)을 성취하셨도다.'
때에, 운뢰음수왕화지불께서 사부 대중에게 이르셨느니라.

---

① **보대(寶臺)** : 넓은 보배대. 공중에 이루어진 좌대(넓고 평평한 무대). 여기에 법상이 놓이게 된다. 네 기둥의 보대는 사홍서원을 의미하니, 굳건한 서원으로 보배대(臺)가 이루어진다. 이 대 위에 법상이 놓이고, 법상 위에 인욕의 천의(天衣)를 깐 다음, 부처님께서 여기에 앉으셔서 법을 설하시게 된다. ② **보상(寶牀)** : 보배로 된 선상(禪床). 곧, 법상. ③ **단엄하고 수승함(端嚴殊特)** : 단정하고 장엄함이 뛰어나다는 뜻.

汝等이 見是妙莊嚴王이 於我前에서 合掌立가 不아 此王이 於我法中에
여등 견시묘장엄왕 어아전 합장립 부 차왕 어아법중

作比丘하여 精勤修習 助佛道法하여 當得作佛하리니 號는 娑羅樹王이요
작비구 정근수습 조불도법 당득작불 호 사라수왕

國名은 大光이며 劫名은 大高王이리라 其娑羅樹王佛이 有無量菩薩衆과
국명 대광 겁명 대고왕 기사라수왕불 유무량보살중

及無量聲聞하며 其國은 平正하고 功德은 如是하리라 其王이 卽時에 以國으로
급무량성문 기국 평정 공덕 여시 기왕 즉시 이국

付弟하고 與夫人과 二子와 幷諸眷屬과로 於佛法中에 出家修道하니라.
부제 여부인 이자 병제권속 어불법중 출가수도

'너희는 이 묘장엄왕이
내 앞에서 합장하고 서 있는 것을 보느냐?
이 왕은 나의 법 가운데에서 비구가 되어
깨달음 돕는 법을① 부지런히 닦아 익혀 마땅히 성불하리니,
이름은 사라수왕불(娑羅樹王佛)이고,②
나라의 이름은 대광(大光)이며,③
겁(劫)의 이름은 대고왕(大高王)이라④ 하리라.
그 사라수왕불에게는 한량 없는 보살 대중과
한량 없는 성문 대중이 있으며,
그 국토는 평평하고 반듯하리니, 공덕이 이와 같으리라.'
이 말씀을 들은 왕은 즉시 나라를 아우에게 부촉하고,
왕비와 두 아들 및 모든 권속과 함께
불법 가운데 출가하여 수도하였느니라.

---

① **깨달음 돕는 법**(助佛道法) : 조도법(助道法)과 같은 뜻. 깨달음을 얻기 위한 수행 방법. ② **사라수왕불** : 사라수는 견실하여 겨울이나 여름에도 마르지 않는 나무 중의 왕이니, 왕의 성품이 견고하여 부지런히 정진 수행하므로 이와 같이 이름이 붙여졌다. ③ **대광**(大光) : 이해하고 도(道)에 들어갈 때까지 의지한 나라이기 때문에 대광이라 했다. ④ **대고왕** : 그 시절이 가장 좋은 때라, 나머지 다른 겁(劫)은 미칠 수 없으므로 대고왕(大高王)이라 이름하였다.

王이 出家已하여 於八萬四千歲에 常勤精進하여 修行妙法華經하니 過是
왕 출가이 어팔만사천세 상근정진 수행묘법화경 과시
已後에 得一切淨功德莊嚴三昧하여 即昇虛空高七多羅樹하여 而白佛言하사오대
이후 득일체정공덕장엄삼매 즉승허공고칠다라수 이백불언
世尊이시여 此我二子는 已作佛事하사 以神通變化로 轉我邪心하여 令得
세존 차아이자 이작불사 이신통변화 전아사심 영득
安住於佛法中하고 得見世尊케하오니 此二子者는 是我의 善知識이나이다
안주어불법중 득견세존 차이자자 시아 선지식
爲欲發起宿世善根하여 饒益我故로 來生我家하도소이다.
위욕발기숙세선근 요익아고 내생아가

12. 왕이 출가 후 팔만 사천 년 동안 항상 부지런히 정진해
묘법연화경의 도리를 수행하니,① 이 기간이 지난 후에
일체정공덕장엄삼매(一切淨功德莊嚴三昧)를② 얻어,
칠 다라수 높이의 허공에 올라가 부처님께 사뢰었느니라.
'세존이시여, 저의 두 아들은 이미 불사(佛事)를 지어
신통 변화로 저의 사된 마음을 돌리어③
불법 가운데에 편안히 머무르도록 하고,
세존을 친견할 수 있게 하였으니,
이 두 아들은 저의 선지식(善知識)이나이다.④
숙세에 선근을 일으켜 저에게 이익을 주려는 까닭으로
저의 집에 태어났사옵니다.'

---

① 묘법연화경의 도리를 수행함 : 항상 법화삼매(法華三昧)를 수행하며 익힌다는 뜻이다. ② 일체정공덕장엄삼매 : 청정하게 믿는 마음으로 갖가지 공덕을 닦아 선정 중에 이 삼매를 얻는다. ③ 사된 마음을 돌리어(轉我邪心) : 왕은 본래 사도를 믿고 있었는데, 아들이 신통력을 보여주어 부처님께서 훌륭하심을 알고 즉시 사된 마음을 돌렸다. ④ 선지식 : 선우(좋은 벗). 불도 수행의 스승. 정안(淨眼)과 정덕(淨德) 두 아들이 일깨워 주기 위해 아들로 태어났으므로 이들을 선지식이라 하였다.

爾時에 雲雷音宿王華智佛께서 告妙莊嚴王言하사대 如是如是하여 如汝所言하니라
이시 운뢰음수왕화지불 고묘장엄왕언 여시여시 여여소언

若善男子 善女人이 種善根故로 世世에 得善知識하며 其善知識이 能作
약선남자 선여인 종선근고 세세 득선지식 기선지식 능작

佛事하여 示教利喜하여 令入阿耨多羅三藐三菩提케하나니라 大王이여 當知어다
불사 시교리희 영입아누다라삼먁삼보리 대왕 당지

善知識者는 是大因緣이니 所謂化導하여 令得見佛하고 發阿耨多羅三藐
선지식자 시대인연 소위화도 영득견불 발아누다라삼먁

三菩提心일새니라 大王이여 汝 見此二子아 不아 此二子는 已曾供養六十五百
삼보리심 대왕 여견차이자 부 차이자 이증공양육십오백

千萬億那由他恒河沙諸佛하와 親近恭敬하고 於諸佛所에서 受持法華經하고
천만억나유타항하사제불 친근공경 어제불소 수지법화경

13. 그 때, 운뢰음수왕화지불께서 묘장엄왕에게 이르셨느니라.

'그와 같고 그와 같으니라. 네가 말한 바와 같으니라.

만약 선남자 선여인이 선근을 심은 까닭으로

세세에[①] 선지식을 만나게 되며,

그 선지식이 능히 불사를[②] 지어, 보이고 가르치고

이롭게 하고 기쁘게 하여 아누다라삼먁삼보리에 들게 하느니라.

대왕은 알지어다. 선지식이란 이렇게 큰 인연이니,[③]

이른바 교화하고 인도해[④] 부처님을 친견케 하고,

아누다라삼먁삼보리심을 일으키게 하느니라.

대왕이여, 너는 이 두 아들을 보는가?

이 두 아들은 이미 육십오백천만억 나유타 항하사 수의

제불께 공양하여 친견하고, 공경하였고,

제불의 처소에서 법화경을 받아 지녀,

---

①세세 : 날 때마다. ②불사(佛事) : 부처님의 일. 중생을 구제하는 일. ③큰 인연(大因緣) : 교화, 인도하여 부처님을 뵙고 큰 도심(道心)을 발휘하게 한 인연. 일대사인연(一大事因緣)이라고도 한다. ④교화하고 인도함(化導) : 바른 길로 인도함.

愍念邪見衆生하여 令住正見케하니라. 妙莊嚴王이 即從虛空中下하여 而白
민념사견중생 영주정견 묘장엄왕 즉종허공중하 이백

佛言하사오대 世尊이시여 如來께서는 甚希有하사 以功德智慧故로 頂上肉髻에
불언 세존 여래 심희유 이공덕지혜고 정상육계

光明이 顯照하시며 其眼이 長廣而紺青色이시며 眉間毫相이 白如珂月하시며
광명 현조 기안 장광이감청색 미간호상 백여가월

齒白齊密하사 常有光明하시며 脣色赤好하사 如頻婆果하사옵니다.
치백제밀 상유광명 순색적호 여빈바과

사견을 가진 중생을 불쌍히 여겨①
정견(正見)에 머무르도록 하였느니라.'

14. 묘장엄왕은 곧 공중에서 내려와 부처님께 사뢰었느니라.
'세존이시여, 여래께서는 매우 희유하시어,
공덕과 지혜를 가지신 까닭에
정수리의 육계에서② 광명이 나타나 비추고,
그 눈은 길고 넓고③ 감청색이며,④
미간의 백호상은⑤ 희기가 구슬로 된 달과 같고,⑥
치아는 희고 가지런하고 빽빽하며⑦ 항상 맑은 빛이 있으며,
입술 빛은 붉고 고와 빈바과(頻婆果)와⑧ 같나이다.'

---

① **불쌍히 여김(愍念)** : 가엾게 여기는 마음. ② **육계(肉髻)** : 정수리가 상투처럼 솟아난 모습. 삼십이상(三十二相)에 속한다. ③ **길고 넓음(長廣)** : 눈이 길고 넓게 생긴 것은 지혜로운 상(相)이다. ④ **감청색(紺青色)** : 눈이 감청색임은 자비로운 상(相)이다. ⑤ **미간의 백호상** : 양미간의 눈썹 사이에 난 흰 털. 32상 중의 하나. ⑥ **희기가 구슬로 된 달과 같음** : 옥으로 된 달과 같이 희다는 뜻. 가(珂)는 옥돌. ⑦ **가지런하고 빽빽함(齊密)** : 이가 고르게 난 모양. 32상 중의 하나. ⑧ **빈바과(頻婆果)** : 상사과(相思果)라고 번역하는데, 색이 붉고 윤기 있는 과일.

爾時에 妙莊嚴王이 讚歎佛如是等無量百千萬億功德已하사옵고 於如來前에서
이시 묘장엄왕 찬탄불여시등무량백천만억공덕이 어여래전

一心合掌하여 復白佛言하사오대 世尊이시여 未曾有也시니이다 如來之法이
일심합장 부백불언 세존 미증유야 여래지법

具足成就不可思議微妙功德하사 教戒所行이 安隱快善하시니 我는 從今日로
구족성취불가사의미묘공덕 교계소행 안온쾌선 아 종금일

不復自隨心行하여 不生邪見憍慢瞋恚諸惡之心호리이다 說是語已하고 禮佛
불부자수심행 불생사견교만진에제악지심 설시어이 예불

而出하니라.
이출

15. 그 때, 묘장엄왕은
부처님의 이와 같은 한량 없는 백천만억의 공덕을 찬탄하고,
여래께 일심으로 합장해 다시 부처님께 사뢰었느니라.
'세존이시여, 일찍이 없던 일이옵니다.
여래의 법은 불가사의하고
미묘한 공덕을 모두 성취하시어
그 가르침과 계율에 의한 소행이① 안온하고 쾌락하나이다.②
저는 오늘부터 다시는 스스로의 마음대로 행하지 않고,③
사견과 교만과 성냄 등
온갖 악한 마음을 내지 않겠나이다.'④
이렇게 말씀드리고는 부처님께 예배하고 물러갔느니라."

①가르침과 계율에 의한 소행(敎戒所行) : 보살의 수행법에 대한 가르침과 계도. ②안온하고 쾌락함(安隱快善) : 안온하게 즐거움을 받아 유익함을 얻게 했다는 뜻이다. ③마음대로 행하지 않음(不復自隨心行) : 마음 내키는 대로 행하지 않음. 심행(心行)은 마음의 움직임. ④온갖 악한 마음을 내지 않음 : 사된 견해를 내지 않으면 정도(正道)에 들어가고, 교만함을 내지 않으면 공경할 수 있게 되고, 성내지 않으면 자비심이 생기고, 부처님을 뵙고 맹세하면 나쁜 마음이 제거된다.

佛告大衆하사대 於意云何오 妙莊嚴王은 豈異人乎아 今華德菩薩이 是요
불고대중 어의운하 묘장엄왕 기이인호 금화덕보살 시
其淨德夫人은 今佛前의 光照莊嚴相菩薩이 是라 哀愍妙莊嚴王과 及諸
기정덕부인 금불전 광조장엄상보살 시 애민묘장엄왕 급제
眷屬故로 於彼中에 生한 其二子者는 今藥王菩薩과 藥上菩薩이 是니라.
권속고 어피중 생 기이자자 금약왕보살 약상보살 시

16. 부처님께서 대중에게 이르셨습니다.

"어떻게 생각하느냐?

묘장엄왕이 어찌 다른 사람이랴.

지금의 이 화덕보살이 그요,

정덕부인은 지금 부처님 앞의 광조장엄상보살이[1] 그이니,

묘장엄왕과 그 권속들을 불쌍히 여겨

저 가운데 태어났던

그 두 아들은

지금의 이 약왕보살과 약상보살이 그들이니라.

---

① 광조장엄상보살(光照莊嚴相菩薩) : 빛을 비추고 있는 아름답고 엄숙한 모습을 가진 보살이라는 뜻. 또는, 막힘없이 광명이 비추어 장엄한 보살이라는 뜻. 지금 법화회(法華會)에 빛을 비추어 장엄한 것은 곧 옛날의 정덕부인(淨德夫人 : 정안과 정덕의 어머니)의 비춤이라 한다.

是藥王藥上菩薩이 成就如此諸大功德하니 已於無量百千萬億諸佛所에서
시 약 왕 약 상 보 살 성 취 여 차 제 대 공 덕 이 어 무 량 백 천 만 억 제 불 소
植衆德本하여 成就不可思議諸善功德하니라 若有人이 識是二菩薩名字者이면
식 중 덕 본 성 취 불 가 사 의 제 선 공 덕 약 유 인 식 시 이 보 살 명 자 자
一切世間諸天人民이 亦應禮拜니라 佛說是妙莊嚴王本事品時에 八萬
일 체 세 간 제 천 인 민 역 응 예 배 불 설 시 묘 장 엄 왕 본 사 품 시 팔 만
四千人이 遠塵離垢하여 於諸法中에서 得法眼淨하니라.
사 천 인 원 진 리 구 어 제 법 중 득 법 안 정

17. 이 약왕보살과 약상보살은 이러한 대공덕을 성취하니,
이미 한량 없는 백천만억 제불의 처소에서
온갖 덕본을 심어①
불가사의한 모든 선공덕을 성취하였느니라.
만약 어떤 사람이 이 두 보살의 이름을 안다면,②
모든 세간의 하늘과 사람은 응당 예배할지니라."
부처님께서 이 묘장엄왕본사품을 설하실 때,
팔만 사천 인이 번뇌 티끌을 멀리하고
죄악의 더러움을 여의어③
모든 법 가운데에서 법안정(法眼淨)을④ 얻었느니라.

---

① **온갖 덕본을 심음**(植衆德本) : 갖가지 선근을 심음. 곧, 보리심, 사홍서원, 육바라밀을 닦음이니, 이것은 보살이 심는 덕의 근본이다. ② **두 보살의 이름을 안다면** : 이 두 보살(약상과 약왕)의 이름을 기억하여 잊지 않으면 불법의 문에 들어갈 수 있다는 뜻이다. ③ **번뇌 티끌을 멀리하고 죄악의 더러움을 여읨**(遠塵離垢) : 티끌(塵)과 때(垢)는 다 번뇌를 가리킨다. 우리를 괴롭히는 팔만 사천 가지 번뇌(塵勞煩惱)가 모두 제거되어 모든 더러움에서 벗어났다는 뜻이다. ④ **법안정**(法眼淨) : 진리를 보는 눈이 청정해졌다는 뜻.

보현보살권발품 제 28 (普賢菩薩勸發品 第二十八)

爾時에 普賢菩薩이 以自在神通力과 威德名聞으로 與大菩薩無量無邊不可
이시 보현보살 이자재신통력 위덕명문 여대보살무량무변불가
稱數와로 從東方來하시니 所經諸國이 普皆震動하고 雨寶蓮華하며 作無量
칭수 종동방래 소경제국 보개진동 우보연화 작무량
百千萬億種種伎樂하니라 又與無數諸天 龍 夜叉 乾闥婆 阿修羅 迦樓羅
백천만억종종기악 우여무수제천 용 야차 건달바 아수라 가루라
緊那羅 摩睺羅伽 人非人 等과 大衆이 圍繞하사와
긴나라 마후라가 인비인 등 대중 위요

1. 그 때, 보현보살이①
   자재한 신통력과② 위덕과 명성을③ 지녔는바,
   한량 없고 가이없어 헤아릴 수 없는 수의 대보살과 함께
   동방에서 오니,
   지나 오는 국토마다 널리 다 진동하고,
   보배 연꽃이 비 오듯 내리며,
   한량 없는 백천만억의 갖가지 기악이 울려 퍼졌습니다.
   또, 수없는 모든 하늘과 용, 야차와 건달바,
   아수라와 가루라, 긴나라와 마후라가,
   인비인 등 대중이 에워싼 무리와 함께④

---

① **보현보살**(普賢菩薩) : 이 보살은 본래 동방보위덕불(寶威德佛)의 정묘국(淨妙國)에 태어났는데, 영취산에서 법화경을 설하신다는 말을 듣고 대중과 함께 여기에 왔다. 법을 듣고 도심(道心)을 내도록 권하기 위해서이다. ② **신통력** : 선한 일을 발휘하는 자재함과 막힘 없는 신이한 힘. ③ **위덕과 명성**(威德名聞) : 위신력이 있기 때문에 마귀를 항복시킬 수 있고, 선덕이 있기 때문에 일체를 교화시키며, 명성이 멀리까지 퍼져 널리 알려진다. ④ **에워싼 무리와 함께**(大衆圍繞) : 대중이 에워싼 무리와 더불어.

各現威德神通之力하사 到娑婆世界耆闍崛山中하사 頭面禮釋迦牟尼佛하시고
각 현 위 덕 신 통 지 력 도 사 바 세 계 기 사 굴 산 중 두 면 예 석 가 모 니 불

右繞七匝하시고 白佛言하사대 世尊이시여 我는 於寶威德上王佛國에서
우 요 칠 잡 백 불 언 세 존 아 어 보 위 덕 상 왕 불 국

遙聞此娑婆世界에 說法華經하사옵고 與無量無邊百千萬億諸菩薩衆과
요 문 차 사 바 세 계 설 법 화 경 여 무 량 무 변 백 천 만 억 제 보 살 중

共來聽受하옵노니 唯願하옵건대 世尊이시여 當爲說之하소서 若善男子 善女人이
공 래 청 수 유 원 세 존 당 위 설 지 약 선 남 자 선 여 인

於如來滅後에 云何能得是法華經하리잇고.
어 여 래 멸 후 운 하 능 득 시 법 화 경

각각 위덕과 신통력을 나타내어
사바세계 기사굴산 중에 이르러
머리 조아려 석가모니불께 예배하고,
오른쪽으로 일곱 바퀴 돌고① 부처님께 사뢰었습니다.

2. "세존이시여,
제가 보위덕상왕불(寶威德上王佛) 국토에서②
멀리 이 사바세계에서 법화경 설하심을 듣잡고,③
한량 없고 가이없는 백천만억의 보살 대중과 함께
이를 듣고 받잡고자 왔나이다.④
원하옵건대,
세존께서는 저희를 위하여 설해 주시옵소서.⑤
선남자 선여인이 여래께서 멸도하신 후,
어떻게 해야 이 법화경을 얻겠나이까?"

---

①오른쪽으로 일곱 바퀴 돌고(右繞七匝) : 상대를 오른쪽 어깨 방향으로 일곱 번 도는 것으로, 최대의 경례법이다. ②보위덕상왕불 국토(寶威德上王佛國) : 보배와 같이 존귀하고 위엄과 덕이 훌륭한 왕의 부처님 국토라는 뜻. ③멀리 이 사바세계에서~듣잡고 : 하늘의 귀(天耳)로 들었다. ④함께 이를 듣고 받잡고자 왔나이다(共來聽受) : 함께 들으러 오다. ⑤설해 주소서(當爲說之) : 부처님께 설법을 청원.

佛告普賢菩薩하사대 若善男子 善女人이 成就四法하면 於如來滅後에 當得是法華經하리니 一者는 爲諸佛護念이요 二者는 植衆德本이요 三者는 入正定聚요 四者는 發救一切衆生之心이니라 善男子 善女人이 如是成就四法하면 於如來滅後에 必得是經하리라.
불고보현보살 약선남자 선여인 성취사법 어여래멸후 당득시법화경 일자 위제불호념 이자 식중덕본 삼자 입정정취 사자 발구일체중생지심 선남자 선여인 여시성취 사법 어여래멸후 필득시경

3. 부처님께서 보현보살에게 이르셨습니다.
"만약 선남자 선여인이 네 가지의 법을 성취하면,
여래 멸도 후에 마땅히 이 법화경을 얻으리라.
첫째는, 제불이 호념(護念)하시는[①] 바가 있어야 하고,
둘째는, 온갖 덕본(德本)을 심고,[②]
셋째는, 정정취(正定聚)에 들고,[③]
넷째는, 일체 중생을 구제하려는 마음을[④] 일으킴이니라.
선남자 선여인이 이와 같이 네 가지의 법을 성취하면,
여래 멸도 후에 반드시 이 경을 얻으리라."

---

①**제불의 호념** : 마음이 부처님께 돌아가면 모든 부처님께서 보호하고 생각해 주시게 됨을 말한다. ②**온갖 덕본을 심음** : 수행자는 덕을 근본으로 삼는데, 선행을 통하여 선근을 심음으로써 덕의 근본을 삼는다고 한다. ③**정정취에 듦** : 정정취는 반드시 성불할 것이 결정되어 있는 성자. ④**일체 중생을 구제하려는 마음** : 이타행(利他行)을 하려는 마음.

爾時에 普賢菩薩이 白佛言하사대 世尊이시여 於後五百歲濁惡世中에 其有受持
이시 보현보살 백불언 세존 어후오백세탁악세중 기유수지

是經典者면 我 當守護하여 除其衰患하여 令得安隱하여 使無伺求 得其
시경전자 아 당수호 제기쇠환 영득안온 사무사구 득기

便者케호리니 若魔며 若魔子며 若魔女며 若魔民이며 若爲魔所著者며
편자 약마 약마자 약마녀 약마민 약위마소착자

若夜叉며 若羅刹이며 若鳩槃茶며 若毗舍闍며 若吉遮며 若富單那며
약야차 약나찰 약구반다 약비사사 약길자 약부단나

若韋陀羅等 諸惱人者는 皆不得便하리이다.
약위타라등 제뇌인자 개부득편

4. 그 때, 보현보살이 부처님께 사뢰었습니다.
"세존이시여, 후오백세에[①] 혼탁하고 악한 세상에서[②]
이 경전을 받아 지니는 이가 있다면,
제가 마땅히 수호해서
그의 쇠환(衰患)을[③] 제거하고 안온함을 얻게 하여,
그의 약점을 찾는[④] 자가 편의를 얻지 못하게 하겠나이다.
마군이거나[⑤] 마군의 아들이거나 마녀이거나
마민이거나 마가 들린 자,
야차이거나[⑥] 나찰이거나[⑦] 구반다이거나[⑧] 비사사이거나[⑨]
길자이거나[⑩] 부단나이거나[⑪] 위타라[⑫] 등
사람을 괴롭히는 자들이 다 편의를 얻지 못하게 하겠나이다.

---

① **후오백세(後五百歲)** : 석존 입멸 후 불교를 500년 단위로 나누었을 때에 마지막 500년. 이 때에는 불법이 거의 자취를 감추고, 서로 자신의 견해만 내세워 다투는 투쟁의 시대가 전개된다고 한다. ② **혼탁하고 악한 세상(濁惡世)** : 시대 상황과 사람과 인심, 윤리 등이 총체적으로 수준이 낮고 악한 세상. ③ **쇠환(衰患)** : 사람을 쇠하게 만드는 갖가지 재앙. ④ **약점을 찾음(伺求)** : 엿보아 찾음. ⑤ **마군(魔)** : 악마. 욕계 정상에 있는 마왕. ⑥ **야차** : 사람을 잡아 먹는 악귀. 첩질귀(捷疾鬼). ⑦ **나찰** : 신통력이 있어서 사람을 꾀어 잡아 먹기도 한다는 악귀. ⑧ **구반다** : 증장천의 권속으로, 사람의 정기를 먹는다는 귀신. ⑨ **비사사** : 사람의 정기를 빨아 먹는 귀신. ⑩ **길자** : 시체에 붙는 귀신. 마술의 신. ⑪ **부단나** : 귀신의 하나. 건달바와 함께 증장천(增長天)의 권속. ⑫ **위타라(vetāḍa)** : 시체를 일으키는 귀신(起尸鬼).

是人이 若行커나 若立에 讀誦此經이어든 我는 爾時에 乘六牙白象王하고
시인 약행 약립 독송차경 아 이시 승육아백상왕

與大菩薩衆과 俱詣其所하여 而自現身하여 供養守護하여 安慰其心호리니
여대보살중 구예기소 이자현신 공양수호 안위기심

亦爲供養法華經故니다 是人이 若坐하여 思惟此經커든 爾時에 我는 復乘
역위공양법화경고 시인 약좌 사유차경 이시 아 부승

白象王하고 現其人前하리며 其人이 若於法華經에 有所忘失一句一偈어든
백상왕 현기인전 기인 약어법화경 유소망실일구일게

我가 當敎之하여 與共讀誦하여 還令通利케호리이다.
아 당교지 여공독송 환령통리

5. 그 사람이 혹은 거닐거나 서서 이 경을 독송하면,
저는 그 때 육아(六牙)의 백상왕(白象王)을[①] 타고
대보살들과 함께 그의 처소에 가서 스스로 몸을 나타내어
공양하고 지켜서 그의 마음을 편안하게 위로하겠나이다.
이는 법화경을 공양하려 하기 때문이기도 합니다.
그 사람이 혹은 앉아서 이 경을 깊이 생각하고 있을 때,
저는 다시 백상왕을 타고 그 사람 앞에 나타날 것이고,
그 사람이 법화경의 한 구절이거나
한 게송을 잊어버린 것이 있으면,
제가 마땅히 가르쳐 함께 독송하여,
나아가 통달하게 하겠나이다.

---

① 육아의 백상왕 : 흰 코끼리의 왕. 보현보살이 코끼리를 탄 것은 큰 수행을 나타내고, 여섯 어금니는 육근(六根)을 비유하며, 흰색은 순수하고 깨끗함을 나타낸다.

爾時에 受持讀誦法華經者가 得見我身하면 甚大歡喜하여 轉復精進하여
이시 수지독송법화경자 득견아신 심대환희 전부정진
以見我故로 即得三昧와 及陀羅尼하리니 名爲旋陀羅尼와 百千萬億旋
이견아고 즉득삼매 급다라니 명위선다라니 백천만억선
陀羅尼와 法音方便陀羅尼와 得如是等陀羅尼케하겠나이다. 世尊이시여 若後世
다라니 법음방편다라니 득여시등다라니 세존 약후세
後五百歲 濁惡世中에 比丘 比丘尼 優婆塞 優婆夷의 求索者受持者와
후오백세 탁악세중 비구 비구니 우바새 우바이 구색자수지자
讀誦者와 書寫者가 欲修習是法華經인댄
독송자 서사자 욕수습시법화경

그 때, 법화경을 받아 지녀 독송하는 이가
저의 몸을 보게 되면,
크게 기뻐하여 더욱 다시 정진하여
저를 본 까닭으로 곧 삼매와 다라니를 얻으리오니,
선(旋)다라니,① 백천만억 선다라니,②
법음방편(法音方便)다라니③ 등
이와 같은 다라니를 얻게 되겠나이다.

6. 세존이시여,
만약 미래세 후오백세의 혼탁하고 악한 세상에서
비구, 비구니, 우바새, 우바이로서 이 경전 찾아 구하는 이와
받아 지니는 이와 독송하는 이와 베껴 쓰는 이가
이 법화경을 닦아 익히려고 한다면,

①선다라니 : 골고루 이해하여 통하지 않음이 없다는 뜻. 범부의 집착을 전환하여 공의 이법에 도달하게 하는 지혜의 힘. 곧, 공, 가, 중의 삼관(三觀) 중에서는 공관. 법화경 세 다라니 중의 하나. ②백천만억 선다라니 : 한 법에서 무수한 백천만억의 다라니문을 아는 능력. 공(空)에서 가(假)로 나와 무한한 차별상에 통하는 지혜의 힘. ③법음방편다라니 : 마음에 법을 머무르게 하여 잊지 않는 능력. 중도(中道)에 들어 설법에 자재한 방편을 얻는 지력(智力).

於三七日中에 應一心精進이니 滿三七日已하면 我 當乘六牙白象하여
어삼칠일중 응일심정진 만삼칠일이 아 당승육아백상

與無量菩薩로 而自圍繞하여 以一切衆生이 所喜見身으로 現其人前하여
여무량보살 이자위요 이일체중생 소희견신 현기인전

而爲說法하여 示教利喜하며 亦復與其陀羅尼呪하리니 得是陀羅尼故로 無有
이위설법 시교리희 역부여기다라니주 득시다라니고 무유

非人이 能破壞者하며 亦不爲女人之所惑亂하고 我身도 亦自常護是人하리니
비인 능파괴자 역불위여인지소혹난 아신 역자상호시인

唯願하옵건대 世尊이시여 聽我의 說此陀羅尼呪하소서.
유원 세존 청아 설차다라니주

삼칠일(三七日) 간① 마땅히 일심으로 정진해야 하오리니,
삼칠 일을 채우면 제가 육아의 백상왕을 타고서
한량 없는 보살에게 에워싸여② 일체 중생이 기쁘게 볼 몸으로
그 사람 앞에 나타나, 그를 위해 설법해 보이고 가르치고
이익 주고 기쁘게 하겠나이다.③
또, 그에게 다라니주를④ 주겠사오니,
이 다라니를 얻은 까닭으로
비인(非人)의 무리로서
그의 마음을 파괴할 자가 없을 것이며,
또 여인에게 유혹되어 뇌란케 되지 않을 것이고,
저도 항상 이 사람을 지키겠나이다.
오직 원하옵건대, 세존이시여.
저의 이 다라니주 설함을 하락하시옵소서."

---

①**삼칠일 간**(三七日中) : 스무 하루 동안. 21일간을 한 주기로 수행한다. 21일의 숫자는 너무 길지도 짧지도 않아서 수행에 가장 알맞은 기간이라 한다. 법화삼매 수행법도 여기에 근거하여 21일 수행으로 한다. ②**에워싸여**(圍繞) : 둘러싸여. ③**설법해 보이고 가르치고 이익 주고 기쁘게 함**(示教利喜) : 불보살의 설법 방법. 여기서는 보현보살의 설법 교화행. ④**다라니주**(陀羅尼呪) : 다라니는 dhārani의 음역이고, 번역하면 주(呪)인데, 같이 붙여 써서 된 합성어이다. 또, 부처님의 비밀스러운 말씀이라 하여 신주(神呪)라고도 한다.

卽於佛前에서 而說呪曰
즉어불전 이설주왈

阿檀地 檀陀婆地 檀陀婆帝 檀陀鳩舍隸 檀陀修陀隸 修陀隸
아단지 단다바지 단다바데 단다구사례 단다수다례 수다례

修陀羅婆底 佛馱波羶禰 薩婆陀羅尼阿婆多尼 薩婆婆沙阿婆多尼
수다라바지 붓다바선녜 살바다라니아바다니 살바바사아바다니

修阿婆多尼 僧伽婆履叉尼 僧伽涅伽陀尼 阿僧祇 僧伽婆伽地
수아바다니 싱가바리사니 싱가녈가다니 아승지 싱가파가지

帝隸阿惰僧伽兜略阿羅帝波羅帝 薩婆僧伽三摩地伽蘭地 薩婆達磨修
제례아타싱가도략아라제바라제 살바싱가삼마지가란지 살바달마수

波利剎帝 薩婆薩埵樓馱憍舍略阿㝹伽地 辛阿毗吉利地帝.
바리찰데 살바살타루다교사략아루가지 신아비기리지데

7. 곧 부처님 앞에서 주를 설했습니다.[①]

"아단데, 단다 빠띠, 단다 바르따니, 단다 꾸살레,
단다 수다리, 수다리, 수다라 빠띠, 붓따 빠스야네,
사르바 다라니 아바르따니, 삼바르따니,
상가 빠릭씨떼, 상가 니르가따니, 다르마 빠릭씨떼,
사르바싸뜨바 루따 까우샬야누가떼, 싱하 비끄리디떼,
아누바르떼, 바르따니 바르딸리, 스바하."

① 주를 설함(而說呪曰) : 이 주(呪)는 '보현보살 묘법연화경 수지자 수호 다라니'이다. 보현보살이 법화경을 수행하는 이를 수호하겠다고 설한 주.

世尊이시여 若有菩薩이 得聞是陀羅尼者면 當知普賢神通之力이며 若法華經이
세존 약유보살 득문시다라니자 당지보현신통지력 약법화경
行閻浮提하야 有受持者면 應作此念호대 皆是普賢威神之力이라하리이다.
행염부제 유수지자 응작차념 개시보현위신지력
若有受持讀誦하여 正憶念하며 解其義趣하여 如說修行하면 當知어니 是人은
약유수지독송 정억념 해기의취 여설수행 당지 시인
行普賢行하여 於無量無邊諸佛所에서 深種善根하였으며 爲諸如來께서
행보현행 어무량무변제불소 심종선근 위제여래
手摩其頭하시오리이다.
수마기두

"세존이시여, 만약 보살로서
이 다라니를 얻어 듣는 이가 있으면,
마땅히 보현의 신통력임을 알 것이며,
만약 법화경이 사바세계에① 행해져 받아 지니는 이가 있으면,
'응당 이는 다 보현의 위신력이다.'②
라고 생각게 되겠나이다.

8. 만약 이 경을 지니고 독송해 바르게 기억하며,③
그 뜻을 이해하여 설함과 같이 수행한다면, 마땅히 알지오니,
이 사람은 보현의 행을④ 행하여 한량 없고 가이없는
제불의 처소에서⑤ 깊이 선근을 심었음이요,
제불이 손으로 그의 머리를 어루만지심이⑥ 되겠나이다.

---

① 사바세계(閻浮提) : 이 인간 세계. 사바세계가 있는 염부제는 수미산을 중심으로 했을 때에 남쪽 대륙이므로 남섬부주(南贍浮洲)라고도 한다. ② 보현의 위신력(普賢威神之力) : 보현보살의 신통력. 보현보살 신통력의 가피(加被). ③ 기억함(正憶念) : 도리를 머리에 새겨 잊지 않음. ④ 보현의 행 : 보현보살의 실천. 온갖 행과 원을 만족하는 수행. 궁극적으로는 불도를 이루는 일. ⑤ 제불의 처소(佛所) : 부처님 계신 곳. ⑥ 어루만지심(手摩其頭) : 여래의 방편지의 손으로, 보살의 실지를 만져 주심을 얻게 됨.

若但書寫하여도 是人이 命終하면 當生 忉利天上하리니 是時에 八萬四千天女가
약단서사 시인 명종 당생 도리천상 시시 팔만사천천녀

作衆伎樂하여 而來迎之커든 其人이 卽著七寶冠하고 於采女中에 娛樂快樂하리니
작중기악 이래영지 기인 즉착칠보관 어채녀중 오락쾌락

何況受持讀誦하여 正憶念하며 解其義趣하여 如說修行야따녀 若有人이 受持
하황수지독송 정억념 해기의취 여설수행 약유인 수지

讀誦하여 解其義趣하면 是人이 命終에 爲千佛이 授手하사 令不恐怖케하시며
독송 해기의취 시인 명종 위천불 수수 영불공포

不墮惡趣하고 卽往兜率天上彌勒菩薩所하리니
불타악취 즉왕도솔천상미륵보살소

만약 베껴 쓰기만 할지라도, 이 사람이 명을 마치면
마땅히 도리천에① 나리니, 이 때 팔만 사천의 천녀(天女)가
온갖 기악을 울리며 맞으오리이다.
그 사람은 칠보관을② 쓰고
채녀(采女)들③ 가운데에서 놀며 즐기리니,
하물며 받아 지녀 독송하고 바르게 기억하며,
그 뜻을 이해하여 설함과 같이 수행하는 사람이겠나이까?
만약 이 경을 받아 지녀 독송하고 그 뜻을 이해한다면,
그 사람은 명을 마칠 때에 일천의 부처님께서 손을 주시어④
두렵고 겁나지 않게 하시며, 악한 곳에⑤ 떨어지지 않고,
도솔천상의⑥ 미륵보살 처소에 가게 되겠나이다.

---

① **도리천(忉利天)** : 도리(忉利)는 trāyastriṃśa의 음역. 욕계 제2천인데, 제석천을 중심으로 하여 여덟 하늘이 사방에 있으므로 33천이 된다. ② **칠보관** : 칠보로 장식한 관. ③ **채녀(采女)** : 궁녀. 여러 여자 중에서 가려 뽑아 궁에 들어오므로 채녀(採女)라고 한 데서 온 말. ④ **손을 주심(授手)** : 부처님께서 손으로 이끌어 주심. ⑤ **악한 곳(惡趣)** : 악행을 저지른 자가 태어나는 곳. 육도 중에서는 지옥도, 아귀도, 축생도. ⑥ **도솔천(兜率天)** : 욕계(欲界)의 제사천(第四天).

彌勒菩薩이 有三十二相한 大菩薩衆이 所共圍繞하며 有百千萬億天女眷屬이
미륵보살 유삼십이상 대보살중 소공위요 유백천만억천녀권속

而於中에 生하리이다. 有如是等功德利益할새 是故로 智者는 應當一心으로 自書하
이어중 생 유여시등공덕이익 시고 지자 응당일심 자서

若使人書케하며 受持讀誦하고 正憶念하여 如說修行이니이다. 世尊이시여 我今에
약사인서 수지독송 정억념 여설수행 세존 아금

以神通力故로 守護是經하여 於如來滅後에 閻浮提內에 廣令流布하여
이신통력고 수호시경 어여래멸후 염부제내 광령유포

使不斷絶케호리다.
사부단절

미륵보살이 삼십이상을① 지닌 대보살들에게 에워싸여
백천만억의 천녀 권속과 함께 있는
그 가운데에 태어날 것이옵나이다.

9. 이와 같은 공덕과 이익이 있으므로,
지혜 있는 이라면 응당 일심으로 스스로 쓰거나
사람을 시켜 쓰게 하며,②
받아 지녀 독송해 바르게 기억하여
설함과 같이 수행할 것이옵나이다.

10. 세존이시여,
제가 이제 신통력으로 이 경을 수호하여,
여래 멸도 후에 사바세계에③ 널리 유포하여
끊어지지 않도록④ 하겠나이다."

---

① **삼십이상** : 부처님 몸에 갖춘 32가지 성스러운 모습. ② **사람을 시켜 씀(若使人書)** : 다른 사람을 시켜 쓰거나 대신 서사(書寫)시킨다는 뜻. ③ **사바세계(閻浮提)** : 사바세계는 여래께서 멸도하신 후 이 경을 유포시켜야 할 곳이다. ④ **끊어지지 않도록(使不斷絶)** : 경전을 유포시켜 이를 수행하여 계속 홍포하면, 불법의 종자가 상속되어 끊어지지 않는다는 뜻.

爾時에 釋迦牟尼佛께서 讚言하사대 善哉善哉라 普賢이여 汝는 能護助是經하여
이시 석가모니불 찬언 선재선재 보현 여 능호조시경
令多所衆生으로 安樂利益케하며 汝已成就不可思議功德하여 深大慈悲하도다
영다소중생 안락이익 여이성취불가사의공덕 심대자비
從久遠來에 發阿耨多羅三藐三菩提意하여 而能作是神通之願하여 守護
종구원래 발아누다라삼먁삼보리의 이능작시신통지원 수호
是經하였나니 我 當以神通力으로 守護能受持普賢菩薩名者호리라.
시경 아 당이신통력 수호능수지보현보살명자

11. 그 때, 석가모니불께서 칭찬해 이르셨습니다.

"훌륭하고 장하다, 보현이여,
네가 능히 이 경을 지키고 도와서[①]
많은 중생을 안락하고 이익되게 하며,
너는 이미 불가사의한 공덕과 깊고 큰 자비를 성취하였도다.
오랜 옛적부터 아누다라삼먁삼보리의 뜻을 일으켜[②]
능히 신통 원력(위대한 발원)을 세워 이 경을 수호하였나니,
내 마땅히 신통력으로,
보현보살의 이름을 받아 지니는 이를 지켜 주리라.

---

①이 경을 지키고 도움(護助是經) : 마귀의 번뇌를 물리치는 것을 '보호한다'고 하고, 선을 행하도록 권장하는 것을 '돕는다'고 한다. ②아누다라삼먁삼보리의 뜻을 일으킴(發阿耨多羅三藐三菩提意) : 무상보리(깨달음)를 구하는 마음. 여기에는 일체 중생을 구하겠다는 마음까지 포함한다.

普賢이여 若有受持 讀誦하여 正憶念하며 修習書寫是法華經者면 當知어다
보현 약유수지 독송 정억념 수습서사시법화경자 당지

是人은 則見釋迦牟尼佛하고 如從佛口하여 聞此經典이니라 當知어다 是人은
시인 즉견석가모니불 여종불구 문차경전 당지 시인

供養釋迦牟尼佛이니라 當知어다 是人은 佛讚善哉이니라 當知어다 是人은
공양석가모니불 당지 시인 불찬선재 당지 시인

爲釋迦牟尼佛께서 手摩其頭하시리라 當知어다 是人은 爲釋迦牟尼佛께서
위석가모니불 수마기두 당지 시인 위석가모니불

衣之所覆하시리라.
의지소부

12. 보현이여,

만약 이 법화경을 받아 지녀 독송해 바르게 기억하며,

닦아 익히고 베껴 쓰는 이가 있으면,

알지어다. 이 사람은 곧 석가모니불을 친견하여①

부처님 입에서 이 경전을 듣는 것과 같으니라.

알지어다. 이 사람은 석가모니불을 공양함이니라.

알지어다. 이 사람은 부처님께서

'훌륭하다.'라고 칭찬하시는 이가 되느니라.

알지어다. 이 사람은 석가모니불께서

손으로 그의 머리를 어루만지시는 이가 되느니라.

알지어다. 이 사람은 석가모니불께서

옷으로 덮어 주시는② 이가 되느니라.

---

①석가모니불을 친견하여 : 경문은 곧 여래의 법신(法身)이니, 법을 본 것은 부처님을 뵌 것이 된다. ②옷으로 덮어 주심 : 곤욕스러움을 참는 것을 옷이라 하고, 이를 참고 받아들여 악이 생기지 않게 막는 것을 "부처님께서 옷으로 덮어 주신다."고 한다.

如是之人은 不復貪著世樂하고 不好外道의 經書나 手筆하며 亦復不喜
여 시 지 인 　 불 부 탐 착 세 락 　 불 호 외 도 　 경 서 　 수 필 　 역 부 불 희

親近其人과 及諸惡者와 若屠兒어나 若畜猪羊鷄狗어나 若獵師어나 若衒賣
친 근 기 인 　 급 제 악 자 　 약 도 아 　 약 축 저 양 계 구 　 약 엽 사 　 약 현 매

女色하리라 是人의 心意質直하며 有正憶念하며 有福德力하리라 是人은 不爲
여 색 　 시 인 　 심 의 질 직 　 유 정 억 념 　 유 복 덕 력 　 시 인 　 불 위

三毒의 所惱며 亦不爲嫉妬와 我慢과 邪慢增上慢에 所惱하리라 是人이
삼 독 　 소 뇌 　 역 불 위 질 투 　 아 만 　 사 만 증 상 만 　 소 뇌 　 시 인

少欲知足하여 能修普賢之行하리라.
소 욕 지 족 　 능 수 보 현 지 행

13. 이와 같은 사람은 다시 세속락에 탐착하지 아니하고,
외도의[①] 경서나 수필(手筆)을[②] 좋아하지 아니하며,
또 그런 사람들과 모든 악한 자—
백정이나[③] 돼지, 양, 닭, 개를 기르는 자나 사냥꾼,
여색을 파는 자와[④] 가까이하기를 좋아하지 아니하리라.
이 사람은 마음과 뜻이 곧고 정직하며,
바르게 기억하고 생각하며, 복덕의 힘을 지니리라.
이 사람은 삼독에 시달리지 아니하며,
질투와 아만,[⑤] 사만(邪慢),[⑥] 증상만에[⑦] 뇌란되지 아니하리라.
이 사람은 욕심이 적어 족함을 알아서
능히 보현의 행을[⑧] 닦으리라.

---

①**외도(外道)** : 불교 외의 사상, 종교. ②**수필(手筆)** : 시문. 외도의 시문. ③**백정(屠兒)** : 살생을 업으로 하는 자. 아(兒)는 사람(남자)을 이르는 말. ④**여색을 파는 자(衒賣女色)** : 매음업자. ⑤**아만(我慢)** : 자아에 집착하여 교만한 마음. 자기에게 실체의 아(我)가 있다고 믿어서 교만해진다. ⑥**사만** : 덕이 없으면서도 덕이 있다고 스스로 만심을 내는 일. 정직을 크게 훼손한다. ⑦**증상만** : 깨닫지 못했으면서도 깨달았다고 자처하는 이나 그런 행위. ⑧**보현행** : 거슬리는 일이나 욕된 일을 참고, 허물과 악행을 멀리하며, 이러한 마음을 닦는 행위.

普賢이여 若如來滅後 後五百歲에 若有人이 見受持讀誦法華經者하거든
보현 약여래멸후 후오백세 약유인 견수지독송법화경자

應作是念호대 此人이 不久하여 當詣道場하여 破諸魔衆하고 得阿耨多羅
응작시념 차인 불구 당예도량 파제마중 득아누다라

三藐三菩提하여 轉法輪하여 擊法鼓하고 吹法螺하고 雨法雨하여 當坐天人
삼먁삼보리 전법륜 격법고 취법라 우법우 당좌천인

大衆中에 師子法座上이라할지니라.
대중중 사자법좌상

14. 보현이여,

만약 여래가 멸도한 후 후오백세에,①

어떤 사람이 법화경을 받아 지녀 독송하는 이를 보거든,

마땅히 생각하라.

'이 사람은 오래지 아니하여 도량에 나아가②

모든 마의 무리를 쳐부수고 아누다라삼먁삼보리를 얻어,

법륜을 굴리어③ 법고를 치고④

법고둥을 불고⑤ 법비를 내리어,⑥

마땅히 하늘과 인간의 대중 가운데

사자법좌에⑦ 앉으리라.'고 할지니라.

---

①**후오백세** : 불법의 진행을 다섯 시기로 나눈 가장 후기. 곧, 오탁악세의 말법 시대를 나타내는 말이다. ②**도량에 나아가(當詣道場)** : 마땅히 도량에 이르러. 도량은 적멸 도량이니, 부처님께서 성도하신 보리수 법좌. 성도를 의미한다. ③**법륜을 굴림** : 부처님의 법을 펴서 미혹을 깨고 교화하는 일을 법륜을 굴린다고 한다. ④**법고를 치고** : 큰 음성으로 모든 법을 설하고. ⑤**법고둥을 불며** : 고둥(소라)은 소리가 자주 바뀌듯이, 법을 설함이 근기에 따라 바뀜을 말한다. ⑥**법비 내림** : 마치 단비가 싹을 틔우듯이, 설법하여 중생들에게 선근 종자를 이루게 한다. ⑦**사자법좌(師子法座)** : 부처님의 법좌. 위엄과 덕을 백수의 왕인 사자에서 취했다.

普賢이여 若於後世에 受持讀誦是經典者는 是人은 不復貪著 衣服 臥具
보현 약어후세 수지독송시경전자 시인 불부탐착 의복 와구
飮食 資生之物하고 所願이 不虛하며 亦於現世에 得其福報하리라. 若有人이
음식 자생지물 소원 불허 역어현세 득기복보 약유인
輕毁之言호대 汝는 狂人耳라 空作是行하야 終無所獲이리라하면 如是罪報는
경훼지언 여 광인이 공작시행 종무소획 여시죄보
當世世無眼이리라 若有供養讚歎之者면 當於今世에 得現果報하리라.
당세세무안 약유공양찬탄지자 당어금세 득현과보

보현이여,
만약 후세에 이 경전을 받아 지녀 독송하는 이는
의복, 침구, 음식 등
자생(資生)의 물품을[1] 탐내지 아니하고,
소원이 헛되지 아니하며,
또 현세에서[2] 그 복의 과보를[3] 얻으리라.

15. 만약 어떤 사람이 가벼이 여기고 헐어서 말하되,[4]
'너는 미친 사람이로다. 헛되게 이와 같은 행을[5] 하나니,
끝내 얻는 바가 없으리라.' 한다면,
이 같은 죄의 과보는 세세생생(世世生生) 눈이 없으리라.
만약 공양하고 찬탄하는 이가 있다면,
그 사람은 이 세상에서 좋은 과보를[6] 얻으리라.

---

① 자생의 물품(資生之物) : 생활 필수품. 여기서는 승려의 필수품. 사사(四事)라 한다. ② 현세(現世) : 이 세상. 현재의 세상. ③ 복의 과보(福報) : 얻어지는 복된 과보. ④ 가벼이 여기고 헐어서 말함(輕毁之言) : 경멸하고 훼방해서 말함. ⑤ 헛되게 이와 같은 행(空作是行) : 공연한 짓. ⑥ 이 세상에서 좋은 과보(得現果報) : 현세에서 받는 과보.

若復見受持是經者하고 出其過惡하면 若實이거나 若不實커나 此人은 現世에
약부견수지시경자 출기과오 약실 약부실 차인 현세

得白癩病하리라 若有輕笑之者는 當世世에 牙齒疎缺하며 醜脣平鼻하며
득백라병 약유경소지자 당세세 아치소결 추순평비

手脚繚戾하며 眼目角睞하고 身體臭穢하며 惡瘡膿血하고 水腹短氣하며
수각요려 안목각래 신체취예 악창농혈 수복단기

諸惡重病하리라 是故로 普賢이여 若見受持是經典者면 當起遠迎호대 當如
제악중병 시고 보현 약견수지시경전자 당기원영 당여

敬佛이니라.
경불

16. 또는, 이 경전을 받아 지니는 이를 보고서
그의 허물을 들춰 내면, 그것이 사실이건 사실이 아니건
이 사람은 현세에서 백라병(白癩病)을① 얻으리라.
만약 이를 가벼이 여겨 비웃는 자는
세세생생 이가 성기고 이지러지며,②
입술이 추하고③ 코가 납작하며,④ 손발이 뒤틀리며,⑤
눈이 사팔뜨기⑥ 되고, 몸에서 더러운 냄새가 나며,
나쁜 부스럼에 피고름이 나고,
배에 물이 차서⑦ 숨이 가쁘며,
온갖 악한 중병에 걸리리라.
그러므로 보현이여,
만약 이 경전을 받아 지니는 이를 보면,
일어나서 멀리 나가 맞이하되,⑧
마땅히 부처님 공경하듯이 할지니라."

---

① 백라병(白癩病) : 문둥병. ② 이가 성기고 이지러짐(牙齒疎缺) : 어금니가 성기고 이가 부서짐. ③ 입술이 추함(醜脣) : 입술이 못생김. ④ 코가 납작함(平鼻) : 콧등이 서지 않아 평평함. ⑤ 뒤틀림(繚戾) : 뒤틀리고(繚) 굽음(戾). ⑥ 사팔뜨기(角睞) : 시선이 비뚤어지는 눈. ⑦ 배에 물이 참(水腹) : 또는 고창병. ⑧ 일어나 멀리 나가 맞이함(當起遠迎) : 경전 지닌 이를 공경하라는 뜻.

說是普賢勸發品時에 恒河沙等無量無邊菩薩이 得百千萬億旋陀羅尼하시고
설시보현권발품시 항하사등무량무변보살 득백천만억선다라니
三千大千世界微塵等諸菩薩이 具普賢道하시니라 佛說是經時에 普賢等
삼천대천세계미진등제보살 구보현도 불설시경시 보현등
諸菩薩과 舍利弗 等 諸聲聞과 及諸天 龍 人非人等 一切大會가
제보살 사리불 등 제성문 급제천 용 인비인등 일체대회
皆大歡喜하사 受持佛語하사와 作禮而去하니라.
개대환희 수지불어 작례이거

17. 이 보현권발품을 설하실 때,
항하사 수의 한량 없고 가이없는 보살은
백천만억의 선다라니(旋陀羅尼)를[1] 얻었고,
삼천 대천세계 미진수 같은
여러 보살은 보현도(普賢道)를[2] 갖췄습니다.
부처님께서 이 경을 설하실 때,
보현 등 모든 보살과 사리불 등 모든 성문과
모든 하늘, 용, 인비인 등 대중이 다 크게 환희하여
부처님의 말씀을 받아 지니고 예경하옵고 물러갔습니다.

---

① 백천만억의 선다라니 : 선총지(旋摠持)라고 번역한다. 공경과 믿는 마음에서 지혜가 생겨 한 법 중에서 한량 없는 뜻을 이해하며, 이해하고 지님을 말한다. ② 보현도(普賢道) : 보현보살의 실천행. 보현보살의 수행. 보현행(普賢行)이라고도 한다.

법화경과 왕생극락 (감응록)

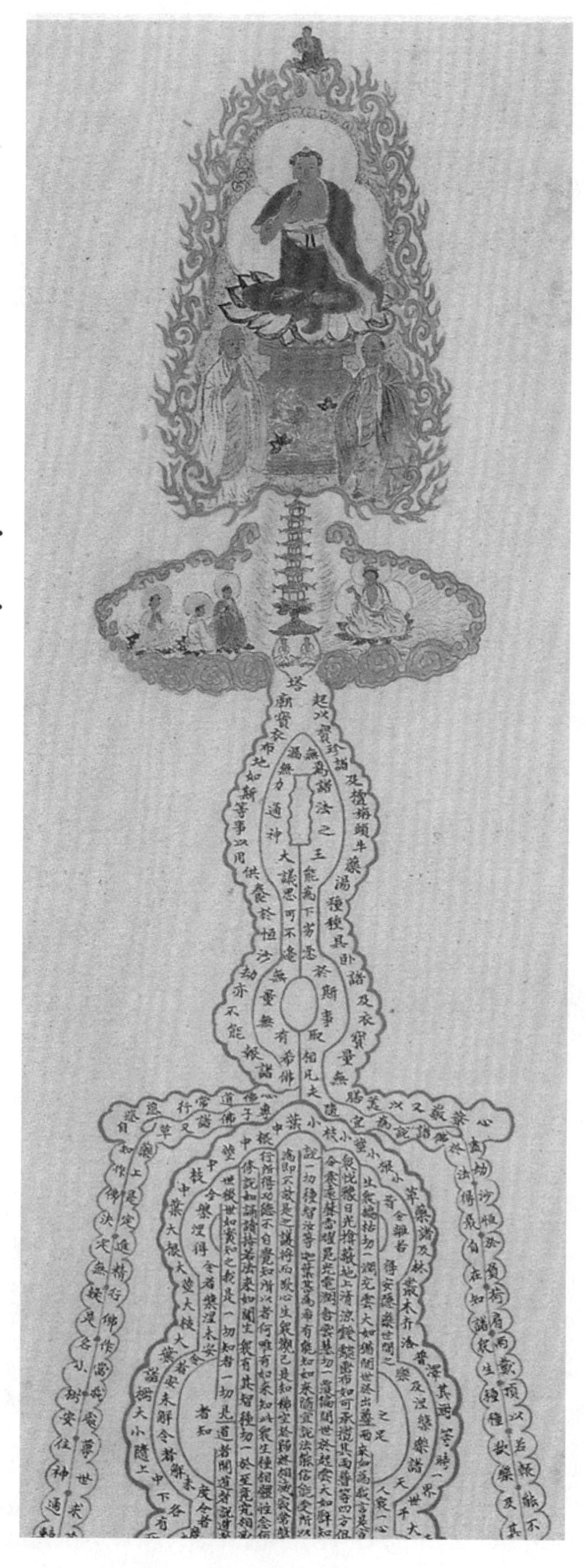

법화삼매 증득한 천태지자 대사의 염불왕생

"타력(他力)수행이란 아미타부처님께서 염불하는 중생을 모두 대자대비의 원력으로 거두어주심을 굳게 믿고서, 곧장 보리심을 내어 염불삼매(念佛三昧)의 수행을 하는 것이오."
_〈정토십의론(淨土十疑論)〉

천태지자 대사 진영

순풍에 돛 단 듯이 나아가는 '이행도'

이 법문은 "번뇌망상에 얽매인 범부가 어떻게 시방 삼계(윤회계)를 벗어난 서방정토에 왕생할 수 있겠는가" 하는 의문에, 천태지자(天台智者, 538-597) 대사가 직접 답한 것이다.

지자 대사는 이어 "아미타 부처님의 원력 가피에 편승하여, 중생 자신의 근기와 정성이 부처님의 원력과 서로 감응함으로써 곧장 서방정토에 왕생할 수 있다."면서 다음과 같이 '닦기 쉬운 길(易行道)'을 부연해서 설명하고 있다.

"사람이 물길을 따라 배를 타고 순풍에 돛 단 듯이 나아감에, 잠깐 사이에 천리에 이르는 것과 같으니, 이것이 타력수행에 해당한다."

천태종 개조가 염불법문 전한 까닭은

정토수행의 골수를 설하고 있는 이 법문을 본 불자들은 의아할 것이다. 오시팔교(五時八教)의 교판 등 천태교학을 확립한 천태종의 실질적인 개조(開祖)인 지자 대사(천태종 제4대 조사)가 정토법문을 설하고 있으니 말이다. 사실, 정토종의 조사들은 대부분 후대에 추존된 분들이며 이 가운데는 영명연수 선사와 철오 선사 등 선사들도 포함되어 있다. 〈정토성현록〉 등에는 선종은 물론 천태종, 율종 등 다양한 종파의 큰스님들이 등장한다. 이는 모든 종파의 고승들이 명심견성(明心見性)한 후 중년이나 말년에 염불삼매로 보임(保任)하거나 정토왕생을 발원한 사실로도 확인할 수 있다. 대장경의 3분의 1에 달하는 경전에서 정토법문이 설해져 있는 것이 결코 우연이 아니다. 천태지자 대사의 삶을 따라가 보면 이러한 흐름들이 보일 것이다.

어릴 때부터 서방정토와 인연

양무제(梁武帝) 대동(大同) 4년(538년) 7월에 태어난 지자 대사의 이름은 지의(智顗), 자는 덕안(德安), 성은 진(陳)씨이며, 형주(荊州) 영천(颍川)사람이다. 모친이 향기로운 연기가 오색으로 아롱지어 그의 몸을 감싸는 꿈을 꾸고 나서 임신이 되어, 열 달 후 출산함에 신비로운 광명이 방안을 황홀하게 빛냈다고 한다. 태어난 아기는 눈동자가 겹으로 되어 있는 제왕의 상(相)이었으며, 눈썹이 여덟 무늬로 나뉘어 있었다 한다.

대사는 아주 어렸을 때, 누우면 꼭 합장을 하였고 앉아있을 때는 반드시 서쪽을 바라보았다. 조금 더 자라서는 불상을 보면 시키지 않아도 절을 했으며 스님네들을 만나면 항상 인사를 드렸다. 일곱 살 때 부모님을 따라 절에 갔는데 그 절 스님이 보니 보통 아이가 아닌지라 〈법화경〉 '관세음보살보문품'을 읽어 주었더니, 한 번 듣고는 그 많은 글을 전부 다 외웠다고 한다.

18세에 상주(湘州) 땅 과원사(果願寺) 법서(法緒) 스님에게 출가하여 곧 〈법화경〉 전체를 외우고 율장과 여러 대승경전을 공부했으며, 이후 혜광(惠曠) 율사에게 구족계를 받았다.

혜사선사 문하에서 법화삼매 증득

진(晉)나라 문제(文帝) 원하 원년(560), 선(禪)을 좋아했던 지자 대사는 광주(光州) 땅 대소산(大蘇山)의 혜사(慧思) 선사를 참문하였다. 초면임에도 혜사 선사는 "옛적에 영산회상(靈山會上)에서 〈법화경〉 법문을 같이 들은 인연으로 오늘날 다시 만났다."고 말하고는, 보현도량의 네 가지 안락행(安樂行)에 대해 설법하였다. 이에 지자 대사는 대소산에서 법화삼매(法華三昧)를 닦으며 삼칠일(三七日: 21일)을 정진하던 중 〈법화경〉 '약왕보살품(藥王菩薩品)'에 "이것(약왕보살의 소신공양)이 진(眞) 정진이며 이 이름이 진(眞) 법공양 여래(如來)"라는 대문에 이르러 신심이 활연(豁然)하게 정(定)에 들어 법화삼매를 증득, 모든 법상(法相)을 크고 밝게 깨달았다. 그는 영산회상에서 부처님께서 여전히 〈법화경〉을 설하고 계시는 모습을 선정 속에서 보았으며, 나중에 제자에게 "영산에서의 회상은 지금까지도 끝나지 않았다" 고 말하였다.

천하 제일 법사로 '小 석가' 명성

지자 대사가 그와 같은 사연을 혜사 선사에게 말하니, 선사는 "그대는 선다라니(禪陀羅尼: 모든 법이 공한 도리를 체득)를 얻은 것이니 앞으로 모든 설법인 가운데 제일가는 법사가 될 것"이라고 예언했다. 그 후 지자 대사는 과연 천하에 제일가는 법사가 되었다. 그 변재(辯才)는 천녀의 변재처럼 미묘한 것이었으며, 설법은 청산유수(靑山流水)처럼 막힘이 없었다. 그의 법문을 듣고 감탄하지 않는 자가 없었으며, 발심 되지 않는 자가 없었다. 그 명성이 천하에 떨치게 되자 '석가여래의 화현(化現)' 또는 '중국의 작은 석가(小釋迦)'라는 칭송까지 듣게 되었다.

36사찰 창건, 천태종 기초 다져

31세가 되자 지자 대사는 금릉(金陵) 와관사(瓦官寺)에 주석하며 선법(禪法)을 널리 펼쳤다. 38세에는 태주(台州) 천태산에 이르러 북쪽 봉우리에 암자를 짓고 천태종의 터전을 닦았다. 그 후, 대사는 금릉과 여산(廬山), 형양(荊揚) 사이를 주유하다가 수(隋)나라 개황(開皇) 14년(595), 천태산으로 돌아왔다. 천태종의 기틀을 만든 지자 대사는 무려 36곳의 절을 창건하고 80만 구(軀)의 불상을 조성했으며, 승려 1만 4천 명을 직접 출가시켰다. 많은 물고기를 사들여 살려주었으며 60여 곳에 방생연못을 지었고, 조정에 어류 포획 금지를 요청하는 상소를 올리기도 했다. 무려 20여 부 1백50여 권이란 방대한 저술을 남길 정도로 세간과 출세간을 더불어 교화하니 당시의 불교교육이 크게 성행함은 물론이었다. 진(晉)나라 왕 양광(楊廣)이 대사로부터 보살계를 받을 정도로 그를 존중하여 '지혜로운 자(智者)'란 호를 내릴 정도였다.

반주(염불)삼매 닦고 '정토십의론' 저술

천태종의 종주(宗主)로서 수나라 때의 불교 중흥에 결정적인 역할을 한 대사는 말년에 이르러서는 왕생극락을 발원하며 정토수행에 전념하였다. 지자 대사는 〈관무량수경〉에 의거한 관상(觀想) 및 관상(觀像) 염불로 이론적인 근거를 삼았지만, 염불삼매를 주로 닦았다. 소리 내어 염불하거나 마음속으로 염불해서 아미타불을 생각하는 마음이 계속 이어지게 하는 반주삼매(般舟三昧)가 바로 그것이다. 대사의 명저인 〈마하지관(摩訶止觀)〉에 따르면 이 염불삼매의 요점은 "몸으로 걸음을 옮기고, 입으로 소리를 내고, 마음속에서 생각할 때마다 오직 아미타불을 잊지 않고 자신 안에 있게 하는 것(步步 聲聲 念念 唯在阿彌陀佛)"이다. "모든 존재가 꿈과 같다고 염(念)하되 쉬지 말라"며, 반야와 공의 입장을 견지하면서도 염불삼매를 닦은 대사는 〈정토십의론〉을 남기는 등 정토종 발전에도 큰 기여를 하였다.

관음 · 세지보살 접인 받고 좌탈 왕생

지자 대사가 서문(西門) 석성사(石城寺)에서 임종에 이르자, 제자에게 명해 침상을 동쪽 벽에 마련하되 서쪽을 향하도록 하였다. 대사는 '아미타불'과 '관세음보살'을 염하고, 향을 피운 후 〈불설무량수경〉을 독경한 뒤 게송으로 설했다.

"48원으로 훌륭하게 장엄해놓은 그 좋은 극락정토에 왕생을 원하는 자가 극히 적다. 지옥 경계가 나타나더라도 한생각 돌이켜서 아미타불을 염하여 왕생하길 발원하면 왕생을 얻게 되거늘, 하물며 계정혜(戒定慧)를 닦은 수행인이랴. 그대들은 왕생극락을 굳게 믿어 의심하지 말라."

최초의 등신불로 국청사 지자대사탑에 봉안

제자들이 스승에게 서방정토에 왕생하는 과위(果位)를 묻자, 지자 대사는 이렇게 대답하였다. "내가 만약 대중을 이끌지 않았다면 반드시 육근이 청정했을 것이다. 내 수행을 줄이면서 사람들을 이롭게 하였기에 내 과위(果位)는 단지 원오품(圓五品)일 뿐이다. 여러 선지식과 도반들이여, 지금 관음보살님과 대세지보살님이 나를 접인하러 오셨구나."

대사는 이 말을 마친 후 결가부좌(結跏趺坐)하여 마치 삼매(三昧)에 든 것처럼 편안히 극락세계로 왕생하셨다. 이때 대사의 연세는 67세요, 개황 17년(597년) 11월 24일 미시(未時: 오후 1~3시)였다. 대사의 육신은 다비하지 않고 등신불로 봉안되었다. 이는 중국불교 최초의 육신불(육신보살)로 오늘날에도 천태종의 총본산인 국청사(國淸寺) 지자대사탑에 봉안되어 많은 가르침을 소리 없이 전하고 있다.

"육도윤회 벗어난 극락왕생 의심 말라"

요즘도 그렇지만, 옛날에도 '과연 극락이란 곳이 있을까? 죽은 후 어디로 갈까?' 하는 의문을 품는 이들이 많았나 보다. 당시 천향사(天鄕寺)의 혜연(慧延) 스님은 대사의 원적(圓寂) 소식을 들었지만 도저히 갈 형편이 아니었다. 그 후 혜연 스님이 '대사께서는 지금 어디에 계시는가?' 하고 몹시 궁금해하면서 〈법화경〉 사경으로 은연중에 그 답을 기다렸다. 하루 저녁에는 꿈에 서쪽에서 관세음보살이 금색 신(身)으로 광명을 놓으며 나타나시는데, 그 뒤를 보니 지자 대사께서 계시면서 하는 말씀이 "너는 아직도 내가 왕생극락 한 것을 믿지 않고 있느냐?"고 하시고는 사라졌다. 스님은 그제서야 대사께서 왕생한 사실을 조금도 의심하지 않게 되었다. 이 일이 있은 후, 후대의 천태종 스님들 가운데 왕생극락을 발원하는 이들이 무수히 생겨났다.

'석가여래의 화현'이라고까지 칭송을 들은 지자 대사까지 왕생극락을 발원하셨으니, 후대의 우리는 더 이상 극락정토에 대한 의심을 거두고 노는 입에 염불하여 속초성불(速超成佛: 신속히 윤회계를 벗어나 극락에서 무생법인을 증득하고 성불함)의 기연을 맺으시길 발원한다.

나무아미타불!

법화경 독경과 염불로 중생제도한 영명연수 선사

참선·염불 같이 닦으면 스승 되어 윤회 벗어나

“참선수행도 하고 염불수행도 하면 마치 뿔 달린 호랑이 같아, 현세에 사람들의 스승이 되고 장래에 부처나 조사가 될 것이다.
참선수행은 없더라도 염불수행만 있으면 만 사람이 닦아 만 사람이 모두 가나니, 단지 가서 아미타불을 뵙기만 한다면 어찌 깨닫지 못할까 근심걱정 하리오.
참선수행만 있고 염불수행이 없으면 열 사람 중 아홉은 길에서 자빠지나니, 저승 경지가 눈앞에 나타나면 눈 깜짝할 사이 그만 휩쓸려 가버리리.
참선수행도 없고 염불수행도 없으면 쇠 침대 위에서 구리 기둥 껴안는 격이니, 억 만겁이 지나고 천만 생을 거치도록 믿고 의지할 사람 몸 하나 얻지 못하리.”

참선 보다는 염불이 가장 간단하고 효과적인 수행법이니 선(禪)과 염불(淨)을 같이 닦아 ‘뿔 달린 호랑이(戴角虎)’처럼 세상의 스승이 되라는 가르침을 담은 선정사료간(禪淨四料簡)이다.

참선과 염불을 같이 닦을 것을 설한 선정쌍수(禪淨雙修)의 근원이 된 이 법문을 설한 분이 바로 중국에서 아미타불의 화신으로 추앙받는 영명연수(永明延壽: 904~975)선사이다. 중국에서 아미타부처님 성탄절을 영명연수선사의 탄신일인 음력 11월 17일로 정해 기념할 정도로 유명한 이 스님은 선종인 법안종(法眼宗)의 제5대 조사(祖師)이자 연종(蓮宗: 정토종)의 제6대 조사로 양대 종파에서 높이 존숭을 받은 분이다.

시대적으로 앞선 고승·대덕을 일단 뒤로 미루고 이 분을 연재의 서두에 소개하는 이유도 바로 이 때문이다.

아직도 많은 스님과 불자들이 참선이 가장 수승한 수행법이요, 염불이 하열한 수행방편으로 알고 있는 현실에서, 본래성품을 깨달은 선종의 조사가 왜 6바라밀을 닦고 염불로 보림하여 윤회를 벗어나게 되었는지 설명하기 위해서이다. 그럼, 이 분의 일대기를 따라가며 공부해 보자.

공금으로 방생하다 사형에 처해도 무심한 경지

북송시대에 태어난 스님의 법명은 연수(延壽)이고 호는 포(抱)이며, 영명사(永明寺)에 오래 머물렀으므로 세상에서 영명선사라 일컬었다. 16세에 글을 지어 세상에 천재로 뽑힐 정도로 숙세(宿世)의 선근이 많은 이 분은 일찍부터 출가에 뜻을 두었다. 그러나 부모들이 허락을 하지 않자 세속에 계시면서도 불법을 돈독히 공부하였다. 총각시절부터 법화경을 수지독송해 오셨으며, 법화경을 보실 때는 글을 한 번에 다섯 줄씩 봐 나갈 정도로 비상한 근기였다. 세속에 살면서도 살생이라고는 벌레 한 마리를 죽이지 않을 뿐만 아니라 항상 방생(放生)하길 좋아하셨으며, 육류와 오신채(五辛菜)도 먹지 않았다. 세속에서 이미 출가승보다 엄정한 계행을 실천한 분이었다.

일찍이 과거(科擧)에 급제(及第)하여 고을 원 살이를 할 때의 일화다. 워낙 자비로운 분이라 산짐승이나 물고기 파는 것을 보면 그것을 꼭 사서 방생을 해줘야만 했던 스님은 자기 돈이 없을 때에는 공금(公金)으로 사서 방생을 해줄 정도였다. 그와 같이 수년을 하다 보니 마침내는 많은 공금을 축내어, 그런 사실이 조정에까지 알려져 처형(處刑)을 받게 되었다. 그 당시 국법은 공금을 사사(私事)로 쓴 자에게는 많은 사람들이 보는 앞에서 목을 베어 죽이게 되어 있었다.

당시 조전왕이 명령을 내리길 "죄인을 형틀에 매달아 칼로 목을 치려 할 때 죄인의 안색이 변하거든 목을 베고 안색이 변하지 않거든 목을 베지 말고 풀어주라"고 했다.

명을 받은 형리(刑吏)가 죄인을 형틀에 매달고는 칼을 들어 목을 치려 해도 스님의 안색이 하나도 변하지 않고 태연(泰然)하더라는 것이다. 형리는 왕의 분부대로 목을 베지 않고 풀어주었다.

종달새가 옷자락에 집 지을 정도의 자비심과 삼매력

이런 일을 겪은 스님은 인생무상(無常)을 더욱 크게 느끼시고는 가족들에게 말하기를 "나는 이번에 꼭 죽을 사람이었는데 부처님 덕에 살아나서 이제 부처님 제자가 되고자 하니 나를 이미 죽은 사람으로 알고 잊어주기를 바란다."고 하시고는 명주(明州) 땅에 용책사 취암영명(翠巖永明) 대사에게 출가하셨다. 그때 스님의 나이는 34세였다.

그 후 천태산의 천태덕소(天台德韶)국사에게 찾아가서 그곳에서 비로소 대도(大道)를 성취하게 되셨다. 처음 깨달음을 얻기 전, 지자암에서 90일간 잠을 안 자고 철야정진을 하며 애를 써서 정(定: 삼매)에 들게 되셨다. 그렇게 몇 날 며칠을 정에 드시어 마침내 견성(見性)하여 법안종의 제5조(祖)가 되신 것이다. 당시 삼매에서 나와 출정(出定)을 하고 보니 옷자락 속에 종달새가 집을 지어 놓았다고 한다. 보통 사람들은 몸에 살기(殺氣)가 있어서 짐승들이 보면 모두 달아나는데 이 스님에게는 오직 자비한 마음뿐으로 살생을 하지 않고 방생을 수없이 해온 공덕이 빛을 발한 것이다. 부처님께서는 6년 고행 시에 머리 위에다 까치가 집을 지었었다고 하며, 그 인연공덕으로 까치가 부처님 열반 후 천년이 지나 나제국왕이 되었다고 한다.

법화경 독송 · 염불 · 설법 · 보살행하며 짐승까지 구제

영명선사는 조사가 되어서도 두 가지 뜻을 가지고 계셨다. 하나는 평생토록 법화경을 독송하고자 하는 것과 많은 중생들께 이익을 주고자 하는 것이며, 다른 하나는 계속 선정(禪定)을 닦아 나갔으면 하는 것이었다. 그런데 두 가지를 같이 행할 수는 없어서 부처님께 의뢰하여 결정을 하기로 하셨다.

그리하여 지자선원에 올라가서 심지를 두 개 만들어 하나는 '일심선정(一心禪定)'이라고 쓰고 다른 하나는 '송경만선장엄정토(誦經萬善莊嚴淨土)'라고 써서 말아놓고는 부처님 전에 판단하여 주시기를 기원하고는 두 가지 가운데 하나를 집어서 펴보니 '송경만선장엄정토'라고 쓴 것이었다. 다시 섞어 가지고 두 번째로 집어서 펴보니 역시 처음 것과 같았다. 그와 같이 하기를 일곱 번을 해보았으나 '일심선정'은 단 한 번도 집혀지지 않고 일곱 번 모두 다 '송경만선장엄정토'였다.

이에 영명선사 모든 의심을 풀고 법화경을 독송하며 많은 중생들에게 이익을 주면서 정토수행을 하기로 결심하고는 그 즉시로 염불을 하기 시작하셨다. 모든 중생들을 위하여 매일같이 설법과 만행(萬行)을 행하심에 하루도 휴식 없이 실천하셨다. 마침내는 산에 사는 조류(鳥類) 금수(禽獸) 미물(微物)들을 위해 천주봉에 올라가 법화경을 외우시고 높은 소리로 염불을 해주곤 하셨다.

관음보살 친견 후 변재 얻고 하루 10만 번 염불

그와 같이 3년을 하시고 난 어느 날 삼매에 드시어 관세음보살을 친견하자, 관세음보살께서 감로수(甘露水)로 입을 씻어 주시더라는 것이다. 그 후부터는 관음변재(觀音辯才)가 열려 입을 열면 청산유수(靑山流水)같이 법문이 나오고, 듣는 사람들도 모두 환희심을 내어 발심을 하게 되며, 또한 모두 염불하여 윤회를 벗어난 세계인 극락정토에 왕생할 것을 발원하게 되었다.

이때 영명선사께 법을 배우려 모여든 대중은 무려 2천여 명. 영명사에서 15년 동안 주석한 사이에 제자 1,700인을 제도하였고, 천태산에 들어가서는 1만 명에게 계(戒)를 주었다. 평생 염불을 하며 정토왕생을 발원하였고, 저녁에는 별봉(別峰)에 가서 염불할 적에는 옆의 사람들이 하늘의 음악(天樂)소리를 들었다고 한다. 떠도는 귀신에게 시식하고 방생하기를 말할 수 없이 많이 하였고 40만 본의 미타탑(彌陀塔)을 찍어서 보시하며, 또 승속에 염불을 권장하여 정토종을 널리 퍼뜨리는데 전력하여, 세상에서는 미륵보살이 화생하였다고 칭송하였다.

특히, 매일 108가지의 일과 조목을 정하여 지키고 있었는데, 그 중에는 염불만도 10만 번씩에 달했다. 생전에는 〈법화경〉을 1만 3천 번 외웠고, 특히 〈법화경〉을 들에서 암송하면 양떼가 감응하여 엎드려 들었다고 할 정도였다. 국청사에서 참회법을 닦고 있을 때, 밤 중에 절을 돌아보다가 보현보살상 앞에 공양한 연꽃이 홀연히 자기 손에 있는 것을 보고 이때부터 일생동안 꽃을 뿌리는 공양을 하였다.

선과 교의 금자탑 '종경록' 100권… 선정쌍수 황금시대

영명선사는 관음보살이 감로수를 입에 부어주는 감응을 받고 관음변재(觀音辯才)를 얻게 된 후 팔만대장경을 요약했다는 〈종경록〉 100권, 〈만선동귀집〉 6권, 〈유심결〉 1권 등 60여 부 외에도 많은 저술을 남겼다. 〈종경록〉을 세 권으로 요약한 〈명추회요〉는 성철 스님이 평생 애독한 어록이기도 하다.

영명선사는 일반 선사들과는 달리 신도들을 두루 자비로 대하고 보살행을 널리 실천했다. 율사로서 계율도 설하고,

선사로서 선을 지도하며, 인연 있는 사부대중에게 염불을 가르치며 대자대비행을 펼쳤다. 항상 옆에 따르는 제자들이 2~3천 명이었으며 대중법회 때마다 1만여 대중이 운집할 정도로 선정쌍수의 황금시대를 구가한 대 선지식이었던 것이다.

선사께서는 개보(開寶) 8년(975) 2월 26일 새벽에 대중을 모아 고별인사를 하시고는 서쪽을 향해 단정히 앉으셔서 향을 사루고 염불하시고는 고요히 열반에 드셨다. 다비를 하고 나니 많은 사리가 나와 탑에다 모시어 지금까지도 보존해 내려오고 있다.

영명선사가 왕생하신 뒤 무주의 어떤 스님이 여러 해 동안 선사의 탑을 돌았는데 누가 그 까닭을 물었더니 그는 이렇게 대답하였다고 한다.

“병을 앓다가 명부(지옥)에 들어갔더니 전각 왼쪽에 어떤 스님의 탱화가 있는데, 염라대왕이 무수히 예배하는 것을 보고 물었더니, 맡아보는 관리가 말하기를, ‘그는 영명선사인데 이 스님처럼 모든 덕행(德行)이 구족원만(具足圓滿) 한 분은 일찍이 보지 못했다. 염불을 잘 닦아 지금은 극락세계에서 상품상생하여 계시오.’라고…”

견성 후 염불과 108가지 행으로 보림한 대선지식

깨달음 이후에도 하루 108가지 행을 닦으셨다는 선사의 행적을 살펴보면, 오늘날 위기의 한국불교에 시사하는 바가 적지 않다. 깨달음만 있고 보살행이 없는 소승불교, 참선만 위대하고 다른 방편은 하열하다는 오만, 출가승이 육식과 음주, 음행 등을 태연히 자행하는 파계, 매년 안거에 드는 선승은 많지만 깨닫지 못하는 수행가풍. 그리고 해오(解悟) 또는 작은 깨달음을 확철대오로 착각하여 깨달음 이후 성태(聖胎)를 보호하고 지켜가는 공부인 보림(保任)법이 없어 막행막식에 떨어진 풍토, “책 보지 마라”(문자에 집착하지 말고 경전을 굴려라)는 말을 잘못 알아듣고 경전을 비방하고 공부하지 않는 풍토를 만들어 이른바 ‘무식불교’에 떨어진 한국불교의 현실에 영명선사의 삶은 경종을 울리기에 충분하다.

특히, 선종과 정토종은 물론 교종의 대선지식으로서 염불수행을 하고 정토왕생을 발원한 것을 볼 때 염불이 결코 하근기만의 전유물이 아님은 물론, 오히려 지혜와 공덕을 함께 닦은 상상근기(上上根機)들이 닦고 간절히 권유한 원돈(圓頓: 원만하고 단박에 증득하는)법문임을 알 수 있다.

철오(徹悟)선사께서 “이 염불법문은 문수보살과 보현보살 등 여러 대보살로부터 마명 · 용수 등 여러 대조사들과, 천태 · 영명 · 초석 · 연지

대사 등 여러 대선지식들에 이르기까지, 모두 한결같은 마음으로 귀의하신 가르침이다. 그런데 내가 뭐라고 감히 귀의하지 않는단 말인가."하고 탄식한 고구정녕한 말씀을 우리 불자들은 자세히 살펴보고 정토법문에 대해 참구해 보시길 간절히 발원한다.

나무아미타불!

법화삼매 닦아 천태종 정수 통달하고 왕생한 행책 대사

"아직 깨닫지 못했다고 해서 자신을 얕보지 말라. 일념을 지혜광명으로 돌리면 곧 본래의 깨달음과 같다(莫輕未悟 一念回光 便同本得)."
_〈행책대사 정토경어〉

깨달음의 비결은 '일념회광'에 있다

예로부터 도를 찾고 깨달음과 열반, 부처를 찾는 구도자들은 진정한 대장부가 아니라면 스스로의 근기와 수행력에 좌절감을 느끼기 마련이다. 하지만 대승의 가르침은 '본래 부처'를 가린 분별·망상·집착만 제거하면 본래의 성품, 깨달음(覺·붓다)을 회복해 진짜 부처가 될 수 있다는 자신감을 주고 있다. 이런 확신을 가진 구도자들은 오랜 역경과 슬럼프를 극복하고 자성불을 회복하여 스스로도 해탈하고 중생을 제도하는 깨달음의 행을 원만하게 구족할 확률이 훨씬 높다. 그래서 조사스님들은 구도자들에게 자신을 과소평가하지 말고 무한한 불성의 힘을 꺼내 쓰라고 조언을 하신 것이다.

행책 대사

행책(行策) 대사께서 〈정토경어(淨土警語)〉를 통해 밝힌 것처럼, 예로부터 조사·대덕께서 개오(開悟)한 비결은 바로 '일념회광(一念回光)'에 있다. 여기서 '회(回)'는 고개를 돌린다는 뜻이고, '광(光)'은 자성이 본래부터 가지고 있는 지혜광명을 말한다.

‘일심불란’ 돼야 자성의 지혜 · 공덕 현전

그렇다면 자성의 지혜광명을 어떻게 돌리라는 것일까? 그 답은 ‘이념(二念)’이면 돌릴 수 없기에 오로지 ‘일념(一念)’을 활용하라는 것이다. 일념은 곧 일심불란(一心不亂)이다. 이 일념을 닦으려면 다른 생각과 뒤섞지 않으면 된다. 한편으로 염불하면서 한편으로 망념과 뒤섞으면 공부가 진보할 수 없다. 수행자가 망상에 휘둘리지 않고 순일하게 염불하게 되면, 이 일념이 곧 ‘아미타불’이고 ‘나무아미타불’이다. 자나 깨나 일념으로 ‘나무아미타불’을 염한다면 진정으로 자성이 본래 갖추고 있는 지혜와 공덕이 현전할 수 있다. 바깥에서 오는 것이 아니기 때문이다.

그렇다면, 우리 염불인들이 오랫동안 공부해도 한 덩어리를 이루지 못하는 이유는 무엇일까? 열심히 염불을 하면서도 일어나는 온갖 잡다한 망념에 관여하고, 그 망념에 대해 걱정하며, 그 망념을 상기하고, 그 망념을 두려워하기 때문이다. 따라서 망념에 상관하지 않는 것이 바로 공부의 비결이다. 망념이 흘러가도록 내버려두면 된다. ‘나무아미타불’ 이 한마디 부처님 명호를 단지 한 글자 한 글자 또렷하게 염하고 또렷하게 들으면 된다. 이것이 바로 일념회광(一念回光)이다. 근대 중국 정토종의 대덕인 하련거 거사는 〈정어(淨語)〉에서 “망념에 상관하지 않는 것을 제1념(第一念)이라” 하고, “이런 생각 저런 생각으로 제2념, 제3념에 떨어지지 말고 제1념을 사용하여 일념회광을 닦으라”고 하였다. 염불인이 생활하는 가운데 사람을 상대하고 일을 처리하며 사물을 접하는데 제1념을 사용한다면, 지혜로운 삶을 영위하는 동시에 제대로 염불하는 방법을 터득하게 되리라.

5년 장좌불와로 선(禪)의 종지 깨쳐

이와 같이 염불행자들에게 실질적인 수행지침이 되는 〈정토경어〉를 남긴 행책 대사는 훗날 정토종 제10대 조사로 추존되었으며, ‘윤회의 흐름을 끊다’란 뜻을 지닌 절류 대사(截流大師, 1626-1682)로도 불린다. 명나라 희종(熹宗) 천계(天啟) 6년(1626)에 태어나 청나라 초에 활동한 대사는 중국 강소성(江蘇省) 선흥(宜興) 사람으로 속성은 장(蔣)씨이며 휘(諱)가 행책(行策)이며, 그의 부친은 전창(全昌)이라는 분이다. 부친은 유교의 선비로서 일찍부터 유불선에 달통한 감산(憨山, 1546-1623) 대사와 교류해 왔다. 그런데 감산 대사께서 세상을 떠나 등신불이 되셨는데(남화선사에 육조대사와 나란히 모셔져 있음), 3년 후 꿈에 대사께서 주장자를 짚고 방에 들어와 은연히 앉으심을 보고 임신이 되어 낳은 분이 행책 스님이라는 것이다. 그래서 어렸을 때 이름이 몽감(夢憨)이었다.

행책 스님이 성년이 될 즈음 부모님들이 잇따라 세상을 떠나자, 세간을 떠나 도를 닦겠다는 발심을 하게 된다. 드디어 23세에 무림(武林, 지금의 절강浙江 항주杭州) 이안사(理安寺)에 출가하여 약암문공(箬庵問公) 선사 문하에서 공부하는 법을 배웠다. 거기서 무려 5년간 옆구리를 바닥에 닿지 않으며 눕지 않고 애써 정진하여 마침내 깊은 진리의 근원(法源)을 깨달으셨다.

법화삼매 닦아 천태종 정수 통달

청나라 순치(順治) 8년에 문공 선사께서 입적하신 후, 행책 스님은 주로 보은사(報恩寺)에 머물다가 우연히 식암 영(息庵瑛) 선사를 만나 정토법문을 듣고 염불을 열심히 하게 된다. 그리고는 또 다시 전당(錢塘)에 있는 초석(樵石) 법사를 뵙고 천태(天台) 교리를 열람해 보시고는, 함께 정실(淨室)에 들어가서 법화삼매(法華三昧)를 닦으셨다. 행책 스님은 이 법화삼매를 수행하면서 숙세의 지혜가 갑자기 돈발되어 천태교의의 정수를 철저히 통달하게 된다.

강희(康熙) 2년(1663)에 이르러 행책 스님은 항주 법화산 서쪽 시냇가에 연부암(蓮柎庵)이라는 암자를 하나 지어 그곳에서 전적으로 염불 수행에 매진하셔서 득력하셨다. 그곳에서 7년 간 주석하신 스님은 그 후 강소성 오산(虞山, 지금의 상숙常熟 땅) 보인원(普仁院)에 가셔서 염불을 창도하고 정토결사(蓮社)를 만들자 수행자들이 구름처럼 몰려왔다. 아울러 7일 동안 잠을 자지 않고 염불정진 하는 불칠(佛七, 7일 참선정진은 '선칠禪七'이라 한다)법회를 열면서 대중이 함께 모여 정진하는 큰 염불도량이 형성되었다. 이러한 불칠법회의 전통은 지금까지 이어져 정토종의 시원인 여산(廬山) 동림사(東林寺)의 경우 한 번에 무려 2천여 불자들이 모여 7일간의 '나무아미타불' 염불정진에 매진하는 모습을 볼 수 있다.

'불칠'법회로 7일 용맹정진도량 세워

행책 스님은 정업(淨業)을 닦는 수행자가 오랫동안 염불해도 윤회를 벗어난 청정한 세계인 정토에 왕생하는 자가 드문 이유를 통찰하고, 제자들의 근기와 성향에 맞는 방편을 선택하여 간절한 노파심으로 약방문을 제시하듯 지도하였다. 대사께서 파악한 바로는, 사람들이 왕생하지 못하는 원인은 모두 탐욕과 애정의 뿌리를 뽑지 못하고 그 굴레에 매여 있기 때문이었다. 왕생극락이 비록 아미타부처님의 '본원의 힘(本願力)'에서 가능한 일이지만, 염불행자가 현생에 대한 집착이 강할 경우는 왕생이 쉽지 않은 것이 현실이다. 따라서 행책 스님은 염불행자들이 왕생극락에 대한 진실한 서원을 발하는 동시에 사바세계의 삶을 싫어하는 염리심(厭離心)을 갖고 삼계를 벗어나려는 출리심(出離心)을 가져야 한다고 간절히 당부했던 것이다.

대사의 광명 보고 2인이 지옥에서 환생

그토록 활발하게 정토법문을 열어보였던 행책 스님은 당신의 정토업(淨土業)을 성취하시자 조용히 세상을 떠나시게 되었다. 보인원에 주석한 지 30년 되는 강희(康熙) 21년(1682) 7월 19일 세수 57, 승랍 35세를 일기로 생사윤회의 수레바퀴에서 벗어나신 것이다.

〈정토성현록(淨土聖賢錄)〉에는 스님의 왕생과 관련한 기이한 일화 두 건이 간략하게 기록되어 있다.

그 당시 손한(孫翰)이란 사람이 병으로 앓다가 죽었는데, 하루를 지나 다시 깨어나서 하는 말이 "명부(冥府)에 가서 심판을 받던 중 갑자기 밝은 광명이 천지를 밝게 비추니 염라왕이 엎드려 절을 하더라"는 것이다. 그리고는 하는 말이 "방금 이 광명은 청나라 행책 대사께서 왕생극락 하시면서 비추신 광명인데, 너희들이 다행히 그 빛을 받은 인연으로 많은 죄업이 소멸되어 다시 환생시켜 주니 나가서 많은 공덕을 짓도록 하라"고 했다는 것이다. 그리고 같은 날, 남관 밖에 살고 있는 오씨(吳氏)의 아들도 역시 깨어나서 손씨와 똑같은 말을 하더라는 것이다. 그 후 두 사람은 크게 발심하여 염불수행을 철저히 행한 것은 물론이다.

대신심 있어야 염불삼매 · 왕생 가능

당시에는 큰 화제가 된 이러한 기록을 요즘 사람들이 보면 진위여부를 따지며 황당하다는 반응을 보일 지도 모르겠다. 하지만 선종에서 화두를 타파하기 위해 스승과 공안(公案)에 대한 대신심(大信心)을 강조하듯이, 정토종에서도 '믿음'이 왕생을 결정하는 가장 중요한 요인임을 알아야 한다. 〈대혜선사어록〉에 '신득급(信得及)'을 강조했듯이, 어떤 수행방편이든 절대적인 믿음과 확신(信)이 있어야만 체험하여 증득(得)할 수 있고, 수행의 과지(果地)에 도달(及)할 수 있음을 기억하자.

임종 시 윤회 벗어나는 생사해탈법

오늘날 대다수의 어르신들은 만년에 질병이 몸에 달라붙고, 임종 시에 매우 큰 고통이 따를 것이며, 어떤 분들은 치매로 몇 년 끌다가 운명하는 때에 혼미하고 정신이 맑지 못한 경우가 대부분이다. 그러니 우리는 인생의 큰일(大事)로 정토에 왕생함을 가장 우선순위로 삼아야 한다. 진실한 믿음, 간절한 염불로 시시각각 마음에 아미타부처님이 계시다면, 눈빛이 땅에 떨어지는(眼光落地) 크나큰 고통의 순간에도 여여하게 '나무아미타불'을 염하여 육도윤회의 고통스런 수레바퀴에서 벗어나는 기연을 맞이하게 될 것이다.

만약 염불이 아닌 참선과 위빠사나를 통해 견성성불하거나 아라한이 된다면 그 또한 생사해탈의 큰 길이겠지만, 그 확률은 과연 60억 분의 몇이나 될까? 냉철한 판단으로 생사해탈의 가장 빠르고 효과적인 지름길이 담긴 제불보살과 조사스님들의 특별법문(정토법문)에 귀 기울여 보시길 간절히 발원한다.

나무아미타불!

임종이 되었을 때 훈습된 업[熏業]이 나타나서 평소 부르던 아미타불과 여러 성인(聖人)들이 이때에는 진짜로 모습을 나투시어 여러분을 극락으로 영접[接引]할 것입니다. 평소에 생각하고 그리던 서방정토의 청정하고 미묘한 경계가 그 찰나에 눈앞에 나타나게 됩니다. 중생이 바로 부처이고 부처가 곧 중생이니, 모든 것은 이 성품 속에 원만히 갖춰져 있습니다.

– 담허대사의 <염불론> 중에서

'법화경 강해' 남기고 염불좌탈 왕생극락한 동현 송찬우 거사

"금생에 부처님 가르침을 의지해서 흩어진 마음 없이 간절하게 한 구절 '아미타불'을 염불하면 임종할 때 서방극락세계로 왕생하여 아미타부처님을 직접 뵙고 무생법인(無生法忍)을 깨닫게 된다." _〈지관수행〉

아미타부처님 접인 받으며 염불좌탈 왕생

"저 위하여 아미타불… 저 위하여 아미타불… (아미타부처님께서 오셨군요)"

2015년 1월 27일 새벽, 가족들이 지켜보는 가운데 "나무아미타불"을 염하며 좌탈입적(坐脫入寂)한 동현(東玄) 송찬우(宋燦禹, 1951~2015) 거사의 최후법문이다. 동현 거사는 직장암 투병 중 기력이 소진한 상태에서도 지성으로 '아미타불'을 염하였다. 왕생하기 직전, 몸을 일으켜 달라고 손짓을 하여 앉혀드리자 천장 한곳을 응시하면서 "저 위하여 아미타불…"을 혼신의 힘을 다해 끊어질 듯 끊어질 듯 이어가며 반복했다. 호흡이 멈춘 이후 거사는 앉은 상태에서 순간 저절로 눈꺼풀이 사르르 감기며 편안한 모습으로 입적했다고 한다.

정토법문 강의 발원하고 왕생

이는 임종 직전에 윤회를 벗어난 깨달음의 세계인 정토(淨土)를 감득(感得)하고 아미타부처님과 관세음·대세지보살 등 여러 성중(聖衆)의 인도를 눈앞에서 마주한 광경(阿彌陀佛 與諸聖衆 現在其前)의 전형이라

할 수 있다. 동현 거사는 투병 중에도 세친(바수반두)보살의 〈왕생정토론〉을 마지막으로 강의했는데, 남은 생애는 정토법문을 강의하겠다는 의지를 불태웠다고 한다. 세친보살이 염불삼매에 들었을 때 극락세계를 친견하고 저술한 것으로 전해지는 〈왕생정토론〉은 극락정토에 화생(化生)하기 위한 염불수행법과 왕생의 공덕을 논리적으로 밝힌 정토문 최초의 논서이다. 동현 거사가 이 논서를 강의하겠다는 뜻을 피력한 것은 투병 중임에도 얼마나 치열하게 염불에 매진하며 왕생극락을 발원했는지를 알 수 있는 증언이기도 하다.

생사자재의 수행력 보인 재가 선지식

평생 선(禪)과 유식(唯識)을 비롯한 가장 난해한 경전과 어록들을 번역하고 강의하면서 청빈과 탈속의 무애자재한 삶을 살다가, 말년에 염불수행에 매진한 거사는 오탁악세에서 보기 드물게 아미타부처님의 접인(接引)을 받는 놀라운 회향을 보이니, 후학들에게 큰 감명과 함께 재발심의 기회를 선사했다. 수행풍토가 해이해진 오늘의 현실에서 그가 보여준 생사자재(生死自在)의 걸출한 수행력은 사부대중에게 신선한 충격과 자극을 주었다. 특히, 염불왕생의 성취는 많은 정토행자들에게 자신감을 고취하기에 충분했다. 불교계에 모처럼 신심을 불러일으킨 서상(瑞祥)을 보여주고 고향으로 돌아간 그의 구도역정(求道歷程)이 어찌 우연히 이뤄진 것이겠는가. 치열했던 일생을 살펴보면 동시대를 산 한 거인의 족적(足跡)에 절로 고개가 끄덕여질 것이다.

성수 · 탄허 스님께 선(禪)과 교(敎) 배워

1951년 전남 고흥에서 태어난 동현 거사는 16세에 불문에 입문할 때 이미 4서와 〈시경〉을 보았을 정도로 한학 실력이 출중했다. 동국대 불교대학을 졸업, 민족문화추진위원회 국역연수원을 수료하고 고려대 한문학과와 한국정신문화연구원 한국학대학원에서 강의하며 원전 독해와 강의 실력을 철저히 연마했다. 동국역경원 역경위원과 중앙승가대학교 교수를 역임하면서 부터는 본격적인 역경 불사와 경전 강의의 외길을 걸었다.

조계종 원로의원을 지낸 성수 스님을 은사로 모시고, 20세에 당대 최고의 대강백이자 선사인 탄허 스님 문하로 들어가 〈서경〉〈주역〉〈좌전〉〈노자〉〈장자〉 등 최고의 동양고전을 섭렵한 것은 천재일우(千載一遇)의 기회였다. 13년 동안이나 유불선에 달통한 탄허 스님 곁에서 선(禪)과 교(敎)를 함께 닦았으니, 장년의 나이에 이미 법사의 반열에 우뚝 서게 된 것이다.

승조·감산 대사 논서 읽고 심안 열려

1982년, 32세에 그는 16년간 머물렀던 절 생활을 청산하고 승복을 속복으로 갈아입었다. 불교에 절망했다기보다는 특정한 형식에 구애되는 것이 체질에 맞지 않았기 때문이다. "옷만 바꿔 입은 스님"이라는 평을 들으며 장자(莊子)와 같은 자유인으로 살았던 그는 간경(看經)수행과정에서 세 차례, 문자반야를 통해 마음의 이치를 터득하는 계기를 얻는다. 30대 중반에는 승조(僧肇) 법사의 〈조론(肇論)〉과 감산(憨山) 대사의 여러 저서를 통해, 40대 초반에는 〈기신론〉과 〈유식론〉을 통해 공부의 큰 전기를 마련한다. 마치 감산 대사가 〈조론〉의 '물불천론(物不遷論)'과 〈금강경〉을 간행하여 강의하다가 심안이 열려 활연대오한 것처럼, 그 역시 경전을 보다가 공부의 깊이가 확연히 달라진 것이다. 그에게 있어 경전 번역의 의지를 심화시켜 준 인연은 승조 법사의 〈조론〉에 있었고, 거기에 주석을 단 감산 대사와의 만남은 단연코 그의 안목을 깊고 넓게 해준 큰 계기가 되었다.

'선림고경총서'등 40여 경전 역경(譯經)

탁월한 한문 실력에 불법에 대한 깊어진 안목을 바탕으로 그는 감산 대사가 해설한 〈조론〉을 비롯해 〈대승기신론〉〈금강경〉〈장자〉〈노자〉의 주해서와 지욱 대사의 〈금강경 파공론〉〈종경록 촬요〉 등을 잇달아 번역해 불교 내외의 지식인층에 큰 반향을 불러일으켰다. 특히, 감산 대사의 주해서들은 그간의 여러 주석서의 잘못을 시정하고 정법을 되살리기 위한 각고의 노력이 담긴 결과물이었다. 〈뜻으로 읽는 금강경〉〈법상유식학으로 풀이한 반야심경〉 등의 저서를 통해서는 유식(唯識)을 바탕으로 한 독창적인 안목으로 경전 해석을 시도하기도 했다.

그가 문사철(文史哲)에 대한 해박한 지식과 선지(禪旨)를 갖춰야만 강의할 수 있는 〈벽암록〉을 비롯해 〈종경록〉 〈능가경〉 〈육조단경〉 〈달마대사 혈맥론〉 〈이입사행론〉 〈전심법요〉 등을 원문으로 강의한 것은 결코 범상한 일이 아니었다. 아울러 〈전심법요〉〈백장록〉〈동산양개화상 어록〉 등 23권의 선어록을 완역, 성철 스님의 '선림고경총서' 가운데 3분의 2 정도를 번역한 것은 선리(禪理)에 달통하지 않고는 불가능한 일이었다. 그야말로 선교(禪敎)를 함께 닦은 수행의 결과물인 것이다.

역경사(譯經師) 양성 꿈 못 이뤄

그는 경전 강의를 할 때는 한자 원문과 토를 하나하나 새겨가면서 숨겨진 심오한 뜻을 드러내어 매 순간 공부인들이 자기를 되돌아보는 계기를 만들어 주었다. 경안(經眼)을 갖춘 뛰어난 인재를 길러내고 싶었던 그는 입적하기 전까지 동현학림에서 후학을 지도하는 등 열정적으로 활동했다. 강사급 정도의 역경사(譯經師)들을 양성하고 싶었던 그의 바램은 큰 아쉬움으로 남는다.

간경수행을 겸한 후학 양성에 전력을 다하던 동현 거사가 생의 마지막에 염불수행에 전력을 기울인 까닭은 무엇일까? 천태 대사와 의상 대사가 〈법화경〉과 〈화엄경〉을 각각 공부하면서도 수행법은 아미타 염불을 택하고, 영명연수·철오 선사 등은 선사이면서도 염불로 왕생했듯이 그 역시 암 선고를 받고 마지막 수행법으로 염불을 택하지 않았을까 추측해 본다. 실제로, 그의 유작인 〈지관수행〉에는 대승의 사마타(止)·위빠사나(觀) 수행법을 '아미타불' 염불을 예로 들며 설명한 부분이 적지 않다. 염불수행으로 윤회를 벗어날 수 있다는 확신에 찬 다음 글에 그의 수행법이 엿보인다.

지관(止觀)으로 염불수행을 하다

"지금 말법시대에 법을 펴고 중생을 이롭게 하려면 늙을 때까지 염불을 진실하게 하여 한 구절 아미타 명호를 부를 경우, 그 자리에서 아상, 인상, 중생상, 수자상 등 사상(四相)이 없어져 안으로는 신심을, 밖으로는 세계에 대한 집착을 잊게 되는데 이것이 바로 '지(止)'공부이다. 또 소리소리 부처님 명호를 부를 때마다 부처님 상호가 더욱 분명해지는데 이것은 '관(觀)'수행이다. 염불을 부르는 자와 부르는 대상인 부처님, 이 둘을 쌍으로 잃는 경지에 이르러 자타가 둘이 아닐 땐 이 경지에서 마음을 되돌려 허깨비와 같은 염불공부로 허깨비와 같은 중생을 교화하게 된다. 집착이든 병이든 논할 것 없이 단지 '아미타'라는 약으로서 중생을 다스려 중생들이 각자 허깨비와 같은 그림자 모습을 소멸하고 임종 시에 허깨비와 같은 극락에 왕생하게 해야 한다. 이와 같다면 이익이 절묘한데, 그 경지를 어떻게 언어로 설명할 수 있겠는가."

경학과 심법 통달하고 염불법 선택

〈지관수행〉에서 동현 거사는 "지관으로 염불수행을 하는 것이 바로 여래행을 행하는 것이고 여래의 집으로 들어가는 것"이라고 밝히고 있다. 그리고 "아미타불 한 구절의 명호를 가지고 한결같은 마음으로 지극히 염불한다면 삼계 내 범부의 견혹(見惑: 사상적 미혹)과 사혹(思惑: 감정적 번뇌)에 요동하지 않고, 출세간 소승의 진사무명(塵沙無明)에도 요동하지 않는다."면서 "위없는 반열반(般涅槃: 완전한 깨달음)은 최후까지 항상 고요한 삼매이며, 이것이 바로 한 구절 아미타불이다."라고 강조하였다. 그의 염불수행은 경학과 심법을 완전히 통달한 데서 나온 순선(純善)의 결정체임을 알 수 있다.

종교의 위기, 불교의 위기가 회자되는 이 시대에 그는 오로지 불조의 혜명(慧命)을 잇는 경전 번역과 강의로 일생을 헌신하고 거룩한 회향까지 나타냈으니, 절망적인 한국불교에 한 줄기 빛을 선사한 선지식임에 분명하다. 우리 후학들은 그의 치열한 구도정신을 본받아 어떻게 자기 혁신과 불교 중흥을 이룰 것인지, 진심 어린 반성과 각오를 다져야 하지 않을까. 하근기들이나 하는 열등한 수행법으로 치부되던 '아미타불' 염불이 부처님과 역대 조사스님들이 심오한 법문으로 찬탄한 최상승의 방편임을 확신하게 되었다면, 일생에 윤회를 벗어나는 정토수행에 착수하시기를 발원한다.

나무아미타불!

법화행자 가구 스님이 믿은 과보로 왕생극락함

『왕생전(往生傳)』에서 말하였다.

명주(明州)의 스님 가구(可久)는 항상 『법화경』을 독송하였기 때문에 구법화(久法華)라고 불렸다. 평생 동안 정토업을 닦았다.

원우(元祐) 팔년, 나이 여든한 살에 앉은 채로 천화하였다가 다시 살아나서 정토에서 있었던 일을 말하는데 『십육관경』에서 설한 것과 동일했다.

"정토에 가서 연화대를 보았더니 합생자(合生者)의 이름이 모두 표시되어 있었다. 한 자금대(紫金臺)에는 송나라 성도부(城都府)의 광교원(廣敎院)이 법화경을 익혀서 그 가운데 앉을 것이라고 표시되어 있고, 또 다른 금대에는 명주의 손자 12랑(郎)이 그 가운데 합생(合生)할 것이라고 표시되어 있고, 또 한 금대에는 구법화라고 표시되어 있고, 또 한 은대(銀臺)에는 명주의 서도고(徐道姑)라고 표시되어 있더라"라는 말을 마치고 다시 천화하였다.

5년이 지나서 서도고가 죽자[卒] 기이한 향기가 방에 가득 찼고, 또 12년이 지나서 손자인 십이랑이 죽자 하늘 음악[天樂]이 허공에 가득 찼다.

오늘 이 도량의 동업대중이여, 위에서 설한 바와 같이 왕생하였으니 오늘날 승려된 이들은 마땅히 이와 같이 스스로 생각해야 한다.

'나는 출가인이다. 생사를 요달하는 것이 본분이니 이와 같이 티끌 세계인 속세에 골몰해서는 안 된다. 하루아침에 대한(大限: 임종)이 도래하면 무엇을 의지할 것인가. 세간의 선업을 짓는다 해도 생사윤회를 면할 수 없다. 만약 정토를 수행하면 속히 생사를 벗어나 면전에서 아미타부처님을 뵐 수 있다. 이렇게 해야만 비로소 출가사(出家

事)를 마치는 것이다. 또 나아가 이로써 다른 이를 교화하고 자기를 위하는 것을 승(僧)이라 한다.'

그 말을 반드시 믿고 따라서 행하면 이익이 무궁하여 반드시 상품에 왕생할 것이니, 다 같이 지극한 마음으로 오체투지하여 세간의 대자비하신 어버이께 귀의하라.

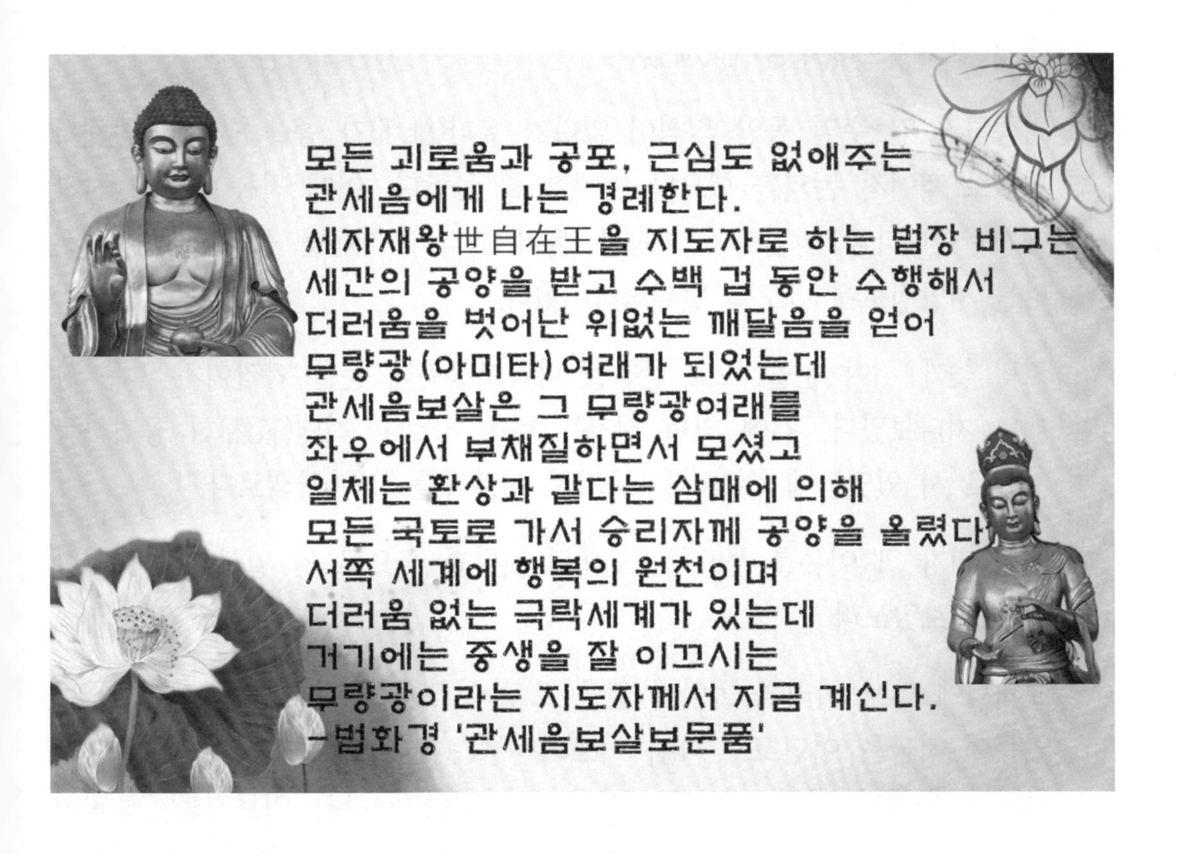

게송 삼천여 장을 50년간 외우고 왕생극락한 지통 스님

석지통의 성은 정씨며 하동 기씨 사람이다.

나면서부터 총명하고 도를 숭상하며 글을 익히고는 출가하고자 하니 부모가 괴이하게 여기면서도 허락했다. 열 살에 삭발하여 계행을 닦아 법어를 읊었으며 법화경을 주야로 끊이지 않고 읽었으며 많은 경전 중에 부처님을 찬탄한 중요한 게송 삼천여 장(章)을 오십여 년 간 외었다.

애초 아프다는 말이 없다가 대업 7년(611년) 10월 24일 질병으로 산사에서 입적했으니 춘추 64세였다.

임종하기 전 수일 동안 의식이 없다가 유나(維那)가 종을 울리니 종채가 저절로 꺾어져 논의를 했으나 어찌할 줄 몰랐다. 이에 지통이 듣고 시자에게 "아미타불과 법화의 이름을 불러 생각과 마음을 돌이켜 섭수해서 나를 서방정토에 나도록 발원하라" 했다.

저녁 늦게 서야 눈을 뜨고 한참을 바라보았는데 눈을 깜짝이지 않은 상태로 쳐다보았다. 곁에 있던 시자는 향을 사르고 적연(寂然)히 공경하는 자세로 서 있었는데 손가락을 퉁기며 이르기를 "불가사의로다."

어떤 이가 그 이유를 물으니 "보배의 깃발과 꽃으로 된 일산으로 장엄한 탑묘를 보았노라."

초저녁에 다시 머리를 돌이켜 옆을 보고 이르되 "처음에 밝은 구슬을 보았는데 지금은 어딘고?" 다시 이르되 "무슨 연고로 큰 등불이 비추다가 갑자기 등불이 꺼지고 어둡는고?" 잠깐 있다가 다시 이르기를 "불빛이 한창이었는데 해를 가려 실내가 어두워졌도다." 이에 합장하고 아침에 이르러 말하기를 "내가 정토에 태어났도다."

이로 인해 고요한 가운데 산과 땅이 동요하고 문과 창이 떨어질 듯 흔들렸으며 수많은 꿩들이 놀라 소리쳤다. 그러한 소리가 항상 들릴 뿐만 아니라 도혜스님도 날이 밝기 전에 잠에서 놀라 깨어 요사에서 나와 이르기를 "선사께서 입적하고는 반드시 정토에 태어났으리라." 그러한 징후를 알 수 있었던 것은 "잠결에 서쪽 고개 위 누각 위로 허공을 타고 가는 것을 보았노라." 말을 마치자 지통스님이 가 버렸다.

그의 어머니 왕씨는 오랫동안 불교를 신봉하여 많은 경전을 독송예참(讀誦・禮懺)하고 발심하여 극락왕생 하는 것으로 일상을 삼았다.

정관 11년(637년) 2월 임종에 가까워지자 더욱 열심히 정근하니 상(床) 앞에 50말이 들어갈 만한 항아리 크기의 붉은 연꽃이 보였고, 또한 푸른 연꽃을 집안 가득 볼 수 있었다.

아미타불과 관음보살, 대세지보살이 협시 보살들과 이르렀으니 형상이 몹시 컸으며 보살들이 가까이서 오랫동안 같이 있었다. 이는 실록에 전해진다.

- 〈속고승전(續高僧傳)〉에서

법화삼매에 들어 보현보살 감응 받고 왕생한 법성 스님

석법성의 성은 번씨며 옹주 만년 사람이다. 어려서 남전 왕효사에 출가하여 사문 승화를 스승으로 섬겼다. 승화는 벼슬하는 이들에게 성인에 비교할 만큼 추앙받았다.

어떤 사람들이 그를 해치고자 하여 밤에 방 앞에 가서 안을 들여다보니 맹렬한 불꽃이 그를 보호하고 있기에 모두가 물러 나왔다. 이는 그가 평소 맑은 물을 마시며 청결히 했기 때문이다.

사람들이 혹 그를 놀리기 위해 몰래 양의 뼈를 물에 담구곤했다. 승화가 평소대로 아무것도 모르고 그 물을 마시면 어김없이 구토를 했다. 이는 확실한 의식이 있었기에 가능했다.

법성은 열심히 정진했는데 특히 법화경 독송으로 일상을 삼았다. 선림사 상선사(相禪師)를 뵙고 정행(定行)을 물었으며 덕화(德化)가 있어 배우는 무리가 많았다.

대중이 숭앙하여 말년엔 운화에 머물면서 승려들의 기강을 세웠고 수나라 문제가 그의 덕을 흠모하여 스승으로 초청했지만 깍듯한 예로써 고사했다.

이윽고 걸망을 지고 멀리 명산의 선지식을 찾아 도를 구했다. 그로 인해 초공을 만나 조용히 은거하면서 마음을 닦았다.

남곡에 주석할 때 책상 하나를 겨우 놓을 만큼 좁은 장소여서 잘못 움직였다가는 깊은 골짜기로 떨어질 위험이 있었다. 이어 사람의 자취가 끊어지고 구름을 헤친 숲속에 띠로 지붕을 이은 초가집을 지었다. 마치 깨진 옹기로 창문 삼은 듯한 조촐한 집을 짓고 정진하여 홀연히 깨쳤으니, 그곳이 오진사다.

법화삼매(法華三昧)에 들어 용맹스러이 정진했다. 그리고 조석으로 목욕재계하고 온갖 정성을 다해 정진하니 꿈에 보현보살의 감응을 받게 되었는데 기쁘게 대교(大教)를 권하며 이르되, “대교대승(大教大乘)은 모든 부처님의 지혜로써 반야(般若)라 한다.”

손수 법화경을 노지(露地)에서 사경하다가 다른 일로 미처 수습하지 못한 채 개울이 넘치는 큰비를 만났다. 이윽고 비는 그쳤지만 큰물이 계속 흘러 자빠진 소나무에 매달려 개울 위로 나오지 못했는데 홀연히 언덕 위로 올라와 털끝 하나 상하지 않았다.

정관(貞觀) 14년(640년) 늦여름 어느 날 갑자기 신병(身病)이 있음을 알고 곧 극락에 가기를 발원하고 목욕을 마쳤다. 그리고 상여를 손수 점검하고는 호화롭지 않도록 당부했다.

정확히 월말에 이르러 밝은 해가 뜨자 까닭 없이 이르되, “단지 가고프니 연주가 필요 없구나.” 시자를 돌아보며 이르되, “모든 것은 항상 하지 않으며 나고 멸하여 구류(九類) 중생에 머물지 않고 (윤회를 벗어난 서방정토 극락세계에) 왕생한다 했으니 이 말을 증험하리라. 지금 문 밖에서 오랫동안 동자가 와서 맞이하려 하니, 내 이제 세상을 떠나리라. 그러니 그대들은 부처님의 정계(正戒)를 어겨 후회하는 일이 없도록 하여라.”

말을 마치자 입에서 광명이 나와 온 실내를 비추며 신비로운 향내음이 풍겼다. 그리고 단정히 앉아 홀연히 입적하였으니, 78세였다.

항상 정성을 다해 독송하였으며 1년에 법화경 오백 번을 읽었다. 그 밖의 날은 독송과 아울러 수많은 이들을 제접(提接)하였는데 경부(經部)에 있는 내용이 아니면 타인에게 말하지 않았다. 대략 십년동안 만여 번이나 독송했다.

법화경 독송으로 극락에 태어난 묘공 스님

비구니 묘공(妙空)은 검소한 공양과 의복으로 오로지 법화경만을 독송하고 다른 경에서는 한 게송도 수지하지 않았다.

항상 윤회를 벗어난 정토인 극락에 태어나기를 발원하고 겸해서 염불삼매(念佛三昧)도 익혔다. 임종에 이르러 자줏빛 구름이 도량을 가득 덮고 신비로운 향이 한 고을에 두루 했다.

후에 제자 비구니의 꿈에 "내가 일생 동안 법화경을 수지하여 극락 상품중생(上品中生)에 태어났는데, 만약 의취(義趣: 경의 뜻)를 겸해서 알았더라면 반드시 상품상생(上品上生)에 태어났으리라."

- 〈법화경 전기〉 중에서

법화경을 공양 올려 업장이 소멸되고 왕생한 혜진 스님

석혜진의 성은 요씨며 오흥 사람이다.

어려서부터 용맹스러웠고 타고난 협객이었다. 나이 40이 되어 문득 깨친 바가 있어 세속을 떠나 궁성이 있는 곳의 고좌사에 머물면서 매우 검소한 공양과 의복으로 정진했다.

서원을 세우고 법화경을 매우 열심해 독송하다가 병을 얻게 되었다. 이에 발원하기를 "원하옵건대 법화경 백 부(部)를 만들어 앞서 지은 업장을 참회하옵니다."

비로소 천 육백 문(文)의 돈을 모았다. 때마침 도둑이 들어 묻기를 "있는 것을 모두 내시오."

답하되 "경만 들 돈이 부처님 전에 있을 뿐이오."

도둑 떼들이 그 말을 듣고 도로 놓고 갔다. 이렇게 해서 다시 신도들의 시주를 모아 경 백 부를 만들었다. 그 후 병 또한 나았다.

법화경을 전체 독송하려는 소원을 이루고 나서도 더욱 열심히 정진했다. 항상 복업(福業)을 회향하고 극락에 태어나기를 발원했으니, 홀연히 공중에서 소리가 들려 오기를 "그대의 소원이 이루어져 반드시 서방정토에 태어나리라." 제(齊) 영명(永明) 3년(485년)에 아무런 병이 없이 입적했으니 85세였다.

열병에 빠졌던 치아가 솟아나고 왕생한 보안 스님

석보안의 성은 진씨며 어려서 출가하여 법화경을 독송하고 통달한 자긍심이 대단했다.

열병을 얻어 치아가 모두 빠져 자긍심이 사라진 후 다시 일심으로 1년을 열심히 독송했다. 그러던 어느 날 꿈에 하늘에서 동자가 내려와 버들가지로 잇몸을 가리키며 이르되 "그대는 일심으로 경을 독송했기에 빠진 치아가 본래대로 나리니 앞으로 득도(得道) 시(時)에는 치아가 희고 고르게 나리라." 말을 마치고 꿈에서 깨자 입속에 치아가 모두 솟았다.

후에 고요한 방으로 옮겨 창을 향해 독송하니 저절로 음식이 책상 앞에 놓였으며 공양을 먹고 난 후로 칠일 동안이나 배가 불러 예전과 같이 몸에 살이 붙었다. 이렇게 감응으로 얻은 영험이 헤아릴 수 없다. 춘추 89세에 입적하니 향기가 도량에 가득하고 공중에서는 음악이 들렸다. 그날 밤 보안의 제자 꿈에 한 외국승려가 게송을 설하되,

> 만약 법화경을 일심으로 독송한다면
> 성중(聖衆)이 와서 수기(授記)를 내려
> 반드시 극락정토(極樂淨土)에 태어나리라.

이로 미루어 보건대 법화경을 독송하면 극락정토에 태어나리라.

어려서부터 염불한 공덕으로 정토에 화생한 승연 스님

석승연(釋僧衍)은 병주 사람이다. 병주인들은 7세 이상이면 모두가 염불을 할 줄 알아 많은 이들이 정토에 태어나곤 했다.

승연이 오래도록 병주에 거주하면서 법화경을 독송하며 안양(安養: 극락세계)을 희구했다. 이는 곧 경에 이르되 '극락세계에 가기 때문이라.' 해서 매일 한번씩 3년동안 천 번을 읽게 되었다.

이윽고 꿈에 자신의 좌우에 날개가 나서 법화문자로써 문양을 만들고 날아오르려 하자 곧 몸이 가벼워져 서방까지 날아갔다. 칠보지(七寶地)의 궁전에 다다르자 그곳엔 천인이 가득했으며 자신의 몸을 돌아보니 날개가 달려 있었다.

대보연화대엔 낱낱 문자가 있었으며 육불신(六佛身)이 모습을 변하여 각기 게를 설하되 "그대가 세상에 있으면서 묘법을 독송했으되 중생의 업장으로 인해 오직 글자만을 보았을 뿐이나 사실은 삼신원만불(三身圓滿佛)이니, 이제 날개를 달고 본래 몸으로 돌아 왔도다."

게를 듣고 연화대를 보니 육만구천삼백여 화신(化身) 부처님이 연꽃잎 위에 앉아 있었으니, 연화대 위의 부처님은 아미타불이었다. 이에 앞으로 나아가 정례(頂禮)하니, 연화대 부처님이 승연에게 이르되 "그대는 염부제로 돌아가 내가 이른 말을 중생들에게 보여 법화공덕을 널리 펴도록 하여라." 그때 마침 모든 부처님들이 본래의 날개를 변화해 만들고 사바세계로 돌아갔다.

꿈을 깨고 감격의 눈물을 흘리며 법화경을 독송하고 깊이 마음을 관(觀)했다. 혀끝에는 여덟 송이의 연꽃이 있었으며 꽃송이마다 부처님이 결가부좌하고 앉아 법화경의 낱낱 문자를 입으로부터 송출(誦出)했으니 모두가 금색으로 광명이 났다. 이윽고 부처님 몸으로 변하여 허공에 가득했으며 경을 가진 이들로 에워싸여 있었다. 이러한 모습은 눈을 감으면 곧 나타나고 눈을 뜨면 볼 수 없었으니 오직 관하고 독송할 뿐이었다.

임종할 때에 자줏빛 구름이 섬돌에서 일어났고 단정히 앉아 경을 독송하며 입적하니, 춘추 79세였다. 이같은 경의 오묘한 일들이 비밀리에 간직되어 오던 것을, 후에 알게 된 이들이 애석하게 여겨 전한 것이다.

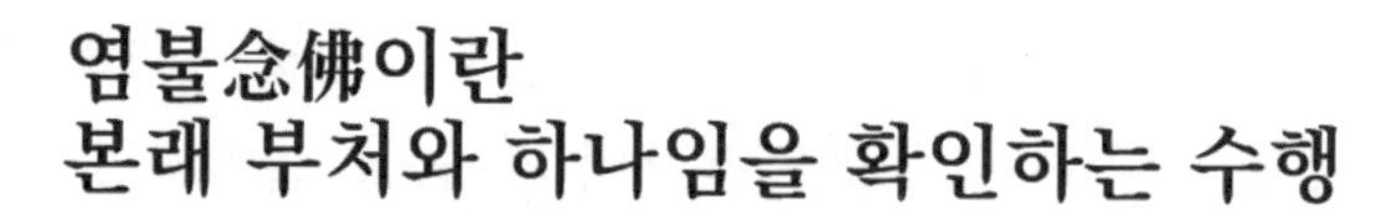

염念이란 각 사람마다 일으키는 현재의 한생각을 말하고
부처佛란 사람마다 깨달은 참 성품이다.
지금 한생각一念으로 불성佛性을 깨달아 간다면
이는 곧 근기가 수승한 사람의 염불로서
부처와 하나임을 확인하는 것이고
본래 부처인 자리를 떠나지 않는 수행이다.
_ 용수보살의 대지도론大智度論

죽은 지아비와 친척들을 서방정토로 천도한 양씨

여인 양씨(揚氏)는 어려서 부모를 잃고 중년엔 남편을 잃어 홀로 지냈다. 이로 인해 무상(無常)을 절실히 느꼈고 아울러 여인의 몸인 것을 몹시 싫어했다.

스승으로부터 도를 구해 제바품(提婆品)을 수지하고 정성을 다하여 열심히 독송했다. 일년 동안 밤낮을 가리지 않고 암송하니 저절로 연화에 앉아 송경하는 꿈을 꾸었다. 꿈에 깨어나 스승에게 아뢰니, 스승이 이르되 "경에 이르기를 蓮華 화생한 일이로다."

이 후 더욱 뜻을 굳게 하여 정진하자, 다시 꿈에 자신이 단박에 장부로 변하여 백천 권속(眷屬)에게 에워쌓였다. 이 일을 스승께 아뢰자,

스승이 이르되 "경에 이르기를 장부상(丈夫相)을 갖춘 것이니라. 꿈에 다가올 모습을 나타낸 것으로 그대의 소원이 반드시 이루어지리니, 의심의 여지가 없노라."

여인이 신심으로 정결히 하고 발원하기를 '원하옵건데 저희 부모와 아울러 죽은 지아비와 모든 친척들이 송경(誦經)한 공덕의 힘을 입어 고통에서 벗어나게 하여 주옵소서.'

꿈에 부모와 지아비 그리고 여러 친우가 그녀에게 와서 이르되 "우리들이 그대의 은혜를 입어 연화좌(蓮華座)를 얻었노라."

꿈속의 일을 다시 스승께 아뢰니, 스승이 이르되 "그대의 송경한 공력으로 정토에서 맞이했노라."

그녀가 몹시 기뻐하며 말하되 "저 또한 욕락(欲樂)을 좋아하지 않아, 금생의 몸으로 극락에 잘 회향하여 시방의 부처님 전에 태어나고자 하온데, 글이 어찌 서방을 분간하리오."

발원하고 주야로 송경했으며, 임종에 이르러 스승께 사뢰되 "여러 친우와 아울러 관세음보살이 와서 저를 맞이하오니 먼저 정토에 태어납니다."

스승께 말을 마치고 입적하니 미세한 음악이 밖으로부터 들려 오고 희유한 향내음이 그녀의 온몸에서 풍겼다.

당시 남녀들이 제바(提婆) 1품(品)을 수지한 이들이 많아 장안의 옛 본에 다수가 이 품이 결여되어 있다. 이는 서사(書寫)에 힘쓰지 않고 대부품(大部品)만을 공부한 까닭이다.

사묘의 귀신이 된 축담수가 사경 공덕으로 왕생하다

축담수(竺曇遂)는 어느 때 스님인지 알 수 없다. 젊어서는 방탕하여 계행을 닦지 않고 자만과 오만으로 다른 이로 하여금 불편하게 하였으며 혹 말 한마디를 하더라도 남과 시비하는 것 같은 말투였다. 해가 갈수록 함께 있던 대중들이 원한을 품게 되어 성난 감정을 갖지 않은 이가 없었다.

어느 날 저녁 꿈에 옛 부인이 와서 말하기를 "당신은 마땅히 청계(靑溪)의 묘신(廟神)이 되고 훗날 병을 얻게 되리라."

임종에 이르러 같이 수학하던 이들에게 이르되 "나는 평생토록 많은 이들에게 거스르게 했으며 진실함이 적어 복덕마저 천박해서 귀신의 몸을 받아 청계묘주(靑溪廟主)가 될 것이니, 그대들이 인연이 있으면 방문해 주시오."

운명을 하자 과연 묘소에 신이 있다는 말이 들려 여러 도반들이 그곳에 이르러 서로 대화를 나누니, 목소리와 웃음소리가 마치 살아 있을 때와 같았다. 이어 도반들에게 법화경을 돌아가면서 독경해 주기를 간청했다. 마침 혜근(慧覲)스님이 있었는데 그는 전부터 항상 독송해 오던 터라, 그 일로 인해 자주 계합(契合)하여 매번 법화경을 독송해 주었다.

어느 땐 문득 보살을 불러 슬픔을 이기지 못하여 그를 위해 눈물을 흘렸다. 이로 인해 묘수(廟遂)가 말하기를 "지금 악신(惡身)의 몸을 받아 괴로운 것은 추악하고 더러운 데에 있는 것이 아니요, 지극히 고통스러운 것에 있는 것입니다."

다시 말하기를 "제가 예전 방문 문지방 밑에 돈 오천 문(文)을 두었으니 그 돈으로 복전을 지어 주면 자못 이 고통에서 벗어날 것입니다."

이렇게 헤어진 후 함께 수학하던 대중들이 그를 위해 법화경 세 부를 만들고 재(齋)를 시설(施設)해 참회하니 묘수가 잠잠해지고 신의 자취도 없어졌다. 이는 경을 서사(書寫)한 공력으로 인해 고통을 여의고 극락에 태어난 사실임을 알아야 하느니라.

아귀 과보를 받은 후 참회하여 왕생극락한 법풍 스님

석법풍(釋法豐)의 성은 축씨(竺氏)며 돈황 사람이다. 지난 날 구자국에 있으면서 한 사찰을 빈틈없이 수리했기에 당시 그의 호를 따서 법풍사라 했다.

오로지 사찰 소임에 전념하여 공력을 더욱 인정받았다. 그 즈음 사찰에 있는 물건을 거두어 밖으로 내니 그 일이 점점 심해져 어느 날 승려의 식량마저 줄어들어 부족하게 되었다.

얼마 후 마침내 사망하여 아귀에 태어나 늘 사원에 있으면서 초저녁부터 밤 늦게까지 아귀가 되어 울먹이며 방을 돌면서 소리쳤다.

제자 보혜가 듣고 탄식하며 이르되 "분명 우리 스승의 소리인데 무슨 일인지 여쭈리라."

법풍이 이르되 "승려들의 식료(食料)를 부족하게 만들어 아귀의 고통을 받고 있으며 그 고통이 너무 심해 견딜 수가 없으니 원하건대 나를 구제해 주오."

제자가 법화경을 서사(書寫)해서 널리 재를 올려 참회토록 하여 극락에 태어나게 했다.

- 〈자경록(自鏡錄)〉·〈징험전(徵驗傳)〉에서

법화경을 읽고 중풍이 나은 왕명 스님

스님 왕명(王名)은 어디 사람인지 알 수 없으나, 불행히 중풍이 걸렸다.

별의별 방법을 다 써보았으나 아무런 효과도 없었다. 그러다가 문득 법화경은 '염부제 사람의 병의 양약'이란 말을 듣고, 법화경을 독송할 뜻을 세우고, 한 질을 전부 독송하니 병이 말끔히 나았다.

또 남대녹사 유씨도 그 병에 걸려 여러 가지로 치료해 보았으나 역시 도무지 보람이 없었다.

어느 날 유씨가 길에서 한 스님을 만났다.

"나도 그 병에 걸렸었는데 법화경을 독송한 공덕으로 완전히 나았습니다."

이에 유씨는 결정하고 믿을 마음이 생겨서 곧 법화경을 구해서 잠시도 손에서 놓지않고 부지런히 독송하였다.

한 질을 다 독송하니, 꿈에 한 이승(異僧)이 나타나서, 손으로 유씨의 몸을 어루만지고, 쑥으로 온 몸을 떴다.

유씨가 놀라 잠을 깨어보니 땀이 흠뻑 나서 물 흐르듯하는데, 몸과 마음이 상쾌하였다. 그리고, 구름이나 안개가 걷히듯 병이 깨끗이 나았다.

- 〈법화영험전〉 중에서

법화경을 지송하기 피곤함에 산삼의 정기가 품에 들다

정견이라는 스님이 어릴 때 출가하여 오래도록 용문산에 머물면서 법화경 지송하기를 일만삼천 편을 하고 나니 몸이 피곤하여 얼굴이 수척해지는지라.

그럼에도 정진하기를 그치지 않고 줄곧 이십여 년을 끌어나갔더니 하루는 북쪽에서 어린아이 수십 명이 몰려들며 왁자지껄 떠드는데 그 시끄러움을 견디기 어려우나 그 아이들이 어느 곳으로 좇아옴을 알 수 없기에 주저주저하는데 뜻밖에 한 백두 노옹이 나타나며 하는 말이 "스님의 기력이 어떠하십니까?" 한다.

이에 정견이 대답하기를 "점점 피곤이 더해감을 깨닫는데 어느 곳에서 좇아왔는지도 알 수 없는 조무래기 아이들이 날마다 분란을 피워 차마 그대로 더 볼 수가 없습니다"라고 하였다.

정견의 말을 듣고 노옹이 가로되

"스님은 이제 그 아이들이 노는 곳에 가서 모두 옷을 벗고 목욕함을 기라렸다가 한 놈이 벗어놓은 옷을 집어가지고 돌아오십시오. 그러면, 옷을 빼앗긴 아이가 분명히 따라와서 옷을 내어달라 간청할 것입니다. 그러나, 모른척하고 내어주지 않으면 필경에 욕지거리까지 할 것입니다. 스님은 그때 꾹 참고 아무런 응답도 하지 말고 계시면 제가 와서 말씀하여 드리리다." 하였다.

정견이 노옹의 말대로 여러 아이들이 옷을 벗고 못에 들어가 목욕하는 곳에서 한 작은 아이의 옷을 집어가지고 방으로 돌아오니 그 아이가 얼른 보고 뒤를 따라오며 옷을 달라 하거늘 정견은 노옹의 부탁을 생각하고 영 돌려주지 않고 그 아이가 악담으로 욕설을 퍼부어도 조금도 마음을 움직이지 않고 앉아있었다.

그때 어디선가 노옹이 달려와서 그 아이에게 일러 말하되 “너는 스님의 품으로 들어가!” 하는 것이었다. 그 아이가 머뭇머뭇하며 듣지 않다가 노옹이 몰아 내쫓기를 두 세 번 한 후에 어쩔 수 없이 정견의 품으로 달려들어 뱃속으로 빠져 없어지거늘 노옹이 그때 정견에게 묻기를 “스님의 기분이 어떠합니까?” 하였다.

정견이 대답하되 “기력이 그전보다 훨씬 더 나아졌습니다” 하니 노옹은 “감사합니다” 하며 그 즉시 작별하고 떠나갔다.

정견은 그로부터 정신이 백 배나 나아져서 경전 독송에 아무런 힘도 들지 않는데 식자는 말하기를 그것은 보현보살이 산신을 시켜 산삼의 정기를 모아 한 작은 아이로 변형을 시켜 정견의 품에 들어 병을 없게 해준 까닭이라 하였다.

문둥병 환자가 법화경을 통달하자 병이 낫다

중국 당나라 산서성에 있는 강주 고산의 함천에 법철 선사라는 분이 있었다.

하루는 조용히 산을 돌아다니면서 부처님의 가르침을 생각하는 수행을 하는데 한 문둥병 환자가 토굴 속에 있다가 스님을 보자 먹을 것을 빌었다. 이에 스님은 그를 불쌍히 여겨 절로 데리고 와서 토굴을 파서 거처하게 하고 옷과 음식을 주면서 법화경을 가르쳐주었는데, 그 사람은 본래 글을 모르는데다가 아둔하고 어리석어서 가르치기가 몹시 힘들었다. 하지만, 스님은 한 구절 한 구절 싫증내지 않고 꾸준히 가르쳐 주었다.

절반쯤 독송하게 되었을 때 꿈에 한 스님이 나타나 그를 깨우쳐 준 후부터는 차차 총명해져서 깨달음이 빨랐으며, 이리하여 제 5권에 이르자 몸의 헌 데가 차차 아물더니 법화경을 전부 통달하자 몸이 완전히 건강하게 되었다.

부처님의 말씀은 병에 대해 좋은 약이라는 말의 뚜렷한 징험이었다.

소리 높여 법화경을 독송함에 호법선신이 뜰에 가득하다

승영이라는 스님은 젊어서 출가하여 강양 영제사에 머물러 있었는데 나이가 늙도록 법화경을 독송하고 익히기를 게을리하지 않았다.

이웃 방에 다른 법사 한 분이 있어 항상 승영스님이 소리높여 법화경을 읽는 것이 자기 자신의 간경에 방해가 된다 하여 승건이라는 스님에게 승영스님의 고성 독경을 못하도록 부탁하였다.

승건스님이 허락하고 그날부터 권고하기로 하였는데, 마침 승영스님이 달이 창에 밝음을 이용하여 언제나처럼 경을 외우거늘, 승건스님이 막 승영스님에게로 가려고 할 때 멀리서 바라보니 승영스님의 방 앞에 수천의 사람이 있어 몸에 의갑주를 굳게 하고 창과 활을 지니고 합장하고 꿇어앉아 정성스럽게 그 송경소리를 듣거늘 승건이 크게 놀라 가만히 자기 방으로 돌아왔다.

다음날 이웃 방의 법사를 찾아가 어젯밤 일을 자세히 설명하고 승영스님에게 그들의 허물을 크게 참회하였다.

승영스님이 혹 출입을 하게 되면 팔부신중의 호위하는 형적이 항상 나타났는데 개황연중에 영제사에서 열반하였다고 한다.

소가 된 어머니를 인간계로 환생시킨 성천 스님

명나라 성천 스님의 호는 낭연이었다.

오성 사람으로 일찍이 보타사에 들어가 출가하여 불법을 배워 익혔는데 돌아가신 어머니가 좋은 곳에 가지 못하고 축생의 보를 받았을 것 같아 태창 경신년에 남해로 가서 훌륭한 법사를 청해다가 법화경을 독송하니 우연히 부근에 있던 힘이 센 소가 갑자기 죽었다.

그날 밤 스님의 꿈에 어머니가 나타나서 말하기를 "나는 옛날 업이 무거워 아무개네 집 소가 되어있었는데, 오늘 네가 법화경을 독송해준 공덕으로 소의 몸을 면했다"고 스님에게 절을 하면서 참회하였다.

성천스님이 몹시 측은하여 다시 부처님 앞에 나아가 어머니의 인간계 환생을 기도드리니 그날 밤 꿈에 어머니가 또 나타나서 "나는 네가 경 읽고 예참한 힘을 입어 동쪽 마을 아무개네 집에 태어나게 되었으니 그리 알라"고 하였다.

스님이 이 말을 명심했다가 이듬해 그 집을 찾아가보니 과연 정씨집에서 아들을 낳았는데 서로 보고 놀라는 표정을 할 뿐이었다.

스님은 절로 돌아가자 곧 도량을 깨끗이 치우고 몸에서 피를 내어 법화경 일곱 권을 다 써마치고 진흙으로 연잎을 만들어 벽에 붙이니 모든 상이 관세음보살께 절을 하는 모습을 했다.

이를 보는 사람마다 환희심을 일으켜 발심하지 않은 이가 없었다.

혜초 스님의 독경으로 기와가 연꽃으로 변하다

혜초 스님은 단양 건원현 사람으로 어려서부터 원대한 생각을 가지고 법화경 독송을 업처럼 삼고 있었다.

그러던 중 나라에서 영을 내려 승려가 되는 것을 엄중히 금지하고 단속했다. 이에 스님은 기왓굴 속에 숨어서 여러 해를 지내게 되었는데, 뒤에 금령이 없어져 자유롭게 되자, 숨어 지내던 기왓굴의 주인을 찾아가서, "빈도가 이 안에서 법화경을 천여 번이나 독송했으니 깨끗이 소제하여 공양하시고 다시 기와 굽는데 쓰지 마십시오"라고 하였다.

그러나, 주인은 스님의 말을 믿지 아니하고 수리하여 전처럼 기와를 구웠는데 꺼내보니 모두 연꽃모양으로 변하여 사방의 벽에 덮여있었다. 이에 먼 데서까지 많은 사람들이 구경을 와보고 모두 감탄하기를 마지 않았다.

또 혜초 스님이 일찍이 절에서 법화경을 독송하고 있을 때, 사나운 짐승이 와서 들었는데 스님이 수계를 시키니 마치 집에서 기르는 개처럼 온순했으며, 스님이 신도는 이제 돌아가라고 하니 맹수는 순순히 가버렸다.

이렇듯 스님이 하신 일들은 이승과 저승을 다 수없이 감동시켜 이루 다 기록할 수가 없었다.

뒤에 병이 들어서 위독해지자 제자들이 눈물을 흘리며 슬퍼하니 혜초 스님은 오래 산다고 기뻐할 것도 없고, 일찍 죽는다고 슬퍼할 것도 없다하고, 서쪽을 향하여 단정히 앉아서 조용히 숨을 거두시니 나이 일흔 일복 무덕5년(서기 622년) 12월 6일이었다.

문인 중에 좋은 생각을 가지고 있는 이가 있어 역시 법화경을 일만여 번이나 독송하였는데, 임종하는 날 번개와 하늘꽃이 하늘에서 분분히 떨어지고 하늘의 음악이 요란히 들려와 절에 있던 스님들이 모두 보고 들었다. 또 스님은 윤회계를 벗어난 세계인 극락에서 온 연화대가 당신을 맞으러오는 것을 보고 단정히 서서 합장하고 입적하였으니 사방에서 수없이 많은 사람들이 구경하러 몰려들었다.

꿈에 부처님이 손으로 어루만져 병이 낫다

송나라 나여의 아내 비씨는 중국 감숙성에 있는 영주 사람이었는데 삼보를 믿고 공경하였으며 여러 해동안 법화경 독송을 부지런히 힘써 조금도 게으름이 없었다.

그런데, 갑자기 병에 걸려 가슴이 몹시 아프게 되어 그 고통이 점점 더 심해져서 극도에 이르러 온 집안이 크게 두려워하고 근심하였다.

비씨는 속으로 내가 법화경을 부지런히 독송하였으므로 반드시 좋은 도움이 있으리라 생각했는데 끝내 그 보람이 없이 이제 죽어가는 것인가 하고 애타하다가 잠이 들었다.

꿈에 부처님이 나타나 창밖에서 손을 뻗으셔서 그의 가슴을 어루만져 주시니 이때 집 안팎이 온통 금빛으로 빛나고 방에는 기이한 향기가 가득했다.

비씨는 꿈을 깨고 나서 그 마음이 몹시 상쾌했는데 그 뒤로 병이 차차 나아 이내 완쾌되니 이것을 본 사람들은 신심을 일으키지 않는 이가 없었다.

범이 포효하여 도적을 물리치고 점차 좋은 사람을 만나다

법애라는 스님은 장사땅 사람이라 항상 법화경을 외우더니 어느해 무슨 사고가 있어 교지국이란 곳에 가게 되었는데, 뜻밖에도 그곳에서 난리를 만나 산속으로 피신하려던 와중에 다섯 명의 도적을 만나게 되었다.

도적들은 법애를 붙들어 으슥한 곳으로 끌고 가서 어느 집 빈방에 가두어놓았다. 그리고, 문밖에서 수군거리며 하는 말이 "점심을 먹고 난 후 저 놈을 죽여 몸에 지닌 것을 빼앗아 가지자"라고 하였다.

법애가 놀라는 마음을 진정시키며 방안을 이리저리 살펴보니 마침 목창하나가 방 구석에 세워져 있는지라, 얼른 그 창을 가지고 벽을 뚫어 뛰어나와 북쪽을 향하여 도망을 쳤다.

이때 도적들이 밥을 다 먹고 일어나서 문을 열고 보니 법애는 간 곳이 없고 북쪽 벽이 뚫려있는지라 다섯 놈이 소리를 치며 뒤를 쫓아오기에 법애는 창황망조해서 길 옆 가시덤불 속으로 뛰어들어 잠깐 몸을 숨기려 하는데 뜻밖에도 커다란 범 두 마리가 그곳에 엎드려 있다가 법애가 들어옴을 보고 대가리를 들어 쭈뼛쭈뼛하는지라.

법애가 더욱 겁이 나서 무심결에 말하기를 "두 분 산군이시여, 빈도가 지금 도적에게 쫓기어 산군이 있는 곳으로 달려왔으니 구호하여 주시기를 바랍니다" 하였다. 두 마리 범이 귀를 기울이고 법애의 말을 듣는 듯하더니 즉시 밖으로 뛰쳐나가 산이 무너져라 하고 크게 소리를 질러대니 도적들이 달려오다가 그 광경을 보고 겁이 나서 각각 도망을 치기에 정신이 없었다.

여기서 법애는 한참을 쉬다가 또 북쪽을 바라보며 달아났는데 범이 뒤를 따르며 보호하였다.

한 강변에 이르니 웬 사람이 좋은 음식으로 요기를 하다가 법애를 보더니 그곳으로 인도하여 앉게 하고 밥을 나누어 주기에 법애가 받아먹으니 감미가 참으로 이상하였다.

법애가 그 사람에게 감사하다는 인사를 드리고 곧 물을 건너 언덕에 오름을 보고 두 마리 범은 고개를 흔들며 하직하여 사라져갔다.

그 길로 얼마를 더 가다가 무인지경 외딴집을 만나 그곳에서 잠을 청하려 하는데 뜻밖에도 두 사람이 많은 음식을 장만하여 들어와 법애에게 많이 먹기를 권하고 같이 자게 되었다.

이튿날 아침 떠나는 길에 그들이 법애에게 말하기를 "그대는 북쪽으로만 달려가라. 그러면 자연히 구호해줄 사람이 있을 것이다"라고 하였다.

이에 법애는 감사하다는 인사로 작별하고 삼십여 리를 가다가 천만 뜻밖에도 각별한 친구를 만나 고향으로 돌아올 수 있게 되었다.

아, 법화경 공덕이 이 얼마나 거룩한가.

도적에게 쫓길 적에는 범이 뒤를 따라오며 보호하고 강변에 이르러 배가 고플 때에는 웬 사람이 점심을 대접하여 무인공가에서 숙박하려 할 때에는 또 두 사람의 도움을 받았으며 다시 친한 벗을 만나 고향으로 무사히 돌아오게 되었으니 이는 모두 호법신장님이 이리저리 도와 준 것이라.

불자들은 다시 한 번 깊이 생각하고 그 큰 은혜를 마음깊이 새길지이다.

급병환이 낫고 대풍창에도 이롭게 되다

조천수는 성품이 바르고 견고하나 불행하게도 급질에 걸려 갖가지 의약으로 치료하였으나 낫지를 않았다.

그래서, 지성으로 법화경을 외우니 그 병이 모두 낫게 되어 찬수는 그로부터 항상 경을 외워 게을리하지 않았다.

또 망명이라는 스님 역시 불행하게도 나병에 걸려서 만방으로 치료해 보았으나 조금도 효험이 없었다. 누가 말하기를 법화경은 이 염부제 사람의 병에는 영약이라 하기에 망명이 정성을 다 바쳐 법화경을 독송하니 문둥병이 곧 나았다.

남대녹사 유씨가 또한 그 병에 걸려서 갖가지로 치료하였으나 효험이 없더니 어느 날 길을 가던 망명법사와 우연히 만나서 법사가 유씨에게 말하되 "나도 그 전에 이 병을 얻었으나 법화경을 독송하고 쾌효를 얻었습니다." 하기에 유씨가 그 말을 듣고 결정한 신심을 일으켜서 즉시 법화경을 준비하고 밤낮으로 손에서 책을 놓지 않더니 어느날 꿈에 한 스님이 들어오며 손으로 전신을 뜨는지라.

유씨가 놀라 깨어보니 온몸에 땀이 비오듯하며 몸과 마음이 활연하여 운권청천으로 즉시 병이 낫게 되었다.

수명을 늘려주고 어깨에 기록하다

법랑스님은 중국 황하강의 북쪽 산동성에 있는 무성 사람으로 강소성에 있는 팽성 정도사에 가서 사미스님이 되어있을 때부터 법화경을 읽고 외우고 쓰기 시작하여 늙도록 멈추지 않았다.

개황 13년에 쉰 세 살의 나이로 죽었는데 칠일만에 염라대왕을 만났다.

대왕 앞에 여섯 도인이 있었는데 왕이 첫번째 스님에게

"그대는 어떤 덕업이 있는고?" 하고 물었더니,

스님이 대답하기를 "예, 유마거사가 세존의 제자들과 대승불교에 대해서 문답한 경전인 유마경을 독송했습니다."라고 대답하니

왕은 "남쪽으로 가서 있으라." 하고,

다시 둘째 번 스님에게 "그대는 어떤 행업이 있는고?"하고 물었다.

"저는 세존께서 이 세상을 떠나실 때 가섭, 고귀덕왕, 사자후, 교진여 네 보살의 물음에 대해 일승불성의 미묘한 뜻을 설하신 경인 열반경 열 권을 독송했습니다."라고 하니

왕이 역시 남쪽으로 가서 있으라 하였다.

왕이 다시 넷째 번 스님에게 물으니 그 스님이 대답하기를

"저는 열반경을 강설했습니다." 하니,

왕은 "서쪽으로 가 서 있으라."고 하였다.

이번에는 다섯 번째 스님에게 물으니 스님은

"저는 인도의 천친(天親)보살이 화엄경의 십지품을 해석한 십지론을 강

설했습니다."라고 대답했다.

왕은 눈살을 찡그리고 "북쪽에 가 있으라" 하고

여섯 번째 스님에게도 물어보고 남쪽에 가 서있으라고 하였다.

왕이 이번에는 법랑에게 물었다.

"그대는 어떤 행업이 있는고?"

"법화경을 독송했습니다." 하고 스님이 대답하니

왕이 "동쪽에 가 서 있으라."고 하였다.

그리고, 왕은 사람을 시켜 북쪽에 있는 사람은 지옥도로 데려가게 하고, 서쪽에 있는 사람은 축생도로 데려가게 하고, 남쪽에 있는 네 스님은 인간세상으로 데려가게 한 다음 법랑스님은 천상세계로 데려가서 그 태어날 곳을 보게 하고 수명을 여든 다섯 살로 늘려 집으로 돌려보내 주었다.

스님은 천궁에서 돌아와 홀연 깨어났는데 어깨 위에 여든 다섯 살이라는 붉은 글자가 은은히 나타나 보였다.

동지 섣달에 연꽃이 피고 사슴이 법융 스님의 법문을 듣다

법융 스님은 속성이 위씨인데 단양 연릉현 신정사람이다.

어려서 속세를 떠나 법복을 입고 회영상 숲속에서 법화경을 배우다가

책을 짊어지고 천리 길을 멀다 하지 않고 높은 스승을 찾아다녔다.

뒤에 그는 단양 우두산의 유서사로 돌아와서 따로 조그마한 집을 짓고 다시 법화경 수행에 몰두하니 사방에서 학자와 스님들이 모여들어 흔연히 그에게 귀의하였다.

그래서 법융 스님은 골짜기 어귀에서 크게 법화경을 강설하였는데, 이때가 몹시 추운 겨울이라 나뭇가지에는 서리가 하얗게 엉겨붙었는데, 강설하는 곳에는 두 줄기의 연이 나서 연꽃이 활짝 피었다. 모두들 크게 놀라고 기이하여 감탄하기를 마지않았다.

그리고, 법화경을 강설할 때면 또 한 마리 커다란 사슴이 반드시 와서 강설을 들었으므로 문인들은 크게 발심하여 법화경 수행을 정업으로 삼고 힘써 행하였다.

법융 스님은 뒤에 어디서 입적하였는지 아무도 아는 사람이 없었다.

함에 담았던 경책이 풀묶음으로 변해 아들을 건지다

고구려와 당나라가 치열하게 전쟁을 하던 의봉연간이었다.

당의 여주땅 양현 북촌에 신심이 돈독하고 성실한 유씨 성을 가진 사람이 살고 있었다. 그 유씨와 아들에 얽힌 일화다.

한참 고구려와 당나라가 밀고 당기는 팽팽한 싸움을 계속하고 있을 때, 그의 아들이 징발되어 전쟁터로 나가게 되었고 당나라의 패전으로 싸움에 임했던 거의 모든 당군은 죽거나 고구려의 포로가 되었다.

유씨의 아들도 포로가 되어 요동 해안 고구려의 어느 성에서 말먹이꾼으로 하루하루를 고달프게 지내고 있었다.

그러던 어느 날 그 아들의 꿈에 스님이 한 분 나타나서

"네가 바닷속으로 뛰어들어 헤엄쳐 도망하면 살아날 길이 열려 고향으로 돌아갈 수 있을 것이다. 그러니 명심해서 시도해보라." 하면서 생시와 같이 말하는 것이었다. 그런 꿈이 그 후에도 며칠이나 계속되었다.

유씨의 아들은 꿈이 하도 생생하고 또 포로로 사람답지 못하고 희망을 잃고 사느니보다는 죽더라도 한 번 살 길을 시도나 해보는 것이 옳다고 생각을 정하고 어느 아침은 몰래 성을 빠져나와 근처의 바닷가로 나가 보았다. 눈앞은 망망대해, 어디를 보아도 배 한 척 보이지 않고 오직 출렁대는 파도뿐이었다.

하도 암담해서 "에라, 죽어버리자." 하고 훌쩍 몸을 던졌다. 물에 빠져 허우적거리는데 천만 뜻밖에도 바다 한가운데서 문득 무슨 풀무더기 같은 것이 그의 몸을 받쳐주는 것이 아닌가?

그것을 끌어안고 물결을 따라 표류하던 중 어느 새 서해를 건너게 되었고 드디어 그리던 고국 땅 어느 언덕에 닿았다.

고국 땅을 딛고서서 붙잡고 온 풀무더기를 잘 살펴보니 그것은 국화대를 잔뜩 묶어놓은 풀묶음이었다.

그 풀무더기가 너무 고맙고 신기해서 건져가지고 바닷가 언덕에 썩지 않게 잘 말리려고 조심스럽게 풀어헤쳐보니 하도 이상하고 신기해서 부모를 만나면 자랑하려고 소중히 품속에 간직하고 고향집으로 돌아왔다.

죽은 줄로만 알았던 아들을 만났던 유씨는 아들을 어루만지며 울고 불고 한참을 지체하다가 아들의 품속에 법화경 한 권이 들어있음을 보고 그것을 지니게 된 연유를 물으니 아들은 자초지종을 전부 부모에게 고했다.

유씨는 그 말을 듣고 정신이 번쩍 들어 아들의 손을 잡고 자기 집 후원 별당으로 가보았다.

그곳 별당은 유씨 내외가 아들이 포로가 되었다는 소식을 들은 후 그 아들의 안위를 염려하여 지극한 정성으로 법화경 한 질을 잘 필사하여 좋은 함에 담아 정결하게 모셔놓고 날마다 지성껏 옥수와 향을 바치며 기도 발원하던 곳이었다.

부자는 조심스럽게 함을 열어보았다.

놀라운 일이었다. 칠축 법화경의 여섯째 권이 비어있었다. 그래서 아들이 품속에 넣어 온 법화경을 꺼내어 비교해보니 틀림없는 그 것이었다.

유씨 내외와 아들은 그 후 더욱 더 법화경을 지극히 독송하며 간절하게 모셨다고 한다.

제석천과 용왕이 동시에 강경을 청한 신라의 연광 스님

연광이라는 스님은 신라 때 사람으로 권세 있고 이름 높은 집안 사람으로 일찍이 출가하여 수나라 인수년에 중국에 들어가 천태지자 대사를 만났다.

대사가 법화경을 가르쳐 줌에 연광은 아침 저녁으로 항시 익히고 외워서 수년동안 부지런히 하더니 홀연 통달하였다.

천태별원에 머물면서 늘 법화삼매를 수행하는데 하루는 이상한 사람 두어 명이 나타나서 하는 말이 "우리는 하늘 제석천왕의 명을 받아 스님께 강청장을 가지고 왔습니다." 하였다.

연광은 묵연히 승낙하고 그 즉시로 앉은 자리에서 목숨이 끊어졌는데 안색은 하나도 변치 않았으며 십여 일 후에 깨어나 전과 같이 경 읽기를 계속하였다.

연광은 고국인 신라로 돌아오려 할 때 지자대사에게 하직한 후 십여 명의 사람과 함께 떠나 커다란 배를 타고 바다 한복판에 이르렀는데 배가 문득 멈추더니 웬 사람이 말을 타고 물결을 저어오다가 뱃머리에 이르러 하는 말이 "저는 용왕님의 명을 받아 이곳에 이르렀는데 스님께서 잠깐 용궁에 왕림하사 대승경을 설해 주실 것을 간곡히 청하나이다." 하였다.

연광이 대답하되 "빈도는 중생의 이로움을 위해 살 것을 서원하였는데 이제 용궁으로 들어가 버린다면 이 배와 남은 사람들은 어찌하겠습니까?" 하였다.

그러니 그 사람이 "모든 이들을 함께 동행케하시고 배 또한 염려하지 마십시오." 하기에, 연광이 대중에게 일장 경계한 후 함께 용궁으로 들어가는데 바라보니 큰 길이 평탄하게 뚫렸고 향화가 길에 가득하며 바다신이 백천 시종을 거느리고 궁중으로 환영하니 금벽이 휘황찬란하여 모두 놀라울 뿐이었다.

바다 가운데의 훌륭한 음식과 다과로 대접을 받고 난 후 법화경을 강송하여 마치니, 용왕이 크게 기뻐해 중칠보를 기념품으로 전하며 시종에게 명하여 배가 있는 곳까지 전송하거늘 연광이 그 배를 다시 타고 고국으로 돌아왔다.

고국에 돌아와서는 날마다 한 번씩 경을 독송하다가 나이 팔십이 되어 열반에 들게 됨에 따라 화장을 하는데, 온몸이 다 재가 되었음에도 오직 혀만 타지 않고 남아있으므로 보고 듣는 자가 모두 희유함을 찬탄하였다.

연광 법사에게는 누이 두 사람이 있었는데 역시 불교를 깊이 믿어 모셨다.

그 혀를 거두어 나무상자에 담아 깨끗한 곳에 모셔놓고 예배공양 하는데 항상 그 혀에서 법화경 낭송하는 소리가 들렸으며 그 누이들이 법화경을 읽어나가다가 모르는 글자가 있어 그 뜻을 혀를 향해 묻게 되면 일일이 잘 가르쳐 주었다고 한다.

강에 빠졌으나 법화경을 이고 살아난 파주 자사의 첩

무덕년에 소장이라는 사람이 파주 자사가 되어 부임하는 도중에 가릉강에 당도하여 배를 타고 노를 저어가던 중 중류쯤에 이르렀는데 갑자기 폭풍이 일어 배를 여지없이 흔들어 부수어 같이 탔던 육십 명의 사람이 한꺼번에 빠져 죽음을 면치 못했는데 오직 자사의 첩 한 사람만이 살아났다.

그녀는 그전부터 법화경을 몸에 지니고 다니면서 가만가만히 독송해왔는데, 그날 배가 뒤집힐 때 파도가 배안으로 넘쳐 들어옴을 보고 생각하기를 내가 평생 모셔 온 법화경을 죽어도 버리지 않으리라 하고 경함을 머리에 인 채로 물 속에 잠겨가게 되었다.

그런데, 천만뜻밖에도 목판같은 것이 두 발을 받쳐주니 그것에 몸을 실어

이리저리 표류하다가 언덕에 닿아 생명을 건지게 되었다.

그때 그 여자가 법화경이 들어있는 경함을 살펴보니 물이 한 방울도 묻어있지 않았다. 이에 부처님의 신력을 무수히 공경하여 우러러 사모하였고, 그 후 다른 집에 개가하여 살면서도 몸이 다하도록 법화경을 수지독송하여 부처님 은혜의 만분의 일이라도 보답하게 되기를 발원하였다.

돌림병이 낫고 수명이 늘어난 시흥 과심사 혜치 스님

혜치라는 스님은 시흥 땅 사람이었다.

어릴 때부터 법화경을 배워 3천여 번이나 읽어 외웠는데, 나이 스물 세살이 되었을 적에 돌림병에 걸려 10여 일을 지냈는데, 꿈에 어떤 사람이 혜치를 데리고 한 곳에 이르니 울긋불긋한 장원이 둘러있고 거대한 궁전이 즐비하였다.

큰 대문으로 따라 들어가니 대청 위에 귀인이 앉아있는데, 키가 팔구척이나 되며 몸에는 검붉은 비단 용포를 입고 머리에는 오사포를 썼는데, 그를 염라대왕이라 불렀다.

염라대왕이 묻기를, "스님께서는 무슨 공덕을 지었는고?" 하므로

혜치 스님 대답하기를 "어릴 때부터 법화경을 독송하였습니다." 하니,

왕이 이르기를, "그러시다면 이 자리에서 한 번 외워보시오." 하고 높다란 설법상을 가리키므로, 혜치가 그 자리에 올라앉으며 법화경을 외우는데, 둘째 권 비유품 중에 "비여장자가 유일대택"이라는 대문에 이르러 왕이 합장하고 일어서며 하는 말이, "법사스님은 참으로 거룩하십니다. 인간으로 다시 돌아가십시오. 수명은 80이상까지 늘 것입니다." 하고 두 사람에게 명령하여 돌려보내니, 혜치스님 깨어나서 병도 차차 나아져서 수일만에 회복이 되었다.

시흥 과심사라는 절에 있으면서 법화경 외우기를 일과로 삼았는데, 수양제 대업 십삼년 정축에 이르러 병 없이 열반에 드시니 나이 82세였다.

보살이 흰 코끼리를 타고 오다

고제 때 한 스님이 있었다.

그는 영암사에 머물러 있으면서 동쪽 숲에서 법화경을 독송하였는데 항상 정성을 다했으며 몸과 옷을 깨끗이 하고 향을 피우고 부처님을 공경예배하며 징험이 있기를 빌었다.

처음에는 큰 뱀과 꿩 노루 등이 와서 법화경을 듣다가 독송이 끝나면 흩어져 갔고 한낮이 되면 산신이 음식을 가지고 와서 스님을 공양하였다.

후에 홀연 찬란한 광명이 동산에서 내려오는데 큰 보살이 여섯 개의 이빨을 가진 흰 코끼리를 타고 많은 사람들이 보살을 호위하여 바로 스님의 앞으로 다가왔다.

스님은 광명을 바라보고 엎드려 절을 했다. 한없이 기쁘고 즐겁더니 경전의 의심 가는 구절과 탈락된 글자가 다 저절로 환히 깨달아졌는데, 다른 사람들은 다만 기이한 향내가 코를 찌름을 느꼈을 뿐이었다.

향내는 오랫동안 없어지지 않았다.

말이 스님으로 환생해도 선업은 따라다닌다

명나라 세종 때 보은사 주지스님은 말 한필을 길러 마을에 볼 일이 있으면 그 말을 타고 오고가며 항상 법화경을 독송하였다.

그 마을의 한 여인이 아이를 배었는데 하루는 꿈에 큰 말이 방으로 들어오면서, “저는 보은사 주지스님이 기르는 말인데 인간으로 태어나서 불도를 구하고자 합니다.” 하였다.

얼마 후 여인은 아들을 낳았는데 전일의 꿈이 하도 이상하여 사람을 보내 알아보았더니 과연 아이를 낳던 그날 그 시간에 주지스님이 타고 다니던 말이 죽었다는 것이었다.

아이가 탈없이 잘 자란 후 여인은 주지스님에게 꿈 이야기를 하고 아들을 출가시켜 스님은 그를 상좌로 삼게 되었다.

그런데, 몇 해를 두고 가르쳐도 상좌는 머리가 둔해서 도무지 공부가 늘지를 않았다. 그래서, 스님이 “네가 전생에 축생의 업보를 받아 익힌 것이 없어서 그렇구나. 그럼 전생에 많이 들은 법화경이나 익히도록 해보자.” 하면서 법화경을 가르쳐 주었더니 상좌는 단 한 번을 듣고 법화경 일곱 권을 모두 환히 외워버렸다.

스님은 다음과 같은 법구경을 설하였다.

방금 짜낸 소젖은 싱싱하듯
재에 묻힌 불씨는 그대로 있듯
지은 업은 당장은 안 나타나지만
그늘에 숨어있어 그를 따른다.

그 뒤 스님이 어떤 곳에 갔더니 호수가 있고 호숫가에서 어떤 스님이 법화경을 읽고 있는데 개구리 한 마리가 그 경 읽는 소리를 조용히 듣고 있다가 꿇어앉아 머리를 숙이고 선정에 들더니 죽어버렸다.

이에 대해 당나라의 수아 법사가 말했다.

"이는 부처님의 뜻이요 조사의 골수이며 내 마음의 경이다.
눈을 감고 명심하여 자세히 들으라.
제호의 맛이 좋아도 뱃속에 들어가면 곧 벌레다.
어찌 제호의 맛에 취하여 공부하지 않고 잠을 잘까보냐.
이치에 통달하라."

현진 스님의 독경에 신인(神人)이 허공에 머물다

현진스님은 중국 안휘성의 수춘 사람으로 영복사에서 법화경을 독송하고 있었는데 잠시도 게으름을 피우는 일이 없었다.

어느 해 가을 달이 휘영청 밝은 밤이었다. 스님은 달을 바라보며 낭랑한 목소리로 법화경을 독송하고 있었다. 제 7권의 절반쯤 이르렀을 때 옆 방에 있는 한 사문이 갑자기 일어나서 화장실에 가려고 방에서 나와 뜰에 내려서 보니 밝은 달빛에 엄청나게 큰 사람의 그림자같은 것이 마당에 비치고 있었다.

무슨 그림자인가 하고 머리를 들어 사방을 둘러보니 공중에 한 신인(神人)이 의연히 머물러 있는 것이었다. 사문은 걸음을 멈추고 똑바로 서서 우러러 보았는데, 현진스님의 법화경 독송이 끝나자 신인도 홀연히 없어졌다.

사문은 이때부터 법화경을 배워 독송하여 종신토록 게으름이 없었다고 한다.

죄의 갚음은 반드시 받아

중국 당나라 섬서성에 있는 부평현의 수리를 맡아 보는 도수감에 딸린 하급관리인 도수소리 반과는 친구들과 함께 들로 놀러 갔다가 풀을 뜯어 먹고 있는 양을 쫓아가 잡으려고 했다.

이에 놀란 양이 큰 소리로 슬피 울므로 반과는 주인이 알까봐 양의 혀를 빼어 죽여버렸다. 그런 일이 있은 뒤 얼마 안 되어 반과는 혀에 부스럼이 났는데, 녹두알 같은 것이 가득 나서 음식도 먹을 수 없고 말도 제대로 할 수가 없었다. 별의별 약을 다 써 보았으나 아무런 효험이 없어서 마침내 벼슬도 그만두고 날마다 눈물로 세월을 보냈다.

그의 후임자 정여경이 보고, "이것은 틀림없이 저지른 죄의 갚음으로 받는 업병이니 법화경 한 질을 베껴써서 양의 명복을 빌어 보시오." 하였다.

반과는 문득 양의 혀를 빼어 죽인 일을 크게 뉘우치고 법화경 한 질을 베껴써서 양의 명복을 빌고 부처님께 나아가 진심으로 참회하였다.

그랬더니 과연 얼마 안가서 병이 차차 나아 다시 벼슬을 하고 그 후로는 더욱 부지런히 법화경을 독송하였다.

지업 스님의 유골 혀 밑에서 청련화가 솟아나다

지업이라는 스님의 속성은 양씨니 양주 장락사에 있으면서 항상 법화경을 외웠다. 그런데 수나라 대업 말년에 우문화급이 양주에 있다가 역적이 되어 수양제를 궁중에서 죽이니 천하가 크게 어지러웠다.

쌀 한 말에 백냥씩 받는 등 나라가 어지러워 굶어 죽는 백성이 부지기수였는데 그때 별원 조그만 집에서 법화경만 정성껏 외우던 지업도 난리 중 죽었으나 시체를 거둘 사람이 없었다. 그대로 방치되다가 그 집이 전복되면서 시체는 그 밑에 깔리게 되었다.

의령 초년에 난리가 평정되어 어느 정도 인심이 예전처럼 돌아올 즈음 지업이 수행하다 죽은 곳에서 한 줄기 청련화가 솟아 올랐는데 광색이 이상하여 모두가 의아해 했다.

그때 한 노승이 원인을 알고 모두에게 깨우쳐 가로되, 이 땅에 일찍이 수행하던 스님이 있어 진심으로 법화경을 외웠는데 마침 난리를 만나 봉변을 당하였으나 시체를 매장할 사람이 없었다. 지금쯤 해골이 그대로 남아 있을 터이니 이 꽃은 반드시 그 스님의 상서라 하여 사람들이 이에 꽃뿌리를 캐어 들어가니 해골 가운데 혀 밑에서 청련화가 솟아 나왔고 더군다나 혀는 생존시와 같이 조금도 상하지 않았음을 보았다.

모였던 사람들이 그 혀와 꽃을 가져다가 절 법당에 이르러 대중을 더 모으기 위해 법화경을 설하니 그 혀가 경 소리를 듣고 오히려 널름널름 하는지라, 보고 듣는 자가 감탄하여 대승경전에 신심을 크게 내었다 한다.

법화경을 외우니 수갑 채운 것이 자연히 벗어지다

하동 땅 동웅은 어릴 때부터 불교를 크게 믿어 술과 고기를 끊고 소찬으로 수십년을 지내왔다. 정관년중에 대리승 벼슬에 있었는데 십사년 봄 역적의 죄를 뒤집어 쓰고 어사옥에 갇히고 되었다. 그때 임금은 동웅을 "역적과 공모자다"라고 하여 어사 위종을 시켜 혹독하게 다스렸는데, 당시 법관 이경현과 숙직하던 왕흔이까지 관련되어 함께 옥에 갇혀 칼을 쓰고 고랑을 차게 되었다.

동웅이 옥중에서 정신을 가다듬고 법화경 보문품을 지송하되 며칠만에 삼천번을 읽고 밤중에 홀로 다시 경을 외우는데 수갑 채운 것이 갑자기 저절로 풀려 땅에 떨어지는 것이었다. 동웅이 놀라서 옆에 있던 이경현에게 말을 하니 모두 살펴본 즉 그 고랑과 열쇠가 부서지지도 않고 두어 자 길이쯤 나가 떨어져 있었다.

이에 모두 이상히 생각하거늘 동웅은 무슨 책망이나 들을까 겁이 나서 간수를 불러 다시 채워 달라 하니, 그날 감찰어사 장병일이 숙직을 하다가 이 일을 당하여 간수에게 명하여 수갑을 다시 채워주는데 촛불을 비춰 고랑과 열쇠를 자세히 살펴보니 열린 것이 아니라 자연히 벗겨진 것을 알 수 있었다. 무척 괴이하게 생각하여 수갑을 다시 채우면서는 종이로 봉하고 그 위에다 도장을 찍었다.

동웅이 다시 경을 지송하는데 오경쯤이 되어 다시 열쇠가 떨어지며 마치 사람이 여는 것과 같은 소리가 났다. 동웅이 더욱 겁을 먹어 옆의 두 사람에게 급히 깨워 말하니 이미 새벽이 되었으니 관리를 부를 것이 없다 하고 날이 샌 후 자세히 살펴보니 고랑과 열쇠가 떨어져 있는데 조금도 열리지 않았고 또 봉인한 것도 그대로 있었다.

이경현은 어릴 때부터 불법을 믿지 않았고 또 그 처가 경을 읽으면 왜

오랑캐 귀신에게 아첨을 부리느냐며 무수히 책망하여 왔는데 동웅의 일을 보고야 크게 감탄하여 가로되 "이제야 부처님 신통력이 한량 없음을 알았다. 그러나 우리 신세가 부처님 경을 배울 여가가 없게 되었으니 팔보살의 명호나 가르쳐 달라" 하고 왕흔이와 함께 팔보살 명호 삼만 번을 지송함에 대낮에도 수갑이 손에서 벗겨지는 것이 동웅의 경우와 다름이 없었다.

세 사람의 일을 본 관리들은 그들의 죄가 모두 애매하다 하여 무죄로 풀어주었다.

옥에서 풀려나온 그들은 법화경을 쓰고 팔보살 탱화를 조성하며 한 평생 부처님께 정성을 다하였다.

장님으로 눈이 없어도 능히 앞을 본 왕범행

청신사 왕범행은 중국 산동성의 낭야현 임기 사람으로 어려서 양쪽 눈이 다 멀었는데 그의 어머니가 자비로운 마음에 입으로 법화경을 가르쳐 주었다.

그의 나이 열여덟에 법화경을 통달하여 밤낮없이 열심히 일만 칠천 번을 외웠으니, 비록 눈이 멀어 보지는 못했지마는 길을 걸어도 남이 인도해 줄 필요가 없었고 또 길 가운데 구덩이가 있음을 스스로 알았으며 능히 자리를 짜고 옷을 꿰메고 편지쓰기를 오히려 눈 성한 사람보다 더 잘했더라. 그래서 사람들이 모두 신기하게 여기었다.

그가 일흔한 살의 나이로 개황 육년에 명을 마쳤는데 그의 시체를 들판에 내다놓으니 새와 짐승이 감히 가까이 가지 못하였고, 살이 다 없어진 뒤에도 백골이 남아 있어 혀가 입 밖으로 한 자쯤 나와서 빛이 연꽃과 같이 아름다웠다.

그의 아우인 혜의가 벽돌로 함을 쌓아서 넣어 두었는데 오래도록 그 혀는 썩지 않았다고 한다

하늘에 보탑이 나타나고 일곱 부처님이 출현하다

만상 스님은 옹주 만년현 사람으로 법화경을 낭송하고 그 뜻과 이치를 십여 번이나 해설하였다.

스님이 일찍이 처마 밑에서 법화경을 외우고 있노라니 흰 꿩이 홀연히 날아와서 좌우에 엎드리는지라. 스님이 손으로 잡아도 놀라서 나부대지 않고 무시로 왔다 갔다 하였다. 또 화로에 숯불이 저절로 피어나기도 하고 혹은 좌상 뒤 자리 밑에서 자주 기이한 향내가 나며 또 방 뒤의 나무위에 탑 같은데 모셔 놓는 조그마한 불상이 어느 사이에 와 있기도 하였는데, 푸른 참새 한 쌍이 양쪽에 스님을 모시는 듯 서 있다가 스님이 그 불상을 모셔 들여오니 새는 훌쩍 날아가버렸다.

또 스님이 한밤중에 조용히 앉아 있는데 홀연 비몽사몽간에 서북쪽 하늘에 굉장히 높고 아름답게 장식한 보탑이 나타나고, 동북쪽에서는 일곱 개의 별 속에서 일곱 부처님이 나오시니 금빛 찬란한 모습이 한없이 단아하고 명랑하신지라, 서로 기뻐하시고 예배 찬탄하시더니 잠시 후에 유연히 없어졌다.

만상 스님은 법화경을 사천여 번이나 외웠는데 입적할 때 제자더러 보현보살의 이름을 부르라 하더니 갑자기, 보현보살이 오셔서 내 오른쪽에 계시다고 하고는 숨을 거두니 나이는 일흔 살이었다.

독경 들은 공덕으로 꿩이 후생에 담익 스님이 되어 보현보살을 친견하다

중국 동진시대에 법지(法志)라는 스님이 있었다.

스님은 여항산에 암자를 짓고 매일같이 아침 저녁으로 법화경을 수지 독송했다. 암자 옆에는 꿩 한 마리가 살았는데 스님이 경을 읽을 때면 마치 알아듣기라도 하듯 항상 그 옆에 가만히 앉아 있는 것이었다.

몇 년이 지난 어느 날이었다.

그날따라 꿩은 매우 초췌한 모습이었다.

스님은 측은한 마음이 들어 꿩에게 말했다.

"너는 비록 날개 달린 짐승이지만 7년간이나 법화경을 들었다. 그 공덕으로 내생에는 인간으로 태어날 것이다."

공교롭게도 꿩은 그 다음날 죽었다.

그날 밤 스님 꿈 속에 어린 동자가 나와 스님에게 두 번 절하고 이렇게 말했다.

"저는 스님 곁에서 법화경을 듣던 꿩입니다. 독경을 듣던 인연공덕으로 마을 왕씨 집의 아들로 태어나게 되었습니다. 혹여 저를 알아보시려거든 오른쪽 겨드랑이의 새털을 보십시오."

스님은 얼마후 왕씨네 집을 찾아 오른쪽 겨드랑이를 살펴보니 과연 꿩의 털이 있었다. 스님은 저간의 일을 일러주며 나중에 출가시킬 것을 권했다.

7살 되던 해 아이는 출가, 곧 바로 산으로 들어가 16세에 계를 받았다.

법명을 겨드랑이에 털이 있다 하여 담익(曇翼)이라고 하였다. 담익은 출가후 신기하게도 법화경을 한 자도 빼놓지 않고 줄줄 외는 것이었다.

그는 장년이 되자 회계지방의 진망산으로 들어가 암자를 짓고 법화경 공부에 진력했다.

하루는 날이 어둑어둑 저무는데 절세의 미녀가 찾아왔다.

그녀는 흰 돼지 한 마리와 마늘 두 통이 든 바구니를 들고 있었다.

"산에서 나물을 뜯다가 호랑이를 만나 여기까지 쫓겨왔습니다. 날이 어두웠으니 하룻밤만 재워주십시오."

담익은 난감했다. 그렇다고 짐승이 우글거리는 산길로 여인을 내려 보낼 수도 없었다. 할 수 없이 풀로 거적을 만들어 여인을 쉬게 하고 자신은 돌아앉아 법화경을 읽었다.

새벽녘이었다. 여인은 갑자기 배가 아프다며 나뒹굴었다. 스님은 가지고있던 비상약을 꺼내주었으나 쉽게 낫지 않았다. 여인은 담익에게 배를 좀 문질러 달라고 했다.

스님은 계를 받은 몸이라며 이를 거절했다.

"불법은 자비와 방편을 근본으로 삼는다는데 스님은 어찌 그리 냉정합니까? 계를 지키기 위해 죽어가는 사람을 감히 내버려두는 것도 부처님의 가르침이란 말입니까?"

스님은 여인의 간곡한 청을 물리칠 수 없어 석장의 수건으로 싸서 멀치감찌 앉아 배를 문질렀다. 그랬더니 여인은 조금씩 괜찮아지는지 이내 잠들었다.

밤이 지나고 아침이 밝았다. 스님은 여인이 걱정되어 초막으로 가보았다.

그런데 이게 어찌된 일인가?

여인은 깨끗한 얼굴에, 입고 있던 채색옷은 상서로운 구름으로 넘실거리고, 돼지는 흰 코끼리로, 마늘은 두 송이 연꽃으로 변한 게 아닌가?

그녀는 연꽃을 손에 들고 코끼리 등에 앉아 허공으로 올라가며 이렇게 말했다.

"착하도다, 담익이여. 나는 보현보살이다. 네가 머지 않아 내게 올 것이므로 특별히 너를 시험해본 것이다. 네 마음은 물 속의 달과 같아서 더럽혀지지 않는구나."

자리에서 향기가 나고 하늘에서 보탑이 나타나다

만상 스님은 옹주 만년현 사람으로 법화경을 낭송하고 그 뜻과 이치를 십여 번이나 해설하였다.

스님이 일찍이 처마 밑에서 법화경을 외우고 있노라니 흰 꿩이 홀연히 날아와서 좌우에 엎드리는지라 스님이 손으로 잡아도 놀라서 나부대지 않고 무시로 왔다 갔다 하였다.

또 화로에 숯불이 저절로 피어나기도 하고 혹은 좌상 뒤 자리 밑에서 아주 기이한 향기가 나며 또 방 뒤의 나무 위에 탑 같은 데 모셔놓은 조그마한 불상이 어느 사이에 와 있기도 하였는데, 푸른 참새 한 쌍이 양쪽에 스님을 모시는 듯 서 있다가 스님이 그 불상을 모셔 들여오니 새는 훌쩍 날아가버렸다.

또 스님이 한밤 중에 조용히 앉아있는데 홀연 비몽사몽간에 서북쪽 하늘에 굉장히 높고 아름답게 장식한 보탑이 나타나고 동북쪽에서는 일곱 개의 별 속에서 일곱 부처님이 나오시니 금빛 찬란한 모습이 한없이 단아하고 명랑하신지라 서로 기뻐하시고 예배 찬탄하시더니 잠시 후에 사라지셨다.

만상 스님은 법화경을 사천여 번이나 외웠는데 입적하실 때 제자에게 보현보살의 이름을 부르라 하시더니 갑자기 보현보살이 오셔서 내 오른쪽에 계시다고 하고는 숨을 거두니 연세는 일흔 살이었다.

법화경 사경으로 아버지를 지옥에서 구한 범어사 스님

화상(和尙)의 성은 손씨이니, 울산 사람으로 일찍 그 아버지를 여의고 출가하여 범어사에 있었다.

하루는 꿈에 한 노승이 와서 대사를 부르므로 그 스님을 따라 함께 가다가 한 곳에 이른 즉, 깜짝할 사이에 그 노승은 간 곳이 없고 대사가 서 있는 곳은 한 절해고도(絶海孤島)로 변하여 끝도 보이지 않는 만경창파만이 오직 하늘에 닿아 출렁거릴 뿐이었다.

졸지에 대사는 올 데 갈 데가 없어 두려운 생각을 하고 있던 차에, 문득 어떤 사람이 그 앞에 와서 성명과 고향을 물으므로 대사는 사실대로 자세히 알려주었더니, 그 사람은 갑자기 길게 한 숨을 쉬면서,

"음, 그러면 너는 나의 아들이로구나. 너와 작별한지 벌써 수십 년에 유명이 달라서 도무지 만날 길이 없더니 뜻밖에 오늘 이렇게 만나게 되니 실로 이런 다행한 일이 없다."

하며 슬픔이 목에 메이는지 대성통곡을 하는 것이었다.

대사는 그것을 보고 또한 마음이 처연했으나 어릴 때 아버지를 여의어서 잘 알 수 없으므로 그 사람에게 평생에 하던 일과 사망 년월일시를 물은즉, 과연 역력히 대답하여 조금도 틀리지 않았다.

이에 대사도 그 사람을 안고 아버지라 부르면서 한참동안 서로 통곡하더니, 그 아버지가 먼저 울음을 그치고 대사를 말리면서 이렇게 말하는 것이었다.

"얘, 그만 울어라. 울면 쓸 데 있느냐. 그것보다 더 큰일이 있다. 너도 아마 이곳이 어디인 줄 잘 모를 것이다. 이곳은 다른 곳이 아니라, 염부제(閻浮提) 동쪽에 있는 요사지옥(繞蛇地獄)이다. 나는 생전에 죄를

많이 지었기 때문에 지금 무서운 고를 받고 있다. 말만 하기에도 얼마나 무서운지 몸서리가 쳐진다. 나뿐 아니라 너의 종속과 우리 마을에 살던 박문택이도 또한 이 지옥에 들어와 있다. 이 일을 어찌해야 옳으냐. 그렇지 않아도 너를 만났으면 했는데 다행히 이렇게 너를 만났으니 말이다만, 네가 나를 위하여 〈법화경〉 한 벌을 쓰고, 그 경을 다시 만 번만 읽어주면, 내가 이 고(苦)를 벗고 좋은곳에 갈 듯하다마는…

인간 세상에 나가거든 어떻해 해서라도 나의 부탁을 들어주렴. 내가 이곳에 처음 들어올 때도 정익수라는 사람이 이 지옥에 빠져 있다가, 그 아들 태을(太乙)이 〈법화경〉 천 번을 읽은 공덕으로 그만 천상에 태어났다.

네가 내 말대로만 해주면 나 또한 의심 없이 좋은 데로 가게 될 것이다. 부디 내말을 잊지 말고 명심해 다오."

대사는 이 말에 깜짝 놀라 깨어본 즉 아직도 그 아버지가 머리맡에 서 있는 것 같이 꿈이 너무도 분명 하였다. 대사는 곧 그 어머니께 이 이야기를 하고 사경(寫經)하기를 꾀하였다. 그 어머니 또한 독실한 청신녀이므로 이 말을 듣고 곧 그 자리에서라도 일을 시작코자 하는 생각을 두었으나, 집이 워낙 가난하여 혼자서는 아무리 하여도 그 비용을 당할 도리가 없었다.

모자는 서로 의논한 결과, 모든 부처님의 본원(本願)은 무슨 일에서나 중생을 겸하여 제도하시는 데 있으니, 이 일에 있어서도 혼자서 하는 것보다도 여러 사람과 함께하는 것이 또한 좋을 것이라 생각하고 여러 단문(檀門)에 널리 보시를 청하여, 3년 만에야 비로서 사경(寫經)을 착수하게 되었다.

그런 때 이때 문득 담비 한 마리가 담위로 뛰어 올라와서 사람을 보아도 무서워하지도 아니하고 마치 가축과 같이 이리저리 배회하고 있었으니, 대사는 이것이야말로 불보살께서 불사를 조성하시기 위하여 보내주신 짐승이라 하여 그 담비의 털을 조금 베어서 붓을 만들어가지고 마침내 경을 쓰기 시작하였다. 대개 필공들의 손으로 만들어 파는 것을 쓴다면 그것은 살생을 해서 취한 털로 된 것이므로, 이러한 청정한 불사에는 적당하지 않기 때문이다.

법화경 7권을 다 쓰도록, 이 초필한 자루로만 썼을 뿐인데도, 붓끝이 별로 닳지를 않았다.

이 이야기가 전파되어 궁중에까지 들어감에, 명성황후 민씨도 또한 신심을 크게 발하여 내탕금(內帑金)을 내려 통도사에 금자(金字) 법화경을 쓰게 하였다.

지린 스님의 어머니가 지옥에서 도리천에 나다

당나라 안국사(安國寺)의 지린(志隣)스님의 어머니 왕씨가 평소에 삼보를 믿지 않으므로 어린 지린은 달아나 광주의 수솔사(修率師)에게 출가하였다.

개원(開元) 10년에 어머니를 생각하고 고향에 돌아와 보니 3년 전에 어머니가 돌아가셨으므로 산소에 가서 법화경을 독송하며 “내가 기어코 어머니 가신 곳을 알아보리라.” 하였는데 그날 밤 꿈에 제석천왕이 나타나 어머니가 지옥고를 받고 있음을 알려주었다.

애원끝에 무산육왕탑에 가서 기도하라는 답을 얻고는 절로 돌아와서 4만배를 하면서 축원을 하니 어머니가 공중에서

“지린아, 네가 기도해 준 공덕으로 내가 지금 도리천에 나게 되었다.”

하며 사라지셨다.

명부에서 경권은 무겁고 죄의 문서는 가벼워

유씨는 옹주 만년현 평강방 사람으로 당나라 고종 2년에 이틀동안 앓고 죽었는데, 죽은지 6일이 지나도록 그의 가슴이 따뜻하였다.

그래서 가족들은 장례 치를 준비를 마치고 날짜까지 받아놓았으나 감히 염습을 하지 못하고 있었는데, 칠일째 되던 날 새벽에 그가 갑자기 다시 살아나서 말하였다.

"내가 어떤 사람에게 붙들려 큰 성으로 들어가니 궁전과 누각이 웅장하고 주변 환경이 아름다웠다. 염라대왕 앞으로 끌려가니 바로 이때 염라대왕이 큰 목소리로 네가 세상에서 지은 공덕을 말하라 하므로, 살아있는 동안에 법화경 두 권을 읽었을 뿐이고 그 밖에는 아무런 공덕이 없다고 대답했더니, 염라대왕이 내가 지은 모든 죄를 조목조목 기록해놓은 문서를 찾아내서 법화경 두 권과 달아보고 법화경 두 권이 죄를 기록해놓은 문서보다 무겁다 하며 죄의 문서를 버리고, 이 사람은 구십 살까지 살아야 한다 하고 죄의 문서를 맡아보는 이에게 나를 석방하여 세상으로 돌려보내라고 명령하여 이제 내가 다시 살아난 것이다."

유씨는 마침내 수계를 받고 술과 고기를 먹지 않았으며, 순금으로 법화경을 정성들여 한자 한자 옮겨 써서 오래오래 공양하였다.

살생은 지옥 가는 길

송나라 수주 사람 강학사가 스무 살 때 아무 병 없이 갑자기 죽었다.

강학사가 명부에 가니 염라대왕이 말하기를,

“너는 전생에 착한 일을 많이 하여 금생에는 여든 두 살의 명을 타고 났는데 진사가 되어 소를 잡아먹은 죄로 네 명과 복을 줄인다.

너는 해주에서 뇌성 폭우에 벼락 맞아 죽은 사람들을 보지 아니하였느냐? 그 사람들의 죄는 모두 여섯 가지 가축인 소, 말, 돼지, 양, 개, 닭을

죽인 죄이니라.

너는 횡사하는 사람을 보지 못하였느냐? 그들은 다 소를 잡아먹은 죄이니라.”하고 꾸짖었다.

강학사는 대답할 말이 없었다.

이때 한 관리가 “너는 개과천선하면 곧 인간에 돌아가게 할 것인데 지옥에 들어가면 나올 기약이 없게 된다.”라고 하였다.

잠자코 처분을 기다리고 있노라니 한 관리가 다시 말하기를,

“명부에는 글 잘하는 사람을 공경하므로 법화경이나 금강경을 독송하면 감응하여 죄를 용서해줄 것이다. 네가 발심하여 일심으로 경전을 독송하겠다면 죄를 용서해 줄 것이로되 그렇지 않으면 지옥으로 가야 한다”고 하였다.

이에 강학사가 “돌려보내 주신다면 진심으로 저의 허물을 참회하고 일심으로 경전을 베껴쓰겠습니다.”하였더니 염라대왕이 돌려보내 주었다.

다시 살아난 강학사는 명부에서의 일을 명심하여 불법에 힘쓰고 법화

경을 베껴쓰고 남에게도 베껴쓰게 하였으며 부모에게 효도하고 가족끼리 화목하여 집안이 편안하고 살림이 윤택해졌다.

그는 또 학문을 열심히 하여 과거에 급제하고 순조롭게 승진하여 높은 벼슬을 얻었다.

지엄 스님이 향을 피우자 경에서 사리가 흘러나오다

수당 때의 고승으로 성은 진씨요, 화엄종의 제2조인 지엄 스님은 중국 섬서성에 있는 동주 사람이다.

나이 열 세살 때 범승을 만나서 출가하여 계법사에서 법화경, 유마경, 반야경 등을 배워서 그 깊은 뜻을 구명하여 마침내 통달하고 말과 행동이 다 뛰어난 고결한 법사가 되었다.

현경(서기 656-660) 3년에 하북성에 있는 태주 선장현의 여러 스님과 속인들이 지엄 스님을 영선사로 청하여 법화경을 강설해 달라고 하였다.

이에 스님은 이 절의 환향 스님의 방에 거처하게 되어 첫날 밤에 법화경을 책상 위에 펴놓고 한 대문을 찾아서 독송하려고 하였다.

환향 스님과 시자 세 사람이 한 자리에 있었는데 지엄 스님이 향을 피우자마자 홀연 법화경의 '부처 불(佛)'자에서 세 개의 사리가 나와 오색 광명이 경 위에 찬란히 퍼지고 사리가 이리저리 흘러다녀 한 곳에 머물러 있지 아니함을 보았다.

환향 스님이 곧 절의 다른 여러 스님들에게도 알려 모두 와서 예배하고 함께 사리를 거두어 모시려고 하니 사리는 도로 '부처 불'자로 흘러 들어갔다.

이에 스님들이 슬피 울며 예배한 다음 향을 피우고 다시 진용 뵙기를 발원하니 사리가 다시 '부처 불'자 가운데서 나와 흘러 다니다가 잠시 후에 다른 '부처 불'자로 들어가 차례로 없어졌다.

이렇듯 지엄 스님은 법화경을 수십 번을 강설하여 영험을 느끼고 상서로움을 얻은 일이 이루 다 말할 수 없이 많았다.

스님은 입적하시기 며칠 전부터 여러 곳을 돌아다니며 여러 스님과 아는 사람들을 한 사람 한 사람 찾아보고 작별인사를 하고는 홀연 어느 날 아침에 정원을 깨끗이 조제한 다음 단정히 앉아 선정에 들어가서 그대로 입적하였다. 기이한 향기와 기운이 온 집에 가득 차서 칠일이 지나도록 남아있었고 그 혀는 입적하고서도 몇 해 후까지 썩지 않고 머리털이 두 치나 자랐으며, 얼굴 빛이 생전과 같아 식견 있는 사람들은 다 그는 득도하였다고 하였다.

혜초 스님이 묘(妙)자를 쓸 적에 이미 제자가 환생하다

수나라 개황 연중에 혜초라는 스님이 계셨는데 언제나 착실히 수행을 하셨다. 항상 법화경을 독송하였는데 한번은 데리고 있던 제자 한 명이 나이 이십이 되어 병들어 죽기에 이를 무척 애석하게 여기셨다.

그러던 어느날 혜초 스님이 비몽사몽 간에 태산부군묘에 이르게 되어 태산부군에게 여쭈되, "일전에 제자 한 명이 일찍 죽었사온데 지금 어느 곳에 있습니까?" 하니, 태산부군이 대답하여 가로되, "그 사람은 죄와 복이 모두 없는 까닭에 아직 미결로 이곳에 있노라" 하는 것이었다.

이에 혜초 스님이 만나 보기를 청하니 곧 응낙하여 사자 한 명의 안내로 동쪽으로 수십 보를 걸어가다가 이윽고 그 제자를 만나게 되었는데, 혜초 스님이 반가워하며 "고와 낙이 어떠하냐?" 묻기에 제자가 대답하되, "다만 얽매어 있어 자유로운 행동을 못할 뿐이고 고와 낙이라는 것은 아무 감상도 없습니다. 어느 곳에 태어나고자 하나 아직 결정되지 않고 있으니 스님께서 제도하여 주시옵소서"라고 하였다.

이에 스승이 "어떤 공덕을 지어야 하겠는가?" 하니 제자가, "법화경 한 벌을 조성하시고 회향재로 일백 명 스님들께 만발 공양 시켜 주소서" 하고 간곡히 청하니, 혜초가 승낙하였는데 문득 깨어보니 꿈이었다.

이에 혜초 스님은 꿈에서 약속한 대로 법화경 한 벌을 쓰고 수행하는 스님 일백 명에게 공양하여 마치기를 다한 후 다시 꿈을 얻어 태산부군을 만나게 되었다. 그리고 그동안 경을 쓰고 재를 올린 사연을 말씀드리니 태산부군이 하는 말씀이, "잘 하였소. 그대의 제자는 스님이 경을 쓸 적에 묘법연화경의 묘자를 막 쓰고 나자마자 좋은 곳에 태어났습니다. 제군이라는 땅에 사는 왕무라는 사람의 집에 남자로 태어났으니 세 살 먹거든 한번 찾아 보시오."라고 하는 것이었다.

그 꿈을 얻은 후 삼년이 지난 뒤에 혜초 스님은 왕씨 집을 찾아가 지난 사연을 설명하고 어린 것을 보여 달라 한 즉, 그 부모가 이상하게 생각하여 어린 것을 안고 나와 보이는데, 갑자기 어린 것이 혜초대사의 품으로 달려들며 슬피 울거늘 모두가 기이하다 여겼다.

혜초가 그 부모에게 잘 양육하여 줄 것을 부탁하고 돌아왔는데 그 아이가 장성하여서는 스스로 출가하기를 원하여 다시 혜초 대사를 섬겼다 한다.

나없어라 無我無心

버들가지 관음손길 뿌리나니 맑은 물이
꽃잎마다 이슬젖듯 온누리에 내리소서
나없어라 공덕의 물 죽음마저 되살리니
아귀마음 사라지고 산같은 죄 흔적없네

탐진치라 거센불길 연꽃으로 피어지다
달고맑은 감로수로 본디 있던 공덕 바다
찌든 업장 씻어 주어 극락세계 나게 하소
어둔없에 갇힌 이몸 아미타불 거둬 주소
이내소원 오직 이것 아미타불 거둬 주소

시방삼세 모든 부처 한몸 이룬 아미타불
몸과 말과 마음바쳐 한결같이 비옵니다
깊고 묘한 정토수행 물흐르듯 이루시어
연꽃나라 극락정토 태어나게 하옵소서

아미타부처님의 무량 자비로 돌아가나이다
지극히 단순한 땅 정토에 태어날 수 있도록
자비로운 손길로 이끌어 주시옵소서

– 현장스님 작사/ 범능스님 작곡 · 노래

염불성불 정토서적 안내

업을 지닌 채 윤회를 끊는 길
정토의 나침반
왕생성불 하는 불력수행법
정토도언 · 염불론 · 불법도론
정종심요 · 정수첩요 · 인종득문
무량수여래회 편역
묘법연화경
관세음보살보문품 심요
한글경전모음집
관세음보살보문품경
약사유리광칠불본원공덕경
대방광원각수다라요의경
금강반야바라밀경
불설아미타경
지장보살본원경
다무선원
나무아미타불 사경집
무량수경 친문기
불설대승무량수장엄청정평등각경친문기
佛說大乘無量壽莊嚴清淨平等覺經親聞記
정공 법사 강술
유승부 거사 편집
무량수여래회 편역
가장 쉽고 빨리 윤회 벗어나 성불하는 길
비움과 소통
문고판 한글 무량수경 선본
불설대승무량수장엄청정평등각경
佛說大乘無量壽莊嚴清淨平等覺經
하련거 거사 회집
무량수여래회 편역
불사不死의 법문
불설아미타경요해
佛說阿彌陀經要解
아미타경·무량수경 약본
염불각자열전
윤회를 벗어나 왕생극락한 사람들
김성우 편저
방생살생 현보록
放生殺生現報錄
무량수여래회 엮음
반주삼매경 심요
불설무량수경

염불성불 정토서적 안내

업을 지닌 채 윤회를 벗어나는 성불법
정법개술 淨法概述
육도윤회와 인과의 진실
인과도감 · 정법념처경 · 염불성불법문
염불성불의 길
철오선사법어
徹悟禪師法語
칠불의 스승
문수보살
법어와 영험록
유심결 강술
대반열반경
한글 현토본
무량수경 심요
불설대승무량수장엄청정평등각경 강해
佛說大乘無量壽莊嚴淸淨平等覺經 講解
하련거 거사 회집
석정공 법사 강해
황념조 거사 요해
허만항 거사 편역
불멸不滅의 길
연종집요
蓮宗集要
불설대승무량수장엄청정평등각경
전 세계 1억 명이 수지독송하고 있는
무량수경이 바로 아미타 부처님이시다
念佛者是誰
염불하는 이 뭣고?
아미타불 염불선의 깨달음과 정토법문
극락에 간 반려동물 이야기
동물왕생불국기
動物往生佛國記
정종법사 지음
참선이 곧 염불이요
염불이 곧 참선이다
參禪卽是念佛 念佛卽是參禪
- 정토법문 요집 -
아미타불 현세가피
무량수경 현대 영험록
전 세계 1억 명이 수지독송하고 있는
무량수경이 바로 아미타 부처님이시다
비움과소통

편역 : 무량수여래회 無量壽如來會

정토 5경 1론과 정토 조사스님들의 어록에 근거한 정토법문에 따라 염불하는 불자들의 모임. 정토 경전과 논서 등을 통해 한국과 중국 등의 다양한 정토법문을 두루 공부하되 믿음·발원·염불행을 통해 왕생극락하여 일체중생을 제도하는 것을 목표로 한다. 살아서는 아미타부처님의 본원에 따라 안심安心을 얻고 종파를 떠나 정토행자들의 화합과 친목을 도모하며, 정토법문을 널리 펼쳐 한 사람이라도 육도윤회에서 벗어나 극락정토에 왕생할 수 있도록 경전과 정토서적의 번역·발간·보급에 최선을 다하고 있다.

펴낸 책으로는 『정토오경일론』, 『정토삼부경과 감응록』, 『한글 사경본 불설무량수경』, 『한글·한문 독송용 무량수경』, 『아미타경 무량수경 약본』, 『방생살생현보록』, 『업을 지닌 채 윤회를 끊는 길』, 『무량수경 친문기』 등이 있다.

무량수여래회는 매달 3회 이상 정기 염불법회를 봉행하고 있다. ☎031-945-8739
다음카페 무량수여래회 : cafe.daum.net/MRSB
네이버밴드 무량수여래회 : band.us/@mrsb
유튜브 아이디 : 무량수여래회

묘법연화경과 염불성불

1판 1쇄 펴낸 날 2020년 3월 31일
한역 구마라집 **강해** 송찬우 **편역** 무량수여래회
발행인 김재경 **편집** 허만항 **디자인** 김성우 **제작** 경희정보인쇄
펴낸곳 도서출판 비움과소통(blog.daum.net/kudoyukjung)
경기 파주시 하우고개길 151-17 예일아트빌 3동 102호
전화 031-945-8739 팩스 0505-115-2068
홈페이지 blog.daum.net/kudoyukjung **이메일** buddhapia5@daum.net
출판등록 2010년 6월 18일 제318-2010-000092호

ISBN 979-11-6016-065-9 03220